From Dawn to Decadence

500 Years of Western Cultural Life,
1500 to the Present

从黎明到衰落

西方文化生活五百年，1500年至今

［美］雅克·巴尔赞◎著　林华◎译

中信出版集团·北京

目　录

第三部分

从《浮士德》第一部到《走下楼梯的裸女》第二号

灵与智的结合

滑铁卢战役惨败之后，拿破仑只能听任英国摆布，法国被盟军占领，波旁王室重登大宝。随着《维也纳条约》的签署，战胜国组成了465防御性联盟。当时欧洲面临着双重任务：遏制革命，重建文化。而对这两个重大问题都有人表示反对。遏制革命要通过俄国沙皇或是列强的四方联盟得以实现。但是，总得等爆发了新的起义之后才能动用武力实行镇压。因此，仍需某种力量来起到防范、限制的作用。我们将在本书稍后的章节看到这是一种什么力量以及它是如何发挥作用的（550 >）。

与此同时，激情之潮汹涌澎湃。1789—1815 年之间提出的希望和思想，包括那 25 年间激励着人们奋斗，遭受压制，被人误用或误解的主张，都需要重新审查和修改以适应新的时代，形成某种秩序。

昨天，"斯拉尼"号护卫舰的萨托里乌斯舰长抵达此地，他证实了先前关于波拿巴投降并被安全押往英国的种种报道。因此，他确如我们所说的，已经到了。

——伦敦《泰晤士报》
（1815 年 7 月 25 日刊）

这种反对抽象推理，寻求秩序的努力形成了一种持续不断的运动，历史上称之为浪漫主义。开始时是一组运动，发展到后来变成了一个时代的精神。结果，一些批评家认为浪漫主义这个名称是用不得的，因为它涉及几类互不相干的事实和倾向。首先是犹如璀璨群星的各类艺术家，从诗人、画家和音乐家，到艺术理论家和社会理论家，各种人才大量涌现，为有史以来所罕见；其次是多方面的宗教复兴，相形之下，18 世纪的自然神论和无神论作为应对神秘世界的理论则显得枯燥而浅薄；再次，浪漫主义也包括新提出的，或从早期观点发展而来的政治和经济思想；最后还有浪漫主义的哲学、道德、态度、科学发明以及浪漫主义史学对过去某些历史时期的重新诠释。

466

这些理由说明了为什么浪漫主义不是普通意义上的运动。它不是某个群体采纳的一个纲领，而是一种意识的状态，展现了每一个时代中都存在的分歧。因此，给浪漫主义下定义的任何企图都注定是徒劳的。批评家会问："这个因素应不应该算进去？"或者："某某人的思想放在什么地位？"一位备受尊重的美国思想史学家发现有 18 种不同的浪漫主义，这样还不如干脆把这个名字废弃不用算了。当然，这么做是不可能的，因为此名已立，它深深地植根于历史之中，载于亿万本书里，烙印在人们的心间，必将继续被使用下去。像清教徒一样，浪漫主义一词必须保留。我要强调，必须把它看作一种时代精神，而不是一种意识形态。这种精神具有很大的包容性，包括自由派的维克多·雨果、他的反动派同胞约瑟夫·德·迈斯特、激进的黑兹利特及其敌人柯勒律治和骚塞。他们现在和过去都被称为浪漫主义者，除此之外没有更合适的名称。而且，他们是同等的浪漫主义者，没有程度的不同。他们的共同之处在于他们对人的观念有了改变。他们都身历理论革命带来的震撼，目睹欧洲自我奋斗的霸主的崛起和由国家而不是王朝发动的一系列战争，这些是造成这种思想改变的必然原因。

19 世纪 20 年代，浪漫主义者司汤达提出了一个很有用的区别。他说，浪漫主义作品"给我们今天活着的人带来愉悦，而古典主义作品则是为了给我们的祖父们带来快乐。"这句话虽不能界定浪漫主义，但指出了三代人的心境和感受。因为 18 世纪的人——祖父们——信奉理性，于是有些人就把浪漫主义在这方面的不同说成是"对理性的反抗"。这种歪曲夸大自那时以来常常对学术研究和批评产生破坏性的影响。理性这个用语意思含糊不清，应用"智力"来取代。浪漫主义认为智力是不够的，但它不排斥智慧和推理。18 世纪热衷于理性，而浪漫主义者热衷的是灵与智的结合。

一旦认识到浪漫主义同文艺复兴一样，只是一种现象，就不再需要为其下定义。从广阔的范围到丰富的人才，从内在的相互对抗与矛盾到整体的统一，这两个时期在一系列方面都十分相像。在文艺复兴那个较早的年代，一些人是柏拉图派，另一些是亚里士多德派；一些人怀有信仰，另一些人不抱信仰或是假装信奉某种东西；一些人认为"典雅文字"是最高艺术，另一些人则将绘画视为至高无上。还有一大批虔诚的神职人员守着新思想所鄙视的中世纪经院哲学死死不放（＜56）。同样，占主导地位的浪漫主义也无时无刻不受到保守派的极力抵制。

浪漫主义时期距我们的时代较近，它的内部分歧也就显得比文艺复兴时期的更大、更剧烈。有人可能会问，既然有这么多分歧，哪里还有统一可言？对此问题的答案适用于所有时期。一个时代最终的统一力量在于它所面临的种种困难：急迫的要求、阻挡社会和平或进步的障碍、对司汤达所说的新艺术的需要。对于这一切，思想敏锐的人不可能视而不见。每一个思想家或艺术家都努力达到时代的这些要求，或是以某种方式阻止其实现。方法各不相同，但都是为了迎接历史的挑战。

在浪漫主义者当中，有人想要君主制，其他人则想要议会制；一些是天主教徒，另一些则是新教徒；一些人为中世纪所吸引，另一些人则崇尚东方；一些人对诗体散文欣赏喜爱，另一些人却对此深恶痛绝。还有一些人，如雨果，在漫长的一生中从保王派变为社会主义者，先是信奉正统天主教，后来却像卢梭那样，没有具体的信条但抱有热忱的信仰。诗歌用语有的含义丰富，也有的明了通俗；绘画手法有的华美夸张，也有的朴实无华。巴赫的巴洛克式音乐戏剧在长期默默无闻之后重获生机（＜388）。与此同时，大歌剧也按其自有的规律兴旺发达。

使人无法冷静客观地理解浪漫主义的障碍之一是这个用语本身。

467

清教徒只有一种含义，浪漫却有上百个意思。这绝非夸大其词。我在
50多年前青年时期发表的著作中，除了对浪漫主义时期作了论述之外，
还加上了对浪漫这个词的用法的实例，例子取自从学术著作到广告的
各种印刷品，共有90小段，还加上了注解，以通过上下文显示出作者
说的浪漫（主义）所指何物。结果，没有任何两个例子的意思是一致的，
甚至不像通常的多义词那样，虽然意思不同，但彼此之间还有一定的
联系。各种意思中一些极端的例子包括"没有形状的"和"形式主义
的"、"色情的"和"禁欲的"、"不真实的"和"现实的"。在关于
马志尼在统一意大利方面作用的一段话中，居然先说他的作用是浪漫
的，但下一句又说是非浪漫的。关于这种混乱的状态需要说几句——

关于一个词的题外话

　　英语中浪漫（romantic）一词的用法可追溯到17世纪。当时，这
个词指讲的故事有想象力，有新意。不久之后又用来形容景色和绘画，
成为和谐的（harmonious）和栩栩如生的（picturesque）的同义词。显
然，这个形容词的核心是Rome（罗马）和Roman（罗马人）。从一开
始，这个词涉及的形象就是多方面的。罗马帝国消亡几世纪之后，沿
地中海一带居住的人讲的方言不再是俗拉丁语，而是一种叫作罗曼语
（roman）的多变的方言，由此派生出法语、西班牙语、意大利语和罗
曼语系（romance）的其他语言（学术部门依然在使用这个名称）。一
段时间以后，以法国南部所讲的这种方言写就的故事也被称为roman
（韵体故事）。

　　这些故事的主题通常是爱情和历险，与史诗或者讽刺作品完全不
同。时至今日，法文中的"小说"一词仍是roman，而英文里的
romance指的只是小说中的一种，并通过进一步引申，指一种恋爱。在
这个意义上，浪漫的（romantic）用来形容恋人那种飘飘欲仙的幸福状
态和特征。但罗曼史如果以不幸的结局而告终，这个词的意思就进一
步发展。于是，浪漫的（romantic）获得了一大批新的含义：虚幻、愚

蠢、不实、不吸取教训、笨到家了——好像原先恋爱的快乐从来没发生过，毫无价值似的。诸如"浪漫的计划"和"浪漫得不可救药"这种套话广为流传，沦为陈词滥调，而被看作它反义词的现实的（realistic）则逐步成为对一种计划、观点或行动的最高赞誉。尽管如此，"浪漫"这个表示鄙夷的字眼依然保留了原有的一些光彩——当旅行社代理人允诺您乘坐邮轮度过"浪漫之夜"时，指的就是风光旖旎的意思。并非所有已婚夫妇都鄙夷自己当年风华正茂时的浪漫。

在 18 世纪末的德意志和英国，浪漫的尾部加上了主义，产生了浪漫主义者（Romanticist）这个词，指那些不满意新古典主义风格，热衷于新的艺术和思想形式的人。浪漫这个色彩斑斓、含义众多的词没

> 我字典中的"浪漫"指的是不真实，用虚假诱人的东西加以粉饰，以蒙骗那些不能透过伪装看穿真相的人。广告就完全依赖浪漫，女性在社会中的地位亦然。
>
> ——卡罗琳·赫尔布伦（1986 年）

有一个意思能反映这些人的观点。这个时代在每个艺术领域都留下了大量杰作，提出了至今依然流行的独到见解。生活在当时的人显然不可能都是些判断力极差，情场连连失意，并且常常陷入幻觉之中不能自拔的男男女女。这个时代的特点和浪漫主义一词原意之间的唯一联系是，浪漫主义确认了激情和冒险的合理。这两者是不可避免地紧密相连的。但是，正如我们将要看到的，它们既不排斥理性，也不忽视真实。相反，浪漫主义中的冒险精神就是要通过探索真实世界来增加阅历。

在由笼统转到具体之前，介绍两个与浪漫同词根但另有他义的词也许会有所帮助。罗马风格（Romanesque）是一种早于哥特式的建筑风格的名称，这种风格源于但又有别于古罗马风格。现代法语中的 romanesque 指的不是建筑风格，而是小说（roman）。它的意思是像小说一样或如小说中所描写的，用来形容一种经验或者行为方式。既然如此，也许可以把浪漫的（romantic）和浪漫主义的（romanticist）两者的意思严加区分，将词中乱七八糟的含义与 19 世纪上半叶的辉煌成就

区分开来。但是，当浪漫的这个较短的形容词自然而然地适合句子韵律，或者在讲话时用"浪漫主义的"做形容词显得笨拙或造作时，将这两个词加以区分的建议就被人们抛到脑后了。更好的保障措施是了解关于浪漫主义作品的第一手知识。

　　当然，classic（古典的）和 classical（古典主义的）的意思也含糊不清，不过没那么严重。在德意志、波兰和俄国，浪漫主义者是第一批扬名欧洲的诗人和小说家。因此，他们很快就被称为本国的古典或古典派作家。歌德和席勒、普希金和密茨凯维奇分别是他们祖国的古典作家。但是，他们却不是古典主义者，也不是新古典派。席勒把古希腊和古罗马之后的所有文学都笼统称作感情文学（sentimental），从而造成进一步的混乱。他的意思是，古诗发自内心，思维呈直线性，不受任何模式的束缚。他把这种风格称为天真的（naive）。他指出，从那以后，诗人除了要了解生活本身和古人的经典著作之外，还必须研究自己的感情（sentiments）。席勒所谓的感情即现代的自我意识。

※

　　浪漫主义作为时代精神的年代大概是 18 世纪的最后 10 年和 19 世纪上半叶。三代人在这 60 年里进行了努力和斗争。不过从时间上看，这种努力并不是在各个国家同时进行的。德国和英国是先锋。18 世纪 70 年代出生的艺术家在 18 世纪 90 年代和 19 世纪初做出了发明创造（如华兹华斯、柯勒律治和康斯特布尔）。当时，在大革命时期和拿破仑的统治下，法国、意大利、西班牙和中欧东部的文化处于停滞不前的状态（< 447）。1800 年左右出生的第二代到 19 世纪 20 年代开始崭露头角（如普希金、拉马丁、德拉克洛瓦和爱默生），他们是最后一批充分吸取了当时时代特征的人。再下一批则出现了断层，生于 1810 年之前的人继承了一部分原有的传统（如瓦格纳、李斯特、戈蒂埃和梅尔维尔），但是，在他们的事业中途，世界却发生了重大变化，促使他们

重新转向，改变信念（558>）。

由于浪漫主义的创造远远超出了艺术范畴，而且仅艺术品就极为丰富，因此，要介绍全面的情况，一章的篇幅远远不够，而是需要三个章节。本章介绍的是对人的观念的改变和先驱们在几个艺术领域对新人的描绘。"1830 年前后巴黎所见"将介绍直到 19 世纪中期艺术创作和哲学思想的发展过程。第三章"议会之母"将介绍当时的社会理论和制度以及科学的进步。若要想象当时的情况，就需要把这三部分直线式的叙述合在一起考虑。

看完了这些章节后，读者应该认识到，当今的时代并不仅仅是许多人抱怨或吹嘘的"对启蒙时期的继承"，而是也继承了对启蒙时期的错误进行了修正的另一个时期，那个时期虽然有它自身的谬误，但是它加深和扩大了所有领域的艺术和思想。[可参阅雅克·巴尔赞（Jacques Barzun）写的一本小书《古典派、浪漫派和现代派》（*Classic, Romantic, and Modern*）。]

首批明确无误的浪漫主义作品的基础思想来自卢梭、伯克、康德和歌德，他们四人生活于 18 世纪，却与之格格不入。卢梭在生前和死后都是诗人、艺术家和政治学家深入研究的对象。读了他的著作后，人们了解到，激情是人的动力。思想或"理性"是欲望的工具，不是欲望的对头；思想或"理性"选择目标并为实现这些目标选择办法。即是说，灵与智或者智与灵是推动道德、社会和科学进步的唯一火车头。德斯蒂-德特拉西也如是说（<453）。被视为纯粹的 18 世纪理性思想家的休谟持有同样的观点。但是，由于他对此没有明言，因而也就从未被指责为抛弃理性，凭冲动行事。假若西方语言对"灵与智"有一个像中文里的"心"这样的词，也许就可以省去大量无谓的辩论了。

浪漫主义把人视作有感觉、会思维的动物。他的每一个思想都具有某种情感。这种观点在文化中刚刚出现时，人们觉得需要研究灵与

> 若能规定人不得将自己的心不能接受的东西放进脑子里，那么还有什么法律能比这更明智、更公正、更慈悲为怀的呢？
> ——纽曼（1841 年）

470

智这种单一力量的运作方式，也应当表现其未上升到意识高度的骚动。浪漫主义的幽灵骑士就象征着思想跨越的两个层面（473＞）。这种对内心生活的密切注意说明了浪漫主义作家的"唯我主义"和"主观性"。这个时期的诗歌主要是抒情诗——以第一人称讲述对自己内心的发现。这样的探索又带来许多新发现。想象力成为首要的天赋，因为它想象的事物是立体的，如同平时所看到、摸到的，而不仅仅是通过文字描述的。热情原来被视为危险的愚蠢行为，现在却成为所有壮举的先决条件。正如歌德的浮士德在开始其历险时所说的，"先有的不是语言，而是行动"。语言这种抽象的东西是后来才有的。华兹华斯看到"有感觉的理智"产生了人对所有生物的同情，而光靠理性是不能唤起这种同情心的，此说证实了卢梭的理论。

　　对这些思想深信不疑，并能将自己的发现广为传播的人是天才。对浪漫主义者及之后的人来说，"天才"这个词代表了创作力。我们现在说某人是天才，而这个词原来的意思是在某项活动方面"具有天赋"。天才非同常人，这样的人想象力如天马行空，并且有能力把想象力表达在具体作品之中，这些作品都是传世之作。

精力乃唯一的生命，它来自体内；理智乃能源的限度或外围。
　　　　　　——布莱克（1793 年）

宗教感情如同天才一样，是先天生成的，但不只限于少数人。许多浪漫主义者证实了人内心宗教感情的存在，这种感情的结果就是有组织的宗教，它在浪漫主义时代重新振兴，成为灵与智不可或缺的一大产物。在欧洲每一个国家，古老的信条都取代了自然神论的抽象理论。不过，这得归功于对正统观念的修改。经修改的观念首先是基于宗教冲动，另外，它在不同程度上依靠那个时代特有的两种感情——对自然的热爱和对历史的尊重。卢梭在《爱弥儿》中提出了关于信仰的雄辩表述，提出大自然，即上帝的造物，证明了上帝的存在和他的各种特性。大自然具体的美使接受力强的心灵得到直接的感知。我们在前面还看到，由此还产生了对大自然的崇拜，如热爱树木花草；从园艺中寻找乐趣；在野外观察鸟类动物和露营；认为一个人一年至少应有一次离开自然环境差的城市，以便在乡间恢复某种对生命至关重要的东西。

同时，大自然给予我们欣喜的触动。拜伦在他的游记里写道："高山是一种感觉。"18世纪的人畏惧高山，将它们视为妨碍旅行的丑陋的可怕的障碍物，怜悯依山而居者。对浪漫主义者来说，无垠的宇宙令人生畏，令人意识到人自相矛盾的本性，用帕斯卡的话说，既强大又柔弱，既伟大又可怜（＜219）。为了给自己爱和服从的冲动找到安息地，人们遂试图通过大自然或者在大自然中寻找上帝。在这方面，斯宾诺莎是引路人（＜359）。在此前的150年里，斯宾诺莎一直被当作无神论者遭到谴责，但这时他却作为"陶醉于上帝的人"而恢复了名誉，因为他认为神明是无所不在、遍及万物的，而信上帝的人具有"对上帝的理智之爱"。泛神论是浪漫主义信念的一种形式。

振兴了英国圣公会的牛津运动走的是另一条道路，即历史的道路。在纽曼（他后来皈依天主教，当了主教）的激发下，牛津运动，又称小册子教派（因为它靠大量发行单行本小册子来进行宣传）的成员循本溯源，用早期基督教神父的

> 莫称此为虚荣，他们说得极是：
> 当诗人逝去之时，
> 大自然为她的崇拜者悲哀，
> 默默地纪念他的掩埋。
> ——沃尔特·司各特
> 《最末一个行吟诗人之歌》（1805年）

训谕来振兴宗教信仰和仪式，以图恢复热情和正确的礼拜活动。这些宗教改良者宣称，根据传统，圣公会与天主教会有许多相似之处，于是在圣公会内部建立了一个高教会派。与他们同时的另一批信念同样坚定的人——循道宗信徒，在早些时候也成立了自己的教派，以满足下层中产阶级相应的需要。他们属于第一批"宗教狂热者"。在美国，约瑟夫·史密斯连续10年受到启示之后，于1830年建立末世圣徒教会，又名摩门教。

与此同时，法国出现了一部名为"基督教真谛"的非凡之作。标

只敲一下钟就能立刻在千万人的心中激起同样的情感，这实在太了不起了。钟声和谐动听，它无疑有一种最高级的美，一种艺术家称之为宏伟庄严的美。

——夏多布里昂，"论教堂钟声"，
《基督教真谛》（1802 年）

题本身就是一个主张。作者把真谛一词用于既是一种制度又是人们所熟悉的宗教的基督教，以表达传达天机和掌握天命的双重意思，证明了它作为制度的伟大和作为宗教的精神真理。这位作者是勒内·德·夏多布里昂子爵，他是政论作家、历史学家、小说家，还当过政治家，最后成为自圣西门公爵以来法国最伟大的传记作家（＜355）。

472

夏多布里昂这部论述基督教的大部头著作包括了所有同宗教感情稍微沾上点儿边的题目，有日常生活、大自然、内在的自我、社会、政府、历史和艺术，林林总总，不一而足，特别注重唯美和幻想的方面。在简单叙述了耶稣基督的故事，讲解了圣礼对生活是如何合适的道理之后，接着是一连串短评和启发性的联系，把诸如天文学、洪水灭世、大地和生物、鸟巢等各种题目联成一个连贯的整体，让人读来津津有味。之后是爱国主义、良知、永生和最后审判日。若是跳过这些内容，下面会看到诗歌部分，里面有但丁、塔索和弥尔顿的史诗，对维吉尔和拉辛的比较，爱洛漪丝和阿伯拉尔；然后是现代文学史、多神教诸神、圣人、天使，还有撒旦手下的邪魔；再其后是对一些高雅艺术发明的描述；还有地狱、炼狱和天堂。这些丰富的内容反映的正是此书的小标题——"基督教的诗意与道德的美"。该书十分走俏，夏多布里昂不得不奔走于法国各地，阻止印刷商偷印盗版。这本书的成功正逢拿破仑重立罗马天主教为国教之时。今天，夏多布里昂那种文字简洁优美的写作风格已经一去不复返，但是，他的论点的精髓依然影响深远，每一代人当中都有许多人是因为基督教对艺术感性的吸引而皈依教门的。

※

　　夏多布里昂本想把《勒内》作为一系列故事中的一个，但它一开始是合在《基督教真谛》中出版的。这本书也反映了浪漫主义的兴起。故事的主人公是一个少年，和姐姐相依为命。但当姐姐发现自己对弟弟的爱是一种罪恶的爱慕之情后，便出家进了修道院。少年吓坏了，逃到美洲。在那里，他向一个印第安人酋长倾诉了自己的身世，以卸去自己心灵的重负。他们一起崇拜大自然，少年深入剖析他所称的"感情模糊状态"，即感情强烈但没有重点的混沌状态。这种情绪——法语中叫 mal du siècle（时代病）——显然是广泛存在的，因为勒内引起了许多人的共鸣。圣伯夫就说过："勒内即我。"柏辽兹在《回忆录》中记载了与勒内相似的感情。他的《幻想交响曲》开始时的旋律是他在青少年时期谱写的，这段旋律毫无疑问表现了同样的青春期特有的情感起伏。在稍早时期的德国，这种漫无目的状态曾经是绝望的、暴力性的（＜393）。所有这些迹象提醒我们，那个时期的许多艺术家十分早熟。考虑到他们是在动荡不安的世界里成长的，这也就不足为奇了。

　　这样的情况使人们自然而然地向宗教靠拢。德国牧师施莱尔马赫领导了新教的复苏，他召唤人们信教，因为人有"自发的宗教感情"，如卢梭所说，这种感情是与生俱来的。有关上帝的想法不是来自思维或意志，而是来自天生的依赖感，这是人在自我意识的时刻所察觉到的软弱。有了这个前提，就可以争论某些信念的合理性和用途。19 世纪的新教徒就像在 16 世纪时一样，力主摆脱迷信和盲从的好处。此中浪漫主义的模式昭然若揭，即先有感觉，理性赋予感觉形式和方向，生命则是由信念所驱动的历险。

　　总的说来，新一代教徒认为他们的信条与"上帝没有理由打乱自然法则"这种现代科学的假设是一致的。但诗人们，不管是否信徒，都有尊重迷信的理由。一来迷信为虚构故事提供了大好机会，产生了如彭斯的《汤姆·奥桑特》和司各特的《流浪汉威利的故事》这样伟大的作品。二来迷信可以视为人民的诗意想象。《浮士德》里有两个很有感染力的场景描绘了撒旦的仪式，发泄了我们心中和大自然的黑暗力量。迷信的含义在启蒙时期遭到了忘却或罔顾，例如，德意志有关于幽灵骑士的传说，那是一个时隐时现，紧跟在纵马奔驰的骑手身后的影子，与骑士一模一样。它代表的是人内在的第二个自我，可能正直端方，也可能像魔鬼一般邪恶。但是，这些充满智慧的寓意却被人们所忘却，直到 19 世纪 90 年代心理学和人类学以神话的名义把它们重新发掘出来，才再度受到诗人和小说家的欢迎和采用。

> 迷信是生活中的诗歌。两者都发明了想象。两者都感觉到真实而具体的内容之间最奇怪的相互联系——同情与反感之间的相互作用。迷信对诗人没有害处，因为他能以各种各样的方式使亦幻亦真的想象为己所用。
> ——**歌德**（1823 年）

　　将神话同文学联系起来的是浪漫主义者最卓越的能力——想象力。如前所见，这个能力重新获得了尊敬，但是这个词仍然语义不清。柯勒律治指出，想象力并不仅仅是幻想；胡思乱想不费吹灰之力，比如说幻想一只动物会讲话。发挥想象并不是编织出动听的虚构故事，而是要使自己编写的寓言中会讲话的动物对某种社会现象进行机智犀利、鞭辟入里的嘲讽。想象力利用已知或可知的事物，把表面上全不相干的东西联系起来，对人们熟悉的事物重新进行解释，或者揭露出隐藏的现实。作为一种发现事物的办法，它应称为"对真相的想象"。科学中的假设起着同样的作用，它们本身就是想象力的产物。

　　这种观点解释了为什么在浪漫主义派的眼中，艺术不再是愉悦感官的精美作品或文明生活的装饰物，而是对生活最深刻的思考。雪莱在捍卫自己的艺术时声明：诗人是"世上不被人承认的立法者"。艺术传载真理，是想象力的结晶，在改变观者心灵的同时也改变了他的世界观，甚至人生。实现这一壮举需要天才，因为这不是一种机械性的行为。诚然，所有艺术都利用常规。但是，光靠因循传统规则和遵守既定模式不可能实现思想和形式的融合，也就是创作。正是浪漫主义派的讨论才使创造（creation）这个词固定地应用于艺术作品。如前所述，雪莱认为最先使用这个提法的是16世纪的塔索，但无法找到这方面的证据。值得注意的是，19世纪天才的创造和20世纪末的创造性（creativity）是完全不同的两回事（787＞）。

这些被赋予新内容的浪漫主义字眼为艺术宗教的建立助了一臂之力。不管人是否把艺术接受为一种信仰，艺术都一视同仁，为他们服务。把对艺术的钟爱称为一门宗教完全是实至名归。自19世纪初以来，艺术爱好者一再将艺术定义为"人类最高的精神表现"。这种说法表明，没有比艺术更高的境界了，而最高的境界对一般人来说就是宗教。对19世纪的艺术崇拜者来说，艺术是上天启示的宝库，是经文教义的全部，而这些教义的制定者就是先知先哲。时至今日，他们当中的幸运儿仍被奉若神明。

※

从艺术宗教刚刚发源的时候，先知们就严厉批评他们所生存的社会。社会陷入了贸易和工业的泥沼，这类活动造成人的感官迟钝，思想狭隘，想象力萎缩。本着这些原则，开始了反对中产阶级的运动。戈蒂埃在《模斑小姐》精彩绝伦的序言中，批驳了当时由于资产阶级唯一关心的贸易所造成的普遍流行于世的物质主义人生观。

可鄙的资产阶级的标志是，他们不会理解或欣赏艺术，除了传统刻板的或感伤的艺术。而且，他们不明白真正的艺术并非道德说教的工具。艺术只为自己的目的服务，除了让有欣赏能力的观者赏心悦目之外，别无他意。这就是"为艺术而艺术"的理论，人们普遍认为它是19世纪90年代提出的新思想（617＞）。就在艺术家追剿资产阶级的同时，不懂艺术的庸人批评家诞生了。他们来自资产阶级，他们最热情的支持者和崇拜者也是资产阶级的成员。

应当说，崇拜之情并非所有时代的共同特征。像启蒙运动这种严小说不是一双手工缝制的鞋，十四行诗不是专利注射器，戏剧也不是铁路，因为是小说、诗歌、戏剧这类东西使人类获得了文明，而不是鞋子、注射器和铁路。

——戈蒂埃《模斑小姐》

谨审慎的时期就鄙视热情洋溢的人，因为热情暗示着对自己一窍不通的东西目瞪口呆的凝视。在浪漫主义时期，狂热的崇拜重新兴起，尤其是年轻人，他们认为这是对他们想象力的考验。一个人之所以崇拜天才，是因为他具有足够的想象力，看得出天才或他的作品中没有机械性的东西，没有可以分析或推理的东西。比崇拜更高一层的是一种同等强烈的激情，一种由爱情的力量所引发的激情。它也许可以追溯到浪漫的性爱含义，但远远超过了那个范围。浪漫简单、天真，是全身心投入的目眩神迷。19世纪唾弃18世纪的爱情观，因为它如同典雅的小步舞，舞伴双方都熟悉舞步，他们不仅是要追求异性，更重要的是把求爱作为一种乐趣来享受。当然，两性之间如同猎人和猎物之间的粗陋关系也同样不能接受。像在音乐艺术中一样，浪漫主义者坚持认为，在爱情中仅是感官愉悦是不够的，关键是要具有崇高的意义，要触及灵魂最深处。有一本书描写了当时的一些著名恋爱关系，题目就是"作为艺术的恋爱"。可是，到了20世纪，传记和心理学著作对爱情的描述往往模糊了19世纪在这方面的看法。浪漫主义的恋爱结合了富有想象力的激情和带有危险的欲望。激情意味着遭受煎熬之苦，堕入情网的人身不由己，大自然黑暗的一面，狂荡的因素（在《浮士德》中被描写为魔鬼的因素）控制了他。但另一方面，他所爱恋的人的美丽——不仅是外貌的美，而且是天性与精神的和谐之美，即德意志人所谓的心灵美——又使他的感情得到升华。浪漫主义者把爱情放到如此崇高的地位，进一步肯定了这种产生艺术的原动力。

歌德在《浮士德》中把这种鞭策称为"永恒之女性"。爱导致对某一个人的钟情。双方都试图在所爱的对方身上找到另一个自我，一个不同但是与己平等的自我，尤其是在感情和艺术感性方面。这种观念产生了实际的结果。卢梭的《新爱洛漪丝》出版后，雪莱对它进行了仔细研读，先进思想家都一致认为，女子所受的教育必须同男子的教育一样完整，质量也应向男子看齐。在实践中，当时的艺术家找到了很多激发他们灵感的"缪斯"，她们都是才华横溢、英勇果敢和名声显赫的女性。仅举几例：卡罗琳·施莱格尔、普鲁士的路易莎王后、拉赫尔·冯·瓦恩哈根、利芬公主、让娜·雷卡米耶，和最活跃的人物之一热尔曼娜·德·斯塔尔（< 450）。自然，这种关系有其通常的起伏变迁，社会条件和个人的缺失也产生了众所周知的影响，而且高级的浪漫爱情也并没有排除其他形式的爱情。

以眼光锐利闻名的司汤达根据德斯蒂的心理学（< 452）和在不止一个国家的亲自观察，写了一篇题为"论爱情"的论文。他区分了四种爱：肌肤之爱、高雅之爱（18 世纪的调情嬉戏）、虚荣之爱（男方或女方因爱人的美貌或者地位而沾沾自喜）和激情之爱。司汤达说，最后一种爱是最大幸福的源泉；它在法国十分少见，在意大利却遍地开花。在这方面，想象力再次起了创造的作用，它将一个人的惊异和爱慕之情（用他的术语）"加以结晶"，再将这些感情投射到所爱的人身上。这就是埃洛伊兹和阿伯拉尔以及许多浪漫主义者的爱，包括司汤达本人。

在社会里，这种激情需要情人之间关系平等，因为快乐感更多是来自相依相伴和相互交谈，而不是来自性方面的乐趣。司汤达认为女子具有男子所有的一切才干，希望男女都能获得同等教育，尽管女子可能会以不同方式发挥自己的能力。无论如何，能够产生出激情之爱的男子不会对爱人称王称霸，因为他在恋爱关系中缺乏自信，他是爱情的奴隶，就像臣服于高等艺术一样。

与美丽心灵之间激情之爱的理论形成无声的对比的是不加掩饰的肉欲。戈蒂埃的《模斑小姐》以欢乐的笔调描写异性和同性之间的肉欲，还写到变性人。同年，卡尔·古茨科发表了《多疑女人瓦莉》，书中的女主人公在同另一个男人结婚的前夜，一丝不挂地站立在她所爱的男人面前，以示"象征性结婚"。另外，施莱格尔的《路清德》

476

尽善尽美的音乐使人感到如同见到了自己所爱的人一样，也就是说，音乐给予人地球上所能得到的最强烈的幸福感。今晚我就得到了这一明证。

——*司汤达，《论爱情》（1822 年）*

和门德特的《圣母马利亚》也都颂扬了性自由的冒险。

因为司汤达说他写的是"爱情生理学"，所以他提出爱情和艺术这两种意识最集中的经验都是由于神经和大脑的兴奋造成的。他还说，随着人历经世事，同情心和慷慨心这类年轻人的感情会很快枯竭，但激情之爱可以使这些感情常青不老。他对于爱情并不是孤立地论述，而是涉及了历史、传记、当代政治和各种法律及民族性格，这进一步证明了浪漫主义的爱情绝非头脑空空、心无激情的人能够享受的一种消遣。

在司汤达的有生之年，他这本书始终没有市场，因为书的形式和格调都太奇怪了。15 年间仅印了 3 版，且印数有限。他本人就说过，他这本书也就是有 100 个读者。不过，他表达的信念和态度都广泛地适用于他的时代。他关于人的同情心和慷慨心的见解就是一例。就社会观而言，19 世纪堪称"爱的世纪"。个人和团体都行动起来，有组织、有计划地保护穷人和弱者不受贫寒生活的煎熬。在英格兰尤其如此：早在 18 世纪 80 年代，约翰·霍华德就着手进行监狱改革；沙夫兹伯里伯爵力促通过立法，使妇女和儿童免于长时间的劳作；工人们自己组织慈善团体，以同舟共济渡过危难之时；在边沁的追随者的努力下，刑法得到了修改，变得较为人道；教会团体为"失足"妇女建立庇护所；从没心肝的牟取暴利者手中夺回了孤儿院；虐待动物开始被视为凶残可恨；对《济贫法》的管理进行了整顿；克拉拉·巴顿建立了红十字会；达米安神父为医治夏威夷的麻风病人献出了自己的生命；国内外的传教士在布道的同时又从事社会福利工作。虽然并非所有方案都计划周全，但是到了 19 世纪中叶，这些方案都已经付诸实施。而且，从狄更斯起，小说家运用他们手中的宣传工具来唤起公众良知，揭露社会罪恶。欧洲大陆也逐步跟进。

诚然，倡导关爱他人的人并不全是出于爱情与音乐结合而成的司汤达式的激情；他们的动机往往有政治或宗教因素，但目标却是经仔细斟酌后确定的新目标。这个目标产生于对人的观念的总的转变，这种转变反映在人们逐渐变得彬彬有礼，温和克制。半个世纪前，患病在身，跛足而行的菲尔丁离开英格兰前往气候温暖的葡萄牙时，船上的水手看见他孤弱无援的可怜样，都对他大肆侮辱挖苦。正如菲尔丁本人在小说中描述的一样，当时，出身高贵的人态度往往十分粗鲁，而普通贵族的态度则更是恶劣之至。经过缓慢的发展过程，端庄淑女和恭良君子的理想形象开始深入人心。这种理想形象是从贵族和中产阶级上层的最佳行为中提炼出来的。同时，权利的抽象概念唤起了一种愿望，要使法律和常规成为实现对所有人的公平和尊重的工具（＜431）。

※

司汤达长达 400 页的书大约载有 100 件逸事，讲的都是爱情和情人，并多半把真名实姓公之于众。他这样做并不是为了哗众取宠或是制造丑闻，而是为了进行"一项精确的科学研究"。他十分重视微小的事实。与普遍印象相反的是，其他浪漫主义者同样注意实事求是。他们不仅知道自己所处的世界已经变化，必须为它制订合适的计划，同时也认识到许多"启蒙"知识由于太过笼统而毫无用处。这个新世界必须用具体细节加以描绘。因此，华兹华斯在《抒情歌谣集》的序中引述了 18 世纪的一首十四行诗，谴责诗中的一连串抽象概念。他坚决要求诗歌使用普通老百姓的常用话语来记录他们的思想和感情。后来的诗人维尼、缪塞、普希金、雪莱和莱奥帕尔迪都同意这种观点。简单易懂的用词和普通生活成了文学的素材。维克多·雨果说，哪怕是丑陋的东西都可用于艺术。需加注意的是，华兹华斯的民谣不是像昔日苏格兰边区的民谣那样的爱情故事，而是模仿街头的歌谣，用不加修饰的音步和粗略的细节讲述极为平凡的事件。

478

我一生中见过法兰西人、意大利人、俄
罗斯人等等。看了孟德斯鸠的书，我甚
至知道还有波斯人，不过，笼统的人我
却从来没有在任何地方遇见过。

——德·迈斯特（1795年）

事实、细节和平凡的东西是真
相的标记，或者说是一种真相的标
记。巴尔扎克的小说中详细描述了
银行业务、乡村诊所、小职员的生
活方式、金手镯的制造和无穷无尽

的其他实际现象。司各特尤其在关于他的故土苏格兰的系列作品中如
实准确地记载了历史的某个阶段中平民百姓和绅士贵族的生活。是他
发明了历史小说，在他以后的曼佐尼、大仲马、司汤达、尤金·苏和
一大群其他历史小说家通过对气氛和环境的渲染描述，给杜撰的情节
注入了真实性。维克多·雨果的《巴黎圣母院》中描写乞丐栖身之地
的一章使人想起左拉，运用的完全是自然主义手法（623 ＞）。

以偏概全者是白痴，具体而微是独一无
二的优点。

——布莱克（1808年前后）

普希金给俄国诗歌带来了一
种新鲜的直率，尤其是他的韵体故
事。他用词平实，好似谈话般娓娓
道来，描述普通的小事。然而，他
的作品千真万确是诗歌，而不是把

散文切开，分为长短不齐的句子。在绘画领域，藉里柯取材于刚触礁
的沉船，戈雅描绘拿破仑与威灵顿的军队为争夺西班牙和葡萄牙而厮
杀所造成的战争疮痍，德拉克洛瓦展示土耳其人在希腊进行大屠杀的
受害者。画家着力追求画作的逼真，这促使他们去描绘现时的事件。
与此同时，英国的约翰·康斯特布尔展示出在自然光中，各种颜色比
当时的画法所表现的要明亮得多。他的示范办法很简单：他拿了一把
由于年深月久而变为棕绿色的小提琴——小提琴是当时常用的绘画题
材——把它放在窗前的阳光下。他的赞助人乔治·博蒙特爵士对此心
悦诚服。另一方面，年轻的水彩画家博宁顿采用不同层次的颜色来描
绘海滨景色，导致德拉克洛瓦完全改变了他绘画中的选色。画家的术
语地方色彩（local color）很快被文学界采用，意指准确地描绘举止和
服装，作为反映现实的一种方法。青年雕塑家安托万·巴里同样是为

了准确描绘现实，仔细研究巴黎动物园的大型动物（后来他成为该动物园的教授），并在克服了古典派的极力抵制之后，受委托塑造了好几组与实物一般大小的青铜野兽雕像，用来点缀市里的几个花园。与此同时，奥杜邦在美国正在乘船沿密西西比河顺流而下，沿途寻觅鸟类进行临摹和写生，终于在1838年完成了435张实物像，实现了心愿。

　　这些作品证明了浪漫主义艺术家为人所忽略的一大特点：他们是现实主义者。可是，"众所周知"，现实主义源于1850年，是作为对浪漫主义的反动而兴起的。其实，该世纪前半叶的作品若能得到上述准确描写的话，批评家这句老生常谈的话就不会引起任何疑惑了。人们会看到，浪漫主义本身就包含在它之后兴起的三个运动的特征，这些运动是现实主义、象征主义和自然主义。浪漫主义是它们共同的祖先，差别在于这三个运动各自专长于由浪漫主义发展出来的一种技巧。不过，由于浪漫主义的这些后代是在以一种不同的情绪争取实现不同的目的，所以才模糊了与浪漫主义的联系。

　　换言之，新古典主义时期之后的艺术经历了四个阶段，最初的阶段是全面性的，后面的三个阶段则是排他性的，各自充分发展最初阶段的某一个倾向。这里还要再提一下《抒情歌谣集》。关于它的一部分内容前文已经作了概括：日常的题材、普通的用词——这是现实主义的部分；接下来是关于爱情或大自然的抒情诗，仍然是用简朴的语言写就，并如实反映生活，但却又不是标志着真正现实的平凡氛围的重现。第三部分是柯勒律治的《古舟子咏》，这首叙事诗中奇异、"不真实"的事件象征了道德世界的真理，俨然是一首象征主义的诗。

　　在法国，到了下一代人的时候，不仅雨果、缪塞和维尼，而且热拉尔·德奈瓦尔也表现出同样的全面性。他翻译了歌德的《浮士德》，包括其中的各种风格，从粗俗不堪到高贵华丽；他在《幻景》中写下了"浪漫"的十四行诗；他收集自己家乡的民间诗歌；他的《金色诗篇》中有些诗句中每一个名词都是一种象征，专指一种暗藏的精神领域。他是一个十足的象征主义诗人，至今人们还在就他的十四行诗《落魄者》的种种模棱两可的意思争辩不已。他的散文诗《奥蕾丽亚》亦是如此。

除了讽喻之外，布莱克的《天真与经验之歌》这部诗集中的大部分作品之所以意义重大是因为它们具有象征主义的特点。在荷尔德林、诺瓦里斯和克莱斯特的作品中，对大自然和感情的描绘也是为了象征的目的。克莱斯特深信所有经验都是模糊不明的，他被视为里尔克，甚至是卡夫卡和皮兰德娄的先驱者。有意的模糊是最佳的象征手法。与模糊和象征相似的是幻想，这是让-保罗·里希特尔的作品中常用的手法；里希特尔似乎是在回应阿克曼的主张，说诗歌的素材应当取自梦想。让-保罗·里希特尔的名字家喻户晓，因此人们常常不叫他的姓，而是直呼其名让-保罗（或叫他"独一无二的人"）。卡莱尔把德国文学介绍给英国人时，首先谈到的就是他。与他形成对照的是海
480　涅。海涅像拜伦一样运用讽刺笔法，用通俗语言写诗，描写日常生活中的小事，偶尔涉足传说和历史。

至于后来被称为自然主义的含义丰富的现实主义（623＞），或许能在戈蒂埃和雨果的一些诗歌以及彼得吕斯·博雷尔的作品里找到种子。彼得吕斯·博雷尔甚至敢于把他的小说命名为"伤风败俗的故事"。这种大胆的行动属于浪漫主义的年代，但是这并不意味着后来者仅仅在模仿或者利用业臻完善的文体。它只是说明当革命已铲平一切，需要重新建设的时候，人们会做出各种各样的尝试，但并非一切努力都会不懈地坚持下去，而且，许多尝试都是白费力气，这都是解放通常的结果。

在形式的范畴内，浪漫主义的解放功夫可是一点儿没有白费。如今艺术享有的自由就是浪漫主义的成就。当雨果夸口说他的辞典中没有不能用的词的时候，华兹华斯早已发出了同样的信号：绝不因任何字眼不雅而禁止使用（＜477）。为使丑陋的东西获得接受，雨果宣布："自然乃艺术。"各国的诗人使用不同语言在音步、韵律、诗节和长诗的形式等诸多方面任意而为。雨果则更自由，采用了许多"不规范的

手法"。当今学者认为，这些手法为 20 世纪末的诗人指出了道路。

文学开放的一个副产品是早年文学的复兴：德意志的中世纪文学、英国乔叟的作品、伊丽莎白时期的文学和盎格鲁－撒克逊时期的《贝奥武夫》、法国的龙萨和普莱亚德（＜ 163），还有维永和拉伯雷。前面说过，巴尔扎克对拉伯雷推崇备至，甚至采用近似 16 世纪的语言写了一些精彩的模仿作品，载于《滑稽故事集》。

散文也经历了改革，只要将伏尔泰和夏多布里昂的风格比较一下便知。伏尔泰的文章清晰、灵活、流畅、充分达意，可是完全是他自己在说。夏多布里昂表达的意思也同样清楚，对行文一样驾驭自由，但是他却唤起读者的想象，刺激读者的所有感官使他去看。这会引出读者一些意想不到的思想和感情。浪漫主义派的司汤达和另外几个人拒斥这种做法，因其偏离了他们采用的求实手法。司汤达甚至有意先阅读拿破仑简短的《民法典》当中的一两页，然后才坐下来写小说。夏多布里昂后来又有了进一步的发展。在他的一部作品中，一些人看到了后来兰波的《灵光篇》的影子。文学批评家认为，夏多布里昂《回忆录》里的复合动词、间断和其他句法技巧预示了纪德、普鲁斯特、乔伊斯以及超现实主义派的现代散文手法。这种相似并不能证明前者对后者造成了直接的影响，因为艺术中常常会出现相似的发明。但是，通过回顾这些创新可以清楚地看到，这个时期之所以能形成新的艺术流派，正因为它不是整齐划一的。

※

浪漫主义者在文学艺术方面不断探索，具有丰富的想象力，因此 481 可以想见他们在知识上绝不会狭隘排他。这表现在他们认为中世纪是值得尊敬的文明；喜好民间艺术、音乐和文学；学习东方哲学；欢迎不同的民族习俗和性格，甚至包括那些在 18 世纪他们所处的世界范围以外的东西；怀着极大的热情调查各种方言和语言。这是一种真正的多文化主义，全心全意地接受遥远、奇异、传统和被遗忘的东西。维克多·雨果一头钻进他能弄到的所有史学和文学作品当中，将其中的人物和事件编写成全景式的《历代传说》。当他碰到一种隔行同韵的马来诗体时，马上就仿着写了一篇。热拉尔·德奈瓦尔收集法国各地区的方言歌曲并进行翻译。钢琴大师李斯特经常旅行于欧洲各地，把当地的流行音乐记录下来，并谱写这类的曲子，他的歌曲集就像介绍各个地方的指南一样。他复兴了匈牙利的本地音乐，发掘出一直不为人所知的吉卜赛人（更确切地说是罗姆人）的音乐。维也纳作曲家们创作的所有吉卜赛艺术音乐都是源于他的努力。

这些兴趣一直保留了下来，有些现已成为学术专科。然而，批评浪漫主义的人毫不迟疑地把它们统统称为"逃避现实"。众所周知，逃避现实是对基督教教义的违背。也许，把浪漫主义多方面的好奇视为冲破狭隘的一种努力更有道理。在它之前的那个时代只注重一般真理，认为那就是全部现实。更糟糕的是把文明仅限于六个国家的四个时期之内。确实，伏尔泰在关于风俗礼仪的长篇历史记述中（＜379）提出了与这种看法——也是他自己所持的看法——相反的事实。不过，他的内心却仍然深信这种看法的正确性，百科全书派也是如此，只有狄德罗除外。

自满的世界主义派也持同样的看法。他们尽管创造了许多好的新东西，但却为他们的思想所局限。比如，休谟写了一篇关于民族特性的短文，显示出他虽有历史知识，却缺乏深切的历史感。在他看来，法国人就是新的罗马人，英国人就是希腊人。19世纪的文坛对过去有着一种深切的感觉。它首先来自如潮涌般的个人回忆录和大型史学著作，其中以多种多样的方式描绘了1789年之后的25年里的经验。在这么短的时间内出版了这么多详细记述，实为史上罕见；那些记述有的热切，有的偏激，有的真实，有的虚假。其次，这些作品促使人们产生了一个想法，要收集所有能够说明国家历史的现存文件。在法国、英国和德意志，谁若拥有档案记录，便会常常有人上门求阅，公共机构阁楼里存的文件被搜索一空，政府开始斥资编撰历史巨著。在政治辩论中，人们越来越多地援引历史作为行动的先例或者未来的模型。读史在 19 世纪蔚然成风，成了当时流行的消遣。很快，在处理任何问题时都自然而然地采取历史的角度。即使在这种习惯已经成为过去的今天，医生也是先询问病人的病史，然后方才进行诊断；实业家在年度报告中也要回顾过去，作为光明前途的预兆。

鉴于当时这种对历史的热切和由此产生的大量史料，20 世纪的历史学家 G. M. 特里威廉引用卡莱尔的话，说"司各特教欧洲学会了历史"，这话的意思是，司各特关于

> 我的儿子应勤读史书，多做思索；历史是唯一实在的哲学。
>
> ——拿破仑《政治声明》
> (1821 年 4 月)

苏格兰和中世纪的小说使公众习惯于把过去看作一幅巨大无比、色彩斑斓并且在不断运动的全景画面，里面充满了忙于平凡工作的男男女女。签署条约或在御座上发表演讲的国王和女王固然也是历史，但远非历史之全部。司各特以一种自我解嘲的语气，将他第一本"经调查研究写成"的小说《艾凡赫》献给了神父大人德里亚斯达斯特博士。他更早的苏格兰小说是全靠他的丰富记忆写成的，根本没有参考过任何书籍。法国史学家阿尔贝·索列尔认为，必须"阅读并吸收"巴尔扎克的小说之后，方能动手写史。若想了解"情况"，则需假定人及其习惯、言谈和衣着都因地而异，因时而异。历史上发生的变化被认为是领导者和被领导者之间的互相作用，加之偶然和巧合的因素，会产生出的奇特结果。历史读起来就像一本小说，而小说几乎就是历史。

拿破仑离开欧洲的前一年，司各特的"威弗利"系列丛书以匿名方式问世。这套书广受欢迎，历时久远。在德意志有 5 种译本出版，舒曼的父亲就是凭其中一个版本发达起来的。实际上，司各特的普遍历史观早在 10 年前就由德意志的赫尔德提出过，他的《关于人类历史哲学的思想》描述了由于不同的历史而变得多种多样的各民族所组成的整体，表明每一个民族（Volk）都是自己群体文化的创作者和捍卫

者，它通过与其他民族的交往而意识到自己的特征。这种理论得以产生是因为革命军和拿破仑的军队在人们的脑海中重画了欧洲版图。西方不再是 18 世纪由多个王朝和没有国界的上层阶级占统治地位的横向世界，其构成已改为不同的纵向单位——民族国家，虽未完全分开但是却互不相同。至此，国家间尚未产生敌意；欧洲是由五彩缤纷的花朵组成的花束；浪漫主义者因国家而感到的自豪是文化民族主义。这方面有一件事意义重大：司各特关于他的国家的小说使英格兰人一改对苏格兰的态度，从蔑视变为带有同情的好奇。乔治四世甚至御驾北巡，穿上当地男人的裙子以示对（苏格兰）那个国家以及描绘那个国家的文学巨匠的敬意，并将司各特封为爵士。

483　　历史小说这种新体裁带来了历史英雄。看看这些英雄人物在司各特的心中酝酿成长的过程很有意思。他在青年时期就因读珀西主教收集的边境区民谣激起了好奇心，遍览关于部落仇斗和同英格兰人战争的书籍，还大量阅读法国的浪漫小说和德意志小说，并翻译了歌德的《葛兹·冯·贝利欣根》(＜14)。经过这些准备后，他写出了 6 篇故事诗，使他诗名远扬。《最末一个行吟诗人之歌》和其他诗作的情节想象力丰富、充满动作的描写带有浓厚准确的地方色彩。这些故事诗既非诗歌又非小说，但是里面的有些诗句美妙无穷，颇值得一读。

　　在创作两类小说之余，司各特还编辑出版了许多地方民间故事和英格兰作家的著作，并撰写历史和传记。他在他非凡的晚年撰写的《日记》也不应忽略。今天，他的小说鲜有人问津，这是一大损失，因为其中所载的人物和场面感染力非常之大，一经阅读，终生难忘。当时，这样的场面的描写被比作莎士比亚剧中最有戏剧性的片段，这一判断非常恰当。不过，必须知道在书中何处去寻找这些精彩部分，还须耐心读完前面的铺垫。[可参阅埃德加·约翰逊（Edgar Johnson）所著《沃尔特·司各特》(Walter Scott)。]

※

鉴于重建文化的工程浩大，浪漫主义者必须有关于英雄的理想。他们在这种理想中放入了五花八门但并不矛盾的内容。他们也许知道，hero（英雄）这个词与servant（仆人）和protector（保护者）是同源词。首先，他们崇尚天才，即能洞察一切的艺术家。

在我斗胆写下拿破仑生平历史的第一句时，一种神圣的感情油然而生。这部史书谈的是自恺撒以来最伟大的人物。他的超人之处完全在于他能以令人难以置信的速度找到新思想，完全理智地对它们进行判断并以无与伦比的意志力加以实践。

——司汤达论拿破仑（1816 年）

歌德先在威廉·迈斯特身上刻画了英雄的模型，最后定型为浮士德：他是求索者。在关于浮士德博士最初的传奇中（＜112），他对魔鬼提出的要求中三分之二是物质上的——食物和现金，但是他的最后一项要求却是"在群星之间飞翔"，而这也正是19世纪的人所向往的。浮士德的冒险紧扣浪漫主义者的心弦，它的目的就是要去探索，去发现；宇宙和人的意识是无限的，对它们的探索也是无穷的。莎士比亚之所以对这种性情的人具有吸引力，正是因为他的戏剧不提出任何命题。对生命和人物的结论都是暂时性的、可以推翻的。歌德写的一篇文章就题为"莎士比亚与没有结局"。

拿破仑甘冒巨大风险的意志确定了他在艺术家和各国人民心中的位置。黑兹利特记载了他的一生，使他成为革命的象征；司各特也写了他，但对他只勉强表示钦佩；在从俄国大撤退时曾参加过拿破仑的军队的司汤达专门著书论述他的性格；拜伦在时而称赞他，时而谴责他之后，最终对他的去世深表哀悼；歌德说他无法仇恨这个敌人；贝多芬将自己的第三部交响曲献给了波拿巴，只是在他从军人突然变成皇帝之后，贝多芬才收回给他的颂辞，但"英雄交响曲"的名字一直流传至今；拉马丁、曼佐尼、雨果和许多文人写了颂扬他或对他的行为表示忧心的诗篇；柏辽兹受波拿巴率领大军跨越阿尔卑斯山壮举的激发，创作了一首音乐作品，其中一些部分载于现存的《凯旋交响曲》

和《感恩赞》中；无数画家描绘了他，靠发挥想象力在一幅幅画布上展现了他的许多决定性战役的辉煌场面。拿破仑的丰功伟绩遍及全欧，这个征服一切的英雄是进军中的人类的杰出代表。

黑格尔在《历史哲学》一书中把这种角色称为"世界历史人物"，指一个在某一特定时刻体现了他的时代的广泛意志并神秘地被授权执行这种意志的人。一种来自群众，逐渐积聚的力量解释了为什么每隔一段时间就有一个本来是普通的人会变得如同超人，他能改变社会的面貌，尽管原先所有这方面的努力都遇到了坚如磐石的抵抗。由黑格尔来描绘这幅肖像最合适不过了，因为他有亲身经历为凭。拿破仑在地上向胜利进军时，他正躲在耶拿的地窖里。尽管拿破仑最终被拉下台时，整个欧洲都像他曾经预言过的大大松了一口气，但是人们放心宽慰之余，并未抹去对他的记忆。对大多数思想家和艺术家来说，他依然是一位天才，他们从他身上看到了他们自己的影子并为之欢呼，但他们所欢呼的不是作为个人的他们，而是他们争取成就的驱动力。

几乎所有人都对这位英雄的黑暗面——他的弱点、一些被人称为罪行的错误和他的毁坏力——深感痛心。可是，他的另一面依旧是光明的。他绝不是只顾发战争财的一般征服者，而是建立了新欧洲的人。他的广泛影响、他的高效率管理、他颁布的法典、他在艺术和科学方面的积极作用，甚至他残忍但崇高的野心，都显示了他的英雄性格。

这些褒贬不一、零零碎碎的印象在拿破仑垮台后所作的反思中得到了证实，他的回忆是由流放地圣赫勒拿岛上的同伴收集发表的。一些敌人对他的仇恨因此烟消云散。

我想奖赏6 000法郎以鼓励增加我们对电的了解。我要敦促物理学家将精力集中在物理学的这个分支上，因为依我之见，它是通往伟大的发现之路。

（关于一座有几个从乳房喷水的仙女塑像的喷泉）："把这些奶娘们拆掉。仙女是处女。"（1811年）

那个女人（指德·斯塔尔夫人）教从来没想到过要思想的人或者已经忘却怎样思想的人去思想（1800年左右）。

——**波拿巴**（1802年）

拿破仑理解时代的精神。作为德国人，我一直是他的最大敌人，但是事实使我不再反对他。他懂得艺术和科学，鄙视无知。

485　　　——**贝多芬**（1820年左右）

在中欧，他建立了良好的道路网，改善了港口，尤其是把多如牛毛的国家从 300 个减至 36 个（< 390）。人们对这些好处心怀感激，因为此举彻底铲除了封建残余。他对君主王公的睥睨使人永远把他视为人民的捍卫者。今天，全世界似乎仍站在他一边，而不是站在威灵顿一边，因为无论在哪里，滑铁卢都代表着失败而不是成功。

滑铁卢之败的意义超出了政治方面，它使拿破仑作为英雄的理想形象增加了一个层面。生活是悲剧性的，所有英雄都逃不出命运的捉弄。对这一点的事先认识反映了浪漫主义对人的观念——人既伟大，又软弱，其软弱常常是邪恶所为。一些天性特别敏感的人从他们的艺术生涯初始就意识到这种宿命的无奈，其中一个常常被视为最典型的浪漫主义者，并通过作品和自己的生活实践生动地体现了这种意识。他就是青年诗人——

拜伦

他以自己的言行像拿破仑一样给人们留下了永不磨灭的印象。拜伦主义成为西方思想史上一个阶段的名称，它的组成部分包括勇敢、反叛、忧郁、自责和对灾难的想象。拜伦的故事和话剧中的主人公与他本人一样，是伟大和失败的生动体现。1812 年，他发表了《恰尔德·哈罗德游记》的头两个篇章，一时声名鹊起。这并非偶然。在此之前的 10 年里，英国人一直害怕外来入侵。在英吉利海峡对面，波拿巴驻扎着一支装备有气球的讨英大军。英格兰西部谣传四起，说波拿巴的军队在夜间已经登陆侦察。焦虑与仇恨引起各种传闻和报道。就在这个时候，出现了这部用流畅的诗句撰写的故事，讲述的是一个年轻人在欧洲南部边冥想边悠闲地旅行。主人公的名字恰尔德[1]暗示了一个年轻的游侠骑士，他喜爱艺术和大自然，所到之处的描写使读者觉得自己的情感也在随他一起变化起伏。对被困的英国人来说，诗中景色的变化俨然像打开了一扇窗户，吹进了新鲜空气，让人看见晴朗的

---

[1]　Childe，与英文中"孩子"（child）同音。——译者注

天空。可以把这种享受称为逃避，不过它好比战俘脱逃获得自由，而且不是遁入幻想中的仙境，诗中描写的是欧洲的一些地方，谁都知道它们的确存在，很多人都去过。

《恰尔德·哈罗德游记》是拜伦式英雄的第一幅素描。此后，他很快又写出了《海盗》《异教徒》《阿比多斯的新娘》和其他三首故事诗。在这些作品中，他的英雄开始定型，尽管在不同的作品中形式稍有不同。欧洲各地的读者都如饥似渴地争阅拜伦的这些诗作。这些传奇故事的主人公都有一个令人感到可亲可爱的特征，那就是他反叛现行制度，或者正在成为叛逆者。学生、知识分子和艺术家都是天生的叛逆者，他们在波拿巴所到之处都尝到了他建立的自由制度的甜头。随着时间的推移，1815 年实现和平之后掌权的镇压性政府夺走了人的权利（< 431），躁动不安的人们从拜伦笔下强壮、深沉、恩怨分明的强盗兼冒险家身上找到了自己的代表；拜伦式的英雄对敌人残酷无情，尽管热爱女性，但是并不对她们百依百顺。女性读者同样心怀钦慕。对她们来说，作品中笼罩的邪恶和挥之不去的罪恶感造成了阴沉惨淡的感觉，这是造就具有诱惑力的亲密的点睛之笔。各种诗歌和小说纷纷推出拜伦式的英雄，他们的魅力持久不衰。艾米丽·勃朗特的《呼啸山庄》中的希斯克里夫、乔吉特·海尔的摄政王时期的小说，以及通俗言情作品和电影就是这方面的明证。

不过，正如上面所指出的，浪漫主义者关心的不只是一个问题，拜伦的作品就充分证明了这一点。他的爱情诗、政治诗、《威尼斯颂》、《塔索的悲叹》和《梦》这部令人神往的作品表现了他丰富的思想。他还有另外一个为今人所喜爱的特点：诗人拜伦一生自始至终都是讽刺家。他以抨击"英格兰的吟游诗人和苏格兰的评论家"开始，以《唐璜》结束。这部杰作是与两篇类似的讽刺文同时写成的，其中描述了生活的种种表现，时而滑稽，时而悲惨，妙语连珠，挖苦嘲讽。在感情正激动或情节正紧张的时候，忽然笔锋一转，变成发表评论，针砭时事或自讥自嘲。这是浪漫主义的一种手法，在《唐璜》中，由于对双音节步韵的精湛运用而增加了力度。这首史诗没有完成，因为拜伦认为帮助希腊人赢得独立（514 ＞）更加重要。他在迈索隆吉翁死于热病，年仅 36 岁。

在关于拜伦的各种传记中，他婚姻的失败与他同女人的情爱关系完全占据了人们的注意力。关于他生平的书籍层出不穷，他与苏格兰的玛丽女王和拿破仑属于同一类，是后人永远说不尽的话题。但是，人们对拜伦的"罗曼史"过于好奇，却忽略了他与同性朋友的友谊以及他从事的活动。在这种关系中，他冷静过人，判断准确；在希腊，他表现出出色的组织能力；在英国议会上院，他像政治家一样口才雄辩。他大声疾呼反对严惩"卢德分子"，即由于机器的使用失业，愤而捣毁机器的工人。最后，拜伦像司汤达一样，是注重事实的批评家，还是一流的书信作者。在莎士比亚与蒲柏之间，拜伦更喜欢后者，并且说他自己的诗不值一提，不过里面的历史细节还是真实可靠的。［参阅由雅克·巴尔赞（Jacques Barzun）编写的《拜伦书札》（*The Letters of Byron*），书中概述了他的生平和见解。］

※

本书开始介绍浪漫主义运动时，指出卢梭的《爱弥儿》通过阐明宗教信念而震撼了 19 世纪许多人的心灵。该书的其他部分对教育也具有同等影响力。卢梭认为，培养好一个孩子可以造就一个成功的共和国所需要的"人和公民"。这是一种有责任心的自由人，他们享受的不是没有文明艺术和科学的自由，而是没有旧制度那种虚伪做作和不平等的自由。后来，旧制度被摧毁，于是制定完美的教育计划对从事重建工作的人来说更加成为燃眉之急。除了政治目的之外，还加上了新时代所特有的爱的冲动——对个人的同情和慷慨。而当所涉及的个人是孩子的时候，帮助他们的愿望就更加坚决。19 世纪 20 年代和 30 年代，有三位思想家几乎同时提出了新型教育的主张。其中热情最高

487

的是弗里德里希·福禄培尔。他信奉卢梭所倡导，今已得到普遍接受的观点，即真正的教育是个人的充分发展，通过从事自由但又有人引导的活动来发展天赋才能。他自己不幸福的童年与这一理想恰恰相反，这反而令他更加勇于创新，发愤图强。

福禄培尔的继母歹毒刻薄，父亲不闻不问，身边又没有玩伴。在这种环境中长大的他情绪多变，适应不良，做事没有常性，叛逆而且霸道，人见人厌。他识字很吃力，被认为愚笨不可造就，遂被送去当伐木工学徒。他对大自然的热爱成了他躲避羞辱的庇护所。一个兄弟为他打开了智慧乐园的大门，把他从自杀性的绝望中拯救出来。他在哥廷根大学学习之后，成为浪漫主义教育学的另一位理论家裴斯泰洛齐的助手。福禄培尔先为他五个失去双亲的侄子建立了一所学校，其纲领是要"教育人成为自由人"。他否认原罪的存在，坚称所有社会邪恶都源于教育不得法，并认为，除了母亲的哺育之外，孩子成长中的最大需要是自我表达。福禄培尔在著述中掺杂了一些完全无关的奇思异想，加上他性格孤僻古怪，对他的所有努力造成了妨碍。

然后，在年已 55 岁仍一事无成的时候，他发明了幼儿园。幼儿园起初是为穷苦孩子开办的，他感到终于找到了自己的归宿。他给这个新办的机构起了一个令人难忘的名字——Kleinkinderbeschäftigungsanstalt[1]。直到 3 年以后才偶然想出了幼儿园（Kindergarten）这个名字。爱好大自然的福禄培尔认为，儿童如同一株植物，应让其自由成长。福禄培尔这个发明很快得到效仿。母亲的作用开始得到重视，编写了很多儿歌，"表现世界大同"的玩具作为礼物赠送给孩子们。福禄培尔把剪纸、橡皮泥、编织和"玩手指"游戏编进教程。这些教学内容看来无伤大雅，但是却遭到了强烈反对，幼儿园只好关门。福禄培尔设法找到冯·马连霍尔兹-布洛夫男爵夫人做他的赞助人。她在国内外四处发表演说，宣传他的发明，并到伦敦将狄更斯争取了过来，成为一名支持者。到了世纪中叶福禄培尔与世长辞的时候，尽管幼儿园在俄国

---

[1]　可大致译为"为幼儿所开办的机构"。——译者注

被视为具有颠覆性而禁止开设，但是在美国却取得了长足的进展，先是在威斯康星州的沃特敦开设，然后发展到波士顿，这完全是伊丽莎白·皮博迪积极活动的功劳。20年之后，幼儿园发展到了纽约。

福禄培尔曾在裴斯泰洛齐手下当过一段时间助手，把他视为恩师。裴斯泰洛齐也是卢梭的狂热信徒，因此，他们两人其实是受同一来源的启发，而不是其中一个启发了另一个。裴斯泰洛齐先出版了他的理论，在整个西方久负盛名。他的实践工作始于1798年，当时法国军队摧毁了瑞士卢塞恩湖畔的一个村镇，弃下大批孤儿无人照料，人数远远超过了福禄培尔的五个侄子。裴斯泰洛齐为他们提供食宿，在他们身上试验他的学说。他的学说古来有之（< 181）——教事物，而不是词语；用大师的话说，要教的是"活着的生灵而不是死去的人物，信念与爱的行为而不是深奥玄妙的信条，实质而不是幻影"。

后来，法国人又回来了，赶走了裴斯泰洛齐。于是他去别处开了一所学校。开始也遭到了通常的反对，但是，在短短不到6年内，他就获得了巨大成功，引起人们的惊异和赞许。他的方法是任学生自然发展，心智作为一个有机的整体随年龄增长而发育；顺应自然，直接用感官进行观察，老师只加以引导而不是填鸭式地强灌知识。这些人们今天耳熟能详的观点当时被认为是翘盼已久的解放。这种现象在历史上一再重现，最后导致了自己的失败（793 >）。在福禄培尔和裴斯泰洛齐的努力之外，前面提到的巴伐利亚小说家，"独一无二的让-保罗"，写了厚厚的一本书，对卢梭及其追随者的理论中关于老师的作用提出修改。他认为，卢梭式的老师过于消极，老师应该积极地超越现状，努力实现理想中的目标。

里希特尔辞世30年后，在大洋的彼岸，一位任美国马萨诸塞州州参议员的青年律师应邀出任新成立的教育局局长。虽然他从未思考过教育问题，但还是接受了这个机会，把所有法律书籍都卖掉，并不顾朋友的劝阻，放弃了法律事务所的租约。他就是霍拉斯·曼。在从政期间，他就一贯坚守原则；他后来形成的一套教育思想综合了政治和教育不能仅仅是发展，因为一切有生命的东西都在不断发展；教育也不能局限于开发一切力量，因为我们永远不会同时运用所有这些力量。

教育儿童不是为了眼前——即使没有我们的不断帮助，眼前该发生的事情也总是会发生的。教育儿童是为了遥远的未来，目的正是为了改变眼前的状况。

——让－保罗·里希特尔
《勒旺娜》（1806 年）

489

道德的内容。他关心的不是改革教育，而是倡导教育。如同杰斐逊早些时候为弗吉尼亚州立法时提出的那样，曼认为教育与共和国息息相关。这又与卢梭的理论相同，不过它可能是曼自己自发的信念。知识必须广为传播，自由开放，向全民普及，这样才能造就自尊自立的人。没有这样的人，任何宪法、权利和司法制度都是不可能长久的。曼深深地意识到美国人民族裔和传统的多样性，不管是世俗的，还是宗教的。公立学校必须通过他所谓的"公共哲学"来培养一种共同感，这种哲学尽管尚未编写出来，但是它显然要以公民学、伦理和历史为基础。

在这些前提的基础上，曼写了 12 份报告，提出并阐述了自由教育的计划，从向学生介绍优秀著作到教授声乐，强调阅读、算术和写作三项基本功，再加上人体生理学（用我们今天的术语来讲就是卫生教育）。要实现他制定的头脑好、身体好的标准的第二点，校舍必须通风、清洁、采光好。虽然曼实现了他的各项目标，成为美国教育史上的重要人物，但是，今天却有人指责他要求太低：为什么不实行免费高等教育？为什么不规定只能有公共教育？这第二条批评也许会得到重新考虑。无论如何，对曼的思想加以评判的时候，应当考虑到 19 世纪 40 年代的社会和政治状况。当时社会上还指望孩子帮助父亲干农活，而当农民的父亲觉得读书毫无用处，立法者并不喜欢用公款来办学。曼呼吁建立免费公立学校的论点同共和国制度下的权利与义务是密不可分的。这也提醒我们，在 1840 年的世界里，并不是所有政府都实行了共和制，很少国家制定有宪法，1789 年在法国宣布的权利当时被欧洲和其他地区的许多人认为已被废除，一去不复返了。

横断面：1830年前后巴黎所见

如果前面对浪漫主义的灵与智所作的概括和说明尚属准确恰当，那么，读者应当得到这样的总体印象：在浪漫主义作品中，思想和感情融为一体；浪漫主义执着于探索与发现，哪怕犯错误，冒风险，甚至失败都在所不惜；宗教感情与生俱来，必须表达；神灵确实存在，但所置的地方不同，而且在哪里并不重要，通过大自然或者艺术均可接触上帝。人必须根据自己的知识和判断采取行动，因为如同20世纪的存在主义者所说，人是积极参与的。要有所作为，热情就必须战胜漠然或绝望，冲动必须遵从想象和理性。求索的目标是真理，而真理寓于具体事物当中，而不是在于泛泛之论；世界比任何一组抽象的概念都要庞大、复杂得多，而且它包括过去，因为过去是永远不会完全消失的。通过对过去和现在的沉思，认识到人既伟大又可怜。但是，英雄是实实在在、不可或缺的。他们来自人民，而人民的灵与智是构成高级文化的基础材料。英雄和人民历经坎坷找到了知识、宗教和艺术，人生本身就是一出壮丽的悲剧。

在经历了25年的斗争和怀疑之后，浪漫主义时期就是抱着上述这些自觉或不自觉的认识从事重建文化的工作的。到了1830年，基础已经整平。正如缪塞所说："旧的都已清除，新的尚未建立。"实际上，这个时代并不缺乏有独到见解的伟大思想家，他们在政治、经济和科学领域的思想和行动从一开始就受到了注意，直至今天成为高级文化的内容。

492　　19世纪20年代和30年代的巴黎明显地成为国内外艺术家和作家的荟萃之地。也是在30年代期间，涌现出了第二代浪漫主义者的领袖。不过，先要来看看巴黎市本身。假使当时有人乘坐气球飞越巴黎上空的话，他根本看不到今天连从未到过那里的人都耳熟能详的标志——没有埃菲尔铁塔，没有协和广场，只有一大片沟壑纵横的泥地，中间找不到一块方尖碑。香榭丽舍还只是一条很宽的泥路，末端只有一些石头墩子，那是尚未完工的凯旋门。

　　污浊不堪的塞纳河从城市中心穿流而过，河上挤满了驳船、浆洗船，以及停泊在尚未砌上石块、高低不平的河岸边的浮动式水上浴室。14座桥横跨河面，这个数目大约为今天数目的一半。其中一些桥上还沿桥盖了一些房子或店铺。卢浮宫几近完工，里面摆设了一些艺术作品，一些艺术家在里面住宿，还有一些房间由政府用作储物室。对面的杜伊勒里花园里有一座宽敞的宫殿（现已被毁），里面住着复辟的波旁国王查理十世。旁边的德里沃利大街像今天一样通往皇家大道，路的尽头还看不见建筑风格像庙宇般的马德兰教堂，只有刚刚奠定的地基。不久之后，投机土地的人们（其中包括巴尔扎克）将竞相争夺周围的地皮，因为从巴黎至圣-日耳曼的第一条铁路即将开通，他们都认为将要在那里建造火车站。当时还没有设想过要建造宏大的歌剧院。至于另一座纪念碑——用战争年代缴获的大炮铸成的纪念柱，它依然耸立在旺多姆广场，但柱顶去掉了拿破仑的塑像，改为一朵硕大的鸢尾花。

　　走小路十分危险。其中多为隘巷，不少是死胡同，且大都没铺路面，两边也没有人行道。相当一部分横街小巷当中都有一条古老的污水沟，供道路两旁的住家每日倾倒脏水。简言之，当时法国首都的相当一部分地区仍旧是最初时的那个杂乱无章、拥挤不堪的小镇。曾经去过干净、卫生的米兰的司汤达就总是咒骂巴黎到处都是黏糊糊的污泥，树木稀少。巴黎周围的城墙限制了它的向外发展，直到19世纪40年代中才将城墙外移，把周围的村庄纳入都市的范畴。而在那以前，肖邦和维尼去蒙马特探访柏辽兹就算是到乡下郊游了。

即使如此，巴黎还是显露出一些进步的迹象。在长期遭受忽视之后，楼房开始被刷洗一新，主要街道的路面全部铺齐。开辟了新的住宅区。维克多·雨果就搬到埃图瓦勒附近的一个新区去住了。12 000盏路灯改用煤气，取代了冒浓烟发怪味的灯油。两项发明开始一点点地得到实施，它们是刚由约翰·麦克亚当发明的铺路法和使用公共马车的公共交通。人口在30年内几乎增加了50%，达到78.6万人，这个城市越来越需要现代式的住房——高大的公寓楼。虽然楼里的房间布局很差，但总的来说已经是一大进步，各社会阶级在其中混居，就像在大街上或者市里的14家剧院里一样。大楼的底层也许是一家店铺，店主同家人、仆人和学徒都住在里面；上面的二楼住的是有钱人；再往上一层则是"小康人家"住的，如一对退休的夫妇或是领取养老金的将军；店员或手艺人（不是工厂里的工人）住得更高；最上面的阁楼里则可能住着制帽女工和饥肠辘辘的诗人，他们俩挤在一起，相互分担彼此的困苦。

493

对那些组成所谓的全巴黎（Tout Paris，不是指所有巴黎人，而是指文化界举足轻重的人们及其追随者）的巴黎人来说，三件大事使1830年成为令人难忘的一年。第一件大事发生在2月间，是由法国新青年（或称才俊青年）对卫道士发起的"《欧那尼》之战"。在雨果的《欧那尼》话剧首演那天，青年诗人泰奥菲勒·戈蒂埃身穿红色马甲作为招引大军的旌旗，指挥着他的斗士占据了剧院的重要地形，以确保演员不会被观众嘘下台。此前，人人都听说了浪漫这个字眼，这种手法到了法国新青年手里就意味着冲破诗歌的条条框框，摒弃舞台上的高雅语言。当晚的演出造成了巨大的震撼：句子不按意思来分行押韵，而是直接连着下一行，挤掉了当中的停顿；优雅的吟诵没有了，变为结结巴巴的念白。更糟糕的是台词不成体统，下里巴人挤掉了阳春白雪。一个角色在某处说道："现在是半夜了。"而不是用婉转的方式加以表述。连手绢这种不检点的词居然也说了出来，听在观众的耳朵里如同炸雷一般震耳欲聋。

那次危机发生很久以前，一向稳重的观众就已经对这种新戏剧喝倒彩（在法国是吹口哨）、顿足、高喊"谋杀"。与此相对应的是年轻的文人学士的阵阵掌声，加以高声回骂。剧院二楼前排坐着一大批备有带线鱼钩的人，随时准备把下面坐着的资产阶级观众的假发钩掉。法文中假发（perruque）一词的词义因此而引申为"知识或艺术方面的死硬派"。青年军首战告捷，次日的演出又获全胜。顺便提一下，欧那尼是一个强盗，他赢得了一位同时被一个贵族公子和一个国王追求的侯门淑女的芳心。在观众中的青年艺术反叛者眼里，这个最终做出了高尚牺牲的拜伦式英雄就是他们的手足，而这出话剧就像活生生的寓言故事一般。

第二件使人感到解放的大事发生在同年 7 月底。由于连续两任波旁国王尽力恢复旧制度的形式与权力，结果发展成对新闻出版实行检查，以压制各种抗议之声。这种压制最终引发了火山爆发。经过三天的搏斗，推翻了法国国王查理十世，立其堂弟路易-菲力普为法国新国王，以此来暗示一国之君须为其行为负责。这次起义有一位银行家和其他受人尊敬的公民撑腰，有记者从旁助威，由学生和工匠参加战斗。起义的信号是高唱（在此之前一直被禁的）革命歌曲《马赛曲》和高举鲜艳的三色旗，取代原来的白色旗。在德拉克洛瓦绘制的《自由领导人民》中，飘扬的三色旗处于中心的位置。那幅画并不完全是宣传作品。画中，象征自由的女子昂首挺胸，大步向前，身旁一个栩栩如生的街童手持着枪，站在被战火摧毁的颓墙断壁之中。在这场战斗中，2 212 人丧生，5 451 人受伤。起义军筑起了 4 054 座街垒，共用了812.5 万块石头，都是从路上撬起来的。原本不结实的路面和狭窄的街道成了他们的天赐武器。

起义爆发之日，一位年轻的积极分子正和其他一些竞争对手被关在法兰西学院里进行角逐罗马奖的作曲比赛。当他正午时分走出来的时候，恰好看见一群人在街头交谈，遂上前跟他们打招呼，率领他们唱起《马赛曲》来。他的名字是——

柏辽兹

是他造成了那一年第三件惊天动地的大事，不过那是当年 12 月，也就是 4 个月以后的事了。当时，他年方 26 岁，6 年前从老家，阿尔卑斯山附近的一个村庄，来巴黎学医。他的父亲就是医生，家庭经济富裕，备受尊重。家里希望柏辽兹这个孩子早年显露出来的弹奏和作曲的才华只作为他的业余爱好。但是他到了巴黎之后，只顾着上歌剧院听格鲁克的曲子（< 416），没有时间学医。音乐界的耆宿勒絮尔收下了这位 20 岁的弟子。当柏辽兹因疏于学业而引起家人极力反对时，这位原来皇帝的宫廷作曲家向他们苦苦恳求千万不要耽误了柏辽兹的远大前程。

接着，柏辽兹进入音乐学院就读，一边忍受着同父母的紧张关系——生活费时寄时停——一边跟着教程刻苦学习，每年都得参加争夺罗马大奖的比赛。今天，柏辽兹一些当年三次都未能获奖的作品在世界各地的音乐厅广为演奏，可以想见，他采用的独到创新的手法曾使当时的评委大惑不解。1830 年，他终于赢得了大奖。与此同时，他又谱写了三首前奏曲、两首大合唱、一首安魂曲、一部歌剧的若干乐章，外加一部由五个乐章组成的交响曲，他希望在赴罗马长住两年之前，这部交响曲能得到演奏。他把这首交响曲命名为"幻想交响曲"。

他与歌剧院和别处的音乐演奏家广交朋友，他们都愿意演奏他的作品。这时他已经开始撰写音乐评论文章，因此发现了新闻的威力。圣伯夫告诉我们，在那个时候，报纸的发行量不大，读者就像一家人一样，人人都知道正在发生的事情。柏辽兹考虑到这一点，便为自己的交响乐撰写说明，用文字将几个乐章连接起来，编成故事。它有一种自传的味道，因而引起了人们的好奇。其实，这部交响曲并不是叙述诗；音乐是不能讲故事的。里面的五个乐章表达的是不同的情感：第一乐章表达的是对爱情的憧憬，第三乐章描绘了美丽的田园风光，其他的乐章则充满了动作——华尔兹舞曲、进行曲和巫者之舞。

495

表达绝不是戏剧性音乐的唯一目标，只注意旋律、和声、节奏和配乐描绘激情的能力，而鄙视它们带来的纯感官的享受是愚蠢和迂腐的态度。

——柏辽兹（1835 年前后）

柏辽兹在《幻想交响曲》中使用了这样一种音乐手法：他确定了一个主题，同每个乐章的音乐或是融为一体，或是形成对比；正是这一纯音乐的手法使人相信他的交响曲讲的是一个故事。这种创新手法为后来被称作"交响诗"的体裁提供了模型，使后来的作曲家得以谱写出像《塔索》《但丁》《堂·吉诃德》或者《英雄的一生》这样的作品。这些"故事"被人们自然而然地接受了。但是柏辽兹把音乐和节目单说明结合起来的做法造成了一个不幸的后果，它创造了"节目单音乐"（标题音乐）的神话，使人认为一些音乐是"纯音乐"，是独立的，而其他一些音乐则是"文学音乐"，需要书面印刷的文字相助才能理解和欣赏。其实这种区别是凭空想象出来的，后面的章节讲到晚些时候的情况时将会提出此说的论据；晚些时候出现了一种教条，规定所有艺术都要"纯粹"，禁锢了艺术评论家和美学家的心灵（639 ＞）。这里只需指出，柏辽兹的第一部交响曲过去和现在都是纯音乐，因为以能够辨认的方式组合而成的音乐性声响只能是音乐。一部音乐作品可能通过给它贴上的标签与某种其他东西建立联系，但这并没有改变它的特征，而且这种联系可以随时不予考虑。

同时，纯粹和节目单这两个词造成的混淆提醒人们注意音乐史上的一个重要事实。从《英雄交响曲》开始，贝多芬的各部交响曲听众初听时都觉得深奥难懂。于是，能听懂这种音乐形式的内行就撰写评注，帮助茫然的听众理解音乐。既然贝多芬的交响乐目标宏大，效果感人，那么最好的办法就是编出一个有人物有情节的故事，如同人们所熟悉的歌剧一样。为一部交响曲提出的"情节"不必同音乐完全吻合，只要暗示某些章节的意思，就能让听众尽情发挥想象力了。贝多芬的早期崇拜者之一是 E. T. A. 霍夫曼，他是一名指挥家兼作曲家，不过他的精彩经历（奥芬巴赫从他的故事中取材创作了大型歌剧《霍夫曼的故事》）反而掩盖了他作为歌剧作家的才华。他为贝多芬的交响曲编写节目单解说词，开了这种做法的先河。接着，舒曼、李斯特、柏辽兹、瓦格纳和许许多多的后来者都为自己谱写的音乐编配上剧情。到了 19 世纪最后的三分之一时期，公众已经完全习惯于在听一首器乐曲的时候，根据它的标题进行联想，或先听作曲家介绍创作该曲目时自己的想法、参考的书籍，以及创作的场所或缘由。今天，聪明的听众不会去猜想德彪西在创作《从黎明到正午的海上》的时候，面前是否摆着一份分小时的时间表。然而，他们心里依然会怀疑这是一首标题音乐。1830 年 12 月的大事是非凡之举，为节目单说明的撰写人树立了绝妙的榜样，从此以后他们就不厌其烦地一再承袭。

496

柏辽兹说自己继承了贝多芬未竟的音乐事业。他的意思是，由贝多芬创始的器乐曲的连续表现艺术（贝氏称之为"诗歌化"）是浪漫主义派对音乐的贡献。柏辽兹认为，自己的使命是通过增加表达的方式来进一步发展这种艺术。他打破了旋律中"四个和谐"的常规，摒弃了僵硬死板的节奏以及千篇一律的和声程式。他不仅扩大了音色的使用来增加音调色彩，而且还使之成为结构和对位效应的要素，同时又没有放弃他所崇拜的大师们——格鲁克、施邦蒂尼、韦伯和贝多芬——业已运用的办法。柏辽兹的风格自成一体，这一点是毫无疑问的。《幻想交响曲》中女巫横冲直撞的声音或《哈罗德在意大利》中强盗大逞威风的意境是史无前例的。［欲了解这方面的技术分析，可读布赖恩·普里默（Brian Primmer）的《柏辽兹风格》（*The Berlioz Style*）。］

新音乐并不光是喧闹热烈。诗人威廉·欧内斯特·亨利在《浪漫主义注评》里说"1830 年意气风发的青年"群情激昂，"痛恨节制"，决心"返回真理与大自然"。这个说法貌似有理，但将两件事混为了一谈。在伟大的艺术时代，聚集在一起辩论和竞争的艺术家确实会热血沸腾。但是，这种"疯狂"，如同《欧那尼》和《幻想交响曲》等作品所掀起的兴奋一样，并没有改变艺术创作永恒不变的规律。长时间单独埋头苦干，获取大量知识，长期的思考和修改——所有这些因素汇总起来，才能提高对艺术的掌握。

柏辽兹的第一部巨作问世 10 年之后，他又出了五部作品：《哈罗德在意大利》、《安魂曲》、歌剧《欢迎切利尼》、戏剧交响曲《罗密欧与朱丽叶》（年方 26 岁、初到巴黎的瓦格纳曾被它深深打动）和受拿破仑的启发而作的《葬礼和凯旋交响曲》。在他生命的后 30 年中，他在欧洲各地指挥自己（和贝多芬）作品的演奏。他向整个音乐世界教授浪漫主义音乐的实质和诗意，这方面的努力全靠他自己，没有经理人，也不拿补贴；同时，他还为巴黎最大的报纸撰写音乐评论文章，又尽力创作出另外五部大作，其中包括史诗音乐剧《特洛伊人》。他死于普法战争前夕，从而幸免了战乱的疯狂和艰辛。

就在那个时候，我开始了反对教授、墨守成规者和聋子的三十年战争。

——柏辽兹（1855 年）

497 从他没有明显的继承人这个意义上说，柏辽兹没有形成自己的流派，这是他风格独特和教授广博的结果。他在旋律上的创新是无法仿效的，范·迪埃伦评价说这是继莫扎特之后最伟大的成就。罗伯特·克拉夫特说："柏辽兹靠他的旋律进入了 20 世纪。"这表明他带来的解放涉及面之广，超过了他的同代人所能利用的发明创新，例如，使用线间空白来修饰音色。但是，研习作曲者发现他的乐谱和《配器法》不仅仅是实际指南，而且是音乐美学，其中没有规定一套必须遵从的体系，而是提出可以进一步探索的一种观念。同样，除了其他作曲家（尤其是瓦格纳）所借用的一些主题与和声之外，真正对研习者影响至深的并不是乐谱和配器，而是柏辽兹进行创作的方式，他利用音乐要素创作出象征性的艺术语言，那些表意丰富的转折和附加旋律诱使别人忍不住自己也一试身手。在任何艺术中，感染力最大的是风格。这一点是千真万确的。

※

在 1830 年这个不平凡的年度前后的几十年里，大多数巴黎人耳闻目睹的许多事情无疑比任何艺术事件都有意思得多。在西班牙、葡萄牙、那不勒斯、教皇国、波兰和美国南部等许多地方，叛乱的硝烟四起；比利时揭竿而起反对荷兰，不久后成为独立国家；德国发生了

柏辽兹不仅为他的同时代人指明了使音乐获得最好发展的方法，而且还总结了音乐所取得的一切成就。他使旋律重获了曾经失去的节奏自由，他对音调所作的改变利用了贝多芬曾经预见的所有可能。他的和谐行进的作品展示了音乐的定律可以怎样改写。这是一项巨大的技术成就。

——布赖恩·普里默《柏辽兹风格》
（1973 年）

暴乱；在英国第二大城市布里斯托尔，即将通过的《改革法案》引起了暴力冲突；路易-菲力普统治的法国新政府尽管征服了阿尔及利亚，将它收为殖民地，而且还在组织外国军团，但是有整整两年的时间，它一直在与罢工的里昂丝织工人纠缠。

在首都巴黎，源于远东并横扫欧洲的霍乱已经开始肆虐。它会用一种戏剧性的，可以说是浪漫主义的方式进行袭击——在歌剧院举行的舞会上，有人会突然一声大叫，继而瘫倒在地，顿时毙命。致死的直接原因是虚脱。苏格兰的一位内科医生发明了一种疗法——喝一杯盐水。不过，这种疗法只是在当地流传。在巴黎，尽管各种偏方数不胜数，广受人民爱戴的首相卡西米尔·佩里耶仍然死于此病；在柏林，黑格尔也因此倒下。［参阅诺尔曼·龙梅特（Norman Longmate）所著《霍乱王》（King Cholera）。］与此同时，巴黎人又掀起了一波英国热。英国摄政王的行事之道成了人人争相模仿的榜样。像所有摄政王时期一样，这个时期道德弛荡，奢侈浪费。娱乐成为首务，因为乔治五世和他的宫廷需要娱乐。他们开始搞更多的赛马"会"，把拳击提升为最时髦的观赏活动之一。在英国南部海滨城市布莱敦建造了一所豪华的庭宇和一座伸出海外的码头，作为各种娱乐活动，包括洗海水浴的场所。海滨胜地纷纷建起，而内地的巴斯则成了社会渣滓、流氓赌棍

498

麇集的地方。[若想阅读这方面的叙述，请看狄更斯的《匹克威克外传》（*Pickwick Papers*）第 25 章。]

接着出现了花花公子时尚。这个别致的发明是布赖恩·布鲁梅尔的功劳。他并非贵族出身，是一个上等仆人的儿子。作为摄政王的朋友，他硬性规定了一套新颖独到的男士时尚和行为。花花公子常被人与 18 世纪的纨绔子弟混为一谈，实际上正好相反。花花公子毫不炫耀招摇，穿着朴素低调，但又十全十美：一针一线、每一个衣褶都恰到好处，头发一丝不乱。他并不以妙语连珠、风趣诙谐的表现让周围的人为之倾倒，而是寡言少语，沉默庄重，好像生怕过于活跃会弄乱他的领巾似的。不过，他虽然不苟言笑，活像从时装画片上走下来的模特儿，但不时也会冒出几句伤人的妙句。[参阅埃伦·莫埃斯（Ellen Moers）所著《从布鲁梅尔到比尔博姆的花花公子时尚》（*The Dandy From Brummel to Beerbohm*）。]

在法国，很快就有人起而效仿，出名的有多尔赛伯爵和著名诗人缪塞。采取这种做派的唯一一个英国作家是小说家布沃尔-利顿。对艺术家来说，它向资产阶级的礼仪提出了挑衅，甚至表现出蔑视。布鲁梅尔原先的风格很难一直维持。但是，当他的风格同过去的社交要素——贵族的优雅和上层资产阶级的诚挚——结合起来的时候，就帮助形成了绅士的理想形象：如同花花公子一般潇洒冷静，但比他更加温文尔雅。[参看哈罗德·尼科尔森（Harold Nicholson）所著《高雅行为》（*Good Behavior*）。]

在英国的其他时髦中，法国采纳了赛马并成立了赛马俱乐部。青年人乘坐着轻型马车到处游玩，这种马车以山羊（cabriolet）命名（后来美国英语中的出租车俗称"cab"，就是由此而来）。如果要严格符合社交礼仪，他们还需让一个男孩，有时是一个黑人男孩，坐在马车背后。不知出于何种原因，这种孩子被叫作"老虎"（tiger）。至于着装，法国人改良了花花公子风格，身穿色彩鲜艳的紧身短大衣招摇过市，尖尖的领子竖起直抵下巴，裤腿用一条蹬在脚底的带子绷得紧紧的，头戴擦得锃亮的高帽。当局称这种服装体现了"本世纪第二个时装独创时期"。一个真正的进步是，由于这种衣着太过死板，没法给孩子穿，于是孩子们不再穿得像小大人一样了。

不太时髦的娱乐也同样存在并颇受欢迎。三大天才——贝利尼、罗西尼和多尼采蒂——谱写和制作了大量意大利歌剧。他们的音乐使司汤达心醉神迷，就像他过去聆听到他们的先驱西马罗沙时所感觉的一样。在这些作曲家的启发下，他写出巨著《罗西尼的一生》，再现了整个这个音乐流派所创造的气氛。意大利歌剧的迷人之处在于其无穷无尽的旋律，抒情性大于戏剧性，但是又变化多端、生动活泼、易于记忆。它表述人物和场景，但并不强调忧郁的一面。例如，贝利尼的《罗密欧与朱丽叶》与莎士比亚的同名话剧不同，是音乐喜剧。多尼采蒂在19世纪40年代中叶因病无法继续作曲之前，本来在朝着悲剧风格发展。他那类作品故事的展开胡编乱造，处理方法异想天开，结果没能流传下来，致使许多美妙的音乐无人知晓。罗西尼的一些歌剧剧名得以留存全靠其中的前奏曲。在这个时期，歌剧里的前奏曲正在成为另外一种独立的音乐体裁。

柏辽兹的《幻想交响曲》曾在法国国家音乐学院的音乐厅里演奏过。别处的听众，如歌剧院的听众，也许会说，1830年真正的音乐大事是奥柏在布鲁塞尔上演的新歌剧。这部歌剧讲述的是17世纪那不勒斯一位名叫马萨尼尔罗的叛逆者的悲惨故事，上演之后，它在比利时激起了叛乱的燎原烈火，最终使比利时摆脱了荷兰人的统治。正巧，歌剧的最后一幕表现了维苏威火山的爆发。这部歌剧获得了不同寻常的艺术成功之后，梅耶贝尔的《魔鬼罗伯特》次年在巴黎首演。回想起来，这是第一部被称为大歌剧的作品，因为全剧既规模宏大（分五场），又奢侈豪华（道具用天鹅绒和黄金制作）。这部新作品庄重严肃，但虚假做作，可是观众信以为真，因而广受欢迎，成为作曲家和歌词作者争相效仿的榜样，直至后来瓦格纳另辟蹊径（637 ＞）。歌剧中充满抑扬顿挫的咏叹调和激动人心的宣叙调，使歌唱家有机会通过表演

499

给观众留下悲剧的印象。

　　为了使场面逼真，运用了新的道具。家具、地毯、木门、圆柱、回廊、墓碑全都货真价实（后来还发展到将活山羊和真正的瀑布搬上舞台），不由人不信。由于舞台上装了地板门，剧中人物能在云雾中突然出现或消失得无影无踪，新的汽灯照明使日间时辰随意变化。在《魔鬼罗伯特》首演当晚，一片云彩掉落下来砸到女芭蕾舞演员身上，男高音又掉进了地板门。不过，他们没有受伤，又继续演出，赢得观众热烈的掌声。在这个世纪，各种风格形式的歌剧占了主导地位，而由歌剧派生出来的芭蕾舞成为另一种既独立，又依附于歌剧的豪华、奢侈的艺术形式。《魔鬼罗伯特》问世一年之后，舞姿曼妙、扣人心弦的玛丽亚·塔廖尼（516＞）将大型芭蕾舞首次搬上舞台。这期间，音乐会的规模通常也相当庞大，一场音乐演唱会可能汇集多名钢琴演奏家和主要歌唱家，分别登台表演十几个节目。一位音乐评论家注意到，到午夜时分，一部分观众纷纷离席。听众中既有注重音乐的爱好者，也有醉心钢琴弹奏技巧的人；不过，无论是哪一种听众，对于抒情曲、浪漫曲、各种乐器独奏，都听得如醉如痴，尤其钟爱由女高音演唱的著名歌剧中的咏叹调和由钢琴家演奏的这些调子的"精彩"改编曲。李斯特曾一度因为迎合这种需求而颇受欢迎。不过，他后来厌于此道，转而写作更扎实的作品。肖邦从一开始就决定不与李斯特和塔尔贝格这两位旗鼓相当的钢琴大师争高下。另外还有两颗灿烂夺目的明星：帕格尼尼和贝里奥两位小提琴家。著名歌唱家来自国外，28 岁即英年早逝的女高音玛丽亚（加西亚）·马利布兰生前和身后都盛名难及。缪塞为她写了一首世上最伟大的挽歌，称她为典型的艺术家，把一生都献给了艺术。尽管她广受赞誉，但是真正欣赏和珍爱她的艺术的人却为数寥寥。

　　广受欢迎的新兴艺术形式还包括新式舞蹈。此前，华尔兹已登上舞坛，现在又引进了西方世界之外国家的舞蹈形式，还借鉴了乡村舞蹈的形式。波兰的波尔卡舞和马祖卡舞、西班牙的塞吉迪亚舞、加洛泼舞以及其他的乡村舞蹈都被采纳或稍作改动，以配得上漂亮的舞鞋和打蜡的木地板。舞会中悠扬着外国音乐。肖邦甚至采用他家乡舞曲的节奏写出令人陶醉的曲目在音乐会上演奏。一大批名不见经传的音乐家对这种时尚加以利用，将每一首曲子都改写成舞曲。

至于华尔兹舞，应该说，它使人的行为举止发生了巨大变化；事实上，它标明了性关系史中的一个重要日子。所有舞蹈都有肉欲的成分，但是在此之前的几个世纪里，只有农村的低等阶层才有权充分享受它。城里人自认为有尊重文明的义务，只限于跳集体舞，整批人按规定的步伐斯文地走动，将舞步简化成有节制的行走，当中不时停下来相互行礼，只有在转圈或更换舞伴时才摸触对方的手。

源于德意志的华尔兹舞改变了这一切。如前所述，华尔兹舞长期以来一直是工匠在行会会所中的一种休闲消遣方式，当移植过来时，把《哦，亲爱的奥古斯丁》的传统曲调也一块儿带了进来。歌词和音乐永远地打破了优雅的集体舞，把它变为双人舞，将不同形式的蹦跳变成旋转。看到（和参加）男女成双成对地紧紧相拥，按四分之三的拍子以令人眩晕的速度旋转，这给人造成的震惊是巨大而长期的。人

> 我看见可怜的霍尔南姆夫人双手半搂着一个我从未见过，像是轻骑兵的大块头绅士的腰，而他则几乎完全抱住她的腰。他们随着一种像跷跷板一样上下跌宕的音乐在不停地转圈，转啊，转啊……此时此景，我的惊讶之状可想而知。我问人这到底是怎么回事："你看不见他们在跳尔兹——华尔兹吗？"（我忘了是哪个名字）。现在我既然知道了它是什么东西，我就很喜欢它。——贺拉斯·霍尔南姆，乡绅。
>
> ——拜伦，《华尔兹》中《致出版商》（1812 年）

们花了整整 10 年的时间才无可奈何地接受了这种不雅的舞蹈（理由如通常的一样："没有办法，它已经扎下根了"）。1812 年，拜伦写了一首讽刺性短诗《华尔兹》。1830 年，柏辽兹已经可以用华尔兹舞曲作为他的《幻想交响曲》的第二乐章。[请读拜伦的诗作和聆听柏辽兹的音乐。]

室内乐在巴黎不大受人青睐，除了一位小提琴家拜洛特还对它孜

孜以求。歌德却对室内乐大为欣赏，他把这种乐趣描述为聆听四个文明人的谈话。如果其他人也有同感的话，也许是因为它的氛围太像 18 世纪的沙龙了。此外，贝多芬的四重奏还无人知晓，试演的新作品让听众感到迷惑不解。

501

※

1830 年，法国有一个重大事件却没有使巴黎艺术界激动起来。说起来这也是很自然的事，因为它是在科学院发生的事情。不过，这则消息传到了住在魏玛的歌德耳中。虽然他通常不为任何事情所打动，但是这次他却表现出极大的兴奋。在那段日子里，一位名叫埃克曼的青年诗人一直紧随他的左右，埃克曼将他们之间的对话记录了下来。以下是那一年 8 月 2 日他们对话的中心内容：

"告诉我，"我刚一进门，歌德就大喊道，"你对这件大事有何感想？火山已经爆发，一切都熊熊燃烧起来了，再也不是关着的门后面发生的事了。"

"真可怕，"我回答说，因为我知道 1830 年的革命刚刚爆发。"王室就要去国流亡了。"

"我的好朋友，你没明白我的意思，"歌德回答说，"我说的不是那些人。我说的是居维叶和杰弗洛伊·圣希莱尔在科学院里就最重要的科学问题公开决裂。你无法想象我听到 7 月 19 日会议的消息时的那种感觉。"

这一科学上的争论是围绕拉马克提出的生物变化的假设——进化论——而进行的（< 445）。圣希莱尔以在埃及进行的大量研究为后盾（< 445），反驳了居维叶这位当时首屈一指的解剖学家——自称能从一块骨头重新建造出整个动物的人。歌德之所以对此感兴趣，不仅仅是出于一个爱好科学的外国知识分子的好奇心，其实他本人也是科学家。他对植物变种的研究成果当时已经得到园艺学家的接受；他对

颌骨的发现也为解剖学家所认同；他在地质学方面提出了有益的见解；尽管他对光所做的长期研究未能推翻牛顿的理论，但是他完全有权认为自己是可与那些倾其一生进行科研的人一比高低的实验家。

生物进化的思想对他具有吸引力，这是十分自然的，因为它同"一切事物具有生命且不断运动"的浪漫主义观点不谋而合，用现代的术语来说就是"宇宙充满活力"。因此，生物学是"周期性科学"，而不是物理学。如同在18世纪一样，探险队不断被派往世界各地去研究各种生命形式，包括"各个种族的人"。刚从剑桥毕业，不打算从事神职的年轻的查尔斯·达尔文于1831年出海（503＞），参加了一个包括这类研究内容的探险。洪堡同邦普朗漫游中美洲，采集了6万种植物标本，其中10%是欧洲所没有的。他返回欧洲后，为广大读者写了一本既严肃又引人入胜的书——《宇宙》，帮助形成了"科学"是一种单一的事业的思想。与此相比，在这10年里出现的一些新事物，如罗斯测定了北磁极的位置，或是罗巴切夫斯基提出了三角形的三个内角之和不等于180度的非欧几里得几何学，都没有引起公众的兴趣，因为它们比生物进化难理解，而进化论由于同《圣经》中的《创世记》相悖，因而有一定的新闻价值。1844年，就在达尔文的《物种起源》问世之前十几年的时候，一部匿名作在虔诚的教徒当中引起轩然大波。这本书名为"造物遗迹的自然历史"。它把进化论的思想扩大到全宇宙的范围，激发了人们想象力的自由翱翔，迪斯累里在他的小说《坦克雷德》中对此作了嘲讽。

生物进化论之所以得以成立，是因为生物的进步是看得见的，同时也是因为史学风行的缘故。从19世纪20年代起，对过去的记载往往把过去描述为成长的过程，是某种主张或制度的发展过程。伯克就

502

"你得知道，万物皆在发展——这是永不停息的原则。开初，空空无物；接着，出现了某种东西；再接着——我忘了——我想是出现了贝壳；然后是鱼类；然后就是我们——让我想想——然后是我们吗？别管了，我们是最后来到世间的，下一个变化会比我们优越得多，是长有翅膀的东西。"

——迪斯累里《坦克雷德》一书中的
康斯丹斯夫人语（1847年）

曾经指出，社会是一个有机体，因为它是由生命链组成的，因此即使个人消亡了，人类还是在不断获得新生。有机体学、生物学、史学和进化论都声称，它们解释当今社会或具体事物的方法是通过发现其以前的状况。尽管这种方法能揭示很多东西，但却有其危险之处。当把某种东西只看作它过去所有状态的总和时，所得出的结论只能像分析一样，是简化的结果；这种简化误以为一组要素能够代表一个发展中的物体，也等于否认今后进一步的变化。这种易犯的错误被称为"遗传学的谬误"。

※

对事物发展的研究必然会包括语言史。18 世纪对语言的起源和语法形式进行了大量思考，因为这两者对理性的崇拜者来说都十分重要。19 世纪初，人们从这些题目转入语言的具体事实及其在各地的异同。这种研究产生了被称为"规则"的一些固定出现的语言现象，如格林兄弟制定的日耳曼语言中元音变化的次序，又如日耳曼语和罗曼语的各大方言组以及可确定的小语种（如凯尔特语和闪米特语）之间的相像之处。当人们把可追溯到梵语的东方语言与西方语言组相比较时，发现了它们之间的相像，从而认定所有这些语言都有一个共同的鼻祖。从此以后，"印欧语系"中的各种语言遂成为那些自诩为语文学家（philologist，原为"文字爱好者"的意思）的西方学者最感兴趣的语种。

503　话语意味着人的存在，而各种语言则意味着不同民族的存在；语文学开始讨论凯尔特人、拉丁人、闪米特人、印度人以及书面记载中有案可稽的许多其他种族和民族。由于这些记录杂乱无章，难以核实，因此引起了学者之间的争执。19 世纪期间，成百上千的学者各执一词，争得难分难解，倒是无暇去捣别的乱了。印欧语言的渊源被认定为一种据信是最早的语言形式，叫"雅利安语"，从这种起始语言推断出存在这么一个民族。既然雅利安一词是"崇高"的意思，这个想象中的民族就被视为最高等的民族。

下一步可想而知，不同的种族各具专属特征这一概念从此大行其道。塔西佗的《日耳曼尼亚志》再次被挖掘出来作为日耳曼"种族"的定义。至于其他民族，恺撒的《高卢战记》派上了用场，一切载有任何"种族"资料的古老著作也都搬了出来。过去曾经有人声称欧洲各地的贵族都是征服了罗马的日耳曼人的后裔（＜ 295）。修辞学再次提出了这个主张，在它的基础上形成一种信念，认为存在一个优等民族，即日耳曼民族或北欧民族，有时也叫别的名字。例如，19 世纪初的学者约翰·平克顿就是语法方面的"撒克逊派"。

人们理所当然地认为，古代作家注意到的一个民族的体形和道德特征经历了几个世纪的世事沧桑之后依然故我，并且整个民族人人如此。日耳曼人身材高大，头发金黄，眼睛碧蓝。在东方的古代记载中，有证据表明雅利安人也有类似的相貌。所以，19 世纪生活在欧洲北部的人就是远古的雅利安民族留下的纯种后代。这种理论违背进化论，认为世代繁衍中不发生任何变化。它是毫无批判态度的史学、粗制滥造的种族学和轻率傲慢的语文学混成的大杂烩，完全是为了迎合民族自豪感。因此，对人的特征的研究转变成对头型的研究并非偶然（如前文所述，＜ 456）。颅相学根据头颅的凸凹形状确定一个人生性风流或是舐犊情深。迷信这一理论的人不仅限于文盲，许多受过良好教育的人也对其深信不疑并据此行事。当达尔文申请"猎犬"号探险船上自然学家的职位时，船长菲兹洛埃就把他的头摸了个遍，而且那位懂得相面术的船长还仔细观察了他那个令人起疑的鼻子。今天，我们也许会嘲笑颅相学，但是它的直系后裔"头颅人类学"这一暗示种族有优劣之分的学说虽然现已被抛弃，却是出自 19 世纪科学界的一些佼佼者（578 ＞）。

※

东方，不管是近东、中东，还是远东，对西方一直有着巨大的吸引力。对西方而言，前往耶路撒冷的远征军带回了文明的生活方式；
504　文艺复兴时期向东方派遣传教士并从那里进口货物；17 和 18 世纪对东方文学已有相当的了解，足以模仿其文体写成游客札记，作为破坏基督教神学和君主论的一种手段。浪漫主义派中的拜伦、拉马丁、夏多布里昂、金莱克等人亲自前往东方，记述了那些生活在基督教王国之外的人们完全不同的生命观。与此同时，第一流的学者，如德意志的葆朴和布罗克豪斯、巴黎的比尔努夫和英国的威廉·琼斯，都精通波斯语、梵文或印地语。他们通过四处演讲和出版著述，广为宣传诗人和哲学家阅读的东方著作。1800 年左右，歌德被他们所打动，写了一批"东方"诗歌。最终，诗集由马克斯·米勒编辑成《东方圣书集》供广大读者欣赏，在英国由东印度公司出版。

像《梨俱吠陀》这些古代手稿和著作证实了旅行家介绍的另一个世界，在这个世界里，时间并不急迫，因而不会使人把运动和变化当作首要关心的问题。因此，在这个宇宙中，时间有意义但没有力量，而是周而复始，永远循环。努力是徒劳无益的，因为个人在永恒不变的大千世界里只是微不足道的尘埃。一些浪漫主义者怀着沮丧的心情同意了这种生命观，叔本华就是其中一个（556＞）。更了不起的是，一批十分活跃的青年思想家居然设法修改东方思想来实现他们的乐观目的。他们就是美国新英格兰的超验主义者——北美出现的首批艺术天才。

从 1830 年的巴黎和其他欧洲中心看来，美国并不是令人喜欢的地方。有些访问者在美国受到良好礼遇，对当地的东道主普遍称赞，但对该国的其他地方则有诸多批评。1789 年的法国革命者曾错误地把 1776 年的美国自由战士看成跟他们是同一类的人，但是这种印象已随着 18 世纪的结束而烟消云散。在下一个世纪中，从巴兹尔·霍尔船长到查尔斯·达尔文和特罗洛普夫人（517＞），他们的印象都是：这个民族举止粗鄙，头脑简单，而且喜爱吹嘘。只除了一个一会儿要讲到的例外，其他从未去过美国的批评者都认为这个新的国度为维持和平而牺牲了思想和艺术，结果在美国这两者几乎完全不存在，取而代之的是人人拼命挣钱，自我感觉良好。1828 年，一介平民杰克逊当选总统，从而彻底扫光了国父们从法国和英国的启蒙运动中获得的任何优雅素养的残余。

　　尽管这种刻画太粗线条了一点儿，但是，19 世纪 30 年代的美国知识界越来越少向英国和法国寻找思想，这倒确有其事。为他们提供思想的是德意志。即使在美国人阅读英国先进思想的先导柯勒律治和卡莱尔的著作时，他们接受的也是德意志的一些思想（＜409）。美国的亲德派中居于首位的是哈佛的乔治·提克诺教授。他和乔治·班克罗夫特（后来成为全国第一位史学家）以及其他数人曾在德意志大学深造，带回了赫尔德和歌德的主张，以及康德和席勒的所有诗歌和哲学思想。提克诺又反过来把这些思想灌输给年轻的爱默生和他的同学们。

　　新大陆的处女地没有类似中世纪的历史以供重新发现，而当地的人民对波旁和拿破仑之类的王朝也没有直接的记忆。所以，美国的青年才俊心中所充满的是宗教的感情、对大自然的热爱、艺术的精

> 遥远或遗忘近我咫尺，
> 黑影和白昼雷同一般；
> 消失的鬼神现我面前，
> 犹如耻辱，亦是称赞。
>
> ——爱默生《梵天》（1830—1857 年）

神、个人主义的价值观以及要在美国独特经验的基础上创造出一种民族文化的希望。在所有这些方面，爱默生都是具有代表性的。他本来要学习成为"一位派"这个教规最宽松的基督教派的牧师，但是，在蒙田的影响下，他放弃了神职，像蒙田那样思索大自然的启示，发展了自己反映东方思想的生动活泼的诗歌形式。漫射于全宇宙的泰然神力赋予他的是乐观的宁静，而不是他所阅读的《毗瑟拿往事书》里面的那种听天由命的无奈感。

　　19 世纪 30 年代中期，爱默生在美国优秀大学生 PBK 联谊会上发

表了一篇讲话，号召他称为"美国学者"的本地思想家和艺术家摒弃欧洲模式。这篇讲话对许多人的思想产生了巨大影响，老奥利夫·温德尔·霍姆斯称赞它为"我们知识界的《独立宣言》"。一批定居在马萨诸塞州坎布里奇或康科德的志趣相投的学者成立了第一家具有自我意识的美国"学院"。这批人包括梭罗、霍桑、霍姆斯、奥雷斯蒂斯·布朗森、玛格丽特·富勒、西奥多·帕克、琼斯·威利、布朗生·阿尔科特、伊丽莎白·皮博迪。爱默生还宣布宗教已告灭亡，所有布道的形式都已过时，因此而疏远了他的另外一些朋友。但他仍然是一名布道者：他将演讲改写成文章，阐述他的哲学思想自然涉及的一些问题，就像世俗的布道词；他作为演讲家深受欢迎（演讲费是他的主要生计来源），这足以说明波士顿地区以外的人对他的独到见解和信条反应热烈。德意志新哲学所界定的精神领域自然而然地同爱默生"超灵"观念中的东方宇宙论合二为一，接受德意志新哲学的众多美国人也很容易就接受了他的理论。

　　这种理论的强大号召力也体现在爱默生的近邻和伙伴梭罗的生涯中。出版商同意出版梭罗的书。康科德镇政府，尤其是镇税务官，对他多方宽容，尽管他对税务官要他交税的要求总是不予理睬。假如有人要问：建立美国本土文化同梵天（超验论的代名词）有何相关之处？答案是：梵天所起到的主要作用正如欧洲艺术家对资产阶级世界的否定。艺术家生活在理想王国中，他们赋予社会文化。一位美国批评家发表过同类观点，说爱默生和梭罗（以及后来的惠特曼）都表现出他所称的"帝王般的自我"。这种自我对自己的个人主义充满自信，主张切断与社区的联系，要享受自我创造的纯真世界。

　　这种教导，尤其是通过梭罗的解说后，在许多美国人当中引起共鸣。时至今日，瓦尔登这个词仍具有神奇的魔力[1]，它意指逃离日常的平庸，生活在大自然之中，自由地呼吸和冥想。它倡导的是自给自足

---

[1]　梭罗就是在瓦尔登湖畔度过了两年的隐居生活。——译者注

的原始主义，但是梭罗的避世隐居并不能完全达到那种境地，他身边还是有文明的产物：衣服、钉子、种子和木材，这一切都不是他自己生产出来的。就像鲁滨逊一样，他靠了社会努力的基本成果才得以生存。实际上，梭罗的木屋上顶的时候，还需要朋友直接相助，而且，他在两年的独居示范生活期间也从未放弃回康科德居住。不过，当人们在阅读他对自己隐居生活的叙述，分享他的巨大幸福的时候，是注意不到这些矛盾之处的。度假露营者、狩猎者和伐木工、男女童子军等都认为，他们生来有权过一种类似于首批移居美洲的英国清教徒开拓者的野外生活。

梭罗比爱默生走得更远，他在每一代人心中都唤起了"非暴力反抗"的欲望。他以此为题的小册子是有史以来论述政府的文章中最吸引人同时也是最没有条理的一篇。文中提出的非暴力反抗的各种理由有的言之成理，有的则站不住脚，所作的论述充满了自相矛盾，最后却令人吃惊地冷静指出要遵守国家的正当要求。这篇短文之所以有影响力，是因为它迂回曲折、漫无中心的风格同即将进入大千世界的青年人和各种年龄的艺术家所共有的那种反叛情绪很合拍。梭罗是个诗人。他的旅游丛书和散记应当作为围绕一根哲学叙述主线的散文诗来阅读。他的描述更倾向于寓言性的比喻，而不是像吉尔伯特·怀特或约翰·缪尔那样勾画大自然。

同国外的浪漫主义者不同的是，美国的超验论者极少在文化上表现出对人民的兴趣。其中一个原因是他们的历史感不强——梵天主宰一切时就该如此：过去、现在和将来都是一统的。霍桑倒是回顾了过去，但认为它没有一点儿可取之处。没有历史观，人民就失去了光彩，"人民"一词只能令人想起自己愚蠢错误的同代人，联想不到那些创造了目前宝贵遗产的默默无闻、坚忍不拔的前辈。而且，在新英格兰，见不到过去留下来的遗产。没有祖传的宅第、古老的教堂、残缺的废墟、角逐的战场。歌德是欧洲人当中例外地对美国有好感的人，他反而把美国的这个缺陷看作好事。

美利坚，

你比我们的古老大陆好上万千。

你没有倒塌的城堡，

玄武岩到处不见。

你的内心不会忐忑不安，

直至每日生活的今天，

没有无谓的回忆，

也没有徒劳的兵戎相见。

好好掌握现在，祝福你的未来，

当您的儿女开始创作诗篇，

须让他们处处警惕，

严防骑士、强盗、鬼魂在故事里出现。

——歌德（魏玛，1821 年）

新英格兰以外的其他地方同样存在着这种沾沾自喜、满不在乎的情绪。纽约的华盛顿·欧文刻意仿效英国作家的风格和关注点，以幽默的笔法对当地人进行描写。在南方，天才的诗人和批评家爱伦·坡对千人一面的群众表示轻蔑，大力贬斥那些模仿名家诗歌和散文，期望有朝一日成为文人学士的人。他不信超验论，但对鬼魂作祟和三段论法推理学深感兴趣；他发明了侦探小说和恐怖小说来表现这种神秘和推理，灵感主要来自法国文学而不是英国文学。

507

当然，19 世纪 30 年代晚期的法国公众可以通过参考托克维尔的《论美国的民主》来对这个新国家建立正确的认识。虽然该书的标题或许会吸引担忧欧洲会爆发革命的读者，但是它却令艺术家和知识界兴趣索然，固守原来的偏见。应当记住，对这两种人来说，民主这个字眼并不意味着代议制政府和法制，它指的是一种自古希腊以来从未尝试过的一种政府形式，意思是由目不识丁的平民掌权。

※

乍看起来，似乎是美国东北部几个意志坚强、头脑聪明的人不动声色地就把全国对宗教的强烈情感一下子打消了。实际的情况却是，他们身边许多人仍然坚信上帝，全国各地的人亦是如此。不过，在知识分子当中，对德意志文学和思想的了解带来了一种替代性的宗教，那就是康德为解决休谟遇到的问题所提出的古典唯心主义（Idealism）这一哲学。这个词应拼写为 Idea（1）ism，以免与理想主义混淆起来。

休谟的难题是这样的：如果推理表明我们所谓的因果关系仅仅是我们常常看到一件事发生在另一件事之后而已，而这样的顺序又并非绝无例外，那么，我们大事吹嘘的科学又如何呢？人的一切知识都来自经验，而经验并不确定，因人而异；因此，任何要建立体系的希望都只能沦于幻想。

康德并不质疑这种分析，但是他对经验重新作了定义。他进行了"对纯理性的批判"，将两个范畴加以区分：一个是事物的本身，另一个是事物在人心中的呈象。我们永远也不可能了解事物的本质，而当我们凭经验来观察事物时，我们的思想对事物模样的形成起到了一定的作用。我们是在时空里看见它们的，它们由于被时空隔开才能被计数，等等。思想的贡献之一就是因果关系，这不是幻想出来的东西，而是像时间、空间和数目一样实实在在的东西。有了这种理论，科学家又可以安心了，可以相信自己的调查研究揭示了一种真的联系。常识也再次站稳了脚跟。

休谟的理论是认为思想受"外部"事物形成的经验主义逻辑推理的必然结果。康德则提出思想形成事物，如同烙饼的铁锅对面糊的作用。唯心主义即因这种区别而得名——哲学家不是从事物推及思想，而是从思想推及事物。康德的学说以及它的各种变种在大西洋两岸赢得了大批坚定的追随者。直至19世纪90年代，唯心主义，尤其是在第一代康德派之后由黑格尔发展起来的形式，一直是在西方占统治地位的哲学（668＞）。

在黑格尔的思想体系中，理想和真实乃"绝对"的两个方面：真实靠经验或历史得到体现；理想乃万物之精神，相当于人的灵魂。人死之后，精神-灵魂回到绝对世界（相当于上帝）的宿处。对于不再相信基督教解说的现实，但出于内心的宗教感情又需要一种能证实确有灵魂和永生的人来说，这种世界观必定有其吸引力。由于黑格尔对于世界万物丰富多样且形态各异的敏锐注意，他提出的学说就更加有说服力。所有事物和生物都在不停地运动，处于敌对和混乱之中。黑格

508

尔最易读懂的著作《历史哲学》通过运用一种新奇的"逻辑"解决了
这种矛盾：各种思想的斗争最终造成两种相对的"主题"，即正题与
反题之间的决战，通过斗争形成统一，保留了两者的精华。历史就是
通过这样的发展演变而成的。思想不是静止不动，而是不断前进的。
而且，黑格尔断言，思想的前进就意味着自由的不断扩大。卡尔·马
克思为了建立自己的历史观和前进的目标，全盘照搬了黑格尔的逻辑
（549 ＞）。对生活在法国大革命和拿破仑时代的黑格尔来说，西方人
显然得到了自由。

　　既然是这样，为什么黑格尔会被视为国家暴政和德国侵略的鼓吹
者呢？对这个问题的解释只能是两次世界大战的影响，再加上拘泥于
字面理解的毛病。黑格尔确实明确表示过赞成国家强大。哪一个对德
意志 200 年软弱无助的历史记忆犹新，有头脑的德意志人会想要一个
弱小的国家呢？在黑格尔的年代，由于普鲁士的觉醒而创立的德国只
有短短不到 20 年的历史（＜ 395），绝不能让它再次衰败。如果无视
这些历史条件的话，也可以说美国宪法的缔造者也鼓吹建立强国。黑
格尔也的确说过国家比个人更重要。然而，早在 1821 年，他就要求建
立代议制政府。10 年之后，他在即将辞世时撰文称赞英国行将通过的
《改革法案》。他的立场十分鲜明，一直到 19 世纪晚期，他都被视为
革命家。

　　另一位思想家既不同于康德，又有异于黑格尔，需要在此一提，
因为他最近重新获得了哲学界的重视。他就是谢林。他把自己的思想
体系称为自然哲学。这种理论通过肯定自然世界的独立客观性，减少
了思想的抽象性。自然世界的精髓是能量，而人的意识也是能量。谢
林将艺术定义为一种有机形式，这对柯勒律治产生了影响；他还把
"人的状况"描绘为造成焦虑的原因，是存在主义理论的先驱。

　　在形而上学方面，德国唯心主义在 19 世纪的唯一对手是奥古斯
特·孔德的理论体系。孔德认为，形而上学是一大错误，应予以摒弃。
原始社会信奉泛灵论，认为每一种自然现象都是灵性操纵的结果。其

后，中世纪思想用抽象的字眼来解释事物的起因，即藏在事物后面的力量，英文"形而上学"（meta-physical）的意思就是"物体的后面"。现代科学终于跟事实打交道了。这就是实证主义。孔德把各种科学从低往高排列起来，并给它们下了定义，从数学到天文学，一直到生物学和社会学，每一种科学都从低一级的科学中取材并加入自己的复杂因素。为了不将任何东西漏在科学方法的天网之外，他创立了一门新的科学来完成对真实世界的全面观察，并为这门科学起名为社会学。

实证主义的追随者有两种人，一种是对休谟感到失望的经验主义者（＜508）；另一种是一些科学家，他们认为自己的工作不需要哲学思想的支持，也不为康德和黑格尔的高深语言所动。在英国，年轻的斯图亚特·穆勒信仰实证主义哲学，并将其广为宣传。哈丽特·马蒂诺这位论述道德和社会问题的多产作家将孔德的四卷著作缩略成一册。英国的实证主义者热诚地鼓吹他们的哲学，他们的努力一直持续到19世纪90年代，但从未撼动过英国版唯心主义的主导地位。毕竟，作为实证主义者不需要苦苦思索，也没机会发表洋洋洒洒的长篇大论。对不善思辨的科学家和商人来说，孔德的学说显得不那么深奥难懂，就让那些爱好形而上学的人去想入非非好了。孔德的思想在南美洲造成影响的时间最长。

与此同时，在法国发生的一个常见的变故促使孔德在他脚踏实地的思想体系基础上建立了一层半宗教性的上层建筑：他坠入了情网。他开始时是数学家，后来做了圣西门的秘书（522＞），结了婚但不幸福。在他的巨著问世之后，他遇到了丈夫正在坐牢的克洛蒂尔德·德沃克斯。他对她充满激情，但她仅把他作为挚友。感情上的觉醒使孔德成了女权主义者，他专门建立了一个教派，奉克洛蒂尔德为保护神，他本人则任大祭司。这一教派所崇拜的人除了他们二人之外，还包括一些特选的英雄和造福于人类的人。实证教没有什么超凡脱俗的光彩，它的每一个方面都是有关尘世的。可是它的教义问答，包括要教徒通读约100本巨著的规定，却旨在满足严格意义上的实证论所不能满足的需要。

510

孔德的教派在各地的教众为数寥寥，但他平实易懂的思想体系产生了广泛的影响；它长期以来一直是在阿根廷最受欢迎的哲学。虽然对他的名字鲜有提及，但是他对科学的简明看法在世界各地深入人心。

※

1830 年有一个人与世长辞。他的去世并未引起巴黎人的注意，在英国也几乎没人理会。但是，他的死有着重大意义。它标志着这一时代最伟大的文学和政治评论家的消失，这个人是——

黑兹利特

他也许可以算作"被遗忘的大军"（< 436）中的一员，因为他的名字并非家喻户晓。不过，与其说他是被人遗忘，还不如说他的知名度不高。他的思维方式不合时宜，他的涉猎面太广，结果无法将他归类。他与他的朋友查尔斯·兰姆不同，别人不会去奉承他，为他建立一个"某某之友"的学会，出版半学术性的业务通讯。

黑兹利特开始是画家和玄学家，然后成为戏剧批评家、政治评论家、自传作家和人们所熟悉的散文大师。他在所有这些领域中都成就过人。他写的每一行文字都体现了批评理论，而且，他还是英国最出色的文体家之一。史蒂文森在回顾半个世纪的文坛时说过："我们大家都是聪明人，但是我们的写作无法与黑兹利特相比。"黑兹利特作为文学评论家没能得到柯勒律治、德昆西和兰多尔那样的名声，因为他是他们的政敌，被他们所痛恨，并遭到他们出版的刊物的谩骂。《季刊》说，他的文章中用的是伦敦东区的土话，并说他"满脸疙瘩"，其实他皮肤干净平滑。他的罪过是没有对法国大革命做出像柯勒律治那伙人一样的评判，也没有同国人一道将拿破仑视为面目可憎的怪人。他跟司各特一样写了一部四卷的传记，介绍这位皇帝的生平，但他的立场是站在拿破仑一边。

介绍黑兹利特所写的评论文章的内容比描述它们给人造成的印象要容易得多。也许人们读了他的文章后最强烈的感觉是，他的思想不是"在宁静中思考得出的"结论，而似乎就是在读者面前临时想出来的。他文章中长长的、含义广泛的句子就像是边想边说，娓娓道来。在《莎士比亚剧中的人物》中，在

如果我们对某一种风格或方式有特别的喜好，可以自我保持这种喜好，让别人享有他们自己的喜好。如果我们的思想更为开明，欢迎一切卓越优美的东西，就会发现，它们载于各类书籍之中广为流传。对任何作品求全责备的人并非品位比他人高，亦非智力比他人强，而是要破坏，要"限制和禁锢"与他们自己品位不同的一切享受和意见。

——黑兹利特《论批评》（1821 年）

《关于英国诗人的演讲》中，在《论天才与常识》这篇文章中，可以说在黑兹利特注意的任何问题中，他都能找到问题的深刻根源，追溯其含义和影响。他纵观事件、冲动或思想的形成过程，将它们与同一作品的其他部分联系起来，与其他人的作品联系起来，同作者的生活、普遍的生活以及他自己的生活联系起来。他不是分析，而是进行全面的评判，整体的诠释。

如前所述，这种批评风格今天已不受欢迎，因为它没有系统，不用术语，读来有趣。这样的批评怎么可能"严格"呢？它是"主观的，仅凭印象做出的"。这些和其他的非难其实是艺术与科学之间竞争的一部分。现今，要跟上潮流，被人接受，任何思想活动都必须使用专门的抽象术语来表达，并形成一种体系（730 ＞）。在黑兹利特的评论文章中，除了从作品中得出的印象之外，作品的其他含义并没有明说。不过，只要不带成见地阅读黑兹利特的著作，不坚持认为他必须怎么写，就不难发现实际上他的批评既严谨又详尽。他的做法是：先描述，再下定义，然后再描述。这里加一行，那里加一笔，形成一个完整的形象，像是画家在作画。他努力让所有读者以他的方式看待事物，不是力图说服别人接受他的主张，仅仅是要使人成为像他一样的好读者。这样的好读者不仅能比漫不经心、无人指导的一般读者从书中了解到更多的东西，而且能比他们获得更大的享受。

511

　　黑兹利特为人们所熟悉的散文如同蒙田的文章一样，给人带来愉悦和智慧。他也同样把自己说成是目击者，而且几乎与蒙田一样经常地引经据典，所不同的是他用的是英文，且更紧密地围绕他所宣布的主题：《论有一个主张的人》《论印度杂耍人》《论为己而活》《遥远的物体为何赏心悦目？》《论青年的不朽感》《演员应否坐在包厢里》。他的题目可分为两种：难以预料的和根据平常经验形成的。［宜先阅读由他的孙子 W. C. 黑兹利特（W. C. Hazlitt）编辑的《漫长的冬天》（Winterslow）一书中收集的一小批短文。］

　　读上了瘾的读者可以朝着两个方向继续读下去：《爱情之书》和《时代之精神》。后一本书载有关于当时主要政治人物的生平介绍兼评论的文章，其中对人物的刻画笔触尖锐，但从无嘲讽。例如，黑兹利特在描写上议院议长埃尔登勋爵时是这么说的："他性格细腻而油滑，可随时将掀起的激情狂涛——抚平。"更精彩的是关于伯克的文章。伯克的主张加强了英国反革命思想的力量，他是英国保守主义的象征。512 没有他，英国保守党对改革只能顽固抵抗，却说不出任何道理。简言之，伯克是黑兹利特的头号敌人。可是，黑兹利特的文章对他的评价褒贬适度，持论平衡，成为一篇最佳的颂词。他在文中明确无误地指出了（他所认为的）伯克对自由、政府、宗教、英国议会等种种主张的错误，同时又高度赞扬并细致描绘了伯克作为思想家和作家的过人天赋和正直品质。这篇佳作最完美地表现了黑兹利特作为批评家的才华。

　　《爱情之书》讲述的是黑兹利特所爱的一位年轻姑娘的古怪行为，以及他自己手足无措的反应。同样，讲述的方式既直接，又超脱，介乎于案例研究和小说之间，就像邦雅曼·贡斯当的《阿道尔夫》一书中的叙述者向热尔曼娜·德·斯塔尔剖析他的爱情与屈从一样（＜ 450）。黑兹利特的另一部著作《与诺思科特的谈话》描述了他与

我最喜爱的阅读指南是威廉·黑兹利特、塞缪尔·约翰逊和爱默生的批评文章，在用英语写作的批评家中，他们对我影响最大。黑兹利特的《莎剧人物》至今无出其右者。

　　　　——哈罗德·布鲁姆（1998 年）

一位画家的交谈和探讨，这是因为他早年习画，终生爱画的缘故。［欲了解黑兹利特其人的各个方面，应读约翰·金奈尔德（John Kinnaird）所著《威廉·黑兹利特》（*William Hazlitt*）。］

　　作为哲学家，黑兹利特也有其独到新颖之处，稍后在谈到德国唯心主义及其他有关流派在 19 世纪末失去影响时，会简短地提到他（688 ＞）。至于一般意义上的"富有哲理的通达"，黑兹利特是名副其实的。在遭受了多年的折磨和失意之后，他躺在病榻上奄奄一息

> 我们也许会想：假如黑兹利特的思想不是浪漫主义的中心的话，他能否这么出色地发挥（调解人的）这个作用呢？他的思想与浪漫主义创造风暴的中心一起前进。它的各个大问题相会，相交，相互渗透，朝着解决抑或冲突的方向汇合。
>
> ——约翰·金奈尔德（1978 年）

时，大概是想到了自己与艺术和文学的紧密联系，因为他与世长辞之前说的最后一句话是："啊，我的一生是幸福的。"

※

　　诺思科特属于较老的一代，没有迹象表明黑兹利特注意过自己同时代的艺术家。在黑兹利特的时代，特纳和德拉克洛瓦这两位艺术家是伟大的先驱，为后来的几十年指明了道路。可是，1830 年时他们的地位却并不明朗，因为他们虽有奇才但不符合当时的品味。只是在罗斯金写了一本热情赞美的书后，特纳才赢得了他理应获得的地位，而德拉克洛瓦的成名则要归功于其他画家，一直到毕加索，而不是大多数艺术批评家。这也是可以理解的，因为这两位画家做了许多重大的创新。实景在特纳笔下变成了光芒四射的斑斓色彩，他大胆使用光和色彩的结合，使看惯了实在轮廓和人体的观众大吃一惊。强烈的反差是他运用的手法之一。有一次，罗斯金发现他在正创作中的作品的一个地方贴上一张黑纸，因为"别的都不够黑"。无独有偶，从未见过这些作品的巴尔扎克写了一篇名为"无名的杰作"的中篇小说，里面

有一位神秘的画家仅靠光和色创造出一种新型的作品（644＞）。

浪漫主义画派的特点就是光和色，色和光。1834 年，德拉克洛瓦被政府派往摩洛哥出差，深感当地的阳光和巴黎所谓的阳光之间的不同。此前，博宁顿已经启发德拉克洛瓦修改了用色，而北非的黄沙、蓝天、动物、白色的包头巾外套和人们古铜色的肤色又再次改变了他的风格，使他得以在画布上表现出戏剧性的效果，而这也是特纳努力要达到的目的。那个时代的这一特点也激发了维克多·雨果作品中的幻想和"抽象"的色彩。

特纳和德拉克洛瓦都给世人留下了大量作品，包括油画、蚀刻画、素描、水彩画。此外，德拉克洛瓦还为法国众议院和参议院的两座会议大厅装饰了四壁。这一时代的另一个特点是大量艺术作品如雨后春笋般涌现。创作的散文、诗歌、随笔、小说、历史、传记、教堂音乐、舞台音乐、音乐会作品的数量之多，令人瞠目。虽然有不少失败之作，但也有大量的杰作，可说是硕果累累。也许有人会说，在这个天才辈出的时代，这是预料之中的事，但遗憾的是，其中许多人都英年早逝。促成这大批杰作产生的因素就是浪漫主义可以称为"文化勇气"的精神。创作者不怕失败，也不怕出丑。他们没有小心翼翼地去达到合时、尊严、"成熟"或"现实"的要求。

谁使衣饰发出如此灿烂的光华？不是凡人，是德拉克洛瓦。

——叶芝，《最后的诗篇》中的
《耶稣诞生》（1936—1939 年）

浪漫主义在两个领域没能创造出流芳百世的杰作，只有一大堆荒诞的尝试和失败。这两个领域就是建筑和戏剧。18 世纪中叶，"浪漫"倾向尚属一种情绪的时候，倡导者决定向哥特式的废墟寻求灵感，从此即深陷其中。哥特式风格的力量在中世纪经人研究而获得加强，变得实在太强大了。英国多才多艺的普金提取了哥特式风格的一些要素并加以修改以适应实际需要，创造了哥特复兴风格。1834 年英国议会大厦被大火烧毁之后，他也参加了新议会大厦的设计工作。但是，除了他之外，哥特复兴思想带来的只是抄袭模仿。法国的维奥莱-勒-迪克对哥特式风格十分着迷，花了毕生的精力与才华为修复哥特式建筑大声疾呼，并亲自参加了许多修复项目，这种做法今天遭到了否定，然而哥特式风格也因此得到保存。当时，大批美丽的教堂已年久失修或被革命者所毁。柏林的申克尔也按哥特复兴风格从事建造，但他并没有因此放弃新古典主义。勒杜的事业没有后人来继承，实为一大遗憾（＜459）。

　　那个时代有一项创造毫无疑问对建筑起到了限制作用，那就是希腊的新形象。18世纪主要是通过罗马的作品来看希腊，维吉尔比荷马更被看重。而在19世纪20年代，由于对奋起反抗土耳其的希腊人的支持，使西方在感情上更接近古希腊。这种同情心不仅使拜伦前往希腊参战（＜486），而且还唤起了整个欧洲的精神。泛希腊学社在欧洲各地纷纷成立，诗人写诗歌颂希腊（柏辽兹为其中一首配了乐），学者把古罗马和古希腊这两种文明严加区分，特别是在埃尔金勋爵把土耳其人用来储存火药的帕提农神殿的浮雕拯救下来并运到英国之后。"新希腊"成了西方文明的摇篮和完美艺术之家，雅典城的居民个个是艺术家；希腊悲剧被认为蕴涵了人生的最高智慧；苏格拉底被视为有史以来最睿智的人。尽管他是被那些出类拔萃的艺术家通过表决处死的，但这无关紧要，只要读了柏拉图的著作，就能宽恕他们。19世纪对希腊的崇拜、现在市中心大街上银行的希腊庙宇风格和教室里的帕提农神殿图片，都可追溯到那个充满热情的时期。

　　德国的诗人和思想家常常把对自己祖国传统的依恋同对南方胜地的向往结合在一起。曾访问过意大利，并以自己渴望看见柠檬花盛开的心情为题材作过一首名诗的歌德就是一个典型例子。他在几部作品中力图重现温克尔曼首先讴歌的古典式平衡（＜417）。1832年，歌德刚刚与世长辞，《浮士德》第二部终获出版。这部诗剧的第一部已经把浪漫主义精神写为世界的一个特点，而续集在一个象征性的场景中再次唤起了这种精神。这个场景中表现了歌德把浪漫主义和古典主义相结合的意愿：浮士德同特洛伊的海伦结婚，生下的孩子名叫欧福里恩

514

（Euphorion），即"有福的人"的意思。大诗人歌德要让全世界知道，他在缅怀拜伦。浮士德历尽世事艰辛的长途跋涉当中的这一段很重要，因为歌德在早期曾一度对古典主义充满狂热，说浪漫主义是病态的，而古典主义则是健康的。对19世纪整个文化持敌对态度的批评家喜欢引述歌德这句对比鲜明的话作为他的最终态度，虽然歌德在《浮士德》第二部问世之前就收回了这句话，而《浮士德》第二部才是他的最终表态。这部剧结束时浮士德本应死去，因为他恳求多给他点儿时间，认为眼下的时刻太美好了。他同魔鬼谈成的交易规定，他一提这个愿望，撒旦就会夺走他的灵魂。但是，浮士德却因他想获得更多时间的理由而得救。他想得到更多时间不是为了自我享受，而是因为他尚未完成一项公益工程的监督工作。

515　　　《浮士德》第二部里，主人公在自然和自我内心中冒险之后，经历了世俗的世界。不管诗剧中的事件是否反映实际生活，这些象征性的事件涉及歌德所关心的当时大事。一位现代研究学者指出，这部作品描述了完善的经济学理论。它的优点在于面面俱到。不过，不管《浮士德》有何含义，它都不是一部可以搬上舞台的戏，而且（可以说）也不是自始至终都具有戏剧性。这是它与众多浪漫主义戏剧的通病。拜伦的六部悲剧，维尼、巴尔扎克和大仲马用散文写成的戏剧，还有兰姆和柯勒律治这类的作品并非令人不感兴趣，但缺乏戏剧感染力。整个时代都有这种缺陷，不过也有一些颇有意思的例外。雨果的诗剧读起来就使人深感他的才华横溢，不过，现在上演并受观众欣赏的话剧是他摆脱当时的传统"自由地"写作而成的，在他在世时从未公演过。它们的吸引力在于对事物奇怪的看法以及时断时续、不连贯的对话，二者都有20世纪荒诞派戏剧的影子（754＞）。

　　　19世纪30年代德国的叛逆者格奥尔格·毕希纳的作品也有同样的特点。他24岁即英年早逝，给世人留下两部话剧和一部自然主义剧作的片段。阿尔班·贝尔格利用他的半成品编写了歌剧《沃伊采克》。毕希纳两部话剧中的《丹东之死》以巨大的感染力描绘了几乎是受害者有意造成的失败那种戏剧场面。这部作品由马克斯·赖恩哈特原封不动地搬上舞台。这是一部动作很多，充满冲突的话剧。至于毕希纳的《莱翁采和莱娜》，它很像雨果的作品，有意地不连贯，并与缪塞的几部戏剧和寓言剧一样有悖常理。缪塞的这些作品如今仍在法国上演，大受欢迎。除了浪漫派这些预示了自然主义和潜意识的作用的作品，大概也应加上普希金的所谓活报剧，它是浪漫主义在戏剧方面的又一表现。不过，既然西方没有上演过普希金的戏，将他包括进来或许有一定风险。

一个与此有关的例外是芭蕾舞。它是一种哑剧形式的戏剧，和哑剧一样必须在动作和导向高潮和结局的情节方面清楚达意。18世纪末的人喜欢用神话和人们熟悉的古代历史作为芭蕾舞题材，这两类题材的芭蕾舞采用传统的肢体语言和集体造型，容易表述剧情，观众一看便知舞蹈的意思。19世纪的三幕芭蕾舞采用了不太常见、难度较大的主题，取自浪漫派诗人和作曲家喜好的一些不为人所知的题材。1827年，一个名叫尤金·斯克里布的多产青年剧作家编写了一部复杂的歌剧剧本《梦游者》，也叫《新大陆的来临》。编舞让·奥默尔在剧本的基础上加进了具象征性的细微动作，使内容变得更加丰富。5年之后，《仙女》一剧以各项创新的动作和发明使观众兴奋得如痴如狂。该剧由玛丽亚·塔廖利主演（＜499）。她苗条的身段、头发的造型和将足尖舞与其他舞步揉合起来的舞姿为19世纪的芭蕾舞风格确定了标准。从那以后，芭蕾舞剧本的写作成了一种专门的职业。戈蒂埃的《吉赛尔》只是关于各种各样题材的大量作品中的一部，还有相当多的优秀作品至今还在上演，要么原汁原味，要么为了迎合现代口味而被改动歪曲。

为什么浪漫主义戏剧中杰作为数不多呢？原因可能有好几个。关

> 《仙女》上演之后，侏儒、美人鱼、火怪、水精灵和迷惑人的鬼怪，还有别的幻想出来的东西大举进入歌剧院，它们怪诞、神秘，可供编舞者任意发挥丰富的想象力。希腊戏剧的厚底靴让位于软缎舞鞋。
>
> ——戈蒂埃《浪漫主义芭蕾》（1858年）

516

于革命者和拿破仑这样的英雄的戏剧在人们心中还挥之不去，因此剧作家在编撰剧情和人物时受到很大掣肘。不过，他们的戏剧感依然敏锐，体现在诗歌、小说和我们在前面看到的绘画和音乐方面。所有这些艺术形式都有效地调动了观赏者的想象力，无须借助于身体动作。

另一个阻力强大的障碍是——

莎士比亚

前面已经谈到，他是一位雅俗共赏的 16 世纪剧作家，深受比他学识更深、造诣更加高超的文学巨匠本·琼森的钦佩和喜爱，但是，琼森和其他人也批评他创作匆忙草率，"缺乏艺术"。在其后的两个世纪里，人们注意莎士比亚是因为他的作品相当拙劣（佩皮斯语），或者是一些作品值得剪裁和加工，因为里面有些部分还不错（加里克语）；诗人则发现他剧中的诗句有些精湛优美，有的却漏洞百出，令人难以置信（德莱顿和约翰逊博士语）；最后，英国有一个声音宣称他是不朽的戏剧家和性格描绘家（摩根语）。

不过，在摩根讲这番话之前，莎士比亚在德意志已经是第二次盛名远扬了。莱辛首先对他备加珍视，赞扬他的作品，贬低伏尔泰的悲剧；赫尔德、席勒、歌德、蒂克和施莱格尔通过赞扬、评述和翻译他的作品，树立了他的高大形象。可以说，我们今天所尊敬的莎士比亚是德意志人创造出来的。接着，在 19 世纪头 20 年，德意志对莎士比亚的尊崇得到了注意之后，柯勒律治、兰姆和黑兹利特才开始热诚地宣传莎士比亚。

他们的评价是：莎士比亚的作品同他的天才一样伟大，他对性格的刻画和剧情的安排无懈可击，他对生活和人的了解使任何其他的诗人或剧作家瞠乎其后。与他的力量相比，他的缺点不足挂齿，而且许多错误根本不应算在他的身上，而是我们的过错，或者是他那个时代的错误。在这个宣传运动接近尾声时，卡莱尔把他的精髓一言以蔽之，称莎士比亚为"有史以来最伟大的诗人"。

"吟游诗人"的称号就是这样诞生的。在"莎士比亚热"的推动下，莎士比亚的作品被改写后收入学校课本，并在书店中大量出售。查尔斯·兰姆和他的姐姐玛丽合写了极为吸引读者的《莎士比亚的散文故事》。耐心细致的托马斯·鲍德勒博士把莎士比亚的剧作全部梳理一遍，删去所有可能有污清听的词句，使这些话剧适于一家人在茶余饭后大声朗读，每人扮演其中一个角色。鲍德勒的《莎士比亚全家通》在这个商业化娱乐尚未问世的时代填补了一个真空，而他这一善举为英语增添了一个源于他的姓氏的动词 bowdlerize，意指删除书中不当之处，尤其是有害于青少年道德成长的东西。

517

莎士比亚原来被称为"纯洁的自然之子"，说他的诗歌如"林中鸟啭"般自然朴素。这种印象需要改变，而且早就应该改变。此前，人们只能看见小半个莎士比亚，就像安格尔在《荷马的礼赞》中只画了莎士比亚的小半身那样。安格尔是古典派，难怪对莎士比亚如此评价。在法国和意大利，对"哥特式的野蛮人"的反击证明了艺术新潮流的胜利。英国一家演出莎士比亚戏剧的剧团刚在巴黎被人在一片嘘声中赶下台，司汤达的《拉辛和莎士比亚》就问世了。5 年之后的1827 年，当另一个剧团抵达巴黎时，法国新青年已成了莎士比亚的狂热戏迷，许多年长者也受到了感染。

人们终于看到，莎士比亚是首位将完整的人物而不是人物类型搬上舞台的诗人，我们对这些人物的了解甚于对生活中的任何人，包括我们自己。莎士比亚把这些人物放在扣人心弦的行动和情景之中，这些行动和情景是现代的，不是古老的，是来源于国家、君主制和基督教的。此外，为了表述生活中进退维谷的境地和由此产生的感觉，莎氏创造了上百个定义性的短语；当然还有一篇篇词语优美、感人肺腑的诗句。

批评家、演员和学校校长的努力宣传使莎士比亚的大名如日中天，神圣不可侵犯。在学术界和演出界之外围绕着莎翁兴起了一个行业，整个莎士比亚体制由此愈加坚不可摧。从此以后，人们就不好意思批评这位吟游诗人了，除了专爱唱反调的人。19世纪30年代在美国发生的一件趣事很好地说明了这种正统态度。生了两位小说家的弗朗西斯·特罗洛普为了重振家业，移居到辛辛那提市开了一家小杂货店。一天晚上，她拜会城里的一位名人，她后来在生动活泼的《美国人的家庭举止》一文里将此人描述为"一位表情严肃的绅士"。他们交换了对拜伦及其他诗人的看法。

"先生，那莎士比亚呢？"

"夫人，莎士比亚下流龌龊。我们聪明地及时发现了这一点，真是要感谢上帝。"

这个人的评价可能有点过于简练，但是此话表明他读过莎氏的剧本并理解其中很多章节，而特洛罗普夫人所表现出的鄙视和愤然则是出于她对莎士比亚的盲目崇拜。比特洛罗普夫人和那晚聚会的主人更高明的批评家一直静悄悄地在日记、信函、短文和评论文章中表达着对莎士比亚的思想和艺术的反对意见。这些意见都立论牢靠，认为莎剧大段的行文和双关语枯燥乏味，往往低级趣味，过于冗长；感情被有意夸大，塑造的形象荒诞可笑；句法错得不可救药；细节自相矛盾，剧情转折拙劣，应该简短或沉默的地方却长篇大论。纪德这样深谙舞台艺术的人对莎氏的整部剧本都嗤之以鼻；叶芝只看见"美丽的片段"；其他一些人，如约翰·克罗·兰塞姆，则发现莎士比亚是"诗人当中最不准确的"。歌德曾在颂扬莎士比亚的一篇评论中插入一段话说，"《罗密欧与朱丽叶》一剧十分滑稽"，而这两个主人公"令人难以忍受"。但长期以来，诸如兰姆和托马斯·哈代这样坚定不渝的支持者一直说莎氏的话剧实际上是供人阅读的。这样一来，剧中的瑕疵就看得不那么清楚了。

莎氏剧作这些缺陷的一个明证是，自莎士比亚以来的演员和制作人都觉得有必要大量剪裁和调换他的场面。他的剧作从未原封不动地上演过。37部话剧中只有一半被搬上过舞台。而且，尽管今天的制作人不用像18世纪时那样靠狗熊玩杂耍来吸引观众，但他们还是大做手脚，改变事件发生的时间和地点，加上现代服装和电话，对剧情也硬要加以与其简单的原意截然相反的解释。简而言之，这些 16 世纪的作品就像高质地的布料，供人任意剪裁。

　　这些为历代批评家所指出的缺陷并未影响 19 世纪 30 年代莎士比亚拥护者的热情。他们并不是眼瞎耳聋，而是在莎氏的作品中找到了他们"所需要的要素"，即可以用来为当时的奋斗目标服务的思想、形式和名字。这是每一代人都孜孜以求的东西。《浮士德》具体表现了浪漫主义的向往和信念，而莎士比亚的话剧，无论哪一部，则认可了浪漫主义艺术的基调和因素。莎士比亚的戏剧无所不有，从一般散文和粗言秽语到高雅飘逸的抒情诗，从逆来顺受的绝望到不可一世的暴力，因而满足了浪漫主义者拥抱一切、表达一切的雄心壮志。

议会之母

尽管 1789 年的法国大革命有着种种自相矛盾的行为，但是，必须称其为自由革命。诚然，自由一词获得了政治和经济方面的含义之时，那 5 年的狂热时期早已结束，不过，正如前面多次指出的，革命的思想会留存下来。而这场革命的思想问世不到两年，它的中心意思就落实为实际的法律。法律阐明"只存在个人的具体利益和全民的总体利益，别无其他利益可言。任何人皆不准用中间利益来召集公民，以此通过结社精神把他们与公共利益切断。"

法律明确反对行会或其他集团及其特别需要，因此规定国家须致力于为个人主义服务，人人均可自由地以各种方式按自己的爱好行事，只要不侵犯他人的权利，不管他人指的是单独的个人还是整个国家。整个 19 世纪就为这个主张唇枪舌剑，兵戎相见；20 世纪的一部分时间也花在这上面（777 ＞）。人们之所以要求获得选举权，要求有宪章和宪法，要求对政府进行改革，就是想要实现这个简单的计划。它将由民选的代表来执行，它会使大家能有机会公平竞争，去争取各种各样的利益。

要求获得新权力的呼声响彻整个欧洲，使 1815 年胜利复辟的君主们如坐针毡，导致了由奥地利首相梅特涅组织的共同封杀政策。在整整一代人时间里，形势十分艰难。愤怒的诉求不断，武装起义烽火连连。学生、教授和其他教育程度较高的资产阶级成员大肆鼓动争取选举权，提出宪章或高喊建立共和。他们在斗争中有时得到艺术家的支持，偶尔还有银行家和制造商相助。19 世纪 20 年代，西班牙首次使用自由派一词来称呼反对君主制，要求保留拿破仑规定的《1812 年宪章》的"自由斗士"。稍后，在这典型的"西班牙内战"又一次爆发之时，尚未成名的年轻的艾尔弗雷德·丁尼生毅然从军，不过他到了法国南部之后又改变主意而退出。在邻近的葡萄牙，同样的要求也导致了武装冲突，君主制也是大获全胜。

520

在德意志，大学和学生联谊会是抵制梅特涅制度的中心。路德的《九十五条论纲》发表 300 周年的纪念日成了以"自由"的名义鼓动人们起来反对"反动"的大好机会。两年之后，耶拿的一位名叫卡尔·桑的学生刺杀了非自由派的剧作家科策布，以此种方式表现了同样的反抗精神。这也是一场"三十年战争"。同第一个"三十年战争"一样，它也是时断时续，但不同的是，它波及的地域更为宽广，遍及法国、希腊、波兰、俄罗斯、意大利北部、那不勒斯、罗马教会辖地和比利时，搞得俄国沙皇和欧洲的皇帝、国王们寝食难安，鸡犬不宁。这场战争之后，除了比利时获得了独立，建立了国家之外，其余几乎全部依然如故。在英国，1831—1832 年发生了暴乱，人们支持当时尚未通过的改革议会的法令，差一点儿酿成全国性起义；在美国，杰克逊当选总统是"人民"打败当初国父们建立的"贵族"的一场决定性胜利；在加拿大，八年的动乱和武装冲突以统一了各省和牢固确定了政治权利而告终；在南美洲，为摆脱西班牙统治，争取独立的斗争始于 18 世纪，在 19 世纪初全面铺开，最后在十几个国家获得胜利。巴西也同样摆脱了葡萄牙的桎梏。实现解放的愿望遍及全球。

有意义的是，尽管英国与欧洲的其他国家一样坚决镇压国内的反叛运动，但是却为西班牙和葡萄牙的叛军提供军事上的帮助，不过那些叛乱者没有成功。英国还支持美国警告欧洲列强不得干涉西半球事务的门罗主义，从而确保了南美各殖民地获得自由。

启蒙时代的人把英国的政府形式看作自由的保障。或者应该说，他们认为是平民院起了保障自由的作用。卢梭本人就曾说过，对大国而言，纯粹的民主是行不通的，应以代议制政府来取代。19 世纪所有的反叛者都希望在自己国家建立这种制度。当时的每一种语言里，议会这个词都包含了人们在这方面所有的向往。

后来，民主制度普遍建立起来，但不应因此而认定梅特涅的镇压政策从一开始就注定会失败，或者认为君主主义者全都罪大恶极。若要问谁想再打 25 年的仗，闹 25 年的革命，恐怕没人愿意。稳定与和平是人们普遍的需要，而要达到稳定和平，除了靠合法性，似乎别无他法，而建立已久的制度和长期在位的统治者正是合法性的体现。这是常识的看法。18 世纪后期最伟大的思想家埃德蒙·伯克曾经指出，稳定的政府依靠的不是武力，而是习惯——这是一种根深蒂固的东西，完全不同于对国家新老法律和治理方式的盲从。

同理，靠颁布法令来用一套某个改良者想出来的形式取代另一套形式，不管新的形式如何合理明智，都会以失败而告终。以为这种做法能获得成功只是不合理的奢望，因为习惯不可能在一夜之间形成。变革是不可避免的，常常也是有益的。但是，若要产生良好的作用，就必须循序渐进。造成改善的是演变，不是革命。一个起码的原因是，任何时候的人民都包括几代人，他们对问题的看法不尽一致，甚至最年轻的一代也缺乏使新生事物获得成功所需的习惯，尽管他们当中有些人也许会赞成大规模的剧烈变革。就连革命的拥护者对革命的具体内容都达不成一致，1789 年之后所发生的事件就是明证。这种既缺乏习惯上的同意，又就变革内容达不成一致的情况造成国家永无宁日。这就凸显了合法性的价值和必要，而合法性其实就是习惯性的同意。应补充说明的是，伯克晚年虽然没有接受"1789 年的主张"，但他承认，出于某种原因，在历史的某些时刻不可能出现政治演变；汹涌澎湃的革命浪潮会冲垮大堤，把大地完全淹没，直至新的合法性建立起来为止。

合法性还会恢复"欧洲的和谐"，或称力量均衡。在丹东和拿破仑统治下的法国破坏了这种和谐，打破了这种平衡，把作为保持平衡办法的战争变成一种掠夺性的为害手段。任何得到了解放，靠国民大会投票制定政策的人民都会以同样的方式行事。战争也许是必要的，但是只有当它范围有限的时候，战争才有正当的理由。不能全民皆兵，一心要消灭各个民族国家，建立多语种帝国。[可参阅亨利·A. 基辛格（Henry A. Kissinger）所著《恢复了的世界：拿破仑之后的欧洲》（*A Word Restored: Europe After Napoleon*）。]

※

　　伯克本人后来也认识到，到了 1790 年，历史已经渡过了政治和社会层面的难关。从旁观察的人一定会说，文化方面也是如此。崇尚古人的文艺复兴时期已经奉献了它的累累硕果。盛行三个世纪的古典主义和新古典主义依然是批评家的评判标准和老古板贬斥敌人的利器。不过，这三个世纪创造的大批杰出作品这时都已被送进了博物馆和图书馆。现代派在大论战中赢得了胜利。而且，由于科学和工程所树立的榜样，现代这个字眼增添了新的力量，它不再意味着仅是对于我们已经拥有的东西的新的补充，而是对一切过去的东西都不屑一顾。19 世纪典型的声音是喋喋不休地大谈特谈所有事物的进化、改良和进步。讲这种话的人天生就是未来主义者。这种新的性情使合法性原则很难在政府里发挥作用，同时也说明了为什么要通过武力来维护这项原则，尽管这样做似乎是自相矛盾的。

　　不过，如果革命和浪漫主义打破的缺口如此之大，它难道没有打断本应在这 500 年间持续不断的主题的延续性吗？若是问这种问题就是忘却了主题不仅指内容或者结果，而且还涉及希望和诉求。愿望会改变，主题却不移。19 世纪对自治议会的期盼成为解放的主题。科学不断扩大的疆界将分析普及到生活的其他领域，同时也带来了现世主义的影响。而这三者都使得抽象这个巨大的云团更加扩大。自由、平等、国家、进步和演变都是抽象的主张，可装进多种内容。同样，在

522

这个世纪，人们越来越经常地把艺术、科学、政治作为实体，评论它们是否履行了自己的职责；劳方、资方和人民亦属此列。如果这些字眼所代表的东西与具体的世界紧密相连的话，使用这些抽象概念即十分便利。不然的话，对政策的讨论就会沦为文字战争。

19世纪30年代和40年代为"自由"而战的人之间发生的正是这样一场文字战，尤其是在中欧和意大利。他们争论的问题是：自由是在于赢得政治权利，还是在于成为独立的国家？同样，在法国和英国，要求扩大选举权和支持扩大宪章涵盖面（以便改革议会）的人也认为，政治权力必然会带来经济收益。这些相互重叠的目标驱动了几个持不同政见的团体——英国的宪章主义者、德意志的青年协会、烧炭党和青年意大利，还有法国的地下共和党人，直至1848到1851年间它们在一片嘈杂混乱中遭到致命的惨败（547＞）。

与此同时，一批唱对台戏的人则在社会评论中直截了当地指出：为争取选举权而鼓噪是找错了目标。改变政治制度并不能医治新工业秩序的弊病，因为机器的出现已经改变了一切。机器操纵在一小撮冷酷无情的工厂主手中，破坏了社会纽带，沉重地打击了个人，使之处于孤立无援的困境。更糟糕的是，齿轮取代了人的双手，"技工"工作因此失去了自然韵律，也不再能带来满足感。产品的大批生产并未带来广泛的繁荣。"丰足中的贫穷"这个一再出现并使西斯蒙第深感不安的事实最恰当不过地代表了这个时代的主要特征。

首先对工业提出批评且最具影响力的是圣西门伯爵的弟子们。圣西门伯爵是17世纪的圣西门公爵的远房亲戚（＜355），他在《新基督教》一书中描绘了一个工作和产品得到有序分配的社会，这个社会由银行家和科学家治理，因为他们长于计划，精于计算，在任何使用机器的社会都起着不可或缺的中心作用。后来，圣西门的学说变成了一场运动，因为他的浪漫主义者信徒认为专长和计算还不够，思想只有在受感情驱动时才能变得积极活跃，得以传播，所以必须招募艺术家来增加这种理想社会的吸引力，使新生活变得令人向往。为此，他们设计了一种半宗教的仪式，用歌声和庆祝活动为科学和金钱的精确严格披上神秘的外衣。例如，信徒穿着浅蓝色的行吟诗人服装在巴黎街头游行，为市民表演，沿着大道边走边唱。

这种诉诸艺术的做法是革命中的常用手法。它可以取悦百姓，唤醒本来对政治漠不关心的人们心中的社会良知。19 世纪 30 年代的热

> 黄金时期迄今为止一直被盲目地认为是过去的事，其实它就摆在我们的面前。
>
> ——圣西门（1825 年）

心响应者当中，有已经大名鼎鼎的青年音乐家李斯特和一位异常活跃的人物——乔治·桑。她的情事、友谊和倡导女权主义的小说使她成为许多领域中的一位重要人物。李斯特参加集会，谱写宣传歌曲，还撰写了一篇雄辩流畅的文章描述资产阶级社会里艺术家艰难的境遇。李斯特和桑结成好友，但不是情人。他们一度都信奉圣西门的理想。不过，圣西门的思想也不是当时理论界独一无二的学说，因为改造社会是各种知识分子日思夜想的期盼。这可以追溯到巴贝夫和他的理论阐述人波纳洛蒂（＜ 428），他们两人是欧洲大陆第一批有觉悟、有意识的社会主义者。19 世纪，人们普遍而迫切的愿望是要通过社会革命来完成政治革命。所以，持有此种坚定信念的拉梅内神父提出了建立基督教社会的远大理想，（再次）吸引李斯特加入他在拉夏内组织的以祈祷为主的活动圈子，并请李斯特为这项事业谱写了更多的音乐。

与此同时，乔治·桑与鼓吹靠铁与血来夺得革命胜利的共和党人米歇尔·德布尔热陷入热恋，同时也积极接近拉梅内神父，但神父被桑在性爱方面的开放吓得退避三舍。对于女性和爱情的低下地位愤懑不平的桑后来转到皮埃尔·勒鲁门下。皮埃尔·勒鲁是个小发明家，靠为畅销全欧的《环球》杂志撰稿而开始其公共生涯。《环球》是圣西门派的刊物，歌德是它的读者，约翰·斯图亚特·穆勒为它撰文。不过，勒鲁后来另立门户，鼓吹要逐步取消财产，实现男女平等（不管婚否均有权自由恋爱），通过转世化身而保持灵魂的不朽，再加上为撒旦正名。桑是勒鲁忠实的门徒，虽然她没能完全遵从他的所有原则，

但是她终生都是坚定不移的社会主义者。

还有一位理论家是查尔斯·傅立叶，注意不要把他和成就非凡的大数学家让·傅立叶混淆起来，他们两人的生卒年月几乎完全一样。前一个傅立叶重振社会的计划是最详细的。这个计划力图实现同工同酬，把工作、能力和动力加以分类，根据个人的性格调整工种的分配，因为情感上的满足是人民认同和社会稳定的先决条件。应当补充说明，作为圣西门原来的秘书，奥古斯特·孔德思想的许多内容都来自他早期同圣西门的这种联系，包括为了社会的凝聚需要神话和宗教仪式的主张。

19世纪初法国人提出的各种主张被笼统地归纳为一种思潮，冠之以"乌托邦社会主义"或"空想社会主义"的称号。其实，他们的理论很快就被付诸实践，在为此目的建立的殖民地中指导着人们的生活。上天注定美国是最适合进行这种实践的地方，那里有广阔的空间和廉价的土地，最好的是那里的传统，对有特色的群体与其说是容忍，不如说是不闻不问。早在这些新来的欧洲人抵达之前，美国就有十几个奇特的社团，首先是1694年在宾夕法尼亚成立的"荒野妇女会"。两个世纪之后，社团总数超过了80个，散布在从缅因州到得克萨斯州的各个地方。其中最负盛名的社团都是在傅立叶的激励之下成立的，因为他对新英格兰浪漫主义者的思想产生了很大影响。爱默生、霍桑、玛格丽特·富勒和C. A. 达纳都是傅立叶派的头面人物，而纽约州的艾伯特·布里斯班、霍勒斯·格里利和老亨利·詹姆斯则都是坚定的支持者和宣传家。新英格兰人在布鲁克农场和福鲁特兰兹先后建立了傅立叶大师做过明确描述的法郎吉（phalanx，也称作法伦斯泰尔），但是没有遵行他规定的繁文缛节。霍桑的《福谷传奇》一书写的就是布鲁克农场这个地方，书中的故事其实是个悲剧。

几十个其他种植园虽然做法各异，但都以不同的方式来实践它们所用的名字中包含的思想——和谐。印第安纳州的新和谐社区特别值得一提。创办人是罗伯特·欧文。欧文在苏格兰经营纱厂，在位于新拉纳克的工厂旁试建立了一个模范城镇，大获成功。他为工人提供良好的住房、学校、娱乐和令人满意的生活。在美国如法炮制的社区在他负责管理期间也十分成功。欧文还在英国和爱尔兰进行演说，发表文章，宣传他通过推理得出的理论，吸引了大批支持者。不过，那些支持者没有建立社区，而是根据他的建议成立了"合作社"，使入社的消费者通过以批发价买入商品和共同分成的方式从中获得实惠。

有一点所有力图改造社会的人都一致同意，即当时占统治地位的政治经济学派从根本上来说是错误的。亚当·斯密、李嘉图、马尔萨斯、纳索·西尼尔、J. B. 萨伊、巴斯夏和 J. S. 穆勒宣称，他们已经找到了经济生活的永恒定律。目前的条件是由事物的性质所决定的，人只能服从现状，就像服从万有引力一样，由此产生了"放任主义"（laissez-faire）的教条。这是重农主义者早在 18 世纪就教授的一种学说，后来又由亚当·斯密以充分的历史证据为基础重新加以阐述，同时也作了适当调整，而到这时则依据经济学法则靠演绎法获得验证。

使用经济学法则证明了什么呢？那就是：人的本性决定了他要追求自我利益。在货币经济里，他力求以最低价买进，最高价卖出。价格不是硬性规定、一成不变的，而是随着供求关系的变化而起伏。例如，一块土地的地价或者地租取决于它生产的农作物的价值跟邻近土地的产值相比孰高孰低。"经济人"是要严加比较，货比三家的。

至于工资，它来自一个"固定基金"，而该基金的多少则由资本（货币与设备）市场的条件和劳动力的供求状况来调节。倘若劳动力供应丰富，工资水平就会相对降低。制造商付出的工资不能超过上述这些因素综合在一起所确定的水平。远在苏格兰的罗伯特·欧文可以为他的那帮人不切实际地胡来，但如若人人都这么做的话，整个英国的经济就会崩溃。欧文的做法罔顾了"古典经济学"。

如果认为古典经济学的创始人和倡导者全是些伪君子，提出这种理论是为了他们的朋友——工业巨头——进行辩护，完全漠视工人疾苦的话，那就大错特错了。这门科学同样不顾由于过量生产而时常导

525

致一连串失败的工厂老板的痛苦。像托马斯·马尔萨斯牧师这样的经济学家就十分关心贫苦的工人。他们的人数在以不同寻常的速度激增。从经济角度来看，他们不应当生育这么多孩子，因为这样一来增加了劳动力的供应量，结果使自己变得更穷。可以猜想，当时的劳动人民除了床第之欢以外，没有什么其他乐趣。马尔萨斯没有否认这一点，但是他除了建议人们清心寡欲之外，也没有什么锦囊妙计；想到战争和瘟疫会造成人的大批死亡时，他尽管也感到痛苦，但同时也觉得宽慰，因为根据他的计算，粮食供应量只能按 1—2—3—4 的算术级数少量增加，而人口则是以 2—4—6—8 的几何级数飞速蹿升。他所担心的问题至今没有消失。人口学家一直在预测，不断改进的卫生和医药条件延长了人的寿命，却完全不顾造成的后果，致使人口急剧飙升。

美国的大多数"反经济学"团体只持续了短短不到几年。其中一个原因是，同那些顶住外来压力生存下来的震颤派教徒、严紧派教徒、摩拉维亚教徒和门诺派教徒不一样，傅立叶主义者和其他派别的人缺乏强有力的宗教纽带。19 世纪宗教信仰的恢复（＜471）不够教条化，不足以产生同等力度的约束力，而新编的神话是不太站得住脚的想象。教条化不足的原因在于第二个不利于团结的因素——个人主义占了上风。只要逐个想想新英格兰的超验论者，然后再设想一下他们在布鲁克农场生活的情景，那种奇观会使人哑然失笑。这一群奇才颂扬独立思想和自力更生的性格，他们周围正在建立新国家的千百万平民百姓不在他们的思考之中。他们生活中和想象中的英雄是像梭罗那样的天才、孤身一人的拓荒者、孤独的流浪者，或者像费尼莫尔·库珀的小说中描写的形单影只的林中人纳蒂·邦泊。能有什么魔法让这些人和谐地融入傅立叶式的法郎吉呢？

另一类社会批评家对进步提出怀疑，甚至常常是否定。他们指出乌托邦至少在原则上是正确的。他们认为，必须建立计划有序的社会来扭转生活状况的恶化。陷入"生产过剩"（后改称为"商业周期"）重围的贫苦工人和运气不佳的制造商都是政治经济僵硬法则的受害者。

真正的工作处于衰落之中，大批（"廉价粗劣的"）低质产品充斥市场，新的思维方式一味强调数量：价格、成本、产出和增长，这一切降低了所有人的道德标准。无情的数字压倒了慷慨之情，打乱了心境的平和，削弱了道德良知和宗教信仰。

这种意见的主要倡导者是卡莱尔。他天生具有鼓动家的禀赋，设计了一套独特而有效的布道方式，在英国当了整整半个世纪的良知导师。其他谴责工业化、功利主义和进步的人来自教会、文学界和英国托利党的成员。这些人大多数都是地主。他们尖锐地指出制造商制度的种种毛病，因为后者是同他们争夺财富和权力的敌人。他们在第七代沙夫兹伯里侯爵的影响下，通过法律来限制工时以及对女工与童工的剥削。这是管制机器工业的庞大法典中最早的一部分。自那以来，西方各国每时每刻都在对这部法典补充新的内容。不过，卡莱尔不大相信立法的作用。他认为，立法只能医治这种邪恶的表象；议会是空谈的场所，只要两派拉锯战式的争吵不停，就不会得出什么好结果；应由一位领袖掌控全局，率领大家奔向一个方向——正确的方向。这个他称之为英雄的领袖必须得到人们的承认和崇拜。

因为这些字眼在我们这个世纪会引起可怕的联想，所以卡莱尔的初衷尚需解释一番。首先，他所说的英雄并不一定是"军事强人"。他在《论英雄和英雄崇拜》的六篇演讲词中列举了历史上一些英雄的例子，如北欧神话中的最高之神奥丁这种异教的半神半人、宗教创始人（如穆罕默德）、伟大诗人（如但丁和莎士比亚）、"文学巨匠"（指卢梭和约翰逊博士这样的知识分子）等。简而言之，英雄就是那些出类拔萃，对事件的发展产生影响的人。当然还有军事英雄，如克伦威尔和拿破仑，但是卡莱尔却明确提出：现在需要的英雄是思想家和作家，

> 他在一个时代被女妖缠身，受到蛊惑；另一个时代，他被牧师所扰，遭到愚弄；他在任何时代都受到魔法的控制。现在，机械论的天才窒息了他，远甚于过去的任何梦魇。他在天地之间只看见机械论，它是他唯一所惧怕的，也是他唯一寄予希望的东西。
>
> ——卡莱尔在《成衣匠的改制》中论人（1831 年）

527

是靠主张和语言来统率民众的领袖，而且"可以指望（他）在今后所有时代继续作为英雄主义的主要源泉"。同样，崇拜并非迷信的卑躬屈膝，而是衷心的景仰。今天，受人欢迎的演员所得的酬劳高于所有其他人才，这样的时代是没有资格对英雄崇拜评头品足，说三道四的。

卡莱尔在后来一篇题为"过去与现在"的布道词里举例说明了他的意思。他利用12世纪的一本编年史向人们展示了在圣埃德门兹伯里的一群僧侣如何陷入了道德混乱、财务亏空的局面，他们又是怎样在院长萨姆森的领导下重返经门，实现经济自立的。萨姆森是一个态度谦虚但立场坚定的人，并不特别为周围的众僧所喜爱。在被任命为修道院院长之前，他并不知道自己是一个天生的领袖。为了重整教业，他不得不临时制定种种政策。这些政策十分严格，但毫无独裁的成分。他同手下众僧讲道理，有时也不得不做出妥协。唯一必须服从的命令是工作——要老老实实、兢兢业业、刻苦勤劳地劳动。所有的善都由此而来，这就是人活着的理由，是保护心灵不受邪恶侵害的方法。

这就是卡莱尔从历史中找到的榜样。相比之下，眼下是一片混乱。没有领导，因而缺乏明确的方向；努力徒劳无功，毫无意义的冲突频频出现。行为受贪婪所主宰，因为物质标准成了效用的唯一衡量尺度。自私自利优先于所有其他考虑。边沁不是说过对可以从中得到乐趣的人而言，"（保龄球）球柱的功用就跟诗歌一样"吗？把"最多人的幸福"作为制定政策的指南，这把标准降低了一大截。这一切产生了目前被误称为"文明"的非人道状态中普遍的痛苦。关于卡莱尔的介绍就到此为止。分散在英国其他地方的十几个反对资本主义的作家都敦促建立某种社会化的社会。威廉·汤姆森（女权主义者）、J. B. 布雷、查尔斯·霍尔、托马斯·霍奇金、玛丽·亨内尔等人今天被视为率先提出具体纲领的社会主义者，他们的纲领不是要建立小社区，而是要消除经济学家的影响，力挽狂澜，使社会朝着人人享有正义的方向迈进。

约翰·斯图亚特·穆勒的情况相当特殊。他曾一度追随圣西门和奥古斯特·孔德（＜509），还为《环球》杂志撰写过文章，不过却中途而退，因为他预见到，在孔德的制度下，人的生活会"像在围城里一样"。穆勒通过改写自己的《政治经济学原理》而与自由派分道扬镳。他指出，国家产品的分配可以任意改向，而且应当为了大众的福祉进行有秩序的重新安排。最后这句话是一条预言，被后人一再重新解释。所有这些不同的设想，即先后失败的各种乌托邦、卡莱尔及其追随者的种种抱怨、英国的五位社会主义大师和国外同类人物的理论（549＞），在长达一个世纪的时间里一直属于少数派；他们吵吵嚷嚷，却未能阻止历史的进步，也没能扑灭公众对进步的热情。然而，他们的基本思想——实质上的社会主义——最终获得了胜利。这胜利有两种形式的表现，一是由一个政党及其领袖实行集权的社会主义，一是由民主议会和政府机构来统治的福利国家。

　　这个世纪充满了各式各样的自发运动。各种基督教社会主义把改善社会的责任赋予教会，无论是天主教、路德教，还是英国圣公会教；拉萨尔（为德意志倡导的）的社会主义"公司国家"可以指导企业实现经济正义；在这方面，拉萨尔门下不断壮大的激进分子队伍还决心建立一个工人国家，即在一个国家建立最先进的社会主义。流亡法国的诗人海涅看见自己的国家除了积聚已久的建国激情之外，还因这些愿望而骚动不已，遂告诫欧洲警惕对文明的双重威胁——德意志和共产主义。此时，马克思还不太为人所知。

※

　　与进步同样显要的是自由主义者提出的建立议会和扩大选举权的要求。他们保证，这样做不会产生改变社会习惯和社会等级这种匪夷所思的结果，只是将政治权力赋予所有受过良好教育并拥有财产的个人，这样会保证言论自由和新闻自由，而自由的公众舆论则会导致和平与繁荣。在这方面，英国是领路人。这种中产阶级的理想政府的观念得到了许多工匠和其他工人的拥护，他们举行示威，发动骚乱，以期实行完全的民主。

通常以为，对于像英国议会这样历史悠久，长期受人敬佩的政府机构，人们一定了解透彻，效仿起来也比较容易。实际上并非如此。两个半世纪以来令世界瞩目，蜚声海外的议会之母至今也没有生出过同等美丽的孩子或真正健康的后代，她的所有后代都需要改造治疗；不止一个极不光彩地夭折；幸存者当中有一些明显患有疟疾，忽冷忽热。欧洲基本上都是这种情况。令人高兴的是，美国是个例外，这是因为它直接继承了英国的传统。在非西方世界里，民选立法机构要么是装样子骗人的，要么就一再陷入混乱。

这些议会的不稳定和无效主要是由它们建立时所编写的繁杂冗长的宪法造成的。制宪者通常想力图保护立法机构不被行政权力机构凌驾于头上，因为他们想遵循（他们当时以为的）让国王统而不治的英国先例。他们没弄明白，严格地说来，英国并非由平民院（House of Commons）独家管理，而是由"王在议会"，即贵族院（House of Lords）和平民院一道统治。这个短语标志着规定三方当中的任何一方能做什么，不能做什么的一整套习惯规矩。例如，为了使上院通过1832 年的《议会改革法案》，要求国王给足够多的自由派封爵，以压倒在上院占多数的反对派，而国王尽管本人持反对意见，也会遵从这一要求。这种当时机成熟时在压力下让步的特点，英伦三岛之外的人是无法理解的，过去如此，现在依然如此。

这种习惯无法写入宪法，即使可以也不应写入，因为情况是在不断变化的，而习惯如属适当的话，可以比宪法更顺利地加以改动。因此，英国可以说是唯一一个在任何时候都拥有最新宪法的国家。所有其他国家（包括美国）的宪法中的一些根本性安排都会变得过时，从而导致现代史中各国不时发生议会"危机"。法国、意大利和德国自实行民选议会制度以来，各自都经历过五部宪法，而西班牙同巴尔干国家一样，宪法一换再换，令人眼花缭乱。

英国人这种判断何时及如何进行更改而又不扰乱整个局面的本事是通过几个世纪的痛苦经验摸索得来的。他们本来素以难以管理而著称，不过他们最终还是感到了疲倦，不愿再闹事。一种根深蒂固的反唯理智主义使改变得以不触及制度而静悄悄地进行。形式、头衔和装饰都保持不变，在下面却采取各种行动；这样一来，视觉上的稳定保持了人们的信心。这是一种超越原则的本事，是精明的言行不一的好处。应当指出，这种状态不是矛盾，因为矛盾会使一项制度自毁长城。不一致的东西依然可以发挥作用，也许以后就能理顺了。当然，有些时候一次仅修整一项是不够的，需要搞一次大扫除。19世纪下半叶英国的宪法就出现过这种情况，当时，在持续了20年的顽固反革命镇压之后，辉格党中称为极端派的人成立了自由党，把托利党赶下了台。有一个辉格党极端派的代表性人物同时也是值得大家认识的天才辩论家兼幽默家，他就是——

悉尼·史密斯

他登上历史舞台时，英国已经就改革问题进行了50年的辩论，但是一项改革措施也没有施行。虽然史密斯只是偏远乡村一个小教区的一名小牧师，但是他却在匿名发表了《彼得·普利姆莱书信集》一书之后一举成为领袖。这本书讨论

> 亲爱的霍兰德夫人，我5日至12日就将到府上居住，可您还邀我9日星期天同您共进晚餐，这真是奇怪之至！就像您上个星期天才与一位绅士结成连理，而现在还约他本星期三幽会一样——这是想将风流的刺激和联姻的保险结合起来。
>
> ——悉尼·史密斯（1811年）

的是"天主教解放"这个久辩未决的题目，即取消阻止天主教徒进入议会、大学、各种专业职业和政府机构的种种障碍。他刚刚加入辩论，意见也与众不同。他写作的方法旨在既说服一般老百姓，又说服专业政客，还要把坚定的反天主教分子争取过来。史密斯赢得了胜利，因为他了解反对者的思想感情，通过对实际问题的讨论来进行说服。史密斯的语言通俗易懂，常常语带幽默；他通过夹叙夹议的办法使他的

530　主张更加深刻生动，语言雄辩有力，重点得当。他在小册子中深刻阐述了何谓正义、人道和宽容，同时，他自己也遵守这些美德，写作时态度并不狂热偏激。

　　悉尼·史密斯很快就成为辉格党领袖的密友。他们发现，这位胖墩墩的牧师是极为理想的晚餐客人。他机敏过人，风趣诙谐，明达事理，在待人处事和政治方面具有敏锐的判断力，而且通今博古，无所不知。这个新加入他们行列的人才华横溢，使人们的思想不断受到激励；他的大无畏精神更是令人欢欣鼓舞。他撰文与"迫害不同信仰者的主教"论战，虽然不能使对方信服他的观点，但是也不会引起对方的敌意，同时还使旁观者从中获得熏陶。悉尼·史密斯发动进攻的次数不胜枚举，体现了他的自由主义性格，也揭示了当时的社会态度和文化倾向。天主教于1829年最终获得"解放"之后不久，英国议会议员的选举方式进行了改革。一些勋爵封地里的选区被取消，因为那里剩下的只有长满草的山丘，没有选民。议会代表的席位分配给原来没有代表的城镇，如伯明翰、曼彻斯特、利兹等；选民范围扩大，包括了拥有或租赁中等规模财产的人。粗略算下来，六个家庭里就有一家成为选民。〔欲了解《改革法案》通过之后英国选民的实际情况，请参阅狄更斯《匹克威克外传》第13章中关于伊坦斯威尔选举的介绍。〕

　　史密斯关于该法案发表了四篇讲话。在其中一篇中，他提到当时的一种反对意见，说如法案获得通过，鼓动家肯定不会就此罢手，不再打搅人民，而是会得寸进尺，变本加厉。对此他的答复是："如果大风不打搅波浪的话，就不会出现风暴。如果绅士不打搅女士的话，就不会出现不幸的婚姻和被弃的怨女。而我们的人民一定还会被打搅，所以，我们必须立即着手为他们制定法律。"史密斯那约翰逊式的聪明头脑总是能够找到优雅、精确的语言明确地表达他的意思。关于法官自谋私利的做法，他写道："多干一天巡回判案的工作，肯定比坐在法官的位置上快速谋杀要好。"同时，他知道光靠敏锐的辨别力是不能实行改革的。"所谓不要凭恐惧感行事的说法不过是议员们言不由衷的论调。我要问，除了恐惧感之外，还有什么动机促使我们对宪法进行改进？如果我说：人民要什么，就给他们什么，因为这是正义之举，你们想会有 10 个人听我的话吗？使大众看见正义之美的唯一办法是用简单明了的语言告诉他们不正义的后果。"

虽然他口齿清楚，声音温和动听，并不咆哮威胁或故作高深，但是他更喜欢用笔与敌人交锋。他同几个朋友创办了《爱丁堡评论》，这份季刊很快就作为宣传辉格党观点的喉舌成为政坛和文坛上的一支新生力量。《爱丁堡评论》是一本形式全新的杂志，它不再是由出版商控制，雇用文人撰稿的一言堂，而是独立评论家的论坛。里面的文章按当今的标准来看，篇幅很长，几乎就是专题论文。整篇评论的引子也许是一首新诗、一篇新小说、新历史文章或者是某人的游记，但是评论也许只用一段就把作品或作者打发掉了，文章里通篇评述的则是作者所涉及的题目，因为评论员认为理应如此。

麦考利著名的散文就是先发表在《爱丁堡评论》上的，读者对他给予热烈的期待。一个初露头角的作家的作品如能登载在这份"浅黄加深蓝封面"的杂志里，就算是成名了。尽管文章没有署名，但是读者一眼便能看出是他所写。除了麦考利之外，这份评论杂志的主要支柱有史密斯、黑兹利特、霍纳及杂志编辑弗兰西斯·杰弗里。拜伦在早期题为"英国的吟游诗人和苏格兰的评论家"的诗中讽刺的就是他们。史密斯写给杰弗里的一封信中反映了他自己的性情："我恳求你在分析问题时收敛禀性暴躁的倾向，培养综合归纳的嗜好。何谓美德？真理有何用处？荣誉又能派何用场？几尼[1]又有什么了不起？只不过是区区一个小黄圆片而已！你的全部身心都用在破坏上面了。因为别人急切建造起的房屋质量不好，你就把它一脚踢毁，并且从此不愿意从事认真建造这种困难的工作。"

史密斯费了九牛二虎之力争取废除一项不合理的法律，这项法律

531

---

[1] 几尼，当时的英国金币。——译者注

我在给一本书写书评之前从不读它，因为这会使人产生偏见。

——悉尼·史密斯论评论家的任务

不允许被指控犯有重罪的人得到辩护律师。他站出来鼓动大家群起反对，攻击"尊敬的议会提出的最为荒谬的论点，说雇用律师对犯人来说太昂贵了，似乎还有什么比被绞死更昂贵一样！'没错，你明天会被处以绞刑，不过想想看你省下了多大一笔钱啊！'"议会开了七次会进行辩论之后才做出允许被控犯了叛国罪的人请律师的决定。对此，史密斯抨击说："人类就像孩子，他们总是朝着那些对他们有好处的东西做鬼脸；有时非得捏着他们的鼻子把汤药灌进去。"

同样残忍和不公正的是保护地主以及他土地上野生禽鸟的狩猎法："没有狩猎许可的人如果打死一只雉鸡会被处以 5 英镑的罚金，但是地主老爷却认为该用枪打死他，于是在偷猎者经过的小道上装上伏击枪。较有人性的地主则埋设抓动物的夹子使他致残，最仁慈的乡绅只用机器将他囚禁起来以防他逃跑，但是并不打得他皮开肉绽。毫无疑问，这种做法是严重违法行为。假如人人都私设公堂，定罪量刑的话，那么法律也就不复存在了。"

悉尼·史密斯和布莱克一样痛斥烟囱清扫行业的种种做法："精美的晚餐是最令人愉快的事，是文明生活的一大成就。它不仅包括让人大饱口福的美味佳肴和色香味俱全的调味酱（而且还包括精美的餐具和一同就餐的伙伴）。晚餐期间厨房的烟囱失了火，由一个可怜的六七岁的孩子冒着浓烟大火钻进烟囱把火扑灭，正在享用美食的人哪里知道这些？年方五六岁的男孩就成了烟囱清扫工。四处揽活的烟囱清扫工留在各家门上的卡片上常有'小男孩钻细烟囱'这样的宣传。有时甚至还雇用女童。"史密斯最后不无嘲讽地写道："驳回禁止男童清扫烟囱法案十分正确，因为人性只是一种现代发明。如果采取这种措施的话，必定会对财产造成极大破坏，并会大大增加失火的风险。"

有一些自由党人当时关心的问题不能形成法案让议会表决，其中一个引起史密斯关注的问题是妇女教育问题。"如果它能得到改进，男子的教育也会得以改进"，因为"人生头七八年的性格形成看来几乎完全仰仗妇女"。此外，一个国家应尽可能发挥"理解心"，包括"妇女所拥有的能力——机智、才赋和与男人同样出色的所有其他品质"。目前，"世上一半的才干被白白浪费掉了"。至于有人认为"教育妇女是荒谬的主张"，试想一下，"一个世纪之前，谁会相信能教会乡绅自如地阅读和准确地拼写呢？而我们今天却看到这已是事实。将现实误认为以后才可能的事是最愚不可及的"。

这并不等于史密斯对英国的公学（实为私立中小学）或是英格兰的两所大学有何敬意，因为所有这些学校的做法都是教育的理想与实践的耻辱。这些学校花很多年的时间教授不情愿的孩子写拉丁文诗句。史密斯说，一个听话的学生到毕业时"已经学写了上万句，超过了维吉尔 12 卷史诗《埃涅阿斯纪》的篇幅，但从此以后就连一句也不再写了"。岁数大一些的男孩因无所事事而变得十分顽皮，甚至为老师建立了"小石子基金"，作为可能被石子打伤的理赔金。大学的教育涉及面狭窄且内容贫乏，把一名青年送进去只能保证他"学坏并浪费钱财"。

在宗教和道德方面，这位牧师显示了同在政治和社会事务方面一样的犀利。他是虔诚而坚定的圣公会教徒，但是却不坚持要别人改变宗教信仰。他嘲笑循道宗、皮由兹派（小册子教派，< 471）和狂热福音传道者中的"克拉彭教派"，并与他们迫害异教徒的行为做坚决的斗争。他的所作所为使人想起斯威夫特。跟他一样，史密斯也无微不至地关怀自己教区的教友，关心他们的身体健康、住房条件、纠纷争吵和其他繁难琐事。他在道德观方面的智慧最明显地体现在他对"压制邪恶会"的深恶痛绝之中。"压制邪恶会是几乎不可能不超越理智和节制的范围的。叫得最凶的总会欺负社区里的老实人；最激烈的就是最守道德的。"至于铁路的发明使人们遇到的新情况，他一贯的逻辑最终占了上风："仅锁车门这一项就会经常引起事故。不管（大西部铁路公司的）董事们怎么想，人是不耐烦忍受混乱的，会尽力从窗口挤出

533

去。而且，为什么只锁门呢？为什么不让大家穿紧身衣呢？为什么不把引发事故的乘客绑起来使之动弹不得呢？"

悉尼·史密斯不仅对政治问题感兴趣，他的文学判断力也十分敏锐。当人人都诋毁司各特的杰作《米德洛西恩的监狱》时，他却对其大加称赞；他几乎是唯一对诗人塞缪尔·罗杰斯评价不高的人；他不喜欢描写当时生活的小说，但狄更斯的《尼古拉斯·尼克尔贝》却赢得了他的喜爱；德·斯塔尔夫人的《黛尔菲娜》(< 450)中的伦理使他想起了王政复辟时期的喜剧；他还率先拥护罗斯金在《现代画家》一书中为特纳的艺术风格进行的辩护。

由于史密斯被推为常识的化身，因此有人误以为他缺乏想象力。其实，像史密斯那种最高水准的幽默才是纯粹的想象。史密斯在回忆他在南美的旅行时，对总是挂在树枝上的树懒作了这样的描述："它一生都悬在那里，像是一个和主教沾点儿远亲的年轻教士。"《爱丁堡评论》的印刷商总是迟迟印不出杂志，理当将他开除"并强迫（他）以公开兜售低级下流的刊物为生"。有人说麦考利说起话来滔滔不绝，不容别人插嘴，这确有其事，不过"他偶尔出现的沉默使人十分愉快"。麦考利评判史密斯是"自斯威夫特以来英国最伟大的讽刺大师"。尽管史密斯常常逗得众人捧腹大笑，但是他却跟许多幽默家一样，时常会陷入忧郁。与他们一样，他由于揭露严肃问题的荒唐一面而招致责备。他深知此中的原因：人凭表象做出判断，而"蠢人和智者的表象彼此一样，轻薄者和机敏者的表象也各自相同"。他所说的天才的条件正好适用于他自身："他不是孤身一人，而是八条大汉；他机智过人，却似乎不通常理；他世事练达，又好像不解风趣；他为人处事大智若愚；他浮想联翩几近疯狂。"

悉尼·史密斯的前半生是在贫困和失望之中挣扎过来的。他家境贫寒，须养活一大家人。他在伦敦刚刚成为备受欢迎的人物之后，就被（他所拥护的）新法律所迫迁居至自己的教区，从而失去了与知识分子交谈的机会。他那种令人开怀大笑的幽默是强者的意志战胜挑战的结果，就像他对教友的热心关怀是道德良心对容易产生的自我怜悯的胜利一样，在这一点上，他跟远在爱尔兰的斯威夫特又是相同的。史密斯的政治界朋友最终为他谋到伦敦圣保罗大教堂牧师的职务，使他晚年经济宽裕，得以生活在他的挚友当中。其中一个朋友说的这段话可以作为他的墓志铭："悉尼，20 年来你一直在取笑我，可你没有说过一句我但愿你没说出口的话。"〔若想了解他的一生，可读赫斯基思·皮尔逊（Hesketh Pearson）所著《独一无二的史密斯》（*The Smith of Smiths*）；如想阅读他的著作和书信节选，可读由 W. H. 奥登（W. H. Auden）编辑的《悉尼·史密斯选集》（*Selected Writings of Sydney Smith*）。〕

※

在 19 世纪的大部分时间里，要求选民必须拥有一定的财产是理所当然之事，也是符合逻辑的。一个人若想负责任地运用自己享有的那份权利，就得拥有社会共同财产的一部分，就像股东投票选举公司董事会一样。老套的想法认为这些限制是因为自私自利的"新兴资产阶级"（< 243）——制造商和银行家——想自己把握所有权力。不过如前所述，这种以偏概全的解释其实是一个神话。19 世纪所谓工业革命的成功确实使新的一批人致了富，这些人包括手巧的机械师、商贾中的佼佼者和幸运的投机商。照例并不是整个阶级共同致富，而是有些人富起来，其他人却穷下去。当法国的中产阶级下层抱怨他们手中的财产未达到资格而不能参加选举时，基佐首相告诉他们："赶紧发财！"当时的观念是有钱就表明有能力。这种规定还可以保证新获得选举权的人不会用自己的选票破坏财产权。而至于世代贫困的人，当时还没有普及教育，也没有一便士一份的廉价小报，这些无权过问公共事物的文盲的无知和心胸狭隘的程度，今天的人是无法想象的。他们体现了任何地方、任何时代争取解放的目标所在——不是将权力交

给那些应该获得权力的人，而是提高那些无能为力的人的水平，使他们有能力学会如何行使权利。

反对这种自由的人说，文盲、奴隶和孩童管不了家。话说得不错却不开明。西方政治史就是一场持续不断的战争，一方是"现实主义者"，这样那样的自由都不想给；另一方胸怀慷慨，将赌注押在另一条真理上面——人人均有能力，能力大小只取决于有否发展能力的有利条件。

1832 年英国通过的《改革法案》为无选举权的民众打开了一条门缝，使其与法国类似的情况有所改进。由于生意成功或具有工业才干而"飞黄腾达"的"资产阶级"这时已有代表人物进入议会，在那里跟代表豪绅贵族的托利党争夺利益。如前所见（＜ 526），豪绅贵族铁了心要推动不受工厂主欢迎的劳工法。敌对双方斗争中各有胜负。当托利党人失去了长期享有的粮食保护税时，获益者并不全是资产阶级商人和雇主，而是全体人民。

先是新的《济贫法》，然后扩大到对劳工条件实行控制，这些标志着社会立法的开始。值得注意的是，社会立法需要的两种工具可以说是划时代的，更不用说也预示着未来。它们是：检查员和统计。现代的个人不再遭受社会等级的压迫，取而代之的是对他生活中所有活动的"检查"。这种控制手段的形式是颁发准许证、执照，宣布种种限制以及实际进行检查。与此同时，国家机构和私人研究人员分类汇总并发表数字，其目的多半是为了显示为什么要推动或限制一项活动。这样一来，关心国事的公民逐渐形成了靠统计数字生活的习惯。可以说，他们过的是"统计生活"（Stat Life，795 ＞）。这种情况在所难免。工业的性质起了变化，不再需要专心专意地致力于工作，而是要一味服从机器，管制因而成为必然。而且，由于技术闯入了人们生活需要的每一个领域，从衣、食、住，到火车、医药和娱乐，所以为了生活，需要无尽的统计和控制。

※

　　别国模仿英国建立起来的议会之所以时运不佳还有另一层原因。长期以来，议会的母体模型由于所含的种种不正常因素，代表的不是人民，而是利益，如土地、贸易、教会和大学。这些利益可能会分成各派，随着问题的变化，它们在议会的代言人彼此形成不同的联盟。当"一人一票"的办法被取代之后，这一制度的基础也暗地里发生了变动。个人主义通过"公众舆论"取代了一些利益。所谓的公众舆论是模糊不清、动摇不定、没有成型、不可预测的，（用白哲特的话来说）是公共马车中秃顶人的观点。要将千百万个人的意见收集起来再归纳成相当明确的利益，这需要有新的办法。靠直接行贿来笼络选民已经再也行不通了。若想利用人们的自私心理，再加上间接的收买，就需要有政治党派、公共纲领和严格的选举纪律。而且，要使政策稳定，就必须只能有两个政党，其中一个须是明显获胜者。

　　英国的两党制之所以巩固，还要归功于另一个从来未被仿效的传统安排——议会大厅当中的走道。1834 年的大火把议会两院烧塌之后，大厦仍按原样重建，将议员分成两批，相向而坐。由于这种两军对峙的阵势，讲话成为你来我往的对话。面对近在咫尺注视着你的敌人是很难"海阔天空地发表演说"的。相反，所有其他议会的设计都是半圆形的，像剧院一样，除了造成左派、右派和居于其中的各种中间派之外，这种形式容易使人发表不着边际、抽象难懂的长篇大论。

　　即使在竞选期间，英国人对人群演讲时都像只同一个人聊天一样。这并不排除聚众闹事抑或许诺种种好处来明显收买选民。实际上，在举行真正选举的民主国家里，这两种做法都是常见的。但是，如果把这种行为说成是"煽动情绪而不是唤起理智"，那是一种愚蠢的陈词滥调。所有呼吁要唤起的都是人民的思想。没有候选人会说："让我唤醒你们愤怒的情绪吧。"他必须以某种东西为依托才能煽动群众的感情。竞选中所用的主张是附有强烈情感的熟悉主张：宁死不屈；为了上帝，

536

为了国家；反对新移民，对富人征重税，创造更多报酬高的工作，我的对手是个骗子；等等。这些主张就像基督教"十诫"一样正当。像环保或堕胎这种奇怪的新主张同样可以被人熟知，具有同样的调动情绪的力量。

不过，随着工业社会变得更加复杂，个人的观点也变得更加多样、模糊，党派也多如牛毛。一党获得稳定多数的情形已十分罕见。联合政府合了又散，散了又合，原本正在采取的行动被搁置，或者干脆撤销，使得政府的管理没有章法，前后矛盾。人民变得猜疑、不满，甚至厌倦。民主国家在经历了长期的斗争赢得选举权之后，对选举权表示出一种特别态度：他们对自己的政府形式大吹大擂，但是对他们自己选出来的领导人却只有鄙视。更糟糕的是，享有选举权的人当中，运用这种权利的还不到半数。最后，"院外游说集团"通过对人民的代表施加影响，大规模地重现了过去有组织的利益集团的作用（780＞）。

1870年之前不久，威廉·阿克顿博士和亨利·梅休分别对伦敦的地下社会做了两项调查。阿克顿博士研究的是卖淫现象。伦敦是全世界卖淫业的中心，或者说它在数量和花样上占据了当初威尼斯的地位。德·昆西向人们介绍了这个令人难以忘怀的世界的景象，他在那里邂逅了亲切的"被遗弃的安娜"，她救了他的命。30年后，阿克顿博士经过大量的采访面谈，得出了这样的结论：对很多妇女来说，卖淫只是一种权宜之计；少数人以此为业是出于嗜好；绝望无助的人实在太多，慈善组织应当加倍努力，大大增加服务设施。

梅休长达四卷的《伦敦的劳工与伦敦的穷人》知名度更高，今天还印有节选本。这部著作关注书名中两类人之下再加以细分的各种群体，他（常常使用实际人物自己的话）尖锐、细致地描述了每一种人所过的生活。他的书同阿克顿所涉及的领域有所重叠，包括离家出走者和罪犯。两位作家都坚称他们采取了超然的态度，是实际内容本身引起人们的各种情感：同情或厌恶，渴望或绝望。

尽管如此，城市里的物质生活还是出现了一些改善。平均寿命增加了，拥挤的居民楼总比衰败农庄中污秽肮脏、被日晒雨淋得不成样子的破茅屋要好；大批的人挤在一起住能给彼此空虚的头脑装进思想。当然，19 世纪的社会思想家表示对"民主"的恐惧时，想到的就是这些黑暗的形象。他们所说的民主指的不是一种政府制度，而是民众，"从不洗澡的大众"。他们对法国两次革命的巴黎暴民依然记忆犹新。直到 1870 年之后，免费教育才把这些暴民变成群众。

在英国，收入少得可怜的劳动者（中的）青年是多少个漫长世纪压迫和漠视的产物。他们渴望有朝一日能放弃田野里的劳作，去铁路上或矿井里从事所得稍丰的工作。我非常清楚地记得，约克郡有一小群人常常步行几英里，到一个小车站观看快车在黑暗之中疾驰而过的情景。

——E. N. 内特《村庄生活之问题种种》（1910 年）

　　造访美国之后返回欧洲的人撰文发表他们的旅美见闻，表明民治的政府不像欧洲人想象得那样可怕，但是他们也从未像后来访问苏俄的人那样表现出巨大的热情。实际上，只有一篇关于美国的报道是翔实可靠的，即托克维尔的《论美国的民主》。第一卷写得最详细，是他花了近 18 个月的时间集中精力写成，在 19 世纪 30 年代中期出版的。该书完全是描述，没有掺杂个人情感，它展示了人因自治和平等所表现出来的许多令人钦佩的优点：刚直不阿、不屈不挠的性格；对地方事物的轻松泰然，因为这些问题都是在有关各方出席的情况下公开讨论和决定的；还有一种不受历史的巨大失误和不公束缚的自由感；以及可以为团体利益或公益事业随意运用权力建立不受管制的自由社团的正当权利感。

　　托克维尔对美国宪法、联邦政府、地方机构、新闻界和当时人们对政治构架几乎所有方面的想法和态度进行了细致入微的介绍，充分证明了美国并不是由最无能的人统治的国度。相反，人人皆可成为而且通常都确实成为负责任的公民，不分贫富或学识，均有能力参加决策。这种情况证明了卢梭、杰斐逊和启蒙运动精神的正确性。这个形象很对美国人的胃口，托克维尔的话几乎具有《圣经》的威力。后来的美国历届总统卸任离开白宫时没有一个不引述他的话。当时，应托克维尔本人的要求交给他的使命是研究美国的监狱制度，他年方 24 就已是法官。他就此问题写的另一份报告使读者对美国产生了更美好的印象。这份报告的读者甚众，对当时正在实行改革的好几个欧洲国家证明十分有用。但是，托克维尔的《论美国的民主》第一卷除了介绍了民主的明显好处之外，也提出了甚至连同情美国的读者都会为之一怔的观点和预言。他写道：最大的危险是多数人的暴政。鉴于美国实行的是一人一票的原则，因此对此危险没有，也不可能有保护措施。而且，这种暴政不仅限于法律方面，而且也包括社会方面，如来自邻居的压力，不管是无声的还是明示的。至于平等，它会在邻居之间滋生妒忌，使人们憎恨任何优越的表现，其结果是把所有工作的质量降低至平均水平，有时甚至低于平均水准。托克维尔运用他非凡的预言天赋，预测会出现一位伟大的"美国诗人"，所介绍的具体特征就像是沃尔特·惠特曼其人及其主题，但是他在美国的文学作品中找不到出类拔萃之作（那时新英格兰学派尚未出现），美国文明还没有哪一个方面可以使人联想起"优雅"这个字眼。托克维尔在总结了美国人民的真正成就和繁荣昌盛之后问道：这主要是归功于什么？他的答案是："得归功于他们妇女的优秀。"

我不知道还有哪个国家像美国那样缺乏独立思想和真正的自由讨论。大多数人在言论自由的周围筑起了不可跨越的藩篱。在这些藩篱的圈子里，作者可以大书特书；一旦他超出了这个框框，就会大难临头。

——托克维尔《论美国的民主》
（1835 年）

《论美国的民主》第二卷是另一种杰作，书中没有罗列大量事实或做长篇解释，而是根据选择的数据得出一整套推论，为西方政治机构的未来提出建议。托克维尔认为，民主的前进是不可阻挡的，他所说的民主既指代议制机构，也指群众的力量。虽然他不喜欢这种前景，

但是他也不高声反对；他只是摆出其种种弊端，正如他举出了它的各类好处一样。

令人遗憾的是，另一部与《论美国的民主》同时问世的关于美国的作品没有受到注意。托克维尔不是孤身到美国来的，伴他同行的还有他的朋友古斯塔夫·德·博蒙特。他们决定一同观察，但分开写作，其结果是，他们的调查几乎没有重叠。博蒙特关心的主要是礼仪和民众的道德观念。他写了三篇很长的文章，分别是《黑奴和自由人之社会和政治状况》《美国的宗教运动》和《北美洲印第安人部落的早期状况与现状》。不幸的是，博蒙特使用了题为"玛丽"的小说作为媒介来传播他的调查结果。这个故事讲的是一个与南部"混血"姑娘结婚的法国青年。该书直到1958年才被译成英文本出版。作为小说，这本书乏善可陈，尽管里面有一些描述精彩的场面。但是，书中所载的许多短文和章节则纯粹是批评社会时弊的上乘佳作。博蒙特在书中叙述了一次种族骚乱和对乌托邦试验地奥内达的访问经过，讨论了美术问题，预言对黑人实行奴隶制和虐待印第安人这种做法本身有很多危险。他缺乏同伴托克维尔综合归纳的天分，但是他具有同等的洞察力。

乐趣极少，要么十分精致，要么非常粗糙。高雅的风度就像粗野的品味一样少有，再也碰不到学识渊博的学者和无知愚昧的人群。天才变得越来越罕见，信息变得越来越分散。各类艺术作品的质量差了，但数量却十分充裕。

——**托克维尔论未来民主化之影响**
（1840 年）

托克维尔在第二卷达成的结论使他进而研究另一个问题——旧制度和1789年的法国大革命。他研究得出的结论是：在路易十四、十五、十六三代国王统治下实行的官僚集权制已经打破了各种权力之间的内部平衡，为产生一个新的国家铺平了道路。在这个新国家里，人人服从于一个单一的权威，不再享受每个阶级长期确立的自由。个人毫无权利，陷入相互竞争之中。这样一来，自我利益成为纯属个人的孤立东西，使公共舆论沦为"某种思想尘埃，四处散布，无法聚合"。

539

※

在民主思想、社会正义计划、改革立法和镇压时期的残余力量改变着欧洲文化的同时，另一种力量正在悄悄地朝着同一方向增加着影响。起初，机器只影响管理使用它们的人和工厂里的男女工人。但到了1830年，一种类型不同的机器问世，改变了所有人的生活和思想。今天，人们对这件大事几乎已经完全忘却了，但它代表了人类自从游牧部落择地定居，开始种植粮食，豢养牲畜以来所经历的最完全的变化。实际上，它恰恰是那种定居生活的反面。以蒸汽为动力的火车头和铁路将人类连根拔起，使之重新得以浪迹天涯。第一条公营铁路线穿过的那片地区很快就感受到了火车的影响和其他文化方面的后果。

那段路是曼彻斯特和利物浦之间30英里长的路程，首次发车的日子是1830年9月15日。在那次首发式上，工程师乔治·史蒂芬森的支持者与政府官员和来宾同坐在火车上，其中包括威灵顿公爵和著名的经济学家，贸易局局长威廉·哈斯金森。8个火车头牵动着8列火车，共有33节车厢。火车以时速20~25英里的高速风驰电掣地载着他们穿越乡村，跨越名叫查特默斯的大片沼泽地。在此之前，人们一口咬定说这片沼泽地是无法通过的，会使车厢陷没，整个铁路业也会随之夭折。但是，史蒂芬森找到了一种使铁轨浮在沼泽表面的办法，而火车上的乘客全然不知经过沼泽地需要克服多大的障碍。

但是，他们走到半路停下来给火车头加水时，发生了历史上第一宗铁路事故。惊喜赞叹的乘客们从停在铁轨上的第一列火车中涌出的时候，另一列火车正好沿另一条铁轨缓缓而过。哈斯金森正站在惠灵顿公爵包厢敞开的门旁边与人交谈，听到有人高喊"进去！进去！"一下子给弄糊涂了，正在绕过车厢的门时被那辆行进中的火车头撞倒在地，尽管25分钟之内就被送到医院，但仍不治身亡。

这宗事故有着特殊的意义。从那时起，人在面对运动中的物体时不得不增加警觉，加强条件反射。人的神经系统不断在进行调整，各种各样新的视觉和听觉警报命令人体停下来或朝着安全方向行动。人要能做到眼观六路，目测来往车辆的速度，还要耳听八方，揣测尚未看见的物体的远近。除了为保证生存之外，日常生活还需要人接收种种不断增加的灯光、鸣响、喇叭声和永不停歇的铃声，并对其做出反应。

从一开始就必须防范铁轨上出现的种种危险。起初是雇一个人骑马在火车前面挥舞着旗子奔驰，但由于看起来太滑稽，很快就弃之不用了。但是，在发明火车之后的 25 年里，事故连连，形式多样。最早的一次灾难发生在巴黎—凡尔赛线上，那是火车在英国首次行驶十几年之后发生的。造成死亡人数倍增的令人震惊的原因是"出于安全考虑"把乘客锁在了车厢里。当两个牵引火车头中前一个的车轴断裂之后，第二个火车头及其后面的车厢由于惯性叠了起来，引发的熊熊烈火将死伤者一同火葬，殒命者逾 50 人。这种把乘客锁起来的做法在英国实行的时候，悉尼·史密斯曾提出尖锐的批评（< 533），但后来仍在欧洲继续实行多年。这种做法是一个旁证，证明人被装在箱子里快速飞越空间，精神上会感到极大的恐慌。

作为一种机械发明，铁路交通不仅仅是将一个蒸汽发动机安装在一架车上去牵引另一辆车。同样重要的是（有凸缘的）火车车轮和路基。车轮的轮缘扣住铁轨，因而自动确定行进的方向，而路基则能承受经常出现的巨大压力，使两条路轨始终稳定并保持同等距离。不善观察的丁尼生对铁路深感惊讶。他最初以为火车的轮子是在路沟里走的，难怪他在诗中写道：世界在"变化的环形路沟里"永恒转动。在火车首次试行之前不久，德·昆西写下了他最杰出的短文之一，论及"英国的邮递马车"。文中大肆称赞改善的道路、坚固的座车、飞快的骏马和熟练的马车夫，这些优良条件综合在一起提供了有史以来最快捷的邮政服务，邮车以 9 英里的时速疾驰，使乘客，尤其是坐在车顶的四个乘客大为开心。

邮政还需要遍及各地的驿站，里面备有马匹接替刚刚抵达的已经

541

筋疲力尽的驿马。不过，这种组织工作与不久之后建立的铁路系统相比真是简单多了。首先，须将路轨围起来，与人畜隔开；其次，须使用一种信号方式使列车有可能单轨行进，即所有列车在同一条轨上沿同一方向行走。幸亏这时已经有了电报，这得感谢 S. F. B. 莫尔斯和他发明的电码。整个铁路系统除了需要有机车上的司机和铲煤工之外，还需要发送和接收电报的人，即列车调度员，另外还需要站长、信号员、巡道工、扳道工和检票员。交通道口需要修建栅栏，安装信号灯，沿铁轨每隔不远就需建筑信号和扳道站。这些设施需要不断改进，还有大量后加的配套部分：汽闸、轨道电路、钢制车厢、火车头的自停装置、中央调度等，不一而足。所有这些项目共花了 75 年，还有许多人的生命作代价，但它们使铁路成为人类一项几臻完善的成就。

第 331 条如果信号员因电报线路故障或其他原因不能事先与下一站（即前方站）联络，须使朝他的方向开来的每一辆列车都停下来。万一不能确知使列车停开的原因，则可允许该列车持"小心慢行"的信号或牌子继续行进（需要停车或小心慢行的 64 种可能出现的情况之一）。

——《宾夕法尼亚铁路线规章》（1901 年）

铁路工人很快就形成了一支浩浩荡荡的大军，由一大批官员和一大本规章制度统管。他们在持续不断的压力和严格的纪律下进行工作，如因违章导致事故或死亡，还会遭到法律惩处。这种情况也改变了工作的性质。此前，工厂意味着组织严密的工作，不过工作简单明了，相对静止，不像铁路工人那样须做出人命攸关的决定。而且他们工作的性质使工伤更容易发生。铁路工人因而成为工人中的贵族，他们身体强健，有特殊的技能和别人没有的判断力。至于通过采取新的规定或装置来增加旅客安全的问题，起初认为它不是政府的责任。在稳步向前发展的英国，一批（多来自军队的）卓越工程师承担了这项任务。他们研究每一宗事故，发表建议提供给各家相互竞争的公司；这些建议并不是可通过法律加以执行的结论。后来，与飞机旅行有关的问题也是采取同样自由的方式来加以处理的。

在相当长的一段时间里，乘火车旅行的男男女女对铁路一再惊叹不已，同时也有人为之骇惧。就此，他们写下了大量描述，做了不少预言，还进行过不少论证。华兹华斯猛烈抨击铁路对宁静山谷的破坏，维尼用诗歌描述人类从牧羊人变为从事无数次旅行的飞行冒险家的神奇变化，拉马丁从铁路带来的旅行方便当中展望到跨越疆界增加相互理解和带来国际和平的前景，总是具有灾难感的狄更斯在小说中不止一次把旅行者的感受描写得如同噩梦一般。常人则不可避免地洋洋得意："不管你信不信，我搭乘早上8点去某处的车，中午12点就到了；

蒸汽机车12点整将抵达这个地方。当然，我们带着几个马车夫乘三部马车按预定时间到达了车站。能以20英里的时速乘坐火车走5英里的旅程使我感到满意，但不能说它是一种乐趣。我要看火车的时速是否准确，因此，我从火车启动开始就一直盯着手中怀表的第二根指针，所以我知道自己不会受骗上当。[542]在5英里的行程中，机车偶尔停下，然后再接着走，后来就以每小时23英里的速度前进，而且就像没有摩擦一样轻松地行进。最快速的行驶使我惊恐万分，简直就是在飞翔，使人难以甩掉会立即身亡的念头，让我头疼，至今还隐隐作痛。总的来说，我因亲眼见到这个奇迹而极为高兴。不过，我既然经历过了这一奇迹，这第一次就让它算是我的最后一次吧。

——托马斯·克里维（1829年）

我做完生意搭下午2点的车回来，6点就到家了。"福楼拜在他的《庸见词典》里举了这个例子和好几十个类似的陈词滥调予以嘲笑。对爱思考的人来说，这项新奇迹只能使他们悲伤地想到从一个地方移动到另一个地方完全没有增加任何思想或精神价值，在旅途的两端，无赖照旧是无赖，傻瓜依然是傻瓜。而且生意做得更快只会加强物质主义的统治。自然，生意人对这种带有妒忌和偏见的看法不加理睬，只要筹集到资金，就立即建造铁路。19世纪40年代，英国患上了"铁路疯狂症"，计划要修筑几十条铁路，摊子铺得太开；于是造成有的铁路破产，官司连连，乡村被毁，有的城镇因被铁路线绕过而深感愤怒，煤炭和钢铁工业生意兴隆，设计师竞相改进机车、铁轨、道渣、车厢、刹车闸、信号灯和铁路的运作。

对美国这样的国家来说，铁路是飞速开发广阔空间及其自然资源的唯一办法。尽管最近出现了一种修正性的观点，但是，如果当初光靠运河与马车，美国的中部和西部不会这么快就人丁兴旺，繁荣发达。俄国的内地就是因为缺乏贪婪的铁路修筑商而长期处于落后状态。在非洲和远东，西方人的铁路把贸易从条约口岸和15、16世纪就已建立的古老通商地点（＜103）向内地推进，导致了新帝国主义的抬头。虽然铁路没有形成各国人民习惯和看法上的"一统世界"，但是它却为西方在全球各个地区的深入挺进提供了最强大的推动力。

543 　　铁路与工业时代的其他产物一道造成了一种特殊的仰慕，一种同诗意交织在一起的爱慕之情，即所谓的铁路浪漫情结。夜间火车鸣笛的声音，快车飞速奔驰的瞬间留下的一个个光亮方格，白天火车缓缓停下时冒出的咝咝作响的白烟，司机与铁路站长之间交换的神秘术语和类似情书里的暗语，还有这么一个钢铁铸成的庞然大物满载乘客离我们而去的壮观场面，这一切都激起人们的浪漫情怀。这些和其他类似的印象已被无数次记录下来，直到今天还激励着人们为之吟诗作赋。火车充斥了19世纪的文学，这是飞机在20世纪所没有做到的。左拉的《人形野兽》、哈代的《旅行中的男孩》和安娜·卡列尼娜选择卧轨自杀仅仅是为数众多的例子中的几个而已。

　　顺便要提一下，托尔斯泰认为铁路是魔鬼的发明；对他那个时候的俄国火车的描述往往证实了他的揣测。挤坐在马车里意味着四个人手脚都不得动弹，僵硬发麻；火车则由于它所聚集运载的众多人数而产生另一种压迫感。弗里思的名画《火车站》表现了这种新的拥挤杂乱。而从杜米埃的画作《三等车厢》中可以看到，车厢中拥挤的状况如同轮船上的下等舱或者20世纪末的喷气式客机。不过，1890年到1940年之间，头等车厢的乘客不仅能舒适地快速旅行，而且还能得到一整套独特的享受，从在风格优雅的餐车享用现场烹制的美味佳肴，到在宽敞安静的卧铺车厢休息，从沿途各站起始准时，到一路上可以尽情观赏乡间美景。今天，"火车"一词只能使人想起欧洲毫无魅力的方便和美国距离过长的不适。人们再也没有出远门那种特殊的感觉了，因为他们再也不是长在地上的庄稼，而是总在不同目的地之间奔波的物体。运动反而成了正常状态。[参阅 L. T. C. 罗尔特（L. T. C. Rolt）所著《铁路革命》（*The Railway Revolution*）。]

处于鼎盛时期的铁路使建筑艺术获得一种新方向，因为它需要一种前所未闻的建筑——城市火车站。这种建筑中使用钢铁和玻璃的方式不是来自教科书或巴黎的美术学院，而是由工程师发明的，也是这些工程师找到新办法建成了可承受火车重负的高跨度桥梁。在所有这些工程中，他们都采用功能主义的手法，也就是说，他们坦然地把结构显露在外，而不是掩藏起来。在这些革新者当中，伊桑巴德·金登·布鲁内尔是卓越超群的天才，这位杰出的工程师也应当算是出色的艺术家。最近建造的摩天大楼和早期使世界眼花缭乱的 1851 年（伦敦）世界博览会会场水晶宫都是用钢架玻璃结构建成的高大建筑，它们都得归功于铁路及其建造者尽情发挥的天才。[可翻阅卡罗尔·米克斯（Carroll L. V. Meeks）所著《火车站》（*The Railway Station*）。]

铁路史初期产生了三个文化副产品。一是车票，它于 1838 年突然闯入世界，现在业已成为拥有权的普遍凭证，身份证、戏票、旅馆房间钥匙和信用卡都是从它派生出来的。另一个文化副产品是人为规定的标准时间。在没有铁路和全球旅行之前，每一个城镇乡村都有自己的计时办法，基本上是根据太阳正当空就是正午的规律而推算出来的。50 英里以东的地方，正午来临的时间要早一些，西边的正午就到得晚一些。这种时间多元化的现象是同铁路时间表格格不入的。必须为辽阔的地域硬性规定一个时间，这是沿着一条经线制定而成，对所有其他地方来说都是虚构的、非自然的时间。这种抽象遇到了出乎意料的强大抵制。美国的标准时间是靠一位积极奋斗者一个州一个州地宣传鼓吹才得以确立的。

第三个新鲜事物较容易为人接受，那就是对威士忌酒的爱好。威士忌先在平民百姓当中普及开来，最终为上层绅士所接纳。是修筑铁路路基的爱尔兰挖土工（navvies）将威士忌引进习惯饮用杜松子酒的

544

英格兰的，他们（用双手）挖土并用手推车将土运到高处以修筑路堤。Navvies 是 navigator（领航员）的简称，之所以给他们起这个绰号，是因为原来他们是被招聘来修建人工运河的，但是却转为来回奔跑的泥土挖掘搬运工。自那时起，这个词已成为"苦工"的代名词。

※

蒸汽发动机和火车机车发明过程中的反复实验推动了纯科学家的研究。在铁路疯狂症的时代，出现了开尔文、焦耳和迈尔，是迈尔提出了机械功与热等值的理论。科学家对高压下气体中分子的运动进行了测量，对光的速度也加以测定。光到底是通过粒子还是光波传播这个问题引起了争论，因为光谱仪显示出不连续的色带。因为没有人相信远距离以外可以产生作用，于是便提出存在着一种叫作"以太"（ether）的不可见介质，所有的波、粒子和其他压力都通过它产生可见现象。大如天穹，小到试管，任何地方都处于机械论的巨大推力和拉力的统治之下，就像拉普拉斯和拉格朗日发明不久的数学理论所预言的一样（< 439）。

这种研究需要全神贯注，致使同时还追求其他兴趣的业余研究者因而无法参与。鉴此，剑桥的威廉·休厄尔决定需要有一个比"自然哲学家"更确切的名字。他提出使用"科学家"这个词，没人表示反对。当时人们没有注意到的是，在电学这个也在同样飞速进步的领域，正出现某种抗衡的东西，后来会打乱机械论的制度。法拉第异常丰富活跃的头脑创造出电磁理论和电动机，显示出化学作用能产生电流，电流可以产生热能和磁场。同等优秀的奇才——安培、奥斯特、欧姆、（美国的）亨利——也做出了关键性的发现。虽然这门新科学的实际应用是后来的事，但是他们的发现帮助证明了能量守恒这一令人满意的原理。不仅如此，各种能量还可以相互转换。确实，转换而成的能量不如原来的能量有用；驱动火车头的蒸汽一旦完成其任务就消失了，我们所看见的白色水蒸气中的分子就"不能用了"；不过它们却没有被消灭。这就是热动力学第二定律中所说的"熵"，能量的退降。作为一项原理，它预见了宇宙的末日。

与此同时，在生物学领域，除了关于进化论的继续研究以外（＜455），李比希和巴斯德在有机化学方面的研究取得了进步；施万找到了细胞；其他科学家在神经和大脑方面进行了开创性的研究。这一切都证实了拉瓦锡的理论，即生物的生命如同蜡烛一样燃烧，而这又转而意味着对生命也可以适用机械学的法则。亥姆霍兹对这所有的转换和学说加以综合，提出了全面的宇宙观，他认为宇宙由众多的原子所组成，被几股中心的力量联系为一体。

※

前面讲到，一些浪漫派作曲家把歌曲和历史情节及舞台上的真道具结合起来，创造出了该时期最受欢迎的音乐娱乐形式——大歌剧。与此同时，其他的浪漫派艺术家创造了大型管弦乐队，将大约100件乐器加以均衡组织，按一定比例配备不同的乐器，以确保演奏时无论音量大小，都不会盖住各种乐器不同的音色。这种组合产生了全新的效果，就像风琴因许多音栓和音管的组合获得它特有的音色一样。这种大型管弦乐队和所谓的浪漫式风琴都是新工业的产物。18世纪末，图尔特发明的琴弓（＜389）大大改善了弦乐器的清晰度和音量，木管乐器的管子也有所改进。不过，直到使用了按键和发明了栓塞，木管乐器和铜管乐器才变得发音准确，音质独特，从而使管弦乐队真正丰富多彩，各部分都具有表现力。

为了保持音调正确，有些发音孔本应排列在远处，但那样演奏者的手指就够不到。现在有了按键，就可以把发音孔排在一起，演奏者只需把它们打开或关闭就可以了。这样一来，长笛、双簧管、单簧管、巴松和英国管就发声完美，可以演奏过去无法演奏的乐章了。同样，栓塞使法国管、小号和其他铜管乐器的音调变得精准，音域加宽。在所有管乐乐器中，金属都取代了木头（"木管乐器"中的"木"字现指一个几乎完全过时的事实）；新的铜管乐器是从原来虽不够完善但仍然可取的旧铜管乐器发展而来的。大号来自一种造型类似大蛇的号——奥菲克莱德号。阿道夫·萨克斯发明了萨克斯管和萨克斯号（一种小号），他既是像爱迪生一样的改进家，又是像麦考密克一样的制造家。

546　　　同样在这几十年里，钢琴在法国的埃拉尔、英国的布罗德伍德、（最终是）德意志的斯坦威的手中实现了机械化，加上了钢丝弦和弦轴，装上了经改进的脚踏板，结果整部乐器变得灵活敏捷多了。于是，钢琴开始了作为第一种广泛传播音乐的机器的生涯。所有音乐都可以改编为钢琴曲。接着创造出钢琴丑陋的养子——立式钢琴，降低了钢琴的价格并使之能在较小的住所使用，美国西部的木屋里就使用了立式钢琴。钢琴的普及造成了一种错误的印象，以为钢琴是一种家庭式乐队，用它可以演奏任何改编的音乐，效果会与原作一样。大人纷纷逼着孩子学钢琴而不学其他乐器，家境破落的上层贵妇变成钢琴教师，调音师定期到各家登门拜访。

　　最后，管弦乐作曲家往往不是从一开头就按管弦乐器的组合来构思，而是用键盘作为各种想法的孵化器和试验场。钢琴是一种打击乐器，音质单一，难以延长一个音符的发音，这本应警示作曲家注意。但是那时谱写一首作品然后再将它调整适应于"管弦乐队演奏"的做法已普遍流行。正确的字眼应该是"适应于乐器演奏"，因为乐章任何一处的特点和音色都来自乐器的选择。这种做法的结果是，大量精美音乐都在改编成管弦乐时由于粗劣笨拙或者千篇一律的配器处理而被糟蹋了。在这方面，李斯特是一个出色的榜样。他先是在钢琴上作曲，然后请别人将他的曲子谱成管弦乐，直到他通过孜孜自学，掌握了一种自己的管弦乐创作风格为止。

　　经改良的风琴之所以能获得进步，尤其要归功于一位十分年轻的小伙子阿里斯蒂德·卡瓦耶-科勒。19世纪还出现了其他几位发明者兼建造师，不过他是最早的一位革新家，而且是少年奇才，年方11岁就已成为他父亲风琴制造厂里的能工巧匠。年少的他解决了使人们百思不得其解的两个与管压和音键顺畅更换有关的机械难题。他22岁那年离开家乡蒙彼利埃市来到巴黎，寻找更广阔的用武之地。刚巧，他才抵达巴黎就遇上一个通过（两天的）考试来竞争为巴黎附近的圣德尼大教堂建造一部有84个音键的新型教堂风琴的机会。这位年轻人赢得了这项工程，从而开始了他长期的革新生涯，因为他坚信必须对每一种乐器进行调整修改，使之适合于特定的地点和用途。音乐权威告诉我们，卡瓦耶-科勒的风琴在影响法国两个风琴音乐流派的作品方面起到了关键的作用。

547

最近人们燃起了对使用古老乐器演奏当时的音乐的兴趣，结果发现乐器不仅仅对音乐的发展，而且对音乐的含义都有着很大的影响。一些音色的增删影响了乐曲的力度和氛围，使人们摒弃了那种"音符就是音符，不管是用铜鼓还是奥卡里纳笛来演奏都一样"的想法。今天，人们抛弃19世纪管弦乐，转而喜欢室内乐，有经济的原因，也是因为他们觉得浪漫主义的激情过时了。爱的抒情、忧郁的伤感、反抗命运的风暴、"自然绘画"的现实主义——所有这一切跟我们的焦虑怨恨已经再也没有关系。正如今天不再有表达公众情感的诗篇，而只有个人心情的抒发一样。以法国大革命的集体热忱为启端，靠工业革命产生其设备的大型管弦乐团现在只能属于博物馆。更恰当地说，管弦乐团是世上前无古人，后无来者的大量优秀音乐作品的博物馆。创作了这方面流芳百世的作品的作曲家有贝多芬、柏辽兹、舒伯特、门德尔松、李斯特、

所有垂直滚轴须用铁制，曲轴须经车床加工，轴承须用黄铜制作；每一部件都要仔细打磨、抛光。所有木管内外须涂上清漆，以改善音质，保持经久耐用。所有金属管须用锡制，每根管的金属厚度须精心测量，应使用仪器精确度量，不容任何估测。而且，每根金属管的厚度须与管子的长度和直径成比例，使整个键盘发出的音调统一和谐。

——A. 卡瓦耶-科勒《圣德尼大教堂管风琴的规格》（1833年）

勃拉姆斯、柴可夫斯基和他们的传人，直到施特劳斯、德彪西、布鲁克纳、马勒、西贝柳斯和肖斯塔科维奇。

※

1848 年由于多种原因而成为西方国家记忆中不平凡的一年。这一年过后 150 年，法国隆重举行它的周年纪念活动，在整个欧洲大陆引起了回响。那个遥远的年代被看成是标志着自由主义取得大胜，民主机构获得新生，工人阶级团结的自发觉醒。如果人们记性好的话，还会忆及法国海外领地的奴隶制被废除，还有威廉·劳埃德·加里森出于同一目的在波士顿出版了《解放者》杂志创刊号，纽约州塞尼卡瀑布的一个妇女会议发表了《权利与情感宣言》，要求获得投票权。

还有一些具体事件值得记忆。1848 年初，巴黎爆发了一次武装起义，推翻了路易-菲利普虽然符合宪法但却十分保守的君主政权 18 年的统治及其首相基佐。基佐不是反革命，他曾经为反对波旁王朝复辟而参加战斗，是个备受尊重的历史学家。不过，他是严肃的清教徒，他清楚地记得他的父亲是在革命党人实行内部清洗时被送上断头台的。因此，他力主稳定，而他对稳定的理解就是维持现状不变。此前五六年里，民众的不安已在明显增加。经济萧条遍及全欧：爱尔兰大饥荒、英国的"饥馑的四十年代"就是在这个时期出现的；在法国，工业时世艰难，农业连年歉收，造成民不聊生。改革团体以举办"宴会"为名组织讨论，实为反政府的示威。处于地下的共和党人团体趁机吸收力量，扩大宣传。巴黎报纸对时事的抨击图文并茂。杜米埃每周发表尖锐有力的版画，用漫画的形式嘲讽国王及其追随者，将他的头画成鸭梨状，此外还揭露中层资产阶级所作所为的花哨俗气和陈词滥调的单调乏味。

经过几天的激战之后，国王退位，建立了法兰西第二共和国（第一共和国建于 1792 年）。诗人兼演说家拉马丁在议会里带头反对社会主义党派的领袖路易·勃朗。勃朗迫使议会承认"工作权利"，并为赈助失业者建立了"国家工场"。虽然生产出来的产品不一定有用，但是养活了大约10万人。可是，自由党人和社会党人之间，资产阶级和工人之间开始互相敌视，一方满足于纯粹的政治变革，另一方则要求为工人阶级进行经济改革。四个月的互相挑衅导致了第二次武装冲突的爆发，在巴黎进行了前所未有的残酷巷战。工人被镇压下去，胜利者为施行新宪法推出了一位强大的行政长官，从而为自己不久之后的毁灭奠定了基础（587＞）。

在国外，法国这半年所发生的事件唤起了许多团体的热情，这些团体30多年来一直在策划推翻梅特涅的镇压制度。中欧许多地区爆发了起义，匈牙利揭竿而起反对奥地利；意大利的马志尼及其追随者建立了罗马共和国；爱尔兰人举起反叛的义旗；比利时人击退了边境一带的法国叛乱分子；波兰流亡者大批离开巴黎，返回国内策动起义。一时，整个欧洲大陆战火连绵，在这些局部战争中，对开明宪法的要求和建立国家的愿望混淆了起来。[请读雷蒙德·波斯特盖特（Raymond Postgate）所著《1848年的故事》（*1848: The Story of a Year*）。]

冲突残酷野蛮，胜利不能持久，在意大利、匈牙利和其他地方出现的几个反叛政权的命运皆为如此。屠杀、处决、流放、背叛、从未打算兑现的口头让步、文化活动的终止，这一切造成大批难民涌向伦敦，包括乘洗衣车逃离维也纳的梅特涅。镇压时期已经结束，但是国王和王公们还在为维护他们的特权而战。在德累斯顿，年轻的理查德·瓦格纳差一点儿被子弹击中，而他的一些音乐同行就不幸中弹身亡。在巴黎，贸易和艺术完全停顿，报纸被严加管制。柏辽兹和许多人一样无计可施，只好横渡英吉利海峡去另谋生计。

1848年早春的伦敦，宪章主义者（扛着有数千人签名的宪章的人）举行了声势浩大的游行，朝着议会进军。他们请愿的主要诉求是：全体男子获得选举权，实行无记名投票，财产拥有不应成为选民资格，

549

为什么贸易往往是伪装行骗？法律是诡辩？医学是试验性的屠杀？文学是口沫？政治是谎言？而社会则是一场巨大的战争？

——G.勒德洛在基督教社会主义周刊
《人民的政治》里发表的文章
（1848 年 5 月 13 日）

以及议员领取薪酬。政府征募了特别警察来防止出现骚乱，其中一人是拿破仑的侄子路易·拿破仑·波拿巴。不久之后他就会蜚声全球。示威和请愿毫无结果，宪章主义就此销声匿迹。同样，在德意志法兰克福举行了一次代表大会，要为所有德意志人建立自己的国家并制定一项自由派宪法。与会者为达成一致做出了艰苦努力，但是却劳而无功。代表们有能力但缺乏政治经验，他们起草的宪法顾及过多，照顾面太广，与其说是一项行动纲领，还不如说是一种哲学体系。

看看劳动阶级当中正在发生的情况吧。难道你们看不见他们的政治激情已经变成社会激情了吗？难道你们看不见在他们当中散布的思想不仅会推翻若干法律，而且会推翻社会本身，将它从今天的基础上推翻吗？

——托克维尔在议会的讲话
（1848 年 1 月 27 日）

与此同时，德意志的一名青年哲学家正流亡伦敦。海涅在巴黎曾与他邂逅，认为他才华横溢，聪慧过人。此人也在为将来的社会制定蓝图。他就是卡尔·马克思博士。马克思是黑格尔的门徒，他的革命主张在德意志和法国都上了黑名单。他同曼彻斯特一个制造商的儿子恩格斯一道，为共产主义联盟起草了一部宣言。宣言在回顾欧洲历史的基础上，对工业社会进行了分析，然后列出了 10 项（所得税、继承税等）立法改革措施，并号召世界各地的工人团结起来，推翻现存的制度。

总的来说，1848—1850 年的骚动和流血（在法国延续至 1852 年）表明了这样一个信息：自由派的要求，即政治和议会方面的要求，失败了。这些要求未能推翻君主制，也没有使被唤起的人民感到满意。原因还是缺乏经验而不是缺乏智慧。很早以前，拉马丁在论及诗歌时说过："它应是哲理性、政治性和社会性的，就像人类即将经历的阶段一样。"维克多·雨果在 1848 年一次共和党人的大会上大声疾呼："政治政策须以社会政策取而代之。"换句话说，就是要照顾每一个人的福

祉，因为平等已成为普遍的要求。浪漫主义的几代文学才子都是坚决 550
支持自由事业和社会正义的，他们的大多数代表都曾为此赋诗撰文。
所有社会主义乌托邦的缔造者、所有对机械进步的批评家、所有对古
典经济学持有异议的人莫不认同此理。这种从纯粹政治思想向社会思
想的转变是以后 100 年的任务。在那之前，它是一个未解的谜。

事物驾驭人类

"维多利亚中期"一词常被用作贬义词，以形容自负浮夸到荒唐可笑的地步和严厉镇压毫不留情的态度。它具有用道德主义来替代道德的含义，而这又被看成毁了整个"维多利亚"时期的主因。但是，这个时期长达 64 年，没有任何道德或其他观念可以延续如此之长而丝毫不变。所以，对这个时期的上述印象是不符合历史事实的。首先，道德主义在维多利亚女王出生大约 20 年前就出现了。它是对法国大革命以及后来法国的历次动乱导致的混乱局面的一种反应，在后来成为乔治四世的摄政王治下的英国尤其嚣张。拜伦注意到了"侈谈道德，侈谈政治，侈谈宗教"的早期迹象。事实上，他就是因为道德主义的压迫而流亡国外的。道德主义的根源可追溯到循道宗教义。19 世纪初，道德主义行善的冲动激励了英国国教的福音派教徒起来鼓动废除奴隶制等事业。

道德主义的目的不止于道德，覆盖面更广，是要通过压制个人有悖常规的言行甚至思想来压制可能会扰乱现状的东西。每个人都像警察一样看管着自己，并作为社会压力的一分子看管着邻人。道德主义同公开的政治压迫并行不悖，异曲同工。它的目标是保持体面。法语中与这个意思相对等的短语是"la considération avant tout"（压倒一切的考虑），它说明了他人的作用：

销售各种货物的店员和零售商最好记住：人只在自己的领域里受人尊重，只要他越雷池一步，就不再受人尊重了。

——无名氏《礼仪须知》（1836 年）

他人对我们的看法维持着我们的体面。除了这个看不见的强制性因素之外，还有另一个因素：在我们上面和底下的阶级。这种内外力量的平衡与民主社会的社会压力（783 ＞）之间存在着一点不同之处，民主社会中的个人不一定有足够的内心力量与社会的压力相对抗。这种差异解释了为什么维多利亚时期产生了这么多铁骨铮铮的人物，他们无所畏惧地宣扬自己的独到见解，性格和习惯常常偏执古怪。内心的力量至少可以使自我得到发展。维多利亚时期的众多成就是这种人才辈出的明证。前面引述的法文短语还使我们认识到，维多利亚时期的道德主义不仅限于大不列颠，整个欧洲大陆都深受其影响，美国亦然。还必须补充的是，英国和其他地方的贵族虽然权力有所缩小，但他们如想违反常规，仍然能我行我素；低等阶层亦享有同样的自由。对这两类人来说，他们都不会受到任何影响。

552

这种自由的行使最常表现在性问题上，因为道德主义最需要压抑的就是性。性是一种最强的本能，它使男人和女人想要打破所有禁忌。他人的感情和权利、亲朋好友的判断、对个人安全的关心都不能阻挡处于高潮的性爱的激情（575 ＞）；既然性欲的激情是每一种巨大的政治或艺术野心之根源，那么它在这两者当中都可能意味着反叛。性与政治有着密不可分的关系。因此，几乎所有革命或者社会乌托邦一开始都宣布恋爱自由，而当领袖们看见这种自由破坏了权威之后，随即转为严格禁欲。

所以，如果认为"维多利亚派"由于追求纯洁的生活而对性爱的现实无知无觉，那就大错特错了。无视不等于无知，相反，极力的避讳反而增强了对于性的意识。正因如此，19 世纪的道德主义者在文字上做了许多荒唐的规定来掩盖事实，驱赶错误的思想。他们不让提及身体及其各个部位，甚至连钢琴也不能有腿。今天也有类似情况，在谈及残疾和精神病患时为避免刺激患者而采用各种婉转用语，"听觉困难"就被认为是个冒犯人的用语。

19 世纪对性欲的恐惧也说明了为什么要那样规定正派女子应有的

性格。这里说的正派女子不是活生生的人，而是一个限定的模式。她不能引诱人，尽管大多数人都从《圣经》中得知，按其天性和根据老祖宗的先例，女性本来就该是引诱人的。以为今天所谴责的"闺中淑女"的形象是数百年来的理想人物，这种印象是错误的。尽管中世纪对女子献殷勤的诗人对他们心中的姑娘极尽溢美之词，但是他们对女性的了解是真实客观的。只是在18世纪末感伤主义渗入启蒙时期之后，女性才被定义为天生娇弱的尤物；为了保护她，19世纪又为她加上对生活中多数事物的无知。她纯真而精致，在男性眼中永远是圣洁的，而不仅是在诗歌中或求爱时。

与她相对应的男性形象是生性强壮而粗犷的动物，他从不流露情感，从不哭泣，若同一名女性独处10分钟，就肯定会对她进行性骚扰。因此，除非是近亲，男女之间授受不亲，决不可二人独处。不言自明，在任何凡人组成的社会中，这种礼仪及其规定是不可能得到切实遵守的。即使在当时，其他的理论和实际做法就与这种规定相左。少女必须在音乐、绘画、家政方面训练有素才能吸引好夫婿的观点就是一例。19世纪是为女子和主妇编写手册的黄金时代。比顿夫人就写下了这方面的经典之作，关于女孩完美教育的各种书籍建议女孩要学的远不止音乐和绘画，还要学自然科学和体育。因此，狄更斯在《大卫·科波菲尔》中先让他的主人公跟接近于软弱无助的理想典型的朵拉结婚——她甚至不知道牡蛎要打开来才能吃。在描述了这个甜蜜纯真的洋娃娃的种种缺点之后，就将她弃在一边，用一个结实能干的阿格尼丝来取而代之。这样的处理在读者中引起的不是一片哗然，而是赞成和肯定。在后来写的一本小说里，狄更斯让年轻的贝拉说："我想成为比玩具房子里的娃娃更有用的东西。""玩具房子"这几个字15年之后成为易卜生表现新女性的著名话剧的题目[1]。

历史记录和维多利亚时期的文学都表现了智力过人、能力非凡的

---

[1] 该著名话剧是指《玩偶之家》（*A Doll's House*）。——译者注

女子，其中不乏家中的当家主事者。倘若她们全是朵拉，是"维多利亚女性"这个抽象概念表现的形象的话，就不会有下一代能干的男子，那个时代就不会产生任何有所成就的男女。城乡劳动者没有体面规矩，日子照样过得挺好，他们男女一起在田野、工厂或商店里并肩劳作，全然不考虑理想女性的角色，也没有充当这种角色的愿望。

　　这些靠体力劳动谋生的人也是对于男性永远处于性冲动，凌虐无助弱女子这一观念的驳斥。维多利亚时期的上层阶级采纳和确立了绅士一词在 18 世纪末的意思。过去，这个词暗示着贵族出身。而这个时候，绅士就是行为像绅士的人；首先是谈吐和衣着，还包括举止、礼貌，尤其是对女性的尊重。关于维多利亚时期活力充沛的性的方面在此无法详述。有关 19 世纪的道德压制应注意的最后一项是家庭。它对个人的控制是普遍有效的，虽然由父亲（或母亲）实行的暴政并不总是像塞缪尔·勃特勒在《众生之路》一书中描绘得那样极端（633 ＞）。

　　在大街上举止斯文得体是体面的另一个副产品，执勤的巡警对这一良好形象做出了不小的贡献。19 世纪的伦敦比以往都要安全，仅次于巴黎和其他一些首都。当罗伯特·皮尔爵士在 20 年前设立警察时，不少人以捍卫英国人自古以来的各种自由为理由加以反对，不过后来渐渐接受下来，至今还以他的名字罗伯特的昵称博比作为警察的别称。这些身着蓝色制服，手持警棍的警员不配枪械，严守纪律，对人彬彬有礼，是体面的活榜样。这样一来，英国成了遵纪守法的同义词。这真是个喜人的发现。在 1851 年举行了世界博览会之后，这一点就更是尽人皆知。尽管来自国内外的 600 万参观者把水晶宫挤得水泄不通，但是大家却像晚会上的贵妇和绅士一样斯文恭让，没有发生抢劫或骚乱的事。游客云集的沃克斯霍尔、雷恩拉格和其他五六个露天旅游胜地的情形亦是如此。只是半夜之后，这些场所就悄悄地留给人们幽会而不是从事暴力活动。欧洲人在长期历尽动乱之后渴望安宁，他们很大程度上通过可称为床上疗法的方式获得了安宁。

554

※

　　爱默生曾写道："事物坐在马鞍上,驾驭着人类。"这句话概括了当时的时代特色。许多人敏锐地观察到了这一特色,而其他人则木然地对其做出反应。爱默生与经常同他交流想法的卡莱尔一样,看到在机器强制了人的身体之后,机械论主宰了人的思想。钢铁煤炭的年产量、船舶的总吨位、增加产量的发明创造的数目和种类——这些成了衡量一个人民或民族的尺度,人们期待所有这些都会逐年增加。古典经济学也是一种机械论。根据衡量事物的通用尺度,制造商和交易商被说成是"价值"多少多少钱。然而,作为人到底价值多少就不那么容易确定了。

　　除了这种对事物和数目的嫌恶之外,对 19 世纪和我们这个世纪的机械论的反对还包括机器对精神的直接影响。这并非凭空想象,而是确实存在。人们通常只看见它的一种影响,看不到它双重的影响。显而易见的影响是,机器使我们沦为它的奴仆,它的节奏和方便以及停用机器的代价或不用机器的不便都迫使我们不得不使用它。结果,我们自己也越来越像机器,总是步伐匆匆,毫无变通,抱有的期望千篇一律。另外,机器还有更微妙的一层影响。机器是抽象的手段。其实它本身就是一种抽象,因为它只从事一种特定的工作(或者最多只做两三项工作),生产的产品也一模一样。它跟手工劳动很不一样,没有丝毫幻想,没有令人高兴的小差错,也没有突然的创新。这就是为什么我们对机器制造的东西除了当它是新的和近在手边的时候看几眼之外,此后就对它们不予一顾。它们引不起人的沉思、揣测或者钟爱。机器人是一种令人反感的对人类的笨拙模仿。当家庭或公共场所充斥着失去任何光彩的物体时,生物世界似乎被抽象毁坏为毫无生气的东西。

　　当然,第一把石斧或第一个水泵压杆也是一种机器,后来制造出来的石斧或水泵压杆似乎都一样。其实并不尽然,它们各有不规则之处,那标志着它们各自的个性,况且工业时期之前制造的大多数工具都是木制的，而木头自身就具有生命。人们珍爱镶嵌木柜远胜于铁皮档案柜。这不是因为金属不能愉悦感官，也不是因为几何图形没有美感，装饰艺术就证明它们是可以令人赏心悦目的，但当到处都充斥着从生活当中抽象出来的东西，使生活沦为功能时，机器的压迫就开始了。当然，这种批评忽略了一点：用产量来衡量进步的热情并非完全盲目或自私，而是怀着一种人道主义的希望，愿纺织厂源源不断流出的财富由火车运往各地，驱散匮乏和饥馑的古老幽灵。此外，机器还免去人类一些辛苦繁重的劳动。

于是，19 世纪经久不衰的活动——世界博览会——应运而生。近代初期，由于道路不发达，难以分配物资，所以产生了定期举办集市的做法。17 世纪，罗马和巴黎第一次举办了美术品这一单一商品的集市。到了 18 世纪中叶，在伦敦成立了皇家艺术、制造和商业学会。该学会成立不久就组织了一个现在人们熟悉的博览会，在博览会上将工艺品展出，供人称羡并模仿。法国大革命在 1791 年也加以效仿，并设奖品鼓励竞赛。从 1844 年的巴黎和 1851 年的伦敦开始至今，大型工业博览会频繁举行，如今还增添了旅游观光来增加吸引力。

1851 年的伦敦博览会不只在一方面堪称伟大。维多利亚女王的丈夫，来自德意志的阿尔伯特亲王，急于赢得新臣民的尊重，负责了这个工程的承建工作。他组织有方，在比例感方面也很有天赋，使在海德公园建造的水晶宫成为建筑学上的一大辉煌成就。由约瑟夫·帕克斯顿爵士设计，用预制件建成了一个铁架镶透明玻璃结构的建筑物。（具有象征意义的）1 851 英尺长的长廊占地总面积为 80 万平方英尺，长廊中央高耸着一条拱顶交叉甬道。展厅里还摆有长达 8 英里的桌子，上面摆着 1 300 个展出者的作品。美国方面的突出展品是科尔特牌"连发手枪"和一副灵活精致、咬合适中的假牙。维多利亚女王同其他人一样相信物质至上，她在 5 月 1 日的开幕式上宣布这天是"我们历史上最伟大的日子"。次年，纽约市也如法炮制，在自己的"水晶宫"里举办了一个展览会，地点就在今天的公共图书馆。

555

※

谁能判断机械论者和他们的敌人孰是孰非呢？在那个世纪下半叶，没人否认物质改善是个崇高的目标，但是很多人对进步却高兴不起来，只能对似乎是由进步导致的道德和思想的沦丧高声反对。浪漫主义富有想象力的哲学和诗意的激情，它的文化民族主义和慷慨的社会方案在一个领域被所谓的"现实政治"所取代，在所有其他领域则让位于现实主义。德文中的"real"一词具有"东西、事物"的含义，比如"realgymnasium"的意思是职业专科学校。用在政治方面时，这个词指的是寻求物质实惠而不是奉行原则的政策。根据这种观点，民族主义是为领土而不是为文化而提出的。社会改革是为了解决大众的温饱问题，必须进行改革，否则就会出现暴力——阶级斗争。与此同时，要靠竞争来致富。

可以说，这种行为一直是国家、阶级和个人的行为方式。但是，当庸俗的做法成为理想时，整个气氛就发生了变化，有思想的人就会变得愤世嫉俗或者成为悲观主义者。在19世纪40年代的德意志，有一批叫作"自由派"的人宣布"上帝已死"，以此来表现出他们不顾一切的自由，表明他们爱说什么，就说什么。其中一人马克斯·施蒂纳以"唯一者及其所有物"为题提出了一套思想体系，提出个人有责任以任何手段来满足自己的需要，没有理由不这么做，因为解放是没有自然限制的。

其他形式的无政府主义在法国和各地兴旺发展。以提出"财产即盗窃"这一自相矛盾的说法而闻名的普鲁东鼓吹取缔中央国家，用自发建立的自治小单位取而代之。随时准备采用暴力的布朗基（< 428）采用的口号是"既不要上帝，也不要主人"。在俄国，两个四处漂泊的鼓动家兼作家——卡尔·马克思的死敌，极端无政府主义者巴枯宁和（起初）有一些自由倾向的亚历山大·赫尔岑——极力拉拢人们接受普鲁东的思想，即国家必须由工人阶级自发采取行动予以摧毁，由自

治的合作团体取而代之，这些团体如愿意的话可结成联邦。屠格涅夫的小说《父与子》的主人公巴扎罗夫就是新一代人的典型，一个彻底的虚无主义者。

虚无主义这个词的含义是生活没有信念，认为任何行动都没有意义。叔本华的思想对这种意志消沉的人的情绪作了哲学上的诠释。叔本华与拜伦同年出生，属于浪漫主义的一代。他在《作为意志和表象的世界》中精到地阐述了以东方圣书为基础的哲学，因而唤起了人们对这些圣书的注意。不过，有近半个世纪的时间，他的哲学思想一直遭到拒斥；现在，人们发现他的远见卓识可以解答生存之谜。世界就是以欲望为表现的意志，人生就是永不停息地追求满足，却徒劳无功。欲望带来更多的欲望，从而产生真理、爱情、幸福、正义和其他永远无法满足的诱人的需求。人生整个是一场巨大的梦幻泡影。印度教徒把它叫作玛耶，用女神将它拟人化。只有一种东西可免于欲望的虚幻下场，那就是艺术。这完全是西方浪漫主义的思想：艺术既不是幻觉，也不会消失，它对它所引起的欲望通过它的作品予以满足。因此，对艺术的崇拜成了对进步抱有疏离感的旁观者寻求慰藉的方法。叔本华晚年还发表了几部散文和格言集，文笔流畅，语带讽刺，谈论日常生活中不尽如人意的事，以及智者应付它们的办法。

至于应当满足人的欲望的艺术，它的情况如何呢？在从浪漫主义的转向当中，人们从崇尚诗歌渐渐转为喜爱散文，也就是喜爱小说。其主旨被冠以现实主义的名称，使其成为十分走俏的一个名词。这个词中的"现实"二字意指"在日常生活中真实、明显"。前面曾经提出过，从精确的批评意义上说，所有艺术家都是现实主义者。他们用文字或油彩刻画的东西都是他们意识中的东西，梦境、鬼怪和幻觉跟啤酒桶和牙疼一样真实。文学中"现实主义"和"现实主义的"这些词语的意思已经受到了损害，而这种意思后来很快被进一步滥用，这些词对任何注重达意确切的人都不再合用。

小说注定要成为19世纪的主要文学形式，部分原因是它效仿了历

557

不久前，我看见伦敦一份报纸上的评论。关于一篇介绍某个劳动阶层悲惨遭遇的报道，这篇评论说："这篇现实主义的描绘绝对反映了真实情况。"作者所说的"现实主义"指的不过是痛苦或是令人作呕。

——乔治·吉辛（1895 年）

史的姿态。它的写作方式使所描述的事件像是真的发生过。此外，通过以社会为背景描述人的种种困境，它把心理学和社会学结合为一体，尽情讨论它自己发明的人物和事件，其目标是与历史相一致的——通过分析进行解释。

福楼拜的《包法利夫人》常常被看成现实主义小说的最初模型，尽管比它更早的时候，尚弗勒里已经把"现实主义"作为文学口号提了出来，另一位理论家迪朗蒂也对它做了说明。他们早在 1848 年就对画家库尔贝深为钦佩（566＞），因为他宣布：除了"现代和庸俗的东西"（指普通平凡的东西）之外，他一概不画。福楼拜讨厌别人给他贴上现实主义的标签或其他任何标签，不过他的风格的形成过程很有启发性，可以帮我们对这个术语的意图有所了解。出生于 19 世纪 20 年代的他吸收了浪漫主义思想和理想，一生都从未真正放弃它们。他第一本小说的题材是在荒漠中受惑的圣安东尼。这部长篇小说完成之后，他为自己最亲密的朋友们朗读这部作品，结果受到一致的无情批评。他们说，小说的色彩、形象、华丽冗长的句子和故事本身难以令人信服，可以说是虚假不堪、无聊乏味。福楼拜深受打击，一气之下将《圣安东尼的诱惑》付之一炬，使它成为现实主义的烈士。福楼拜心想，自己必须另找题材，反其道而行之。

这个相反的作品就是《包法利夫人》。故事讲的是一个乡村姑娘，嫁给了一个愚钝呆笨的男人，过着沉闷单调的生活。她对热闹的社交生活和浪漫爱情抱有一种朦胧的憧憬。因为她儿时读过沃尔特·司各特的著作，所以她渴望冒险。她先后陷入了对两个虽然不同但同样平庸的男人的热恋之中，结果陷入经济的困境和爱情的绝望，只能以自尽而告终。虽然该书为了在报纸上连载已经删改，但还是作为淫秽之书被告上公堂，尽管爱玛·包法利似乎已经由于行为不检而受到了应

有的惩罚。然而，福楼拜让她死去并不是因为她的行为，而是因为社 558
会不给她活下去的机会。诉讼的结果是法庭对书的作者和出版商没有
给予谴责。但是，福楼拜在杀死爱玛的同时也杀死了他自己的一部分，
正如他说"爱玛即我"时所暗示的。她的愿望就是他的愿望，只不过
表达的方式更加明确，更加强烈，但这种愿望却遭到那个时代趋势的
阻挠和诋毁。

　　他在另一部现实主义小说《情感教育》中进行了报复。情感教育
指的是感情方面的教育，毫无感伤的含义。故事发生在 1848 年巴黎
起义期间，主人公同样是满怀朦胧的憧憬和不坚定的原则，在小说中
历尽沧桑，遇到的人全都天良泯灭，用心恶毒，遇事悲观，无精打采。
［建议阅读珀迪塔·贝林盖姆（Perdita Burlingame）的英译本。］福楼
拜通过这本书发泄了他对"资产阶级"的仇恨，说他们"满脑子都是
低级趣味"。资产阶级早在 25 年前就成了戈蒂埃瞄准的目标，这时它
已经成为所有艺术家的众矢之的；公众对生活缺乏希望常常被归咎于
资产阶级的道德规范。

　　现实主义者对浪漫主义者的热情不以为然，自称对所有事物都持
清醒冷静的看法，因此他们在关于美学的讨论中一再援引古典主义来
贬斥浪漫派在艺术表现方面的各种自由。显然，这种新新古典主义不
可能恢复路易十四王朝时期的形式、感情和社会态度，也不能恢复 18
世纪判断艺术与文学的标准。它只能试图重新捕捉服从的精神，遏制
想象力的发挥。

　　许多人有这种倾向是出于本能，而非经过理性思考的结果，其表
现是暗示的而不是明示的。例如，被柏辽兹视为年轻有为的音乐家勃
拉姆斯并未从理论的高度确定自己努力的方向，他只是认为自己所受
的技术训练不够，于是潜心学习对位法。他选择谱写贝多芬式的交响
乐，而不是李斯特式的交响诗，也同样是本能使然。中欧当时首屈一
指的音乐评论家汉斯列克倒是提出了理论，还就美学著书立说。19 世
纪 40 年代柏辽兹的影响刚传入中欧时，他曾经表示欢迎，但是后来却

断定瓦格纳和李斯特在这方面走得太远了，遂以"音乐美"的名义对他们大加抨击。

在美术方面，壁画家皮维斯·德·夏凡纳把他的天才用在寓言画上，摒弃戏剧性，表现宁静和谐的美。可以认为，英国的拉斐尔前派画家（567＞）同样是对时代的背离。所有这些趋势都表明，这种背离既表示了对丑陋的工业和商业世界的摒弃，也标志着与精力充沛的浪漫主义艺术分道扬镳。当年，浪漫主义也曾对现状不满，但是它采取的办法却是迎头面对，用自己的广大影响与之对抗。

559　　　在法国，除小说家之外，与皮维斯一致，最注意创作风格的艺术家是一批叫作巴那斯派的诗人[1]。他们作为武器的期刊名为"当代巴那斯"，这个刊名本身就表明了他们的纲领：同阿波罗和缪斯一起站在高处，蔑视脚下的世俗者。他们的领导勒孔特·德·利勒没有撰写任何宣传他们纲领的宣言。他写的格式严谨的美丽长诗都是赞美远古世界的情景和故事的。他像欧洲若干其他作者一样刻意将希腊名字拼写"正确"，如将苏格拉底拼写为 Sokrates，将克娄巴特拉拼写成 Kleopatra，而不是现代语言里改成的 Socrates 和 Cleopatra。这么做无疑是为了保持一种遥远的美感。勒孔特还从近东和远东取材，称这些诗歌为"关于野蛮人的"，因为这是古希腊人对所有异邦人的通称。对这些具有异国情调的场景的描述没有浪漫主义发现新事物的欣喜，而是像用词语绘成的"壁画"，笔触细腻，读来使人感到宁静安详。就像叔本华所说，东方世界是医治躁动不安的良药。勒孔特只在一首十四行诗里打破平时的恬淡，宣称他永远不会为了取悦被"江湖骗子和娼妓"统治的世界而展示出他的心灵。在意大利，同巴那斯流派相对应的人是卡尔杜奇，他读大学时就渴望回归古典的稳重，在他的成熟作品中表现出了这种寻求慰藉的需要。

波德莱尔一方面谴责这个世界是撒旦式的地狱，同时又耽溺于其

---

[1]　巴那斯，此名取自希腊的帕纳塞斯山，传说中太阳神和文艺女神的灵地。——译者注

中，并依此创作出文字音乐。他专门描述人类的粗暴和邪恶，使读者不仅对它们，而且对生活状况本身都大起憎恶。他的名著的题目"恶之花"是一种嘲讽，其实，它指的是在诗人眼中内心世界和外部世界都比比皆是的恶之"果"。波德莱尔眼中的人都是变态，一些读者甚至在他的作品当中看到了萨德的影子。似乎是作为对比，抑或是放松，他在几首诗中对给感官带来愉悦的美和因条理分明而安静平和的心境大加赞美。不过，现实主义还是占了上风，在他的客观性背后，他还是鄙视他认为自己所看到的东西。这就是他如此执着地追求"新的东西，即使世上没有新东西"的原因所在。［参阅罗杰·L. 威廉斯（Roger L. Williams）所著《生命的恐怖》（*The Horror of Life*）。］戈蒂埃跟福楼拜一样，失去了浪漫主义的热情，虽然他不像福楼拜那样遭受过打击。他说过，他再也不能爱了，因为他分析得太多。他写的诗达到了他明确表示要实现的境地——形式优美而冷淡；他的诗集取名为"珐琅和雕玉"，这个名字不无意义。

福楼拜的另两本小说显示出他超越了现实主义的束缚，他的想象力需要自由发挥的空间。他曾到过近东，十分喜爱阿拉伯世界提供的感官上的享受。于是，他选择古老的迦太基做背景，创作了一个艳丽迷人的姑娘萨朗宝的传奇故事。后来，他不为早期的挫败所阻，再次选择那位沙漠中的隐士为题材，创作出他的最后一部巨著《圣安东尼的诱惑》。这两部作品每一页都闪耀着色彩、神秘、异国情调浓厚的细节和奇异的辞藻。当有人攻击他写的都是不可能存在的东西的时候，他引证了古代有关动物、地理和可医治疾病的宝石的传说和记载作为事实根据。福楼拜的写作生涯以写圣安东尼的书开始，又以同样题材的书结束，这一过程使我们得窥文学现实主义的真谛：寻求完全平庸无奇的东西并对它进行细微的刻画。笛福、菲尔丁、斯摩莱特这些作者，以及从司各特和巴尔扎克到司汤达和曼佐尼的浪漫派作家虽然没有这方面的理论，但都使用了这种技巧，尽管前面曾经指出过，浪漫派并非在任何作品中都使用同一种技巧。乔治·桑在写作生涯行将结

560

束时，风格从绚烂归于平淡，转而娓娓描绘她所熟悉的乡村生活。[参阅 C. P. 斯诺（C. P. Snow）的《现实主义者》（*The Realists*）。]

"故事真精彩，"他说道，"不过它不是我所说的现实主义。没有说故事是何时何地发生的，是哪一年发生的，或者你姨妈的远房表妹的头发是什么颜色，房间的模样如何，也没有说后来发生了什么。"

——J. J. 法杰恩《十七号》（1928 年）

福楼拜和巴尔扎克之间的鲜明对比最容易使人了解一整套思想和感情向其后的另一套思想和感情的过渡。巴尔扎克的 35 卷书中大多数都像福楼拜的前两部小说一样通过写真的刻画手法来批判社会时弊。巴尔扎克认为，自己的观察就像科学一般可信。他在第一批作品中，将三组故事都命名为"研究"。他在序言中阐明，正如动物学家日夫鲁瓦·圣希莱尔研究勘制出动物物种的行为方式一样（＜501），他巴尔扎克研究的是人类物种在其原生地的生活情况。后来确定的标题"人间喜剧"与但丁的《神曲》相对应，它表明了作品的现代方面——现世对永恒。巴尔扎克说过："一代人就是四五千人在其中扮演主角的一出戏。我的书就是这出戏。"实际上，书中有 2 000 多个人物，按不同的地区分组，如巴黎生活场景、乡下生活、私人生活等等。文化的一致性则通过安排一些人物在不止一种场景中反复出现得到表现。

巴尔扎克著作的结构安排使他能够传达大量的信息，这表明他在目的和手法上都是现实主义者——无数繁多的细节都准确无误。另一方面，著作的宽广范围又使他得以品评社会现状。他对世事痛心疾首，反感金钱就是一切。他希望有一个君主统治的政府，由牧师执掌的虔诚教会辅助并由精英阶层指导；这样的政府会鄙视当时的腐败："国民预算不是保险箱，而是洒水桶。"

福楼拜可能也见过同样的情形，有过类似的想法，但是他会只进行描述而不明说自己的想法。而且，作为现实主义者，他也不敢采取巴尔扎克处理人物的某些手法，比如在《荒漠激情》里，巴尔扎克把一只老虎和一个女人联系起来，就像后来伊扎克·丹森的非洲素描一样；《长有金色眼睛的姑娘》中的神秘人物使人联想起亨利·詹姆斯笔下的人物，还带有女性同性恋倾向；另外还有《无名的杰作》（644 ＞）。还是那条普遍的原则：现实主义包括在浪漫主义之中，是它的多种视角和技巧之一。

561

我们离不开他，他不在我们前面，就在后面。只要我们行动，就围绕着他而动，每条道路都将我们带回到他的身旁。

——亨利·詹姆斯论巴尔扎克（1905 年）

因为福楼拜采用了现实主义的严谨手法，费了很大的力气，所以他被视为文学英雄。他的友人讲述了他如何字斟句酌，以求每一个字都用得最为完美。他苦苦推敲，一天才能写成一页，还要用大嗓门高声读出每一句话以测验其是否通顺。人们以为，如此写成的法文一定完美无瑕。其实完全不是。福楼拜的散文语法和句法常常随便而不正规，大多数小说家也都如此，真是令人奇怪。我们经常听见对大师们这方面的批评，但是也许正是这种漫不经心的轻松笔触反而使他们的作品逼真可信。不管怎样，福楼拜的努力达到了目的。他的描述准确无误，必要时还借助技术用语；对话极少且毫无特色；相邻的句子中没有重复的辞藻，以免过于显眼；这样的文体当然谈不到流畅雄辩了。

不过，作为这种自我折磨的解脱，福楼拜写了一部未完成的讽刺小说。里面的人物布法与白居谢（光是他们的名字就令人生厌）是两个退休的小职员。他们满口陈词滥调，从其他印刷物中大段大段地照抄十分平庸的东西，却忘了为什么要这样做。这部沉闷抑郁的小说后面有一部附录，列举了当时资产阶级常用的套话，这就是《庸见词典》。现实主义的顶峰必然是完全的乏味，乔治·吉辛在该世纪末时指出了这一点。他写的一本小说描写一个人物也是在写小说，反复推敲写成的东西行文和情节乏味之极，谁都读不下去。

※

尽管小说风行一时，但是并没有马上影响广大公众对诗人的注意；诗人退到小型杂志的圈子中是后来的事。英国、法国和美国都各有一位国家诗人——丁尼生、维克多·雨果和朗费罗。他们用抒情诗和故事诗激发人们各方面的想象，还用诗歌的形式就公众关心的问题发表意见，指点迷津。他们三人当中，雨果是1830年那一代浪漫派中硕果仅存者。在第二帝国期间，由于政治原因他被迫流亡，在一辑极为精彩的抨击短文中对那个政权进行了声讨。他还写了《世纪传说》，对人类历史做了全面的回顾，形成一部断断续续的史诗；还有一部史诗般的小说《悲惨世界》。所有这些作品都没有任意发挥诗兴，而是严肃地关心社会事实。

562   丁尼生起的是同样的作用，尤其是作为桂冠诗人。《莫德》（579＞）对自私自利、毫无诗意的人类表示出气愤和失望。《悼念集》力图解答受到科学冲击的人们对宗教产生的怀疑。《国王叙事诗》讽喻现代世界种种道义上的弊病。只是在几首与主题无关的诗歌中，写到人类及其生活时才表现出欢乐和振奋，并勾勒出未来的一些希望。描写同样题材的更年轻的诗人勃朗宁比他乐观。不过，除了几首欢快活跃的散文诗之外，他采用的是小说家的现实主义手法。他的戏剧性独白描绘了良知的沦丧和犯罪；《戒指与书本》则是一部诗体历史小说。此外，勃朗宁的修辞方法是把常见的普通字眼硬挤进参差不齐的诗句里，所产生的常常不是他所要的现实主义效果，而是一连串字谜；这导致了各种勃朗宁学社的兴起，读者们组织起来，共同切磋，企图弄明白诗中模糊不清的意思。

在美国，朗费罗与丁尼生在英国一样出名。不幸的是，他以国家诗人的角色创作的作品中不大听得到他自己的声音。要想对他有全面的了解，应当阅读他在对但丁《神曲》的翻译前面写的三首十四行诗以及诸如《我失去的青春年华》中的精妙沉思。他翻译的外国诗歌和故事通常质量很高。从另一种意义上说，他的同代人爱默生也值得一读，因为现在干巴巴的散文诗不仅再度流行，而且还占据了支配地位。不过，在1848年之前的美国作家当中，在观点、理论和天才方面对西方文学留下最深烙印的当属爱伦·坡。这得归功于对他的观点和理论进行诠释的波德莱尔。坡故意跟美国格格不入，尖刻地批评美国文学；他深深地浸淫于各类欧洲作品中，由此形成今天人们所说的他的美学。尽管如此，他的理论自有其独到之处。他在《写作的哲学》一书中提出了一个后来广受欢迎的主张。他提出，任何长诗中只有一些片段是纯粹的诗，其余部分都是起联系作用的散文诗。而且，真正的诗歌并不是由思想构成的，而必须是文字性的音乐。从这些原理中产生了"纯诗歌"的理论和实践，该世纪末的象征主义者对其视如珍宝。马拉梅的十四行诗《写在埃德加·坡的墓上》就表达了这种感激之情。

此外，坡还发明了短篇小说并为之下了定义。这种小说形式短小精悍，将绝对必要的细节加以浓缩，把所有其他东西一概剔除，只给读者留下对人物或情景或氛围的印象，其结果与洋洋大观的长篇小说相比，也可说属于"纯"之列。20世纪初，短篇小说似乎有取代长篇小说之势，成为最受读者欢迎的文学创作形式。此时，坡的另一项发明也正开始使全世界变得如痴如醉，那就是侦探小说（739＞）。在坡的虚构小说中，他偏好的是浪漫主义的东西：超自然、以死亡为主题、色情和非人间凡世的东西。除了描绘犯罪和侦破以外，他摒弃了现实主义枯燥无味的风格，证明他是象征主义绝无仅有的先驱。

※

在19世纪的英国，小说既供大众娱乐之用，又是改革的媒介。火车旅行增加了对小说的需求，站台上都开设了书店。为了满足读者的需求，许多求职无门的聪明女性获得了赚取体面收入的机会。男女作家创作的作品丰富充沛，其中不乏天才之作。狄更斯以娱乐起步，旋即转入鼓吹社会改革，最终则从事更严肃的作品，把对生活的批评和对人物的研究结合起来。他的艺术从来不受现实主义教条的束缚。他痛恨守财奴及其吝啬习气对人的心灵产生的副作用，在《艰难时世》中对其进行了入木三分的刻画。他把背街暗巷的气氛描绘得生动逼真，但也因生活的丰富多彩而欣喜兴奋，用神来之笔使各种生活场景跃然纸上。他的作品中包括成段的议论，也有对议论的诙谐的模仿，有时则是纯粹的意识流，有时又推出光彩照人的形象；他使书中的角色在大发议论时用词不当，荒唐可笑，却因此而表明角色的观点；他还创造了无数词语来恰如其分地表达人们常有的情感及其起因。他是继莎士比亚之后最具创新能力的文字巨匠。有些人说，狄更斯笔下的人不是人物而是漫画。任何头脑清楚的读者都不能容忍这种愚蠢的评论。桑塔亚娜在很久以前就指出，这种说法显示出对日常生活缺乏观察力；如果这种说法属实的话，陀思妥耶夫斯基就不会说狄更斯影响了他的创作了。

乔治·艾略特和萨克雷的手法与现实主义冷静的叙述方式更为接近，但是，艾略特对道德和社会问题的阐述和萨克雷讽刺性的旁白又都不完全符合现实主义的信条。勃朗特姐妹和盖斯凯尔夫人亦然。所有这些作品都力图一方面准确无误地描述现实生活，另一方面又表达出透过事物的表面现象发掘出来的东西。不过，把这两者结合得炉火纯青的要数永不知疲倦的特罗洛普和悲伤而漠然的哈代。另一位小说大师梅瑞狄斯则独辟蹊径，用故事的形式体现一整套思想主张，在文体上独树一帜。无疑，正是他的文体和通过故事借题发挥使得他今天不太受人欢迎。他小说中有很多曲折隐晦的比喻，曾有人把这些暗喻比作形象主义的短诗。它们确实有时颇为费解，但又没有困难到促使读者组成学会来对他的作品进行艰苦考证和诠释的地步，像当初对勃朗宁，现在对乔伊斯一样。梅瑞狄斯为读者提供的思索内容和文学享受独一无二，是从其他作者的作品中得不到的。

他坚信自然的运作。在他的理想社会中，自然的男女遵从宇宙精神，达到文明的修养。宇宙精神既不是道德主义，也不是现实主义。它要求人运用高度的智慧和机智来进行自我批评，既不严厉，也不招摇，但是却十分坚定；这是一种温和然而敏锐的自我意识。宇宙精神的最佳表现可能是在《利己主义者》中。书中对男性自恋和自负被摧垮的描绘独步文坛，无可匹敌。更有教益的是，遭此惨败的男主人公不是傻瓜，除了在一方面之外。他有足够的魅力，迷住了一位最可爱的姑娘，后来却在不知不觉中失去了她。梅瑞狄斯钟爱女子而不太喜欢男性，他的小说里充满着各种美丽动人的姑娘，她们远胜于误入歧途的男性，是她们训练男性学会文明礼貌。

564

读过《利己主义者》的人一定会记得米德尔顿博士这个人物，他是女主人公的父亲，早已被训练为彬彬有礼的君子。他是梅瑞狄斯第一个妻子的父亲汤姆斯·洛夫·皮科克的写照。皮科克值得注意，不是因为他是梅瑞狄斯小说中人物的原型，而是因为他自己独特的天赋。他是位讽刺家，写诗，也写散文。时至今日，他还有一批忠实的读者。他的小说将故事和对话揉在一起，加以诗歌的点缀，笔调幽默诙谐，使人想到拉伯雷和斯威夫特。与他这些短篇作品最接近的是老奥利弗·温德尔·霍姆斯的小说（585＞）。皮科克在叙述当中还掺杂了古典学问、关于音乐和饮食的观点，以及对威尔士风景深情的描写，因此并不是每个人都喜欢。但不可否认的是，这种古怪特殊的写作风格以优美的文学形式反映了19世纪英国思想的一部分。［大胆的读者也许可以先读他的《噩梦教堂》（*Nightmare Abbey*）］

只有小说这种文学是大众每天都读的，如同报纸或《圣经》。因此，它具有教育作用，可用于推动改革。它使各个阶级的读者得以了解他们生活圈子以外发生的事情。身居大城市的人不知道小村落中重复单调的生活；小镇的居民也无法想象大都市里多彩多姿的日子。小说正好填补了这种空缺。哈丽特·马蒂诺、查尔斯·里德、奥利芳特夫人、查尔斯·金斯利和亨利·金斯利兄弟，还有汉弗莱·沃德夫人，这些英国作家都以小说为论坛，通过描绘有名有姓有独特性格的可爱人物的感情波折来论及有关社会制度、国家或者教会的流行话题，从而使人们意识到"问题"的存在。早在 1845 年，迪斯累里的《西比尔》就指出了贫富之间的鸿沟，促进了工厂改革。至于只为赚钱而出版的无数平庸之作，它们有可能产生了一定的害处。作者仅凭远处观察，添油加醋描写的上层社会，以及关于纯洁的姑娘和白马王子热恋的浪漫故事一定会使头脑愚蠢的人想入非非。但是，这类作品的社会效应和安抚性影响总的来说起到了一种消遣安慰的作用，在机器至上的紧张压抑的气氛下，可以说是必要的。

对聪明的青年来说，有一类小说满足了另一种需要，那就是德意志人所称的教育小说，歌德的早期作品《威廉·迈斯特》为这一体裁树立了榜样。所有这类的小说讲的都是一个有才青年经过种种挫折失败，终于找到了真正的信念和自己在世界上的适当位置。托尔斯泰的《战争与和平》中的皮埃尔就是 19 世纪下半叶创造出来的这类人物中的典型。用今天的行话来说，"身份危机"一直是后来的小说家写作和说教的题材。

德意志发展出一种不事张扬的微缩现实主义体裁——中篇小说。不过，它的成就没有传到海外，尽管人们对格特弗雷德·凯勒、布雷塔诺、格里尔帕泽和施托姆的名字略有所闻，特别是施托姆的《茵梦湖》在大学里常被用来教授中级德语。作者自己把中篇小说称为"诗意现实主义"，因为它简明扼要，把对世界诗意的描绘和与之相冲突的赤裸裸的事件结合在一起。手法十分严格：只有具体细节，不加任何评论。

1863 年，儒勒·凡尔纳开创了小说的最后一个分支——科幻小说。今天，人们记得他是《八十天环游地球》的作者，因为这部小说拍成了电影。其实，他还写了许多有关登月、海底旅行和通过光束远距离使用动力的同样激动人心的小说。他相当长寿，在有生之年应该知道他有一个涉猎面极广的继承人 H. C. 威尔斯，不过究竟他是否真正知道则不得而知了。

　　19世纪的戏剧创作数量很少。风行一时的雨果式浪漫主义历史剧在19世纪40年代热度减退之后，为了满足舞台的需要，情节剧应运而生，有粗陋的，像从《汤姆叔叔的小屋》改编而来的话剧，也有号称严肃地反映生活的"精湛话剧"。法国多产的斯克里布和能干的小仲马这两位剧作家的作品最好地展示了这种戏剧形式，在国外广受模仿。在英国，由于没有更好的剧本，无奈之下只好把莎士比亚的戏剧搬上舞台，不过通常都对他的剧本大加裁剪，好使演员能赖以成名。［请参阅威尔逊·迪歇尔（Wilson Disher）配有插图的《情节剧》（*Melodrama*）。］

　　如前所示，是莎士比亚启发了当时的最佳诗人，也是他使他们屡受挫折。丁尼生、勃朗宁、斯温伯恩都写过长长的韵体悲剧。就像当初拜伦的尝试一样，他们都缺乏编剧技巧，写出来的是只能供阅读的"书斋剧"。拜伦曾经说过他自己的话剧是"厕所剧"，这种评价不免太过苛刻。他们的所有作品都值得一读——只值一读。英国的喜剧在谢立丹之后便后继无人，而法国还有费多和其他两个人，他们写的一些滑稽剧，如《意大利草帽》，已被成功地再度搬上舞台，甚至还被改编为电影。

　　淹没在循规蹈矩地辛勤耕耘的众多作家中的还有亨利·贝克。他天生的戏剧感，加上聪颖过人的头脑和敏锐异常的洞察力，使他写出了令人拍案叫绝的喜剧《巴黎女人》和另外两部话剧，还有大量戏剧评论。现今，他被看作自然主义戏剧的创始人；当时，他因作品连连被拒和遭人暗算而被迫辍笔。易卜生和比昂松也曾因类似的阻力而写作受到影响，他们为了自卫于1859年组织了挪威戏剧、音乐和舞台学社。不过，易卜生的作品作为一种新型的戏剧而受到肯定，则是30年以后的事情了。那个世纪60年代，他受到敬佩是因为他就亚伯拉罕·林肯总统之死写的一首诗。

※

　　在 19 世纪中叶，如果信奉叔本华的哲学，并期待绘画艺术能给自己躁动不安的渴望带来长久的满足，就只能回到过去或者到新古典主义那里去寻找（< 558）。现实主义流派没有产生宁静。新的大师库尔贝供人凝思的只有日常所见的东西。他的师长杜米埃在为数不多的画作中也同样画的是日常事物，不过他以浪漫主义的热情给画中肮脏邋遢的景物加上了一层光彩。一种理论说，绘画的题材并不重要；看画时应领会的是"艺术"，不应注意任何其他东西。不过，这种深奥理论要等到后来 19 世纪即将完结的时候才出现。当时，与之前 400 年一贯的那样，观众之所以对一幅作品产生反应，是因为感受到了画作的题材及其处理手法所表现的力量或美妙，无论手法是戏剧性的、心理性的、讽喻性的，还是其他手法。库尔贝的画作既反映了日常生活，又充满活力。他在《库尔贝先生，早上好！》中描绘了自己和乡村邻舍在一起的欢乐场面；在《画室》中，他画了一个一丝不挂的人站立在其他艺术家和作家当中，目的是为了让观众大吃一惊。按常规，他作为画家有权看裸体的模特儿，但画中其他的人物是来访者，无权站在一旁观赏。库尔贝坚决抨击常规，甚至画了一幅四肢舒展的裸女画，将其题为"世界之源"。现代高档色情杂志的中间折叠插图中的模特经常取这种姿势。

　　更动人的是他的《碎石工》，这幅画描绘马路上疲惫不堪的苦工，还有《奥南的葬礼》，画中描绘的乡村景色具有现实主义所特有的灰暗色调。只有在库尔贝描绘大自然，如林间空地、奔跑的小鹿和浩瀚的海洋时，他才摆脱现实主义的束缚。这些作品对细节的描绘也十分准确，但如果它们的目的是"批判生活"的话，那么它们离此目的实在是相去太远了。它们与描绘自然的巴比松派画家的风景画属于同一类，那些画家已进入老年，但仍作画不辍：柯罗展示怡人的树林，米莱描绘操劳的农民，他们在画中有意识地表现朴素的事实和静默的痛苦，是现实主义的先驱者。库尔贝的政治信念促使他在第二帝国（588＞）灭亡之后站在公社一边，参加了反政府起义，这并不令人惊讶。他同大家一道推倒了作为拿破仑传奇象征的旺多姆广场中的圆柱，并在旁边摄影留念。他差一点儿因此被处死，结果是被流放到瑞士终其一生。[请浏览和阅读莎拉·方丝（Sara Faunce）所著《库尔贝》（Courbert）一书。]

现实主义绘画艺术在中欧和瑞士都有追随者，但势单力薄，难以成为流派。它在英国从来没有影响。不过，对如实写真的崇尚确实使一批有才华的画家汇集在一起，组成了拉斐尔前派。这个派别的名称含义不清：他们并不是像人们所想的那样要站在拉斐尔之前，而是要站在他的追随者，即拉斐尔派之前。拉斐尔前派画家喜欢用神话和传奇故事，尤其是基督教的故事做题材。他们通过颂扬人体和心灵之美来批判生活——工业和现实政治的生活。丹特·罗塞蒂、霍尔曼·亨特、密莱、伯恩-琼斯和中欧的默里兹·冯·施温德在作画中非常倾向于现实主义的风格，专心致志于精确逼真的表现。他们不学德拉克洛瓦戏剧性的歪曲（尽管他们对他崇拜有加），不像布莱克那样高度的格式化（是他们把他从默默无闻中发掘出来的），也不用特纳流动的光线。拉斐尔前派绘画的低调色彩、点缀、对称，特别是它的和谐恬静让人想起柏拉图的信念：真正的现实并不寓于我们周围粗陋的物体，而是寓于形式和精髓的理想世界之中。应当指出，把特纳的天才宣示于世界的罗斯金，在道义上和物质上都全力支持那些年轻的拉斐尔前派画家。他认为，优秀的绘画是唯一的检验，可任由艺术家选择题材，除了淫秽的以外：罗斯金在特纳辞世后看管他的画室期间，发现了一大批色情方面的素描，他根据自己的良知把它们全部销毁。

现实主义的寿命在美术领域显然比在文学领域要短。即使在库尔贝淡出之前，马奈就已经率领其他画家摒弃严格符合现实的手法。不久之后，印象主义的光辉就使人目眩神迷。这是一种对付严酷现实世界的新方式。去尽火车站里堆积的杂物和尘垢，显现出来的就是莫奈的《圣拉扎尔火车站》（644＞）的夺目光彩。当然，与此同时，彩色石印画

567

一直久兴不衰，它们价格低廉，由雇佣画家大批生产，一丝不苟地复制现实。"彩色石印画"（chromo）这个词至今仍被用来贬斥了无生气、完全捕捉不到物体神韵的画作。雕塑艺术同现实主义的表现手法相反，依然忠实于传统的模式，从神话、历史和宗教到直接的人物雕像。

至于音乐，唯一可见的"东西"是在歌剧舞台上。在那里，19 世纪坚决的现实主义派观众获得了完全的满足。布景、道具和意想不到的效果在力所能及的情况下尽量使用真实的东西（< 499）。其他种类的声乐和器乐则表达了另一种现实，为寻求音乐方面感受的听众所欣赏。不过，这并不是说在梅耶贝尔、威尔第、古诺和年轻的理查德·瓦格纳的歌剧当中没有音乐艺术的杰作。

※

568　　　在教育影响力方面仅次于小说的是历史著作。19 世纪这类著作大量出版，为公众广为接受。毫无疑问，历史是真实的东西。历史著作这种文学形式的范围和风格在前一个时期就已固定下来（< 379），但是 19 世纪对它广泛而热切的兴趣则是前所未见的。可以相信，司各特的小说使人们对过去和新近发生的事情产生了同样的兴趣和好奇（< 482）。在达尔文之前很久，进化论者就教导说，了解昨天可以解释今天，可以用来验证或谴责当今的政治立场。有关法国大革命和拿破仑的大部分史学著作都为证明一个主题，法国米什莱和美国班克罗夫特的大部头著作描述了国家的兴起及其成就。德意志和意大利的史学家由于没有自己的国家，只好歌颂人民。朝着自由的进步是史学的另一条构成原则。麦考利和弗劳德两人的同名著作《英国史》和莫特利的《荷兰共和国的兴起》都是这种作品的经典之作。德意志人蒙森的著作涵盖面极广，描写了古罗马自由的沦丧和恺撒大帝处理危机时表现出来的政治家风度。

自那以来，麦考利一直被指责为"辉格派史学家"的鼻祖，这里的"辉格派"指的是 19 世纪意义上的自由派。他们被指控伪造历史，将它说成是不断进步的过程。持这种批评意见的人理所当然地认为，对历史一定有一种正确的观点，这种观点也就是定论。任何史学家都想尽力真实地反映历史，不过它只是史学中心任务的附属，中心的任务是要找出历史规律，使人得以对杂乱无章的各种事实进行重新认识。麦考利的著作规模宏大，包括了 1688 年推翻斯图亚特王朝的年代和后来路易十四作战期间议会独立的开端。假如有人谙熟当时的史实，也许会质疑这位史学家对人物的评价，或者会对他为之欢欣鼓舞的事件痛心疾首。不过，即使有这些歧见，麦考利依然是一位独一无二的伟大史学家。简言之，他提供的不只是一种观点。他在史实叙述、人物描写和归纳综合方面都堪称大师。他书中著名的第三章是社会文化史的楷模，他的传记性文章所表现的人物都有血有肉，有思想。

　　对此持不同意见，认为"实际上并非如此"的人就像两个朋友在评价另一位朋友："他做了这件事，说明……""不是这样的，因为他还做了那件事，说明……"要结束这种争论，就要问双方这样一个问题："你拿什么做行为的标准？"如果事实有误，双方当然都会诚实

> 另一次，我是跟更出名的人在一起——两个世上最博学多才的人。他们的尊姓大名我几乎不说你也知道：蒙森和哈尔纳克。每次都谈到这么一个问题：谁是有史以来世界上最伟大的历史学家？而每次先提及而且最后一致同意的名字都是麦考利的名字。
>
> ——**阿克顿勋爵（日期不详）**
>
> 569

地承认，但除非如此，否则双方由于选择的行为的标准不同而很可能会继续各执己见。所以说历史的读者必须阅读关于同一题目的多种史书，充分思考各种观点之后，对争执点做出自己的判断。

　　比解读历史更加重要的是一个更大的问题：能否确知过去发生的事情？一些思想家认为，历史是不可知的。过去已逝，无法用它留下的残片把它复制出来。这个玄学问题可以留给那些苦苦纠缠它的人去解决，因为他们相信自己的逻辑甚于自己的记忆。19 世纪的德国史学家兰克相信自己的记忆，并将他的这种直觉阐述为 "wie es eigentlich gewesen"（正如实际发生的一样）。他的这句话成了史学界的希波克拉底誓言[1]。

这句话表现的是坦诚的历史学家的自信，他相信自己遍查资料之后记下的发现真的是实际发生的情况。他的信心部分地来自另一种直觉，他知道聪明的宣传家自知所叙述的事件与实际发生的情况并不一致；他是在为某种目的而歪曲事实。史学家和宣传家之间的这种区别并不能证明诚实的史学家永远正确，但它却表明了这样一点：正如一个人的回忆可以通过信札、日记和他人的证词来核实，使用同样的办法也可以在很大程度上描述和确知历史。

历史可靠性还联系到另一个问题，即历史是一门科学这个说法。这个问题很容易造成人们思想的混乱，尤其是在史学家当中（654、655＞）。因为他们把历史学作为科学，于是就追求每个细微之处的准确。他们认为，一部著作中哪怕有一条陈述没有确凿的证据，这部著作就不能成立，更不能算"确定性的"。这种狂热的迷信一度规定，青年史学家写任何方面的历史都只能涵盖几年，涉及的地区也相应缩小，这个时空范围以外则是禁区，只有这样才能确保每一细节都准确无误。一个批评家把这种历史挖苦地说成是"两年度历史"。

这种信条产生了最不符合逻辑的陈腐思想："如果我在一个小问题上发现了错误，那我怎么还能在大问题上相信作者呢？"由于这项原则，弗里曼在相当长一段时间里大肆攻击弗劳德"缺乏准确性"。然而，这位应该是无懈可击的史学家去世以后，人们才发现，他犯的小错误比弗劳德犯下的小错误要多得多。当然，在自然科学中，有时连一个小数点也不能错。但在其他时候，只要把数字排列或者大小的简单顺序弄对就行了。然而，一般人对科学的观念是，事无巨细均同等重要，而这种迷信被全盘照搬到史学上来。本来，合乎理性的误差理论应该做出恰恰相反的规定：着重留意大的方面，至于细节是否重要，

570

---

[1] 正式成为医生之前保证遵守医生道德守则的誓言，该守则相传出于被称为"医学之父"的古希腊人希波克拉底。——译者注

则依据其影响的大小进行判断。阿尔伯特·杰伊·诺克在他的《杰斐逊》一书中论述了这个问题，他下的肯定性结论足以封住学究们的口。

精雕细琢、小心求证的狂热者以为，史学家的工作像科学一样，会成为一个整体结构的一部分，最终形成"关于实际发生情况"的全面报告。就某一个问题写一篇专论确实是有用的，也是令人钦佩的，而且伟大的历史学家也依靠很多这样的文章作为其巨著的依据。但是，

> 他的不准确之处既不是似是而非，也没有误导读者。有些优点大大超过了偶尔出现的枝节问题上的不准确，帕顿的这些长处是杰斐逊先生的其他传记作家所没有的。这本书的价值应该据此加以评价。
>
> ——阿尔伯特·杰伊·诺克
> 《杰斐逊》（1926 年）

这些对单个问题的研究本身并不能同其他的研究有机地形成一个整体。这些自诩为科学家的人还为自己订立了另一条规诫：历史不能有文学性，也就是说不能读来令人愉悦。在他们眼里，麦考利是个糟糕的典型。他的风格刚劲有力，具戏剧性，其节奏使人联想起公众演讲者的声音，描述的人物栩栩如生，整本著作就像是文学作品，而这也正是作者的原意；他像小说家一样煞费苦心地组织安排各个章节。大多数 19 世纪史学家的作品都使人读来兴致盎然，而后来者却不敢把史书写得太好，而且鼓励他们的弟子写得更糟，直到公众纷纷对历史著作厌弃，使肤浅的普及性历史读物借机大行其道。

※

19 世纪中那些不是自由派，不喜欢英雄的史学家很可能是悲观主义者或者宿命论者，如基佐。他们在处理历史资料时一定知道，每一页纸都出于人之手，是人的思想的结果，但是他们却又觉得广大的民众和民族中蕴含着一种不可抵抗的推动力；这促使他们认为，地理、气候、种族或某种其他实际因素决定着人的命运。个人其实无法选择自己的行为，人类只是傀儡而已。

当时的历史似乎证明了这种假定。19 世纪 40 年代，哲学家路德维希·毕希纳在著作中把这种教条极为生动地宣布为：无磷，即无思想。由此产生的错误推断是：思想除磷之外，别无他物。任何形式的"别无他物"都是简化主义。并非所有的科学家都是坚定不移的唯物主义者，但是几乎所有科学家都认为物质至上。正因如此，1859 年达尔文的《物种起源》问世时才立即引起欢呼和震惊。直到那时以前，人们一直把生物进化解释为生物采取某种行动的结果，这就意味着意志力在大自然变化中的作用，即使这种作用是无意识发挥的。而达尔文提出的是一种纯机械论的运作方式，它提出了"自然选择"这种并非全新但是却几乎完全被忽略的观点，使旧的进化思想同物理学吻合起来。在此 10 年前，哲学家斯宾塞已经提出"优胜劣汰，适者生存"这句话。

571　不过，这种说法需要有达尔文乘坐"猎犬"号考察船在大海航行期间和之后所观察到的大量事实来支撑。达尔文和艾尔弗雷德·拉塞尔·华莱士在相隔几个月的时间里分别采纳了同样的假设。这一事实，再加上斯宾塞和其他先驱者的看法，表明当时这种观点已经广为流传。重新焕发生机的唯物主义使得这种观点为人们所乐于接受——事物自始至终驾驭一切。

持相反意见的思想家（包括著名的科学家）从很多角度，尤其是宗教角度，用有力的论据驳斥了达尔文的假设，由此展开了被称为科学与宗教之间的战争这一历时半个世纪的论战。就公众而言，他们再也不能对物种进化漫不经心，只把它看作"有意思"或者仅仅是有点儿可能了。越来越多的人深信达尔文已经证实了这一点。当时普遍的看法是：人是由猿猴变来的。这种看法成为怀疑者的笑柄，和漫画及讽刺诗挖苦的对象。迪斯累里说过，在人是猿和人是天使的说法之间，他是"站在天使一边"的。高比诺说："不是源自猿猴，但是却迅速地与猿猴越来越像。"人人都可看见，自然选择论是坚固的事物链条中的又一个环节，把自然科学、唯物主义、现实主义和实证主义紧紧联系在一起。

时至今日，任何言论和文章都没能消除进化论和自然选择论之间的混淆。同样，科学家依然深信不疑《物种起源》把自然选择定为进化的唯一成因。而实际上，该书的第六版，也是最后一版，重新阐述了进化的两个其他成因，一是拉马克提出的功能的使用和废弃，二是环境的影响。达尔文后来写了一本较厚的书，详细解说了性选择的进一步作用。今天，这种理解上的混乱变得越发不可收拾。本书不适于查考各种思路是如何从达尔文的理论发展到面目全非的达尔文主义，进而又发展到今天各个研究出版中心的权威们提出的相互矛盾的信念的。今天，没有人质疑进化论的正确性，似乎没有理由要提出质疑。但是，所教授的进化论的原理和机制却绝非连贯一致，而这方面多种多样的观点却很少向学生或博学的读者披露。［请参阅诺曼·麦克贝斯（Norman Macbeth）撰写的小书《达尔文退休了》（*Darwin Retired*）。］

生命和宇宙表现出自发性：
应打倒的有神论真是荒谬！
教堂和信条笼罩在迷雾中，
真理应随实证论者去追求。
他们的智慧大师无与伦比，
孔德、赫胥黎、廷德尔、哈里森和莫利。
有谁胆敢挤进
实证论大军的这个行列里？
从前曾经有只猴子，
世纪沧桑使他的毛发蜷曲；
再经千万年后他的手腕长出拇指，
使他变成人和实证论者。

————莫蒂默·柯林斯（1860 年）

自然选择论在知识分子当中盛行的那段时期内，还影响到了宗教以外的其他关注。它在应用于政治学方面之后，产生了国家以及其他团体争斗不休以求适者生存这样一个信条。这项"原则"深受欢迎，以至于得名"社会达尔文主义"。"达尔文的斗牛犬"托马斯·赫胥黎最后觉得必须站出来以正视听。他在牛津大学礼堂发表演说，30 年前他曾在这里舌战并大败援引道德理由和《圣经》经文的威尔伯福斯主教，这次他鼓吹的却是进化论与伦理之间的区别：人群是受道德法律约束的。

不过，赫胥黎的否认并没有改变生存竞争者的思想，正如他撤回他关于人如自动体的文章未能对唯物论者产生影响一样。结果只是增加了公众的迷惑不安，就像丁尼生很早以前因斯宾塞提出的大自然景象而感到不安一样。根据斯宾塞的理论，大自然不是华兹华斯描绘的一片平和美丽，而是"张牙舞爪，鲜血淋漓"。丁尼生是国家诗人，斯宾塞是国际级的哲学家。如果这些舆论领导者所描绘的宇宙中的人类是受盲目力量驱使的，那么，他们说最后结局一定圆满的预言就令人怀疑了——他们怎么知道呢？应当相信谁呢？物理学家已经计算出了太阳消失的精确时间，仅此一点就足以使人对生活感到阴沉而绝望。

　　时代的基石本身正在崩溃，由于科学、历史和分析，对《圣经》的高等考证（＜359）重获生机。德意志人从语法上对《圣经》进行分析，结果发现了许多可疑之处。大卫·施特劳斯的著述从耶稣的生平中去除了神性的因素，乔治·艾略特将他的著作译成了英文；法国的埃内斯特·勒南则更为激烈，他原来是神父，后被免去圣职，是著名的学者和作家。他相信，科学会使思想所有其他的产物过时：哲学、神学和文学统统都会消失。信念即愚蠢。一位来自非洲的圣公会主教因他的"谬见"而遭到基督教会法庭的审判，他告诉法庭说，被他劝归基督教的一个祖鲁人听他宣讲了教义之后问他："你真相信这些吗？"其他几位圣公会的牧师写了一本《散文与评论集》，有意地否认了基督教的某些信念。他们也受到审判，但是未被解职。除了几个垂垂老矣的牛津"皮由兹分子"（＜532）之外，似乎只有天主教徒依然立场坚定，纽曼在他卓越的著作中为天主教信仰作了出色的辩护。

　　如果把维多利亚时期的人笼统地看作一群自负自满的伪君子和假正经，就是忘记了这场宗教和科学之间的大辩论引起了多大的惊愕和自省。一个身为科学家的宗教信徒所经历的痛苦在埃德蒙·格罗斯的回忆录《父与子》中可见一斑。更大的思想斗争除在期刊上进行之外，还在玄学社里展开。玄学社的成员不是专事哲学的人，而是社会和宗教思想的领袖，他们相互宣读和讨论自己的论文，却谁也说服不了谁。他们的观点和性格在 W. H. 马洛克虚构的（而且是引人发笑的）《新共和》里得到了戏剧性的刻画。

当时有思想的人面临着种种抉择，一时不知何去何从；马修·阿　573
诺德在作品中对这种混乱的场面进行了批评和解释，他本人也曾深受
困扰。他的父亲曾在英国拉格比建立了一所英国模范"公学"，其建
校原则是：严守基督教《十诫》的道德行为是高尚生活的核心，因此
应成为教育的中心。父亲对此深信不疑，儿子则不信这一套。对他来
说，宗教不过是"带情感色彩的道德"；如果道德规定来自宗教启示，
那么，两者皆没有坚实的基础。

在阿诺德看来，英国各社会阶层的行为既不受精神力量影响，也
不为知识力量左右；上层阶级是野蛮人，中等阶层是市侩庸人，再往
下就是他所称的大众，这些人自己根本无法为自己的行为负责。实际
上，没有社会，只有无政府状态。阿诺德能想到的唯一妙方是文化，
他所谓的文化是世界上思想和言论的精品。它包括希腊-罗马传统和希
伯来《圣经》传统，并由现代西方文学加以充实，换句话说，就是人
文学科或者文科。

另一个批判当时混乱倾向的人来自完全不同的背景。詹姆斯·菲
茨詹姆斯·斯蒂芬（后来成为弗吉尼亚·伍尔芙的舅舅）是位博学的法
官和政治理论家，他在19世纪70年代初发表了《自由、平等与博爱》
一书，作为对穆勒《论自由》一文的反驳。斯蒂芬是自由派，坚决捍
卫言论自由和行动自由，可是穆勒认为自由的理想禁止干涉任何"与
己有关的"个人行为，如酗酒，斯蒂芬对此却不能苟同。斯蒂芬认为，
没有多少行为是完全只与行为者本人有关的，社会凝聚力的大小取决
于就哪些是可接受的行为达成普遍一致，而且一旦达成一致，就须强
制执行。他不仅当过法官，而且还在印度编纂过法律，其中包括禁止
寡妇在亡夫火葬的葬礼上投火自焚（与己有关）这类习俗的法律。这些
经历证实了他对英国法研究的心得，即各种自由是在其发展的过程中
得到具体确定的。

斯蒂芬为了与穆勒和边沁抽象的风格相抗衡，有意使用实实在在
的措辞，尽管那些措辞完全正确，却使当时崇尚仁爱的人们深为惊骇，

使他显得狭隘偏执，导致了迄今为止对他的误解。例如，他说，通过刑法，"人合法地、有意地、冷血地杀死、奴役或者用其他方式折磨自己的同胞"。读者无法驳斥这番话，但是却不愿接受这种冷冰冰的说法。同样，斯蒂芬赞成政府应征得被统治者同意的主张，但是他指出，所有政府都靠武力和武力威胁来统治——武力越强，威胁越大，对和平与正义越好。

574　　尽管他说的都是这种赤裸裸的真话，但是他并不是位残暴的法官；当穷人弱者遭受虐待时，他积极地捍卫他们。而且，由于维多利亚时期辩论的文明习惯，他还备受政敌的尊敬，甚至赢得了他们的友谊。今天，应该将他算作自由主义大转变（688 ＞）的预言家。

应该补充的是，自阿诺德以来，从伍德罗·威尔逊到罗伯特·哈钦斯等许多思想家都从实际的角度（而不是异想天开地）阐述了通过文化寻求出路的主张。这是对唯科学主义抵制的一部分。在阿诺德时期，牛津和剑桥远非他所说的文化的源泉。大多数本科生常常狂饮欢宴，女王认为教育毁了贵族的身体健康。工人学院倒是起了很好的作用，使下等阶层中有能力的人获得改善自己命运的机会。不过，出于明显的实际原因，提供的主要是技术或科学方面的教育。大学里的课程和研究都薄弱不堪，议会只好命令进行检查，最后导致改革。经过 19 世纪中期的这次大整顿，牛津和剑桥才从此出名，至今依然罩着夺目的光环。

……世界就像
展现在我们面前的梦幻之境一样，
如此千变万化，如此艳丽多彩，如此崭新发光，
实际上却没有欢乐，没有爱情，也没有光亮。

——阿诺德《多佛尔海滩》
（1867 年）

不过，这种学术上的革新难以满足阿诺德的希望。作为中学学监，他建议采纳法国的中学学制。可是，英国旧式中学和 1870 年的《教育法》通过后建立起来的学校改进速度十分缓慢，使他在有生之年没能看到文化的兴起。阿诺德是满怀忧思离世而去的，他在感人至深的诗

作《多佛尔海滩》中表现了这种忧思，诗的结尾处提出了绝望的办法，一种自那时以来常被人们一再倡导的办法：让咱们两个被遗弃的情人彼此坚贞不渝。〔请参阅 G. M. 扬（G. M. Young）的《维多利亚时期的英国：时代的肖像》（*Victorian England: Portrait of an Age*）。〕绝望通过爱情得到救赎是可遇而不可求的，那些既憎恨物质主义，又厌恶过时的信条，感到备受束缚，烦闷无聊的人也不会仅仅满足于爱情。他们愿意去探索未知的领域，只要它能使人的直觉、希望和对奇异之事的憧憬得到满足。

　　这就是那个世纪中叶发生的情况。当时有一种狂热席卷欧洲和美国，那就是通过桌灵转这种方法同精灵交流。对一些人来说，这是一种游戏；对另一些人来说，这却是一项庄严的事业。许多人从与鬼魂通话中得到宽慰。从各种黑暗角落冒出许许多多真诚的和行骗的灵媒巫师，他们从死者那里带来了口信或者幻象。这一行的带头人是丹尼尔·登格拉斯·休姆，他从另一个世界带来了答案和证据，还表演超人的绝技，如从一个窗口飘出去，再从隔壁的另一个窗口飘进来。相信这些超自然力量证据的不仅仅是轻信别人的小资产阶级。诗人伊丽莎白·巴雷特就相信休姆的"神力"，因此而惹得她丈夫罗伯特·勃朗宁大怒。他将这种愤怒升华成一首生动的诗《巫师淤泥先生》。在英吉利海峡中小岛上流亡的维克多·雨果花了无数个夜晚参加桌灵转，最后认定这种做法愚蠢之极。柏辽兹专门在他的音乐专栏撰文嘲笑据说是莫扎特和贝多芬的亡灵说的蠢话。物理学家廷德尔用相当没有哲理性的方法戳穿了这种现象——用双腿夹住一条桌腿！不过，其他科学家认为一些"显象"还是有道理的。经反复思索后，为了求知，成立了一个精神研究学会来从事系统调查（664＞）。招魂说的矛盾在于，它的出现本来是对物质——事物——的专制的抵制，结果却靠提出看得见、听得到、摸得着的证据来证明灵魂的存在。

575

※

关于动物和繁衍的达尔文理论的讨论提出了以前不常见的题目，促成了对性爱和道德主义问题的关心。在《物种起源》问世之后，一位名叫奥尔巴特的医生在性问题上提出了十分极端的观点，并将这些观点传输给一批批经他精心挑选的听众。乔治·艾略特就是其中一个，赫伯特·斯宾塞很可能也在其中。讨论的课题是生殖生理学。伯特兰·罗素的父母，当时年方24岁的安伯利夫人和她的丈夫，则去参加一个名叫加勒特的女医生关于生理学的讲座。根据各方面只鳞片爪的迹象，可以认为那时人们对计划生育也交换过意见和信息。

如前文所述（＜552），维多利亚时期对于性本能一直有清楚的意识。现在，它似乎成了科学的一部分，从而使受教育者得以了解性本能如何实际发生作用。关于1861年发生在诺森伯兰大街的案件，伦敦《泰晤士报》就同一题目给公众上了一堂更为笼统的课。一个名声不错的少校的漂亮情妇曾向一个男人借钱，这个男人把少校骗进他的办公室，企图把他杀了，好占有他的女人。少校虽然身负重伤，但仍奋起反击，最终将袭击者杀死了。《泰晤士报》的文章实际上是为激情犯罪进行辩护。

整个故事背后充满着一种力量强大、撼人心扉和不可控制的激情。目之所见唤醒了感觉，导致了新的致命的发现；热恋产生了巨大的魔力，把刚才还自由的灵魂捕捉，迷住。没有任何凡人的理智能免于遭受这种袭击的危险；不管是粗线条的人，还是细致敏感的人，人人都有危险；正因为是人，所以有此危险。
——伦敦《泰晤士报》1861年8月8日刊

576

在更高雅的一层也打破了关于性的沉默。19世纪60年代末，年轻的斯温伯恩出版了《诗歌与民谣》，其中有近20首赞美性行为及其各种形式。作者是"泥坑里爬出来的肮脏顽童"，但是他还是有读者的。早些时候，法国的波德莱尔在《恶之花》中将对身体令人作呕的描写和性变态作为诗歌题材，曾引起同样的强烈反对声。波德莱尔的诗遭到法庭的谴责，尽管它们对性的描写不像斯温伯恩那样取欢快的调子。在同一个 10 年里还出版了另两部大师级作品，一部是瓦格纳的《特里斯坦和伊索尔德》，其中春药驱使的淫乱之爱给了淫秽歌曲《爱之死》；另一部是梅瑞狄斯用十四行诗体写的叙事诗《现代之爱》，诗中除了对肉体细节一带而过之外，剖析了男女在智力方面不般配的类型。

　　社会中有一部分人不需要这方面的觉醒。艺术家和文学家总的来说没有装体面，他们没有这种需要，因为他们不从商，不从政，也不谋专业职业；他们的作品靠自身的魅力流传，否则就是被人遗忘。不过，为了身处自己人中间，好轻松自在地创作，他们在 19 世纪根据自己的需要创立了一种制度，称为波希米亚的艺术家聚居区。聚居区内生活便宜，没有道德规范，允许奇装异服，不需要稳定的经济收入。波希米亚首建于巴黎塞纳河左岸的"拉丁区"（参见关于这个波希米亚的两部歌剧）；其他首都也（自发地）兴起了它的分支；这个地方迄今一直是天才青年和任何年龄的反社会人物的庇护所。也有事业失败，往往转向酗酒或吸毒的艺术家，他们在那里得到他人兄弟般的照顾。经济资助不仅来自与诗人同居并养活他的女工，而且还来自当地的店主或饭馆老板，应当在这些艺术赞助人的店铺中为他们挂画。

　　对在公众眼中地位显赫的艺术家、政治人物或专业人士的不检点行为，维多利亚时期人们的态度不太明确。一如诺森伯兰大街上的英勇少校，塞缪尔·勃特勒也有一个情妇，但他不是为了爱情，也没有和她同居，而是出于方便。不过，她显然是个聪明女子，得到他的慷慨相待和尊重。因为他行为谨慎，著作又几乎无人知晓，所以可以称得上名声很好。狄更斯是又一个积极的例子。他娶了两姐妹中不合适的一个，只好忍受了多年痛苦的婚姻生活。后来他恋上了一个年轻演员，关于他们两人通奸的谣言随即四起，实际上并无此事。于是，狄更斯不顾别人劝阻，在自己的报纸上发表声明并在其他报刊上发表新闻稿，解释自己的家庭状况并尽力辟谣。（当《笨拙》杂志认为他的新闻稿不属其刊载范围时，他大为光火。）报界对他进行批评，公众为之震惊，但是并没有停止对他的仰慕或尊敬。后来，那位姑娘确实成了他的情妇，他对此没有再大事张扬，但是双方从此以后一直对此深感内疚。玛丽安·伊文思（即乔治·艾略特）同另一名著名作家 G. H. 刘易斯"过着罪恶的生活"，但是却没有因此被道德高尚的人们所排斥。

577　　　虽然狄更斯和乔治·艾略特的艳事对于他们各自在公众心目中的形象丝毫未损，但是，最有成功希望的自由派政治家查尔斯·迪尔克爵士的生涯却因为他情妇的丈夫提起离婚诉讼而完全被毁。揭露出来的事实确实令人厌恶，而他在为自己辩护时又表现极差。与此同时，再度连任的首相格莱斯顿一天夜晚从议会回家的路上，被人看见与妓女交谈，差点儿因此大难临头。幸亏他能够证明自己并没打算跟那个可怜的妓女发展关系，只是想了解他能否帮她赎身，摆脱性牢笼而已。上述这些不同的遭遇和结果听起来同拜伦、李斯特、乔治·桑、缪塞和梅特涅这些浪漫派的爱情相去甚远。光凭零星的事例就在这两个时期之间妄作比较不免过于鲁莽，不过后来出现的许多实例也都表现出没精打采，无奈之下只得凑合，这正是现实主义的基调。

　　最后应该谈的题目尽管今天已不再遮遮掩掩，但依然同 19 世纪时一样使人着迷。维多利亚时期像现在一样出版了大量的色情读物，那时和现在，色情读物都是心情沮丧的副产品；需要用文字进行描写，因为不管性活动多么自由，都不一定能带来性满足（790 ＞）。就文学技巧和发明创造力而言，维多利亚时期的一些性幻想作品可说是登峰造极，当今的平装小说和网上作品无法与其比拟。［请参阅斯蒂芬·马科斯（Steven Marcus）的《维多利亚时期的其他人》（*The Other Victorians*）。］

※

　　当达尔文和赫胥黎用"受宠惠的种群"（favored races）来指生存下来的适者时，他们指的是任何动物种群中的类别。但是，另一批科学家和国际法专家却用同样的字眼来具体指人类当中的类别。19 世纪是体质人类学的鼎盛时期，这项学科将人类分成三个以上的种族。尽管它的许多说法自相矛盾，但是却被看成是一门精确的科学。历史学家、社会理论家和政客也纷纷涉足其间，写出巨著、专著、小册子和杂志文章一股脑地塞给公众。这些书籍和文章中充斥着各种术语：凯尔特人、高加索人、雅利安人、撒克逊人、闪米特人、条顿人、北欧日耳曼人、拉丁人、黑人、含米特人、阿尔卑斯人和地中海人跟有关"头部系数"的"dolicho-"（长）、"brachy-"（宽）、"meso-"（中）等词汇混杂在一起，还有实验室用的其他技术术语。

　　前面已经谈到此前发生的情况：18 世纪的探险提供了有关体形特征明显不同的遥远部落的数据；19 世纪初的语言学家提出了雅利安语和雅利安"种族"；解剖学家提出了颅相学（＜ 456、503）。所有这些都与"颅骨"密不可分，19 世纪中期的人类学家就使用颅骨来辨认种族，虽然已不再采用颅相学根据颅骨的凹凸进行判断的方法。然而，历史学家在他们的领域仍使用一种可追溯到塔西佗的松散的制度，用以确定日耳曼人、罗马人和凯尔特人及其名称各异的无数分支。此外，还有《圣经》中关于闪米特人、含米特人和雅弗人的种族划分，他们又与视觉上的划分相重叠：红种人、黄种人、黑种人和白种人。

578

　　戈比诺伯爵松散地使用了后一种办法，在 19 世纪 50 年代发表了两卷题为"种族不平等"的著作。它谈得更多是文化而不是种族，给西方高度文明的命运先敲响了警钟，说它会由于掺杂入黄种人和黑种人的民俗而灭亡。该书在很长一段时间里读者寥寥，直到后来书名同各群体、民族之间高涨的敌对情绪不谋而合，使种族一词变得广为人知。戈比诺在著作中大谈种族，但是在行为上却从来不像种族主义者，似乎在个人的层面上他的结论就不适用了，他是一个光有理论没有实践的典型例子。

　　所有这些片鳞半爪的思想和意见被不同的学者以不同的方式与种族的概念联系起来，并通过头颅人类学家的研究获得科学的色彩。他们测量颅骨的长度和宽度，用宽度除以长度，然后再乘以100，由此得出颅骨系数。上述的三个希腊前缀词的意思是"长、宽、中"，就凭一个人的颅骨大小属于哪一个指数范围来对他进行分类。各种范围之间的区别当然是任意规定的，一些热忱过度的人把人群进一步细分，于是比别的研究者发现了更多的种族。

从事这种衡量和猜测工作的主要科学家是巴黎的保罗·白洛嘉。作为一位著名外科医生和解剖学权威，他对生理学的贡献（除了在新近出版的一本书中回顾的其他贡献之外）是在大脑里找到了负责语言功能的地方：白洛嘉脑回。他居然在颅骨外面花这么多的时间进行（所谓的）研究，证明了流行想法的影响力之大。他承认，颅骨系数不是一种自然特征，因此，从中推断来的各个种族也很可能是虚构的。

下一步是寻找每一种颅骨类型集中在哪些人群中。没想到，铁路的修筑意外地帮助了这项工作。修路占用的土地常包括荒废的墓地，挖掘出来的颅骨被送交最急于利用它们的人，根据它们发现当地原来的居民全部或多数或极少数属于长颅种族或宽颅种族。最后一步是查清这些颅骨的主人生前的特征，从而将系数同其他特征联系起来。（由于头发和肌肉组织的缘故，测量生者的头颅难以得到确切的结果。）要了解这些特征，就得参照历史和地理。看来长头颅的人聚居在北部地区，金发碧眼，身材高大；南部的人头颅宽圆，棕眼棕发，身材较小。白洛嘉使用的术语和数字很快便成为一项名为人类社会学的新"科学"的支柱，其中金发碧眼就意味着北欧日耳曼人，北欧日耳曼人就意味着雅利安人，雅利安人就意味着优等民族。

579　　　鲁道夫·维尔朝是著名的内科医生、公众人物和人类学家，他注意到了其他人显然没有看到的东西，即日耳曼人并不都是身材高大、金发碧眼。他对德意志的学童进行了大规模调查，发现其中三分之一以上的人身材矮小，眼睛和头发呈棕色。这个发现本应戳穿基于解剖学之上的民族沙文主义，但是实际上未能做到这一点。相反，幻想继续存在下去：优等的长头颅里寓有自强自立、积极进取的大脑，此人很可能成为殖民地的建立者和帝国的缔造人。他的日耳曼祖先是货真价实的贵族，这一点只需读一读塔西佗的著作便可知晓（＜9）。相比之下，宽头颅表明是一个只配做臣民的种族，长期生存在一个强大国家（罗马帝国）的严密管辖之下，使他们的性格受到永久性影响。宽头颅的人很可能是无产阶级和社会主义者。

在这 60 年的时间里争辩种族问题的人并不都相信这种一本正经的编造，但是，似懂非懂、半瓶子醋的西方人都相信种族决定性格这一基本思想，并提出一些自

> 大群的人会因为头颅系数多一丝、少一毫而互相歼灭。
>
> ——艾尔弗雷德·富耶（1893 年）

己杜撰的主张。一些凯尔特派的人大肆颂扬凯尔特民族的想象力；英国许多人兴起对撒克逊人的追捧；南欧建立了“拉丁”团体来抵御条顿人的野蛮行径；在中欧，泛日耳曼主义和泛斯拉夫主义（多属宗教性质）相互作对，并与所有其他人为敌。人们遍翻历史和文学以寻找证据证实昔日的辉煌和“种族的纯正”。对这种现象提出批评的人也有一些，如艾尔弗雷德·富耶。批评者重申人类的统一和思想的独立性，可他们为数寥寥。直到 19 世纪末，最著名的文人学者在解释艺术、性格和命运时，都会顺便提及种族或引申至种族。[请参阅雅克·巴尔赞（Jacque Barzun）的《种族：对迷信的研究》（*Race: A Study in Superstition*）。]

※

种族常意味着民族，关于这个问题的争执表现了各种各样的侵略性感情，无论是如愿以偿的，还是受挫受阻的。工业的力量和新帝国主义对中国和非洲的入侵引起了自豪感。欧洲联合不同的盟友，与不同的对手打了八场战争之后，打败了俄国和土耳其，使意大利和德国终于获得统一。其中第一场战争，克里米亚战争，揭露出英军在国内

他们为何吹嘘和平的好处？
我们已把它们变为诅咒。
像该隐那样贪财求利，
甚至比该隐还更胜一筹？
穷人像猪一样被驱赶和关押……
把白垩、明矾和石膏卖给他们充饥。

　　　　——丁尼生《莫德：一部单人剧》
　　　　　　　　　　　　　（1855 年）

和战场上的无能，想掩盖也掩盖不了。一次轻骑旅冲锋得到了丁尼生赋诗纪念，但那是由于判断错误而发动的，等于是自杀。一个腐败无知的军官团居然受到桂冠诗人的讴歌和赞美，这个矛盾表现了人们对士兵无私勇气的渴望。早些时候，丁尼生曾在载有他最精美的爱情诗的单人剧《莫德》里表达过这种渴望。剧中的主人公是个对社会失望的批评家，自己的至爱被有钱人夺走。丁尼生说，世俗不堪的剥削性"现实"社会需要战火的洗礼。在后来发生的克里米亚战争中，死于疾病和医院中恶劣的卫生条件的士兵比死于枪林弹雨的还要多。这场战争所得无多，只有一大收获，并且是英国以至于全世界的收获：涌现了一位真正的女英雄——

弗洛伦丝·南丁格尔

　　她的故事广为流传，感人至深，这里只需大概提示一下。她年方十几岁就开始向往她选择的职业，经过同家人长期的斗争之后，最终迈出了第一步。地位高的人家不准女儿当护士，这在当时是合情合理的，因为公平地说，从事这项职业的许多人确实终日酪酊，行为放荡。弗洛伦丝凭着坚强的意志终于说服了家人。她在 33 岁那年在德意志经过试用之后，证明了自己的能力。她在伦敦一家小型私人医院里制定了新的护理办法和标准，引起了医学界的注意。聪明的陆军大臣悉尼·赫伯特请她到克里米亚战区帮忙。

　　她的所见所闻难以言状。但是，她靠不多的一点儿钱和身边的几名助手建立了卫生系统，发明了新疗法，每天都到各病房巡诊，即使这意味着每天要站立长达 20 小时。伤员有时多达 5 000 人，他们视她为圣人，认为她是上帝派来拯救他们的天使。

　　她回到国内以后拒绝担任任何公职，不过她利用人们为她捐献的大笔款项继续发挥影响。她的天分显然不仅限于护理工作，她漫长的一生中从事的种种活动表明，她是历史上最伟大的行政管理家之一。管理艺术意味着政治智慧，而这正是她的所长。英国政府甚至连续多年就许多棘手的问题征求她的意见，包括关于她从未到过的印度的问题。她的光辉照人之处在于将一种低微、受人鄙视的生计变成了一个光荣的职业。

英国在克里米亚战争中的盟友是拿破仑三世——是他摧毁了1848年的法兰西第二共和国。他先是凭着自己是"我伯父的侄子"当选为第二共和国的总统，上台后自封为"终身王子总统"，然后又自封为皇帝。（拿破仑一世的儿子本应成为二世，但他由于早夭而从未执掌过权力。）拿破仑三世是经过巷战之后，通过对政敌耍尽强制、监禁、流放等手段一步步登上皇帝宝座的。各种非法手段则通过全国公民投票而加以掩盖。拿破仑三世的这种手腕得到了20世纪各个独裁者的效仿，他们可以说他们的统治是民主的，因为得到了民众公决的批准。

共和党人坚守巴黎的最后日子里，城里有一个性格非凡的英国青年，他因为后来的成就而蜚声海外，也因他以旁观者的身份发表对新恺撒主义的看法而远近驰名。这个25岁的青年是——

沃尔特·白哲特

要了解此人，首先要知道他的名字如何发音。白哲特的英文名Bagehot应念成Badjet——白哲特。其次，他的独特天才来自他洞察问题两面性的能力。在任何个人冲突和思想交锋中，他总是能够看到任何一方都并非执迷不悟或者愚昧不堪，他们好战都是有其原因的；他深究的不仅仅是这些原因，而且还包括它们连带的感情。这是一种罕见的奇才，尤其是如果具有此种洞察力的人并未因此而犹豫不决，瞻前顾后。白哲特总是能够最清楚明白地阐述他所作的选择的理由。

1851年，他作为英国一家期刊的特派记者常驻巴黎。他告知期刊的读者，在共和国末日的混乱之后，出现强大的行政领袖是不可避免

581

的事，因为贸易已经停顿，生活和财产得不到保障，巴黎和其他大城市已经难以维持。不过，虽然白哲特指出了朝向独裁发展的种种理由，但是他帮助最后仍在顽强战斗的共和国分子修筑工事，那才是他个人好恶的表示。10 年以后，（帝国崩溃之前）白哲特在回顾法国事件的演变发展时得出结论说，恺撒主义是短期的救急办法，如延长下去则会酿成大祸。事实表明，法兰西第二帝国期间，制造业和贸易开始抬头，社会福利也初具规模。但是，政权基础不稳，因而需要采取冒险的外交政策，这种好大喜功最终导致了政权的垮台。宫廷和城里的新贵优雅不足，浮华有余，智力偏低。当时的那种气氛被奥芬巴赫精彩的滑稽话剧（用相当低级的欢乐情绪对古典作品进行模仿嘲弄）刻画得惟妙惟肖。

由于白哲特仅 51 岁即英年早逝，更由于他的作品种类繁多，致使他没有得到应得的声誉。在他专长的每一个领域，他都受到高度重视。但是，他的多才多艺似乎造成了他影响力的分散，而没有使之加强。他是报道政治问题的记者，后来接替他岳父任《经济学人》杂志的主编，这本杂志就是他岳父创刊的。连续 17 年，白哲特每周都对一周内的政治和经济大事发表评论。这种密切跟踪研究产生了两部经典著作，一本是介绍英国金融体制的《朗巴德大街》，另一本是（必读之作）582 《英国宪法》，在较小的范围内介绍了独一无二的英国议会之所以能成功运作的社会和心理原因。

光是这两本书就足以使白哲特跻身于 19 世纪具有独到见解的思想家的行列。但是，他洋洋大观的 12 卷著作中的每一卷都是这方面的进一步明证：介绍英国历史上和当代政治家的文章表明他是个最优秀的政治历史学家；关于贸易和金融领域中具体事例的文集显示出他作为经济学家的才华；十几篇评论文学人物和题目的文章表现出他是位出色的文学批评家；他对哲学和宗教问题的反思使读者对他的时代得到从其他地方无法得到的了解。维多利亚时期的史学大师 G. M. 扬认为，白哲特是"他那一代人中最大的智者"。

　　白哲特生动活泼地表达思想的能力体现在他所写的每一页。美国一家商学院有个学生曾在学院图书馆里发现一本名为"沃尔特·白哲特情书"的小书，里面的内容也具有双重意思。作者在给未婚妻写的活泼轻快的信函中，字里行间又掺杂着肯定会使未婚妻父亲感兴趣的对某些公司现状和股票交易所的评论。毫无疑问，两位收信人一定都从信中得到了极大乐趣。白哲特的散文一泻千里，包罗万象，有点儿像萧伯纳的风格；同时它还讲出了对手或者读者心中必然的想法，一语中的，针对性很强。他的文章既幽默，又带点儿悲伤的意味，因为虽然白哲特是商业和政治方面的行家，但是他觉得他的心灵从未得到满足。他说："不幸的是，人与神的交往确实存在。"这句话的意思是，总是在追求大机会的人忽视这一方面太可惜了；就他本人来说，现实主义是不够的。白哲特对问题两面兼顾的才能在威廉·詹姆斯称之为"小金书"的短篇著作《物理学与政治》中表现得淋漓尽致。该书将达尔文理论应用于政治，但是白哲特绝非社会达尔文主义者（＜571）。

　　首先，他的确展示了文明发展初级阶段中的"自然选择"——组织有方、合作较好的团体征服不团结的团体。不过，到以后，就有越来越多的其他品质、行动和思想成为有利于生存的因素，因为它们形成了一种更高的凝聚力，这些因素

> 无论是合情合理还是无意义的荒谬，假使要我一直坚持一方的话，我都会感到厌倦，我喜欢随心所欲地在两者之间自由地来回移动。
>
> ——白哲特对未婚妻语
> （1858 年 2 月 1 日）

包括自由、不受限制的讨论、成文法以及冷静思考、容忍和慷慨大度的习惯。这些美德乃民族国家力量之所在，是较不发达的民族所难以抵御的。在这种斗争中，征服至少有可能起到扩展文明的作用。

　　但是，19 世纪的新帝国主义既不完全为推广文明，也不完全为满足私利。推广文明是它附带产生的结果。传教士带来的不仅仅是狄更斯所嘲讽的"道德的手帕"，他们虽然扰乱殖民地人民的心灵，但也常常为他们诊治身体的疾病。殖民官员引进了货物、交通工具和控制

583

大自然的手段；他们维持了和平，废除了不人道的习俗。不过，殖民过程中若是使用了武力，那么恢复到以前的状况就至为困难，比恢复自由更甚，而且武力一旦实行，即难以驾驭。同时，19世纪欧洲的第二次扩张将成千上万的欧洲人送往其他大陆，从而导致比以往规模更大的持续不断的文化混合。语言、习惯、饮食、艺术、对人和生活的观念等，所有这些全都发生了改变。在欧洲本身，更多的人因此动身去国外旅游。如此大规模的行动促使托马斯·库克发明了有导游的旅游业，他因此史上有名，同时也由此而诞生了旅游者这种野性的动物。最后，广大的世界召唤着一个特别的群体，它的成员或靠自己或通过婚姻的关系投身于世界，她们在公众场合的出现将一种古怪行为变成了一种职业。

女性旅行家

她们主要是英国人，包括探险家和旅行作家，人数众多，难以一一记叙，只能在此举几个例子，再建议读一本她们的书以对那时的情况稍有了解。光荣榜上令人感兴趣的人物最早可追溯到19世纪初，包括阿特金森夫人、格特鲁德·贝尔、弗洛伦丝·狄克西夫人、伊斯特莱克夫人、阿梅莉亚·爱德华兹、茵普尔西亚·古兴登夫人、哈丽特·马蒂诺、范尼·帕克、艾达·法伊弗、珍妮特·罗斯、伊莎贝尔·萨弗利、希尔夫人和R. H. 泰克夫人。[可参阅简·鲁宾逊（Jane Robinson）编辑的《淑女不宜：诗文集》（*Unsuitable for Ladies: An Anthology*）；对航海感兴趣的读者还可阅琳达·格兰特（Linda Grant）的《海上女杰》（*Seafaring Women*）。]

※

在北美洲，帝国主义的动力推动美国征服了西部和南部的广袤疆土。美国同墨西哥就加利福尼亚以及从它到格兰德河河界之间的领土发生争端，一场短暂的战争后，美国打败了墨西哥，把这些领土全部占为己有。接着，美国吞并了得克萨斯这个刚从墨西哥分离出来的大州。由于获得了这些领土，实行奴隶制的州和禁止奴隶制的州之间的力量平衡被打破。经过两度妥协并随着强大的废奴运动的兴起，美国于1861年爆发了内战，将国家一分为二，成为自由的北方和实行奴隶制的南方。

这场战争吸引了若干欧洲观察家，部分原因是，这是第一场充分利用现代工业来制造武器和军备的战争，同时也因为这场战争首次使用铁路来运送军备和人员。10年前，有人曾在德意志试图将部队集结在一处，然后再用火车把他们运至另一处。但是，由于在集合川流不息的人员和进行复杂调度方面缺乏经验，这次尝试遭到灾难性的失败。另一个新鲜事（至少在美国）是把气球用于战术用途。前25年间，军方否决了这方面的两个计划。不过内战伊始，麦克莱伦的军队就增加了第一陆军气球军团。

和平与重建结束了西方社会的奴隶制（< 547）。但在美国，解放黑奴的宪法修正案只执行了很短一段时间；南方各州设法重新剥夺了原来奴隶的民权和政治权利，以及平等教育权和其他利益，还有社会上的尊重（592 >）。这种严重违法现象为内战结束几乎整整100年之后开始的动乱年代埋下了伏笔。

与其他战争一样，这场内战使人们发挥了各种各样的聪明才智，尤其使林肯的天才得到了充分的表现。虽然他在斗争中经常遭到谩骂，但他很快就成为历史上的伟大领袖之一。只是最近人们才注意到他还具有作家的天才。过去人们认为，他所肩负的重任开阔了他的心胸，使他在突如其来的灵感的激发下写出了两三篇现在脍炙人口的文章。一旦稍窥真相，就可清楚地看到，

> 既然一个民主国家里的所有公民几乎都是同等一般的，因此诗人不能只写其中任何一人；他要写的是全体人民。这就使诗人得以用同一个形象来包括，代表整个人民。
>
> ——托克维尔《论美国的民主》
> （1840 年）

584

他自成年起，写出的文章就言简意赅，讲究韵律，说理有力，为他人所无法比拟。

　　惠特曼也是内战中的英雄，他的作品《草叶集》的力量是通过相反的办法表现的。他将风景和社会场面的细节，以及他认为美国的男男女女所共有的特征和习惯似乎是胡乱地堆积起来，以此来表达他对美国的观感。他选择这一主题可能受到了乔治·桑的一部小说中一个作为"人民诗人"的人物的影响（死亡是他的第二主题），而他恰当的写作方法则是托克维尔曾经预言过的。在就公共题目写作的其他美国诗人当中，詹姆斯·罗素·洛厄尔在此值得一提，因为虽然他创作出经典著作，但是人们却极少想到他。他的第一部系列诗题为"比格娄文件"，写的是墨西哥战争；第二部系列诗以美国各州之间的战争为主题；两部系列都用新英格兰的乡村语言写成，对当时的舆论进行了绝妙的嘲讽。第三首题为"批评家的寓言"的诗是用标准英文写的，它全面介绍了当时的文坛，指点江山，月旦人物。另一个内战时期的产物，一篇题为"对'上尉'的搜寻"（586 ＞）的文章，使读者有机会见识它的作者，一个从好几个意义上说都重要非凡的人物——

奥列弗·温德尔·霍姆斯

　　这里指的是那位思想家、科学家、诗人和幽默家，不是他就任最高法院大法官的儿子。父亲早年就由于一项医学发现而一举成名，这使他自问，"是否还会有这么好的机会对社会有用"。他的发现确实带来巨大好处：他证明了产褥热这种致使很多妇女产后死亡的疾病是具有传染性的，是由于助产医生忽略卫生措施，造成了病菌在产妇之间的流传。霍姆斯不得不与整个医疗制度展开斗争，对从医生到护士到医院管理人员的各色人等反复宣讲，以使他们承认这个事实。稍后，塞麦尔维斯在维也纳在同样的问题上也遇到同样的抵制。卫生学自此初露曙光，它是以弗洛伦丝·南丁格尔为化身的女神，与医学界的旧传统展开斗争，为被旧传统视为不可忍受的"新渣滓"所大力倡导。

霍姆斯除教授哈佛大学一代又一代的医科学生，同时从事散文和诗歌的写作之外，还做出了其他贡献。他以其应景赋诗的出色本领写出了大量介乎于严肃与轻松之间的精美诗句。他关于作家渴望写作的十四行诗《不可抵抗的写作欲》就是一例。评论家对他的《绝妙的单马车》推崇备至，似乎其中显示出的娴熟技巧在他的作品中是绝无仅有的。其实，他的很多其他诗作都体现了同样的技巧。这些诗作是夹有同情的讽刺诗，但是笔触依然不失其尖锐辛辣。同样，《鹦鹉螺》和《最后一片树叶》绝非霍姆斯仅有的严肃而又动人的诗作。

在散文方面，《早餐桌上的霸王》以一种艺术到极致而归于平实的方式戏剧化地描绘了生活和观点，几乎可与托马斯·洛夫·皮科克（＜132）的小说平起平坐。《霸王》续集的质量不太均整，但即使其中的最后一部《喝茶时》也有许多独到之见。敏锐的读者会发现，由于医学训练而思想开放的他总是大胆地冲破体面规矩的束缚。在道德、宗教、权威、早恋等问题上，他坚持说——如果所涉问题十分微妙就暗示——"实情比你知道的或者愿意承认的要多。"《霸王》中有一个心灵受到创伤，一直躲在楼上一个房间的神秘人物，这个人物的安排似乎是为了表示楼下饭桌旁那些人表面心平气和的假象底下的紧张关系。如果确实如此，那么，霍姆斯在各个章节中时时插入的无聊的感伤诗句大概就是他对传统感情的让步。尽管这些诗句的意思枯燥乏味，但其文字方面的精湛毫不逊色于他的其他讽刺性诗作。

《对"上尉"的搜寻》是一部关于霍姆斯本人的冒险故事。他那 ₅₈₆ 后来成为法官的儿子据报在战场上受伤后失踪，可能生命垂危，于是父亲出发去搜寻儿子。他对医学另一个领域的关心激发了他的三部小说。第一本是1861年问世的《埃尔西·文纳》。与另两部书一样，这本小说的意义不在文学方面，而在于它是第一部描写非正常心理的小说。小说里的埃尔西是个精神分裂症患者。今天的精神病医生可以在这些小说中发现对本学科和弗洛伊德其人的许多预见。假如当初霍姆斯的家乡波士顿有一个像约翰逊博士的传记作家鲍斯威尔那样的人物，能记录下霍姆斯茶余饭后的谈话的话，那么，霍姆斯的言谈就能像约翰逊博士的话语一样流传下来，而约翰逊就是凭鲍斯威尔为他作的传记而闻名遐迩的。观察敏锐的老亨利·詹姆斯指出，霍姆斯在表现出"智慧超群"的同时，还是一位"谦逊有加"的君子。

奥列弗·温德尔·霍姆斯的儿子完全取了父亲的姓名，也完全占去了父亲的名声。当然，在霍姆斯父子之间，没有必要扬此抑彼。任法官的小霍姆斯对美国法律产生了巨大的良好影响，在宪法问题上没有辜负国家的重托。但是，他在哲学或者文学艺术方面没有任何非凡的表现，难负盛名。他很早就接受了作为该世纪中期一大特色的浅薄的物质主义，往往对事物持一种玩世不恭的态度，常常因之影响读者从他生动有力的通信中得到的乐趣。很难想象有哪两个人的性情差异比他们父子俩之间还要大的。

※

由于一项很快变成专门行业的发明，美国的内战因使用了一种系统记录的方式而再次创造了"第一"。马修·布雷迪扛着他的大匣子走遍各个战场，拍下了 3 500 多张照片。这种发明的实际应用是大约 20 年前开始的。1830 年左右，法国的涅普斯兄弟在经过反复试验和失败之后，终于把乔赛亚·韦奇伍德早先发现的硝酸银在阳光下变黑的现象派上用场。他们找到了一种办法，将曝光后的物质"固定"在纸张、玻璃片或者金属片上面。映象来自一个艺术家长期使用的工具——暗箱。这是一个箱子或房间，壁上有一个很小的孔让光透进来。外面的景物在内墙呈现倒影，供艺术家临摹或作画之用。新发明即由此得名，叫作 camera（照相机），在拉丁文里是"房间"的意思。它后来不断改进，逐渐装上透镜、定时器、闪光灯、测光器，直到最近的数字芯片。照片也获得了长足的发展，第一个同涅普斯合伙的开发者是达盖尔，他发明的铜版肖像照是 19 世纪 40 年代广受欢迎的新鲜玩意儿，至今仍是一些家庭的传家宝。

　　摄影这项奇迹激发专业人员在生活的所有领域都把它广为运用，吸引了业余爱好者在家里和旅途中把自己转瞬即逝的经历捕捉和留存下来。福楼拜和他的朋友马克西姆·迪康长途跋涉去往近东并沿尼罗河顺流而上，迪康这次旅行带回了整整一本摄影集的素材。当时，摄影集是广受欣赏的新鲜事物；今天，这种机器印制，摆在咖啡桌上供人欣赏的摄影集已经可以庆祝 150 周年诞辰了。不过在一个领域中，摄影术开始时引起的反应并不热烈。据信法国画家保罗·德拉罗什曾说："它会扼杀绘画。"一定不止一位艺术家有过同样的言论或想法。最终，除了长期为公众提供复制艺术品的版画之外，受到伤害的主要是肖像画。随着肖像油画的式微，直到 19 世纪中叶一般艺术家都会画的生动各异的面貌逐渐消失了。今天，在大学和公共建筑的墙上还可看到这些画。摄影室越来越倾向于制作出一种平滑而没有棱角、毫无特征的面部表情，用喷枪造成千人一面的效果，既胜过本人，又完全民主。自照相机发明以来，也出过一些优秀、逼真的肖像油画，不过数量少之又少。

　　作为补偿，风景照和长相不雅的人物照则登上了艺术品的宝座。灯光效果和构图，曝光、冲洗和印制技巧至少称得上是高精技艺。选材，尤其是摄影系列的选材，通过"曝光"社会状况而影响了舆论，就像现实主义的延伸——自然主义小说一样（625＞）。具有动态并配有音响的摄影是 19 世纪末的一个文化分支，在此就不必多做解释了。

※

　　正当美国在进行内战以决定它是否能够作为一个完整国家幸存下来的同时，拿破仑三世在国内的威望开始衰落，于是他想出了一个自认为"他在位期间最妙的主张"。墨西哥爆发了一场反僧侣革命，拿破仑遂派遣一支军队前去镇压，安排奥地利王子马克西米连为墨西哥

4月15日。有组织的"汽油兵部队"（全是女战士）十分凶猛，她们只要能靠近公共大楼，就全给浇上大量汽油，然后再点着。她们在街垒前战斗，显示出超人的勇气。在和平路，第一个冲上街垒的就是女战士。

5月12日。终于发出了命令，说19岁到40岁之间的人谁不肯参加战斗就枪毙。在圣奥诺雷路就有60人被处决。

——J.C.斯坦利少校谈巴黎公社
（1871年）

皇帝。这次远征失败而归，马克西米连被行刑队处决。人们可以在马奈的画中看见当时的情形。此前，拿破仑三世曾经做出让步，建立"自由帝国"，企图以此重新赢得法国民众的支持。墨西哥惨败之后，他不得不应对俾斯麦为了把德意志最终变为一个统一的国家而采取的种种举动，包括小规模战争。法国人从来都不能容忍这种愿望，担心由此导致的后果，于是提出交涉，但手法粗鲁笨拙，战争随即于1870年爆发。仓促应战的法国人很快败下阵来，接着巴黎被困长达四个月。

588　在这期间，普鲁士人坐在路易十四的凡尔赛宫里宣布德意志帝国东山再起。同时，在惨败的废墟当中（左拉就此写了一篇动人心弦的小说）诞生了法国的第三共和国。本来已经胜利在望，但巴黎的工匠和散工害怕出现保守政府，于是就拿起武器，占领了城市。他们乱杀滥伤，绑架人质并杀害了其中一部分人，使全国其余地区惊恐万分，由此产生对巴黎的第二次围攻。双方彼此野蛮屠杀，血流成河。

整个欧洲，包括许多自由主义者和社会党人都声讨（巴黎）公社。起义者取"公社"这个名字，是为了显示他们作为城市公民之间的紧密纽带。但是，在伦敦的卡尔·马克思看见政治出击的时机已到，或许还意识到了这个名字的价值。于是，他发表了一份小册子，把这次起义评价为即将来临的阶级斗争的尝试——无产阶级被唤醒了，即将建立共产主义。这完全是宣传，公社成员既不是无产阶级，也不是共产主义者。他们想在法国其他地区建立的"城市共和"与马克思的集中制专政纲领正好相反。不过，马克思正确地估计到，这个事件使拿起武器的工人在全世界威名远扬。可以利用这一生动的形象来鼓动下一场革命。

马克思在恩格斯的不断帮助下，在两个层面上进行努力。在政治层面上，他强调不失时机的行动，上述例子即是证明。在理论层面上，他撰写繁杂的论文，在历史、哲学和经济学方面批判所有过去和当时的权威。在发表关于（巴黎）公社的小册子前不久，他完成了巨著《资本论》的第一部分。《资本论》同孟德斯鸠的《论法的精神》和斯宾格勒的《西方的没落》那些名著一样，是知识分子心目中的必读之书。它的写作风格和组织编排都难度很大，19世纪60年代俄国的书刊审查官决定让此书进入国内，因为能读完这本书的人实在是屈指可数。当马克思主义成为研究的题目和大学的一门课程之后，更多的学者掌握、了解了《资本论》的内容，比社会主义政治家和激进分子了解得要透彻得多。

《资本论》自称用科学的方法解释对工人的剥削。工人的劳动使他制造的物品增加了价值，而这种增加的价值部分超过了他的工资价值。［西斯蒙第曾经说过同样的话（＜457）。］这种"剩余价值"被资本家占有了。关于历史，马克思的命题（用他本人的话来说）是"将黑格尔整个颠倒了过来"。创造历史的不是不同思想（主题与反主题）斗争后所产生的合成，而是纯粹物质力量之间的冲突："辩证唯物主义"。在这方面，马克思的观点是现实主义者的观点；对现实主义者来说，只有具体的东西是真实存在的，其余的东西，如艺术、思想、法律、文化，只构成本身不起作用的上层建筑。历史通过事物的关系变化来向前推进。在现阶段，它会不可避免地带来无产阶级的共产主义。到最后阶段，在无产阶级实行专政之后，就会出现"国家消亡"，那是一种令人欣喜的无政府状态。这种希望或期待是19世纪的奇怪特点：赫伯特·斯宾塞就跟马克思一样满怀信心地做过这种预测。

可是，虽然马克思认为思想不起作用，但他却不断提出新思想，推行新思想。他预见，德国这个无产阶级人数最众多的最先进的工业国家会爆发革命。这种预测是符合逻辑的，因为根据马克思主义理论，一个阶级取代另一个阶级的革命不是出自个人获取经济权力的愿望，而是由于这个阶级与"生产资料"的关系。而且，革命的目的不是摧毁国家，而是为了共产主义的目标而拥有国家。

　　马克思认为这些公式和原则是科学性的。在他之后的列宁也如此认为，他同冲淡这一信条的人做斗争，使马克思的教导增加了新的内容。如前所指，他们两人，还有恩格斯，都收录在美国《科学传记辞典》里，其中记载了马克思所作的一项简单贡献——通过将科学看作社会产品帮助了人们对科学的认识。事实上，在马克思的历史观、经济学和预言失去了说服力之后，他就只剩下了社会学家的地位。萧伯纳公正地将另一个功劳归功于他：他和达尔文一样，收集了50年来对使大多数人陷于贫困的制度进行批判的思想，并引起了全世界的认真注意。马克思一度是黑格尔的门徒，他运用了大量的纯粹理性分析，然而，他的历史观和现实观始终是：事物驱动人类。

横断面：1895 年前后芝加哥所见

普法战争之后的 10 年间，人们在观念和仪表方面发生了相当多的变化。长胡子剃掉了，女性比以往更加坚持自己的权利，社会常规——受到质疑，新技术和社会理论给人带来了长久发展的希望。许多日后名垂千古的年轻艺术家首度在公众面前曝光。为许多事业进行的零星鼓动开始形成实际运动。19 世纪 70 年代和 80 年代充满了各种文化方面的新开端。

但是，商业兴衰轮转，政治粗野无礼的世界喧嚣吵闹，陋习依旧。对旁观者而言，其目标和做法都变得比以往更加粗鄙。在美国，马克·吐温和他的朋友查尔斯·达德利·沃纳联手写了一本小说《镀金时代》，描绘了当时的情景。这是一个关于狡诈、舞弊、政治腐败、诱奸和谋杀的可怕故事，书的副标题是"今天的故事"。不久之后，亨利·亚当斯出于同一意图（匿名）发表了小说《民主》，其中尤其严厉地批评了格兰特政府。这两本小说都描述了一个伦理标准变化无常的参议员，他成了代议制政府道德沦丧的象征。亚当斯和马克·吐温终其一生都是悲观主义者，在他们的作品当中也一再表现出这种情绪。与此同时，西海岸的安布罗斯·比尔斯除了创造出一系列动人的战争故事以外，还写了散文和诗歌，将人和政府机构刻画成伪君子和骗人的东西。他的《魔鬼词典》起初被人们正确地称为《犬儒学派字典》。

刘易斯·芒福德在 20 世纪 30 年代回顾这段时期时，描绘了一幅艺术匮乏、躁动不安的图景。他把这段时期称为"棕色年代"。1873

年的金融恐慌影响了整个资本主义世界。失业、被暴力镇压的罢工、抵制行动（一个新鲜字眼和事物）、因消费下跌而生计被毁的农民、铁路诈骗案、石油和钢铁托拉斯与卡特尔，这一切都激起了公愤。此外，政治暗杀更加深了阴郁的气氛（695 >）。

在美国，大量"吉姆·克罗"式的法案正式剥夺了黑人的民权；1896 年，最高法院在"普利西诉弗格森"一案中裁决"白人和有色人种平等但分开居住"符合宪法中关于公民平等的规定。给有才干的黑人以肯定与地位的趋势才开始，即因此裁决而全面倒退。弗雷德里克·道格拉斯作为雄辩的演说家和《国家时代》的编辑备受重视，他担任了华盛顿特区执法官和驻海地大使的职务。密西西比州选举约翰·罗伊·林奇作为国会议员，1884 年他任共和党全国大会副主席。不过，他们只是黑人中极少的例外。

不管它意味着压制还是改革，这个时代都激励了禁酒运动和对自由恋爱、避孕和堕胎这些被列为罪恶的行为的讨伐。妇女基督教禁酒联盟在各地组成了中心，后来，反对"朗姆酒魔鬼"的呐喊爆发成了游击战。卡里·纳辛是代表人物，她拿着斧头到处砸酒吧，还通过出售"纪念斧头"来筹集活动资金。在英国，议会颁布了条例，缩短作为穷人俱乐部的小酒馆的营业时间。这到底是为了对付酗酒，还是为了防止社会动乱呢？

在美国，安东尼·康斯托克深信自己肩负着阻止色情种种表现的重任。1873 年，28 岁的他建立了不道德行为查禁会，说服国会通过了《康斯托克法》，明令邮寄有助避孕的资料或用具为犯罪。维多利亚·伍德哈尔是他的劲敌，她公开倡导自由恋爱，相信灵魂的回归，大力阐述在一定的情况下堕胎对社会有益。不过，她没能获胜。随后，康斯托克又将支持堕胎的时髦女士雷斯特尔夫人赶走，使纽约不再受她邪恶的污染，最后逼得她自杀。他发布命令：自由女神的小型复制品胸部暴露过多，应加以限制。他保护纽约看戏的观众不受萧伯纳早期话剧的污染，并强迫公共图书馆将萧伯纳的《人与超人》一书锁起来，同样是为了保护读者。他的统治一直持续到第一次世界大战。

一些新的宗教教派是明显的反现代和镇压性的。1870年梵蒂冈理事会的法令也是如此，它规定教皇在信仰和道德问题上永远正确。理事会召开之前六年，教皇庇护九世就开出了一个有关"现代谬误"的长长的单子，规定虔诚的天主教徒必须把这些谬误视为受到上帝亲自谴责的行为。在新冒出来的教派当中，基督教科学派否认物质的现实存在，严禁医药；耶和华见证人派以各种办法将其成员与行将毁灭的当今世界隔离开来；救世军激烈反对酗酒和其他世俗的缺点，但是它至少是抱着一颗温暖的心，用令人振奋的音乐来对这些缺点进行斗争的。

忍受这些保护措施的民众还从另一个方面受到袭扰，它来自一群完全有理由得到公众注意的政治和经济改革家。恐慌、失业、芝加哥发生的无政府主义者爆炸和被判绞刑等暴力行为（与要求8小时工作制有关）、1894年的普尔曼大罢工、美（国）西（班牙）战争中"缅因"号战舰被击沉、民众广泛认为企业家是"强盗资本家"，市政府是贪婪的老板操纵的"机器"，金融家为了一己私利而反对铸造银币，尽管它会有益于平民百姓——所有这些造成了长期的愤怒和动荡不安。富有感染力的演说家威廉·詹宁斯·布莱恩到处巡回演说煽动群众，罗伯特·英格索尔对一切宗教信仰的讨伐使人们的心情更加动荡难平。

我们想看见灿烂的阳光，
我们想闻到鲜花的芬芳；
我们相信这是上帝意志，
我们想工作8个小时。

（合唱：）
8小时工作，
8小时休息，
8小时干我们爱干的事。

——芝加哥和其他地方传唱的
一首歌曲（1885年）

社会冲突和民众的激愤促使一位有头脑的记者写了一本书，间接对社会现状表示谴责。爱德华·贝拉米于1887年发表的《回顾》描绘了2000年时社会的情形。地点是波士顿。由于实行了国家社会主义（尽管没有使用这个名字），那里以及全国其他地方呈现出一片繁荣兴旺的升平景象。人们不知道金钱为何物，人人都可凭信用卡到国家商店选取琳琅满目的货物。每个人可得的份额有一定限制，但已经相当充裕，除了穷奢极侈的人以外；这是因为由于杜绝了竞争引起的浪费，使得物品丰盈。

于是，穷人没有焦虑，也没有对富人的敌意；贫富差别已经消除。但是人人每天都要工作4小时，直至45岁为止。剩下的是闲暇时间，有很多高尚的休闲活动。这个乌托邦故事甫一出版，立即大为畅销，其中的乌托邦式假设如以往一样，被人们全盘接受，认为引起社会纠纷的唯一原因是简单的物质需求得不到满足，认为可通过简单的计划来满足这些需求。

实际改革家没有统一的纲领，其中最接近基层的是雅各布·考克西提出的纲领。他是俄亥俄州一位具有同情心的商人，希望政府通过发行货币和开展公共工程来减少失业。他策划了一次向华盛顿市的和平进军，等于一份"由活人组成的请愿书"，但是考克西的"大军"抵达首都时只有500人。考克西在发表演讲时遭到阻止并被逮捕。此后又有1 200人从各州抵达。尽管这次运动没有成功，但它的要求得以广泛传播。到了20世纪，游行已经成为在美国和欧洲经常使用的行之有效的抗议工具。在我们当今更为注重对群众的要求做出反应的时代，500人或者1 200人有时就足以改变政策，至少是地方政策。

19世纪70年代，巨额财富与贫困并存的情况使自学成才的旧金山印刷商兼记者亨利·乔治深受触动，促使他对此问题专心研究。他在写了两三篇短文之后，发表了后来成为经典著作的《进步与贫穷》，指出任何地方只要出现商业活动（进步），地价就会自动上升，但对那些一无所有，只剩劳力的人来说，这只能意味着贫困。财富来自租金，因为它不是通过劳动赚取来的，所以应对其课税以用于公益事业，这样一来也就不必设立其他捐税了。乔治不知道他的分析和结论首先由18世纪的重农论者提出过，后来又被詹姆斯、约翰·斯图亚特·穆勒和卡尔·马克思以各种不同的方式加以阐述；他的大多数读者也不知道这一点。单一地价税运动不断壮大，使他成为公共知名人物。他在美国、英国和爱尔兰四处演讲，还两度极力竞选纽约市市长职务，不过都未能如愿。他在第一次竞选中与西奥多·罗斯福共同提出改革纲领。他还在国外造成了持久的影响。萧伯纳和他的费边社朋友认为，他与马克思不分轩轾，从实际意义上来说甚至可能还胜于马克思。《进步与贫穷》还指导了奥匈帝国的土地改革。时至今日，纽约还存在着一个亨利·乔治学社，该组织不时召开会议，主办讨论会并出版刊物。

索尔斯坦·凡勃伦是另一类经济学家。由于他执拗倔强，难以相处，他常常不得不在芝加哥大学和其他大学间不断搬迁，躲在其中一个地方剖析商业和工业

> 亨利·乔治说过，人类有足够的智慧来建造布鲁克林大桥，却愚蠢地把大量钢丝废品用于筑桥，这岂非咄咄怪事。
>
> ——阿尔伯特·杰伊·诺克（1933 年）

问题。不过，他在十几篇著作中阐述的思想是直率而严谨的，其中第一部是《有闲阶级论》，该书使他在世纪之交的时候一举成名，尽管书中采用的文体是对学术文章的嘲讽性的模仿，用词生僻，句型复杂。书中的"理论"指的是该阶级的生活方式和他们对手中财产的使用方式。富人凭价格来判断生活中的一切东西，喜欢铺张浪费，因此从经济角度来看应受谴责。凡勃伦创造的"炫耀性消费"一语已成为我们语言的一部分，意指购买昂贵物品来向邻人炫耀的习惯。后来，为此目的而购置的汽车、游艇、家具和家用电器逐渐被称为"地位象征"。早些时候，在王侯的府邸里，要想炫耀摆阔，只能满足于金银珠宝、绫罗绸缎、大型宴会和美丽的花园。由于工业化使昂贵物品产量大增，炫耀性的铺张浪费才得以大行其道。

不过，应当补充的是，到了 19 世纪末，有闲阶级已经销声匿迹了。当今世界里，无论穷人还是富人都没有闲暇，或者不知道该怎么处置闲暇时间，也许无家可归者除外。英国的周末大概始于 1880 年，但是现在人人都总是忙个不停，连节假日也不例外，这也是物质过多的一个副作用。凡勃伦在他的其他著作中也就社会团体的行为进行研

究，从而建立了经济学的一个新的分支——"制度经济学派"，对占主导地位的古典学派提出了挑战，使他稳稳当当地进入了经济学创始人的行列。

在这 20 年里，改革者形形色色，西奥多·罗斯福将他们称之为"耙粪者"，原意取于《天路历程》一书中一个只顾盯着脚下的泥巴而看不见自己头上皇冠的人 [1]。他们一直吸引着公众的注意力，其中两位女性影响尤为显著。一个是海伦·亨特·杰克逊，她是诗人埃米莉·狄金森的同窗，人们通常叫她英文名字的缩写"H. H."。她对印第安人所遭受的残酷虐待深感不平，在写小说成名之后，写下《百年耻辱》一书，控诉这项国家政策。此举使她被任命为负责调查若干部落遭遇的专员，其后她利用调查得来的资料又写了一部小说《拉蒙纳》，再次大受欢迎。尽管印第安人的苦难并没有因此结束，但是问题被揭露了出来，再也不会被掩盖得无人知晓了。

艾达·M. 塔贝尔留在人们心中的记忆可能比海伦·杰克逊更深，因为在 20 世纪 30 年代马克思主义盛行时期，她的大名和另一位"耙粪者"林肯·斯蒂芬斯由于曾强烈批评资本主义而被再次提起。他们都是《麦克卢尔》杂志的撰稿人。这份杂志由爱尔兰移民 S. S. 麦克卢尔一手创办，其目的是为了讨伐大企业和一些他认为是反对个人权利的人（阿瑟·科南·道尔曾是该杂志的投资人之一）。艾达·塔贝尔年轻时希望从事生物专业，在看到男性垄断使这一愿望难以实现后，遂到法国（巴黎）索邦大学和国家图书馆深造，成为研究文学和历史的学者。她返回美国后，在麦克卢尔的建议下撰写了拿破仑和林肯的传记，接着又调查约翰·D. 洛克菲勒从小小职员变成企业大亨的飞黄腾达史。经过长达五年的调查研究，她终于发表了《标准石油公司史》，对当时的商业手法做了最详尽的描述。

这一揭露和麦克卢尔大军其他成员的揭发逐渐说服了立法者开

---

[1]　耙粪者，后来引申为"专挖丑闻的人"。——译者注

始对金融业务实行监管，确保根据 1890 年的《谢尔曼法》对托拉斯进行起诉。罗斯福总统本人也承认限制财产权的必要性。但是，另一方也声称代表个人主义。安德鲁·卡内基主张，通过竞争可以聚集财富，这种财富如果使用得当，可以给公众带来很大利益，比将财富在人民中间平分好得多。他建立了图书馆，成立了改进教育与促进世界和平的机构。洛克菲勒从早期受雇开始，就一直定期把自己 15% 左右的收入用于公共事业，他和其他人捐出巨款兴办大学，而这是一般工薪族力不能及的。可是，改革派并没有因此而息怒。艾达·塔贝尔最后拥护当时较温和的福利国家理论，这也是顺理成章的事。这一理论代表着大转变的开端（688 >）。她没有支持普及选举权运动，因为她认为如果不能得到民众感情上的支持，投票和立法产生不了多大作用；在法律上已获得"自由"的黑人的遭遇就是证明。

　　即使对那个生机勃勃的时代的政治思想做最粗略的勾画，也必须提一笔杜利先生，否则就是不完整的。19 世纪 90 年代中期，他开始在《芝加哥邮报》的专栏里用爱尔兰土话发表言论，教诲读者。杜利

当我想到他（安德鲁·卡内基）代表着百万富翁这个特殊的阶级时，我尽管对他个人极为尊重，而且绝无因他的不幸境遇责怪他的意思，但却不得不说，他是一种反基督的现象，一种社会怪物，一大政治危险。

——休·普莱斯·休斯牧师（1890 年）

先生是芝加哥的一个酒吧侍者，他同朋友亨尼斯还有阿奇路上的其他角色经常谈论各种世界大事和街头巷尾的琐事。这些逼真的对话是芬利·彼得·邓恩的杰作。他对政治事务理解深刻，嘲笑讽刺妙笔生花，是他与其他一些英美作家使得 19 世纪 90 年代成为智慧风趣的时代。能用"桃子里有一股焊锡味"这轻轻一句话道出罐头食品诞生的人是不折不扣的文学天才。他的七卷杜利先生茶余饭后的闲谈证明了他的天才，勾画出一幅当时社会的全景图。从罗斯福在西班牙战争中率兵冲上圣胡安山到（历经 1700 年之后刚刚恢复的）奥林匹克运动会上表现出来的民族主义，从《读书》到《最高法院》，杜利先生这个酒吧

侍者几乎无所不谈，他的评论生动活泼，寓意深长，可适用于任何时候发生的类似事件。［首先必读的选集是 1898 年出版的《战争与和平时期的杜利先生》（*Mr. Dooley in Peace and in War*）。］今天，邓恩的著作没人研究，因此也就没有像马克·吐温和安布罗斯·比尔斯的作品那样得到再版以飨读者，这是美国学术界的耻辱。杜利先生同朋友的谈话中所用的方言并不比《哈克贝里·费恩历险记》里所用的几种乡下土话难懂多少。

597

> 我们这个时代的问题是如何适当地使用财富的问题，是如何使富人和穷人兄弟般地团结在一起的问题。有一种使用大笔财富的模式是解决财富暂时分配不公的真正良方。在其作用之下，少数人的剩余财富会以最积极的意义变成多数人的财产，因为这笔财富是用于公共利益的。
>
> ——安德鲁·卡内基《财富的福音》
> （1900 年）

芬利·彼得·邓恩只是遭到忽略的美国大批伟大人物中的一个，这种忽略要怪美国思想界，也就是学术界和评论界（790；798 ＞）。第二个是乔治·珀金斯·马什，他在 19 世纪 90 年代向美国农业部长呈交了一份关于西部土地灌溉的报告。之所以请他来研究这个问题，是因为他刚刚重新发表了他的著作《人与自然》，题目改为更吸引人的"人类活动改变了的自然地理学"。马什是第一位生态学家。他在长达 30 年的时间里，一直对自然进行观察思考，并宣传要爱护地球以及让它休养生息的方法。在自然爱好者罗斯福总统执政期间，开始了自然保护运动，而功劳则全归了吉福德·平肖。今天，在纪念地球日的时候，从来不提乔治·珀金斯·马什的名字。

作为生态学的第一人足以使他名垂千古，不过他还有更多的兴趣与才华。他是派驻意大利的第一位外交使节，在美国内战期间和以后的 20 年里一直在那里发挥着卓越的外交技巧。此前，他曾经派驻土耳其，因为他通晓多国语言。实际上，外语是他一生中的第二大爱好。他的学问精深广博。他写过一本介绍古冰岛语语法的书，他的《英语语言演讲集》充满了新发现和独到之见，简直就是一部文化史。他的渊博使他成为默里编写《牛津英语大辞典》的最早合作者之一，这本辞典详尽记载了每一个能够找到的英语词汇的历史。

※

根据其定义，工业或技术中所达到的"艺术境地"总是晚于无数发明家的"思想境地"。这些发明家在一刻不停地酝酿发明新东西，其中许多是没有结果的；或者是因为它们得不到理解，像美术领域中的情形一样，或者是因为不太

评论约翰·D.洛克菲勒：他就像是防止虐待金钱协会。如果他发现有人滥用金钱，就会把钱拿走，自己来管。

评论1900年的巴黎博览会：我决心深入探究科学的奇迹。你问我从哪儿着手？就在剧场的前排。我的双眼紧盯着阿拉伯苏丹后宫中的一名女子，她正在扭动腰肢大跳肚皮舞。

评论黑人问题：亨尼斯，我把奴隶释放了，不过说实话，我觉得他是才出虎口，又入狼窝。

——除了让他获得自由之外，你也不能再做什么了。

——亨尼斯，是不能做什么了。可是你告诉他们说他们自由了，他们却知道那是骗人的。

——《杜利先生》(1898年)

实用。拉链的故事就是一部不懈努力的史诗。昔日新奇的东西经进一步改进完善之后，被吹嘘为"艺术境地"。在这段时期里，被推出并为人们所接受的各类林林总总的新奇产品包括：电话、留声机和可以自动弹奏的钢琴，(十分粗陋的)灯泡和(同样劣质的)打字机，轻型(所谓安全的)自行车，原始的内燃机车，尚未达到人造丝水平的人造纤维，农药滴滴涕，蒂法尼的染色玻璃，伊斯曼牌匣式照相机，收银机和象牙牌香皂这一人造奇迹。[可参阅的一本书是 R. 约翰·韦(R. John Way)写的《自行车》(*The Bicycle*)。]

不过，并非没有尽善尽美的成就。两大工程学方面的奇迹赢得了国际上的一片赞誉。一个是罗布林设计的采用绕钢丝编成悬吊钢索的纽约市布鲁克林大桥(< 594)，另一个是詹姆斯·伊兹设计的圣路易斯城跨越密西西比河的大桥。第二座大桥优美精致，使人看不出它的坚固。为了展示其坚固牢靠，主办人在开通仪式上将一批火车头沿着两条铁轨缓缓驶至桥中央，这座悬臂结构的大桥在 700 吨的重负之下

598

纹丝不动，巍然屹立。这两项工程使钢材从此以后成为必不可少的材料。此前不久跨越苏格兰泰湾的一座桥发生倒塌，证明了使用铸铁的危险。不过，在此之后的 10 年间，钢材仍是一种稀有产品。

至于日用品，其制作正在进入一个新阶段。纸袋和硬纸箱实行大规模生产。它们是现今众多的一次性产品的开端。之所以能够大规模生产纸袋和硬纸箱，是因为人们发现除了破布以外，稻草、树皮、茅草和木浆等材料可用来制纸，从而使得报纸、杂志和书籍的成本大为降低。纸张大量泛滥所造成的其他思想和社会方面的后果不提也罢。不过想到大约与此同时，李维·斯特劳斯开始制造钉有铜扣的蓝色牛仔裤，倒是令人感到宽慰。至于其他当时起步的产品，对美国人来说，只要稍稍提及那几十年里成立起来，今天仍在生产货物的公司就够了：博登、亨氏、皮尔斯伯里、库尔斯、安休斯-布施、吉列、立顿、雀巢、戴比尔斯、蒙哥马利·沃德、J. 沃尔克·汤姆森和直到最近还无处不有的伍尔沃斯 [1]。另一个同时代产物，"蓝色卧车"，开始行驶于（法国）加来、尼斯和罗马之间，不久后诞生了"东方快车"，使乘客得以享受从巴黎到君士坦丁堡的豪华旅程，中途不需停站。1869 年美国的联邦太平洋铁路完工后，也建立了类似的横跨美洲大陆的快车服务，但是不久后就改为火车到了芝加哥总是要转车，安排上既不合理，又不方便。

这段时期可称为 19 世纪 90 年代繁盛时期之前的新发明萌芽时期。在结束对此时期的介绍之前，我们也许可以很快地浏览一下芝加哥市居民注意到的新闻大事。1871 年 10 月发生的一场为期两天的大火烧毁了三分之一的市区，使 10 万人无家可归。不过，废墟清理之后却成为实现城市现代化的天赐良机。其他的新闻大事有：从国外传来消息说亨利·莫顿·斯坦利在中非找到了利文斯通博士并说出了那句名言（"Dr. Livingston，I assume？" "我猜您是利文斯通博士吧？"）；腰缠万贯

599

---

[1]   伍尔沃斯（Woolworth），大百货商店，已于 20 世纪 90 年代末倒闭。——译者注

的食品经销商谢里曼的挖掘计划曾被认为是发疯，但是他却发现了特洛伊古城的遗址；普利策采取了又一个新闻上的创举，派遣勇敢美丽的内丽·布莱（真名为伊丽莎白·西曼）环游世界，其使命是要打破儒勒·凡尔纳（想象中的）80 天的记录（< 565）。她比他快了 8 天，这反映了 1872 年至 1890 年期间交通工具的进步；拍摄出了一匹马奔跑中四脚离地的照片；卡罗·科洛迪出版了《木偶奇遇记》；罗伯特发表了《议事规则》[1]；奥斯卡·王尔德访问了美国，和各阶层的人都能打成一片；艾尔弗雷德·诺贝尔的炸药和阿尔布特博士的医用体温计被广为使用；妒忌中国苦力的美国白人工人引发了洛杉矶的一场种族骚乱；在纽约，"特威德集团"[2]将几百万元公款中饱私囊的行径被人揭发，集团的头子却反问："那又怎么样？"在西部，杰西·詹姆斯的匪帮将打劫火车变成精彩的表演；人们发现"玛丽·西莱斯特"号漂流在海上毫发未损，船长的餐桌上还摆着早餐，但船上的人却不知所踪。

　　当然，所有这些宝贵的信息都是通过报纸来传播的。各地报纸的发行量一涨再涨。报纸靠为商家刊登广告收入颇丰，可以把售价降到极低，而描述丑闻和无论事大事小都添油加醋，大肆渲染的新闻报道使得报纸之间的竞争也降到最低级的水平。1896 年，普利策的《纽约世界》刊登了名为"黄孩子"的单张卡通画，赫斯特说服漫画家理查德·奥特考特将它扩大为卡通组画，在《纽约日报》连载。据说，就所有权进行的数月激烈争吵产生了"黄色新闻"[3]这个诨号。一两年后这种手法真是派上了用场，当时《纽约世界》和《纽约日报》都声嘶力竭地鼓吹要对古巴"采取行动"，结果把国家和政府推进美西战争的深渊。跟后来的学生相反的是，当时的大学生都吵嚷着要求打仗。威廉·詹姆斯在哈佛大学向一群嗜血的学生高喊："不要人云亦云，跟着嚷嚷！"但无人理睬他。

---

[1]　《议事规则》（Rules of Order），由亨利·罗伯特编撰，在美国广泛使用的会议议事规则。——译者注
[2]　特威德曾任纽约市市议员和国会议员，利用批准纽约市市政工程项目的权力大肆贪污。——译者注
[3]　黄色新闻，指以极度夸张和捏造事实的手法来渲染新闻事件。——译者注

※

　　自"饥饿的40年代"之后，没有一个10年得过任何绰号，直至
19世纪90年代被称为"顽皮的90年代"。接着，它在英国由于《黄
色小矮人》和《黄皮书》而跟黄颜色沾上了边。最后定为"赭色十年"，
因为赭色更能唤起美感（621＞），从而取代了棕色（＜591）。"顽皮"
主张及时行乐，兴高采烈，取代了镀金时代忧郁悲观的情绪。回想起
来，那个时代相当复杂，不是几个形容词所能囊括的。如果要把"90
年代"看成一个文化单位，那么，这个词代表的不是一个10年，而是
从1885年到1905年的两个10年。这种概括方法既能说明问题，又很
方便，因为这些年代里的重大发明是不能用单一的事件、思想或者附
有日期的作品来界定的。当时那种全面大转身需要跨越20年时空的全
部精力和其间多种多样的活动产生的思想。因此，1895年从芝加哥（或
任何其他地方）的一瞥并不能视及各个角落，需要进一步放眼各处，才
能了解全貌（615＞）。

　　作为1893年广接天下客的东道主，芝加哥对自己举办的哥伦比亚
博览会展出的内容引以为豪。展览会中共有来自46个国家的产品，来
访者超过2 500万人之众。就其规模和建筑而言，它有150座建筑物，
比1876年费城举行的纪念美国建国100周年的活动更加辉煌。芝加哥
博览会是为了纪念欧洲发现美洲大陆400周年而举办的；向世人炫耀
的是1492年和如今的巨大差异——金属和机械几乎已经完全取代了木
头和人力。

　　同时，与此前各次博览会不同的是，哥伦比亚博览会既注意物品，
又注意思想，其中设有一个制造业和文科大楼，在里面就宗教、和平、
妇女的要求和青年问题等题目举行了多场专家研讨会。展出的科学和
工艺成果内容极为丰富，组织十分周全，使得亨利·亚当斯连声称赞
科技展览本身就是一堂活生生的教育课。前来参观的人为宽敞的接待
大厅中电灯的光辉所陶醉。照明是博览会许多地方的一大特色，特别

是电力馆。如此明亮的光亮居然不是来自太阳，这一新奇的现象使整个博览会获得"白昼城"的美名。诚然，由于电线绝缘较差引起了几次火警，不过在战胜黑暗的喜悦当中，人们很快就把此事忘却了。

　　在此两年前，白宫装上电灯和电铃时，哈里森总统一家大为惊恐，不敢触摸开关或按钮，担心因此触电。于是只好晚上才给白宫接通电源，一到早上就切断。不过，新比旧好的观念很快传播开来，不仅因为这时的工业产品不再是劣等商品，而是真像广告上说的那么好使，而且还因为（人们以为）革新发明的背后有不断向前发展的科学在推动着。这个时期出现了另一类可以销售的产品——古董。科学领先于工业与其说是事实，还不如说是预言。直到那个时候为止，几乎每一件装置都是发明家和工程师在过去可行装置的基础上继续发展的结果。只是到了 1890 年，德裔化学家艾尔弗雷德·蒙德才向一批企业家解说 601 现在统称的研发（研究与开发）的好处：由产业界雇用纯科学家探索工艺，再由工程师应用于机器和装置。

　　19 世纪 90 年代的发明速度不负众望，接踵而来的世界博览会向千百万民众显示出各种发明成果。1889 年在巴黎举办了一次大型博览会，主办人通过四处寻找，弄到

> 科学发现，工业应用，人类遵从。科学发现，天才发明，工业应用。人类则适应新事物或被其塑造。
>
> ——《哥伦比亚博览会指南》

足够的钢材，为博览会建立了埃菲尔铁塔，向世人证明了高耸入云的 300 米金属结构能够巍然挺立，稳如泰山。不久后，芝加哥建筑师路易斯·沙利文（648 ＞）使用类似的金属结构作为办公大楼的框架，建成了摩天大楼的模型。其结构原理来自中世纪的大教堂：墙壁不起支撑作用，而是最后填补进去的。沙利文立下一条规矩："形式服从于功能。"意思是楼房必须明确显示出支撑着它的结构。他对哥伦比亚展览馆那种必定会被广为模仿的装饰华丽的新古典式风格深表遗憾，感叹地说："它会使建筑业倒退 50 年。"

　　虽然美术没有像机械艺术那样迅速地登上世界舞台，但是时间差

并不长。当巴黎决定不将埃菲尔铁塔同博览会的其他建筑物一道拆除时，数百名艺术家和作家联署了一份抗议书，声称埃菲尔先生丑陋的拙劣之作是巴黎这个美丽城市的一大污点。但是，还是工艺占了上风；1900 年再次在巴黎举行的博览会上，铁塔依然耸立在旁，不久后遂被用作无线电报发射塔。1904 年圣路易斯举行的博览会比芝加哥更胜一筹，它的唯一展品就是各种思想主张。

在博览会一再举行的同时，一种古老做法在不断发展扩大，这时已经成为具有巨大影响力的制度，这就是广告。广告的飞速发展是历史所需，因为时代的巨人源源不断地生产出新产品，其中许多是为一般老百姓生产的，价格相当便宜。此前，广告一直是一种简单的宣传方式，开始只是短短几行文字寻找失物或者宣布小店开张。后来发展为一整段文字，描述产品并夸耀它的好处。90 年代期间，广告业开始崛起。图文并茂的展示，加上重复的口号和过分的吹嘘，如：波斯特公司发明的叫作小吐司的麦片类早餐食品能治阑尾炎，带有电线暗示用电力的装置可以减轻腰部风湿病和关节炎，瓶装药水和"脸色苍白者专服药丸"会带来神奇的效果。自行车、汽车、浴缸、炉子、地毯清扫机、照相机、防火通道、鞋帽、紧身衣和机车头的制造商都向大众宣扬自己产品的好处，常常有欢天喜地的使用者出来作证，广告词都采用黑白线条凸版印刷，极为醒目。宣传的物品则跟模特儿姿态诱人的身段和幸福洋溢的笑脸摆在一起。

《麦克卢尔》和其他杂志越来越厚，每期刊载上百页的广告。街上广告传单充斥。被胸前和背后的大块广告板夹在其间的"三明治人"在主要街道上走来走去，巨型广告招牌沿街林立，住宅楼宇的砖墙外表涂得五颜六色，供商人和大众观看。政治海报和戏剧招贴画现在延伸到了各种产品。［可浏览弗洛伊德·克莱默（Floyd Clymer）的《早期广告艺术剪辑》（*Scrapbook of Early Advertising Art*）。］市场上可供选择的商品不断增加。奇怪的是，还要一再提醒人们购买面包、肥皂或糖果，不然销售额就会下跌。这些早期广告的文字和图案设计相当粗糙，不过其各项原则至今证明是经久不衰的。90年代还产生了第一个广告专业作家这种无名英雄。

广告现已成为一种成功影响公众心理的力量，用来帮助推行任何一种目的、教条、政治或个人野心、保健措施以及私人或公共机构；它自始至今的演变过程是文化史中尚未编写的一个很长的篇章。它不断变化的内容和调子很能说明问题。例如，当象牙牌香皂宣布自己有99.44%的纯度时，它利用的是这样一个事实：公众已经掌握足够的科学知识，知道绝对纯度是无法达到的，所以小数点所暗示的精确度证明了该产品的质地优良。现代人的脑子里塞满了名称、短语和画面，这是广告滔滔不绝的夸夸其谈带来的另一种影响。它和其他文化影响一起，使文学天才分心他顾，也冲淡了绘画的新风格。

一览跨越两个10年的90年代为公众提供的产品和电器，可以清楚地看到，我们现代几乎所有提供便利的物品都是19世纪与20世纪之交的时候出现的。以下是一个经过逐渐收集，仍不能详尽的单子。很明显，其中一些产品尚需改进才能找到市场：

家庭用品：中央暖气、尺寸和形状符合现代标准并备有冷热自来水的浴缸、安全剃刀、加氯处理的清洁饮水、不锈钢器皿、电热烤面包片机、电熨斗、烤箱、缝纫机和洗碗机；

办公用品：电梯、拨号电话、无线电报、打孔式分拣机、手提打字机、咖啡销售机；

医疗：医治梅毒的洒尔佛散、各种抗毒素、医治乳腺癌的放射线疗法、心脏外科手术、开始（对动物）进行器官移植、阑尾切除术、精神病诊所、婴儿恒温箱、隐形眼镜、装在筒里的牙膏；

娱乐：电影、音乐喜剧、留声机、冰上舞蹈、排球和篮球、费里斯转轮[1]、自动点唱机、报纸头条新闻、（巴黎）通过电话传送的卡巴莱歌曲、隔布相吻、脱衣舞；

---

[1] 费里斯转轮，在垂直转动的巨轮上挂有坐椅的游乐设施。——译者注

食品和饮料：早餐谷类食品（麦片）、送上门的瓶装奶、盒装的农产品（如洋李干）、可口可乐、人造黄油、卷筒冰激凌、炒杂碎、水果罐头、以杜松子酒为主的鸡尾酒、电冰箱和真空暖水瓶；

教学：公共图书馆、函授课程、（麦克卢尔发明的）通过报业辛迪加在多家报纸杂志上同时登载的文章、用问卷征求民意的办法、用留声机教授语言、出版商的推荐广告；

购物：商品齐全的百货商店、连锁店、自动扶梯、购物中心（1893 年美国俄亥俄州克利夫兰市建了一座有玻璃屋顶的四层购物中心，里面有 112 家豪华商店）、投币电话、旅行支票；

法律与治安：指纹学、窃听电话、自动手枪、电椅；

交通和其他需要：汽车和飞机、城市地铁、充气轮胎、无线电报、声乐和交响乐录音、彩色摄影、摄影胶卷、人造丝和其他人造纺织品、赛璐珞、口香糖、书夹式火柴、橡胶鞋底、拉链；

具预言性的新事物：绝食抗议、女子足球俱乐部、女股票交易商、制止滥用公共广告协会（SCAPA）。

简言之，在这些年代里，方便取代了舒适。家用电器和盒装产品是对物质完备的生活的一种补充，减轻了生活中的杂务，却没有使生活变得简单轻松。相反，它们往往成了负担。电器需要（用电来）喂养和看护，维修和"升级"。它需要人具备新的技能、严格不变的习惯和高度警惕——万一坏了就无计可施。爱默生曾观察到拥有任何这类东西的缺点："如果我养一头奶牛，它会把我给榨干了。"一种装置满足了一种需要，却可能造成好几种其他需要。新的通信手段减少了隐私，数倍地增加人与人之间的接触，浪费大量时间。19 世纪那些著名作家没有打字机和电话，却创作出了浩瀚惊人的大量作品，而且是在远远少于我们平均寿命的时间里完成的。这一事实从侧面反映出现代装置的耗时费事。一位瑞典学者详细描绘了现代的局面，他解释了"服务经济中的服务减退"，并就机械化增加和自由时间的丧失之间的关系提供了数学模式。［他的书从头到尾简易通俗，技术性不强，书名为

"匆忙的有闲阶级"（*The Harried Leisure Class*），作者是斯特凡·林德（Steffan Linder）。]

此外，家用产品的设计师常常缺乏想象力，或者只考虑外观形象，或只想尽量降低制造成本。由于这种种原因，他们忽略了装置中的令人不适之处。这是在机器群中生活的普遍缺点。于是，只好造出方便用户（user-friendly）这个词来勾引购物者，而购物者往往发现虽然印刷传单上写得信誓旦旦，但实物本身却根本不是那么回事儿。家用产品节省劳力的一大明显好处是，用人阶层获得了解放。

很久以前，约翰·斯图亚特·穆勒就曾经指出：对人的劳动实行机械化改变了人的工作，但是并没有减轻他的辛劳。其实，实行家庭机械化反而使劳动者的肩上又增添了一层负担，它使得简单的清贫不再可能。今天，没有哪个家庭能够不靠便利的设施而维持下去，从电话和其他（所谓的）公用事业设施到汽车、收音机和电视。人们需要这些东西，或是为了保住工作，或是因为来自邻居或自家孩子的压力。它们成了压得人喘不过气的"生活标准"的一部分。对一些家庭来说，这意味着必须打第二份工或者永远背债；对那些不愿意为这些东西拼命的人来说，他们只能过赤贫的生活，而不像早些年代，生活可能还算过得去。

这并不是暗示要像埃瑞洪[1]的居民一样，下令废除所有机器。机械化的一些副作用还是令人钦佩的，例如只需拨一下开关，就能把黑夜变成白昼，大大改善了学习和白领工作的条件，使许多孩童不再害怕恐惧。电力把工厂从浓烟滚滚的地狱变成了清洁明亮的展厅。这是因为机器是人制造出来的，不是闯入地球的外星人；它像艺术一样，是手工和想象力的产物，它的实际形状可以实现与用途相结合的美。这种看法加强了沙利文功能主义的美学（＜ 601；605 ＞）。

604

---

[1]　埃瑞洪（Erewhen），指塞缪尔·勃特勒所著同名小说中的乌托邦，参见后文关于塞缪尔·勃特勒的介绍。——译者注

※

1882 年奥斯卡·王尔德对美国的访问没有起到任何促使这个国家皈依艺术宗教的作用。无论如何，美国人的性情都太过认真，而且正全心全意地朝向另一个方向发展。批评家若不像马克·吐温和安布罗斯·比尔斯那么尖刻辛辣，便一心一意推动改革。如前所见，大企业、刚刚萌芽的殖民主义、政治腐败以及穷人、青年和黑人的困境，这一切都使得具有道德良知的人感到不安。但另一批人——艺术家、思想家、学者——在一个专注于开发疆土和修筑铁路的国家里常常感到格格不入。这些"局外人"一有能力就移居国外，这几乎成了一种传统。19 世纪 60 年代，W. W. 斯托里，一个由律师改行并已定居意大利的雕塑家，在自己身旁聚集了一群来来往往的志同道合的艺术爱好者；斯图亚特·梅里尔在法国度过了大半生，被认为是法国象征派诗人之一（621 >）；学者都认为必须在德国花一段时间治学；亨利·詹姆斯在职业生涯过半时搬到英国永久定居；他的兄弟威廉受的是欧洲教育。留在美国的人当中，多数画家是欧洲画院的学生或门徒，他们将自己所选的风格稍加修改，以适应美国的题材。这些题材通常是美洲大陆辽阔粗野的方面，但是呈现出来的却是动人或神秘的美景，而不是怪石嶙峋、狰狞可怕的景象。科尔、丘奇和阿舍·杜兰德的作品就是这样。

605　有一个画家阿尔伯特·赖德与众不同，从他对题材的处理可以看出他退入了一个为人所不知的世界，里面既没有风景的壮丽雄伟，也没有日常工作的平凡。例如，他的画《跑道》的构思表现出一个撩人的梦境，类似象征主义者的幻想，虽然赖德对这些人及其作品浑然不知。

另一个反潮流者是建筑师理查森。他为了抵制对欧洲历史风格的一味抄袭，有意设计比例合适、沉稳厚重的楼宇，并着力突出窗户使之醒目。他还简化了建筑物的外表，尤其是私人住宅；但是，他喜好的宽敞室内空间在相当一段时间里很不实用，因为当时没有中央取暖设备。在建筑方面，减少装饰的趋向由于摩天大楼的发展而加速，因为摩天大楼巍然耸立，若是在窗框上加上装饰线条，每一层都加飞檐或任何其他装饰，会显得荒唐可笑，而且功能主义的理念本来就禁止这么做。

美国艺术家认为自己的国家在地形和仪态上都仍旧是野性粗犷的，这听起来似乎有点儿矛盾，因为据说1890年西部边疆已经终结了。但是，从1889年起到1906年，搞了几次"俄克拉荷马大开放"，将那里的大片土地加以拍卖。这样一来，虽然疆界关闭了，但那一带的边疆生活仍在继续。在整个大平原（如同沃尔特·普雷斯科特·韦伯的同名经典名著所生动描绘的），农牧业靠铁丝网和科尔特牌左轮手枪来维持。被赶出家园的印第安人尚未被制服，提供保护的警察又常常离得太远，指望不上。耳闻目睹这些事实，会给人一种国家开发尚未完成的感觉。

密西西比河以东的情形则大不一样。对许多人来说，城市的吸引和诱惑是不可抵御的。哈姆林·加兰在《德切尔家库利的玫瑰》中描写了这些诱惑对一个农村姑娘的影响。一项先驱性的统计调查列出了城市生活的种种好处：教育设施更好，生活水平更高，生活更方便，思想交流更活跃，娱乐更多样化，包括音乐和艺术。尤其是在东北部这个定居时间长和离欧洲较近的地区，越来越多的人在扭转当时的趋势，加强着思想和文化方面的努力。在波士顿、纽约和华盛顿，人们兴建或充实了博物馆，在另几个城市也成立了合唱团和乐团。学院改为大学，不仅仅是像20世纪50年代那样肆无忌惮地只是改个名字就算完事，而是实实在在地改变结构，设立了研究生院。哥伦比亚、芝加哥、约翰·霍普金斯和康奈尔这几所大学走在前列，中西部几所新建的州立大学开始致力于满足当地在思想和农业或者工业方面的需求。

使大学为公众服务的观念是约翰·W. 伯杰斯提出的。他17岁时作为联邦军队的一名士兵参加了内战（尽管他的家庭拥有奴隶），经过对战争的思考，他认定，假如这场斗争中双方的政治领导人受过更良好的教育，本可设法避免这场战争。他从阿默斯特学院毕业之后，去

606

德国考察那里的高等教育制度，然后去了巴黎的政治学院。返美之后，他在哥伦比亚学院创建了全国唯一的政治学研究生专业，它成为几年之后改建为大学的哥伦比亚学院的核心。下一个举措是科学界采取的。哈佛的校长，化学家查尔斯·W. 埃利奥特，建立了一所又一所的学院，把哈佛学院变为大学，其中他最为关心的是劳伦斯理学院和医学院。他还规定神学院不能只注重某个教派的教义。他力争建立选修制度，放手让学生自行选择学习课程，最终获得成功。不过他坚持要进行实验室工作，还设立了理学学士这个新学位，促成了拉丁文的消亡。

此外，埃利奥特通过帮助丹尼尔·科伊特·吉尔曼的事业，间接地帮助在耶鲁建立了舍菲尔德科学院，并使约翰·霍普金斯大学蜚声国内外。在这所大学里，吉尔曼在德国榜样的启发下创立了美国的博士学位，建立了第一所专门从事研究的医学院，由奥斯勒和霍尔斯特德等名人来掌管。早些时候，安德鲁·D. 怀特曾梦想能有一所大学接受所有合格的学生，不管他们的经济能力、性别或肤色如何，这样一所大学将成为"科学的庇护所"。在埃兹拉·康奈尔的大力支持和资助下，他经过艰苦斗争终于在纽约上州将一所政府赠地建立的农校和一个完整的大学合并起来，还担任首任校长。他退休之后写了一部被人们广为阅读的著作《基督教世界科学与神学论战史》，介绍自己的哲学。伍德罗·威尔逊经过与教职员工的冲突和斗争，把普林斯顿大学建成了一流的现代学府。

与此同时，芝加哥的威廉·雷耐·哈瑞在洛克菲勒的资助下组建了芝加哥大学。作为一个《圣经》学者，他并不特别钟爱科学，但他却坚持要设招收大学后两年学生的"高等学院"，以便教授研究方法。正是这种把科学研究同"只要收一人，就收所有人"的普及性政策相结合的做法，使 19 世纪 90 年代成为美国现代高等教育的起点。当时，它专注于科学和公共服务，而对高雅艺术的接纳和包容要等到再晚些时候（746 ＞）。

人文学科的伤心故事也从那时开始，到处都出现了"文科处境困窘"的局面。早些时候，文科与科学之间关系良好——那时的理学系通常只有一个物理学和天文学教授，一个化学或"自然历史"教授。这些科学与文科一样自由，因为所有知识生来就是平等的。但是，在19世纪80年代和90年代，专业科学不断壮大的大军侵入了学术界，摇旗呐喊地鼓吹唯有它掌握经过验证的知识。如果认为科学家有意去伤害或扼杀人文学家，那是错误的。人文学家受到的伤害是他们自己造成的。他们为了与科学竞争，为了成为科学，放弃了自己与生俱来的权利。他们通过教授大学生钻牛角尖的治学方法，使课程内容失去了其自然性，淹没了文科研习的优点。

"研究"成了一个具有欺骗性的词，使人文学家穷其精力挖掘关于课题的事实，而不是探究课题本身。尼古拉斯·默里·勃特勒是这个时期的另一个大学创办人（746＞），他曾举过一个很说明问题的例子：当他还是本科生时，选了一门关于希腊戏剧家的课程。而教授在讲解欧里庇德斯悲剧的第一堂课的开场白中却说："这是这位作者最有意思的一部话剧，因为里面包含了希腊语法中几乎所有不规范的用法。"今天，正是这种重点不当的错误做法仍然使大学的文科课程缺乏吸引力和实用价值。教学大纲里也许有大量"文科课程"，但是，如果不用人文主义的方法教授，它们是毫无教育价值的。而且，科学专业的教授不应为校园里文科同行的愚蠢行为负责。19世纪90年代人文学家对科学的恐惧和妒忌是毫无根据的。赫胥黎曾经如实地指出，科学吸引年轻人，能帮助发展他们的心智以追求任何知识，这是因为它注重观察，是有组织的常识——这里没有任何恐吓或者打击文科专业的东西。今天，科学已经变成常识之外的东西，不过这又是另一回事了（750＞）。

※

平民主义这种心态驱动着富裕阶级的成员为了"人民的需要"进行思考，采取行动，但也并未忽略知识问题。安德鲁·卡内基决定在全国各处建立图书馆，其他人则为劳动大众建立各种机构和学校，就像托马斯·库珀1859年初在纽约所作的一样。还有一个美国独有的组织在90年代发展得轰轰烈烈，补充着学术界的工作。这就是以纽约州的肖托夸湖命名的肖托夸运动，圣公会循道宗在那里建立了这项运动的主要中心。其他组织也在全国各地兴起，它们常常派遣大批演说家和表演家为乡村服务。肖托夸运动的集会开始时是进行宗教学习和讨论的露营会议，逐渐发展成音乐戏剧和普及教育的场所。运动的主办机构还提供函授课程，连续35年发表文艺评论；还举行夏季营会，邀请名人前去讲课。威廉·詹姆斯接受了邀请，尽职地向成千上万的人发表讲话。可是，一周下来，他感到被那里的气氛所窒息，因为孜孜好学、无可指摘的人们个个学习起来如饥似渴、虔诚认真。他以他特有的口吻说自己向往"手枪、匕首，或邪恶的眼神"。

608　　　　另一股推动美国文化的力量是埃尔伯特·哈伯德在纽约州东阿罗拉创办的罗伊克罗夫特运动。成员们用自己的双手劳动，还出版了《庸人》期刊。现在的参考书对这份期刊严加批判，因为哈伯德靠它来赚钱，而且杂志质量也不高，尤其是同凯尔姆斯特出版社相比较的话。凯尔姆斯特出版社是诗人兼社会主义改革家威廉·莫里斯在英国成立的，哈伯德自称要以它为榜样。莫里斯的目的是要在劣质工业产品充斥的世界里重新唤起艺术和工艺的生机。到了90年代，这个运动获得了成功：市场提供材料上乘、设计精美的制成品，价格也比手工制品便宜。在美国，哈伯德的宣传至少帮助培养了人们对精品的喜爱，虽然美国人大量购买的可调节靠背的"莫里斯椅"与精品相去甚远。哈伯德还发表了题为"伟人家园之旅"的小册子，共有约150种之多，目的是推动对人类成就的景仰和尊敬。哈伯德和罗伊克罗夫特运动的其他成员只能算是通俗文化的提供者，但是不能因此就对他们的努力挖苦嘲讽。况且，如果他的期刊意在赢利，那今日各处的通俗艺术和思想皆是如此，并不因此受到责难。哈伯德应算是这方面的先驱者。

※

政治和经济改革之后，对个人和个人生活的关心不断增加。如前所述，哥伦比亚博览会主办了关于青少年问题的各种会议。不久之后，在德国、法国和比利时成立了以保护他们为目的的学会。1899 年，在法国布伦的树林里举办的青年节吸引了大批人群。关于青年的专题作品四处涌现：一位作者高喊必须"拯救孩子"，另一个作者将青少年犯罪看成是"城市街道上的青年精神"。瑞典女权主义者埃伦·凯在新世纪来临之际宣布它将是一个"儿童的世纪"。她还以此为题出了一本书，书中第一章的标题是："儿童选择自己父母的权利"。

许多父母和其他与他们关心同样问题的人为改革学校教育而四处奔走。对学校的指责同历来一样：它"僵化""使人迟钝"，而且残酷。必须使孩子们摆脱呆板的老师和死记硬背的教学法，将他们天生好奇爱问的思想重新加以引导，使之从词语转向事物（＜ 181）。约翰·杜威和他在芝加哥大学的朋友们为了从所有这些错误当中解放出来，开办了一所学校——进步教育法学校。学生可自选课程，对大量知识不必死记硬背，而是进行讨论，并按自己的进度学习；老师仅起指导作用（如同现在的辅导员），向学生显示如何运用知识来解决问题。

杜威错误地以为采取"审慎的科学方法"就会产生思想。科学中需要审慎进行的是求证。种种科学发现的历史表明，发现并不是根据杜威的公式一步一步完成的，而是突发灵感的结果，就像在艺术或哲学乃至日常生活中一样。阿基米德在浴缸里大喊"我发现了"就是一个例子。在现代，凯库勒的著名事例也并非异乎寻常。这位化学家在研究碳化合物苯的时候睡着了，他在梦中"看见"代表苯分子造型的"苯环"。这是一大进步，因为它确立了物质的特性取决于它的结构这一原理。［参见亨利·庞加莱（Henri Poincare）的《科学与假设》（*Science and Hypothesis*）。］教学中的"问题法"给学生带来的害处跟用"看后重复"的老办法教小学生识字一样。

609

无论如何，总不能指望婴儿采用五个步骤解决问题或者自己去挑选学习课程；幼儿园在快速普及，心理学家也建议实行早期教育，因此需要有专为幼儿设置的教程。其中最受肯定的是由玛丽亚·蒙台梭利设计的一套教程。蒙台梭利是一位意大利内科医生，她起初对教育痴呆儿童感兴趣，她是治疗痴呆、聋哑人和其他残疾儿童的先驱爱德华·塞甘和让·伊塔尔的学生。蒙台梭利医生曾先后到巴黎和伦敦深造，返国后被罗马大学聘任为教授。后来，她辞去教职开办了幼儿之家。《麦克卢尔杂志》对她的工作进行了多年的宣传之后，她才于1912年提出蒙台梭利教学法。

她的办法跟进步教育法学校一样，也是以个人主义为基础，而且是上这种学校的极佳准备。婴儿是"自我活跃的"，因此可使他自教自学。为此目的所设计的物体刺激感官、肌肉和思想的共同发展。(这使人联想起贝多斯医生提倡的教育性玩具，< 438。)适宜的游戏可保持孩子的兴趣，孩子可以自己连续玩几个小时，不被大人所打断，其结果是注意力集中，自律能力强。到6岁时，他或她就会自己发展出"独特的个性"。蒙台梭利教育法指出："孩子是在为以后成人作准备。"这种思想显然是对卢梭教育原则的阐发。各地建立的蒙台梭利学校大受称赞，学生甚众，直到第一次世界大战后，行为心理学明确指出，智力是先天确定的，在孩子生长的每一阶段都处于固定水平；这就意味着早期经历是不重要的。一时间，蒙台梭利学校黯然失色。20世纪50年代，当行为心理学理论失去权威性之后，美国和国外的蒙台梭利学校又重新出现。这期间，蒙台梭利医生则被视为一个把孩子看成是人类救星的神秘主义者。

至于生命的下一个阶段——青春期，美国心理学家 G. 斯坦利·霍尔就此收集事实并编写了指南。他也同意卢梭的观点，即智慧要在人的再生之后才会出现，这个再生指的就是青春期；人在这个时期常常心情紧张，大起大落。同前面两个阶段一样，要正确地处理这个阶段，就必须认识到这三个阶段正与人类进化相吻合：从呱呱落地到六七岁，

孩子是个小动物，一个类人猿，他需要的是"消极教育"，仅仅通过
控制环境即可做到。8 到 11 岁的孩子行为野蛮、自私，具部落性。应
让他多从事体育锻炼而不是埋头读书做功课，应宽容他的反社会行为，
这时发泄出来，以后可能就不会再出现。最后，进入青春期的孩子需
博览知识，广闻思想，还应对性有所了解，自然发育使他必然会注意
到这个问题。在这个阶段，男女学生不应再同校，否则会对他们的学
习产生负面影响。

美国的孩子上学时间很长。不止一个州建立了公立高中，后来又
由于宣传的影响而大都改成学院。免费义务高中教育除了在美国之外，
其他地方听都没听说过。此举在美国深受劳动者欢迎，因为这种硬性
规定推迟了孩子成为工人进入市场竞争的时间。出于十分明显的原因，
斯坦利·霍尔认为高中本身应当成为"人民的学院"，而不是其他人
钦佩之至的"顽固不化的学院"的准备场所。他本着这种信念于 1888
年担任了克拉克大学的校长，使该大学重获新生，还邀请了心理学这
门新科学的佼佼者担任客座教授（659 ＞）。1909 年，他欢迎维也纳的
弗洛伊德博士前来，因此引起公愤（641 ＞）。

※

斯坦利·霍尔之所以反对高中男女合校，绝不是出于反对女权主
义的想法，而且即使他是出于这种理由，推动妇女利益，特别是争取
妇女得到高等教育的潮流也会淹没他的"科学性"结论。当时正在成
立的女子学院不在少数，布林·莫尔、巴纳德和拉德克利夫学院加入
了早它们 20 年的瓦萨、史密斯和韦尔斯利学院的行列，使东北部地区
女子学院的队伍得到壮大，最早成立的三所学院中历史最悠久的可追
溯到 19 世纪 30 年代。美国妇女的解放在所有方面都比欧洲早。1848
年为争取妇女权利而召开的塞纳卡瀑布大会是别处所没有的。

妇女在美洲大陆定居运动中厥功甚伟。她们以她们的劳动和智慧

610

做出了巨大贡献，在家中树立了权威，使全世界啧啧称奇，而且她们一直牢牢把握着这种权威。但是，她们还想要更多，想得到投票权，想进入专业领域。19世纪70年代，这种斗争形成燎原之势。到了该世纪90年代，妇女开始进入专业人员的队伍，她们要求得到投票权也不再是什么骇人听闻的事。怀俄明州的妇女早在1869年就获得了投票权。接下来，1893年在科罗拉多州，1896年在犹他州和爱达荷州，妇女都先后获得了选举权。谈及90年代美国的独立女性，很难不想起莉齐·博登这个人物。1892年，她被控谋杀了自己的父母。她显然不是那种"软弱、温顺"的人。最后她被宣布无罪。（这是正确的裁决，最详尽的研究也得出了同样的结论。）从那以后，她勇敢面对当地的种种偏见，证明了自己是一个具有正直性格和尊严的女性。

男人告诉我们，合适的做法是要妻子听从他们的丈夫，要软弱，要服从；
无论他们说什么，妻子都要顺从，
毫不怀疑地、愚蠢温顺地屈从，但是我不能，我不会，我不愿，我决不盲从。
不行！即使失去生命，我也要表露自己的心声。
——《让我们大家表露自己的心声》
（1848年）

也许由于此前已经取得的大量成就，人们会发现该世纪末的美国文坛没有英国那么多卓越的人才在倡导妇女的权利。美国最佳作家笔下的女性全都头脑清醒，行动独立，言谈之间常常表现出对男人的蔑视。女性在征服西部中所发挥的作用得到了充分肯定。随着这个世纪的结束，任何读过亨利·詹姆斯、威廉·迪安·豪厄斯或约翰·威廉·德福雷斯特的著作的人都知道哪些限制尚未取消，这些限制主要存在于社会上层。在增进公众普遍理解方面，奥列弗·温德尔·霍姆斯在三本小说中提出了他对精神学案例的了解（＜586），而西奥多·德莱塞则在《嘉莉妹妹》里描述了一个意志坚强、聪明能干、自我奋斗的成功女性。

这些书籍的美国读者对文学理论并不关心。对国外各学派之间正在进行的论战感兴趣的主要是文学家和文学评论家。相比之下，从大洋对岸传过来的新闻和思想更有意思。当时，乔治·杜莫里埃的小说

《特丽尔比》风行各地。特丽尔比跟嘉莉妹妹一样是著名的歌手，但她却并非靠自我奋斗。她原来是洗衣女工，后为艺术家做模特儿，一个名叫斯文加利的阴险恶毒的匈牙利音乐家控制了她，通过催眠术把她变成音乐会演唱家。她对巴黎一位英国画家的真挚爱情和对那里的波希米亚生活的热爱给故事提供了诱人的内容。斯文加利猝死之后，特丽尔比也随即失去美妙的声音。书中没有幸福大团圆的结局。今天，特丽尔比这个名字使人联想起的是特丽尔比软毡帽。

英国音乐喜剧《弗洛拉朵拉》是另一部一炮而红的进口作品，它作为一种新的娱乐形式，逐步将相比之下较简单的歌舞杂耍表演赶下了舞台。就在1900年博览会之前不久，《西哈诺·德·贝尔热拉克》在巴黎当地剧院引起轰动，对该剧的赞誉遍及整个西方。这部五幕诗剧是一位名叫埃德蒙·罗斯丹的29岁诗人的杰作。（可以说）话剧以主人公——17世纪作家贝尔热拉克——脸上的特大鼻子为支撑点逐渐展开。剧情简单，也并无浪漫动人之处。然而，初演那天所引起的巨大热情却是前所未有的，就像今天的体育大赛一样。女士们为表示对剧作家的热爱，把手套和扇子雨点般地向他扔去。人们流泪，拥抱，久久不愿离场，就像一家人自己聚会一样。他们迸发出来的强烈感情表示出一种固有的情绪。西哈诺是英勇的个人主义者，他长相丑陋，爱情失败，但他却无畏地鞭挞权势者、有钱人、骗子和傻瓜。他在生活中永远处于劣势，但是老天却赋予他过人的剑术和雄辩的口才。

612

最后这一点正是这部话剧最吸引人之处。通晓法文的观众被精湛完美的语言深深打动。使用的散文诗技巧完全来自维克多·雨果，而且用最活跃的幻想加以处理，几乎就是完全想象出来的。幻想实际上是能翻译成其他语言的唯一内容，再现法文中妙语连珠的文采是不可能的。尽管如此，这并没有阻止这部作品连续不断地在各处上演。一些演员甚至专演里边的角色，如岛田25年来一直在为日本观众扮演西哈诺。该剧仍在继续被翻拍成电影和电视剧，西哈诺这位英雄兼受害者仍像以往一样广受欢迎。

　　西哈诺展现在世人面前的时候，吉尔伯特和沙利文的喜歌剧以同样精湛的艺术和耀人的光彩已经使观众着迷多年了。吉尔伯特稳健扎实的剧情编排和栩栩如生的人物，加上言简意赅的对话和类似拜伦的《唐璜》风格的诗句，使观众难以忘怀；沙利文谱写的旋律则与人物和歌词配合得天衣无缝，他常常滑稽地模仿从亨德尔到威尔第那些伟大作曲家的著名歌剧唱段。除此之外，吉尔伯特和沙利文的有些精短杰作以讥讽的方式针砭时事。《陪审团的审判》嘲讽英国法律，《围裙》挖苦英国海军，《约兰瑟》讥笑贵族院，《艾达公主》讽刺从事男性职业的女性，《耐心》则嘲笑艺术中的矫揉造作。

　　关于最后提及的这部歌剧，批评家普遍认为，作为主人公的诗人本瑟恩是以奥斯卡·王尔德为原型的。有关日期就足以证明这个观点的错误。因为这部歌剧于1881年上演，所以它的构思、编剧和谱曲只能是在那之前。而王尔德的第一部诗集在1882年他28岁时才问世。当时他在伦敦知名度不高，不可能成为被搬上舞台逗人取乐的人物。面向剧院观众的讽刺家嘲弄的对象必须是老百姓耳熟能详的东西，这是一条通则。莫里哀的《可笑的女才子》（＜344）生活在比他早一代人的时代。吉尔伯特笔下的本瑟恩不是王尔德，而是拉斐尔前派的人物，有剧中的几行诗为证，如他"中世纪的手中"握着一朵百合花——这是一种复古的美感，而不是王尔德的现代审美观。

　　在《西哈诺》搬上舞台的同年，庆祝维多利亚女王登基60周年的庆典也同样被广为报道。她似乎自古以来就是女王，实际上，她才77岁。她那个时代发生的种种事件数量之多，范围之广，使人觉得她与《圣经》中的长寿者玛土撒拉一样寿与天齐。她经历过意外事故、共和派的反对和民众的抗议，但是依然保住了王位；她自己的子女和亲戚填补了欧洲其他国家的王位；她是印度的女皇，也是许多国家和民族名义上的君主；她名义上的臣民属于多个民族，有异教徒，也有不信宗教的人。在她拥有的土地上，太阳永不落。奇怪的是，她的英国臣民觉得这对他们很有好处。他们为女王统治60周年欢喜雀跃，一时认为英国在全世界的优势完全归功于她，或者是他们本身的优良血统。

西方其他国家，尤其是德国和美国这两个力量正在上升的国家，也许对这位年迈正直的君主同样怀有尊重之情，但对英国人的这种自吹自擂不能苟同，也不认为大不列颠帝国有那么优异。在一片欢呼声中，一个在印度长大并了解美国的英国人发出了警告的声音。拉迪亚德·吉卜林的《退场赞美曲》告诫他的同胞们，要铭记公正的上帝在注视着他们的行动。"万一他们忘却了这一点"，他描绘的前景是，"他们昔日的壮丽辉煌"就会同"尼尼微[1]和推罗"一样永远消亡。

吉卜林常被人视为一个好战的帝国主义者。其实，他不止一次对自己的国家做出过严厉的评判。当美国在美西战争中攫取了首批殖民地时，他再次从伦理的角度将帝国主义定义为"白人的负担"："根据你们的所作所为，阴沉缄默的人民会对你们和你们的上帝做出评判。"很明显，吉卜林看到了变革的预兆，他意识到一股可以推翻和摧毁一切的飓风正在形成。当女王被人们大肆赞颂之际，他阐述的这种远见恰逢其时。因为这时维多利亚女王在

评论维多利亚女王登基60周年：

当我在今天这个普天同庆的日子回顾往昔的时候，看到所发生的巨大变化和世界的喜人变迁，我是多么的无限荣光，无比自豪！在我的时代里出现过战争和瘟疫，但是，同我降生人世以来人类所获得的种种好处相比，这不算什么大不了的事。

——你到底在说些什么呀？亨尼斯先生大喊道。你跟这些事情有什么关系？

——杜利先生说：哦，我跟它们的关系就跟女王跟它们的关系一样。

——《和平与战争时期的杜利先生》
（1898 年）

海内外的各个政权机构已经不再受人效忠和尊敬，有思想的人知道必须放弃某种人生观，可是不能通过热血沸腾的革命，因为过去的这类革命自身又滋生了各种邪恶。但是，可以通过嘲笑，通过在所有问题上都反其道而行之的做法将这个时代的道德规范完全颠倒过来。吉尔伯特和沙利文颠倒一切的戏剧即将在社会思想和现实生活中真正上演。

---

[1] 尼尼微是东方奴隶制国家亚述的首都，推罗是古代腓尼基奴隶制城邦，二者后来均遭外敌摧毁。——译者注

精力的巅峰

用"90年代"这个称呼来代表从1885年到1905年的20年（＜599），而不是通常意义上的10年，是因为在这段时期内涌现出了大量的新思想和新行为。但是变化并没有随着这段时期的结束而停止。相反，20世纪初爆发的另一种全然不同的冲动揭开了立体主义十年的序幕。如果能像谱曲那样，在一页纸上同时在十几个层次上进行叙述的话，这30年的历史便能构成一个完整的故事。为了对其中的人物做出全面的介绍和评价，这里要回顾一下19世纪70年代时所出现的萌芽，是它们结出了后来30年间的累累硕果。

世纪之交，时光流转，真是名副其实的转折；它并非普通的转折点，而是整个一群事物的180度大转弯。这样的形容与事实只是稍有出入：实际上，事物的转变并不是整齐划一的。此外，出现的新事物也并非总是同一种类型，或彼此相似。在艺术、科学、政治和社会观方面，这个时期出现了两种截然相反的标新方法和对它们进行判断的方法，一种是狂喜，另一种是绝望。大胆奔放的人热情乐观，注重节制的人则到新的原始主义的风格中去寻找慰藉。但两者追求的都是解放。好几股力量在相互竞争中向前行进。

再借用一下转折这个形象。如前所说，这种转折常常是180度大转弯式的完全颠倒。王尔德的《认真的重要性》出色地显示了这种智力上的技巧。首先是语意双关的标题，对剧中的主人公来说，他的名字认真（Ernest）之所以重要，不是因为他具有维多利亚时期的人所颂扬的品德，而是因为他爱慕的女子喜欢这个名字。前一个时代所有虔诚的信仰在剧本中都完全颠倒过来，比如，父母双亡的人被指责为太不小心；吸烟受到赞许，因为男人总得有点儿事做。整个闹剧是对当时冠冕堂皇的观念的严厉批判。

　　更早的时候，塞缪尔·勃特勒（＜553）对于陈腐的思想做过同样的揭露。丁尼生的诗句"爱过又失去胜于从未爱过"被勃特勒改写为"爱过又失去胜于无法失去"。他与机智风趣的友人萨维奇女士互相交流对于俗套所作的篡改，把这种游戏称为"经验之谈"。王尔德的警句也是与人们所习惯的说法背道而驰，但它们并不只是文字游戏，更是对矫揉造作的批评，对人云亦云的谴责。王尔德曾经说："我常常担心不会被误解。"意思是，公众应该为新的艺术所困惑，不应该把它简化为他们已经理解的东西。萧伯纳的剧本以现实生活为背景，表现了同样的与世俗观念截然相反的判断。在《华伦夫人的职业》中，华伦夫人在她那种处境中只能靠开妓院来维持像样的生活，使女儿得以接受教育。这样做的原因简而言之就是为了维持"体面"。这样，推翻社会的一种道德判断等于是对社会制度其他部分的谴责。当易卜生的话剧在这个时期终于获准演出的时候，它们都表现了这样一个新的精神：最为人推崇的德行和最受尊敬的制度是美好生活的最大的障碍，比如婚姻、永远讲实话、尊重权威、不惜任何代价地追求得体。所有抽象的理想都是给个人和社会带来灾难的原因。

　　萧伯纳通过高雅喜剧的形式表达他的观点，这使得有些观众感受不到问题的严肃沉重。易卜生则与萧伯纳不同，他采用的是19世纪情节剧的形式，使剧中的人物发生冲突，并以暴力行为给人留下深刻的印象。在这些新思想的影响之下，戏剧在长期的停滞后重新得到了振兴。除了英国的王尔德、萧伯纳、平内罗、高尔斯华绥、亨利·阿瑟·琼斯，瑞典的斯特林堡，法国的白里欧，德国的豪普特曼和苏德尔曼，奥地利的施尼兹勒外，意大利的皮兰德娄的剧作也引起了公众的哗然，并因此向他们灌输了新的道德观念。

　　这种教育过程中存在着一个很有意思的矛盾：王尔德和其他一些作家作为批评家，坚持认为艺术没有教授道德的义务（617＞），但是当他们谴责旧的道德观念不再能促进道德的时候，却恰恰是在教授道德。显然，论艺术的警句应改写为"没有教授陈腐道德的义务"。新的准则有哪些要求呢？答案并不简单。行为的指南应该是艺术本身，而不是它的某种启示或寓意；艺术本身的真实、和谐和魅力造就人的精神；审美是道德伦理的一种形式。换言之，罪恶是丑陋可鄙的。

　　这条规定意味着，那些用来指导全世界的铁定规则与地方的习俗一样不完整，一样会引人误入歧途。对生活中的复杂情况应该进行艺术性的，而不是机械的处理，正如萧伯纳所指出的，"勿以己之所欲施于他人，他人的品位可能另有不同。"在此，艺术所教诲的是要合乎时宜。时间、地点和人构成了一个特定的情况，有道德观念的人在处理这种情况时寻求的是最和谐的结果。这与当代思想家所阐述的核实结果的哲学观点（实用主义的真意）正好吻合（665＞）。

　　用艺术标准来判断道德问题，这种做法把19世纪关于文学是对生活的批评的信条扩展到艺术的所有领域；它重申了19世纪对于艺术的崇拜，而艺术的使命就是要与"资产阶级思想"作斗争。资产阶级这个形容词不够公平，但这句话的意思是明确的。对这个"宗教"的信奉被称为唯美主义。唯美派形成了一个新的社会类型，特点是他们的态度和言谈都是有意做出的姿态，都是为了摧毁体面而进行宣传的手段。并非当时所有的作家、画家和音乐家都取这种态度，也不是所有人都信奉"为艺术而艺术"。这句从半个世纪前的戈蒂埃那里借来的格言一直被当作斗争的口号，而不是首要原则。对于庸人来说，它是命令："要欣赏艺术中的艺术性，不要只注重它的娱乐或说教的因素"；对于艺术家来说，它鼓励他们："不要对各方的品位妥协。不要为出售而写作或绘画"；对于许多其他人来说，包括艺术家和艺术的爱好者，我们将会看到它包含着另一层意义（620＞）。

　　在一个生活水平不断改善的时期，为什么这种态度会如此普遍，表现为多种多样的形式呢？也许富有想象力的心灵永远得不到满足；也许改善总会燃起更高的期待；也许追求美和完善，喜欢沉思的人讨厌变化中的世界的嘈杂忙碌。这三种解释或单独使用，或加在一起，大概可以说明为什么不同的看法殊途同归，最后达成相同的结论。有一点可以肯定，即90年代的创作欲望有一部分表现在主动的避世之中。

※

前文曾讲过，要躲避的是工业世界。它长期以来一直制造着压力和紧张，种种积怨归纳为：商业、帝国主义、工人骚乱以及战争正在摧毁文明。关于世界末日的迷信更是火上加油，有说以18开头的年号的结束意味着万物俱毁之日的来临。当时发生的一些事件的确预示着世界似乎真要完了。法兰西第三共和国摇摇欲坠，受到"军事强人"的威胁；英国感到自己工业和商业优势日益减弱，工人随时可能闹事；德国尽管还沉浸在新近获得的帝国势力的荣耀之中，但由于国家与天主教徒的斗争——菲尔绍称之为文化战争——以及社会主义分子和工人在议会内外的暴力行动而深受困扰；意大利和西班牙在有关宗教和治理的类似问题上也闹个不休；挪威的民族主义暗潮汹涌，后来终于爆发为起义，10年后从瑞典分离出去，成为独立国家。1895年，一家法国报纸就"我们衰落了吗？"这个问题做了一次民意调查，里面列举了议会制政府的"危机"、殖民地的起义、出生率的下降和艺术的怪异发展。

618

大约与此同时，一位名叫马克斯·诺尔道的德国医生出版了一本名为"退化"的书，该书在中欧多次重版，并被翻译成多种语言。书中宣称近年来所有著名艺术家都是神经质、酒鬼、瘾君子或者是发疯而死。从书中主要章节的标题上足以见它的覆盖面之广：拉斐尔前派、象征主义、托尔斯泰主义、理查德·瓦格纳派、巴那斯派与相信魔法者、颓废派与唯美主义者、易卜生派、弗里德利希·尼采、左拉和他的学派。这些标题听起来像是关于 19 世纪晚期思想和文化的教材。最后的两章——预测和治疗——显示了一位精神病医生的信心，坚信能够把半个世纪积累下来的知识汇总起来加以净化。诺尔道的临床资料陈述得头头是道，得出的结论是，艺术体现并进一步促成了社会的败落，因此思想健康的人应抵抗艺术的影响。然而没有人理会他的呼吁。艺术不仅更加风靡，而且它的道德和社会含义越来越与社会敌对，使有文化的人确认欧洲真是堕落了。教皇为此写了一首拉丁文的诗歌悲叹时世。

> 一个产生了美好艺术的崇高时代正走向死亡。有人可能会用赞歌来颂扬新发现的方便和自然规律。我注意的却是这个衰落世纪的种种罪恶。它们使我悲哀，使我愤怒。多么大的遗憾，多么大的耻辱，令我不堪回首！
>
> ——教皇利奥十三（1901 年 1 月）

对于这种信念，反应因人而异。在现实主义的低潮时期（＜ 559），波德莱尔提倡吸毒，说它是"人造天堂"。在他之后的一代人中，出现了非凡的阿瑟·兰波，他所有的诗歌都是在 15 岁到 20 岁之间写的，他选择了暴力，至少是在文字上。如有可能，他要摧毁一切。他先是从打乱语言和诗歌的形式着手（622 ＞），后来他与自己的作品划清界限，称之为"涮汤"，意思是洗碗水，也指从别人作品中稀释的东西；他也许指的是他在《醉舟》里用了柯勒律治的《古舟子咏》的内容。在他的另外一些作品中（两首自由诗，一篇散文），他力图"搅乱感觉"，以清除我们思维中的联想。成年以后的兰波成为无政府主义者和反理性主义者，他离开西欧前往近东，在那儿做杂货商，不问学问，孤身一人终老他乡。

※

619　兰波是我称之为法国毁灭主义者中的第一位，一心要彻底毁灭文化。在兰波的同辈人中后来出现了与他目标一致的伊西多尔·迪卡斯。这位年轻的作家用洛特雷亚蒙伯爵的笔名写了一组题为"马尔多罗之歌"的片段散文，其中表达了他对人类和上帝的仇恨与对海洋的崇拜，他认为只有海洋是纯洁的，它创造了生命，尤其是创造了庞大的、可憎的生物。他一连串噩梦似的幻想常常蕴涵着诗意的色情，意象与象征主义诗人相似（620＞）。不过，他对于文化的过去和现状的批评却是清楚明了的。这位假伯爵以贵族的口吻表达了对于平民及其日常生活的轻蔑。维利耶·德利勒-亚当描述理想状态的格言中也表达了同样的态度："生活？我们的仆人会代我们生活的。"

最坦率的毁灭主义者阿尔弗雷德·雅里对这一理论身体力行。他的成名作是剧本《于布王》，书的主人公起着双重的作用：他愚蠢、狂妄、无能，因而遭人耻笑，但同时他也鄙视、嘲笑整个世界。雅里与于布一样，身着奇装异服，说话尖声尖气，行为古怪讨厌。他自诩为神枪手，经常无缘无故地用左轮手枪瞄准路人，曾有一次用空包弹打伤了一个人。雅里多次以不同的方式重复于布的一句话："真要摧毁，就得连废墟一起消灭，否则就不算。"他最后死于酗酒。

雅里和他的作品今天不乏仰慕者，一个纽约专演前卫戏剧的剧团取名为于布剧院。另外一些人则只把他的作品当作逗笑开心的东西，欣赏其中的幽默，还有些人认为他的幽默勉强做作，力不从心。雅里

> 雅里这个奇怪的骗子浑身是做作——脸上擦了白粉，机械的谈话调子没有起伏，音节间隙都一样，用的词或者是杜撰或者是歪曲原意。
>
> **——安德烈·纪德（1926 年）**

根据他上学时讨厌并且戏弄的一个老师的名字"埃贝"创造了于布这个名字，他还写了《于布王》的续集和对此剧的评论，仍旧是戏谑笑骂不绝。该剧的背景设在波兰，"因为它意味着哪儿都不是"，似乎是暗示这个国家常常被侵吞而丧失自我的状况。于布自己发明骂人话，言谈似有拉伯雷的风格。剧本中 finance 金融被拼为 phynance，以显得像是自然科学，还提到讽刺科学的荒诞玄学。剧中把粪便学的名词 merde（粪）改为动词 merder，当时被视为是具有讽刺力量的勇敢创举。另一个创举是一些剧中对白滔滔不绝，高谈阔论，细听却没有任何意义。

620　　　《于布王》大受欢迎，雅里的古怪滑稽一时声名鹊起，使他和他剧中的主角成为他那个时代的主旨——毁灭主义——的重要代言人。除了毁灭主义者以外，还有一些作家对当时的时代有同样的看法，但宁愿坐等它自我毁灭，这些人便是颓废主义者。他们给自己取了这个名字，并以颓废为他们杂七杂八的小杂志命名。这个称呼并不让他们感到悲伤或气愤，反而有一种时髦感，像晚期的罗马帝国，有一种末世的、注定灭亡的感觉。

　　与此同时，另一派作家采取了另一种方式来缓解自己的痛苦。他们弃绝普通的生活，用诗歌创造出理想的境界，那是只有恰当的精神才能达到的美的王国。他们的艺术不是描述性的，而是用象征来表达各种理想，以此保持它们的神秘性和神圣感。包括马拉美、魏尔伦、拉福格、塔亚德、莫雷亚斯（是他为这个学派取的名字）在内的象征主义诗派是 90 年代早期最为著名的流派。对他们以及仰慕他们的公众来说，为艺术而艺术实际上是为生活而艺术——艺术助人生存，没有艺术，生活将无法忍受。这就是叔本华的信条。除了立体主义十年的暂时中断之外（643 ＞），它一直是那些不愿意或没有能力与生活搏斗的敏感人士的慰藉。

　　这个信念在世纪之交不仅流行于法国，而且风靡整个欧洲的文化界。在英国，沃尔特·佩特的作品最好地表现了它的形式和特点。这位谦逊的牛津大学学监对绘画和文学的杰作凝神思考，以求从中提炼出丰富生活的魔法。他发现这魔法在于决心使每一刻都带来最令人振奋的感受，如他所言："燃烧出纯净的宝石般的火焰。"他唯一的小说《伊壁鸠鲁信徒马利乌斯》的主人公就是这样生活的，可以被视为 90 年代宗教的先知。把这种信念称为宗教不仅是因为它把艺术看作人的最高形式的精神表现，而且也因为它所拒斥的世界正是基督教所说的肉体快乐，以及财富和自私这一切虚妄的"世界"。艺术家及其门徒也培养感觉，但不是肉体方面的感觉。

　　佩特不是那种对自己的人生哲学大肆宣扬的人。侥幸的是，他教的一个学生是宣传他哲学的最佳人选：奥斯卡·王尔德。他是伊壁鸠鲁主义理想的化身，是唯美主义者这一新的社会类别的活生生的体现。但他的作用远远不止这些。人们除了知道他是唯美主义者，是一场著名审判的受害者之外，还应该知道他别的成就。他的真正价值被他装腔作势的表象和同性恋的特殊身份所埋没。作为剧作家，他写出了英文中最杰出的闹剧《认真的重要性》（＜615），他的其他剧作打破了维多利亚时期的偏见——女子有情夫受到唾弃，而男人有情妇却不失"体面"。他创作了（原来是为他两个孩子写的）成人读者都趣味盎然的童话故事以及一些精妙的诗歌，其中的《雷丁监狱之歌》堪称杰作。作为警句家，他不让法国的大师们专美于前。他还是第一流的批评家，他撰写的三篇长文给唯美主义下了精到的定义，他的书评中穿插着关于生活或文学值得铭记的警句。他的辩护文《从深处》是一篇感人的自传，他题为"社会主义的未来"的文章体现了他平衡清晰的思维，使他无论在艺术世界还是在现实世界中都挥洒自如。

　　从这些大略的描述中可以看出，王尔德和萧伯纳一样，为了自己所鼓吹的事业而采取了扮演某种角色的做法。他们各自塑造了一个人物，负责任的批评家必须穿透人物的表面才能对背后实实在在的、丰富的成就做出正确的判断。至于王尔德对唯美主义者的表述，根据词源学，唯美指的是感官的印象，唯美主义者是记录和判断感觉的专家。与常人相比较，他从宇宙中感受到的东西更多，辨别得更细。真正的艺术一定是难懂的，而他可以从中看到常人视而不见的东西。因此，需要由批评家来对公众解释艺术的含义，而批评家必须同艺术家一样有天赋，才能对艺术品有深刻、正确的认识。所以，一篇真正的艺术评论本身就是艺术。艺术批评在90年代期间蓬勃发展，它借助王尔德的唯美推理而确立的地位至今无人质疑。当然，100年以后的今天，艺术批评有了新的演变，发展出了十几种不同的类别。它们从艺术品中推断出艺术家本人想都没想过的寓意，还指出有哪些内在和外在的动力在驱动着艺术家的思维。最新的解构主义最终占了上风，他们完全

621

把艺术的创造者抛在一边，注重大众；张三李四，王五赵六，谁都有"创造性"（788＞）。

※

　　根据最初的唯美主义观点，判断艺术的唯一标准是形式的完美。形式是美的精髓所在，其他一切特征都是不相关的。对一切其他因素的排除使艺术"自立"。由于艺术独立于主题，包括社会、道德或宗教的思想，所以每件作品本身都是一个完整的世界。这种观念与3 000年来的艺术理论和实践背道而驰，但它的好处在于把作品与世界分离开来，使观者感到自己置身于另一个应该是尽善尽美的世界。这样的理论构成了"纯艺术"之说的基础。"纯艺术"这一概念的形成在一定程度上要归功于爱伦·坡（＜562），是波德莱尔向欧洲人诠释了坡的作品，也应归功于佩特，他曾说过，所有的艺术都在向音乐靠拢。大部分不了解音乐的诗人认为音乐内容纯粹，只有内在关系。"纯粹"是另外一个引起联想的术语，暗示着从事物的现有状况中解放出来。

　　90年代关于绘画艺术的理论也达到了同样的结果。罗杰·弗赖、克莱夫·贝尔以及其他一些人声称，绘画只包含线条、颜色，没有其他东西，而雕塑反映的是体积和线条。对这些因素之间关系的处理是人们的兴趣所在以及大师们的伟大之处，可见主题只是构思的借口和托词而已。因此，作品的含义是不能用词句来表述的。把它看作某种东西或思想的表现，那是不懂艺术的庸人的观念（646＞）。惠斯勒描绘他的母亲坐在椅子上的那幅名画没有别的意义，只是画的标题里所说的："黑色和第三号灰色的排列。"这些字句暗示了对于这种理论的一种影响，其提倡者可能尚未有所意识。和后来的纯艺术主义者一样，科学家用抽象的方法从具体的经验中提取出与可见的世界可能不同的原理。所以，艺术中形式的理想类似物理学质量的概念：抛弃外部现象到达实质所在。这一整套系统——如果可以称为系统的话——可以

用来解释 20 世纪的很大一部分从另外一种意义上说是不可理喻的艺术
（723 ＞）。

　　诗人和散文作家，无论是毁灭主义者、颓废主义者，还是象征主
义者都认为，如果要创作出能反映他们理想的作品，就必须发明新的
语言。象征主义者需要的是暗示性而不是说明性的语言。马拉美称之
为"给这群人的语言以更纯粹的意思"。毁灭主义者则认为文法和句
法应完全打乱。颓废主义者追求的是能暗示类似萨丹纳帕路斯[1]在财富
和女人的包围之中即将死去的那种感官纵欲的凝重又生僻的词汇。为
了像兰波所希望的那样"搅乱感觉"，截然相反的形象毫无联系地硬
凑在一起，句子之间也没有明显的联系。洛朗·塔亚德字里行间的怪
异字眼让人煞费脑筋，只能把这些怪字编成词汇表来减轻人们的疑惑。
马拉美则用了另一种办法来对读者进行洗脑。他从《利特雷辞典》中
关于历史原理的部分查出一些常用词早已被人遗忘的原意，然后按照
原意去用。由于在语言上这些各辟蹊径的做法，使诗歌以及后来使用
这类手法的散文和其他的艺术形式成了费解的谜，因之成为研究对象。

　　这个阶段包括了现代诗歌所有的模式和方法：自由诗、对语言的
歪曲、刻意的生僻。唯一明显的例外是当今把自由诗和日常口语结合
在一起的诗歌，例如威廉·卡洛斯·威廉斯的作品、儿童诗歌和报纸
上刊载的诗歌，然而，即使是这种模式，一个世纪以前的英国诗人约
翰·戴维森作品中也已有了先例。这种最新的诗歌形式也是无视常规
的，从这个意义上说，自从兰波以来的文学进步是一场巨大的集体解
放。可以理解甚至同情篡改语言的动机。倘若目标是把咄咄逼人的外
部世界完全置之脑后，那么就不仅需要去除它的陈词滥调，还须去除
它的思想，包括平铺直叙的措辞、简短的句子以及轻易地解释一切的
千篇一律的形容词。

　　唯美主义哲学的独特之处在于它结合了对纯粹的追求和把生活变

623

---

[1]　萨丹纳帕路斯，传说是亚述的末代国王。——译者注

为一连串强烈感觉的佩特式宗旨。最先崇拜形式的柏拉图却没有犯这种错误，他的所爱是数学，不是唯美主义者对美丽的形象、精细的装饰、微妙的颜色、声音以及质感的沉迷。这种沉迷在佩特和王尔德的散文、魏尔伦的诗歌，特别是于斯曼关于香水的小说中都有所表现。后者掀起了一股收集香水的狂热。马拉美也禁不住对香水大加赞美。富有艺术气息的 90 年代的主调是肉感的快乐，固然，这种快乐是微妙的，是赭色而不是紫色，但仍然是肉体的快乐，与数学带来的满足完全不同。

这样的自相矛盾不可避免，也有些令人同情。不管艺术家自己怎么说，他们本性对感官印象极其敏感，每一门艺术都需要在一种或几种感官上特别敏锐。艺术家生活中的唯一目标就是把自己的观念用物质表现出来。音乐家所处理的远远不是纯形式，他们是在雕塑大块大块的空气。"抽象艺术"是一种自相矛盾的说法（723 ＞）。讲清楚了唯美主义者退避于艺术之中的社会动机，现在剩下的问题是：是什么原因促使他们如此注重纯粹？马拉美所作的一首文字清楚的杰出的十四行诗《海风》对此作了答复。诗的第一行是这样写的："肉体是痛苦的，我已经读完所有的书籍。"最后几个字的意思是说历史上所有的文学使得他不堪重负，增加了他已有的痛苦。刚好 100 年前，浮士德曾在独白中说过同样的话，也是第一行——书皆尘土，没有生命。这两个表述记载的都是文化年代的尾声，即 1790 年和 1890 年。

※

自然主义是这个时代另一个规模更为广泛的运动。顾名思义，它与象征主义截然相反。除了少数的例外，自然主义的主要表现形式是小说，小说中的人物和事情是用普通的词句来描述的，不但没有把读者带入美的理想境界中去，反而把现实中的肮脏污秽和粗俗的困境推到读者面前。前面已经讲到，易卜生、萧伯纳和其他的剧作家起了同样的作用。小说家可供挥洒的空间更大，可以描述生活中的各种恐怖，还可以处理一些难以搬上舞台的题材。和剧本一样，小说是要向人们显示："看啊，与你所想象的并不是一回事儿。"通过描绘体面的上层人物和社会另一半人生活的状况，它达到的效果是摧毁传统的体面观念。有人会问，这与现实主义有什么不同呢？它们有两方面的不同：自然主义者不自诩超然于他们所描述的状况。他们的作品里没有说教，但是他们对现实生活的如实描绘却使读者无不深感惊骇和气愤，这种震惊有时甚至会带来改革。例如，厄普顿·辛克莱在他的小说《屠场》中对于芝加哥肉类加工厂的揭露促使罗斯福总统下令调查，并成立了食品和药品卫生局。这一风格的大师和理论家左拉宣称，自然主义小说的方法——至少是他的方法——决定了这种小说的科学性。这种方法就是先收集新闻报道、官方数据以及社会和医学研究报告，然后再构思人物和情节。所有的素材提供了"自然"，在自然主义的小说中被重新组合。巴尔扎克说他的作品等于社会动物学（< 560），左拉则把他这一说法系统化了。

处于这两位属于两代人的小说家之间的过渡者是茹尔·龚古尔和埃德蒙·龚古尔两兄弟。起初，他们只是出于爱好，粗浅地涉猎18世纪的礼仪和淑女、日本艺术以及其他的一些唯美的嗜好。通过就这些题目撰写文章，他们逐渐成为不错的文化历史学家。当他们转而写小说时，内容都是"文献性的"、可靠的。有一部小说讲的是一个有着双重人格的仆人（他们自己的仆人），他一面无可指摘，另一面却放荡堕落；他们其他的"研究"包括一个马戏团中的种种变迁和一个医院护士的烦恼。这些故事已经没有人去读了，部分的原因是它们描写的场景短促而不连贯，读者得自己把情节凑到一起，另外也是因为小说的风格佶屈聱牙，是作者所谓的艺术文章。

它们与自然主义（如实记录）以及象征主义（特别的语言）之间的联系暴露了左拉理论的弱点。当批评家对左拉的理论提出质疑，否认小说的科学性时，左拉把自然主义修改成"通过性情观察自然"。科学家也各自有不同的性情禀赋，但他们的产品中表现不出这些东西。可是，在小说中，观察自然的性情是会变的。自然主义者的于斯曼变成了象征主义者，《新格鲁勃街》的作者吉辛去世前不久在筹划一部历史浪漫故事，年轻的安德烈·纪德是在象征主义的浸淫中成长起来的，但他开始写小说后，却摈弃了象征主义而采用直接叙述的手法。

左拉从原来立场上的退却并未改变由许多不同性情的人所创作的自然主义小说的调子和精神。这些小说家包括：法国的左拉、米尔博、于斯曼（早期作品），英国的乔治·穆尔、吉辛、阿诺德·贝内特以及后来的哈代，美国的弗兰克·诺里斯、哈姆林·加兰和厄普顿·辛克莱，苏格兰的道格拉斯·布朗，俄国的马克西姆·高尔基。在最优秀的自然主义小说中——当然包括左拉的小说——改革的目标给书中所描述的世界带来了一种力量，这一点并不是现实主义，因为在最恶劣的人物身上和最糟糕的情况中都能感到对生活的热情。描述煤矿区一场罢工的小说《萌芽》是这方面最好的例子，读者会深深地为书中的激情所感染。但是，即使在《不安之屋》中的普通公寓里，或者在《小酒店》的醉汉中间以及《娜娜》中的妓女身上，都没有福楼拜的《包法利夫人》或者《情感教育》中那种无精打采的慵懒情绪（＜561）。自然主义对社会堕落的批评是大张旗鼓的。

不管有多少优秀的小说，都不可能揭露所有的罪恶，更遑论根治。但除了其他的阴暗面以外，小说无情地揭露了性的秘密，而从某种意义上说，性就是自然。由于小说的读者面比剧本广，所以这种对真实的揭露掀起了一场风暴，促使诺尔道医生披挂上阵（＜618）。一时间，对性的大胆揭露纷纷出现。哈代的《德伯家的苔丝》和《无名的裘德》表明，只是一次性行为的出轨并不能毁坏一个女人的品质，苔丝是一个"纯洁女子的真实写照"。裘德和苏之间的关系既表明了性本能的迫切性，也描述了它可能引起的厌恶和反感。而格兰特·艾伦的《干了那件事的女人》光是书名就引起轩然大波；读者也许看似天真，其实什么都懂。这种震动起了好的作用。乔治·穆尔的《埃斯特·沃特斯》以及 H. G. 威尔斯的《安妮·维罗尼卡》把性重新作为一种社会力量提了出来，在当时对性的问题有意视而不见的情况下，性与其他社会力量的相互作用总是危险的，会造成灾难。这个引起大哗的题目不能再置之不理了，而要引导这股难以驾驭的力量就意味着要讨论婚姻和家庭。白哲特的朋友 R. H. 赫顿早就说过："世界上的黑暗之处是貌似幸福的基督教家庭。"

关于性和家庭生活的禁锢和虚伪的制度不仅存在于英国一地。阿纳托尔·法朗士在他最优秀的作品、讽刺小说《企鹅岛》中，就性和习俗问题做了论述。莫泊桑的短篇小说对这两个问题都有涉及。在法国以外，托尔斯泰在《魔鬼》中记录了一段对性的沉迷——是他的亲身经历。所罗格布在《小妖魔》中把性与一些象征性的主题结合起来。在中欧，性的禁区一旦开放，关于这个问题的剧本和小说即大量涌现，如魏德金德的《青春觉醒》、苏德尔曼的《故乡》、斯特林堡的《朱丽小姐》，以及其他关于出轨的爱情的作品。维也纳剧作家阿瑟·施尼茨勒在作品中探讨了一个文明首都中各种各样的性关系，从《儿戏恋爱》中结局糟糕的"逢场作戏"，到《轮舞》中把上层、下层以及中层阶级联系在一起的一连串邂逅；《轮舞》后来拍成了一部出色的电影。而施尼茨勒现在被忽视，实在是不公正的。

易卜生的《群鬼》和白里欧的《损害》中列举的各种性病令人不寒而栗。接着，一部小说提出暗示，说同性恋是无法克服的事实，应该予以接受，但这部小说很快被压制下去。斯温伯恩和爱德华·卡彭特的诗歌也包含了同样的暗示，不过诗歌表现得比较隐晦。奥伯利·比尔兹利为各部小说所作的鲜明的黑白插图表现了所有的性倾向，包括阴阳人。王尔德遭受的两次审判轰动一时，突出了同性恋的问题。20世纪 20 年代中期，纪德的《牧童》和拉德克利夫·霍尔的《孤独之井》这两部惊人之作继续对这个问题进行探讨。时至今日，它已成为公开讨论的题目。

文人攻击和破坏过去的道德规范，这并非通常的对资产阶级的嘲弄，而是道德良知的艰苦努力，其中一个积极的目标是在性、社会和政治各个方面实现对妇女的公平。一些社会学家和医生也怀有同样的良知，他们的著作为文学家提供了论据。保罗·曼泰加扎写出了题为"人类的性关系"的三卷巨著；勒内·居永写了十几本著作论述性行为的合法性、道德以及国家对于性行为的态度；帕特里克·格迪斯著有《性的演变》一书；奥托·魏宁格尔写了《性与个性》；伊万·布洛赫在《我们时代的性生活及其与现代文明的关系》一书中对此作了论述；哈弗洛克·霭理士的七卷《性心理学》首次通过案例报告和评注的方式对这个题目作了论述。在这之前，克拉夫-埃宾已经对性行为的不正常表现进行过研究。与此同时，早在弗洛伊德之前，医生已经开始注意到婴儿的性表现，而婴儿阶段是意指没有性感觉的所谓"纯洁"的最后的栖身之地。美国有一位孤军奋战的先驱登斯罗·刘易斯医生，当他打算出版《从妇科角度看性行为》的论文时，遭到了同行的强烈抵制。他指出的一个相关的事实是，美国好几个州所规定的性合法年龄是 9 岁。

※

　　所有上述清楚地表明，所谓性革命——如果应该这样称呼的话——是从那时而不是现在开始的。20 世纪中期只是把 90 年代所争取并已开始实行的解放加以扩大和延伸而已。1900 年，菲茨杰拉德对《鲁拜集》的翻译在湮没无闻 40 年之后重新出现，用软皮包装，摆放在咖啡桌上，这便是人的态度发生了变化的象征。简言之，《性的乐趣》虽是 20 世纪晚期一本书的题目，但书中的事实是从 19 世纪 90 年代就开始了的。

　　妇女解放与性解放齐头并进，相互作用。自由恋爱成为口号和时尚。离婚日趋频繁，不再像以前那样横遭指责。议会就妻子去世后是否可以迎娶妻妹进行讨论，议员们发言时无所顾忌，畅所欲言。下议院已经通过了妇女财产法，废除了丈夫对于妻子财产的控制。牛津和剑桥两所大学经过几年为女子开设扩大班和学位考试之后，分别成立了女子学院。此举得到了女王的亲自批准。全国普及教育使得男女两性识字成为普遍现象。议员罗伯特·洛在投票赞成普及教育的法案时说："我们必须教育我们的主人。"富裕的家庭并未等待这个民主的举动，早已开始给女儿提供历史和文学的教育。在男性剧作家和小说家意见统一之后，萧伯纳终于得以把新型妇女形象搬上舞台（见《拉皮条者》），与过去截然不同的行为和权利开始被认为是理所当然的东西而被人们接受。

627

　　从性禁忌中解放出来，像男人一样去自由生活和恋爱，这是过去一项大规模的活动及其影响造成的结果，而现在这项活动却被淡忘了。在19世纪70年代和80年代的英国，妇女是小说创作的主力军。在前10年里，有9位女性专业作家共出版了554部小说，平均每人出版61部。此外，还有数十位女性作家创作出大量的浪漫故事、添枝加叶的历史小说，以及越来越多的"问题"小说，包括宗教、社会和性的题材，满足着读者永无餍足的胃口。弗吉尼娅·伍尔夫的父亲莱斯利·斯蒂芬预测妇女将在不久的未来垄断小说的创作。50年后，英国出现的不是几十个女作家，而是几百个女作家。乔治·艾略特的《米德尔马契》和梅瑞狄斯的《利己主义者》（＜564）当然是其中的佼佼者，其他人的作品难以望其项背。不过，琳·林顿夫人的《基督徒共产主义分子乔舒亚·戴维森的真实故事》一书在19世纪70年代也十分走红。在我们还稍有印象的40来位作家中，今天的读者如果住过夏季旅馆的话，一定在旅馆里的旧书堆中看到过以下的名字：罗达·布劳顿、阿梅莉亚·埃德华兹、布雷登小姐、奥利方夫人、幽默的"约翰·奥尔弗·霍布斯"，也许还有玛丽·科莱利和热情如火的"维达"（路易斯·德·拉拉梅）。她们的书印刷精良，插图色彩鲜明，写作技巧娴熟，社会思想深刻。与她们的作品一道被遗忘在故纸堆中的还有几位男作家的讽刺作品。劳伦斯·奥利方的《皮卡迪利街》揭开了上层阶级神秘的面纱；爱德华·詹金斯的《怪人的宝贝》对议会、法院和宗教教派做了无情的讽刺。特罗洛普也不甘人后，写出了精湛的讽刺作品《我们现在的生活方式》，但是他没有得到应有的承认，被认为既不是天才又不是走红作家。

女诗人不如女小说家人数众多，但也创作不辍。她们的创作有史诗、长篇叙事诗、爱情抒情诗以及歌颂自然的诗歌。这些诗歌编为诗集，受到男性批评家衷心的赞扬，但是赞扬得完全不是地方，也许他们没有足够的作品可作比较。艾米丽·勃朗特和克里斯蒂娜·罗塞蒂不仅在女诗人当中，而且在所有诗人中都出类拔萃，但是，她们的作品为数不多，被久负盛名的丁尼生和与他同等地位的其他诗人家喻户晓的声名所淹没。梅瑞狄斯和《暗夜之城》诗集的作者詹姆斯·汤姆森一样，几乎没有受到重视。身为无神论者和政治激进分子，汤姆森和斯温伯恩一样为人诟病。

628　　在为性爱本能和妇女自由而抗争的时候，90年代能言善辩的艺术家似乎再次忘记了他们自己提出的艺术与道德无关的教条。他们提出这一教条时针对的是旧道德，但他们忘了推翻一套行为准则一定会导致另一套与之相反的准则的树立。在训练大众学会用新的标准来判断艺术和生活的过程中，这群生活的批评家使大众习惯于承受冲击，甚至期待冲击，尤其是来自艺术的冲击。现在这一习惯已根深蒂固，冲击性已经成为艺术的必备素质。

对于那些乐于接受变化的普通公民来说，抛弃以前的本能和习惯就像离开了一座令人窒息的房子，来到广阔的户外。这种形容并非夸张。对个人的重视包括了身体健康。从那时起，个人卫生、公共健康、抽水马桶、清洁饮水和城市规划一起成为改革的内容。同时，它们启发了新的品味、活动、礼仪和体制的发明。随着巴黎时装在全世界占据主导地位，刻板的服装开始放松。服装设计师保罗·普瓦雷宣布，衣着考究的女士不需要穿束身衣，从而解放了无数的妇女。骑自行车和打草地网球这类活动需要活动四肢，于是衣着逐渐宽松。户外生活在向人们招手。踢球或抛球的新游戏为运动一词赋予了新的意义，很快成为一种体制，有大批的职业运动员和业余爱好者。英国的一位军人创办了童子军。学校课程表加进了体操课。滑雪原来是斯堪的纳维亚地区冬季的临时交通方式，现在被引进欧洲其他国家，变成了一年四季的消遣活动。

各种机器——火车、发动机、自行车、飞机、电影——使人的感官迷上了一个新的东西：速度。火车每小时可以跑100英里。但是，身处封闭的空间里，会使人很快失去速度所带来的兴奋。当时的汽车基本上全是敞篷，风在耳边呼啸而过，给人一种英雄似的奋不顾身的感觉。诗人威尔弗利德·斯科恩·布伦特于1901年在日记中写道："以每小时15英里的速度行驶，实在让人感到振奋。"倘若他9年以后有机会坐在布莱里奥飞机的驾驶舱里飞越大西洋，他一定会感到更加振奋；他也可以从山顶上驾驶悬挂式滑翔机。

在这些令人兴高采烈的活动的同时，精神疾病不断增加，毒品的使用蔓延开来。工业文明中似乎有某种东西使敏感的人难以承受。爱德华·卡彭特在一篇题为"文明产生的原因和对策"的长文中对这种痛苦做了明确的陈述，并指明补救办法是原始主义。在巴黎的拉萨尔佩特里埃精神病院里，法国两位著名神经病学家和心理学家沙罗和雅内要治疗众多患歇斯底里病的病人；歇斯底里病的症状包括抑郁、焦虑、无端的兴奋、运动神经紊乱，以及"臆病"，指从身体上找不出原因的病。有些患者具有多重人格。斯蒂文森关于基克尔医生和海德先生的故事《化身博士》就反映了这个奇怪的事实。

越来越多地使用麻醉品代表着另一种对社会的不适应。吸毒成瘾主要是上层阶级中的现象，人们对此常常抱有同情的态度。当时，买卖吗啡不算犯罪。弗洛伊德就曾给容易激动的病人开过可卡因的处方。我们知道夏洛克·福尔摩斯感到无聊的时候便给自己注射浓度7%的可卡因。俄国沙皇在圣彼得堡登基后不久，便和皇后一起开始服用一种大麻和天仙子碱的合成剂，以减轻公务的辛劳。一个名叫阿莱斯泰

629

尔·克劳利的人更加极端，大肆鼓吹把吸毒和黑魔法结合在一起的乐趣，因此，已故的蒂莫西·利里并非此道的创始人。对此感兴趣的还大有人在，克劳利的《巫术》于1997年又出了新版本。

※

　　无数的改革者热情洋溢，与之相对照的是，有人认为文明粗陋堕落，有思想的人无法生活在其中并且保持神智正常。另一方面，对个人福祉的尊重与各种形式的暴力之间形成了另一种反差。世纪之交时，发生了四场大规模战争和一系列小规模的冲突，它们的共同特征是暴行和屠杀，这些对争取战争的胜利来说毫无必要，只是证明了人性的一个方面。美国多年来一直怂恿、插手古巴的起义，最后与西班牙交战，获得了自己的第一个殖民地。英国在长期参与南非冲突之后，与荷兰的布尔人开战，通过对入伍新兵进行体格检查才偶然发现英国下层阶级男子的健康状况有多么糟糕。布尔战争使英国的将军有了用武之地，战争结束时签署的条约被赞为开明，因为它允许布尔人控制非洲的最南端，但是它也留下了歧视印度人和黑人的种族隔离制度，后来通过流血斗争才废除了这个制度。日本为了争夺朝鲜与中国开战，为以后的多方面冲突埋下了伏笔。然后，日本又为了朝鲜和中国东北与俄国交战。俄国的战败凸显了它的无能，使西方人确信"黄祸"就要来了。

　　与此同时，中国人不断与他们领土上的外国人发生冲突，这些外国人已经占据了不少中国的土地，还在中国领土上建立了租界，但仍然贪得无厌。一个以紧握着的拳头为象征，叫作义和拳的民族主义团体杀害了250个西方人，最后把北京的欧洲外交官全部驱赶到大使馆内，同时还杀了各省的许多外国传教士和商人。一支由一位德国将军率领的由欧洲人和美国人组成的联军被派去救援，成功之后对中国人进行了大屠杀，并要求巨额赔款。美国把它所得的那一份用来设立奖学金，供中国学生来美国的大学就学。

上述是职业军人的暴力行为。非专业性质的暴力则是针对国王、政府首脑和其他政治人物的谋杀（695＞）。在巴塞罗那一家剧场放置炸弹引发爆炸，这种表达激进主张的方法大概比其他任何方法都更有效。在我们这个时代，这个办法得到忠实的效仿。在初始的时候，这种事件通常归咎于"无政府主义者"或"虚无主义者"，因此而造成这两个名称之间永久性的混淆。真正的无政府主义者是一个温和、轻信的人，他宣扬的是没有政府的世界——就像马克思认为在必要的独裁之后将要出现的世界（＜589）。但是，90年代的无政府主义者是没有耐心的，他们要的是立竿见影，并借助艾尔弗雷德·诺贝尔最新发明的炸药来实现自己的目的。诺贝尔因这项发明被如此滥用而感到悔恨，从而设立了诺贝尔奖。虚无主义者这个名称用得也不恰当。真正的虚无主义者不信仰任何东西，也不采取任何行动。由于幻灭和愤世嫉俗的心情，他们认为任何行动，甚至早上起床，都是徒劳的。这一类型在两本俄国小说和狄更斯的《我们的共同朋友》中得到了描述。

犯罪分子显然也受到了这种普遍的躁动情绪的影响。翻墙攀屋的飞贼和撬窃保险箱的小偷首次离开他们在城里固定的活动范围，全面铺开，打乱了警察的惯例，增加了作案机会。他们的一些行为显然给公众带来了一种新的刺激，导致美化绅士盗贼的小说大行其道。拉弗斯和亚森·罗平就是穿上晚礼服的罗宾汉。拉弗斯的创造人是科南·道尔的妻舅，科南·道尔自己的福尔摩斯也同样受欢迎，比高级窃贼更经久不衰，至今仍是那个时代的主要象征。

旷日持久的德雷福斯事件简直和小说一样，但比小说更黑暗，勾起了全世界人的激情和偏见。在法国，叛国、强制、伪证、伪造、自杀和明显的不公等一系列的罪行再次造成了每到关键时刻就会出现的"两个法国"的鸿沟。此前最近的一次发生在1789年，下一次将发生于被德国占领的1940年。关于被终身囚禁在"魔鬼岛"上的德雷福斯上尉的清白，知识分子分为两派，展开了大论战。他们都面临这样一个难题：个人与国家孰为重？左拉向公众舆论发出的呼吁说理清楚，论据充足，并不像《我控诉》这个由克列孟梭确定的大胆的标题表示的那样慷慨激昂。最终，个人主义赢得了胜利。

631　　自从 90 年代以来，其他国家的左派和右派就其他的问题也进行过斗争，这些问题表面上各不相同，实质上都与是选择大规模改革还是严格保持现状紧密相联。这是在自由派和保守派之间的选择，不时还有极端倾向抬头，它有时意味着用武力促成改变。正是在"德雷福斯事件"发生期间，知识分子才成为名词，有了现在的含义，即持有社会和政治观点的专业人士。它与思想家的关系如同唯美主义者与艺术家的关系。所谓知识分子指的是一大批宣传某种事业，经常态度激进，但本身并非思想家或艺术家的人。［应读迈克尔·古德温（Michael Goodwin）编辑的 1877—1901 年的文章选编《19 世纪的观点》（*Nineteenth Century Opinion*）。］

※

　　道德和社会态度是一回事儿，从它们之中产生出来的艺术却是另一回事儿，而与艺术伴之而来的理论又是完全不同的。这三者之间的联系很有意思，能增进对艺术的了解，但不能决定艺术的质量或从中得到的乐趣。一个人可以欣赏一部新古典主义的悲剧，同时摒弃它的君主制倾向；可以阅读兰波、马拉美和拉福格的作品，但不对其中的恐惧感和想要摧毁世界的情绪产生共鸣。在科学方面也是如此，人们可以欣赏结果但对假设持有疑问。这就是这个怀疑一切的阶段的现象。先来谈不多的几个结果：米克尔森和莫雷在 19 世纪 80 年代末通过精确的实验证明，想象中载着光波到达全宇宙的物质以太并不存在。这对于牛顿的力学是一个打击，因为它理所当然地认为"远距离以外不可能产生作用"，一切作用都要靠推力和拉力来发生。

　　在另一个领域，克拉克·麦克斯韦的电磁方程看来不能解释由于化学的进步所产生的某些现象。19世纪70年代，门捷列夫提出的化学元素表表明，特性相近的元素聚在一起，但周期表中有间隙，表明还有尚未发现但特征可以预测的元素。90年代期间，与贝克勒尔和贝蒙合作的两位年轻的化学家，皮埃尔和玛丽·居里夫妇，从沥青铀矿中提炼出一种尽管产生热和电，但会消耗得无影无踪的东西。这种现象叫作辐射。一系列新发现的事实导致了马克斯·普朗克的量子物理学的产生，它声称辐射并非连续不断，而是以一些单独的小单位发生的。对它们不能单独处理，而只能通过计算整体的"半衰期"来处理。这里顺便要说明，"量子跃迁"并不是这个术语字面上让人以为的那种撑竿跳，而是在原子内部不为察觉地发生的。以另一种不为察觉的方式，在耶鲁大学研究热动力学的维拉尔德·吉布斯为物理化学这门新科学奠定了基础。但是，这门新科学的价值和吉布斯的方法很久以后才得到承认。

632

由于这些发现，人们虽然仍确信自中世纪晚期以来所积累的关于自然的大量知识，但是对19世纪提出的物理和化学的基本假设提出了质疑。遭到冲击的还不只是机械论的观点，关于如同成文法一样永远不变的"自然法则"的假设似乎已经站不住脚了。早在19世纪70年代便有人指出，自然规律只是观察到的经常性现象，虽经过仔细测量，但并不是绝对的。然后，一位美国理论家 J. B. 斯特洛对物理学不同领域所用的理论之间存在的出入作了详细的表述。当然，科学从未因立论不牢而受过困扰或影响，但是，在90年代大扫除的气氛中，实证主义中的所有这些裂痕（＜509）都增加了不安感，让外行人感到困惑。[参阅皮尔斯·威廉斯（L. Pierce Williams 的《19世纪科学集》（*Album of Science: The 19th Century*）。]

乘法表需要审查和改革。
——斯特林堡《蓝色笔记》

亨利·亚当斯密切关注着许多领域的新发展，对进化论的情况尤感痛心：进化论并没有遭到摈弃，但围绕着新的物种是如何产生的这个问题开展了大辩论。孟德尔对于香豌豆颜色的研究经过了30年的湮没无闻后被重新提出，以它为基础建立了一门新科学，即基因学。它确定了显性性状和隐性性状的理论。魏斯曼从中认识到，"生存的冲突"是在原生质中发生的。贝特森和其他一些人没有提出理论，但指出，物种比达尔文主义者所认为的更加稳定。迪布瓦-雷蒙认为他的实验表明生活中所获得的特征是可以遗传的，这与拉马克的理论一致，是达尔文主义者（并非达尔文本人）所否认的。德·弗里斯注意到畜牧业中常见的"变种"——后代与祖先大不一样。他把这种现象称为"突变"，认为它比达尔文理论中的小型不规则变种更重要。

40 年前，我们的朋友们对事物总能提出解释，而且对宇宙有一定的把握，有达尔文和查尔斯·赖尔的理论为据。现在他们却说事物无法解释，要不就是有五六个解释，各不相同但都完全正确。德国人被完全弄糊涂了。40 年以前所确立的理论统统要摒弃，其中被彻底摒弃的是达尔文的适者生存论，它再也站不住脚了。

——亨利·亚当斯（1903 年）

根据这种理论，进化也许是断断续续地进行的。抽象地来看，它像是量子辐射。汉斯·德里施在研究胚胎细胞时发现它们的位置影响着它们所发挥的作用，他因此而成为生机论者，与他有同样信仰的还有其他的科学家和哲学家，其中著名的有科学和哲学二者兼通的 J. S. 霍尔丹。在理性上，对于物质这个对 19 世纪思想影响至深的东西存在着一种普遍的不耐烦情绪。数据表明应把它和其他的维多利亚思想一起扫除。以下所述的人物是这种大扫除的积极分子，他采用的办法甚为有趣，虽然在当时毫无结果，他就是——

塞缪尔·勃特勒

和威廉·詹姆斯一样，勃特勒年轻时曾想过当画家。他们二位跟随导师学画都颇有成绩，各自留下了两三幅不错的肖像画，但他们都认识到自己缺少画家必备的灵感的火花，结果都成了心理学家和哲学家，当然勃特勒从来没有追求或获得过专业的头衔。

《物种起源》甫一出版，勃特勒立即认定进化论是最好的假设，可用以取代《圣经》中关于人的起源的说法。在这一点上，达尔文的著作只是证实了一个已经彻底讨论过的观点（＜455、501、571），但是对于另外一点，也是达尔文的主要观点，即进化的方式是你死我活，适者生存，勃特勒是持有强烈疑问的。他向达尔文提出了这些疑问，但没有得到很好的答复，他因而感到气愤，提出抗议，但不太讲究方式方法，结果落了个脾气坏的名声。这注定了他无法进入文学的主流，出版著作还得自己筹款。到他去世之后，20世纪早期他才以《众生之路》这本小说出名，因为该小说正与新出现的道德规范相吻合。

在此之前很久的19世纪70年代，他匿名出版了一部讽刺性的乌托邦小说《埃瑞洪》["Erehwon"是把Nowhere（乌有之乡）的拼写倒过来造的字]，在书中他已经对19世纪的两个偶像——进步与体面——发起了攻击。他把教堂叫作"音乐银行"，人们把德行和过错存在那儿，等到最后去兑现幸福或者毁灭。对于埃瑞洪人来说，疾病或贫穷是罪过，不能引起怜悯和慈悲，而是要受到惩罚。至于进步，埃瑞洪原来也有机器，而且不断对其改进完善，直到人们忽然想到这些机器将很快发展出意识，取得独立，由于它们比人更有力量，因此会进而奴役人类。于是，人们决定销毁机器，连手表也不放过。只保留几个无害的标本陈列在博物馆里。

这本书马上流传开来，读者以为它是维多利亚时期的某个名作家写的，但是，当披露出作者是默默无闻的勃特勒后，便无人问津了。对于成长过程中个性受过伤害的勃特勒来说，这种冷淡无异于雪上加霜。《众生之路》一书叙述了他儿时的惨痛经历（＜553）。由于这种经历，勃特勒对一切确立的东西都持批评的态度。他希望他的攻击能引起辩论，但得到的回应却是沉默和申斥。他从达尔文那里受到的待遇是他儿时家中遭遇的重演。但正是因为这场他单方面的游击战，现在才有了施鲁斯伯里版本的20卷杰作。自那以后，把勃特勒与他的同代人隔开的乌云只是在有些地方被刺破，透进一缕阳光。他那些合乎19世纪90年代和20世纪20年代口味的著作可以说已经家喻户晓，包

634

括《众生之路》《埃瑞洪》和《笔记》摘要。然而，他的四本创意新颖的哲学著作——《生命与习惯》《无意识的记忆》《新老进化论面面观》《是运气还是知识》——却无人知晓。这些著作的题目大概地表示了书的内容，但光看标题想象不到书中关于生活和思想的各种深刻见解。它们的论点可以归纳如下：反对达尔文的适者生存进化论，因为它完全依赖运气，"把思想排斥在宇宙之外"，而经验证明，思想为争取实现它所预测的结果而运作。思想由习惯所辅助，而习惯开始时是有意识的行为，逐渐变为下意识的东西。这种综合知识便是伊拉斯谟·达尔文在他的进化论著作中所提出的动原（< 455），勃特勒对此完全赞同，并提出了一系列动物学方面的事实，它们用达尔文所说的运气是无法解释的。勃特勒还指出，要解释新物种的起源，就必须解释旧物种的变种是如何发生的，而迄今还没有人对此有所了解或发表过论文。勃特勒的这些意见使他成为当时生机论者的一员，在纪念达尔文著作问世 50 周年之际，他得到了基因学家，也是基因学这门科学的命名者贝特森的赞扬。

　　作为思想家，勃特勒与实用主义者不谋而合（666 >）。在对生活进行评论时，他总是要问一种观点想达到什么样的结果，他关于伦理提出的劝导是约翰逊式的常识（< 411）。另一方面，他无论想到什么问题，都会冒出异乎寻常的念头和设想。他不喜欢荷马史诗译文的华丽措辞，于是，他温习了希腊文，自己把《伊利亚特》和《奥德赛》翻译成口语化的英文。他喜欢莎士比亚的十四行诗，试图根据文字上的蛛丝马迹解释其中的故事。他把莎翁的 154 首十四行诗背得滚瓜烂熟，并且断定有几首一直放错

已故的塞缪尔·勃特勒自成一体，是 19 世纪后期最伟大的英国作家。但是，勃特勒的《众生之路》这本对英国生活如此了不起的研究著作几乎没有造成任何影响；我数年之后的一些剧作明显地受益于勃特勒新颖、自由和远见卓识的见地，但人们却喋喋不休地谈论易卜生和尼采的影响，这一切使人不禁对英国文学绝望。说穿了，英国人就不配拥有伟人。
——萧伯纳《巴巴拉少校》的序言
（1907 年）

了地方。经过调整之后，各首诗的叙述更加直接流畅，可以辨认出自传性的句子。他还推断出令人困惑的题献中所说的 W. H. 先生不是贵族，而是一个名叫休斯（Hughes 或 Hews）的人，可能是和莎士比亚同事的演员。奥斯卡·王尔德根据同样的证据也达出了同样的结论，在《W. H. 先生的肖像》的故事中做了详述。但他们的意见都没有得到学者的重视。

勃特勒喜欢到意大利度假，把他在那儿的经历和享受写成了两本旅行书，其中《阿尔卑斯山和世外桃源》堪称精品。他在各地的游览还产生了更多的成果：漫游了西西里之后，根据那里的地貌和其他原因，他认为奥德赛当时就是要来这里；他还根据直觉认为，《奥德赛》的作者是位女子，是书中所描述的瑞西凯厄公主。古典学者对他的见解根本不予理会，因此，勃特勒对于那些缺乏好奇心，只要一种理论论证清楚就对其全盘接受，不予质疑的大学教授们更加鄙视。直到最近，才有一位学者开始讨论勃特勒的有关著作并对它表示了尊重。勃特勒对于英国文学的贡献除了上述著作以外，还有两本有趣的论文集，一本关于他的祖父，闻名的施鲁斯伯里学校校长的生平传记，里面充满了敬仰之情。最后是《笔记》。《笔记》在第一次世界大战之后受到欣赏，因为它的基调与当时浮嚣的气氛恰好相合。

幸好勃特勒无须靠写作吃饭。他年轻的时候为了谋生远走新西兰，从事牧羊业发了大财，然后携资回国。晚年时他的财力减弱，部分原因是受了一个朋友的骗。勃特勒终身未娶，生活严谨，最喜欢亨德尔的音乐。他鄙视 19 世纪的作曲家，把亨德尔奉为偶像，甚至上课学习对位法，（与友人一起）谱了两首小型大合唱并写了歌词，其中

我敢肯定"上帝是爱"。但是爱却又是一个多么调皮的魔鬼！

准备写的文章："致儿童书"，提醒他们警惕长辈的德行。

"烂醉的酒鬼。"他不会把钱给清醒的人；他说他们只会把钱花在吃上，或者给孩子缴学费。

在争议中，得胜的不是辩论占上风的人，而是最有克制，脾气比较好的人。

——塞缪尔·勃特勒《笔记》
（年月不详）

一首是滑稽性的。还有谁能比他更多才多艺，更使公众感到迷惑的呢？

※

在纯科学处于暂时混乱之际，医学却在稳步前进。克劳德·贝尔纳和巴斯德在19世纪中期的辛勤努力终于把最新的实验室研究方法适用于这门古老的科学，各项发明接踵而至。贝尔纳在对消化系统的全面研究中，确定了胰腺和肝的功能，包括血糖的形成，他还首先发现了神经的对应冲动之间的平衡，并用它来说明血管舒缩系统的运作，即血管是怎样舒张与收缩的。巴斯德证明了微生物的存在和惊人的作用，如使牛奶变酸（巴氏消毒法即由此而来，指用高温杀菌）。在此之后，研究人员发现了导致肺结核、白喉、炭疽、伤寒、麻风、流感、淋病和梅毒的各种细菌与病毒，也发现了造成疟疾的寄生虫。他们还发现紫外线可以杀菌。在这些知识的基础上发明了抗毒素血清疗法。同时，医生采用哈内曼的顺势疗法原则已有半个世纪之久，这种疗法是给病人服用小剂量的药物，产生与疾病类似的效果，因此引发病人体内的自然功能去治愈疾病。现在，在运用血清疗法的同时，越来越多的医生和病人采用顺势疗法。外科也不落人后。切除阑尾成为时髦，给美国的克利夫兰总统看病的基恩医生声称："腹腔已经成为外科医生的游戏场。"科学的成就还包括：整骨术已经广为使用；路德·伯班克研究植物改良，培育出了良种土豆；具有权威性的期刊《科学》也是在那个时候创刊。

但是，作为与科学的对立，1890年詹姆斯·弗雷泽所著《金枝》的第一卷出版，使得原来只是学院里的古典学者感兴趣的东西有了新的地位。书的题目就表明它所涉及的是与科学不同的领域：它研究的是各种神话。这些神话来自世界各地，在许多文化中世代相传，被细心的传教士和其他一些自愿离开欧洲，去别处生活的人收集起来。与此同时，19世纪60年代和70年代，早期的文化人类学家泰勒和刘易斯·摩尔根的著作已使人对于部落的思维方式有所了解。弗雷泽注意到来自截然不同的地理区域的神话之间有相同之处，于是开始把它们分类，然后对其中的细节作比较。显然，创作神话是科学的原始形式——人是在解释宇宙，把经验整理为笼统的概念，用神话中的人物来体现这些概念，他们的行为就是真理的反映。

200年来，神话一直被斥为迷信的无稽之谈；现在它们却被看作表达了重要的思想。它们具有丰富的象征性，这使象征主义诗人和对科学的唯物主义不以为然的人都感到安慰；同时，原始思想的复兴也鼓舞了主张放弃文明的人。西方又出现了一波原始主义思潮。兰波、罗伯特·路易斯·斯蒂文森、高更、拉夫卡迪奥·赫恩逃离欧洲，一去不返。另外一些人，如亨利·亚当斯和约翰·拉法吉到近东和远东旅行，寻求暂时的解脱。普通的游客则受到旅行社宣传的"旧世界"和尚未被现代化的喧嚣打破宁静的"净土"的引诱，纷纷前去旅游观光。爱德华·卡彭特的文章（＜628）详尽地论述了人的身心是怎样地需要从城市中脱身出来稍事歇息。

神话的复兴，加上疲劳和厌倦这一对现实生活中的孪生子，导致了瓦格纳主义的爆发。它是一种主义，不同于某个作曲家及其作品的一时走红，像20世纪晚期的马勒。在那之前，瓦格纳的歌剧已经上演了30年，也从鉴赏家那里得到了其应得的赏识。但在1895年左右，由于围绕着《尼伯龙根的指环》的主题、含义和音乐系统所展开的有组织的宣传，他的观众范围大为扩展。音乐爱好者向来在知识分子中占少数，他们多数人基本上看不起歌剧（＜327）。而现在文学人士第一次开始大规模地喜爱音乐——瓦格纳的音乐。他们得知，对于这一新的艺术形式，要从过去的一窍不通变为顾曲周郎，必须努力学习，缩小差距。除了瓦格纳的八部论文集之外，其他人的文章、手册和讲座也帮了不少忙。萧伯纳写了《最好的瓦格纳迷》；巴黎的马拉美在一首十四行诗中把瓦格纳称为神；还创办了一份《瓦格纳周报》，驳斥反对者的观点，同时向崇拜者介绍对瓦格纳音乐的最新解释。

637

要解释什么呢？要解释瓦格纳的一套音乐系统和一系列挑衅性的理论。（瓦格纳主义声称）大师的作品使过去所有的歌剧，甚至歌剧形式本身，都成为过时；新的音乐戏剧复兴了古希腊悲剧的艺术。而且，它又不是单纯的复古，它还是早在 19 世纪 60 年代即已预言的"未来的音乐"。现在，未来已经到来。此外，《指环》的歌词是瓦格纳亲自创作的一首伟大的诗作，需要对它进行解释，因为它是一个社会寓言，阐述了现存的秩序如何以及为何注定要毁灭。拜金主义将毁灭全世界。这样的灾难让毁灭主义者感到高兴，同时证明颓废主义者和那些还没有逃走的原始主义者所见不谬。又有传言说瓦格纳年轻时在德累斯顿曾是革命分子，在 1848 年的起义中差点儿丧命，这使他得到了社会改革分子的拥护。

但是，所有这些文章和手册真正感兴趣的是歌剧的新发展。不再有梅耶贝尔、威尔第以及和他们一类的法国或意大利作曲家所采用的现实主义的手法和令人厌烦的历史主题，取而代之的是让人耳目一新的神话，如《特里斯坦》《罗英格林》《汤豪泽》和《帕西发尔》。《尼伯龙根的指环》布景奇异，角色的名字都是野蛮人的名字，身着原始服装，歌曲慷慨激昂，令人肃然起敬，不是那种观众可以在散场时随便哼唱的小曲。观众一旦掌握了主导主题那一组简短的音符的作用，记住了哪个主导主题代表着哪个角色和思想，就可以沉浸在无止无休的重复性旋律中，看懂剧情的每一个细节。正如托马斯·曼指出的那样，瓦格纳的系统教会了他的观众如何听音乐。的确，不少知识分子发现自己真的十分欣赏音乐，至少是欣赏瓦格纳式的音乐。那个时代可靠的见证人福尔摩斯把他不懂艺术的同伴华生医生拖去听"科文加登剧院的瓦格纳之夜"，并没有引起对方的抗议。

另外，还有一件事也使瓦格纳在文人、画家、雕塑家、建筑师和批评家当中备受尊敬，即使是那些从不听音乐会的人也对他崇敬有加。这就是他作为一个艺术家战胜了古板的资产阶级和学术界的愚蠢抵抗，去世时在自己的国家名利双收。有关他的故事把他描述成一个在古堡里接受人们赞辞的王公，是在拜罗伊特[1]受人崇敬的英雄人物。他使所有的艺术家扬眉吐气，但他又不妨碍任何人，因为他已不在人世。

说起瓦格纳为音乐和音乐家以及整个文化所做出的贡献，人们自然会想到达尔文对科学的贡献和马克思对政治学的贡献。他们各自在前半个世纪的先驱研究的基础上著书撰文，不论正确与否，向全世界宣传他们所研究的问题的重要性——进化论、社会财富的分配和戏剧性音乐。

在瓦格纳主义征服西方的同时，另一种自称为新型的音乐方面的主义在意大利正得到大肆宣扬，这就是真实主义。它的目的是描述"真实生活"，不是历史故事或瓦格纳式的神话。马斯卡尼的《乡村骑士》讲的是乡下的爱情故事，莱翁卡瓦洛和普契尼都就穷艺术家的生活写过歌剧，夏庞蒂埃描写艺术家的"自由爱人"的《路易丝》讲的也是同样的题材。在普契尼的《蝴蝶夫人》中，"你要不要威士忌加苏打水"这句对主人公的问话显然是对真实生活的反映。但是，《托斯卡》的故事是发生在1800年的，整个剧情是老式的传奇剧，只有一点儿现代的味道，女主人公的咏叹调《我为艺术而生》表现了90年代的唯美主义。艾尔弗雷德·布律诺更加始终如一，有系统地从左拉的自然主义小说中取材。但是，在所有这些作品中，只有题材是新的。后来出现了形式和音乐实质的革新，还增加了一些自由的表现手法，其中一个生动的例子是19世纪70年代中期比才（起初并不成功）的《卡门》。威尔第在他晚期的杰作《奥赛罗》和《弄臣》中也体现了这方面的革新。

对瓦格纳音乐的炒作得到大力的"推动"，但是，另外一个相反的运动也发展得如火如荼。这个运动的座右铭是：真正的音乐是绝对的。应用于声音的纯艺术教条谴责戏剧音乐、"标题音乐"、配乐文字或音乐解说词。信奉这一教条的人与佩特的追随者一样，认为一切艺术的纯粹形式都趋向音乐（＜621），对瓦格纳狂热痛心疾首。的确，

---

[1] 拜罗伊特，瓦格纳去世前居住的地方。——译者注

瓦格纳的音乐反衬出 19 世纪意大利和法国歌剧的浮华，任何懂音乐的人都对它们嗤之以鼻。但是，取而代之的是这样一个巨大的杂种，与纯形式或纯音乐相差万里。绝对音乐要求真正的鉴赏家不要再把激起情感或讲述故事的作品视为艺术，这包括自古希腊以来的所有音乐。应该只听除了完成格式外完全没有其他目的的赋格曲、卡农曲或其他曲子。确定这个标准十分必要，因为有些赋格曲或其他曲子能够激发情感，并具有戏剧性（＜388）。音乐、绘画和诗歌的纯粹性说到底是对技巧的欣赏。如果就这种观点进行逻辑推理的话，独奏中一些哗众取宠的技巧应该被认为是艺术，而肖邦和李斯特的作品却因为不纯粹而应被认为是有缺陷的。

导致这种谬论的一个原因是标题这个词含义不清。如果它的意思是指一段音乐用声音叙述某个场景或故事，当然是应该反对的，是违背音乐性质的。含义不明的声音无法讲述故事或者描绘情景，而从来没有作曲家企图这样做过，这是完全不可能的事。事实上，根本不存在"标题音乐"可供人义正词严地指责。但从策划或大纲的意义上说，所有的音乐都是可以有主题的。为人赞赏的纯音乐形式就是作曲家所遵循的主题，所要充实的大纲。除非他只是做练习，否则他的思想和感情一定会在作品上留下印记，这也就是一首尽管"十分正确"却枯燥乏味的赋格曲与一首令人振奋的赋格曲之间的差别。

此外，作曲家还可以遵循第二种程序，如为歌词配乐，使音乐配合歌词的形式和气氛。任何时代、任何地方的歌曲都表达快乐、爱情或悲伤的情绪。宗教仪式所用的音乐也遵循着一种外在的格式，清唱剧和歌剧显然也是如此。甚至舞蹈音乐除了格式以外都表达狂欢或庄重的情绪。婚礼和葬礼都用进行曲，但表达的情绪截然不同。所谓的标题音乐只不过与歌曲或进行曲一样，会使人产生感情的共鸣。它并不讲述一个故事，因为它做不到，但它可以烘托一段情节中的角色、情绪或气氛，同时又不影响既定的作曲形式和规则。在任何时候、任何地方，音乐都是纯声音，甚至在歌剧中也是如此。西方音乐的卓越之处在于，它通过以平均律调整的音阶，通过发展各种复杂的形式和乐器，使音乐的表达力达到了其他文化未能企及的高度和深度。

但是，表达情绪，配合气氛，为词配曲或为仪式谱曲的能力不可与模仿性的效果混淆起来，即使是最伟大的作曲家也常常追求模仿性的效果。巴赫的《马太受难曲》中有些段落使我们想象地震和幔子被撕破的声音，贝多芬的《田园交响曲》喻示了风暴、小溪和鸟鸣的声音。这种模仿常常是通过节奏和音色，而不是靠音符来实现的，并不是实在意义上的"表达"。那么，就出现了这样的问题，声音的汇合怎样与一种感情相对应呢？最后这个词用得不当。比如，在海顿的《创世记》中，在"要有光"这一句上，C大调出现强烈转调。音符本身与阳光没有任何关系，但是，音调转变为那个主音使人产生了一种本能的感受（找不到更恰当的措辞），一种发现、开朗、轻松和解脱的感受，它没有名称，和情感不是一回事儿。这种感受其实可以和几种不同的情感联系在一起，如惊讶、快乐、逃脱和胜利，因此可以适用于几种不同的情况。这一点因作曲家把为一部歌剧谱的曲子用于另外一部歌剧而一次又一次地得到证明。古诺的《浮士德》中的士兵进行曲本来是为《暴君伊凡》而创作的。穆索尔斯基的《鲍里斯·戈东诺夫》中的大部分音乐是为其他题材所创作的。这就是纯声音与外部事物之间联系的性质。

作曲家在为词语配乐或表达剧情时，根据自己的本能知道应该怎样处理旋律、和声和节奏来打动听众。如果一首赋格曲和恰空舞曲尽管没有明显的内容，但仍然像有情节一样使人感动，这是因为作曲家在达到形式的要求的同时，遵循了自己内心的一套无词无象的格式。

古典音乐作曲家的普遍做法反驳了对绝对音乐的崇拜，但这不应该抹杀提出绝对音乐的理由。像其

640

说音乐的实质是含糊的可言传的表达，而不是具体的不可言传的印象，这完全是谬论；若使它成立，就必须只有机械的表达，去除任何印象。

——埃德蒙·格尼《瓦格纳与瓦格纳主义》（1883年）

他艺术家一样，崇拜绝对音乐的艺术家希望为自己的主张扫清道路，具体来说，要扫除种种奢谈。对贝多芬伟大思想的颂扬，霍夫曼对莫扎特的崇拜，舒曼对柏辽兹的解释，李斯特和他的情妇对他的交响"诗"结构的安排，以及开幕前由歌词作者诵读歌词的做法——一切言辞都要扫除。另一个使他们气恼的是 19 世纪的交响乐作曲家同时也是文人，他们认为文学著作像过去教堂的礼拜词和《圣经》的故事一样，给音乐提供了启示。与莎士比亚、歌德、拜伦、司各特和维克多·雨果这些大文豪的作品相联系的音乐起了提醒的作用，使我们牢记过去留下的文化负担。而对绝对音乐和纯艺术的呼唤是为了清除这些负担。其实，关于纯音乐只是提出了理论，创作出的纯音乐作品寥寥无几。作曲家继续在作品的标题中表示他们从生活和文学中得到的灵感，也有不少人毫无顾忌地加进了"标题性"的评注，以便于听众欣赏。

641　　　如果要对这场把艺术与生活脱钩，为了形式而去欣赏音乐的架子的辩论做一个结论，那就是人的思维并不是纯粹的，它充满了根深蒂固的反应和后天联想，是无法排除或予以忽视的。这就是心理学家所谓的统觉。很久以前曾进行过一项研究，观察懂行的听众在不知道音乐的标题和作曲家的情况下，对一首曲子如何"接受"。研究结果表明，无论是业余爱好者，还是专业音乐家，他们的感受都受到各种各样所谓外在因素的影响。完全漠然被动的听众等于是精神不正常。

　　90 年代出现纯粹主义的原因可以理解，在此再说一遍：它是退避的一种具体手段。但同时出现的另一种矛盾的现象是，在同一时代，而且经常是同一些人大用象征手法，欢迎神话的复兴。这两种现象都证明了人的思维对所观察的对象加上自己的看法。这样，思维在观察的对象中不仅看到了意义，而且看到多重的意义。不久之后，曾在巴黎师从精神病医生的弗洛伊德医生在维也纳发展了潜意识理论，这个理论指出了神话和梦境在思维的运作中所发挥的重要作用。

立体主义十年

我简称为 90 年代的那两个十年中活跃丰沛的文化活动并未随着世 纪的交替而停止。在那个阶段中投入的精力在继续进行创新，攻击着 19 世纪的高雅文化。不过，1905—1908 年发生了一个明显的变化，因此战前那个时期恰好可以称为"立体主义十年"。立体主义这一新的画派与那时其他领域的艺术之间有相似之处，与其他文化事业的新开端也有相通的地方，故此以它来给那段时期命名算是恰当合理的。

那段时期与它之前时期的不同之处，首先在于 90 年代期间疏远世界，否定世界方面的精力到了"立体主义十年"变成了肯定性的。参与者和旁观者都兴高采烈，而不是灰心丧气。虽然世界上发生的事情仍然与过去一样杂乱无章、令人痛心，但不再有人论及衰落。这股新的活力来自 19 世纪 70 年代晚期和 80 年代早期出生的那一代人，他们在那个忧郁的时期中成长起来，吸收了它反世俗的艺术和思想，但是他们觉得象征主义或颓废派的思想和手法已经用尽，或者认为还有别的办法来打击社会的邪恶，而不仅仅是予以抵制。

为理解这种态度的转变，应

我感到最困难的是找到对现实的新的落脚点并放弃那个学派的理论。（我指的是由马拉美的追随者提出的理论，）根据那些理论，现实只是临时发生的不测事件，需要艺术的力量来逃脱现实的魔掌。

——安德烈·纪德（1918 年）

我们不是反对过去的破坏性否定运动。我们要建设新的东西，我们是一群建设新社会的工人，新社会应该自由、理智、文明，追求真理和美好。这一切令人欣喜若狂。

——伦纳德·伍尔夫《播种》（1961 年）

该回过头来看看印象派和后印象派艺术家，看他们对世界的看法是如何转到了相反的方向去的。马奈、莫奈、毕沙罗、西斯莱、德加、雷诺阿和贝尔特·摩里索这7位画家曾在1874年被一年一度的巴黎画展拒之门外。他们自己举办的第一次画展震惊了观众，为他们带来的绰号后来成了他们的运动和风格的名字：一位批评家拒不承认他们的作品是严肃的油画；它们逃避现实，只是印象而已，这也是莫奈一幅作品的谦逊的标题。

　　马奈的《圣拉扎尔火车站》以它的题材——火车站——证明了这类画作是多么惊世骇俗。画中的人物和物体是一团团朦胧的颜色，构图简略，手法粗疏。然而有些人号称喜欢它，也有人把它视为一种新厌物，嘲笑地称之为马奈偏执狂。在马奈这幅蒸汽氤氲的作品完成3年后，莫奈以同一座圣拉扎尔火车站为题材连画了11幅画，反映出这座玻璃罩顶、烟雾腾腾的火车站内光线变化的景色。这7位遭到巴黎画展拒绝的艺术家（很快又加上了美国的玛丽·卡萨特）宣示的是绘画这种艺术从现实主义狭隘的限制中的解放。他们推到观众眼前的是一种新的真实，和任何其他真实一样，是"眼中所见的"。当这种新的真实最终得到承认之后，这一再教育的成就启发了王尔德后来的名言"自然模仿艺术"。

艺术的使命不是复制自然，而是表达自然。物体的形状是靠光的辐射显示出来的，所以我没有勾出外形；我在曲线内涂上了一层温暖而细腻的色彩，你看不出曲线是在哪个地方与背景融合的。近看模糊不清，但退后两步一切就都清晰起来，可以感到空气在包围着整个人体。

——巴尔扎克《无名的杰作》
中的主人公（1832年）

印象派画家的出发原则是：光线的作用才是真正的现实；物体不是我们以为的有确定轮廓和颜色的固体；阴影也并非千篇一律的黑暗，它们包含着与投下阴影的物体的颜色相补充的颜色。艺术家对视觉合并的现象加以利用，在这种现象中，两种纯净的颜色，比如黄和蓝，紧靠在一起会看起来像是调和成为绿色，而且比真正调和在一起的颜色还要明亮。这种技法造成了印象派作品特有的亮度。最后，光线是不断变化的，所以一幅画应当立即画成，像一幅快照或尽量近似快照。莫奈就是在这一前提下画出了卢昂教堂的一系列总计20幅的"镜头"——灰色的、蓝色的、粉色的等等。［乔治·穆尔（George Moore）的《现代绘画》（*Modern Painting*）仍然值得一读，里面的一系列短文表达了一个当时的人对从科罗到莫奈的过渡的看法。］

这种新技巧有科学的基础。一代人以前，谢弗勒尔和亥姆霍兹就确定了有关颜色的科学事实，但那些印象派画家是不读科学书籍的；他们靠自己的眼睛和德拉克洛瓦的作品确认了他们技巧的合理。德拉克洛瓦画过有颜色的阴影，像他有一次对乔治·桑的儿子解释的，这种视觉效果是绘画的根本。

早在15世纪时，在威尼斯画派不止一位画家的作品中，这种手法就初见端倪。离20世纪更近的透纳在他的晚期画作中使用了大片鲜艳夺目、互不协调的颜色。可以援引这些先例来证明这一新的手法师出有名，但德拉克洛瓦直接、公认的影响证实了先前所说到的联系，即印象主义与象征主义一样，是从浪漫主义衍生出来的又一种风格（＜479）。

印象派用了大约8年的时间才得到了一定的承认。坚决捍卫他们的人有左拉和其他的自然主义派作家，他们认为印象派的作品与自己的作品有相通之处，都是要确切地重新创造"自然"并从日常生活中选材。从另一个角度，也可以说这些画家和象征主义者一样，也是通过模糊真实世界的严酷来逃避世界。既然不止一位印象派的大师到了20世纪仍然健在并作画不辍，在他们眼里，90年代的后期印象派手法一定像是一些不和谐的线条，是对历时60年仍然雄踞画坛的印象派风格的违逆。在这里要顺便说一下，1900年左右被称为新艺术

可以在画中使用最强烈的颜色，只要能用把它们结合在一起的方式表现出来，你的画就永远不会刺眼。自然的颜色难道是暗淡的吗？难道它不是充满了强烈的对比然而却丝毫无损于它的和谐吗？有些人想从他们的画中消除强烈的色彩，这是可以做到的，但有一个小问题，那就是画也随之被消除了。

——德拉克洛瓦《回忆》（年月不详）

（*Art Nouveau*）的并不是印象派或由它衍生而来，而是对它的反叛。新艺术是一种柔和的风格，弃现实主义而取弯曲的彩色线条和花朵图案，比如巴黎地铁站入口处的铁饰。巴黎的穆哈和美国的蒂法尼是最杰出的两家代表，但这种风格没有提出新的手法，很快即成为明日黄花。

　　有一位与印象主义同代的画家先是使用印象主义的手法，后又抛弃了这种手法，他叫保罗·塞尚。他当时被认为是个失败的画家，左拉甚至在一篇小说中把他描绘成一个可怜的角色。塞尚认为颜色和描绘是同一要素，所以若是忽视描绘，线条和轮廓就没有了形状。他说他的目标是"要使印象主义牢固持久，像在博物馆中看到的艺术一样"。他去掉了瞬间性的因素，使用成块颜色的对照和确定的体积之间的对比来恢复强调性构图。自塞尚以后，年轻的画家都以不同的方式脱离了印象派的模糊。几乎像幽灵一样消散于无形的物体在塞尚的作品中重新出现了，但与在库尔贝的现实主义画作中的样子不同——不是自从文艺复兴运动发现了透视画法以来一直奉行的对自然的逼真模仿，但又强烈地显示出物体的自然形状。

　　在塞尚的时代，像苏哈这样的新印象派画家也把德拉克洛瓦奉为先驱，他们勾画人体的轮廓，同时以小块（不是点）来着色，因而保留了印象派的光彩——视觉合并造成的鲜艳夺目。另一位新印象派画家西涅克就这一体裁提出了一整套理论。他的著作具有双重的意义，因为它标志着对艺术创新进行详细说明以飨大众的开始。当时确实急需理论，过去是一个时期只有一种风格，现在却是几种风格并存。外行人问："我应该注意哪些特点？"批评家则想："这是艺术吗？如果是的话，是哪一种？"理论给这些问题提供了相当合理的答案。此外，画廊在为它们展出的艺术家作宣传，促进画作销售的时候也需要援引理论或原则。1840年巴尔扎克估计巴黎有2 000名画家，而一个世纪后，欧洲和美国的每一个文化中心都有至少这么多人的画家大军。每个想开办画展或为自己找经纪人的艺术家都得陈述自己的目标，并阐明自己特有的想象和方法。

　　在塞尚孜孜于体积的比例和平面的层次的同时，高更作画则着重轮廓清晰，颜料用得很薄而且分布均匀，因而看起来显得有点儿平板。梵高也在发展他特有的形式，使用厚重的浓烈色彩使得画面粗糙不平，而且有一种特别的光彩。高更和梵高描绘的都是常见的物体，但他们的兴趣在于处理的手法。另外一群画家采用了另一种手法，他们自称纳比画派（Nabis，希伯来语中先知的意思），别人则称他们为野兽派（fauves 在法语中是野兽的意思）。这一群画家的公认领袖马蒂斯放松了绘画和"现实的幻象"之间的联系，为了审美或装饰性的效果而歪曲形式。高更和梵高使用色彩来产生对比或鲜艳的效果，而不是为了反映现实；在一幅肖像画中，一张侧脸的两面可能分别是橙色和绿色。观众逐渐学会不再期望在画布上看到与真实一样的东西。有些脱离真实的艺术表现是受了东方艺术，特别是日本艺术的启发。人们就这些各种各样的对真实的描绘撰写了许多论述性的书籍，著名的有罗杰·弗赖和克莱夫·贝尔的著作（＜ 622），它们把所有的表现手法都归结在一起，宣称艺术就是在一个平面上的颜色和线条。惠斯勒的"排列"显示的可能是一座桥梁或一个坐着的女人：那并不重要，关键是各部分安排得如何。这个问题促使眼睛忙于观察，无暇思考画中的意思。

　　在雕塑领域，体积当然是艺术的一部分，但与印象派画家同时的爱泼斯坦和罗丹所作的一些雕塑表面坑坑洼洼，如同梵高画作的质地。罗丹的构想也有别于单纯的再现。他为一处公共场所做了一尊巴尔扎克的雕像，头颅巨大，胸部从一个木桶般的物体中钻出，这尊雕像引起了抗议，被拒绝采用。

647

※

　　与印象派及其三四个后继派别的彻底决裂发生在 1908 年毕加索和布拉克被称为立体主义的画作第一次出现的时候。这一名称是照例的粗略，所引起的抗议也是如往常的激烈。对终于接受了印象主义和后印象主义的鉴赏家来说，这一从塞尚向前的跃进虽然实际上并不巨大，但仍然触目惊心。一位为印象主义呼吁呐喊的受人尊敬的批评家到了20世纪30年代疲惫消沉，把前四分之一世纪的艺术作品统统斥为糟粕，他文章的标题是"发了疯的绘画"。

立体主义画家远不止上述的两位，而是很快就扩大为一群训练有素的年轻艺术家，包括格莱茨、德劳内、梅占琪、奥尚方、塞韦里尼、莱热、莱昂内尔·法宁格、卢索洛、胡安·格里斯。他们作画，展出，为立体画派做宣传，俨然把它作为唯一与时代相符合的艺术，令批评家火冒三丈。他们画的是一堆堆由色彩暗淡的平面组成的几何图形，完全没有和谐，丝毫不能激发观者的想象；他们居然把这种东西作为值得一看的画作展示出来，这是对观众的侮辱。诗人纪尧姆·阿波里耐撰写了一系列文章来试图解释这一难懂的画派，不久后，格莱茨和梅占琪这两位画家也为此目的写了两本书：《立体主义》和《关于立体主义以及如何理解它》。他们在书中解释说，立体主义绘画是对形式进行分析的产物。立体主义完全忽略表象，只表现实质，是对古典原则的回归。浪漫主义已经把戏剧性和心理的意图发挥到了极致。没有必要重复已经做过的事情。

塞尚已经表现出了对形式分析的兴趣。他在埃斯塔克画的一些风景画有前立体主义的影子。他在画中把刚果的雕刻面具棱角分明的两个侧面置于同一平面上，因而为毕加索所赞叹。此外，立体派画家所谓的"形式"代表整个物体，不只是它的正面形象。他们在画布上的一个形象中放入绕着物体所看到的一系列方面。对这一原则最清楚的体现大概是马塞尔·杜尚还未脱离立体派时的作品。他的两幅《走下楼梯的裸女》中的人体轮廓既是连续性的又是同时的，因而表现了走下台阶的动作。这种记录现实的方法不仅限于画家，而是一时之风。早在立体主义出现10年前，象征主义批评家雷米·德古尔蒙就曾说过："信不信由你，我可以同时看到一个方块的各个面。"

其他艺术领域中的努力也遵循着同时性这一思想，或应说是感觉；

这说明了把这整个运动称为立体主义的道理。雕塑家分析物体和人体的形状，创作出来的雕塑也是几何形的，其各个协调的平面表示着动作的意思。纽约现代艺术博物馆花园里陈列的杜尚-维荣的雕塑《马》不是一匹四足动物，而是代表着这种动物蜷缩待发的力。布朗库希的鸟，像阿尔基彭科的人体一样，也以同样的方法表现动态；它们都有着流线型的表面，或平或圆，没有形状方面的细节。这些雕塑和立体主义的画作对家具、日用装置和纺织品的设计产生了长久的影响。称为装饰艺术（Art Deco）的风格因为第一批设计者计划在 1915 年举办装饰性艺术展览而得名。第一次世界大战把展览推迟了整整 10 年（725 ＞）。战争爆发前一年，纽约市举办了现已赫赫有名的 1913 年军械库展览，它引起了人们的纷纷议论，但已不再像过去那样是一边倒的攻讦。前总统罗斯福为该画展写了一篇评论，前几段写得极为礼貌客气，之后下结论说最新的一派画家是"狂热分子"。军械库展出的画作后来又运到波士顿和费城展览，估计参观者达 15 万人之众。

众所周知，建筑师也热衷于使用去尽雕饰的平面。他们比起立体派艺术家来领先了一步，因为他们受到火车站的启发，有钢材可以利用；城市地价昂贵，因而需要建造高层办公大楼，这也是一种激励。19 世纪 90 年代期间，路易斯·沙利文就在芝加哥建造了高层办公大楼。在立体主义十年中，所谓国际风格的特征体现在托尼·加纳、贝伦斯或奥古斯特·佩雷设计的建筑物中。佩雷在推动当时的新型建材混凝土的使用方面发挥了特殊的影响力，他与同行们的不同之处在于，他认为到处都是光秃秃的表面会显得沉闷乏味。他设法打破沉闷，同时又不影响严肃的功能性形象，香舍丽榭剧院就是这方面的例子。

※

在同时性成为主流的情况下，诗人已经不能再满足于像过去一样只表达一己的声音了；他必须把他所听到的或能想象得到的生活中的各种嘈杂协调起来表达在纸上。这一纲领由 H. M. 巴尔赞于 1912 年确定，并由他和其他人在各种作品中予以执行。他们打破了一行行的印刷格式，或是在一行诗上方利用其中一字多音的现象写下另一行诗，用以表现同时唱出的歌或别人说的话；或是把人们熟悉的诗作拆开重组，用视觉的方式来表达主题。后来的合唱诗和具体诗派即由此脱胎而来。早期这类作品中最著名的一部是阿波里耐的《图形诗集》。怀有同样意图的一体主义诗派使用的是较为传统的手法，他们把同时性解释为得到解放的大众强大的共同声音，并不分散多样，但需要某种新形式的表达。朱尔·罗曼的自由诗和小说就体现了这种观点，费尔哈伦的《章鱼城》也是一部代表作。

649　　　　有人说立体主义画派和各种各样其他的艺术受到了科学的影响。这种说法没有说到点子上，因为那些艺术家根本不读有关科学的东西，即使读的话也读得很少。不过为了深入了解这些艺术，剖开表面显出结构，可以说立体主义与 20 世纪早期的物理学虽然互不相干，却有类似之处：原子比可见的物质"更加真实"，沿着这个方向可以推理到分析的极致。

在他最近（1911 年）的作品中，毕加索实现了对物质的逻辑上的破坏，然而他并不是通过瓦解的方法，而是把物质的各部分分开，然后建设性地四散各处。纯粹的艺术形式是他一生关心的真正问题。
　　——瓦西里·康定斯基《关于艺术的
　　　　　精神方面》（1914 年）

吸引了立体派艺术家注意的不是科学而是技术：汽车和飞机的速度造成视觉图像的迅速变换，把圆形变为平面。没有记录说哪位立体派艺术家坐过飞机，但从摄影照片中可以看到地球呈几何形状，现在空中旅行者对此均已非常熟悉。电影在改变视觉现实方面的影响显然也属于这一类。"电影"里的人物不是在动，而是通过迅速变换画格来造成动的假象，即所谓频闪效果。快进电影胶卷造成的疯狂效果，把不同的画格放在一起以使人物做出不可能的动作，使用软聚焦或其他的歪曲现实的方法，这一切解放了人的思想，不再愚蠢地抵抗艺术性的歪曲。

　　不久，戴维·格里菲思的天才头脑发明了一系列的装置，为电影这门新艺术奠定了基础。格里菲思是个不得志的演员和剧作家，有5年的时间受雇于一家名叫拜奥格拉夫的公司，负责导演短片电影。他一共导演了400部片子，其间他创造了近镜头、远镜头、淡出和淡入，取景时采用不同的镜头，避免总是千篇一律的长方形，还使用交叉剪接以表示同时发生的行动。已经习惯于这一类效果的现代观众意识不到它们对正常的眼中所见的景象造成多么大的歪曲，也想象不出它们当初给观众带来了多么强烈的震撼。

　　在那些年间，由于施蒂格利茨和他的合伙人斯泰肯的努力和宣传，摄影成为一种有别于绘画的平面造型艺术，并与绘画一样引起观众的兴趣。在以其门牌号"291"命名的画廊里，施蒂格利茨举办展览、讲座，并像格里菲思一样不断发明新方法使摄影机能令他随心所欲。他是第一个拍摄雪景、雨景和夜景的人。这一媒介用言辞以外的手法开启了人的思想，使人看到了前所未见的东西。凑巧19世纪90年代颁布的一项法律赶在施蒂格利茨之前宣布摄影师不是机械工人，这一行属于专业人员，必须付费领取许可证。施蒂格利茨是积极行动派。在军械库展览之前，他就展出了塞尚、马蒂斯、劳特里克、卢梭、毕加索和塞韦里尼的画以及罗丹和布朗库希的雕塑，尽管当时的观众几乎全部抱有敌对和嘲笑的态度。他的画廊中也展出现代美国画家的作品，那些画家因自己的画作得到展览而大受鼓舞，约翰·马林、哈特利、德夫、莫勒、马克斯·韦伯是其中的几位。

650

　　立体派画家同印象派画家一样，从自己周围的生活中取材，而不再画历史、神话或寓言题材，在肖像画中也很少或几乎没有心理因素的表现。这种平凡的景观由于布拉克发明的拼贴画而进一步加强——在画布上"粘贴"从普通物品上剪下来的碎片，比如报纸的标题，用以加强静物画的效果。这一点与现实相关的特色经过立体主义几个阶段的演变而逐渐消失。到了20世纪20年代，据说格莱茨和德劳内的立体派作品导致了现在几乎流行全球的所谓抽象派艺术（723＞）。如前所说，抽象的不是画或雕塑——它们都看得见摸得着，而是其他因素被抽取掉之后剩下来的东西。因为"抽取艺术"听来别扭，莫如用"分解"一词，或者用更为恰当的"剩余艺术"。

消除可辨认的东西，特别是在立体派肖像画中消除人脸，这与平民主义的浪潮有着一种微妙的关系，以前说过，这股浪潮在世纪之交席卷欧洲和美国。新出现的大众淹没了个人。当然个人依然存在，但默默无闻，是成千上万类似的原子中的一个。现在几百万人个个都十分重要，但在地位和习惯方面又无从区分。如果像布莱克着重强调的那样描绘具体的特征——浪漫主义派倾注了如此激情的详细的独特性——就会显得琐屑无聊。

脱离印象主义的这些趋势发生在法国，同时在其他国家中出现了印象主义几个别的变化。由弗朗茨·马尔克和瓦西里·康定斯基领导的"青骑士社"的德国艺术家修改了表现手法来象征生命和物体中的精神因素。埃米尔·诺尔德和他在"桥社"中的同志们笔下的人不堪外界力量的重压。斯堪的纳维亚的爱德华·蒙克描绘的人或惊恐万状或精神错乱。维也纳的柯柯什卡画出了酷刑造成的人性的改变。艺术正视它所处时代的罪恶，记录邪恶有时被称为表现主义，但这一名称更适合于戏剧。上述风格的共同要素是歪曲了形状但没有抽取本性。在意大利，表达的信息和方法有所不同。那里的未来派艺术家使用立体派的技法来赞美速度、机器和一种兴致勃勃的毁灭主义（＜619）。卢索洛题为"一辆汽车的动态"的画中既没有车也没有人，只是暗示了乘车高速前进时会感到的气流。

从对这段艺术蓬勃兴旺的时期的总结中可以得出两点一般性结论。一是现代主义这一用语所涵盖的时期最合理的起始时间不是1880年或1890年，而是刚才描述的那几年，即在象征主义和印象主义成名之后，大众于20世纪20年代了解到1914年战争爆发之前那几年的成就之前。在现代后面缀以主义所代表的突变只是在那个时候才为大众所普遍觉察。有一个简单的事实为证：战争结束之后对浪漫主义的诋毁和对维多利亚时期的嘲笑登上了报纸流传于公众之间。利顿·斯特雷奇和欧文·白比特是 20 年代的啦啦队长。

第二个结论其实暗含在第一个之中：我们目前的艺术手法都源自立体主义的那个 10 年，但通过对这些手法的不同方式的发展，艺术家的敏感、他对世界的态度和他对自己的感觉逐渐从结构主义——1914年之前一些画家为自己起的恰当名字——变为解构主义。后来流行的它的同根词拆解可以用来表达同样的意思，而且特别贴切，因为它的意思是"把原来建好的东西分为小块"，不是简单地"把它打垮"。

另一股力量由于战争的爆发被打断，后来再也没能恢复元气。整个文化，不只是它的前卫派产品，本来在精神上都是国际性的。在1914 年以前，中欧的批评家和学者最没有民族主义的偏见。他们热情友善地论述过去和现在的艺术，形成一种与面向世界的 18 世纪相似的气氛。这种气氛助长了创作和欣赏时欣欣的情绪，使后来的人在回顾那些年月时把它们称为美好时期。艺术家可以自由旅行，无须护照或签证。许多人去了巴黎，通常会逗留一段时间，因为那里的气氛最热烈；他们回到柏林、维也纳、布拉格或圣彼得堡后在创作中把新得到的灵感与当地的特点和他们自己的发明融合在一起。［请读斯蒂芬·茨威格（Stefan Zweig）的《昨日的世界》（*The World of Yesterday*）。］

※

民粹主义一词作为世纪之交的一个特点在不同的背景下均出现过。在美洲，它是一个以该词命名的自觉的运动；在欧洲，它则是一种影响着政治和文化行动的观点。这个词可以定义为"人民"存在的强烈表现，包括他们的需要和权利，他们的行为和思想。90 年代期间，这些构成了自然主义小说的基本内容，也是促使唯美主义者去寻求一个更优美的世界的原因。关于群体心理学一共写出了三部杰出的著作。西方世界各处都在有系统地研究社会在个人思想形成中的作用。美国的莱斯特·沃德、C. H. 库利和乔治·米德以及欧洲的滕尼斯、霍布豪斯、帕累托和马克斯·韦伯为社会心理学奠定了坚实的基础。所采用的研究方法则来自另一门新成立的社会学。

有组织的群体在人的生活中一直起着重要的作用，但从未像目前这样重要。

——利本《群体心理学》（1895 年）

652

一个社会事实是任何能够对个人产生外在的限制的经常或非常的行为方式；或任何在某个社会中的普遍行为方式，但此种行为需独立于其个别的表现方式而存在。

——涂尔干《社会学研究方法准则》

（1895 年）

社会学的创始人埃米尔·涂尔干提出"社会事实"是类似原子的一个基本单位。它与涉及个人思想的心理、政治或可以任意改变的法律都没有关系。自杀是一个社会事实，涂尔干选择了它作为他第一项大型研究的题目。这个事实可以通过统计来衡量，并与其他社会事实联系起来以找出相关性，并做出预测——这些是一个社会的"规律"，

意即统计规范。这一前提如果成立，它就包含了一种决定性，使这种研究成为一门科学。

20 世纪把涂尔干的学科发展为无数的专科。今天，大众每天都会从报纸上看到各种"研究"用数字表示在具体的条件下群体中个人的行为表现。立法经常以这类报告为依据，犯罪的统计数字就是一个例子，尽管统计学家不断对数据的准确性提出质疑。社会学家对一个叫作米德尔敦的社区详尽无遗地分析了两遍，民意测验这一普遍的做法也从社会学衍生而来。每一项活动都有社会学，无论是科学、艺术、游乐，还是性；关于犯罪的社会学叫作犯罪学。

在社会科学不断扩展的同时，历史学的著述也在经历检讨和改革，同样是为了符合平民主义的趋势。史学泰斗、《剑桥近代史》的主编阿克顿勋爵告诉他手下的人："要研究一个问题，不要研究一个时期。"他是在指导他们去注意一种社会状态而不是一串事件。在法国，由吕西安·费弗尔领导的一组人也持同样的意见，不再研究事件，而要研究"集体心态"。他们出版了《经济和社会史年鉴》，使"年鉴"这

个名词成为一种学派和技巧的代表，为各地的大多数史学家所接受、采用。史学的实质和特征发生了剧变。叙述、具体人物和文学性手法从它的定义中剔除出去，研究中也不再包括这类因素。在德国，狄尔泰把思想史重新定义为与社会神话史近似的东西；兰普雷茨则要求历史利用心理学和社会学的最新发现（656＞）。

　　历史研究的这些目标一直维持至今，已故的费尔南多·布罗代尔和他的同事罗伯特·芒德罗被推为这一改革后的体裁的大师。有些人认为这种体裁终于把历史变为了一门科学，其他人则认为它实现了"人的科学"的综合。它依靠对于生活留下的普通事实进行详尽无遗的研究，这些事实保存在市政厅、警察局、商业公司和私家阁楼等任何存有纸张的地方。这种研究理论认为，只有从那些地方才能了解人民的真实生活。在这样的历史中，叙述让位于描述，主题压倒了时间的连续性，历史学家变成了研究过去的社会学家。他研究的是在某个时间某个地点的暴力情况或生活费用、宗教习惯或商业企业的形式。于是有了《哈布斯堡时代西班牙的贫困》和《17世纪英国的疯狂、焦虑和治疗方法》这样的著作。如果历史学家有足够的勇气，他会试图分若干章节论述相当长的一段时间内类似上述的题材的演变；比如关于一个单一题目的《几世纪以来童年的变迁》和全面性的《法国：1848—1945》，书分两卷，上卷的副标题是"野心、爱情和政治"；里面的章节标题包括"富人""儿童""文书"和"政治中的天才"。

　　这些历史学家筚路蓝缕，开启了平凡事实的巨大库存，使这些先前利用不足的事实充分为人所用。他们的艰苦努力值得尊敬。以前的历史学家并非轻视这样的题目，但只是在叙述事件和个人行动并杂以阐述他们扎实的研究结果的过程中对它们稍予提及。现在个人被认为不再重要。无论是伟大的人或是中等地位的人都没有影响力，只有群众才有力量，这种力量所影响的不是无足轻重的事件，而是生活的普遍条件。这种没有动感的历史推翻了2 500年的传统。

　　史学变化的第二个结果是公众不再像19世纪时那样阅读史学著作

了。一些专业史学家仍在撰写关于人物和事件的专著，但麦考利、普雷斯科特、米什莱和蒙森这样的大师级人物却没了踪影；他们的后学在忙于收集材料来写友谊的历史，或私人生活的历史，或嫉妒的历史。公众阅读的是通俗历史学家的著作。他们的书可以写得内容翔实，文笔生动，但经常只是把过去的事以引人入胜的笔法写出来而已，缺少了使作品获得生命力的因素。

企图用回溯性的社会学来取代历史这种做法很不可取，不是因为这样的历史没有意思——里面可能充斥着趣闻逸事，甚至到了啰唆的地步——而是因为它尽管进行了大量的发掘，结果还是达不到目的。史学家坦承数据是不完全、不充分的。结果就像一位英国历史学家指出的那样，布罗代尔的《地中海世界》中列举的大量细节并没有增多我们从以前的"文学性"介绍中所了解的情况。另一个缺点是它所处理的题目——婚姻、暴力、友谊——无法明确界定；它们进入了抽象的领域；像社会学一样，它们在一个名称下把在存在意义上完全不同的行动和情况混在了一起。

但与年鉴学派同时期的还有汤因比和斯宾格勒，他们和在他们之前撰写巨著解释历史的意义的人做的是什么呢？他们的工作应算作历史哲学，因为他们在事件的混乱中理出了系统和目的。他们把一股连续不断的力量或一个预先确定的目标作为动力，而这一动力最终将推动人类达到美满或灾难性的结局。上帝的神力、自由的进步或阶级斗争被认为是在混乱的表面下推动历史前进的动力。研究者把表现出不断前进的历史事实组合在一起，以此来证实这一理论。

654

这些恢宏巨制的优点在于它们的副产品：描述的部分创意新颖，令人信服，是出色的史学。但当作者把为人熟知的事件和人物强行塞入预定好的框框的时候，这一系统就无法维持了。比如，汤因比为了适合他预定的格式硬把"三十年战争"算成一场"小型战争"。造成这整个系统无法成立的原因是认为历史由单一原因驱动的谬误观点。历史的原因如同人的动机，是无法确知的，对它们两者都只能猜测而已。与其奢谈历史的原因和造成历史变化的力量，不如讨论条件和影响更为明智，因为促成历史演变的是人的意志，而意志是人人都有的。

　　这意味着历史学家要考虑许许多多的因素。它们包括人的性格的多样性；人的各种欲望和力量；多种多样的社会和政治机构；为改善生活而提出的无数计划；为人们所狂热地恪守、激烈地反对，并为之不停地争斗的数不清的信仰、守则和习俗；以无尽的风格和语言表达出来的浩瀚的艺术；等等。当然，还有与这一切并存的牺牲、不公和痛苦，以及外部强加的或自愿承受的迫害。考虑到这一切，历史学家一定会认识到这些需要发挥想象力的具体的东西是不能合并起来压缩为公式的。历史不是一个代理人，它也不含有暗藏的力；历史一词是对人类的全部行为的抽象，把这些行为产生的相互冲突的结果说成是某种暗藏目的的实现等于把人类变为了傀儡。

　　因为同样的原因，历史不可能是科学；它与科学恰恰相反，因为它着重研究的是具体情况。正如詹姆斯·菲茨詹姆斯·斯蒂芬在19世纪时指出的那样，它包括几条"法则"，半张纸即可容下。作为例子，姑且说历史动力学的第一条法则可以是："事事棘手，无一持久。"它可以涵盖生活中观察到的一个事实的所有表现，即任何目的或思想的实现都不是顺顺当当的，都有障碍、挫折和暂时的停滞；任何运动、制度或文化都不可能永远维持下去。

　　历史既非科学又非哲学，而我们这个时代即使无法成为科学至少也要求有一套理论，于是历史益发显得无法立足。那么，这个灰姑娘还有翻身的机会吗？我们可以这样为它争辩：即使历史只是以不同的版本讲述的故事，这样一幅充满了动作和色彩的巨大壁画还是值得保留的。何况如序言中所说（< xiv），在一位善于思考的史学家手中，历史还有更多的作用。它显示出以不同形式重复出现的格式，这些格式如同戏剧，有提示、冲突和收场，它们目的的连续性则暗示了主题。人的知识通过这一切不断增加。历史中还包括各具特色的生气勃勃的生活，过去的人物因而成为有血有肉的人。

这些因素本身就值得尊重，不需要理论做支撑。此外，历史还有另一种价值。本书中作者偶尔会插入一句："这是一般规律。"意思是刚才达成的结论经适当改动后也适用于许多其他情况。这些思考的成果像历史本身一样，裨益良多并且饶有趣味；下面是整整一打结论，它们表明了回顾西方过去的 5 个世纪观察体会到的一些规律：

——使一个时代（一个纪元内较短的一段时间）形成一个整体的是一到两个急迫的需要，不是所提议的补救办法，因为这样的办法多种多样，反而会造成分裂。

——一个思想或艺术运动的最佳成果是在努力打败敌人，即先前的思想或艺术的斗争中产生的。取得胜利后别人会群起模仿，最终导致沉闷。

——"＿＿＿＿＿ 时代"（可以填入：理性、信仰、科学、绝对主义、民主、焦虑、通信）永远是命名不当，因为它以偏概全；可能只有"困难时代"除外，因为它在不同的程度上适用于每个时代。

——一切历史标签都是绰号，如：清教徒、哥特、理性主义、浪漫主义、象征主义、表现主义、现代主义，因此有虚假不实的成分。但"更为准确地重新命名"会白费力气。持不同想法的人提出的不同名字会重新造成混乱。对历史给予的名字只能接受并把范围扩大，而不要企图加上一句话予以说明或把名称再进一步分为小部分。

——历史学家并不把原因孤立地挑出，这即使在自然世界也是无法做到之事；他只是描述他认为是相关的情况，偶尔加上对它们相对力量的估计。

——以下这些说法本身都不成立："思想是社会的产物"，"社会变化是思想的产物"。

——上述的否定也适用于遗传和环境、伟人和大众、经济力量和有意识的目的，以及任何一对常为人援引的并列因素。它们各自行动的确切轨迹无法弄清，因此不能妄下结论。

——一个阶级不是一群步伐一致的相同的人，而是像一个平台，不断地有人从上一层滑下来或从下一层爬上去。他们一旦安顿下来之后，就会获得与平台上其他人共同的特征。

——有影响力的论述通过提出的一两条准则促进了西方思想和制度的改造，而这些准则并不一定与论述的内容一致。这些准则的支持者和学者们只是在有关著述发挥了作用之后才开始对那些著述细细研读。

——艺术中确有流派的影响，而最强烈的影响也是最灵活多变的。一旦流于刻板就成了剽窃，不应因剽窃者名声显赫而对这一事实讳莫如深。

——在传记中描述人物时使用潜意识这一动机来进行系统性的解释会事与愿违。这种做法把传主变为一个案例，成了心理学文献中的一个类型。

——在某些时候，在某个领域中的某些具体方面确实取得了进步。然而那并非整个文化战线上的全面进步，虽然看起来似乎如此，这是因为进步把滞后的部分遮盖住了。科学也不例外。

对这些原理性的规则，研究者和读者无疑会想到某些不同或相反的例子。这就是规则的一个用途：增强对相同之中不同之处的敏锐感觉。另一个用途是指导对任何过去或现在的事实进行思考。对一般性的理论进行测验可以使记忆更为精确，这就是了解历史。还需记住这12条不是全部，还可以提出别的规则来，然而没有几条，甚至可以说没有一条，在其发源的时间和地点范围以外也能适用。

※

兰普雷茨告诉他在圣路易斯的同事们："进步的，因而也是进取的观点是社会心理学的观点。"我们已经看到了社会那一部分的结果，心理学的部分也产生了相应的影响，不过所影响的是传记，不是历史，这个题目以后会讲到（792 ＞）。这里需要讲的是人类学的改变。

这一学科也扩大了范围。19 世纪集中注意个人，研究他 / 她颅腔的大小，顺便记录头发和眼睛的颜色以及身高。对于最热心的研究者来说，这些就足以确定种族、政治、野心的大小和最终的命运（< 578）。平民主义的时代倾向丢弃了个人，把注意力转向部落。在马林诺夫斯基和弗朗兹·博厄斯的手中，人类学变成了原始群落的社会学。研究者和他们生活在一起，记录下他们生活的每个特点。人类学家把他们的一整套习惯和信仰称为文化，像以前说过的，这个词已经用滥，几近荒诞的地步。调查结果引起了普遍的好奇，人们把这些结果断章取义，当作论据来就现代社会的道德和政府进行争论。换言之，原始主义的信奉者为自己的信念找到了新根据。

657

为什么文化是语言中最具有争议性的词？事实是，我们谁也不完全懂得它的含义。

——约翰·凯西（1994 年）

与此同时，19 世纪期间作为语文学发展起来的学科到 20 世纪初期改名为语言学，并自称为一门社会科学。这也是平民化感情的副产品。语文学研究文学著作，找出同一语系中相关语言的变化和规律，一直追溯到一种假设的雅利安语言（< 503）。世纪之交时，亨利·斯威特（萧伯纳《皮格马利翁》剧中希金斯的原型）发表的《英语语法》纯粹是对过去用法的描述，没有丝毫的规定；也就是说，它没有赞同某些形式，贬斥其他形式，这表示出一种新的严谨。正确这个词失去了意义。用途就是一切。斯威特还把句子各部分重新分类，去除了源自拉丁文的分组和术语。英语和任何其他语言必须作为一种特有的自然现象来研究，材料的来源不再是印刷的书籍，而是受教育最少的普通人的语言方式。

　　与此同时，在瑞士，费迪南·德·索绪尔正在讲授他所谓的普通语言学，也就是语言的结构。他把它定义为一套符号的系统，这些符号是任意性的，不是通过发音，而是通过彼此之间的区别来表达意思。因此语言是纯形式（可与前文所述的"纯艺术"相比，< 640）。一种语言在任何个人口中都永远不是完整或完美的，只有在众多人的口中

才能如此。因此，研究语言不能仅看它随着时间的推移所发生的变化，而且要看它在任何具体时刻的状况。索绪尔把这个新奇的主意比作社会学家的工作，因而落实了语言学自诩为社会科学的宣称。结构主义的各种类型和用途以及文字风格的概念均来自索绪尔。

以语言学取代语文学产生了众多深远的文化后果。既然真正的语言是口语，这是语言学家唯一关心的，那么书面语言就一定是不自然的。既然说话的方法没有对错，对用法就不应作任何评判。正确的语言是势利鬼所尊崇的恶习。既然这一原理把言辞的变化解释为"语言的生命"，那么任何对用法的批评，比如批评说混淆了意思或丧失了有用的区别，都等于是对母语的损害。提出的批评反正不会成功，只能证明批评者是民粹主义的敌人。一位主要的语言学家在一篇著名的文章中说："讲母语的人是不可能犯错的。"言语中的"错误"反而可能会对语言这一充满活力的生命做出贡献，语言学家采用生物学家的方法来研究语言。

语言学对教育产生了巨大的影响。语法书加厚了一倍，充斥着图解和定义，因为弃除了过去的词类和它们之间相互关系的标准用语；比如，不说"句子的主语"，而是"首字"。单词根据意思和功能而一字多类，如那里（there）不仅是副词，当用来指以前提到过的地方时也可以是代词："我会到那里去的。"简言之，为了追求严格的科学，对教学从简化着手这一原则完全弃之不顾。更糟糕的是，不同的语言学家规定的语法名称和类别各不相同。结果在大学只得重新开课补救。

为了追求科学的方法，有些语言学家去寻找构成语言的基本单位。他们找到了"音素"，它是一个单音，与别的单音组合成字。不幸的是，不久就出现了这个单位的六种不同的定义。况且，按照索绪尔的体系，音根本不是单位，只是符号这种标志着某种意思的抽象物体的载体。

语法的丧失和认为任何口头语言都源自生活，因此应当得到尊重的信条还产生了另一个文化影响，它们鼓励了谈话中自然而然的漫不经心，甚至把它作为一种优点：1988年美国的一位新总统因为讲话踌

�，语法散漫反而声望上升。本着同样的精神，语言学家大肆攻击任何敢于呼吁拯救语言中行将不保的含义，特别是要求维护字词之间的区别的人。他们这样做是自相矛盾的，因为作为科学家，他们应当对于所有对语言的影响持中立的态度。语言是用于交流思想的社会制度，如同在科学和其他技术领域中一样，当它的用语含义清楚时才最为有效，这一点似乎不在语言学的信条之列；语言具有审美的力量和用途，而这些也依赖对语言的保全，对此语言学似乎也不予承认。

　　语言学家把书写的文字排除在研究范围之外，好像它对言语没有影响，这又是民粹主义的特色，在科学上也讲不通。西方民众阅读的印刷品数以吨计，他们的常用语源于成百上千的书面材料，来自商业、政府、报刊、广告和关于设备与药品的使用说明，甚至还有人读了书后把作者造出的新说法取为己用。读者和作者是人民的一部分，他们关心语言的效力和美感，有权发表自己的意见，这样的权利至少应当同对语言漫不经心的权利是平等的。"人民"中许多人实际上对语言学家的态度不能苟同，他们想使用正确的语言，买字典来查。在字典中他们看到这样的注释："标准""非标准""口"，有时还有"粗"。如果这些区别存在的话，似乎一个讲母语的人是有可能犯错误的，比如在婚礼或葬礼上说"粗"话就是错误。事实上，这里毫不涉及权利的问题。如果涉及，那么根据语言学的理论，它的涵盖面太狭隘了：儿童和外国人也应当享受讲母语的人所享有的永远正确的特权，他们谁说话都不应受到纠正。

　　至于语言的生命，这样的说法不是科学，而是比喻。语言没有生命，有生命的是使用语言的人，当人们不再讲某种语言时，如果它写了下来，它就仍然是一个整体，可读可用，像古拉丁文和古希腊文。至于是否应鼓励活着的使用者对语言进行保存或是篡改，则要视结果而定。规定标准的拼法废除了随心所欲这一古老的民主权利，结果是我们仍然可以不太费力地阅读过去 500 年的文学。在这一时期内，词汇经历了损失和变化，意思的区别日趋细致，这是件好事，而许多由于文盲的无知所造成的损失和混淆在当时并没有得到专家的鼓励和喝彩。按目前的发展状况，5个世纪以后的人不可能还读得懂今天的书面文字。不过，为了公平起见，需要说明，现在大受赞许鼓励的对语言随便散漫的使用是与19世纪90年代的诗人用词汇和句子结构做的游戏一脉相承的，散文作家很快也玩起了这种游戏，20世纪的广告商、记者、和公司管理人也相继跟上。

新派史学家谈到"集体心态"的时候，指的是在某个时期占主导地位，与其前后的时期有别的趋势或思想状态。时髦的用语是心理学，对这个原来称为"对人的理解"的题目的研究像其他社会科学一样迅猛发展，也成了"学"。它以详细的观察和衡量取代了原来研究者提出的笼统性结论。

在这一学科处于准备阶段的19世纪70年代，原是生理学家和医生的威廉·詹姆斯在哈佛建立了第一个心理实验室。不久后，威廉·冯特在莱比锡也建立了一个实验室，其他地方也陆续建立。自愿参加实验的人辨识对不同重量或颜色这类东西的感觉，研究者从中注意到某种规律性。恩斯特·韦伯发现辨识差别需要按比例增加刺激。如果拿起40克的重量后改拿41克可以感到差别的话，拿起80克的重量后就需要拿82克而不是81克的重量才能使人感到差别。这就是韦伯定律。

但这条定律（和其他类似的定律）似乎只适用于一定的范围。在这个范围之外，人的多样性的因素就开始起作用，于是得出结论说，感官感觉和其他的感觉无法通过分析和计量来解释。冯特设想有一股内在的精神力量把简单的因素结合在一起。观察和内省仍然是现代心理学的工具。观察捕鼠器和迷宫中的老鼠是最常用的方法，造成了"鼠奔"这一比喻的流行，用来形容现代人的生活方式。在早期的试验阶段，巴甫洛夫所做的狗的条件反射试验，被视为对心理学做出了贡献。其实那不过是他研究消化问题的意外发现。巴甫洛夫主管圣彼得堡的一家生理实验室，一贯"拒绝承认心理学站不住脚的自我吹嘘的理论"。狗与人不同，从它们身上无法了解人的思想的运作；像火灾这

660

样的突发紧急情况会消除狗的条件反射。当迫使它们辨别差别越来越小的刺激的时候，它们会咬面前的仪器；经受同样实验的人可能也想咬做实验的人一口，但没有这方面的记录。

1890年，威廉·詹姆斯两卷本的《心理学原理》甫一面世，即被誉为划时代的著作。此书批判性地总结了自洛克以来对思想以及自贝克莱以来对幻象的所有精深的发现。它抛弃了当时风行的一些理论，如"精神素材"和纯联想主义，代之以詹姆斯自己的理论。《心理学原理》范围宽广，分析精辟。它不仅是一部受人崇敬的经典作品，时至今日，主要权威仍然经常借鉴书中的深刻见解和无尽的暗示，而且，它充盈着日常生活的内容，外行人读来也津津有味。

> 詹姆斯先生，我指的是威廉·詹姆斯先生，那位写心理学的幽默家，不是他的兄弟，写小说的心理学家。
>
> ——无名氏，摘自私人日记（1899年）

书中最著名，也是最有影响力的一章是詹姆斯为思想下的新定义。它"首先是一条河。链条或系列都不能准确地达意，它是流动的"。詹姆斯把详述这一论点的章节命名为"思想的河流"，以此来表明他对于先前说法的驳斥，根据那种说法，不同的"思想"是众多感觉结合而成的产物。此书出版两年后又出了删节本，其中提出了"意识流"一词，更加突出了流动的含意，最终成为心理学、文学和日常交谈中的固定用语。

詹姆斯表明，思想之间的关系同它们涉及的东西一样，也是流动的；在联想主义学说的巅峰时期，黑兹利特对此稍有意识。詹姆斯与德斯蒂一样（＜453），重申感觉与思想的起伏相联系，有些完全没有形象。比如，如果和但是这类感觉人人都有，而它们是无法以形象表现的。詹姆斯还说，思想与其说是河流中的结块，不如说是我们为了自己的各种目的从里面"切下来的一块"——人的思想是有目的的。当人不是在做白日梦，而是在坚定地追求思想的目的的时候，他就是在进行思考。

詹姆斯还研究了思想的几十种其他的功能，但他无意建立体系。

他思想的科学倾向和他的经验主义哲学信念（668 ＞）都与之背道而驰。不过他同时代的人却当仁不让。五六个体系各领风骚，不同学说的追随者互相辩论。英国人坚持他们联想主义的系统——在同时或同地发生的想法彼此密切相连，不过他们根据新的发现对其作了修改。德国人相信结构主义——感觉遵循着既定的法则。有些美国人强调个人和组织性的因素，还有一些人自称行为主义者，因为一切思想都来自身体的行动。苏格兰人麦克杜格尔是"策动论者"，相信意图和目的；两位德国人，克勒和科夫卡，创立了格式塔理论。根据这种理论，人为了调整自己适应形势对整个形势做出整体的反应。他们因此严厉地批评那些认为言语和想法各为思想中分别的功能的语言学家。在辩论中，詹姆斯和他的信徒被称为功能主义者，这为今后对这一理论做出修正留下了可能。

661

最后，还有一个叫作心理分析的奥地利学派。它与别的流派不同，是从对精神病的研究开始的，如同拿破仑时代的法国观念学派所认为的那样：研究有病的头脑可以揭示健康头脑的运作方式。还应指出，从 1912 年到 1950 年，关于思想没有再出现新的学说，自那以来的新理论也只是旧理论的变种。立体主义十年仍然是文化各个领域的源头。

维也纳学派的首领和核心当然非弗洛伊德莫属。他与夏尔科、雅内和布罗伊尔共同进行研究，在这些研究经验和他自己后来研究成果的基础上，不断地迅速提出卓越的理论。他的门徒荣格、阿德勒和费伦齐的名字至今仍家喻户晓。他们和后来追随弗洛伊德的人们在大师的学说基础上另有发展，但都一致同意潜意识的主导作用。他们的工作使潜意识变得像盲肠或（现在的）基因一样尽人皆知，十分重要。

尽管潜意识在弗洛伊德的学说中地位显著，在所有"深入心理分析"中都有着重要的作用，但是，关于潜意识的知识并非始于弗洛伊德。有一部关于潜意识学说发展历程的综述性著作，全书共 900 页，到第 418 页才出现弗洛伊德的名字。在他之前是众多浪漫主义时代的思想家，其中叔本华认为生命由两种本能所控制——自我保存和性冲动——后者产生意识的内容。在他之后，爱德华·冯·哈特曼收集了大量证据，表明文化大部分是由无意识的动力推动的。其他人提出了对梦境和死亡意愿的分析。威廉·詹姆斯清楚地意识到他那个时代称为阈下的因素在思想的运作中发挥的作用，1909 年他在马萨诸塞州的克拉克大学听弗洛伊德演讲时顺理成章地接受了他宣扬的学说，那次在斯坦利厅的演讲是他们两人的初会。

演讲结束后，他们在去火车站的路上边走边用德语交谈，詹姆斯帮弗洛伊德提着行李箱，但是他突然有一阵发作了心绞痛，他巧妙地掩饰不想让弗洛伊德发现，但弗洛伊德还是察觉了。两人后来在互相提及时都表示了对对方的尊重，虽然詹姆斯觉得弗洛伊德把人的动机过多地归因于性冲动。詹姆斯的多元化思想对任何形式的单一原因都予以抵制。如果他能活着读到弗洛伊德后来的论述，他可能就会接受力比多（libido）的广义，以及弗洛伊德关于求死的愿望的理论。其他医生对弗洛伊德的理论有与詹姆斯同样的反对意见，而主要靠维也纳传来的谣言了解弗洛伊德学说的大众则难以置信，尽管性的问题已经公开讨论，但人们还是感到震惊（＜ 625）。

弗洛伊德在巴黎的导师认为某些精神错乱是由性失调造成的，19世纪早期的贝多斯医生也这样认为（＜ 438）。弗洛伊德提出潜意识是一般人思想的一种原动力，他这一想法是通过研究不适应社会生活的病人得来的。他的天才在于从病人随意尽情的谈话中发现一些因素，再用他强大的想象力把它们形成一套方法。他在分析中运用了他对神话、宗教和文学的知识，这给他为了介绍他的心理学理论所发表的具有说服力的讲义赋予了一种特别的意味。但他这套方法首先是用于治疗的。

过去，医生就使用让病人自我内省和倾吐心声的办法来帮助他们消除焦虑，天主教的定期忏悔明显地是把一种自然的冲动制度化。也许引导之神——天使或魔鬼——这一古老概念与欲一吐为快的内心冲动也有联系。弗洛伊德提出的清楚而完整的理论使所有这类传统和猜测都显得过时。在这方面，他与马克思和瓦格纳一样是古为今用、推陈出新的伟大人物。但弗洛伊德的学说并不是一锤定音。荣格转入了神话的领域，在那里发现了原始意象——既存在于个人心中也存在于荣格所设想的"集体潜意识"中的形成思想的力量。荣格的理论和语言得到艺术家和批评家的喜爱，导致了文学分析的方法，即注意反复出现的形象、象征和神秘的格式。至于对作家和历史人物进行弗洛伊德式的分析，在大师的著作中并无这方面的根据。从文件中找出的证据显然比不上对活人进行心理分析所得到的材料多。

　　第二位坚持己见的主要人物，阿尔弗雷德·阿德勒，被前两位的名声掩盖了，这是不公平的。他是唯一提出社会对思想的形成产生影响的人。后来从卡伦·霍妮到亚伯拉罕·马斯洛，不止一位心理分析学家印证了他的观点。阿德勒提出的"自卑情结"概念至少与以俄狄浦斯命名的名词一样在通俗心理学中风行。〔可读保罗·E. 斯捷潘斯基（Paul E. Stepansky）的《被弗洛伊德的光芒掩盖着》（*In Freud's Shadow*）。〕

　　20 年代晚期，摆脱 19 世纪道德规范的解放已经取得了长足的进步，弗洛伊德理论中"性"的首要性终于成了令人兴奋的题目，特别是在日常谈话中；回避这一题目是老古板，坦率直言表示思想开放。然而，那些不了解力比多一词的来源就随意使用这一术语的人却没有注意到它的多种含义。无疑，弗洛伊德在许多情况下使用该词时指的都是性冲动，但在其他的情况中他表达的是该词的拉丁文语义——愿望、急切、渴望，这里面包括性冲动，但也涵盖驱策力的意思，是促使人去想、去做、去实现的狂热的动力。力比多相当于叔本华的意志、柏格森的生命冲动、尼采的"权力意志"，和其他思想家的"生命力"。这些词语的精确用意并不完全相同，与弗洛伊德对本我的理解也不一样，但它们都意味着人内心深处的那种动力。弗洛伊德在涉及自己时使用的力比多一词表明它可以用于与性完全无关的情况（701 ＞）。在对长达 4 年的第一次世界大战所提供的新素材进行思考

663

之后，他又提出，求死的愿望也是一种心理动力。

心理分析在两个方面不同于心理学领域中的其他学科。弗洛伊德认为它是一种生理科学，和其他生理科学一样达到了可以用事实核实的要求；对他来说，本我、自我和超我是像神经和大脑一样运作的器官；他在著作中描述了它们的运作机制。他从未承认他对有些询问提出的解答并未解决问题的实质，或他所创造的词语虽然可能会帮助理解，但并不等于物理学的公式。

> 不可能无视文明在多大程度上是建立在对满足本能的克制之上，以及文明的存在在多大程度上是以对强大的本能的力量（以压迫、镇压或其他方法？）不予满足为前提的。
>
> ——弗洛伊德（1930 年）

其次，弗洛伊德对于艺术型思想的运作或人类社会的特点几乎没有论述。他关于达·芬奇和陀思妥耶夫斯基的文章中没有任何评价他们艺术的文字。当然不应该指望弗洛伊德去评价文学和艺术，但在这两个领域中他的思想被任意利用，通常都把他的方法用作解释传记、文学和人际关系的依据。其实，关于艺术家，他只说过他们想要金钱、名声和性满足；关于社会，他只在他最杰出的一部著作中说过对一种文化进行心理分析是危险的。他不仅不鼓励推翻社会限制，反而把压制看作文明的前提条件。

※

在心理分析被认为荒诞不经之时——解梦的都是骗子——其他对脚踏实地的人来说同样难以置信的概念和方法也在蓬勃发展。自从 19世纪 70 年代以来，官方宗教力量减弱，各种教派开始盛行。对于科学唯物主义的批评打开了缺口，精神上饥渴又无法从传统教会那里和艺术中得到满足的人开始转向其他的教派。这些教派采用的含义丰富的抽象措辞使人感到得以领会生命中唯一或全部的真谛，还可获得因掌握了真理而产生的心境的平和与骄傲。玛丽·贝克·艾娣创办了蔑视唯物论医学的基督教科学派，成为这一时期准备过程中的领先人物。后面是布拉瓦茨基夫人创建的通神学会，这种宗教和东方玄学的混合把人从西方个人主义的负担下解放了出来；它所蕴含的丰富想象甚至吸引了叶芝那样的聪明人。东方的吸引力也造成了维韦卡南达（辩喜）神秘佛学的流行。神话的东山再起和对心理学的兴趣造成了好几种"新思想"，它们依靠自我暗示和其他的方法指导人的意识通向光明，加强快乐感。这种思想运动一直持续到现在，由于基督教内部的教派创新而不断加强；对《圣经》的批评造成了谕意的混乱，使新的先知可以随意重新确定道德责任，许诺普度众生，有时是通过集体自杀的方法。重要的是重新找回了信仰。

相信灵媒和灵魂回返的人不算是一个教派，因为他们没有组织，不过他们保留了自19世纪中期以来

> 粗俗不洁的生活方式、对动物性的激情和欲望的沉溺使灵魂笨重粗糙，而节制和纯洁的生活、对低下本性的控制和无私的高尚思想则会激起最优秀最稀有的灵性。
>
> ——安妮·贝赞特《死后灵魂永生的条件》（1896 年）

> 什么是瑜伽修行者的阻障呢？疾病、头脑的懒惰、错误的感知、不能达到精神的集中和精神集中后又复涣散。
>
> ——斯瓦米·维韦卡南达（辩喜）《胜王瑜伽》（1897 年）

的传统方法和显灵手段。但现在对潜意识的注意带来了一个始料未及的结果，它引起了对心灵现象的真正的科学兴趣，这些现象包括灵媒的揭示、心念传递以及鬼魂的行为和恶作剧。心灵现象研究学会自从19世纪80年代即在这一领域中进行研究，但它的活动并未引起多少注意，直到把一些为人所熟悉的超自然现象和潜意识暗示的作用联系了起来。瑞士心理学家弗卢努瓦对一位灵媒进行了 5 年的研究后写了一本书，提出了"创造神话的功能"以及它的"潜意识的浪漫向往"。这方面的科学努力还产生了一位烈士。天才的批评家，担任心灵现象研究学会干事的敏感警觉的埃德蒙·格尼（< 639）自杀身亡，这使他的朋友们大惑不解。后来发现的事实表明，他之所以自杀，是因为他发现由他证实批准并发表了的一份关于心灵现象的报告是伪造的。

科学家和大众对于人的思想的兴趣自然加强了西方的自我意识。普通人内省的第一个发现就是动机不是简单或单一的。把这个现已人人尽知的说法与政治经济学联系在一起似乎有些奇怪。建立这种联系的原因是，在其他学科对它们的观点进行修改时，这门社会科学的名称和原理也发生了改变。在这一学科初生之际，政治这个形容词意味着整个国家都受到商品生产和贸易的影响，政府必须对其进行管理（＜292）。到了19世纪后三分之一的时间，效用和均衡的思想改变了这种关系，同时从政府控制中的解放表明弃政治而用经济更为准确达意。

根据关于动机的最初观点，"经济人"是一个标准的自动体：他以最低价购买，以最高价售出。修正后的观点认为，他仍然是买低卖高，但他是否购买某件物品是由物品对他的"边际效用"所决定的，而他一旦购买，即会增加需求，影响价值和价格。原来的自动体现在有了思想，个人心理学进入了市场。购买者考虑的是他从产品的效用中能得到何种用处或乐趣。比如，新房子需要三座钟，再买第四座钟当然很好，但它带来的乐趣值不值得买钟的开支？这座钟的价值就是处于愿望的边缘，或称边际。第五座钟则根本不在考虑之列。当把所有的效用——消费者购买的效用、制造商生产的效用、零售商储存的效用等——都计算在内的时候，经济应当处于均衡状态。杰文斯、马歇尔和瓦尔拉这几位思想家提出了这方面的理论，并把经济学建立成为一门独立的社会科学。研究这个题目的历史学家仍把这一世纪之交时出现的模式称为"古典经济学"的一部分，但文化历史学家必须指出上述的区别。随着福利国家的开始，政府的作用重新出现，政治经济学恢复了地位，尽管还没有恢复它应有的名称（778＞）。

※

可以理解弗洛伊德为什么坚持唯物论研究方法，因为他不愿让医学界认为他是骗子。不过，他对这一点坚持的时机不对。当时，生物科学开始从唯物论转向生机论；物种演变的方式方法受到质疑、攻击，哲学把这些和其他的趋势归纳概括，达成的结论是物质或思想不再是唯一的根本性现实。如果科学家发现有时得把光看作波浪，有时却需要把它看作微粒，这就说明了物质行为的不一致和思想的矛盾。这一对难题提出了什么才是真理和如何确定真理的问题。一种名为实用主义（Pragmatism）的理论对此做出了激进的回答。这个以希腊文为词根的词是查尔斯·桑德斯·皮尔斯选择的，他原来建议用这种方法来确定重要词语的意思，指一个词语含义的实际效果的总和。威廉·詹姆斯把这一定义发展为关于真理的理论。他在《实用主义：旧的思维方法之新名称》一书中提出了作为这一理论基础的论点和应用实例。由皮尔斯选定，后来被詹姆斯所采用的这个名称实在糟糕，因为过去它就词意混乱，现在则更加离谱。要彻底澄清它的词义是不可能的，但为了这里行文的清楚，需要说几句——

666

关于一个词的题外话

几世纪以来，实用（pragmatic）曾有过许多的含义：忙碌、多事（爱管闲事的人）、武断、有关国事、根据惯例、给出实际的理由，如今还有不讲原则的意思。这样的记录实在不够光彩。希腊文的词根pragma 含义为做成的事情、需要做、做得对，还有更简单的事实的意思。今天的报纸标题"实用主义者胜选掌权""从革命者到实用主义者"，指的是不坚持原则的政客；这种人靠妥协和放弃自己声称的目标而起家。在报刊发现了这个更为动听的字眼之前，本来有一个用来形容这种随风倒的最贴切的词：机会主义。

实用主义在哲学上的意思在立体主义十年间引起了一场激烈的辩论，或者应该说，詹姆斯的原意遭到误解，因而受到激烈的攻击。有着这样一个过去的主义再也不可能恢复它的本意，不可能获得令人满意的含义。它的处境像浪漫主义一样糟糕，比清教徒主义还要难堪。詹姆斯关于真理的实用主义理论回答了这样一个问题：如何决定一个说法是否真实？明显的回答是：看它是否确切地描述了事实。詹姆斯指出，这种真理的"复制理论"有一个重大的缺陷。人把一段经验记录下来作为真理提出。如何对它进行检验呢？不能再回过头去看所记录的情况，那可能会揭露出严重的错误或虚妄不实，但如若没有发现错误的话，再看并重复那种说法也可能只是重复一种幻觉。应当设法透过表面找出别的什么东西来与可能是虚假的印象相对比，而这是不可能做到的。

詹姆斯说：不要回头看一个说法的起源，而是要向前看它的结果，看一看如果相信这个说法，并根据它采取行动，将会产生何种实际效果。这种方法也适用于物体。对一个物体的真实概念是通过对它的接触和使用所得出的观察结果的总和。根据一种假设采取行动，所产生的结果会证明这种假设的真伪。按照这种观点，一种理论或方法必须达到我们的期望，也必须符合我们原已在使用中检验过的知识。如果出现不合之处，该丢弃哪一个呢？只有通过用具体结果进行检验才见分晓。过去的肯定和对权威的依赖都不能证实真理。

> 只谈可靠是一种肤浅的说法。应当说，某种理论真正有效也确实成立，所以才可靠。
>
> ——爱默生（1840 年）

詹姆斯把实用主义称为由来已久的思想方法。此说的基础是历史上以各种措辞表达的那句格言，最为人熟悉的说法是"看了果子就知道"。他的另一层意思是：使用结果进行检验这一实用主义方法在实际生活中人人都用，无论是科学家还是外行人，因为没有别的东西可以用来与宣称的真理相对照。

然而，在关于实用主义的争议中，反对者把"真理是以后的经验会不断证明的东西"压缩为"真理是可以自圆其说的东西"，试图以此来诋毁这一原则。欧洲的批评家抓住詹姆斯的出生地大做文章，说他的理论是典型美国式的，是"给工程师用的理论"，意思是只注重行动，对思想却麻木不仁。

除了极少数以外，投入辩论的专业哲学家无论在立论的中肯方面还是在论争的礼貌方面都算不得出色。他们无视对他们的反对意见提出的回答，也拒绝考虑詹姆斯在他的书中所介绍的他发明的方法应用的大量实例，那些例子表明了詹姆斯的方法如何解决了决定论、自然的模式、物质和精神等长期以来存在的问题。对那些哲学家来说，纯粹的真理具有超越现实的、神一样的性质，对它应虔诚地膜拜，它的宣示是绝对的。要求用行动来核实真理是对高尚的真理的贬低。詹姆斯把真理作为效用的指示物，作为总是暂时的和不完全的东西，这种观念简直是大逆不道。

许多欧洲批评家忘记了科学，因为科学追求真理的方法就是进行严格而诚实的实验，以验证一项假设产生的结果，看它与先前的真理是否符合。核实的意思是使其真实。它是一个过程，是一个达到所定目标的工具，而不是某些理论中静止的特征。有一位哲学家撰文驳斥实用主义，说他尝试了实用主义的方法，但发现它根本不管用，哲学家的愚蠢至此登峰造极。对詹姆斯的理论来说，工具主义可能是个更恰当的名称，他的几个支持者也曾用过，但他们去世后这个名称也随之消逝。

虽然提到詹姆斯通常会使人想到实用主义，但他之所以成为西方思想家中的巨人却不是因为他发掘出了这种寻求真理的年代久远的方法的优点。他先是作为心理学家，然后作为哲学家，为广大的研究者指出了新的方向。描述发现真理的过程只是他成就的一部分。他的第二个成就是激进经验主义。这指的是他所奉行的前提：经验是现实的唯一基础，现实没有思想和物质、灵魂和肉体、观念和感觉之分。

作为这个概念的铺垫，詹姆斯发表了一篇题为"意识存在吗？"的论文。这样问不是开玩笑。当然，詹姆斯不否认人对自己对世界都有意识，他所否认的是存在着一种叫作意识的独立实体，在一旁对经验进行观察。詹姆斯说，我们的感觉和知识来自经验中的一部分与另一

668

人们以为实用主义一定简单明了，可以归结为一个公式。我不停地重申其实恰恰相反，实用主义是哲学中最深奥、最微妙的学说之一。

——柏格森（1909 年）

部分的接触和联系，正如当我们进行自省，检查自己的行动和思想的时候，或当我们区分一个物体的不同性质的时候，甚至当我们从经验之流中区分出物体的时候，这一切活动都是在经验之流内部进行的，它们满足了我们实际的和智力上的需要。这两种需要在性质上并无不同，因为经验包括好奇和对真理的寻求，而实用主义理论表明它们是与生活中的效用相联系的。

激进经验主义是一种哲学，实用主义是一种方法，两者彼此独立。如果实用主义正确地反映了事实，那每个人都是不自觉的实用主义者。按詹姆斯所说，激进经验主义是一种选择；必须明白常识和熟悉的哲学概念是如何被纳入詹姆斯对经验的全面看法之中的。对詹姆斯来说，宇宙是多元而开放的；它不是事先定好的秩序，而是随着科学和艺术日益深入物质和精神（多元）的现实而不断形成的。在不模糊方法和世界观之间区别的情况下，可以称为实用主义一代的人的特点在于，他们以各种方式表现出他们重新认识到经验在各方面的首要意义，无论是政治、社会思想、审美，还是宗教。

实用主义一代的影响是多种多样的；柏格森、狄骥、恩斯特·马赫、费英格、克罗齐、齐美尔、狄尔泰、F. C. S. 席勒、杜威、尼采、弗雷泽、涂尔干、萧伯纳、奥尔特加·加塞特、帕累托、诺曼·安吉尔，还有费边主义者，他们来自不同的背景传统，在对各种题目的处理中保留了那些传统的不同因素。当时有一本书名为"政治中的实用革命"。而艾尔弗雷德·西奇维克在他的著作中则谈到了形式逻辑和周密的论点在实际辩论中的无力。这再次说明了经验的价值，这一教训适用于维多利亚时期道德规范崩溃的全过程。那套道德规范的问题在于它刻意否认经验中的某些事实——在当时这样做是有用的。用一种新的方法来"接受"的经验打碎了那种道德规范。（我们看到）90年代那些自发的实用主义者轻易地表明，旧的理想在生活中产生的后果证明那些理想是错误的，可能应该反过来才对。因此怀特海才称赞詹姆斯"改变了照明"。

众所周知他推进了对（与真理相对的）信念的理解，但这方面的介绍并不总是准确。在《宗教经验之种种》中，他研究了人的信仰冲动的众多形式和方向，以及这些形式和其他思想特征之间的联系。他告诫不要采用简化论的观点，把神秘主义解释为受到挫折的性欲，或把清教徒的自我折磨归因于慢性消化不良。在《宗教经验之种种》成书之前，詹姆斯提出了"信仰的意志"这个短语来表明信念这个未经核实的想法在不可能进行检验的情况中是合理的、宝贵的。他举了一个登山者的例子：一个登山者必须跳过一条深沟才能得救，如果他坚信自己能做到的话就会增加他成功的可能性，没有自信可能就跳不过去。不相信实际上也是一种信念。生活中这类的选择无穷无尽，信心十足的人总是胜过犹豫不决的人。

> 如果说是威廉·詹姆斯开创了哲学的新阶段，就是忽视了那一时代的其他影响。但即使承认了这一点，仍然可以把他的《意识存在吗？》与笛卡儿的《方法谈》相提并论。詹姆斯把旧有的道具清除出了舞台，或者应当说，他完全改变了舞台的照明。
>
> ——怀特海（1925 年）

根据同样的推理，宗教信仰给人以力量，因此在这一意义上是合理的。批评家扭曲了这句有条件的话，改为"无论什么东西只要你相信就是真理"。其实，詹姆斯非常小心地界定了他的原则在什么时候、什么情况下适用，正如一位逻辑学家所指出的："詹姆斯真正倡导的是使用可行的假设，虽然那些假设经常是永远无法核实的。"詹姆斯后来把信仰的意志改为权利，它们都不等于"异想天开"。詹姆斯的世界观涵盖广阔、影响深远，并且历久弥新。关于无数题目的论述都引用他的话，在回顾性的评价中也经常提到他的名字，对他的影响之广表示惊叹。

> 正是这种与生活现实的不断联系使得詹姆斯生动美丽的文章如此易读却又如此难懂。它的丰富使人忽略了它的精确。这位抽象哲学家研究的是具体事物之间的联系和实际应用，但对他来说，具体的情况会发展为哲学。
>
> ——利奥·斯坦（1948 年）

※

另一位思想家的激烈程度与詹姆斯不相上下，他的著作于1890年出版，到了20世纪才流传开来。他立论的出发点是希腊神话中阿波罗和狄俄尼索斯的对照：理智的静止的秩序相对于冲动的生气勃勃的运作。这位思想家就是尼采。格奥尔·布兰代斯是他的代言人。本来尼采的观点分散于各种格言隽句之中，由于布兰代斯的努力，才使尼采的哲学开始有了一定的全貌。没有尼采主义，不是因为他的学说没有人崇拜和加以阐释，而是因为他的学说是一系列的评论和想象。它们意思清楚，前后连贯，但没有组成一套体系。这说明了一点：对尼采来说，如同对詹姆斯一样，经验还不完整；它总有新的东西，特别是在人的本性方面，因为至今人仍未发展完全。

对只受过粗浅教育的人来说，尼采学说的代表就是超人一词、权力意志这一短语和"上帝已死"的宣称；他们对这三者的理解也都是错误的。尼采可不是粗暴的无神论者，他表现出对耶稣的尊敬。他也不是唯物论者。思想中固有的精神是创造性的，超人是人在现有基础上进一步自我发展的结果。死了的上帝指的是基督教的上帝。基督教这一信仰旨在帮助精神上的弱小者，它美化没有自立能力的人，结果造成对生活感到恐惧和愤恨的受害者人数成倍增加。

健康的人内心都有权力意志，这是一种采取行动、取得成就的渴望，包括自我控制的品质，这最后一点将成为超人的特征和一种新的道德规范。目前关于何为邪恶的观念将为其他的是非标准所取代，新的是非标准将与西方文明中基督教和世俗的美德与恶习完全相反。在道德观和对真理的寻求方面，尼采是实用主义者。

尼采和易卜生一样，鄙视现行的理想；他像所有的实用主义者一样，认为对习俗的挑战应当以它们的结果来判断，依据的标准应为对改进生活是否有益。像唯美主义者一样，他无法忍受由报纸和"思想深刻"的记者塑造而成的公众思想。那些"热爱艺术"和有"先进思想"的知识分子和大众一样一味盲从；他称他们为"不懂文化的庸人"。个性、勇气、想象力，热切地扩大和丰富个性而不是对个性进行管束和限制，这些在社会中全付之阙如。只有通过蔑视和攻击现在的世界才能创造一个适于居住的世界以及相应的富有表现力的艺术。尼采有的比喻，像之前引用的几个短语，很容易造成误解；"金发的猛兽""超善恶"，和好战的形象使人联想到野蛮的武士和"超人"——暴君式的霸主。加之尼采对怜悯之心和基督教慈善的谴责，以及对善良行为的轻蔑，看起来似乎他向往的与其说是超人的品质，不如说是野蛮粗暴。其实，他这些令人遗憾的说法虽然刺眼，却只是偶尔一用，他在大部分著作中都是以心理学家、社会批评家和艺术评论家的真实面貌出现的。

这并不是说在他那种个人主义的基础上能够创立一个适合生活的社会。不过，他设想的是全新的人和全新的文明，不是乌托邦。他在心理方面的分析是正确有理的：同情很容易变为一种助长自以为是的自私的快感（787＞）。它需要穷人和弱者永远存在，而不是鼓励健康和自立的人。

671

没有根本的真理，只有根本的可能性——指导着人的生活和思考的临时性指南。

——尼采（1882 年）

尼采对群众和随大流的知识分子的性格的攻击是在 19 世纪 70 年代和 80 年代发动的。当时，工业的蓬勃发展、资本主义企业的残酷无情和重兴的帝国主义的蹂躏破坏都正处于巅峰状态，造成普遍的欢欣和自得的气氛，德国尤甚。俾斯麦为建立帝国打的三场战争与尼采的军事比喻没有丝毫类似之处。尼采对德国打败了丹麦、奥地利和法国之后的大肆吹嘘厌恶之极，认为这种吹嘘粗俗低下，与贵族气质正好相反。

尼采除了是哲学家和古典学者以外，还是位出色的业余作曲家。他按照柏辽兹的体裁写了两部交响乐，当他听了比才的《卡门》后，盛赞它为"地中海艺术"的典范。他这样说是与瓦格纳的"北方"音乐相对照。尼采早期对瓦格纳的理论和音乐迷得如痴如醉，很快就成为这位大师的朋友和捍卫者。后来他摆脱了迷恋，写了几篇文章批判瓦格纳的理论和作品；他在那些作品中看到了他所谴责的整个文化的特点：宏大、冗长、夸张。艺术如同人的灵魂一样，应该是贵族化的，其表现是从集中的精力和敏捷的感觉中产生出来的直截了当和简明扼要。《卡门》就具有这些特点，不仅与瓦格纳的作品截然不同，而且与德国的学术和哲学慢慢吞吞、反复思考的风格形成鲜明的对比。尼采的文章在清晰和优雅方面堪与歌德和叔本华媲美，达到了这些被德国的传统所忽视了的要求。

尼采天生不受平民主义的传染。查拉图斯特拉之所以被他奉为模范贵族是因为他真正地独往独来，超脱于集体的热情。希特勒和他手下的知识分子把尼采奉为预见到他们的社会和种族信条的先知是一个错误。他们很快发现他并不适合这一角色，而且恰恰相反。于是过了不久就把他悄悄地扔在了一边。[可读乔治·艾伦·摩根（George Allen Morgan）所著《尼采的意思》（*What Nietzsche Means*）。]

揭露自己所属的文明有不止一种办法。最常用的是把上层阶级道德和思想的丑恶与被统治人民的坚强美德相对比。卢梭和杰斐逊使用的就是此种方法。他们把严肃持重的工匠和乐天知命的农夫作为理想的公民。托尔斯泰又下了一层，把俄国的农民作为赞颂的对象。这些选择并非凭空得来，而是与被认为是理想类型的人打过交道之后做出的。对托尔斯泰来说，他在拥抱这种原始主义之前也同样熟悉权势阶层的人，他本来也是他们中的一员，并且写出了称誉世界的文学杰作。

后来，托尔斯泰对这些和其他的小说全部否定，同时也否定了西方的全部艺术成果。他努力表明小说和戏剧中再现的生活是多么矫揉造作，它们的题材是多么狭隘，任何不是在首都大城市成长起来，没有受到荒谬的习俗和刻意培养的兴趣腐蚀的人都会感到它们费解难懂。他对一部现代歌剧的描述是绝妙的讽刺文章，情节和制作可能是他编造出来的，因为没有人猜得出他指的是哪部歌剧（请读他的讽刺文章《艺术是什么？》）。

托尔斯泰尊敬的自然人是褒义的头脑简单的人，在世俗人的眼中他们愚鲁木讷。这种人善于劳动，忠于职守，为人谦卑。他们是基督徒，但不是东正教教会意义上的信徒，只听耶稣的话就已足够。托尔斯泰以实际行动证明了他心口如一。他在晚年和他以前的农奴一起生活，没有舒适卫生，也没有美衣美食。他为了教育农奴写了四本《读本》，是民间故事体裁的杰作。

他如同圣人一样从社交界和学术界隐退的消息传到国外，造成了一个派别的出现。人们前来拜访这位当代的早期基督徒，或是出于好奇，或是要证实他们效仿他的决心。更多的人受到他的和平主义和不抵抗信念的影响，鼓吹和平的队伍因之更加壮大。当时，国际社会首次提出了通过仲裁解决国际争端的主张和建立一个捍卫和平的组织的希望。1898年，沙皇呼吁次年在海牙召开一次大会。26个国家派了代表参加，他们在会上讨论了裁军和编纂战争法的问题。他们在纸面上同意禁止使用气球投掷炸弹，也禁止使用毒气和达姆弹（柔头弹）。战俘应得到人道的待遇，冲突应通过仲裁解决。建立了一个常设法庭来指导仲裁，但诉诸法庭和任何对军备的限制都不是强制性的。

有人认为沙皇倡议这次会议是因为他没钱与别国在军力上竞争。不过他的倡议没有白费力气，8年后，威尔逊总统促成了第二次海牙会议。这次会议改善了仲裁机制，起草出了由各国签署的公约；这些公约规定了战争的规则、中立国的权利和追讨国际债务采用的办法。在这两次会议之间，许多国家建立了和平协会，它们的活动一直持续

> 反对战争的作战不会是假日出游或野营晚会。今天军人口中的"和平"是"准备打仗"的同义词。每一部最新的词典都应当表明"和平"和"战争"指的是同样的东西，有时是一种可能性，有时是实际发生的情况。无论如何一个长期成功的和平经济不可能只是享乐经济。我们必须把新的精力和毅力保持下去。
>
> ——詹姆斯《战争的道德等效物》
> **（1910年）**

到1914年。威廉·詹姆斯深知人的侵略本性需要发泄口，因而写了《战争的道德等效物》，建议募集青年去荒野中做苦工或提供社区服

务，这预示了 20 世纪中期的和平军。

后来的 4 年大战使和平主义成了叛国罪的同义词，虽然有些作家，像罗曼·罗兰，在中立的瑞士这个安全的地方继续宣传和平。也是在瑞士，列宁和他那一小群正统马克思主义者创办了刊物《火花》，与其他的社会主义者和哲学家、科学家或任何背离历史唯物主义的人进行无休止的哲学辩论。

※

立体主义十年也带来了文学方面的创新，但没有出现像画家造成的那种震惊。戏剧和小说的外在形式依然如故，不过创新者作品的内容却大不一样，尽管开始时由于常规小说的大量涌现而不太引人注目。随着译本的迅速出现，俄国作家的作品被西方大量吸收，他们对人物的处理手法与当时人的兴趣从身体向变化莫测的思想的转移不谋而合，并进一步加强了人对思想的兴趣。这样的兴趣变化也是符合当时的反唯物主义思潮的。俄国的小说，特别是陀思妥耶夫斯基和契诃夫作品中人物的行为常常难以解释，违背理智和自身利益，虽然有时这种行为与宗教习惯或祖先的传统有关，但比西方作家所习惯的描述更脱离社会。内心力量强于外部规范。这种新的观念使自然主义的小说相比之下枯燥乏味，并给小说注入了一种神秘感和恐怖感。

亨利·詹姆斯晚年的作品与俄国作家的作品基调完全不同，但深度一样，重点描写感情和思想的复杂纠缠，紧张的情节即由此而起。他对人物的处境、职业甚至行动只是寥寥几笔的白描，但读者一旦学会了如何读他的作品，就会对里面的情景印象深刻，难以忘怀。经过 150 年后，小说行将抛弃它以创造的手法描绘历史的作用和社会批评的功能，只留下心理作为研究的领域。另外，詹姆斯在他的笔记中确定了使小说成为艺术品的方法：限制对话和对外部的描写，集中注意形式，即对主题处理的平衡和对称。据他说来，这包括人在面对面的思想冲突中所做出的那些会影响到对方的决定。大众和批评界对他的作品望而却步，说他的风格太过艰涩。他们没有注意到他那与感情保持微妙距离的文字和用来修饰感情的副词中时时会出现与日常生活相关的口语化的短语——这是自然主义的手法。

康拉德另辟蹊径，描述在奇异的地方或海上发生的暴力行动，并且锲而不舍地探索他笔下普通人的怪异想法和动机。醒目的事件和别致的背景使他的作品赢得了读者的欢迎，相比之下，詹姆斯的最后三部小说几乎无人问津。康拉德被看作专写航海故事和革命性政论文的作家，反而从中受益。这种方向性的改变很早就有人提出了理论。J. K.于斯曼与自然主义的领袖左拉分道扬镳，在小说中描写与社会状况无关的怪僻性格。他的第一部这类作品《逆流》有一篇长长的序言，里面为这样的写法给出了理由。

未经改革的小说仍然创意不足。主要的小说家，比如阿纳托尔·法朗士、罗曼·罗兰、保罗·布尔热以及他们的外国同行也描写人物的性格，但更注重对观点进行批评。其实他们写的是长篇论文，中间加以对话和情节使他们开出的苦口良药更容易让人接受。只

> 自然主义者本想研究灵魂，但他们最不了解灵魂。他们把生活看成一个整体，并只接受由可信的因素所形成的生活。现在我从经验中得知，在这个世界上难以置信的事情并不总是例外。
>
> ——于斯曼《逆流》的序言
> （1884 年）

有莫里斯·巴雷斯和皮埃尔·洛蒂在他们的"自我小说"中——在司汤达发明了这一体裁很久之后——表现了新的内容，叙述浪迹天涯的旅程与非同寻常的感觉和欲望，这些感觉和欲望助长了对自我和独特性的热爱。然而，还是有人不断提出对自然主义小说的反对。在于斯曼之后很久，弗吉尼亚·伍尔夫在《贝内特先生和布朗太太》中提出了同样的论争。贝内特对英国各阶层的生活进行研究，他写的"研究报告"广为流传，他也因此备受尊敬。布朗太太是个想象出来的人物，按弗吉尼亚·伍尔夫的说法，阿诺德·贝内特几乎完全是根据外部因

素来描绘她的，从出身到阶级、衣着和家庭生活，她的思想和感情尽管也有所提及，但只是予以表面化的处理。

675　　　心理学显然是新世纪的主要关注对象，无论是专业研究还是作为文学的主要手法，有时用纯心理的写法，有时与惯用的社会描写混在一起。最纯粹的形式是人物的意识流。一位老一代法国作家爱德华·迪雅尔丹在一部中篇小说中曾插入一段他称为"内心独白"的内容。更早一些，狄更斯在一两段中表现了人物自言自语、信马由缰的语流。迪雅尔丹的发明未得到注意，狄更斯的尝试也没人记得。当然，这一手法是人为的，作者用它是为了表明一种观点。河流的形象流动易逝，谁也来不及把它记下来，乔伊斯后来在《芬尼根的守灵夜》中采用的手法结果是作茧自缚（720 ＞）。所有这些内省与 90 年代对物质现实的厌恶和创造另一个世界的努力有本质上的不同。两者正好相反。20 世纪早期的艺术家并未离弃任何现实，而是热情高涨地探索尚未被征服的领域。

> 从小说中删去一切不专门属于它的东西：外部的事件、事故以及应在电影中表现的痛苦。小说应该把它们全部让出。就连描述人物都不属于这个体裁。纯粹的小说——在艺术中纯粹性是唯一重要的——不应该涉及它。
>
> ——*纪德《伪币制造者》*（1926 年）

※

　　在立体主义十年间，舞台还不敢把荒诞不经、莫名其妙的人物作为主要角色推出。斯特林堡、萧伯纳、易卜生、高尔斯华绥、皮兰德娄等人采用了相反的手法，他们不再使用情节剧通用的动机（＜565），而改用具有超常智力和表达能力的人物来对付自我意识发出的种种疑问，皮兰德娄特别强调在自我和行为最底层的含糊不清。[可读埃里克·本特利（Eric Bentley）的《作为思想家的剧作家》（*The Playwright as Thinker*）。] 与此同时，舞台制作在马克斯·赖恩哈特、戈登·克雷格和斯坦尼斯拉夫斯基手中发生了变化。这三人中第一位在新的机械装置的帮助下制作出规模宏大的壮观场面；第二位设计的布景抛弃了现实主义，着重背景和结构的美感，它们不是作为道具在演戏中使用，但可以增强戏剧效果；最后一位确定了后来被誉为"体系"的规则，后文将会对它有所介绍。舞台效果制作者的重要性正在逐渐超过剧作家和演员。

雄踞舞台的仍然是老一派的演员，著名的有莎拉·伯恩哈特，她的金嗓子延长了 19 世纪剧目的生命；还有埃勒诺拉·杜丝，她的风格更为细致，隐约可见新风格的影子，"她似乎根本不是在演戏"，因而适合于当时的思想戏剧。斯坦尼斯拉夫斯基的表演方法完全出于纯粹的理智。他导演现代戏剧，如契诃夫的戏的时候，训练演员的办法是要他们掌握人物的"心理"。这需要研究角色的环境，即剧本的其他内容和作为该剧大背景的外部世界。为此目的，全剧的演员和斯坦尼斯拉夫斯基花好几个月的时间把剧本读了又读，展开讨论。排练期间他对每个演员的要求严格到近乎粗暴的地步，他对演员最无情的批评只有一句话："你演得不可信。"他自己研究的范围越来越广，所以他在舞台上等于是在主持博士生研讨班。一段时期之后，他最终否定了"带着壅塞的头脑却是空洞的心灵"的表演方法。

萧伯纳发表的剧作中有一点儿"体系"的影子，每个主要角色都有几行关于年龄、处境和主导态度的介绍，但比起斯坦尼斯拉夫斯基体系的洗脑简直算不了什么。体系暗示的个人的独特性是风靡一时的心理至上的又一副产品，在诗人的作品中大行其道。在德国，斯特凡·格奥尔格门下的弟子虽然不是诗人，但他们那一派信奉的正是自我不可复制这一相同的核心思想。意大利的邓南遮也有同样的信念，他不仅在作品中倡导，而且还身体力行突出这一思想。名声更大的里尔克在诗中解剖自我的经验以寻求其中的奥秘，但表达的方式却迂回隐晦，需要破译它们的意义才能理解隐藏在优美的诗句下面的含义。

有人说，理查德·施特劳斯的作词家胡戈·冯·霍夫曼斯塔尔的早期作品表现出他有可能成为自默里克以来德国最伟大的抒情诗人。

676

但是，他经历了一次精神崩溃之后，开始坚信文字无用，于是选择了为歌剧作词这一附属性的行业，他的名字也因此在歌剧观众中广为流传。歌词当然要明白上口，这一点他做到了，而且他还通过精致的歌词和角色的奇特动机给被称为抒情戏剧的歌剧赋予了罕见的优美。

叶芝在这个十年结束时换了全新的面貌。自从 19 世纪 80 年代中期他开始写诗起，他的特点即一直是字音如歌和对感觉的流畅回应，而他 1914 年出版的诗集《责任》中却不见了这些特点。里面的诗行密集紧凑，尖锐的用词以绝对非田园式的精神论说社会和道德主题。不过，在那个十年中更令人惊讶的是一位年纪已大且笔耕多年的新诗人的出现。19 世纪 90 年代晚期，托马斯·哈代因在小说中写到性的主题而遭到严厉批评（＜ 625），于是他放弃小说创作，发表了第一批韦塞克斯组诗，其中包括一些 30 年前写成的诗。之后又出版了他关于拿破仑战争的三部史诗《列王》。汇集了他新老诗作的诗集源源出现，立即赢得一片赞扬。他一共出版了七部厚厚的诗集，最后一部是在他于 1928 年逝世之后不久出版的。这些诗集为他赢得大诗人之誉。他的诗受到热情欢迎与他在文字上的创新有一定的关系，他的遣词造句看起来怪异但意思清晰，符合英语的特点；另一个受欢迎的原因是他以不动声色的方式叙述以死亡或绝望而告终的情节紧凑的戏剧性故事。有时事情的起因纯属偶然，受害者因自身蒙昧不明或优柔寡断而注定了悲惨命运；在其他的时候，变态的想法或感情不可避免地造成灾祸的降临。所以他的诗才有如下的标题："生活的小讽刺""处境的讥讽""时间的笑柄"。没有哪位英国诗人能像他那样把乡村生活和习俗写得如此扣人心弦又如此冷静实在。他的作品常常表现出一种听天由命的情绪，这表示了善于思考的头脑在科学决定论主导下产生的一种敏感，然而读他的作品不会感到灰心丧气，而是会感到振奋，在诗歌中这就是悲剧精神的象征。

※

　　以立体主义开始的这段时间以音乐舞蹈的大量涌现而结束，出现了俄国的芭蕾舞和瓦格纳之后的新一派作曲家。俄国的舞蹈家、编舞、舞台设计和他们的主要音乐家斯特拉文斯基在 1910 年以一剧《火鸟》风靡巴黎，紧接着又演出了《彼得鲁什卡》和《春之祭》——庆祝春天到来的典礼仪式。第一部和第三部作品的神话主题与第二部的热闹都令人愉快，制作令人眼花缭乱。巴克斯特在舞台设计中使用的鲜艳夺目的颜色、主演尼任斯基和巴甫洛娃令人惊叹的舞技、福金设计的崭新的舞蹈、佳吉列夫毫无瑕疵的制作，以及斯特拉文斯基的音乐中人们所不习惯的洪亮和节奏，这一切引起了热情的赞扬，也造成了愤怒的抗议。《春之祭》像立体主义的首批作品一样引起巨大的愤怒，它的首场演出在奥古斯特·佩雷新建成的香舍丽榭剧院造成了暴乱。观众站在座椅上大声谩骂，对于持不同意见的邻座则报以老拳。

　　对于一位自我放逐的美国女性的新奇表演，巴黎人和欧洲其他地方的人的反应则大不相同。伊莎多拉·邓肯代表的是自然舞蹈，它任意的动作和多变的节奏与古典芭蕾舞的工巧截然不同。看到舞台上孤零零的一个舞者赤着脚带着薄面纱令人耳目一新，精神一振。伊莎多拉对贝多芬和瓦格纳音乐的"诠释"也给人以惊喜。别的人是跳舞，她是在再创作。她成为被诗人讴歌的偶像，她对自由恋爱的提倡形成了一个派别，她在几个国家建立了舞蹈学校，她的追随者牢固地确立了现代舞蹈。雅克-达尔克罗兹发明了韵律舞蹈，这是一种教孩子随着音乐自然摆动四肢和身体的方法。

　　无疑，由斯特拉文斯基始创（邓肯与其呼应），充满活力的原始主义部分地来自他那直接刺激神经的鲜明节奏和不和谐的和弦。相比之下，90 年代晚期出现的那批新得使人不安的作曲家反而显得合乎理性，令人愉快。那些人尽管形形色色，但都决心摈弃瓦格纳的影响，不用 19 世纪的抒情风格和戏剧性的手法表达感情。德彪西、德利乌斯、夏布里埃、胡戈·沃尔夫、斯克里亚宾、埃里克·萨蒂、杜卡和布索尼是其中最突出的创新者，但他们只是音乐大军的一部分；另外一部分人娴熟地改动并增加了 19 世纪的技巧，他们与现代派一道活跃盛行。布鲁克纳、马勒、埃尔加、沃恩·威廉、施特劳斯、西贝柳斯和普契尼以及他真实主义的同胞们（＜ 638）所作的音乐至今魅力不减。

由德彪西领导的现代派后来被称为印象派，因为他们作曲时采用如同点彩法的分离的和声与音色，避免长旋律、对位声部和节奏或其他形式的强调，这是对 19 世纪方法的背弃。其实他们是在应付那个时期遗留下来的困境，那就是使用主调以外音符的变音体系造成音调的逐渐消失。这一困难由来已久：凯鲁比尼听了贝多芬的《菲岱里奥》后，抱怨说听不出前奏曲用的是哪个主音。德彪西还采用独特的音阶来改变人们所熟悉的音乐的气氛。他所受到的影响特别迂回。他这个启发来自 19 世纪 70 年代的"俄国五人团"，特别是鲍罗廷和穆索尔斯基，而他们又把灵感归功于柏辽兹和他对调式的用法。德彪西在这个基础上更进了一步。他的和弦不受旋律的约束，跳跃使用，违背常规，确立了另一种逻辑。这种方法十分灵活有效，一位后来的作曲家和音乐史家在回顾这两个十年时发现斯特拉文斯基和勋伯格的战前作品都大量使用这种手法。[在此向读者推荐康斯坦特·兰伯特（Constant Lambert）的《嗬！音乐！》（*Music Ho！*）。]

众所周知，音调从一开始即是勋伯格关心的问题。他在 1911 年发表了一篇关于和声的论文，大概就是为了把自己的思路理顺。与他同时的康定斯基把这篇论文称为对现代主义的又一贡献，虽然里面没有提及最终为各地作曲家竞相采用的体系。勋伯格成了音乐的救星。其实，在他发表那篇论文之前，他就在 1909 年的第 11 号作品第一部中迈出了第一步，那是一部无调钢琴曲，或如他喜欢说的泛调钢琴曲——没有中心主音。同年，他以同样的手法写出了《五首管弦乐曲》，使学者和习惯于常规音乐的人们听后如堕云里雾里。从音调中解放出来这一西方音乐的组织原则与其他艺术领域中同时发生的剧变遥相呼应。

同期，美国对古典音乐做出了两个贡献，其中一个很容易被忽视：约翰·菲立普·苏泽的进行曲。他大量出色的作品远非平常的军乐，旋律和复调都雄壮优美，可与这一种就连最伟大的大师也未予小觑的体裁中任何其他作曲家的作品相媲美。第二个贡献是一个开创性的革新，那就是黑人音乐家先是在新奥尔良，然后在芝加哥写作并演奏的散拍乐和布鲁斯乐。他们的音乐是对各种不同传统的发扬光大，不过一直限于当地流行，直到被恰当地命名为爵士乐时代的时期蓬勃发展起来（738 ＞）。

679

这种新式美国音乐在南方和中西部迅速发展的同时，一群信奉瓦格纳和尼采的学说，崇拜易卜生、萧伯纳和立体派艺术家的人正在东北部宣扬欧洲的现代主义。这些人有詹姆斯·亨内克、巴雷特·温德尔、布兰德·马修斯、约翰·斯隆、艾尔弗雷德·施蒂格利茨、斯特芬·克莱恩，还有 H. L. 门肯和乔治·让·内森编辑的"思想的刊物"《时髦人物》的所有撰稿人。

总而言之，现代主义的孕育发展经历了三个阶段：大约从 1870 年到 1885 年是准备时期，其间对老的模式提出了怀疑或试探性的藐视；90 年代期间（约从 1885 年到 1905 年），19 世纪的道德规范及其对艺术的限制被完全推翻，而对平民世界避之不及的唯美主义阵营不断壮大；最后的第三个阶段是立体主义十年（1905 年到 1914 年），其间年轻的一代受到改变了生活现实的各种发明创造的激励，采用了与常识背道而驰，类似科学概念的方法，从根本上改变了艺术的目标和形式。与此同时，也是在 19 世纪 70 年代兴起的民粹主义大潮启发人们给历史和社会科学重新定义。自那以来，20 世纪做出的贡献和发明只是通过分析来进一步完善所取得的成就，或用模仿和嘲讽的方法来予以批评。不过这些表现要等到四年大战的长时间中断之后才得到公众的注意。

第四部分

从"大幻想"到
"西方文明不能要"

大幻想

1914—1918 年的大战把现代世界抛上了自我毁灭之路。那场战争被称为大战只是因为它的规模大，并非因为它有任何崇高伟大之处。1940 年爆发了又一场大规模的战争之后，鉴于它已是第二次，前一次就被叫作第一次世界大战。其实这是一种误称，因为 18 世纪的欧洲战争也是世界大战，当时的混战远及印度、北美，甚至海上。只不过它们不是不同人民之间的战争，没有威胁到文明的生存，也没有导致一个时代的终结。

第一次世界大战那场浩劫发生之前的 15 年后来被称为美好时期（labelle époque），也叫作"宴欢年代"。这种忆旧情绪所留恋的是立体主义十年中高度的艺术成就和那个时代众多的杰出思想家，是他们推动了社会改革，力促政治转变，形成了今天遍及全西方关于国家的观念。另外，还有第三种力量也在起着作用：对暴力的施行和信仰。当时许多人因欢欣于丰富的艺术创造和卓越的才智而无视这第三种力量的意义，但也有许多人出于对暴力的恐惧或热衷而专注于它。

在谈及流血的种类和原因之前，需要先略述一下政治方面的建设性努力，以表明这种努力在何种程度上影响了现今的政府形式。战前 10 年间，威尔斯、切斯特顿、贝洛克和萧伯纳在英国启发激励着读者大众进行思考。威尔斯一度是费边社会主义者（686 ＞），但后来离开了那个团体，因为他认为它的想法不可行，但是他对民主自由主义也有怀疑。他的专长不是政治，而是对社会状况的研究，这反映在他颇受欢迎的小说之中。事实上，根据先前所作的定义，他的小说只能算故事：人物可信，但没有令人难忘的虽属虚构但近似生活的情景，结局清楚地显示出社会的困境，有时这样的困境在故事中通过常识和独具慧眼的预言性建议得到解决。他的散文抨击时事则更为直接。威尔斯继承了儒勒·凡尔纳的事业，写科幻小说。他基本上是自学而成，加上一点儿现代概念。他这方面的作品，无论是长篇还是短篇，至今仍然令人读来津津有味。相比之下，后人所著的同类作品除了技术方面的幻想之外，则显得叙述粗糙，缺乏想象力。

684

切斯特顿不同意萧伯纳的社会主义思想和威尔斯的改革主义主张，而是和贝洛克一样信仰天主教教会在社会和精神方面的教诲；他是在事业中途皈依天主教的。他提出以分配主义，即实现财产的广泛拥有，来结束资本主义财阀统治的罪恶。它将使个人重新获得独立，成为真正的民主选民，而不是受新闻界操纵的民众。腐败的新闻界实际上控制着统治百姓的官员（＜599）。

报界的正业本来应该是报道新闻。如果新闻指昨天发生的事情的话，那么报纸刊登的许多内容其实并不是新闻。新闻是报界的产品。而世界上大部分的"新闻"都是报界自己制造出来的：对要人的采访、关于严重形势的报道、政治评述、"有根据的猜测"等。许多报纸事实上已经放弃了只报道事实的冠冕说法。

——T. S. 马修斯（1959 年）

90 年代期间出现了廉价的日报，其主要内容是闹哄哄的宣传，还有对犯罪和丑闻的报道，但这不是它们唯一具有吸引力的内容。19 世纪 80 年代晚期，后来成为诺思克利夫勋爵的艾尔弗雷德·哈姆斯沃思出版了名为"答问"（原名为"趣闻"）的刊物，从那以后，报纸变成了一种通俗百科全书，至今依然如此。每天刊登体育、时尚和戏剧方面的消息，健康、商业和金融方面的咨询，纸牌游戏和烹调方法，此外还有一种智力游戏、一组漫画和一篇啰啰唆唆的小说的连载等。上述内容夹杂在厚厚的一叠广告中。这样，原来纯粹报道政治新闻、重大事件和讣闻的四到八版的报纸变成了大众教育的全部来源。今天的电台和电视台把这些内容收在节目中，真正的新闻反而少了，节目的内容更加五花八门；报纸上的一篇连载故事和 20 版的广告变成了 6 部肥皂剧和 50 条广告。

新式的报纸没有版面供萧伯纳所谓的"切斯特贝洛克"这一对作家发表意见，也同样没有地方让威尔斯或萧伯纳阐述观点。认真严肃的意见需要别的发表形式，如政论文。可是，此类文章的读者通常是与作者持相同观点的人，故此需要一种新的新闻形式。几乎由切斯特顿和他的兄弟一手包办的《GK 周刊》[1]就是那种与报界巨头的"喉舌"及其巨大的销量抗衡的刊物。英国的《星期六述评》《新时代》《新政治家》《观察家》，美国的《国家》《新共和国》以及其他国家中与它们类似的刊物给受过教育、关心时事的读者提供新的思想，特别是在社会问题和"最贫困的人口"等方面的内容，此外也介绍新书。它们相当于 18 世纪的《闲谈者》《旁观者》《漫步者》和其他由一个或一小群志同道合的思想家撰稿的期刊，只不过在形式上稍经改动。这里面最团结、组织得最好的是费边主义者。而他们中间最孜孜不倦、足智多谋的宣传家是——

萧伯纳

虽然他的剧作经常上演，使得今人对他的名字和他的几个观点耳熟能详，但他天才的范围和他在西方文化演变中的地位却由于伟大人物身后通常得到的赞誉而被掩盖住了。

他是都柏林人，家境破落，既没有赞助人也没有前途，但他凭着坚强的意志在五六个领域中确立了地位，成为半个世纪中文学和社会思想方面的世界名人。他的著作一再重版，篇幅不等的传记连续不断，把他非凡的一生呈现在公众面前。他著作等身，有剧本、作为序言的论说文、政论文、音乐和戏剧批评，还有 25 万封通信，其中大部分也是关于他所熟悉的题材的随笔，这使他成为 20 世纪的伏尔泰，而他在

685

---

[1] GK 是切斯特顿名字的两个首字母。——编者注

呼吁对政府、道德、审美和宗教进行彻底改革的宣传中提倡的则是卢
梭式的思想。他言辞机敏，文笔犀利，是位杰出的辩论家。

他的剧作不仅是思想的喜剧，而且包含着不断演变的形而上学观
点。可惜人们，特别是那些洋洋洒洒为他作传的人们，丝毫没有认识
到这一点。对他的剧作与其长篇序言之间的关系也通常都理解有误。
现在仍有一种错误的观念，认为他的剧作只是诙谐风趣，其实它们充
满了情感，充满了由信念的冲突所引起的希望和痛苦，是继承了阿里
斯托芬和莫里哀传统的真正的戏剧。剧本并不是简单地以戏剧的方式
表现出它序言的大意。序言作为介绍，为剧中人的强烈感情提供了复
杂的背景；每一篇序言都是对文化历史的研究。萧伯纳的思想是受 19
世纪的诗人、历史学家和哲学作家
影响形成的，他对次要人物含义的
掌握和了解堪与这个领域的专家媲
美。序言后面的剧本显示的则是源
于生活的愿望、需要和错误，萧伯
纳探究的就是它们的成因。

与一个人争执 20 年而从未觉得他有时持
论不公或进行诡辩实非易事。我可以证
明每次我读到萧伯纳的反驳后都感到心
情更为舒畅；他的回答立论公平，说理
心平气和，次次如此，从无例外。

——G.K. 切斯特顿论萧伯纳（1936 年）

把萧伯纳的剧作与像高尔斯华
绥这样的作家的剧作相比，会发现萧伯纳更为客观。他同白哲特一样，
看到一个事物有两个方面，这甚至包括他为之奋斗的事业，应当说
尤其是他的事业。他提倡易卜生、瓦格纳和社会主义的理论，但同时
也指出了它们在应用方面的限制。他在关于莎士比亚的论述中批评这
位诗人的悲观主义和没有原则，为此遭到世人误解。但他比大多数批
评家都更了解莎士比亚的剧作，他痛斥那些删改剧本使其成为自己的
"成名工具"的演员兼经理，并努力争取建立一个国家剧院认真排演莎
翁的剧目。

萧伯纳如同一切真正的艺术家一样，是有意识的实用主义者。艺
术作品的关键在于它的效果，无论这效果是如何取得的；如果严守以前
的形式规则或任何限制，那么产生的作品就不是艺术，只是学术练习而

已。务实是萧伯纳剧中男女主角的自然天性，他自己也因注重务实而成为一名费边社会主义者。他承认受了马克思对资本主义的谴责的影响，但认为马克思的方法和经济理论是错误的。他所属的团体为自己选择的名字罕见地没用绰号，费边是一位古罗马将军的名字，他不与敌人硬碰硬地作战，而是通过小规模战斗和拖延战术来把敌人拖垮。渐进的改变适合英国人的脾性和政府形式，先从实现公用事业的市级所有开始，慢慢带来社会主义，使其坚实稳固。每一步实行之前，必须先由经济学家和统计学家对各种条件进行调查，他们的圈子中与萧伯纳过从最密的悉尼和比阿特丽斯·韦布这一对著名的学者夫妇即是这类专家。最终，从费边社和其他社会主义团体中产生了工党，它使用费边主义的方法把英国变成了福利国家——老年养恤金、国家保险、免费医疗和通过所得税和遗产税对财富收税。[参阅安妮·弗里曼特尔（Anne Fremantle）所著《这一小群预言家》（*This Little Band of Prophets*）。]

萧伯纳从事政治宣传，赞成素食主义，反对活体解剖，提倡有利于健康的衣着，并为之大声疾呼；他对世上各色人等通通发出批评，包括医生、学校、监狱、父母、政客、演员、主教、音乐家、乐队指挥、庸人和国王的戏剧审查官。但在所有这些问题之上，萧伯纳最为关心的莫过于哲学和宗教，它们对他来说甚至比写作和导演他的剧本都更为重要。他不属于任何教会，也不是独立的基督徒。但他不断地用现代词语来阐述耶稣的教诲和教会的教义，特别是天主教所说的"每一条教义中都有灵魂"。天主教一词对他来说意味着一个现代化宗教应有的特征——普遍性。任何社会要想保持内部稳定，建立合适的政府，就必须有一个共同的信仰。他在谴责法律规定的惩罚时援引耶稣的话，他宣布每一个生命的降生都是无瑕受胎。对他来说，圣餐仪式等于所有思想家和艺术家之间的所谓大对话，这些思想家和艺术家与别人一道，都在作为"圣灵的殿堂"的世界中有一席之地。萧伯纳属于务实的一代，他是反物质主义者，也是反理想主义者；现实并不是一分为二，彼此排斥的。生命力是一个单一的动力，物质和精神只是它的不同方面或表现。

因此萧伯纳与达尔文主义者论战，支持塞缪尔·勃特勒（＜634）。如尼采所说（＜670），人是自我发展的，引导着人向前和向上发展的是"掌握现实的大师们"，也就是艺术家、政治家、宗教创始人。萧伯纳的超人的高超之处在于他可以不经内心斗争即自然选择正确的行动。

至此，重新诠释神话和教义以满足现代人对信仰的需要还相对容易，而终极实在究竟是什么样子则较难想象，因为本着务实的精神从抽象和传统的理想转向在人的事务中采取有效行动，争取实在的结果，这并不会产生未来的目标，而且这种转变在得到实现或者成为传统之前，也只能同样是抽象的理想。这个危险是无时不在的。萧伯纳根据自己对生活的宗教性解释在一部又一部的剧作中把这一难题写成上帝和魔鬼的战斗。一个人，无论男女，是上天堂还是下地狱全看他（她）在普通事务中所选择的角色；这种选择说明了一个人的精神境界。《人与超人》里地狱一幕中雄辩的讲话用长达一页的篇幅列举了各种卑琐的动机与真正的道德动力之间的对比，显示出帮助生命力创造超人的人，与敌视生活或麻木不仁，因而成为生命力累赘的人之间的差别。如前所述，超人的行为正确，符合道德，这在他是自然而然的事，不必与自私的肉欲做斗争，因而就不必做道德方面的考虑。生命力会逐渐克服它的另一个阻力，即它与物质的结合。这就是五幕剧《回到玛士撒拉时代》的结局。

这种美好的空想经不住事实的考验。在大战进行得最惨烈的时候，萧伯纳对人是否有能力战胜自己的野蛮本能和克服撒谎、说空话大话的倾向感到了绝望。他在《伤心之家》中表现出这种日益增强的悲观情绪，这部剧写成于1920年，描述了一个世界（也许是我们这个世界）随着一声巨响完结，而不是在哭泣中终了。他晚年的剧作全部围绕着宇宙与人的幻觉空想和漫无目的这个主题。工党政府推行费边主义路线却没能改变社会，这使他的观点得到了证实。最后萧伯纳陷入了他曾批评过的莎士比亚的情绪，他们都因目睹人的行为所造成的社会灾难而意志消沉。

萧伯纳晚年时像布莱希特、韦布夫妇与成百万其他学者和知识分子一样，推崇苏联的共产主义。但是，从萧伯纳身上看得出，他的动机可能与他人有异。他赞成政府进行谋杀和屠杀，这看起来像是一个绝望赌徒的孤注一掷。这不仅与他一生清晰务实的思路截然相反，因为持续的暴力意味着实际上的失败，而且也与他在同一时期创作的剧本所提倡的精神格格不入。这些剧作，如《苹果车》《触礁》和《日内瓦》，前两部反对迫害持不同意见者，哪怕是在民主处于危险的时刻；第三部则嘲讽希特勒和墨索里尼。作为剧作家的萧伯纳仍然保持着他的信念，尽管作为疲惫消沉的宣传家的萧伯纳已经摈弃了它们。

你的朋友们并不虔诚，只是租用了教堂的座位；他们不是遵守道德，只是因循习俗；他们没有美德，不过是怯懦；他们连邪恶都算不上，只是"意志薄弱"；他们没有艺术鉴赏力，只是好色淫乱；他们不能算富裕，不过是有钱；没有勇气，只是喜欢争吵；没有领导才能，只是专横霸道……

——萧伯纳的《人与超人》中唐璜对魔鬼说的话（1904 年）

688

萧伯纳不是唯一感到幻灭的社会主义者。在他之前 10 年，法国工程师乔治·索列尔看到社会主义者进入议会和内阁后成就甚微，于是建议采取直接行动。他在《反思暴力》中敦促各工会联合成一个整体，通过总罢工以及下一步行动——与警察决一死战——来推翻资本主义制度。组成这支新力量需要一个神话，一幅关于未来幸福的理想图景。当时年轻的记者墨索里尼对这一计划印象深刻，牢牢记住了它的显著特点。

※

萧伯纳和所有其他就社会问题进行激烈辩论的宣传家加速了大转变的开始。这个转变的成因是社会主义思想的压力，主要是议会内部的改革派和外部的费边主义者的努力。大转变指的是自由主义向着其对立面的转变。它是 19 世纪 80 年代时在德国悄悄地出现的。当时俾斯麦颁布了老年养恤金和其他社会立法，观察家把他的举动称为"抢了社会主义者的先机"。到世纪之交的时候，自由主义者普遍认识到，在所有方面，无论是经济、社会，还是政治方面，都需要通过法律来向许多不再能养活自己的人——老人、病人和失业人员——提供帮助。新世纪开始 10 年后，劳合·乔治制订的预算使英国走上了福利国家的道路。

一系列暴力的罢工最后造成总罢工这一想法意味着彻底的推翻。这个念头是可怕的，并且随着暴力在无产阶级心中得到更大的重视，会变得更加可怕。但是社会主义者通过担负这项严肃、艰难而崇高的工作，将超越我们猥琐的社会，为世界指出一条新的道路。

——乔治·索列尔（1908 年）

自由主义的成功靠的是"最好的政府是管得最少的政府"这一原则；现在所有的西方国家出于明智的政治考虑把这个理想从放任自流改变为开明公允。这一改变造成了用语的混乱。在美国，自由主义者指的是赞成规则、权利和各种保护的人，自称保守主义者的共和党人则像受亚当·斯密教育成长起来的老式自由主义者一样努力争取减少政府干预；他们在敢于做到的范围内尽量反对社会方案。在法国这个政府干预一直很强的国家，自由一词保留了它自由市场的经济含义，只有一个半保守性的小党在名称中使用这个词；主要政治倾向则以左和右来划分。英国新成立的自由党人数也很少。保守党和工党是两大对立政党，其他国家与他们政见类似的人分别称为保守派和社会民主党人。这些名称根本不能概括国家的实际性质这一政治现实。如今的国家其实是过去看起来无法调和的各种目的和主义的大杂烩。今天，一个头脑清醒的投票人无论投谁的票都应称自己为自由保守社会主义者。党派的不同只是在某个具体问题上某种倾向的略微增减而已。［关于各种政治意见的论述，参阅很久以前 G. 洛斯·迪金森（G. Lowes Dickinson）所著简短生动的《现代论丛》（*A Modern Symposium*）。］

※

　　1914 年战乱的西方比起 4 个世纪之前被宗教改革分裂的社会大了许多。后来的欧洲包括了俄罗斯和土耳其，战争涉及的地区包括非洲、澳大利亚、新西兰、南太平洋和日本。战争进行到三分之二的时候，美国也加入西欧阵营。潜艇的发明使海洋战争的规模增加了一倍，天空也被开辟为宽广的新战场。谁能否认这些进步的事实呢？

　　关于大战的原因众说纷纭，那年 8 月那些狂热的日子里所有主要的角色，无论是国家还是个人，都被指控造成了战争的爆发。引起战争的罪魁祸首到底是谁，就此无法达成一致的结论，因为任何行动本身都不能算是决定性的。若要指责哪个官员的话，最多只能说奥地利首相康拉德·冯·黑岑多夫一心好战，英国外交大臣爱德华·格雷爵士在宣布英国支持法国之前曾经犹豫动摇。其他的外交官和国家领导人都做了很大的努力以求避免这场灾难的发生。没有一个人能单枪匹马地挑起战争，同样，没有一个单一的"原因"，无论是公开的还是暗藏的，能够促使如此众多的人流血厮杀。促使各不相同的人自愿采取集体行动的原因来自各种因素，包括长期的状况、文化特征、理智的缺失，还有力度不同的各种动机。

　　引发战争的事件是无可辩驳的。在那不幸的一年的 6 月，奥匈帝国王储弗朗茨·斐迪南大公和王妃苏菲遭到一名年轻的塞尔维亚人暗杀。他们被杀的地点萨拉热窝在人们的心目中永远和这一事件联系在一起，直到最近，它的名字又与另一次大屠杀联系了起来。这两次事件的背景是一样的：1914 年，巴尔干地区各民族已经经受了几十年的动乱，自从 1912 年以来彼此之间打过两次战争。[请读萧伯纳的剧作《武器与人》。]巴尔干长期处于土耳其统治下，那里的居民属于不同的族裔，使用不同的语言，信仰不同的宗教，每个因素都构成了建立稳定国家的障碍；更有甚者，邻近的俄国、奥地利和衰弱的土耳其为了自己的目的还在不断煽动骚乱。这些阴谋诡计由于其他欧洲列强的

690

联盟而进一步复杂化，结果在大公遇刺的一个月后促成了战争的爆发。

　　于是有人说，大战的根源是民族主义。民族主义激情确实是当时一支强大的力量，但造成战争的根源其实是中欧和东欧民族主义的失败：德国、奥地利、意大利和俄国很晚才成为民族国家，这一状况在那个地区造成了一种永久性的紧张和攫取的心态。证据虽然错综复杂，但清清楚楚。奥匈帝国是个松散的帝国，其中的匈牙利和一些斯拉夫人居住的地方想要更多的独立，波斯尼亚要求独立的呼声和现在一样强烈。斐迪南大公支持建立三角联盟，让斯拉夫人摆脱子民的地位。可惜在那个时候，企图实现西方民族国家那样的融合为时已晚，而西方的民族国家是进行了君主制革命之后才建立起来的（＜239）。在一个实行议会制度，知识分子信奉自由思想的欧洲，分离主义和领土收复主义（国界以外由同胞居住的土地，因而是"未收复的"）是无法平息的。他们讴歌往昔的荣光、"独一无二的语言""民族史诗中所歌颂的9世纪的一位大英雄"，以及宗教的感染力，再加上要求用议会来取代傀儡国王的主张，所有这些都激励着各种小团体进行活动，只能不时使用暴力予以镇压。弱者对强者的暴政使任何妥协都成为不可能。

　　至于其他两个羽翼初丰的国家，它们还保留了原来的侵略性。在1912—1913年巴尔干危机之中，意大利对土耳其开战，抢走了北非贫瘠的的黎波里地带。这虽然满足了意大利的民族自大感，却丝毫没有加强意大利的团结（691＞）。失去俾斯麦外交天才领导的德国在大战之前的15年中陷入了好几场"危机"。它们两个国家的企图都可以归总为要争取"阳光下的地盘"（在下一场大战中，希特勒把这个目标称为Lebensraum——生存空间）。德皇威廉二世在各处发表气势汹汹的演说，法国人和英国人因此在战争期间把所有德国人都形容为由一个新的阿提拉大帝带领的一群匈奴人。事实上，在萨拉热窝危机发生之后，德皇尽了最大的努力劝阻奥地利，企图避免战争。

691　　冲突总是为了争夺地盘，无论是在欧洲，像奥地利的战争，还是在全球，像德国、英国和法国的战争。意大利在非洲所得太少，一直渴望着再打新仗。这种激烈的争夺使得那些寻找大战单一成因的人把矛头指向帝国主义，后来改名为殖民主义。它当然是一个突出的因素，但它无法解释交战双方的联盟行为。1898 年，英法两国为了非洲的一块地方发生冲突，但很快又成了盟国；英国和俄国历来是争夺中东部分地区的对手，但在 1914 年却联起手来反对德国。英法俄三国联盟对抗着德国和奥地利的两国联盟，意大利一度曾加入德奥联盟，但战争爆发后随即脱离。

塞尔维亚总有一天会使欧洲陷入不和，造成大陆上的全面战争。我无法向你表述这里的人们对那个小国在俄国的怂恿下给奥地利造成的无尽的头痛感到多么气恼。目前的危机如果不使欧洲爆发战争真要算是万幸。

——驻奥地利大使费尔法克斯·卡特赖特爵士，致外交部
（1913 年 1 月 31 日）

双方都有充足的理由武装到牙齿。德国不断增强装甲和大炮的力量并拓宽了基尔运河，以便进入北海；与此同时，英国建造了无畏级战舰和超无畏级战舰，法国把服役期延长到三年。各地的新闻报道和街谈巷议说的都是"下一场战争"。一位德国将军写了一本书，标题中就有这个词语，德皇挑衅性的讲话也使得紧张有增无减。

还需要说明的是，为捍卫 20 世纪的殖民帝国而战是没有经济上的好处的，恰恰相反，维持殖民帝国开支浩大，获利的只是少数人。但帝国主义为扬威显名或羞辱别国提供了无尽的机会，所以才大肆吹嘘说自己拥有的土地上太阳永不落。简言之，帝国主义不仅代表经济上的贪婪，而且还体现"国家荣誉"对外侵略成了一种心态，这也是导致战争的因素之一。

仅举一例为证，当德国和法国在试图化解一场有关在摩洛哥经商权的危机时，"拥护和平"的英国首相劳合·乔治在伦敦发表讲话，抱怨他们的谈判把英国抛在了一边。德国政府激烈抗议说，既然英国在摩洛哥没有利益，那么英首相的讲话一定是出于对德的仇恨。德国的指责如此之激烈，竟促使英国进行了认真的备战。那是在 1911 年。

1914 年前，每个国家都有一些团体，表面上是为了捍卫国家利

益而组织起来的，但实际上是侵略性的，因为它们都喋喋不休地宣扬必须打倒具体的"威胁"。在法国，这些爱国同盟是反德的，想雪洗1870年失败的耻辱，为阿尔萨斯、洛林的沦陷报仇。在德国，英国是仇恨的对象；对英国来说，德国在建立帝国和发展工业方面的进步不仅是竞争，简直是直接的侵略行为。正如一位著名记者在一组系列文章的第一篇开宗明义所说的，"德国在蓄意准备毁灭大英帝国"。在法国和英国怀着对"德国威胁"的戒惧于1904年达成谅解之前，它们两国一直都彼此怀疑，还差点儿为了埃及和苏丹兵戎相见。两个拿破仑治下的法国穷兵黩武，而英国是"不讲信义的阿尔比恩"[1]，专门伺机渔翁得利，它占领土地的办法是挑动欧洲大陆上发生战争，在战争的最后时刻加入即将胜利的一方。这些对历史的偏颇理解帮助形成了人们总是戒惧戒恐的心态。

巴尔干动乱的意义已经十分清楚了，但关于另外两场更大战争的意义却存在着激烈的意见分歧，不过它们是在远方发生的。英国人费了大力气打败了南非的布尔人，美国人轻而易举地消灭了西班牙的海外帝国，这两场战争都发生在世纪之交（＜629）。我们看到，英国人胜利后宽宏大量，使偏执的布尔人政权得以巩固；美国成了扩张主义的强国，在境外有了自己的殖民地。布尔战争对新世纪的贡献不可小视：在战斗中使用达姆弹（可在体内爆炸），军服用卡其布的颜色以便与周围的景色融为一体，还有一种新制度——集中营。

另一场在欧洲以外的准战争，前文已经提过的义和团运动（＜629），也引起了密切注意。解救被围困外交官的是一支由一位德国将军指挥的多国联军，这表明在共同的敌人面前各国会增强合作，但危机一结束合作即告终止。

这类暴力事件同时发生或接踵而来，使人的感受应接不暇：愤怒、耻辱、自豪、迷惑、宽慰，然后又因新闻报道的消息而回到焦虑之中。

---

[1]　阿尔比恩，希腊人和罗马人对英格兰的称呼。——译者注

随着公共教育使工人阶级中识字的人数不断增加，报纸读者越来越多。报纸取代布道坛成为时事消息的传媒，它比声音更有权威性，而且每天都有，不是只在每周的礼拜天才有。此外，它并不伴以老一套的布道词，它报道的新闻（无论真伪）总是新鲜的，还加入热闹的成分。是报纸促使美国与西班牙打了那场结果圆满的战争，它的力量由此可见。

※

　　受过教育的公众在阅读周刊时会看到其中有些文章宣扬战争有理，或至少就这一观点进行辩论。这是当时人们争相谈论的问题，因为各种国籍、不同智力层次的作家都是社会达尔文主义者（< 572）。他们相信自然选择的理论既适用于动物物种也适用于国家：斗争可以产生最强者。根据这种信念，在日本打败了俄国之后，黄祸成为"事实"。一个曾在中国军队中做过将军的驼背美国人李何默在《无知的勇武》中就日本的侵略提出了警告，并在《撒克逊人的时代》中指出应该采取协调一致的政策来对付来自东方的威胁。除他以外，其他人也主张西方必须为冲突作准备，决不能退缩。战争也许会造成生命和金钱的损失，但它的回报是一个得到改善的"种族"，一个更强、更出色、更能干的人民。生存竞争者这一用语被全盘接纳入法语和其他的语言。美国总统西奥多·罗斯福把这一概念归结为"紧张的生活"，他形容外交政策是拿着大棒，脚步轻轻地走路。

　　经济竞争的例子进一步增强了这种说法的说服力：强大的公司征服吞并弱小的公司，因而证明它更有效率。世界也因得到价廉物美的产品而受益。反对这种简单看法的人只占很少数，他们指出经济收益远非必然之事，大公司会垄断价格。至于各国之间的战争，牺牲的是最强壮、最年轻和最无私的人。胜利使人破产，战败反而在经济上有好处，正如（作为例子）1870年普法战争后的法国和1898年后的西班牙。法国人全体动员起来，很快还清了巨额赔款；西班牙的工业得到

693

了迅速发展。德国打败了法国利少弊多，经济上和道德上莫不如此，正如尼采指出的，新生的第二帝国的特点是大肆泛滥的粗俗和"物质主义"。

然而，另一条思路与社会达尔文主义汇合为一，加强了好战的精神。自称为人类社会学家的学者断言棕眼圆颅的"地中海种族"天性不适于自立和冒险。这个种族的天性趋同社会主义——由国家提供保护，而北欧人是开拓型的，有勇气，有独创性，可以单枪匹马地干成大事。一切进步都靠这样的人。这种伪科学的政治含义是英国、荷兰、德国、斯堪的纳维亚和美国注定会兴旺发达，领导世界，而地中海国家（"拉丁国家"）则会落在后面越来越远。

> 战争是实现进步的一个条件，它是使一个国家不致沉睡的针刺。
>
> ——欧内斯特·勒南（1876 年）

> 战争是暴风雨，它净化空气，摧毁树木，只留下粗壮的橡树。
>
> ——卡尔·冯·施滕格尔男爵
> （1901 年）

694

> 管理着生命——植物或动物或国民——的法则同样也控制着自然实体。这些法则普遍适用，不容更改，对于它们了解和遵从与否反映了对它们的价值的认识。对它们进行抵抗、否认、违背是愚蠢的行为。
>
> ——李何默（1895 年）

南非那位幸运的冒险家塞西尔·罗兹对这种说法坚信不疑。为了帮助培养未来的世界统治者，他甚至在 1903 年立下的遗嘱中建立了一个以他命名的奖学金。奖学金提供给品行能力均属上乘的英国、德国和美国学生，让他们去牛津大学学习使英国人成为举足轻重的强人的态度和习惯。牛津大学各个出色的学院提供的教育可以让北欧同胞受益匪浅，并使他们彼此建立兄弟般的情谊。战争一爆发，德国人忽然丧失了他们的种族优点，也失去了奖学金。

> 那些把战争当作强壮剂来提倡的人精神可嘉。让那些真心相信的人到索尔兹伯里平原去互相扫射吧，直到幸存者（如果还有人幸存的话）觉得自己的性格达到了标准。
>
> ——萧伯纳（1914 年 1 月 1 日）

另一个号称纯科学并能改善世界的建议更是给关于种族的辩论火

上浇油。它起源于对精神病和智力缺陷的关注。弗朗西斯·高尔顿和卡尔·皮尔逊利用遗传病的一些统计数字提出了优生学的建议。天才和呆傻的出现似乎表明，先进文明应当采取措施产生更多的天才，消除呆傻。应禁止有智力缺陷的人结婚，鼓励健康聪明的人求偶。

当时，关于遗传问题发表了许多著作，对这个建议的可行性也有很多争论。当有人建议萧伯纳应该同伊莎多拉·邓肯生孩子的时候，据说他回答道："孩子可能会继承我的身体和她的头脑。"卡尔·皮尔逊是优生学的第一位（可能也是最后一位）教授。他教过许多学生，但却没有一群固定的追随者。他在高尔顿的启发下出版了一些关于天才的书籍。这些书常常把不同国家相比较，衡量的标准是一个国家产生的伟大艺术家和思想家的人数。

这个学说的谬误在于把一个民族看作一个有着共同生物遗传特征的种族。把民族与种族等同起来违背了最起码的历史知识。自古以来，在欧洲和美洲的各个种族一直彼此通婚。凯尔特人、皮克特人、伊比利亚人、伊特鲁里亚人、罗马人、拉丁人、匈奴人、斯拉夫人、鞑靼人、吉卜赛人、阿拉伯人、犹太人、赫梯人、柏柏尔人、哥特人、法兰克人、盎格鲁人、朱特人、撒克逊人、斯堪的纳维亚人、诺曼人等等，还有一大群原来各不相同的小部落在罗马帝国内部和周边彼此混杂，形成巨大的杂交人口。凯尔特人从不列颠而来，席卷小亚细亚；苏格兰人则来自爱尔兰；日耳曼部落遍及整个西方；阿拉伯人和北非人占据着南部；等等，不一而足。后来，称为民族的混合体通过自愿移民、流放，以及战争中来自多国的雇佣军造成的暴力或自愿的杂交而进一步混合。上一次战争中，拿破仑的军队来自欧洲的各个地方。从那以来，旅行的方便更帮助增加了多种基因的大杂烩。说任何现代的人民是盎格鲁-撒克逊人或拉丁人，就像说温斯顿·丘吉尔是朱特人或者是诺曼人，或因他母亲的缘故说他是美国人一样荒谬。

如果民族是混杂的"种族"的话，那么民族集团就更加混杂，这类集团的名字则完全没有意义。"北欧"一词不表示任何"血缘"或特征。即使某个民族据说注定会有某种命运，也总有人努力与这种命运抗争。我们已经看到，与决意把所有讲德语的人民团结起来的泛日耳曼联盟相对的是怀有同样目标的泛斯拉夫联盟，还有拉丁民族联盟殿后。显然，圆颅骨的人并非全然没有行动能力。

　　但在这种集合的基础之中，希特勒后来在他的第三帝国中所利用的原则隐约可见。一个民族由于历次战争和时间的流逝而融合为一个整体。如果没有达到这样的结果，就必须另找别的办法。伪科学和命定论把对种族的信念作为一种替代的办法，它是天生的，是"自然的"黏合剂，它存在于每一个公民的心中；如果把它变为有意识的东西，它就会消弭宗教、政治和阶级的差别。当然，如此武断地划分种族也会因增进了准种族或宗族的亲密气氛而有利于分裂主义。在德国对完美的一体化的寻求中，在目前按照自己的"根"分为越来越小的团体这种与前者截然相反的趋势中，西方看到的是促进统一的四股传统动力之间打作一团的混战：民族、阶级、种族和前文贬斥过的时髦意义上的"文化"（＜xv）。

※

　　大转变的立法虽然经过了激烈的辩论才得以产生，但它并未被视为社会或政治上的深远变革。两位名叫切斯特顿和贝洛克的作者对《奴隶国》的问世表示了忧虑，但是在暴力思想和事件的一片混乱之中，他们的话没人肯听。被称为无政府主义者或虚无主义者（其实是早期的恐怖主义者）的男男女女以暗杀的手段发表他们的观点。国家元首和首相成了濒危物种。前一类中的突出例子有法国和美国的总统，萨迪·卡诺和麦金利，以及奥地利女皇和意大利国王，他们都是在5年之内遇刺的。接下来有一些俄国官员，巴尔干地区国家中几个争夺王位的人，然后就是弗朗茨·斐迪南大公夫妇。[请读奥斯卡·王尔德的情节剧《维拉，或虚无主义者》（*Vera or The Nihilists*。]

战前在巴黎爆发的另外一种恐怖主义没有宗旨，而是穷则思变的造反。肇事者是有史以来第一个机动犯罪团伙。该团伙由 20 个青年人组成，包括 17 个男孩、3 个女孩，他们在 18 个月内抢劫银行，洗劫枪炮匠的工场以获取武器，还杀了 8 个人。把他们捕获后发现他们面色苍白，营养不良。他们中间有 4 人在犯罪期间丧生。（值得一提的是巴黎当时的大木偶剧场专演渲染可怕的暴力和鲜血淋漓的场面的短剧。）

696

另一群丰衣足食的年轻人也赞同暴力，但是目标不同。他们是法国的学生和知识分子，决心要推翻共和国，拥立独裁者，或者复辟君主制，而且无论追求哪个目标都激烈地反对犹太人。一些受人尊敬的年长思想家启发激励着这些反德莱福斯和反共和的年轻人，有时甚至亲自走在街头示威游行的前列。这些思想家著书立说，表示对当时文化的彻底不满。不仅在法国，在意大利和德国也都有此类人。

在英国议会对女性争取投票权的要求仍然充耳不闻的情况下，新女性变成了激进分子。她们被屈尊俯就地称为主张妇女参政者，但她们的行为却没有一点儿淑女的样子。在潘克赫斯特夫人的领导下，这些年轻的女子在游行中声嘶力竭地呼喊口号，强攻下议院，把自己用手铐铐在公共建筑的门把上，或者放火焚烧这些建筑，在特拉法尔加广场与警察搏斗，被投入监狱后绝食抗议。有一位年轻的女英雄一心要做烈士，挺身站在赛马场疾驰而来的群马面前。与此同时，美国争取妇女投票权的运动在和平地进展。塔夫脱总统夫人也表示支持这一运动。为此目的，人们进行了许多游行和请愿，使得公众逐渐习惯于这个新奇的想法。

虽然谋财犯罪在各个城市日益蔓延，但它仍然是一种专业性的活动，一般不使用暴力，很少复仇式的犯罪，没有街上的偷袭抢劫。警察基本上知道对手是谁，双方在进行心照不宣的游戏。刑期短而监狱生活十分严酷。若有杀人行为，动机都清楚明白。

就在那个最终导致了战争的紧张争吵的月份中，巴黎和其他国家的首都正饶有兴趣地等待着一桩谋杀案的审判结果。一位著名人士约班杰夫人："妇女需要的是参军的权利。给我一团佩剑的女骑兵，与一团有投票权的男人对阵。看看谁能打倒谁。俾斯麦说得好，这个问题只能用血和铁来解决，我相信他是装扮成男人的女子。"

——萧伯纳，《剪报》(1909 年)

瑟夫·卡约是法国唯一一位努力与德国达成谅解的政治家，他通过放弃非洲一些不重要的土地化解了一场严重的危机。一份报纸激烈反对他的政策，发表了（偷来的）他在他的妻子还是他情妇的时候给她写的情书，以此来败坏他的名声。卡约夫人瞒着丈夫去报社要求总编停止发表那些信件，遭到拒绝时，她从手袋里拿出一支左轮手枪射杀了总编。[参阅彼得·尚克兰（Peter Shankland）所著《编辑之死》（*Death of an Editor*）。]这位被杀的总编加斯东·卡尔梅特碰巧在帮普鲁斯特出版他的小说。

卡约夫人被无罪开释，但陪审团是历尽艰难才做出这项决定的。这件案子没有先例，各方进行政治辩论所使用的手段也绝无仅有。也许陪审团认为新型的新闻报道是煽动暴力。的确，法庭外面每日的喧闹使人无法进行平静的思考。暴民游行示威，对进出法庭的律师大声谩骂，每当卡约本人出现时就大喊"杀人犯"。暴乱者属于反对共和国的团体，特别是法国行动，这个组织因此被称为"国王的走狗"。他们并不是乌合之众，而是年轻的资产阶级知识分子，他们的意见与莱茵河另一边国家社会主义的先驱者别无二致。

※

鉴于后来发生的事件，应当在此介绍一下战前俄国的普遍心态。几十年来，俄国的知识阶层一直在以各种方式斥责或策划反对罗曼诺夫家族的专制统治。暗杀、处决和发配到西伯利亚的盐矿做苦工都没能扑灭他们的反抗精神。小说和戏剧激励着这种精神的继续，由于政治作品必须经过审查，结果产生了这样一种传统：小说和戏剧不仅是文学作品，而且还起政治宣传品的作用。1881 年，宣布解放农奴并表示愿意考虑一些改革建议的沙皇被人鲁莽地杀害。这一事件造成了更多的处决和进一步的激进活动。到了19世纪90年代，反抗当局、渴望自由已成为普遍的情绪。马克西姆·高尔基的小说和戏剧最清楚地表达了这种情绪，他也因之成为反叛意见的领袖。1905年，俄国对日本战败后，知识分子和公众的不满情绪构成了起义的有利条件。举行了一次有效的总罢工后，在整整一年的时间内，暴力和政府的让步周而复始。工人同士兵交战，组织了苏维埃（行动委员会）。议会建立了起来，由自由主义者担任领导。各省也不甘落后。然后，形势急转直下。在军队的支持下，沙皇被宣布为独裁者（唯一的统治者），议会给予他控制所有立法的权力。反对派被以惯常的野蛮手段施以惩罚，流放到外省。

一切希望俱已破灭。消沉和耽溺声色取代了活力和不同意见。高尔基不再是英雄。列昂尼德·安德烈耶夫的小说和戏剧成了有代表性的声音，表现了无力和绝望的情绪，还有对死亡的执迷和在一个冷酷的宇宙中生存的忧惧。［请读《七个绞刑犯的故事》（*The Seven That Were Hanged*）。］

安德烈耶夫感到难以承受的不仅是人在宇宙中的孤独，还有城市中人与人的疏离。俄国刚刚开始工业化，工业化典型的拥挤和冷漠也伴之而来。值得注意的是，西方的社会观察家已经开始批评现代城市并提出改善计划使其较为适于居住。英国的帕特里克·格迪斯是这方面家喻户晓的人物，但这门同时也是社会科学的新艺术的开创者其实是中欧的卡米洛·西特和其他几个人。

698

1890年到1914年这段时间既然有这么多流血事件和提倡流血的宣传，为什么人们在回顾那个时期时还认为它如此理想，甚至可以称为美好时期呢？前文对此做出了回答（< 651）。这里只需说，知识分子和艺术精英生活在他们自己的世界中，专注于对新事物进行创造、批评和欣赏，上层社会在一定程度上也是如此。对发生的危机他们当然有所意识，但一两次危机过后，就不再去想它们可能会引起何种进一步的结果。无论如何，进行高等艺术和科学研究的人对这种事情毫

不注意。是通俗文学描绘了现实情况。厄斯金·蔡尔德斯在《沙洲之谜》里面警告人们注意德国的图谋；柯南·道尔的夏洛克·福尔摩斯揭发外国窃取秘密计划的阴谋；才思无尽的 E. 菲力普·奥本海默在他的间谍小说中卓越地运用了新闻报道的资料，为后来一直大受欢迎的这一体裁确立了榜样。

国际主义精神依然牢固，因人们经常旅行于各个首都之间而得到维持。各种传记表明，著名的艺术家和作家经常离家去拜访他们在巴黎、维也纳、柏林、伦敦、布拉格、布达佩斯或圣彼得堡的同行。［可读约翰·卢卡斯（John Lukacs）所著《布达佩斯 1900》(*Buda-Pest 1900*)］。他们一定要亲眼看到创作展览出来的那些赢得如潮好评或一片骂声的非凡的作品。由通信建立起来的相识发展成为友谊。期刊为数众多，一有新的东西随即报道。德国人特别以他们的放眼世界和从善如流而著称。［要读的书又是斯蒂芬·茨威格的《昨日的世界》。］

我诅咒你给的一切东西。我诅咒我出生的那一天。我诅咒我死去的那一天。我诅咒我的整个一生。我把一切都摔回你的脸上，你这愚蠢的命运。我要用我最后的一口气对你这个蠢货大喊："受诅咒吧，受诅咒吧！"

——安德烈耶夫《人的生活》
（1906 年）

在美国，文化差距在缩小（＜ 679）。整个西方都为充满活力的共同文化而欢欣，它由于不断的交流而得到充足的养分，超越国家和其他的物质利益而兴旺发达。很少有人注意政治方面的事情，因为很难把繁荣活跃，需付出大量精力的艺术生活同任何政治事业结合在一起。对许多艺术家来说，公共事务不值得他们注意。他们对政治家、群众运动和新闻工作的轻蔑正如他们对整个商业的鄙薄。他们不仅看不起他们自己家庭的财富来源，也鄙视富裕的"传统"艺术家，更蔑视出版商、艺术品经销商或音乐指挥。

699

高雅阶层这种对社会和政治现实傲慢的无知说明了战争来临时他们为何会做出那种反应：德国的几百名知识分子签署了一份宣言谴责"另一边"，好像被一个朋友和兄弟背叛了一样。几百名法国知识分子立即以相似的言辞做了回应。因为我们是无辜的,那么敌人就一定怀有恶毒的目的。

至于群众,他们听到报童喊道:"宣战了!"就像挨了当头一棒,心乱如麻。似乎不可能的事情真的发生了。战争以前被说过无数次,说到战争的人怀着恐惧或希望描绘出所能想到的任何图景,但现在战斗迫在眉睫,这就像在灵魂深处发生了爆炸。各种各样的情感随即出现。有人惊恐万状,有人欢欣鼓舞;有因悬念终于结束而感到的安心,有积极的摩拳擦掌的热情,有消极的宁死不屈的决心;所有这些情感展开的背景是一张张脸庞——儿子的、兄弟的、丈夫的、朋友的。除英国以外,每个国家都有强制兵役制。所有从18岁到中年——中年的年龄各国规定不同——的男人都收到一本身份小册子,具体说明如果发生战争去哪里报到,不再需要额外的召集令。这样,简洁地称为动员令的政策执行起来就节约了时间。

人们在关心自己和亲人的同时突发了一种对无论尊卑所有同胞的兄弟之爱。危险和光荣使他们变为一个人人平等的紧密整体,共同面对不可知的邪恶。它还令人感到精神振奋,正义在握。战争这个大思想把一切都简化了,每个人都懂得战争并服从于它的单一目标。长期蛰伏的动机一下子迸发出来:英雄主义——无私地舍身捍卫祖国,保护妇孺;男子汉气概——冒着炮火做出惊天地泣鬼神的事迹,打败野蛮残暴、横行霸道的侵略者。在英国和法国,战争还有一层高尚的意义,那就是捍卫民主制度不受"普鲁士军国主义"的践踏,让那留着可笑的上翘的唇髭,头顶带尖刺钢盔的德皇尝尝厉害。

总而言之,战争意味着从日常的琐事以及自私的个人小算盘中解放出来。一个新的生活就此开始,没有邪恶的念头和庸俗的自我放纵。把战争作为好事来提倡证明是正确的。从主题上来说,工业化世界的第一次战争把原始主义——卡彭特呼吁采用的治疗文明的方法(<636)——与无人能够反对的解放结合在了一起。

结果,解放这一愿望在许多方面得到了实现。阶级界限不再严格,习俗规矩得到了放松。士兵摆脱了办公室朝九晚五或工厂朝六晚四的作息制度，也摆脱了家庭及其各种束缚。彼此窥视的邻居四分五散，分开的配偶如果愿意的话，各自获得了性自由，或至少逃离了一场不幸福的婚姻。对于同事、雇主或国家当局的敌意转而向着无名的敌人得到了合法的释放。这些很快就被认为理所当然的自由推动了女权运动。妇女在"战争工作"中不可或缺，她们不仅做护士工作和为部队提供娱乐，而且还担任司机、办事员、工厂工人和"农场女工"。她们表明，在男性专有的领地中她们可以和男人做得一样好，而且经常比男人更尽职尽责。战争结束后不可能再借口她们没有能力而不给她们投票权。

除了这些战时的副产品以外，不断变化的战局造成的一些想法和态度扰乱了民众的思想，使他们彷徨无依，不知何去何从。西方文化的连续性被打乱。艺术家跨国界的互相理解一瞬间消失于无形。曾经被认为是欧洲战争的自动制动闸的社会主义运动也遇到同样的遭遇。人们以为工人阶级最注重团结；党在不同国家的支部不会互相作战，而是会联合起来。事实却大相径庭。在英国，几个领导人退出了政治活动以示抗议；在法国，本来可能会如人们预期的那样采取行动的让·饶勒斯在宣战的两天前遭到暗杀。1914 年 8 月以后，社会主义者即使还记得唱《国际歌》，唱的时候也是口不对心。

但知识阶层的分裂比政治方面的分裂更为严重，高雅阶层没有为自己开脱的借口。根据定义——他们给自己下的自夸的定义——知识分子是独立的思想者，总是紧跟艺术、科学和社会思想的最新真理。在法国，他们在关于德莱福斯案件进行的两派斗争中意识到了自己的力量（< 630、696），但现在他们似乎丧失了判断能力，一夜间像羊群一样，集体变成了狂热的超级爱国者。

这个大转弯最值得注意的特点不是它发生在所有的交战国中，由于西方文化的共性，这完全在预料之中。真正令人惊讶的是那种一致性，除了战争和敌人以外在任何其他问题上都从未出现过。在文学、绘画、音乐、哲学、科学和社会学各界的伟大人物中，居然只有五六个人没有喊过所有流行的谩骂和浮夸的口号。如果把参与这种异常行为的人们那些言论一一记录下来会有数页之长，语意重复，令人痛

> 一个人如果在自我牺牲中发现美，他是理想主义者；如果他为了勇敢和武断的动机牺牲自己，他就是更大的理想主义者。理想主义的顶峰是没有任何动机的牺牲。
>
> ——保罗·苏代在《时代》中所写
> （1917 年，5 月 11 日）

心。[可读罗纳德·N. 斯特龙伯格（Ronald N. Stromberg）所著《战争的救赎：知识分子和 1914 年》（*Redemption by War: The Intellectuals and 1914*）。] 举几个例子即可表明形势迫使那几个持不同意见的人说些什么，以及拒绝随波逐流或逆流而上需要多大的勇气。

701

首先，诗人对战争称颂讴歌。罗伯特·格雷夫斯写道：从未有过如此古老的浪漫 / 从心底涌出的蜜汁如此甘甜。鲁珀特·布鲁克说：感谢上帝让我们生逢此时。克洛岱尔、阿波里耐、埃兹拉·庞德、伊莎多拉·邓肯等人也都极力赞美战争。H. G. 威尔斯在他的畅销书《勃列特林先生看穿了它》中描写战争使人重回宗教的怀抱。次一等的诗人写作充满仇恨的歌词，由理查德·施特劳斯和马勒配曲，德彪西、阿尔邦·贝尔格和斯特拉文斯基则谱写宣传爱国的歌曲。弗洛伊德写道，要把"所有的力比多献给"奥匈帝国。历史学家和社会学家——兰普雷茨、迈内克、马克斯·韦伯、拉维斯、欧拉尔、涂尔干、托尼——都在他们研究领域的资料中找到了赞扬战争的有力论据或痛斥敌人的理由。阿诺德·汤因比著书宣传暴力，后来他写了 10 卷本的《历史研究》，希图以此作为抵赎。柏格森和其他哲学家也对当时的论调随声附和。

各地的教士是美化战争、煽动仇恨的最狂热的鼓吹者。人皆兄弟和不可杀戮这样的信条已经不能在布道中宣扬了。只有教皇本尼迪克特十五世可以宣传和平而不受攻击。尽管他在 1915 年和以后的时间内对交战各方发出实现和平的呼吁，但是各国主教却公然支持全面战争。他们打着上帝的旗号："他当然站在我们一边，因为我们的目标是无邪

的，我们的心是纯洁的。"最温和的说法是："杀敌，但不要仇恨。"一位英国的布道者讲到"羔羊的愤怒"。另一位布道者推测说，虽然耶稣不会参加战斗，但他会加入医疗队。[可读卡罗琳·普莱因（Caroline Playne）的《战争中的社会》（*Society at War*）。]

以战求和——这个办法一定会满足本尼迪克特十五世的愿望。

——卡布里埃大人，1917 年 8 月 28 日

这种空前的文化现象需要花些笔墨进行解释。在拿破仑的战争中从未发生过这类的情况。那时的许多知识分子在全民参战时保持了冷静的头脑。20 世纪的狂热使人联想到宗教战争或英国和美国的内战。然而，到 1914 年的时候，宗教已经不再是进行侵略的首要动力，"艺术的宗教"也不是任何有组织的力量的信条。确实，在 19 世纪，有一两位思想家在战争期间表示过与国民一致的对敌仇恨。比如托尔斯泰就两次做过这样的表示，尽管他是和平主义者；陀思妥耶夫斯基在 1877 年的俄土战争中也表示过这样的感情。但在 1914 年以前，知识阶层作为一个整体从未陷入过这种嗜血的狂热。是什么使得文化精英放弃了他们的理想、习惯和友谊呢？

刚才提到了战争对人的思想的"净化"。这方面过去早有论述，比将军和革命者的宣言更有说服力。我们知道，19 世纪中期，丁尼生写了一部诗体小说《莫德》，里面讲到社会-政治的腐败被战争精神一扫而光。稍晚的时候，罗斯金给年轻的士兵讲过一次课，宣称战争分高尚的和卑鄙的两种。如战争是正义的，当士兵是怀着献身的精神而不是凭一时冲动而战，而且是按照正义的规则作战的时候，那么战争不仅是可敬佩的，而且会创造同样高尚的高雅艺术。他这一精彩推理的部分内容可以用来谴责全民皆兵和后来被艾森豪威尔总统所严厉批评的"军工产业"。但在 1914 年，没有人想到罗斯金和丁尼生的文学著作。"通过战争达到救赎"是民众自然的想法，但很快就证明是虚妄不可信的。发战争财的人、寻找安全岗位的胆小鬼、配给物品的黑市交易，以及性生活准则的松弛都表明把战争作为道德净化剂是过高地

估计了它。[可读马格努斯·希施费尔德(Magnus Hirschfeld)所写《世界大战的性历史》(*The Sexual History of the World War*),"从德文翻译而来,只供成熟的、受过教育的人阅读。"]

下一个解释是,由意识深处古老的侵略本能所激励的正常的爱国主义精神可以变为一种使命感和高尚的情操,如同在中世纪时期和后来的几个世纪中的情况一样。也可以说,战前的危机和冲突使得和平的爱国主义退化成了暴力的各种主义——民族主义、帝国主义、君主主义、军国主义、侵略主义、无政府主义、虚无主义。但对这一解释还需三思。固然,一些知识分子是教条主义者,是"天生的民族主义者",但大多数人却不是;他们的转变部分地是因为他们重新发现了公共事务中正义的重要性。德雷福斯案件激怒了他们,因为德雷福斯是遭到国家迫害的个人——好比被社会惩罚的艺术家。在战争的情况中,这一格式修正后适用到了国家身上:"小小的比利时"遭到了"一群野蛮人"的侵略,无辜的妇孺被屠杀,"照例"对他们施以暴行(砍下儿童的手和妇女的乳房)。交战各国的政府都用最后这项指控来谴责敌人。像在任何战争中一样,这种指控很有可能有一定的事实基础,不过通常数字都加以夸大。这些概念构成了无休止的宣传材料,用来进行"心理战"——这是一种新型的侵略,也是一种艺术形式。帮助这种艺术臻于完善的不仅有意料之中的新闻记者,还有小说家、诗人、批评家、画家和摄影家。

还有一个可能是下意识的动机在激励着这些文化的创造者:他们有生以来第一次变得重要、有用、为人所需。固然,在战争发生以前,社会对他们也相当重视,对他们进行赞扬或批评。"艺术"和其他东西一起被誉为一个伟大国家的标志。但大部分的崇敬都是献给死人的——献给已逝的艺术家和他们的作品。活着的艺术家只能满足于同行的赞许。高雅的国际交流的确形成了一个自我赞许的真正的精英阶层,但未能使每一位艺术家都得到他所向往的普遍承认。作为一个阶层,他们似乎不属于喧闹嘈杂、繁复混乱的"真正"世界。这些新事物的创

703

造者鄙视那个世界，但感到那个世界也还他们以同样的轻蔑。战争使这些未得到承认的领袖重新加入了社会，他们作为作战者受到欢呼，他们因他们的作战能力，或者说是写宣言、画海报、审查通信和为了"战争工作"研究历史的能力而受到表扬，得到酬报。他们终于成了真正的人。

不幸的是，军事和民事当局彼此的计划没有协调，使许多艺术家，特别是年轻人，牺牲在战壕中，境遇最好的也只是在其他地方浪费时间和才能：小提琴家雅克·蒂布在前线无法练琴；立体派画家阿尔贝·格莱茨则做炊事兵，在图勒削土豆皮。许多阵亡艺术家的名字，像青年作家迪克逊·斯科特，如今只能在旧期刊、回忆录或私人印刷的选集中偶尔一见。

※

如果双方都自认正确的话，他们还害怕什么？在对内对外的宣传中还争论什么呢？同盟国的首领德国人必须捍卫他们最近赢得的统一和他们在科学、工业和世界贸易中的伟大成就。他们的宿敌法国和英国心存嫉妒，想破坏俾斯麦取得的成果，重新分裂德意志帝国以消灭这个竞争对手；在东方，俄罗斯这个野蛮国家会夺取领土，进一步扩大它的多民族帝国；对奥匈帝国来说，它要通过"遏制"俄国通过巴尔干造成的斯拉夫威胁来保证王朝的生存。除了自卫以外，每一方都有整个一套无懈可击的理由。以这种精神武装起来进行作战只能有一个目标，即务求完胜，所以才有了后面几年无休止的杀戮。

对西方阵营来说，前面说过，和平民主这一保障必须维护，使其免受帝国军国主义的蹂躏。但这一论点由于俄国的加盟而有点儿站不住脚。更为有力的说法是德国无法无天，公然违背了近一个世纪以来保证着比利时中立的条约。当德国人说那条约是"一张破纸"，长驱直入这个"英勇的小国"的时候，他们这些匈奴人开始本性毕露。其实，英国也曾计划出兵比利时，但那是军事秘密。后几年的情况表明，全面战争无视中立地位，也不顾国际法的规定。人海作战意味着无情的、违反一切规矩的消耗战。战争不是在战场上进行，而是在战壕中或掩体内，以及任何必要的地方进行的。

这种情况完全出乎预料。法国革命者在 1792 年首创的全民皆兵年代太久，人们已经淡忘。距离前一次在 1870 年发生的由机动的军队进行的欧洲战争也已过了 44 年。1914 年 8 月，民众以为会听到前进、封锁和激烈战斗的消息。人们以为会由专业的军队，必要的话在征来的新兵的帮助下，进行规划周密的战役，以此来决定胜负。许多法国人确信"我们三个月内就会拿下柏林"。参谋部，至少协约国的参谋部也抱有类似的估计。他们估计骑兵会参加作战，1914 年 8 月，士兵在巴黎周围的壕沟里填满大小树枝以阻碍马匹越过。制服还是显眼的颜色，法国士兵穿的长裤在德国染成红色，步枪、刺刀和大炮都是过去用过的。然而，德国的工业进步打乱了所有这些"备战工作"。

其他意料之外的事情中有些是全新的事物，并不都是德国人的发明：使用毒气；对首都进行空袭；用潜艇击沉船只，不管它们悬挂哪国的国旗，载有什么货物，以此切断中立国的粮食来源；使用教堂尖塔作为瞭望哨位，导致它们被毁；发行假货币以削弱敌人的财政；还有组织成大规模广告式的宣传。简而言之，集举国之力支持"前线"。

双方的战略都遭到了失败。德国原定经过中立的比利时迅速打败法国的施利芬计划没有得到彻底执行，因为东边的普鲁士告急说顶不住俄国的军队，于是只得从西面撤军去加强东线。在这样的情况下，没有制订相应的计划，只是视情况临时采取措施，结果形成了长达几英里的战线上的对峙胶着的局面。这条对峙线很快成为一片疮痍，拉起了铁丝网，挖出掩体和战壕。这方面丝毫没有准备的士兵只能尽自己所能来应付忍受这种苦难。他们身处污秽之中——泥、水、虱子、跳蚤；还要随时防备敌人发动攻击，攻击的目的是通过消灭战壕里的每一个人来占领阵地。先是狂轰滥炸，倾泻大量的炮弹来杀伤敌方有生力量，然后再赶尽杀绝。一切都是大规模的，包括伤亡人数：一天伤亡 5 000 人是正常的事。多年后，埃里希-马里亚·雷马克在他著名的小说中写道，战报把这样的一天说成是"西部战线没有新发展"。

……人们疲惫地跟跄走过板道。伤员一头掉进弹坑，有被淹死的危险。骡子滑下板道，经常淹死在旁边的大弹坑中。大炮在泥沼中越陷越深，直到完全无法使用；步枪糊满了泥巴，开不了火；就连食物也沾上了无处不在的泥浆。

——G. L. 麦肯蒂上校，
《世界大战的军事史》

705

在现代人对人的作战中，人是可以被牺牲的，如同火药和炮弹一样；士兵虽然重要，但比不上在军火工厂工作的男女。更重要的是制造军火的原材料、购买军火的资金和发明更好更新武器的创造才能。大战中发明了坦克和称作"法式 75"的小型机动炮，还有航程远的潜水艇、阻塞气球和防毒面罩、各种飞机、武装飞艇（齐柏林飞艇）以及大口径大炮，如"贝尔莎大炮"，它可以从 75 英里远的地方向巴黎发射炮弹。我还记得它的威力，比"吵闹的鸽子"（Tauben）进行的空袭还要可怕，因为大炮可以在一天中任何时候发射，而飞机夜袭只集中在短短的一段时间内，事先还有警报。夜间去防空洞藏身对我们孩子们来说是好玩的事情——刚开始时是这样。

战争接近尾声时，连 16 岁的孩子都被征召去当兵，去填那永远也填不满的战壕。首次动用了从非洲和亚洲殖民地征来的部队，但还是不够，不过这标志着第三世界的人民在欧洲国家定居的开始。人们始终希望能在长长的战线上突然向前推进，发动"进攻"，使敌人阵脚大乱，落荒而逃，就此结束战争。1916 年，德军在凡尔登的行动在 4 个月内消灭了大约 70 万人，但并未取得决定性的结果；同年在索姆，英军一天之内就牺牲了 6 万人。

海战同样没有结果。也是在 1916 年，在日德兰进行的战斗表明德国人在战术和准确度方面高于英国"伟大的海军"，但在规模和数量方面却不敌英国的主力舰。英方损失的战舰以吨位计是德方的两倍。后来，德国的所谓无限制潜艇战大肆破坏商业航运，结果促成了美国参战。美国带来的新兵力和军需给进攻注入了新的活力，最终消灭了德意志和土耳其帝国，把奥匈帝国分为小块，把骚动的巴尔干地区留给政治家和记者处置，由他们重新绘制西方的地图。

　　这项工作难于登天，主要是因为列强首脑之间谈判达成了一些秘密条约，商定了将来的分赃。他们互换省份，丝毫不考虑当地人民的民族权利或其他的权利。这还是老帝国的行事方法。这些条约在战后被披露出来，引起强烈反感，因而提出外交公开的要求。从此，大使不再重要，国家领导亲自去开"首脑会议"，这种会议总有新闻记者参加，与会者有意泄露某些情况，会议结果经常含糊暧昧。1919 年签订的和平条约中自私的、报复性的规定注定战后的新地图不会稳定。要求德国付出物质赔偿和企图使其永远处于衰弱状态，是因为战胜国仍然抱有关于胜利的过时概念，对中欧的特点也还是老观念（711＞）。约翰·梅纳德·凯恩斯在他的《凡尔赛和约的经济后果》一书中对此进行的揭露使他一举成名。

　　远在此书出版之前，在战争还未爆发的时候，已经有人指出了以战争作为谋利手段的徒劳和危险。一位名叫诺曼·安吉尔的英国记者就此向西方所有有头脑的人发出了警告。1909 年，他写了一本题为"欧洲的视觉幻想"的小册子。主题很简单：大国之间的现代战争对战胜方和战败方都是极大的损失。这本小册子引起了广泛的注意，于是安吉尔把它扩大，写成了一本论据充足的著作，题目是"大幻想——对国家的军事力量与它们的经济和社会优势之间关系的研究"。他在书中引用了怀有这种幻想的各方领导人的话。他表明，现行的国际金融运作使得各国的财富息息相关。敌对行动会造成所有各国的共同损失；殖民地不是资产，而是消耗，因为需要给它们补贴；吞并它们或战败国的一部分领土，或占领战败国以索取贡赋反而更是浪费。此外，现代战争耗费巨大，难以承受。所有参战方的一切资源都会被榨干。没有任何国家或个人能从胜利中获益。20 世纪欧洲的大规模战争将是貌似争取自我利益实系自杀的行为。

706

书中论点清晰、节制、说理有力，所有认真读过它的人都心悦诚服。但认为自己原来的想法错了是一回事，依照新提出的正确道理采取行动则是另一回事。习惯、社会压力以及听天由命的心理使得行动按照已经确定的轨道向前滑动。《大幻想》没有被人记取，而是一语成谶。

※

战争伊始，各交战方国内的思想宣传战也随之打响，伴以对持不同看法的少数人群起攻击。首先，"敌方艺术"必须从舞台上、博物馆里和音乐厅中禁止。这还不够，还必须通过学术著作来表明敌方的思想家早已造就了敌人凶恶的侵略本性。从历史中找出了论据：对协约国来说，日耳曼人从来就是野蛮的强盗；他们摧毁了罗马文明，横行于可怜无依的西方，他们永久的座右铭是"强权即公理"。黑格尔、费希特、尼采都颂扬战胜国或攻无不克的超人，用尼采形容这两者的话来说，它们是"金发的猛兽"（＜ 670）。

德国人也有相应的理论，在某些方面立论还更实在一些：法国虽然衰落已久，但过去却一心要统治中欧。在他们兴盛的时代，中欧是他们的游戏场；他们一次又一次进行侵略，蹂躏那里的弱小国家，使它们贫穷落后、人口稀少、四分五裂，成为全世界的笑柄。慢慢地，从腓特烈大帝到俾斯麦，民族意识逐渐发展起来，最终于 1871 年在凡尔赛取得了胜利。德意志民族合法地结合为一个民族国家，这在法国造成了君主主义者、民族主义者、帝国主义者、反犹太主义者、复仇主义者的兴起——他们都是狂热的军国主义者，坚信再次分裂德国符合法国的根本利益，对他们自己派别的兴旺也有好处。

英国自然会插一脚。它的一贯政策就是干预欧洲大陆的事务，总是和最强大、最先进的国家作对，目的在于通过海上力量和贸易统治

707

世界。德国人个性高尚、勇敢、真诚（再加上科技方面勇于创新），当然会鄙视堕落的法国人和拿破仑口中那群开杂货铺的英国人。双方的舆论领袖就这样集体背叛了他们最优秀的传统。这还没算上他们对真相的巧妙文饰，他们（等于是）在为十几年之后发生的事情做准备，到那时，作家、艺术家和学者又开始攻击或捍卫法西斯主义或国家社会主义政权再次表现出来的侵略性。

在这一片狂热中有两个突出的例外，一位是法国的小说家和音乐学家罗曼·罗兰，另一位是剧作家和社会思想家萧伯纳。1914 年晚期，罗兰发表了一本小书，题为"超越混战"，在里面说明了西方文化的一体性和当时所有互相指责的愚蠢。他马上遭到谩骂，被斥为叛徒和间谍，他战前的名声被一笔勾销，说是当时看走了眼。他写这本书时住在中立的多民族的瑞士，但这一点不能磨灭他在战争期间直陈己见的勇气和头脑的清醒冷静。不过这一事实从一个侧面说明了欧洲各国的精英所受到的那种感染力的强烈程度——柏格森、阿诺德·本涅特和托马斯·曼等人都受到了传染，但请注意理查德·施特劳斯却没有受到传染，他拒绝签署德国的宣言（＜ 699），说艺术家不应就政治和战争发表意见。他前后一致，在 15 年后那场续发的战争中也没有提出抗议，因而招致了许多指责。

同样在 1914 年，法国的文坛领袖阿纳托尔·法朗士亦缄口不言，而且在被问及时表示愠怒，使朋友们和大众惊讶万分。他拒绝加入那场大合唱。最后，在各方的夹击下，他只得写了一些关于祖国的宣传品，但写得如此肉麻，只有头脑幼稚的人才会以为它们是发自真心。只有英国的几位政治家，包括未来的工党首相拉姆齐·麦克唐纳，辞去了公职，去过半退隐的生活。［可读萧伯纳的《关于战争的常识》（*Common Sense About the War*），他在书中巧妙地把因战争而发热的头脑中产生的套话口号驳得体无完肤。］

※

塞尔兹矿泉水。查一下地名索引中"塞尔兹"——会看到什么呢?"普鲁士村庄,距埃姆斯边的美因茨40公里,以出产矿泉水著称。"看了这个之后,我看你还敢不敢在喝开胃酒时掺兑塞尔兹矿泉水。

——《巴黎午报》,1917年7月30日

从个人言论到集体态度,目之所见尽是理想主义失去控制,并由于相信维持理想需要谎言和仇恨而进一步堕落。诚然,几百万人民为国家和他们在前线作战的亲友的命

708 运一直在担心,这种情况总是妨碍着冷静的思考。在初始的震惊和愤怒的愕然以后,人们找到了各种办法来应付现实,适应感情上的压力。现实不仅包括对战事的了解或猜测,而且还包括家里发生的眼见得到的事情:家庭生活破裂,像离婚一样糟糕;事业、职业中断,生活只能靠一点儿微薄的政府津贴;社会等级和礼仪淡化或被取消,连衣着谈吐都发生了改变,以适应新的人际关系,致使资产阶级的骄傲和舒适全部丧失。简言之,出现了一股未曾预料的平均主义的浪潮。

此外,平均主义还要求,任何人只要没有身体残疾,都必须参军去守战壕。这导致在艺术、科学、智力领域中,以及总的来说名流人士中最强壮的成员比例减少。艺术品、建筑、图书馆和类似的事物也同遭厄运。原本双方都宣称作战是为了捍卫每一个"真正文明的"国家的文化遗产,实际上却毫不顾及代表着这种遗产的物品和人员。考虑到当时的情绪和能力,这也确实很难做到。到了下次世界大战时,人们吸取了教训,宝贵的艺术品和工作者得到了更好的保护。[可浏览亨利·拉法热(Henry Lafarge)的《幸运的欧洲》(L'Europe Blessée)(虽然标题是法文,其实是用英文写的)。]民意倾向也发生了变化,很少有人以言论或行动反对敌人的经典作品。只有零星的一两个哲学家或历史学家提出论文来证明,卡莱尔和哪里都少不了的黑格尔煽动了法西斯主义。

要描述平民如何调整适应1914—1918年不断变化的紧张和压力,需要对每个国家中不同的群体进行逐个调查,这本身就足以写成一本书。这里只能举几个有代表性的事实作为各国人民典型行为的代表。

抵御死亡景象的一个办法是求诸招魂术。柯南·道尔绝非唯一笃信此道的知名人士。许多男女——经常是无神论者或不可知论者——渴望同他们死去的亲友交流，算命先生突然大受欢迎，财源滚滚。另一些人因目击过死亡，心灵遭到创伤而变为无神论者。在前线，终结还有另外一个效果：经过了几个月的战壕生活后，危险的诱惑奇怪地转为死亡的诱惑。"来死吧，"鲁珀特·布鲁克喊道，"它将使你如此快乐。"弗洛伊德观察到这种新的迷恋后猜测人的心理中存在着求死的愿望。少数几个人出于伦理学或基督教教义变为"良心反战者"，只有英国对它的国民有这样一种分类，对这种人要处以监禁。在欧洲大陆，唯一相应的拒绝作战的办法是要求去抬担架或开救护车。

持续不断的焦虑助长了间谍怀疑狂。间谍确实是一种潜在的威胁，虽然雇主对他们提供的情报经常不予置信，或未能及时使用。事实上，两次以间谍罪处死的公开处决都是错案。伊迪丝·卡维尔只是一个帮助士兵逃跑的护士，玛塔·哈里（后来用她的故事写了一部音乐剧）只是在表演她自己做间谍的浪漫梦，其实并未进行任何间谍活动。任何人（或物）只要有德文名字，或听起来好像是德文的名字，都会被告发。许多本国人和外国人被拘留；还有人遭到解雇，夫妻离散；最好的下场是被社会所孤立。（1917年后，德裔美国人也经历了同样的遭遇。）那年8月初，欧洲凡有外国名字的店铺大都窗户被砸破，生意做不下去。比如在法国，一家叫作玛吉的瑞士乳品连锁店即因此关门大吉。

在英国，同在法国一样，改名成了一种安全措施或忠诚的证明。我们所知的小说家福特·马多克斯·福特原来叫福特·马多克斯·许弗，他父亲是位德国音乐家，长期侨居英国。英国王室开始是汉诺威王室，不久前成为萨克森-科堡-哥达王室，现在改名为温莎王室，而它的亲戚巴滕贝格（Battenberg）家族把名字中的一部分巧妙地做了翻译，成为蒙巴顿（Mountbatten）家族而煊赫显扬。不幸的是，谁如果有达克斯德国种的小狗（小猎狗）而招致嫌疑的话，做主人的除了把狗扔掉别无他法。狗的样子太明显了，改名是没有用的。

709

任何稍微偏离正统的言论都可能招致指控。G. 洛斯·迪金森这位出色的学者和散文作家就被他愤怒的同事们逐出了剑桥的国王学院。萧伯纳居然逃脱了迫害真是个奇迹，也得归功于他的论辩技巧。这种多疑一直持续到战争结束。这并不奇怪。战斗已经到了疯狂的地步，夹在理性的反感和对失败的恐惧之间，唯一的发泄口就是信口胡言，710 把自己的挫败感任意倾倒在他人头上。现在成为一种文学体裁的荒诞派就是在那场大战中崛起的。

有些人早在 1918 年之前就看穿了这场大幻想，或发现了互相消灭的徒劳，但他们只是默默地把厌恶藏在心里，同时又有一种听天由命的无力感。另一些人却正好相反，他们更加强了战斗的决心，不是希望取得光荣胜利，而是为了赶快结束战争，期望尽快把仗打完好恢复和平与理智。掌权的政治家也想早点儿终战，他们还有一个希望，想在和平时期的竞选中击败反对党和党内的其他领导人。这两个目的说明了政府内部为何不断出现不同意见，以及为何经常变换作战方法和撤换将领。除了在个别地方和个别时间，每个国家的作战都由于竞争和误解而大受掣肘，一片混乱，效率低下。

> 我们抢劫、迫害、谩骂、侮辱、殴打。我们凶恶地夺走可怜女人的微薄积蓄；我们抓住一个穿过伦敦想去和妻子温存一下的男人，像惩罚最凶猛的恶棍一样整治他。报纸的编辑刊登出一些可鄙的来信，要求德国战俘死后不能被作为为国捐躯的军人埋葬，而应被扔在粪堆上"像狗一样烂掉"。
>
> ——萧伯纳关于民众狂暴的反德情绪
> （1917 年）

作战的任务实在十分艰巨。全民皆兵实际上是共产主义国家的运作方式，后方的人必须同前线的人一样领取工资，得到食物和保护，受到严格控制。必须维持人民的忠诚和对敌人的仇恨，这样，几次三番的征兵才不会受到反对。一方面

> 我在外交部、在唐宁街、在财政部、在爱尔兰以及从把海洋事务中管理海军的责任从海军大臣手中转到亲德的外交部这件事中，都看到了暗藏的手的指纹。
>
> ——阿诺德·怀特《暗藏的手》
> （1917 年）

宣传机器开足马力充分运作，另一方面必须对信件和报纸进行审查。战略及全局指挥方面的决定需要得到许多人的认可，包括内阁中持不同意见的成员、盟国的首脑，还有公共舆论。因此，失败必须予以粉饰或隐瞒不报。

具有说明意义的是，战壕里是思想控制最早和最经常溃败的地方，在那里，动听的言辞竞争不过实际的和道德的感受。战争爆发不久，对垒两军士兵之间的友好交往就开始了，并一直持续下去。在圣诞节、复活节和其他的节日时，双方停火，人在相同的处境中发展出一种同伴的感情。1917 年，经过了两年半的苦难和对一个无法攻克的阵地多次徒劳无功的攻击之后，法国前线爆发了兵变。兵变被镇压了下去，消息秘而不宣。（1998 年，法国的总理说那些哗变者值得尊敬和纪念，新闻界同意这一意见；英国人也宣布参加兵变的英国士兵无罪。）81 年前，当时占了上风的德国人提出讲和。这一建议遭到拒绝。然后传来了美国对德宣战的消息，给战争注入了新的活力。

对大幻想造成的损失有各种不同的估计。有人说 52 个月中有 1 000 万人丧生，两倍于它的人受伤。其他的估计有高有低。做这样的估计没有任何意义，因为损失涵盖的范围远不止死亡。伤残的、得结核病的、患不治之症的、患战斗疲劳症的、悲伤的、发疯的、自杀的、一蹶不振的、被毁的事业、被埋没的天才、未能出生的生命，这些都是损失，是无法估量的。20 世纪 20 年代早期由詹姆斯·肖特韦尔教授主编的战后调查报告《世界大战的经济和社会历史》卷帙浩繁，无法细读，直到第二次世界大战开始时还没编完。只要看一看里面的小标题就会使人充分意识到这场道德和物质破产中每一项的巨大程度。

此外，虽然停战了，但伤亡并没有停止。中欧爆发了斑疹伤寒，一种称为西班牙流感的致命病毒性传染病流行于全世界。另外，正如赫伯特·胡佛作为负责欧洲救济的专员所提出的著名报告中指出的那样，战后的欧洲大陆上，大片地区的人民忍饥挨饿，无家可归，疾疫横行。在年复一年地挥霍所有的人力物力资源进行血战之后，不可能指望战争一结束就马上恢复正常生活。

战斗也并未随着 1918 年的停战而终止，虽然那个日子仍然被庆祝为大战的结束。小型战争还在零星地进行，在俄国有反对布尔什维克政权的战斗，还有在波兰、捷克斯洛伐克、匈牙利、罗马尼亚、希腊、土耳其和北部意大利的战争。除了俄国要不惜一切代价实现和平以外，其他国家的人民没有经历过自己国土上长期的消耗战，似乎愿意为了并不明确的收益牺牲更多的生命。

战争中不顾一切地牺牲人员必然使战后世界的人才难以为继，更不用说切断了与战前文化的必要联系。这方面同样具有破坏性的是协约国的对德政策。它们采取的财政措施正是诺曼·安吉尔所揭露的谬误，在中欧制造了一个难以愈合的伤口。在此仅举一例用以说明它们的压榨：到 1921 年 1 月，即条约签署后大约 18 个月，德国已提供了价值 200 亿马克的货物，协约国却说那些货物只值 80 亿。作为惩罚，它们又用德国的钱占领了德国更多的工业中心，并对协约国进口的德国货物课以特别关税。

对德贸易顺差不断增加，同时还要求德国每年交出一定数额的现金和像煤炭这类的产品以达到 320 亿马克的总额。通货膨胀流行，煤炭运输滞后，于是法国占领了产煤地鲁尔。在那里，它煽动了一场把莱茵兰变为一个单独国家的运动，但没有得逞。与此同时，最富有的德国资本家对自己国家的命运漠不关心，把投资转向国外，进一步加深了德国人民的困苦。当然，协约国也得偿还所欠美国的债务，美国正在紧紧相逼。协约国以这样或那样的方法不断搬演着一幕接一幕的大幻想。20 年后，当希特勒经由德国人民正当选举登上权位的时候，它们对这样的结局居然大为惊讶。

大战结束不久后，有远见的观察家就预言有可能会发生又一次大战。显然，西方文明进入了一种不可能完全复原的境地。无论是物质上还是道德上的破坏都深入肌髓，把创造的能量掀离了轨道，先是流于轻浮，然后就进入了自我毁灭的轨道。

作为预言家和小丑的艺术家

大战期间有一种值得注意的死亡没有得到宣扬，甚至没有记录在案，这就是不懂艺术的庸人的消亡。这个疏漏无疑是由于他们从未被称作过英雄，虽然他们是非常特殊的一类人。19世纪每一派新的艺术和文学的产生总要经过这样一个过程——先是遭受嘲笑，然后得到接受，最后被人颂扬，花费公帑收藏在博物馆、图书馆和音乐厅中，而庸人对任何新形式的艺术和文学一代又一代地提出同样的批评抗议，这无疑需要最顽强的勇气。

立体主义十年晚期时，不懂艺术的庸人还是生龙活虎的（＜647），然后就同所有其他人一道消失在战壕里。到了1920年，他们中间活下来的人奇迹般地脱胎换骨，却没有变成审美家，而是变成了趋炎附势的胆小鬼。对于这新的一类人来说，任何作为艺术提出来的东西都自动值得尊敬和认真的研究。如果一件新作品或一种风格不容易让人喜欢，哪怕看了令人难受，甚至令人反感，它也仍然"有意思"。半个世纪以后，除非评论家认为它"令人不安""令人心惊"，或显得"残酷""变态"，否则它就被贬为"传统"，不只是没有意思，而且不值一顾。

经过战争的冶炼，愚蠢的资产阶级成了20世纪中期和晚期驯服的消费者。他把任何先锋派艺术的存在看得如同地球是圆的一样理所当然，哪怕它使人绞尽脑汁仍然不明所以；艺术的地位如同主教公会一样神圣。用这个比喻并不夸张。艺术多次被定义为人类最高的精神表现，它在一个方面甚至高于宗教，因为它是唯一不会导致杀戮的活动；它实际上是从人生注定的苦难中的解脱。此外，艺术家还是《圣经》意义上的预言家。艺术作品一贯被称为"对生活的批评"，是对现世罪恶的谴责。艺术巨擘强烈坚持对艺术的这种看法，公众中相当一部分人也接受了这一观点；对他们许多人来说，艺术是消遣，还有些人的生计与艺术有关。社会的柱石——商业、教会、政府——也表示同意。把艺术当作宗教来信奉的潮流在20年代早期赢得了最后胜利，大众现代主义即从此开始。19世纪初期首次发出的"为艺术而艺术"的呼声终于使有文化修养的人明白了它的真正含义："为生活而艺术"（＜617）。

714

　　把普遍意义上的现代主义的开端定在这个时间就不会与现代主义的两三个其他用法混淆起来，同时又不影响现代（没有主义）这一历来用以界定1500年以来时代的词语的含义。我们已经看到，1500年时，中世纪一词还未使用，现代意味着"常见"，含有新的、流行的意思（＜224）（拉丁文Modernus的词根是Modo＝最近）。从新的、常见的这个意思发展到新的、非同寻常的意思，这一过程历时经久。在这方面，19世纪早期又是一个转折点。在19世纪30年代，戈蒂埃率先把现代用作褒义词；40年代，夏多布里昂提出了现代特色一词；50年代，波德莱尔发现已经可以用"现代"做文艺批评用语。举个小例子：法国书志学家奥克塔夫·于扎纳多年负责编辑《图书》，1890年他把它改名为"现代图书"。这种对现代性看法的改变使艺术同科学联起手来，共同传播"最新即最好"这一20世纪的信条。现代主义者总是向前看，是天生的未来主义者，因而扭转了前辈智慧弥足珍贵，应谨慎保存的旧观念。以此推论，任何旧的东西都是过时的、错误的、乏味的，或三者兼而有之。

　　这就是20世纪20年代一些青年才俊的深刻信念。他们热切地吸纳新的、惊世骇俗的东西，不像那些脱胎换骨的庸人，得强忍着肉体的反感才能接受。他们经历了战争的凶残，而这战争正是他们愚蠢或邪恶的长辈造成的。新生活必须摒弃一切旧的错误，充满新的愉悦。追求快乐是头等大事，要张开双手拥抱生活，宽容人的（包括自己的）怪异行为，满不在乎地面对压力。海明威说，勇气是在压力下仍然能表现出优雅，他下此定义时一定想到了上述最后一点——这是个古怪的概念，因为肉体的勇气可以表现得不优雅、丑陋，也可以是绝望的孤注一掷。不过，若用于道德上的抵抗，这个说法则贴切地反映了那时的情绪。在战争刚结束的宽松环境中，这种对过去的弃绝，加上为了不久前经受的苦难给自己的各种补偿，是最不费力气的解放。

※

尽管发生了信仰和感情上的断裂，但在大战和下一次战争之间这段时间中，有三个运动仍然在向前发展，它们其实在为了方便起见称为 90 年代的那个时期即已经崭露头角。19 世纪晚期开始的这些运动也是对当时的反叛，所以它们在战后继续发展与当时的普遍情绪正好契合。若不是发生了第二次世界大战，它们的目标可能在 20 年代即可达到，而不必推迟到 50 年代和 60 年代。这三个运动是性解放、妇女权利和福利国家（< 688）。

因为这些是道德、社会和政治习惯的变化，而 20 年代和 30 年代在记忆中留下的印象主要是那个时期的艺术和浮嚣的风气，结果人们忘记了，在这个时期内，向着 20 世纪末的道德观和政治迈出了第二步。19 世纪 90 年代发端的解放到 20 世纪中期达到最后阶段，但 20 世纪中期反而被看作许多事情的开始。既然不可能一支笔同时描述艺术和其他方面的现象，就让我们先来看看艺术这一自始至终都更引人注意的方面。

20 年代早期，出现了可以当之无愧地称为划时代的五六部文学作品，使年轻的知识分子兴奋不已。那些作品出自上一代作家之手，在战争期间酝酿而成，触及了每个人最近都有过的经历。T. S. 艾略特的

715

《荒原》无论是标题还是内容都代表了幸存者的思想和感情。诗的第一句"四月是最残忍的月份"点出了凄凉的主调。从乔叟到莎士比亚，再从莎士比亚到勃朗宁、惠特曼，历代诗人都把四月歌颂为最温柔、最亲切的月份。现在四月所代表的一切，特别是生殖力，引起的只是冷漠；生命令人厌恶。

《荒原》接下去记录了在那场苦难中产生或活跃起来的各种各样的事实、思想、迷信和兴趣。艾略特的第一组诗已经预示了"荒原"，荒原代表着大地和灵魂，代表着毫无意义地共存的东西。艺术和它的夜莺、卡巴莱歌曲的片段、佛教的虚无主义；高尚的渴望最终成为庸俗无味的玩笑；满心厌恶地承认性欲的存在——这些互不相干的形象和情绪证实了所有事物之间界限模糊，世界乱无条理。《荒原》本身是欧洲文化一个时刻的结晶，是自从歌德的《浮士德》和拜伦的《恰尔德·哈罗德游记》以来唯一的这类作品（ < 485 ）。

与它截然不同，但同样有象征意义的是乔伊斯的《尤利西斯》。这部长篇小说讲的是批判意识和生活中不可逃脱的要求之间的对比。故事开始时用简练的笔触勾勒了诗人艺术家，他的才智使他成为旁观者，成为一个冷漠疏离的世界中的异类。他的漫长探索始于下一个场景，以终篇的独白结束，两者都是关于肉体的：在前者，布卢姆在如厕，脑子里想的是排泄物；后者则描写莫莉对性器官和性交的幻想。在这两者之间，旁观者漫游称为城市的另一种荒原。污秽的后街小巷和繁忙的通衢大道构成了现代生活的疆界。毫无文饰的描写，通过滑稽的模仿表达的讽刺，精心铺开的漫谈在厌恶中表示出微妙的感触，有时甚至有一种悲哀的同情。从一个无名的法国作家那里借来的文学新手法，"内心独白"，与治疗精神病人用的"自由联想法"同时并用。

其他的两部杰作是在战争期间完成的，不过直到 20 年代早期才出版。它们对战争经历的体现在于显示出旧有的行为原则和信念已经过时，社会处于衰败之中。这两部杰作是萧伯纳的《伤心之家》和普鲁斯特的《追忆似水年华》。后一部著作的斯科特-蒙克里夫译本的标题虽然引人入胜,却没有抓住原文的精义。原文标题中说的是"寻找失去的时间",利用巧妙的遣词表示了"被遗忘的日子"和"浪费了的时间"的意思。故事强调所有事物都转瞬即逝,不能长久,特别是叙述者试图追忆的社交和艺术世界。有意思的是,在回忆中直接或使用比喻的手法大量提及现代科学,对科学表现出尊敬的态度,这一点基本上无人注意,直到一位美国学者对此做了调查统计。

普鲁斯特这部小说杂沓冗长,这是他回忆方式的必然结果。小说中也使用了联想的手法,著名的蛋糕屑和其他的细节说明了思想归根结底是非理性的,这一观点现在强调得过了头。普鲁斯特还间接运用了内心独白的手法,在这方面树立了榜样。他没有采用无逻辑的"意识流",而是创造了迂回的句法(法文是 phrase à tiroirs)。一个又一个的分句硬塞在一起,使句子越来越长,勉强保持为一个句法单位。这样的句子读来费劲,经常晦涩难懂。像此书刚出版时批评家指出的那样,这是反散文体。我们在前文看到(< 353),散文是一种精雕细琢的体裁,需要把言语理顺以达到意思的清晰,在普鲁斯特的手中,文字被拉到比言语更低的一层,变成了思想和形象的任意跳跃。

对这一批评的反驳说,若不是这样迂回曲折,就无法造成搜寻求索,以及艰难和疑惑的印象。只要读一读普鲁斯特的第一部小说,明快易懂的单卷本《让·桑德伊》,就看得出那里面使用的清晰敏捷的叙述法是不适合他后来这部著作的。他这种写作形式是因过去的已逝——更不用说对过去的重新发现——所决定的。虽然这部寻求记忆的著作确实开了后来各种文学体裁中的大量蹩脚文字的先河,但那不是原创者的错。

许多评论文章说普鲁斯特有意辛辣地揭露法国上层资产阶级和贵族的残余,把他们的爱好和恶习描写得令人作呕,使人觉得这样的上层社会应该像马克思所说的那样被炸为碎片。这种看法是把描绘误以为了宣传。读了巴尔扎克的《人间喜剧》,会看到他描写的就是他那个时代贵族和上层资产阶级的爱好和恶习。如果一个世纪以后这些东西依然存在，为普鲁斯特所观察注意到的话，就说明经过了历次革命和战争，新暴发户和老贵族仍然幸存了下来。问题是他们还有多少影响力？普鲁斯特所记录的是一个精英阶层的消亡，它像巴尔扎克担心的那样，被高涨的民主大潮所吞没。前文说过，在1920年以后，又一个比第一次更为强大的平民主义浪潮席卷了西方文化（< 595、651）。它始自大战中各个阶级混合共处的经历，又因俄国革命而加速发展。人民成为兴趣和关注的唯一对象。艺术、文学、社会理论、礼仪和道德造成普遍感情的转变，为改变了的社会定下了基调。

萧伯纳的《伤心之家》更集中地描写了战后各种情感汇合的旋涡。话剧总比小说更加精炼。萧伯纳以他一贯的风格，把训诫寓于高雅的喜剧。伤心之家的住户或访客和普鲁斯特描写的人一样，是游手好闲的有钱人，还有两三类截然不同的人，包括一个窃贼和那个疯子船长，他是这所住宅的房主，把它称为他的船，但他管不了这艘船，它在无目的地漂流。他只能在船员们做爱、争吵、自我炫耀的时候评说他们的轻薄无聊，却懵然不知是什么造成他们如此不同的信念和行为。所有人都窝囊无用，极不开心，只除了年轻的埃莉，她迅速成熟起来，从天真烂漫变为世故老练。他们中间的商人和窃贼两个人对生活的真谛了解较多，但他们的生活动机却是狭隘的、损人又害己的。船长时而会灵感触发，大谈特谈他学来的智慧，有时使听者震惊，有时则被认为是疯话而不予注意。反正他的智慧没有产生任何作用。危急之中箴言没有用处，经验无法言传。生活、欲望、臆断和道德守则纠缠不清，理不出头绪，只能把它们全部切断。剧中的空袭就起到了这一作用，空袭带来的呼啸强音如同贝多芬交响乐的最后乐章一样令一切都陷入静默。两个贼——窃贼和商人——被炸死，幸存者欢天喜地，他们希望明天再来一次轰炸。这里的寓意显而易见：西方由于自己的邪恶污浊招致了罪有应得的清洗；任何人只要环顾周围思考一下，都会欢迎这样的清洗。

还有一位伟大人物以同样讽喻的方式表达了相同的看法，那就是最后一位伟大的诗人——叶芝。他曾经属于 19 世纪 90 年代忧思重重的象征主义派，是神秘主义者。他后来仍然是神秘主义者，但随着年龄渐长和政治责任的增加，又成了预言家。他的诗句变得日益凝练，像"中心无法维持"这样的句子已经成为描述"我们的处境"的常用语。

※

无论年轻一代对这些老一代的人钦佩与否，创新的时尚总是驱使他们转向别处。必须创新这一概念深入人心，无人质疑。这是 19 世纪造成的。但在上个世纪，创新的探索是由一些天才开始，很快形成学派，予以充分发扬光大。而在 20 世纪 20 年代，创新却造成了许多互相重叠的风格同时出现。表面的得是实际的失，它不仅使得该时代缺乏一个代表性风格，而且还使得相互竞争的每一派都受制于时尚的偶然性。到了 20 世纪末，一般来说一种风格的寿命不超过 3 个月。对这类风格的创造者来说，那句老话颠倒了过来：生命是漫长的而艺术是短暂的。

为什么现代主义没有一个具体的代表风格呢？答案不只在于艺术家叛逆性的自高自大。19 世纪末之前全部历史的负担——所有的大大小小的杰作——造成的压力沉重得让人无法行动。能做的都做过了。内容和技巧已经用尽。

文艺复兴运动产生的推动力已经枯竭，1914 年之前那几年刚刚开始的新开端被切断；创造者自己不能或不愿从中断处接着进行。年轻艺术家觉得被历史卡住，动弹不得。他们必须表现创意，却因丰富的遗产而无从着手，而建立新开端的手段又因文化的断裂而被剥夺。

过去那些伟大的天才仍然从坟墓中统治着我们；到现在，他们仍然暗影幢幢，迷惑活着的人，神秘地造成交通拥塞，引起艺术和礼仪标准的混乱。这一群才华横溢的人仍然占据着大地，拒绝死去。

——温德姆·刘易斯（1915 年）

他们处在一个新的起点，眼前却没有开阔地，没有一张白纸供他们挥洒。

回过头去看，他们各自的努力可以总结为几个趋势：第一，通过滑稽的模仿、胡乱拼凑、嘲笑和亵渎来对过去和现在的一切进行取笑，以此表示对它们的摈弃；第二，回到艺术最基本的要素中去，不表达思想和掺杂别的目的，只通过对这些要素的不同组合来表现它们刺激感官的力量以及基本的技巧带来的愉悦；第三，保持严肃的态度，但通过消除艺术这一概念来摆脱过去。

艺术家在这几类活动中倾注了大量的心血，使人对他们的执着充满钦佩，也为他们所处的历史困境深感同情。他们都在尽艺术家的本分，反映他们眼中所见的生活，通过公开或暗含的批评来回应生活的压力。同样清楚的是，他们殊途同归，全部采用否定的手法：嘲笑、否认、反艺术和感官效果的简单化。这一切意味着文化和社会处于衰落阶段，每人都应尽自己一份清理的责任。这是原始主义大规模的表现。

719
时代要求我们歌唱
但切掉我们的舌头。
时代要求我们奔流
却把口子堵住。
时代要求我们起舞
却把我们塞进铁裤。
最后时代得到的
就是它想要的烂污。

——厄内斯特·海明威（1925年）

一小群年轻人在大战仍在进行的时候首创了这种现代的破坏手法，其表现是有意地背离常规，不负责任。那是在1916年的苏黎世，他们受到瑞士中立国地位的保护，但在感情上无法"超脱于战争之上"。他们为自己的反叛运动起名为"达达"，这是法语儿语中木马的意思。它的含意是双重的：执迷和胡闹。以此命名的新文学形式藐视和丢弃所有先前诗歌和散文的确定格式以及理智的语言文字，也全然不顾印刷形式的常规。

除了提出宣言以外，达达派成员还写诗歌和散文，流传到国外。

到 1920 年，由特里斯坦·查拉领导的达达主义成为得到批评家尊敬的新流派。它的作品被列为"逗笑"的一类，但其"重要性"并不因此而减少。通过嘲笑来进行破坏的手法由来已久。达达主义的新奇之处在于它的玩笑的虚无性。它不是以中规中矩的语言来针对任何具体的目标，而是通过打乱一切来攻击一切。此即达达主义及其在绘画艺术领域的对应体（722＞）的重要性所在。它们提出了一个实现彻底摧毁的新模式，给雅里、洛特雷亚蒙和马里内蒂在战前发起的毁灭主义（＜619）注入了新的动力。意思简明易懂，连孩子都明白。

同是 1916 年，詹姆斯·乔伊斯也在苏黎世。他师从布索尼学习音乐，想做歌唱家。不过，那时他的文学倾向即已显露。他的同学，美国作曲家奥托·吕宁在自传中回忆说，乔伊斯非常喜欢给音乐作品填词。达达派的写作方式与乔伊斯后来把一个字的音节拆开重组的做法有何关系，这仍然只是人们的猜测。如果两者只是偶然的巧合，那么它们体现了当时破除语言和文学习惯的时代精神。阿波里耐期冀能产生一种新的语言，马拉美希望有一种新的视觉表现形式来表达思想，H. M. 巴尔赞呼吁实现语音的协调配合（＜648）。他们这种愿望经过一段时间的发展，在战后造成了众多新词的出现。战前就信奉未来主义的马里内蒂发表了《言词自由》，为他的信条增补了新的内容，列举出 10 条原则，其中包括：向理智开战，废弃句法和通常的拼法，创造丑陋、机械式的生活，同步感知，"最大的混乱"，等。这种自由产生了众多形式的诗歌和小说，时至今日，还有一些当代作家用排印术作为一种表达方式。人人都坚信自己有权无视读者的意见，也可以不

> 我根本不想知道在我之前有没有人活过。
> ——**达达杂志第三期封面（1917 年）**

> 每个字都不对，每个字都是浪漫派的、陈腐的、可能被所谓的 19 世纪诗人用过了的。他又试了一次：赭色的沉淀，心灵的沉渣——这肯定是不像丁尼生的口气了，可还是不行。心灵也是个老旧的坏词。而且为什么要写秋天呢——这又是一个忌讳的词。他想，这说明我只是个二流货。
> ——**杰拉尔德·布利特《陪审团》**
> **（1935 年）**

管读者对自己的作品能否理解。

720　　　由安德烈·布勒东领导确立的超现实主义成为这种权利的公认基础。达达主义者宣称，他们完全跟着感觉走的宗旨使他们成为超现实主义的首创者，而超现实主义者的优势在于他们的"科学根据"。他们熟悉自然和潜意识的活动，依靠梦境和众所周知的自书动作这一现象，把它们作为诗歌和小说的正当基础。这一流派是新近大肆流行的心理分析的衍生物，似乎它可以解释为何应放弃文学中理性、连贯、易懂的表现手法。这些不正是日常生活、商业活动、政府运作基本上所不具备的品质吗？应该表现的是普遍存在的偶然性。

　　这种态度显示出个人主义主题的又一个转折。每一个艺术家从心理意义上说都在种自己的园地，读者或观者则运用自己储存的心灵形象去理解面前的艺术作品。19 世纪 90 年代的批评理论说，每一部艺术作品都是"一个自立的世界"，这为上述做法提供了确证。从另一个角度来看，这样的作品也是"纯艺术"，因为它们发自潜意识深处，对世界上的一切固有意义都置之不顾。在精神和心理的领域中，交流处于低潮，无甚价值，因为交流毕竟要依靠常规，而常规已经过时了。无意义统治着世界。

　　使用这种艺术手法进行创造，结果充满着矛盾，但有着决定性的影响。艺术家不仅描绘社会的愚蠢，也描绘它的疯狂，并以此来谴责社会。他是借可笑的傻话向国王直言王国弊病的小丑。20 世纪的作家没有义务一定要行文清楚——达达派的语言，正如《芬尼根的守灵夜》的语焉不详和格特鲁德·斯泰因的结结巴巴，在本质上是反社会的。像马拉美，他鄙视读者，却又作为唯一实事求是地刻画世界的人而引起读者的注意。此外，艺术品纯粹、自立，不受任何规则的管理，因而申明了艺术家无条件的解放。

721　　　达达派、超现实主义以及它们之后的各个流派共同产生了一个副产品——艺术和艺术家这两个词语的大众化。依靠潜意识使事情简单了许多。按照定义，潜意识人人皆有，既非后天学到也非经思考产生；以自由联想或自写的方式来表达潜意识无须修改，否则就失去了真实性。因此，一个不对任何人负责的艺术家其实是无从批评的。这是对古希腊"天才"概念的回归——如苏格拉底所说的半神，他是人体内的精灵，不受人的控制，反而指导着人的行为。

当然，超现实主义派最出色的艺术家不仅仅是简单地发掘受本能驱使的联想这种潜意识，他们对素材的表现有一种趋势，使超现实主义一词获得了一种狭义，也是现在常用的意义，即任何违反惯常的经验而使人惊愕的东西。既然下意识里似乎装满了恐怖和震惊，于是对它进行探索就使得残酷、变态、淫秽的那些"令人作呕的"东西越来

超现实主义是纯粹的心理自动，思想的真正运作即借此表现——这里指的是不为理智或道德或审美的考虑所控制的思想。

——安德烈·布勒东（1934 年）

达达之歌

一座电梯的歌
心中有达达
不胜负荷的马达
心中有达达
那部电梯
载着一个国王
沉重易碎独立
他切下右边的粗胳膊
送给罗马的教皇
所以
那电梯
心中不再有达达
吃点儿巧克力吧
洗洗你的脑筋
达达
达达
喝点儿水

越被作为自然和正常的东西接受下来。报纸报道不幸事件时常冠以"超现实主义"的称呼，这更促使作家争相创作骇人听闻的场面。科幻作品和电影同小说一样不断描绘触目惊心的场景来刺激受众的头脑，这可能对老老少少的人起了怂恿的作用，唆使他们把那些可怕的行为重现于实际生活。自从 18 世纪晚期的哥特式恐怖以来，这方面的进步真是显而易见（＜ 410）。

※

　　从战壕里回来的老一代画家和音乐家茫然不知所措。世纪刚开始那十几年间开辟的道路已经断掉。用旧的方法绘画、雕塑或作曲是不可能了；像新手一样从头开始也同样不可能。而最新的年轻一代没有受过前一辈的正常指导，也没有机会对前辈的观点进行抵抗，因此这些对达达主义作品引不起共鸣的新人同样不知何去何从。

　　事实表明，老一代的人大都往回跳跃了一个或更多的世纪，向被遗忘的作品中寻求灵感。从东南战线上负伤归来的阿波里耐改变了手法，用 19 世纪中期的诗体给他的新爱人写情诗。1914 年以前曾领导音乐新潮流的明星斯特拉文斯基在佩戈莱西的作品中找到了启发自己的主题。

今天每一位作曲家的大衣在历史的存衣处中都有相应的挂衣钩。

——康斯坦特·兰伯特（1934 年）

722

　　费尔南·莱热和毕加索放弃了分析与综合的手法，一反他们过去画的几何图形，在画作中描绘形象，采用圆形线条。人们一度以为一种严肃的新古典主义正在开始。

　　这些各种尝试中最后胜出的是极端现实主义，其代表杜尚也是老一代艺术家。他在战前就因不满于自己和同行们的作品而表现出离经叛道的风格。他的《走下楼梯的裸女》表现出来的才华是远方的一点光亮，但不是指路的灯塔。他对同辈人和后人的深远影响来自另一盏灯标：他在蒙娜·丽莎的一幅复制品上给蒙娜·丽莎画上了唇髭。这两个有力象征的结合摧毁了文艺复兴以及后来历次运动留下的成果；它是达达运动的对应。建设到了终点，相反的活动开始了。

　　混用不同的比喻来形容，可以说唇髭打开了一扇门，给了密语口令，开了永久的绿灯，使任何娴熟使用铅笔或雕塑刀创作出来的东西都可以算作艺术——或者应该说算作达成反艺术这一集体目标的努力。[杜尚的那幅复制品载于卡尔文·汤姆金斯（Calvin Tomkins）的《马塞尔·杜尚的世界》（*The World of Marcel Duchamp*）。]"任意形状"
这一新用语总结了这场解放中使用的各种手法。有创造性眼光的人能
从普通物品中看出别的物品的"任意形状"，正如阿尔普在他的唇髭
帽子和唇髭手表中表现出来的那样。当互不调和的物体被融合在一起
时，含义变得暧昧不明——只看文学的"任意形状"的结果便知——
而含义不明又增加了混乱。

　　作品的标题更进一步令人迷惑。它们有的隐晦难解，有的明显地
与内容无关，或淫秽下流。在以后的年月里，一切都使观者感到"好
玩"。伦敦泰特美术馆展出腰间套着轮胎的山羊标本；纽约惠特曼美
术馆墙上架着梯子，像是邀请观众顺梯而上；南美的一个房间四周22
架小电视屏幕轻轻振动；慕尼黑展出的衣架上挂着一套灰色毡制男
装——杜尚又是这方面的始作俑者，他的作品是一件绿色马甲，也是
挂在衣架上。这些玩笑是严肃的，必须认真对待。帮助摧毁一个文化
其实不是件轻松的事，尤其当一个人才华横溢，技巧娴熟，却不能任
其恣肆汪洋，而是必须压制它们使其服从某种简化方法的时候。其他
艺术家采用了较为容易，更加直接的手段来为这项共同事业做贡献。
捡拾艺术（沙滩上捡到的被船舶丢弃的物品）、垃圾艺术（被扔掉的冰
箱门）、一次性艺术（被放大或用脆弱易坏的材料做成的物体；用布覆
盖的桥梁和建筑物）——所有这些都向世界表明，艺术作为一种具有
道德或社会目的的制度已经死亡。

　　传达同样信息的还有偶然艺术（以通过掷骰子或用电脑随意确定
的点为基础制作）、活动艺术等。活动艺术包括用无目的不停运动的无
用的小机器做成的"雕塑"，或一双前后踏动的鞋子。另外还有画着
简单或复杂的几何线条的油画（有整个一系列的"探索方块"），这类
油画为细菌、雪花或体内器官的绘画或摄影开辟了道路。中心意思是：
放开手去设计，无论二维或三维，有色或无色。图案就是一切。几乎
任何图案都受欢迎。

　　画家和雕塑家不再描绘人或物体，而倾向于创作没有任何暗示意

义的形状，于是批评家开始称其为抽象艺术。这一用语认定那些形状是抽取出来的，也就是说从自然中某些现存的东西中提取的。这个名称很不合适，作为简称可能方便，但在几个方面极不恰当。首先，它抹杀了一个事实，即一切艺术，哪怕是口头和书面的文学，都是具体的，是由物质构成的，否则就不存在。如果有谁觉得音乐超越其外的话，请想一想在一场两小时的音乐会中以确定的形状振荡的大块空气。其次，"反映现实"的艺术也是抽象产生的。任何肖像画、风景画或胸像雕塑都不是对模特的原样照搬。最后，现代主义派的平面或立体的图案并非都是从自然的某个部分提取出来的，并非都是艺术家把他看到的东西层层剥离只留下一个架子。这一用语也不能适用于作品所要表达的某个抽象观念。乔舒亚·雷诺兹爵士给他的一幅画命名为"天真的年代"，但我们在画布上看到的是一个小女孩。对这些区别需要搞清楚，因为科学和技术把真正的抽象与现代生活中眼前可见的东西紧密地结合在了一起。那才是名副其实的抽象：它与直接的经验拉开了距离，比如去年的一场现场音乐表演，今天从录音带中听到，其效果有了微妙的减弱。

　　杜尚创造了他的形状世界之后不久，出现了达利，他的作品明显地脱胎于超现实主义。这位艺术家也感到需要通过给蒙娜·丽莎的上唇添点儿东西来独树一帜，他画的是他自己留的德皇式括号般的唇髭。他的一些画作反映的是物体在梦中，应该说是在噩梦中出现的或可能出现的样子。顺着桌边软瘫下来的表在那种不舒服的姿势中是不可能走得准的。不过，他使用的技术本身是非常老派的"照相式"，其他的超现实主义艺术家争相模仿，因而得以尽量发挥他们在传统艺术方面的明显才能。他们的风景画、裸体画和静物画，包括那无愧盛名的番茄汤罐头，是学院派艺术最糟糕的一类中的精品，因而表明就连被今人鄙视的学院派风格也难逃大劫。

　　有想象力的画家还找到了另一种方法来启发观者：把线条、颜色和结构作为唯一的兴趣所在。战前的批评家说这三者是任何作品中唯一值得欣赏的部分（＜622；646），但他们没有想到这会把其他因素排除在外。现在这一纲领被不打折扣地接受下来。大幅深浅不同或对比强烈的"颤动的"色彩，或点、线、平面、棋盘格图案，或没有形状的一摊摊颜色（有的是随意泼在画布上的）吸引着观众的注意，尽管它们实质上仍然是静物画。（音乐方面的对应晚些时候会谈到，727＞）思想和感觉必须被带回原始状态才能使高级艺术回归本质。

724

最后，最热切的艺术家走的是最直接的途径。他们在画布上，或通过石头、木头或金属雕塑表现出非人形状的人体——肢体扭曲、残缺、枯瘦，背景和点缀令人厌恶，色彩和结构使人联想到死亡。在纽约的一个展览会上，一位艺术家推出了这种艺术形式的终极模式：他把全身涂成绿色，裸体躺在一口打开的棺材里。后来一位英国画家用粪便作为创作工具。他们创作这样的作品有一个很好的借口，即战争造成的物质和道德的破坏。任何想象出来的破损的面目和碎裂的身体以及毁坏的风景都无法与炮火造成的结果相比，把毕加索的《格尔尼卡》称为"现实主义"的作品只能算是稍有夸张。从对于物质破坏的这些表现中可以推想现代人对自己存在的感受，以及他们从这些对人的形象极力扭曲的描绘中心领神会的东西。[可读奥尔特加·加塞特（Ortega y Gasset）的《艺术的非人化》（*The Dehumanization of Art*）。]

鉴于现代主义艺术这些表现手法，人们会自然而然地认为，文艺创作不需要任何特殊的禀赋。所有人，或几乎所有人，都有这方面的才能。首先，有些像捡拾艺术这样的体裁并不需要长期的学习或很多练习。再者，题材无足轻重意味着作品不必阐发心理或其他方面的真理。换言之，对天才的需要已经消亡。于是，西方世界一下子涌现出众多的博物馆、美术馆、创作室、路边展出，还有政府或商业的计划，要把日益增多的大量艺术作品展览出售，或送到外国作宣传。这种蓬勃发展不仅发生在首都，而且遍及大大小小的城镇、村庄。这些新的艺术中心还有学校、医院和其他场所做后援，它们都在墙上开辟了专栏来展览孩子们的艺术、残疾或智障病人的艺术、罪犯的艺术、黑猩猩的艺术。艺术还证明可用于治疗疾病，安抚监狱和精神病院中那些不服管教分子。

　　至于那些需要更多事先构思的艺术，观众经常发现他们必须对艺术的伟大传统有一定的了解才能欣赏。模仿作品和诙谐模仿只能是暗示性的艺术，如果它所暗示影射的对象不为观众所熟悉的话，这样的艺术就失去了意义。其他流派也同样包含着过去的回声，无论现代主义者喜欢与否，过去都牢牢地留驻在他们脑子里挥之不去。比如，毕加索似乎对德拉克洛瓦的《阿尔及尔的女人们》情有独钟。他照着这幅浪漫主义派的画作画了 15 幅画，每一幅都比上一幅更"潦草"，但所有都看得出原作的影子。这个系列可以命名为"责任战胜了赞佩"，这里所指的责任就是消灭过去。要了解另外一种影射，可读巴尔扎克 1847 年的剧作《梅尔卡代》，并请注意"等待戈多"这句多次出现的台词，人人都期望这个角色能解决自己的问题，但他永不出现。

725

※

　　建筑和音乐也必须以自己的方式实现现代化。建筑师和装饰艺术的工匠没有摒弃他们的前辈，可能是因为他们经营的领域是公共和家居的实用方面。前者得在一块狭小的空地上容纳成千上万的办公室工作人员，因而要建造高楼；后者在由于战争而推迟了 10 年的 1925 年装饰艺术博览会上展出了大量杰出的作品，给这个时期增添了光彩。展览会使装饰艺术一词成为一个历史名词。拉利克的玻璃、罗迪耶的纺织品、吕尔萨的挂毯，再加上桌椅灯具的新颖形状给人留下了不可磨灭的印象。它们不仅改变了公众对家具的期望，而且把设计变为一种新的专业，使它有了明确的地位（726 >）。这一专业的成员为商业世界服务，决定其中一切物体的形状，包括香水瓶、电脑、吸尘器和浴室装置。这一类艺术家是随着 90 年代的新艺术兴起的，但装饰艺术从曲折的流线型线条转向了更为严厉的机器型线条。路易·沙利文倡导的"功能决定形式"这一功能主义原则现在仍然是现代派建筑学的主导原则。这条原则虽然有其谬误之处,却产生了很多美的作品。任何人工制品都很少只有一个单一的功能,设计者对一种功能的注重通常意味着对另一种功能的忽视:汽车为了"空气动力学"——风中的速度——的原因而被造成乌龟的形状,但驾驶人进出方便这一功能却全然没有顾及。这种不同目标的冲突甚至催生了一个新的形容词,制造商必须对只注意功能的产品进行修改以使它们"方便用户",满足消费者的要求。

在弧线流畅、棱角分明、低矮贴地的装饰艺术派物品和家具出现之前,90 年代出现了同样受到机器工业影响的反传统建筑学(< 554)。这种建筑风格在战后蓬勃发展,被称为国际风格。它更重几何线条,去尽装饰,使现代城市街道的侧影看上去像是一排排竖立的鞋盒。即使有些或全部楼宇都平庸无奇,但总体效果仍令人肃然起敬。[可浏览亨利·拉塞尔·希契科克(Henry Russell Hitchcock)和菲利普·约翰逊(Philip Johnson)的《国际风格》(*The International Style*)。]只有比利时人奥古斯特·佩雷这位在战前率先在建筑中使用玻璃和水泥的建筑师(< 677)在继续进行发明创造,用装饰艺术的装潢和缩进或突出的平面来使建筑物的表面多姿多彩。大部分其他楼宇都只是在窗户位置的安排上下功夫,再就是在二层楼的高度安装朴素的装饰线条或一点点挑檐雕带,以此造成些许效果。再往上去就都是如同考勤卡一般一面面耸立的灰色高墙。

与此同时,可以称之为技术建筑的风格也自成体系,产生了一些杰作,比如"诺曼底"号客轮、纽约市的乔治·华盛顿大桥,以及后来的圣路易斯城密西西比河边的拱门;它们都得到了热情的赞扬。纽约大桥的原设计是用石头把金属桥塔包镶起来,但艺术的考虑"救"了它,舍弃了原来的设计。这件事典型地说明了这种风格是多么流行。在这一时期,家中如果摆设装饰艺术家具,通常会在壁炉架上陈列用抛光金属做成的真正的阀门或齿轮。

726

　　这一体裁的泰斗勒柯布西耶为他设计的建筑的单调性辩护说，房屋是用于居住的机器。他使用同样的功能性（有人会认为是自杀性）的风格建造了大片的工人住房和莱茵河上一座船闸管理工的门房。第二次世界大战后，开始了对这种风格的反动，利用新发明的材料以及对老材料的新加工法，和别的艺术一样随心所欲，无视常规。教堂建成圆乎乎的动物形状；博物馆的外形看似双层蒸锅；豪华宅邸的最新设计像是一堆巨石。一切都宣称是纵情驰骋的想象力的产物。

　　说房屋是机器，并通过可移动的隔断、大块的玻璃和其他类似工厂的特征来使它居住起来也像部机器，这又是为了方便而牺牲了舒适。人类居住从新石器时代洞穴的紧小亲密进化为后来温暖舒适的家居，而上述类型的房屋把它尽量简化，是极端简化。任意形状和机械化共同加强了世上无难事这一积极进取的信念。

　　若以为现代派艺术这些特征只塑造了精英阶级的灵魂，就是忽视了"文化渗透"这一事实。商业广告总是从艺术和知识那里汲取灵感，组织严密的娱乐业把新艺术向大众普及，还有一种有人称为该时代明显特征的自觉的新型艺术活动：设计。设计在很大程度上产生自1925年的装饰艺术博览会，在大萧条早期开始出现。当时一位名叫雷蒙德·洛伊的法国上尉来到美国，他挟着文件夹到处向制造商游说，说他们的产品丑陋、笨拙，可能还会造成危险。他画出草图，接受订单，重新设计从口授机到火车机车的各种物品。是他造出了第一部流线型的机车模型。很快，想从他兴隆的生意中分一杯羹的其他设计者把目之所及的一切东西都变为流线型。洛伊还引进了色彩的因素。因为某些产品，像香水，彼此之间极为近似，广告达不到任何效果，于是他把包装也纳入了设计的范围。这一新专业的技能得到极力发挥，最后造成所购买物品的外部包装反而比里面的东西更惹人喜爱。[参阅洛伊对他的历程的回忆：《工业设计》（*Industrial Design*）。]

　　现代主义的各种艺术还起了另一个作用：它们在一定程度上促成了行为规范的普遍松懈，这种状况从世纪中期以来一直广受诟病。攻击权威，嘲笑任何确立的东西，歪曲语言和物体，不关心意思是否清楚，表现对人体形状的暴力扭曲，回归感觉的原始因素，越来越多的以"不存预设"为根本原则的反什么什么的体裁，所有这一切使得现代主义既是对社会解体的反映，也同时成为推动这种解体进一步扩大的力量。这一切都是早在60年代发生了震撼西方世界的道德、性和政治反叛很久以前发生的。

※

除了少数人以外，音乐家没有马上找到办法来在他们的艺术中实现与达达派和建筑家的成就相对应的结果。那一小群例外的先锋是未来派的一部分，自称Bruiteurs——噪音制造者。他们的音乐既是真正的城市音乐，又回到了打击各种材料会制造声音这一基本事实中去。因此，他们的音乐是现实生活中各种各样的铿锵声，间以汽笛的半音部滑音和消防车喇叭的两个音符。最近在意大利和法国举行的纪念会上又重现了这一发明。未来派的音乐作品预示了前线炮火的和声。战后，安泰尔在这个发明的基础上稍作改动，写出了《机械芭蕾》。在我们的时代，约翰·凯奇和其他人又转回到纯噪音栩栩如生的表现方式中去。

凯奇用物理手段改变了钢琴声音的性质，他的作品中包括敲打木头的声音；在他著名的《4分33秒》中，有精心设计的沉默。这些作品的目的是教人尊重沉默这一艺术的要素。在沉默期间，大厅中各种声音都听得清清楚楚；这一揭示帮听众放宽了对音乐的严格界定，而在作曲家的耳朵里，所有声音都是平等的。这些活动启发人们认识到20世纪艺术的一大部分是教诲性的。尽管不懂艺术的庸人已经消亡，但艺术家兼教师仍然诲人不倦，以防无知卷土重来，如马格里特的一幅画中画着一只硕大的石南根烟斗，标题是"这不是一个烟斗"——意思是当然它不是烟斗，它是一幅画。

728

当乔治·安泰尔给他的曲子加上了 16 架钢琴、一两件电子蜂鸣器、一个飞机螺旋桨和一个空气压缩钻的时候，他毕竟只是给一段电话交谈加上了比一般背景稍多一点儿的声音。

——康斯坦特·兰伯特，
"机械刺激"（1934 年）

20 年代的音乐家从战前的 10 年那里继承了一种强烈的信念，即音调体系必须完完全全地演奏出来。过分使用半音体系（使用选定音阶以外的音符）消除了音阶本身作为重要载体的价值。求助于多调性（同时使用两个或两个以上的音阶），后来又使用无调性，这在音乐领域引进了完全解放这一普遍的现代主义状态。管弦乐队不再是显赫的工具。作曲家更倾向于使用其中某些乐器的小型组合，特别强调打击乐器，因为它们反映了生活的嘈杂。不过瓦雷兹所作的微妙而复杂的《电离》表明，音乐不像文字和颜料，它不能没有体系。诗文中的一个音节就可以引起联想，画面上的一条线或一小块颜色就能够激起感情，而音符本身缺少这样的素质。勋伯格在创作了许多无调性（他更喜欢用泛调性这个词）的曲子后，创立了叫作序列的体系，这一体系吸引了大多数作曲家，却引起大部分听众的反感。

公众尽力去理解这样的音乐，没有人妄加批评，相反，人们对这种音乐敬而远之，不作审美方面的评论。造成这种普遍犹豫的原因是因为使用"十二音行"谱出的"序列曲"是对于头脑的锻炼，但并不悦耳。它解放了不谐和音，要求听众具有一种特别的敏锐，而这种敏锐是无法通过事先训练而获得的。这一体系要求从一开始就决定只有哪些音符可以使用，而这些音符无论怎么结合和互换都可以。这是一个挑战："看你在这些限制内能谱出什么样的曲子来。"这是在确定限制内的创作。布莱兹宣布他决心"摧毁一切"，并因他"把音乐拆毁，根据新的法则进行完全的重建"而赢得批评家的赞许。

在勋伯格、布莱兹、布瑟、施托克豪森和别人的尝试之后，有些序列作曲家开始使用数学来确定音符排列的各种可能性。结果他们惊奇地发现音域比预期的要宽。于是，有些人使用电脑来随意选择——

"偶然音乐"——如同用类似的手法写出的诗和泼洒颜料作成的画。其他作曲家把选择留给演奏者，至少有一位作曲家宣布写出来的不应叫作音乐，只是振荡。在五线谱上写下常规的音符这种传统的编谱做法有时改成了曲线，用不同颜色画下涡卷线，作为给半即兴演奏者的一般性指示。爵士乐手被举为先例来证明这种做法的合理。

729

技术、发明、偶然和唯科学主义不可抵挡的诱惑取代了音调有序的表现意图。新音乐的这些特征就像乔伊斯用别的词语组成的新词、建筑家"雕塑似的"房屋、画家繁复的几何图形，以及雕塑家寻求新的材料和现成的物品来组合"安装"的东西。20年代的艺术家在谈及他们的"研究"和其中的"问题"和困难的时候不时地谈及他们

> 作品在它被谱写—演奏的时候成为集体创作，并从此合为一种创造性的、准魔术般的艺术。我试图把你，演奏者，引入通流我全身的潮流，以使得你也与那永不枯竭的源泉连接起来，那源泉使我们浸淫于振荡之中，因此传达的不是音乐，而是来自直接行动这一更高领域的振荡。
>
> ——卡尔海因茨·施托克豪森
> （1969年）

做出的巨大努力，比如斯特拉文斯基关于他的一部作品就对公众吐露说："这是经过非常耐心的艰苦努力而成的。"

序列作曲法与抒情的声音——旋律——并不相合，但天才的阿尔班·贝尔格对这一体系的形式稍加改动创作的两部歌剧，《沃伊采克》和《露露》，却赢得了挑剔的歌剧听众的赞赏。虽然歌剧中的音乐不是注重美声的意大利意义上的旋律，但明确无误地表达了贝尔格所要表达的意思。若想知道这种体系最纯粹的应用，得去听韦伯恩的作品。他的作品符合这类作品的特征，都很简短，两张光盘就全装下了。

在20世纪后半叶的某个时候，一项巨大的技术进步似乎会启发作曲家朝着新的方向发展，它的重要性可与19世纪催生了管弦乐队的技术相比（＜546）。这个进步就是音响合成器，用这种装置可以以所需要的任何音量产生出任何音符、节奏或音色并立即录制在磁带上。这就等于每一种乐器都有无限的音域和力度，而无须人的肺和手指的帮

助。30 年代出现过这种机器的先驱，当时列昂·塞里明向世人显示了如何用手控制电磁波振动来产生"电子声"音乐。但无人对他的发明表示兴趣。

20 年后，不止一位受过古典训练的音乐家热情欢迎音响合成器，因为它用途多样，易于控制。他们用它来制造效果或与通常的乐器结合使用。这种"电子音乐"像打击乐的体裁一样，使作曲家得以反映生活的暴烈和严酷。但现代主义的敏感是与宏大格格不入的。正如诗人只培育自己个人的声音，不写大规模的有社会意义的作品一样，作曲家也倾向于小型的合奏，其乐器的组成常常出人意料。小型作品的优势在于更有可能演出。庞大的管弦乐队有固定的一套曲目，作品若由它演出，从印制各部乐谱到对困难的曲子进行额外排练，整个过程耗费巨大。而且如同在戏剧界一样，工会也构成了艺术家的作品与公众见面的障碍。

另外一项音乐方面的发明也受到同样的限制：哈里·帕奇使用 43 个全音音阶创作的独奏曲目。它们需要几部特别制造的乐器，乐器和音乐的奇特使得这些作品长期以来得不到大众的注意。〔可读帕奇自己写的《一种音乐的起源》（*Genesis of a Music*）。〕到世纪末的时候，这些作品开始得到欣赏，一位作品得到广为演出的作曲家捷尔吉·利盖蒂承认自己受了帕奇的影响。不过伯纳德·范·迪伦同样自成一类的音乐仍然在等待着它应得的认真注意。

※

任何注意大战以来文化景观的观察家都知道他或她所看到的景象并不完整，对任何部分做出判断都极易失误。对帕奇和范·迪伦的忽视显示出对整个文化难窥全貌；对于包括瓦雷兹、施托克豪森、考维尔、卡特、吕宁、白比特、布莱兹、塞欣斯、沃瑞恩和乌撒谢夫斯基在内的一群作曲家，各种意见彼此冲突，关于电子音乐人们也争执不下，这表明了妄下判断的危险。所有其他艺术领域中的现代派莫不如此。认真负责的批评家面前摆着一大堆的意见，它们都说得通，却互不相容；他无法把它们全盘接纳下来，然而做任何取舍都需要阐述理由，说明证据。

确定一般性特点也很困难。首次用于现代主义的一个批评术语就这点提供了说明：现代艺术是作为"实验性"的艺术被宣传和接受的。这个词代表着无休止地努力标新立异的意思，它是我们时代中许多不合适的名称之一。一项实验是在严格的条件下进行的，它有方法，有其他最近的研究成果为基础，并要受到同行的审查。艺术家的努力则完全是个人的行为，不受任何控制。现代艺术也不是经多次试验后达成的结果，因为没有标准，无法在衡量误差后进行更好的试验。当然，现代主义的成就不会因缺少实验性这个尊称而有损其价值。对于它更恰当的形容词应当是暗示性艺术，理由不止一个。（首先跃入脑海的是法国俚语"放气球"。）暗示性可以包括艺术中模仿和戏仿的部分，以惊世骇俗而引起兴趣的部分，体现了潜意识中含糊暗示的部分，以及可能是最明显的，从过去的艺术中抽掉感情后剩下的那些部分的结合。不过实验性一词证明是开阔思路的一个方便的工具。它使得习惯于科学的大众泰然地接受任何匪夷所思的东西，它牢牢地压住庸人的棺材盖，使他不得翻身。

艺术家并不只靠暗示性的努力来推动现代主义的使命。创造者比过去任何时候都更加起劲地对公众宣传。各种理论层出不穷。书籍、期刊、访谈、展览会的目录和节目单都进行解释、说明，把技术推到至高无上的地位。不善表达的艺术家处于劣势，只能笨拙地做出一些姿态来跟随潮流。如果能言善辩的艺术家想在作品以外用别的方式哗众取宠，又感到实力不足的话，就借助于连篇累牍的套语。他们的艺术是"对空间和线性相互关系的专注研究"后产生的结果，或者是"根据其相对面和线的关系对空间的确定"。这些自吹自擂的文章大谈空间、线条、色彩、体积和材料方面的改变，或（在其他艺术中）使用自

731

然、感觉、感情、研究、精密度和控制这样的字眼。大部分文章无疑是发自内心的，但观众早已知道画家和雕塑家关心的是空间、线条和体积，其他的艺术家关心的是他们所吹嘘的东西，这些文章并不能增加观众的知识。作品的标题若不是玩笑性或挑衅性的，就是显得渊博、艰深、科学性，例如："第十二号调查""两架钢琴的结构""曲线和方块的研究"等等，最后这个标题其实是多余的。艺术大昭若隐这一古老的格言已不再流行。

20 年代和 30 年代玩笑和嘲讽的风格盛极一时，到现在仍被认为是有趣的新作品。喜欢认真严肃、埋头苦干的姿态的批评家和艺术家有时把它们称为现代主义的"幼稚因素"。这种说法部分是因为许多艺术家很年轻，也是因为玩笑比较浅薄。

创造者通常偏好于观察、思考和创作。让他谈论和解释自己的作品是勉为其难，但如果他和他的作品多次被误解，那么我想他有责任站出来说几句话。

——约翰·马林（1910 年前后）

达达派产生于所有青少年都有的一种反叛心理。

——特里斯坦·查拉（1926 年）

达达派作品的用韵和内容并不风趣，嘲讽对象不明，措辞也不见如何出色新颖。在蒙娜·丽莎脸上画唇髭算不得什么激动人心的灵感，不会令人去愉快地反复欣赏。被公平地认作大师的曼·雷拍摄的那张照片也是一样，照片上是一个坐着的裸女的背部，上面装饰着模仿小提琴 F 状孔的图案。埃里克·萨蒂为他所作的曲子定的标题："三片梨形""风干的胚胎""不戴眼镜看到的东西"，也使人感到莫名其妙。杜尚后来在未加改动的一幅蒙娜·丽莎的复制品上签字时写道"剃了须的"。现在这些艺术家已被供入艺术神殿，关于他们那时的这些顽皮的玩闹需要再稍加论述。

"幼稚"这个词意指以愚蠢的方式表达的智慧或聪明的蠢行。如果只把它作为贬义词来理解的话，那么它用于此处并不恰当，因为达达主义的成果及其主导精神的继续存在说明了他们的玩笑是有效的，并不愚蠢。然而，如果想到唇髭和小提琴状的背部本意就是要表明没有灵感和青少年心性，也就是说不是开玩笑，而是恶作剧的话，就会发现幼稚一词正好适用。嘲笑对象的同时也是自嘲。现代主义的嘲讽作品不引人发笑，那并不是它们的目的。它们是假可笑，真严肃；那些被称为"逗笑的"作品不为使人微笑，而是要促人深思。新风格的漫画也同样不会令人捧腹，保罗·克勒或罗纳德·塞尔的漫画即以此种风格迥异于过去从杜米埃到马克斯·比尔博姆的老式作品。

732

这种有克制的嬉笑为当时的人所竞相提倡，并引以为豪，却把它误称为"幽默感"。它指的不是能够把生活看作一场喜剧，那不需要什么特别的素质；它所指的是能够当着他人的面嘲笑自己。这样的自嘲很少会令人哈哈大笑，它其实是把自我意识变为自嘲自贬的习惯。用这种办法不需要自我改造，但能先发制人，堵住别人批评的嘴。这样的自贬和坦白不应归为虚伪。它们成为一时之风正与战后民主意识的加强相对应，民主意识要求的正是人不断表现出对自身缺点的了解。人不再潇洒自如或自视高于别人，而是通过承认自己"只是个凡人"或"毕竟是人"来使别人安心。与此同时，与嘲讽艺术相联系的现代主义的幽默感（它应当有个更恰当的名称）使人能够把一切都看穿看透。

※

虽然不懂艺术的庸人后继无人，但不能因此以为推动艺术解放的大运动完全无人反对。抵制和谴责现代主义的是些卓越的批评家、有高度教养的男男女女、无可挑剔的知识分子。他们的批评有高度水平，不只是把艺术先锋派的一些作品斥为重复、幼稚，或是批评先锋派不是出于艺术家的深刻而纯粹是因为懒散马虎而造成的暧昧模糊。他们所攻击的是这一文化真谛的所有创造者，除了艺术家以外还有作家、思想家和言论家。1928 年出版的一本题为"学者的背叛"的书流传甚广。("学者"包括一切相关的人在内，如同柯勒律治的"文人"的含意。)这里的背叛包括抛弃理性以及用理性促进实现普遍目标的责任。精神的真理是永恒的，它们确定的界限不容逾越。作家朱利安·班达说，柏格森的哲学任凭意志自由发展，因此造成了现代主义率性而为的特点。

班达此论发表前后的许多著作也提出相关的论点和相似的论据。马西斯的《捍卫西方》、欧文·白比特的《卢梭和浪漫主义》，以及保罗·埃尔默·莫尔的谢尔本随笔（后两位作者是美国人）带读者回到100年前去寻找西方文化衰落的种子，那就是浪漫主义，因为它倡导抛弃规则，逾越界限，嘲笑常规。简言之，普遍的解放现在占了上风。

733　　反浪漫主义早已有之，特别是在法国，它还（对有些人来说）带来了政治和宗教方面的必然结果。这种结果在墨索里尼的全盛时期体现得特别突出。T. S. 艾略特不是唯一自称为古典主义者、圣公会教徒和君主主义者的人。不过，在英国以外的地方，后面的两个属性词意味着某种宗教信仰和某种形式的独裁。在美国，称为南方农夫的文学团体以做"反动派"而自得，反动即是抵制艺术、道德和政治的松弛。

能言善辩的人们因此而分为两个阵营，各自认为是不同的祸害在破坏着文明：一方认为破坏文明的是一种新的野蛮鄙俗，另一方则认为是一种逆时代潮流而动的压迫。还有一组人是马克思主义者，他们赞同"社会现实主义"，即在所有艺术中都直白平铺，以便向人民传达支持社会化国家的简明信息。这种艺术观现已消失，其他两种也从讨论的中心淡出，出现了后现代主义的说法。这个新名称的依据经常渺茫难解。绘画艺术中一个显著的事实是，仿真的再现又成了可以接受的东西；诗歌中也出现了意思清楚的常用语；"序列"作曲已不再是必为之事。至于使有些人动念要诉诸独裁的政治上的不满，它只能去找别的发泄口。世纪末激起强烈对立情绪的是关于道德和宗教问题的分歧。自称为"自由派"的观点到处都面临一个或更多的右倾派别与之抗衡，这些派别都像班达一样要求回到固定的规矩中去。

※

在两次世界大战之间，公众或兴味盎然或心怀厌恶地看着先锋派对于过去的文学和现在的社会大肆攻击。与此同时，幸存下来并仍在写作的战前作者则得到日益广泛的欣赏。萧伯纳、威尔斯、康拉德、叶芝、哈代盛名满天下。吉卜林的声望进入了一个新阶段。他战前写成的杰作《吉姆》被读者广为称道，然后他从写关于印度的故事和关于大英帝国的诗歌转而写作儿童故事——《丛林故事》，后来又转向发生在英国乡村的氛围故事、鬼故事、社会讽刺和关于船舶机器以及想象的越洋空中旅行的故事，这与一些艺术家和设计家对机器的敬意恰好吻合。一位批评家指责说，吉卜林从描绘人开始，然后去写野生动物，最后以蒸汽机和螺旋桨轴告终。对此可以反驳说，只有艺术家才能使成人读者对关于动物行为和机器的书读得津津有味。

另一群人——安德烈·纪德、罗曼·罗兰、高尔斯华绥、阿诺德·本涅特、诺曼·道格拉斯、西奥多·德莱塞、托马斯·曼——是西方小说界公认的领袖；新兴的一代——科克托、弗吉尼亚·伍尔夫、卡夫卡、莫洛亚、辛克莱·刘易斯、斯科特·菲茨杰拉德和厄内斯特·海明威——似乎是先锋派，但比超现实主义派扎实。还有几位——E. M. 福斯特、契诃夫和普鲁斯特——其实在战前就已出版过著作，但后来才得到承认。

源源涌现的大量小说有一个基本的思想和题材：中产阶级生活和制度对人严密束缚，给人的生活造成种种磨难。从曼描绘了一个家族瓦解的《布登勃洛克一家》，到高尔斯华绥的《福尔赛世家》、辛克莱·刘易斯的《巴比特》，以及普鲁斯特和纪德的长篇小说，这些小说的故事虽然发生在不同国家，但都表现了精神生活遭到压抑或摧毁的同样的冲突。社会对艺术家充满敌意，家庭严重压制普通男女的人的能力。那个时期的美国小说家得到了 H. L. 门肯的大力支持，他痛斥他所谓的"愚蠢的中产阶级"和它所控制的民主。听了他的言论，会

734

以为90年代从未打破过之前维多利亚时期的狭隘，现在需要新的解放。

在这些作者攻击"制度"的同时，从战壕中回来的作家根据他们的经历写成了大量的战争小说，应该说是反战小说。许多这类的作品在描绘战争的恐怖，或从战争回到平民生活的情景时，掺入性自由的描写，这又是重复了90年代的情况。这一文学运动是由战时的情感和事件引发的，它们使许多人注意到性满足这一问题；把夫妻分开剥夺了这种满足，而分离又创造了机会使它得以实现。很快，小说中公开的性描写成了必不可少的部分。D. H. 劳伦斯被广为禁止的《查泰莱夫人的情人》实际上是这方面描写手法的范文，书里面的用词（虽然是方言）恢复了一种基本的英语。它引起了海淫这个至今仍然存在的法律问题。在诗歌中，维多利亚晚期诗歌关于梦和叹息的内容被对丰乳肥臀毫无顾忌的描写所取代。后来对同性恋爱的赞美也随之而来，但较为谨慎。

由于玛格丽特·桑格和玛丽·斯多普斯这些勇敢女性的努力，20年代对避孕的知识大为增加，越来越多关于实现性满足的指导开阔了人们的思想。做爱成为一种艺术，更多的人开始希望掌握足够的做爱技巧以求胜任，更不用说以此谋生的人。性学在学术界有了一席之地。同时，弗洛伊德理论的普及导致人们相信压抑性本能会带来危险。礼仪的改变也有利于这种解放。不拘礼节成为风尚，简化了会面的程序；因为繁复的礼节是阻碍，而轻松随便是邀请的姿态。男女两性之间出现了一种新的亲密感情，鼓励着他们约会，驾跑车兜风，而软领子、软衬衫、无须系带的鞋子正适合这样的场合，此外跑车也是进行"拥抱接吻"这一消遣的方便工具。剪短的头发和平板的胸脯，齐脚腕的袜子和实用的鞋子使爵士乐时代"无拘无束的女子"与她的前辈淑女迥然不同。［可看小约翰·赫尔德（John Held Jr.）给那时女子作的素描像，然后读珀西·马克斯（Percy Marks）所著《爵士乐时代》（*The Jazz Age*）。］年轻女子"结伴在一起"并不减少对性的兴趣，同伴之间经常谈论性这个话题，虽然她们把它婉转地称为"那个"——"她或他有那个了"。女子打扮得像男孩,这究竟是不是一种下意识的反应,以迎合男人因战壕生活中同性间亲密联系而产生的对男性体形和举止的喜爱,这个问题值得考虑。军旅生活容易激发男性之间的感情,并可能使它变为永久的倾向。

激情高涨的气氛和书报上的讨论鼓励了婚前性行为和"试婚",并提出理由说这是为了"促进感情成熟"。一位名叫林赛的美国法官提倡"友爱结婚",即一段有明确规则管理的同居试验期;现在这种做法已很普通,没有规则,也没人记得这位法官。伯特兰·罗素、A. P. 赫伯特以及其他一些人努力鼓吹改革离婚法。几乎在所有地方,原来只有发生通奸才能提出离婚,现在习性不合即可成为离婚的理由。要求承认性交是一项人权和公众永远的关注的运动来势凶猛,企图抵抗毫无胜算。一些书籍在不同的地方因诲淫而被告上法庭或排斥在公共图书馆以外,但一本书如果标有"在波士顿被禁"的字样,在其他地方就一定畅销。1927 年,伍西利法官判决《尤利西斯》适于在"清教徒的美国"发行,这标志着 19 世纪 90 年代的反叛终于大获全胜。各地的作家和艺术家认为他们的共同事业就是击败维护体面的负隅顽抗。萨默塞特·毛姆为体面重新定义为"蠢人掩盖其愚蠢的外衣"。

※

我们看到,经过了流血和悲痛的焦虑年代后,人们需要高兴快乐。怡情悦性而又吸引心智的娱乐于是应运而生。精致一词被用来形容这巧妙的混合。演出业一片繁荣景象,机敏风趣的话剧层出不穷。包括萨默塞特·毛姆、A. A. 米尔恩、诺埃尔·科沃德、费伦茨·莫尔纳尔、菲利普·巴里在内的作家培育出了客厅喜剧这一体裁。歌舞杂耍表演让位于表现更高级幽默的时事讽刺剧,比如洛伦斯·哈特和理查德·罗杰斯才华横溢的作品、比阿特丽斯·莉莉机智巧妙的滑稽短剧,以及巴利耶夫的蝙蝠剧团演出的剧目。音乐喜剧也兴旺蓬勃,歌词、音乐和舞蹈都比过去高明，制作也经过精心设计。

轻松的诗歌和幽默散文登上了文学的大雅之堂，不仅有书籍还有杂志，如《笨拙周刊》《法官》《生活》《巴黎生活》。马克斯·比尔博姆、罗伯特·本奇利、A. P. 赫伯特、多萝西·帕克、斯蒂芬·李科克这些人是知识分子型的讽刺家，他们使人发笑而不是令人受伤，还有一些漫画家也属于此类，像格鲁亚斯·威廉斯和卡朗·达什，比尔博姆也在漫画家之列。从这个时期开始，荒诞不经的散文或诗歌被视为文学的一个重要部分，莎士比亚的歌词被列举为证明。刘易斯·卡莱尔的诗作和两部爱丽丝的故事成为值得尊重的艺术作品，以那种风格写成的儿童读物老少皆宜——米尔恩的《小熊维尼》或 H. G. 威尔斯的《汤米》就是证明。与此同时，首先由爱德华·利尔为儿童写的五行打油诗在战前经过了现代化的革新，五行中最后一行原来是对第一句的重复，现在改为提出一个新的意思，让人出乎意料或吓一大跳。这一时尚启发了诗人和小说家，他们采用这种简略的形式发表大多是不合体统的幻想。诺曼·道格拉斯于 1928 年出版了一部五行打油诗的经典选集。

《名利场》一度在高雅精致类杂志中雄踞首位，后起的《纽约客》募集了一群天才卓越的散文家和美术家，几乎同期由门肯创刊的《美国信使》用嘲讽和讥刺的手法记述中产阶级的行为和想法。在英国，《生活和文学》《新政治家》《标准》和《笨拙周刊》恰恰是生活和文学的仲裁者。

诚挚的剧作家怀着同样的目的在剧作中反映社会和道德问题。在都柏林的阿贝剧院这一爱尔兰文学复兴的中心，叶芝、辛格、肖恩·奥凯西写出了传世之作。伦敦的塞德勒斯威尔斯剧院、巴黎的老鸽舍剧院、柏林的自由剧院，以及纽约戏剧联合会和普罗温斯敦剧团帮助推出青年剧作家。在戏剧联合会或百老汇的其他地方，不苟言笑的尤金·奥尼尔是一群剧作家的领头人，那些人包括马克斯韦尔·安德森、舍伍德、贝尔曼、悉尼·霍华德、桑顿·怀尔德。后来，克莱尔·布思和莉莲·海尔曼证明她们的才华与前面的那一群不相上下。

这些剧作家的作品由一大批出色的演员搬上舞台，他们是在斯坦尼斯拉夫斯基创立倡导自然不做作的表演体系（＜675）之前最后一批经过声音和动作古典式训练的演员。这些老一代演员经常会从通常演出的莎士比亚剧目中找出一部来演，纽约的一个剧团上演了一次令人难忘的穿现代服装演出的《哈姆雷特》，剧中国王的书桌上放着一部电话机配合那句台词："来，格特鲁德，我要去召集我那些最有见识的朋友们。"

越来越多的人迷上了电影，并且形成了一个前所未闻的习惯：每周一次出去娱乐消遣。这是向着后来发明电视，使人每天每小时都沉迷其中这个方向迈出的一步。20年代，格里菲思为电影发展了其特有的手法（＜649），可以用来演出任何景色或故事。早期只有一盘胶片的打闹剧和简单雷同的系列故事片消失了，代之以喜剧片、情节片和"豪华大片"。这些不同类型的影片给各种各样有表演才能的人提供了机会，他们饰演的角色类型逐渐固定，他们的生活和绯闻在电影杂志中常有报道。查理·卓别林是讽刺喜剧类影片中无与伦比的天王巨星；玛丽·璧克馥和道格拉斯·范朋克作为浪漫和冒险的化身受到影迷的崇拜；五六位面色阴沉的演员专演骑马打枪的西部片；在国外，像《卡利加里医生的柜橱》这种邪恶类型的故事片使观众紧张兴奋。还出现了一部后来意义重大的电影《蓝天使》，它是根据亨利希·曼写的一部严肃小说《垃圾教授》改编的。

另外一种与电影和小说竞争的娱乐形式是不自认为文学的短篇小说。各种杂志、周刊、月刊大量涌现，它们比书便宜，内容多样。每年出版一本《最佳故事》汇编，以满足读者无尽的需求。这半个世纪期间出版的这类作品中，只有几部有永久价值的流传了下来，有的具备了小说的最佳特点，比如凯瑟琳·曼斯菲尔德和契诃夫的短篇小说，后者的作品当时刚从俄文翻译过来。除吉卜林以外，其他应当在文学中占一席之地的作者及其作品有：阿瑟·梅琴的幻想小说、柯南·道尔的医学故事和其他离奇的冒险故事、M. R. 詹姆斯和阿尔杰农·布莱克伍德的鬼故事。最后，犯罪纪实和著名审判的记述在爱德蒙·皮尔逊和威廉·拉夫黑德这样的大师手里上升为一种确立的体裁，亨利·詹姆斯对这类作品读得津津有味。

两类传记也同样受欢迎。身为布卢姆斯伯里文化圈子一员的利顿·斯特雷奇树立了迂回"揭露生活"的榜样。《维多利亚女王时代名人传》中的章节继承了 90 年代嬉笑怒骂的文风，但对某些事实进行了歪曲，还有些凭空捏造。与此同时，安德烈·莫洛亚独创了一种传记体裁，其中掺入虚构的细节和对话，从而使内容生动活泼，不过他对他的虚构坦承不讳。此外，大为盛行的还有其他几种利用已逝者生平做素材的文体，对他们进行贬低或为他们辩解，比如像加梅利尔·布雷德福的"心理刻画"。自传也大批出现，许多作者还很年轻，他们在书中详尽记叙自己童年和上学时的各种痛苦。E. C.（爱德蒙·克莱里休）本特利发明的克莱里休四行打油诗也是传记性质的。这种自由体的四行诗用来叙述某个名人生活中的一件事。像五行打油诗一样，它使得保罗·霍根和 W. H. 奥登这样的作家得以充分发挥他们的才能，写出一首首嬉笑戏谑的四行诗。总的来说，20 年代和 30 年代喜欢由文化修养高雅的人玩的这类智力游戏，无论是达达派还是胡闹的作家的作品。这些作品令人放松，使人"更有人情味"。

但娱乐也有精力充沛的形式。美国黑人舞蹈家约瑟芬·贝克 1928年来到巴黎，以她的野性舞蹈［Danse Sauvage，不是"野蛮的"（savage），而是"野性和原始的"（wild and primitive）］掀起了公众的狂热。巴黎已经有了这方面的基础，当时流行的舞步已经被认为相当原始，有一步舞、两步舞，还有狐步舞。同样来自美国的爵士乐表现了野性。这种吵闹、悸动、充满了切分和变奏的音乐震耳欲聋，令人头昏脑涨。只听它就足以令人迷醉，不用再喝另外一种舶来品——布朗克斯鸡尾酒（法国人念成布朗兹），这是一种橙汁和杜松子酒混合制成的奇怪饮料，有一股药味，很难与任何食物搭配。这种鸡尾酒后来被淘汰了，但爵士乐却不是昙花一现的时髦，它将长期持续下去。即使在那时就已出现了一些著名的爵士乐手，虽然有关的理论家和历史学家还未成长起来，它的历代形式的发明者也尚未进入音乐的神殿和古典音乐作曲家平起平坐。爵士乐后来逐渐成为乐迷和音乐学家所喜欢的音乐会节目，但同时它仍然是实用的，用来跳舞的音乐。

　　舞台上的"现代舞蹈"另有一种意义。在伊莎多拉之后（＜ 677），它成为一种新的艺术，任意自由发展，来自不同国家创意新颖的舞蹈家在各国都赢得了观众。玛丽·维格曼、拉阿尔真蒂纳、让娜·龙塞、哈罗德·克罗伊茨贝格、乔斯·利蒙，他们每人都有所创新，有些人还创办了舞蹈学校。（年长的）申卡尔从印度带来的舞蹈团使西方目眩神摇，他们的舞蹈和节奏在音乐和动作方面开辟了一个全新的天地。

　　在德国，保罗·欣德米特和其他人在努力倡导另一种也是实用的音乐，日常音乐（Gebrauchsmusik），它的目的是使音乐重新进入千家万户，使人们在家中和室外能够经常欣赏音乐。这种做法由来已久，后来中断，现在旧法重提是为了结束 19 世纪形成的那种情况，把音乐限制在音乐厅里，欣赏音乐只能偶一为之。这场运动并未取得任何结果，但它的目标预示了后来人们对室内音乐和巴洛克音乐的喜爱以及类似嚼口香糖一样开放背景音乐的习惯。在家中，在电梯和出租车里，在打电话的时候，背景音乐无处不在。

　　与此同时，在战争接近尾声时的巴黎，埃里克·萨蒂和科克托这两位作家身边围绕着一群年轻的作曲家。他们是所谓的"六人团"，其中著名的有奥里克、普朗克和奥涅格，很快米约也加入了他们的行列。他们创作了许多实用的作品，相当一部分以当时的轻松风格为特征。与其类似的是，德国的卡尔·奥尔夫把中世纪僧侣唱的喧闹欢乐的歌曲写成了一部现在十分流行的大合唱——《博伦伊之歌》。在美国，查尔斯·艾甫斯以独特的风格谱了许多歌曲、进行曲和舞曲，还有五部交响乐。除了已经提到过的安泰尔的《机械芭蕾》，还应当加上沃尔顿的《门面》，他把伊迪丝·西特韦尔的诗配上曲调加以吟唱，用一支小管弦乐队伴奏。康斯坦特·兰伯特创作了震撼人心的《格兰德河》。兰德尔·汤普森、珀西·格兰杰和弗吉尔·汤姆逊也谱写了一些类似的嬉闹快活的作品。这些作曲家对庄重严肃的题目也有兴趣，但总的来说，流行的都是他们的通俗或喜剧性的作品。他们向高处的冲锋被战争的高墙阻隔住了。

※

739　　　20年代期间，一种特殊的体裁得到了越来越多人的喜爱，因为它锻炼心智，使读者享受机敏的娱乐，又不涉及任何社会问题；自那以来这种体裁的地位和流行度不断提高，现在甚至成为大学教程和论文的题材。这个体裁就是犯罪小说，原来称为侦探故事，又叫破案故事和惊险故事。其实它们是彼此迥异的分类型，无须在此费篇幅阐述；书迷对它们的分别一清二楚，其他人即使知道了它们各自的一般性特点也还是辨认不出。重要的一点是犯罪故事是故事而非小说。读者应当还记得两者之间的区别，简而言之，小说把心理和社会的因素作为叙述中的主要关注，故事则描述合乎情理、扣人心弦的近似生活的事情，只涉及人们熟知的社会类型（＜111、352）。小说对各个角色及其社会背景进行分析。故事讲述激动人心的经历，但对动机和背景则忽略不提。

　　侦探故事的理想形式有固定的格式，如同希腊悲剧一样。先是发现尸体，无疑是被谋杀的。警察无能，调查漫无头绪。接下来，天才的业余侦探出场，对他佩服得五体投地的朋友和记录人紧随左右，他通过对线索的推理分析追出凶手，破解了案子。故事的发展必须遵循某些限制，没有超自然的力量或科学未发现的毒药，没有实际上不可能发生的事，或哪怕是不可信的情况；主要兴趣在于从错综复杂的事实和动机中查出真相的过程，所以不能有深入的心理分析，也不能有全面展开的恋爱。

战后初期，喜欢"破案故事"被认为是有失身份；读者得为自己这一嗜好而自我辩解。一些著名的文学批评家用尽办法把他们贬为低级趣味的人。事实则恰好相反。侦探故事的作者和读者都是有高度文化修养的人。在这一体裁的黄金时代，英国女作家居于首位。塞耶斯、马什、阿林厄姆、海尔和克里斯蒂在创意和手法方面都无人能及，她们使用给读者带来愉快的文学艺术手法——情节、机智和叙事技巧——来讲述不断花样翻新的故事。威尔逊总统和伯特兰·罗素是热心的读者，更为近代的 J. L. 博尔赫斯和巴勃罗·聂鲁达也对这类作品深为喜爱。

后来的观察家运用心理分析，说读侦探故事使人的暴力倾向得以发泄。这是彻头彻尾的无知之谈，因为这个体裁并不渲染谋杀的实际

> 侦探的朋友兼有一般读者和希腊戏剧合唱队的双重身份；他就他不明白的东西可以自由评论。
>
> ——E. M. 朗（1926 年）

行为，而且尸体通常在开头几页就已交代完毕。故事满足的是读者对于方法的迷恋——唯科学主义的一个方面，加之看到罪犯伏法的欣慰；换言之，理性和正义的伸张。如果四年的大屠杀与这些故事的流行有什么关系的话，也只能是否定性的关系，因为犯罪小说是对杀人者不利的，它集中描写的是正义和具有"三段推理能力"的罕见头脑。

分析线索的兴趣不是 20 年代的新生事物。在 18 世纪中期，伏尔泰写过一个以主角的名字为题目的故事《查第格》，他是一个"东方人"，为国王进行侦查工作，功劳卓著。晚些时候的博马舍以当时的背景写了同样的一篇小品。这两部作品都不涉及谋杀，讲的是根据推断来重现事件的发生。19 世纪初，一位名叫莱格特的人用这种技巧叙述了一个关于枪击的故事，接下来，埃德加·爱伦·坡这位短篇小说体裁的创始人在四篇侦查故事中表现了他的天才。从坡到阿加莎·克里斯蒂这段时间内，犯罪故事生出了两个分支。法国人发展了警察小说，注重耸人听闻的情节，对思维推理着墨不多；英国作家则倾向于短篇小说，柯南·道尔成为其中的大师。他不仅把故事情节写得复杂

740

曲折，引人入胜，而且创造了世界上最为著名的一对角色。夏洛克·福尔摩斯和华生医生与堂·吉诃德和桑丘·潘沙齐名，很难想到还有哪对伙伴与他们两对一样闻名。事实上，他们两对从根本上说是同一对，追求的是同样的东西，只是相隔300年，穿着不同的服装而已。

这两位现代人写得栩栩如生，世界各地都有他们狂热的崇拜者，甚至建立了一种假想的学术：世界上成立了十几个夏洛克·福尔摩斯学会，学会成员假装福尔摩斯和他的朋友确有其人，就他们的生平写了60个细致入微的故事。因为这些故事彼此之间并不完全一致或并不完整，于是围绕着根据这些资料做出的推断兴起了无休止的争论，争论各方大都表现出道尔式含蓄的幽默，而这幽默本身也正是道尔的作品吸引人的一个方面。福尔摩斯学会成员这种迂腐的表现与专门研究某一位作者的学会成员的执着和收藏者对版本学的关心并无二致。但对福尔摩斯和华生生平的"研究发现"表明，在事实上不可能知道真相的情况下，从词语的暗示中多么容易达成可信的结论。

> 奥里利亚斯·史密斯看上去不太像侦探，然而他每一个微小的动作都带有精明冷静的风度。在同秘书一起喝茶时，他用细长的手指以科学的慎重动作把一片柠檬放入茶杯。
>
> ——R. T. M. 斯科特，
> "孟买的鸭子"（1929 年）

在福尔摩斯之后，如一位研究者所说，洪水汹涌而至。[可浏览 J. 巴尔赞（J. Barzun）和 W. H. 泰勒（W. H. Taylor）编辑的《犯罪的记载》（Catalogue of Crime）。] 最后占了上风的是长篇故事，但它开始时篇幅过长，而且障人耳目的假线索太多，影响了书的趣味性；然后缩减为中篇小说的篇幅；后来又再次发展为大部头著作。发生了这些变化是因为只靠内心推理的破案手法和供侦探思考的各种线索迅速枯竭。于是天才业余侦探的事迹让位于"警方探员"与"私家侦探"，

> 犯了罪就如同地上下了一层雪，显示出林子里每一只山鹑、狐狸、松鼠和鼹鼠的足迹。你无法抹去足迹，无法抽走梯子，不留下任何线索。
>
> 741　　——爱默生《论补偿》

还有律师、医生、保险视察员或其他专业人员，他们不如福尔摩斯那样显赫，但同样有效地协助着警察的工作。在福尔摩斯时代，小觑苏格兰场不为过分，因为在他出现之前不久，有好几个侦探因渎职和腐败而被定罪。

对犯罪小说的兴趣产生了两个相似的体裁：间谍故事和前面已经提及的犯罪纪实（< 739）。所有这些类型的故事都有一个几乎无人注意的共同内容：它们忠实地记录了当时的品味和时尚。有一句话说得好，读者喜欢反复阅读夏洛克·福尔摩斯的冒险经历，因为那里面"永远是 1895 年"的伦敦，那个有着双轮双座马车、鸦片馆和在科文特加登剧院上演让·德·莱斯科主唱的歌剧的伦敦。福尔摩斯自己既是科学的信徒，又是 90 年代的唯美主义者。同样，美国的达希尔·哈米特和雷蒙德·钱德勒以及他们在西海岸的后代在作品中也反映了当时的流行用语和风尚，甚至反映出了对爵士乐、电影和他们那个 10 年的艺术品的喜爱，当然还有对性的痴迷。这种文化纪实给不是观察而来而是臆想出来的情节增加了逼真性。可惜，近年来这一层反映时事的表面越来越厚，大有掩盖体裁的中心目的之势。男女主角只顾炫耀对音乐和装饰艺术的丰富知识，却忘了表现破案的能力。

要知道对侦探故事的形式和长处最好的批评意见，应当去读——

多萝西·塞耶斯

她自小就表现出在文字方面的天赋和热情。出生在牛津的她是独女，父亲是教士和音乐家，母亲受的教育不多，但精力充沛，聪明过人，以自己祖上有一位威廉·黑兹利特的表亲而自豪。多萝西出生 4 年后，全家迁往剑桥郡一个地处偏僻但景色优美的教区，这对于母女俩是件不幸的事。妻子越来越对丈夫感到厌烦，孩子在成长期间几乎没有小朋友或别的交往的人。她自娱的方法就是如饥似渴地读书，写故事，写诗，想象外部的世界，并细细思考基督教信仰，她是把它当作故事来读的。同时她又爱玩爱闹，像她母亲一样充满活力，对日常

742　事务讲究实际。这些特征形成了她后来的个性：天真无邪、精力充沛、脚踏实地但不限制想象力，还有对于所谓基督教史诗的特别钟爱。

　　她上了牛津的萨默维尔学院，成为一名出色的学生（请读她的倒数第二部小说《华丽之夜》），是第一批被授予牛津大学正式学位而不只是一张证书的女学生；事实上，她在毕业典礼上接受了学士和硕士两个学位。至此为止，她的生活一直是顺畅愉快的：现在她得自己谋生了。她给一家与法国一个学校有关的服务公司的管理人做过秘书。他们有过一段文字上的恋爱，那是她在爱情领域中的第一次不幸。她相貌平平，身材一般，又性欲很强。后来的两次情事给她留下了一个长得英俊聪敏的私生子。她年岁稍大时找到了一个与她兴味相投的丈夫，但他晚年时生病，酗酒，脾气一反平常的暴烈，也给她造成了不少痛苦。

　　塞耶斯遭遇的这些痛苦经历没有给她的文学事业带来任何教益，在此仅点到为止。对她这位年轻女子来说，在伦敦最大的广告公司做广告撰稿人裨益良多，又令人愉快（请读《谋杀必须广而告之》）：即使广告也有好的文字。她在撰写所有广告方案时都力求简单明了。

　　亨利·詹姆斯提出了小说的一套完整理论，塞耶斯则时而严肃时而幽默地使用她的学术研究为侦探故事确立了理论。在一次接受关于这个题目的采访时，她表现了她口无遮拦的秉性。"白痴和一些杂志编辑"要她"从女人的角度"谈谈犯罪小说，"对这样的要求只能说'滚开，别犯傻'。这等于是问关于等边三角形的女性角度"。关于审美学这个大题目，她写了一本杰出的小书《创造者的思想》。它的主题是：平常创造任何物品的经历，无论是创造艺术或是制造任何东西，都与三位一体所象征的意义相吻合。首先产生的是创造的念头，它预见到成品的样子。这是父体。接下来是创造精力，它与物质进行猛烈的斗争，克服一个又一个的障碍。这是子体。最后是完成的作品的创造性力量，它通过对用者——观者的灵魂产生的效果而对世界产生影响。这是圣灵。三者在作品中结为一体，缺一不可。

　　这一阐述有着批评和宗教的双重目的。在分析人的创造的时候，它表明基督教神学中揭示的上帝的创造也遵循同样的格式，人确实是以上帝的形象造成的。塞耶斯在写成这本立意新颖的书之前曾讲过学，并为在坎特伯雷大教堂和其他教堂举行的庆祝活动写过宗教主题的话剧。为此她研究了中世纪历史、文学和语言，她这方面的活动使她作为知识分子传道士而引起了全国的注意。英国广播电台请她就耶稣的生平和殉难以戏剧的形式编写一部六集节目，她写出的脚本文字意思都简明易懂，感情充沛又不失于滥情。像天生信教的天主教徒一样，她乐意对她所信仰的东西持一种幽默的态度。

743

　　她孜孜不倦地为履行她视为己任的使命而努力，那就是向世界表明信仰的作用和正确性。她的说理和论证的方法使《创造者的思想》一书可与 C. S. 路易斯的著作相媲美，令人百读不厌。但塞耶斯并不是上帝权力绝对论者。她认为，在这个世界中，对于上帝的信仰是不可缺少的，它是对不可避免的关于宇宙的问题的解答，也是解决尘世间难题的依据，但是，若迫使人们接受或强制执行关于上帝的某个特定的概念，就势必会造成分裂和压迫。她直言不讳地承认自己是讲求实际的相对主义者，她不止一次在不同的情况下写道："原则首先就会置某些人于死地。"

　　通过对中世纪历史和文学的研究，她自信可以翻译但丁的作品。她原来已经掌握了希腊文、拉丁文和法文，现在又学了意大利文，在译文中使用了但丁原文的格式。她年轻时用以自娱的写作训练了她，使她能够熟练掌握韵律。在翻译中，她选择用最简单利落的语言，恰如其分地转达了但丁的风趣、嘲讽和幽默；在她之前的译本对此几乎完全没有反映，那些译本都为了切合主题而翻译得庄重严肃。

> 圣苏佩西拉的父亲粗暴地命令她接受一个男人的求婚，那人虽然品性正直，明白事理，地位崇高，但只懂六种语言，而且数学很差。圣女因父亲的命令而勃然大怒，柳眉倒竖，高扬的眉毛把她整个人拉了起来，从顶楼的窗户飞了出去，有人看到她向北飘去。
>
> ——多萝西·塞耶斯《名人文献》

　　她还未完成翻译便突然去世，时年 64 岁。不过所缺的部分由一位朋友补上，译文由企鹅经典出版社出版。出版后得到的评论毁誉参半，其中有一些评论表现出相当的热情。赞扬主要来自 C. S. 路易斯。塞耶斯的译文有两大优点：简明易懂，戏剧效果显著，如同塞缪尔·勃特勒对《伊利亚特》和《奥德赛》的散文翻译；另外，她对但丁的诠释是合理的，因为但丁自己在四处流亡时曾写过一首政治小册子性质的诗，谴责政敌和仇人，颂扬朋友，还提出了一些绝非全部正统的教条。

　　多萝西·塞耶斯的全部工作成果到底能留下多少还不得而知。犯罪小说的态度和文体到如今已经发生了变化，虽然她的几部小说还在不断重版。《创造者的思想》一书立意新颖，深思熟虑，论述精湛，足可流传后世。她其他关于宗教的著作在她那个时代是超前的。目前对《圣经》、耶稣和上帝创造世界的密切关心可以追溯到她的观点。即使她对但丁著作的口语化翻译没有得到长久的喜爱，但译本中博学精深的导言和说明对研究者来说应该还是有价值的。

744

我们认为今天各国之间主要的问题是恐惧——对死亡，以及尤其是对生存的恐惧。它是造成人的精神低沉，无法做出建设性努力的原因。我们认为这种恐惧只能被对生命价值的强烈意识所驱散。我们的目标是给这个国家的人民提出一个值得为其生为其死的建设性目标。
——多萝西·塞耶斯：为她将编辑的一系列书籍写的内容简介（1940 年）

　　塞耶斯是看到大战的爆发而得出原则会杀人的结论的。国家荣誉、海上霸权、用于炫耀而实际上并无好处的殖民地、必须予以征服以"恢复我们种族的名誉"的地区以及"不和不降"，这些一直是欧洲所顽固追求的目标，追求的结果是把自己变成了一块巨大的烧焦了的祭品。大战是一场浩劫，却没人看到造成这场浩劫的双方其实遵循的是同样的原则。有人说这种情况可能会再次发生。如果是那样的话，生命就不再有任何意义。流亡巴西的斯蒂芬·茨威格夫妇即在 1942 年双双自杀。

　　在第一次世界大战的胶着阶段，一位名叫奥斯瓦尔德·斯宾格勒的德国数学教师修改并完成了他几年前开始的一部巨著，这部著作出版得恰逢其时，两卷分别于 1918 年和 1922 年面世。《西方的没落》如同所有大型学术著作一样，引起了各种反应：有本能的或者是思考之后的拒斥；有心悦诚服或基于一贯信念的同意；还有关于有争议的事实和一般性原则的争吵。最终结果是，对于许多不能苟同于当时的欢乐气氛，对战争的徒劳无益感到愤激的人来说，斯宾格勒的理论已经得到了事实的证明。所有的新闻都证实了它：发生了严重的萧条和失业；在制订了漠视民族感情的和约之后，小型战争在欧洲此起彼伏；德国摇摇欲坠的共和国无力偿还战争赔款，协约国也付不起它们所欠的巨额债务；意大利出现了墨索里尼的独裁统治；难民仍然无家可归，啼饥号寒；各地瘟疫流行；还有人们脑海中夷平的地区和破碎的肢体这些挥之不去的景象。

　　如果这就是西方文明的结果的话，那么它的灭亡不仅势在必然，而且一点儿也不令人遗憾。一些有识之士没有沉迷于对艺术的喜爱或对享乐的追求，他们预言说大决战会再次爆发。其他人开始相信"光明来自东方"，苏联代表着唯一可以接受的未来。

拥抱荒诞

1917 年 6 月开往欧洲的美国远征军不仅帮协约国打败了同盟国，而且还吸收了旧世界的文化，使其成为对新大陆的贡品。在法国作战的美国士兵接触到了全新的印象和思想，使他们中间一些人想要回欧洲去进一步学习。20 年代晚期的所谓美国侨民都是年轻人，他们靠美元对外国货币的高汇率的好处一直在国外居留，直到 30 年代大萧条时被迫回国。他们在国外各地的逗留相当于流动留学，其结果是弥合了美国在艺术和思想方面落后于欧洲大约 10 年的差距。20 年代，毕加索、乔伊斯以及庞德和格特鲁德·斯泰因这些人都在巴黎。他们提供了交会场所，使胸怀大志的年轻艺术家和作家得以见到同业前辈，并彼此相识，大家在一起活跃思想，使得人人都从中得到启发教益。[可读威廉·怀泽（William Wiser）所著有着中伤性标题的书《疯狂的年代》（*The Crazy Years*）。]

这些年轻人去国寻求文化之时，正值美国处于激烈的孤立主义情绪和“反赤色”的疑惧之中，这更使他们决然离去。但他们归来时，却发现学术界对他们从欧洲带回来的形象和思想欣然接受。已经打好了基础欢迎他们。美国的学校制度正处于其热诚和效率的巅峰。小学和初中同化了来自各国的成百万移民。免费高中这一大胆举措引起了所有工业化国家的羡慕。它的教程是开明的（以现在的用法来解释就是精英主义的），包括拉丁文、英国诗歌、美国和英国历史、一种现代外语，每年都有数学课和科学课，没有可以蒙混过关的课程。学校对学业和行为的要求都十分严格。在战争期间，除了程度上的不同，所有学校几乎无时无刻不在谈论欧洲，无论是在出售"自由公债"的时候，还是在为部队、难民和比利时的儿童募捐的活动中。欧洲大陆的概念是一个活生生的概念，当它的艺术和文学，还有奇怪的食品开始渗入美国社会时，人们的反应是热情地接受，而不是予以抵制。

746

这一点在高等教育中更为明显。一些大型大学，像自封为在欧洲的美国学者代表的尼古拉斯·默里·勃特勒所领导的哥伦比亚大学和由劳伦斯·洛厄尔任校长的哈佛大学，招生人数大大增加。第二代美国人表现出如饥似渴的求知欲，要获得他们的父母没能得到，似乎为上层阶级据为己有的所有知识。新兴阶层对学习很快驾轻就熟，而上层阶级显然并不想把知识作为自己的专属。

有些士兵复员后回到学院去继续中断了的学业，有的则刚刚开始，他们带来的成熟的思想也使得校园生活特别活跃。这种活跃的气氛一直持续到海外学子们的归来。当时他们的经济困境引发了一种空前的现象：学术界接纳了这些艺术家，给他们提供住处，让他们给学生授课。这完全是美国的发明。教员队伍中学者和艺术家并肩工作是前所未有的事。19世纪90年代，罗曼·罗兰费了九牛二虎之力才使巴黎大学接受了他的一篇音乐学论文，授予他博士学位，这在当时是个极端的让步。在战后的美国，先是从一两个不显眼的科目开始，慢慢地在各大学建立了音乐系、美术系和戏剧系；批评家和小说家进入了英文系的教师行列，很快校园里就有了自己的诗人和弦乐四重奏乐队、剧团和艺术中心。

美国国内孤立主义的出现情有可原。虽然与传说的相反，威尔逊总统实际上在凡尔赛和会上运筹策划，极力阻止贪得无厌的战胜国，但他没能使美国加入国际联盟，欧洲各国的阴谋诡计和利益冲突照行不误，令人沮丧。凡尔赛和约（在其中几个部分中）没有像1815年打败拿破仑后的维也纳和约那样确定最后的解决，它的愚蠢为20年后的下一次大混战打下了基础。[有一本小书可以阅读，D. C. 萨默维尔（D.

C. Somervell）的《两次战争之间》（*Between the Wars*）。]

在此期间，苏维埃政权牢牢控制了苏联；凯末尔帕夏（土耳其之父）领导着土耳其实现了现代化；意大利服从于墨索里尼的独裁统治；西班牙落入普里·德里维拉的独裁之下；日本入侵中国东北；中欧那些小国或屈服于武装的共产主义或与之进行抗争；缺吃少穿、国力虚弱、饱受通货膨胀之苦的德国没能巩固它的共和国制度。当魏玛政权无力支付协约国要求的赔款时（＜711），协约国占领了它的部分领土以示惩罚，这激起了德国人民对战胜国的同仇敌忾，使希特勒站稳了脚跟。历史学家和记者著书立说，把挑起战争的责任全部归咎于德国，这更使德国人民愤怒不平。与此同时，美国无法从协约国那里收回战争贷款，于是转而帮助德国恢复经济以弥补损失，此举的最终结果是为德国复仇的意志提供了物质手段。

共产主义在全欧洲和美国为越来越多的人所信仰。对大战与和平完全幻灭的知识分子在"俄国的实验"中看到了清白的新开始——列宁和托洛茨基那些伟大的领袖谴责战争，从中抽身出来，并击退了帝国主义和资本主义的军队。作家和艺术家相信苏维埃的辩护士所作的许诺，说脑力劳动者会和体力劳动者一样由国家养活；俄国的文化创造者不再需要像西方的艺术家那样去不择手段地寻求赞助，无产阶级也不必担心失业。为了迎合西方的读者，删节了马克思的著作以便于推广，组织起了共产党"支部"，由在莫斯科受过培训的管理人员来主持，按照所招人员的喜好施以智力或性的诱惑以促其皈依。许多称为同路人的同情共产主义思想的人没有入党，但帮助造舆论，加强它的力量。1929 年岁末，全球股票市场大崩溃触发了大萧条，企业和银行纷纷破产，造成几百万人失业，这证实了马克思关于资本主义固有的罪恶使它注定要灭亡的预言，各地不同程度的共产主义信仰者的行列因之急剧壮大。马克思主义压倒了所有其他的思潮，包括不久前吸引了一些著名人士的天主教的新托马斯主义。

前去苏俄的一位记者写信回来说："他看到了未来——它真的实

现了。"先前的平民主义者和社会主义者把这新出现的主义看作他们一直以来怀抱的梦想的实现。年轻的作家和其他艺术家协作发展马克思主义的戏剧和音乐，出版马克思主义的小说，绘制马克思主义的壁画。还成立起马克思主义的学院，在不表示政治倾向的学术机构中，马克思主义也是教授和讨论的课题，如果不知道这代表着"未来的浪潮"的信条就不算"受过教育"。如一位持怀疑态度的人所说，"《共产党宣言》是每一门课的必读书，只有卫生课除外。"法西斯主义和国家社会主义很快失去了它们在20年代和30年代的兴起时期赢得的支持者，成为思想正确的人与之战斗的敌人。世界看起来像是善与恶之间永恒的战场。那两个10年的后10年间，西班牙爆发了战争，起初是年轻的共和国与企图建立独裁统治的佛朗哥元帅的军队之间的战争，很快成了两个"法西斯"国家与自由和左倾（社会主义）力量之间的较量。许多来自英国、美国的作家和艺术家加入了自由和左倾力量的作战行列，结果许多年轻的人才战死沙场；战争中丧生的还有当地的西班牙人，最令人痛惜的是诗人洛尔迦的死亡。

后来发现，表面上站在自由力量一方的共产党的战士遵照莫斯科的命令帮助杀害了自由力量的一些领导人，因为他们被认为是共产党的敌人，这使得一些人感到幻灭。但东方那个闪光的国家并未因此而失去思想家的有力支持。苏联的"肃反"在国内进行的大屠杀被揭露出来之后，也只有一部分人放弃了他们的信仰。接着在不到6年之后，苏维埃社会主义共和国联盟变成了西方对德国和意大利法西斯主义作战的高尚盟友，虽然有几年希特勒和斯大林出于权宜的目的缔结了同盟。

这两个国家在历史上更为永久的联系在于它们都是把屠杀作为国策。20世纪的两场令人发指的大屠杀——俄国对富农的屠戮，和德国对犹太人、吉卜赛人以及其他由于所持的信仰而需要消灭的人的杀害——与其他大规模杀戮有所不同，因为它们是有计划有系统地进行的，德国的屠杀还有科学在为虎作伥。它们不是士兵在胜利时表现出

748

来的一时狂暴，或民众为报宿怨对邻居的攻击。当然，在任何情况下屠杀都没有开脱的借口，但这些国家政策的行为更是违背了历史确定的标准。20世纪中期居然出现了类似罗马人灭绝迦太基人的行为。然而，即使罗马人的那次行为也有其可以理解的原因，它们两国以前打过两次仗，其中一次汉尼拔率军入侵意大利，使罗马人遭受了一次耻辱的惨败。

现代这两次种族灭绝的企图与思想理智有着极不光彩的紧密联系：富农的存在违背了苏联的激进共产主义理论，德国的被害者对国家"在种族上有害"。这两种理论已经发展成熟，在它们的实行地点以外有几百万人对它们深信不疑。大屠杀当然还有各种其他的目的：德国人需要替罪羊，苏联人需要金钱和土地，它们两国都需要借大屠杀把民众团结起来。但这一对理论产生了这种特有的组织周密的罪行，这一污点是无论如何也抹不掉的。

国际法禁止不宣而战，但并非没有这方面的先例。日本偷袭珍珠港使美国再次卷入了欧洲的战团。1939年爆发的战争开始时是"虚假的战争"。说它虚假是因为虽然宣战了，但没有作战的行动。罗斯福总统早就暗地里给英国提供帮助；德国占领法国；戴高乐领导自由法国运动；森林中的抵抗运动；贝当将军的维希政权——贝当是第一次大战的英雄，现在服从了德国的要求，希望最终能成为一个极端保守政府的首脑；还有世界各地长达6年的流血。这些与战争有关的情况在人们脑海中还记忆犹新。所知不足的是皮埃尔·赖伐尔这位二度担任反动的维希政府首脑的人所起的作用。为了维护法国的完整，他与德国占领方的首领阿贝茨抗争，不让他把工人送往德国的工厂和把犹太人送进死亡营。他坚持粮食和其他物资供应，维持了国家的基本服务不致陷入混乱。所有这些都是他在他高超的能力所及的范围内从敌人那里争来的让步，尽管不是绝对的让步。他的活动也是一种抵抗。1945年，他被作为叛国犯枪决，但是他的业绩表明把他算作一位处于双重危险地位上的爱国者才更公正。［参阅勒内·德·尚布伦（René de Chambrun)所著《赖伐尔，爱国者还是叛徒？》(*Laval, Patriot or Traitor?*)。]

到了 1945 年，希特勒战败，自杀身亡，日本遭到原子弹轰炸后宣布投降，为美国所占领。战争使得西方经济起死回生，同时坚实地确立了福利国家的形式。读者还记得，它的起源要追溯到 19 世纪 80 年代的德国，然后是英国和它 1911 年的预算，到了 20 世纪 30 年代，罗斯福总统和他的智囊团中倡导大转变的自由主义者（< 688）建立了各种机构来管理一整套方案的执行，福利国家至此羽翼已丰。当前，整个西方没人会想象建立其他类型的政府；对立的政党之间争执的问题只是政府是应当更为庞大还是更为精简，看起来对官僚机构来说，持久的减肥和对个人来说一样困难（799 >）。

※

总而言之，在世界级战争再次爆发之前那头绪繁多的四分之一世纪中，存在着两种相对照的情绪。一种是轻松愉快的情绪，一些大幻想的幸存者为艺术和知识的新奇事物而欢欣，共同决心"再也不"为国王和国家或祖国而战。弗朗西斯·布克曼的牛津团契宣扬与这种普遍反战主义相结合的博爱，吸引了众多的男女老少。与此同时，接连发生的各种事件聚集起来引发了下一场生死之斗，这次战争波及面更广。社会从一开始就不像第一次世界大战初始时那样无忧无虑，严肃的情绪又回来了。但这只是金字塔的两面，第三面刚才已经提及，那就是现代主义对于知识和科学成就的普遍意识。哲学家闷闷不乐，科学工作者则踌躇满志；他们对宇宙有了新的看法，改变了科学的面貌，而心理学家、小说家和诗人使得民众的自我意识空前加强，坚信思想和行动都是由某种动力所驱使的。

爱因斯坦和弗洛伊德是新潮流的主要代表，但正如我们看到的那样，他们的成果体现了之前整整半个世纪的发现和积淀。庞加莱差一点儿就确定了相对论。詹姆斯、法国那些精神病医生以及他们以前的人都考虑到了潜意识和性的作用。与过去的这种联系丝毫不会减损这两位伟大人物的光荣，只是说明了他们在 20 年代时提出的思想的爆炸性仅仅是对外行的公众而言。公众不仅为这些思想而震惊，而且感情和态度也随之迅速变化，以适应对外部和内心世界的新看法，在此过程中自然免不了思想在传播过程中出现的歪曲。

750　　　爱因斯坦的相对论把光速作为最终标准，它提出了时空的连续和一个多维的世界，在这样一个世界中，观察者成了确定事实过程的一部分。太阳周围光波的弯曲为这一理论提供了证明，此外还提出了其他看似悖谬的观点，像认为除了光速以外任何物体都不是绝对的。这一切打消了科学是组织起来的常识这一令人心安的概念。牛顿的理论现在成了被束之高阁的古典著作，在一定程度之内虽仍有效，但在那之外就不再适用。

"我们总应该对这个伟大宇宙的突然死亡而更为痛心一点儿吧。"
"什么宇宙？"
"昨天的宇宙呀，牛顿的宇宙。迄今为止，各种各样的宇宙系统都是我们的头脑可以理解的。这个新的宇宙却令人无法捉摸。在普通人看来，它大谬不然。这也正是它的伟大之处。"

——阿纳托尔·E.法朗士给尼古拉·塞居尔（1920 年前后）

新科学已经不是聪明的业余爱好者所能掌握的了，它的概念和数学都需要经过特殊训练的头脑，能够从方程式中读懂概念而无须给概念起任何名称。这使得科学家更加了不起，但也使他完全成为另一类人。

普通人对出现的各种理论懵然不解，这些理论说一种无限比另一种无限更大，一个量值可以与另一个量值相加而总和不变，或是"电子仅仅是它的各个方面在它的环境中与电磁场相关的组合格式"。还有更令人迷惑的，说必须把人看作仅仅是各种事件的组合，做到这个必须可是相当难的一件事。结果，现代物理学使人失去了对宇宙空间进行思索的对象。天上的秩序和地上大自然的运作同样无法想象，诗人无法像卢克莱修和弥尔顿那样为它们写出一部史诗，或写一首赞美月亮的抒情诗。当然还可以凝望银河，但那已经是旧玩意儿了，银河在头脑中唤起的任何想法都已过时，任何情感都是原始的幻想。科学的造字厂中产生的新词没有一个是能引人遐想的。电子、光子、后来的夸克、黎数这些一直被科普人员愚蠢地称为宇宙"砖石"的词没有一点儿块状的意思。即使"粒子"（一共 40 来个）也是名实不副，因为它转瞬即逝，只在感应版上留下一个点，绝不可能飞进人的眼睛使人流泪。

物理领域中发生的这种情形也发生在其他为人所熟悉的科学中，一些新兴科学要把所有学科联系在一起，以期对万物万象提出一个最终的统一解释，结果也是同样的高深莫测。奇怪的是，就在普通人被科学完全拒之门外的同时，一些科学文献中却使用了先前被禁止的拟人化用语。力量一词曾经不准使用，因为它含有人用右臂进行工作的意思；能量才是正确的中性词。现在我们却看到弱力和强力已经成为正式用语。同样，在生命科学中，人们说一种物质对另一种物质转达"信息"，"中子告诉芯片，芯片又转告神经细胞"，还有管理着这种交流的"密码"。所有这些都给人一种不真实感，这成为阻碍思考的又一重障碍。

对广阔世界的各方面研究飞速进步，每天都揭示出更深刻的发现、更微妙的关系，使人愈加感到科学研究正像剥一头永远剥不完的洋葱。在这一进程中，不断进步的科学留下了一个影子：迷信。这是不可避免的。如果 10 年前事实是一个样子，如今则面目全非，可能还完全颠倒了过来，那么在前一个 10 年中人们的努力只不过是在为了一种迷信而操劳。可以慰怀的是，科学的立论是一个非常谨慎小心的过程。随着科学研究的发展，所谓可靠的知识不断变化，昨是今非，这确保了人们不敢稍有大意，虽然在任何时候，不同的科学工作者对科学真理的理解都各不相同，更遑论外行人了。

可能只有在医学方面，根据某个时候的发现采取行动会产生危害，因为医学方面的许多发现都是基于"发生在其后即必然是其结果"这一谬误之上的。有时采用某种治疗方法产生了一种结果，以后的研究却又产生了另外的结果。当然，除此以外别无他法，但若出了问题，即使没有致命也为害不浅。本世纪早期，身为托尔斯泰的医生，在全欧洲都赫赫有名的梅奇尼科夫医生曾断言说，消化后的残渣须尽快排出体外以免毒素渗入人体系统，造成"自体中毒"。头痛、恶心和脸色不好都被归因于这种自体中毒，对孩子尤为有害。结果，好几代的开明父母按照这条规定强迫孩子排便，使孩子痛苦不堪，直到新的研究表明根本没有毒素渗出。

在只涉及机器的方面，危险要少一些，虽然开始时放射线造成了人的死亡。死于这一原因的有工厂的工人，他们把放射性涂料涂到表针上使其在暗处发光，因而遭到辐射。其他人的死亡是因为看牙医时照 X 线剂量过大和对肿瘤病人使用了过多的放射治疗。这惨痛的教训产生了目前人们对铅和石棉的恐惧。它们在有的地方散布在空气中，对可能把它们吸入体内的人确实构成了危害，但在它们没有造成空气污染的地方，它们是否也有害呢？目前，尽管科学家都在进行认真的研究，但在许多问题上提出的"科学"报告互相矛盾，却都同样广为宣传，使外行人不知何去何从。人们对全球暖化、土壤中的氡气、橙剂、食品添加剂、基因工程等问题无法形成明智的意见。后来有证据表明，不止一份"科学"报告受了商业和政治的影响，结果，19 世纪时人们对科学发自内心的信赖一去而不复返。

科学是要做人的仆人还是要做他的偶像？
——《科学》杂志书评标题（1962年）

752

与此同时，原子弹的发明及其对日本的使用提出了一个道德上的问题：科学家应当研究发展破坏性的项目吗？在好几个国家中，"关心社会的科学家"联合起来确立了科学不得超越道德考虑之上的原则。不久后，遗传学方面的进步使人对一些看似有益的行为提出了同样的道德上的疑问，这样的问题涉及帮助不孕的人，改造植物和动物物种，最后是"克隆"——把一个人如同复印机复制文件一样一点儿不差地复制出来。

两次大战之间，技术的发展造出了惊人的新机器。在航空方面，虽然建造了巨型的飞艇（齐柏林飞艇），在旅行方面优势良多，但很快就被淘汰了，因为它容易受到大风和暴雨的干扰。为了战争的目的而得到迅速改进的飞机确定为四片机翼，和莱特兄弟创造的"飞行机"一样，一对机翼位于另一对机翼的上方；已经开始设法用涡轮机产生的气流推动力来取代螺旋桨。第二次世界大战期间，德国的火箭技术发展到了相当高的水平，几年后人类就首次穿出了地球的大气层。苏联的人造卫星（Sputnik 意思是"共同旅行者"）在 1957 年发射进入轨道。沿着这一行动所开辟的道路，美国人实现了首次月球漫步。外层空间现在成了所有人的游戏场，挤满了漫游的各种设备和有着像阿波罗这样古典名字的活动房屋。这些成就没有任何道理地再次引发了其他星球可能有人居住的想法，给科幻小说提供了推动力和素材（H. G. 威尔斯在 1898 年已经想象出了《星际战争》）。先是电台，然后是电视的广播使人们尽情地享受视听的乐趣。世界各地莫不如此。通信的速度和遥测侦察的手段，比如雷达，也同样迅猛发展，发展到今天成为各种各样的装置，如同章鱼的触手一样连接在计算机上，这种机器虽然名叫计算机，但就其实质来说并不是用来计算的机器。时尚的任何变化都不可能使科学和技术失去它们所获得的巨大的力量和影响。

※

欧洲再次滑入战争深渊之前各方所犯的政治错误如今已尽人皆知，绥靖、第五纵队、勾结者、慕尼黑这样的字眼仍然被报刊用作言简意赅的代名词。关于那段时间英国的公众情绪、风尚、电影和戏剧、小说和音乐，有一部真实可靠、趣味盎然的记录，它也是它那种体裁中的杰作。这就是涵盖 15 年历史的 9 部简洁的日记，题目是"自我"，作者是——

詹姆斯·阿格特

753   这位来自兰开夏郡的年轻人在战争期间曾在法国服役，战后又在那里逗留了一段时间，学会了法文，对法国文化有相当的了解，因此他在著作中经常提及法国文化的有关方面。他原来根据自己的经历写过一本小说，从而意识到小说不是他的强项。于是他试用另一种写作形式，到30岁时即已成为拥有众多读者的戏剧和电影评论家。他在同事当中是对舞台历史和文学最为了解的一个。他的评论文章简短、果断、可读性极强。他的品味、爱好和来往的朋友又使他成为伦敦的一位突出人物。

他是位极其出色的音乐家，经常去听音乐会，喜欢美食和最好的香槟酒，打高尔夫球时表现出科学性的一丝不苟，还参加表演性马术比赛。1932年，他决定开始记日记，决心在日记中把他的全部生活都描述出来，也就是说不仅要记录他的日常思想和活动，而且也要记下他与别人，包括同与他一样出色的兄弟姐妹的交谈和通信。这样写出的叙述，杂以令人忍俊不禁的仿小说片段，使他的日记在人物描述的生动性和历史细节的完整性方面可以同佩皮斯的日记媲美。

这就是1926年的形势。伦敦戏剧的一大部分被关于吸毒的瘾君子和爵士乐狂人的话剧所占据，其他的大块地盘让给了空洞浅薄的音乐喜剧。大致说来，伦敦舞台的四分之三对哪怕是有一点点智力或对戏剧有最起码感情的人是关闭的。电影院纷纷出现，因其廉价，更因舒适以及节目中更多的智力内容而吸引着观众。

——詹姆斯·阿格特

阿格特（他自己把名字发音为阿格特，但许多认识他的人都念作阿盖特）的各种嗜好花费巨大，使他总是囊中空空，于是他为了赚钱什么都写。他下笔快捷，但一丝不苟，把他每年出版的几十万字的作品都清清楚楚记下来。他写了一部关于法国女演员拉歇尔的出色小传；在《八点半》《特别的夜晚》和《英国舞台之近观：1900—1926》中收集了他最好的评论文章；他还编辑关于这一题材的经典著作，他为数众多的通信从未收集成册，可能至今已大部逸失。

他的工作有历任秘书帮助，其中艾伦·登特任职最久，登特自己也是与阿加特同样敏锐的思想家和出色的批评家。登特在《自我》一书成书期间发挥的作用给此书增添了许多对话方面的光彩。阿格特还帮助提携了一些作家和音乐家，包括肯尼思·泰南，他也大力支持艺术新人以及在音乐和文学方面的新探索。不过，他有着约翰逊式的常识，使他不至成为一个彻头彻尾的现代主义者；他并没有像其他人那样为克里斯多弗·弗赖的剧作而狂喜陶醉，而是认为他创造的形象矫揉造作。他厌恶巴尔托克的音乐。由于这些，有些人把阿格特贬为半个庸人。他对马匹表演走侧步赢得的点数兴趣浓厚，这似乎为这一指控提供了证明；虽然他自己对莎士比亚的著作了如指掌，但他说应该为休假的士兵演出音乐喜剧而不是《麦克白》，这种低级趣味使自诩高雅的人士对他鄙夷不已。

754

阿格特的洞察力使他意识到了那些以自我为中心的先锋派未能看到的预兆。正如丽贝卡·韦斯特在评论《自我》的其中一部时所说的："在轻快的表面下跳动着末日来临的意识，如同低音部中壮丽的主题。"1940 年，朋友们以为他会中止《自我》的写作。当他表示拒绝时，他们规劝他说："这等于说你把你的日记看得比战争还要重要。"——"难道不是吗？战争是生死攸关的，但不重要。譬如我突然得了癌症，难道癌症就必须占据我的整个世界吗？除非我胆小怕死，否则它并不能占满我的全部思想。"

正是因为阿格特的灵与智与无论是朴实无华还是机敏睿智的感情和思想都息息相通，才使他成为一位出色的戏剧批评家；他对音乐也有着广泛的爱好，对两者都了解透彻。他涉猎面广，率性表达对下里巴人的东西的喜爱，这一点像萧伯

希契科克或别的什么人发现一个女人尖叫的声音与一列火车进入隧道时发出的声音一模一样，做出这一发现的那一天真是个灾难性的日子。融合风靡一时，开始是女人最后变成了隧道，她为何尖叫或谁在火车里已经不再重要。

——詹姆斯·阿格特《自我》(1935 年)

纳：喜爱精致的东西但也不必挑挑拣拣，装腔作势。阿格特自成一派，这可以从他所有成熟的作品中看得出来；他的声音是他自己的，他的才能是天然的；如果他文才不济的话，他就不可能写出几百万字的著作。《自我》一到九卷何时能回到读者的手中不得而知。可惜他的日记不是像佩皮斯的那样隐晦费解，因为若是那样，它就会引起不相干的兴趣，因而得以保存，许多伟大的著作正是由于这样的不相干的兴趣而得以流传的，像司汤达的著作。（不过图书馆的书架上还是有一本《后来的自我》，是第八卷和第九卷的合订本，由 J. 巴尔赞编辑。）

※

"荒诞"是阿纳托尔·法朗士听说了爱因斯坦的宇宙论时所用的词，后来它越来越多地被用来形容战后国家和社会的情况。也是在那些年里，一种既是专业，又通俗流行的哲学把"荒诞"规定为人的存在的一种定义，因而产生了"荒诞派戏剧"并造成了其他文学体裁的各种变化。这个词究竟是什么意思呢？根据词源学，它意味着"不能听"。惯用法又加上了如下的意思：不合逻辑；明显的不对；令人不屑一顾的错误；违背常识到了可笑的地步。

755　　　然而，哲学家，或者那些发现自己陷入了由当时的社会情况造成的"荒诞的困境"中的人却一点儿也笑不出来。社会中的荒诞意指互相矛盾的目的，自我拆台的安排。任何社会都会有一些相互矛盾之处。一个庞大的人群在不同的时候建立了众多不同的机构，难以想象这些机构会产生完全一致的目标和行动的格式。然而除非差异深刻得无法弥合，比如像结为联邦的奴隶国家和自由国家之间的差异，否则文化会把局部和暂时的荒诞涵盖过去，直到它们变得太多或太突出。

　　哲学上的荒诞代表着另一类东西，那是对于现行生活状况的一种心态。哲学家认为这种自发的心态是焦虑。当丹麦神学家瑟伦·克尔恺郭尔首次提出这一概念时，他指的是一种宗教上的焦虑感。他对黑格尔的宇宙观极为反感。黑格尔说,在宇宙中理性与现实天衣无缝地互相契合,人可以因自己作为这如此井然有序的绝对秩序中的一部分而感到欢欣。人的灵魂从这一绝对秩序中产生,目击了理智被变为现实之后又回到绝对秩序之中。克尔恺郭尔看到的却是,在上帝与生活在混乱世界中的人之间存在着一条不可逾越的鸿沟,这需要个人对上帝有一种完全归心低首的崇仰。

20世纪把这一直觉改头换面,变成了无神论的存在主义。人存在于世界之中,他只能尽量去应付一个不仅充满敌意而且是奇怪和不确定的宇宙。人从未有过命定的目的或使命,他必须为自己制定目标,同时又清楚地知道达成这些目标没有任何外在的理由或回报,所有这一切就是一种荒诞的局面。产生了这种形而上学观点的感情和思想即是对目前这个世纪的评价。两次大战的疯狂和徒劳,人类无法沿着精确的轨道推动文明的发展,特别是人的行为与他们固守的理想之间的差距,这些都表明人类没有固定的命运。

这种理论并没有说明存在主义者如何以及为何从几种不同的信条中挑选了这一种。他们的总原则是现代哲学必须以人所看到的事物、经历的生活为起点,而不是依靠任何先入为主的想法。在这一前提的基础上,可以认为,经过了20世纪的第一次和第二次世界大战之后,确定了人的思维基调的不是人的生存的永久性状况,或大部分人类生存的各种不同条件,而是思想者对自己生活的自发的评估。这样一来,他们由于身陷西方文化的困境所感到的罪恶、焦虑、漠然和疏离就都有了依据。

一些心理学家和社会学家同时提出的一些观点认为,对存在主义荒诞的这种解释言之成理。根据他们的观点,人和世界处于疯狂的状态。苏格兰的精神病医生罗纳德·D. 兰恩提出了一个著名理论,说疯狂是对一个非理智的世界的理智的反应;他还写了一些短诗来显示典型的现代人原地转圈的思维方式,以表明他的病人状况的荒诞。

另外,研究马克思和弗洛伊德,统称法兰克福学派的成员提出,应把马克思主义自由开放的内容与心理分析的色情部分结合起来使人类得到新的解放，以摆脱难以容忍的肉体、社会和经济上的压迫。美国作家诺曼·布朗在标题醒目的《生与死的斗争》一书中提出了同样的要求，获得了与法兰克福学派在美国的代表赫伯特·马尔库塞同等的影响力。这些导师与提倡通过吸毒来促进自由生活的蒂莫塞·利里一起，被认为是促成了1968年全世界青年反叛的负责人。

你让人头痛
为了不让你再让我头痛
我收紧颈部的肌肉来保护头颈
这使我的头发痛，
正如你让我头痛。

——罗纳德·兰恩《纽结》(1970年)

小说家和剧作家也不甘落后。他们认为"现实主义"是虚假的表象，事实上，它现在成了对现实的感伤性的文饰。为摒弃这种手法，他们创造了各类文学的荒诞形式。有以荒诞命名的戏剧，其实原来的名字"残酷戏剧"更具有说明意义，作者有安托南·阿尔托、贝克特、哈罗德·品特、尤内斯库等；阿尔贝·加缪和其他一些小说家也在作品中表现出同样的新道德规范。这些人的努力一致表明，荒诞与反理性是用以解释社会和个人生活的方法，也是各种艺术的表现格式。这与科学的情况构成了奇怪的对应，科学研究大自然所得到的结果也是与常识格格不入的。

存在主义的怨尤无论多么符合时代的状况，看起来都是微不足道的。它感到不平是因为人必须在一个冷漠超然的宇宙中自己制定目标。这两个假设都值得怀疑。可以说人与自然是一体的，自然在人心中，并通过人产生自我意识。人在智力上和物质上对自然进行解释和处理，这就是他的使命，这确实是由人自己选择的，但这一选择如此之普遍，它已经相当于一种注定的、固有的使命。另外，自然究竟有多么不友好，多么不可思议？它肯定没有任何意图，无论是友好的还是不友好的；它甚至不是一个实体；它是人根据自己的经验，为了自己的目的造出来的概念。但一旦成立之后，"它"滋养着人，顺从于他无数种方式的摆布，并且美丽悦目。在它的景观面前，人经常会产生单纯的发自内心的喜悦。若把人在崇拜和颂歌中所赞扬的所有这些与宇宙的联系斥为谬误，就是忘记了这样一点：如果头脑犯了错误，那是因为它首先"接受了"有关的东西，目前对荒诞的趋从是人的内心感受，不是对生命外部的接受，因而不能对外部世界做出永久性的否定。

757

科学与哲学和文学理论在反理性问题上的联合使人回想起1916年苏黎世的达达派年轻作家。他们奉行的也是荒诞的概念，虽然当时这一名称及其理论还未出现。后来的超现实主义派，特别是画家和雕塑家（＜723）也是一样。此中的结论是众所周知的：这些艺术家和思想家出于对周围环境的同样看法，并没有在他们的作品中仅仅"反映"或"临摹"周围的事物，而是重现了那一环境的实际特征。但其中有一点分别：荒诞派的作品并不发出积极的火花，没有对荒诞派的荒诞之处的反叛。恰恰相反，荒诞被接受为生活中固有的东西。

对比之下，早期的哲学家把生活作为理智的来源；它作为正确性的衡量标准永不会受到腐蚀。这其中暗含着生活和某个具体的时刻我们的生活之间的区别，新思想、新艺术表示的是生活的要求。即使是清心寡欲，并不因活着而欢欣鼓舞的斯多葛派也相信生活和宇宙的正确性。荒诞则标志着精神力量的丧失。

确实，有些法国存在主义者，其中著名的有加布里埃尔·马塞尔，把他们的哲学与天主教的信仰结合到了一起，后者教人要听天由命而不应奋起反叛。但由萨特和波伏瓦所代表的主流却采纳了马克思主义，成为它忠实的宣传者。这算不上是对荒诞的具有创意的对抗，它其实是个矛盾。追随马克思就必须相信决定未来行动的因素是历史阶段，即它目前的社会存在，而不是人的意志的自由选择。马克思主义历史观的目标是要实现一个没有法律，也应该没有忧惧的乌托邦。

自从第二次世界大战在20世纪中叶结束以来，这种思想迅速地从哲学家的头脑传到大众和报纸。关于违背常识的科学真理的报道充斥一时，另外还有"表现我们时代的"诗歌、戏剧及绘画，然而它们是没有答案的谜；一些批评理论宣称表面的意思只是外衣，外衣下面掩藏的意思才是重要的，或者说作者没有任何意图，作品中没有可以确定的意思；最后，法律和规则把人圈在荒诞不经的尴尬处境之中（卡夫卡小说的材料），每天接触到的许多荒诞事情源源不断地给头脑输送着材料。日常生活中总是有大量荒诞的事情发生，谁若是怀疑的话可以去查伊拉斯谟的《愚人颂》。但 20 世纪比 16 世纪更胜一筹的地方在于把荒诞推为正确的标志，成为一定能引人注意的东西。任何号称违背常识的原理或方案都被认为是高见，预示着一项重大的发现即将做出。过去提出此类主意的人被斥为骗子，现在他却是先进的新事物的发明者。

758

这类原理和方案为数众多。在此仅列举几个实际生活中荒诞的例子。在公众要求达到卓越的呼声的催促下，西方国家花费了数以十亿计的资金来为所有人提供公共教育。与此同时，社会对任何精英主义的表现都立即予以扼杀。同样是这些国家，对暴力和年轻人的性滥交痛心疾首，但为了"思想的自由"不准压制电影和书籍中，商店和俱乐部里，电视和互联网上，以及流行音乐歌词内的色情和暴力的内容。在这样的规则下，言论（至少在美国）的意思得到了扩大，也包括了行动，可以烧毁国旗而不受惩罚，因为它是意见的宣示。按照这种条文，似乎暗杀也可以允许了。

> 民主文明是历史上第一个因为另一支力量企图摧毁它而责备自己的。
> ——让－弗朗索瓦·雷韦尔

第二次世界大战尚未结束，西方的一些团体就开始催促采取办法保护即将到来的和平。建立一个大西洋联盟和加强国联的计划得到了广泛支持，产生了北大西洋公约组织和联合国，后者包括一些在教育、劳工关系等领域中做好事的机构。与此无关的另一件事是英国和其他一些国家的政治家再次发出呼吁，要求发明一种国际语言以便利互相理解。这个想法由来已久，在 17 世纪首次提出，在 18 世纪得到解决，19 世纪 80 年代产生了双重成果，发明了世界语和沃拉卡克语。20 世纪早期一位著名数学家朱塞佩·皮亚诺创造了国际语，这种语言与上述几种一样以欧洲语言为基础，但简化了语法，主要用于科学目的。

1945 年后，这种语言再次被提出，但另一种迥然不同的新方案取得了胜利，那就是基本英语。它是 C. K. 奥格登在他的朋友和合作者，受人尊敬的文学批评家 I. A. 理查兹的推动下产生的成果。他们二人正确地认定英语已经流行国际，于是努力把它减到最基本的内容以适应初学者的需要。这样产生的结果其实是归谬法。基本英语的词汇并不真正简单，它把许多常用词排除在外，偏重含有 make 或 have 的短语，组成这样的短语已经很难，更别说记住了。若忠实地遵照这种学习方法，就不可能通过读报或听英国人讲英语来改善自己的基本英语。一个熟知基本英语规则的人能够对一个真懂英语的人说出什么令人感兴趣的话很值得怀疑，而后者若想与前者交谈则很难不越出基本英语词汇的限制。全部词汇只有 850 个字，其中包括 600 个名词，18 个动词。汤这个字可以用，但想说土豆的话得说：有着棕色厚皮破土而出的植物。这样的话，饭店里的侍者除了掌握多种语言之外，还得能猜透人的心思。奇怪的是，温斯顿·丘吉尔这位驾驭文字的大师居然对这种艰涩用语表示赞扬。

目前，人们热衷于使用字首字母来代表名字，并给机构起长长的名称以造成似字非字的缩略语，这是幼稚的荒诞。光是记住这些缩略语就要费不少力气，而且有着同样缩略名称的不同机构越来越多，结果造成意义不明；由于这类缩略语的使用，让人看不懂外地城镇的地方报纸，也看不懂外国某个时期的文学作品。这一切造成时间的浪费，而当这种做法侵入传记，把人名也加以缩略的时候，它就成了对传主和读者的侮辱。

关于艺术中严肃的荒诞已经着墨不少了（< 722），只需再谈一下它的副作用，那就是使古典戏剧和歌剧跟上时代要求的标准做法。对多数导演来说，

759

基本英语是为了实际的商业交易和思想交流而精心设计的，它是种族间相互理解的媒介，是对建立一个维护和平的新结构的帮助。

——温斯顿·丘吉尔在哈佛大学的讲话（1943 年）

实现现代化意味着标新立异，通过改变剧的背景或要旨来使观众惊讶或受到震撼。他们演出的达尔杜弗不是自私自利的伪君子，而是真的坠入了情网，在爱情的激励下不得不耍些花招；唐璜则在歌剧中始终坐在轮椅里，因为他炫耀自己征服了众多异性其实是为了掩盖他的性无能。

这些（还有别的）作品的台词和音乐与导演对作品的"诠释"互相矛盾，观众已经不再对此感到不安。这种修正主义的做法带来了一种习惯，那就是以不雅观的动作来强调剧中的意思：动辄下跪，满地打滚，用长时间的紧密拥抱来向观众表示情人们急切地想发生性关系。所有上述，加之演员不是念台词，而是大声吼叫，使舞台荒诞登峰造极。

在现代的理论推定方面，逆常识而动的趋向中出现的新发展造成了人们的意见分歧。一种原理引起有些人的排斥，因为它企图用稀奇古怪的方法使我们忘记事物的多样性和具体性；别的人却喜欢这种异想天开的办法，因为它用常常是有趣的语言上的抽象取代了经验。列维-斯特劳斯、麦克卢汉、库恩这三人虽然通常彼此并不相关，却因他们确立的类似系统而站到了一起，并因这些共同的特点而得到追随者的热情支持。

那时如果我还在，我特别想导演（萧伯纳的）《回到玛士撒拉时代》。我想把它撕成碎片，狠下一番工夫。
——加拿大萧伯纳艺术节的
艺术导演（1995 年）

三人中第一位是人类学家，他研究生活在原始阶段的人群，使用了结构这一方法。这是一种格式，由像食物是做熟还是生吃这类指示性的项目组成。这样的分类掩盖了人群的多样性。结构主义轻易地扩展到其他领域，在语言学家当中风行一时，把语法搞得繁复异常，无法在学校中讲授；对文学批评家来说，它提供了新的标准和更新语汇的方法。对行为理论家马歇尔·麦克卢汉来说，"媒介即信息"这一引人注意的说法指的是系统性、强制性的技术压倒了语言和含义。文字已经过时，视觉的图案印象主宰着思想，形式消灭了内容。现代人的思想摆脱了"直线型"的思考习惯，正无所适从，于是欣然接受以新的结构型关系出现的事物。这样就去除了文艺复兴运动培养成的画家的直线型视角，和古登堡发明的贻害无穷的印刷术。

托马斯·库恩是物理学家和科学历史学家，他提出了"范式转换"的概念，得到同行的一致赞扬。范式指的是科学中定期出现的新观念。它是一种格式，而非单个的真理，因此会造成研究涉及的所有方面的变化。它可以一下子席卷整个领域，因为旧的学说不足以抵抗新的有机的结构。

在这三个运动中，唯科学主义显而易见，更具体地说，它们都采用了科学的传统，依靠仅仅勾勒出事物轮廓的模型。通过把模型与经过新的实验得来的数据相比较，可以验证假设，把新的一般规律纳入已有的系统。剔除经验中的事实，就格式达成尽可能简练的数学公式，这的确是科学家的事，那么别的学科是否也能这么做呢？就这一哲学论点，人们根据具体事例对列维-斯特劳斯的结构主义以及麦克卢汉和库恩的公式都提出了质疑。无须深究就看得到，尽管麦克卢汉提出了他的理论，但对文字的使用从未停止；技术产生了电视，播出大量的访谈节目，那是言辞的洪流；技术还发明了电子邮件，那也是一种印刷。语言和批评方面的结构主义现已被别的理论所取代，要请求库恩恕我直言，许多研究具体专业的历史学家指出，科学思想的转变并不像在锅里面翻饼那样一蹴而就。

> 从事物的外观到表象的结构：
> 看画中的东西可以对它们的内部结构有所了解，（但当看到输入计算机的东西的时候）我们看到的是与脑子里的计算过程相类似的东西。
> ——**乔纳森·米勒谈绘画中的某些效果**
> **（1990 年）**

※

在道德领域中，当今最明显的荒诞包含在相对主义这个莫名其妙的词中。目前该词的误用后果严重，因为它影响到了人对物理学和社会科学的理解，打乱了关于目前道德的任何推理过程。反对相对主义的强烈抗议十次有九次是习惯使然，而且是未经思考脱口而出的。每个人似乎都理应明白这个词的意思；它变成了一句老生常谈，代表着造成所有放纵行为的原因；腐败或丑闻被算作相对主义人生观的产物。若与自由主义政治联系在一起的话，它就意味着自我感觉良好的不负责任的表现。

相对主义者（据对他的指控说）否认存在着固定的对与错，好与坏。这样就为跟随任何时髦的行为铺下了基础——"做什么都行"，"谁都这么干"。相对主义和良知是截然不同的对立面。这里面说的相对究竟是什么意思呢？它指灵活、适应性强、不断变化、在类似的情形中提出不同的标准。道德规定"不能撒谎"。相对主义者则说："考虑到这样或那样的情况，我会毫不犹豫，或毫不后悔地撒谎。"——比如为了阻止罪犯，免使他人焦虑，或任何其他的正当理由。于是反对相对主义的人引申说，这样的人会欺骗，偷窃，沿着不道德的梯子一级级走上去，每次总会提出一些"相对"的具体情况作为借口；或更为可能的是没有任何借口，因为相对主义变成了习惯，支持它的唯一理由就是自我放纵。

另一项指控说相对主义者在道德守则、宗教或文化之间不作区分。所有这些相对于它们的地点和时间，它们的历史和它们的存在方法在价值上都是相等的：正如 5 之于 10 等于 10 之于 20——乘了之后就得出 100=100。这种意见针对的是历史学家和人类学家的态度，他们在著作中使用的是与地方和时间相关的标准，不是一成不变的永恒的标准。他们认为有同情才能理解。举例来说：人类学家宣称，在一个不懂数字的部落中，如果有一个人能数到 5，他就是数学天才。历史学家把 16 世纪一位容忍所有基督教派别的统治者称为道德主义者和人道主义者的先驱。谴责相对主义的人从这些相对的判断中推断说，相对主义者认为只会数到 5 的人和爱因斯坦不相伯仲，宽容的统治者与美国宪法的制定者平起平坐。这是个逻辑上的严重谬误。相对的判断并不代表最终的评价或倾向。

　　从这里可以看到对这一词语的误用中隐藏着的荒诞。西方文明可以当之无愧地夸口它发展了多元的思想和机制。它在一个政体中容纳了互相矛盾的宗教、道德守则和政治学说。它们都具有平等的地位，对于它们各自的优点或价值则不予评说，更不提它们彼此平等，因为这样的说明毫无意义。攻击相对主义的人对这种社会和文化的容忍并无异议，他们是受益者，但他们对此却绝口不提。与相对主义对立的是绝对主义，而绝对主义意味着只有一条原则，只有一个衡量思想和行为的标准。因此要问相对主义的反对派："我们该采取和强制推行谁的绝对？"多元国家中各种派别多如牛毛，每一个宗教都分好几个教派。两种主要语言的彼此竞争会造成国家的严重分裂，比利时和加拿大就是例子。但如果每当多样性造成混乱时都归咎于相对主义，就掩盖了那些必须通过政治手段予以解决的问题。与此同时，一方面拥护多元主义，另一方面又抱怨没有一个治愈道德疾病的绝对办法，这样的荒诞仍在继续。

　　稍加思考就会看到，任何运用思想的人都在不停地使用相对的标准；这是头脑进行判断的运行方式。对比两个长度时，会把它们与尺子相对比。法官或陪审团把案情与法律相对比。在绝对的法则下，仍然需要同样的对比程序来判罪量刑。没有哪个标准能像自动机器那样运作，一个文明社会也不能没有需要斟酌适用的可变标准。法律是法律，但法官对初犯者的判决就比对有前科的累犯者的判决轻。在具体情况中的不平等待遇是明智的行为规则，例如，儿童的饭量或药量就是相对于他的年龄和体重所规定的。

　　有没有哪怕是几条根本的行为原则是四海皆准、不容更改的呢？看来是没有的。就连"汝不可杀人"都不是。在11世纪，绝妙的习惯法刚开始的时候，偿命金是

世界比我们想象得更为疯狂，
如此不可救药的多样。
我剥开橘子，分瓣吐籽
为事物的多样而沉醉。

——路易斯·麦克尼斯《雪》(1970年)

通用的规则，即杀人要付罚金；murther（谋杀）最开始是罚款的意思（＜228）。过去在爱斯基摩人中，一个人杀了人会被逐出自己的部落，他离开后，邻近的部落会二话不说地接受他。最先进的国家也允许自卫杀人。战争亦然，它可以算作远程自卫。大战时基督教神职人员就是以这种相对的方法来解读第六诫的（＜701）。绝对一致的人类良知似乎并不存在。

确实，为了社会的和平与安宁，大部分社会都严厉谴责并惩罚杀人和对人身的各种伤害，在严肃的事情上撒谎和毁诺，以及欺骗和偷窃的行为，如果财产是社会制度的一部分的话。但具体的法律却千差万别，在不同的时期相互矛盾。在财产领域，1880年西方商人的道德良知与他1980年的后代迥然不同。这种分歧也存在于各地之间：重婚在西方是触犯刑法的，在非洲的一些地方却是向着获取社会地位迈出的第一步。当反对相对主义的人对道德的现状痛心疾首的时候，他是在把现状与先前的一种状态相对比，他以为先前的那种状态是固定而永恒的。

763   为了把这个顽固的套语从头脑中清除出去，可能应当把它改为关联主义。这样就会看到，科学正是不折不扣的关联主义。科学的全部努力就是通过使用物质或数字的标准来确定各种现象之间的关联，最终确定一对对精确的感官印象之间的关联。做到了这一点后，即可为了实用的目的导出各种比例。艺术的形式是由各部分之间微妙或生动的关联所构成的，无法通过绝对的公式来达成。社交技巧是一门伟大的艺术，它造成了开化和文明，而技巧则纯粹是最微妙的关联主义。

※

20世纪的第二次世界大战与第一次一样，在许多地方留下了小型的冲突，只有美国和苏联这两个大国似乎有足够的力量来影响世界发展的道路。这两个超级大国无法达成和解，打了40年的冷战，也就是代理人战争。对德对日战争结束之后，殖民帝国紧接着分崩离析，产生了一大批小国——不是民族国家——它们和它们的战争越来越受到重视，因为它们代表着两个主要大国的对抗。自那以来尽管苏联已经解体，但西方民众一直对在东欧和东南欧、中东和远东、南非和非洲各地的争斗密切关心。

获得解放的殖民地不断分裂，共产党夺取政权，随后又发生反独裁斗争，这样的情况连续不断，造成旋转门似的效果（还有地理名称的不断变化），使得和平的大国受制于侵略性的小国。在许多地区，宗教极端主义煽动民众的情绪却不促进团结。为了在有战略意义的地区维持一定的秩序，原有的国家担负起了警察的任务，但也只能管理某些地区，因为在许多边远地区，仍有武装分子在进行抢劫和屠杀，以图在刚刚从一个大国分裂出来的小国中再割出一块自己的地盘。有人说通信的速度和世界各地对西方娱乐和西式便利的需求终于创造了一个统一的世界，这样的夸耀在各个人民之间阿米巴变形虫式的分裂面前不攻自破。

在美国，掀起了一场争取另一种自由的运动，改变了全社会的人际关系。经过了漫长的岁月之后，愤慨引发了南部各州对当时现状的反叛。黑人举行各种形式的抗议以争取自己的权利，这些权利早在一个世纪之前美国内战结束时就已经写入了宪法，但罪恶的习惯却一直不准他们享受。在明智、勇敢、雄辩和温和的领袖的指引下，他们的群众行动自制而不过火，没有酿成血腥的混战。全国上下都认为黑人运动合情合理又合法，带领黑人运动取得巨大成功的杰出人士，以先知命名的马丁·路德·金的生日现已被定为全国的节日。

764

以后发生的事并不完全如人所愿，消除偏见的过程是缓慢的。此外，采取的一些步骤凸显了种族的概念，把它变成了文化各个方面中决定性的因素。1964年，立法者通过了一项强迫实现公平的法令，这是明智之举，但后来，某些公共和私营部门做出强行规定，以确保给"少数群体"就业或升学方面的优先，妇女也被包括在"少数群体"

这个荒谬的词中。这种新特权增加了个人和团体之间的相互敌视。在欧洲，同样的混乱政策破坏了本地人和移民之间的关系。在美国及国外，国家丧失了不偏不倚的美德，因此也丧失了道义上的权威，无法再要求所有人都奉行平等。

20世纪60年代的越南战争是美国意在遏制远东共产主义势力的一场战争。在那次战争期间，爆发了广泛的青年反战运动。法国在印度支那的势力土崩瓦解，在越南的丛林中作战的美国军队无法击败来自北方的游击队。在美国国内，机警的大学生逃避兵役。学生中天生的领袖依靠各方提供的帮助和金钱领导学生反对学校。很快，这种不满就变成了对"制度"的谴责和破坏。

暴力冲突于1965年从加利福尼亚州开始，随即向东蔓延；到了1968年，东部各所大学都陷于瘫痪。运动发展到了欧洲，几乎推翻了法国戴高乐的政府，影响到了英国和德国，对欧洲大陆的其他地方也有零星的影响，它还给本来是纪律森严的日本大学造成了动乱。动乱以各种形式一直延续到70年代中期，它给一代人的思想打下的烙印至今仍然影响着政府的政策和学术界。

美国年轻人以20年代英国和平主义的反战情绪——要做爱，不要作战——为出发点，吸取了马克思主义风行的30年代反资本主义的激情，再根据自己的倾向把这些感情与原始主义或虚无主义糅合在一起。有些反叛者组成公社，像早期基督徒或19世纪向往乌托邦的团体一样生活，大家都是兄弟姐妹，财产共有，劳作分担；还有些人躲在地下室制造炸弹，用炸毁工商企业的方式来宣扬自己的观点。欧洲的大学生无须住宿，人数比美国多得多，而且自12世纪就有暴乱的传统。他们的愤怒产生了政治上的结果，从政府那里获得了让步，这些让步改善了他们的生活，并使他们得以继续构成威胁。

当然，运动的纲领因各国或各城市的情况不同而各不相同。在发生于芝加哥的一场遭到残酷镇压的示威运动中，散发了一份传单，上面列举了八条要立即实现的愿望，其中有废除货币和"人人都是艺术家"。一些艺术家很可能认为他们自己一直在进行着这种对社会现状的反叛。后来，加利福尼亚州一所著名大学举行的一次抗议邀请了一位在国家政治中十分活跃的教士参加，示威中，他和人群高喊"西方文明不能要"的口号，这次示威即因此在人们脑海里留下了印象。他们所说的西方文明是核心教程中的一门课，但对它的谴责却不是因学术的原因而起。这个题目表达了一种普遍的感情，今天这种感情仍然广为接受，在大学讲堂上得到有系统的阐述。

1968 年的美国学生有一条真正值得抱怨的理由，但在他们的讲演和传单中却几乎没有得到反映，那就是教师对他们完全不管，把他们丢给助教。教授缺席是由双重的原因造成的：一方面，联邦政府不仅把科学领域中的专家招去为战争服务，而且还征用了从外国语言到海洋历史各个领域的专家；另一方面，各基金会重金贿赂大学，请它们派教师队伍中的出类拔萃者去掌管基金会所设的社会学和其他方面的项目，设立这些项目的人过去也曾是教授，他们掌握着决定拨款的大权。他们还在校园里建立了研究中心和研究所，基金会因此取代学校和学生成为教师忠诚的对象，也成为他们的经济依靠。

大学的反叛者采用的抗议方式是占领大楼，特别是校长办公室，并随意进行破坏，甚至毁坏研究笔记和设备。学校的行政管理人员则表现得极端谨慎，到了怯懦的地步。他们听从学生的传唤乖乖地前去讨论"不容谈判的问题"，忍受各种侮辱。一次学生大会上，台上的校长竟然允许别人把一桶油漆倒在他的头上。面对学生的慷慨陈词，没人敢讲理反驳。有几次，校方叫来警察保护员工和校外人员，却遭到全社会的斥责。在这样的骚动之中，有些教授说他们从未感到如此浑身是劲；冲突使人振奋，1914 年的知识分子已经体会到了这一点（＜701）。英国的动乱为时较短，这要归功于剑桥大学的副校长，他与对手进行了接触，起草了一份联合声明，保证双方将保持沟通，如果需要的话要进行改革，但不容忍诉诸暴力手段。

这场非同寻常的运动给西方带来了严重的震撼，但没有颠覆政权；

对它进行评估是有风险的。学生领袖中一些最激烈和最能干的人后来从了商或成为专业人员，从此销声匿迹；有些人成功地进入了正常的政治活动。但除了欧洲的一人以外，他们中间没有出现一位国家领导人。他们的广泛影响造成的结果是把对教授的傲慢无礼变成了司空见惯的事。师道尊严，无论是基于学术成就之上还是教授这个头衔带来的，现在受到了制约，制约的方式使人联想到中世纪的做法（< 229）。现在学生每年都给老师评分，他们给的分数被用来决定老师的薪金多少和提升与否。在一些学校中，学生参加制订课程的题目和阅读材料，并可以因不服自己的分数去和老师理论。60 年代的反叛情绪使得权威四面受敌（就连权威这个词都是忌讳），做任何决定都必须先经协商。这就是解放的逻辑。

※

这几页中重点提及的两个主题，抽象和分析，是与实际事实联系在一起的；原因显而易见，联系也是实实在在的。但也有一些现代的习惯和事情不那么明显，包括这两个主题经常结合在同一件事中。发生的场合或造成的结果可能会有荒诞的味道。

可以说，"机器造成抽象"是一条普遍原则。它在经验和感知之间放入了一个中间人——应该说是中间物，产生的只是提取而成的非自然的经验。比如，电话里或电影里的声音不是人的声音，而是把人的声音分解后再合成的经过歪曲的结果。这和所有其他用机器造成的变换都可以称为抽象，因为机器的作用是突出或修改现实的某个部分以求达到更好的效果。而在这一过程中其他部分的丢失可算作一种公平的交换。食品制成罐头可以经久不坏，其代价是食品的微妙味道丧失殆尽；有时甚至从原来的食品中提取出全然不同的产品，正如立体派画家对人脸或人体的处理方法。

所谓的网络世界更进一步，给用户提供了多种多样的人为制造的经验，从复制的名画到栩栩如生的女人搔首弄姿，极尽诱惑之能事。在欧洲人眼中，这些数码妓女比真正的女人更吸引人，自此可见他们对抽象的喜爱。"虚拟现实"比具体现实更鲜明，机器制造的爱征服了一切。

在机器出现之前就有从真实中提取抽象的做法。没有抽象，人的生活是无法进行的；抽象自婴儿时期就开始了。名称即是抽象：母亲、父亲、树、椅子、五、六，它们都是抽象，是对具体事物的粗略缩减，玩具是以实物方式表现的抽象，烹煮食物也是一样。高度发达的文明不断增加抽象的手法，发展出通过分析产生的超级抽象。我们已经看到，分析把整体分成部分，为的是更好地理解物体的特性和行为。这种增加理解的做法另一方面又造成了减少，因为分析忽略了那些使得整体变得有趣或宝贵的特征。人们通常会把钟表和它的零件看成是一回事，但零件在没组装之前不是钟表：它们不能上弦，它们是实物的抽象，在重新组装起来之前不过是一堆废铁而已。

767

计算时也需要进行智力上的抽象分析。如果一位社会学家想了解本国平均每家有几个孩子，他就必须在分析了可见的现实之后设立一组抽象的概念：一个家庭是指一对结了婚的夫妇，还是包括任何一对育龄男女？领养的孩子算不算？死胎怎么算？如果使用抽样法而不是计数法，就又涉及通过分析人口的某些特征来确定如何抽样这一新的抽象手法。调查结果是每家有 3.2 个孩子，这当然是一种超级抽象。

成百上千的统计数字，用于无数活动的"指数"和"等级"都是分析性的抽象，与真实的事物有着一种人为武断但希望是有用的关系。数字是确定的，但它们的价值经常是不确定的；这种不确定导致了对统计报告一贯的三点批评：分析中包括了不相关的部分；统计方法失当；未能考虑到干扰因素。人们经常忘记，精确计算出来的关联并不意味着一对事物之间的因果关系。统计——如同这几页显示的对生活现象的统计——充其量只能提供有一定可信度的对现实的重现，与真正的现实还是有一定距离的。

如果考虑到某些抽象中一个进一步的步骤，对"指数"的依赖，那么这距离还相当大。指数是用来代表某些难以直接获得的情况的标志。依靠标志的做法也由来已久：皮肤上出现丘疹表示得了麻疹，医学这门艺术根据症状诊断治疗取得了很大成功。但是，如果仍然使用这个比喻的话，若是抽象的丘疹则不太可靠。求职人对问题单上有关他的爱好和习惯的回答能说明他将来的表现吗？使人事官员深感兴趣的两者间的关系可能只是求职者为达到目的编造出来的。给出的回答可能大部分都是假的；即使回答是诚实、正确的，两者之间到底有什么关系？这就是反对民意测验的意见的要旨。

可以说，目前文化的运作方式好像斯威夫特笔下勒普泰岛上浮在空中，脚不踩实地的居民做事的方法。对人的直接判断得不到信任。我们的社会是迷信证书和文凭的社会，对人的能力和品格的判断是迂回的。面对面衡量一个人被认为是不合适的："不要妄下判断。"其实当面衡量并非没有指数，它的主要缺陷在于为它辩护的理由难以服人，而用数字表现出来的评分可以截断任何有理或无理的争论。

768 　同样，在学术科目中，分析提供材料，抽象提供表达结果的模式，即学科中的专用语汇。结果报告和课本常常没有具体的词语，读者必须把一连串以什么什么化结尾的词转换为生活中相关的图景，要极尽发挥想象力，直到疲惫不堪。

经济学家与科学家一样，也使用各种模式，其中包括关于制成和售出的产品的数字，一段时间之内的比率，等等。对抽象的相互联系进行精确的测量后，产生了完全以数学公式表达的模式——这一研究分支叫作计量经济学。过去的十几年间，经济学家的日子不太好过。由于生产者、消费者和投资者我行我素，结果他们发出的警告和预测全部落空。这各色人等自行其是，使得凯恩斯主义者与反对派之间的争论更加复杂化。他们争论的问题是什么才是有利的政策。有人呼吁采取措施支持经济中的供应方，有人想要政府加大需求，必要的话可通过赤字开支的手段。不过双方事实上都同意凯恩斯在他开创性的著作《就业、利息和货币通论》中陈述的机制。

　　有人试图在历史中也使用数字，比如说"衡量"暴力，似乎暴力是一种均一的物质。这种努力并不成功。更老的一种形式的抽象，也是一种结构主义，是历史哲学。前文曾对它有所介绍（＜653），并说明它容易把人引入歧途，主要是因为它宣称历史只有一个单一的原因。根据历史哲学，历史事件被大略地归成重复出现的格式，而这些格式就构成了历史的结构。本世纪早期亨利·亚当斯希望通过引进科学思想来加强这一系统。他试图在一个循环往复的系统里面放入他对于中世纪和现代历史的了解，以及他作为人的生活经验，后者表现出人在生活中受制于他既无法抵抗也不完全理解的力量。但是，他没有提出一个单一的原因和固定的格式，而是把总的能量作为历史的原动力，并利用热力学的原理来解释文明的发展过程。这一原理指出，虽然能量不灭，但它会变得越来越松散不稳，就像木头燃烧发热只能有一次。亚当斯认为，现代文化和社会中日益增加的多重性和多样性造成了能量的丧失。他还提出"阶段法则"，用来确定能量在什么时刻比平时丧失得更快更多，这是他从威利亚德·吉布斯那里借用的概念，而且他显然对这个概念理解有误。亚当斯预言说 1917 年就是这样的一个时刻，此类情况的不断出现最终会造成文明的混乱和灭亡。

　　"把事件结构化"是时髦的抽象用语，意思是"理出秩序"。这样做不一定会产生荒诞。事实、思想、意图中的秩序是必要的。没有格式，记忆会被芜杂的事件淹没。为了以后的行动和控制，当时的事实必须理出秩序，即使会忽视一些例外的情况。这种结果可以称为"社会学意图"。但若认为秩序就是真理，事实可以忽略不计，这种思想习惯就是荒诞。同样糟糕的是，在没有必要的情况下使用固定的思维模式和专业用语，比如，宁肯说："每个人都愿最大限度地实现自己的价值。"却不说："寻求快乐，避免痛苦"——如果这含义不明的抽象句子本意如此的话。在任何情况中，现行用语中最空洞的非价值一词莫属。总而言之，分析和抽象不是应予被除的魔鬼，而是像机器一样，

769

应对其掌握而不是盲从。松散的语句和模糊的思想只能勉强地与具体的意思沾上边，它们会耗竭生活的能量，扼杀生活的喜悦。从一个非专业的普通人口中说出来，"降水概率是 20%"就比"不太可能下雨"少了活力与生气。

※

今天，关于国家的概念和宗教的地位正进行着一场激烈的论战，不同地方的人也在就此苦苦思索。对这些人来说，有一份文件可以帮助他们集中思想并指导他们做出选择。那是陀思妥耶夫斯基的《卡拉马佐夫兄弟》中大约 20 页长的一段。它是名叫伊凡的兄弟郑重其事地提出的一首诗，准备朗诵给最小的兄弟阿廖沙听。诗的标题是"宗教大法官"，伊凡首先说明这首诗并不押韵，也没有写下来，如果阿廖沙愿意听他就念。可以把它称为一篇幻想小说，一个寓言。伊凡是既不信天堂也不信地狱的理性主义者和无神论者，他大概可以算作一个厌恶生活的存在主义者。阿廖沙坦率、善良、信仰纯朴，他表示很愿意听他哥哥的"诗"。

故事发生在西班牙宗教法庭盛极一时的塞维利亚。在对 100 名异教徒处以火刑的第二天，基督现身了。人们马上认出了他，跪下对他顶礼膜拜。他们恳求他使一个躺在棺材里被抬到教堂的小女孩复活。他一开口说话，小女孩就微笑着坐起身来。他还使一位老人复了明。基督是实实在在的，不是幽灵或幻影。在这些奇迹发生的时候，年迈耄耋的大主教法官出现了。他也认出了这个陌生人是谁，命令卫士把他逮捕收监。出于向来的畏惧，噤若寒蝉的人群没有抗议，而是跪下膜拜起大主教来。

是夜，大法官去了基督的囚室，痛斥他的所作所为。他的罪行不仅是在地上现身，还有从一开始就给人提出的残酷的高要求。法官的指控内容详尽，是一篇关于政治学和基督教信仰的小型论文。法官重

提了魔鬼为了把基督拉下水而提出的三大诱惑:先是当基督在沙漠中
挨饿时请他吃面包;然后催促他从高处跳下以表示他可以奇迹般地得
救;最后向他展示地上的帝国,用权力对他施以诱惑。法官说,基督
拒绝了所有这些诱惑,以实际行动重申了人类的自由天赋;人的良心
在做选择的时候是不受强迫或限制的。

770

但是,大法官说,普通人软弱、糊涂、罪孽深重、不堪如此重负。
看到这样残忍地压在普通人头上的负担,人群中一些智者主动担起重
任,给人们提供使他们安心的东西;采用的方法就是教会的僧侣统治。
它提供了面包。人需要面包,但生活不能光有面包;软弱无依的心灵
还需要确定性,希望有奇迹、神秘感和权威。这些教会也可以提供。
人的最终愿望是一致性,是人同此心的安定感。由于思想控制和其他
礼物,特别是面包的不可抵挡的吸引力,这一愿望的实现指日可待。

在大法官慷慨陈词期间,基督一直微笑不语。大法官又继续
说,基督不仅通过给人以自由而伤害了这些上帝的产物,他还给智者
们——在地上维持着这个大骗局的 10 万人——带来了无法承受的压
力。他们生活在悲伤之中,被剥夺了自由,因为他们必须把戏演下去
并"收拾他留下的残局",他们这样做不是因为热衷于权力,而是出
于对人类的怜悯。

阿廖沙不时打断伊万的朗诵,对他对福音书和教会意义的解释表
示抗议。伊凡疼爱弟弟,不与他争论,只是接着往下念。虽然微笑的
基督一言不发,但这四人之间的戏剧张力绷得紧紧的。最后结局如何
且不必管它,倒是这一僵局正与我们所关心的问题相连。[这段摘要应
诱使读者去读这篇杰作,它载于《卡拉马佐夫兄弟》第五卷,第二部
分,第五章。也可找到《宗教大法官》的单行本。]

陀思妥耶夫斯基曾经是伊凡,后来变为成熟的阿廖沙,但他对于
人的观点并没有太大改变。他选择了自由,但赞同教会法院院长波别
托诺采夫的政策——院长当然不是宗教法庭的大法官,但他是掌管着
与天主教相似的东正教僧侣统治阶层的独裁者。小说中卡拉马佐夫们

的私生兄弟斯梅尔迪亚科夫具有陀思妥耶夫斯基在伊凡的寓言中揭露的大多数人的个性：软弱、轻信、罪孽深重，还充满着虚荣心、愤懑和通过对理解不了的书籍生吞活剥而得来的半吊子知识。陀思妥耶夫斯基与从波德莱尔到奥尔特加·加塞特的社会批评家一样，把所有阶级都聚拢在大众人这一形象中，他们无论出身或教育如何，都一样卑劣可鄙。

771　　　苏联举着共产主义的旗帜，企图执行宗教大法官所说的给大众提供面包和神秘感的计划，伊凡的创造者对此不会感到吃惊。无情的权威和完全的一致，这样的传统可以追溯到彼得大帝时代（＜319）；农奴的解放和工业化的开始来得太晚，来不及培养别的习惯，反叛的知识阶层缺乏政治技巧，多次遭到镇压。和在西班牙发生的寓言中说的一样，面包确保了对苏维埃的顺从，但苏维埃干部的效率却比不上大法官所说的10万智者，造成苏联政权解体的是面包而不是思想。

　　20世纪晚期西方的福利国家既不是苏联，也不是16世纪的塞维利亚，但在某些目标和手法方面却有相似之处。人民向往安全的愿望是一样的，虽然在西方还有与其相伴随的享受自由的愿望。像大法官暗示的那样，这种结合是自相矛盾的，而且可能根本行不通。在西方经历了漫长的斗争，把所有人从祖辈的束缚和自然的限制中解放出来的时候，提出这个问题恰好让我们来考察一下西方制度的成败。但在进行这一风险很大的评估之前，必须勾勒出构成时代的基调和情绪、礼仪和道德的要素，而寻找这些要素的地方是个人的行为。

大众生活和年代

　　由1917—1919年俄国发生的事件所触发，迄今仍远未结束的第四
次革命，或称社会革命，改变了世界许多地区的政府。许多国家成为
共产党国家，它们给自己起的正式国名常常表示它们是继西方民主之
后的新民主国家。当时的领导人口头上宣称"人民统治"。但这些新
政权的选举和议事大会制度并未充分体现这一点。还需指出，即使西
方国家也无权自称民主。民主的意思是全体人民参与统治——如同市
民大会上每个人都参加辩论和投票。没有一个国家是如此统治的。真
正实至名归的应叫作代议制政府。民主一词进一步泛滥，被用来赞扬
各种杂七杂八的事物，例如：一家餐馆的"价格民主"，或一个人的
作风"非常民主"。为了清楚地了解那个衰落时期的特点，应当使用
的词是大众（demotic）——意思是"人民的"。

　　这样咬文嚼字并非学究式的迂腐，在西方的那个时代结束之际，
个人与社会的思想和行为无论在广义上还是狭义上都很不民主，比如
上街示威反对一项合法的决定，或在进行了民意测验之后要求立法机
构根据民调的结果投票。

　　为了试图描绘一个接近尾声的文化，需要考虑的因素可分为时尚
和社会两类，时尚指个人所做的选择，社会指制度运作的方式。虽然
两者之间并非泾渭分明，但实质上有着个人或私人与公众或官方的区
别。两者的目标和愿望或有重复之处，但总的来说是互相抵触的。这
是一场小型的内战，因为决定和执行官方命令的必然是个人，而对官

方命令提出质疑或抵抗的也是个人。

※

774　　20世纪晚期最强大的趋势是分离主义。它影响到了所有先前形式的统一。本书开头时关于文化就提到了这一事实（＜xiv）。多元化的理想分崩离析，分离主义取而代之；正如一位支持新目标的人士所说："色拉碗比熔化锅强。"熔化锅没有消除多样性，只是创造了一个共同的核心。

　　开始时，分离主义可能看起来只是一种流行一时的情绪。但如果看一看西方，再看一看世界的话，就会看到民族国家这一西方最伟大的政治发明遭到了重创。大不列颠的前苏格兰和威尔士王国赢得了自治议会。法国的布列塔尼人、巴斯克人和阿尔萨斯人要求得到地区的权力，科西嘉想实现独立并使用自己的语言。意大利有一个同盟想把北方同南方切断，威尼斯出现了一个小党，该党想使他们的城市成为另一个国家。北爱尔兰、阿尔及利亚、黎巴嫩等地的内战绵延不绝。

　　西班牙的巴斯克人多年来一直为脱离西班牙而战，加泰罗尼亚也继续一如既往地表示它的不满。比利时的两种语言各有自己的地盘，结果把那个国家分为两半，在大部分问题上都针锋相对。德国不久前重新获得了统一，但并没有天衣无缝地融为一体。苏联许多部分状况凄惨，在仍称为俄罗斯的那部分，叛乱导致了车臣和达尔吉斯坦的战争。土耳其和伊拉克都要镇压库尔德分裂主义分子。阿富汗人也在打仗。墨西哥须面对萨帕塔主义者的叛乱。魁北克人不时提出从加拿大分离出去的要求。巴尔干地区那些未来的国家在继续为了分离而进行着民族和宗教的屠杀。

　　这一问题在美国基本上只是些表面的症状。有一个小团体想使得克萨斯州重获其独立共和国的地位，政府不得不动用武力把它的活动平息下去；还有一些武装集团和宗教组织，从其言论和行为看来，似乎完全独立于国家的现行制度。在更小的范围内也存在着威胁：玛莎的葡萄园说要从马萨诸塞州分离出去，斯泰坦岛区也提出过想脱离纽约市。一个自称伊斯兰国的团体使用国这个字，却没有招致其他团体或当局的抗议，这具有象征性的意义。若是发生在此前美国历史中的任何一个时期，这一用法难道会顺利通过，不引起任何评论吗？非自治领土波多黎各摇摆不定：民众中有些想成为美国的一个州，有些想自立为国家。几个美洲印第安人部落也称自己为国家，他们终于开始收回旧有的条约规定的他们应得的利益，不过他们的要求是分享权利，不是分治。为把英语定为美国官方语言曾多次做出努力，但每次都以失败而告终。

　　别的力量也在推动着非国家化。来自遥远的前殖民地的移民给欧洲带来了陌生的语言和风俗。这些移民聚集在各自孤立的贫民窟中，这里一个土耳其人的居住点，那里一个阿尔及利亚人的小镇。法国有一个非洲村，里面巫医、宗教仪式的吟唱和舞蹈应有尽有。20 世纪这种对西方的"殖民"只能聚集起弱者的力量。外国移民不是无业就是只能从事低下的劳动，他们是受害者，主要靠宗教信仰团结在一起，这激起了福利国家帮助他们的愿望。当移民群体受到邻近同样穷苦的白人骚扰，或被要求顺从西方习惯的时候，政府站出来保护他们，既是出于同情，也是因为害怕要求移民同化会被称为"种族主义"。国家警察为避嫌不愿涉足某些移民居住区。政府出于同样的尊重鼓励重新起用地方方言。欧洲又一次出现了自罗马帝国晚期开始到中世纪逐渐消除的各人民之间的大混乱。

　　分离主义肆虐于整个世界。印度甫一摆脱英国的统治，巴基斯坦就脱之而去，而这个新国家才从印度分出，孟加拉国又宣告独立。古老的锡兰这个巨大的岛屿改名为斯里兰卡，20 多年来内战频仍。在喜马拉雅地区，印度为了克什米尔与巴基斯坦作战。东帝汶人几乎毁掉了印度尼西亚。放眼望去——爱尔兰、中东、南美洲、东南亚、整个非洲、加勒比海地区以及星罗棋布着岛屿的大洋，到处都可以看到有

775

某个国家或想成为国家的地方用打仗来争取或防止独立。在印度洋中，从马达加斯加岛的顶端往东 300 英里处是科摩罗群岛：一组四个岛屿，总面积 830 平方英里，人口共 49.3 万人。这组群岛摆脱了法国殖民统治后组成了科摩罗伊斯兰联邦共和国。但好景不长，最小的昂儒昂岛上的人民与中央政府斗争了十几年，最后宣布分立。邻国都派代表来参加庆祝解放胜利的典礼。很清楚，民族国家已经不再是人人所想要的政治社会的形式，尽管冒此名称的碎片越来越多——到 20 世纪末已近 200 个。

由 15 个生产力最强的国家组成的欧洲联盟是另一种分离方式。它逐渐赢得了干预国家事务的权力。位于布鲁塞尔的欧盟总部可以管理重要的经济交易，推翻司法决定，迫使成员国接受移民，并为它成员国中的 11 个确定中央银行的利率。学者们撰写关于主权的专著，向自己也向公众发问："国家的构成要素是什么？"答案中的一个主要因素是：共同的历史记忆。当学校忽视民族历史的教学，年轻人不懂历史，懂历史的年长者以摒弃历史而自豪的时候，对传统的意识就只剩了要摧毁它的愿望。固然，历史一词仍然经常使用，但方式和场合均牵强附会。电影和"纪录片"中的歪曲和虚构是历史的耻辱，报刊把任何从地里挖出或从海底捞起的物件都欢呼为"历史的一部分"，这些共同造成了历史感的消亡。

在这些事实面前，当代人说无处不在的武装冲突是民族主义的表现，实在大谬不然。它们其实完全相反，正如艺术家的反艺术，如今反国家正在出现。成为一个单独的国家，却并不真正独立，而是依靠某个大国的金钱和保护，这是倒退。这半个千年的结尾摧毁了在它开头时费尽力气所取得的成就：通过把毗邻的地区融合为一体，结束了封建战争，同化外国的飞地，在大片领土上建立强有力的国王统治，并尽一切手段培养对更大的对象的忠诚。共同的语言、有英雄和奸慝的核心历史记忆、强制公共教育和兵役终于使得 19 世纪的民族国家成为文明的载体。

现在所有这些要素都在衰败，无法复苏。1996 年法国政府举办了一次庆典，纪念"克洛维的受洗"，这位 5 世纪的法兰克酋长皈依了基督教，并命令他的部落一齐皈依。敏锐的观察家一定认为法国政府这一行动可悲复可怜。这一庆典是为了提醒现代法国勿忘它古代的团结，似乎是克洛维缔造了法国。其实 5 世纪时根本没有团结这回事儿。20 世纪举行的这场庆典立即受到占全国人口一半以上所有左派的抗议，今天的涣散由此可见一斑。

※

民族国家的主要好处在于它减少了广大领土上的暴力，先是贵族，然后是公民，都被置于一套得到普遍承认和实施的法律之下。在民族国家纪元最后的日子里，暴力重新抬头，西方犯罪猖獗。在家中、办公室里和城市街道上发生人身侵犯成为寻常之事，而且特别狠毒。儿童或婴儿经常遭受父母的毒打，乱伦的奸污或杀害，这一情况令人百思不得其解，使人不禁开始怀疑关于"人性"的神话中疼爱自己的后代这一人的特征是否属实。监狱人满为患，而且还在不断建造新的监狱来接纳无故杀人犯、毒犯和有组织犯罪分子。即使如此，被起诉和定罪的人数还只是报警犯罪中的一小部分。监狱本身不能发挥法律的充分力量，反而成为暴力永不停息的场所。出于人道的考虑，监狱不再那么严酷，里面的条件可以用"舒适"来形容，囚犯的权利越来越多。在押犯组成帮派称王称霸，威吓狱警，对别的犯人进行性虐待和其他方面的虐待，暴动和越狱是家常便饭。

令人不解的是公立学校也成了暴力行为经常发生的场所。武装校警在走廊巡逻，维持学生间的和平；教师经常受到袭击，危险已经成为这一职业随带的风险。在一个大州内，一年中可以发生 50 000 起事件。学生刚进入青春期就携带枪支，互相袭击，偶尔还会用速射武器随意射击人群进行小型屠杀。

我们将看到，与权利和掌管权利的机构有关的某些情况如果多次重复发生会使人暴怒不已，可能产生危险的后果。人一方面感到被规则所束缚，另一方面觉得被人群所阻碍，两者都多得过分。个人主义发生了始料未及的转变：在福利的精神下，个人与他平等的其他个人起了长期的冲突。除了在工作或专业中竞争以外，还加上了在私生活领域中的对抗，经常是关于一些虽然琐碎却重要的事，如郊区社区规定每家大门必须漆成某一种颜色。

> 犯法让人非常兴奋，虽然也能导致疯狂。
>
> ——Ice-T，国际知名的说唱歌手
> （1998 年）

以为确定纠偏规则即可实现美好生活是乌托邦式的想象在作祟。福利的理想不仅使穷人得以生存，而且提供了各种办法使每个人都安全舒适。除了提供保健、养老金（"社会保障"）和工伤补偿外，还通过工作场所条例来保护每一个雇员，通过法律来保护每一个消费者不受食品、药品和工业造成的多种危险的伤害。所有器械在设计阶段就严格控制，投产后又须经出厂检查。还必须保护公民不受没有明显敌意的行为或本质并非犯罪行为的影响，比如说头脑灵活的人可能在贸易、投资和银行业务中钻空子。

> 如果你感到压迫，在凌晨四点之前起床，在大多数地方如果你能比别人起得早，通常可以享受一段时间的自由。
>
> ——威廉·斯塔福德《自由》
> （1970 年）

与此同时，国家还有责任支持艺术和科学、医学研究和环境保护，另外还要确保所有儿童不仅能识字，而且要一直上完大学。这各种各样的规则、规定、定义、分类和例外之中，有些必然引起人的愤怒，甚至诉讼。福利国家注定会变为好讼的国家。

福利需要巨大的资金和超常的努力。此外还得顾及政府过去的一贯作用，如国家防卫，维持治安，建造公路，执行法律，递送邮件，以及管理行政机构自身。只分配福利这一项任务就已经难以招架。重税势在必然，浪费也在所难免。此外还有腐败，只要还存在监察管理工作，腐败就不可避免。考虑到这一切，福利国家的纲领得不到完全实施当不致令人惊讶。贫困、街头流浪者和得不到治疗的病人仍然存在，各个享受福利的团体继续轮番抱怨说福利"不够"——无论是工人、农民、商人、医生、艺术家、科学家、教师、囚犯，还是无家可归者。

※

在一个基于机器之上的文化中，福利国家是必然的结果。只是那一套防范危险的保障就足以说明为什么需要这一制度。机器产生的第二个结果是大规模生产。人民必须有不停购买的能力，"社会保障"也必须涵盖制造出如此大量产品的生产者。只有人人不断购物才能保持伟大的机器的运转。这一显而易见的真理并不是说福利的出发动机都是物质性的。人道的感情与实际需要和某些历史的回忆混合了起来。没有人想回到19世纪那种经济活动全无限制，以至于时时造成"丰足中的贫穷"的情形中去（< 456）。如果现在出现那种情形，中产阶级就会同工人站在一起，与他们一道抗议和造反。社会真是大众化了。

于是，出现了广告业这一可合法进行诱骗的奇怪行业。既然技术在不断促进生产，就必须维持新生和旧有的高度消费欲望，这等于使富人和穷人都生活在一种匮乏的感觉中，总要有新的必需品。看到这种经常导致长期负债的无休止的怂恿和花费，有识之士对"消费者社会"发出痛斥。社会如此注重满足物质的需要，几乎与动物别无二致。消费者可以反驳说他无能为力，达到某种生活标准是一种官方的压迫手法。

有人在谈到20世纪时说，行政管理的艺术自从拿破仑以后无人给予过注意。福利国家需要为每一个添加的方案都设立一个新的部门，因此，缺乏训练有素的人员来负责各种不同的工作就成为严重的掣肘。固然，关于管理——即对大公司的掌管——出版了许多指南性的书籍。不过那些书所提供的不过是掩藏在军事用语似的行话下的陈词滥调，行话每年都变，实质内容却依然如故。只有一本值得注意的著作是鲜有的以第一人称撰写的，记叙自己所取得的成就。[感兴趣的读者可以从路易斯·B. 伦德伯格（Louis B. Lundborg）的《做经理的艺术》（*The Art of Being an Executive*）一书中了解良好的 20 世纪商业管理办法。]

779　　　　因规模之故，公司、医院、大学与政府机关有着同样的困难。其实，它们的情况基本一样。管理人员为应付眼前的问题临时制订程序，随着规则的增多，又订下长达数百页的细则，无论是对老百姓还是对官员来说，这些复杂众多的规则都如同无法穿越的丛林。报纸曾报道 1999 年一个大城市发布了一项新法令，控制为建造低价房屋而拆毁旧房；这条新闻报道接着顺便提到在它之前已发布过了 56 条类似的法令。实现一般的目标已是困难重重，执行大项目若无帮助则全无可能。于是顾问生意兴隆，具有耐心的企业家需要靠这些对某一套复杂的规则谙熟又有着坚强头脑的人来帮助他达到目的。

　　普通人只要是因需要或为行使权利而去和任何机构打交道，就会被支使得团团转。他的存在导致了众多需要他填写的表格，他得在同一页纸上把自己的名字和地址写三遍，好像他是那个机构不带薪的文秘。如果他需要在一个机构的不同部门之间奔波，他就开始了与这一机构众多代表的接洽，他们有的和蔼可亲，有的不情不愿，但都有电脑作为装备，或是帮助他早些摆脱纠缠，或是任他在其中挣扎更久。正如法国大革命前的那个时期，大众化的社会成了迷宫。不要忘记，大众化社会的目标是整整 15 代精明强干、无所畏惧的男男女女集体智慧的结晶。按照常理可以推论，继续他们的事业不仅要求同样的集体才能，而且需要高度的常识和敏捷的反应。良好的意愿一旦超越了实现它们的能力就标志着文化衰落的开始。[参阅菲利普·K. 霍华德（Philip K. Howard）所著《常识之死》（*The Death of Common Sense*）。]

※

福利的责任妨碍并歪曲了"政治民主"的运行。在西方真正民选的政府中，这一制度已经离它原来的目标和运作模式愈行愈远。首先，选民投票率大为下降；国家大选的胜出者常常是以不到选民人数一半的票数当选的；人民已不再为拥有选举权而自豪。这种漠然出自对政治家的不信任和对政治的轻蔑，尽管这两者正是代议制政府的组成部分。政治成了贬义词，被冠以此词的行动或机构被人们嗤之以鼻。

在立法方面，领导层无权颁布得到多数民众赞同的政策，而是必须在联合阵线的各党派之间走钢丝。政党太多，同盟中有一打政党是常有的事。若是采用比例代表制，则使这一弊病进一步加深。一心要达到某个目的的选民自己组党，选出几位候选人参加同盟，以他们对一个脆弱的多数的支持票来换取对他们袖珍政党单一纲领的支持。这对立法质量的影响不难想象，由于福利国家必须通过大量的法律，所以后果也是大规模的。

美国政府虽然不是议会制，然而也陷于相同的处境之中。它的两大政党内部各自分为有着互不调和目标的多个派别，所以党纲也是同盟的产物。总统要想使他的方案在国会中得以通过，就必须安抚好不止两个政党，而是好几个次级政党。在国会中（正如外国的相应机构一样），大权在握的各委员会有辛勤的职员就相关的问题给它们提供指导。这些职员构成一支相当大的队伍，他们是不经选举，有自己的想法的人才；立法方面最切中要害的辩论可能就是在他们这些幕后人员之间进行的。像预算这样的法案长达数千页，国会议员变成了把独立思想闷在心里的旁观者，自始至终他和他的同事们都是院外活动集团和利益集团雇佣的专家进行宣传游说的对象，这些集团代表的利益五花八门——石油、生猪或老年人。

代议制的假设明显地发生了改变。原来，国家利益应由每一个成员决定，他的观点决定他的政党归属和投票倾向。但现在是由一个委

780

员会主席斟酌游说者的陈述并与其他委员会的主席讨价还价来事先决定投票的结果。集团利益固然一直是有影响力的，但当院外活动集团成为体制的一部分时，政府的目标就变成了在众多相互竞争的集团之间达成平衡，而不再是了解主要的选民集团——土地、商业、金融、大企业和穷人的需要。在大众的时代，议会辩论不再引起公众的兴趣，新闻业对它们也置之不理。

在美国，这一变化由于竞选公职所需的巨大花费而进一步巩固。当选的费用动辄数百万美元。这些钱由经济和意识形态的利益集团来出，它们通常对竞选双方都提供资金，这样无论哪方当选都对它们有利。竞选活动基本绕过问题不谈，而专门进行性格方面的攻击。候选人有专家指导，教他们该说些什么；用30秒钟的电视"广告"来向公众宣传。最后，民意测验从根本上歪曲了议会的基本观念。任何人都可以进行民意测验，根据其结果宣布人民想要什么。然后候选人和代表就试图把公众意见与他们财政后台的要求和游说者的希望调和起来。

民主国家为努力维持福利而泥足深陷，没有能力维持政府机器的正常运转。多少次人们讨论要实行改革，许多改革实际上是没有争议的，于是政治家宣称要"再造政府"。结果只是一项又一项的法案提交给立法机构，然后就任其或快速或缓慢地自行消亡。这种意志的缺乏，只表示愿望却没有行动，标志着制度的衰落。

※

在所有上述现象中，20世纪的大众都是作为公民以其公共面目出现的：移民、自由战士、罪犯、没精打采的投票人、法治不力的受害者，还有从政府那里获益的人和不称职的公司办事员。唯一一次把个人作为私人提及的时候是说他感到缺少呼吸的空间，受到各种条例的束缚，被迫与众多对手争夺一些互相冲突的权利。下面我们要在属于他个人的活动范畴内对他进行观察——看一看可以统称为他的作风的爱好和习惯。

他最想要的莫过于不受制约的生活。经过了 500 年的不断解放，这一倾向当在预料之中，它已经成为西方人性格的一部分。对于那些直到 20 世纪中期之前一直被看作下等人而遭到无视和虐待的人群来说，获得共同的权利和日益增长的尊重自然而然地促使他们想要更多。但是，不受制约地生活同享受权利以及受人礼遇不是一回事。不受制约意味着率性而为，似乎每一个愿望都能不受阻碍地实现。这种态度根本不考虑可能会遭到抵制，对于它所引起的抵制也视而不见。当一个非凡的头脑产生了对不受任何限制的渴望的时候，可以称其为浮士德式的渴望，这种渴望可能会导致新的知识和精神方面的发现，但普通人渴望的却是小小的满足。在这种态度的影响下，这一时期的男男女女做出的选择形成了通常所谓的时尚作风：大众年代的时尚作风是不合常规。

它起源于第一次世界大战时开始的轻松随便的时尚（＜734）。随便有许多形式，牛仔裤撕破弄脏后还继续穿只是开始，但是当可以在店里买到事先弄上斑点，打上补丁，裤管剪短的毛边牛仔裤时，新的用意即昭然若揭。年轻女子身穿旧毛衣，却戴着珍珠首饰，脚蹬出席晚宴的高跟鞋。年轻男子穿的衣服袖子长至手背，裤脚拖在地上。他们这样做表示的是对优雅的唾弃，对女性魅力的否认，和对"劣势群体"的同情。这样的衣服并不便宜，它们的风格是反得体，反资产阶级；这表示出对只能穿破烂的二手货衣服的穷人的支持。整个时代的关键特征就是衣衫不整，不修边幅，最理想的是肮脏邋遢。过去，想往上爬的人，无论是贵族还是上层资产阶级，都努力做到举止"高雅"，现在却是努力使自己看起来像是挣扎在社会最底层的一员。在此之前，人们修饰打扮——爱美之心——的通常动机是掩盖身体面貌的瑕疵，这样做的好处是表现了对旁观者的尊重。现在的人反其道而行之，故意不事修饰；这既代表大众年代的反势利，也是这一时期自我中心的表现。

不合常规为年轻人所喜爱，但并非他们的专属。成年人作风随便

782

的一个例子是穿着上班的衣服去听歌剧；这又进一步扩大为在几乎任何场合，甚至是教堂里，都敞开领口不戴领带或穿运动套衫和 T 恤衫。机场的人群是典型的时装表演。虽然雇主仍然规定办公室的工作人员必须穿正装，但在"休闲星期五"，他们就可以随便着装，放松迎接周末。在学校，极端的不合常规造成了逆转。学校不顾学生的抗议和罢课，强制执行着装规定，使学生不致因看到同学身穿式样怪异，有时甚至是有伤风化的服装而心神不属；学生自己设计奇装异服，家长则不闻不问。强令遵守着装规定的结果是造成了教室内和走廊里纪律的改善，这从另一个角度证明不合常规是无拘无束生活的一个方面。

服装只是大众时尚作风最为明显的标志。其他方面的选择也表现了同样的作风，比如在地铁车站或身穿泳装在游泳池边举行婚礼。既然不合常规意味着自由，那么别的习惯也应予以藐视，特别是称为礼貌的习惯。礼貌一词很少使用，这方面的行为也相差很大。商业公司和航空公司对顾客极尽感谢，但人与人之间的礼貌却少得可怜，尤其是在城市中。

对女性的尊重减少了，有时尊重女性会被女权主义者看作对她们的轻视。老年人也不再因为年长而得到更多的礼遇。认识不久就弃姓而直呼其名这种奇怪的现象成为常规，体现了大众年代摈弃常规，却又遵守常规的自相矛盾。

无论是否真有必要，人人都总是匆匆忙忙，快餐于是应运而生。任何时候都有快餐供应，因而造成随时随地都有人吃喝。商店、办公大楼、图书馆和博物馆不得不贴出"禁止吃喝"的牌子，以防人们倾洒食品饮料或乱丢废物。消费者社会在不停地消费。在一定程度内，这种冲动是可以同情的。在一个人与人之间互不关心，毫无礼貌的世界中，疲于奔命的人一有需求就马上满足，似乎是通过自我娇惯来酬劳自己。这种耽溺其实不过是解放的习惯的延伸。许多遏制和妨碍着欲望的东西都已清除，新法律和新准则扫清了法律和准则方面的障碍，有科学为后援的技术去除了自然的障碍。放任宽容实际上源自福利的成果和一按按钮即可坐享其成的力量。

在一个本质上非压迫性的社会中把及时行乐作为头等大事一定会培养本能的叛逆。工作中受到批评或申斥不能忍受，因为人有犯错误的权利。观察家大谈权威的衰落，但在一群平等的人中权威怎么可能生存呢？任何有一点儿权威影子的东西都招致不信任，无论是老人、过去的思想，还是关于领导或教师责任的旧时观念。本着同样的精神，这一时期培养了反英雄。具有积极意义的英雄应该是令人信服的榜样。人们确实也大谈特谈"行动榜样"，但所选的名人中却很少有人能堪此任。体育冠军的确是爱好体育的年轻人竞相效仿的榜样，不过只有娱乐界的名人才能使大众趋之若鹜。不幸的是，在舞台或银幕上光彩夺目的明星们私生活却一塌糊涂，他们的私生活每天都被道德家详细地记录下来并加以批评：吸毒、坐牢、性滥交、自杀等等，体育界的某些名人也是如此。

无论如何，大众年代的个人本应形成自己特别的"生活方式"，这个新词本身就具有"特别"的含义。然而，实际上怪僻的人却很少。与19世纪对维多利亚女王的虎视眈眈睥睨以对的人们相比，他们后代的表现实在差劲。大多数怪僻的

> 我是在60年代成长起来的，所有的示威抗议我都喜欢。我可能并不同意抗议者呼喊的目标或在标语上写的亵渎的话，但这种做法是典型的美国方式。
>
> ——《纽约时报》读者来信（1991年）

> 我不会学习，但我喜欢那种生活方式。穿什么衣服都可以。我常穿睡衣和运动服去上课，穿睡衣和懒汉鞋去参加正式活动。大学学习太讨厌了。我根本没有学懂，但上大学就可以离开家。
>
> ——比尔·默里，演员（1999年）

人是罪犯，这些人本来是正常人，因他们特别的生活方式而自成一类，他们在那种生活方式里似乎可以获得从一切事物中的解放，只除了不能摆脱他们的同类。

※

784　　看完了爱好和习惯，现在让我们转向品味。在这方面，研究 20 世纪晚期的历史学家会注意到人们对联合体的喜爱。联合体一词原来用于企业，在这里含有把娱乐、活动和其他东西合在一起在同一个地方供人享受的意思。这一目的本身一直存在，乡间的杂货店，城市的食品杂货商店或百货商店，这些都是传统的模式，目的就是为方便顾客。但促使艺术博物馆出售珠宝首饰并为观众提供电影、讲座和弦乐四重奏的还另有原因。不止一个大图书馆也有这类的活动，还加上下午茶和晚会；大学为校友提供去世界各地风景区的导游，给它们所在地的居民提供各种艺术活动。连锁书店开辟出一角安放咖啡桌，还提供玩具供孩子们和妈妈玩耍，等着店员在网上搜寻他们想要的书。在重新装修火车站时，专门留出地方建造附属教堂，以备乘客中有人等车等得不耐烦而想要祈祷或结婚。有些这类联合体的出现不是单纯经济需要的原因解释得了的。它们的出现是对已存需要的回应，并不是因先有了它们才有需要。在大部分的混合中都有一种因不合常规而引起的惊喜。多种满足和多种媒介暗示着多个自我，造成一种奢侈的感觉，使人情绪高涨，其代价则是不同事物间界限的模糊。

还有思想联合体，其实说头脑糊涂才更恰当。这在使用"作为"一词的习惯中表现得十分明显：作

参观者通常时间有限，他们可能更加关心所要看到的展览除了能使他们学到东西以外是否也有娱乐性。
——理查德·福斯特，"确定 21 世纪的博物馆"（1998 年）

"美术馆：教堂还是游乐场？民主社会中的博物馆。"
——朱利安·斯波尔丁，（英国）曼彻斯特市立美术馆馆长（1989 年）

为语言的姿势、作为演戏的曲棍球赛、作为活动雕塑的服装、作为活着的艺术的风景。头脑清楚的人会指出,语言取代了姿势,并因与姿势截然不同而更加有效。姿势可能有它的意思并传达了那个意思,但语言就是语言,别的东西不能取而代之。同样,曲棍球比赛偶尔会有戏剧性,也就是说球员之间会打起架来,但演戏是连贯性有意义的戏剧,是事先确定的。

最成功地实现了时代理想的联合体是大型学院和综合大学提供的课程选择。已经不能称其为课程单了,字典上课程单这个词的定义是"毕业前需要完成的固定的一系列课程"。权威人士说现在大学提供的课程选择不是营养平衡的膳食,而是大杂烩,其中很大部分几乎没有任何营养。课程的题目日益增多,因为人们相信人类的任何消遣、兴趣、业余爱好或困境都可以充实学术课程的实质内容,所以必须给接受高等教育的老少学生提供各种课程。从摄影到吹长号,从婚姻咨询到酒店管理,众多的各色体面职业都设有可以拿到学位的课程。许多学校中都有一些学生不喜欢"阅读",于是"转向视觉教育",还有的学校有助理教授开课讲授家庭生活。

设计几百门选修课是为了吸引想得到无条件的各种选择的学生。提出这许多课程并非难事,因为外部世界也是同一趋势。大学文科由

"50 余门主修科目,30 余门专修科目,还有数百门任选课。"
——一所常春藤学校的校长对新生的讲话
785

"这个图书馆会使你们大吃一惊,"校长说,"它设有咖啡吧,与原来(图书馆)的形象相去万里。我们观念中的图书馆既是学习场所也是社交场所。"
——美国东北部的一所大学(1998)

当怀特拍摄窗上冰霜时,他看到的是星系;他以某种逆光角度拍摄的一根树枝代表着一整套神秘思想的体系。他的照片本身就是完整的世界。即使它们捕捉的是外部的事物,但一旦捕捉到后便不再与原物发生联系,而是把它变为了另一种东西。
——戴维·特拉维斯(1994 年)

大学提供感官感觉的博士学位,包括"亲切和凶恶",还有"能给双方带来快感的对人神经系统的刺激"这样的课程,在1992 年可把这种大学(恰当地)称为"肉体知识学院"。
——《纽约时报》(1996 年)

于专门化而分为一小块一小块的学术专区，但对于没有对整个领域事先了解的年轻学生来说却不能给他们多少收益。对社会解放的关注在分离主义的支持下造成各种科系的出现，每一个都孤立地专门教授某一个民族或性别群体的成就。不过并非所有群体都能得到如此的重视。

※

大众年代中互相平等的人怀疑习俗，经常在日常与人的接触中不知所措：是应该谦逊还是应该为自己的权利大声疾呼？职业能否用来自我炫耀？我在整个大机制中该处于什么地位？我到底是谁？这些问题构成了"身份危机"，是精神病医生研究的课题，他们的病人"找不到自我"。有的人为"缺乏自尊"而困扰；还有人经历着痛苦的彷徨，直到为一种皈依的行为所拯救——或是皈依宗教，常常是邪教教派，或是寻求精神治疗的帮助。据称有此类问题的人数很多，为家庭、雇主和社会服务造成了不断的麻烦。

说找到自我其实是用词不当。自我是找不到的，它需要培养制造；反英雄、反历史的偏见是这方面的障碍，因为没有可以借鉴的过去，只能从零开始。这就像一个无家可归的人遇上了困难，雪上加霜。没有人像伊拉斯谟或华兹华斯那样感叹："哦，活着是何等令人欢欣！"（＜8）相反，无数小说中描绘的角色都沉湎于自我厌恨，并发展为对生活的仇恨。有一个情节经常被用来说明问题：反英雄看到一张使他立即产生反感的面孔——那是反映在玻璃窗上他自己的脸。自我意识随着心理学的每一个进步，随着诗人、小说家和其他专家日益深入的分析而不断加强。这种自我折磨与路德和班扬的痛苦不同：他们集中

786

我体内总有另一个陌生人，他不动声色，观察敏锐，吹毛求疵，心如铁石，无动于衷——讨厌之极！他跟着我如影随形，好似疑惑和自我剖析的溃疡；我很少能忘记他可恶的存在。
——莱顿勋爵（1857 年）

宣传高于成就，揭露高于克制，诚实高于得体，受害者心态高于个人责任，对抗高于礼貌，心理高于道德。
——莫琳·多德（1995 年）

关心的是他们的灵魂和他们信仰的纯粹性；现代人的自我烦恼则遍及每一个冲动。

形象至为重要，而行为的好坏则毫无价值，这更加深了自我鄙视。形象这个含义广泛的词可以定义为一组标志，暗示而不是明示人所需具备的条件。以貌取人古来皆然，而且几乎不可避免，当外观是个性的表现的时候，这样做出的判断也是公平的。但这一时代要求的是刻意营造的东西，人是通过建立和维持形象在社会中立足的。这也不只限于个人。商业、政党、学校、博物馆、教堂——任何有群众的机构都必须展示出为时人所赞许的形象。制造门面有公关手段的帮助，旁观者也坦白说"印象就是一切"。不过，如果探索一下大众人思想的另一个角落，会看到印象可能并不是一切；那里有对做戏的厌恶，有幸存的一点儿真实感，有真正独立思想的不时迸发。这一切在敏感的人的心中造成一种被压抑的冲突，酿成人的罪恶感。

※

在上述如此令人丧气的种种之后，有必要作一点提醒。任何时代的作风时尚都不能影响全体人民。相当多的人不会加入最明显的时代潮流，虽然这改变不了他们所不愿追随的时尚。这些人的存在并不影响新闻中不断报道，被说成是重要的、生动的和可取的时尚。

——为什么而感到罪恶？

——为我们之为我们而感到罪恶，为我们之非我们而感到罪恶。我也不知道：因感到罪恶而感到罪恶，因我们不感到罪恶而感到罪恶。最重要的是，我们想忏悔——对任何人，就任何事而忏悔。

——塞西尔·詹金斯《天狼星的信息》
（1961 年）

787

过去的爱好和愿望依然存在，但遭到忽视，或已经习惯成自然，存在与否都已引不起注意。时尚如同名人，因出名而出名。当然，与时尚保持距离的多数人并未与它隔绝；他们拒绝时尚，但了解它的思想和态度，可能对其中的一两点还有同感。大众年代有三个突出的思想：同情、无礼和创造性。

同情是思想正常，具有人性的人的特点；有同情心是对生者或死者所能做出的最高赞扬。所有受害者都值得怜悯和帮助，因为任何人一夜之间都有可能变为受害者，所以（可以说）受害者的人数超过了任何其他人群，因此表现同情心的机会是很多的。赞美同情心不只是口头上说说，全体人民很容易就能动员起来帮助国内外处境悲惨的可怜人。除了众所周知的红十字会和和平军之外，世界上有几十个组织在到处活动，教书，治病，帮妇女脱离卖淫，救儿童逃脱血汗工厂和饥饿，援救蒙冤下狱的人，为难民提供住房和食物，谴责独裁暴政，并为上述和所有其他慈善事业募款。20 世纪延续了 19 世纪的传统，但摆脱了宗派主义，而且政府也参与其中，因而导致援助的数量和种类大为增加。

在国内，火灾、水灾和地震一有发生，灾民立即得到个人自发的和有组织的帮助。身残智障和以任何方式被排除在社会主流之外的人都有公共舆论的支持，帮他们得到补偿。受害者要求得到适当援助是人权原则的逻辑性延伸，而人权原则载于国际公约，不受任何定义的限制。权利不断扩大，团体的宣传和个人的诉讼是促成的因素。囚犯获得了守法公民所享受的大部分权利，动物、婴儿、胚胎都在相似的保护之列。1999 年，纽约州规定，在公共场所袒胸哺乳为公民权利。这种不停扩大援助和准许范围的现象为任何先前的文明所未见。

第二个思想——无礼——是聪明放肆，没有同情心的人的专属。他们看穿了一切，带着顽皮的微笑率性直言。这一能力在讣告中和对初露头角的新人的介绍文章中总是得到提及，人们却很少想到，当一切事物都已不受尊敬的时候，无礼即不再是有批评性头脑的表现。

但大众年代思想中最令人喜爱的莫过于每个人都有创造潜力这一主张。回顾过去，它与其说是一个错误，不如说是用词不当。确实，几乎所有人都感到这方面的强烈欲望，许多人也有能力做出一样东西或想出一个新的念头。绘画、唱歌、作诗、使人发笑和以散文记录感情的能力许多人都有。但这样的活动不应称为创作。事实上，这种创造性活动的产物很少能称作创作，那是天才的作品的专用名称。

不过，这一不当用词还是给个人和社会造成了伤害。资质平常的人在它的鼓舞下想要成为专业人士，因而注定要失望；其他仅具起码能力的人进入艺术界，造成艺术水准的降低和艺术品过剩（790＞）。这些人的错误在于以为只要有天赋的能力，再加上后天学会的技巧，就能产生艺术。其实这样只能产生刻意模仿的艺术。创造需要非凡的头脑和坚强的意志，用它们来阐发对生活和世界的独特观点。［参阅马克斯·伊斯特曼（Max Eastman）所著《新闻对艺术》（*Journalism Versus Art*）。］

特别是在工业化社会中，有天赋的和敏感的人非常向往艺术家的生活，他们过分夸大了那种生活的自主性和任意性。白领阶层的诈骗行为和人们对娱乐的沉迷，包括醉心于性的表现，这些可能是对于艺术生活的替代。诈骗像暴力一样，也是新近才如此频繁出现的，也是似乎没有任何目的，虽然诈骗和暴力的行为一定都是为了满足某种萌生的念头，也都需要就行为的手段做出选择。无论如何，白领犯罪需要智能：每个国家中都有成群的高级主管和政要在坐牢或受到起诉。他们不需要金钱或名望，可以猜测，他们所需要并找到了的是冒险和一个与制度斗智的战场。诈骗是头脑精明、心高气盛、想超越商业和虚幻的人的运动。它是以丰富的手段表现的创造性，职业道德守则不得不再三重写以包括新的犯罪。简单的欺诈行为在大学学生中司空见惯，校报甚至就这一习惯的价值和道德展开辩论，而学生富裕的父母则在商店顺手牵羊，从汽车旅馆中拿走任何没有锁牢的像样的物品。

这种活动表现出一种行动的欲望，对精力充沛的人来说，娱乐是满足不了这种欲望的。无论是运动会还是肥皂剧或摇滚音乐会，20世纪娱乐的主要形式都是坐着的、被动的。娱乐节目的数量前所未有，使帝国时期的罗马望尘莫及。在两者的情况中，娱乐都成为人们生活的主要目的，因为对成百万的人来说，工作已经失去了使精神得到满足的能力。工作不产生任何成品，只是在纸上和通过电线抽象地进行，使人没有任何成就感。它是没有回报的苦工，无休止的厌倦；工厂的流水线真实感强得多，但它也会造成相似的"蓝领忧郁"。对比之下，最常规的娱乐也有颜色和形状，它通过描绘暴力和性，使麻木不仁的感觉苏醒过来。

789   容易厌倦、活泼好动的孩子们一连几小时地盯着电视机，也是因为在学校得不到向着获取知识做出进步的感觉。

对性过度痴迷的气氛也造成了貌似真实生活的幻觉。气氛一词只是指它无处不在，它的力量则是侵略性的。姿势暧昧的半裸身体的画面比比皆是。广告、电影和通俗杂志就靠它们吸引并抓住公众的注意。

"我是说，"另一个人说，"我们要的就是这个。"那就是，"灾难，混乱。"他补充说，"不能总是指望偶尔才发生的地震来催动心跳。"

——访谈，《纽约时报》（1996 年）

性行为本身在任何可能的地方都有模仿，在舞台上、银幕上，有些表演者甚至在现场观众面前做出猥亵行为。在严肃的戏剧中和公共海滩上，专门有崇尚裸体的信徒，殊不知在那些场合，全裸的身体会把人的色情遐想彻底打消。色情文学在言论自由规则的保护下充斥市场，但质量低下，无法与自佩特罗尼乌斯以降的经典相比；即使 19 世纪的作品也比它们的文学质量高。与色情文学紧密联系的是无数医生和心理学家的著述，再加上杂志和报纸的专栏文章。作者提供关于性交技巧的建议，或引诱异性的方法，或鼓励老人不要放弃性生活。12 岁的孩子就开始关心性的问题，关心的程度与这方面的宣传煽动的激烈程度成正比。

性解放带来的最大破坏是在公立学校中。对于性方面的言辞和行为的容忍使学生无法集中精力学习。因之产生的早孕造成各种各样的严重后果。但对性的沉湎如此之深，学校当局的应对方法只能是开设性教育课，提供免费避孕药具，并发布手册全面介绍性知识，包括它的变型和变态。同样令人痛心的是全社会如此强烈的自我意识所造成的结果。根据一份与女性实现摆脱男性取得独立的理想有关的匆忙写就的公约，所有女性不喜欢的"挑逗"（这是过去的叫法）都被定为

"性骚扰"。一个手势，甚至只是盯视，就可能招致指控，后果各种各样，从受到法律的惩罚到强迫接受"敏感性训练"。

现实中的性经常是半心半意、令人失望的，沉迷很深但没有激情，像 D. H. 劳伦斯所谓的"脑子里的性交"。人们并未如预期的那样从大肆吹嘘的"革命"中受益。革命确实给了一些人他们所向往的自由，但它把更多的人推上了与他们的个性和能力不相适合的道路。

革命没能在地上建起穆罕默德的天堂，虽然目之所及的各种事物似乎都表明，天堂已经到来。色情作品是一种形式的乌托邦文学，像对欲望的宣传一样，它确定的标准使人无法达到，因而陷于性无能。当一种有助勃起的药品上市后，几百万争相购买的人中有体衰的老人也有健康的年轻人，妇女则立即要求得到女用的相应药品。人们显然不明白，要自我恢复必须抑制欲望才行。

790

在顾客提出抗议后，造酒厂下令把表现动物性交的啤酒广告从哈莱姆区的商店中撤走。但广告宣传在其他地方会继续进行，会在任何出售啤酒的地方张贴这一广告。广告上画的是犀牛和巨型乌龟在交配，解说词是："研究表明性交会增加啤酒销售。"

——新闻报道，1999 年 2 月 20 日

皮拉内西小姐，每个 16 岁的孩子都关心色情。我们得知道迎接我们的是些什么。

——霍腾斯·卡利舍《奎尼》
（1971 年）

※

不从流于目前这种沉迷，而是把精力转用于艺术的人发现，他们走上了前文所详细描述过的自我毁灭之路。视听艺术作品如此之多，只是如此巨大的数量就贬低了艺术的意义。世纪的最后一年展出了沃霍尔名为"布利洛肥皂盒"的雕塑，

与视觉刺激造成大众性意识泛滥的同时，性伙伴之间的张力却减少了。大众心目中的理想性伙伴在实际的性生活中失去了所有的特性。像罗西-玛丽那样的人，他们酬劳丰厚，因为他们能从远方造成性的气氛；他们能引起人们的渴望，造成破坏，为实际的性经验提供了一种蹩脚的替代品。

——埃里希·库比《罗西-玛丽》（1960 年）

这件与商店货架上的陈列一模一样的雕塑据说向观众提出了："重要的问题，当一件艺术品与一件非艺术品之间看不出分别的时候，两者的分别到底在哪里？"这清楚地表明，艺术已经走进了死胡同。杜尚和毕加索这一对无所匹敌的破坏者终于大功告成。

　　文学也充斥着暴力和性，作品中尽是富有想象力的细腻描写和性变态描写，还经常夹杂着伪技术术语，比如亨利·米勒那句臭名昭著的话："塔尼亚，我使你的卵巢白热。"黑色幽默成为用来替代活力的最常用修辞手法；另一种是精神病医生所谓的嗜污癖（le goût de la boue）。黑色幽默与黑人没有关系，但与过去残忍的恶作剧相似；它用文字描述出一个以残酷的恐怖而告终的困境。里面最终把受害者毁掉

791 的可能是他的敌人，或者命运，或者——依照 20 世纪的风格——不相干的陌生人。对黑色幽默的喜爱从一个角度说明了为什么萨德得到了平反（< 448），它可能包含着一种保护自己免受未来灾难打击的愿望——这是米特拉达梯所用的方法，他为了防备被毒死而吃毒药。黑色幽默不能使人发笑，只会使人脸扭曲收缩成难看的一团。

衰落的成因在于生产的容易和不愿劳作的懒惰，在于高雅艺术的过量和对怪诞事物的喜爱。

——伏尔泰（1748 年）

对于污秽的突出描写同样是过去自然主义小说中反映出来的兴趣的极端表现。时至今日，它得到了两场大众化战争的加强，参战的士兵亲身经历了泥和血。电视发明之后，它把这两者带入了千家万户。在此之前，诗歌和小说也出了一份力，描写"庸俗、粗鄙和污秽"，一位意大利批评家提到"垮掉的一代"运动时对此表示赞扬。在"垮掉的一代"这一流派出现之前，乔伊斯就常常有意进行令人厌恶的描写。与其像拜伦那样描写蔚蓝色的海洋，他宁愿写"脓鼻涕颜色的海"。到这一时代终了的时候，演员和剧团也知道该给自己取什么名字才能吸引观众的注意：垃圾、腐烂的强尼、性手枪、感恩而死，诸如此类。

　　如果谁还记得一个世纪前康拉德为艺术下的定义——"全心全意

地努力对可见的宇宙做出最忠实的描绘"——他就会猜想，20世纪的作家是否已不再想对宇宙进行忠实的描绘，或如果他们还想的话，是否可见的宇宙已经发生了重大的改变。这个问题没有简单的答案，头脑严谨的人会考虑到各种复杂的因素：艺术家仍然是忠实的描绘者，但一个世纪以来，他的努力帮助造成了可见宇宙的退化。不幸的是，在这种像兰波所呼吁的各种感觉的混淆中（＜618），艺术家和普通人都不知如何是好。批评放弃了它根据理智进行评论这一主要责任，转而进行赞扬和鼓吹，而不是在混乱中理出头绪。即使评论家并不是有意使用晦涩的文字，他的评论也因意思不清或互相矛盾而使混乱进一步加剧。

画中人物的凝视渗满画面。暗示着灵性和画面以外的事件。无题（两个裸体）中人物愕然的表情暗示了一个看不见的侵入者。另一幅画中的两个人目光盯着不同的方向……造成一种怪异的没有中心的状况。

——一位批评家对罗思科的画作的评论（1999年）

他的油画反映了孤独荒凉。他的素描笔触细微——如同石板上的粉笔画。他是在考验我们时代确定的规则。

——一位艺术家对另一位艺术家的评论

有些形状具有一种刺激的力量，它来自大自然中难以确定却能强烈感觉到的源泉，它经常具有双重意义，引起人的双重感情，这样的形状特别吸引着我。

——一位雕塑家谈自己的作品

音乐可以定义为用来表现一种精神冲动的由各种比例组成的系统。

——乔治·克拉姆（年月不详）

艺术就是在能被容忍的极限内随心所欲。

——安迪·沃霍尔（1987年）

※

　　每日面对着这种种费解的、惊人的、怪诞的（称为超现实主义的）、令人反感的、（性方面）狎昵的、令人不安的和心理反常的一切，人必然会去不断寻求对动机的理解。这导致了对心理分析的普遍热衷。在弗洛伊德的思想传播之后，心理分析得到普及，一种使用或误用技术术语的新形式迷信——通俗心理学——开始成为谈话以及小说和新闻报道的内容。心理分析通过解释行为或观点的成因，消除了讨论的必要——没有必要想出道理去应对所提出的观点；对方的心理动机已经说明了他为何有此观点。它相当于另一种形式的辱骂，对一个人盖棺定论。心理分析在传记中特别具有破坏性。其中的人物被压缩为一个案例，把他或她拉到与所有其他案例相等的水平；任何著名人士归根结底都是反英雄。但大众年代的探究并不到此为止。对个人事务的兴趣使得作者去采访与传主同时期，现仍健在的人，把所有的闲谈碎语都写入传记。传记的热心读者和别人一样口口声声要维护人的尊严，但他们忘了尊严是与一定程度的隐私相关联的。

> 尊重别人是多么令人愉快！我读书时对作者的爱情生活如何或是否玩纸牌毫不关心。我看到的只是他们的杰出作品。
> ——契诃夫《笔记》（年月不详）

考虑了大众时尚所有这些因素之后，就明白寻求轻松和自由的道理了。必须把过分的要求从自己身上转给他人，对自己有这些要求不是因为自己出类拔萃，而是基于人所共有的权利。所以集体的能量虽然给民众提供了充满便利的生活，却没能为文明增添任何内容，使一大群人处于不同程度的不满和愁苦之中。关于自身相对于世界的关系的想法，其原因随着西方的故事逐渐展开已经详细地讲述过了。从那个角度来看，这些原因是可以引起同情的，同时它们也帮助解释了西方文化终结之际的茫然。

　　必须记住，虽然形成大众时尚的习惯和欲望是存在于个人之中的，然而是他们——他们当中最能干最活跃的分子——制定了规则并领导着所有人都依赖的制度。前文表明有些这样的公共制度正在解体，运作的结果事与愿违，而且无法改变。再简单地看几个制度，特别是非官方或没有组织的制度，比如说语言，观察者就可以确定文化作为一个整体是否应算是陷入了衰落。

　　大众年代的语言衰落是因为言辞的膨胀和使用不当干扰了语言的力量、精确和清晰。正确性不再是优点，反而受到谴责。由此产生的如下障碍妨碍着行文的顺畅：词汇中尽是技术词语和仿术语，时髦的比喻泛滥，还有喜欢用表示一般性意思的长长的抽象词，而不用表示动作和物品、有具体意思的短词。语言地道的作家被认为头脑简单。西方所有语言都有同样的毛病。

过去说过,公立学校这一19世纪的伟大发明已经失去了教孩子识字的能力。毫无用处的教学方法,对教师荒谬的训练,对努力学习的反感,对仪器设备的喜爱以及模仿和改变外部世界的企图毁坏了整个西方的教育。这些方法和概念一从美国产生便马上被外国所采纳。[参阅劳伦斯·克雷明(Lawrence Cremin)所著《学校的改变》(*The Transformation of the School*)。]在美国学校衰退的最后阶段,家庭成为归咎的对象。要求家庭插手帮助,指责家长不"参与"孩子的学习,不认识老师,或者不了解教学大纲,子女受到管教的时候还与校方作对。他们应当成为制度的一部分,没有他们制度无法运作,而制度绝不是与他们为敌的。

总的来说,学校企图在民主的基础上重现实际的社区生活,建立社会习惯和态度,特别是科学思考的习惯。

——关于一个实行进步教育法的
学校的报告(1919年)

一位八年级的社会科学课的教师是这样开始讲授"中学的现代史教学"这一题目的:"有一种常见的误解,以为历史课就是对过去的学习。"

——西蒙·沙玛(1998年)

我看到一只拖船拉着一艘驳船。我知道了渡轮是什么样子。我喜欢渡轮大声鸣笛的那一时刻。我觉得这次出游好玩。我觉得出游不值得,因为这些东西我过去都看过了。

——四年级学生凯西·H(1972年)

从为蒸汽机车设计我们自己的铁路,到研究弗兰克·劳埃德·赖特设计的房屋,到设计游乐场的过山车轨道——物理教程就是这样在我的教室里教授的。

——宾夕法尼亚州麦坎吉的一位教师
(1999年)

学校智竭计穷,透过于家庭,但到底什么是"家庭"?从19世纪90年代开始对这一社会制度的攻击,加之后来的破坏性战争和关于性关系的新观念,已经使它发生了巨变,发展到"家庭价值观"这个短语居然成为信徒和异端的分水岭的地步,然而信徒并不总是行为的模范。传统的结合形式没有消失,但(肥皂剧渲染的)各种变体也变成了传统,包括双亲都上班的家庭,父母一方或双方受外面的雇主雇用但在家中工作的家庭，单亲家庭，家长可能有工作或者没有工作，有从前次婚姻带过来的孩子的"重组家庭"，连续几个月或几年闹离婚的家庭，抚养孙辈的家庭，有孩子或没孩子的未婚同居男女，有一个领养的或不是领养的孩子的同性恋伴侣。从这些情况中产生了两个新鲜事物：日托中心和半孤儿。

794

调整时间安排，付出大量精力和感情来抚养孩子并按学校的要求帮助孩子的教育，这是一项令人气馁的艰巨任务，更何况许多家庭还面临贫困和语言不通的障碍。结果，越来越多的孩子在家中得不到对学习的鼓励，没有起码的礼貌教养，没有丝毫道德意识。在这样的家庭里成长起来的孩子有的吸毒，有的十几岁就开始盗窃，并从事所谓没有意义的，但其实是没有良知的犯罪。他们组成帮派，男女都有，领导有力，规则严格。是他们而不是首相们重新发明了政府。他们在帮派活动中搞所谓的撒旦崇拜，因而重新发现了仪式的重要，虽然他们对宗教没有兴趣。那些在城市建筑物墙上乱涂乱画的人同一次性艺术制造者一样，一心要将文化与媒介一并摧毁。

※

19世纪90年代，当时处于新生时期的体育运动因培养称为运动家品格的崇高道德境界而得到赞扬。不到100年后，体育运动虽然还保留着光彩，却已失去了它的荣誉。竞赛极大地提高了技能，营养的改善也增强了人的体能，运动员和观众数以百万计，但运动作为业余爱好却在走下坡路。体育界中腐败猖獗；专业运动员为了金钱而作弊，或服用增强体力的违禁药物；运动冠军强暴妇女或进行其他的暴力犯罪。当两国的运动队打对手赛的时候，一群狂热的观众对另一群观众进行群殴；暴乱、受伤和死亡成了今天的运动家品格。与此同时，若没有体育运动，学院和大学就会失去它们的地位和校友的捐款。体育是爱国主义最后的栖身地。1998年，法国赢得世界杯足球冠军时，举国欢腾，就连敌对政党的领导人都握手言欢，宣布这一事件再次把全国团结在了一起。此后不久，也是在19世纪90年代中得到重生的奥林匹克运动会的管理人员被发现接受奥运会申办国的贿赂。

其他称为文科领域的专业也同样失去了自尊，不再享有从前的威望。曾经被奉若神明的医生被指控对病人漠不关心，只认钱，行医草率。在第二次世界大战期间，教授曾作为不可缺少的专家被延请入各个智库，如今已不复往昔的荣光。他们给学院生活注入了"政治正确性"的概念，并因这一概念造成的种种怪现状使他们自己成为笑料。学问成了包装在晦涩难懂的语言中的矫饰。律师不再分为值得敬重的和被人鄙视的两类。从莎士比亚作品中断章取义抽出来的"把律师都杀光"成了流行语。由于本着福利精神出台了众多保护性规则，因而造成诉讼激增，也引起了对律师的敌意；律师因追究产品赔偿责任对公司起诉而大发横财，因为陪审团确定的赔偿数额经常高得惊人。

在一些人看来不算专业的记者行业也未能逃脱公众的厌恶。新闻业抛弃了公正持中的理想，记者粉饰真相，在报道中塞入自己的评论，同时迎合据称是大众的需要，把新闻"人性化"。过去新闻报道首段概括事实的做法被抛弃，代之以小说似的开头，先描述场景，然后随意选择一人，引用他的一些可以预料得到的话来标出主调。在重要的信息披露之前经常先引用一连串专家的意见。新闻报道成了悬疑故事。新型"调查记者"侵犯隐私，纵容偷窃机密文件，并宣布自己是在履行"公众了解真相的权利"，因此不应受到惩罚。

比官方宣布之前早一个星期从报纸上读到自己升迁或贬谪的消息是常有的事。对公共人物来说，记者是反复无常的狗，只有经常给它提供新消息才能使它平静。广播新闻则内容贫乏，经常重复，只限于可以拍照的消息；自然灾害和其他灾难是它最好的题材。

记者自身对行业的状况也不满意，在报刊和讨论小组中不断批评同行们的表现。欧洲大陆上的记者协会和英国的一个半官方组织试图限制新闻报道中的过分行为。大部分从业人员对此类行为都不以为然，斯科蒂设法得到了每一个主要国家所提建议的全文,《纽约时报》每天及时把它们逐篇出版,这使政治家恼火万分,却引起了记者们的赞佩。

——詹姆斯·雷顿的讣告（1995 年）

但为了挖到重磅新闻却欲罢不能。与此同时,报纸的实际生产令人叹为观止。每天的报纸都版面众多,几百万单词和数字,排放合适的标题和图片,用户购买的各项广告,

星期日按顺序排列的厚厚的一叠增刊——所有这一切都行文通顺,几乎没有大错,这是每天凌晨时分完成的奇迹!

关于"传媒",还需要指出它们把构成统计生活（< 535、652）的最新发现广为传播。通过新闻报道和广告,每人或早或晚都知道了健康方面的需要和生活中的危险,还有行为的日常规范。统计生活是一支抽象的警察部队,在人的内心规范着人的行为。

※

796　　对越来越多的电脑迷来说,互联网提供了一个充满无穷奇迹的未来。就连不常接触电脑的人也为之目眩神迷。它证明了技术力量之强大。但这一新的德尔斐神谕并非每种用途都能使事情简化。就拿图书馆来说,研究者反而因此遇到了新的障碍。详情只有专业人员会感兴趣,此处只提两点明显的障碍即已足够。在大图书馆内,电脑终端机永远不敷使用,而以前人们可以同时在墙边排列的目录卡柜前进行查找。在小图书馆内,当唯一的一部电脑有人在用或"出了故障"的时候,所有的藏书就暂时无人能用。

科学和技术是唯一没有衰退的制度,这说的是在结果方面。做这个说明是有必要的,因为科学和技术并未免于严厉的社会和哲学批评。即使没有发生伪造数据的事情,它们也已失去了神圣性。一种颇有见地的观点认为,正是科学和技术造成了当今社会中最恶劣的弊病。太多理性和机械的东西破坏了人的精神生活。另外,无处不在的数字、技术术语和概念、对体系和公式——无论其是否可靠——的依赖,这

一切造成了一种监狱似的气氛。没有变化，没有闲暇，没有未经加工的东西；这种情况扼杀了对生活的简单的热爱。再者，复兴的宗教渴望仍然得不到满足，内部四分五裂的各个教会企图与其他教会团结起来却徒劳无功；20世纪早期在智力方面资本雄厚的神学已经衰弱，无力把文化推离它世俗——科学的基础。

在这种不安之上还要加上对核武器造成的毁灭和对操纵基因造成的混乱的恐惧。克隆是这方面令人不安的各种步骤的登峰造极。但任何担心和抗议都挡不住研究者和工程师的热情和巧思。确实，如今再也没有什么巨大的创新性想法能导致对确立的概念进行重新调整。只有一个重要的新生事物，尽管它的名字引人注意，其实它只是对现有知识的补充，没有造成什么改变。混沌这一物理学的新分支研究像天气或瀑布内部的运动这类不规则的事物。混沌不是把整体分为确定的部分，而是从整体中找出格式，因此，与分析的标准方法正好相反，避免了极端简化。它对记录物质和能量如何不断分解的热力学理论提出了怀疑，但没有提出解答。不过，混沌没有影响人对知识就是力量的信念，他们可以夸口证实了从培根到 T. H. 赫胥黎所有人提出的设想。

我要你
停止吸烟／系好安全带／吃蔬菜／少晒太阳／减肥／给车后座上的孩子系好安全带／讨论种族问题／使用避孕套／参加志愿工作／少吃肉类
——一幅山姆大叔手指画面外的海报上的字句（1997年）

至于技术，外空方案的奇迹就足以证明它的想象力和万能。1993年6月，位于佛罗里达的外空中心向空间伸出了一根1640英尺长的铜缆，在缆端的一根管子里发电，这是技术进步的一个生动的证明。它使人想到富兰克林，可以说把他的实验颠倒了过来。

外层空间是展示技术奇观的舞台，网络世界则是表现人类好奇、时髦、饶舌和贪婪的场所。万维网对大众人特性所产生的作用难以确定。它使了无生气的生活方式更为普遍，人人都只是坐在那里盯着计算机屏幕，因而进一步加剧了个人的孤独。它扩大了抽象的领域，对虚拟世界的掌握减少了对具体事物的兴趣。与此同时，网上的内容还是旧有的东西，不过是以多种混乱的方式表现出来罢了。说用户可以"掌握整个知识世界"完全是荒谬可笑的，正如以为计算机最终会思考一样——要等到有一天计算机学会对人冷嘲热讽了才能这么说。只有当人已经有了很多知识，并想得到更多的信息，以求在确定了这些信息的价值后把它们变为知识的时候，"整个知识世界"才能为人所掌握。互联网把错误的想法和信息与其他数据一样不加区别地传播，而最好的知识仍然是通过图书馆的书籍传播的。

20世纪最后关于"万维网"的报道说，它大受欢迎的结果是造成了进入网络的通道的拥塞；没有任何管理，可以随意向网上输送文字、数字、意见、图片和荒唐的东西，这种情况正在引起混乱，换句话说，正在以电子的形式复制世界。真实世界剩下的优势是它的内容分散在广袤的土地之上，如果脑子里已经没有地方，就不必往里塞更多的东西。

※

正如互联网的力量在于混乱一样，我们的图书馆的力量也依靠由第一修正案所保护的言论自由的混乱和鼓噪。
——斯图尔特·达尔泽尔法官
（1996年）

在大众年代的高潮——20世纪的下半叶，竟然找不出知识界中的一位人物与过去历史中的人物相提并论。只能回到世纪的上半叶去寻找有相应广度和力度的思想家。

明显的人选是奥尔特加·加塞特，《群众的反抗》一书的作者。他的许多其他哲学著作也是对文化史的贡献。［可先读他的《现代主题》（*The Modern Theme*）。］奥尔特加·加塞特于世纪中期逝世，但这位当时最敏锐的观察家在对艺术、教育、心理和社会理论的处理中也勾勒出了下一个时期的主要特征。他身后名字并不常被提起，学说并不常被引用，但这不等于对他的定论。［可读约翰·T. 格雷厄姆（John

T. Graham）所著《奥尔特加·加塞特：对生活的现实哲学》（*Ortega y Gasset: A Pragmatic Philosophy of Life*）。］早晚有一天，人们必将注意他作为目击者的论述；他也并非唯一的目击者。要充分地了解整个世纪，历史学家也必须倾听另外几个也是生活在那个时代的形成阶段的人的声音。只举三个美国人为例：约翰·杰伊·查普曼、阿尔伯特·杰伊·诺克和利奥·斯泰因。

※

从以上对个人时尚作风和社会制度的概述中，可以清楚地看出衰落中的大众文化并没有沉于惰性。它的活跃是与它所处的困境成正比的。一个领域中的瘫痪以及许多领域中的无能激起了克服它们的积极努力。许多思想敏锐的人准确地注意到文化的停滞，竭力主张采取看似可行的补救办法；谁都明白除了科学和技术之外，没有实现任何进步。但他们对宣称整个西方和这整个时代都已衰落却有些犹豫，而我们现在离那时已经有了一段时间的距离，所以可以毫不迟疑地使用衰落一词。

当时的有识之士不愿提及衰落，这种勉强是自然的，但话说回来，这并不意味着他们缺乏深刻的见解或勇气。那时留下的一份既没有日期也没有署名的文章最出色地表明了大众的思想和个性，恰好可以作为本书的结尾。它的标题为——

让我们以序言来作终结

"谨慎的历史学家在准备预测历史未来的发展之前会喃喃自语'舍德尔'。这不是什么魔咒，而是一位学识渊博的德意志人的名字，他在 1493 年，请注意这个日期，汇编并出版了《纽伦堡编年史》。编年史宣布人类历史七个时代中的第六个即将结束，并留下几张空白页用以记录最后的日子中可能还会发生的任何令人感兴趣的事情。我们现在已经知道，后来发生的是新大陆的开发和随之而来的所有发明创造——很难算是结束。我对这一风险心知肚明，但在我们自己这个时代到达终点的时候，还是想在这里写下我觉得可能、可信和有理的东西。

我们的时代

799 　一些描述性的称呼：不确定的时代、科学时代、虚无主义时代、屠杀的时代、群众时代、全球主义时代、独裁统治时代、设计的时代、失败的时代、通信时代、普通人时代、电影和民主时代、儿童时代、焦虑的时代、愤怒的时代、充满荒诞期望的时代

　　"有些作家称我们的年代为欧洲时代的结束。这样说从一个意义上是正确的，但从另一个意义上是错误的：它忽视了全球的欧洲化。技术、科学和民主远未在各地占据主导地位，在某些地区它们还在遭受着激烈的反对，但它们共同唤起了人们的向往，激发了他们的渴望。全世界人民想要的不是自由，而是解放和享受。在地球上西方这一角，人民尽情吸收别处人民的长处，指出了实现解放的道路，提供了拥有享受的手段。[值得浏览的一本书是汉弗莱·詹宁斯（Humphrey Jennings）所著《大混乱》（*Pandemonium*）。] 下个时代的情况和特点无可确知，若能猜测得到也就不是新东西了。但关于我们的现在和真正的明天之间这段间隔的特点尽可以进行揣测琢磨。史学家内心总有一股不可救药的冲动，想要从事件中辨识出模式，甚至不惜遭受因预言未来而可能招致的惩罚。

　　"描述这段过渡时期时，让我们暂且使用过去时态，像是从2300年回头来看的编年史。睿智的古人迪斯累里说过：'我们不会错的，因为我们研究了过去，而且我们的专长就是在未来发生时宣称我们发现了未来。'

"人民大致分为两组，他们不喜欢用阶级这个词。第一组人数较少，里面的男男女女天生有能力掌握技术的产品和自然科学的方法，特别是数学。数学对他们而言正如拉丁文之于中世纪的僧侣。这个现代精英阶层具有几何头脑（<216），因此特别适合于研究和工程行业。培根勋爵预言说，一旦科学的方法和倾向受到尊崇，这类头脑就将变得相对普遍。标度盘、触发器、蜂音器、测量仪、屏幕上的图像、发光的二极管、节约时间的标志和公式——这些东西给这群人提供感情上的满足，统治他人的手段，以资谈助的内容，以及生活的乐趣和存在的理由。

"这些复杂的东西形成了人们的思想，激发着人们的幻想，如同早时神学、诗歌和高雅艺术所做的那样。新人类把世界看作一个储物库，可以用键盘从中提取所需之物，谁若能增加库中存货就会大受尊敬。能做到这一点的人——越来越经常是女性——可能是发明家或理论家，因为比起前一个时期，对关于宇宙形成和生命起源的各种假设的兴趣不仅维持了下来，而且进一步加强。近200年来，人们一直认为找到最终的答案指日可待。

800

"从这个阶级——不，群体——中出现了行政长官和机构领导。这种情况与中世纪时几无二致，那时是僧侣，现在是网络专家（cybernist）。后者引以为自豪的是古希腊文 cybernetes 一词的意思是舵手、统治者。它证实了他们作为大众统治者的地位。大众既不能读也不会算；这些能力较差的公民绝不是野蛮人，但任何学校教育对他们来说都是浪费时间；这一点在世纪晚期已经证明了。现在有人说错不在学生，而在于教学方法不当，但连教师自己都宣布学生不可造就。于是，废除传统学校的运动迅速赢得了所有人支持。

"拯救了大众使之不致沦为粗野的蛮人的是500年来西方文化遗留下来的大量文学和历史（虽然存留的形式相当奇怪），再加上可观的东方文化的输入。在这一未受教育的群体中，有些人自己学会了阅读，汇编了文摘，对伟大的故事进行删改，把伟大的思想予以冲淡，给普通人提供了一种高于电视的文化。在 21 世纪时它的内容就已经相当庞杂了。公共朗读，背诵以旧诗改写的新诗，简单的话剧，还有关于（使上层阶级感到厌烦的）永恒的问题进行的辩论，这些活动滋养着普通公民的思想和灵魂。这种渴望、形象和信息的混合物近似中世纪的修道士、诗人和吟游诗人在古希腊和古罗马遗产的基础上创造出来的东西。这两个时代中的宗教信仰都多种多样，从深挚或一般的虔诚到神秘主义。

"至于社会组织，人民自动按照住区和职业分为不同的利益集团，社会给予的某些个人特权也是形成利益集团的因素。民族国家已不复存在，取而代之的是地区，面积小得多，但是确定的方法明智合理，是由经济而不是相同的语言和历史所决定的。商业事务掌握在公司主管手中，他们对自己作用的看法与他们中世纪的祖先相似。他们生活中的唯一目标不是扩张领土，而是收购公司和加大对市场的控制，这样做的重要理由是可以提高效率。这一理由很少得到事实的证明，但这方面的活动还是进行得热火朝天，行为者的个性也与中世纪的另一个典型相符合：神经永远紧张，经常对个人和公司采取粗暴的专断行为。开除、辞职、大批解雇工人和职员每天都有发生。然而没有流血事件，伤害和困苦也并不显而易见。自成立以后不断改善的全面福利制度修复了造成的伤害。福利制度的决定是在每个公民的身份号码的基础上由电脑做出的，很少有真正成立的冤情。由于打字错误造成的不公会得到纠正，只是时间早晚的问题。因此不需要公民投票人，也没有造成代议制政府瘫痪的永远的意见冲突。

"平等的目标不仅得以维持，而且平等感得到了加强。对科学的信念排除了在重要问题上的不同意见，科学方法使得人同此心。在日常工作中，数字研究的要求指导着消费者、父母、老人和病人。这一伟大的时代正如它开始时一样，也是以一种新的世界范围内的疾病结束，这一点无疑是凑巧。这种病（也同时代开始的那次一样）是通过性接触传染的。不过，经过密集的医学研究，在一段时间后找出了防治的方法，结果主要的致命疾病仍然还是心脏病，经常是由肥胖引起的；对自然的控制显然没有导致自我控制。由许多专门政府机构所保证的统计生活在安全社会的许多领域中都激发了成功的方案和宣传。过渡时期早期肆虐的道德无政府状态突然让位于人们彼此之间的严格监督。后来这种监督逐渐放松，虽然欺诈、腐败、性滥交和在家中或办公室内的暴政没有消失，但因为这些恶行必须偷偷地进行，所以只有胆大妄为或不顾后果的人才敢涉足。就连他们也同意，掩饰是出于对人的尊严的尊重，而不是虚伪的表现。

　　"至于和平与战争，前者是西方有别于世界其他地方的特点。西方和美洲的许多地区组成了一个松散的联盟，遵守布鲁塞尔和华盛顿协调订立的规则；它们经济繁荣，遵纪守法，拥有优势的进攻性的武器；它们决定任由世界其他地方的不同人民之间和他们内部的各个派别互相残杀，直到他们筋疲力尽，不得不寻求和平。

　　"过了一段时间，估计有一个多世纪，西方人的思想遭受了一种灾祸的侵袭：那就是烦闷无聊。在这种极为剧烈的侵袭面前，娱乐过度的人们在少数上层阶层焦躁不安的男女的领导下要求改革，最后通过通常的办法，即多次重复一个思想而终于实现了改革。这些激进分子开始学习原来被忽视的文学和哲学著作，并坚持说它们才反映了更充实的生活。他们号召大家以新的眼光来看待那些至今犹存的纪念碑，他们重新开放了长期以来被认为是如此之乏味以至于无人问津的作品或艺术的收藏。他们辨别出这些作品的不同风格和创作的不同年代。简言之，他们发现了一个过去，并且用它来创造一个新的现在。幸运的是，他们（除了几个学究以外）对过去模仿得并不逼真。他们对过去的东西投入了自己特有的看法，因此而为我们新生的，也许应该说是再生的文化奠定了基础。它在年轻有为的人的心中重新激起了热情，他们不断惊叹活着是多么令人欢欣。"

※

802   毋庸说明，这位无名作者的侃侃而谈不代表任何当代的意见潮流，只表示了他自己的想法，也无法确知他对未来的这种设想是什么时候，根据什么形成的。但是前面这段对大众生活和年代的概括在时间上可以归置于并说成是——

1995 年左右纽约所见

见识丛书

科学 历史 思想

更 新 知 识 地 图　　拓 展 认 知 边 界

From Dawn to Decadence

500 Years of Western Cultural Life,
1500 to the Present

从黎明到衰落

西方文化生活五百年，1500年至今

上

〔美〕雅克·巴尔赞◎著 林华◎译

中信出版集团 · 北京

图书在版编目（CIP）数据

从黎明到衰落：西方文化生活五百年，1500年至今
：全2册/（美）雅克·巴尔赞著；林华译. -- 2版. --
北京：中信出版社，2018.5（2025.1重印）
书名原文：From Dawn to Decadence:500 Years of
Western Cultural Life,1500 to the Present
ISBN 978-7-5086-8458-1

Ⅰ.①从… Ⅱ.①雅…②林… Ⅲ.①西方文化－文
化史－1500- Ⅳ.①K500.3

中国版本图书馆CIP数据核字（2017）第309397号

从黎明到衰落：西方文化生活五百年，1500年至今

著　　者：[美]雅克·巴尔赞
译　　者：林　华
出版发行：中信出版集团股份有限公司
　　　　　（北京市朝阳区东三环北路27号嘉铭中心　邮编　100020）
承　印　者：北京通州皇家印刷厂

开　　本：787mm×1092mm　1/16　　印　　张：63　　　字　　数：920千字
版　　次：2018年5月第2版　　　　　印　　次：2025年1月第10次印刷
京权图字：01-2013-3984
书　　号：ISBN 978-7-5086-8458-1
定　　价：128.00元（全2册）

一部传世巨著的诞生

早在 20 世纪 30 年代，年轻的雅克·巴尔赞就萌生了撰写一部西方文化史的念头，但被一位长者劝阻了。那位长者认为，这位年轻人掌握的知识还不足以写出一些有创意的东西，建议他把写作计划推迟到 80 岁之后开始。

巴尔赞听从并且履行了那位长者的意见，在自己 85 岁的时候，才开始写作这部文化史。此时的巴尔赞早已是史学界的一代宗师了。

数年之后，也就是 20 世纪结束的那一年，巴尔赞的文化史巨著《从黎明到衰落：西方文化生活五百年，1500 年至今》一书出版。

这一年，他 93 岁。

这是一个奇迹！

专家媒体推荐

吾人在哥大所最崇拜的业师之一。

唐德刚

著名美籍华人学者

他专治近世欧洲文化史，对音乐、文学、绘画无一不通，对当代社会科学、自然科学的各种发展，也极留心注意，可说是当代极少数拥有读者的通人之一。

夏志清

哥伦比亚大学中国文学名誉教授

我往往把他的书翻来覆去地读，逐渐体会其行文和推理的妙处，然后再据为己有。

李欧梵

香港中文大学人文学科教授

像他这样学识渊博的人在今天的西方也已经是硕果仅存。

甘阳

中山大学人文高等研究院院长

如果我们已经厌倦了现代学术的那种装腔作势的思考和夸夸其谈的阐释的话，回到巴尔赞那里，这是一个好的选择。通过他，或许可以找到重返现代文明源头的路径，重新回到那个属于但丁、路德、彼特拉克、达·芬奇、伊拉斯谟的文明的"黎明"时分。

张闳

上海同济大学文化批评研究所教授兼所长

雅克·巴尔赞生来就是注定要写这本书的，但是他在 50 岁的时候不可能写出来。这是一本杰作，只能出自大师之手，需要终其一生才能获得产生于智慧，而不仅仅是知识的卓见。感谢上天使他长寿健朗，得以完成这部别人连开头都力不能及的著作。

安妮·法迪曼

《美国学者》前主编

《从黎明到衰落》对过去的 500 年做了风趣、博学、大胆，特别是睿智的回顾。全书令人读来不忍释卷，对最喜爱的部分百读不厌。

格特鲁德·希默尔法布

著名历史学家、《一个国家，两种文化》作者

　　这部书对过去500年西方文化的评估内容精彩、引人深思、趣味盎然，是对抗当前浑浑噩噩的消费主义的最佳武器。除了雅克·巴尔赞，再无第二人能写出这部引人入胜的史学著作。阅读此书好似参加了一次这位当今思想最活跃、最渊博的学者主讲的座谈会。

戴安娜·拉维奇

纽约大学教授

　　这是一部绝妙好书。雅克·巴尔赞的渊博无可匹敌。无人能像他一样对500年的历史辑古钩沉，洞察入微，而行文又如此清楚、优雅、流畅。雅克·巴尔赞是当今时代的文化瑰宝，这已成为不争的事实。

约翰·西尔伯

波士顿大学校长

总目录

目　录

第二部分　从凡尔赛的沼泽、沙地到网球场

作者的话

20 世纪即将结束。进一步深究后，还会发现西方过去 500 年的文化也将同时终结。有鉴于此，我认为现在正是恰当的时候，应该依次回顾一遍我们这半个千年来伟大卓绝的成就和令人痛心的失败。

我还可以借此机会为感兴趣的后代描述目前衰落中某些我亲见亲历，但也许未被世人注意的方面，并说明它们同那些广为人知的衰落现象的联系。不过，书中占主导地位的还是生气勃勃、积极向上的内容：这本书面向的是那些喜欢阅读和了解艺术与思想、礼仪、道德与宗教以及这些方面活动的社会背景的人。我揣想，这样的读者喜欢有选择的批评性论述，不喜欢不置可否的大而全的叙述。再进一步揣测他们的喜好，并且为符合现代人的口味，我尽量以口语的方式来写，只偶尔流露一点儿学究气。

本书与所知的一些出色历史著述有所不同，它涵盖的时间包括现在，所以我特别花了心思来安排书中各部分的次序。联系在文化史中至为重要，因为文化是一张由许多条线织成的网；没有哪条线是独立存在的，也没有哪条线是在一个确切的日期，比如战争爆发或政权交替这类事件发生的日期，被一下子切断的。通常被称为标志着新思想问世或文化方向改变的事件只不过是突出的标杆，而非界墙。在书中，我对这类事件时有描述，但各部分的划分并不取决于它们。各章节的划分是在重新思考过去，辨别出了最清晰的格式后自然产生的。它们由四场大革命所框定——宗教革命、君主制革命、自由革命和社会革命——这些革命彼此间隔大约 100 年，它们的目标和理想至今仍然指导着我们的思想和行为。

※

在撰写此书期间，朋友和同事们常常问我花了多少时间准备。对此我只能回答：我的一生。我自20世纪20年代末期开始研究不同的时代和人物。在研究中，我发现了意外的新天地，得出了与一系列定论相左的结论。在做进一步的研究，重温了我已发表的著作后，我看到可以把我的发现串成一个连贯的故事。这里面介绍了原来湮没在历史中值得了解的人物，也描述了已知人物的新特征，并对人们熟悉的观点，尤其是对关于我们今天的成就和麻烦的历史来源的流行见解进行了重新评价。

我不期望读者会十分满意。谁也不愿意听到自己长期信奉的观点受到质疑，更不用说找出理由来为一条曾经被奉行而现在却受到普遍谴责的原则或政策开脱——比如君权神授或宗教迫害。在我们这个如此宽容、开通，而且意识形态如此厌恶暴力的时代中，如果想说明16或17世纪的时代特征有其道理，一定会触怒正直的人们。然而，如若不了解当时的情况之所以存在的道理，我们对现代思想和道德的理解就是不完整的。

我并不赞成君主统治，也不赞成迫害他人或任何其他应该已被摒弃的恶行。举这些例子是为了表示，我没有从流于现行的偏见。在争取达到历史学家的超然和同情的努力中，对付我自己的偏见就够我忙的了。如果像兰克所说的，每个时代在上帝眼中都有其存在的道理，那么在人[1]的眼中它至少应当得到同情。

超然不一定意味着客观。每个观察家都有某种方式的偏见，这是

---

[1] "人"在全书中指任一性别的人，除非上下文表明它指的是第二种意思，即男人。使用此种措辞的学术原因在82—85页（即本书边码）中做了说明。——作者注

不言自明的。然而，这并不是说对偏见无法警惕，或者说所有偏见都造成同等程度的歪曲，或者说刻意控制偏见与对其大肆宣扬同样糟糕。比方说对艺术，发现自己的盲点就做到了"客观"，这是超然的第一步。第二步是避免贬低那些无法引起自己共鸣的东西。然后还应把他人经研究做出的判断宣告于世。

因为我认为我们漫长的历史中有一些事件和人物与以前人们所认识的不同，所以我必须偶尔以我自己的名义发表意见并提出理由说明我为何持不同看法。我希望这样文责自负不会使一些评论家因此把本书定为"一本固执己见的书"。我要问，哪本值得一读的书不是如此？如果亨利·亚当斯只是对吉本随声附和，亦步亦趋的话，我们也不会珍视他的作品了。

关于己见这个问题，威廉·詹姆斯思考后得出结论说，哲学家呈现给我们的不是对世界的转述，而是对世界的看法。同样，史学家提出的是对过去的看法。好的历史著作不仅合理可信，而且有无可争辩的事实做坚实的基础。事实是不以个人意志为转移的，但事实的选择和组合却因人而异。看法就是通过排列事实的格式和其中的寓意来传达的。所有历史学家也正是以此种方式来补充人们对历史的了解。多读几位不同史学家的著作就会越来越多地了解历史的错综复杂。要想绝对准确无误地知道过去所发生的事情，恐怕只能求诸上帝了。

谈到寓意，需要在此说明一下书中使用的手法和符号。先说页侧引语的作用，这些引语是为了提供有关人物的"自我和声音"。它们就像杂志中常用的"摘句"——从文章中摘出来以吸引读者的句子。本书中用的不是"摘句"而是"补句"。插入引语而不加介绍是为了缩短篇幅，不用通常的"像伊拉斯谟给亨利八世的信中所说""马克·吐温谈到圣女贞德时说"这类字眼，否则引语结束时还要费笔墨收尾。我还利用这个小发明把不同的引语并列以达到对比和强调的目的。读者读完此书后会发现自己同时还欣赏了一部精辟妙语的选编。

同样为了简明起见，我用 16C、17C 这类字眼来指世纪[1]。用早期、中期、晚期来更为精确地标明时间，尽量少用确切的日期，因为人物、著作和事件并非出现伊始就开始造成文化变革的。

另一个值得一提的手法是我使用的主题，即在一个时期内反复出现的思想和目标。思想在书中做了阐述，目标则寓于所叙述的事件或趋势中。以后我还会细述主题的性质和范围。

为进一步帮助读者一窥全豹，用附有数字的（＜）或（＞）号指示某题目初次提及或下次讨论的页数。为使读者从其他著作那里得到进一步的启迪，我时时插入一句"参阅某某书"。这些书篇幅大多都不长。当写的是"可浏览某书"的时候，所指的是较长而值得翻阅的著作。我觉得这种参照方法要比通常在书后开列"供进一步阅读"的书单更为有用。这些书有许多不是近期出版的，但它们的知识性和趣味性丝毫不减。不像自然科学，越新越好。除了前边的一条脚注外再无其他脚注。

※

虽然我谈到本书内容时采用的是作者常用的第一人称口吻，但其实它是一种大协作的产物。我这一生从他人的思想中，从阅读中，从老师那里，从和我的学生、同事、朋友以及陌生人的谈话中获益匪浅，领悟良多；去各处的旅行开阔了我的眼界；艺术家的作品使我自孩提时期就得到智力上的磨炼，享受心灵上的愉悦。当我想到这一切的时候，这来自各方的巨大恩惠简直使我承受不起。若要把这些给我以教益的人们一一列举，名单会有电话黄页那么长。我在撰写此书的过程中一次又一次地体会到深深的感激之情。

机缘也是助我成书的一个因素：家庭背景、生活时代和出生地塑

[1]   中译均作 16 世纪、17 世纪。——编者注

造、指引了我的写作；失眠和长寿这两个纯偶然的因素使得一闪即逝
的见解有机会一次次重现而得以澄清确定。研究文化史的人最明白他
不可能全靠自己取得成功或提出卓有新意的见解。用威廉·詹姆斯的
话说，"每个思想和行为都起源于你死去了或活着的兄弟们的行为"。
他这句自我警策的话坦率地说明了他作为作者所处的地位，也确定了
撰写历史著作的原则。

序　言

看到"我们的过去"或"我们的文化"此类短语时,读者有权发
问:"我们指谁?"答案要由各人自定。现在竟无人知道哪些个人或团
体自认为属于本书所叙述的演变,目前的混乱由此可见一斑。

造成这种状况的根源正是这场演变。在我们的文化所处的这个周
期性阶段,许多人有充分的理由希望建起一道高墙把自己和过去隔开。
这表现了对目前某些事物的反感,它们似乎是我们的祖先留下的诅
咒。还有的人对某些特定的历史时期进行抨击,或干脆当它们不存在。
依着这样的心态,民族、宗教或文化的祖裔成了可以选择的东西:想
"寻根"的人可以随意地到任何地方去发掘。传统和教义多如牛毛,因
为文化本身已经衰老,并且正在解体。

这种急于摆脱的狂热也说明了为什么许多人亟欲谴责西方。但没
有人提议应当和可以用什么来完全取而代之。无论如何,西方文化不
是铁板一块,并非只有一种意义。西方是一连串无尽的对立——无论
在宗教、政治、艺术、道德还是礼仪方面。大部分对立经过初次冲突
后仍然留了下来。谴责并不能使人摆脱他所憎恨的东西,正如罔顾过
去不能取消其产生的影响。就拿街上戴着耳机听随身听的青年来说,
他和意大利无线电技术发明家马可尼以及随身听里播放的音乐的作曲
者的生活联系在了一起。博物馆里端详着伦勃朗油画的参观者在接受
着 17 世纪的信息。马丁·路德·金的热诚追随者应当琢磨一下他们领
袖的名字,这个名字使人联想到宗教改革时期的那位宗教改革家,把
20 世纪和 16 世纪联系了起来。

在日常工作中，国内外任何享受某种形式社会保障的人都受惠于一长串理论家和活动家的努力，这些人形形色色，包括弗洛伦斯·南丁格尔、圣西门伯爵、俾斯麦和萧伯纳。一个逃到比自己祖国更相宜的庇护国中的政治难民可以自由地呼吸，这要归功于成千上万敢想敢干的思想家和行动家为争取政治自由而付出的英勇努力——虽然他们在抗争中彼此常常是对头。

如果新归化的公民对他的移居国挑剔不满，可以抨击它的政策和领导人而不受惩罚，他能享有这样的权利应感谢伏尔泰这样的人。伏尔泰同样被迫远走他国以逃避迫害，并坚持自己的不同意见。就连开着装满炸药的汽车冲向仇国大楼的恐怖分子也是他要摧毁的东西的一部分：他使用的武器是阿尔弗雷德·诺贝尔的发明和内燃机发明者的成果。而为他的事业大声疾呼的有威尔逊总统这样的民族自决的倡导者，还有乔治·索列尔和俄国无政府主义者巴枯宁等宣扬暴力有理的人。

看到了这种联系，就会明白西方文化的果实——人权、社会福利、机器——并不是像野草一样自己长成的，而是无数人辛勤培育的结果。

我提到了一些著名人物，但他们前有已被遗忘的先驱，后有不断鼓吹一个思想直到它得到大众的赞同而实现的后继者。这种行为的持续不断就是活生生的历史，它们构成了所谓"文化"的实质。

> 人类的一切作为可归结为大小发明家的创造和其余人的模仿。个人指出道路，确定模式。模式间的竞争即世界的历史。
> ——威廉·詹姆斯（1908 年）

文化——这是怎样的一个词啊！直到几年前它还只包括两三个易于掌握和区分的方面，现在却成了到处可用的术语，包括五花八门、内容重叠的各种东西。几乎社会的每一部分都有为人口谈笔议的文化。有反文化，还有众多的次文化：民族文化、公司文化、青少年文化和大众文化。《纽约时报》有一篇社论讨论市警察署的文化。旅游版有一篇文章写到飞机文化和汽车文化的区别。同样，别忘了科学和人文这

"两种文化"令人痛心的分裂——像是会导致离婚的夫妻间的"文化冲突"。艺术家受到诱惑——不，应该说是感到有责任——去加入一种敌对文化，因为艺术家本性就是"他自己文化的敌人"，正如他是（同一份刊物的另一版上写的）"他自己文化的产物"。在教育领域，最新流行的是文化多元主义；在娱乐界，最受赞誉的是"跨文化活动"。在世界舞台上，专家警告说文化大战正在酝酿之中。

在这种概念的纷繁混乱之下，意味着蕴涵丰富思想的"文化"几乎不复存在。人们已经提出了超过 4 000 种有关文化的定义和分类，但这丰盛本身是否能滋养枯涸的心灵，使它超脱日常的纷扰，清除狭隘 xix 的偏见，还是很值得怀疑的事。一位智者说过："文化是你忘掉一切过去刻意学习过的东西之后所剩下来的。"这种意义的文化——从耕种文化中引申出来的一个简单的比喻——是如何丧失了权威，又被加上了众多并不恰当的意义呢？那些一时冲动建立的小型文化明显名不副实，但话说回来，它们体现的是前文所述的疏离倾向。这种倾向是由于同太多的人发生太多的争执造成的——处处掣肘，受到陌生人、机器、官僚的条条框框的制约，因此才愿意和一小群志同道合的人聚在一起。

以为这样就能达到心灵轻松完全是梦想，因为这些小集团并不独立。他们的"文化"只是地方的风俗传统、个人和机构性的习惯、阶级礼仪和偏见、语言或方言、教养或职业、教义、态度、习俗、时尚和迷信，甚至只是性情这种最狭义的东西。这些因素的各种组合如要找一个词来表示的话，可以用集团特质（ethos）一词。报刊等传媒向来钟爱来自希腊语的新名词，很快就会把这个词推广普及。

※

那么，真正包罗万象的文化都有哪些内容呢？我准备提纲挈领地追溯过去 500 年来艺术、科学、宗教、哲学和社会思想的演变，希望以此来表明西方人在这段时间内为世界提供了一套前所未有的思想和制度。如前所述，它既是一个统一的整体又有巨大的多样性。西方文明博采众长，因其不同之见和独创性而兴旺发达，是不折不扣的杂烩文明。不过，尽管它的内容有东拼西凑和互相冲突的地方，却有它特有的目的——这就是它的统一性所在。而目前，这些目的得到了最大限度的实现后正在导致它的灭亡。这灭亡表现在我们时代的各种僵局中：在民族主义、个人主义、高雅艺术、严格的道德和宗教信仰这些问题上都存在着支持和反对这两种截然相反的立场。

个人现在得到了充分发展，享受着各种各样的权利，包括不受权威妨碍做"自己的事"的权利。凡是活着的生物都有权利，包括非法移民、学童、罪犯、婴儿、植物和动物。这种经过长期斗争得来的普遍独立是西方的一个突出特征。解放是这个时代可能最具代表性的文化主题。当然，为了防止我的权利侵犯你的权利，同时也需要越来越多的限制。

与其平行的另一个主题是原始主义。摆脱先进文化的条条框框的渴望一次又一次反复出现。它是宗教改革的一个主要动机，后来又通过对"高尚的野蛮人"的狂热崇拜再次出现，那是远在据说是"高尚的野蛮人"一词的发明者卢梭之前的时候。信条简单的野蛮人身体健康，道德崇高，心情平静，比必须钻营欺骗才能发达的现代人优秀得多。18 世纪晚期，人们找回了这种乌托邦式的希望；19 世纪晚期，它反映在爱德华·卡彭特所著《文明产生的原因及其对策》之中。到了20 世纪 60 年代，这种思想则表现在年轻人的反叛中，他们有的组织公社，大家在一起过简单的生活；有的是"花孩儿"（Flower People），坚信爱是足以联系一切的社会纽带。

我们这 5 个世纪中共有 10 ～ 12 个这样的主题。它们不是历史"动力"或"原因"，而是隐藏在事件或运动后面的愿望、态度或目的，有的体现在长期存在的制度中。指出这种主题的一致性和连续性不是为了像马克思、斯宾格勒或汤因比那样提出一种新的历史哲学。他们认为历史由一股单一的力量向着一个单一的目的推进。我仍然是个历史学家，也就是说，是个讲故事的，试图解开男男女女和青少年（千万不要忘了青少年）的行动所织成的错综复杂的故事情节。他们的愿望就是推动历史前进的动力，前进的结果则由于客观情况的干预而无法预料，而且也不可能只有一个结果。

因此，故事讲的不只是事件和趋势，还有人物。叙述中常常出现人物素描肖像——有的想必是家喻户晓的名字，但更多的是被忽略的人物。我们当然会看到路德、达·芬奇、拉伯雷和鲁本斯，但也会看到纳瓦尔的玛格丽特、古尔奈的玛丽、瑞典的克里斯蒂娜，还有那些年代中其他和他们一样的人。他们是作为人出现的，而不只是参与作用者而已，因为历史首先是具体详细的，不是笼统抽象的。史学家在复述许多事情时提出笼统的概论，确定这样那样的"时期"和"主题"，其实不过是为了方便记忆。所述材料本身是曾经活着的人的思想和行动。

但是为什么说这故事要结束呢？当然，它并不是真的停止或完全毁灭。衰落这个词指的只是"减弱"。它并不意味着生活在这个时代中的人丧失了精力、才能或道德观念。正相反，现在是一个非常活跃的时代，充满着深深的关切和忧虑，又有着它特有的躁动不安，因为它看不到清晰的前进道路。它失去的是可能性。生活中艺术的各种形式已经用尽，发展的各个阶段也已走完。制度的运作艰涩困难，造成的重复和失望让人难以忍受。现在的主要历史力量是厌倦和疲乏。

有人会问，史学家怎么会知道衰落何时到来呢？我认为，这是从人们对弊病直言不讳，为新的信念上下求索中看出来的。近来在信奉基督教的西方兴起了几十种教派，有佛教、伊斯兰教、瑜伽、超脱静坐、文鲜明博士的统一教团，还有许多别的教派，有的热诚地宣扬集体自杀。对不信教的人来说，过去的理想似乎已经过时或永无实现的希望，讲求实际的目标变成了依靠暴力行动来维护的信条，像反对核战争、全球变暖和堕胎，保护环境及其动植物不被人使用（"让狼回来！"），提倡有机食品，反对加工食品，还有对科学技术的不满，等等。激励着所有这些反对情绪的力量是回归原始主义的冲动。

这样的事业给一个停滞社会中人们采取行动的愿望提供了发泄的焦点。在每一个城镇、郡县或国家，政府为了公益事业准备做的大部分事情一经提出立即遭到抵制。一个项目无论多么合理，总有不仅两个而是三到四个有组织或临时拼凑的团体提出同样合理的反对理由。结果是一种对现状的普遍敌意。由于这种敌意，人们频繁使用反（anti-）或后（post-）这种表达轻蔑意思的前缀语（反艺术，后现代主义），并许诺要重新发明这个或那个制度。人们希望只是通过丢弃现有的东西就会产生新的生命。

※

作为一个论点，姑且说"我们的文化"要完结了，那为什么选过去500年这一段时间呢？哪些因素使这一阶段成为一个统一的单位？1500年作为起始是约定俗成的：教科书一直以来都把这一年称为现代的开始。在本书的前6章中，几乎每一页里都看得到这样确定的充分理由。读者顺便会注意到"时代"在这里用于500年或更长的时间——足以使一个演变中的文化发展它的各种可能性；"时期"或"年代"则指一个时代内较短的有明显特征的一段时间。

如此严格区分可帮助澄清这方面的混乱。"现代"有时被用来指包括中世纪以来的时代，有时又指"现代主义"滥觞的时期，但对于现代主义的起始日期又众说纷纭，一说是1880年，还有的说是1900年或1920年（713＞）。本书对现代的划分不同于大学的通史课本。从文化的角度看历史需要不同的组合。大致说来分为三段时间，每段约125年，带我们从路德到牛顿，从路易十四到法国大革命的断头台，再从歌德到纽约军械库展览。第四段，即最后一段，讲20世纪剩余的时间。

如果如此分段需要解释的话，可以说第一个时期——1500—1660

年——围绕的问题是宗教中应当信什么，第二个时期——1661—1789年——主导问题是如何确定个人的地位和政府的模式，第三个时期——1790—1920年——思考的是以何种方法来实现社会和经济平等，最后的时期是所有上述努力混合产生的后果。

那么，什么是一个新的年代的标志呢？那就是某个目的具体表现的出现或消失。看看窗外，还有公告传报员吗？围观纵狗斗熊或在贝德勒姆疯人院门口哄笑的闲汉还在吗？再者，现在还有谁用"高贵"xxii这个字眼来夸奖人或像罗斯金一样形容艺术的类别？再来看看新书的献词，怎么没有对某某王公连篇累牍的阿谀奉承了？这每一个现已不存的现象都是变化的标志，无论在技术、道德态度、社会阶层还是对文学的支持方面。

对这种情形，报纸爱用"历史的垃圾箱"这个说法。它们以为这个概念是从卡尔·马克思那里借来的，其实是一位英国作家和下院议员奥古斯丁·比勒尔提出来的。检视一下这只垃圾箱，会发现它远不如人们想象的那么满满当当。过去5个世纪里，重复和复古屡见不鲜。举个例子说，只要看看近来对《圣经》经文和耶稣生平的求知兴趣就可以说明问题。或者可以想想另一个应该扔进垃圾箱却被忽略了的东西：报纸的星相专栏。模式间的竞争很少以完全的胜利告终，败者仍得以生存并斗争不止，对立方永远存在。

上面讲了许多西方的经历：它毫无顾忌地包容不同的民族，热切地吸收奇异的新事物，它的主要哲学流派不停地彼此冲突，它多次发生深刻的变化，深刻得足以造成特征明显的不同年代。在这之后再说西方文化500年来始终繁荣似乎有点儿互相矛盾，但实际上并无矛盾之处。整体并不意味着一致，而特征和变化是相宜的。一个人从婴儿到老年始终是一个整体，这一点无可置疑。另外，在一场内战中，虽然交战双方所有的政治和社会纽带都已切断，但坚韧的文化之网仍把它们连在了一起。双方都处于同等的文明水平。它们有相似的家庭结构、政府形式和道德标准，用的是同样的武器，有相似的带兵方法，穿的是同类的制服。它们都颁发军衔，高举自己的旗帜，而这种做法只有一种共同的意义。

最后一个问题：思想真的有力量吗？总有人对思想在历史中的影响持怀疑态度。怀疑者说："艺术和思想应当放到恰当的地位。伊丽莎白一世对现代英国人日常生活的形成所起的作用比莎士比亚要大。"如果这位批评家对他举的这个例子了解得更多更深的话，就应该知道伊丽莎白一世一个主要的棘手问题就是如何应付思想的威胁；这些思想来自她治下刚皈依新教的子民，他们正在和同样是以思想支配行动的天主教徒同胞们进行论战。

另外，如果看起来过去5个世纪的文化是个整体的话，还要归功于顽强的记忆，佐以对记录执着的保存。我们对历史特有的态度和我们引用历史作为论据的习惯，把事实变成了充满力量的思想。这种利用过去的做法正可以追溯到宣示现代到来的年代。

从路德的《九十五条论纲》
到玻意耳的"无形的学院"

四分五裂的西方

现代社会以一场革命开端，与这一时代的特征恰好吻合。这场革命通称宗教改革，然而，从 16 世纪改革开始，到一个世纪以后改革结束（是否真的结束了还是个疑问），前前后后所发生的一连串事件都具备革命的特征：为实现某个信念，通过暴力造成权力和财产的易手。

我们动辄把事物称作革命，已经成了习惯。一有改变我们习性的新发明或新做法出现，我们立刻惊呼"革命了！"。其实，革命所改变的不仅仅是个人的习惯和某种普遍做法，它改变的是整个文化。从 16 世纪的大动乱到现在，仅有后来的三场动乱也可以称之为革命。当然，历史书上把其他十几场动乱也称作革命，但那些动乱只是特别狂暴而已，其实不过是下列四大震荡中的局部性余震：16 世纪的宗教革命、17 世纪的君主制革命、贯穿 18—19 世纪的自由主义和个人主义的"法国"革命，以及 20 世纪发生的社会性的、集体主义的"俄国"革命。

把"法国"和"俄国"打上引号表示它们只是惯常的称呼。引发革命的思想在导致战争爆发之前已经在整个西方世界造成了震荡，引起了人们的苦苦思索，而通常提及的 1789 年和 1917 年只是标志着触发事件的发生时间。在这四次革命中，从初衷得到实现到各种副作用显现出来，前后经过几十年的时间方才尘埃落定——而它们的主导思想迄今仍在发挥作用。

一定要说是"西方"在 16 世纪陷入了分裂，因为在这里用"欧洲"

一词是不准确的。欧洲是从绵延不断的亚洲大陆伸出来的一个半岛，被莫名其妙地称作"大陆"。16世纪的革命只波及了半岛最西端的部分地方：从德国、波兰、奥地利、意大利向西直到大西洋。巴尔干地区属于信奉伊斯兰教的土耳其，而俄国信奉的是东正教，不是天主教。根据这个清楚的划分，西方即可称为"西欧"。

4

把四次革命中的第一次革命称为宗教革命也是不全面的。确实，这次革命使几百万人改变了信仰的形式和对命运的认识，但它的影响远不止于此：它提出了观念和信仰的多样性这两个问题，培育了一种新的国家感，提高了方言的地位，打消了西方人同宗同祖的一体感。最后，从长远的观点来看，它通过促进向海外新世界的移民使西方和西方文明的势力得到了空前的扩展。

※

1517年10月31日，萨克森一个矿工的儿子路德（Luther，他的名字又拼写为Lhuder、Lutter或Lotharius）把他的《九十五条论纲》张贴在维腾堡万圣教堂的大门上。他当时绝对无意造成他所属的天主（"普世"）教会的分裂，或者把他的世界分为两个敌对的阵营。

他张贴论文的做法并非超常之举。身为僧侣的他在新建的维腾堡大学（哈姆雷特后来在此就学）任神学教授，僧侣们常用这种方法发起辩论，类似现代人在学刊上发表争鸣性的文章。最近，一位德国学者宣称路德根本没有张贴他的论文。不管是张贴了还是没有张贴，反正他的论文迅速流传开来。他把论文誊写多份，分送给朋友，朋友们又转抄给其他人。不久，路德居然收到了从德意志南部倒流回来的印刷本，这完全出乎他的意料，使他感到不安。

这个小小的细节非常说明问题。倘若没有印刷技术的帮助，路德的改革希望很可能化为泡影，落得与此前200年的宗教改革者一样的下场。当时已通用40年的谷登堡活版印刷技术成了分裂西方的物质工具。关于这个新工艺，需要指出一点，印刷要成气候，单有印刷技术还不够，还要有优质的纸张、改良的油墨以及娴熟的工匠。这样，才可以快速、准确并大量地翻印传单，而且成本比手工抄写低廉。

许多新教徒撰写的论文穿插了由克拉纳赫、丢勒和其他著名艺术家创作的版画，以此吸引不识字的人，由他们的朋友把版画的说明念给他们听，从而扩大宣传。16 世纪有关《圣经》理论的文章以及彼此攻讦的文章不再完全用拉丁文来写作，专供僧侣阅读了，已经开始使用比较流行的方言，通过新生的大众传媒手段向民众宣传推广各种思想。

据估计，到 1500 年，各种著作已经出版了 40 000 多个版本，100 多家印刷厂共印出 900 多万册书，足见"书籍"这个新工艺品的力量。在清教徒斗争期间，有些城市有 6 家以上的印刷厂不分昼夜地开工。每隔几小时，信差就取走油墨未干的书籍，把它们送到安全的批发点——这就是最初的地下出版业［参阅吕西安·费弗尔（Lucien Febvre）和让·马丁（Jean Martin）合著的《书籍的诞生》（*The Coming of the Book*）］。

倘若路德无意发动革命，那么，他的目的何在？他只是希望"发掘忏悔圣礼的真相"。他提出的问题天真但又十分及时，因为当时正风行出售赎罪券。赎罪券就像是教皇以"众圣徒积攒的功德库"作为抵押开出的有担保的支票。信众以为，买了赎罪券，持券人就有了忏悔之道，就可以缩短自己或是朋友和家人在炼狱受苦的时间。路德对于以购买赎罪券来取代真正的痛悔和竭力的苦修提出了质疑。他认为教会拥有的唯一宝藏是福音。

除了路德以外，还有许多人真心虔诚敬神。他们愿意真诚信教，

> 赎罪券决不能赦免罪过；教皇本人无权作此赦免；赦免罪过之权属于上帝。
>
> 教会的决定只能影响世上众生，在炼狱中不起作用；教皇为炼狱中的人所能做的只是祈祷。
>
> 基督徒只要真心悔改就得到了上帝的赦免，与赎罪券无关，也就不需要赎罪券。
>
> ——摘自路德《九十五条论纲》

5

而不是买通通向天堂之路。这些觉醒的教众采取各种不同的信仰形式，其中有一种叫作现代信仰，这个名字真是意味深长。共同生活兄弟会这类团体的成立，新的文法学校的建立，肯培的托马斯所著《效法基督》（*The Imitation of Christ*）一类书籍的出版，以及普通民众的自发态度，都证明了改革先驱的努力已经开花结果。

这些改革先驱为数众多。从 14 世纪英国的威克利夫到 15 世纪波希米亚的约翰·胡斯，他们都做出了勇敢的尝试，要"回归初代教会"。朴实的早期基督徒的教会只是大家推选出来的管事人员。对于早期基督徒来说，福音书的教诲就已足够，现在仍应采取这种简朴的信仰方式。

威克利夫被后人称为"改革之晨星"。早在他之前，法国南部阿尔比镇周围的一大片地区在 13 世纪就完成了信仰的简化，但阿尔比派最终消亡。后来，任何鼓吹异端邪说的人都被绑在火刑柱上烧死。在教会内部，虽然不断有神职人员呼吁对"教会的首脑和成员进行改革"，但是，体制的自我改革历来罕见；虽然有改革的意愿，但传统的抵抗十分顽强。

在这样的背景下，路德鲜明的理论产生了爆炸性的影响。他先把文章送交美因茨大主教，但这个粗鄙而又贪婪的年轻主教和此事利益攸关，因为他要把出售赎罪券所得收入的三分之一中饱私囊，以补偿他不久前购买主教职位的花销。路德没有得到主教的答复，于是又把文章呈交给教皇，同时继续苦苦思索。

这时的路德已经 34 岁，不再是头脑冲动的年轻人。在过去的 7 年里，他担忧自己灵魂的状况，一直被痛苦甚至绝望所噬啮着。他曾经与自己的欲望以及仇恨和嫉妒的感觉苦苦抗争，但是最后失败了。

这么多的尖帽顶
都镶着双层蕾丝边
这么多的毡帽
我此生仅见。
教诲都头头是道
布道词都所言甚善
却没有人虔诚信神
我此生仅见。

——约翰·斯克尔顿（1500 年左右）

这样他怎么还能指望得到拯救呢？然而有一天，一位僧侣弟兄在背诵信经，念到"我信罪得赦免"时，路德听了幡然省悟，他说："我感到我得到了重生。"信心在不知不觉中突然降临于他。他那矛盾的自我，或者说威廉·詹姆斯所谓的"变态的灵魂"，顿时得到了神奇的治愈。这种神奇是上帝的恩赐。没有它，罪人不可能有信心，也不可能踏上得救的道路。此即新教思想之精髓，也是新教徒心路历程的实质。

路德公开他的发现之后，得到的反应热情踊跃，足以证明遭受内心折磨者大有人在。种田的农夫、自由城市里谨小慎微的商人、雄心勃勃的王公、颓败城堡里的破落骑士、圣坛前虔诚的僧侣，各类人中都有灵魂敏感的人。然而，对于自命风雅、沉迷酒色的教皇利奥十世来说，路德的感情迸发只不过是又一个小僧人在卖弄学问而已。路德的文章被转到一个神职官僚手里，这位官僚整整花了3年的时间对文章吹毛求疵，寻找里面的异端言论。

路德并没有坐等教皇的回答。对上帝恩典的感受，加上6年前作为修道会的使者去罗马时留下的记忆，使他又产生了一个简化的想法：信徒皆祭司。他绝非天主教神职人员受礼时所说的"又一个基督"，但他也不需要罗马教廷做中间人。他自己能直接靠近上帝，西方各地头重脚轻的教会体制是无用的。为了巩固这个理论，他又提出了基督徒自由的原则，即"基督徒是全然自由的万人之主，不受任何人的管辖。"

信徒皆祭司，是自由的主人翁，取消教会——路德把这一主张用德意志人日常通用的语言向他们广为宣传。它当然意味着一种新的生活方式，但是，路德并不想制造无政府主义者。他还声明了自由的另一面，即"基督徒是全然顺服的众人之仆，受一切人管辖"，也就是说，他服从于由王公统治的世俗社会。

这给非神职的当权者吃了定心丸，也标明了路德的道路。他无意中避开了危险的宗教先知的角色，承担起了反教权的作用。此举获得了多方支持。长期以来，攻击教皇一直是显示自己高明的一种做法，

7

同时还用来作为一种敲诈的手段。通过这种手段，国王们争取到政治上的让步；另外一些人谋得主教的位置。然而，教会并未因而得到任何改革。尽管人人认为教廷必须清除滥用权力的弊病，但是，我的特权不能碰。在这一点上，人人都寸步不让。

革命伊始首先明确了它的敌人：敌人不是天主教或它的教徒，而是教皇、他的下属以及他们搞的各种仪式，即敬拜神的种种烦琐手续。路德的《九十五条论纲》中有 41 条遭到教皇的谴责。教皇的谕令传到维腾堡时，路德借机示威，把谕令当众付之一炬，使围观的大学生人心大快。路德还把其他的一些教皇诏书、克雷芒六世的教令、《天使大全》以及一位为教皇摇旗呐喊的同僚约翰·冯·埃克写的一些书也一起扔进了火里。他说："焚毁坏书是一个古老的习俗。"

※

如微波掀起巨浪，一个平常的事件居然会引发革命，这实在令人错愕不已。不论是 1517 年的路德，还是 1789 年聚集在凡尔赛宫前的人群，都没有预想到他们的行动将最终造成的结果。发动 1917 年革命的俄国自由派分子更是对后果始料不及。谁也没有预想到革命会带来如此严重的破坏，谁也无法想象革命无论大小，都会煽起那么狂热的情绪和奇怪的行为。

先是有传言说某个僧侣对赎罪券提出了疑问，消息马上四下传开，迅疾异常，因为这传言与当时的形势恰好相符，同人们意识深处的某种情绪相吻合，或者说反映了当时的状态：传言可不是凭空而来——教会又在大规模出售赎罪券了。所涉及的事情和质疑者的名字引起了猜测、夸张、误解和编造，人们开始互相探问真情和这件事的含义，气氛因而紧张起来。时间感发生了变化，似乎过得快了起来，本来遥远的未来也不那么遥远了。

出于一时冲动，可能是为了打破紧张气氛，有人在教堂里大声喧哗，用石块砸破玻璃窗，因而挑起了一场殴斗。事情就这样在维腾堡开始了。这显然不是一般的闹事。有人站出来高谈阔论，或是呼吁人群保持冷静，或是鼓动大家采取行动，不要袖手旁观。随着更多消息的传播，形形色色的人都卷了进去。对这打乱了人们日常生活的事务，有赞颂的，有谴责的，众说纷纭。这事务到底是什么呢？具体来说，它包括：热血沸腾的青年人满怀希望地追求思想的新动向，痞子趁机聚众闹事，心怀不满的人发泄积怨。幻想狂、疯子、罪犯纷纷出动，趁火打劫。

礼仪和习俗被砸烂，污言秽语和公开的侮辱变得司空见惯。混乱之中，建筑物表面被涂写得乱七八糟，神像被毁坏，商店遭到抢劫。各种传单在兴奋和愤怒的人们中间一传十、十传百地传阅着，围绕着本已过时的一些话题又开始了尖锐的辩论：自由恋爱、教士结婚、僧侣破戒、共产共妻、立即一举清除一切罪恶和腐朽——创造一个崭新的人间天堂。

8

不朽的上帝！一个伟大的世纪在我的眼前开始了！

多么希望青春能重返！
　　　　　——伊拉斯谟致纪克姆·布德
　　　　　　　　　　　（1517 年）

生在那个黎明是何等幸福，青春是美妙的天堂。
　　　　　——华兹华斯纪念法国大革命的诗句
　　　　　　　　　　　（1805 年）

一个奇妙的现象发生了，缩小了人与人之间的差距：老百姓学会了他们原来不熟悉也不感兴趣的词汇和概念，像知识分子一样展开讨论，而知识分子则把他们通常关心的题目——艺术、哲学、学术研究——抛在脑后，因为革命的思想是唯一扣人心弦的主题。富人和"头脑清楚"的人出于恐惧而团结起来捍卫他们的财产和习俗，但是，该怎么办则意见不一。而且，许多人看到自己的孩子居然"站到了错误的一边"。权贵们密切观察，时而设法趁乱取利。舆论领导人力图把一些流行的想法综合起来，形成人们为之奋斗的一种立场。他们成为运动的领导者，或是安抚民众让他们放心，或是鼓动他们勇敢大胆。

辩论愈演愈烈。各种党派逐渐形成，它们自立名号，或被别人轻蔑地加上绰号。朋友反目，夫妻成仇。随着时间的推移，不断有人被指控为"叛徒"，事实上也的确有人改换门庭。当局不知所措，教会的领导软硬兼施，恩威并用，希望这场动乱最终会像过去所有的运动一样烟消云散。但是，权力和财产的转手却无可阻挡，这就是革命的象征，是它最终确定了革命的思想。

亨利八世打着改革和道义的旗号，公开没收了英国大小修道院的财产，因此而臭名昭著。但是，在16世纪，除了意大利和西班牙以外，政府没收教会财产的事件屡见不鲜。在转手的过程中，随着形势的变化，每过几年都要签订新的条约，有的是确认没收的行为，有的是推翻先前的决定。在旁观者看来，事态的发展如奔腾的洪水，而对局内人来说，它却是个周而复始的大旋涡。

革命给人带来的大致就是这种"感觉"。每次革命的成果和流血的程度不同，但它们的动机基本上由同样的因素组成：希望、野心、贪婪、恐惧、欲望、嫉妒、对秩序和艺术的仇恨、狂热、英勇的献身精神以及对破坏的痴迷。

时机的作用也不可低估。路德的思想广为传播的时候，正值亨利八世请求教皇宣告他的婚姻无效之际，因为他真心认为，他得不到男性后嗣是因为他和凯瑟琳王后的婚姻是乱伦。这位国王曾经撰文攻击路德，为此，教皇封他为"基督教的捍卫者"。但现在捍卫者不得不与教皇决裂，因为，凯瑟琳是神圣罗马帝国的皇帝查理五世的姨妈，查理五世根本不会允许离婚，所以，教皇也不敢准许离婚。在这场闹剧中，一个新的英国国教诞生了，它的最高领导不是僧侣，而是国王，并从此永远独立于罗马教廷。

事实上，国王的行动是为了保护他本人和王室的权力。尽管他没

当爱使一个君主领悟智慧
博林的双眼放出福音的光辉
（博林即安妮·博林）。
　　——《沉浮之乐》，摘自格雷的《墓园挽歌》，
　　　　　　讲亨利八世的困境

有改变神学教义，但他对教会土地的没收等于是朝着下一场革命默默地迈出了一步（239 ＞）。

※

人们也许会想，为什么萨克森选帝侯腓特烈没有听从教皇的要求去惩罚路德和他那些追随者呢？为了诱使腓特烈服从这个要求，教皇还奉送了"金玫瑰"这个崇高的荣誉。腓特烈创建了维腾堡大学，并安排了学校的人员编制，因此，他既是路德的君主，又是路德的雇主。他本人是虔诚的天主教徒，热衷于收藏圣人遗物。据说他共收藏了8 000多件圣物，包括耶稣摇篮里的干草。但是，他终其一生一直在保护这位焚烧教皇敕书的僧侣教授。

从诸如此类抵触教皇的迹象中，可以察觉到世俗统治者对宗教统治者的反感，地方当局对中央当局的敌对，以及德意志人民族感的加强，这造成了对"外来"要求的不耐烦。在与教皇和罗马教廷的冲突中，一些人自然而然会感到"那些意大利人"在干预"我们的事务"。其他人可以从古罗马历史学家塔西佗所著《日耳曼尼亚志》一书中找到民族自豪感——尽管当时日耳曼民族并不存在。在塔西佗笔下，罗马既腐朽又卑贱，而各个日耳曼部落则具有高尚的道德和自由。萨克森的腓特烈不一定会同意这种站不住脚的对比，但是个人的情感驱使他去保护路德：梵蒂冈的官员要对他心爱的大学里的教员兴师问罪，这是对他的冒犯。

当时宗教分裂还不成气候，教皇的要务仍然是打击异端。他争取到了刚刚当上罗马帝国皇帝、年少气盛的查理五世的支持。查理五世同意等帝国议会，即著名的沃尔姆斯议会，下一次开会时审判维腾堡那个捣乱分子。审判者软硬兼施，第一天，被告曾现出刹那的软弱，但第二天即表现得英勇不屈——简直像悲剧情节的转折。腓特烈担心路德有性命之虞，于是派人把他劫走，藏在一座城堡里，这座城堡就

10

是现在成了旅游胜地的瓦特堡。

路德逃过一劫以及他的理论得到传播全靠世俗力量在多地同时给予的支持。一个革命思想要取得成功，必须得到"不相关的利益"的强有力支持，而唯有军事力量能保证这一思想不被消灭。

在瓦特堡，尽管魔鬼派出的群鸦乱噪，多方捣乱，路德还是把《新约》翻译成了德文，并且选择了绝大多数人都懂的一种方言。如果大家都能看懂福音的话，就会明白他的意见是正确的。福音派信徒（Evangelical）的名称便由此而来。它比新教徒的名称老得多，也一直比新教徒一词更常用。新教徒（Protestant）的名称事出偶然，来源是一些代表抗议（protest）可能和天主教徒签署的一项协议。

路德虽然由于这意外的原因得以享受安息，但他仍然不断地向德意志人论述有关宗教、道德、政治和社会的重要问题。他为朋友们撰写的小册子和书籍以及致友人的信函被朋友"转印"出来，他还洋洋洒洒地撰写了大量的《圣经》评注、训诫和颂词。教徒把他的拉丁文著作翻译成德文，德文著作翻译成拉丁文。为把一个问题推广到全国范围而发起如此紧锣密鼓的宣传，这是史无前例的。反对派也进行反攻，大学里出现了两派对峙，这些事件又被写成文章。向基督徒宣传什么是真正的信仰，什么是良好社会的文章铺天盖地。这种现象350年后才告一段落。直到1900年，宗教书籍的出版数量（起码在英国）才首次被其他书籍超过。

这场战争在20世纪末又重新打响。宗教极端主义者是路德的唯《圣经》主义者在20世纪的翻版（＞40、261）。像450年前一样，西方出现了各种各样的教派，仅在法国就有172个，其中大多数是基督教教派。这种寻找信仰的新浪潮所带来的结果与当初一样，不过今天的骚动不如16世纪时的宣传鼓动那么彻底。人们要求全面回归宗教早期的状态，高呼原始主义的主题——回归到根本！当人们认为繁复的累赘已经埋没了一个体制原来宗旨的时候，当所有要求改革的理论都陷于失败的时候，他们中间最有思想、最活跃的人便会希望从"文明中解脱出来"。毋庸赘言，路德提出的"基督徒自由"也为现代的解放这一突出的主题打响了第一炮。

※

人们到底要把教会中"自上而下各个阶层"里的哪些东西清除掉呢？首先是众所周知的"腐败现象"——富有的修道院里贪婪的僧侣、尸位素餐的主教、纳妾的神父等等。道德沦丧的现象下面隐藏着更深刻的问题：各种神职人员的作用名存实亡。布道者不能给人以教诲，因为自己就愚昧不明；僧侣不是以自己的虔诚去拯救世界，而是成了游手好闲的牟利者；主教不关心教众的灵魂，而是热衷于搞政治、做生意。当然，他们中间也有少数虔诚的学者，他们的行为证明美德是有可能获得的。但是，一般来说，主教往往只是一个 12 岁的男孩，他有权有势的父母早早地为他的锦绣前程打定了基础。所以，整个体制已经烂透。尽管人们对此反复痛陈，但是，这个庞大的腐朽体制仍岿然不动。当人们把无益和荒谬的东西当作正常的东西来接受时，一个文化就衰落了。衰落一词并不是贬义词，它是一个技术性的形容词。在一个衰落了的文化中，最能发挥才能的主要是讽刺家。15 世纪初这种人大有人在，其中一位伟大的讽刺家是——

伊拉斯谟

在丢勒为他所绘的一幅著名肖像画中，他的眼睑谦逊地、若有所思地稍稍下垂，面部线条柔和，神色安详。后来的书中常常把他描写为一个谨慎、中庸、在斗争中妥协的学究。路德是个硬汉，而伊拉斯谟是个学究，所以反抗的成果归功于硬汉。

这样的结论大错特错。实际上，伊拉斯谟是位果敢独立的斗士，和路德一样脾气火暴，假如火暴脾气能算是革命者的一种美德的话。早在路德的思想还没有形成之前，伊拉斯谟就已经在积极地推动他的事业了。伊拉斯谟比路德更有学问，更加机智风趣，有着另一种不同的文学才能。他从一开始就抨击僧侣，揭露圣人，并宣告："几乎所有基督徒都因为盲从和愚昧而成为可悲的奴隶。"

他本人由于监护人的意思而违心地穿上了僧袍。尽管他父亲没有抛弃他，但他是私生子，所以被修道誓约给束缚住了。他对于神职生涯不感兴趣，正如路德和加尔文，那两人开始时都是选择法律作为专业。他侥幸得到了一位友善的主教的特别照顾，被永久免除了在职坐班的责任——这是神职人员责任松懈的又一表现。这样，这位年轻僧侣才过上了文艺复兴人文主义者的生活（74＞）。

他精通希腊文，这在当时是鲜见的一大才能，因而受到好学的王公们的特别青睐。在时事的所有问题上，开明人士把他视为预言家。教皇向他请教，而且要封他为主教，还（两次）要把他封为红衣主教。大学聘他担任教职，亨利八世企图把他留在自己的宫廷，查理五世采纳他的建议，路德请求得到他的支持，但遭到拒绝后耿耿于怀。尽管伊拉斯谟有时受到如此的重视，但也有的时候遭到僧侣们一致的高声怒骂。当罗马的政策发生动摇的时候，教皇对他发出谴责。在革命之前和革命期间，辩论大多以通信的方式进行，朋友们若是不同意他信中的观点，便对他不理不睬。从他的信所引起的反应中，伊拉斯谟正确地断定，他的力量来自笔杆，而不是头衔或党派活动。

伊拉斯谟曾经欢迎过福音主义运动，还通过编辑《新约》的希腊文版本和撰写通俗文章出过力。他是第一位以写作谋生的人文主义者，可见他的影响之大。继他之后，再无一人能像他一样对同时代人的思想产生如此巨大的影响，甚至连伏尔泰和萧伯纳都望尘莫及。因为

空气柔和甘甜。人民通情达理，聪明敏锐。不少人很有学问。他们熟谙经典，所以我不去意大利并不是损失。英国的女孩美似天仙，她们还有一个习俗值得大力推崇：你不管到哪儿，所有的女孩子都要亲吻你。迎接你的时候，她们亲吻你；与你告别的时候，她们还亲吻你；当你返回的时候，她们又亲吻你。一旦你尝过那温软的香唇，你就再也离不开那个地方了。

——伊拉斯谟论英国（1497年）

到了他们的时代，新教由于把僧侣和文人分为两大不同的社会团体，因而切断了思想家和大多数人民之间的联系。伊拉斯谟受过不少严厉的指责，但从来没有人说他"曲高和寡"。他若活在今天，情况可就不同了。

在很大程度上，代沟是造成意见分歧的原因。由于伊拉斯谟比路德年长近 20 岁，因此他不可能成为福音主义者。他是忠实的基督徒，但是他的信仰不是来自激情。同样，作为学者，他读《圣经》时有自己特殊的方法。他相信《圣经》的启示，而不是里面所有的格言和故事，因为其中有许多是诗意性的陈述、寓言和比喻。当他在古代经典著作中读到虔诚得近似于基督徒的人物时，忍不住半开玩笑地说："苏格拉底圣人啊，为我们祈祷吧！"

在路德看来，这是轻浮的亵渎行为。福音主义者鄙视人文主义者，尽管一些人文主义者早已摒弃了新教所攻击的宗教中的迷信成分。当伊拉斯谟拒绝接受路德否认自由意志的观点时，他们便彻底决裂了。伊拉斯谟被认定是无神论者。在宗教党派性强的人眼里，不信我的信仰就是无神论者。

伊拉斯谟还是个幽默家，认真的人会觉得这种人在大事上不严肃。但是伊拉斯谟非常严肃地批驳了路德的理论，即大多数人将注定永远受罚，只有少数人会得救，得救的原因不是他们一生行为无瑕，而是无法解释的上帝的恩典。如今人们说到上帝的恩典，只是运气好坏的意思。然而，当约翰·布拉德福德[1]看到一个罪犯被押往断头台而感叹道"约翰·布拉德福德能活着全托了上帝的福"的时候，他却从内心认定，上帝从赋予他和那个罪犯的生命的一开始就已决定了他们的结局。这就是预定论。这个信仰至今还很有市场，而且不仅局限于新教徒和信仰宗教的人（29＞）。

路德把这个奥秘视作基督教的核心，认为它给人带来"安慰"，

¹³

----

[1]　布拉德福德是英国的宗教改革者，因其改革主张被关进伦敦塔，1555 年 7 月 1 日遭火刑处死。这句话是他被囚禁在伦敦塔时所说。——译者注

而伊拉斯谟认为这个理论不合理，所以拒绝接受。他认为人的意志可以自由地在善与恶、智与愚之间进行选择，日常生活中每天都能看到这种自由意志的相互作用。他就此写了一篇讽刺性文章。这篇题为"对话集"的文章大受欢迎，以普通人之间对话的方式反映了他们遇到的琐碎问题，如士兵复员后遇到的困难、夫妻之间的口角、炼金术士的魔法、德意志客栈与法国客栈相比之下的糟糕服务。

伊拉斯谟虽然常常手头拮据，病痛缠身，但他热爱旅行，享受生活，喜欢到巴黎、牛津以及（晚年时）巴塞尔和博学的朋友们尽情倾谈。他最喜欢的出版商就在巴塞尔。[参阅安东尼·弗罗德（Anthony Froude）所著《伊拉斯谟的生平和通信》（*Life and Letters of Erasmus*）。]

伊拉斯谟在《愚人颂》这部伟大的著作中总结了他的生活观。他的朋友小霍尔拜因非常喜欢这本书，为书画了钢笔画插图，现代版的《愚人颂》中还常常翻印这些插图。书的标题顾名思义，说明各行各业的人常常不顾常理，偏爱做愚蠢的事。他们，尤其是那些极其愚蠢的人，其行为败坏了愚人的名声。愚人至少是诚实的、不做作的，永远以真面貌示人。愚人的父亲是主宰一切的财富之神普路托斯。（那些把目前的"物质主义文化"当作是我们时代首创的人士，请注意了。）愚人得出的结论是：总的来说，人越疯狂，越幸福。

在作者笔下，这个有趣的矛盾扩展开来，囊括了那个时代的社会百态。情节自

——我跟你说：我去过孔波斯特拉的圣詹姆斯大教堂。
——是出于好奇吗？
——不是，是为了宗教的原因。我的岳母曾经发誓，倘若她的女儿生了男孩，孩子活下来了，我这个做女婿的就会亲自到圣詹姆斯大教堂去谢恩。
——你有没有代表自己和你的岳母表达敬意呢？
——我代表全家向他谢恩了。
——你得到了什么答复呢？
——什么也没有。我把礼物递交上去之后，他似乎微笑了一下，还好像对我微微点了点头。
——无论是待客还是在送子方面，他都是最圣明的圣人。

——伊拉斯谟《对话集》

然流畅，毫不牵强。遗憾的是，书的后半部分尽管笔锋犀利，却完全放弃了"讲故事"，变为直接攻击神职人员和社会上其他的腐败现象。生动的现实未变，但是政治激情压过了艺术。早在路德对教廷，甚至对他自己的灵魂产生怀疑之前，伊拉斯谟已经对教会发起了口诛笔伐。《愚人颂》比《九十五条论纲》早出版了整整8年。

※

当路德和他的追随者对教会发起围剿的时候，他们没有想到或者根本未顾及他们的行为可能会导致暴力的发生。但是，双方头脑清醒的人都曾努力寻求妥协，伊拉斯谟式的观点并没有因路德思想的崛起而销声匿迹。许多主教和大主教都渴望改革，他们发现新教的理想也符合他们的愿望。而对于一些新教徒来说，只要教会清除腐败和"迷信"，他们也愿意接受妥协。在路德与罗马天主教会公开决裂之后，路德的年轻门生和发言人梅兰希顿起草了一份旨在实现妥协、团结教会的声明，但双方都拒绝接受。然而，最明智的一些人，包括神圣罗马帝国的皇帝在内，都憎恶内战，当一位侍臣对查理说到"人头落地"的时候，他回答说："不，亲爱的大人，不要提人头。"选帝侯腓特烈说："夺走生命容易，但谁能让死人复生呢？"

高层神职人员中也有人在争取和解。孔塔里尼大主教一生努力纠正教会的弊病，希望重新赢得路德派的信心。他对此直言不讳，甚至被怀疑是秘密的新教徒。但是，他在故乡威尼斯是杰出的外交家、德高望重的政治家和政治理论家，在查理的宫廷里，他总是很受欢迎；他的地位未遭动摇，但他始终未能召回路德派那些离群之羊。

一个新领会的思想能使人热血沸腾，摩拳擦掌。在大学和修道院这些安全的地方，有人鼓吹动武，许多非神职人员对此毫不犹豫。他们引用路德的话说："人必须为真理而战。"当财产受到威胁，或者面临被新教徒没收的危险的时候，武装冲突就在所难免。布道坛、教堂、

14

其他的宗教设施、官方设施以及特权也都将随之转手，而且不止一次地转手。当地人的情绪加上他们的力量将决定谁是新的主人。

由于偶然的原因，查理五世皇帝没有迅速出兵支援信仰天主教的王公镇压革命。他当时正在另一条战线上作战，在应付另一种更加岌岌可危的形势。信仰伊斯兰教的奥斯曼土耳其军队拿下了巴尔干，在经验老到的海盗的帮助下，他们的海军占领了地中海。维也纳这个西方的门户因而永远不得安宁。查理五世一方面被迫在北非和中欧作战，同时还要捍卫他在意大利和尼德兰的领地，抵抗法国人和异教徒的进攻。因此，他根本无力在战场上一举击败新教徒的起义。

当独立而穷困落魄的皇家骑士企图趁乱收复他们的财产时，内战爆发了。他们的头领葛兹·封·贝利欣根成了日耳曼民族英雄，后来歌德在一部剧中对他进行了热情的颂扬。骑士们被击败了，但是他们中间一个叫乌尔里希·冯·胡滕的人写了一篇题为"蒙昧者书简"的讽刺作品，对僧侣极尽仇恨、嘲弄和侮辱之能事。僧侣们勃然大怒，战争的狂热因此而成燎原之势。

在骑士起义爆发的两年后，农民也举起了义旗，而且他们造反的理由比骑士充足得多。路德马上赞同了农民的12条要求，其中一条是让他们自己选举牧师。其他几条请求减轻王公对他们的无情剥削。他们的请求被驳回后，由托马斯·闵采尔挑头，几千人揭竿而起，大肆烧杀抢掠。路德改变了立场，对那些人进行痛斥辱骂，要求王公剿灭他们。最后，有30 000户人家遭到屠杀或流放。

闵采尔赢得了农民的忠诚，因为他宣扬人生来平等，并应永远平等。这个概念并不现实，但是它激起了人们多大的向往啊！福音书的简明、自立、不受当局限制的信仰——这就是原始主义——在当时广泛流传。1543年在明斯特，一个被称为莱顿的约翰的裁缝创立了再洗礼教派，带领追随者建立起一个理想王国。他们横行地方，欺凌百姓，也打着平等的口号，但是他们的平等是约翰统治之下的平等，而约翰是独裁者，自己妻妾成群。这个王国满足了西方人脑子里挥之不去的一个梦想，即共产共妻。

有趣的是，在民主德国受苏联控制时期，闵采尔被奉为英雄。《纽约时报》最近有一篇文章也这样称呼他。莱顿的约翰可以说，他实行共产是受《新约》的启示，娶妻纳妾是学《旧约》的榜样。他只统治了一年就被推翻了，根据当时的做法，他被用最残忍的方式处死。后来，在1849年，梅耶贝尔以他的统治为素材写了一部场面宏大的歌剧《先知》。

17世纪中叶以前，暴力事件在欧洲司空见惯。暴乱、战斗、封锁、屠城、火刑、自我流亡以求保命，这类事情接连不断。在德意志各邦国，信奉天主教的诸侯和信仰新教的王公各自结为松散多变的联盟。他们彼此征战，停停打打，战争延续了23年。荷兰的战争没有拖这么久，瑞士各州的战事也没有持续很长。瑞士的战争起源于乌尔利希·茨温利的思想，这位干练的领袖把神学理论与经济改革相结合，挑起的革命最终使他自己丧身其中。在法国，这一世纪的后30年内爆发了8次内战，此外还有其他的袭击、刺杀和大屠杀事件，其中包括著名的圣巴托罗缪惨案。为派别狂热所驱动的英国内战要等到下一个世纪才发生（263＞）。路德以他一贯的坦诚承认说："他从来没有想到会走到这一步。"

伊拉斯谟始终是改革派，直到不久以前，他倡导的精神都是占上风的。在他以后的几百年里，大多数基督徒信仰中那种刻板、神秘、自我折磨和帮派的色彩逐渐淡化了。占主导地位的教会慢慢学会了容忍，采纳了行善的社会福音，也不再认为日益增加的非宗教的知识与《圣经》相冲突了。有意思的是，宗教派系的主要发起人本身绝非思想狭隘的人，这个人就是——

> **安特卫普，1581年5月2日**
> 8天以前，士兵和加尔文分子把比利时所有教堂和修道院里的绘画和神坛都砸毁了，僧侣和将近500名天主教徒被驱逐出去，有些甚至被囚禁，布鲁塞尔的天主教信仰算是完了。
>
> **安特卫普，1581年5月6日**
> 雕塑、鸣钟、铜器、圣人的石雕、蜡烛和其他一些教堂的用品装满了四艘船。它们将被运往纳尔瓦和莫斯科，寄卖人希望能卖个好价钱。
>
> ——《富格尔简报》

16

路德

　　一些人云亦云的人以为路德是个农民，粗陋、莽勇，对持反对意见的人恶语相向——有些人可能会说他是个"典型的德意志人"。的确，路德自己曾说过，他愤怒的时候表现得最有力。他故意与世俗唱反调，经常强调自己的农民出身，其实他是个手艺人的儿子。他需要有这种内在的不断刺激，说明他的个性比传说中的复杂得多。

　　他的成就使他跻身于恺撒、克伦威尔、拿破仑、俾斯麦这些伟人之行列，他们都是伟大的反抗者，靠自我奋斗取得成功。和这些伟人一样，路德的想象力和感性意识是他思想性格的重要组成部分。若是忽略这些因素，就无法完全理解他。路德为自己的灵魂担忧，这不仅反映了他的自我意识，还反映了他的想象力；他的好战也不应掩盖他感情的热烈和多才多艺。侥幸的是，他留下了应该像鲍斯韦尔的《约翰逊传》一样受欢迎的《桌边谈话录》一书，使我们能全面地认识他。〔由史密斯编辑的是一个较好的版本。〕

　　同罗马决裂以后，他的家成了学生招待所。传教士、信徒、学者、难民——多数为年轻人——这些来自四面八方的不速之客享受他的款待，利用他的好客之情。在位于他原来的修道院一翼的黑色回廊底层的大桌子旁，他就教义、时事以及人和生活高谈阔论。家里有这么多吃白食的人大吃大喝，使他常常手头窘迫，妻子凯蒂对此怨气冲天。每当这时候，他便去打零工，干一些体力活挣几个现钱，要不就卖掉个银酒杯。他身边的八个随从并不白吃饭，他们在两个秘书的协助下，记录"博士"的谈话并互相核对笔记。他们的记录使我们得以对当时热血青年的思想和争论的内容有所了解。

17　　改革者中，唯有路德在智力上和伊拉斯谟旗鼓相当。尽管他十分谦卑，但他很可能会说："上帝少不了智者的帮助。"在日常生活方面，他表现出来的完全是理智和柔情。他娶了一位相貌平平的修女，不是因为爱情，而是出于良知，因为她由于追随他的理论而无家可归。他逐渐开始珍惜她忠诚的帮助，后来真心爱上了她。友谊对他来说是神圣的。在他 50 岁那年——当时已经算是晚年——他先后失去了许多朋友，这使他悲痛欲绝。他的密友豪斯曼去世时，他一连痛哭了两天。

言语温和的梅兰希顿很早就追随路德，他比路德小 14 岁。路德对他视若己出，关怀备至，同时又推崇有加，敬为师长。路德说："他言辞精炼，能说服别人，指导别人。而我喋喋不休，言辞浮华。"他还说，梅兰希顿精通希腊文和拉丁文，而他自己的拉丁文词汇有限，行文粗陋。但是，梅兰希顿写的小册子却言辞尖刻。这位年轻的人文主义者说："我喜欢像男孩子一样打架。"当然，他在论战中用的是成人的词汇。他反犹太人的言论完全是谩骂。在 16 世纪和以后的 200 年里，侮辱作为哲理辩论中的一种修辞方式都是可以接受的。严肃的弥尔顿、理性时代的人以及研究济慈和雪莱的学者常常采用这个方式。路德最客气的骂人话是把他死对头埃克（Eck）博士叫作盖克（Geck）博士（即鹅博士）。但是，路德对于德意志人的粗鄙痛心疾首，称之为 Grobiana，这是他根据德文的 grob 自造的伪拉丁词，意思是"粗陋、粗野、粗鲁"。造成这种粗鄙的原因常常是酗酒，路德把这种行为痛骂为"肮脏下流的罪恶"。

然而，路德并不是假正经，他对性这一问题的见解反映了人之常情。他深知性的威力，他曾经睡在石板上面，以折磨自己的办法来压抑性欲，结果性欲反而有增无减。他曾经说过，"粉腮玉腿"的旖念驱使年轻人去订婚。"年轻时候的爱情是热烈的、令人陶醉的，会驱使人盲目行事。"所以，迫使年轻人出家禁欲是残酷的。即使在婚后，保持忠贞也绝非易事。对那些屈从于上帝赋予的繁衍后代本能的人不应该严惩。

他的坚强盟友、黑森的菲利普大公在这个问题上给他出了个难题。已婚的菲利普希望再娶一个妻子。他现在的妻子不中他的意，而他又坚决不赞成养情妇。路德当然希望能拯救这位忠诚的新教徒，使他不至于出轨。于是，他从《旧约》记载的那些祖先的事迹中找到了重婚的充分根据。他把《旧约》引文告诉菲利普的同时这样警告他："请便吧，但不要声张。"但是，这种事是瞒不住人的。新教徒对他的罪恶大加谴责，天主教徒则抓到了一个很好的把柄。

　　即使如此，谁都不能指责说路德向大人物低头。他（以及后来的加尔文和诺克斯）同王公和王妃说话时就像教训顽童那样。显然，革命并没有阻止人扮演神父的角色——路德不就是因为他的道德权威而被称为"父"的吗？路德把他的主要保护人腓特烈视为密友，批评他的过失时直言不讳，尽管他们从未见过面，都是通过腓特烈的管家打交道。

　　不管怎么说，路德是一个有势力的党派的领袖。有人称他为新教的教皇，一切问题都要得到他的裁决。他把这看成是可怕的琐事。他说，王公们，包括他自己，"是背着包袱，受到诱惑的众神，而老百姓福气好，没有诱惑"。他钦佩他的政敌查理五世能默默地、稳稳当当地承担着痛苦的责任。在整整 28 年里，除了撰写大量的论文、《圣经》评注、翻译和以上提到的通信之外，路德每个礼拜天都做三到四场布道。他著作汇编的标准英文版有 55 卷[1]。难怪他把一切财务和家事都推给了凯蒂。

　　他喜欢观赏大自然，以此来调剂繁重的案头工作。他酷爱生灵，算得上是自然主义者。他还会吹长笛、弹吉他、作曲和配词。他创作了 40 多首赞美诗，包括绝妙的《上主是我坚固保障》。与他同时代的人认为，他的赞美诗所起的作用可以与他的著作相媲美。的确，对路德来说，音乐的地位"仅次于理论。魔鬼仇恨音乐，因为音乐赶走了诱惑和邪念"。在他理想中的学校里，不会唱歌的人是不准执教的，"我也不会准许他布道"。

　　路德在狂热的工作期间有时会发作严重的抑郁症，他还遭受着病痛（结石）的折磨，此外还有信仰所要求的自我约束。他必须迫使自己

---

[1]　2009 年，《路德全集》魏玛版历经 126 年编辑完成，尽可能齐全地搜集了路德著作的手稿和早期　　印刷版本，共 123 卷，分为著作、《圣经》注释、书信与桌边谈话四个部分。——编者注

开阔的胸怀和思想服从《圣经》里的要求。他每年把《圣经》通读两遍，认为它至善至美，但他得出结论说"如果人只依靠理性，是无法同意《圣经》里的说法的"。《圣经》充满了奥秘，"只有傻子才会企图做出解释"。所以，基督教布道既艰巨又危险。"早知如此，我决不会做教士。"

　　重新发现福音书重要性的路德如此坦白，这是他和其他信徒之间的一大区别。很难想象加尔文和诺克斯会承认这一点。这使他和伊拉斯谟的观点更为接近，虽然他自己对此并无意识。但有一点他是清楚的：他不是"先知"。他没有听到"召唤"，他甚至不认为自己"被开释了"，即得救了。但他是在为上帝做事，有时不惜违逆自己的本意。"我杀害了农民。他们的死都算在我的头上；可这是主的命令。"他厌恶自己早期的一些著作。为了和不可见的世界沟通，他不断与魔鬼进行辩论，他认定应该把女巫立即处死，以防更大的祸害发生。对此，执法者不应该感到不安。"想一想慈悲的上帝说这话的时候是多么严厉：'咒骂父母的人应处死。'"

我完全不了解这可恶的病。我想它首先是老年人体弱的表现；其次，它是我长期劳累和思想紧张的结果；第三，这也是最重要的一点，它是撒旦对我的打击。倘若确实如此，那么，我的病就无药可医了。

——路德（1543 年）

19

※

　　路德令人不快的这一面反映了当时的时代特征。一旦刻板的唯《圣经》主义站住了脚，任何道德、社会和政治上的残酷行为都可以在《圣经》中找到依据，虽然正如路德所说，《旧约》和《新约》一个严厉，一个慈悲，互不相容。就像后来的那类要求绝对服从的非宗教意识形态一样，全看从哪个部分断章取义。在新教革命中，《旧约》或《新约》各自主宰了某一代人、某一个地方、某一位领袖。有时人们也对二者同时遵守，但行动中自相矛盾。圣书的解释者一会儿像耶稣那样悲悯宽恕，一会儿又像耶和华那样无情惩罚。对于那些有怜悯心的人来说，虔诚要求他们为服从正义而牺牲自然的情感；惩罚别人尽管使他们于心不忍，但借用天主教的用语说，它是一种"德行"。

路德要坚决惩罚的是犯罪分子和与魔鬼为伍的人。他认为其余的人不应因为他们的见解而受罚，像加尔文在日内瓦所实施的那样。路德看到梅兰希顿研究占星术，不断地预测罗马帝国皇帝的死期，这是崇拜偶像的行为，他说："星座和我们毫无关系。"但是，占星术家和炼金术士不应该被惩罚，甚至不应该被骚扰。宣扬日心说的哥白尼是大傻瓜，他的观点完全是疯话——不用理会他。像伊拉斯谟那样的人文主义者是无神论者，到时候自有报应。对于"不可挽救的大事"，不值得动怒。

路德有很强的幽默感，不因为人有弱点而烦恼。（在这一点上，他和伊拉斯谟一样，与所有其他的改革派不同。）他知道自己也有同样的弱点。按照福音的教诲，他认为忏悔的罪人比自以为是的人更可敬。事实上，他好几次贬斥"一味的好人"。这种信仰与道德行为对峙的现象在西方文化中屡次出现，后来表现为对"资产阶级及其价值观"的轻蔑。与过失和犯罪相比，体面显得呆板而又懦弱。在一次准备宣讲以醉酒著名的挪亚的布道词时，路德这种观点得到了生动的表现。头一天晚上，他在撰写布道词的时候，"笑着喝了一大口啤酒"。

不过路德也面临着一个大难题。《圣经》是真正信仰的唯一向导，里面每一个字都是"珍果"，意思明了，不得引申解释它的寓意，否则便成了无神论者。路德讥讽那些对《圣经》含义做引申解释的人说："我自己就能给他们写寓言。"与此同时，像路德这样聪明和诚实的人不可能对圣书中许多矛盾之处视而不见。当他以《旧约》为依据，建议黑森的菲利普重婚并对此保密的时候，他内心一定十分痛苦，因为他知道他所敬爱的使徒圣约翰和圣保罗绝对不会准许这样做。他不得不把《雅各书》贬为"稻草做的福音"，因为它宣传行善就能保证信仰的真诚。

直到晚年，像他早年在修道院的时候一样，他都承认情感和信仰一直在他的内心深处交战。他最宠爱的女儿死了以后，他呼喊道："亲爱的莉娜，你是好了。我精神上为你快乐，肉体却难忍悲伤。"他的不快乐逐年增加——对新教教义的背叛，他影响力的减弱，各处贪婪现象的加剧（"王公们就是牟利者"），世界"对福音不感恩"，土耳其人"百战百胜"，皇帝不断打败新教盟军，等等。简而言之，他终身为之奋斗的事业开始瓦解。世界的末日一定快来临了。有人看见了幻象，说天上出现了血、人影和燃烧着的十字架。恐怕尾声已到，世界就要完了。

路德在他的"论纲"登出不到30年后，于1546年溘然长逝。一年之后，维腾堡遭到围剿，萨克森选帝侯被捕，财产全部没收。路德发动的革命失败的命运就此注定。又经过了8年的斗争，才缔结了和平条约。条约承认了新教的独立，但只能是集体的独立。任何一个王公（和城镇）都可以选择新教或天主教，而臣民必须服从王公的选择，也可以自己离开；反抗者的唯一选择就是自我流放。最后一条暗示了，而且是部分地实现了个人主义。革命虽然没有在整个西方取得普遍的成果，但它已是既成事实，使西方生活的众多方面发生了巨大的变化。

新生活

布克哈特在《历史讲稿》中，把新教改革总结为逃避约束。的确，
解放是一切革命最明显的诱惑。革命煽动民众的情绪，使人感觉社会
生活永远是对他们的束缚。这就是弗洛伊德所说的"不满"的根源。
与这种感觉纠结在一起的还有另一种感觉，即古老的习俗是繁重的例
行公事，其枯燥乏味是伊拉斯谟的"愚人"的任意玩耍所无法减轻的。
人们感到的只有倦怠。

布克哈特的结论提醒了我们：16世纪初所打碎的不只是根深蒂固
的陈腐习俗，革命的实际得益者也不仅限于王公，它还为普通人解除
了一套难以承受的责任。福音传教士所谴责的"德行"每天都要消耗
金钱、时间和精力。弥撒是免费的，但纪念人一生中重大事件的活动却
需要花钱，如孩子的洗礼和第一次圣礼、婚礼、临终仪式和购买墓地。
忏悔以后的赎罪包括到圣地朝拜、奉献祭品，后来还包括购买赎罪券。

虔诚的基督徒必须定期施舍钱财，为病人和死去的人买蜡烛，做
弥撒。然后是交钱给"奉金收集人"，帮助教皇在罗马重建圣彼得大
教堂；不时还有修道士上门化缘。把尸体运到墓地要花一个金币（六
个先令），相当于为去世的人念颂20次祈祷词的费用。在有些为难的
情况下，还需要赎罪，这是一项少不了的可观开销。可恨的是，什一
税（教会对土地征收的十分之一的捐税）不是交给贫穷的教区教士，而
是落到了附近富裕的僧侣手里，而他们并未为拯救纳税人的灵魂出过
什么力。

忏悔、守斋和参加各大节日的游行也要耗去大量的时间和精力。有些虔诚的富人甚至觉得有义务出资维持一个小教堂，不停地为死去的人唱弥撒。还有些人临终前把财产和土地捐给教堂，剥夺了后人的继承权，缩小了市场的供应来源。

这些善行形成了僧侣阶层的利益，也激起了别人对他们的反对。当大片的地产移交到已经是一省之主的大主教手中时，王公们觉得他们的领地正在被逐渐蚕食。由于宣布的圣人节日越来越多，自由城市里的商人和手艺人被迫休业，损失了许多赚钱的机会。因为大主教第一年的收入要进贡给教皇，普通人的奉金也上交教皇，造成金钱大量流向罗马，使世俗统治者忧心忡忡。

不停的宗教仪式带来的是安慰还是焦虑，这当然难以衡量。有些人可能愿意到西班牙最西端的孔波斯特拉的圣詹姆斯教堂去朝圣，或者到附近的一个镇上去瞻仰圣人遗物，把这种活动作为对日常生活的调剂。圣人节日和游行也一样。经常参加仪式类似于我们今天的保健活动，祈祷、忏悔、星期五吃鱼等于是跑步和计算卡路里的摄入，遥远的圣坛就像是梅奥诊所[1]。这样的比喻只适用于并不狂热的人，当时大多数人是属于这一类的。但谁都知道，忽略了灵魂是要下地狱的。定期的仪式从心理作用的角度来看，是一种巩固信仰的可靠方式，但后来被谴责为最后审判日算账的粗俗做法。当这个算账的做法失败之后，路德宣称："我们又找到了救世主！"

用救世主来取代宗教行为是改变现实，也就是改变文化和个人的行为。崇拜圣人曾经是多神教的做法，人需要求众神保佑。每一个活着的人、每一项活动和制度、每一个城镇和乡村都以圣人命名，在他或她的庇护下生活。欧洲仍有不少天主教徒不庆祝自己的生日，而庆祝同名的圣人的节日。不同的人祈祷的对象不同：出门的人向圣克利斯托弗祈祷，水手向圣埃尔莫祈祷，老姑娘向圣凯瑟琳祈祷，孩子病

22

---

[1]　世界最具有影响力、医疗水平最高的医疗机构之一，创建于美国明尼苏达州罗切斯特市。——译者注

了求圣热尔曼，钥匙掉了求圣西瑟，想甩掉讨厌的丈夫便求圣威尔吉福提斯，大难当头便求圣裴德。

这种圣人的分工是早期西方的多神教徒皈依基督教时形成的。为了方便大家接受新的宗教，基督教的许多仪式和节日根据当时的习俗做了调整，由圣人取代了地方神祇。圣诞节、复活节和祈祷节（开春祝福土地）都是多神教节日的翻版。因此，清教徒仇视圣诞节，在 17 世纪的马萨诸塞，圣诞节被禁止了 22 年。在我们当今的时代，1982 年，南卡罗来纳州的真理圣所教会（125 个成员）把一个圣诞老人像吊上绞架，以示抗议。

考虑到传统的力量，路德允许崇拜圣母马利亚。在中世纪晚期，由于人们把怜悯和母性联系在一起，所以请求宽恕时找圣母马利亚而不是求耶稣。路德回忆说，他童年的时候，在布道中提到耶稣被认为是"女人气"。但是路德不允许教众向马利亚的母亲圣安妮或向其他受上帝宠惠的圣人祈祷。

路德之后新生活的这些细节说明了容易被人忽略的一点：这场革命严格来说不是宗教革命，而是神学革命。基督教并未让位于另外一个宗教，西欧人仍然笃信《旧约》中的奇迹。人不只是生活在田野中和街巷里，周围还存在着一个充满危险的肉眼看不见的世界，这个世界受着一种永存的正义权力的主宰，它决定一切，记录着人们心灵的所有活动。

革命所改变的是围绕信仰慢慢形成的思想体系，即意识形态。使用这一现代术语使人更容易理解持不同修正意见的各种宗教派别为何彼此表现出如此的愤怒。它也说明了为什么会以主张四海之内皆兄弟的耶稣的名义来发动"宗教战争"。在这一点上，似乎有这样的共识："非友即敌。"

※

　　只从物质利益的角度无法完全理解派别之间的残杀。物质的原因固然会引起战争，但战斗的激情远远不只是要夺回财产或报仇。16 世纪宗教信仰的实质现在很难吃透，因为此后发生的千变万化使人的心念脱离了拯救灵魂的目标。信仰的意义发生了变化，它分成了不同的分支，强烈的程度也被冲淡了。现在人们轻松地谈论别人（或自己）的宗教倾向——就像它是一种饮食或运动方面的爱好。

　　这些变化的发生并不完全是因为大多数西欧人认为物质科学已经成为"我们最好的希望和最信任的东西"。另一个原因是，每一个教徒的周围都有众多不信教和信仰不同教义的人。所有教义都得到宽容，它们一定都值得信仰，从某个意义上说都是"正确"的。在 16 世纪和更早期的时候，曾有一些无神论者，但是，不相信是一回事，可以把它解释为一种变态的邪恶；没有信仰却是另外一回事，它使信教的人更加不安，尤其当这种现象被视为习以为常的时候。信仰一旦失去了它的单一性，它在生活中的中心作用就随之消退，人们因此会失去和天下人享有共识的感觉。如果周围的人都理所当然地接受一些根本性的思想，它们就一定是真理。对多数人来说，这是最令人安心的。

　　这并不是说新教革命摧毁了所有信仰。如今，去教堂的人以千百万计，各种教派多达数百个，足以证明信仰的重振（＜ 10；28 ＞）。20 世纪 90 年代，教徒对于"世俗的人文主义"发起了激烈的进攻，使得宗教经过了很长一段时间的低潮之后，一跃成为公共辩论中的重要题目（40 ＞）。但是，新教确实摧毁了独一无二的真理和一致的信仰这一西方人过去的心灵慰藉。

　　即使在所谓"有信仰的时代"，也并非天下只有一种信仰，人人同样虔诚。总有一些人认为得救仅仅意味着个人的安全，甚至只是随波逐流而已。这里要说明的是，过去人们很少认为自己"有"或者"属于"一种宗教。宗教这个词有许多不同的用法，每个人都"有"一个中世纪和早期现代宗教的定义：
——修士的团会。——指表面现象而非内在的信仰。词根的意思多种多样：——收集，聚集。——捆绑。——通读。——传统。——出于惧怕的敬重。——专心一致，重新振作。

——摘自不同语言的辞典

灵魂，但不能说"有一个上帝"，因为上帝和与他有关的东西独一无二，正如今天没有人说相信"一种物理"一样；物理只有一种，人们自动地把它看作对现实的再现。

显然，20世纪需要用一个新词来充实信仰的意义。海明威在描写西班牙的书中做了这样的尝试："这并不是他所相信的东西，这是他的信仰。"出于同样的意图，一些现代神学家说相信是"信仰的中断"，其实就是异端，因为"相信"意味着对于信仰的对象做出陈述，或进行思考，这样，人就不能全心全意地去接受信仰。这个观点其实来自5世纪的圣奥古斯丁。

在新教革命之前、期间和之后，人们不管虔诚的程度深浅，始终相信他们不时会需要上帝的帮助。在书信中，人们总是求上帝保佑收信人，保佑这个罪孽的时代，还有写信者下一次的旅行或计划。商人在启用新账本的时候，扉页上总是写上"上帝保佑，财源茂盛"的字样。震撼人心的事件被视为上帝的警告或指令，比如年轻的路德在去法学院的路上被雷雨惊吓，他认为自己受惊是上帝旨意的显灵，要他为上帝服务，于是当时就许愿出家为僧。

每天要做好几次祷告，就像我们为了保持清洁而洗澡一样，因为魔鬼和它的爪牙们像细菌一样无处不在。撒旦各处活动，像竞选的政客一样做出各种承诺。在旅行中，路德发现撒旦隐藏在树丛中、云层里、废墟内。他知道福音主义者事业的波折是魔鬼捣乱造成的。女巫也是威胁，即使她们能为人治病。当然，天主教徒可以呼唤圣人或圣物的名字来抵挡撒旦。脚踏实地的教徒，无论是信天主教还是新教，所持的信念都类似东方的摩尼教，即世界被两种势力所主宰，邪恶的势力应该打击，善良的势力应该安抚。

世事的沧桑显示了拯救的价值。得到了拯救便万事大吉，而得救的保证是上帝最大的恩赐，这就是路德从"得救预定论"中得到的"安慰"。它保证被选中的人肯定会得到拯救。这是上帝给予他们的恩赐，不是通过努力就可以争取得到的。尽管如此，哪怕是最虔诚的基督徒在病中或死前还是担忧不

> 天主教包含了基督教的理想：在世界上一无所求。新教则自始至终是世俗性的。
> ——克尔凯郭尔（19世纪的新教徒）

> 改革只是刮掉了仍然束缚着我们思想的枷锁上的一点儿锈。……达尔文主义是新的改革。
> ——T.R.赫胥黎（19世纪的无神论者）

已：他是否命中注定要永生呢？在16世纪及之后很长一段时间里，得到拯救被理解为"肉体的重生"。福音的承诺是实实在在的：身体会复活。学者对发问的人回答说：圣奥古斯丁说过，生前脱落的头发和剪掉的指甲在新天新地的身体上会全部复原，尽管肉眼看不见。

现在使用的另一个术语"灵魂永生"，许诺的是一种不那么明确、无形的和脱离肉体的幸福。这个术语在后来几世纪才流行起来。1513年，天主教把它作为一条教义提出来，当时是针对有学问的人而不是对大众的，目的是抵制有些哲学家的"智力统一"论，即所谓一股精神来自上帝，灵魂从这股精神中生成，最后又回到那里。这些哲学家认为"绝对"既是上帝也是灵魂的来源，这一理论是19世纪欧洲和美国唯心主义哲学的前奏。个人和他人融为一体，因而失去了自己的个性，这种可能性是福音主义者和天主教徒都不能接受的，尤其是福音主义者，他们坚持每人都有一条直通上帝的我们现在所谓的"热线"。威廉·詹姆斯把他们称作"反社会的新教徒"。

16世纪的一些信徒极其重视个人，甚至宣称每个灵魂是单独创造出来的。另外一些人则可以接受灵魂的共同起源说。前一类人称为创世论者，这个名称现在指的是那些攻击进化论并认为整个人类都是由亚当和夏娃繁衍而来的人。

> 土耳其人给他们的人民讲的天堂中有感受得到的快乐，但是他们的地狱里有什么苦难却不清楚。基督教徒恰恰相反，他们说，在地狱里我们将承受各种痛苦，但是天堂里有什么享受就不明确了。
> ——约翰·塞尔顿（1650年左右）

※

26   关于意识形态就说这么多。革命还改变了文化的其他方面。根据新教的规矩，教堂不再兼作公共议事所、节日宴会厅和上演道德戏剧的剧场，也不能再上演歌舞杂耍，不能再举办一年一度的由"昏君"所主持的愚人节狂欢会餐，给信徒提供一个放松的机会。新建的新教"会堂"不能像天主教堂那样，在战争时期给妇女和儿童提供庇护所，更不能给罪犯提供庇护，教堂的民事作用因而全部丧失。

随着每一次新的教派改革，教堂的装饰物日渐减少。路德并不反对鲜花，他也不像一些狂热分子那样，要砸碎古老教堂的彩色玻璃和塑像。但是，画像、神坛桌布、蜡烛和圣物必须取缔，十字架和香火也必须取缔。罗马教会神职人员的服饰繁复异常，不同级别的人在不同场合所穿服装的颜色和布料，戴的帽子或圣带的形状，佩的金银饰物和镶边都各不相同，五花八门，使人观之难忘。英国的清教徒和长老会教徒称其为"粉饰偶像"。需要说明的是，那些部分是由于感官上的原因而向往宗教的人仍然选择天主教作为信仰，每一代人里都有这样的人。而对其余的人来说，教堂和艺术之间悠久的联系被永远地切断了。

新教教会的牧师往往娶妻生子，主持礼拜时身着普通衣衫。所谓牧师便是被选举出来为众人服务的那个人。当然，他仍然必须有一定的学问，需要有一定的正式神职授权。教区的教众自己选择他做牧师，而随着越来越多的异见教派的出现，教众也日益担当起支持他们的领袖及其活动的作用。路德宗仍然有主教，有的是选举出来的，由国家支付薪金。英国圣公会教会保留了等级制度，其他的教会由在俗的人担任执事或长老。极端分子严格按字面理解路德所说的"信徒皆祭司"的意思，比如，虔信派和教友派教徒"自我布道"。

所有新教教派的教徒在礼拜中都参与唱赞美诗。没有唱诗班，也不让僧侣替教友唱诗赞美主。所有的信徒聚集一堂，不熟练但诚心诚意地唱颂歌词和曲调简单的赞美诗。这些赞美诗可能是路德根据旧约诗篇或福音书中的一段编写的，内容不是威胁便是承诺，如"主啊，不管我们奉献给你多少，都会得到加倍的报偿"。人们不再下跪，不再向神父忏悔。人人都领受面包和葡萄酒这"两种圣餐"——面包不是祝圣过的薄饼，而是真正的面包，不过稍有一点儿陈了。过去只有神父领受葡萄酒，以免平常人不慎洒了耶稣的宝血。教士如洒了酒，手指要被切掉。

此外，由心不在焉的神父给一窍不通的听众念拉丁文的仪式也被取缔。训诫使用普通语言，被称为布道。布道的篇幅逐渐缩短，在布道刚刚成为新教仪式的一个主要内容时，尤其是在举办公开仪式时，一次布道可长达 3 小时之久。直到 19 世纪，对《圣经》中一两句话做"讲解"还需要一个小时，一天做两次礼拜是家常便饭。"英国人的礼拜天"成了形容一种奇怪的时间分配的用语。由于取缔了圣物和画像，新教徒只是在礼拜天上教堂做礼拜（孩子们上主日学），而天主教徒至今还保持着一天中任何时候都可以去教堂祈祷和冥思的传统。

新教教徒减少了圣礼引起的敬畏。他们取缔了临终的圣礼，其他的活动也只是仪式，失去了神秘的含义。圣餐仪式——早期叫感恩祭——没有弥撒那么频繁，路德认为一年四次就够了，而且它也不再能给死者和亲朋好友带来什么好处。别的解放包括新教徒可以与堂表亲通婚，如确实"年迈"的话，可拒绝宣誓或担任治安官。

使《圣经》成为思想和精神食粮，这是最有深远意义的文化变迁，其意义可以与穆罕默德给他的人民带来《古兰经》相比。路德 20 岁以前没有见过《圣经》，他所受的宗教教育完全是以神父为他选择的内容为基础的。在他之前，就有不少有思想的人希望把上帝的话带给人民，曾有过十几个翻译成普通语言的《圣经》版本。但是，是路德汇集了这些努力，使《圣经》成为所有新教教徒的圣书（bible 的原意是书），甚至在天主教徒的思想上也留下了烙印。

这在新教徒中产生的影响是深刻的。首先，它使整个人民有了共

27

同的知识背景和高级意义上的共同文化。19世纪的一件事便是很好的例子：一次柯勒律治在伦敦讲授英国的伟大作家这个题目，偶然提到约翰逊博士有一天晚上在回家的路上，看到街边脏水沟里躺着一个生病的烂醉女人，约翰逊用宽大的肩膀把她背回自己简陋的住所，给了她食物并留她过夜。时髦的听众大哗，男人嗤笑，女人愕然。柯勒律治停顿了一下，然后说："我提醒各位想一想撒马利亚人的寓言。"全场顿时肃静。

28　　《圣经》是部完整的文学著作，是座图书馆。它是诗歌和短篇故事的汇编。它的内容包括历史、传记、地理、哲学、政治学、心理学、卫生学、社会学（而且是统计社会学）、宇宙学、伦理学、神学，应有尽有。《圣经》对熟悉它内容的人有着巨大的吸引力，因为它生动地记载了人间事务。它虽然是宗教著作，但是面面俱到，包罗万象，无论哪种家庭或社会情形都能从《圣经》中找到相应的例子和道德训诫。

　　许多人家里往往只有《圣经》这本书，恭敬地放在重要的地方，空白的扉页上常常记载着家庭的历史，如姓名和生死婚嫁的日期。就此形成了除了饭前谢恩之外，家庭中一天还做三到四次祷告的习俗。当父亲或祖父给聚集一堂的家人，甚至包括用人，朗读《圣经》时，很自然会用赞美主的祷告词以及其他恰当的词句来抒发激情。在以后世俗思潮占上风的时代，大多数人失去了朗读《圣经》的习惯，人们思想和典故的共同背景也随之消失。所能想到的唯一能取代《圣经》这方面作用的好像只有报纸上的漫画。

翻开《圣经》，你会发现数不尽的出乎意料之处！
——乔治·赫伯特《罪孽》（1633年）

※

　　第一个福音主义教派繁衍出了现代数以百计的新教教派。目前，这样的教派大约有325个。它们形成的原因是内在亮光，加以对于《圣经》经文的钻研。关于对《圣经》内容的理解或是新先知的真实性，经常出现意见分歧，甚至常常就某个做法的细节产生异见。分歧不一定大，却有象征性的意义。门诺教拒绝使用机器，教徒不准钉纽扣。精神不正常但号召力十足的乔治·福克斯为了实现彻底平等，迫使教友派的教徒互相称汝，而不用你（常常所用不当），不准他们对任何人脱帽行礼。摩门教根据后来出现的另外一条训诫，奉行一夫多妻制；基督教科学派则根据一条更新的训诫拒绝承认疼痛，当然也拒绝用药。我们这个时代还出现了通过集体自杀以求得到拯救的教派。

　　最旷日持久、最充满暴力——应当说是鲜血淋漓——的冲突是由关于圣餐、三位一体、洗礼、恩赐、德行和得救预定论的争议而引起的。所有福音主义者共同的宗旨是憎恨天主教教会，称其为"巴比伦的娼妇"。唯有一个以斯特拉斯堡为中心，以两位卓越的思想家马丁·布塞尔和约翰·胡茨根为首的团体吁请大家就根本性问题达成协议，不要再进行这种致命的吹毛求疵。他们被称为宗教极端主义者，或是不置可否论者，后一个名称更加贴切，意思是反对破坏。其他所有教派都对他们恨之入骨，只少数有思想的学者和政治家除外。温和与明智同当时的时代精神格格不入。今天，不管是在伊斯兰国家还是在基督教国家，宗教极端主义的意思与那时斯特拉斯堡人的主张都截然相反，它的表达方式无一例外都是暴力性的。

　　这些问题是否只是那个时代所特有的呢？如果认真研究一下当时和现在对人的生活两类不同解释之间的文化连贯性，便会发现并非如此。尽管存在着语言和社会环境的差异，这种对比还是能帮助我们理解我们所走过的路程。

　　初期的改革派把圣餐——指谢恩和纪念耶稣与门徒共进的最后一次晚餐——看作他们的中心圣礼。他们在这一点上与天主教相同。但是，新教徒不接受这种概念，他们不认为神父有法力把面包和葡萄酒变成耶稣的血和肉——即圣餐变体。路德派教徒信仰的是圣体同质：面包和葡萄酒同时也就是耶稣的血和肉。它被称为真正的存在。它是

29

一个奥秘，而不是哪个披着神袍的人施展的法力。加尔文派把面包和酒只看作象征，只是通过它们来提醒人们记住那最后的晚餐。当有人向加尔文问起最后晚餐时，他说，耶稣无处不在，因此也存在于圣餐之中。但他只字不提这个奥秘。

让我们摒弃这些恶狠狠的措辞，这些党派的名称，以及像路德派、胡格诺、天主教这些分裂性、煽动性的词汇。我们不要给基督徒改名字。

——米歇尔·德洛皮塔尔在 1560 年
法国三级会议开幕式上的演讲

这样，加尔文派的信徒向着从定期的感恩仪式中悟出诗意和心灵的真情靠拢了一步，因此削弱了人的骄傲与自大。自然主义者的看法更彻底，他们认为原来的罪人洗清了罪孽，为得到宽恕而感激莫名，因而经历了奇迹般的变化：他的精神达到了耶稣所期望的境界。这算不算一个奥秘呢？如果我们反思一下自己生活中的重大变化，就会发现对此是没有答案的。比如，我们的身体是怎么自行治愈疾病的？有时是靠"神奇"药物的帮助，有时是由于吃了其实是用面包做成的假药片所起的心理作用，偶尔是因为受到感情上的冲击。又如，当我们的思想发生重大变化时，如观点、信仰或爱情有了变化，或获得了艺术灵感，原因又何在呢？我们只能看到结果，却看不到根本的原因。

再来看预定论。根据这个理论，德行不能保证得到拯救，而且人是没有自由意志的，这是新教最普遍的教义。当一种观点说服了这么多人，而且是这么多聪明人的时候，把它斥为幻想是不智之举；应该研究一下这个理论所依据的经验。路德就提供了这样的经验：他整整有 7 年彷徨无依，但有一天突然受到了上帝的启悟。前文谈到不信教的人中有许多人相信预定论（< 12），那些人闻听此言可能会感到吃惊。的确，他们并不认为大多数人，包括未经洗礼的婴儿，是命中注定要被永远诅咒的，但是，他们相信科学决定论，相信因果关系无法改变，而这就是预定论。任何在实验室中工作的人都会做出这样的结论。它排除了人的自由意志，断言任何现状和采取的任何行动都是一

系列事件的必然结果，可以一直追溯到创造宇宙的大爆炸之时。

　　大谈基因、潜意识或"人是化学机器"的社会科学家和老百姓用像路德和加尔文一样的方法来解释他人的行为和他们自己的行为。每个人的生活道路早已确定，任何时候都没有选择，意志仅仅是幻觉而已。人感到在受一种不为自己左右的力量的驱使，这是常见的，尤其在伟大的实干家和发明家中。有些人天生崇拜必然性，例如，腓特烈大帝自小受加尔文主义教育，虽然他后来超越了加尔文主义，但仍然是坚定的预定论者。现代犯罪学深深地植根于这种信念之中。主流公众舆论一致认为，罪犯不应该对其行动负责，因为他是"被支配"的（不论是遗传方面，还是后天方面）。恩典没有惠顾于他。

　　16 世纪其他的一些基本信念在当代也有其翻版。当年路德为灵魂而痛苦不已，而存在主义者则执着于焦虑，或对"人类的境况"感到绝望。莫名其妙的"罪恶感"目前似乎非常流行，尤其在许多抑郁症患者中间。这种病有时是医得好的，方法是自我反省并接受内省揭露出来的事实，路德的病就是这样医好了的。现代人的自我反省有心理医生的帮助。天主教的忏悔也是这种治疗方法的一种简化的形式。

　　在现在的开明时代，人们的词汇中仍然保留着罪过这个词。不少现代小说家、诗人和社会理论家把我们时代的暴行归咎于原罪，尽管这个词并没有明确的定义。它假定人性有着根本性的缺陷，但它比神学家的理论更加无情，因为它不包括赎罪和洗礼的效力。16 世纪的时候，赎罪和洗礼帮人卸除了思想上沉重的负担。对于当今的一些人来说，"科学的"的赎罪办法是政治革命。革命之后，历史将终结，社会将迎来无须法律的幸福祥和；换言之，迎来再洗礼主义者为之斗争了100 年之久的圣人王国（＜ 15；265 ＞）。

　　随着文化的变迁，古老的思想和情感不断得到重新解释，记住这一点，我们就能同情并理解宗教改革派的理论以及他们在各种奥秘面前所做出的选择。路德曾说过，与其说他相信，还不如说他亲身感受到了三位一体。他这话到底是什么意思呢？本世纪杰出的学者和高明的批评家多萝西·塞耶斯也声称有同感，并就此做了解释（742＞）：圣父、圣子和圣灵主宰一切创造，无论是艺术创造还是其他的创造，每一体都有其特定的作用。[参阅她所著的《创造者的思想》（*The Mind of the Maker*）一书。]固然，她用的是路德所不赞成的比喻方法，但是，路德如果是因为感受而不只是因为信仰而相信三位一体的话，他自己又能有什么办法呢？

31　　他同时代的一些人则积极鼓吹一位一体。一位名叫塞尔维特的西班牙医生由于不相信三位一体而被加尔文处死。他被称为"献身真理的烈士"，其实，他和他的敌人一样动辄使用迫害的方法。是他种种与宗教无关的行为大大激怒了加尔文，使加尔文不得已做出了处死他的决定。还是关于三位一体这个问题，在波兰避难的意大利的索齐尼叔侄俩争辩说，拒绝多神论，信仰圣人，这意味着只有一个上帝，而不是三个上帝同时存在。他们的追随者原先叫作索齐尼派，后来称为一位论派，在新英格兰地区影响特别大（542＞）。从逻辑上来看，如果只有一个上帝，那么，所有的宗教其实是万流归一。伏尔泰、维克多·雨果、萧伯纳、甘地等许多思想家都这么说过，但是对西方的宗教体制未能产生任何影响。

　　把16世纪的观念与后来把它们掩盖住，却没有消除它们的自然主义做比较，是为了表明尽管生活的奥秘的表现方式不断变化，但其中的意义却始终长存。这是一种抽象的连续性。相似不等于相同。历史上的事情有各自特定的外表和面貌。"不论从哪个角度看"都不能说500年前的新教徒和天主教徒同我们一模一样，分别只在于他们使用诗意的语言，我们使用科学性的语言。索齐尼派教徒的上帝不是"统一的原则"，而是拯救罪人的我主基督。这一切之间的相似之处是人的动机：信仰一个上帝的思想与把所有现象归结于一套规律之下的科学愿望是类似的。

※

青年人缺乏耐性。在任何运动中，第二代人往往不满于先驱者留下来的东西，包括混乱的状态。他们迫切需要建立一个制度、一种理论，以排斥持异议的人，团结有疑问的人，使所有的信徒归为一群。

在这样的努力中，野心造就领袖。革命中不存在"合法性"，谁能夺到权力，权力就属于谁，而最"纯"的、最严厉的、计划最周密的新人最有可能夺得权力。加尔文便是这样的人。他具备政治家的眼力和律师的头脑。他认为，路德不成体系的理论，加上人人能读懂《圣经》的现象对改革构成了威胁。任何一个略识几个字的人都可能认为自己听到了上帝的召唤，要他建立真正为上帝服务的教会。极端的观点会使疯子和煽动家蠢蠢欲动，斯特拉斯堡的不置可否派是妥协派，包含的面太广，不可能正确。有些天主教神父摇身一变，成了新教的牧师；他们左右逢源，为原来的教友做弥撒，又为别的人做路德式的礼拜。

同属于新教的牧师和他的客人友好地谈论着各种教义之间的区别，简直像在上一堂美好的教人宽容的课。牧师总结说："是的，我们两人信仰的是同一个上帝，但你有你的信仰方式，我用的却是上帝想要的方式。"

——新英格兰的传统

于是，加尔文在1534年出版了一本篇幅不长的小书。它成为加尔文主义的种子，最终把新教分成了两大派系。书名是"基督教要义"（"要义"的意思是"教导"），常常被类比为阿奎那的《神学大全》。其实它与《神学大全》根本无法相提并论。《基督教要义》开始只是一篇论文，后来陆续增加了新的内容才最后成书。尽管成书后它具有充分的连贯性，但它不是一个完整的哲学体系。它只是在圣书的基础上把一些新教的理论组织了一下，其实是一本讲义。它确实对普通人的思想产生了巨大的影响，但并非后无来者。西方智力的土壤是肥沃的。

例如，优秀的神学思想家阿格里科拉提倡一种早期的教友派思想。他说路德否认"努力"，禁止任何表达信仰的行为，而如果一个人真正虔诚，他应当可以选择自己遵守的规则。上面提到的马丁·布塞尔的宇宙观 200 年以后被普遍接受，称为自然神论，即上帝赋予他所创造出来的世界一套法则作为依据，以保证世界的永存，而他并不干预法则的运作。既然神意因此而不复存在，发生的任何事件就不再能解释为上帝的不满，祷告和仪式的重要性也消减为零。

在这些熠熠群星中，塞巴斯蒂安·卡斯泰里奥特别耀眼。他出生于法国的勃艮第，原名夏泰隆。他在里昂学习人文主义思想，很快转向新教，然后去了斯特拉斯堡，在那里见到了加尔文。他被加尔文召到日内瓦，25 岁就担任了学院的院长。他精通拉丁文、希腊文和希伯来文，但在他对《圣经》的研究中，他的庇护人认为他对《圣经》的解释太自由，因此他没能正式当上牧师。他搬到了巴塞尔，生活窘迫，不过后来被聘用为大学的希腊文教授。

和他在各地的同事们一样，他参与了关于预定论和三位一体问题的讨论。在三位一体问题上，他谴责了加尔文对塞尔维特的迫害。在这场辩论中，他第一次写出了关于"异教徒是否应受迫害"这个重大问题的文章。卡斯泰里奥在文章中反对迫害异教徒。时在 1554 年。他虽然翻译了整部《圣经》，先翻成古拉丁文，然后又翻译成活泼的法文方言，但他还是未能逃脱迫害，最后贫困潦倒，四处流浪。和他是同类人的蒙田对他惺惺相惜，在《随笔集》一书中给予了他热情的赞扬。

有一些人在异教徒问题上和卡斯泰里奥持有同样的观点，其中一个是康拉德·缪田。根据上述的定义，他是自然神论的信徒，认为所有的宗教本质同一，因此迫害没有意义。廷德尔也曾翻译过《圣经》，他说用恐吓的方式来推行信仰是错误的，违反了基督的话（虽然"迫使他们进来"也可以被解释为动用武力）。这些宽容主义者只是孤立的少数，别人对他们满怀憎厌，认为他们根本不懂为什么需要推动一致，对这方面宗教和世俗的理由都全然不知（271 ＞）。

另外一个名叫卡尔斯达特的创新者曾经是路德的好友，他认定自己身为传道者，应该衣不蔽体，过最贫穷的生活，（路德曾经嘲讽他）"像是粪堆上的农民"。卡尔斯达特否认圣餐中有耶稣的真正存在，这使他成为路德派阵营中的加尔文主义者。

具有讽刺意义的是，异见者中最温和的是虔信派分子。他们的先知是鞋匠雅各布·伯麦。在路德提倡的一切从简这一点上，他走到了极端。他说上帝知道一个人是否真正虔诚，如果是真的虔诚，就足够了；不需要传教士、牧师、教堂、礼拜，一个团体甚至连名称都不需要。虔诚的朋友们可以在家里或任何方便的地方安静地集会，一起祷告和冥思上帝的真理。福音不是说只要有两三个人的地方就有主在吗？虔敬主义产生了深远的影响。不少有组织的派别都是由它启发而成，如至今还在宾夕法尼亚州活动的莫拉维亚兄弟会、家庭主义者（他们效仿耶稣圣家）、教友协会（教友派），以及在法国爆发但很快被镇压下去的一场天主教神秘运动，它造成了当时两位最伟大的作家之间的争吵（298 ＞）。

在荷兰，人称阿米尼乌斯的雅各布·赫尔曼兹提出了一个不受强硬派欢迎的理论：所有的灵魂都可以通过耶稣得到救赎，预定论不是绝对的，而是有条件的。每个人可以通过自己的努力得到恩典，因而得到拯救——归根到底，自由意志还是存在的。这个与天主教的"自然恩典"相近的观点很快遭到了各方的谴责，但英国圣公会却不声不响地接受了它，18 世纪时约翰·卫斯理和他的循道宗教徒也采纳了这种观点。

一个名叫卡斯帕·施温弗尔德的特立独行的德意志人在这里不能不提。他说如果每个灵魂有特定的命运，那么，每个男女都可以在共同的基督教范围之内形成自己的信条。今天，当个人主义已经从一个时起时伏的主题变为一种政治和社会权利的时候，这位先知可以无愧

我们有加尔文的教义、天主教的礼拜仪式以及一个阿米尼乌斯神职人员。

——威廉·皮特，查塔姆伯爵

（1760 年左右）

地称为从众最多的改革者——千百万人都是不自觉的施温弗尔德分子。若非这个一人教会的特性是不准它起名字，否则可以恰当地称它为个人教派。

34　　接下来应该研究一下 16 世纪杰出的思想家，改革运动的改革者——

加尔文

他的成就是把路德关于基督徒自由的两大声明结合在一起：第一，通过信心得到个人的拯救；第二，为抵制无政府主义而服从社会。第二条的意思是由政府来控制道德和行为，这一制度是加尔文偶然建立的。他原来在法国的乡下做律师，是人文主义学者，曾经到过巴黎，在那儿受到了路德观点的感染。他在正统天主教的大本营索邦神学院遭到批评以后来到了当时是新教辩论中心的斯特拉斯堡。没过多久，在他 32 岁那年，可以说由于一个偶然的机会，他在日内瓦担当起了统治灵魂和规范行为的任务。当时，他途经日内瓦，因少数派改革分子的请求留下来，帮他们对付城里的那些神父。

加尔文并不像传闻所说的那样热衷于权力。他身体状况不佳，宁愿做研究工作，一度由于当地的倾轧被赶出日内瓦也无怨言。不久，他又被请了回去。自那以后，他就像是一位与国王周旋的首相一样，同市政府展开了斗争。为了维护新教，他用尽一切手段，包括指点、威胁、妥协。在当时的情况下，他事必躬亲，任何哪怕是微小的倒退都是他的道德观所不能容忍的。但是，与大多数拘谨的人或者官僚不同的是，他有深远的思想，而且知道如何以令人信服的方式来阐述他的观点。从 1535 年到 1559 年期间，随着大量学生涌入日内瓦听他讲学，讲义的内容需要扩充，《基督教要义》即因此不断扩充，终于成为一部完整的著作，现在它已成为拉丁文和法文的经典著作。加尔文把日内瓦变成了第二个维腾堡。

路德和加尔文这两位先知相互尊敬，但也彼此怀有戒心。当加尔文开始扬名的时候，路德的生命只剩下 5 年时间了，看到这么多的信徒因在细节上对他的神学理论有异议便另立旗号，路德当然不悦。但是，加尔文和路德的关系就像列宁和马克思的关系一样，加尔文在新教处于低潮的时候拯救了它。路德去世以后，查理五世在日耳曼战争中占了上风。维腾堡和萨克森选帝侯被击败了，但加尔文主义在北方和西方得到了蓬勃发展。

　　加尔文主义的吸引力并不只靠他的一本书。加尔文为培养牧师所创建的学院，也就是后来的市立大学，把日内瓦变成了欧洲的知识中心。新皈依的信徒、年轻的探求者和迷路的灵魂都到那儿去听课，离开的时候往往变成了传教士。例如，约翰·诺克斯几年前曾经是地中海的船工，在"征服"爱丁堡之前在学院受过训。到了爱丁堡以后，他把有潜力的苏格兰年轻人送到灵光之源的日内瓦。那儿到处是不同年龄，来自不同地方的外国人。它是热情洋溢的人们的麦加，难民的庇护所。

　　讲到加尔文和诺克斯，人们一定会想起清教徒这个名字。这个名字属于英格兰和新英格兰，而不是瑞士或苏格兰。和所有的绰号一样，它其实是以偏概全（262 ＞）。它和加尔文主义的共同之处只有一点，即应该进行自我克制。这算不得什么奇怪的想法。一般来说，革命都有这样的矛盾：开始的时候，它往往承诺实现自由，后来却转用强制性和"清教徒式"的手法，以压制对革命的怀疑和反抗（428 ＞）。要创建更加纯洁的生活，就必须要求人们忘记其他的目的，因此必须对公众和个人的行为加以管制。所以，适用于革命的主题不是自由而是解放。旧的锁链被打碎丢掉，换来的却是严格的道义责任。

> 教会除了不准参加圣餐之外，别无其他的惩罚。它既没有用于惩罚和控制的利剑，也没有可指挥的帝国，没有监狱或其他的苦刑。
>
> ——加尔文《基督教要义》（1536 年）

　　在加尔文管辖之下的日内瓦，人们一天必须上两次教堂，如有人缺席，或犯下通奸、渎神的行为，高度警惕的长老马上会汇报上去，教会立刻就会派人来对犯错的兄弟或姐妹好言相劝，而不是责骂。

但是"管教"是存在的。如果犯罪屡教不改，就要提交给民政当局处置。在那里，通奸罪可能会判死刑，全然忘记了耶稣在处理一个犯了通奸罪的女人时采用的是不同的办法。而像亵渎这种"用污蔑的方式伤害上帝"的奇怪的罪行是最不可饶恕的。有时，在日内瓦一个犯了罪的人出于政治原因可能会得到宽恕，可是，他会遭受巨大的社会压力，还要日夜担心死后会遭受地狱烈火的煎熬。此外，加尔文能够通过不准某人参加圣礼，也就是把他逐出教会的方式来切断该人与社会的一切联系。

避开了地狱的火焰，享受了天堂的温馨。
——约翰·海乌德，神学博士，
1696年的第10版，1733年的第33版

据说加尔文主义使每个人与所有其他人为敌，而且也与自己为敌。确实，它的严苛使许多人对犯罪害怕至极——班扬为此担惊受怕整整两年；当诗人柯施知道自己的灵魂迷失了之后，屡屡陷入不可思议的绝望之中；在严厉的加尔文式教育下成长起来的拜伦终生坚信，由于他的过错，他喜欢的一切事物最终都会变为邪恶。更令人吃惊的是，在日内瓦的出生和成长甚至影响了卢梭关于生活和国家的哲学。在英国和美国，更有无数的普通人，尤其是青少年，因加尔文主义的训诫而深受折磨。

36　至少在理论上，加尔文本人并没有像人们对加尔文主义所理解的那样压制享乐。在日内瓦，玩牌以及其他的娱乐不在禁止之列。在享乐这个问题上，他和路德各说各的。路德曾经写道，"基督徒对于世界如同死灰槁木"。然而，我们已经看到，他对本能和天性相当宽容，日子过得津津有味（<17）。而疾病缠身的加尔文并不享受生活，他的主张自相矛盾，只给人性留下一点点立足之地，用以体现上帝的善。

※

若把这两大派别作为一个整体来看，16 世纪末的地理分界线就清楚可见，尽管不完全准确。德意志各邦国基本上信路德宗，法国的一部分和荷兰的一部分信加尔文宗，瑞典和它周围的附属国都是路德宗，瑞士三分之二的地方信加尔文宗。英国创立了自己的教派，但只是反对天主教，并未经过彻底的改革。苏格兰属于加尔文宗。然而，到处都有小群的异教徒和头脑发热的人，为了惩办他们，忙坏了整整九代人。

这两者之间没有中庸之道：或者视世界为敝屣，或者因对它的热爱而难以自拔。信教的人虽然应该训练自己轻视现世，但不应因此而憎恨它或忘记上帝的恩典。它具有许多诱惑、许多快乐、恩赐和甜蜜，我们应该喜欢它，把它看作上帝恩赐的礼物，是决不应该予以鄙视的。如果天堂是我们的国家，那么，地上除了是我们的流亡地外，还能是什么呢？让我们盼望死亡并不断地为它冥思。

——加尔文《对来世的默想》

为了解放精神而自我压抑所产生的影响不仅在宗教方面。它和古代斯多葛派的道德规范非常相似，在加尔文时代和下一个世纪中，许多人文主义者把它当作自己生活的哲学，这并不令人奇怪（＞ 52）。人们愿意接受约束显然不全是加尔文主义的影响，而是出于大众倾向中的一种共性。经过了造反的轰轰烈烈和文化新转折的兴奋激动之后，人们转而喜欢严谨的举止和冷静的思考。奇怪的是，这些本来是用于自修的方法现在却被用来解释一个复杂的经济问题，即资本主义的抬头。由于不断地被援用，一位德国学者和一位英国学者的理论已经成了思想的教条，即资本主义的诞生和成功归功于宗教改革者的教义。新教的"劳动道德观"创造了企业家，即资本主义制度中的经济人。

难道敬畏上帝，内心焦虑的新教徒注定要成为资本家吗？社会学家马克斯·韦伯和社会主义者理查德·托尼都曾撰著从不同角度论述这种所谓的文化联系，他们的著作现在几乎成为经典。现代批评资本主义的人高兴地看到，这种文化上的联系把资本主义制度以及它的罪恶同"僵硬的道德"和"站不住脚的神学"挂起钩来；严格的马克思主义者却感到恼怒，因为它用一种精神行为取代了物质力量作为推动历史前进的因素。

韦伯和托尼的理论是以社会学和心理学为基础的。新教通过使信徒对自己的拯救产生怀疑，给了他得到恩赐的希望，激励他像被上帝选中的人那样行事，即冷静、认真和勤劳。他的道德准则决定了他处处精打细算，不论是今生还是来世，他都不屈不挠地，但又小心谨慎地办事。相比之下，天主教徒就随和多了，他用象征性的、在今世没有多大意义的"德行"来买通通往天堂的精神之路。他非但不赞美实际的劳动，反而把它看作是亚当的诅咒。天主教谴责借钱给人要利息的做法是放高利贷。发财致富不是典范，恰恰相反，贫贱才是神圣的标志。

韦伯和托尼的著作中提到了一些就生活和工作进行道德论述的有趣例子，包括清教徒巴克斯特和本杰明·富兰克林以及他笔下精明狡猾的穷理查。但是，韦伯和托尼的论述都经不起批评。比如，韦伯写到清教徒的"苦行主义"，这无论在用词上还是从事实来看，都是夸大其词（262＞）。更重要的是，资本主义在新教革命之前就已诞生，因此它的"精神"一定早就有了。早在中世纪就有人主张允许资本形式的高利贷和贸易，这个主张也确实得到了实行。中世纪的修道院长用剩余的资金放债，如果利息不超过百分之十，他们放高利贷的罪过就能得到宽恕。

此外，大规模的银行制度在意大利早已发展起来，银行家美第奇家族就是突出的例子，所以它并不是新教的产物。新教自出现以后在意大利反而发展得最慢。新教方面的事实也证明了上述理论的错误：路德和加尔文都谴责牟利，痛斥"时代的物质主义"。（每个时代都是物质主义的时代，都应予以痛斥。）加尔文勉强同意，在少数有明确规定的情况下可以收百分之五的利息。他鼓励教徒生活尽量俭朴，省下钱来做善事。在 16 世纪，无论谁成为资本主义企业家，都不是因为受了加尔文的启发。在整个 17 世纪，传教士都到处谴责放高利贷和牟利的欲望。

还有，皈依新教的国家在经济上并不先进，而信仰天主教的法国则遥遥领先，直到它在 17 世纪末穷兵黩武，花费巨大，才耗竭了财富。早在改革运动的思想到来之前，德意志北部、荷兰以及波罗的海地区各大城市的贸易就已经相当繁荣。最后要提的一点，也恰好反映了在我们这个"通信时代"知识传播的情况是多么糟糕：根据韦伯的理论，新教伦理只是一个因素，还要研究五六个其他因素之后，才能了解"新教伦理"在多大程度上促进了"资本主义精神"。

38

※

革命后，在文化上需要解决的难题是怎样恢复社区，怎样同自己曾经诅咒并与之苦斗过的人共处。固然，在经历了 30 年的暴力和动乱之后，还有少数人愿意达成妥协。直到路德去世的前一年，还邀请新教徒派代表出席将在特伦托召开的教会会议，共同审议天主教的教义和做法。但新教徒拒绝了这个机会。

新教改革既然是场革命，所以按照逻辑，天主教在特伦托发起的天主教反改革运动应该叫作反革命。事实上，教会会议所通过的神学和行政方面的决定不是革命，而是改革。这是那个世纪唯一的一次

拿出有信心的行动，信心自然而然会有的。
　　——罗耀拉《神操》（1548 年）

即使您已失节，也得勉力学做一个贞节妇人的样子，因为习惯简直有一种改变气质的神奇的力量。
　　——哈姆雷特对他的母亲说的话
　　（1602 年）

信心若没有行为就是死的。
　　——《新约·雅各书》

只有像对待真实情况那样冷静地采取行动，行动才会变成习惯，染上感情色彩，我们对于这样的行动的兴趣才称得上是信仰。
　　——威廉·詹姆斯《心理学原理》
　　（1890 年）

改革，是一场慎重的、大规模的、非暴力的变革。主教们倒真是从容不迫：他们花了18年时间，经过了三场大辩论，最后才终于达成了一致。这是天意的安排，老的反对派一个个带着他们的理论进了坟墓。

英国代表、红衣主教雷金纳德·波尔，陈述了特伦托会议的目的："清除异端邪说，改革教会的纪律和道德，最后实现整个教会的永久和平。我们必须确保，或者说不懈地祈祷上帝保佑使一切得以实现。"

为了实现这些目的，对各种事情加以明确规定，并予以严格执行。规定包括教义、教理问答、弥撒用书，只能用天主教钦定版的《圣经》，以及制定禁书书单指南。罗马宗教审判法庭重新起用，还增加了主教的巡查。在罗马为每一个国家各建了一所神学院，为指定的教派分配了专门的使命，这里主要指的是成立不久的奥拉托利会和耶稣会。一个有趣的巧合是，加尔文制订规范，要求争取更多信徒皈依新教刚刚几个月之后，罗耀拉就创立了旨在收复那些皈依新教国家的耶稣会。

为了抵制福音主义倡导的原始主义，巴罗尼阿斯大主教写了一篇早期教会史。当时刚刚在罗马发掘出早期受迫害的基督徒避难的地下通道，所以这本经典著作引起了人们很大的兴趣。这些遗迹振兴了对圣物的崇拜，加强了教皇的地位，并提醒信徒们，教会的胜利归功于烈士先驱，尤其是罗马的圣彼得。

天主教会在特伦托会议上下的决心帮它收复了大片领土，例如波兰就重归天主教的怀抱。这种决心之所以成功，是因为它是反个人主义的。它调动起来的积极分子像福音主义先驱者一样狂热和能干，而且比他们更愿意为共同的计划携手合作。罗耀拉就是其中的一个。他是一个西班牙士兵，主动皈依，是行政管理的天才。他组织了7个人（后来增加到10个人）的小组要去圣地朝拜，后来由于地中海发生了与土耳其人的战争而未能成行。于是，他又考虑建立一个积极重振信仰的协会，并开始撰写关于冥思和修养的《神操》一书。《神操》是实用心理学的杰作，里面的规则与以前的指南或教义不同——应该说是完全相反。践行者需要想象自己的思想或祷告的题目，想象耶稣生活中的一次活动，并把自己想象为活动中的一个人物。"感官的运用"促使一些传教士组成了一个团体，他们注重精神境界，但是又没有脱离普通人的想象力。

特伦托改革以后的历代教皇与"福音分子"同样狂热，也同样雄心勃勃。梵蒂冈终于承认了耶稣会，它的会员很快走出欧洲，到新世界和远东去传教，并常常保护那儿的人们不受征服者的贪婪掠夺。在欧洲，新生活中的文化分裂现象非常明显。天主教为了重整旗鼓，创造了许多新的建筑物和艺术品；新教则创作了大量的文学作品和理论；信奉加尔文宗的宫廷特别注重学习知识，苏格兰开始普及教育。天主教徒建造或修复教堂，订购圣坛画、圣母和众圣的画像与雕塑——大批的巴洛克艺术品就是证明。新教徒写出了《天路历程》，还有弥尔顿和马维尔创作的诗歌以及后来的杰里米·泰勒的《圣洁生活和圣洁死亡》，还有（以后会看到）众多的小册子，其中许多主张人民主权（265＞）。

特伦托大会努力改造和恢复天主教这一古老的制度，却死守狭隘的观念。其实，它也走了原始主义的路。它的目的是要抵制新教的错误，结果却使天主教的信仰停留在 1500 年或更早期的欧洲人的思想阶段。这种做法不符合天主教的传统。教会历来的传统是，信仰中非核心的教义随着时间的推移而变化，不受《圣经》的束缚。当时人民还没有掌握《圣经》，只有神父识字，是他们代表了活跃的、深思熟虑的公众舆论，他们的辩论和结论反映了西欧人思想的发展。

这样的演变发展维持了大问题上的共同之处，但并没有实现完全的一致。亨利·亚当斯把 13 世纪看成快乐的、没有分歧困扰的年代，那是对过去的幻想和美化。他要么是忽视了要么是忘记了，托马斯·阿奎那因大力倡导综合接受各种意见曾两次险些被逐出教会。指控某人宣扬异教邪说会导致辩论，而知识就是通过辩论取得进步的。

比起 9 世纪查理曼大帝时期人

异教徒的出现是为了让我们成熟起来。他们提出问题，大家进行讨论，最后达成的定义使信仰统一起来。

——圣奥古斯丁

们的想法，16世纪主教的思想显然要先进得多。但是在16世纪，天主教会非但不推动思想自由和逐渐启蒙，反而对阻止思想的发展起了决定性的作用。这个立场其实是由它的新教敌人所促成的。可以这么说，是那些整天把《圣经》挂在嘴边的新教徒使伽利略因他的天文学研究而遭受谴责。如果不是因为要证明天主教徒也崇拜《圣经》而在特伦托规定了要对《圣经》严格按字面意思理解的话，就不必迫使科学服从《创世记》。特伦托会议用信仰来驾驭本质上属于非宗教和道德的问题，为至今还未结束的"科学与宗教的战争"埋下了引信。它一直在制造不信教者，或者应该说，它迫使人们在科学和宗教之间做出选择，从而剥夺了许多人信仰的机会。

在20世纪末，西方天主教徒中普遍存在着不满情绪——主教之间公开争吵，神职人员弃职还俗，招不到足够的神父，在南美洲以及天主教大学里，违背教皇的训诫而教授"自由"的教义——所有这些现象都来源于特伦托改革。但是，不应因此而认为这些行动和反应属于一股向着由科学主宰的世俗世界发展的潮流。事实正相反，教会的分裂说明对超越物质世界的寻求又抬头了。尽管在今天的西方，学校、政府、新闻媒体和公共生活的习俗已不再和宗教混为一体，但有越来越多的人要求应与宗教再度结合在一起。

大众对于精神事物产生兴趣，这是20世纪90年代生活的一个特征。对有关天使、奇迹、幻觉和来世的书籍感兴趣的读者大为增加，为出版商打开了销路，也开辟了比较严肃的书籍市场，如关于耶稣的研究以及最近出现的对圣母马利亚的研究。

——《纽约时报》，1996年8月17日刊

不只是要求而已，已经有了重新征服灵魂和体制的行动。宗教极端主义者到处宣传，媒体对于宗教问题和宗教人物展开空前的报道，随便浏览一下标题，就能知道新教在巴西和法国争取到了新的皈依者；英国国教的教徒人数落到了英国的天主教徒后面，所以要对地狱重新下定义，去除"残酷的折磨"；统一教的教主文鲜明在欧洲巡回演讲进化论，并在首尔为36 000对男女主持了婚礼；在好几个国家，

41

青少年中流行撒旦主义；其他的教派也层出不穷，有冥思式的、东方式的、通过电视传播的，还有自我牺牲式的。

同时，美国建有高档住宅的郊区出现了圣母马利亚显灵，一群群人聚在一起等待她再现。正统的活动也越来越受重视，欧洲泰泽会僧侣一年一度的呼吁吸引了来自欧洲各国 70 000 多名青少年，要让"灵魂重新回到这个机器化的世界中"；教皇出访所到之处，欢迎的人群数以十万计；《圣经》的新译本出版了好几个；没有宗教动机的作家对科学的知识基础发起攻击；最后，伊斯兰教——或者说它其中的一部分——和西方又交上了手，在它所征服的地方，它远不如 16 世纪时宽容。因此，新教革命没有淡化信仰，而天主教的自我改革也未能一劳永逸地解决教义问题。

※

耶稣会会士的活动采取其他方式而非极度虔诚的方式，对文化产生了重要的影响。在与形形色色年轻的、顽固的、犹豫不决的灵魂打交道的过程中，他们发展了一套决疑法（又称诡辩法），渗透到家庭生活中，并且几乎垄断了教育。"决疑法（诡辩法）"和"耶稣会式"成了狡诈的同义词，因此掩盖了这个题目的重要性。16 世纪一些著名的决疑论者，像西班牙的马力亚那和英国圣公会教徒杰里米·泰勒，都是具有很高道德和文化修养的人。决疑法是关于案例的理论，讲的是怎样运用一般的行为准则来解决一个特定的道德问题，和法官在判案时运用法规是同一个道理。现在的各种行为守则，无论是律师、医生，还是其他专业的行为守则，在应用时都需要用决疑法。有道德观念的人面对道义上的难题时，思维中用的也是决疑法。这是一门难以掌握的艺术。

耶稣会的决疑法声名狼藉，因为有些作者为了吸引人相信宗教，设计出巧妙的办法来逃避有些明显而痛苦的责任。这类书籍中充斥了有诱惑性的，往往与性有关的案例（同心理分析的文献一样），成了指导不轨行为的流行读物。在心理学家和关于心理学的杂志文章出现之前，需要有人提供心理咨询，而在耶稣会会士中，这样的人大有人在。这个纪律严明的教派提供的告解神父成了许多大户人家的常客。在比较普通的家庭中，他们也是"良知的导师"。家庭成员，尤其是妇女，常常向他们请教。莫里哀的《达尔杜弗》(《伪君子》)描述的就是这种情形。后来，出现了告解神父严重渎职的情况，导致了对这种安排在道德上和理智上的谴责（219、345 ＞）。

同时，耶稣会会士又是教育史上空前绝后的杰出教师，他们认真细致，思维缜密，并不断改进教授方法。他们既教授宗教的教义，又教授非宗教的课题，对学生的态度无比体谅和善。他们的成功归功于培养教师空前的高效方法。他们知道天生的教师就像真正的诗人一样稀罕，而合格的好教员也不是马马虎虎就可以造就的，所以他们设计出了一套培养方法，包括对受训者大量灌输广博的知识，并在漫长的受训过程的每个阶段进行严格筛选。

> 巴黎大学反对耶稣会，并不只是因为他们来自国外，而是因为他们提供免费教育，这对大学的带薪人员来说是一种竞争。团结、聪明和勇敢的人在世上要有所作为是不难的，10 个这样的人能影响10 万人。
>
> ——布克哈特《历史讲稿》

耶稣会开办了许多学校。在 17 世纪中叶的欧洲，学校和学生比 19 世纪中叶时都多，甚至出现了学校过剩的抱怨。所有的适龄青少年，不论贫富，都可以入学。这个制度的优越之处不久便因它所造就的灿若群星的众多人才而显现出来。从笛卡儿到伏尔泰，许多哲学家和科学家都是由耶稣会会士教育出来的。其中有些杰出的学生后来要打烂他们在学校所熟知的教条，这些人成为 18 世纪启蒙运动的领袖，认为教会是必须砸碎的"臭名昭著"的东西（361 ＞）。

典雅文字

至此，本书介绍的内容和观点呈现出三个主题：原始主义、个人主义和解放。第一个和第三个主题在路德提出的基督徒自由理论中清晰可见，其基础可以总结为无须教会，只靠福音。它们结束了西方的信仰统一，也预示了另一个主题的出现，即个人主义。个人主义在这里不是一种政治或社会权利，而是林林总总的宗教派别的理论依据，这些派别都建立在个人和上帝之间不受限制的关系的基础之上。

与这个革命思想同时发挥作用的还有另外一种力量，它加强了个人的意识和个人的要求。这支力量就是人文主义，在上文描述革命重要人物时曾经提及。人文主义也是产生于对过去的兴趣，但这个过去却不是原始的过去，而是文明的过去；如果恢复这个过去，迎来的不是更纯正的宗教，而是更加没有宗教气息的世界。

人文主义者这个名称听来熟悉，但通常没有明确的代表人物。我们看到，因为伊拉斯谟是人文主义者，所以路德称他为无神论者，并谴责说人文主义者追求的是琐屑而无意义的东西。然而，他为自己的拉丁文不好而深以为憾，而他的门生梅兰希顿像所有的人文主义者一样精通拉丁文。我们也知道，加尔文尽管受的是人文主义的教育，但并没有变成无神论者。在我们这个时代的初期，这个名称已经有了不少含义，后来又有了更多的含义，前面还加上了各种形容词：世俗的、神学的、自然主义的，甚至美学的人文主义。

更为复杂的是，这个名称又与本身伸缩性很大的文艺复兴一词联系在一起。在描述绘画、外交或多才多艺的天才的书中都能见到文艺复兴这个词，多才多艺的天才被称为文艺复兴人。文艺复兴的含义和出现的时间是个永远有争议的问题。但这方面的混乱并非不可解决。如果追根寻源，就会看到它始自一种新的文化兴趣的成长，代表着时代宗旨和感情的变化。文艺复兴的起源在近代开始之前150年。

44　　19世纪初，德意志学者首先使用人文主义者这个术语来描述14世纪和15世纪那些拒斥近代历史的某些部分，向往根据古罗马经典著作想象出来的文化的人，这批人尤其偏爱这些古典著作的拉丁文风格。

哦世纪！哦文章！活着是何等令人欢欣。
——乌尔里希·冯·胡膝致伯克海梅尔，
皇帝的秘书（1518年）

人文主义这个名称有些奇怪——意思是作为人的主义——但这不是随意想出来的，它的原义是形容古人的风格：litterae humaniores，即更有人性的文字。这种文字不像中世纪的哲学文章那么抽象，而且文法优雅，用词简练。这就是人文主义者所说的"典雅文字"的特点。相比之下，中世纪学者的文章粗陋笨重，只配用来讨论神学。中世纪的文章并没有忽略人，但缺乏逻辑，把人的一切关注统统与来世挂钩。14世纪初期，意大利一些才华横溢的作家，其中著名的有彼特拉克、萨卢塔蒂和薄伽丘，对中世纪的文章深恶痛绝，他们的门徒把人文主义变成了以后几个世纪的文化。

其实这种否定过去的态度是不公平的。人文主义者从历史中汲取的东西比他们所认识到的，或者肯承认的，要多得多。他们的态度是典型的创新者的态度。但是，既然他们所宣扬的东西形成了西方时至今日的思想和行动，所以需要研究一下由于注重风格而产生的人文学科的概念。如今，我们谈到"人文学科"时总是为它们似乎永远处于险境而担心不已。然而，我们并不确切地知道它们到底指的是什么，为什么这样称呼。它们是否只是大学的学科？或者不仅如此？

最初的人文主义者认为，古典著作中描述的文明在处理世俗事务时是以人为中心的。这些著作包括诗歌、戏曲、史书、传记、道德和社会哲学。它们是古人生活的指南，本身具有重要的意义，并不从属于把人的幸福统统推迟到审判日的某个大计划。世俗主义的主题即由此而来。

人文学科所涉及的研究扩大了今世可以实现的目标的范围，如个人的自我发展，主动行动而不是一味被动地虔诚，在生活中用理性和意志来改进环境并领悟大自然的启示。人文主义者是学者，但是他们不需要象牙塔。了解了他们这样的理想，西塞罗成为人文主义文化的英雄就毫不令人奇怪了。他文笔卓绝，又是演说家、政治家、道德哲学家和罗马共和国的最后捍卫者。除了不是个优秀的战士以外，他具备了一个理想的人文主义者的一切品格。他的"不朽名声"只是在1890 年自然科学把拉丁文从教程中挤走以后才消失。但在这之前的500 年里，受过教育的西方人脑子里都装满了西塞罗的演讲和文章，以及其他罗马人著作中的思想和名言，尽管他们小时在学校学这些东西时感到苦不堪言。西方语言的思维结构和辩论方式都受到了西塞罗的影响，演说也一直是一种重要的文学形式（51、63 ＞）。

45

除了西塞罗的著作以外，还有李维的罗马史以及罗马与迦太基的交战史，塔西佗的《编年史》和《日耳曼尼亚志》（＜9），塞内加的悲剧和道德论文，普劳图斯和泰伦斯的喜剧，维吉尔、奥维德、卢克莱修、卡图卢斯和贺拉斯的诗歌，再加上独一无二的普林尼的包罗万象的自然史，这一切构成了一幅完整的文化画面，在 14 世纪信徒的眼里，它远比他们自己所处的文化更加宏伟，更加文明。

> 新的科学学士学位并不能保证获得学位的人懂科学，但能保证他一定不懂拉丁文。
>
> ——哈佛大学校长布利格兹
> （1900 年左右）

为什么不提希腊人呢？的确，经院哲学家在推理中一直引用柏拉图和亚里士多德的理论，人文主义者把他们视为重要人物。荷马、修昔底德和狄摩西尼也同样重要。但是，为了拜读他们的著作而去学希腊文是后来的事，要到 15 世纪中期，土耳其人占领了讲希腊语的拜占庭帝国首都君士坦丁堡之后才开始。那时才有受过教育的难民逃到罗马，以教希腊文谋生。即使如此，懂希腊文也从未成为过一种普遍的造诣。知识阶层普遍熟悉的人文主义指的是古罗马。英国议会就是个例子，一个议员在辩论结束时可以引用拉丁文的句子来收尾，如果把单复数弄错了还会受到嘲笑，但是引用希腊文却是大忌，因为不管是辉格党还是托利党，并不是人人都懂得希腊文。

　　人文主义者是通过罗马去看希腊的。清楚了解并崇拜希腊文化，知道帕提农神庙、伯里克利、米洛的维纳斯这些东西，是到我们的时代较晚的时候才开始的（514 ＞）。每个时期关于希腊的概念都不一样。不过，过去一贯要求教育程度高的人精通这两种古代语言，僧侣还必须掌握希伯来文。20 世纪的一个明显特征是，1 000 年来，知识阶层第一次不需要至少掌握两种语言。

※

　　从典雅文字开始风行，到现代人文主义者成为自由思想家或学者，这一段道路迂回曲折，但是从未中断。倘若寻找这几百年里人文主义者的共同点，可以发现两点：第一，他们有一组得到公认的作家；第二，他们有一套学习和辩论的方法。此外，他们还有一个信念，即理性和自然是幸福生活的最好指南。现代的人文主义者认为这个理念至高无上，因此批评早期的人文主义者对文法和措辞过分挑剔。但是，他们如果不首先掌握语言的微妙之处，怎么能够勘订出后人如此珍视的古典著作的学术版本呢？有些事情后人做得到，是因为前人为他们打好了基础，回过头去批评前人没有做到后人所做的那些事情又有什么意义呢？

　　人文主义的方法至今还在普遍运用，它的规则在政府机构、商界、周刊，甚至学校功课里到处可见。有谁能逃脱"研究"呢？又有谁敢不提出确切的引文和时间，不参考以前的作品，不引证出处，不开列参考书目，或者不使用脚注这个表示坦诚的标记呢？

得到公认的作家并非一成不变，尽管他们来自同一个圈子。刚才已经提到了西塞罗的沉浮。随着气氛的变化，原来的无名小卒可以一跃成为文化巨擘，新的选择往往反映了所谓当时"缺乏的"最新文化需要，而被崇拜的新人正好填补了这个需要。一代人的老去常常意味着一场搏斗的结束，新的一代又呼吁树立新的英雄，好笑的是，这些新英雄被说成是享有"永远的荣光"。今天，许多人都说西方古典文化的珍宝已经全部过时无用了，但若是问他们攻击的到底是什么，他们却答不出来。

在 15 和 16 世纪，崇古风有增无减，因为人们认为文化传统正在解体，从古人那里可以找到丰富的思想和态度，以用于重新建设，就像把丢在阁楼上的宝贝取出来擦干净一样。古时作家的名字、著作的名称和涉及的内容令人感到新鲜，不是日常听厌了的东西。这是块未经探索的宝地，为在文学上有志向的人提供了丰富的宝藏。寻找、恢复、比较和编辑旧书稿成为一时之风。学者们周游四方，搜遍了古堡和修道院；业余爱好此道的有钱人派人到君士坦丁堡和希腊的城市去收购。僧侣们把旧的书稿誊抄了一份又一份，做永久保存的打算，不过他们对古典著作的看法来自另一个角度。当然，早在 12 世纪，霍亨斯陶芬王室的腓特烈二世在那不勒斯当政的时候就已表现出真正的人文主义兴趣，甚至对阿拉伯文的著作也感兴趣，但他是个独一无二的例外。

中世纪虽然也崇拜古人，甚至复制他们的著作，却没有产生出人文主义者。这个奇怪的现象只用"方面论"才能解释。根据这个理论，对于一个物体或一种思想，很难看到它的全貌，就像一座山，横看成岭侧成峰。观察者出于某种目的，把部分当作全体。这是文化的普遍现象。它说明了为什么同一位艺术家或作家在不同的时代会有不同的价值，为什么不同的历史学家对历史会做出不同的描述。这种偏向并

47

不奇怪，它在生活中比比皆是：一个人只能"接受"他经历中的一部分内容，这样的自发选择决定了他的品位、职业、价值观和对生活的感受。

对于早期人文主义者来说，古代著作光彩夺目之处是优美的语言和它们反映出的一个业已消失的文明的面貌。这两个方面使他们找到了一种新的感觉——历史感，可以把它解释为能同时认识到古今之间的异同。那么，中世纪的人难道缺乏历史感吗？他们认为自己是罗马帝国的后裔，他们崇拜第一个基督徒皇帝君士坦丁大帝和他的封建继承人查理曼。他们阅读维吉尔的著作，并认为维吉尔诗中的某些特洛伊英雄建立了西方的这个或那个国家。因为维吉尔是巫师，所以他们还用他的诗来预测未来，方法是随便翻到某一页，然后朗读那一页上的某一句。这一切都是了解中世纪人历史观的线索。他们把时间和空间随便地混在一起，把事实、传说和奇迹混为一谈，一心只想来世。他们"接受"不变和连续性，认为它们比发展和变化更为真实，因此，他们的历史完全不是现代人所说的历史（234＞）。

人文主义者怀着先进思想家共有的自豪感认为，他们重新找回了一个伟大的过去，这是文艺复兴之举——他们使一个文明获得了再生。不久前的过去在语言、思想和感性方面均是"哥特式"的。这种再生文明的夸耀直到我们这个世纪之前一直为人所广泛接受，没有异议。后来，一些持反对意见的研究者听腻了对于文艺复兴人文主义的颂扬，开始大力研究中世纪。他们的发现证明，许多归功于文艺复兴的成就，包括一些科学观点，其实来源于更早一个阶段。因此，如果有过文艺复兴的话，那也是 12 世纪的事，然后才迎来了 13 世纪更高级的中世纪文明。

这是个无法解决的争议，每个人的判断取决于他对不可质疑的事实的看法。然而，也不一定非要表态站队。首先，传统的文艺复兴好比一场流动的盛筵，14 世纪意大利的彼特拉克被认为是第一个纯粹的人文主义者。"文艺复兴"的绘画是 15 世纪的伟大成就。伊拉斯谟、阿里奥斯托、塔索、拉伯雷、蒙田、莎士比亚以及法国七星诗社的诗人都被称为"文艺复兴"作家，而他们是 16 世纪的人。文艺复兴的音乐也是如此。据我们了解，伊拉斯谟于 1497 年到达英国时，高兴地发现英国的学者已经在撰写"典雅文字"。简言之，所谓的文艺复兴经过两个半世纪的文化延滞之后已经从意大利向北向西转移。

　　如下这些日期可以帮助解决争议：近代被认为是从 1500 年左右开始的，彼特拉克被认为是第一个人文主义者，而文艺复兴早在 14 世纪和 15 世纪，即近代开始之前，就已经方兴未艾，因此它部分地属于中世纪；它在中世纪后期萌芽，在近代早期结出累累硕果。如果这样来看，各个时代之间的鲜明对比就消失了，它本来就是创新者的一种幻觉，是用来自我激励的。对我们来说，这种看法要站住脚，就应该拉大所比较的时代之间的距离，比如，把 1250 年与 1550 年相比，把阿奎那与伊拉斯谟相比，或者比较沙特尔大教堂那两座建造时间前后相隔 200 年的塔楼。如从这个角度看问题，一个好学的读者便会觉得布克哈特所著的《意大利文艺复兴时期的文化》以及对他提出质疑的赫伊津哈所著的《中世纪的秋天》都是不可多得的好书，是两部文化史的杰作。它们尽管在某些地方有分歧，但提出的看法是相辅相成的。

　　由于时间的推移会造成理解上的不同，所以需要用具体的例子来充实人文主义者这个抽象的形象。这样，不断演变的理想和动荡的文化中的一些微妙之处才不会失真。显然，第一个要提到的人就是在生活和著作中处处表现出对古人及其语言的敬重的——

彼特拉克

　　他是佛罗伦萨一个公证人的儿子，生于 1304 年。年轻的弗朗切斯科最初学习法律，后来他父亲由于政治原因被流放到法国南部，家境因此败落，于是他改行成为教士。他 30 岁时已经诗名卓著，甚至被一位罗马元老院议员封为"桂冠诗人"。这是古罗马的风俗，那时，人们给英雄戴上用月桂树的枝叶编成的王冠。彼特拉克以用拉丁文朗诵维吉尔的一篇文章作为答谢。然而，他的拉丁文造诣只是他名望的一部分。今天，提到彼特拉克这个名字，我们就会联想到劳拉，他连续多年给劳拉写了许多十四行诗和抒情诗，都是用意大利文创作的。不过要顺便说明，那些诗中没有任何亲昵情爱的成分，只是纯文学的赞颂。使用的赞颂手法多种多样，后来一些学者把这些诗歌分成反劳拉、亲劳拉和中性三类——这真是分解手法的登峰造极。

试想劳拉若是彼特拉克的妻子，他是否会一生为她写十四行诗？

——拜伦《唐璜》

加冕桂冠诗人这种早期人文主义的仪式现在虽然不再盛行，但并没有完全消失。众所周知，英国还保留着这种做法。桂冠诗人是终身职位，为纪念重大的事件写颂诗。这样的诗作数量并不很多。在美国，从1985年以来，每年选出一位当年的桂冠诗人，没有别的奢望，只希望通过这种活动提高公众对文学的重视。彼特拉克在罗马被封的意义则要深刻得多，它象征着古罗马光荣的复苏，是一种对未来的预示。彼特拉克的作品包括了所有"必要的因素"，还加上了新的东西。他因此而成为新型的人，为无数人所争相效仿。

　　他从父亲那里继承的唯一值钱的东西是一本西塞罗的手稿。这本手稿使他充分了解了古代的事件和思想。去罗马的一次旅行使他形成了自己明确的观点，因为他在罗马瞻仰了古迹，一个曾经充满活力的完整文化的遗迹。当时教皇已不在罗马，这可能对他的观点也产生了影响：由于教会内部发生了矛盾，教皇被流放到彼特拉克的故乡阿维尼翁地区。教皇在那里的宫廷仍然充满了明争暗斗，这使这位年轻人对此深恶痛绝。他一生拒绝当官，甚至拒绝担任大学的教士。

　　他开始以写作为生，当然不是靠卖书。他先是克罗纳家族的清客，成名之后作为使者被派往各诸侯国。当时只有零零星星的外交活动，不像16世纪时需要互派常设大使。在14世纪中期，通常派一个精通拉丁文的人就有关问题作正式讲话。用拉丁文演讲是彼特拉克的特长。虽然他的演说很少产生结果，但是他的名望使受访的王公受宠若惊，他的演讲作为高级娱乐得到应邀而来的听众的赞赏。

为了成为不朽的诗人,彼特拉克着手用拉丁文创作一部史诗,歌颂一位罗马英雄,那位指挥与迦太基人进行第二次战争的将领西庇阿,因此他把史诗的题目定为"阿非利加"。这部作品未能完成,部分原因是他没能掌握这个古典文体的韵律,就像他没能学好希腊文一样,尽管他做过多次尝试。由于他离后来的人文主义者全面造诣的标准还差这么一点儿,一位现代学者称他只是"改变重点的先锋"。

在游访欧洲时,彼特拉克找到了西塞罗的另一部文稿——致友人的信函。他熟悉这种文体,掌握并普及了它。同时,他把自己用意大利文写的诗歌——远不止十四行诗或致劳拉的诗——改写成整齐的、半自传性的叙述形式。这是一种新的手法,同时也反映了他对自己的极大兴趣,他说:"我不同于我所知道的所有人。"他宣称艺术因人而异,并非所有专业人士都能掌握。"每人应该坚持自己的写作风格。"在此值得注意的主题是自我意识,它与个人主义有相似之处,所不同的是,它是一种精神状态,而不是一个社会或政治条件。比如一个坐牢的人,个性几乎全部被封杀,但是个人意识还是很强的。个人主义因为与其他人共处而受到限制,自我意识却不存在这个问题。几百年来,对自我的研究越来越深,它的深度和广度似乎是无限的。

彼特拉克还有另一个非常之举:他曾爬上法国南部的一座高山去观赏景色。没有记载说在他之前有别人这样做过。大自然一直是讨论的题目,但过去只是泛泛而谈,并不具体到"这片"风景。彼特拉克为了培育自我,还完全出于唯美的考虑而改姓。他的原名是 Francesco di Petracco,但是,这个名字在他那诗人的耳朵里听起来不够悦耳,于是他去掉一个 c,加上 r 来拉长中间的元音,然后又把最后的 o 改成 a,把他的姓改为 Petrarca(拉丁文诗人一词是 poeta,结尾是 a)。改得如此巧妙,功夫不亚于创作一首好诗。

彼特拉克几乎所有的诗歌和文章都带有自传性质。他的《致后人的信》则是明显的自传。他在给友人的信中叙述自己的行动,通过诗

50

歌表达思想和感情。彼特拉克进行内省之后做出自我描绘，这些是与他的另一个独特之处联系在一起的，那就是他明确表示希望能流芳百世。这也是复古。当时人人希望能得到上帝永久的恩典，很少有人愿意表达这种激情的向往。但在彼特拉克以后，所有的诗人都效仿他（以及贺拉斯），力求吸引后人，并向赞助人保证，他们通过与作者的关系也将青史留名。

> 无论我们是否希望通过思想或写作在后人中留下我们的一点儿痕迹，以此抓住飞逝的时光，延长短暂的生命，我们都应该逃走，在隐居中度过所剩不多的时间。
>
> ——彼特拉克《论隐居》

※

尽管彼特拉克在劳拉系列的诗歌中讲述的是自己的事情，感情纯洁，描述生动，但是缺乏像梅瑞狄斯的《现代爱情》中的细节，不能表现人物的特点。"人物"是后来的发明（135；140＞）。毫无疑问，彼特拉克的自我的概念比较简单，因而容易模仿。在他以后，欧洲人写的十四行体的爱情诗源源不断，彼特拉克发明的这种诗体现在已经成为规则："写到十四行时汝须停笔。"好像这是上帝的训诫一样。其实，这种诗体的确立是一个巧合，而过去并不存在确定的格式。在彼特拉克时代，这种诗是供朗读或颂唱的，篇幅可长可短。现在包括起句、发挥、结句的所谓的传统篇幅正适于短篇朗诵。这一经典格式经过人文主义者的精心研究和运用之后，至今仍然主宰西方的创作，包括演讲、诗歌、戏剧、散文和交响乐（419＞）。

当然，十四行诗的格式并非适合于所有语言，（比如）法国的诗人就不常用这种格式。但是，彼特拉克或莎士比亚的系列十四行诗使诗歌可以写成一段叙述。与史诗不同的是，诗人不需要照顾故事之间的连接，这种手法比电影和电视早了600年。梅瑞狄斯在写《现代爱情》的十四行诗的时候，发现需要十六行才够，于是他就多写了两行。这种自由原已被彼特拉克废除，但梅瑞狄斯做了这种自由选择也丝毫没有影响他所叙述的伟大的故事。

众多模仿彼特拉克的诗人对通常是女性的偶像抒发爱情或绝望，故意过分夸张，使爱情诗这类诗歌因而遭受连累，名声扫地。德国曾一度掀起彼特拉克热，模仿的作品如同潮涌，结果使彼特拉克式成了贬义词。但是这一体裁总是再次复兴，不仅用来抒发爱情，也被用来描绘自然或表达道德和政治观点。

彼特拉克本人的经历证明，一个只顾思考生命意义的诗人受到某个事件的震动，也会变得关心政治。一个名叫科拉·德里恩佐的平民于 1347 年领导了一场起义，"恢复了罗马共和国"——它只存在了几个月。（瓦格纳的一个歌剧用了他的名字和故事。）当时，40 岁出头的彼特拉克为又一个古典体制的恢复而欢欣鼓舞。尽管他并没有中断与几个统治意大利城邦的暴君交往，但他的理想没有因现实而改变。像在他之前的但丁和在他之后的其他作家一样，他渴望意大利的统一，他的《意大利颂》和其他一些作品描述的是他在李维作品中读到的那种辉煌。

这种乌托邦式的愿望成了人文主义者的另一个特点，受过教育的男女开始崇拜罗马共和国，而不是威震中世纪的罗马帝国。为拯救自由政府而战的西塞罗成了模范公民，甚至连 16 世纪王公统治下的忠诚子民都这么认为。恺撒是可恨的篡权者，布鲁图杀了他是英雄之举——请读莎士比亚的《尤里乌斯·恺撒》。和他们对身后名声的重视一样，这种对于政治理想的激情表明人文主义者是看重世俗的。

但是，也不应该忽视事物的反面和矛盾之处。人文主义者并非不关心宗教，也不想用多神教来取代基督教。现在的人文主义者可能否定上帝，并且以人来衡量一切，但彼特拉克却是笃信宗教的。他认为福音书高于一切世俗的著作，他崇拜圣奥古斯丁，并在后半生写了一篇轻视现世的短文，是类似反劳拉诗的对罪过的忏悔。他甚至攻击追随阿拉伯医生兼哲学家阿威罗伊的人，骂他们是物质主义者，是异教

52　徒。如果有人文主义修道院的话，可以想象他老年时一定会去那儿。他唯一的愿望是研究典雅文字，以此"躲避现实生活"。

　　在彼特拉克之后，各派诗人把多神教神话、历史、地理与基督教混在一起，这可能会使人对人文主义者的真正信仰产生误会。坚定不移的信徒弥尔顿就是一个例子，他的诗歌满篇都是仙女和古老的传说。诗人喜欢用新的词汇，神的名字、英雄的名字、地名和事件都成了新形象和新声音的宝库。人文主义诗人动辄赞叹"神一样的柏拉图""天赐的塞内加"。有的称上帝为朱庇特或耶和华。当荷马史诗讲到神庇护了一个斗士时，他们称之为上帝的旨意。他们这样说、这样写的时候根本不想自己是不是成了自由思想者、异教徒或无神论者。读了古人的著作使他们日益坚信，有些古人的思维和生活方式与基督教徒并无二致。我们已经知道伊拉斯谟就曾把苏格拉底称作"圣苏格拉底"。许多人认为，柏拉图之所以不是基督徒，只是因为上帝当时还没有降下启示而已。罗马的禁欲主义者塞内加因他严谨的道德观和宇宙万物从属于一个神的观点而受到推崇，虽然他认为神是遥远的。

　　由于这些传统的合并，在文艺复兴的人文主义之后，17世纪时出现虽自称斯多葛派但并不放弃基督教的思想家也就并不令人惊奇了。因此，今天所说的"我们的犹太-基督教遗产"不符合历史事实。还应该加上多神教或希腊-罗马。它们与上述短语中的犹太教和基督教一样，是融合在一起的因素，并没有另立一支。仅举一个例子就可说明问题，过去500年来人们为改进社会而不断努力，这是希腊-罗马的传统。这又显示了人文主义在整个近代的存在。

※

　　从彼特拉克到伊拉斯谟时期，人文主义的知识和品味主要是在意大利发展成形的。意大利伟大的城市和大学像磁石一样吸引了各国大胆的思想家，就像当年维腾堡、里昂、斯特拉斯堡和日内瓦相继吸引了新教教徒一样。吸引着青年才俊和好奇的游客的不只是知识和气氛，还有新的绘画和雕塑，以及创作它们时使用的惊人的新方法。另外还有名胜古迹、新建的教堂和新宫殿。还有一些人是被意大利先进的科学、法律、思想和经商方法所吸引。此外，人们也开始讲究烹调器具和用餐礼仪（183＞）。

游客带回了多方面的文明影响，其他国家不得不承认"意大利是艺术之母"，更确切的说法应该是"意大利是一切高级文化之母"。这种主导作用至今留在我们所用的艺术词汇中。莎士比亚和与他同期的英国或其他国家的剧作家在作品中给许多角色取的都是意大利名字。来自意大利语的词汇有奏鸣曲、回旋曲、咏叹调、对开本诗集、八开本、厚涂法、明暗对照法、隔句押韵法、间奏曲、独唱、颤音、中提琴、女主角、精湛，还需要继续列举吗？倘若没有这些艺术词汇，我们将如之奈何？直到不久以前，文人都必须精通意大利文，他们必须读懂薄伽丘、塔索和阿里奥斯托的作品原文；它们是"典籍"的一部分，也是意大利人所发明并长期垄断的歌剧唱法和歌词的一部分（159、174＞）。

因此，17和18世纪时，欧洲国家的富家子弟都要做一次大旅行，行程的高峰是在导师的指点下到罗马、佛罗伦萨，可能还有那不勒斯和威尼斯去欣赏艺术，体会舒适的生活。弥尔顿的旅行对他的职业生涯起到了决定性的作用，据说他的《失乐园》受了意大利人写的《亚当的堕落》的很大影响，这种说法不无道理。对于希望成为艺术家的人来说，到艺术的故乡意大利去"深造"是绝对不能少的，法国和美国至今还在罗马为这些人设有艺术学院。

若说整个欧洲都坦承自己野蛮原始，赞颂意大利的文明高雅，未

他们对音乐、修辞和韵文艺术不感兴趣，对演讲和诗歌一窍不通。他们认为研究逻辑是白费力气。几乎没人手里有亚里士多德或其他哲学家的著作。新大学里的学生整天就是寻欢作乐，狂饮暴食，行为放荡。他们不分昼夜地闲逛，伤害其他的公民，沉迷于不良女子。

——教皇庇护二世论维也纳

（1458年左右）

53

免有失偏颇。当时的情况就像那些想在社会上往上爬的人，否定自己的出身，一心要学会外国的时髦风俗。以某种外国的风俗为时髦，这在西方是一个不断回潮的现象。继意大利之后，西班牙成了明星；然后法国和英国曾两次各领风骚（361、489＞）；英国和法国一度掀起了德意志热，但为时不久；接着是东方；最后美国成为不可抗拒的模式，在被咒骂的同时又为各国所效仿。

除了所列举的意大利的例子之外，对一个国家的崇拜一般是跟着它的政治和经济力量走的。奇怪的是，掀起这些文化崇拜热的往往是以超越世俗著称的艺术家和知识分子。

在意大利以北和以西地区相继发生的"文艺复兴时代"的开始阶段，意大利的诗歌、戏剧、小说和人文主义的学术方法被视为典范。对文学的重视影响了人们对法律、历史、政治和宗教的态度。通过比较出处，核实年代，斟酌证据和证人的可靠性，以及分析词句的用法来确定一篇文章的真伪，欧洲人认识到了时代变迁所造成的后果。人们阅读文件时开始采用分析的眼光，口述历史除非得到核实，否则不再有权威。于是，识字的时代开始了。这种系统的怀疑主义的第一个成果是洛伦佐·瓦拉证明《君士坦丁的馈赠》一文是伪造品。传说《君士坦丁的馈赠》是从第一个基督徒皇帝那里传下来的一份文件，谕嘱把领土奉献给历代教皇，它给宗教势力增添了物质力量。瓦拉证明文件的措辞和比喻属于比这个皇帝更晚的时代。

这使宗教改革分子感到欣慰，因为他们所反对的教皇不论是在人间还是在天堂都是篡位者。虽然福音派鄙视人文主义者死抠文字的做法，但虔诚的圣书研究者也只能采用同样的做法，否则就不可能出现大量的《圣经》新版本和新译本。这些著作对于经文进行了初级批判，后来又出现了对《旧约》和《新约》的"高等批判"，即在对措辞提出疑问之后对实质内容提出疑问（359＞）。这种学派现在仍然存在，但现在的放肆一定会使这个学派的前辈惊惶万分。有专门的刊物讨论大卫王是否确有其人，以及"撒拉到底有没有排卵"等诸如此类的问题。总的来说，16世纪的学术研究巩固了新教关于教义的来源是福音书而不是教会的观点。根据人文主义的原则，要了解真理，就必须查原作，而不是依赖评注。简言之，人文主义和宗教改革虽然未结为同盟，但在向着同一目标的行进中一度走到了一起。这个事实足以使我们把16世纪的文化称为"文艺复兴和宗教改革"的文化。

※

当然，人文主义者的领袖人物并不具有新教徒那种激情。文艺复兴时期的教皇如果不是在行动上，至少在品味上是人文主义者。他们鄙视新教徒，认为他们心怀偏见，是异端。人文主义者是无神论者吗？如果不是的话，他们真正的信仰是什么？我们知道，伊拉斯谟深信自己是虔诚的基督徒。彼特拉克从信仰进一步变为虔诚，先是取悦俗世，然后又企图抛弃俗世。这两种立场具有代表性，它们之间的差异是神学和意识形态上的差异。它们分别以福音书中不同部分的内容为基础：基督宽恕罪恶是为了鼓励人们过规矩的生活，这是个道德和社会的问题。但他同时也规劝放弃世俗，称之为灵魂得到拯救的先决条件。一个人是否能同时遵从这两个训诫呢？

宗教和道德之间的矛盾很少得到承认，这也许是因为在人们心中这两个愿望同样强烈。它们反映了社会和个人的不同要求。浪子回头比始终遵守道德更加珍贵，这个教义具有很大的吸引力。比如路德，大众宁可把他看作一个被驯服的野性的人，而不是个心如枯井的乏味书呆子。但是如果人人在生活中以此为准则，那么社会就不可能太平。

如果一个人说不出圣子诞生与圣灵流出之间如何不同，难道他就不能做基督徒吗？如果我相信三位一体，就不需要给我解释。如果我不相信，怎么解释也说服不了我。宗教的顶点是平和，定义越少，观点越自由，便越能达到平和。据说我们现在的问题要等待下一次主教特别会议解决。最好让这些问题一直等到我们去见上帝。

——伊拉斯谟（1522年）

55

意大利的人文主义者只目睹了福音派激情的一次爆发，就受不了了。15世纪末，僧人吉罗拉莫·萨沃那洛拉把佛罗伦萨人的虔诚推到了一个新的高潮，导致了著名的"焚烧虚妄"事件。高度热情的理想是不可能在整个社会中持续很长时间的。这次运动失败后，这位先知被指控为异教徒，在公众的赞同下被绑在火刑柱上烧死。萨沃那洛拉向大众布道时，太拘泥于《圣经》的表面字眼，太福音派了。

虔信基督教的人文主义者是传统的、守道德的人。但是他们受过训练的思想却渴望更高深的东西———一种对天主教教义进行了改进的神学，或至少能使用古典词汇重现其意思的纯哲学。大多数人认为柏拉图的学说就是这样的哲学。他曾经说，人好比坐在洞里，背对洞口，目视内墙，所看到的只是对外部世界的黯淡的反映。他的意思是说，感官对于存在的永久形式的印象是不完美的。人应该注意的是这种永久形式。如果不断努力，人就能够提高境界，从热爱世俗的东西转向热爱由纯形式构成的永恒的美。柏拉图主义者认为这就是上天的降恩和拯救。

也许这幅景象有点儿枯燥、抽象，所以新柏拉图主义者又增添了一些犹太神秘哲学和传统的"白魔法"的成分。柏拉图因此变成了神学家，亚里士多德的理论不再必要，这位伟大的经院神学的栋梁就这样被抛弃了。亚里士多德是物理学家、化学家、社会科学家，也是美学家。根据他的学说，物质具有根本的重要性。他教导说，财富、朋友和舒适是美好生活的组成部分，是德行的先决条件；任何理想的可能性都是建立在自然（物质）的基础之上。虽然柏拉图通向永恒形式的梯子更接近于基督教的理想，但有少数人文主义者由于受到科学新发现的影响，继续坚持亚里士多德的哲学，尤其是后来读到了他的原作之后。这是新学术的又一个成果。

从此以后，这两大派别，或者说两大倾向，就物质和精神的问题展开了辩论，但辩论双方的地位并不平等。每一个阶段总有一派的观点占上风，渗透于每个领域的智力活动，包括自然科学。在自然科学领域中，唯物论的反面被称为生机论（665 ＞）。这种此起彼伏的拉锯战产生了巨大的成果；推翻正统学说所带来的刺激是文化中长存的因素。［参阅保罗·奥斯卡·克利斯泰拉（Paul Oskar Kristella）的《文艺复兴思想》（*Renaissance Thought*）。］

对倾向神秘主义的人来说，柏拉图的学说满足了一种强烈的愿望，类似宗教改革派对纯信仰的愿望（后来宣扬柏拉图学说的波菲里也起到了这个作用，他显示了如何从感官美升华到抽象美）。例如，米开朗琪罗的手接触的是物质，在这一点上他与挖沟的工人没有区别。他珍惜自己的作品，并不是和我们一样是因为作品的艺术价值，而是因为他把理想的美灌注于作品之中，作品的物质性对他来说也就因此而消失了。他写给维多利亚·科隆纳的爱情十四行诗赞颂的同样是这个女子体现出的一种不可言喻的存在。

唯物论者反驳说，理想不能脱离自然而存在，正如抽象不能脱离具体而存在一样。可惜的是，"柏拉图式的爱情"现在通常只是用来指没有性关系的爱情。一个重要的观点经常被如此简化，结果无法用它来形容对于纯粹的追求这一西方文化中长存的奋斗目标。许多不一定与宗教或纯科学有关的个人和运动常常声称要追求或已经实现了纯粹的爱情、思想或艺术形式（622、639—640 ＞）。这是一种类似原始主义的愿望。

> 那双眼中没有对于世俗的渴望，那姣好的脸上宁静安详；
>
> 但是在她心灵深处的神圣所在，我感到了她天空中的同伴，那就是爱。
>
> ——米开朗琪罗《第52号十四行诗》

※

人文主义把信仰和哲学结合在一起，产生了一个副产品，可以称之为"由于不在意所造成的宽容"（toleration by absentmindedness）。一个彻底人文主义化的宗教体制能够理解不同的宗教感受，除了像萨沃那洛拉那种极端情况之外，应该允许不同形式的存在。毕竟，许多热衷于柏拉图学说的人是神职人员，但他们对自己的身份没有感到不安。洛伦佐·瓦拉就是这方面的一个例子：他揭露了《君士坦丁的馈赠》是伪造之后，因担心留在罗马会遭到惩罚而逃到那不勒斯。在那里，他像一个名副其实的人文主义者，开办了一所演讲学校。即使在那么早期的时代，教皇还是宽恕了他并赐给他一个书记官的职务。

瓦拉对柏拉图和亚里士多德的学说都不赞成，他被算作路德思想的先驱之一。他主要感兴趣的是历史，把希罗多德和修昔底德的著作译成了拉丁文，因为当时大多数人还不懂希腊文。从此可以看出，在人文主义觉醒以后很长的一段时间里，人们对古代世界一半的智慧宝藏还仅仅有些模糊的、间接的印象。向只知道西塞罗的拉丁文著作的人介绍希腊思想，此事意义重大，是意大利的又一个胜利。希腊思想的到来带来了柏拉图。通过下述这位瓦拉同代人的生平和著作，可以看到生活与文化之间紧密的交织——

马尔西利奥·费奇诺

马尔西利奥·费奇诺一手促成了佛罗伦萨学院的活动，激励、启发着诗人和政治家，是传奇人物皮科·德拉·米兰多拉的导师，当时被奉为最重要的人物。但后来很长时间里再也没有人读他的著作，他的作品至今基本上没有被翻译为其他语言。

15 世纪中期，当拜占庭的皇帝偕同他的一个学者，80 岁的普莱索，访问罗马的时候，费奇诺才值 6 岁稚龄。他们此行是为了寻求同罗马结盟，对付土耳其人。土耳其人当时已经打到了拜占庭的首都君士坦丁堡。也许他们还讨论了希腊和罗马教会和解的问题，但是没有什么结果。普莱索在罗马讲课时宣讲柏拉图的学说，语惊四座，因为当时人们还普遍认为柏拉图是异教徒。就连拜占庭人也被视为分裂派，因为他们不承认圣灵是三位一体中平等的一员，他们的复活节日子不对，他们还有其他许多错误的观念。

因此，当普莱索宣讲柏拉图时，有人怀疑他是魔鬼化身前来诱惑信徒。但是，最富有的银行家和佛罗伦萨的政治领袖科西莫·德·美第奇不信邪，冒险邀他赴宴。席散时，科西莫决定成立一所希腊思想学校。这个想法酝酿了一段时间，君士坦丁堡于 1453 年陷落的 4 年后，学校正式成立。科西莫为它起名阿加德米亚（Accademia），以纪念柏拉图在雅典任教过的学园，那是一片以英雄阿加德莫斯（Academos）命名的树林。现在意指学校、大学和正规教育的学院（academy）一词即由此而来。"学院式的"一词在高雅艺术和社会理论中作为形容词却有时用作贬义。（请注意，Academe 不是学院的同义词，而是 Academos 的变体。）科西莫建立的学校由一些自荐的学者组成，他们定期交流个人的学术成果。这个机构需要一个负责人，于是，科西莫找到他儿子乔瓦尼的医生，请他的儿子担任这个职务。乔瓦尼与马尔西利奥·费奇诺是密友。时年 25 岁的马尔西利奥已经精通拉丁文，而且酷爱音乐，好学不倦。

大约同时，另一个拜占庭人，从土耳其人手中逃出来的阿伊罗普洛斯，也在教书谋生。他自称为亚里士多德的公共讲解人，但在人们的坚持要求下，他改讲柏拉图，同时继续教授古希腊文。已经接受了亚里士多德理论的费奇诺在他那儿上语言课，听了关于柏拉图的讲座之后，开始怀疑自己的信仰。他当时正在受训，为当神父做准备，而他却开始对基督教失去信仰。他去忏悔，神学院的院长禁止他再去听讲座，并遣送他回家。在家里，父亲发现他在阅读伊壁鸠鲁派唯物论者卢克莱修的著作，于是打发他到波伦亚去学习法律。这时，科西莫出面干预了，他对费奇诺的父亲说："你医治的是人的身体，而他医治的是人的灵魂。"

在科西莫的卡雷奇庄园做"家人"期间，费奇诺在墙上画了些壁画，画中有占星图像，还有德谟克利特和赫拉克利特。这两位希腊自然哲学家的观点截然不同，（据说）一个永远在笑，另一个永远在哭。壁画里没有亚里士多德。然后，费奇诺着手翻译柏拉图的著作，把学

58

生、艺术家、银行家和政治家召集在身边，举行讲座，宣讲柏拉图的学说和柏拉图之后一些人物的思想，这些人物包括波菲利、柏罗丁以及大魔术师赫耳墨斯·特利斯墨吉斯特斯。当时，神秘主义流行于世。科西莫临终时，还让自己提拔起来的这个年轻人给他朗读这些人的著作。不久之后，费奇诺完成了题为"柏拉图的神学"的评注，为人文主义者提供了一套体系，使他们可以用柏拉图的神秘主义来取代天主教的正统理论，但同时又不影响做一个好的基督徒。

费奇诺虽然信奉柏拉图主义，但同时仍然保留着自然主义的倾向。他的《生命之书》是关于思想家和作家身心保健法的论述，共分成三部分，分别题为：关心学生的健康；怎样延年益寿；使生命顺应天道。费奇诺运用占星学，其他的人文主义者也从事此道。对他们来说，占星学是一门科学，不是迷信，因为它是在观察和计算的基础上预测未来的。哥白尼、开普勒和与他们同时代的其他科学家一直持这种观点。

《生命之书》中对于脑力劳动者所提的建议是：饮食有度，睡眠充足，多笑少忧；勿压抑性欲，但也不要纵欲。这些建议至今没有过时。费奇诺认为所有这些训诫都是必不可少的，因为知识分子很容易得抑郁症（当时叫作多愁善感），那是一种"斫害身体和灵魂的疾病"（222＞）。

科西莫说对了，费奇诺医治人的灵魂。他重拾神学，被任命为神父。虽然他住在卡雷奇庄园，但被任命为纳科里一个教堂的首席神父，只是个闲职，不用做事。15世纪后期这段崇尚人文主义的时间内，天主教的行为给后来的新教革命提供了借口：默默的基督教信仰被公开享受现世的态度所取代；教廷把这些知识分子任命为不在职的神父，用教区的经费把他们供养了起来。

人和神的结合被普遍接受，皮科·德拉·米兰多拉的一举成名便是最好的说明。他是个伯爵，小时是神童，家里早已为他铺平了担任神职的道路。作为对他的鼓励，在他10岁的时候，就已经为他在教皇的一个办事厅里谋到了一个职位。他先后在波伦亚、帕多瓦和佛罗伦萨的大学里学习典雅文字，并自学了希伯来文和阿拉伯文。23岁的时候已经写了 900 篇论文，其中有 7 篇遭到教皇谴责，6 篇被批评。皮科居然发表了一篇文章进行抗辩。此举极不明智，他被迫逃到巴黎避难，在那儿遭到囚禁。好几个意大利的贵族为他奔走说情，使他终于获释。之后，他定居在佛罗伦萨，在那里进行写作并与"学院成员"交往，直到 31 岁那年去世。

拉丁语系的欧洲国家曾把皮科树立为中学生的典范，说他知识渊博，无所不知，学生应该努力向他学习。正是由于这个传统，皮科的名声才得以保留至今。（在我上学的时候，对于成为"真正的皮科"这个要求，

有人会说："马尔西里奥不是个神父吗？神父与医学有什么关系呢？他研究的占星术又是怎么回事？一个基督教徒与魔法和偶像有什么关系？"

"但请告诉我们你为什么谴责占星？它难道排除了自由意志，与信仰一个上帝背道而驰吗？我还要谴责并鄙视你所作的事情呢。费奇诺谈的并不是魔鬼的魔法，而是对人的健康有益的自然界的东西。"

——费奇诺《生命之书》

但愿每一个有思想的人都感谢上帝，使我们降生在这个新的时代。它充满着如此的希望和期待，高尚有才的人层出不穷，为过去 1 000 年来所仅见。

——马泰奥·帕尔米耶里《论公民生活》
（1440 年）

教师和学生的态度大不相同。）除了博学以外，皮科的与众不同之处在于他信仰的新颖独创。他虽然信奉人文主义和基督教，但是不局限于福音书和风靡一时的柏拉图。亚里士多德的大多数理论他确实都不接受，但是，他在诗歌和文章中表示过，在《论人的尊严》的演讲中也指出，所有的神学家和哲学家都只是看到了一部分真理。他想把这两位著名的希腊人、新柏拉图主义的神秘派、托马斯·阿奎那、犹太神秘哲学作者和波斯的拜火教等所有方面的观点都调和起来。

有人可能认为，如此混杂的观点表明了精通多种语言、杂览旁收的危险。然而，今天我们几乎一门外语都不懂，可还是同意皮科的意见。皮科认为人的"尊严"是上帝在亚当堕落之前赐予他的，后来又通过救赎而得以恢复。人文主义者会想起剧作家泰伦斯的一句名言："我是人。人的任何东西对我来说都不陌生。"尊严当然也可以解释为

60

蔑视福音关于保持谦卑的要求，拒绝承认现实的罪恶。人文主义因此被指控颠倒人与上帝的关系，是无神论，企图去除宗教对社会的影响。

彻底的人文主义间接和直接地否定压抑身心的禁欲主义。禁欲主义常常被认为是非人性的，但它和它的对立面一样，都是人的一种倾向。一个禁欲主义者往往是一个能力达到极限的感觉主义者。无论如何，我们使用人性和非人性这两个词的时候概念不严谨，用人性来形容我们的优点或者我们所赞许的东西，给自己贴金。历史学家不会同意这种用法，因为他知道残酷、谋杀、大屠杀也是人的行动中最典型的一部分。

> 哦，上帝，在天之父崇高的慷慨！哦，人最高尚、最了不起的幸福！他被恩赐如愿以偿，天父赐予他各种各样的种子以及各种生活的萌芽。人不论培育什么样的种子，都会开花结果。
> 人如此多变，雅典的阿斯克勒庇俄斯说，人能够改变自己的本性，神话中普罗米修斯就是他的象征，谁不会为人的这种多变而惊叹？
> ——皮科《论人的尊严》（1486 年）

人文主义者拒绝禁欲的生活，甚至连自责都不愿接受，因此释放了助长个人主义的情绪。意识到自己的才能并希望发展这种才能，这就是个人主义。好社会可以使人感到自己发展的前途无限。因此，个人主义导致解放，这是近代最典型的主题。

※

与典雅文字有关的一切都与印刷书籍相关。固然，在发明印刷之前，僧侣中间就彼此传播新的思想和发现，但是文稿的传播十分缓慢，全靠偶然的机会。手抄造成了众多讹舛，高成本限制了流通。如前文所述，印刷使宗教异见变成了一场革命（＜4）。思想的快速传播使得激动的情绪更为高涨。此外，羊皮纸和原始纸张的手抄书卷读起来不方便，处理和储藏也很困难。书后没有索引，即便有也不能令人满意，因为中世纪的人拒绝接受字母顺序——既然没有一条特定的原则来管理，所以字母顺序是"人为"的、"不合理"的。对于爱书的人来说，印刷品会激起深刻的情感。丢勒有一幅炭笔素描画的就是一双手捧着一本书，看起来这位艺术家也是个爱书的人。书和自行车一样，是一种完美的形式。

61

新旧书籍越来越多，识字的动力随之加大。印刷的唯一缺点是，白纸黑字像是有一种权威性，天真的人会误以为书上的每个字都是真

书与大教堂较量，
前者会战胜后者。

——雨果对巴黎圣母院墙上和玻璃窗
上的故事发表的感慨（1831 年）

理。当不同的书中所载的真理不同的时候（因为写作和出版的动力也加大了），就造成了智力生活的变化。本来是两派之间的争斗，现在变成了群斗。它所造成的概念的模糊现在已经是一种常存的现象，为人们所接受，认为它就像自由经济一样，是筛选真理的好办法。

意大利在这场变化中又是先驱。15 世纪末，威尼斯一个富有发明精神的人创办了阿尔定印刷所。他是个印刷匠，也是人文主义者，自称阿尔杜斯·马努蒂乌斯。他的印刷所在之后的 100 年中出版了质量最高的希腊文和拉丁文经典著作。阿尔定版本意味着最佳版本，是现在收藏家趋之若鹜的珍品。阿尔杜斯设计出了简单的格式和字体，尤其是发明了斜体字，据说是根据彼特拉克的手迹发明的。平常的字体根据传统称为罗马字体。在这之前，印刷工把最新的手抄本字体刻在金属版上，生产出"黑花体字"版。这种版本作为收藏品如今尤为珍贵。成对的字母之间有连字弧线，当同样的字母并列在一起时，便用该字母的特别字体。一组同型的铅字有 240 个变体，页面虽美但不易看懂，对于刚刚学会识字的人来说则更为困难。直到 20 世纪中期，德国还在使用经过改进的"黑花体字"。

并不只有阿尔杜斯是伟大的印刷设计师。每个国家都有几位这样的天才，例如，法国的艾蒂安兄弟和荷兰的埃尔泽菲尔家族。我们生活中的许多便利要归功于他们的发明，如：标点符号、罗马系语言的重音符号、使句子和段落成为独立的意思单位的空间，以及使意思更

为清楚的大写字母。统一拼写的要求也是那时首次提出的，也是为了便利读者。

另外一位成就卓著的出版商叫威廉·卡克斯顿。他经商致富，之后兴趣转向文学，着手翻译一本流行的书，译好后手抄出来。据他自己说，他用笔"写得累了"，因此学会了印刷，并在科隆建立了印刷厂。经营了两年后，回到英国。在英国，他继续进行翻译和出版的工作。与外国同行不同的是，他只翻译和出版用方言写的书。几乎所有流传下来的最佳英文作品都是他出版的，比如乔叟的《坎特伯雷故事集》和马洛礼的《亚瑟王之死》。卡克斯顿自己的文笔并不流畅，但他选定一种英国方言，源源不断地出版书籍供给读者，即贵族、乡绅、僧侣阶层，帮助实现了英语的标准化。

这些第一代国际出版商不只是出书和卖书，他们本身也是学者和赞助人。他们翻译经典作品，扶植作家，自己也搞创作。他们不断重新设计字形，因而产生了排印术这门新艺术。从 1500 年以来，十几位艺术家为不同的用途创造了各种字体，但同时也没有取缔早期的字体。在鉴赏家的眼中，一本书有年代感，他能从字体上看出成书的年代。当然，新印刷的书还是采用卡斯隆、詹森、加拉蒙的字体，或者其他以早期的印刷匠命名的字体。只是近期在非人的"阅读器"的无声压力之下，才出现了一种丑陋的、劣等的字母（以及支票上印的那种数字）。

总的来说，高质量的早期印刷书是一件艺术品。页面是一幅构图（composition），排字工人（compositor）的名称即由此而来。页边、行距、缩排、大写字母，所有这些都有仔细确定的比例；木刻插图都出自大师之手，霍尔拜因、丢勒和克拉纳赫就是其中一些最多产的画家。这种对美观的注重并不是新现象，而是中世纪传统的延续，但在一个方面后来还不如中世纪，因为第一个字母已经不用金色装饰了。不过，书的扉页十分漂亮，上面通常印着作家的名字和简介，如：费奇诺，佛罗伦萨人，著名医生和哲学家，后面还加上一句宣传："怎样照顾学生和文人的身体，保证他们的身体健康。"下面便是对作者赞助人的献词，作者的生计主要就靠这位赞助人。这是一个相当聪明的安排。作者因希望得到恩惠而对赞助人大加赞颂，或对以前曾从赞助人那里获得的馈赠表示感激；赞助人私心大悦，必然对该书关心保护。而且，由于印刷术的发明，书籍广为流传，确有可能使赞助人因此而"流芳百世"。双方都有可能从中获利（说到获利，15 世纪已经出现了版权意识的萌芽）。

作为实物，那时人文主义者读的书在几个方面与现在我们拥挤的书架上的书有所不同。在 16 世纪的学者看来，我们现在的八开本书像袖珍本，虽然它也是阿尔定印刷所的发明。16 世纪的书又厚又重，是 12 英寸 × 15 英寸的对开本的大型书。所谓对开本，是把一张大型布制优质印刷纸对折一次，做成四页。书的封面用牛皮或羊羔皮包上真正的木板做成，书的中间用金属搭扣扣住；用布装订书不过才有 175 年的历史。为了防盗，书上常常用一根链子把书锁住。居然会有人偷书——多么奇怪！直到 1750 年，耶鲁大学图书馆的立架上还锁着一本对开本的《莎士比亚全集》。旁边的说明写着供学生在阅览室认真研读真正的经典之余"消遣"。

书在近代有了新的用途。人们开始默读和单独阅读。在修道院的餐厅里僧侣在饭间给兄弟们朗读的情景已经成为往事。大学讲师这个头衔的本来含义是"朗读者"，后来这一职能也消失了。中世纪的学生买不起昂贵的手抄本著作，图书馆很少，或者根本不向他们开放，于是在缺少书籍的情况下产生了中世纪的口头辩论形式。当 17 世纪的印刷技术使小册子成为流行之后，便可以用书面形式与同行展开辩论了。

由于印刷商和书商通常是作家的朋友、知己或保护人，所以他们常常出版一些大胆的书，这些书因惊世骇俗而畅销，出版商也因此受到连累。艾蒂安·多雷就是一个突出的例子，他的书被焚，他自己也被处以火刑——"为书殉了难"。他原来是作家，非常崇拜西塞罗，

63

但并不是个仁慈的人文主义者；恰恰相反，他性情残暴，喜怒无常，在一次殴斗中打死了一个人，本·琼森也干过这样的事。书籍越出越多，慢慢地如同今天的家用电脑一样普及，然而，古老的口头传统仍有一丝幸存，它表现在人文主义者在书面辩论中喜欢采用对话的方式。这是对古人的模仿，有着中世纪"正方与反方"的口头辩论的余韵。这种体裁看似公平，但是，最后总是表达作者意见的一方取胜。书面演讲词是人文主义者喜欢的又一流行体裁，它模仿古代的经典演说，以口语为基础。

书的各方面特点产生了重要的结果：印刷增加了学者思想交流的准确性，因为一本书的所有印刷本都完全一样；断章取义地引用对手著作中某一页的内容会使对手措手不及，从而击败他的论点。然而，这种便利是有代价的：书削弱了个人和集体的记忆，把智力分成了不同的方面，由此产生了许多专业。每个专业中的材料都浩如烟海，使学者难以应付。过去的学者熟谙他研究课题的所有资料，而现在，因为资料无穷无尽，那样的时代一去不复返了。所以，E.M.福斯特曾经把一切与古典著作无关的东西都称为"伪学问"，毫不留情地指出了现代的状态。最后，通过阅读古典著作和文艺复兴的书籍，人们可以看到书这个概念含糊不清。在 16 世纪和以后很长的一段时间里，一部著作的标题都说明里面包含多少"书"，例如，让·博丹的《共和六书》（245＞）。"书"指"部分"，"章"指一小节，可想而知羊皮纸制成的书不可能很长很厚，否则就太过笨重，所以才能用几本"书"合成一部著作。

※

64　　　人文主义者并非都是专业的出版商。最热切的人文主义者是教皇，首先是 15 世纪中期的尼古拉五世。这位虔诚的基督徒把宫廷变成了艺术中心。他聘请建筑师阿尔贝蒂画规划图，要重建梵蒂冈，还有破旧的圣彼得大教堂。它并不是教皇的教堂，但是它坐落在最古老的基督徒墓地上，据说那儿埋葬着被基督任命主持教会的使徒。北方的人民为这项工程捐献了大量钱财，圣彼得大教堂的重建体现了人文主义的历史观。

　　几年以后，又出了一个人文主义的教皇庇护二世。他出了一部著名的自传，根据维吉尔史诗中的英雄庇护·埃涅阿斯的名字给自己取名为埃涅阿斯。同样，亚历山大六世也没有用圣人的名字，而是用了亚历山大大帝的名字。在他们两人的统治之间，出现过一个反人文主义的教皇，但是他的反人文主义运动失败了。这些"文艺复兴的教皇"除了各不相同的道德品格之外，还以留下的石雕和绘画遗产而闻名。此外，他们也喜欢诗歌、音乐、戏剧、哲学辩论，并在动物园里收集外国的珍奇动物。他们为显示奢华高贵不惜重金，确定了高雅的宫廷的形式。

　　那个世纪四分之三的时候，尤利乌斯二世登上了教皇之位。这位以钓鱼和作战技术闻名的教皇在收复领地的战争中屡战屡胜，在对艺术家和他们作品的判断上也慧眼独具。圣彼得大教堂的重建是在他手里开始的。他在梵蒂冈建了一个雕塑花园，以"无上的雕塑"阿波罗像和1506年出土的同样著名的拉奥孔群雕为中心。尤利乌斯聘请了布拉曼特和米开朗琪罗担任设计师，一心要把罗马重建成一个美丽的城市。他还发明了出售赎罪券的办法，结果他的继承人利奥五世为此遭了报应。利奥五世也是艺术鉴赏家，是拉斐尔最大的主顾。

　　这些情形引起了年轻路德的反感。在他眼里，人文主义只不过是世俗的代名词。高级神职官员道德低下，更使他觉得自己的意见是正确的。其实，人文主义者作为一个整体，与那些平庸的神父、僧侣，或者是施行暴力，却认为自己会因信仰而得到拯救的激进福音主义者相比，反而可能是真正的基督徒。至少有一点，他们的脑子里充满了关于两大古老文明的知识，因而不得不考虑超越宗教信仰的永恒的问题：生命的意义何在？人的责任和命运是什么？死亡意味着什么？

"艺术家"的诞生

人文主义者对一切新鲜事物求知若渴，对自己的丰富知识信心十足，对自己的治学方法和别的新发明充满自豪。他们一代又一代，在印刷术这个武器的帮助下，对世界进行艺术和科学的教育。从解剖学到数学，从绘画到冶金学，一篇篇论文不断发表。越是后期，用拉丁文写的论文就越少；使用每个国家常用的语言印刷起来更为方便，读者也已不再局限于僧侣了。

中世纪并非完全没有传播先进的知识，但是这方面的努力受到了体制的限制。工匠行会对工艺严格保密，工艺就像现在的专利和版权一样，是有价值的财产。法文中手艺（métier）一词是一个下意识的双关语，这个词被误认为是从秘诀（mistère）这个词衍生出来的。从事科学的人——炼金士和占星家——为了牟利互相秘密竞争。自 15 世纪晚期起，随着个人主义的抬头和行会精神的减弱，脑力劳动者开始靠才能，而不是靠保密来保护他们所提供的服务的价值。他们从别人的发明创造中受益，自己也出版手册，介绍最新技术。

15 世纪中期，有位名叫吉贝尔蒂的雕塑家首先动了把自己的知识传授给他人的念头。他还首先认识到，为了积累艺术手法，应该把艺术家的生活记录下来。这种对于手工制品的看法蕴含着一个新的社会类别——艺术家。他或她不再是一个普通的体力劳动者，不必遵循群体的规则。他与众不同，可以任意创造发明。这方面的论文则为艺家提供关于最新发明的消息。

在吉贝尔蒂之后，艺术家如雨后春笋般地出现。最伟大、最多产的是 15 世纪的建筑师莱昂内·巴蒂斯塔·阿尔贝蒂。他认为他从事的艺术与雕塑和绘画同属一体，并且就此写了大量的文章。他的工作十分繁忙：新的建筑需要装饰，老的建筑需要修复，其间要加绘人像，墙上要画彩色风景，而且要与实物惟妙惟肖。和同时代的其他理论家一样，阿尔贝蒂还是个实干家。他制出的规划图经过修改之后，由布拉曼特、米开朗琪罗、马德罗和贝尔尼尼亲自落实，建造出现代罗马最伟大的建筑——圣彼得大教堂。这项工程被称为标志着"罗马的重生"，与引起纷纷争议的西方思想的重生并驾齐驱（＜47）。阿尔贝蒂博学多闻，给画家讲解透视的原理，向商人教授计算和簿记。他用拉丁文写的关于建筑学的论文被翻译成法文、意大利文、西班牙文和英文。印刷的巨大优越性在此再次展现。

另外一个名叫乔治·瓦萨里的意大利画家在当时史无前例的艺术高潮的激励下，也投身于佛罗伦萨的建造，还撰写建筑、绘画和雕塑这三大艺术领域中现代大师的传记。他的著作不仅令人读来津津有味，而且是独特的文化史料来源。当时，有系统的研究手段尚付阙如——没有图书馆之间的书籍交流，没有书籍总目，更没有手持录音机进行采访的方式。他在那种情况下能写出如此皇皇巨著实在是惊人之举。

瓦萨里不只是记录事件、时间和伟大作品创作过程中的逸事。他还在书中描绘作品的技巧，探讨它们的妙处和难处，另外还提出关于地点、气候和环境的理论，说明罗马对人和作品的健康都不利（空气污染使人和作品过早地老化），而佛罗伦萨在各方面都十分理想。瓦萨里一直尽力使读者领会到他所谓的"出色绘画"体现出的不同寻常的力量，他这个说法是与"典雅文字"相对应的。

通过书本可以掌握各种工艺方法，知道许多方面的成就。这造成了各种指南、手册和包含指导性内容的"传记"的泛滥。自那以后，

66

我们铸塑像时经常需要铸工的帮助，但他们经验不足，马马虎虎，可能会造成大错，我的珀尔修斯就险些遭到厄运。那是座五肘尺多高的塑像，造型精巧，细节丰富。于是，除了人像背部的主气孔以外，我还在铸模的其他地方开了许多小孔，以便空气流通。这些手法都是工艺的一部分。可是，因为我的方法与众不同，那些铸工就忽视了熔炉，结果熔化的金属汁开始冷却结块，出了这么大的乱子，谁也不知道该如何补救。

——本韦努托·切利尼
《论金匠工艺和雕塑的两篇论文》

每一次技术进步都伴以同样的现象。文艺复兴期间出现了大量的书籍，除了阿尔贝蒂的书之外，还包括现在已成为经典的著作，如：本韦努托·切利尼的自传以及关于小型雕塑和金匠工艺的专题论文、帕拉第奥关于建筑物的论文、皮埃罗·德拉·弗朗切斯卡关于设计的论文、丢勒关于绘画和人体比例的论述以及达·芬奇包罗万象的《笔记》。

67　　其他一些艺术家兼理论家今天已被淡忘，其中有塞利奥、菲拉雷特、洛马佐、祖卡罗、阿曼纳蒂、范·曼德、冯·桑德拉特。他们写的都是同样的题目，几乎都描述了透视画法这一新科学，有几位详细阐述了这种画法所涉及的几何原理，同时还提出了杂七杂八的各种建议，从怎样磨出最好的颜料，到怎样训练徒弟。

　　这些书都花很大的篇幅阐述艺术家必须具有真正的信仰和严谨的道德，现代的教科书出版商对此一定印象至深。作品自然而然地被看作艺术家灵魂和思想的体现。更为重要的是，作品必须反映实际生活的等级制度，即道德秩序。无论是出于本能还是根据惯例，艺术家必须知道如何反映现实。因此，论文中常常出现一些（在我们看来）不相干的警诫之言。例如，在《笔记》这本书中（这本书值得一读），达·芬奇为自己不是作家表示了遗憾，但是，他写的书证明他是道德哲学家和心理学家，还会写半神秘性的寓言。19 世纪以前，一切艺术都必须符合道德。在那之后，艺术才开始与道德意义、创作人的道德观以及公众的期望完全脱节（474、616＞）。

※

文艺复兴时期大量的论文说明了这场文化运动的性质。人们通常以为它是由几个天才发起的，有一些崇拜者、赞助人和能言善辩的支持者参加，他们的名字列在小号字体的脚注里。其实，文艺复兴运动有一大批才华横溢的人共同参与。任何运动要想成气候，都不可缺少群众。这是一个普遍规律。这些众多的合作者天赋一定都很高，不是碌碌之辈。也许，作为创造者，他们不够全面，或者运气不佳；他们的名字有些流传了下来，有些已经不为人知。但是，回顾过去，会看到他们中不少人提出了独创性的观点，或者首先使用了某种技巧。他们集体的言谈行动维持着创造的激情，激发了他们中间的天才；他们是那一时期烂漫繁花的护花春泥。

这在一定程度上说明了伟大的艺术时代的形成所需要的条件。这样的时代往往时间短暂，地点似乎偶然随意。造就这种时代的条件与有些人想象的不同，不是经济繁荣，或政府支持，或四海承平——佛罗伦萨在全盛时期内外冲突连续不断。第一个必要条件是有志之士

在布鲁塞尔的王宫后面，我看到了喷泉、曲径和动物园；我从未见过如此美妙悦目的人间天堂。

伊拉斯谟是在雅各布·德尼西先生的宅邸为我写申请书的小个子。晚上，我在烛光下为他画了一幅肖像，又给兰帕特医生的儿子和女主人画了素描肖像。

——丢勒《旅行日记》（1520年）

聚集一处。他们也许原来分散各地，当某个重大文化事件的消息传播开去，或者技术上发生了突破的时候，他们就突然从四面八方涌来，来到事件的原发地。正如革命情绪的传播一样，狂热的兴趣、不同的见解、那些努力创作，相互比较，激烈辩论的艺术家之间的竞争，这一切所造成的激情使艺术迸发出超常的光彩。几百个有才气的人中间只能出现几个伟大的艺术家。被埋没的天才因为时运不好，只能在偏僻的角落里默默耕耘，忍受着孤独，经常因此而受到创伤。

在艺术的巅峰时期，往往是先实践，后理论——先有作品，然后

68

才有概念。同时，从实际中得出的理论使我们了解到主要艺术家的一些（不是全部）意图，和他们的作品所使用的标准。这种情况持续了400年的时间，不应该为了取悦20世纪晚期企图排斥艺术意图的批评家而把它斥为无稽之谈（621、757＞）。文艺复兴的论文谈到，艺术家除了道德使命感之外，他的责任（也就是他的意图）就是模仿自然。他必须细心观察"上帝的脚凳"[1]，这是信仰上帝的一种方式。这种严谨与科学家的严谨是相同的。当时有不少艺术家认为自己同时也是"自然哲学家"，那时还没有出现把最优秀的人才分门别类的"两种文化"。

尽管在中世纪的时候，自然形态是画家的起点，但是他们并不认为必须完全忠实于自然。人文主义者的意图与中世纪画家不同，其基础是古人著作中所倡导的对于自然界具体的兴趣。贺拉斯在《诗艺》一书中谈到了在文学中模仿生活的理想，并以绘画作比喻。人人皆知，这条原则对其他的艺术形式同样适用。保存下来的古代人像雕塑比起哥特式教堂门廊两侧形式化的圣人雕塑来要逼真得多。希腊人毫不犹豫地用最完美的人体形态来塑造他们的众神。对人文主义者来说，罗马的新建筑物动工挖地基时所发现的雕塑碎片是"自然"的黄金提示。

这是用新的眼光来"接受"熟悉事物的最好的例子。古代的庙宇、竞技场以及雄伟的凯旋门矗立了数百年之久，到了文艺复兴时期，在人们的眼睛里，它们不再是多神教的可悲残迹，而是应该研究和模仿的雄伟创作。北欧建筑被称为哥特式的，是为了表示它们的野蛮。这种建筑风格从来没有在意大利流行过。由于意大利的气候原因，房屋最好有宽大的窗户和拱顶，室内的空间安排也应与适合北方灰色冬天的安排完全不同。所以，在14世纪中期彼特拉克时代出现了变革的愿望时，新建筑风格的要素已经具备。巴比亚的赛尔托萨没有模仿别的风格，而是采用了古典的特征，推陈出新，反映了从旧到新的过渡，似乎是专为文化历史学家而设计的。

---

[1]　指大地，源自《圣经·以赛亚书》："耶和华如此说：天是我的座位，地是我的脚凳。"——译者注

　　绘画也同样需要变革。瓦萨里解释说，优秀的艺术已经由于战争和动乱而被湮没和遗忘，留存下来的只是"希腊人粗糙的风格"（他指的是拜占庭人）。他们在意大利东部城市留下的中世纪的镶嵌画本来就不是为了看似"自然"。关于绘画的转折，普遍接受的说法是，13 世纪末，佛罗伦萨的契马布埃起初用的是拘谨的传统风格，但在一张圣母马利亚的画像中用了比较柔和的线条，"接近现代的风格——人们从未见过如此美的画。"瓦萨里还描述了佛罗伦萨人怎么庆功游行，把这幅画从画家的家里抬到订画的新圣母马利亚教堂。

　　契马布埃的弟子乔托更进一步。他注重瓦萨里所说的"人的真正形状"，对人体的描绘尽可能做到逼真。他受彼特拉克的影响，用岩石和树木做背景，于是画中有了大自然的因素。乔托画的圣弗朗西斯受圣痕图，背景不是中性的，而是乡村景色。

　　这种新风格有时被称为"现实派"。这个形容词以及它的反义词不仅成为几类艺术的重要术语，还是日常争论中最常用的词："那不现实。"——"请现实一点儿！"其实，这一对词的所有用法都有失妥当。它引发出一个难题：什么才是现实？艺术家和普通人都在努力确认自己观察到了什么？什么是事实？倘若说文艺复兴的绘画"终于描绘了现实的世界"，那么，米开朗琪罗和拉斐尔的世界为什么如此明显的不同？还可以继续问下去：哪位画家真正描绘了自然，或者说现实？是鲁本斯还是伦勃朗？是雷诺兹还是布莱克？是科普利还是阿尔斯顿？是马奈还是莫奈？

　　的确，除了绘画艺术本身的特征以外，这些艺术家所描绘的世界的特征都是我们所认识的。然而，不同画作的总体效果却各不相同；它们反映的是不同的人对于现实的不同看法，无论是画家还是其他人。考虑到这一情况，可以大胆地提出这样一条一般性结论：上述所有画家，还有其他画家，描绘的都是现实。所有的艺术风格都是"现实"的。它们反映的是经验的不同方面以及对经验的不同看法，它们都具有现实性，否则它们首先就不会激发艺术家的兴趣，也不会引起观众的反响。现实的表现多种多样，这更证明了对事物的"接受"在生活中的重要性。现实主义（包含真理的意思）和理性与自然一样，是西方的伟大词汇，无法给它下确切的定义。以后还会讨论到这个问题（555＞），在此只须对这个术语提出疑问。如果需要在一件"近似现实"的作品和一件"象征性"的作品之间作区分，用写真主义这个词也许更为恰当。

70

无论该用哪个术语，文艺复兴的艺术家都认为他们找到了艺术的唯一真正目标。他们这种信念有一种"科学"的理由，以后会进一步解释。然而，不论有没有理由，任何时代中任何流派的重要艺术家都知道他们在朝着正确的目标努力。这是创作优秀作品时所常有的，也是必不可少的信念。

至于自然和模仿这两个术语，应该考虑的问题是：时间和地点，意即周围的文化，对物体的描绘产生了多大的影响？可以说对物体的描绘受到周围文化的一定影响，但并不是完全受其影响。艺术家常常相互模仿。一种风格或情调，一旦因为其技术手法或情感价值，或者因为它大受欢迎而被采纳，艺术家和观众就认为它是"自然"的。威尼斯的画家可以用原色画出色彩灿烂的《神圣和世俗的爱》，尽管创作地的气候并不一定比罗马或佛罗伦萨更加阳光明媚。在北方，佛拉芒人用柔和的色调和精细的线条来描绘宁静的室内环境、市民生活的场景和高大的船只，创造了一种完全不同的对自然的感觉。在这二者之间，德国人在人物画和风景画中保留了深暗的"哥特式"线条和精神。

同样逼真的模仿由于使用不同的颜料而产生不同的视觉效果。颜料永远也达不到阳光的亮度。艺术家偏重某些颜色，利用颜色深浅的比例来达到他理想中的效果；这种相对效果可以通过许多不同的表现手段得以实现。艺术家可以不严格按照透视原理，用所谓的"功能线条"来强化印象；他也可以为了戏剧效果而采用其他微妙的歪曲现实的手段，例如，在达·芬奇的《最后的晚餐》里，把两个不同的视角效果合并为一；或者像鲁本斯常用的手法，让光线从两个不同的角度射入。透视并不是"科学"，而是精心设计的幻觉艺术。艺术家运用巧妙的手法创作出的错视画之"真实"，使人不禁伸出手去触摸；又如，提埃坡罗按透视法缩短线条画出的天花板上的顶画，在地上抬头看去十分逼真。

根据文艺复兴的观点，绘画艺术除了在视觉和构图上悦目，符合透视法原理之外，还必须有明确的主题，即必须"表述"一件事情。古典神话自然是首选，但是基督教的主题也常被采用，尤其是因为天主教反宗教革命的运动促进了对新教堂的装饰和老教堂的修复。宗教和道德的训诫等于是从教堂的窗户上和门廊中挪到了教堂内的墙壁上、神坛上和天花板上。中世纪"石头上的训诫"变成了颜料的训诫。

《圣经》和圣人的生活逸事仍然是画作的人物和背景素材，但是在许多方面世俗化了：圣母看上去像一个村姑，服饰是当代的样式，背景取自当地的景色。委罗内塞太过分了些，他在他的《最后的晚餐》中画进了醉汉，还有一条狗，结果因亵渎罪而遭到传讯。不过，经过长时间的拷问之后，居然逃脱了重罚（76＞）。

71

> 我欣赏一幅画正如阅读一本好的历史书一样得到同样的享受，二者其实都是画，一幅是用字画成的，一幅是用颜料画成的。
>
> ——阿尔贝蒂《论建筑》（1452 年）

※

随着艺术家逐渐成为独立的、具有献身精神的人，艺术本身开始成为一个独立于作品、思想、信仰和社会目的的实体。在 16 世纪，艺术还没有完全摆脱道德和流行的品味，但是自立的根子已经形成。人们评价一幅壁画或圣坛的绘画时，注意的不再是画作虔诚的光辉，或者它对环境是否合适，而是我们现在所说的美学优点。到了这时，为艺术而艺术的概念即已呼之欲出。审美的欣赏不只是自发的喜好，只是能够判断准确性是不够的，还必须能够判断并评说风格、技巧和创意。这种需求产生了另一种公众人物——艺术批评家。这一行后来成为一个专业，但起初的批评家只是一个有天赋的艺术爱好者，他对不同的艺术品进行比较，研究其中的精湛之处，为表达自己的观点提出了一套词汇。他和他的同行不是理论家，而是鉴赏家，最后变成了专家。

批评家地位的上升最终导致了有知识的人和那些仅仅"知道自己喜欢什么"的无知之辈之间的分离。有人说在文艺复兴时代的佛罗伦萨还没有出现这种分离，当时人人都是天生的鉴赏家，和古雅典时一样。其实，佛罗伦萨和古雅典的情形都只不过是人们的想象，或者说是希望。16世纪时，在其他地方，这两种不同的鉴赏家还没有发生矛盾，因为他们对于艺术在社会中所起的作用的看法是一致的。他们一起通过购买和评论来影响时尚和品味。从那时起，一直到18世纪末，人们一致认为以宗教和历史为主题的绘画是最高级的体裁，前者起训诫的作用，后者起提醒的作用；二者都有装饰的作用。其次是人物肖像，风景画则等而下之。大自然还未得到人们的欣赏。在文艺复兴早期，自然只是用来做背景，即便如此还被"人格化"，除了画中的人物以外，还加上神殿、柱子或其他建筑物的残片。到了16世纪，出现了名称奇怪的"风俗画"，包括各种素材，描绘的是日常生活的方方面面，有少量画作的题材是"静物"，如死鸟、打猎的号角、陶器放在一起构成的不自然的组合。

随着时间的推移，世俗的题材越来越重要，部分原因是出现了新技法，用带油的颜料在帆布上绘画。米开朗琪罗嘲笑这种新技巧只"适合女人和小孩"，因为业余爱好者或蹩脚的专业画家很容易修改败笔，刮去重画。在油画出现之前，先要把颜料在清水或石灰水中化开，然后艺术家在自己亲自粉刷的墙上作画；也可以把颜料与蛋清和水调在一起，在杨木板或其他木板上作画。要画得好，就必须下手稳，构思远，落笔后不能再改，像现在的水彩画一样。

但是油画有它独特的优点，它便于携带，把艺术带入了家居。到了 17 世纪，虔诚的或喜欢自己肖像的富人可以定制油画，或购买现成的油画来装饰房间。油画大小适中，题材可能是宗教的题材，或者是日常的景色——停泊在港口的渔船、专注于女红的姑娘、假日狂欢的农民或者巡逻中的守夜人。人像画中常常是衣冠楚楚、志得意满的城镇要人，或是购买者本人，身边围着妻眷，旁边蹲着一条狗，有时手中还拿着一本书。艺术的这种用途预示了后来大量拍摄人物和景色的照相术，但有一点不同：早期的肖像并不美化人物，请看霍尔拜因所作的肖像《亨利八世》。16 世纪时还没有摄影师用气笔修改照片，改动自然的技术。

由于对复制"生活"的普遍喜爱，另外两种艺术也因之迅速发展。一是书籍的插图——最初使用的木刻的粗重线条正适合早时厚重的书页，然后产生了钢板印画，更适合精细的字体。第二种艺术是壁毯织造，壁毯之所以流行因为它既有装饰效果，冬天也可以挡风。

忠实的模仿意味着对人体结构与物体的形状和质地进行孜孜不倦的研究。于是，裸体成了主题和教学的一部分。然而，一幅画要称得上是艺术，必须是有组织的整体。为了构图和协调的需要，尤其是为了造成强烈的效果，必须对自然进行重新组合。除了传统的代表圣人的象征或暗示人物身份的象征之外，还需要对人物、人物的位置、光线、影子和颜色的相对关系作一定的扭曲。简言之，画家必须思考。

模仿不可依样画葫芦这句话就是这个意思。这句警诫打开了大门，让想象力任意驰骋。它意味着艺术家可以追求美这个"非凡的特质"。既然美是事先构想出来的概念，那么就必须与大自然提供的素材调和起来。米开朗琪罗坚决拒绝复制外表。他信奉柏拉图的学说，从每一件自然物体中都要提炼出更完美、更有超越性的形式。而亚里士多德派认为，物质要达到完善的高度才

> 绘画要用头脑。如果画家只依凭练习的经验画出眼睛所见的东西，而不使用理性的话，那么他就像一面镜子，只会复制出面前的物体，但不知道这物体是什么。
>
> ——达·芬奇《笔记》

能成为现实，而这就是理想的形式。这两派哲学殊途同归，都是要塑造现实。

73　　斯多葛派和伊壁鸠鲁派也都认为，自然提供了理想的模式，人的生活应力图达到那种境界。但是他们也深知自然在不断地摧毁和重新创作，所以他们不太重视模仿无常的物体。即便要模仿，也应该头脑冷静。这种把自然视为模式和准则的看法在文艺复兴前就早已有之，至今还在影响着生活各个方面的观念和行为。"追随自然绝对错不了。"人们重复这句话时，自信得甚至脸都不红一下。但是自然到底包括什么，有什么要求，人们就这些问题仍然争辩不休。此外，无论发出什么呼吁或要求，都常常用自然的这个词来表示所提出的要求是理所当然、不言而喻的。

　　透视原理这个伟大的发明使文艺复兴的画家深信，他们的艺术之路是唯一的道路。他们为此而无比自豪，如同那些发现了他们的真理之路的文人一样。有些人认为，透视法的发明使人类重新发现了大自然；又有人认为文明因此而得到了恢复。透视的原理是：因为我们有两只眼睛，看东西是靠两条视线在一定的距离之外汇聚，即画家所谓地平线上的"消失点"。既然这两条视线形成一个锐角，用平面几何便能算出画中某个距离以外物体的尺寸和位置该怎么定，才能使画面栩栩如生。

　　另一种解释的办法是想象一个金字塔，塔尖在视线的聚合点上，塔座碰到鼻子。金字塔的任何一个横断面都能显示画面上的人物和物体的尺寸该怎样定，看上去才会"逼真"。还有一种办法，在喷气式飞机降落的时候往下看，飞机越接近地面，公路上的车辆就显得越大，（等于）人在把金字塔的底座往前推进。这种人和物体在平面上尺寸和距离的相对性精确严格。因此，一篇早期的文艺复兴的论文中说，绘画由图形、度量和颜色这三部分组成。颜色的用途之一是制造"空气透视感"。浅蓝灰色可以使画中遥远的物体显得朦胧，在现实世界中，由于大气层的厚度，肉眼看到的就是这种景象。这两种透视合在一起，在平面上制造出纵深的幻觉，立体的"现实"。我们看到"立体"的物体，这本身便是一种幻觉，因为若不是我们依靠触觉感受到固体并由此而产生习惯性的期待，从飞机上所看到的物体在我们的眼中就会像墙纸上的图案一样是平面的。但是我们从很小的时候就学会把触摸感和视觉联系在一起，然后通过显示三维的标志来认识世界。

※

在任何一种艺术中，新的技术力量会引出意想不到的用途和概念。模仿生活使绘画摆脱了它表现宗教思想的社会作用。无论它表现的是什么，它都是独立的。观者不需要太多的想象力便能了解画的含义，于是题材得到了无限的扩大，并使画中的物体本身成为观众的兴趣所在。随着大量知识的记载和传播，又有这么多热诚的艺术家和热心的赞助人同心协力采用新风格进行创造，技巧和风格经过反复实验必然逐渐成为绝对正确的方法。对于古迹的深入研究把灵感的来源变成了效仿的模式，这在建筑领域特别明显。结果造成了建筑风格的僵化，或者最多是冷淡的优雅。复古的初期阶段往往是最有成果的，这是文化的一般规律，因为人们的兴趣所在是概念，不是技巧。随着所掌握的知识日益确切，创意逐渐减弱；完美上去了，灵感却下来了。

在绘画中，这种艺术强度的下滑被称为风格主义，很有暗示性的一个名称。艺术史上这种情况屡有发生。但是，对风格主义者不应该鄙视，尽管他的高度技巧是二手的，是从别人那儿学来，而不是自己琢磨出来的，但他的艺术不一定缺乏个性。在有些鉴赏家的眼里，他的艺术作品手法精湛，收发自如，赏心悦目，然而批评家对此却大惑不解，制作怎么会比创作给人带来更大的乐趣呢？也许对这个问题没有答案，不过有这样一条有用的推论：尽善尽美并不一定是伟大艺术家的特征。

在 16 世纪中期，回顾一下彼特拉克、乔托或威克利夫的成就，再

74

看看当时的文学著作、绘画作品、学术研究和宗教思想，必然使人确信良好变化的积累意味着进步。于是出现了进步这一名词和有关它的理论，提出了一个新的衡量标准：是否有所改进。对于变化，人们开始以进步或后退的标准来判断，后退的变化是毫无意义的。后来，这一理念造成了我们所熟悉的一些标签，如进步、保守和反动。因此，进步的理论并不像人们所想象的那样是 18 世纪哲学家愚蠢的幻想，19世纪工业的飞速发展更是把这一理论奉为圭臬。今天，它却受到普遍批判——"艺术并不进步，人的道德品质也不会进步"。这时，回过头去研究一下它 16 世纪的起源，我们可以看到这个新的文化标准是多么合理，多么有用，多么不可抗拒。

首先是人文主义思想的核心，它"更接近人"，因而比中世纪的观点、行为和语言更为优越。其次，对于技巧的意识显然"推动了进步"，产生了绘画的透视法和音乐中的复调音乐（157 ＞），还促进了实用艺术和科学的改进。最后，人的举止渐趋优雅，由于新教革命，两大教会的宗教都更加纯洁。在圣巴托罗缪惨案中殉难的拉穆（皮埃尔·拉拉梅）坚信，在 16 世纪里，"人和作品"所取得的进步超过了前 1 400 年里所有的进步。另外一个名叫波斯泰尔的观察家远游东方后，预言除非由于上苍的旨意发生战争或瘟疫，把保存在书中的所有知识全部销毁，否则进步将继续，世界将统一。只要不发生灾难，最新的总是最好的。

意识到进步，也就知道了谁做了新的事情，谁在宣传新的思想。个人的价值提高了：某某人是可用之才，值得谈论和赞扬——或者从竞争对手的角度来看，应该受到攻击。文艺复兴的热情使艺术家日益成为非同寻常之辈，使他越来越不受传统和法律的制约。而他的前身——工匠，即任何干手工活的人——

世界上到处是有学问的人、有学问的教师和大型图书馆。在我看来，柏拉图时代和西塞罗时代都没有现在这么多的学习设施。

——拉伯雷"父亲卡冈都亚致庞大固埃的信"（1532 年）

如果从事一种美工艺，或称美艺术，地位也会提高。美艺术也是一个新建的类别。它并没有马上得到接受；对于大多数人来说，手脏还是地位低下的标志。西班牙国王腓力五世在薪金册上把委拉斯贵兹算作室内装饰师，这显然是为了安抚其他的仆人，包括出纳员。[参阅鲁埃曼（H. Ruehemann）的《艺术家和手艺人》（*Artist and Craftsman*）。]

尽管如此，新类别的标志已经十分清楚。中世纪时艺术家默默无闻（不像双手干干净净的作家受人敬重），现在却已今非昔比。建筑师、雕塑家和画家在自己的作品上签名，有关的书籍中也会提到他们的名字。赞助人虽然会挑选自己准备赞助的艺术家，但艺术家也同样挑选赞助人。市政府和有钱的市民向他订制作品，如果在外地能够得到金钱和名誉，或者至少有这样的可能，他就束装前往，因为他常常从赞助人那里得不到报酬。大人物对他极尽溢美之词，

但付钱时却吝啬小气，也许他们自己也手头拮据（334＞）。这种松散的方式使艺术家能同时服务于两个可能是对头的赞助人。如果一个艺术家个性合适，甚至可以担任一个宫廷派往另一个宫廷的大使，鲁本斯便是艺术家兼政治家的最佳典范，在这两个位子上都出类拔萃（334＞）。

艺术家独立最明显的迹象是，当赞助人（或他的管家）企图对设计发表意见时，艺术家请他不要插手自己不懂的事。渐渐地赞助人不再可能强迫"他的"艺术家了，甚至连指导也做不到。

艺术家有时也写作。他们在书中阐述自己的作品和观点，叙述自己的奋斗经历，公开自己的不满，赞扬或批评他们的雇主——切利尼给克莱门特七世打了不及格——这一切都和彼特拉克一样，是为了流芳百世。（请浏览切利尼的自传。）

> 此外，如果我将为圣上效劳，我请求不要派人来管与我的艺术有关的事。我请求完全信任我，让我自由地工作。
> ——米开朗琪罗，雕塑家，佛罗伦萨（1524 年）

> 各个阶层正直诚信的人，只要做过任何高尚的或值得赞扬的事情，就有责任亲自把自己的生活记载下来。但是，这项光荣的任务应该等到 40 岁以后才去进行。
> ——切利尼，自传的第一句话（1558 年左右）

※

在特伦托大会之后，各种宗教意见多少都受到了教会当局的监视，艺术品也遭到审查。前面提到的委罗内塞的《最后的晚餐》便是一个著名的案例。他在讯问中表现出他坚信艺术家在艺术上有完全的自由。法庭的苦苦相逼都未能使他动摇。审讯人先问他操何职业，被告回答说，"我绘画和构图。"讯问继续：

问：你知道为什么传讯你吗？

答：我猜得出来。大人传令修道院副主持把一个悔改的妓女放入画中（主的最后的晚餐），把狗去掉。我告诉他为了荣誉和绘画我什么都可以做，但是我认为在画中画一个悔改的妓女是不合适的。

问：除了这一幅以外，你是否还画过其他的晚餐？

答：画过的，大人。（他提到了 5 幅画。）

问：鼻子流血的男子有何意义？那些身着日耳曼人服饰的全副武装的人又是怎么回事？

答：我想画一个因出了点儿事故而鼻子流血的仆人。我们画家和诗人有同样的自由，所以我画了两个士兵，一个在喝酒，另一个坐在楼梯上吃东西。我听说房子的主人很富有，一定会有这样的仆人。

问：圣彼得在做什么？

答：在切羊肉，好分给坐在桌子另一端的人。

问：坐在他旁边的人呢？

答：在用牙签剔牙齿。

问：有没有人要求你在画里画日耳曼人和小丑那一类的东西？

答：没有，大人，只是为了点缀。

问：点缀难道不应该恰当吗？

答：我画的画都是根据我认为合适的标准，也根据我的才能所及。

问：你知不知道在日耳曼和其他受异端邪说影响的地方，绘画被用来嘲讽污蔑神圣的大公教会，向无知的人传授坏的教义？

77

答：知道，那样不对，但我再说一遍，我一定要效仿艺术上比我高超的人，学他们所做的事。

问：他们做了什么事？

答：罗马的米开朗琪罗画了主、他的母亲、众圣以及天国主人的裸体像，甚至画了圣母马利亚的裸体像。

法官大人下令在 3 个月之内必须改完那幅画，费用由画家承担。最后，委罗内塞只是改了作品的题目，别的丝毫未动。

不应该认为画家及其同类行业的人成了艺术家后便再也不做工匠的活了。画家、雕塑家、雕刻家和建筑师并没有脱下工作服，像作家那样手洗得干干净净地坐在案前。绘画艺术扎根于物质，最起码要掌握颜料、油彩、胶水、木头、蜂蜡、石膏的使用——还要知道如何处理生鸡蛋［可浏览拉尔夫·梅耶（Ralph Mayer）的《艺术家手册》（*The Artist's Handbook*）］。雕塑家同样是工匠，敲凿石头使他的双手粗糙，头发蒙上一层石粉；建筑师要监督石匠和砖匠，必须熟悉他们的操作，他得和画壁画的画家一样在支架上爬上爬下。

画家的特定能力需要通过学习得来。在文艺复兴时期以及之后的 200 年中，艺术家是通过学徒制培养出来的，这是一种源自中世纪的行会制度。如果在 16 世纪把艺术家的培养像我们现在那样交给大学或专业学校就愚蠢了。16 世纪的艺术家需要一群学徒帮他做日常的手工活，在教堂或市政府订制的大型绘画上做"填空"的

我举头向天；脖子仰着向脊椎缩进。
我的胸骨突出，变成一架竖琴；各色稀稠颜料
把我的脸涂抹得难以辨认。
我的腰部挤进肚子里，像个活塞，
臀部承受着我的重量，变成马鞍的形状。
我的双脚无法控制地晃来晃去，
我骑在凳子上，背弯成弓的模样。
来啊，乔瓦尼，
来拯救我的绘画和名誉，
因为我实在太弱，绘画是我的憾事。

——米开朗琪罗《谈画西斯廷教堂》

活。这个制度极为有效，结果给当今的博物馆馆长和艺术商造就了一个难题：这到底是不是伦勃朗的作品？或许这只是他的得力助手某某人的杰作？名师出高徒。"影子"伦勃朗对大师的模仿几可乱真，无意中遵循了一条中世纪的原则，即好的工匠能逼真地复制模型，不管它是挂在公会堂里的一幅画还是市长大人的呢子礼帽。艺术家则恰恰相反，像彼特拉克主张的那样，他顺从自己的倾向，创造自己的风格。到了后来的时候，如果一个艺术家不愿被认为是学院派、没有价值的话，他就必须自创新意。但即使在崇拜新颖风行之前（160＞），使用新技巧的人就已经开始大肆宣传自己的新艺术、甜美的新风格或现代手法。

建造"圣母怜子"像的合同，1498 年 8 月 7 日……最尊贵的圣迪尼兹奥大主教同意由佛罗伦萨的雕塑家米开朗琪罗雕刻大理石的"圣母怜子"雕像，雕像中圣母马利亚身披斗篷，怀抱死去的耶稣。雕像与真人一样大小，价格为450 达克特，开工前预付 150 达克特。本人雅各布·加洛保证米开朗琪罗将在一年时间内完工，雕像将比罗马当今的所有大理石雕像都更美丽。

——加洛，古董收藏家，
充任米开朗琪罗的经纪人

摆脱了行会的规章之后，艺术家便成了独立承包人。他得自己与公众打交道，不管他是否会做生意；这可不是桩总令人愉快的事。在任何解放中，新的自由都受到严苛的条件的限制。为了成名，艺术家必须表现出独特的风格，这可能造成对他的独创性的极大压力，同时他还得应付激烈的竞争。为了赢得富人的宠爱，他必须迎合他们的品味，还得获得代表公众的批评家的赞许，更不用说要得到艺术商的注意。艺术商也是在 16 世纪出现的。社会总的来说虽然欢迎艺术，但仍然为赞助艺术这个解决不了的问题纠缠不清（338＞）。

※

根据 19 世纪传下来的习俗，如果一位著名脑科医生会拉小提琴，能驾驶小船，熟悉新书，便会被友人称为文艺复兴人。当然，他努力打破专业主义的樊篱，其志可嘉，但是如果与阿尔贝蒂比，他就不够资格膺此荣誉了。阿尔贝蒂不仅是画家、建筑师、理论家，还是诗人、戏剧家、音乐家（风琴）、神学家和哲学家。

皮科所谓人的自我发展和卡斯蒂廖内所形容的文明宫廷（85＞）中完美的人，指的是思维每一个功能的全面发展。全才这一称号即由此而来。它的基础是人文主义，膺此称号的人至少要能写"典雅文字"；因此，今天被奉为文艺复兴人典型的莱奥纳多·达·芬奇其实配不上这个头衔。选中他显然是为了迎合我们自己的主要兴趣：艺术和科学。他是绘画界的巨人，也孜孜于土木工程、航空和科学观察。他设计的机器不能运作，但是他为设计它们绘制的草图和进行的计算令人叹为观止。他对两种"文化"的结合和他坚持不懈的"研究"感人至深。然而，他是那个时代一个突出的例子：他虽然是天才，但不是地道的文艺复兴人，因为他欠缺"典雅文字"。他自己也曾谈到他在这方面的局限。他不关心拉丁文和希腊文，从未写过诗歌和演讲词，对哲学和理论没有什么见解。他对历史不感兴趣，在佛罗伦萨的总督官邸画壁时，他不得不参照马基雅维利关于一场著名战争的笔记。他也不是建筑师或雕塑家。最糟糕的是，他不喜欢音乐。他认为音乐有两大缺陷，一个缺陷是致命的，曲子结束后，音乐便不复存在；另一个缺陷是"消耗性的"，音乐不断重复，令人"生厌"。

如果要排名次的话，路德应排在达·芬奇前面。因为路德是伟大的作家、演说家（虽然不是古典学家）、音乐家、神学家、自然观察家，（我们前面已经看到）他还积极地去体验生活的各种感受（＜17）。达·芬奇认为绘画比任何其他的艺术形式都更加生动，但是他的画作却不多。做这样的比较并非要贬低达·芬奇，他的才能是不容置疑的，也不是要用阿尔贝蒂这位全才来压倒他的声望。这样比较只是为了恢复这一荣称的真意，因为现在人们把它随意滥用。有一本以"文艺复兴人"作为标题的书曾一度风行，它列举了马基雅维利、卡斯蒂廖内、

79

阿雷蒂诺和萨沃那洛拉作为代表。这些人也许并非最恰当的选择，但是他们代表了跨越学科的思维。这种文化类型如今为人惊叹，但并不真正地受到赞赏。人们在心里可能会把他们称为"万金油"。

其实，确定谁是真正的文艺复兴人不应当看他是否是天才，因为天才世上少有，也不应看他是否像阿尔贝蒂那样全才全能。最好的标准是看他有没有广泛的兴趣，看他作为业余爱好者是否对这些兴趣发展培养到精通的程度。一个文艺复兴人或女人应该会写诗、谱曲、唱歌，喜欢优秀的文学和绘画，欣赏罗马的古迹和现代的建筑，对不同的哲学思想也有所了解。此外，还必须熟悉宫廷中最新的高贵礼仪，谈吐得体，舞姿优雅，会演假面剧，在家内演戏时能即兴发挥。社交生活对他们来说是令人愉快的正经工作，也是为了不致无聊。男子必须是战士，男女都必须精通政治。简而言之，与我们现在知识和社会的专业性恰恰相反，与目前预制的嗜好和娱乐恰恰相反。

> 如果你们（诗人）把绘画称作"哑巴的诗歌"，那么画家可以说诗歌是"盲人的绘画"。请想一想，哪一个更严重，哑巴还是盲人？
>
> ——达·芬奇《笔记》

当然，在 16 和 17 世纪，做艺术和科学的多面手比现在要来得容易（191 >）。当时，对这些方面的各种材料没有接触不到的问题，一切都唾手可得，各学科之间也几乎没有界限。可以说生活本身就是综合性的。罗马、佛罗伦萨、威尼斯、帕多瓦、巴黎、伦敦、安特卫普和里斯本各具特色，多姿多彩，但是主导的文化态度和做法是相似的。不少上层阶级的人招贤纳士，在府邸给他们安排住处，从这个意义上来说，那些才能之士如同"家

> 对青年人来说，旅行是教育的一部分；对年长的人来说，旅行是阅历的一部分。如果不懂某个国家的语言就去那里旅行，那等于去上学，而不是去旅行。可看的东西有：王公的宫廷、法院、教堂、纪念碑、城墙、碉堡、港口、古迹、废墟，还有图书馆、大学、商船和军舰、住房和花园、军械库、交易所、仓库、马术练习、击剑、练兵、高级喜剧、珠宝及服饰和玩物的收藏，另外还有庆功游行、化装舞会、宴会、婚礼和死刑执行。
>
> ——培根《论旅行》（1626 年）

仆"。这是"高级文化"的最新表现。最活跃的创新中心一有时髦的风尚兴起，别处的人便群起模仿。

当时大量的旅行促成了思想的流通，尽管那时旅行的条件还很艰苦，而且旅途中充满危险。学者们转徙于各大学之间，艺术家涌向最生气勃勃的地方，绅士和淑女流入各大首都，你来我往，络绎不绝。这种情况与当时多种语言混用的思维方式并存，民族国家的形式尚未把人的身心束缚在一个国家和一种语言之内。就连罗马和巴黎街上的乞丐都会用几种语言乞讨。

因为这些周游世界的人属于上层阶级（人数还不太多），所以他们在国外所到之处，哪怕是小城镇，都会受到同阶层的人款待，事先不必通知，也不必彼此认识。镇长或地方士绅一从客栈老板那里接到贵客来临的消息，马上会向贵客发出赴宴的请柬。（参阅蒙田的《1580—1581年的日记》。）艺术家则通常带有介绍信，除非是赫赫有名的人物。

进行这些活动有一个前提条件，那就是必须有悠闲的工夫。贵族和他们养活的艺术家不受朝九晚五作息时间的约束，可以任意支配一天中的时间。今天艺术家让人羡慕也是出于同样的原因。但是，悠闲并非表面看上去那么简单。作为16世纪文化柱石的贵族深深地卷入政治阴谋、爱情纠葛和世仇宿怨的旋涡中；他们从军打仗，管理家产，还要通过复杂的联姻和冗长的谈判来扩大家业。他们绝非游手好闲、无忧无虑。然而，他们做的一些事情似乎是只有漫不经心、无所事事的人才做得出来。这种矛盾只有一种解释：悠闲是一种心态，它需要社会的赞成和许可。当普遍的日常生活和公众舆论倾向于工作的时候，悠闲便成了例外，成了需要特别计划才能实现的喘息的机会。于是它不再是习俗，而变为个别人的特权。我们时代专门化的娱乐和嗜好即因此而产生。

住在贵族宫邸里的艺术家除了艺术之外也忙于其他的事务。他们得为贵族频繁举行的娱乐活动设计策划，还要干一些比较低下的活儿。委拉斯贵兹这位"室内装饰师"就得负责监管腓力国王的仆从。16和17世纪时，一座府第中常常住着100多人，这样的安排便于举办娱乐

81

活动。府中人手多，便于传信和办事。如要筹备举行舞会或化装舞会，只要主人一声令下，立即从诗人到音乐家到木匠，一层层传达下去，不需委员会开会讨论。此外，各色人等在一起共同生活和工作模糊了阶层间的差别。如果有什么敌对情绪，也是个人之间的，而不是由阶级原因引起的。当然，上面的傲慢和下面各层人员之间的嫉妒也不时地造成摩擦。尽管这种"府第"既不是家庭也不是家族，但是它是一种保护性的体制。群体中的每一个人不论地位、才能和受教育程度如何，都各司其职，出力谋生。作为主人的"手下"，他们穿他的制服，在家里靠他养活，在外面受他保护。一个贵族的府第就是一个袖珍的社会。〔请读《费加罗的婚礼》——博马舍的剧本，不是达·彭特写的歌剧歌词。〕

很容易把另一种社会类型——新闻记者——的产生归功于文艺复兴。但这样做等于用类型这个词做文字游戏。那个年代并没有产生整个一种类型，只出了一个这类的人：阿雷蒂诺，而今天有良知的新闻工作者对他的行为是不能苟同的。他是一个鞋匠的儿子，完全自学成才。他用方言写作，叙事精彩，用大幅纸张报道新闻，也发表书信。这些新闻和书信大受欢迎，因为它们常常揭发丑闻。他揭发的都是高层人物和政治，有人认为他有时用他得到的消息进行敲诈。他既会嘲笑讥讽，也能称颂赞扬，还收受别人为讨好他送的礼物，就连法国国王弗兰西斯一世也送他礼物。诗人阿里奥斯托把他写进了史诗（147＞），给他起的绰号"王公的煞星"从此永远与他联系在一起。今天，专门报道丑闻的小报得出钱买通时髦人群里的有些人，靠他们通风报信。而文艺复兴人阿雷蒂诺单枪匹马就足够了。

阿雷蒂诺在职业生涯的前半期曾先后依附于不同的王公贵族，一般时间都不长。后来，他在威尼斯定居下来，定期出版他的书信集。他写的剧本和对话被认为是高级的色情文学而受到尊重。他交了一些画家朋友，其中著名的有提香。他对他们忠心耿耿，努力引导公众对他们的欣赏。他最后写的两本书都是献给他们的。

※

　　我刚才建议文艺复兴人应有何种造诣时，还特别加上了"女人"。这并不是事后的补充，而是在预报一个事实，即影响和指导着16世纪社会的有一群与男子同样才华横溢，甚至比他们更有过之的女性（85＞）。在序言中，我说过在这本书中，如果无须区分男女的话，我将按照习惯继续用人（man）这个词来指人类（people），包括男子和女子。那么，既然文艺复兴人中已经包括了女子，为什么还要专门提文艺复兴女人呢？首先，是为了强调在这一群人中有女人，我们以后将会谈到；其次，是为了讨论一下此书对人（man）这个词的用法。这就是——

关于一个词的题外话

　　继续这种用法有四个原因：第一，词源学有此规定；第二，用起来方便；第三，虽然许多人没有意识到，但是"男人和女人"这一用法意思不完整；最后，文学传统一直沿用这个词。

　　先从最后一点谈起。若想放弃一种存在已久并为大家所熟悉的做法，先要看一看这种做法起到了哪些作用，否则贸然行动是不明智的。《创世记》说："上帝创造了人（Man），男人和女人。"显然，在1611年以及之前很久的时间内，人（man）指的是人类。几世纪来，动物学家都把人这个物种称为Man，"人（Man）居住在所有的气候带"。逻辑学家说"人（Man）终有一死"，哲学家夸耀"人（Man）的不可征服的思想"。诗人韦伯斯特写道："人（man）靠时势成英雄。"在所有这些用法中，人（man）不可能只指男人，如果在这些句子里加上女人，不仅没有意义，反而显得荒唐。和其他许多词一样，人（man）有两个相关的意思，在上下文里一目了然。

　　人包括人类的意思，这也不是一个人为武断的规矩。梵文中人的词根manu指的就是人类，这简直再合适不过了，因为它和"我想"这个词是同源词[1]。有些组合词，如发言人（spokesman）、主持人（chairman）等，招致了一些人的反感，但它们里面的人（man）保留了人类的原义。这方面的证明是女人（woman）这个词。它在语源学中的意思是"妻子-人"。wo 是 waef（妻子）的缩写，所以激进分子更不愿意接受 woman 这个词了，但目前来看，这个词是无法取代的。同样，Carman 这个名字有两个组成部分，car 的意思是男人，man 指人类。Car 来自 carl 或 kerl，意思是最下层的自由人，往往是乡巴佬（查尔斯 Charles 和卑贱的 churlish 也是从 Carl 派生出来的）。

在英文里，随着时间的推移，一些代表不同年龄和职业的人的词语发生了性别的变化，有的则完全失去了性别的含义。最初，girl（女孩）指任何性别的儿童，maid（姑娘）的意思仅仅是"成人"。词尾若加缀 -ster，如 spinster（纺纱工）和 webster（织布工），就是指女子。但现在的 ganster（歹徒），roadster（拦路强盗）就没有这个意思了。词的含义也发生了变化。在拉丁文里，homo 指人类，vir 指男子，所以 virtue 的意思是作战的勇气，而在英文里，这个词一直意味着女子的贞洁。历史上各种词义的混淆教导我们，最好不要去动已经为人们所清楚理解的东西，不要一意孤行地去对常用的词汇作片面的解释。

有人可能根本不听这条历史的劝诫，他们会说"别管那么多。谁也不知道过去的事情，也不会去考虑过去，man 这个词反正就是不能接受"。在这一点上，改革派必须面对现实。不断地重复"男子和女子"，后面一定要说"他的和她的"，佶屈聱牙，破坏句子的韵律和流畅，并且造成不必要的强调。通常 man 被用作中性词，它简单明了，有利于文章的顺畅。很可惜，英文已经没有这样一个中性词了，不像法文，可以用 on 这个词。然而，on 是 hom（me）的缩写，而 homme 的意思也是 man。

德文中这个中性词是 man，忠实于梵文的原义，指人民。在 1 100

---

[1]   参照 17 世纪法国哲学家笛卡儿的名言："我思，故我在。"——译者注

年之前，英文里也有和它一样的中性词。德文中还有 Mensch 一词，意思指人。归根结底，法文和德文中的 man 与英文一样有着双重含义，只不过更加明显；如果不被曲解的话，它是一个用起来最方便的中性词。我们毕竟应该保持像样的文体，而这就要求不能重复使用奇怪的用语，不要像法律文书那样过于拘泥细节。此外，企图改革词语用法的人发出的指令是自相矛盾的。他们坚持提到男子的时候要提到女子，但同时他们又要求禁止使用示意女性的词，如女演员（actress）。

事实是，在语言上时刻注意性别的做法往往事与愿违，它会把人们的思想从有关的事情转移到社会问题上去。女性问题十分重要，这一点毫无疑问。然而，在这个问题上，很难想象在文字上做文章能在不尊重女性的人的心目中提高对女性的尊重，或者在偏见根深蒂固的地方增加女性的权威或提高女性的收入。

最后，如果要公平对待人类的各个类别，就意味着在提及人类的时候必须一一提及各个类别，而不只是列举"男人和女人"。必须把青少年也包括在内，他们在世界上发挥了重大的作用，"男人和女人"这一短语并没有明确地包括他们。再往下想，就发现还要提到另一组人，即儿童。音乐界的神童是一小类。可是也不应忘记人数多得多的另一群人，他们是 8 岁、10 岁和 12 岁的儿童；这些男孩（有时也有乔装的女孩）在西方的陆军和海军中服役，吹号打鼓，做勤务兵。哥伦布的船上就有一大批这样的孩子。所有去新世界的探险家都依赖大批这样的勤劳的船员。马奈描绘小号手的画和宫扎勒斯使用同样题材画的一幅画提醒我们，直到 19 世纪中叶之后，军队中仍然使用儿童兵。最后一个在画中得到纪念的小兵是伊斯门·约翰逊的《受伤的小鼓手》，这幅画是在美国内战最激烈的时期画成的。

儿童还通过不那么惨烈的方式为西方文化做出了贡献，即历史悠久的教堂男童合唱团。在文艺复兴时期的英国，"男童演员"是职业演员，不像现在参加学校里演戏的业余演员。他们是专业的，属于各个剧团，其中一个是莎士比亚剧团的强劲竞争对手。

84

　　青少年对文化的贡献多种多样，记载也比较详尽。它使我们注意到过去和现在对于年龄截然不同的态度。19世纪的小说家乔治·桑在28岁那年说自己已经错过了结婚年龄（根据习俗，女子过了25岁就是老姑娘），14岁的理查德二世孤身面对瓦特·泰勒的叛乱大军，用一篇演讲解除了他们的剑拔弩张。当时人们对年龄的普遍态度是我们今天所难以想象的。几乎到了20世纪初，社会还一直让青少年承担社会责任。罗西尼第一次指挥管弦乐团时才14岁，18岁时就担任波伦亚交响乐团的指挥。韦伯担任同样的职务的时候，年龄更小。

　　不论是在军队里还是政府中，都有青少年担任领导。亚历山大·汉密尔顿在圣克罗伊岛上代表他就职的公司给前来做交易的船长制定规则的时候，也是14岁。他19岁那年被华盛顿收为副官。小皮特23岁便出任首相。拉格朗日19岁时就已是都灵炮兵学校的数学教授。卡斯蒂廖内在介绍文艺复兴礼仪的《廷臣论》（85＞）一书中提到了一个可爱的人物，教皇的侄子弗朗切斯科·德拉·罗韦雷。他17岁出任大将军，不久被封为"罗马大将军"。书中写到的那个时候，他刚刚打了败仗，但朋友们对他尊敬依旧。他地位高，有魅力，思维敏锐，所以人们愿意听从他的意见，好像他已经是成熟的哲学家一样。青少年也能在战场上做指挥官，年长的将军可以把年仅12岁的传令兵立为骑士。只要显现出才能，就能一跃而成为高级指挥，不必一级级往上爬——拿破仑的几位元帅便是见证。

　　当时人的寿命较短，这是期望青年人早出成就的一个原因。青年人也力争上游，努力达到期望。梅兰希顿不到14岁就写出了一个不错的剧本，帕斯卡15岁时写的关于圆锥曲线的论文博得了莱布尼兹和其他数学家的赞扬。后来以彗星而扬名的哈雷10岁时就已成为名副其实的天文学家。女士们也是一样。凯瑟琳·德·美第奇很早就嫁给法国王位继承人亨利。当时她才14岁（比莎士比亚的朱丽叶稍大些），她的丈夫也只比她大几个月。他们的婚姻是由教皇安排的，是政治计划的一部分。为了保住婚姻，她必须尽快生子。当发现亨利没有生育能力的时候，教皇向她提出了考验：一个聪明的女孩应该知道怎样不择手段地怀孕。我们很快会看到这位女政治家在她全盛时期的风采（86 ＞）。

※

在和路德的《九十五条论纲》同时代的《廷臣论》一书中，读者很快会注意到，里面的两个人物，加斯帕尔和屋大维极力反对妇女，常常遭到别人的反驳。大多数人的看法是，在理解、美德、能力，包括体力方面，女子同男子是平等的。事实证明她们是伟大的统治者、诗人和交谈家。在四位参加对话的女子中，有两位是主持人。她们所做的决定表现出她们和男子一样熟悉所讨论的题目。确实，（书中表示）女子愿意保持行为的温柔，所以她们的做事方法可能会与男子有所不同，但结果同样出色。男子虽然受女子的文明影响，但不应该由于文雅而失去天生的他们的使命所需要的勇猛。

为女性正名不是卡斯蒂廖内臆想出来的念头，证据比比皆是。16世纪有许多女子施展才能，不让须眉，为人所共见。文艺复兴的教皇主持下的梵蒂冈有许多女政治家，她们是掌权者的侄女、姑嫂和远亲。她们为权力钩心斗角，互相倾轧，有一两位多年权倾朝野。她们在宫廷阴谋中表现出的才能若是换个背景，便足以统治一个现代国家。

处理国事的也不乏女强人。卡斯蒂利亚的伊莎贝拉（98 ＞）在西班牙国家形成的关键阶段一次又一次地表现出比丈夫费迪南德更有治国能力。那个世纪晚期，腓力二世已经牢牢掌握了西班牙，但为管理庞大的帝国而左右支绌，因此需要一个副手来治理不听话的尼德兰。他任命自己的非婚生的妹妹，帕尔玛的玛格丽特，为尼德兰总督。在她统治的 9 年中，她用娴熟的手段缓解了一场酝酿之中的叛乱，推迟了暴乱的爆发。她未能扬名是因为她"站错了队"，也是因为她的后任阿尔瓦公爵采用了残酷的手段来镇压暴乱。现代的自由派为荷兰人叫好，谴责所有企图阻碍他们解放的人。但是，一场斗争的起因和结

86

果并不能说明当事方的能力。公正的评价方式应该是评价罗伯特·李将军的方式，虽然他为维护奴隶制而战，被打败了，但他仍然被视为英雄。

另一位值得注意的是 16 世纪的女政治家，萨瓦的路易丝（也是 14 岁就做了新娘）。要不是靠她的努力，她的儿子弗兰西斯很可能当不上法国国王，因为在继承权问题上有争议。她对她那虚荣放纵的儿子百般宠爱，用尽外交手段，终于为他夺得王位。然而他即位后表现不佳。为什么路易丝在拥立国王的强人名单上榜上无名呢？又为什么人们绝口不提是她在 1529 年谈判达成了《康布雷条约》，从而结束了法国和西班牙之间的战争呢？那一条约很快被称为"女士的和平"，因为缔约的另一方是查理五世的姑妈，奥地利的玛格丽特。英国的伊丽莎白女王已广受称颂，不必在此细数她卓越的拖延和缓解的技能。而且她也是当时最有学问的人之一，这个特征在传统上被说成是男性化。另外，她的公关能力也十分高超。

16 世纪的政界还有很多别的女强人。只需再举一个例子，即前文提到的十几岁就出嫁的凯瑟琳。她的有些行为为我们今天所鄙视。但是，身为法国的王后和后来的王太后，她执行的政策保证了王室的特权和王国的完整。她面对的是残酷无情的各种派系，包括新教的胡格诺派。人们把圣巴托罗缪日大屠杀归咎于她，其实责任是否在她并不清楚。而且，我们从未听到有人提"米歇尔日惨案"，即胡格诺教徒在圣米歇尔日屠杀天主教徒的事件。[参阅巴尔扎克半小说性质的著作《美第奇的凯瑟琳》(*Catherine de Medici*)。]

凯瑟琳的侍臣中有许多意大利人，他们由于是外国人而遭到嫉恨。但是，在她的领导下，他们给法国的生活带来了许多他们家乡的优雅礼仪。（他们所产生的影响在法国的语言里留下了一丝奇怪的痕

英王伊丽莎白一世

她把星期四定为斗熊日，并发出谕令，说在那一天演戏"会严重妨碍女王陛下的此项娱乐和其他娱乐"。驯熊师到处搜罗熊和狗，以供她取乐。

（1565 年）

迹。显然是为了模仿他们的发音，流行把"r"音发成"s"。因此，在法文里椅子本来是好好的 chaire，被改成了现在的 chaise。）

在比较温柔的一类中，我们会碰到另一颗"珍珠"——纳瓦拉（又称昂古莱姆）的玛格丽特。她是弗兰西斯的妹妹，是拉伯雷的保护人。她的宫廷坐落在法国西南部，她在那里款待各路作家和思想家，加尔文一度也曾是她的座上宾。她鼓励当地的贸易和艺术，自己也写诗，并努力在天主教和新教徒之间作调解。她的杰作《七日谈》由 72 个故事组成，模仿薄伽丘《十日谈》的格式，但是情调新颖，由于相隔两个半世纪，风格也有所不同。这本被称为"色情文学杰作"的书确实是充满色情的：所有的故事讲的都是情事的起伏曲折，大多数都是偷情。但是，现在的色鬼从中找不到目前充斥于高级或低级小说中的肉体刺激。

玛格丽特同时代的人称赞她"贤如其秀，慧如其贤"。她的故事都是诚心地赞颂高尚的爱情和忠贞。关于通奸、谋杀、神父姘居的故事是为了娱乐，而不是挑逗性的幻想；它们完全可能是作者对当时生活的记载。有的故事笔调严肃，讲的是严重的罪孽，在这样的故事里，罪犯最终一定遭到处罚。这个系列并没有完成——原来她是准备写 100 篇故事的。在最后几个故事中，她保留了爱情的内容，但去掉了色情的成分，几乎是冷静的自然主义手法。她的文笔为当时翘楚，简明清晰，不掺杂任何抽象的哲理性议论。

蒙田的养女（其实是她收养了他）古尔奈的玛丽研究哲学。这位学识渊博的女子在巴黎可谓往来无白丁，相识尽名流。她编辑了蒙田《随笔集》的两个增订本，写了《捍卫诗歌》一书、论文《论法语》以及题为"论贵族小小的价值"的小册子。最重要的是，她写了《男女平等》一书。需要指出，她写这本书时，得到了其他男人的支持，其中最著名的是德意志的科尔内留斯·阿格里帕，他站出来宣扬"女子的超人长处"。玛丽为考验自己的自立能力，在蒙田去世后独自横穿法国去拜访他的家人，去"安慰他们"。

16世纪另外一位名叫路易丝·拉贝的艺术家也同样出色。她是诗人、音乐家,精通马术和其他的体育运动,掌握多种语言,而且16岁就曾跟随父亲从军。在那个时候最值得注意的一点是她出身于资产阶级家庭,她还可能是第一个聚集诗人和艺术家组成沙龙的女子,沙龙相当于资产阶级的宫廷。她写的十四行诗和挽歌至今还被选入诗集,她还写了一篇独具匠心的散文《愚蠢与爱情的辩论》。

英国的彭布鲁克夫人和路易丝·拉贝相似,受到当之无愧的赞扬。埃德蒙·斯宾塞称她为当代最伟大的诗人之一。她自称乌拉尼亚(主管天文的缪斯),大力赞助诗人和剧作家。她和兄弟菲利普·锡德尼一起,把赞美诗改成散文,人们认为她在锡德尼的杰作《阿卡迪亚》中注入了一点儿女权主义的语气(155 >)。她还修改了诗中"过分随意"的段落。

这些女子中只有一人不属于贵族,但不能因此而认为只有上层阶级的妇女具有或者有机会发挥艺术和管理才能。那时——任何时候都是一样——有千百位社会各阶层的妇女在她们的环境里是实际的统治者,有时甚至是独裁者。还有其他许多妇女进行写作,自弹自唱,或从事其他的装饰艺术。有人认为除了最近的50年以外,妇女的才能和个性在过去的500年中一直被压抑,这样的想法是错觉。以前并不是所有的妇女都被剥夺了受教育和自我发展的机会。当然,财富和地位是必不可少的条件,现在这些条件仍然相当重要。事实是,对自由无法做出黑白分明的结论,任何判断都是相对的。而且,从具体的例子中可以看出,文化的实际情况总是与理想有一定的差距;习俗的限制永远不允许可能性得到充分的发挥。

衡量妇女地位的一个标准是同时代男人的地位。在16世纪和后来的时间里,社会等级森严,男人也得不到接受教育和发挥才能的机会,没有能力超越他们艰辛劳作的狭小范围。改行几乎不可能,更不用说向上爬了。在文艺复兴时期,由于僧侣的影响力减弱,这种限制比以前更大。在中世纪,哪怕是最贫贱的男孩都能有受教育的机会,使他们日后有可能爬到政府和教会的高位上。宗教改革之后，这些职位越来越多地被非神职人员填补了。19世纪的约翰·斯图亚特·穆勒说女性处于从属地位，但是，在很长时间内男人也处于同样的境况。穆勒讲的是他那个时代的情况，但当时已经有不少妇女成为公众人物，登上了政治舞台。还有一种办法就是把她们与伊斯兰国家的妇女作比较。

这里从文化角度要说明的意思不是宽容在任何时候对于任何人自我发展的阻碍，而是要说明社会准则与文化现实之间有所区别。如果我们看到"艺术家"在文艺复兴时期变为自我主宰的个人，可以对他的雇主说"请别插手，别说话，我比你懂"，这意味着他以前是从属于雇主和行会的。其实从属至今也没有完全消失，经纪人、赞助人和公众仍然在限制和阻碍着艺术家的自由意愿。

这就是说，不论是好是坏，文化的绝对性是不存在的。前面介绍过的文艺复兴人中没有人为女性的声名鹊起而震惊，此处所提及的只不过是众多妇女中的几个例子而已。还有别的妇女名声卓著，对她们的生平也有详细的记载，她们的离世也在诗中和信中，或通过别的赞颂和悲痛的方式被悼念。《廷臣论》中的辩论表明，现实远比固定的模式更多种多样，这一事实是捍卫两性平等的有力论据。

500年来，社会结构、经济生活和文化期望的变化朝着解放不断推进，使个人主义成为自我意识的一种常见形式。艺术家是个突出的好例子。但是，自我的自由发挥仍然是需要争取的目标，不会自己从天上掉下来。不论在什么制度下，任何希望达到自我实现的人除了具备才能和知道怎样利用才能之外，还必须在很长一段时间内靠意志力进行奋斗。从现实生活中可以看到，许多做了努力却还是失败了人把自己的失败归咎于"从属的地位"。同时，大多数人对于成名或自我表现不感兴趣，但这并不等于他们因此得不到尊敬，或没有一定的影响。一个让每个人都能找到自己合适的地位并得到应有承认的社会还有待构想与创造。

横断面：1540 年前后马德里所见

本书设置"横断面"这种章节，是为了概括性地介绍在某个特定的时间和特定的地方发生、出现的各种事件与思想，它们都是一个生活在斯时斯地，眼光锐利的观察家必定注意得到的。一个人如果出生在好家庭（不管根据什么定义），并且头脑机敏，那么在十二三岁时，他就应该对周围的广阔世界有了意识，并开始自动吸收关于最近发生的事情的知识，那些事情对他的父母来说是"现在"的事情，所以他们常常谈论。别人叙说的这些惊人的事件和观念会在青少年的思想上打上烙印，如同他亲身经历过的一样。在这个起点的基础上，他的思想不断接受新的事物，跟上新的发展。思想其实就是文化的所在地，或者说是所在地之一。鉴于 16 世纪时一个人活到 40 岁就已算长寿，所以这样的观察家至少应该有跨越半个世纪的知识，包括 30 年自己直接得来的知识和约 20 年从他周围人们的集体记忆中得来的知识，有些这样的集体记忆可能会追溯到很久以前。

挑选某些城市进行观察，是因为它们与讨论过的文化主题有适时的联系。为了明了起见，粗略地把它们作了先后顺序的排列。但正如黑兹利特提醒我们的那样，实际生活是"混杂的"，是一些表面上看来不相干的事件和倾向的混合，每天都是各种各样的横断面。从这些杂七杂八的印象中，需要在重要的事件之间建立某种连接，再加上背景，从而使叙述更加清楚。

先来简单地介绍一下第一个观察的中心。和上述的许多事物一样，马德里在 16 世纪才刚刚出现。在近代之前，它只不过是西班牙中部的一个小村子，坐落在海拔约 640 米的高原上。直到 1540 年它才有了一点儿发展为欧洲大都市的可能。那一年，刚过 40 岁的查理五世退居此地。他曾两次到过这个地方，认为这里的清爽空气对疗养他的身体有好处，因为他身患痛风，也许还有疟疾。

除此之外，马德里没有什么吸引人的好处，甚至多年后依然如此。它土壤贫瘠，树木稀少，水源不足。住房仄敝破败，街道由土和垃圾堆积而成，猪满街乱跑，有当地的庇护神专门保护它们。马德里这个名字到底是什么意思都没有定论。在阿拉伯文里，它的意思是"刮风的地方"，或许还有"流水""堡垒"等意思。在被立为王国的首都之前，那儿只有 3 000 居民，人丁不兴旺，经济也不繁荣。最后这一点是西班牙与俄国这两个西方附属地许多奇怪的相同之处中的一个。

马德里不临大河，旁边的一条小河夏天很容易断流，因此与全国其他地方交流不便。在半个世纪的时间里，它的人口增长到 30 000，得靠川流不息的骡帮把粮食从外面运进来。其他西班牙人和外国人"移民"到这儿，完全是因为这儿被指定为"唯一的皇帝驻跸的宫廷"。不过，在 1543 年，有一个游客描述了它的一些可爱之处，如一座舒适的花园，有衣着美丽的女士和她们的伴随漫步其中。妓院被拆掉了，造起了一些让人羡慕的漂亮住宅和公共建筑。但其他一些初到马德里的人认为，它有"8 个月是冬天，3 个月是地狱"。

马德里这个地方的情况就是如此。当时并不需要建立新都；首都已有很多，如巴利阿多里德、托莱多、萨拉戈萨和塞维利亚——这种情况证明西班牙自古以来缺乏统一。了解了这些细节以后，请设想一下，随着 16 世纪接近中期，马德里的新老居民最经常想到的是什么？首先一定是马德里的创始人——

查理五世

到 1540 年，西班牙已经习惯他了。20 年前他刚即位的时候，是个陌生的外国人，刚刚成年。从佛拉芒来的他甚至不懂西班牙文。他随身带来了一位勃艮第顾问，还有一些佛拉芒随从；这样的一位君王不可能受到人民的拥戴。但是，他刻苦用心，学东西很快。他受过很好的现代知识和中世纪道德的教育，后者给他灌输了信仰上帝、重视荣誉、鄙视贪婪和狡诈这样的骑士理想。

93　　　　他天才的祖父母，卡斯蒂利亚的伊莎贝拉和阿拉贡的费迪南德，通过联姻和苦心经营，为伊比利亚半岛的统一创造了开端。作为他们的孙子，查理五世承担了世俗和宗教的双重责任。然而，他的地位相当尴尬：他并不是西班牙的国王，当时还没有西班牙。他统治的是四个王国，即纳瓦拉、巴伦西亚、阿拉贡-卡斯蒂利亚和加泰罗尼亚。它们各自设有国民大会，拥有一定的独立性。迄今为止，加泰罗尼亚仍然与中央政府不和，纳瓦拉的巴斯克人则进行叛乱，搞恐怖主义活动。严格讲起来，查理也不是君王，君王是他的母亲乔安娜。但她是疯子，只能被囚禁起来。[请参阅鲁珀特·科罗弗特-库克（Rupert Croft-Cooke）的《偕堂·吉诃德漫游西班牙》（*Through Spain with Don Quixote*）。]

　　在阿拉贡的加冕仪式上，这位年轻人清楚地意识到自己的尴尬地位。国民大会宣布他们是一个以选举出来的国王为首的共和国，这等于说"我们与你平等，你并不比我们高明，是我们让你成为国王的。只有当你遵守我们的法律和习俗时，我们才诚心地效忠于你；不然，休想。"难怪在查理即位许多年以后，知情的欧洲人谈到西班牙时，还像他们谈到德意志各邦国一样用复数。

　　然而，到了1540年的马德里，查理其人、他的王国以及他的权威已经十分壮观。他所统治的帝国从南面的意大利延伸到北面的尼德兰，从西班牙到墨西哥和秘鲁，包括地中海的十几个岛屿。他还享有德意志各邦国和西半球幅员辽阔的疆土上的最高统治权。他的江山相当于古罗马帝国的20倍。于是，人们首次发出这样的炫耀："我们是日不落帝国。"西班牙因此而成为欧洲的首要大国。马德里的泥泞和阿拉贡人的自负都算不了什么：组合起来的这些国家如果延续下去，就有可能重建查理曼的帝国，实现但丁"全球君主制"的梦想。

但是，在欧洲拥有这么大的势力和领土意味着战事连续不断；群雄逐鹿，看最后哪位国王能主宰欧洲。这里只说国王，不说国家，因为国家作为一种政治发明还未清楚地确立。后来称为民族主义的情绪

> 我戴上王冠并非为了夺取更多的土地，而是为了保证基督教的平安，为了基督教信仰的荣光，团结所有的力量与土耳其人作战。
>
> ——查理五世于 1521 年

基本上是一种负面的情绪——宫廷中对外国人的嫉恨。外国人能在宫廷中任职，这一事实本身就证明国家的概念是极其有限的。除了指挥官和参谋人员以外，为法国国王和西班牙国王作战的军队里没有西班牙人或法国人，都是德意志人和瑞士人（95 ＞）。

另外一个情况是，这些毫无结果的战争虽然意在控制勃艮第这个差点儿被查理的祖先变成欧洲中央王国的公国，但是大部分战事是在意大利的土地上进行的。马德里的观察家对此当然不会感到吃惊。查理的对头，法国的弗兰西斯一世，占领了勃艮第的一部分领土，原因很实际：如果这些领土被查理夺走的话，弗兰西斯的领土就会被包围起来。其实，莱茵河两岸的佛兰德、阿尔萨斯、洛林和勃艮第长期以来一直是兵家必争之地。这个地区富饶繁荣，是战略要地。因此，现在它成为欧洲联盟活跃的中心并非偶然；欧盟的主要机构都设在布鲁塞尔和斯特拉斯堡。

在 16 世纪，意大利是欧洲的战区所在，因为它是传统的战场（与后来的德国相似）。它支离破碎，分成许多实体，如教皇、威尼斯共和国、米兰大公国等；交战方经常与它们结盟，但联盟不断变化，因为那些盟友不时倒戈加入敌对的联盟。统治者靠彼此联姻这种外交手段获取领土，结果，同一省份常常被不同的统治者宣为己有。这种混乱状况，再加上王室意外的死亡和出生，造成了战火的不断复燃。

这种冲突不仅是为了建立王朝，夺取战略要地，而且成为个人之

94

间的冲突。有一个戏剧性的事件，那个世纪中的马德里居民一定印象深刻。1525 年，查理五世在意大利帕维亚的一场激战中击败了弗兰西斯一世，无意中居然俘虏了他。这位法国国王在给自己精谙政治的母亲萨瓦的路易丝的一封信中这样写道："除了生命和荣誉外，一切都完了。"查理为自己的俘虏行为大为尴尬，把弗兰西斯送往摩尔人的国王宫殿，即马德里的城堡监狱，奉为贵宾。

现在的人很难理解，已经战败被俘了还有什么荣誉可言。但正如前面所提到的，查理受中世纪理想的影响很大。根据封建观念，战争是两个骑士在友人和侍从协助下进行的一场较量。如果仗打得精彩，那么战争的结果不影响个人的荣誉。战败的一方回家养伤，然后重整旗鼓。虽然双方争夺的是财产，但他们自认为是在为（合法的）权利而战；哪一方都不认为自己代表的是国家，也是因为这个缘故，失败并不被视作耻辱。

西班牙人的观点与此一致。查理刚到的时候，他们为欢迎他举行了一次马上比武大赛，查理也亲自参加了大赛，大赛造成很多人折胳膊断腿。在帕维亚以后的又一场危机中，查理主动提出与弗兰西斯打一个回合，以避免代价更大的战争。因此，查理很快学会欣赏斗牛这种西班牙人最热衷的体育运动，这一点儿也不奇怪，他甚至自己上阵去一显身手。[参阅何塞·卡斯蒂列霍的《西班牙的思想战争》（ War of Ideas in Spain ）。]

在查理的眼里，帕维亚之役是又一场一对一的较量。他去探访他的俘虏时，看到他躺在床上。弗兰西斯挣扎着站了起来，查理脱帽拥抱他，弗兰西斯说："阁下，你看，我是你的奴隶。"查理答道："不，你是我的好兄弟，自由的朋友。""不，"另一位答道，"我是你的奴隶。"查理再一次称弗兰西斯为"我的自由的朋友和兄弟"。其实，查理对"法国王室"是极其尊敬的，并下令要以最高礼节接待弗兰西斯。但是，弗兰西斯后来的行为表明他的战争观念似乎更加现代化，更有民族性。他陷入深深的沮丧之中，在负责看守他的西班牙军队元帅阿拉孔百般劝说之下，才没有自杀。但他不停地担心：获得释放需要什么条件？

如按照中世纪的做法，就是付赎金。弗兰西斯的妹妹，那位把宫廷变成艺术和文学中心（< 86）的聪慧的玛格丽特恳求查理释放她的哥哥，战争似乎只是一轮竞赛。恳求未能奏效。弗兰西斯尽管已经保证留下来，但最后还是决定"乔装成一个黑奴"逃跑，天知道他是怎么乔装的。显然，弗兰西斯感觉自己是个奴隶，而不是骑士。他逃跑未成，被抓个正着。查理闻讯大为吃惊，难以置信。一个基督徒君主怎么会像无赖那样食言呢？从高贵的行为到政治考虑，从骑士到国家元首，从中世纪到现代，这样的过渡是痛苦的。

后来的马德里和平再次证明了这一点：弗兰西斯交出自己的两个儿子做人质，以证明自己放弃对意大利和勃艮第的领土要求是诚心诚意的。但他一回到自己的国家，马上宣布那是在高压之下做出的违心之诺。于是战事重起，又打了两年。在最激烈的阶段，发生了一桩激怒所有基督徒的事件：查理的军队洗劫了罗马，对城市和百姓进行了可怕的、长时间的抢掠和蹂躏。查理本人以及军队的指挥官，波旁的军队统帅，都不容许这种行为。但是，军队根本无法控制，士兵欠饷的时间太久了。这也体现了当时的时代特征，先是雇佣军，后来是由来自法国南部的统帅率军与"法国"军队作战，但"法"军中却没有几个法国人。

就是在这场战斗中，据说被称为"无畏无瑕骑士"、真正是法国人的拜亚尔在战死之际痛斥波旁的军队统帅背叛自己的国家。这话暗含了对国家的忠诚，而当时就连地位最崇高的人都还没有国家感。在这以后的 300 年里，军人或政治家完全可以为其他国家的国王效劳，不会受到谴责。在那个时代，省份的归属几年一变，国家没有清楚的界线，没有"公民"，只有"臣民"，他们的命运随着战争的胜败而起伏。

这场战争的结束不同寻常，和平的条件是由弗兰西斯的母亲路易丝和查理的姨妈玛格丽特这两位女士谈判成功的。我们已经知道

（＜86），这个条约马上被称为"女士的和平"。弗兰西斯把两个安然无恙的儿子接了回来。而查理在当选神圣罗马帝国皇帝 10 年以后，终于被教皇加冕为皇帝。

96　　　　他最初的当选也得力于一位女子相助。查理的姐妹，另一个玛格丽特，帮着分发贿赂，从和蔼的富格尔（＜15）那儿借了 100 万埃居，其中的一半直接送给了 7 位选帝侯，其余的分送给有可能出来作梗的王公。后来，玛格丽特作为尼德兰的摄政王又帮了查理的忙。他实在无法处处兼顾。何况与弗兰西斯之间的半永久性交战并不是唯一使他头疼的事情，他还得对付打不垮的土耳其人。在东面，他的兄弟斐迪南守护维也纳和匈牙利的大门，抵挡土耳其人，但是，这些异教徒在海上也造成祸患，他们与以阿尔及尔为基地的著名海盗巴巴罗萨勾结了起来。为了除去巴巴罗萨，查理打算征服北非，并取得了部分的成功。不过，在美国海军于 19 世纪早期消灭了"巴巴里海盗"之前，海盗对贸易和旅行的威胁一直未能解决。

　　看到查理这种种活动后，马德里的观察家可能会惊讶或担心他怎么会忽略了允许异端邪说歪曲真理的德意志各邦国。查理虽虔诚但不狭隘。在宗教事务上，他听从伊拉斯谟的意见。路德在沃尔姆斯会议上以及后来发表的造反性言论并没有让查理改变他的温和态度，反而使他更加相信新教徒与天主教徒温和派在实际做法上没有多大的区别。在相当长的一段时间里，他认为实现和解，重归一个教会是可能的。唯一不可逾越的障碍是教皇至高无上的地位和权威。但是，德意志各邦国属于谁，由谁来统治也是个问题，而这个问题必须解决。在接近那个世纪中期的时候，在出卖了新教事业的黑森的菲利普的支持下，查理在米尔贝格的决战中差点儿把新教徒全部歼灭。不久之后，王公们达成协议，在两个教派中任意选择一个，并要求治下的臣民一致归顺，这种做法改变了查理的同情态度（＜20）。他对许多王公为了抢夺土地而改变宗教信仰的做法深恶痛绝。

※

　　马德里人——还有其他许多地方的人——知道查理不仅是一个庞大帝国的元首，他还具有政治家那种能与所有人亲切交谈的技巧。他学会了西班牙文、意大利文和法文，并把他的母语佛拉芒语作了调整，以符合德文的形式。这样，他不论到帝国的哪个地方，都会像是土生土长的人。他体魄健壮，仪态尊贵，但并不英俊。他长了个哈布斯堡家族特有的下巴（提香把它如实描绘了下来），使他的脸看上去像马脸，不是副聪明相。但是，查理精通户外运动，举止高贵（< 92、97），因此很受欢迎。他的正直操行甚至赢得了他的宿敌的尊敬。这方面一个很好的例子是路德对他的仰慕——甚至有一次挺身而出为他辩护。　97
在他统治的初期，西班牙发生了类似德意志农民暴动的起义（< 15），还有其他的地方动乱。西班牙的起义与其他的动乱一样被粉碎了，但是查理对于屠杀起义者这件事痛心疾首。他能够理解起义的原因，所以在很长一段时间里，他都为处决那些人而寝食难安。

　　查理有过两次婚外情，一次发生在早期，延续了很长时间，是和一位佛拉芒的贵夫人，她为他生了个女儿。另外一次是和一个奥地利布尔乔亚阶层的女子，她为他生了个儿子。这两个孩子，即（帕尔玛的）玛格丽特和（奥地利的）堂·约翰，比他后来的继承人腓力二世更能干，也更受他的宠爱。腓力认真严格，固守偏见，天生按部就班的官僚脾性。他统治期间建了无敌舰队，西班牙的衰落也从此开始。

　　虽然当时无法预知，但是帝国式的国家已经难以为继，尽管查理把巩固欧洲的大帝国奉为自己的使命（他对于统治海外的领土存有顾虑）。这又是一个中世纪式的愿望，是从罗马和查理曼大帝那里传下来的。国王的脑子里刚开始出现一点儿民族国家的新概念的影子，但仍与建立帝国的希望混在一起，而建立帝国似乎更为可行，因为一块块领土就摆在那里，而且帝国的形式比起国家来，似乎与城镇和各省所具有的古老权力更为调和。在查理的时代发生的一件事显示了民族逻辑的明显征兆：世纪中期签署的一个条约把梅斯、图卢和凡尔登三个教区分给了法国，"因为那里说法语"。这种理论能造成任何帝国的解体。

查理的多语言王国不仅无法维持，也无法治理。虽然他有一套很好的代理人网络以及不错的通信系统，但是，行政管理和战争费用实在是太昂贵了。财政困难促成了他的退位。为了应付开支，他每年要借200万到400万达克特的巨款。税收不稳定，具体数目得分别与每一个镇和每一个区反复讨价还价。查理不如20世纪的总统神经坚强，经历了6年多的赤字后，精神崩溃了。35年的操劳和严格的自我控制使他心力交瘁。他感到大限将至，于是宣布退位。而一旦卸下了这些重任之后，他就很快恢复了健康。他把西班牙和新西班牙留给了儿子腓力，把中欧留给了兄弟斐迪南，并给了他帝国皇帝的称号。自他以降，这个称号就只传给奥地利哈布斯堡家族的继承人。

查理退位的消息引起了一阵惊慌，当他在布鲁塞尔发表演讲，总结他统治的情况时，听众的哭声不断。他的讲话（和在那之前不久写的"政治声明"）以及他的书信对于实用政治文学是一大贡献。

在隐居宇斯特修道院的3年里（它坐落在托莱多附近的圣瑞斯特），查理并没有过修道院式的苦行生活。他享受着宁静的生活，进行自己最喜欢的娱乐活动：园艺和户外运动，欣赏艺术——他对音乐相当精通——和愉快的谈话。他身边围绕着与他趣味相投的一些人。回头看来，他和另一位兢兢业业、思想深刻的皇帝马可·奥勒留相似，但不像他那样克己苦行。

※

欧洲的帝国在查理手中结束，这样的说法似乎不确切，因为西班牙在美洲一直保持着存在。至此尚未提到新大陆的发现，显得马德里的观察家似乎不那么细心。哥伦布去美洲的4次航行是在15世纪末进行的，人们可能会认为文化上的影响很快就会显现出来，其实并非如此。本书推迟这个方面的叙述就是为了反映实际发生的延误。1492 年10 月 12 日哥伦布在加勒比海的一个岛屿登陆，这件事虽然顿时使欧洲的航海家兴奋不已，但是大多数人没有马上意识到它的意义。直到1513 年巴尔沃亚（而不是济慈的十四行诗里提到的科尔特斯）首次看到太平洋以后，人们才意识到在欧洲和远东之间有一个大陆。然后直到 1522 年——比哥伦布晚了整整一代人——麦哲伦环行地球一圈，才了解到这片大陆的规模和位置。在这之前，美洲被认为是印度，古巴或加利福尼亚被认为是日本。

讨论哥伦布之前一些探险家的登陆没有多大的意义。这方面有几十种可信的和不可信的传说，没有一个算得上是欧洲或者说整个西方发现了新世界。在这之前的几十年里，自从 1415 年葡萄牙的亨利王子（他被称为航海家，尽管他从未离开过陆地一步）在萨格里什建立了研究中心以后，探险家已经沿非洲海岸向南航行，然后向西到达了亚速尔群岛。在世纪末的壮举发生之前，已经积累了丰富的经验和大量的地图。自古希腊以来，人们就知道地球是圆形的，但是哥伦布大大低估了它的周长——幸亏如此。由于这个误算他才如此执着，能够在葡萄牙和法国当局的百般刁难与拖延中坚持下来。确实，西班牙女王伊莎贝拉做了他的赞助人，但是，她也曾经像所有其他人一样多次拒绝过他。同时，有关的委员会对这个计划极力反对，说哥伦布是个吹牛的家伙、讨厌的人，要不就是疯子。如果上帝想让人发现新大陆的话，他就不会把它藏这么多年。

但是，所问到的人中，神职人员比非神职人员（其中包括两个犹太人医生）更加乐观，因为哥伦布的坦荡和虔诚是显而易见的。他的谈吐和尊严给人留下了好的印象。不管怎样，他不是要去寻找传说中沉没于大西洋底的岛屿；他希望能到达远东，和当地人做生意，使他们

> "天啊！"我说，"难道有一个新世界吗？"
>
> ——拉伯雷《巨人传》（1532 年）

99　皈依基督教。谁知道呢？也许会找到传说中祭司王约翰的基督教王国，并实现对异教徒的夹击之势。最后，女王的私人司库说，这个航海家需要的钱还比不上接待一位皇家来宾的费用，因此怂恿女王给他出资。

　　毫无疑问，哥伦布是个经验丰富的、称职的航海家。他出身于一个富有的热那亚家庭，第一次出海的时候才10岁。他身体结实，有一次他不慎落海，游了6英里回到岸上。他娶了一位葡萄牙的名门闺秀，曾和萨格里什的专家一起绘制地图，甚至说服了西班牙一位自己有船的公爵资助他的计划。但是女王坚持说，如果他要成行，就必须作为皇家的事业去做。哥伦布的计划从提出到实现历经12年，只在女王手里就拖了6年。

　　航行的筹备周密精湛，达到了当时的最高水平。选用的多桅小帆船轻快迅捷，操作容易，性能可靠。奇怪的是，直到最近才刚刚发现这种船只的蓝图和残骸。船员都是内行和贵族。称作"grommets"的船上打杂的男孩每月薪水是4.60美元，他们的工作是在翻转沙漏计时器时颂祷告词，唱赞美歌："五点过后是六点。上帝保佑永不断。"船上有一位医生，还带了一位阿拉伯文翻译，准备同中国人和日本人做买卖，再加上一些犯人和几个被驱逐的犹太人，总共将近100人。〔请参阅塞缪尔·埃利奥特·莫里森（Samuel Eliot Morison）所著《航海家克里斯托弗·哥伦布》（Christopher Columbus, Mariner）。〕

　　整个探险的历程，包括水手们的怀疑和他们领头人的蓄意欺骗，成功和内里蕴含的失败，荣光显耀和第二次航行中的耻辱（昔时的英雄身戴镣铐被押送回国），不屈不挠的执着和后来遭到冷落、穷困潦倒——哥伦布的经历自始至终都极为典型。大多数有成就的西方人所走过的道路都是如此曲折和艰辛，实干的人往往遭到严酷的惩罚。这个"传统"并不是扭曲的心态造成的。它不是愚蠢的人和聪明的人之间冲突的产物。面试哥伦布的人对他提出的去印度行程的计算表示怀疑，他们的怀疑没有错。与实际的10 600英里相比，他足足少算了2 400英里。的确，提倡新事物的人做事说话往往给人造成的印象是他们患狂想症，错误估计自己的目标。他们常常狂妄自大，或者是因为对思维慎重的人不耐烦而显得狂傲。他们因此而遭受的羞辱和贫困远远超过了他们过错的严重性。但是，这种慎重表现了文化的一种需要，要捍卫合理思维，抵制幻想狂，避免盲目冒进。尚未有证据证明目前由政府或基金会赞助发明的办法比当年帝王们用的办法更加高明：总是有委员会在那里把持着大门。

在纪念哥伦布登陆 500 周年之际，美国掀起了一片谴责哥伦布的浪潮，把我们的思绪带回到 1540 年左右的马德里。事实与公众舆论正好相反。几乎从西班牙在美洲殖民的开始，对于原住民的剥削就引起了关注。伊莎贝拉女王本人就曾谴责对原住民的虐待，并敕令禁止这种行为。查理五世也发布了相同的敕令。对虐待原住民最强有力的反对者巴塞罗缪·拉斯·卡萨斯常有机会向这位神圣罗马帝国的皇帝进言，并撰写激烈的文章煽动公众情绪。在"新西班牙"境内，僧侣和各个教派，包括多明我会和耶稣会的修士，都积极反对强制劳动和擅自动刑的做法。虽然根据查理的立法，这种行为是犯罪，有明文规定的惩罚，但执行起来相当困难，完全取决于主管官员的个性。宣传事实真相，说明那些"印第安人"虽然不是基督徒，但并不是红色的魔鬼，而是受到上帝眷爱的人，这是没有多少人理会的。那些背井离乡去闯美洲的男男女女中，形形色色的人都有，各自怀着不同的目的；参加哥伦布第二次航行的就有"10 个被定了罪的杀人犯和两个吉卜赛女子"。

征服者的最终目标可总结为"黄金、荣耀和福音"。无论在什么时候，追求黄金和荣耀都不可能注重对人的尊重，而宣扬福音也有时会导致犯下罪过。在一个土地辽阔、人口稀疏、消息不通、管理不严的地方，这三者合在一起，摧毁力可想而知。如果我们回顾一下美国西

我代表基督警告你们，你们虐待压迫这些无辜的人，全犯下了大罪。印第安人难道不是人吗？难道他们没有灵魂，没有理智吗？

——僧侣安东尼奥·德·蒙特西诺斯
（1511 年）

部直到 1890 年的情况，就会发现当时的状况并不完全是无政府状态，而是肆意毁坏生命和财产的犯罪行为和暴力行为。不少冒险者因此而匆匆逃回相对比较文明的中西部。

西班牙殖民者出于贪婪和种族主义的蔑视所犯下的暴行是不可容忍、不可饶恕的。但是，把一切怪罪于哥伦布，把账都算在他的头上，这是不公平的。他并不是怂恿一切罪恶的主犯。此外，不能因为原住民是受害者就误以为他们所有人都温和无辜。哥伦布最早碰到的加勒比人就是打败了安那瓦克人，把他们的岛屿占为己有的。科尔特斯所征服的阿兹特克人来自北方，摧毁了那里原来的文明。在北部和东部居住的一些部落之间无止无休地互相交战，弱肉强食。有些部落，包括易洛魁人，拥有奴隶。简言之，近代早期在新发现的半球上所发生的事情都是旧世界行为的延续：在古希腊，外来的部落从北面攻打进来；罗马帝国的建立也属同样的情形；罗马人、盎格鲁人、撒克逊人、朱特人、丹麦人和诺曼人占领英伦三岛；法兰克人、诺曼人、伦巴底人、西哥特人、东哥特人以及后来的阿拉伯人入侵法兰西、意大利和西班牙。在所有这些情形中，无一例外都少不了侵略、屠杀、强奸、掠夺和占领战败者的土地。今天，虽然原则上谴责用死亡和毁灭的手段来造成人和文化的融合或分离，但人们仍然我行我素。非洲、中东和远东以及欧洲的中南部仍然是征服和屠杀的战场。而这一切与哥伦布丝毫无关。

※

在人向西迁徙的同时，食物向东推进，动植物则同时双向流动。葡萄牙人和西班牙人西行的原因之一就是希望以比传统的陆上通道更便捷的方式到达香料、丝绸和宝石的原产地——远东。新通道还打破了威尼斯人对这些货物贸易的垄断。常有人说，这条陆上通道由于土耳其人于 15 世纪占领了君士坦丁堡而被切断了。80 年前，一位美国的学者对这种说法进行了嘲讽。土耳其人不会愚蠢到要切断一条可以给他们带来税收的通道。

提起食物，过去香料怎么会如此抢手，商人和水手居然为之不辞劳苦地穿越沙漠，横渡大海，这至今还是个谜。据说一张旧地图上卡利卡特的附近标着黑点，旁边的评注启发了瓦斯科·达·伽马加入了探险的行列。评注写道："这是胡椒的诞生地。"通常的解释说香料能遮盖肉的腐烂味道，能给乏味的食物增味儿，但这样的解释似乎并不能够服人。虽然我们了解到16世纪马德里的菜肴种类贫乏，味道不佳，然而样样菜里都加胡椒也是会令人厌倦的。况且，在卷心菜里加进高级的桂皮似乎也不合适吧。此外，欧洲本地也出产许多香料，但对它们却从未有所提及。

若有当时的食谱，也许会帮我们解开这个谜，可惜烹调的食谱当时尚未出现。常常被归功于16世纪的"烹调革命"其实发生于下一个世纪（183＞）。不过，从美洲进口的货物倒是有可能起了推动性的作用。土豆、西红柿、南瓜、豆类（白豆、菜豆和利马豆）、香草、鳄梨、菠萝、菰米和玉米，这些作物的引进丰富了17世纪的菜谱。另外从美洲来的一种禽类被误称为土耳其鸡[1]（法文中称为d'inde，意思是来自印度，在英国也曾一度称之为印度鸡），这些名称又一次说明了人们长期以来对于美洲的无知。

并不是所有的地方都一下子接受了这些陌生的食物。比如，土豆是茄属植物，在法国被认为是有毒的。其他有些蔬菜被看作奢侈品。最先普及的新奇食品是茶、咖啡和巧克力，尽管对它们的抵制还是持续了相当长的一段时间。它们都会使人轻微地上瘾，但是，离开了它们日子还怎么过呢？它们又带来了另一个诱人而阴险的产物：食糖。它无处不在——苦味的饮料需要加糖，固体食物需要加糖，样样都要加糖。爱尔兰殖民者把甘蔗带到了西印度洋的蒙特塞拉特岛，甘蔗在

---

[1]　火鸡 turkey，英文中 turkey 与土耳其为同一词。——译者注

那儿长得更大更快，于是又传到了其他的岛屿。用甘蔗制造的朗姆酒和食糖成本低廉，利润丰厚。食糖不仅引诱我们的味觉，损坏我们的牙齿，还推动了奴隶制。此外，正如一位现代学者所指出的那样，食糖的贸易还造成了政治的腐败。

在这些嗜好中，最好的（或者说最坏的）是烟草。开始的时候是吸烟斗——印第安人安静沉思时吸的烟斗，后来慢慢地形成了其他名目繁多的吸烟方式。不同时代流行不同的方式，今天就没有人像18世纪所流行的那样吸鼻烟了。烟草是南美最早出口的高利润商品，从一开始就在欧洲引发出截然相反的情绪。有些诗歌和散文对它大为颂扬，也有的对它痛加谴责。

别提巧克力！
连茶也别提——
它们都是药物——可是天哪，
我对它们避之不及。
我宁可喝毒药，
也不愿碰一杯
被称为咖啡的
苦东西。

——弗朗切斯科·雷蒂
（17世纪中期）

欧洲文化发生变化的同时，新世界也在发生变化。西印度群岛除了狗与猫之外没有家畜。美洲北部有野猪和野牛，南部有被驯服的美洲驼和野生骆马。但是，美洲没有大牲畜，第一匹马是哥伦布带去的。（或许）大家还记得，科尔特斯的马把墨西哥人吓坏了，以为入侵者是天神下凡。皮萨罗在攻打秘鲁的印加人时也占了同样的便宜。

如果没有进口大量的动物和植物，西班牙人就不可能如此迅速地、大规模地在新大陆的南北两部分建立起他们的权威和文化。他们带去了牛、猪、骡子、绵羊、山羊、兔子和欧洲种的狗，使殖民者感觉新大陆像是自己的家乡。带植物漂洋过海困难些，它们也很难适

烟草，花蜜，或泰斯庇斯的清泉，
都是路德的啤酒，我为它们赞叹，
我们尽可以享用它们，只要不贪婪。

——本·琼森《邀友人共进晚餐》

103　这个习惯看着讨厌，闻着难受，伤害大脑，危及肺脏；刺鼻的烟雾就像是无底的冥河冒起的烟。

——英国的詹姆士一世（1604年）

应热带的气候。但是，小麦、葡萄、甘蔗、橄榄、柠檬、甜橙和酸橙、香蕉，还有希望能够造丝而带去的桑树在美洲成功地扎下了根，虽然其中有一些植物在当地也能找到野生的品种，但那些野生品种是不能立即使用的。

　　这些家务细节证明西班牙人不只是探险家，还是真正的殖民者和垦荒者。他们带去了新大陆上的第一个欧洲文明。从那之后，货物和习俗不断互通，使新旧大陆之间日益相似。最后二者完全混同起来，大西洋两岸的文化统称西方文化。

※

　　查理的西班牙宫廷里，廷臣、教士、殖民地总督和文人学士，人来人往，不断带来新西班牙的消息和谣传，包括葡萄牙人在印度、马来西亚和日本设立了"工厂"（贸易站），以及其他国家也开始企图加入所谓欧洲的扩展。哪些是事实而哪些纯属臆想，则难以辨别；即使是书籍这种似乎比较可靠的资料来源也不例外。从世纪中期开始，用方言写作的"游记"一类的书籍开始流行起来。［参阅奥利弗·沃纳（Oliver Warner）的散文《从哈克卢特到库克的英国航海著作》（*English Maritime Writing from Hakluyt to Cook*）。］最初的作品都基本上限于它们所用语言的流行地区，但是塞巴斯蒂安·明斯特在 1544 年出版的《宇宙世界志》于 1550 年再版后成为畅销书，被翻译成 6 种语言，到世纪末共再版了 36 版。［多萝西·塞耶斯（Dorothy Sayers）的短篇小说《梅利埃格大叔遗嘱历险记》（*The Adventure of Uncle Meleager's Will*）对这本书作了有趣的评论。］《宇宙世界志》中所载的大量材料中有事实也有幻想；到后来才出现这方面仔细全面的记述，正确的概念才慢慢浮现。

　　理查德·哈克卢特于 1584 年写的《潜水者的旅程》是这方面最为著名的作品。在后来的 10 年内，它进一步扩充成三大部，似乎是专为让莎士比亚研读的。但是，莎士比亚虽然吸收知识如饥似渴，却在他的剧本里几乎没有利用哈克卢特这本书。对于他以及生活在1596年的观众来说，虽然哥伦布发现新大陆已经过了一个世纪，但是说到商人时他们想到的还是"威尼斯商人"，而不是加的斯、伦敦或鹿特丹的商人。在莎士比亚更早几年写的《错中错》中，"美洲、印度群岛"这些词都缀以惊叹号，接着是辞藻华美、凭空幻想的说明："……那儿遍地是红宝石、红玉、蓝宝石，遭到拒绝的贪婪的西班牙人派遣舰队，兵临城下。"直到20年以后，莎翁写出了《暴风雨》，里面才出现了"美丽新世界"这一名句，以及"永远为波涛冲打"（风暴雨狂）的百慕大和嘲笑理想国的一幕（124＞）。

　　信息的传播如此杂乱无章，必定导致一些人名和地名的永久混淆。由于哥伦布的错误，出现了"印度群岛"和"西印度群岛"，至今那儿的居民还被称作印第安人（Indians）。［早就应该使用人类学家常用的美洲印第安人（Amerind）这一名称了。］出版韦斯普奇第四份报告的威尼斯印刷商造了一个出奇的词"新世界"作为报告的标题；哥伦布则把新大陆称为"另一个世界"。"亚美利加"源自"阿美利哥"（韦斯普奇的名字），制图人瓦尔德塞弥勒把谁首先登陆弄错了。几年以后，韦斯普奇采纳了印刷商提出的"新世界"的说法，首先报道了那里吃人肉的习俗（其可靠性未可确知）。他的书大获成功，到世纪末一共再版了30次。"亚美利加"因此已成确定，除它以外，不可能再用其他的名称了。

　　这个名称实在很合适。尽管相比之下，哥伦布是个更加伟大的航海家、一个真正的英雄、独一无二的先驱者，但他并没有意识到自己到达了什么地方。是韦斯普奇第一个意识到，并亲眼看到，巴西的海岸是一个尚未开发的大陆的海岸。需要指出，把"美利坚"（America）作为名词和形容词来指美国，是需要使然，不是占用整个大陆名称的不当行为。即使美国另改他名，"加拿大""墨西哥"和其他拉丁美洲国家的公民还是不会放弃"加拿大人""墨西哥人""秘鲁人"的称呼。

由于在 1792 年首次纪念了哥伦布而提高了他的名望，19 世纪早期就有些人企图捧哥伦布，贬韦斯普奇。华盛顿·欧文就是哥伦布的狂热仰慕者，主张以他的名字来命名美洲大陆。辩论十分激烈，但最后还是决定保持原名不变。不久之后，韦斯普奇的一位直系后代亚美利加·韦斯普奇小姐呈请国会，要求得到金钱补偿，因为国家使用了她祖先的名字，但她被礼貌地回绝了。

※

　　光辉的帝国、为害一方的土耳其人和与他们相勾结的北非海盗、被监禁在马德里的莽撞的法国国王、对罗马可耻的洗劫、女士的和平——这些就是萦绕在 16 世纪下半叶马德里居民脑海中的形象。同时，他们一定还为西班牙军队的战绩而感到自豪。有两场胜利尤为突出，一场是 1543 年在米尔贝格大败异端新教军队，另一场是 1571 年在勒庞托的海上战役。前一场战斗是由查理皇帝指挥的，后一场则是由他心爱的私生子，奥地利的堂·约翰挂帅。

　　西班牙的步兵名扬天下，这要归功于那个世纪的另一个发明：步兵取代骑兵成为战斗中的决定性力量。（请注意步兵 infantry 中的 infant，它是小兵的意思。）骑兵和骑士在词义上是同源词，共具中世纪的特点，在 16 世纪双双衰落下去。瑞士人成了新的战术家，这是必然的，因为他们的地形不宜骑马。是他们发明了新的军队规则和用途，虽然第一支"步兵"是在西班牙出现的。不久，德意志北部的长矛兵成为可与瑞士人相媲美的雇佣军。在新的作战阵型中，士兵们紧挨着组成一个方块，手里挥舞着特长的枪矛来冲散原来起决定作用的骑兵的冲锋。（委拉斯贵兹的画作《布雷达守军的投降》对枪矛作了栩栩如生的描绘。）

　　除了重新起用古希腊的步兵方阵之外，16 世纪还增添了火器。火药在 200 年前就已得到发明和使用，但是直到这个伟大世纪的后半阶段，它才真正地发挥作用。1552 年的梅斯之战表明，几十门炮就能攻破城堡的围墙，对于骑马的人来说，用手枪杀敌比用剑和长矛容易得多。火器装备给轻骑部队赋予了新的作用，可以在战斗中打先锋，也可以护卫步兵侧翼。大炮迫使城镇和各省重筑碉堡，为此目的聘用工程师，这些工程师往往又是艺术家或数学家，能运用最新的科学发明（243、313 ＞）。达·芬奇便是这个新专业的鼻祖。

皇帝作战得胜自然使人认为西班牙人是"天生的战士"，无往而不胜。其实是不同的民族轮流各领风骚：一个世纪之后，法国人继承了这个头衔；再后来的那个世纪里，它落到了德意志人头上。"天生"不过是一种比喻。情况的变化和野心会激发人所共有的能力。20 世纪的以色列人就是一个例子。他们曾经被认为是"天生的商人"，谨小慎微，极力妥协，现在却强硬好战。激励着 16 世纪西班牙人的状况和野心可以追溯到很久以前：这个半岛中部和北部的人民 800 年来一直处于交战状态；有时是互相残杀，但更经常的是与南部的敌人作战，那些人是摩尔人，是北非裔和阿拉伯裔的穆斯林（不是《奥赛罗》里误以为的黑人）。

哥伦布在遥远的西方登陆的同一年，西班牙人向摩尔人具有高度发达文明的格拉纳达王国发起了最后的"再征服"。由此可见，西班牙人的战斗精神来自宗教仇恨，他们仇恨的对象还包括犹太人。犹太人人数众多，为阿拉伯人所容忍，而且对他们有相当的影响力。把他们打败后，原来的穆斯林和犹太教徒都可以皈依，被称为摩里斯科人或基督教徒，但他们因为被怀疑是假皈依而不断遭到迫害。最后，他们要不就是被驱逐，要不就是受到宗教审判后被处决。与此同时，人民之间大量通婚，许多最上层、最骄傲的西班牙家族都不得不承认他们的祖先中有摩尔人或犹太人。

一个悠久的传统产生了一种文化类型，看起来似乎是遗传产生的，这就是西班牙贵族（hidalgo），据说它的意思是"某个人物的儿子"；西班牙的农民不是战士，于是被认为微不足道，不算人物。西班牙贵族所象征的是战斗精神，在私人生活中这意味着脾气火暴，动辄决斗。这些人中，有些是大公，他们显赫的标志并不是物质上有什么特别的好处，而只是在皇族面前不必脱帽。只讲究形式，不注意实质，这是一种不同寻常的特征。对一个西班牙贵族大公来说，行为高傲、严厉就是一种补偿。他甘于贫困——常常明显的营养不良。贫困的原因是从新西班牙流入的金银导致了通货膨胀，因而造成他的租收贬值（107＞），另外一个原因可能是他的家产由于管理不善或者地方上的战争而不断减少。

这个阶层的一项道德规范是鄙视劳动和务实。他们只可以在两种职业中做选择：军人或神父，红与黑，以及从这二者中派生出来的职业，如探险家或公务员，前者是变相的战士，后者因为要求能读会写，所以是变相的"神职人员"。这种高高凌驾于世俗之上的情况构

> 温顺的河，温顺的河，
> 看，你的水流被鲜血染红，
> 有多少勇敢和高贵的军官，
> 他们的尸体沿着垂柳岸边漂浮。
> 在你清澈的流水旁，
> 在你闪烁的沙滩边，
> 摩尔人的首长和基督教的斗士，
> 激烈相搏，决一死战。
>
> ——西班牙民间叙事诗

成了西方一个独特的景观——至少部分地"反物质主义"的社会。像旧时的俄国一样（16世纪的"俄罗斯帝国"），社会中没有活跃兴隆的中产阶级，所以必定抵制新思想，因为新思想往往是随着贸易被带到各地，被作为有益的东西传播开来。谴责"资产阶级价值观"的人应该仔细思索西班牙的状况以及它与欧洲主流发展的长期脱节。直到19世纪初，西班牙与美国的战争摧毁了老大帝国的骄傲后，西班牙才开始再一次繁荣起来，并努力实现现代化。［参阅何塞·奥尔特加·加塞特（José Ortega y Gasset）的《没骨气的西班牙》（*Invertebrate Spain*）。］

在16世纪的西班牙，普通人当然靠劳动吃饭。有些人在国家的主要产业——牧羊和出口羊毛——中发了财。"梅斯塔"是一个规模巨大的牧羊主同业联盟，由大大小小的牧羊主组成。他们每半年结队从夏天

放牧的中部高原赶着羊群步行到 400 英里以南的冬季气候温和的地方，半年后又步行回来。羊毛在佛兰德织成布匹后，再返销进口。尽管羊毛贸易量不小，但是它即使与其他产品的少量产出加在一起，还是抗不住用美洲贵重金属铸造的货币的大量涌入。结果必然是通货膨胀。

造成银子泛滥的原因是 1545 年在波托西发现了银矿。在上秘鲁，即现在的玻利维亚，一些当地人在追赶一只山羊的时候发现了一座银矿山。它的矿藏比寓言中的金山还要丰富。那座被喻为金之王的山怎么也找不到，也许早已在无意中被人挖空了。波托西瞬间变成了矿城，人口多达 15 万。德意志人发明了用水银提炼银子的神奇工艺，这消息使各国的勘探者、赌徒、盗贼、娼妓、监工都涌到了波托西，其规模在 19 世纪中期美国西海岸的淘金热出现之前绝无仅有。所不同的是，波托西的土著人被强迫做苦役，有的受伤致残，有的更是一命归西。如今，波托西是联合国教科文组织保护的博物馆城。那儿虽然还有小规模的银矿开采，但是种植古柯叶的进账更可观些。

在马德里，运银船队每次安全回港，人们都欢乐庆贺。尽管英国海盗夸口说他们常有斩获，说他们的活动离海岸之近"可以烧焦西班牙国王的胡子"，但半个世纪中，船队没能回港的情况只发生过两次。国王从这个来源得到的年收入高达 400 万镑，等于伊丽莎白女王收入的 16 倍。真正的灾难是通货膨胀扩散到了欧洲的其他地方。物价长期上升，使一切靠固定收入生活的人都陷入贫困之中，有些土地拥有者也许稍可得免，但是所有的工人和手艺人都难逃厄运。

他们长期的困境刺激了新的经济学思想的产生。众说纷纭，有人认为过度出口造成了经济的萧条，但也有人认为原因是人口下降，奢侈浪费，或银币贬值。两个西班牙人，马丁·德诺瓦罗和修士托马斯·德梅尔卡多，看出了其中的一点儿端倪。最后，我们以后要谈到的（245＞）名为让·博丹的法国法学家道出了货物量与流通中货币之间的明确关系。他为"货币量的理论"奠定了基础。经过多年的改进，这个理论至今指导着中央银行以操纵利率的方式来控制通货膨胀。贵重金属猛增的另一个后果是货币完全取代了以物易物的制度，从而导致许多国家在 17 世纪采纳了重商主义的原则。商人的世界观被用来指导整个国家（292 ＞）。关税和出口补贴便是这个现象的现代产物，人们对此辩论不休，它们也确有值得商榷之处。

※

拉斯·卡萨斯等人在马德里和新西班牙为保护遭受蹂躏的原住民所发起的宣传和战斗导致了一个古老思想的复苏。大家记得，罗马的塔西佗对于 1 世纪日耳曼部落的描述使罗马人自愧弗如（＜ 9 ）。日耳曼人生活简单，性格坦率，忠诚勇敢，不像文明社会中的人尔虞我诈，贪生怕死。16 世纪时美洲的一些部落被用来与文明人作同样的对比，至少，3 000 英里之外的人对美洲的部落持有这样的印象。于是，出现了高尚的野蛮人的形象，它从此不断启发着一次又一次的原始主义运动。

请注意，是哥伦布首先在他的早期报告中提及当地人的简单生活的。

这方面进一步的事实启发了人们对于乌托邦的向往，首先是托马斯·莫尔于 16 世纪的第一个 10 年写出的《乌托邦》一书（117 ＞）。鉴于此，应该把高尚的野蛮人这一概念和卢梭分开。他是 200 年以后才扬名的，而且并不赞许这种形象（384 ＞）。

> 我派出了两个人。他们走了三天，发现了一些人和房子，但是他们为数不多，而且没有政府。于是，那两个人便回来了。
>
> ——哥伦布从新世界发出的第一封信
> （1493 年 3 月 14 日）

108

在路德时代的德国，塔西佗笔下的善良野蛮人被用来挑起对罗马这个外来权威的反感。赞扬印第安人和日耳曼人的这两种态度改变了西方人对于自己祖裔的看法。在这之前的 1000 年里，他们曾经是古罗马的儿女，而现在不同"种族"的观念取代了过去同一个血统的观念。这个变化的意义显而易见，它的产生正值帝国灭亡和民族国家诞生之际。民族既把人民团结起来，又造成人民之间的分别，产生了我们和他们。因此从 16 世纪起，英国人开始着迷于盎格鲁－撒克逊主义，把自己和日耳曼人划为一体，与罗马历史划清界限。［参阅休·A. 麦克杜格尔（Hugh A. MacDougal）的小书《英国历史上的种族神话》（*Racial Myth in English History*）。］下文会谈到一个类似的观念是怎样影响 1789 年大革命前后法国政治的（247；295＞）。

　　随着观念的改变，一组新词汇应运而生。不仅有日耳曼人、撒克逊人和盎格鲁人，还有朱特人、丹麦人、高卢人、凯尔特人、法兰克人、诺曼人、伦巴底人和哥特人（又分东哥特人和西哥特人）。与其并生的一种信念认为，民族的个性是先天生成，本性难移。按照种族的理论，如果一个民族的个性古怪可憎，便应永远视之为敌。我们现在熟悉的一些偏见和敌意就是这样产生的。“种族论”中各种族之间的先天区别等于宗教中异教徒与基督徒的分别。

　　在普通人的心目中，西班牙和宗教法庭密切地联系在一起，似乎在其他地方没有搜捕消灭异教徒的做法。事实并非如此。的确，西班牙的宗教法官特别怀疑几类人，即皈依基督教的摩尔人和犹太人，而其中一些人确实是装样子的；的确，对异端处以火刑的臭名昭著的“公开仪式”——该词在葡萄牙文中是“信仰之举”的意思——成了一种公开表演的娱乐。但是普通的宗教法庭在欧洲到处都有。在信仰新教的苏格兰和日内瓦，它的名称是惩戒，也是依靠世俗的刑法来惩治像塞尔维特那样的罪人（＜30—31）。英国在三代国王治下也有不少烧死异教徒的行为。一段时间内，异教徒是新教徒，过一段时间又变成了天主教徒，一条名为“焚烧异教徒的责任”的法规给这些行动提供了法律基础。

　　在法国，进行迫害的是巴黎大学，即索邦大学。人文主义者印刷商埃蒂安·多雷便是那里宗教审判的受害者之一。在意大利，宗教法庭是教会政府的一个部门，各个城市的狂热程度不同。罗马严厉但效率低下，威尼斯比较温和，基本上采取规劝的办法；总督不想骚扰通常来自新教国家的外国商人，因为他们对这个商业共和国很重要。

宗教法庭至今还是一个活生生的体制，只去除了它原来的方法和严酷的裁决。20 世纪的许多独裁者依靠的就是这种手段。在自由国家里，它也常被临时起用，例如，第一次世界大战期间搜捕德国人的同情者，第二次世界大战期间关押日裔美国人，以及冷战期间追踪共产主义的同情者。目前，美国大学里的"政治正确性"和言辞警察，还有因为一些被奇怪地称为"敏感"的用词和题目而对个人或公司进行惩罚，这些都是宗教法庭精神永在的体现。

※

除了宗教、帝国和物价之外，马德里有多少人在思考别的问题我们不得而知，但是一定有不少人关心文学和艺术。这一点可以确信无疑，因为那个世纪的后半叶是西班牙人所称的他们文化的黄金时代的开端。遗憾的是，除了画家以外，其他伟大人物的名字并不为学者和专家之外的人所了解，主要原因是西班牙在它的帝国光辉褪尽后变得默默无闻。

其实，受到冷落的不只限于西班牙的作品。以为"真正的好作品"一定会跨越国界，得到应有的重视，这是一种错误的观念。像葡萄牙、斯堪的纳维亚、荷兰、匈牙利、波兰以及欧洲其他的斯拉夫国家还只是欣赏本地的经典著作。16 世纪一个极好的例子是葡萄牙人卡蒙斯所著关于欧洲向西扩张的史诗《卢济塔尼亚人之歌》，这位诗人同时也是探险家和人文主义者（153 ＞）。荣耀女神为什么这样难以捉摸呢？在任何一个国家里，出名取决于某一群批评家的青睐，或者恰好掀起的对于某人的狂热崇拜。作品中的某些成分必须呼应时代的某种关注。

文学作品还需要有好的翻译。拉丁文停用使 16 世纪成为方言翻译的伟大时代，但是，翻译或不翻译一本书纯属偶然的选择。有些杰作没有出口，没有被翻译成五种主要的语言以飨读者。但是，也有的著作就像有些酒一样，不宜远行，翻成别的语言就走了味。实际上，歌德的"世界文学"观念，就像伟大著作或"典范之作"的标签一样，代表着一种理想，只是部分地得到了实现。在我们所处的这个世纪，经典著作的范围不断扩大，加进了远东和第三世界的作品，以此鼓励一种全球观，但不要忘记欧洲还尚未全部发现本身的创作。

西班牙 16 世纪的文化成就包括加尔西拉索、博斯坎和蒙特马约尔的诗歌，比维斯和比托里亚的政治理论，以及洛佩·德·维加的早期诗剧。在后来的年代中，戏剧一直欣欣向荣，对法国和英国的作家产生了影响；同时，绘画和音乐也发展到新的高度（334 >）。这后两种艺术形式比文学更容易跨越国界，因此也更容易得到承认。

36 岁即在普罗旺斯战死的加尔西拉索被誉为他那个时代最伟大的诗人。不管指的是整个欧洲或只是限于西班牙，这种赞美本身已足以说明他的声望。他和友人博斯坎共同出版了一部流行的西班牙诗歌集，这丰富的诗歌遗产启发激励着历代西班牙诗人的灵感，一直到我们时代的洛尔卡。那些诗歌的明显特征是，在朴素和悲切中掺杂着愤恨，类似另一种西班牙独有的风格，即以歌舞的方式表达大众情感的弗拉门戈舞。

胡安·路易·比维斯是伊拉斯谟的信徒。除了其他著作之外，他写过一篇宣扬妇女教育的论文。他曾担任过亨利八世的女儿玛丽的教师，是在那个不幸福的女子因其残酷的迫害手段而被冠以"血腥玛丽"的称号之前。比维斯的其他作品讨论了幸福生活、国际和平以及救济穷人的问题。让现代人比较感兴趣的是他对巴黎大学哲学家的攻击。（根据他的看法）这些人把时间浪费在文字意思的推敲和推理过程上，有些人甚至企图把现象量化。比维斯对这些题目本身并无反感，他所反对的是把全部精力扑在这些题目上。这种狭隘看起来是受一个名叫约翰·梅杰的苏格兰人的影响而形成，由于它，困扰着历代有思想的人的重大哲学问题反而得不到研究。比维斯的思想中有不少类似后来培根的科学精神，他鼓励人们多观察自然，提高自信；他不同意当时哲学家的陈词滥调，说当代的人是"站在巨人肩膀上的侏儒"。

比维斯的同代人弗朗西斯科·德·比托里亚是研究国际法的先驱，但长期没有得到承认。他是巴斯克人，是多明我会的修士，在巴黎读过书，编辑了托马斯·阿奎那的著作，退休前在刚经历了改革的萨拉曼卡大学执教（改革在此指的是采纳人文主义的观点和方法），这是最令人羡慕的职业。在那里，比托里亚帮助查理五世拟定了殖民地的法律，同时门下也聚集了一群弟子。他讲课时，就政府这个大题目，尤其是就战争与和平的问题进行阐述，弟子们在他去世之后整理出版了他们听课时记下的笔记。关于战争与和平，他的思想与75年以后出版的胡果·格劳秀斯著作中的思想一致。这并不涉及剽窃的问题，但是，如果说一个学科的创始人是第一个对它进行全面研究的人的话，那么这个创始人的头衔应当属于比托里亚。1926年，荷兰的格劳秀斯协会承认了这一事实，把一枚纪念比托里亚的金奖章授予萨拉曼卡大学。

国际法乍听上去是个自相矛盾的说法，谁来对那些以独立自傲、我行我素的大国执法呢？联合国就一些原则达成了协议，但也只是在原则上达成协议而已，实施起来并不容易。作为自然法的倡导者，比托里亚认为，社会不同于协议或公约，它是由一套必要的关系所构成的，并且根据上帝的旨意平等地保护所有个人的权利。他的理论已得到普遍接受——但也只是在原则上而已。根据他的理论，国际社会具有和国家一样的权力结构和责任，各国有平等的独立存在的权利，除非一个国家不能自治。平等的国家有责任维持自由的通信和贸易，对此进行干预便构成发动战争的正当理由。同样，为了把一国人民从暴君统治下拯救出来，或者为了帮助遭到强大邻国肆意攻击的国家而进行干预也是正当的。但是，战争永远应该是最后的手段；一旦发动战争，它的目的不能超越它高尚的本意。自卫战争永远有理，为夺取胜利可以不惜一切手段。胜利的一方应保持基督徒的节制。自从比托里亚（和格劳秀斯）以来，在这些法律的"执行"方面无甚进展，尽管许多西方思想家提出了各种各样的计划，也建立了一系列法院、联盟和刑庭（672、758＞）。[参阅西奥多·卡普罗（Theodore Caplow）所著《和平游戏》（*Peace Games*）。]

※

　　同时代的另一位西班牙作家首先开始运用小说这种体裁的萌芽形式。他不是评论家所说的塞万提斯，而是一位无名作者，作品的题目是"托梅斯河上的小拉撒路"（中译本名"小癞子"）。一会儿我会解释为什么塞万提斯的杰作不是小说。不过无论如何，《堂·吉诃德》比《小癞子》晚了整整一代。拉撒路是一个无亲无友的流浪汉，先后给修道士、神父、乡绅、出售赎罪券的人等五六种社会类型的人当仆人。情节的每一个转折都表现出他各个主人的弱点和社会的缺陷，而吃亏的总是拉撒路，但是痛苦却使他变得老练和自强起来。最后，他成了公告传报员。这本书篇幅虽短，却是一本真正的小说，因为它具有双重的主题：人物和社会背景。对这二者都用写实的手法处理，从平铺直叙中见批评[请阅读默温（W. S. Merwin）的译本]。《堂·吉诃德》具有一些构成小说明确主题的要素，但是作者把它们与比喻以及哲学混在了一起。书中描写的情景是不可信的，而小说则应尽量接近生活，把故事写得如同真人真事（153、352＞）。

　　《小癞子》同时也开创了小说的一种准体裁——流浪汉小说（picaresque）。这个词源自流浪汉（picaro）[后来的费加罗（Figaro）即由此而来]。流浪汉小说描写没有前程的青年凭着机智混迹于社会，他的经历反映了人与人之间真实的而不是习俗所规定的关系。在以后的几个世纪里，流浪汉题材的小说变成了"教育小说"。这类小说通常描写一个能干然而幼稚的年轻人，不一定是穷人，他经过种种考验和挫折积累了生活经验。弃儿汤姆·琼斯，还有托尔斯泰的《战争与和平》中的皮埃尔就是这一类人物。

16 世纪的另一个故事是事实和幻想的糅合，比第一本小说更受欢迎。听了这个故事，人们或是心惊胆战，或是因正义实现而人心大快。故事讲的是德意志地方的一个半哲人、半骗子的人，叫浮士德医生。他在 1540 年暴死，而且死有应得，因为他把自己的灵魂出卖给了魔鬼这个毫不留情的债主。他为什么会做这样的交易呢？是为了三件事。第一是所有生活在 16 世纪的人都能体谅的，就是想吃饱喝足。那时，不仅在西班牙，而且在欧洲各地，贫穷是普遍的现象。当然，在土地比较肥沃的国家也有富足的时候。但是，所有的地方都常常爆发饥荒，它的阴影挥之不去。有一个现代学者甚至提出，16 世纪中大部分人由于处于长期的饥饿状态中而产生幻觉。

浮士德想要的不只是食物，他还想要足够的钱来购买华丽的衣服和"在群星中飞翔"的能力。显然，这位医生的愿望不只限于身体的享受。值得一提的是，在原来的故事里，没有关于浮士德和名叫格雷琴或特洛伊的海伦的美女做爱的暗示。直到那个世纪末这个故事成书出版后才出现了这方面的各种插曲。浮士德与魔鬼交易的故事代代流传，形式多样。它不只是人文主义骄傲的象征，也是一个伟大的西方神话。"在群星中飞翔"意味着对自己身为凡人的事实躁动不满，代表了一种极其崇高的愿望。为了它的实现，人们甚至愿意交出自己最珍贵的财产。16 世纪末，马洛在剧本中给这个神话加入哲理的内容，开了阐发这方面意义的先河。后来，人们以诗歌、戏剧、音乐、绘画和舞蹈等各种形式对它进行表现和诠释。在菲尔丁时代的英国，它被改编成木偶戏，成为菲尔丁讽刺喜剧的竞争对手。歌德年轻的时候正是因为看了浮士德的木偶戏，想象力才得到了启发（483 ＞）。

※

如果放眼观察西班牙以外的世界，就会发现除了这个来自德意志地方的训诫性故事外，新鲜事物层出不穷。有几件值得简单一提，因为它们与西班牙抗拒新生事物的情况形成了鲜明的对照。在比利牛斯山那一边的法国，弗兰西斯一世看来并未因陷入战争和宫廷事务而无暇他顾，仍然有空欣赏艺术，探索新思想，这些才是他真正的爱好所在。他招进了大批的意大利艺术家，其中包括本韦努托·切利尼、普利马蒂丘和达·芬奇，最后这一位是在弗兰西斯最喜欢的枫丹白露宫去世的。弗兰西斯重修了卢浮宫，建筑了大型城堡，包括卢瓦尔河畔雄伟的尚博尔城堡。他具有"先进"的人文主义思想，支持像纪尧姆·比代一类的学者，并任命明智的自由派勒菲弗·德塔普勒为大臣。为了与索邦大学不容异己的行为抗衡，他建立了法兰西学院，这所机构至今仍然是发表不符合官方思想的观点的论坛。

和他的妹妹玛格丽特一样，弗兰西斯愿意容忍新教，但是这个教派的人却偏要闹事。他们的攻击十分激烈和粗暴，比如在标语日那一天，整个巴黎贴满了侮辱教会和教皇的标语。对于他们的挑衅，政府实在无法坐视不管。（加尔文天真地以为政府不会干预。）严厉的惩罚随之而来，容忍的态度不再得人心。

在行政管理上，弗兰西斯也主张现代化。除了加紧对于他在各省份代理人的控制之外——这是向君主革命迈出的一步——他还命令法院用方言而不是拉丁文来宣布裁决。此外，他意识到人口在不断增长和流动，于是下令每个人除了名以外，还必须取个姓。大约同时，亨利八世对他的英国臣民也下了同样的命令。这种使用双名扩大自我的方式产生了很有意思的社会影响。它拉近了平民和名姓齐全佩戴纹章的贵族之间的距离。如今的趋势是又回到了只用名，不用姓的原始做法。陌生人之间认识还不到 10 秒钟，便"苏珊""约翰"地互相直呼其名，公共人物提到自己时更是羞于连名带姓。为了取悦大众，国家首脑和其他政治家必须称为吉米、贝齐或比尔。

在 16 世纪，姓的出现是人脱离了故土的结果。关于许多中世纪和文艺复兴晚期的诗人和艺术家，不论是当时还是现在，公众都只知道他们的名，如：拉斐尔、莱奥纳多、米开朗琪罗，但丁甚至只是一个别名，是杜兰特的缩写。为了避免不同人的混淆，就在名字后加上地名，如：拉斐尔·达·乌尔比诺（乌尔比诺的拉斐尔），莱奥纳多·达·芬奇（芬奇的莱奥纳多）。农民、手艺人、僧人或接生婆只要不离开他们日常的活动范围，有一个教名就足够了。但是随着旅行（和流放）日趋频繁，再加上收税和统一宗教的需要，各级统治者都希望把臣民准确地登记在册。在西班牙这样做不需要下命令。与摩尔人和犹太人之间长期的冲突（以及通婚）使血统成为值得异常骄傲的东西，有时还是获得特权的理由。由此发展出双重以及多重姓名的做法，名字里有父亲的名字、母亲的名字、头衔、原籍地，如：Miguel de Cervantes y Saavedra（来自塞万提斯和萨韦德拉的米盖尔）。名字越长越好，甚至有人叫 Maria Teresa Velez del Hoyo y Sotomayor（来自奥约和索托马约尔的玛丽亚·特雷莎·贝莱斯）。

在其他的国家里，要求在名上加姓，但是到哪里去找姓呢？主要有四个来源：邻居给起的绰号，如 Bright（聪明）、Stout（肥胖）；居住的地方，如 Hill（山坡）、Woods（树丛）；职业或官衔，如 Smith（铁匠）、Marshall（书记官）；以及父名，如 John（son），意思是约翰的儿子，MacShane 也是同样的意思。最后这个姓的来源产生出自相矛盾的结果，如女子的名字 Mary Johnson，意思是约翰的儿子玛丽。这说明了一个词的意思会与其起源大相径庭 [可读詹姆斯·彭尼索恩·休斯（James Pennethorne Hughes）所著《你的名字是不是叫 Wart（疣）？》]。

可以说，这种要求明确命名的做法是西方文化一个趋势的早期征

114

——你父亲叫什么？格利格？那就是格利格里了——哎呀，不行，已经有一个格利格里了。那你就叫塞缪尔·格利格森[1]吧。

——你是做什么的？谢谢，那么你的姓名是威廉·查普曼[2]。

——亨利八世时期的堂区官员在执行皇家给人民取姓的命令

---

[1] 格利格森，意即格利格的儿子。——译者注
[2] 查普曼，意思是小贩。——译者注

象，这种趋势没有名称，大概可以称为"身份的明确化"。封建贵族可能不识字，他们借用可见的象征，如他们的盾徽，来确定自己的身份。会拼写的现代平民使用姓名，还有中间名的缩写字母。精确的称呼是个人主义高涨的表现。但是芸芸众生，角色不同，需求繁多，因此单是名字还不够，更何况识字率又在下降。为了在人海中得到辨识，我们的名字前还必须加上一连串的身份证号码，得说出那些号码才能证明自己的身份，得到服务，才能过正常的生活。

确定身份的习惯也延及物体。艺术、技术、科学和工业中所有的物体，从星星到除草机到绘画系列的各张画布，都逐渐被贴上标签，编上号码。早在发明创造层出不穷的 16 世纪，这种做法就已经开始了。比如，在一直以研究医学而著称的帕多瓦大学，埃乌斯塔乔和法娄皮欧这两位解剖学家描述了人体两条重要的管道（耳咽管和输卵管），并以自己的名字给它们命名。他们的成就在很大程度上应归功于维萨里，他与教会当局和社会偏见做斗争，使解剖成为医学训练中公认的一部分（199＞）。在下一个世纪里，伦勃朗可以画出庄严的《解剖课》，除了少数有偏见的人外，人们并没有因此而震惊骇异。同时，在物理学、天文学、植物学，以及像冶金术这样的应用艺术领域，人们不断创造新词汇，这些词汇至今还是通用的术语和名称。

和当代的医生一样，他们 16 世纪的前辈突然遇到了一种可怕的新瘟疫。人们已经熟悉的腺鼠疫就够糟糕的了，因为它无法医治，每过几年便泛滥一次，所到之处十人九死，万户萧疏。新的瘟疫一开始的时候被法国人称作"意大利病"，而被意大利人称作"法国病"。双方都有一定的道理，因为这种病是 15 世纪晚期法国人入侵意大利时首次出现的。首先得病的是士兵，然后他们又把病毒传播开去。诗人兼医生弗拉卡斯托罗在诗中首次歌咏了（如果可以用这个词的话）这种病的全部特征和恐怖。他的史诗分三个诗章，诗中充满了生动的描写和优美的拉丁文韵文。诗中主角名为 Syphilus（梅毒），意思是猪猡情人。这个名字并没有取代侮辱性的国家诨名，诗人把诗的小标题定为

de morbo gallico（"法国病"）。吉罗拉莫·弗拉卡斯托罗是一个有才气的男子，或者应该说青少年，因为他 18 岁那年起就在帕多瓦大学执教了。此外，他还行医，担任教皇保罗三世的首席御医，然后又作为医学顾问被派往特伦托的主教理事会。他撰写过关于哲学和宇宙学的著作，还有一篇关于治疗狂犬病的论文。

　　科学可以减少迷信，但不能完全破除迷信。帕多瓦的科学家对一本题为"诸世纪"的书就完全无能为力。书的作者是一个名叫诺查丹玛斯的法国人；这本预言集长年畅销，至今还在翻印各种语言的版本。在新出的一本作者传记中，援引了许多原著中的预测来解释过去和现在的一些事件，对于它们的真实性没有提出任何怀疑。诺查丹玛斯在他牵强难懂的四行诗中，把法文、意大利文、拉丁文和希腊文混在一起。他自己承认他用了"不明确的、扭曲的句子"，目的是不想让人们充分得知未来的恐怖而被"吓坏"。他的信徒至今仍热衷于猜测、解释他的诗句的含义，并一次又一次地证明它们可以解释所发生的各种事件。于是，预知未来的愿望和对于玄义的兴趣同时得到了满足。

　　诺查丹玛斯不只是预言家，同时也是医生、历书作者、魔术师、玄学学者、巫师和美容师。他在那个世纪中期出版的第一本著作是《关于化妆的论文》，书中还有不少春药的配方。在文艺复兴时期，化妆品和护肤霜的配制与现在一样，是正经的大事。奇怪的是，人文主义者虽然酷爱自然，但是从来没有反对过人在脸上浓妆艳抹。除了身份低下的人和乡下人之外，所有自爱的女子，还有一些男子，都涂脂抹粉。英国的伊丽莎白女王和她的女侍臣们（据说）往脸上抹苹果糊、玫瑰水和野猪油。既然女王要的是白净无瑕的脸，白垩粉可能是她用的化妆品配方中最主要的成分。她可以用一个新发明——镜子——来检验配方的效果是否理想，据说当时的镜子是在透明玻璃后面盖上一层

> 不幸福的婚姻将在欢乐庆贺中结合，但它将继续不幸。
> 玛丽和她的婆婆将相互鄙视。
> 菲比一旦死去，姻亲将变得更加可悲。
>
> **——诺查丹玛斯，此段据说指的是**
> **苏格兰女王玛丽的命运（1555 年）**

东西制成的。为了完全改进自然，她把头发染成了红色（后来戴一顶红色的假发套），把眉毛拔得干干净净，这下再也没人会看到她偶尔露出吃惊的表情了。面无表情已经成为她脸上永久的表情。毫无疑问，这对于任何统治者都是有利之处，更何况一个企图成为绝对权威的统治者。

乌托邦主义者

眼尖的读者看到这一章的标题一定会想："印错了。"甚至更糟："拼错了。"[1]）其实，二者都不是。给读者这个小小的冲击是为了在他们脑子里留下深刻的印象，使他们记住一个有文化影响的诠释，而且它还是一篇文学批评。

首先使用乌托邦一词的人是托马斯·莫尔爵士，他在路德的《九十五条论纲》发表的一年前写作并发表了他那本名作。他根据希腊文中意为"不存在的地方"的词根创造了这个词。从此，在所有的语言里，这个词都用来指理想的境界。乌托邦式这个形容词带有"不可行"的另一层意思，但是这一含义并没有阻碍自莫尔以降的众多作家设计各种幸福的社会（593＞）。描述乌托邦是西方的传统，不仅有对想象中国家的明确描述，而且表现在其他体裁中。一切有关社会正义的讨论，从柏拉图到马克思到当代的罗尔斯的论文都与此有关。既然这样，为什么不在乌托邦前面加个 e，把希腊文的前缀改一下，变成好的意思呢？"欢乐的乌托邦"（Eutopias for Euphoria），这句话也许是所有这些作者，包括我们将谈到的小说家（124＞）的座右铭。

在文艺复兴时期，三篇明确描写乌托邦的名著分别由托马斯·莫尔、托马索·康帕内拉（《太阳

> 文学是我的乌托邦。
>
> ——海伦·凯勒（1908 年）

---

[1]　乌托邦主义者的英文拼法是 utopian，但标题中拼为 eutopian。——译者注

城》)和弗兰西斯·培根(《新大西岛》)所著。他们三人中,先驱者莫尔与另外两位之间相差 100 年。对于康帕内拉需要稍作介绍。他是诗人,十四行诗写得非常出色,约翰·阿丁顿·西蒙斯把它们翻译过来,与米开朗琪罗的诗歌一起出版。他同时也是一个新型的科学家。他撰文捍卫伽利略,并写了一篇关于生理学和心理学的论文。这篇文章在美国文学史上留下了痕迹,爱伦·坡在《失窃的信》中引用了他的话。虽然坡并未读过他那篇论文,援引的文字摘自伯克的《论崇高美与秀丽美》(417>),但据说伯克是直接引用原著的。

118　　看过罗伯特·博尔特《永远走红的人》一剧的人都知道,莫尔是亨利八世时期英国的内阁大臣。在一次对安特卫普的外事出访中,他突然记起了阿美利哥·韦斯普奇的《第四次航行》中的叙述,加之自己对当时形势的不如人意之处有许多想法,于是,他开始用拉丁文创作,写成的东西后来成为《关于最完美的国家制度和乌托邦新岛屿的既有益又有趣的金书》一书的第二部分。他在创作期间把所写的东西拿给朋友们看。那些朋友和他一样谙熟柏拉图的《理想国》,因此为这部当代的类似作品兴奋不已。有 9 个人,其中最有名气的是伊拉斯谟,还帮忙写了书信和诗歌,以供穿插到故事中合适的地方。

　　因此,《乌托邦》是一本地地道道的文艺复兴作品。很快就有 4 个不同的版本出现在各个城市中。但是,该书探险家兼叙述人出场并描述他发现的新岛屿的第一部分对英国社会和经济的罪恶作了毫不留情的揭露,所以直到作者去世 15 年之后,即作品完成的 40 年后,才被允许在英国出版。拉尔夫·罗宾逊动人的译本现在已成为英国的经典著作。

　　莫尔的论点简洁明快:"富人策划"欺负穷人的现象到处可见,因此把国家称作理想国是荒唐的(这种论调我们最近也听到过)。这一论点来自美好社会应该共同拥有财产的理论。康帕内拉的《太阳城》也是基于共产主义的理想,据说这座城市在赤道以南的非洲。培根一心要把他的"本萨拉姆岛"变成一座大规模的研究所,只字未提财产问题，但从"那片幸福的土地"上的一派祥和气象来看，那儿一定不存在贫穷和阶级斗争。

所有的乌托邦都是通过推论来显示现实中应达到何种美好的境界。16 世纪的 3 个乌托邦社区是极其虔诚的宗教社区，道义上遵循的是基督教的觉醒，这种觉醒或是通过奇迹获得，或是受了当地类似事件的启发而实现。康帕内拉和莫尔一样，对其他宗教持开明态度；他们书中的先知宣扬的是同样的信条。基督教使徒的榜样为康帕内拉和莫尔书中的共产主义提供了依据。同时，康帕内拉不相信世界是从虚空中创造出来的，他也不相信世界是永恒的，由此可见他所具有的科学家思想。

是否像柏拉图所说的那样，共产也意味着共妻呢？康帕内拉提出了早期教会中圣克莱门特和德尔图良之间的争论，前者说共产也包括共妻，而后者说"除了妻子之外，其他一切共有。"康帕内拉是赞成优生学的，据他说太阳城的公民支持圣克莱门特的观点（如同第一批再洗礼教派），但他给自己留了个余地，补充说他们误解了圣克莱门特的理论。

莫尔主张一夫一妻制，但是同康帕内拉和培根一样，他把婚姻看作是对国家有经济意义的一个问题。他看到，在英国为了养羊圈围耕地的做法造成了灾难性的后果，地主越来越富，而佃户则无家可归。他开始怀疑人口过剩的理论。在一个死亡率很高的时代，大家庭是一种福气，孩子小的时候可以帮着干活，长大以后可以赡养年老的父母。在《乌托邦》一书中，一个家庭平均人口是 20 人，这还算是少的，因为家庭里还包括用人、学徒，而且是三代同堂。按这样来算，54 个城市的总人口达到 550 万，比英国 16 世纪的总人口多出 100 万。既然贸易——羊毛的贸易——无可避免，于是莫尔提出由国家来管理一切商务，以保证对各个阶层一视同仁。

至于婚姻的个人方面，三位作家都认为这个体制造成痛苦的束缚。为了提高婚姻的吸引力，莫尔建议在由长者安排，并有他们在场的情

119

况下，让新郎和新娘非常严肃地裸裎相见。一个世纪以后，培根读了
《乌托邦》之后，认为这种做法是残酷的，特别是在"以这么亲密的
形式相见"之后，一方可能会拒绝的时候。既然这个办法的唯一目的
是发现是否有疾病或生理缺陷，培根建议双方各派一个朋友观看另一
方在游泳池里裸体游泳。而康帕内拉不放心让这些身负种族繁衍重任
的人完全自由选择。他们必须身体健康，但他也预测了一些困难，比
如一对年轻人堕入情网怎么办？当然他们可以自由地见面和交谈，但
不能超出这个范围。美丽的女子人人喜欢，但这类女子供不应求，这
个问题怎么解决呢？在这种情况下，就必须搞高尚的欺骗，以防止失
望和嫉妒。可话说回来，太阳城里没有难看的人。这些是新体制创造
者所面临的错综复杂的问题。至于对婚姻是否感到满意，双方只能碰
运气了。离婚只能是万不得已的事。批准离婚前，法官应作长时间的
调查，婚外情是要求离婚的有力理由；如果发生婚外情，莫尔体谅地
补充道，这说明双方十分不般配。

　　这一类的细节以及所提出的理由是一些综合的迹象。它们反映了
当时的文化规范，也表达了作者自己的特有想法。对于这三位人文主
义者来说，更美好的存在意味着更虔诚、更幸福的存在。为了实现更
美好的存在，他们三位各自确定了应为之奋斗的目标。莫尔希望通过
民主平等来实现公正，培根希望通过科学研究来实现进步，康帕内拉
则希望通过合理的思维、博爱和优生学来实现永久的和平、健康与繁
荣。但三人在一条原则上意见是统一的，而西方对这条原则很晚才采
纳，即人人都应该劳动。如果能实现这一点的话，康帕内拉估计每人
每天工作四小时就足以使所有人过上好日子，剩下的充足时间（他建
议）大家可以去听课进修。

　　唯有康帕内拉对妇女的评价很高，男子能做的她们都能做（在莫
尔的书里，她们可以担任传教士）。康帕内拉认为她们甚至可以受训上
战场，因为她们扔火球的技术很高。所有的男子年轻时都身体健壮，
年老力衰后可以充当政府的间谍。不过，所有的乌托邦主义者都鄙视

战争，除非是为了自卫，或（曾有一次）为了解放被压迫的人民。康帕内拉认为，既然贸易是战争的起因，所以应该把它限制在绝对需要的范围内。理想的境界是自给自足，也就意味着没有货币。

乌托邦的法律简单明了，张贴出来明示大众。没有律师，自己申诉自己的案子。在处理犯罪问题上，三位作者都态度温和。首先应该采取批评和教导的方式，然后才是罚做苦役，尽量少用死刑。但是，战俘却自动成为奴隶。这种复古的做法很奇怪，因为奴隶制在西欧早已消失了。乌托邦主义者的奴隶制比较宽松，奴隶的子女自动成为自由公民。这些异想天开的设想提醒我们，这些人文主义者写作时心里参照的是柏拉图的《理想国》。那本书提出了一系列的制度，如财产共有，共用妻子的优生学，结束贫困和阶级间的嫉妒，但并没有去除永久的阶级责任和阶级区别。

三部乌托邦著作中关于青年人教育的观点是 500 年来人们不断重复提出的，即学校教的应该是事物，而不是词语，教学方法必须循循善诱。康帕内拉认为城市的设计应体现出所有艺术和科学的成就，创造一个有利于教学，接近自然的环境。这一理论是教育改革家夸美纽斯名著的前奏（180 ＞）。

培根认为思考科学是生活的目的和乐趣。只有康帕内拉对机器感兴趣，他设想出用"帆和齿轮"推动的车子，以及用一种未加具体说

地球上没有比它更纯洁的国家了。它是世界的处子。没有垃圾、破房子、妓女或类似的东西。他们对你们欧洲允许这些东西存在感到鄙夷和不解。由于这些东西的影响，你们的许多男子不愿意受婚姻的束缚。不结婚，宁可选择放纵的、不纯洁的单身生活；许多人即使结婚，也是晚婚。他们对婚姻漠不关心，对他们来说，婚姻只是一场交易，他们寻求的是一种联盟、利益以及欲望，而不是应有的男女双方忠贞的结合。

——培根《新大西岛》（1624 年前后）

在第一圈的内墙上画着醒目的数字，每个数字旁边都有具有象征意义的图案，还有书写得整整齐齐的注释诗。内容有些是定义，有些是命题，或者是类似的东西。在外墙上，首先是一幅巨画，画的是从某个角度所看到的整个地球；然后是一张表，上面列出不同的国家以及它们奇怪的私人或公共的习俗、法律、起源、人民的权力以及所用的不同的字母，最后才是太阳城的有关情况。

——康帕内拉《太阳城》（1623 年）

明的"了不起的发明"开动的船（根据亚里士多德的远见，如果有了必要的机器以后，就不需要奴隶了）。

在所有的乌托邦中，复杂的宗教和公共庆典不仅包含道德教育，而且还通过激发爱国情感把人民团结起来。如今，用有意义的词句和音乐来进行庆祝的形式已经过时了，像盛况和爱国主义这一类的说法往往遭到人们的嘲讽。但是，在过去的几百年里，这些仪式是不可缺少的隆重活动，它们巩固了人们的社区感，也保证了社区传统的传承。

16世纪想象的乌托邦重视音乐，这其实是反映了当时生活的一个传统。无论在家庭、教堂、街上，还是逢年过节、同行聚会、结婚、出殡，或者是王公、官员、大使光临的大日子，所有的场合都少不了音乐（155＞）。歌声、号声、鼓声和演讲此起彼伏。当时音乐还没有像后来那样变为仅仅是装饰，在一定的程度上它直到现在仍是装饰，被分为不同的种类，阳春白雪，下里巴人，大家各取所好。

乌托邦主义者喜欢用华丽的词汇来描绘乌托邦的住房、庙宇、服饰和家庭习俗，同样也津津乐道地夸耀他们的人民有多么健康，多么俊美，多么友善，又多么通情达理。例如，他们做事勤快，忠心耿耿，因为他们懂得如果工作懒散，大家共有的存货便会减少，个人的所得也相应减少。但是，苏联的经验证明这种复杂的推理常常是不现实的。

此外，虽然乌托邦的公民不用说都健康聪明，但是欧洲瘟疫的幽灵令人难忘，不知为什么康帕内拉特别担心癫痫病，唯独他提到按医嘱常常勤洗身体。乌托邦必然有免费公共医院，医生们不断寻求制造新的药品。只有培根对于日常生活的安排没有详加描述，他只是设想

> 在那不勒斯有70 000人，其中仅有10 000到15 000人劳作，他们因过度辛劳而面黄肌瘦。其他人则染上了懒散、贪婪、放纵、好色、放高利贷，以及别的恶习，他们奴役许多家庭服侍他们，破坏了那些家庭的生活。但是在太阳城，人们平均承担责任和工作，所以每人每天只需工作4小时。其余时间用来学习、辩论、阅读、写作、朗诵、散步、锻炼头脑和身体、玩游戏，但是，没有什么游戏是坐着玩的。
>
> ——康帕内拉《太阳城》（1623年）

"那个快乐地方"的"虔诚和人道"的人们把生活安排得"有条不紊"。

乌托邦之所以完美无缺，是因为假定人们会自愿服从合理的要求。固然，如果一个社会的多数人无须为基本的生存而挣扎，少数人也不用为财富和荣誉而竞争的话，那么，社会的和睦和友善是有可能成为现实的。作者们也着意表明功绩会得到承认，各行各业都有荣誉和奖励。所以，人们吃饱了，又得到承认了，也就心满意足地效忠政府了。但奇怪的是，乌托邦的公民之间不存在邻里纠纷、家庭不和、种族仇恨等一些涉及个人好恶的琐碎事情。习俗可能会造成一定程度的行为一致，但是，难道没有一个人抱怨或拒绝一日三餐都在公共餐桌上吃乌托邦菜，或者参加国家所有的庆祝活动，怀着真心的喜悦放声高歌吗？在这三部乌托邦著作加起来 300 页的篇幅中，仅有一处涉及心理：太阳城的年轻人乐意伺候长者，但是，"唉，可惜不愿意"服侍别的年轻人。

122

※

如前所说，乌托邦著作里面描写的情况与作者生活的时代现状截然相反。读的时候必须把当时的状况与作者的奇特想法区分开来。像莫尔就说，如果对傻瓜，即精神病人，给予善待的话，让他们用"他们说的疯话和做的傻事"给人们取乐没有害处。这样起码能使他们得到珍惜和妥善照顾。在 16 世纪，聪明的傻瓜——小丑——经常被王公贵族养在宫廷里，正是因为他们说话做事无拘无束（302 ＞），但是，除非村里只有一个白痴，普通的智障病人无论是否被关入疯人院，都会遭到欺负、嘲笑和虐待。莫尔的慈悲使他显得麻木无情。

了解莫尔生平的人不禁纳闷：他怎么能一方面宣扬乌托邦的宗教容忍，另一方面在当权期间又主动迫害异教徒？还不仅如此。他女婿为他写的传记把他描述为一位伟人和善人。他为信仰献身，并被追封为圣徒，于是他更加贤名远扬。这些在关于他的那部现代剧作中都得到了证实。结果，大多数读者对于一件令人不安的事情都浑然不知：莫尔为了支持他效忠的都铎王室，在一部著作中凭空捏造或帮助传播了“大谎言”，说被都铎的亨利七世推翻的理查三世是个身体残废的恶魔，谋杀了被囚禁在伦敦塔中的年轻王子，而他们是他的亲侄子。自从霍勒斯·沃波尔在 18 世纪晚期对此提出疑问之后，有好几位学者逐渐认为理查与传说中的形象正好相反，他英俊、能干，没有犯过谋杀的罪行。人们也忘记了，现在用来赞扬莫尔的“永远走红的人”这个说法当时是用来形容机会主义者的。

顺便提一下，沃波尔的著作在欧洲大陆引起了轰动，并且由堂堂的路易十六翻译成当时的国际语言法文。[请参阅约瑟芬·泰（Josephine Tey）的小说《时代的女儿》（ The Daughter of Times ）；要了解这一段公案现在的情况，请看查尔斯·罗斯（Charles Ross）的《理查三世》（ Richard III ）。] 当然，由于莎士比亚关于这个题目的伟大剧作，纠正人们的普遍看法已不可能，这也是文化史的一部分。

※

123　　　　从拉伯雷、蒙田、莎士比亚、斯威夫特和其他人的作品中，都可以看到对于完美世界的描述，虽然他们没有采用乌托邦著作那么正式的方法；还可以看出解放这一主题。作者的主要动机就是要从现实的艰难中解放出来，但至少还有一个时间上的原因说明为什么这类作品在 16 世纪时大量涌现。对于哥伦布以后的一代人来说，对新世界和那里居民的了解开始改变西方对自己文化的认识。探险家的航行故事成为一种文学形式，乌托邦著作的作者把其中每个细节都描述得仔仔细细。他们叙述航船怎样偏离了航线，到达了一个偏僻的岛屿，当地的岛民对外来的船员先是警戒小心，然后变为友善。乌托邦一定是个与世隔绝的地方，这样才能解释它为什么长期未被发现，未曾被外部世界的恶习所侵蚀——这却在无意中暗示一个好的共和国是多么脆弱。

对异族风俗的了解造成了自我意识。这既是一个事实又是一个主题。一旦进行比较，自己的习俗即不再是理所当然之事。当然，与我们为敌的邻国人的行为一向与我们不同，那是因为他们固执己见，执迷不悟。但是，当遥远的两个或三个文化与我们的文化形成强烈反差时，人们就会想，如果同样的事其他人能用不同的方式做，我们为何不能？由此产生了有计划地实行改变的想法。社会改造山雨欲来，并开始反映在文学中。

上面曾谈到，除了想象的航行故事外，其他的类型则是乌托邦式的故事。卡斯蒂廖内在《廷臣论》中描述的客厅里的辩论（< 85）大部分是想象出来的。它描述的是一种理想的类型，其中的许多因素照例是现实生活已经存在的，虽然其存在形式并非完美。倘若世上真有许多这样的廷臣，社会也就会因此而大大改善；这本书是在一定限制内的乌托邦。在拉伯雷的散文史诗和蒙田的文章里，对混乱的现实世界未作任何掩盖和粉饰，但是在作者的评论中，并行存在着一个理想的世界，而且这两位作者都描写了一个明显的小型乌托邦，对这个影子作了补充（126、139 >）。

堂·吉诃德也属于同一个类型。塞万提斯通过对书中人物的刻画把小说分成两个部分，骑士做事总是出于最崇高的情操，而他的扈从虽谈不上卑鄙，却是世故粗俗的。堂·吉诃德荒谬的行为并不影响他的原则，如果仔细注意他的规诫和责骂，尤其是在精彩的第二部分中他的高谈阔论，便会发现他的原则是合理的、公正的。这两种品质确定了道德完人的定义，堂·吉诃德

> 然后，我们的船又航行了三天，什么也没有发现。
> ——拉伯雷对探险家的挖苦，
> 《巨人传》（1532 年）

124

> 请进——我们衷心欢迎——
> 所有豪侠的高贵精英，
> 在这个奢华舒适的地方，
> 你们一定会过得惬意欢畅。
> 请进，各位女士，
> 你们高贵、美丽、欢乐、活泼；
> 此处由一位温柔的骑士设计，
> 专为你们，供你们无邪地作乐。
> ——拉伯雷，取自泰莱姆修道院
> 门上的题词（1562 年）

式这个词便包含了这两种美德；它的意思不是疯狂，而是理想主义——乌托邦主义。只要翻一翻各部伟大的小说，从《汤姆·琼斯》到狄更斯、艾略特、托尔斯泰和哈代的著作，再往后到劳伦斯、纪德、乔伊斯、菲茨杰拉德等人的作品，就不难看出叙述中所描述或暗示的乌托邦特征。

　　莎士比亚在剧作生涯末期创作的《暴风雨》把他在所有其他剧作中所忠实反映的世间罪恶几乎全部荡涤干净，只有一个例外。在（稍带讽刺性地）为自己申辩时，贡柴罗宣布：

> 在这共和国中我要实行一切
> 与众不同的设施；我要禁止一切贸易；
> 没有地方官的设立；没有文学；
> 富有、贫穷和雇佣都要废止；……
> 废除职业，所有的人都不做事；
> 妇女也是这样，但她们天真而纯洁；
> 没有君主——

在这里，莎士比亚以他一贯的戏剧性插入了另外一个声音：

> ——但是他说他是这岛上的王。

　　贡柴罗听了此话后若无其事，继续追求他的梦想，颁令财产共有，废除婚姻，共享繁荣。命令一下，大家欢呼："贡柴罗万岁！"

　　在大多数乌托邦里（拉伯雷的是例外），共同幸福是通过确保行为的一致性来实现的，甚至比坏的社会里实行得更加严格。这是一个矛盾。乌托邦的美好社会努力使人免受饥饿和焦虑，它许诺给予社会的不是抽象的自由，只是去除上层阶级的具体特权。所有争取社会正义的斗争都是针对由贫穷和阶级所造成的专制进行的。乌托邦的居民是如何防止这些现象重新抬头的呢？他们靠的是良好的习惯力量，但他们也知道，行政官还是要不时地干预一下，以防止不当行为发生。有时，人们能感到最高层有一个专制者在掌权，确保一切向着正确方向前进。这是 18 世纪开明专制的一种预示。

125

用以维持正确行为的伟大理论是："顺从自然。自然永远正确，若是忘记自然，就会犯错误。"在此，自然取代了上帝的训诫。然而，尽管自然是上帝创造的产物，它的意志却远不如上帝的训诫明了。整个西方历史中，自然规律被奉为绝对的金科玉律，但它的准则到底是什么却众口不一。在任何地方，社会生活都是由统治集团决定的，在这一点上，乌托邦与其他地方没有什么不同。确实，乌托邦的行政官是从长老和智者中推选出来的，也定期召集全体人民一起商量政策，但是这些只是纯政治的权利，并不意味着人可以冲动，有自己的怪癖，采取狂暴的行动，或者允许天才或青少年异想天开。有一点很有说明意义：在我们所谈及的三个乌托邦中，都没有提到笑，唯独提到的一次是嘲笑西方的一种习俗。

尽管抱怨现状的乌托邦文学看起来似乎向往纪律严明，千人一面，但个人主义也是它的一个动机；这些尖锐的抱怨往往是针对贵族和神职人员的。到了 16 世纪中期，一个人如果不仅为自己的命运伤感，而且还怨恨命运和压在他头上的主人的话，他就有了自我意识。这是人的个性的一部分，也是形成书中乌托邦人民那惊人的自我控制和理性的先决条件。与此同时，早期的乌托邦文学又是一种渴望文学。在每下愈况的 15 世纪和之后长达 150 年之久的教派间战争中，乌托邦以其特有的方式表达了西方对于统一的热情。西欧人已经不再认为自己是基督教罗马帝国的后代，而令人感到身有所属的统一的民族国家又尚未出现（239 ＞）。第三个也是最后一个动机是：人文主义者着眼于今生今世，这使天堂显得遥远而模糊，而学术研究又否定了历史上曾经有过黄金时代。乌托邦想象的现代将是方案规划的时代，换言之，超前到了偏执的地步。

※

文艺复兴晚期，人的期望开始发生变化，也因之改变了文艺复兴原来的信条，即：汝当模仿并崇拜古人。造成这种世界观变化的一套思想被称为反文艺复兴。古人过时了，而现代这个词，除了"当今"的意思之外，还获得了大为褒扬的含义。"进步""最新科学""先进思想""最新"，这些成了这种文化变化的永久标志。对这一文化变化并非人人赞成。整整有一个半世纪，大约一直到伏尔泰时代，欧洲到处都有"古今之争"，影响到了文学，造成了宗教和哲学上的争执，并常常能决定一部作品或一个作家的命运（204、348＞）。只有在自然科学领域，到了17世纪便有了定论，即最新的是最真实的。

由于一个无意中措辞的巧合，"科学是最大的真理"这个教条与刚才说过的"生活顺从自然"的思想融合在了一起，因为科学家研究的正是自然给人类的启示。这一领悟使自然这个词获得了类似现代一词的权威：自然的食物是最健康的，自然的行为比做作更加可爱，自然环境及其动植物是最宝贵的财富，自然法则是人造法律和政府的试金石。

16世纪时，关于新世界居民的传说同这种观念恰好吻合。那些人没有西方人的恶习和狡狯，他们完全与自然一致，所以他们身上有许多可学之处。蒙田的乌托邦作品所描写的便是这样的一个部落，尽管作品名为"食人族"，但并不影响我们应该仰慕那些人。在这本书以及同时代其他的书中，我们都可以碰到前面提到过的西方的一个创造：高尚的野蛮人。这个名称是后来才出现的，但这个形象从一开始就是完整的。野蛮人无所畏惧，在未受破坏的环境中健康地活着，他虔诚、自发地信仰自然这个神。他对敌人也许是残酷的，但他与朋友和敌人的关系都是一种道德的关系。由于没有国王、宫廷、教皇或教会，所以他不需要借鉴卡斯蒂廖内的书，自然就做到举止无可挑剔。人们为他所吸引，因为他们自己受着古老僵化的文化的束缚，认为简单的生活就是轻松的生活。我们看到，罗马后期的塔西佗便是这样认为的。日耳曼部落在他眼里的形象类似"粗犷的印第安人"在蒙田眼中的形象，或基督的使徒在路德和托马斯·莫尔眼中的形象。原始主义有各种不同的形式。

※

　　乌托邦主义者的错误在于他们以为，只要世道公平，人们就一定会通情达理；这些深明事理的人能保证任何体制都能顺畅运行。关于这一点还需要详加阐述。人们通常认为乌托邦是不切实际的梦想，这其实是一种错觉。乌托邦的作家任愿望和幻想尽情驰骋，设想出了一些确实行得通的体制。现代的福利方案和"社会保障"制度就是乌托邦的缩影。官僚机构执行这个制度时所用的方针，使我们联想到乌托邦作者为了产生真实的效果而不厌其烦地描述的各种细节。为了确保人人满意，20世纪不仅通过制定法律，而且还不断提出这方面非官方的建议，为人民提供健康、生计、教育和公平；这正是对于乌托邦中心思想的实施。乌托邦的思想与向病人和穷人施舍这种历来的做法正好相反，它几百年来一直激励着人们向上。至于现代社会是因为它而变得更加幸福，还是由于被它那些不能完全达到目的的规则束缚而不满，这是一个无法回答的问题。能对不同时代幸福程度进行比较的测量器尚未发明出来。

127

　　乌托邦的遗产可总结为五点。第一，社会平等比等级制度更加人道。（在这一点上，反文艺复兴者的观点与柏拉图大相径庭。）第二，不劳者不得食，荣誉也要靠自己争取。第三，统治者应该由人民选出，这样人民才会心甘情愿地服

你们中间有许多贵族游手好闲，寄生于他人的劳动和佃户的劳动成果之上，极力地剥削他们。此外，这些人身边还跟随着一批闲人，他们没有任何谋生的技能，等到主人一死，立刻被驱逐出门。结果他们狗急跳墙，变为强盗，除此以外，他们难道还有其他出路吗？

——《乌托邦》中旅人同莫尔的对话（1516年）

从。第四，结婚、离婚应酌情办理，婚外情并非唯一的解除婚姻的理由。第五，现行秩序并非上帝所定，不能改变，亦非因原罪而注定罪恶。清醒的思维和坚强的意志能改善人类的命运。人文主义者理所当然地认为这个世俗的目标是正当的。

在我们这个世纪，共产主义曾一度遍及许多地方。仔细想想，它也应该算是乌托邦主义者留下的遗产，虽然共产主义与乌托邦之间还是有不同之处。比如乌托邦主义者从未预见过机器工业的出现，他们的人民是农民。对他们来说，上帝通过干旱、洪水、虫害和水土流失表现出来的力量比人类日益增强的控制自然的能力要强大得多。对乌托邦主义者来说，祈祷和行为正直仍然是社会的栋梁。无神论的社会对他们来说绝无可能，甚至连不关心教义的世俗政府都无法想象。与其相关的一个信念，即社会秩序需要宗教来加强法律力量，在西方文化中经过顽强挣扎才逐渐消亡，也许它根本没有完全消亡。

乌托邦的道德观证明，现代批评家不断地抱怨科学虽然大大改进了物质生活，但未能在道德上发挥同样的作用，这种看法是多么的大错特错。在这一方面根本不需要进步。人类早就知道公正、正派、容忍和宽宏大量这些原则，但是把它们付诸行动却是另一回事。即使有了最佳的科学结论，处理与身体相关的事情还是不容易的：我们这个时代既然反对吸烟，人们也不再共用毛巾和杯子，那么也应该禁止握手。

需要注意，乌托邦作家力图把故事写得真实可信，这是与柏拉图的《理想国》的另一个不同之处。在写了航船偏航之后，他们细细描绘新发现地方的地理位置、那里的城市、建筑，以及最为重要的防御工事。不过，最能给人以真实感的是那些最微小的细节，书中有许多这样的琐碎细节，如"他们用麻布多于毛料，他们评判布料的好坏只看麻布的颜色是否洁白，毛料是否干净，不在乎纤维的粗细"。水果的颜色和味道（"比我们的要稍甜些"）、普通物体的尺寸、俗语、衣着、各种场合的不同姿势，对这一切的仔细描述给原来不可信的故事增加了逼真性。要找这样的例子，只需去看下面这个人的作品——

拉伯雷

拉伯雷式这个词被用来形容表面上意思显而易见，但真正的本意却几乎相反的东西。拉伯雷得到重视并非因为他的作品猥亵海淫。受普遍印象误导的年轻人如果想在他的作品中找到下流的描写，会发现里面的内容在这方面没有什么诱惑力。但是，人们仍然觉得拉伯雷的作品专写肉欲，他就像是文学上的福斯塔夫。但是，他唯一的一幅肖像给人的印象却完全不同。也许肖像是根据过去的印象而不是面对真人画的，但它因此更能反映这位作家的思想。肖像中的人有一张窄窄的长方脸，五官端正，明亮的眼睛表达了内心的快乐，与嘴唇上淡淡的笑容相对应——看不出一丝肉体或精神上的粗俗痕迹。

还要知道，拉伯雷不只是一个作者。和其他许多名人一样，他的经历不同寻常。他是个没有人要的孩子，和伊拉斯谟一样，被迫进入修道院，这样，家里就不必把财产分给他了，因为小拉伯雷"根据民法是已死的人"。由于外来的大力帮助，他才得以学医，并很快成为专业的精英。在尸体解剖还是个可怕的新事物的时候，他就当众解剖尸体；他还成了治疗梅毒这一新疾病和歇斯底里病的专家。他在当时法国的文化中心里昂执教，任医学和天文学教授，并出版历书和科学论文。他还发明了医治疝气和骨折的装置。

此外，他还掌握了拉丁文、希腊文和希伯来文，阅读了大量的历史、地理和文学书籍。他精通法律，在权贵迪贝利家族任职，管理政治等方面的事务。简言之，他属于当时最渊博的人，而且碰巧还是位文学天才。他热诚地关心社会和道德问题，所提出的世界观是近代最广泛的世界观之一。

他显然认为，把他的思想写成论文既不安全，也不能吸引大量读者。于是他另辟蹊径，写了一个描述巨人和探险的故事，其中还掺杂粗俗的逸事。这三种佐料都是常见的：卡冈都亚有原型，"航行"是当

129

时正时兴的事情，粗俗的笑话是老笑话的翻版，这样的翻版永远是受欢迎的。拉伯雷的激进思想隐晦地包含在故事人物的描写以及充满了诗句和隽言妙语的序言之中，不过有些时候他也直陈观点，或常常通过描写一个行动或事件的动机和结果来说明问题。所以巴努什和英国人托马斯特（可能指托马斯·莫尔）两人的辩论完全是以手势进行的，这里的寓意是：词语无法表达人在生活中的思想和感觉。但拉伯雷在攻击僧侣或索邦大学的神学教员时，用词毫不客气："理性？我们这儿从来不用。"

可钦可敬的庞大固埃是格朗古歇的孙子，卡冈都亚的儿子。他出海航行是为了寻求神谕，即"神瓶"。这一点，以及书中多次发出的"喝吧"的命令，再加上作者经常提到"他所热爱的酒徒"，使人们可能会感到不解或产生误会。

关于法国文学杰作《巨人传》的作者，荒唐的传说数以百计。拉伯雷这位滴酒不沾、头脑清醒的人被说成是贪吃贪喝的酒鬼。

——巴尔扎克（1840 年）

正如巨人的膳食需要宰杀上千头牛一样，不断地提及身体器官的功能和对它们的需要的满足只说明一个问题：人的生命，包括所有更高形式的努力的基础是肉体。"肉欲"是拉伯雷用来攻击僧侣禁欲主义理想的一种方式，禁欲只能是理想，因为（从伊拉斯谟和路德身上可以看出）修道院的现实生活完全不同。但是即使理想没有事实作依据，要想击破理想还是需要费很大的力气，所以拉伯雷才穷追猛打。肉体的寓意是，人性本善，并不邪恶。（难怪加尔文咒骂这种邪说的作者。）因为如果人真的坏得不可救药，不断需要神的帮助的话，那么公民教育和社会改革便是徒劳，而关于这两个题目，拉伯雷有一肚子的妙计。

卡冈都亚受的教育和拉伯雷的一样，是僧侣式的教育，但庞大固埃的教育却是以通过锻炼和游戏来发展健壮的体魄开始的，后来还包括对一切事物的观察。自然提供了无穷无尽的观察对象，对人创造的东西需要以审视的眼光去研究，这又体现了"事物，不是词语"的教学法。学生要有独立的思想，而不是接受现成的观点。在拉伯雷的故事中，嘲弄教皇者（新教）和拥戴教皇者（天主教）互为敌人，爆发了一场大革命，这证明了激烈的、不可靠的观点所造成的破坏。这位医生兼作家与新科学的精神保持一致，通过故事的具体细节宣传"顺从自然"。对自然的顺从还包括笑，是他提出了"笑是人的天性"这句格言。

130

　　庞大固埃主义这个名称拗口的哲学观点不是在故事的某个时刻以完整的形式突然出现的，而是在题为"可敬的庞大固埃的英雄事迹和豪言壮语"的第三部中逐渐形成的。在出版这一部分时，拉伯雷首次用了真名，因为那时已经尽人皆知他就是作者。拉伯雷极口称颂弗兰西斯一世赞助文化，因此得到了10年的皇家特权（版权）的赏赐。这部著作献给了拉伯雷的朋友和保护人，国王的妹妹玛格丽特（＜86）。

　　庞大固埃主义的基础是崇高的思想境界：把一切东西都往好的方面想。拉伯雷把这种力量象征性地归功于一种名叫庞大固永的植物，这是个杜撰的希腊词，意思是它给人以一切好的东西——知识、自我提高、旅行，以及最重要的满足感。

　　寻找神瓶的人们在探险途中经历了各种离奇的遭遇，此间庞大固埃的言行都是拉伯雷哲学的具体表现。不断出现的"喝吧"是一种象

> 庞大固永这种植物使人们对所看到的、做过的、航行到过的、为之而战的一切感到完全自信和难以置信的解放。
>
> ——《巨人传》（1532 年）

征性的邀请，请人们在象征正确的源泉中痛饮，以此来进行自我完善。拉伯雷提到了取之不尽的潘多拉瓶子（不是盒子）。潘多拉这个名字的意思是"一切礼物"。现代人用这个词时，想到的只是它的负面意思，而拉伯雷的瓶子装满了宝贝。它装有关于任何题目的智慧，而且是幽默的、令人发笑的智慧。

　　拉伯雷的哲学即使有时表现为确定的概念，仍然必须由人自由选择，选择信奉它的人绝不能激进极端。"喝吧，但不要像德意志人那样

狂饮烂醉。"实现美好的生活没有特定的办法，同样也不能把拉伯雷定为乐观主义者或悲观主义者。他深知人在行为中达到自己信奉的原则是多么困难，而僵硬的原则只能是更难实现。从第三部书起，巴努什这个人物成为中心人物，因为他是上述真理活生生的证明。他的名字的意思是"只有行动"、急躁的冲动、不加思考的行动。他什么事都是先做了再想。他只为自己着想，欺骗，撒谎，对别人搞恶作剧，而且是个懦夫。但他并不愚蠢，而且像他这样的人常常讨人喜欢，因为他乐观愉快，陷入困境时能聪明地为自己解围，这也是庞大固埃容忍他并帮助他的原因。对庞大固埃来说，他也是个研究的对象。我们每个人身上都有巴努什的特点，都应该改造成为庞大固埃。

131
书写到这儿，巨人的故事没有了，讲的完全是人和人所做的事情，虽然为了讽刺，或者只是出于高兴，仍然保持了夸张的写法。拉伯雷所描述的一切都是数量很大的。当庞大固埃在巴黎做学生的时候，他写了 9 764 篇论文。旅程的距离、新发现地方的人口数字、交战中的英雄事迹和伤亡人数也都是天文数字。拉伯雷用这种夸张渲染的方式来反映生命的现实——它以各种形式在全球各地迸发；它纷乱繁杂，不可抗拒，追求的只是本身的延续。所以拉伯雷认为胃口先生是一切重要事物的最终动力和源泉，包括社会、艺术、诗歌和战争。(顺便说明，他描述的战争是有利于道德的——正直的人不会受害，反而会得到帮助；粗暴的或专制的人则被镇压。)

除了丰富的大自然，拉伯雷还列举描述了人的无尽成就，比如圣维克多图书馆的丰富藏书。他的书中有关于思想、感觉以及身体各个部位的大量的同义词，还有他自创的希腊文、拉丁文和法文的复合词，这些都表现了人的创造的丰盈，也表现了人创作的渴望。这是描述世界的一种独特的文学方式。

但是，对世界这"虚空中巨大的喧闹"进行思考本身并非目的。思考激起了征服世界的愿望，而征服的方法正是社会秩序、诗歌、科学和文学。社会秩序依赖于庞大固埃式的德行，这种德行在泰莱姆修道院达到了最高的境界，那里只奉行一条训诫："随心所欲"（123 <）。这就是拉伯雷写的乌托邦故事，一共 4 页。背景选在修道院，是为了羞辱现实中的僧侣和修女。也正是为了这个考虑，他安排男男女女住在同一个屋檐下。他们彼此彬彬有礼，相互尊重。优美的环境和高雅的行为相得益彰。也就是说，那里的人不仅像卡斯蒂廖内的廷臣那样言谈得体，而且他们之间的关系是完全正派的，虽然正派不一定意味着贞洁。这样的感官生活是"纯洁"和"无邪"的，不是苦行者所鼓吹的守戒。僧侣（以及加尔文主义者）以窥淫者的心情窥视生活，憎恨生活，拉伯雷因此而憎恨他们。

　　他对于理想的人际关系的描述表现出他对人的深切感情。在描写卡冈都亚对儿子庞大固埃的爱，以及儿子对父亲的挚爱时，他也表现出同样的感情。拉伯雷自己的儿子泰奥迪勒才两岁就不幸夭亡。和巨人世界以及书中的夸张措辞一样，泰莱姆的理想生活并不是完全与 16 世纪的现实脱节的，故事中尽是当时的人物、事件和地方。在提到和描述它们时，对有些表示出明显的喜爱，对其他则是公开抨击。书中描写的争执，例如糕饼贩子的争执，是以家喻户晓的事实为模式的。巴努什逢人便问他是否应该结婚，这个情节是受了批评和捍卫妇女的两派间旷日持久的女士的争吵的启发。平常的许多小事也源于实际生活。不论是虚是实，这些细节向我们展现了当时的世界，如同现代的报纸和小说。一位卓有见地的批评家说，拉伯雷预示了整个法国文学，意思是他为所有的文学形式提供了光辉的榜样，包括寓言、警句、戏剧性的对白和讽刺。最后的这个成分往往是浓缩为三个词的短语，加在本来意思平常的句子的句尾，使其峰回路转。但还有一点那位批评家没有指出：拉伯雷这 5 本书证明，说法国人的天才只反映在古典的顺序和对称上这句众口相传的话其实是虚妄不实的，而法国的教堂建筑也是对这句话的明显驳斥。

　　拉伯雷的影响波及国外。许多作家沿袭他的路子，"坐在拉伯雷的安乐椅里笑得前仰后合"。关于这类作家和作品，人们立刻会想到斯

132

威夫特的《格列佛游记》、斯特恩的《项狄传》和皮科克可爱的"小说"（564＞）。德国的让-保罗·里希特尔吸收的主要是拉伯雷的技巧，而不是实质，但巴尔扎克把二者都吸收了，甚至还创作了一组采用拉伯雷式用语的模仿性故事《滑稽故事》。人们不禁纳闷为什么乔伊斯在《尤利西斯》中让莫莉·布卢姆说她不喜欢拉伯雷；《尤利西斯》本身有时用的手法是意兴低沉的拉伯雷式，揭露社会最肮脏的角落，滑稽地模仿各种职业的特征，一再单调地描述身体的需要和动作；除此以外还有拉伯雷式的文字游戏。当然，它们之间的反差大于它们的相同之处，读了拉伯雷之后，人们会感到类似看了希腊悲剧之后的振奋，而尤利西斯让人感到压抑，就像我们看了《推销员之死》这样的现代剧以后的感觉一样。这便是 16 世纪与 20 世纪的区别，也就是一个新文化的黎明与它幻想破灭的终结的区别。

这种区别最有代表性的表现是对身体，尤其是对性的处理。在乔伊斯的作品中，代表人物是布卢姆、莫莉和墨利根，所描述的身体是丑陋的、鬼鬼祟祟的、得不到满足的、令人厌恶的，主要原因是太把身体当一回事儿了。对于身体是以自然学家观察动物的眼光去看待的，并且居高临下地对它进行判断。乔伊斯不愧是他那个时代的代言人，他表现出我们无法正确地对待性和色情问题。我们徒劳无益地企图给淫秽下定义，就它是否应该在生活和电影中得到表现进行争论。我们对性（sex）这个词使用错误，想表达性交（coupling）的意思，却说"有性事"（have sex），好像世上的男人和女人并不总是有性别似的。造成这种混淆的一部分原因是古老文明所特有的过于丰富的思想。乔伊斯的诗人斯蒂芬·代达罗斯只能躲开迷阵，站得远远的，而不能像庞大固埃那样超越迷阵，站在它的上方。

我们知道，拉伯雷把身体看作驱动人取得成就的力量。一旦社会、艺术和泰莱姆式的快乐实现之后，胃口先生（和欲望女士）便显得滑稽而不下贱。我们千方百计地满足自己的食欲和性欲，这是荒谬、可笑和十分滑稽的,而最滑稽的是我们看到了有些行为的荒唐之处后,仍不断地重复这些行为——明知后果如何,还是一日三餐照样大吃大喝,并且随心所欲地干妖精打架的勾当。

拉伯雷的观点捍卫了人的尊严。这种说法看上去自相矛盾,实则不然。他提醒人们,看待生活中的任何事物都不能忘记它与其他事物之间的比例,由此而清楚地说明自然并不污染精神。若能通过笑来放松紧张情绪,人们也许就不再会因自己的性冲动感到焦虑,特别是那些把内疚与真正的犯罪混淆起来的人。

并非所有人觉得拉伯雷改变个人而不是国家的意图好玩逗笑。曾策划反对伊拉斯谟的僧侣仍然大权在握,他们千方百计打击拉伯雷,至少一次取得了成功,逼得他逃到梅斯去避难,后来被他的朋友兼赞助人迪贝利主教救了出来。事实上,他的书并没有激起普遍的愤慨,因为普通的读者从书中没有看出作者在文字下面掩饰的惊人思想和疯狂的建议,如婚姻法应该放松,接受宗教但摈弃神学的藩篱。拉伯雷的晚年是平静的,他担任了巴黎附近默东那个地方的教堂主持,不再写作或行医,只教年轻人唱素歌。

他的杰作是《巨人传》的五部"书"。曾有人对第五本的真实性提出质疑,因为它是在拉伯雷死后才出版的。但是,似乎不可能有人可以如此完美地模仿他的风格和思想,并把主题叙述完整。写作不同于绘画,在绘画中,技巧常常能够把人蒙骗住。在拉伯雷作品的英文译本中,至少应该浏览一下由厄克特和莫托翻译的第一个英译本。它们并不完全忠实于原文,但它们是唯一保留了原文词汇丰富风格的译本。[请读阿尔伯特·杰伊·诺克(Albert Jay Nock)的《寻访拉伯雷的法国》(*A Journey into Rabelais's France*),但请注意,作者提到拉伯雷书中的一个人物,漏斗约翰,把名字搞错了。应是斧子约翰(Jean des Entommeurs),不是漏斗约翰(des Entonnoirs)。]

※

133

下面的这位人物在时间上晚于拉伯雷，但重要性丝毫不亚于他，他就是——

蒙田

不管是否会讲法文，我们都死守字母的发音规则，把这个众所周知的名字 Montaigne 的尾音 ai 发成类似 mais 或 j'ai 的 eh，其实这个名字就是普通的 montagne，意思是山，在蒙田的时代发音也和 montagne 一样，现在许多词中的单元音曾经是写成 ai 的。

除了这个小小的事实外，人们通常把他看作一位山中的睿智长者，他的《随笔集》也被比喻为山脉——一连串高低参差的山峰，和拉伯雷的作品一样，不受据说是束缚了法国人天才的格式的限制。蒙田给他的著作起的标题——随笔集——本身就是对预定格式的否定。这个词的普通意思是企图，这正是蒙田的用意。法文中 essayer 一词的意思是尝试，它在英文中的同源词是 assay，即为了判断质量而测验和掂量。蒙田的尝试是为了什么呢？他的测验又表明了什么呢？

从"致读者"第一页上的"作者其人"中就能找到答案。不过这本书并不是自传。在这本作者自我展示的书中，自传性内容只占一小部分。作者主要是通过对自己缺失的坦白，对意见、品味和情感的陈述，和对古今历史事件的叙述来描述社会中一种类型的人。这在许多方面都是创新，因为它不同于圣奥古斯丁的《忏悔录》或班扬的自传，除了自我描述之外，它没有其他目的。其他那些书要表现作者在找到"真理"之前所经历的精神上的痛苦。而对蒙田来说，真理就是作者本身。

但是，"我知道什么？"这一箴言是他提出的。这不是否认真理存在吗？难道他不是怀疑论者吗？纠缠于这个问题是没有结果的。打开书读一读就会看到，其中提出了千百条肯定的论点；对信条、爱情、诗歌、经验、政治、教育、历史、老年和死亡这些大题目，蒙田在不同的背景下作了详尽的探讨。此外，他还顺便谈及许多其他题目——住房、恺撒、猫、毒药、凯阿岛，而且，套用现代商品目录册常用的说法，"还有更多"。

因此，即使蒙田对事情持怀疑态度，他也不是那种置身事外，把世界看作笑话姑且予以容忍的哲学家。他的怀疑就像读者在没有证据的情况下不轻信某个论点，或者学者不把任何一条真理看作是终极真理一样。这种观点并不影响一个人持有根深蒂固的信念。仅举一例，蒙田坚信，人不应该因为信仰的原因而被烧死。

在蒙田生活的那个时代，许多人认为只有自己掌握直接来自上帝的真理，彼此之间为此争得不可开交。蒙田思考了广泛的事实，探索了自己的内心深处之后，努力阐述后来被克伦威尔精辟地提出的道理："看在基督的分上，请好好想想自己是否可能错了。"

《随笔集》被认为是很好的睡前读物——便于随意翻阅。但读者如果从头到尾仔细阅读这部作者的自我描绘，会得到一种更大、更微妙的享受，因为全书描述了思想从消极的哲学观发展到积极的哲学观的过程。作为一个地道的人文主义者，蒙田开始的时候认为"进行理性的思考就是学会如何死亡"。斯多葛派的塞内加和爱比克泰德也说过这样的话。自身并不虔诚的文艺复兴思想家认为，古人这种严肃的道德哲学和基督教教义是一致的，但它不要求人们在生命结束之前"摒弃尘世"。相反，人活着应该顺从自然和上帝，听天由命，不要像福音派那样为上帝是否降恩于己而焦虑。

135

蒙田开始探索时秉承的就是这种观点。后来，他没有经历类似顿悟的激动，而是渐渐地认识到理性思考意味着学会如何生活。至于他观点改变的原因，我们只能猜测而已。似乎可以说，发生了这一转变

坦白说，我发现自己内心有着无限的深度和广度。我所了解到的东西只能促使我去更进一步学习。由于我常见的弱点，我经常采取冷静的意见，并且憎恨那种自认为完全正确的蛮横和傲慢，因为它是自我节制和寻求真理的大敌。

——蒙田《论经验》（1588 年）

是因为他对自己最深刻的自我有了日益鲜明的意识，而且还意识到这个自我常常不服从智力的指挥。学会死亡是经过对世界观察后所制订的精神上的规划，而学着生活也是一个规划，它包含了自我的"深度和广度"，也包含蒙田所说影响他的意见的"弱点"，可以说，包含了他的全部经验。

自我意识的主题在此表现得淋漓尽致，而它在《随笔集》中的表现还具有文化上的含义，可惜几乎无人注意：蒙田发现了个性。他把人形容为"ondoyant et divers"，这个短语精确得难以翻译，只能勉强译为"波浪式和多样的"。这样，他提出了一种更加深刻、更加丰富的关于个人的概念，取代了原来的概念。

在他之前，一般认为个性是受身体的某种"体液"影响的。每个男人、女人和小孩都属于以下四种类型中的一种：胆汁型、血液型、黏液型或忧郁型。所有的行动、态度和情绪都取决于人固有的性格。从伯顿的杰作（223＞）中可以看出，这个系统很巧妙，它能容纳暂时的偏差，而且与我们对周围人的印象相吻合：不管我们怎样对待他们，他们对我们的反应总是不变的。在家庭中，习惯也造成各人性格一贯如此的感觉——"他（她）又是老样子了。"这种一成不变性只是偶尔被反常行为打破，而这种行为被解释为"失常"。

这种体液心理学，又称为主导情感，很长时间以来一直是权威理论。17世纪的本·琼森创作的《人人高兴》和《人人扫兴》这两个剧本就是以它为基础的。直到18世纪早期，蒲柏在诗中还写到它。迄今为止，通俗小说还是未能跳出这个范围，当然，能满足大众的口味这就已经够了。

同时，在《论我们行为的不一致性》一文中，蒙田指出了类型与个性之间的不同之处。属于一种类型的人可能会通过各种做法、偏好和动作表现出他与别人的不同之处，把自己与其他人区分开来，但他的"姿态"是不变的，是"典型的"。而个性则不同。可以这么说，

136

他是多方面的（"像一座山"），所以我们才说应该"全方位地"看人。从实际角度来说，个性只在文学中存在，因为没有人有足够的时间和机会像蒙田审视自己那样去全方位地看其他人。

我们在生活中和小说中经常碰到类型与个性之间的差别，这说明了为什么许多传记作者声称他们的传主"充满着矛盾"。他们用这句使人误解的俗话是因为在研究一个男子或女子的生活时，他们发现了属于个性的不同方面，如：他或她为陌生人和公共慈善事业慷慨解囊，对家人却一毛不拔，真是一大矛盾！其实不然，只是不一致而已；矛盾是抹杀对立面的，而不一致的行动却是同时并存的，各自适应不同情况。一个固执的自我在一个多变的世界里是如何生存下来的呢？冬天靠热汤，夏天靠冷饮。比如从大方变得小气，原因在外人看来可能不那么明显，但行为者本人心知肚明，也许他对家人失去了好感，或者从他们那儿得不到陌生人给予他的赞扬，或者是与现实的其他接触改变了"波浪式和多样的自我"的姿态。

这种逻辑和行动之间的差异使蒙田得以明白他深感兴趣的历史。（他的意义上的）个性和历史是一个现实的两个方面，这个现实就是形成过程。他声称："我所描述的不是存在，而是瞬间。"《随笔集》中大量的观察评论是以历史和传记中的显著事实为基础的。他每出一个新的版本，便加入更多的古希腊和古罗马作品的引文，它们是关于他所谓"人的状况"的证据。在现代的用法中，"人的状况"指的是人的可悲命运，这是一种误用。其实它指的只是环境的力量，无论是邪恶的还是善良的。环境与个性的共同作用造成了历史的混乱以及它不可预知的曲折，而这种混乱和曲折并不总是有明确动机的。当有人问起蒙田为什么与拉博埃蒂的友谊如此密切时，他没有列举什么抽象的品质，而是回答说："因为他是他，因为我是我。"事物的复杂性、思想和意志的多重性、结果的不确定性需要人不断地修正自己对事物的看法。

※

与伊拉斯谟和拉伯雷不同的是，蒙田有个愉快的童年和良好的生活开端，没有人强迫他进修道院。他的慈父教导他，养育他，无微不至地关怀他——每天早上让用人用笛声轻轻地唤醒他。年轻的米歇尔·埃康·德·蒙田是小贵族，家族庄园坐落在法国西南部，他本来可以靠收租过闲适的隐居生活。但他性格活跃，好奇心强，鄙视游手好闲，具有责任感。

他曾两次担任波尔多市长，他其实并不想当，是亨利三世命令他当的。不仅如此，他还在国王的谈判中为国王出谋划策，提供帮助。同时，蒙田也十分钦佩信奉胡格诺教的纳瓦拉的亨利，他后来通过战争和皈依天主教获得王位，成为亨利四世。善于内省的蒙田还精通世界事务。如果要把他归类的话，他应该属于那时的策士，因为他所同情的党派宣称要努力结束宗教战争并重新统一法国。在宗教战争中，蒙田拒绝加入任何一派，这几乎和加入其中一派同样危险。一次，他在路上碰到一群游散的武装"绅士"，告诉他们他对宗教之争毫不关心，这使他们感到非常奇怪。他险些遭到杀害，但他并未被吓倒。在瘟疫暴发的时候，他坚守市长的岗位，再一次证明了他的勇气。

最有害于我的健康的莫过于无聊和闲散，忧思使我窒息和烦躁。

——**蒙田《旅行日记》（1580 年）**

积极能动和喜欢沉思，这两者在蒙田身上难得地结合在一起，使他不仅能平衡地看问题，而且成为一位善良的强者，一个庞大固埃主义者。同时这也保证了他所披露的心声句句属实。试想处于蒙田那样的地位，他对"吐露一切"有什么可害怕的呢？如果一个作家不用担心书的销量、书评的评论和公众对他的"形象"的看法，他要做到真诚就容易多了。（可读蒙田简短的旅行日记，里面除了其他一些料想不到的事情以外，还谈到了罗马的一桩同性恋婚姻。）

　　他同时代的评论家批评道，他过多地谈自己，是虚荣的表现；他过多地注重日常细节，是琐碎的表现。他们说，有谁会关心他生病的时候骑马最舒服？现代的道德舆论承认他的天赋和创造力，但对他是个信念坚定的怀疑论者以及他的极端保守倾向则不以为然。这种看法没有抓住双重思维的本质。双重思维指同时看到一座山的两个方面的能力。这一类的思想家不多，我们立即可以想到的有：狄德罗、沃尔特·白哲特和威廉·詹姆斯。不能轻易地说他们优柔寡断或动摇不定。他们的思维是多线条的，采用移情法：当蒙田在和他的猫玩耍的时候，他猜想猫可能不是在和他玩耍。

　　一个更加重要的例子是《随笔集》中篇幅最长的《为雷蒙德·塞邦德辩护》。塞邦德是个西班牙神学家，他发起了"自然宗教"，宣扬人能够从上帝的创造中看到上帝，了解上帝。经父亲的要求，蒙田翻译了塞邦德的著作，然后，一位瓦罗亚王室的公主又请他为著作的论点辩护。但蒙田在辩护文中只是勉强地承认塞邦德的思想目前可能对宗教有一定好处，因为人们陷入狂热的教派纷争之中，并不真正地相信宗教。但总的来说，文章表明塞邦德的思想是错误的。然后，《辩护》撇下塞邦德，去讨论人的理性的自以为是以及人的知识的有限价值。拉伯雷也曾以一带而过的方式表示过这种态度。它引出了知识是否能导致德行，从而导致幸福这个大问题。

　　我们这个世纪所拥有的知识远远超过了蒙田和拉伯雷的时代。我们是否因此而更加明智和幸福呢？现在有一种观点认为，我们不幸福的原因正是我们拥有知识。具有所谓双重思维的人完全可以像所有赞扬进步的人一样，渴望更多的知识，但同时也承认获得知识并不一定能改进生活质量。原子裂变和干预基因的知识有它们正反两面的影响。蒙田就对火药将来的用途表示了不安的预感。

　　他用了50页的篇幅来谈儿童教育。在那篇随笔中他率先提出了卢梭的观点，坚持孩子一定要有导师。他认识到培养教师是个巨大的挑战，所以没有说明导师应该具备什么样的资格。但是，既然自然是最确实，知识是伟大的，有用的；鄙视知识的人在多处表现出了他们的愚蠢。但我并不像哲学家赫利鲁那些人那样把知识的价值说得至高无上，他们认为知识是最高尚的，可以使我们更加明智和幸福。

——蒙田《为雷蒙德·塞邦德辩护》
（1569 年）

好的指南，那么教学应该是培养自然倾向。为此，导师应该观察学生，听学生的意见，而不是一味地"像往漏斗里灌水那样在学生的耳边大声喊叫"。成功的教育是"培养而不是填塞"。

学生不应该死记硬背。若是一个年轻贵族的母亲请导师教育她的孩子，就应该培养这个学生的统治能力，而不是辩论能力。但是学习必须下苦功。扎实的知识是"一个非常好用的工具"，而哲学是解放人的艺术，虽然（蒙田认为）它现在已经变成了"没有价值的空洞诡辩"。在头脑获得了超人的常识之后，下一步当然就要通过锻炼、武术、游戏、骑马和跳舞来保证身体的健康和力量。如果教育得法，一切事物都能给人以教益，要使好的东西得以持续，必须不断练习，把它变为习惯。但是，教师通常实行的严格纪律必然会使学生对学习产生抵触。根据"双重思维"方式，正确的做法应该是"严厉的慈爱"。

蒙田的乌托邦并不是空想出来的，它总结了一位探险家对于"食人族"的行为和体制的研究报告。当然有许多凭空想象出来的内容，但是它的道理清清楚楚，即与我们截然不同的生活方式有它们自己的价值。正因为它们简单，所以天然的美德得以发挥，而我们却因为需要克服我们古老社会中的各种障碍和纠纷而压抑自己的天性，为了在社会上混而算计、说谎、欺骗，和我们所说的野蛮人一样残酷，却没有他们那样正当的理由。蒙田多次中断论述来谴责西方的生活方式。

蒙田绝不是建议欧洲人应该去模仿海外的野蛮人。当对自己的知识没有完全的把握，而且不太可能

当我们村子里的葡萄藤冻住的时候，我的神父说这是上帝对人类动了怒。看看我们的内战，谁能不说天下大乱，审判日就在眼前呢。可是这样说却没有想到以前还发生过更可怕的事情，而且除了我们这儿之外，世界上其他许多地方都过着好日子。

——蒙田《论儿童教育》（1588 年）

说服他人接受自己的观点时，最好还是服从已经确立的道德规范和政府形式。习俗是维持和平和秩序的强大力量。然而，国王的权利应该有一定的制约，社会等级制是不合理的，正因为人与人各不相同，所以他们彼此平等；对他们无法衡量，自然也无法给他们分等级。蒙田具有真正的世界主义者精神，反对国家的自吹自擂。他热爱自己的国家，忠于国王和教会，因为这二者是当时所能享有的自由的支柱。在暴力的新教革命发生之前，法律维持了社会和平，基督教的习俗足以矫正道德上的错误。

　　蒙田和拉伯雷都是乌托邦主义者和人文主义者。他们注重历史，注重现代事件的影响，这种倾向发展为实用主义哲学（666＞）。但他们的作品有一个表面上的差别。如果在脚注中把偶尔出现的生僻词语解释清楚的话，受过教育的现代法国人就能看懂蒙田的作品，而要想理解拉伯雷的词汇和结构便需要花更大的精力了，尤其是他常常用拉丁文、希腊文和希伯来文来创造一些别处见不到的词汇。蒙田这个时期的风格还没有像半世纪以后那样清晰顺畅、节奏感强和优美典雅（219＞）。他的句子还有拉丁句法的痕迹，这是人文主义者的特点。他故意造成一种不经意的印象，笑话"有些人如此愚蠢，竟然不惜一切去追求一个漂亮的词"。尽管如此，他还是希望做到"用词恰当"，也对自己的文章推敲修改。他作品中的难解之处是由于他突然联想到其他事情而造成的思维的跳跃，正是这种跳跃使他的作品百读不厌，永远不会丧失新鲜感。

140

※

蒙田在《随笔集》中顺带地解答了当时人们所关心的众多问题——道德、美学、社

我想告诉柏拉图："这儿有个国家，它没有贸易、文字、数学，没有行政官和政治家的称呼；它不需要奴隶，没有财富或贫穷，没有契约，没有继承权；它的人民没有职业，整日闲散，只有对父母的尊敬；它没有衣服、农业、金属，也用不着酒和麦子；它从未听说过伪装、背叛、欺骗、贪婪、嫉妒、诋毁或宽恕。柏拉图会发现他所想象的共和国离这个完美的境界差得有多远！"

——蒙田《论食人族》（1588 年）

会学，还有其他，相当于一些哲学家的著作全集。结果，他的影响虽大，但难以跟踪。孟德斯鸠、伏尔泰以及所有的启蒙思想家都受惠于他，得益最大的是帕斯卡以及——

莎士比亚

前面从《暴风雨》中引用的几句话证明，莎士比亚对乌托邦的细节并不太认真。但正如上述的那样，全剧无论是在形式和气氛上都是乌托邦式的。一开始由于船只失事，幸存者流落到了一个可爱的岛上，以后发生的事情都是愉快的，都是符合人们意愿的。但这一切完全是奇迹，不是人为努力的结果。常被引用的"永远为波涛冲打的百慕大群岛"表明剧作家把幸福生活和新世界联系在一起，这是他唯一一次提到新世界（＜124）。

剧中蒙田的痕迹清晰可见。蒙田关于食人族的文章中有十几行句子几乎照搬到了第二幕的第一场中。可怕的凯列班（Caliban）的名字是食人族（cannibal）的首音互换词，这显然是故意的。使莎士比亚能了解蒙田著作的是约翰·弗洛里奥，是他把《随笔集》翻译成了英文，使蒙田的名声迅速传遍英国。萧伯纳批评莎士比亚缺乏正面的信念，而莎士比亚在这方面很可能部分地是受《随笔集》的影响。无论如何，他在蒙田那儿找到了知音。[参阅雅各布·费斯（Jacob Feis）的《莎士比亚与蒙田》（*Shakespeare and Montaigne*），这本谴责性的书指责后者毒害了前者的思维。]

他们最大的共同之处在于他们（当然是分别）都发明了"个性"。我们已经看到，蒙田首先把人视为波浪式和多样的，不断受到自我与环境之间相互作用的影响（＜135）。把个性和思想归为一类构成了对体液生理学的挑战，导致了心理学的产生。与此相关的是，在莎士比亚之前，戏剧中没有个性或角色，只有类别。表现的伟人由于某些明显的特征而彼此不同，但并没有因为具有复杂性而显得独特。

这并不是说在莎士比亚之前，剧中的人物都像"纸板"一样没有生气。他们绝不只代表抽象的东西，像中世纪的戏剧由演员来扮演"罪恶"。但是这些角色比较单薄，他们行为的变化都是由他人的行动引起的，而那些人也受到彼此行为的制约。剧作家通过这种矛盾冲突来描绘人的各种热情及其造成的致命后果。当然，古典希腊戏剧、伊丽莎白时代的戏剧和法国的古典戏剧靠这些就足以使观众屏息凝神。但我们对俄狄浦斯和菲德拉无法像对李尔王和麦克白夫人了解得一样透彻。后面两位与我们自己一样千变万化，前两人却非如此；只是类型的话，就（可以说）没有意外离奇的东西。

莎士比亚是怎么塑造全面的个性或角色的呢？他通过一连串的关系来表现一个人不同的方面。作为朝臣，波洛涅斯阿谀奉承；作为皇室的顾问，他骄傲自负；作为父亲，他对女儿冷漠，对儿子却明智得让人感动。这种多方位描述的结果是，从蒙田和莎士比亚以来，剧本、小说和自传使西方人的脑子里充满了各种各样的角色，我们对他们的了解胜过对自己和邻居的了解。我们常说某某女子是简·爱，是包法利夫人；某某男子是一个令人同情的比利·巴德，或者和佩克斯涅夫一模一样。然而，尽管大家都知道弗洛伊德的俄狄浦斯恋母情结是什么意思，但谁也不知道俄狄浦斯杀死父亲之后又娶了自己的母亲有何感想。他后来的罪恶感是一种一般意义上的罪恶感，不是关于具体事情的罪恶感。同样值得注意的是，亚里士多德在讨论希腊悲剧时，说不用管人物，行动和情节最重要。简言之，当时个人主义的主题尚未完全传播开。

※

因为蒙田和莎士比亚之间的联系，在此也应该提及在西方文化史中，莎士比亚同时属于相距很远的两点。在 16 世纪和 19 世纪，他是两个不同的人。在 16 世纪，他是个地地道道的文艺复兴人，对宇宙中的一切都感兴趣。他也是个消极意义上的半乌托邦主义者，描述一切种类的恶行丑事。后来他几乎被人们遗忘，直到 19 世纪初他又作为诗人重新出现（516＞）。今天的教科书中所表现的就是后面的这个莎士比亚，他的作品给演员提供表演的材料，他的名字常被用来作为优秀的象征。

莎士比亚三分之二的生命是在 16 世纪度过的。那时的他是个受人欢迎、收入颇丰的剧作家，在同行中很受钦佩，也遭到一些嫉恨，但与一个竞争对手本·琼森成了朋友。他所得到的最真诚的称赞是说他的诗《维纳斯和阿多尼斯》和《鲁克丽丝受辱记》"甜美"，后来他的一些"甜蜜的十四行诗"也受到赞扬。他的剧中也有一些好诗，但是，当时他的剧作，甚至他写剧本这件事，是否像在今人心目中一样重要就难说了。写剧本带有为了糊口粗制滥造的味道，当时有身份的人是不做专业作家这一行的。对宫廷里或牛津大学的绅士来说，写诗是一种消遣，有时以诗代信，或是表示赞美，在友人之间相赠；总之绝不是为了赚钱。此外，剧本比较粗糙，又经演员、导演和印刷工人的摆弄，不是优雅的艺术品。莎士比亚不守古典的规矩，也因此而吃亏。本·琼森更为严谨，所以得到的评价也更高。

这些情况在当时限制了莎士比亚的名气，抬高了本·琼森的声望，这些也反映在后一个世纪对他们作品的评论中。有人把关于他们的评论编了一个表格：本·琼森不仅被列为英国第一个伟大的戏剧家，而且他的名字出现的次数是他对手的 3 倍。莎士比亚死后，他的剧本很少上演，我们以后会看到为什么对他的评价如此之低（356＞）。

莎士比亚去世后，本·琼森在对这位朋友的怀念中表达了对他的赞扬和友爱，其中有一句话常常被人们引用，他希望莎士比亚"删掉 1 000 行句子"。倘若把这当作室内游戏一定很有趣，大家围坐在桌子旁，桌上摆着莎士比亚的作品，看谁能决定应该把哪几行删去。尽管 19 世纪出现了莎士比亚崇拜热，其实读者一直认为莎士比亚作品中的不少东西最好删掉，但是他们不敢公开提出批评。R. H. 赫顿勇于发表意见，理由是如果他有资格欣赏莎士比亚的伟大作品，他也应该有资格批评糟糕的东西——不是指不够崇高的东西，而是实在糟糕的东西。

　　首先是那些破坏情绪的玩弄辞藻的做法，以下这首歌的结尾就是个例子："男孩和女孩，都会像扫烟囱的人一样化为尘土。"还有类似关于奥菲丽亚溺水的粗俗评论："太多的水淹没了你的身体。"以及可笑的矫揉造作，比如在表示闭上眼睛的意思时说："你眼睛缀有流苏的帷帘向前移动。"还有另外一些段落根本不通——这样的问题如此之多，不可能都是印刷工人照着糟糕的舞台脚本排版犯的错。最后，有一些"恐怖"的地方，连像伏尔泰那样谙读原作的仰慕者都说他思想野蛮，比如，在舞台上挖出格罗切斯特的眼睛，又如，"被熊追赶着退场"。

　　翻出 16 世纪那一个莎士比亚的这些缺点是为了提醒大家注意文化史上一个容易被忘记的事实，它也是一个典型的例子，表现了文化史中一个不断重现的重要现象：不同的时代对于同一个人或作品的评价截然不同。这就是所谓的"品味的陀螺"，这个说法本身就是从莎士比亚的作品中借来的。文艺复兴时期的人把西塞罗看作最伟大的作家，但如今就连学校教科书里都没有他的作品。1920 年之前，约翰·多恩的名字只能偶尔在其他诗人的作品里看到，比如柯勒律治曾对他有所提及。后来，他成了伟大的诗人，新式批评家认为他比莎士比亚还要伟大，因为他的诗更有哲理性，"结构更美"。对于时代风格的评论也有这种蒙田式的不一致性。在尘封 150 年之后，巴洛克风格的作品，尤其是音乐，如今被视为珍宝。这样的例子数不胜数。

史诗与喜剧，抒情诗与音乐，批评家与公众

　　20 世纪有一位流行的小说家，在写作犯罪和间谍故事方面才能卓越，但他写这一体裁的作品只是偶一为之。他把这类故事称为"娱乐性的"，而他的小说描述的是严肃的道德和宗教问题。这种不同寻常的双重角色恰好对应中世纪末和近代初期的文学状况：当时的作家——以诗人为主——写作是为了供朋友或宫廷欣赏，不然就是进行道德说教，希望能拯救堕落的人，可能也希望创作出传世之作。

　　但是，格雷厄姆·格林与文艺复兴的诗人在一点上有所不同。如今，娱乐作品，不管是谁创作的，都被认为是下等的，尽管有些在同类中是优秀之作。在近代早期，并没有这种歧视。有好几百年，诗歌和故事的唯一作用就是提供娱乐，因为除了唱歌、朗诵和听戏外，没有其他消磨时间和休闲解闷的方式。消遣本身成了小说的一种手法，如薄伽丘著名的情爱故事集《十日谈》，它采用的就是以给一批为躲避瘟疫而逃离佛罗伦萨的人讲故事的方式。200 年后，纳瓦拉的玛格丽特借用了同样的手法来创作《七日谈》(＜86）。

　　但是，薄伽丘的同代人彼特拉克写意大利文的十四行诗是为了"自我表达"，他还写了一部拉丁文史诗，以效仿古人的成名之道。这样，提供娱乐的人和业余写作的人逐渐变成了专业人员。诗人、剧作

家、散文家和小说家这些得到承认的名称标志着专业主义的开始。人文主义者对古法的尊重和效仿强有力地推动了这个转变。希腊人和罗马人这些古人有一种正规的文学，那么现代的人也要创造这样的文学，作品应超越朋友和宫廷的圈子；文学应该是面向整个时代的。

原来的作用并没有一下子完全让位于新作用。直到 19 世纪，诗人还在为他圈子里的人写诗，这些人可能是他赞助人家里的成员或扈从（"应景诗"即由此而来，意思是为某个场合而作）。还有奉旨赋诗的皇家桂冠诗人。业余作家也仍然存在，尤其是贵族的业余作家。他们必须摆出漫不经心的样子，似乎凭贵族的高贵血液便可以轻而易举地抛出十四行诗和牧歌。拜伦勋爵是这一类人中最后的一位，当然他所抛出的果子比十四行诗要大得多。诗人和音乐家都还不能靠出版作品来谋生。当时还没有代理人、编辑、版权、再版权这一套现代的复杂机构，虽然类似版权的东西已经开始形成，比如，得到"皇家特许"后，就有了通常是长达 10 年（< 130）的印刷和销售作品的专有权。这种安排也便于审查。作家把这一权利和作品一次性卖给出版商。17世纪晚期弥尔顿的《失乐园》卖了 10 英镑，当时这种做法已不令人奇怪了，但仍属鲜见。

这种情况说明了为什么时至最近，经常有作家在出版著作时宣布有一份手抄稿在未征得作者同意的情况下被发表了出来，所以错误百出，而在他们手上的才是正确的版本。在朋友中间传阅诗歌甚至哲学和科学论文手稿的做法由来已久，盗版印刷商和骗取手稿的假朋友的觊觎之心也长存不灭。

简言之，在近代早期，著作权、出版制度以及其他艺术的类似体制都只有一个很原始的轮廓。但是，从寻求赞助转为在法律保护下向公众出售作品，以及从政府和基金会那里每年申请资助，这种做法并未使艺术家和有执照的专业人员一样，只凭执照和才能就能过上像样的生活。

※

　　人文主义者认为，在所有的文学形式中，史诗是至高无上的。由于它篇幅长，所以很难自始至终保持高水平。彼特拉克想迎难而上，但由于他的拉丁文水平不够，最终未能攻克难关（＜49）。古人在这方面的典范也不多，只有荷马和维吉尔是双峰对峙。亚里士多德对于这个体裁没有提供任何规则，他只是说关键是要有一个真正的英雄，意思是只靠事件和景色的描绘不足以吸引读者。

　　由于文艺复兴时期罔顾中世纪早期的许多英雄史诗，包括《罗兰之歌》以及日耳曼和冰岛的英雄传奇，所以当时的几部重要史诗是一种奇怪的混合。作者是四位意大利诗人：博亚尔多、浦尔契、阿里奥斯托和塔索。前两位生活在15世纪，后两位属于16世纪，他们四人曾经像莎士比亚和歌德在今天一样在整个西方家喻户晓，但后来他们的名字和光荣仅在他们自己的国家里留存了下来。威尼斯凤尾船的船夫给游人唱的歌很可能就是塔索史诗的片段。直到19世纪初，受过教育的欧洲人还在阅读、援引、欣赏阿里奥斯托和塔索。同时，但丁的《神曲》却被贬低为"哥特式的"，是中世纪蒙昧主义的作品。它其实同样是关于探险的史诗，现在被誉为"巨作"。文艺复兴时代那四位意大利诗人所作的史诗用的是什么"更接近人"的主题呢？前三位诗人描绘了查理曼大帝十二武士的一些传奇故事，那些骑士一生的使命就是与异教徒撒拉森人作战。他们被名叫甘（法文中称"冈隆"）的坏人出卖，在比利牛斯山著名的朗赛斯瓦尔战斗中被打败了。用古法语写的中世纪早期的《罗兰之歌》用平铺直叙的语言对此作了详细的描述。博亚尔多、浦尔契和阿里奥斯托加进了爱情的成分，还有魔法的作用。为了迎合人文主义者和廷臣的口味，他们给原来悲壮的英雄史诗增加了扣人心弦的恋爱情节和黑白巫术的"魔法"。

　　写这些男巫、妖怪和女巫的目的并不是要人们去相信他们，而是因为他们不同寻常的本事和恶毒的把戏使人感到有趣，而且他们最后都没有好下场。史诗中的描述完全是不着边际的幻想。在阿里奥斯托的《疯狂的奥兰多》中，男巫被斩首后居然还活了下来。在浦尔契的作品里，巨人摩尔干提看见猴子穿靴子，居然笑死了。在塔索的作品中，一个武士去清理被邪恶势力占领的一片树林，看到他已故的情妇在他眼前显灵，原来她已成为林中的一棵树。道德高尚和体力强壮的女子在这些冒险中占了很大的篇

爱在与愤怒斗争，
这证明她还有爱，虽然深藏心中；
她三次伸展手臂拉弓，
三次瞄准目标，
但每一次，她都又垂下臂膀；
最后她放弃了：她再一次
弯起坚强的手臂，
弓弦啸的一声，箭射了出去——
箭带着符咒飞射出去：
她轻吁了一声："愿上帝保佑显灵，
它不会伤人！"

——塔索《被解放的耶路撒冷》中阿尔米达与雷纳尔多的交战（1581 年）

幅，尤其是民谣里勇敢的亚马孙在史诗中成了英雄和情人。就连帮助异教徒的迷人的阿尔米达，一旦被爱情感化后也赢得了我们的爱慕。

乍看起来，这似乎与文艺复兴拒绝中世纪的迷信，注重人和真实的理念格格不入。其实，这些史诗中会魔法的人充当的是古希腊和古罗马史诗中的众神的角色，而十二武士是卡斯蒂廖内的礼仪书中具有绅士风度的廷臣的化身。需要记住，在 16 世纪时，基督徒和异教徒之间的战争尚未结束，中世纪的撒拉森人的角色被现代的土耳其人所取代，阿里奥斯托的《疯狂的奥兰多》以英雄杀死了阿尔及尔的国王而结束，这正是查理五世的愿望。

四部史诗中有三部——博亚尔多的《热恋中的奥兰多》，浦尔契的《摩尔干提》和阿里奥斯托为博亚尔多的诗所续的《疯狂的奥兰多》——里面的英雄追求好几个不同的目标，结果各不相同。顺便说明一下，奥兰多这个名字是罗兰的变体。奥兰多的疯狂是一阵阵的，是由爱情的嫉妒所激发的。但是这些诗的好处不在于它们的情节，而是各章节的魅力和丰富多彩。

塔索比阿里奥斯托晚一代，他的《被解放的耶路撒冷》采用了一个新的主题，但这个主题仍然是宗教激情和爱情的糅合。史诗的英雄

是历史上第一次十字军东征的领袖——布永的戈弗雷，高潮也是历史上真正发生过的攻克圣城。诗中的东征军所有将士全部坠入情网，只除了戈弗雷，他被描写为善良的化身，与真实的戈弗雷完全不同。其他人的恋爱故事被巧妙地穿插在军事活动中。这样，东征的目的没有被丢在脑后，只是推迟了而已。

本来是去打仗，却不守规矩地一心谈情说爱，这样的描写当然会使 20 世纪的读者大为反感。但是，要公平地评价这些诗，就不能不考虑到诗的听众。书籍问世之后，享受它带来的乐趣的一种方式是为一群人大声朗读。现代人默读和单独阅读的习惯当时还不普遍，更不用说在床上阅读了，这需要暖气和明亮的灯光。在史诗故事中，翻新老故事的方法最能吸引读者。当时的人和我们不同，他们的思想还没有接触大量不同形式的娱乐，因此不能接受完全不同的或者是非传统的内容。这些意大利史诗中不断穿插进别的故事和插曲，这种做法以及冗长的议论非但没有破坏诗歌的效果，反而加强了效果。其实，这种在故事中穿插故事的写法一直流行到了狄更斯时代。至于爱情，或者更确切地说，求爱，在任何一个时代都是闲人的消遣，正如只要等级还有意义，作战便是贵族的一种活动一样。宫廷的常客在他们的文学作品中对这两个题目永远不会感到厌倦。

有鉴于此，就会看到这四部意大利的史诗是与当时的时代完全合拍的。它们几乎都是一经出版即广为流传，这本身就是最好的证明。与诗人们同时代的显要人物称这些诗为杰作，并把它们视为真理的源泉，这便是史诗的作用。据说，伽利略把阿里奥斯托的诗倒背如流，对它推崇备至，极力贬低那个暴发户——

塔索

从社会地位上说，他并不是暴发户：他来自分支遍及整个欧洲的伦巴底贵族大家族，其中最有名的是日耳曼的塔克西斯家族。在拉丁文中，taxus 的意思是獾或紫杉树。塔索家族的纹章上画的是动物，但这位诗人喜欢把它解释为紫杉树，而他的一生使这个纹章成为名副其实的悲伤象征[1]。在文艺复兴诗人中，他的命运引起了人们永远的兴趣，被视为遭到社会不公平待遇的艺术家的典型。他被赞助人费拉拉公爵关进疯人院整整 7 年，激起了其他诗人的同情和怜悯，他们对他的赞助人和社会大加鞭挞。歌德写了一个剧本，暗示因为诗人赢得了公爵妹妹的爱情，所以公爵要惩罚他的无礼。在参观了囚禁塔索的"牢房"之后，拜伦写了一首诗，描写受害人所受的精神折磨。李斯特写了一部交响曲，第一章的标题是"哀怨"，第二章的标题是"胜利"。

149

但是对这个传说不能全信。给游客看的半地窖似的牢房并不是塔索被关押了 7 年的地方。在他实际居住的房间里，他写诗作文，与人通信，接待访客（包括蒙田），也接受礼物以及其他作家和贵族的赞扬。他的生活和苦难展示了天才与赞助人之间的一种关系。费拉拉公爵阿方索爱出风头，小心眼儿，时

……我
把现在的囚室变成未来的神殿
各国的人都将因为我而前来瞻仰。
而你，费拉拉，公爵去后，
你将倾圮坍塌，
废墟中只见你空寂的厅堂——
诗人的花环是你唯一的点缀，
你将因一个诗人的囚室四海名扬。
——**拜伦《塔索的哀怨》（1817 年）**

刻不忘自己的等级；托尔夸托·塔索则是个患狂躁症的妄想狂。塔索永远无法安顿下来，除了在费拉拉居住的那 10 年，他被囚禁的 7 年是他在一个地方逗留的最长时间。从小的生活使他养成漂泊的习惯。他的父亲是当时有名的诗人，但贫困潦倒又吊儿郎当。他带着幼子出去四处谋职，把妻子留在家中，她在孩子 13 岁的时候就与世长辞。塔索并没有抱怨这种破碎的家庭生活，他和蒙田、莫扎特和柏辽兹一样，一生都非常爱戴和敬仰自己的父亲。

刚过 16 岁，这个少年就被送到帕多瓦大学去学习法律。在那里，他写了一部题为"里纳尔多"的韵体浪漫故事，很快在威尼斯出版了；

---

[1]　紫杉树是志哀的象征。——译者注

19 岁那年，他动手创作史诗《被解放的耶路撒冷》。在帕多瓦，他还参加了朋友西皮奥·贡萨加创办的易特列尔学院，贡萨加后来成了著名的主教，并多次援救塔索。当时的学院由非专业人士随意组成，主要是年轻人，聚在一起讨论当时的哲学和宗教问题。他们研究柏拉图，阅读彼此的诗歌和文章，然后互相评论商榷。意大利每个像样的城市都至少有一所这样的学院，学院的名字标新立异。这样的聚会在国外被人模仿，到 17 和 18 世纪发展成为由国王赞助的正式学院，最后又发展为 19 世纪的专门学会。

塔索为易特列尔学院写了三篇文章论述叙事诗的体裁——理论稍微超前于实践。这时候，他父亲已经对儿子法律学业的荒废无可奈何了，于是塔索被送到波伦亚去学习"典雅文字"。他的才能和高大英俊的外表引起了人们的注意，被埃斯特红衣主教延揽到身边，《里纳尔多》就是献给这位主教的。这个 21 岁的青年（在曼图亚病了一年以后）被带到费拉拉，埃斯特家族的所在地，这个家族与美第奇家族是不共戴天的敌人。阿方索的两个姊妹很快和他成了朋友，而他则在公爵身上找到了他史诗中的英雄，因为阿方索愿意派遣 300 名身着天鹅绒服装，佩戴金饰的骑士帮助皇帝与土耳其人作战。

塔索把他的初恋留在了帕多瓦，现在又爱上了美丽的卢克雷齐娅·贝内迪多，但她不理会他的追求，嫁给了马基雅维利。塔索的恋人很多，这无疑是他居无定所的连带结果；陌生地方的新鲜感包括新的征服的诱惑。看来其中有不少爱情只是文学性的，并非出于激情。写几首精致的十四行诗记录自己新的爱恋，便足以满足他的欲望。当时就是这样的风气——苦苦琢磨诗句的措辞，推敲新作去猎捕下一个情人。年轻的塔索轻佻虚荣，作诗赞美周围所有的公主，还参加了一场为期三天的名为"爱情的五十条结论"的所谓辩论，他发表的言论逻辑混乱，充满了淫词艳句，却引起了不少男女的嫉妒。

一次，埃斯特大主教带塔索去拜访法国国王查理九世。国王评判诗歌慧眼独具，对塔索大为赞扬。但塔索口无遮拦，竟然放肆地评论法国宫廷中容忍新教徒这一令人惊讶的现象。大主教从此与他脱离关系，自那时起（虽然并非因为此事），塔索的麻烦就开始了。尽管他拥有荣誉、爱戴、赞扬，可谓应有尽有，但是他还是不快乐，觉得一切都是假的。他写了一部牧歌剧《阿明达》，在费拉拉和邻近的一个城镇上演后受到普遍欢迎。剧中痛斥宫廷生活，说它是"颠倒是非混淆黑白"的"谎言之地"。

他开始对自己的成功产生怀疑。受到的赞扬越多，他越是想象他的敌人剥夺了他当之无愧的真正的赞扬。他还担心他的史诗《被解放的耶路撒冷》不够正宗，于是把史诗呈交给梵蒂冈，希望得到教皇的赞许。爱找岔子的审查官整整花了两年时间横加挑剔，对他的作品严格执行特伦托的法令。塔索越来越烦躁不安，开始惹是生非。他能为一句侮辱的话而当众与人扭打，还担心有人刺杀他，然后又吹嘘他已经赶走了一队刺客。故事编得有鼻子有眼，费拉拉以外的地方许多人信以为真。但是塔索真正犯了大忌的，是他在友人贡萨加的帮助下秘密谈判，让埃斯特的敌人美第奇家族邀请他去罗马。

对方的答复慷慨之极，反而勾起他疑窦重重：难道真的是为了他吗？还是要打击埃斯特家族？他拒绝了罗马的欢迎，回到费拉拉，爱上了一位新来的美人。他认定公爵会烧毁他尚未完成的杰作诗稿，还用刀砍了一个用人。阿方索用不能再温和的方式把他关在房间里，派医生给他治疗。塔索在给一些朋友的信中说他得到了亲兄弟般的照顾，但在给另外一些朋友的信中，他说他遭到了"罪犯一样"的对待。与此同时，公爵尽了全力防止他的史诗被其他城市的人窃抄。

塔索第一次离开费拉拉以后的事情详述起来太琐碎了，基本是这样一个模式：他恳求另外一个城市的朋友接待他，他们遂了他的愿，两个月以后他又要离开。正如我们这个世纪的 D. H. 劳伦斯所说的那样，最初的几个星期处处遂心，然后就是，"这个地方没有什么好的"。塔索渴望回到费拉拉，公爵愿意原谅他，而且不止一次地原谅了他。他看上了一个修道院，决心出家，然后却逃往那不勒斯的寡妇姐姐家。

他孤身旅行，为了安全打扮成牧羊人，到的时候憔悴枯槁，他姐姐险些没有认出他。她无微不至地照顾他，但没有用。他执意去罗马，于是这个圈子又从头开始：罗马、曼托亚、那不勒斯、佛罗伦萨、都灵、乌尔比诺、费拉拉，在每个地方都是待上几个月就走。最后，在他35岁那年，他认为他终于可以最后润色完成关于十字军攻克耶路撒冷的伟大故事了。

不巧，那时公爵正忙于第三次结婚，全府上下忙得不可开交，没有工夫去管这位回头的浪子。塔索气得发疯，满街叫骂，说阿方索和他手下的人是一群忘恩负义的流氓和懦夫。塔索被送到了接纳穷人和疯子的圣安妮医院。这个打击如晴天霹雳，他乞求公爵释放他，但是他确实患有妄想症。他看见圣母马利亚现身，并"为了能睡着"而暴饮暴食，还求医生不要把药弄得太苦。但同时他仍能写十四行诗，还旁征博引，理智地回答对他的《被解放的耶路撒冷》的评论。当时，这部史诗终于出版了，虽然有的地方被改得面目全非。对这部作品的所有评论，他都热切地阅读。当他于1595年去世时，教皇已答应在罗马授予他桂冠诗人的荣誉。

※

和前三部作品一样，《被解放的耶路撒冷》把战争与爱情、生动的冒险与神秘的魔力结合在一起。诗中对决斗和战斗的描写激烈生动，并写到一只会说话的鸟和一个能在水面行走的男巫，还有头上长角身拖尾巴的魔鬼。如同前面介绍过的，可爱的女巫阿尔米达曾经用邪恶的巫术帮助异教徒，但最后因为爱上了她热诚正直的敌人而皈依正果。奥兰多本人时而精明，时而令人同情。这部史诗对"奇迹"的描述扣人心弦，如果真读进去的话，能产生现代科幻小说的效果。

这部作品被恰如其分地称为情人们的史诗。查理曼大帝的武士一定会厌恶它，古人一定会把它称为浪漫诗，而不是史诗。作品中意大利式的色情和魔法的描写精彩绝伦，为后来无数的伟大歌剧提供了人物和情节的素材——从歌剧体裁开始萌芽（174＞），一直到它成为一种伟大的艺术形式，从蒙特维尔第、亨德尔、格鲁克和罗西尼到梅耶贝尔（498；499＞）。

　　如果像评论家所公认的那样，史诗是英雄的故事，那么意大利人在这方面的尝试是失败的，或者说他们的作品应该划分为其他的类别。[参阅 W. P. 克尔（W. P. Ker）的《史诗与浪漫文学》（*Epic and Romance*）。] 这几位作者虽然知道，但没有记取或者误解了亚里士多德的名言，即史诗中让人感兴趣的是"有个性的人"的个性。英雄必须临危不惧，坚守岗位。《伊利亚特》开头时，阿基里斯的叛变是权力斗争的一部分；埃涅阿斯敢于宣称："我是忠诚的埃涅阿斯。"他所说的忠诚指的是对他使命的忠诚，因此对狄多就不忠诚了。这种艺术原则排除了失恋者的自怜自伤。确实，《奥德赛》和《埃涅阿斯纪》也有爱情的内容，但是出现的地方不多，篇幅简短，而且是当作障碍而不是作为正事来写的。在 8 世纪的《罗兰之歌》中，唯一提到一个恋爱的女子——罗兰的未婚妻奥德——的地方只有半个诗节，描述罗兰被杀害后，她悲伤地死去了。在后来的这些意大利史诗中，女子比男子更加高尚和坚强，这再次证明这些诗的调子是符合时代特征的。

　　但是，这些作品中不管有哪些地方不符合史诗的特性，我们都知道，直至 19 世纪前 25 年的时间，它们倾倒了最有判断力的人，部分地是由于一个现已被人遗忘的文化原因：除了法文之外，意大利文是当时受过教育的人必懂的语言，对艺术之母不得轻慢；所以除了拜伦和歌德之外，伏尔泰、兰多、托马斯·洛夫·皮科克都能背诵意大利诗歌，并为其中的美而击节赞叹。雪莱也是崇拜者之一，他在《捍卫诗歌》中，说塔索是称诗人为创作者的第一人。这一点现已尽人皆知，但是研究塔索的学者并没有发现他说过此话。

　　很难确知某一部经典著作为什么会失去光彩。塔索和阿里奥斯托的影响退回到他们国界之内的时候，正值西方发现德意志文化之际。

有文化的人都要学德文，有可能的话访问德意志。但这个时间上的联系可能只是巧合而已。更说得通的解释是塔索和他的前辈们的长处在于文学，而不是哲理或道德。他们的作品从来没得到令人满意的翻译，而但丁由于有一套思想体系，因此不断引诱着外国人去翻译他的作品。

此外，还有厌倦这个无时不在的幽灵。人们一旦对某部作品欣赏或赞扬得太多，这个幽灵就会跳出来把作品摧毁。当新事物像在文艺复兴时代那样层出不穷时，它们只靠数量就淹没了旧的东西。最后，还有社会革命的压力。我们所生活的这 500 年中，主导体裁的先后顺序是与个人走向平等的趋势并行的，它们的顺序是：史诗、悲剧、表达自我的抒情诗歌、批评生活的小说和剧本。也就是说，从整个民族的英雄走向悲剧的伟大英雄，然后是普通人的英雄，最后是反英雄。

※

当塔索的作品为人称誉的时候，在南方的另一块土地上有一位诗人在创作真正的史诗。如果人们不熟悉卡蒙斯这个名字或《卢济塔尼亚人之歌》的标题的话，原因还是在于语言：葡萄牙语的书不普及，也仅仅在欧洲和美国有人学葡萄牙语。卡蒙斯所选择的主题比十二武士更接近现实，他的经历也比那几个意大利人的经历更有利于史诗的创作。他是军人，也是水手，曾在北非与摩尔人作战，在战斗中失去了右眼，因伤退伍。但他再度从军，去东印度群岛闯天下。在那里，他一度负责管理一个贸易站，曾以贪污罪被打入监狱，但随后设法出狱，坐船回国。和所有能动笔的人一样，他写了剧本和十四行诗，并开始创作他的史诗，这部史诗使他成为他的国家的伟大诗人——应该说无论在何时何地，他都应算作伟大的诗人。

他选择的是当代的主题，即葡萄牙人征服海洋的经历。史诗中的英雄表面上是一个近期的历史人物，瓦斯科·达·伽马，但真正的英雄是葡萄牙人民，"卢济塔尼亚的辉煌的心"。卢济塔尼亚是古罗马帝国时期的一个省的名字，史诗的标题"卢济塔尼亚人之歌"就由此而来。诗中英雄作为个人和代表人民所经历的冒险活动是那位探险家从东方回国途中的真事，或者传说。故事中的奇迹并非魔法造成，而是众所周知的古代众神的所作所为。因此，在关于爱情岛——维纳斯的领地——的精彩的一节中，水手们娶海中女仙涅瑞伊德做新娘，而她们的女王，在那之前一直是可望而不可即的西蒂斯则选择伽马做了情人。在象征葡萄牙敌人的可恶巨人阿达马斯特失败以后，伽马的求爱获得成功。天仙的美貌与人的勇气相结合，就将产生葡萄牙未来的英雄。在希腊神话里，西蒂斯被爱情征服，她的后代就是无所畏惧的阿基里斯。

从《卢济塔尼亚人之歌》中选出的这一段足以说明它是人文主义的史诗。在不少重要情节中，主角是女人而不是女神，其中一个是以抒情的温柔笔调描述的伊内斯·德卡斯特罗的故事，她是历史上葡萄牙王子佩德罗的情妇，王子被贴身顾问逼迫，不得以把她处死。不论是在语气还是在构思上，这首诗虽然模仿别的史诗，但也从民歌那里借鉴了大量的东西。有人指责卡蒙斯把多神教的神话与基督教混合在一起，但这是人文主义常见的做法（＜52）。这不是亵渎，而是取其精神上的近似。在《卢济塔尼亚人之歌》中，寓言和历史通过人物的行动连成了一体，描绘得神气十足，栩栩如生。这在卡蒙斯来说全不费工夫。他的史诗尽管是在陆地上创作的，但是他曾在船上度过了许多个日日夜夜。卡蒙斯满怀热情地歌颂各种征服的事迹，先是绕过非洲的风暴之角，征服了海洋，然后又征服了东南印度群岛的土人，并与他们开展贸易。这使他的诗成为第一部同时也是最后一部国家史诗，而当时却是西方各个国家还未成熟，仍处于形成阶段的时候。这部作品可以与维吉尔宏大壮丽的《埃涅阿斯纪》相媲美。卡蒙斯的诗句比意大利史诗的句子长，因此更容易显得华丽，尤其是对话部分。卡蒙斯和古人以及北欧的传奇作者一样，有一种史诗式的悲观。他被认为是葡萄牙最伟大的抒情诗人，他的诗确定了葡萄牙语言的形成。

《卢济塔尼亚人之歌》曾先后 4 次被译成英文，最新的译本是散文体的。[可读列奥纳德·培根（Leonard Bacon）的诗体译本。] 倘若懂西班牙文的话，有一个更好的办法：先研究西班牙文和葡萄牙语法的不同之处，然后手执字典，一头扎进诗中。

西班牙人也是探险家，拥有和卡蒙斯同样好的冒险素材，但是，埃尔西利亚的《阿劳加纳》是他们在这方面的唯一尝试。它描述的是发生在南美洲的事情，根据专家的判断，只有描述当地人反抗殖民者的一段可以称得上是史诗。在以后的两个世纪里，法国人也试过写这种体裁的诗歌，他们的意图与卡蒙斯一样，要歌颂国家；到那时国家的形式已经完全成熟。但是他们的成绩还不如意大利人和西班牙人。德意志地区当时还只有民歌和喜剧探险诗《梯尔·欧伊伦施皮格尔》。剩下来的就是伊丽莎白时代的人了。他们倒是有一位自己的阿里奥斯托，并且不同程度地受了他的影响，可能反而因此受害。斯宾塞的《仙后》是一篇颂扬伊丽莎白女王的叙事长诗，但其中并未迸发出民族感情。诗的可爱之处在于描述美丽风景和高尚道德的精美诗句，与所谓的冒险史诗毫无关系；甚至有人说诗中的语言不是真正的英文，即当时人们平常使用的英文。但是济慈的诗沿袭的就是斯宾塞的风格，仰慕济慈的人倘若还没有读过斯宾塞的诗作的话，应该赶快去读。

155　　菲利普·锡德尼爵士的《阿卡迪亚》比斯宾塞的诗更加生动，变化多端，或许可以称得上是"史诗性的"。它由诗歌和散文组成，尽管从桑纳扎罗的一部意大利作品那里借来的标题是田园式的，但它的人物鲜明，构思巧妙。它的一个特点是包括了诗人的妹妹，博学而又可人的彭布鲁克夫人的作品。锡德尼起初并不认为这是一部传统的史诗，而是把它看作一部浪漫作品。随着他不断地加进冒险的故事，英雄的成分增加了，但是他又花了更多的篇幅议论政治、道德、美学、自杀和上帝的存在这些问题。作品中洋溢着作者的骑士精神。锡德尼是一个"完美而温和的骑士"，在战场上受伤阵亡，他之所以受伤是因为当他看见另外一个军官拒绝披挂和他同样结实的甲胄时，就把自己的护腿甲褪了下来。

※

直到 20 世纪中叶发明了慢转唱片以后，人们才领略到文艺复兴音乐的丰富和美妙。19 世纪中叶，维克多·雨果写了一首题为"音乐始自 16 世纪"的长诗。这个标题表现了那时以及后来对音乐的认识。这种说法如此斩钉截铁，当然是错误的。标题应该说现代音乐。其实，诗中并没有谈及音乐本身——雨果对音乐一窍不通——却谈了不少 16 世纪的艺术和艺术家的情况。还有一个麻烦，对于文艺复兴音乐的创新程度存在着不同的意见，正如对文艺复兴这个时期有争议一样（＜ 47）。这并不令人吃惊。音乐的创作有许多不同的方面，关于音乐的品味也不断变化，因此有不同看法是自然的。此外，如同前面表明的那样，几乎任何创新都有先驱。所谓新的作品或艺术风格并不是说它是绝对空前的，而是因为它的创新性是明显的，有力量的。

在这个前提上，有几点可以确定，第一点就是文艺复兴为音乐找到了新的格式。"格式"一词在这里是有意使用的，以后还将作为一个批评用语出现（639 ＞）。所有的音乐都有格式，它是一种形式上的规划，但也必须有功能性的作用。作曲家把音符组合起来以达到特定的目的，如配舞、配词、呼应宗教仪式各部分的特点，或为了任何其他激发作曲家想象力的目的。他可以应人所求为某个活动作曲，或者是受到自己的某个念头或回忆的启发而谱写乐章——音乐的范围是无穷的。这也是为什么音乐也是一门艺术的理由。

从 15 世纪晚期以来，音乐的格式越来越世俗化，与这段时期对于人的行为和感情的重视相吻合。如前所述（＜ 121），这些格式来自宫廷的活动、城市的各种节日、大小家庭的娱乐需要、丰富的诗歌创作（包括对彼特拉克诗歌兴趣的广泛复兴），以及人文主义者效仿古希腊人的狂热，因为古希腊人在著作中宣称音乐在生活中发挥主导作用。

宫廷的活动包括婚嫁、官方宴席、葬礼、比武和战争。比如，雅内坎创作了题为"马里亚那诺战役"的大合唱，还创作了以日常生活为主题的作品，如《狩猎》和《巴黎在哭喊》。合唱团中许多人分成不同的组来唱不同的声部，乱中有序，这是对音乐主题的模仿。通过把不同嗓音合在一起造成的层次，通过各种强弱唱法（音量）、节奏和各种和声的可能性，16世纪的大合唱预示了交响乐的效果——各声部之间的对话、音色的多样以及气势上的效果。

> 他们的所有音乐，包括声乐和器乐，都用来模仿和表达激情。这些音乐可以适用于任何场合。无论赞美诗的主题是快乐的，还是为了安慰受折磨的人，或者是要表达悲伤和悔恨的感情，音乐都能表达主题的意思，引起激情，使人内心受到深深的感动。
>
> ——莫尔《乌托邦》（1516年）

这个时期见证了音乐的扩展。教堂的合唱团规模越来越大，管风琴也更大更好，城镇乐队的乐器和队员也不断地扩充。越来越多的艺术赞助人鼓励了这样的发展。卡斯蒂廖内在《廷臣论》里规定，绅士和淑女必须会弹奏乐器。他还决定了他们消磨时间的背景：当男女好友聚会的时候，谈话中应该穿插音乐。也有人提出了精神上的理由，说艺术有利于在私人生活和国家中建立秩序与和谐。新式音乐是在几个意大利城市里，在某个爵爷或博学的夫人的帮助下发展起来的，那里的人可没有仅是把音乐看作消遣。在罗马、佛罗伦萨、威尼斯、费拉拉、曼图亚、乌尔比诺和那不勒斯，诗人、音乐家和数学家都在辩论音乐应当是什么样子。他们努力发明新的形式和技巧，提出了音乐理论，并把他们的发明拿到学者和哲学家聚集的学院里去试验。

这种努力产生了许多不同的作品。宫廷御用诗人写出分为不同章节的田园故事或寓言故事，需要配上抒情的或戏剧性的音乐，中间还穿插舞蹈。再次走红的彼特拉克树立了就一个主题写出一系列诗歌的模式。文艺复兴的作曲家也如法炮制，围绕一个主题写一组牧歌，或者用组歌来叙述一个故事。意大利音乐家韦基把这种形式称为牧歌喜剧。这使人们立刻想起联篇歌曲或套曲的大师舒曼和舒伯特。在 16 世纪的意大利，诗歌和音乐众多的配合形式是后来的大合唱与清唱剧的先驱，另外还有一种形式一猜就着，很快就会提到。

　　教堂的仪式向来是用音乐来强化虔诚情绪的。这些仪式为了更加适应音乐的表达而作了改革。长期以来，作曲家一直把弥撒看作是举办音乐会的好机会，经调整后，各部音乐和歌词完全配合起来了，而且特别注意不能在一个词的中间断音，也不能歪曲重音。

157

大学和修道院还是老样子：音乐，除了音乐还是音乐。词语失去了任何意义，只是落在耳膜上的声音。而人们却要放下工作，去教堂听这些比古希腊和古罗马剧场里糟糕得多的噪声。还要筹钱购买管风琴和训练男孩子高声尖叫。

——伊拉斯谟（1513 年）

　　新教徒在这方面处理得非常好，由所有教众齐声高唱赞美诗。这些改变代表着一种普遍的努力，要赋予音乐表现力，要通过音乐来达意。这种趋势表现了艺术的现代特征，着眼于具体，而不是全体，并全力以赴地去反映独特性，也就是个人。

※

　　要完全明白文艺复兴时期发明的音乐方法，就得动用技术用语并用音符来示范。但是，如果先简短地回顾一下在此之前的情况，只用文字也可以对这一重要变化作一个粗略的介绍。

　　在中世纪的大部分时间里，教堂音乐主要是所谓的格列高利圣咏，只有一个旋律，用来吟诵祈祷词。当然，大量的民歌和家庭歌曲也是旋律性的——都是一个人唱。在 12 世纪那个艺术和思想欣欣向荣的时期，人们发现把两个以上的旋律结合在一起能产生优美动听的效果，虽然这样会造成歌词的模糊不清。第一个为这种做法确定理论的菲利普·德·维特里称它为 ars nova（新技术）。在以后的两个世纪里，这种做法还加进了声部，引得法国北部、比利时和荷兰的作曲家们（简称佛拉芒派）对这一技术不断探索，看它究竟能发展到什么地步，并从中得到了无穷的乐趣。这个复杂的艺术手法丰富繁茂的发展妨碍了它的表现力。只顾探索而忽视实用的狂热在所有艺术中都是常见的现象。

维特里还发明了注明音乐的标记以及用数字表明拍子的方法（比如二拍）。佛拉芒派的一大贡献是利用这些手法表现出了可供利用的各种音乐资源，并为复调音乐这一体裁确立了规则。由于它的形状，复调音乐被称为横向音乐：作曲家所写的旋律沿着四条、六条甚至更多的线路同时发展。在这样的混合中，同时发声的音符多数时候是悦耳的，由此产生了这一手法的另一个名称"对位法"，意思是一个音符与另外一个音符正好对在一起。但这种堆砌音符产生的效果偶尔会刺耳难听。为了解决这个难题，提出了"纵向作曲"的想法，即注意避免横向的旋律彼此冲撞。这种音乐风格另一个更为人熟悉的名称是和声。它使听众觉得旋律似乎是在上面（虽然所有的音符离地球中心都是等距离的），底下的一组音符（和弦）经过仔细挑选，以避免刺耳，即便刺耳，也是瞬间的，很快就"化为"和声。复调与和声都富有表现力，其中和声对抒情音乐和单一声部更加合适，更易表达微妙的感情。音乐史上复调与和声此起彼伏，各领一时风骚。这是一个典型的例子，表明了艺术对于外界需求的反映。对某一种形式的厌倦情绪也促成了这种交替。

词语所代表的思想蕴含着一种力量，所以如果人们不断地冥思苦索，音符会以不可解释的方式自动出现。

　　——摘自威廉·伯德《圣歌集》序言

16 世纪的技术创新是把复调与和声这两种音乐风格的要素结合了起来。从这种结合中又产生了其他的新形式，包括纯声乐形式和有乐器伴奏的声乐形式。其中最重要的是牧歌，它在形式上比中世纪游吟诗人唱的三节联韵诗和六节诗等诗歌更灵活。和以后的所有通俗歌曲一样，16 世纪的歌词讲的是一些永恒的主题：爱情、悲伤、死亡、春天和饮酒。牧歌各节可以配上不同的音乐，也可以把几首诗组合在一起，形成一部半戏剧形式的作品；

没有副歌或对同一句歌词一字不差的重复，因此内容的发展不会受到阻碍。牧歌发源于意大利，那里有许多出色的作曲家精心培育这一体裁，不过在英国也有一批才华横溢的牧歌作曲家，在 16 世纪中期到下一个世纪初非常活跃（161＞）。他们尽管长期默默无闻，但是到了我们这个世纪终于被推崇为音乐大师。

16 世纪音乐的其他形式，如田园歌剧、假面舞和芭蕾舞（现在形式的前身，既有舞蹈，又有对话）也有同样的用意。不管主题是田园中牧羊人的爱情还是芭蕾舞和假面舞中众神的爱情，音乐所表现的情感都是世俗的情感，而不是过去的宗教情感。因此必须确定一套规则来保证音乐与题材相符合。

快乐的歌词不应该配以悲伤的旋律和缓慢的节奏，而催人泪下的悲剧不应该配上快乐的旋律和轻快的节奏，如果歌词表达的是悲伤和残酷的意思，（作曲家）在给歌词谱曲的时候就要确保乐曲与其相配，不要与歌词的意思相抵触。

——威尼斯的扎利诺《和声原则》（1558 年）

159

另一个需要解决的问题来自人文主义者对古人的崇拜。他们希望发明一种模仿希腊戏剧的形式。大家知道，希腊戏剧其实是音乐剧，包括对话、音乐和舞蹈。悲剧这个词的意思是"山羊歌"，反映了这种体裁泛灵论的基础和它的音乐来源。现代音乐要在 1 000 年以后复兴这种体裁，就必须同时具备表现力和清晰度，也就是说，剧中的词必须能听得清楚。

要做得如此面面俱到，理论家和音乐家不得不携手合作。最主要的矛盾是，歌词作者重视词的表现力，而爱好音乐复杂结构的人着迷于四到十六个声部的对位法，声称大合唱具有充分的表现力。奥兰多·拉索、若斯坎·德普雷、帕莱斯特里纳、维多利亚所创作的弥撒曲和世俗的作品便是这种争执的见证。16 世纪为世界留下了富有表现力的复调纯声乐方面最丰富的遗产。

攻击复调音乐的人最终取得了胜利。他们要改造的不仅是宫廷中优雅的戏剧形式的音乐，还包括上述公共活动中的复调音乐。歌词清晰度的加强有利于节日的庆祝。歌词作者支持复调音乐的反对派，因为他们本身的作用也发生了变化。打个形象的比喻，他们丢掉了里拉琴。过去的吟游诗人自弹自唱，若有伴奏，也只是一两个人为他伴奏，内容完全是他自己创作的。今天的流行乐、摇滚乐和说唱乐等爆发性的音乐又恢复了这种现象。只作词的新诗人渴望自己的作品得到演唱。当他们的诗谱上曲之后，他们要求歌词的美能得到欣赏，因此他们不想要复调。

除了争论以外，人们开始了各种尝试，创作音乐剧，并以所谓词语绘画的方式为诗歌和宗教仪式配曲（"绘画"这个用语很不恰当，因为音乐并不造成视觉的效果，而是打动人心（640＞）。于是，天文学家伽利略的父亲温琴佐·伽利略为但丁《地狱篇》中乌戈利诺的独白谱了曲，还有人为塔索史诗的片段谱曲。法国人发明了分成几节讲

> 旋律不应该只是烘托歌词的细节，而应该解释整首歌的情感。
>
> ——朱利奥·卡契尼（1601 年）

述故事的歌曲形式，而英国的牧歌作曲家所创作的作品，正如上述的那样，无论在数量上还是在质量上都是无与伦比的。简言之，富有表现力的单一声部和对于戏剧性音乐完美形式的不懈追求同时并存，这种追求在这个世纪末产生了一种新体裁——歌剧（174＞）。

※

160　　　愿意自己创作和出版歌词的诗人与按自己的喜好谱曲的音乐家的分工已成定局。我们所用的术语也反映了这一现实：当说到音乐剧的歌词时，我们指的只是字句；伴随歌词的音乐则称为伴奏。这里面暗示了解放的主题。16 世纪的音乐从僵化的佛拉芒复调中解放出来，通过诗人和音乐家的分工，扩大了他们的创作范围，并且给大合唱加进了过去不常见的低音，同时还引进了变音体系（指使用主音阶以外的音符；不受约束的杰苏阿尔多是这方面的先驱）。纯器乐演奏得到了接

受，管弦乐队发明于 1470 年这个说法是可信的。隆重的音乐节也诞生了：加布里埃利斯叔侄二人创作的音乐中，大群的演奏者和歌唱者隔着空旷的场地彼此呼应，造成极强的戏剧性效果，声音响彻威尼斯的圣马可广场。出现的一个新词——协奏（concerti）指的是各种不同类别和大小的乐器的组合。当然，必须在乐谱上注明表示速度和表情的记号，这样才有利于恣肆汪洋的情绪的表达，由此产生了柔板、快板和震音等术语，意大利语似乎是注定要表达这些专门术语的语言。

意大利的音乐家充分意识到他们开辟了新领域。他们发表的作品扉页上都有新音乐或类似的词语。另外还有件可能与此相关的怪事：在当时西方文化中心的里昂，一个专门出版音乐作品的印刷商出版了一部著名的新风格作品，题为"欢乐的音乐"。这位印刷商名叫雅克·摩登。他是真的姓摩登，还是个宣传的噱头呢？不管怎样，据说是最近才出现的"新事物崇拜热"其实已有 700 年的历史，至少从菲利普·德·维特里的时代就开始了。

需要再次指出，并不是所有的新事物都迅速被普遍接受。有些风格和用法慢慢地消亡了，复调却是摧毁不了的。诗人音乐家和音乐家诗人都生存了下来，尤其是那些非专业的人，他们要么用他们的双重才能创作出卓越的作品，像英国人托马斯·坎皮恩，要么使自己成为一架创作机器，像德国的鞋匠汉斯·萨克斯，他的作品成批地快速涌现，有 4 275 首歌、1 700 首诗、208 个剧本。

应该补充的是，文艺复兴时代的音乐是有人反对的，有的只是求全责备，有的则相当激烈。后者中萨沃那洛拉首屈一指，他烧毁了所有能收集到的乐器。在北方，希罗尼米斯·博斯出于同样的想法，在对地狱的描写中两次包括了乐器（成为萧伯纳的先例）。这种态度与文艺复兴文化中可以称为黑暗思想的潜流是

许多邪恶和堕落的人错误地把音乐当作刺激，沉湎于世俗的享乐，而不是借音乐来思考上帝，赞扬他的光辉，从而使自己得到升华。

——维多利亚（16 世纪最伟大的西班牙作曲家，作品特别振奋人心，1581 年）

161　一致的。杰苏阿尔多的歌词中常常提到死亡。性格忧郁的人、道德卫
道士以及虔诚的人认为那个时代是险恶的，注定要灭亡。无休止的战
争、一再发生的瘟疫、新出现的梅毒病、谋财害命或报复仇杀——所
有这些在骷髅舞[1]中都常有描绘，不由人不感到悲观忧郁。不管在哪个
时代，人们都很难相信音乐使行为温和的格言。特伦托的主教对音乐
严格审查，给宗教音乐规定了各种清规戒律，从而引起了无休止的争
议：使宗教仪式戏剧化的音乐是否可以接受？虔诚是否意味着即使面
临最后的审判，也不应该中断平静的祈祷？安魂曲应选择柏辽兹的还
是福莱的？

　　主教们吹毛求疵有他们的道理。早期的复调音乐作曲家在创作宗
教作品时毫无顾忌地使用民歌曲调做主题，而那些曲调常常配以淫秽
的歌词。这激怒了虔诚的人士，认为这样的曲调把宗教仪式变成了笑
话。有的纯粹派甚至认为，唯有无乐器伴奏的声乐才适合宗教仪式。
罗马的圣彼得大教堂就是这样做的，尽管教皇本人的教堂容忍管风琴
伴奏。西班牙的腓力二世禁止所有风格的音乐，除了格列高利圣咏。
说理是解决不了问题的，只能彻底杜绝庸俗的曲调。

　　文艺复兴音乐还有另外一个值得注意的方面：它不仅大胆创新，
在有些体裁中空前绝后，而且是国际性的。大多数作品来自意大利，
但是英国、荷兰、法国、西班牙和葡萄牙也出了不少大师。仅举一类
为例：英国的牧歌作曲家道兰、伯德、塔利斯、莫利、吉本斯、威
尔克斯等人给阿里奥斯托、本·琼森、斯宾赛、菲利普·锡德尼爵
士、约翰·多恩、沃尔特·罗利爵士的诗谱曲，他们是璀璨的艺术群
星，卓越的才能人所共知。[业余音乐爱好者可参阅埃德蒙·费洛斯
（Edmund H. Fellows）所著《英国牧歌乐派》（*The English Madrigal
School*）。] 还必须纠正一种普遍的印象，好像德意志那片地方的人，
尤其是维也纳周围的人从来都是最有音乐素质的。在近代早期，德意

---

[1]　中世纪绘画、文艺、音乐中由骷髅带领众人走向坟墓的舞蹈。——译者注

志各公国绝不是音乐的先锋，和其他民族相比，他们的民歌作品少之又少。为什么某地的人一定在艺术的某个领域永远独占鳌头呢？艺术的精灵一向任意而往，不以人的意志为转移。

※

看看穿插在莎士比亚剧中的歌曲，就知道文艺复兴时代的诗人有多大的创作自由。无论他们是否想好要用什么曲调，他们已经从中世纪那种专门用来配曲的分节诗形式中解放出来了。结果，充满激情的诗歌大量涌现，英国和法国的作品尤其精湛。在英国，文艺复兴硕果累累，举世闻名，只提一笔就已足够。当然，从锡德尼的《诗辩》中，我们了解到只有少数人欣赏诗歌艺术。不管怎样，在不算长的时间内，接连出现了像怀亚特、萨里、琼森和多恩这样的伟大人物。在宫廷、大学、剧院和贵族的宅邸中，到处可以看到单篇或系列的十四行诗、颂诗、牧歌和古代神话叙事诗。在书信中也有诗，诗体书信这种形式现在几乎不存在了，但当时，给友人或赞助人写的庆贺添丁或恭喜结婚的信，发出的晚宴邀请，或者是讨论某个问题的书信都是诗歌体的。任何人都能即兴提笔写诗体信，当然有些书信是经过仔细斟酌的。

在所有形式和主题的诗歌中，爱情十四行诗和爱情抒情诗的数量遥遥领先，形成了非常狭隘的表达感情和求爱的习俗，这些习俗居然历时经久，实在是个奇迹。300年间，诗人所爱慕追求的情人都无一例外

哦，命运，你是这般捉摸不定，
让我感到焦灼不安！
请看这座监狱，命运是否
能让我坚持下去，还给我失去的快乐。
——伊丽莎白女王被囚禁在伍德斯托克时
用木炭写于一扇百叶窗上（1554年）

地或冷淡、或狠心、或轻佻、或残酷、或不忠，因此形成了这样一种状态：两情相悦的爱慕反而得不到歌颂。对爱人相貌的形容也有定规：要用关于颜色和形状的一些特定的形容词，并用某种自然物品，尤其

是水果和花，来作比喻。结果，除了会写诗，还要在现有的规矩内找到新颖的表达方式。这是个不小的挑战，是它激励诗人们创作了那么多致远方的，或者是根本不存在的西莉亚和迪莉娅的悲伤的求爱诗。

最后这一个细节并不降低那些诗的价值，当然，更能打动读者的是发自心灵深处的悲泣和诸如莎士比亚十四行诗中表现出的嫉妒那类真正的痛苦，以及基迪奥克·蒂奇伯恩在临刑前绝望的平静。[可读 W. H. 奥登（W. H. Auden）和诺曼·霍姆斯·皮尔逊（Norman Holmes Pearson）编辑的选集《英国诗人》（*The English Poets*）第二卷：《从马洛到马韦尔》（*Marlowe to Marvel*）。]

※

同时代的法国诗人人数较少，他们可能是首先把自己称为"一派"的。起初他们自称大队，后来，他们声誉不断提高，人数却逐渐减少，于是改名为七星诗社，这个名字来自有关七颗星的希腊神话和天文学家据此给那个星座起的名字。20 世纪出版了一套经过严谨编辑的法国经典著作，出版商为他出版的系列取了同样的名字，以表示系列所收集的作者可以与那些诗人相媲美。但是这种暗示是近来的事情。这七位当时名声大噪的诗人在 16 世纪末销声匿迹，原因是当时法国的政治和社会发生了历史性的变化（187 ＞）。

从他们之间唱和的诗中可以看到，这七位诗人自认为是革命者，立志全面革新诗歌。他们热衷于新鲜事物，精通以他们为前卫的创作形式，这个比喻是他们同时代的社会历史学家艾蒂安·帕基耶首先使用的。他们其中的一些人一度试图复兴古代诗歌的音步，不仅以重音而且按元音和音节的长短来分音步。雅克·德拉塔耶为此提供了理论，英国和意大利的诗人也分别作了同样的尝试。但是现代语言拒绝与他们合作，由于重音的缘故，音节意义不明。

但是，在语言和音步方面的创新仍然是七星诗社的优点，最充分地反映在他们的领导人龙萨的作品中。他需要克服一个巨大的困难：早期人文主义者的热情给法文的词汇留下了深深的烙印。法文中原有的发音整齐、轻快的词汇被源于希腊和拉丁文词根的新词汇取代了，例如，中世纪早期的人把拉丁文中的 potionem 一词缩改成 poison，文艺复兴时期重新起用了 potion。这是好事，因为本来这两个词就指不同的意思。但是，在大多数情况中，新词汇取代了旧词汇。（英文也经历了同样的外来词汇的涌入，使其词汇量增加了一倍，如 motherhood，maternity。）此外，如拉伯雷的用词风格所示，法文的文学词汇中充斥着大量用希腊-罗马词汇拼造出来的冗长的词，使其变得迂腐、抽象、荒谬和含糊。英文中原来的 f、t，以及 i 或 u 后来变成了 ph、th 和 y，也是出于同样的原因。

七星诗社中一位名叫迪贝利的杰出诗人写了《捍卫法文》一文，说企图与古人在拉丁文上竞争是一种过时的做法；法文本身的词汇非常丰富，尽可满足所有的需要。龙萨和他的伙伴们对现行语言中新与旧的成分兼顾使用，用初期的现代法文创作出大量的作品，以龙萨出产最多。他比伙伴们都长寿，作品涉及每一体裁，包括颂诗、十四行诗、挽歌、爱情抒情诗、书信体诗文和讽刺短诗。继文体流畅、轻松、有意大利风格的克莱芒·马罗之后，龙萨的长诗树立了华丽的风格，这在他的《赞美诗》中表现得特别明显。

为了写长诗，他重新起用并改进了亚历山大格式，这种格式的名字来自一首歌颂亚历山大大帝的中世纪诗歌。这种音步早已废弃不用，但龙萨改动后给它增添了雄浑的气势，表明可以用它来写七星诗社成员们所钟爱的许多主题，当然包括爱情，但也包括自然、历史、信仰以及人生的种种。在以后的三个世纪里，亚历山大格式一直在法文诗歌中占有主导地位，虽然规则比七星诗社的时代更为严格。

这种格式的诗句由 12 个音节组成，中间停顿一次，并与后面的诗句隔行押韵。[参阅雅克·巴尔赞（Jacques Barzun）的《为英国诗歌的读者论法国诗歌》（*An Essay on French Verse for Readers of English*

164

Poetry）。〕有趣的是，同时代的英国诗人采用了每句 10 个音节的无韵诗体，认为它最适合于重大的主题，用在剧本里也便于快速对话和长篇念白。马洛在《帖木儿》中增加了速度和节奏感，确定了这一诗体与亚力山大格式以及 18 世纪英国诗歌——与法国诗歌采用同样押韵法的英雄偶句诗——之间的明显分别（356 ＞）。

　　这两条主线的早期历史迂回曲折。它最初起源于 12 世纪普罗旺斯的行吟诗人。传到意大利后发展成但丁、彼特拉克和其他人所采用的每行 10 个音节的诗歌形式，但传到法国北部后，却增加了两个音节。与此同时，意大利的诗歌形式传到英国，为乔叟所采用，当时仍然保留了押韵。此后，由于剧本形式的需要，它转化成一种不押韵的形式，被莎士比亚、弥尔顿和华兹华斯用来表达各种各样的意思和情感。

※

　　戏剧在 16 世纪的地位以及这类作品的质量难以确知。众所周知，16 世纪后半叶出现了大量的英国戏剧，充满了激情和诗意，深受社会各阶层人士的欢迎。伊丽莎白时代最优秀的戏剧至今仍在上演。在西班牙，洛佩·德·维加当时还处于创作生涯的初期。在其他地方，戏剧的状况一直令人失望。在意大利，田园剧最为流行，牧羊人的爱情不管是失意还是得意，都感人至深，有不可抗拒的诱惑力。这也难怪，阿卡迪亚的田园风光使人可以暂且忘记侵扰着佛罗伦萨及其姊妹城市的内忧外患。田园剧代表着一种原始主义，起到了治疗性的作用。在法国，有几十年的时间，剧作家翻译意大利的喜剧，或者尽责地创作古典主题的悲剧，然而，他们认真的努力并没有产生能达到艺术高度的作品。

　　需要指出的是，在文艺复兴时期，喜剧（comedy）是戏剧的统称，后来还偶尔有这种用法。在法文里，至今为止 comedien 的意思仅是演员而已。没有人会把但丁的《神曲》(*Divine Comedy*)误认为是逗人发笑的喜剧。这种用法说明,在现代的戏剧出现之前,没有固定的术语。以前的剧本常常以宗教或民俗为主题,前者是说教性的,后者是娱乐性的。16世纪流行鲜明的风格,comedy一词开始是指那些情节复杂,描述老百姓的生活,结尾常常是皆大欢喜的戏剧。这一类型中最出色的杰作是马基雅维利的《曼陀罗花》。它是一部关于阴谋诡计的剧作,使人联想起《危险的交往》(这是最近拍摄的一部电影,根据18世纪的一部法国小说改编而来)。

165

马基雅维利的《曼陀罗花》和他的《君主论》(256 >)一样,采用的是"现代"手法。其他的剧作家枉费心机,企图通过模仿罗马的普劳图斯和泰伦斯来推陈出新,然而这两个罗马人本身就是在模仿更古的希腊人米南德。从模仿品中搞出来的模仿品必定意味全无。在意大利比较有活力的是即兴喜剧,这种粗俗的滑稽剧用的是传统的角色,台词按可以预料的线索即兴发挥。到18世纪时,哥尔多尼对这种通俗艺术形式做了调整,用于高雅喜剧,创作出他的喜剧杰作。

另外一种喜剧形式是对严肃体裁的嘲弄。最合适的对象是史诗,因为它的内容往往荒唐可笑。浦尔契的作品中已经出现了有意的轻松描写。16世纪意大利的贝尔尼通过嘲弄博亚尔多展现了把对英雄人物的嘲弄和严肃的反省结合起来的手法。后来,法国的斯卡龙用同样手法创作出轰动一时的《乔装打扮的维吉尔》。以此我们可以推测,新古典时期的读者并不缺乏幽默感。用贝尔尼的手法创作的最佳作品是在他之后很久的时间,在离他的国家很远的地方出现的:拜伦吸收了贝尔尼的模式,研究了塔索和阿里奥斯托,并翻译了浦尔契的一些诗歌,然后试写了一篇题为"别波"的讽刺短篇史诗。这等于是一次练习,为他后来创作杰作《唐璜》作准备(486 >)。

与此同时,诗人和批评家一直在讨论悲剧诗人若要创作成功所应遵循的规则。这些规则来自亚里士多德的《诗学》和贺拉斯的《诗艺》。

我敢说，这一类戏剧如果由有悟性的演员用自然常用的语言去表演，而不是用拉丁文或咬文嚼字的文言，那么对于那些在打猎之余进城休息的要人来说便是最佳的消遣了。

——让·德拉塔耶（1548 年）

我不喜欢那些在两小时之内见分晓的战斗和围剿，严谨的诗人也不应当在瞬间从德尔斐跳到雅典。

——尤利乌斯·恺撒·斯卡利杰（1561 年）

任何认真研究过古人伟大著作的人都会发现，戏剧性诗歌叙述的行动都是在一天之内发生的，最长也不超过两天。

——安东尼奥·塞巴斯蒂亚诺·明特恩诺（1563 年）

整个剧情不应超过 12 小时的时限。

——洛德维科·卡斯泰尔韦特罗（1570 年）

有什么比在第一幕中还是个襁褓中的婴儿，到了第二幕已成了一个满腮胡须的男子的剧情更荒唐？

——塞万提斯《堂·吉诃德》（1603 年）

前一本书概述了希腊的戏剧，后一本则详述诗歌必须措辞生动，发自内心，以对付厌倦这一永恒的威胁。如此注重亚里士多德的规则是自相矛盾的：不止一位理论家清醒地认识到其中的某些规则是多余的，或者是被曲解了。有些人甚至声称有些现行的规则在《诗学》中根本没有。然而，一代又一代的众多作家坚持这些规则，并就《诗学》这一短短的论文写出了大量的评注。到了后来，连戏剧的观众也大谈"三一律"，并以一个剧本是否忠实于"规则"为标准来对剧本进行评判。

亚里士多德究竟是怎么说的呢？他认为，悲剧必须表现出主人公一失足成千古恨的意义。剧本的重点是行动和剧情，而不是卷入其中的人物。为了加强效果，行动必须是单一的，直截了当的，不能情节中套情节。对于后来的理论家来说，这是三一律的头一条。观众眼看着剧中的英雄走向毁灭，对他生出同情怜悯之心，并由彼推己，为自己感到担忧；焦虑因此而得到发泄，剧终落幕后就可以心情平静地回家了。实际经验表明，一出真正的悲剧，而不是伤感剧，会使人感到振奋。

166

批评家辩论的另一个概念是悲剧必须在同一天内发生在同一个地方。有人认为应该是 12 小时之内，有人认为应该是 24 小时之内。他们的理论是，时间和地点这两点上的单一性可以加强真实感。不知为何，他们觉得舞台上的 3 个小时可以相当于实际生活的 24 小时，但不能是 36 小时，当然更不用说 10 天了。可是，英国和西班牙的戏剧打破了三一律的所有规则，就连全剧基调也不单一，因为喜剧和悲剧的场景全部混在一起，观众却照样看得津津有味。然而，除了这两个国家的批评家，别人在辩论中对此却根本不予注意。

虽然人们决心效仿古人的戏剧，或者说想象中古人的戏剧，但他们显然没有采纳希腊戏剧中载歌载舞的部分。略去歌舞当然加强了戏剧的真实感。事实证明，人们在追求正确的戏剧形式的同时，也十分重视接近生活。现代派希望情节可信，因此，历史故事比神话更合适。他们要在舞台上反映人，而不是《圣经》里的人物或者像中世纪的戏剧中那些真理、善、恶的抽象化身。

文学规则的另一位权威贺拉斯曾断言："诗如画。"因此，戏剧诗人描述的应该是真实的情形。但是在舞台上哪些是真实的呢？观众当然知道演员本身并不是国王、女

> 悲剧和喜剧——泰伦斯和塞内加的结合给人带来无尽的乐趣。多姿多彩的大自然就是明证。
>
> ——洛佩·德·维加（1609 年）

王、年轻的恋人或流氓，但是，（批评家回答说）好的戏剧家运用古人的经验和规则创作出的戏剧能使人完全信以为真。如果现代人对这个教义感到不耐烦，他不应该忘记，在 16 世纪的开始阶段，戏剧是通过真实性来赢得观众的。几百年以后的我们见多识广，相信艺术。我们把美学奉为圭臬，把一切与其相符合的艺术都作为重要的和真实的东西接受下来。规则已经不是考虑的因素了，恰恰相反，打破规则反而成为真正艺术的试金石。

167

※

　　第一批现代批评家并没有把全部时间放在悲剧上。他们对其他的戏剧形式也同样密切注意，通常是以贺拉斯的理论为出发点。直到 19 世纪，批评就是运用这些既定的标准去进行评判。批评的过程是分析性和判断性的，就像在作品上放一块镂花模板，作品的好处从孔隙中显示出来，显示出的地方越多，作品越精湛。[参阅 J. E. 斯平加恩、(J. E. Spingarn) 的《 文艺复兴时期的文学批评》(*Literary Criticism in the Renaissance*)。]

　　把整体切分成部分的分析手段是科学的根本方法，但用来判断艺术作品却不一定合适：在一个故事、一首十四行诗或一幅画中，哪些是自然的部分呢？创作者为了表现自己的想象，要创造一个浑然一体的有生命的物体，而不是由不同部分组成的机器。如果看一下早期通过分析进行系统性批评的例子，比如但丁对于他的系列十四行诗《新生》的评论，就会看到，他不过是用散文的方式一段段地重复了诗句的意思。这可能对他的某些意图作了一定的解释，但我们同时隐隐约约地感到，他这样做是多余的，不合适的。仔细思考一下，就会明白其中的道理：所有的评注加起来也表达不了系列中的几首诗的意思。一句话，分析是简化性的。自从分析在自然科学中获得了明显的成功以后，它就变为一种普遍性的方法，不仅用来处理未知或难解的问题，而且应用于一切有意思的东西，好像它们都是难题一样。因此，分析可算作一个主题。根据它的具体效果，有时也不妨称之为极少艺术。

　　在文学以外的艺术领域中，专门的职业批评家直到 18 世纪中期才出现。在那之前，同行之间有时会进行一定的批评，当一种风格引起争议时，业余爱好者或支持某个艺术家的记者也会出来助战。

横断面：1650年前后威尼斯所见

美国幽默家罗伯特·本奇利初访威尼斯时发现街上到处是水，惊叹之余特地给纽约友人发电报报告这一消息。公元5世纪，意大利北方遭到日耳曼人的侵略，逃难的人们离开大陆，躲到这里的湖上，之后建立了这座伟大的城市。它原来只是个村子，后来发展成与近东进行海上贸易的中心。到了1400年，它已经成为一条运输大动脉，源源不断地为欧洲的北部和西部（包括英国）的人们输送他们日益奢侈的生活所需要的物品。

中世纪的十字军东征使西方人见识到地中海东部各国的舒适生活。大批的十字军回国后，在原始落后的西方激起了普遍的欲望。人们渴望得到东方的所有好东西：金银丝织品、棉布、丝绸和平纹细布（muslin这个词来自伊拉克的摩苏尔城Mosul）；玻璃制品、瓷器、用大马士革的钢锻造的剑；橙子、杏子、无花果、塞浦路斯的葡萄酒；地毯、宝石、药物、胡椒、熏香和香水。位于意大利另一边的热那亚本来想从这多种多样的贸易中分一杯羹，但处于亚得里亚海顶端的威尼斯比起热那亚来占有地理上的优势。葡萄牙人找到了通向东方的海上之路（< 103）之后，威尼斯不再是唯一的贸易中心了，但是它仍然保留了一些奢侈品贸易的垄断权。葡萄牙人正是因为眼红威尼斯的财富才去探险的，一个名叫哥伦布的热那亚航海家怀着西行的热望去求助葡萄牙国王帮他圆梦。到了1650年，威尼斯已经开始走下坡路，但十分缓慢。它的制造业依旧利润丰厚，海上力量仍然称霸一方。威尼

170 斯以及它在大陆上辖区的居民只是感到竞争比以前有所增加。他们知道自己仍然是世界的奇观。其中一个原因是威尼斯的政府形式独特，效率惊人。

哦，威尼斯！威尼斯！当你的大理石墙与水平齐，
各国都将为你的大厅的沉没而惊叫，
他们将在海边哀叹和哭泣！……
哦，多么痛苦！几百年的积累一朝付诸流水！一千三百年的愤怒和荣誉将化为尘土和眼泪……
——拜伦《威尼斯颂》（1815 年）

大家都听说过，身为城邦之主的总督每年都在一次庆典上把他的戒指扔进大海，这象征着威尼斯与给予它生命的大海成婚。但是，早在 17 世纪中叶前，总督就已经是傀儡了。他相当于立宪制的君主，唯一的权力来自他个人的影响——如果他刚好有个性，有头脑，能够发挥影响的话。实权掌握在一套错综复杂的理事会制度手中，而理事会全部由贵族家族所把持，他们是从商的贵族。与其他所有的欧洲城市不同的是，威尼斯的贵族既从商又从政。

在金字塔形的国家政权最底部的大理事会是由 25 岁以上的权贵组成的自动连任机构。它负责选举和任命其他官员，如参议员、"十人委员会"成员、相当于城市守护神的圣马可财政长官、法官、一些专业委员会的成员以及圣贤学院。每个星期天早上，总共有 300 多人聚集一堂，他们只作人事方面的选择，并不讨论政策问题，除非发生了严重的紧急情况。

这种安排本身并没有什么特别。它的出奇之处在于官员所遵循的规则和习俗。"十人委员会"是每年选举一次的行政部门，负责警察和防卫事务。它所管辖的问题包括道德、公共文明、叛乱分子和外国的敌人。读过卡萨诺瓦回忆录的人一定记得，他放荡的冒险生涯是从威尼斯的监狱越狱之后开始的。这所监狱又称"铅屋顶"，因为它坐落在总督官邸一侧的一座楼的屋顶之下。除了卡萨诺瓦惊心动魄的故事，还有众口相传的传说，据说头天夜里从圣马可的石狮子嘴里投入一封匿名信，第二天信上举报的人就会失踪，这些使得"十人委员会"背

上了武断专横、执法无情的恶名。

这个传说纯属无稽之谈；而"叹息桥"确有其事，不过也不值得大肆渲染。威尼斯有 11 个初审法庭，两个上诉法庭；没有陪审团，但是被告可以得到法律咨询，比英国和有同样做法的其他刑事司法制度早了几百年。法庭既审判平民，也审判权贵，"十人委员会"很得人心。民众可以向它提出请愿，并能得到保护不受迫害。司法过程迅速，罪发后一个月内即予审判。根据当时的标准，判刑并不严厉：重罪判死刑；伪造罪切掉一只手；强奸罪和通奸罪切掉一只手并挖去一只眼睛；死刑有五种处决方式，普通的罪犯在水里溺死。与其他地方一样，也有刑讯逼供，但是法律在这方面有严格的明文限制，是否真正执行就不得而知了。

"十人委员会"选出三个人做领导，由他们每个月轮流主持日常工作。别的部门的负责人每天轮换。在任职期间，禁止"首领"进城或与任何公民交谈，目的是为了使老百姓完全不问政治。由于同样的目的，"十人委员会"还派侦探把任何颠覆阴谋扼杀在萌芽阶段。意大利其他所有的城市经历了无数次阴谋、背叛、流放、暗杀和专制者之间的相互残杀，而威尼斯在 500 年里却"风平浪静"。

威尼斯各种政治措施中，有一条措施是为了保证官员忠于职守，至少保证总督能够尽职。因为总督家财万贯，对他施行这条措施最合适。这条措施是：总督去世后对他在职时的表现进行评判，如果评语不佳，他的后人会被罚款或遭受别的惩罚。因此，总督不敢聘用自己的亲友在政府里任职，生前所到之处都有总督委员会的六个委员紧随左右对他进行监督，尤其是在拆阅来信的时候。

更重要的是，所有职务都由受过最直接训练的人担任。年轻有为的权贵在青少年时代就被聘用，观察见习大理事会的运作。一旦合格，就被派到不同的职位上去考验。任何人都不能拒绝任职或辞职。任期短，轮换频繁，上级对各个部门的工作都了如指掌。部门之间几乎没有明争暗斗。在严格的表面下不放松警惕，这可以说是威尼斯共和国

171

成功的诀窍。它与罗马人使早期的罗马成为伟大帝国的原则十分相似。威尼斯和罗马都受人敬佩，但从未被人效仿。相比之下，其他的国家，尤其是现代的民主国家，似乎不太把政府当一回事，不相信政府会认真严肃地管理国家事务。

柏拉图的理想是统治者兢兢业业，理智地管理国家事务。总体看来，威尼斯可以说是最接近这一理想的了。老百姓不能参政，但乐于遵守统治者的决定。这不是因为他们受了《理想国》的启发，而是由贸易促成的，再加上他们处在小岛上的脆弱位置。威尼斯与柏拉图的乌托邦的不同之处在于它与外界广泛交流，宽容异己。它容许外国人保持自己的信仰和教堂，包括希腊东正教教徒、新教徒、亚美尼亚人、斯拉夫人、阿尔巴尼亚人和犹太人，但同时不准僧侣干预城市的法律。天主教会任命官员必须得到总督的批准，并向他汇报工作。总督勉强同意成立了宗教法庭，但它只能审判天主教徒。总而言之，威尼斯的例子清楚地表明贸易可以开放人的思想。

但是，对于贸易的手段以及公民的福祉有着严格的控制。为此设立了众多职位，如：视察员监督货物的重量和尺寸以及造币厂的工作；仲裁员调解商务争端，处理佣人和学徒的苦情；审查员检查商店和酒吧的招牌是否符合标准，有无粗制滥造；还有专门制定薪金和税收的人员、帮助债权人追债的代理人、名目繁多的海事官员。威尼斯是整个地中海地区水手的往来之地，还有许多以服务质量闻名的疗养院，因此需要一个警惕性特别高的卫生局。所有的公务人员都得到像培养参议员和委员那样的精心栽培，一举一动都有人检查，如同会计师进行审计一样。

造币厂和兵工厂这两个杰出的机构出产的产品以其质量扬名全欧洲。从 1284 年开始铸造的杜卡金币在任何地方都以与币面相等的价值通用，相当于今天的"欧元"。在它之后，只有英国的金币曾在 19 世纪一段很短的时间里达到过这种地位。比铸造杜卡金币更早的时候，在 12 世纪，威尼斯就开始发行公债，结果使它成为欧洲税率最低的地方。教皇也对这些估价很高的公债进行投资，但是参议院有权力禁止不合格的人购买公债。16 世纪中叶，威尼斯建立了第一家国家银行。兵工厂则生产舰船、船上配备的武器以及弹药。为护送"圆形"货船而建造的战舰可装载 250 名士兵和不可缺少的音乐师。除了热那亚人一度是他们的贸易竞争对手，他们的宿敌是土耳其人和海盗。

威尼斯是法律理论的先驱，远远领先于其他所有国家。为了自身的需要，威尼斯人发展了一套海事法，还通过赞助帕多瓦大学向来自其他国家的学生传授罗马法和其他的民法体系。遗憾的是，在此不得不提这个城市的一些公民对自己法律的违反——他们违法贩卖奴隶，从俄国南部和欧洲的斯拉夫国家买进男子和女子（斯拉夫 Slav 这个词的意思是奴隶），然后把男子卖到埃及，把女子卖到西方。战俘也被当作商品买卖。但这一切到 17 世纪的时候都结束了。

为了维持有利于贸易的和平环境，威尼斯养了一大批大使。我们知道，彼特拉克在 14 世纪时出任过特使，那时的外交工作由演说家担任。特使必须气宇轩昂，他们向出使国的宫廷发表演说，然后便回国。大使常驻在外的制度、大使的授权、豁免权、密码和优先权，这些是经过许多曲折之后才逐渐成为惯例的。[参阅哈罗德·尼科尔森（Harold Nicolson）的《外交》（Diplomacy）。]到了 17 世纪，这个体制已经非常巩固。产生的一个结果是，威尼斯大使们的日常报告成为记载当时历史的最丰富的史料。

在我们概述的这个阶段中，威尼斯卷入了一场长达 25 年的战争。这场战争虽不是导致它衰弱的起因，却是它衰弱的征兆。共和国在 1571 年失去了东部的前哨塞浦路斯。1645 年，马耳他岛上的一群海盗俘获了一艘来自阿尔及尔的土耳其船，船上载有苏丹王的姬妾 30 余人，（据传说）其中包括他的宠妃。土耳其人以此为借口攻打克里特。克里特岛之于威尼斯相当于今

贯穿这些显要华丽的活动的是商人对外交的平实概念，主旨是人与人之间合理的讨价还价。健全明智的外交是中产阶级的发明。

——哈罗德·尼科尔森（1939 年）

173

天的古巴之于美国；卧榻之侧，岂容他人鼾睡。威尼斯当时处境艰难。
大西洋的贸易使它失去了大笔收入，国库匮乏。为了筹资保卫克里特，
政府采取了史无前例的出售政府办公用房的办法。更糟糕的是，还出
售贵族的爵位来筹措现金。威尼斯人在战争中表现出了充分的勇气和
能力，直到17世纪末，威尼斯还在围困雅典。但是，在这场漫长战争
的尾声，他们失去了克里特，威尼斯共和国在之后的125年走下坡路
的趋势大局已定。

※

生活在1650年前后的威尼斯人或亲眼目睹或从来访者和他们的大
使那里得知，在他们以外的世界里，除了为贸易而西行探险之外还出
现了其他许多新鲜事物。法国这个新兴的国家开通了布里亚尔大运河，
把中部与北部连接起来，而米迪运河则打通了地中海与大西洋之间的
通道。巴黎的皇家大桥是法国土木工程振兴的又一个象征。但是法国
的国王路易十三和首相黎塞留刚刚去世，巴黎各派趁乱相争不下，威
胁到王位的继承。继位的路易十四还是个少年，尚未到讲究排场的时
候。但是各地仍然在大兴土木，聪明多智的建筑师芒萨尔在设计中重
新采用了旧时的一种屋顶形式，现在，这种形式已以他命名。

科学和数学在各地蓬勃发展。法国的帕斯卡发明了一种计算器，
几种其他的装置和发现引起了许多国家研究人员（207＞）的兴趣，他
们彼此之间信件往来不绝。由于对科学的关心，伽利略和笛卡儿的去
世成为众人瞩目的大事。不过一段时间以后人们才注意到牛顿是在伽
利略去世的同一天——或者是同一年？——出生的。这一点弄不明白很
自然，因为英国拒绝采用格列高利历——即公历，所以欧洲大陆的日
期和英国的日期经常对不上，英国的日历比公历晚11天。据说英国当
时即将爆发内战，英国还从荷兰招募工人疏浚沼泽地。

英国国内因政治-宗教问题争论不休，在新大陆马萨诸塞湾的英国

殖民地也为了同样的问题闹得不可开交。总督约翰·温思罗普坚决反对把政府改革得更为民主，理由是《圣经》里没有根据。同年，殖民地（以及南部弗吉尼亚）颁布法律，创办学校来教授真正的宗教并提倡学习《圣经》。在新英格兰出版的第一本书，1640 年的《海湾圣诗集》，也是为了同样的目的。

但是，这些遥远的事件就像南太平洋发现了塔斯马尼亚岛的消息一样，很可能过了一阵儿以后才传到威尼斯这个亚得里亚海边的城市。以为历史上的大事一有发生，各地的人们马上知晓，这种想法是缺乏根据的。总的来说，历史对过去的了解比当时的时代对自己的了解更全面。在任何一个特定的阶段，对于一个重大事物的了解，无论是过去的还是当时的事物，都会因当时的时尚而变化，了解的程度也有很大的偶然性。今天还会有谁把威尼斯视为政治学的发源地呢？威尼斯这个名字只能引起人们美学方面的联想，就连这样的联想也是不完整的，一般人所想到的仅限于绘画和建筑。这两方面是实实在在、看得见的，而且有许多关于它们的著作——罗斯金的《威尼斯的石头》一书本身就是一个里程碑。然而，鼎盛时期的威尼斯居然对于世界文学无所贡献，这实在很奇怪，况且塔索和阿里奥斯托（< 151）的家乡费拉拉离那儿只有一天的路程。也许是这方面的欠缺使人淡忘了威尼斯所作的贡献，因为把生活的细节传述给后代的是诗歌、故事和戏剧，而不是绘画。

威尼斯产生了一位杰出的历史学家保罗·萨尔皮，但他主要研究的是特伦托主教公会。18 世纪的两位伟大的戏剧家哥尔多尼和戈齐是用威尼斯的方言写作的，对于其他地方的意大利人来说，那简直是一种外语。结果，不仅是政治家和大使，就连詹森、阿尔杜斯·马努蒂乌斯和文德林在今人脑子里也印象全无，这几位伟大的印刷和出版创始人发明了铅字和版面设计，使后人受益无穷（< 61）。公众以为，上至《圣经》，下至内容空洞的平装小说，"书"指的就是用古登堡的方法印刷的书。

还有一点更是不该：人们全然忘记了威尼斯是歌剧的摇篮。正是由于威尼斯对于歌剧的钟爱和培养，歌剧才有了变幻多端的风格。前面提到的威尼斯在音乐方面的其他一些发明也全部被遗忘（< 160）。固然，第一批幸存下来的歌剧是在佛罗伦萨作曲和上演的，写作这些歌剧的业余作曲家力图复古，振兴希腊悲剧（< 159）。当时人们批评这些作品枯燥乏味，这样说不无道理。由于力图使每一句歌词都清晰可辨，所以音乐部分只限于独唱，其余完全是宣叙。真正的歌剧重点应该在音乐，歌剧不是话剧，它给人以享受的不是歌词。为了表达剧情，音乐必须出于多才多艺的大师之手。因此，克劳迪欧·蒙特威尔第被视为歌剧之父是当之无愧的。

他的第一部歌剧《奥菲欧》于 17 世纪初在曼图亚上演。不久，他被任命为威尼斯圣马可唱诗班的总监，在那儿一直住了下来。继《奥菲欧》之后，他用新的戏剧形式创作了 18 部作品，其中的两部，《尤利西斯返乡记》和《波佩阿的加冕》，作于世纪中叶。这两部杰作可以同现代大都市中经常上演的歌剧媲美。

在《奥菲欧》以后，出现了众多的"宫廷歌剧"，尤其是在罗马。这些就差得远了。它们属于通俗作品，供取悦和歌颂贵族家庭之用，没有重新上演的价值。所以，对歌剧这一非凡的艺术，公演、支持和欣赏的功劳只能归于威尼斯。顺便说明，Opera（歌剧）这个词并非人们以为的是拉丁文 opus（工作）的复数，它是另外一个拉丁词 opera，复数是 operae，意思是愿意工作，而不是 opus 所表示的不得已或被迫地工作。古罗马人把 opera 这个词的意思延伸出来，用来指复杂的任务，就像我们常说的"宏大制作"。用这个词来形容一部歌剧的制作过程十分贴切。各个伟大的歌剧院的历史在这方面常有描述：在角色得到确定，演员的意愿暂时服从于演出之前，先要经过一场你死我活的搏斗。

蒙特威尔第的天才在于他一方面能使人物和情节得到发挥和表达，一方面也达到了音乐形式的要求。不论是宣叙调、咏叹调，还是大合唱，他先用旋律表达出歌曲的含义，然后转入和声、长音符、节律、模进和其他的音乐技巧，并且有多种乐器伴奏。

由于几位学者型指挥家的努力，如今的观众已经熟悉了17世纪音乐的某些特征，如男声最高音，开始是靠阉割资质优良的少年歌手来达到这个效果的。人们喜爱高音域是因为习惯了教堂唱诗班的童音。蒙特威尔第使用很多弦乐器，管乐器只有几件，没有打击乐器。这样的乐器组合产生的声音又尖又细，在没有习惯于其中的微妙之前，实在令人很难忍受——这再次证明了音乐是见仁见智的艺术，并不是所有有鉴赏能力的人都能够同样欣赏的。

歌剧这一体裁也属于同样的情况。20世纪中叶以前，自认为是音乐迷的人看不起歌剧观众。确实，那些人往往除了歌剧以外，对其他的音乐都不感兴趣。慢转唱片相当于一部容忍法规，迫使双方都承认一个明显的事实：歌剧离开舞台，录在唱片上，也就成了纯音乐，而其他的音乐也可以是戏剧化的音乐，和歌剧一样充满刺激。当然，一些歌剧的主题也是它原来名声不够体面的部分原因。歌剧源于文艺复兴的古典情调，早期歌剧的主题一般是古代的神话加上一些田园题材。然后，为了追求新鲜感，在题材上又采用了古代和现代的历史事件。18世纪加入了幻想，19世纪又回到了历史题材。在这之后，任何题目或时代，任何现代剧本或小说都可改编为歌剧，以表达这一体裁的两大内容：虚荣和暴力。

提出歌剧这两大内容是为了说明歌剧的文学内容是情节剧。它不是悲剧，也不是社会批评或思想剧，因为这些戏剧形式需要用言辞来传达理智上和道德上的信息。托尔斯泰曾对歌剧作过尖刻的描述，说它在本质上就是荒唐的。歌剧中的对话和行动之间的关系完全是粗线条，表演和表达的方式也是老一套，如：极力否认、跟踪、突然转身、一把夺过信、抢夺毒药杯，以及反复强调地唱出表达鄙视、气愤和仇恨的歌词。有二重唱、三重唱，最多到七重唱，唱的时候往往是直着喉咙大喊。当时的一位歌唱家把她的高音部唱腔坦率地形容为一种"有

176

控制的尖叫"。此外，剧情中的冲突常常错综复杂，甚至涉及法律条文，并人为地搞得无法解决。所涉及的男女主角、统治者或竞争者在冲突之中从不让步，提出的理由通常表现出个人或官方的自负，即虚荣。17世纪末，歌剧中引进了芭蕾舞，于是场面更加热闹，但这恐怕也是为了让观众在乱哄哄的剧情中能有个喘气的机会，虽然有时歌剧作家让舞蹈者饰演剧中的对手所召唤的地狱魔鬼。

那么爱情呢？喜歌剧怎么样呢？喜歌剧用滑稽的方式表现严肃歌剧中的困境。里面也有假设的对于和平与幸福的障碍，但结局是皆大欢喜，而不是死亡。大歌剧中尽管有一两段关于爱情的咏叹调，但其作用其实是给嫉妒和阴谋打伏笔。这些标准的特征可以说代表着用得最少的文学形式，但它们并不妨碍伟大的歌剧和其他体裁的作品一样，可以千变万化。想想从古到今的歌剧作品：蒙特威尔第的《波佩阿的加冕》、拉莫的《华丽的印第斯》、亨德尔的《薛西斯》、格鲁克的两部《伊革菲涅亚》、莫扎特的六部歌剧、贝多芬的《菲黛里奥》、斯波蒂尼的《维斯太》、韦伯的《魔弹射手》、柏辽兹的《特洛伊人》、罗西尼的《奥里伯爵》、瓦格纳的《特里斯丹》、威尔第的《奥赛罗》、穆索尔斯基的《鲍里斯·戈东诺夫》、尚博里埃的《格温多琳》，以及本杰明·布里顿的《比利·巴德》，我们不得不承认歌剧艺术在西方人的脑子里留下了一整套人们所珍惜的形象和感情。今天，一些曾完全被遗忘的作品和作曲家重新热门起来，说明这门艺术蕴藏丰富，其深度尚未为我们所全部掌握。

的确，歌剧的三个组成部分——歌词、音乐和布景效果——在不断地进行拉锯式的竞争。但是，形象——歌剧所创造的神话的力量来自音乐家。他利用歌剧重复性的框架，给僵硬的思想和空洞的歌词灌注了热情和生活气息。这一切早在1642年秋蒙特威尔第的《波佩阿的加冕》在威尼斯圣约翰和圣保罗剧院初次上演的时候就已经明显地表现出来了。

※

那 10 年中，除了威尼斯与土耳其的战争，如果威尼斯人放眼国外，还会注意到同时进行着几场其他战争。在德意志诸侯国那一片地区，20 多年前开始的争夺战已进入了最后的阶段。几年之后，它获得

想到这么多美好的东西被埋没在沉默的过去，这么多曾经给我们的先人带来了无比快乐的东西现在过时了，令人不禁黯然神伤。

——摘自唐纳德·格罗特《歌剧史》（1965 年）最后一段

了"三十年战争"的称号。英国内战终于爆发。法国的保王党与他们的各种敌人发生暴力冲突，也险些触发内战（296＞）。与此同时，法国军人在西班牙边界进行小规模作战，其中一个就是后来在《三个火枪手》中得到颂扬的达达尼昂，他是为保卫家乡加斯科涅而战。

德意志地区的战争本是新教革命引起的宗教冲突的延续，最后演变成在中欧争夺霸权的王朝之战。新教的瑞典和天主教的法国出人意料地结为同盟，共同对付奥地利的哈布斯堡王室。瑞典和法国都有领土野心：瑞典已获得了大国地位，拥有德意志北部各省，但它仍不满足；黎塞留大主教为法国制定的政策是把法国东部的边界扩展到莱茵河边。交战双方都差一点儿成功，若是成功，也许会使德意志各国同归一个宗教。但是，双方的指挥官同样杰出，即使在瑞典的古斯塔夫斯·阿道弗斯国王战死，哈布斯堡王朝军队的统帅、捷克的华伦斯坦一年之后想投靠瑞典而被自己的军官刺杀之后，双方之间的平衡仍未打破。最后，在改革中被新教徒夺走的一部分土地又被天主教徒夺了回来，使奥地利得了好处。

战后出版的一本书给我们提供了关于那场战争的第一手资料，这就是格里美豪森写的流浪汉小说《痴儿西木传》。该书以第一人称讲述了一个小男孩的故事，他出身贫贱，完全没有受过教育，所以被称为痴儿。当士兵抢掠了他的村庄，烧毁了他的家之后，小男孩开始四处流浪。他逃到附近的森林里，被一个看林人收留。男孩从他口中听

到了一些外面的大世界的情况。他的救命恩人死了之后，男孩被迫投入到那个大世界中。他的下一个恩人是一个政府官员，他收留了这个男孩，让他做小丑弄臣。这使他的头脑和智慧得到开发，但好景不长，士兵再一次侵入他的生活，把他拐走了。经过不少曲折之后，他也从了军，经历了各种风险。他的经历不仅反映了战争的恐怖，还反映了战争中人民道德观念的粗砺，反映了社会各阶层遭受的巨大苦难，以及战争造成人们头脑的迟钝。久而久之，争战双方都忘了在为何而战。

这部作品一举成功，促使格里美豪森在原来的五集后面又加上了第六集，而这一画蛇添足成了它不能算作杰作的原因，因为后加的部分落了当时浪漫故事的俗套。西木变成了世俗意义上的英雄。他立下了军功，荣耀显赫，一直远征到土耳其。一路写下来，这个角色渐渐失去了可爱之处，也使人们对他丧失了兴趣。

战争接近尾声时，法国打败了所向无敌的西班牙步兵。现在法国成了欧洲最大、最富有、人口最多也是最好战的国家。自古以来，占主导地位的强国都想进而建立大一统，主宰整个欧洲大陆，法国也不例外。三十年战争最终一无所成。倒是世纪中期签署的条约以及战争所带来的文化后果意义比较重大。

战斗、围剿、进军和反攻摧毁了德意志的大片地区，城乡民生凋敝，许多公国长期积弱。结果，在后来的两个世纪中，散乱零碎的德意志各邦国成为欧洲列强为实现王朝梦想的逐鹿战场。那里的人没有国家。在他人眼里，他们是乏味、迟钝、孤弱无助的苦命人，满脑子是幻想和晦涩难懂的哲学，艺术、语言和仪表都落后而又粗鲁，这种印象并非全无根据。后来，这个长期受辱的记忆变成了要向全世界表现与懦弱顺从相反的个性的决心，17世纪和18世纪强加在他们身上的顺从演变成了19世纪和20世纪他们所表现出来的自我约束力、公民责任感和军事实力。

三十年战争是最后一场"宗教战争"，但后来转为王朝战争。结束这场战争的条约宣布荷兰和瑞士这两个新教国家独立，变相承认了国家的概念。独立意味着主权，主权又意味着国家利益第一，高于对教皇的效忠和对国教的效忠。为此原因，为了国家的利益与一个宗教信仰不同的国家结为同盟便无可指责了。威尼斯人曾一度乞求土耳其人帮助他们对教皇领导的联盟作战，而教皇也曾如法炮制，接受过异教徒的帮助。简言之，到了17世纪中叶战争结束的时候，西方在公共生活世俗化方面向前迈出了一大步。

与欧洲一体的传统思想决裂之后，欧洲大陆上出现了界限分明的各个社会，各自在语言、法律、礼仪和艺术上都力争走自己的路。大家都是独立、平等的王国，所以彼此之间的关系很可能陷入混乱的无政府状态；这促使人们开始考虑建立一些超越国家的法律和制度。意大利各国的状况让人心寒，它们虽然同属一个宗教，但彼此之间战火不断。威尼斯要不断地对付四个邻国，包括教皇的势力。胡果·格劳秀斯对他新诞生的祖国荷兰的近代史进行了仔细思考之后，奠定了国际法的原则。在他之前，一位鲜为人知的西班牙学者比托里亚也考虑了同样的问题（＜110）。他们两人都面临着一个没有答案的问题：君主——无论是君主本人还是这种国家制度——根据定义是不受法律约束的。倒是有上帝的道德法，但应该由谁来执法呢？守法只能靠协议，需要超越自我利益。格劳秀斯的著作《战争与和平法》是明确宣布这种协议的第一次尝试，而最近的一次尝试是联合国宪章。

当时在威尼斯还可观察到另一场战争，即英国的内战。它既是宗教战，也是政治战；目的是反对国家教会，也是为了对君权的行使进行限制。血腥的战争除了中间短短的一段暂停外，一共打了7年，两个问题都没有解决，却引出了社会和经济方面的其他问题。这样看来，与德意志人30年的战争相比，它还是很有结果的。

与英国和德意志的战争相对应，出现了第一场以国际范围内的崩溃而告终的疯狂投机：郁金香疯狂。这种花于16世纪中期从近东引入欧洲，在中欧和荷兰尤其被视为珍宝。它从君士坦丁堡被直接运到花迷的手中，绕过了威尼斯。拥有一园子郁金香花成为地位的象征，各

179

个阶层的荷兰人都热衷于购买或种植郁金香。到了 1635 年，花价被哄抬到令人眩晕的高度；据说哈勒姆的一个商人花一半财产买了一个郁金香球茎，不是为了转卖，只是为了炫耀。

郁金香出现了，带着一身喜气，
无拘无束，充满了骄傲和情趣；
她的各种颜色为世所仅见，
但是，杂交后她又会以新的面貌出现⋯⋯
她唯一的目的是悦人眼目
使衣冠华丽的人相形见绌。

——亚伯拉罕·考利（1656 年）

有些头脑精明的人开始意识到转卖郁金香也许比自己拥有更有利可图。很快，通常沉稳的荷兰人开始倒卖郁金香球茎，好像公司的股份一样。好几个城市成立了交易所，经纪人（"郁金香公证人"）根据每一个球茎的名字、颜色和重量来叫价。卖空和期货的做法开始盛

180   行。有人很快发了迹，穷人一夜暴富。一种名叫"里夫斯金上将"的郁金香球茎曾卖到每个 4 400 弗罗林，"相当于一张配备了整套床上用品的床的价格的 44 倍"。这股狂热持续了两年时间，波及了伦敦和巴黎。荷兰人一旦恢复了理智，市场马上崩溃了。政府和宫廷力图用公正的办法来了结众多的纠纷，如买方违约，卖方诉讼以及破产者在监狱里喊冤。几个月的辩论和大量的决定都无济于事。鉴于这种投机生意的性质，任何决议都难以做到公正，也难以得到执行。

※

战争另一个完全不同的文化产物是一位捷克思想家的著作，他的家和手稿曾两次遭乱兵抢掠和烧毁，他是——

约翰·阿莫斯·夸美纽斯（杨·考门斯基）

他出身于莫拉维亚教徒的家庭，虔诚信教。但是，他反对耶稣会教师极其成功的做法，却并非出于宗教信仰的原因（< 42）。他一生四处漂泊，先到了波兰，按照他自己的模式建立了一所学校，然后又

去瑞典，最后到了英国，在那里，他的思想启发了弥尔顿和洛克。也是在英国，他受约翰·温思罗普之邀担任哈佛学院的院长。

他著述众多，最有名的是在世纪中期出版的《图画中见到的世界》，倡导通过启发感觉来看世界。他编写的教材广为使用，被翻译成十几种语言，包括阿拉伯文、波斯文、土耳其文和蒙古文。虽然路德早期曾呼吁为新教儿童建立免费公立学校，但真正建立起来的学校寥寥无几，在教育理论上与耶稣会相比也无法望其项背。夸美纽斯提出了教育的哲学。他和许多其他教育改革家一样，反复宣传同一个道理，尽管表达的方法各有不同；这是他们的使命。学校由于其性质注定会僵化死板，所以需要不断刺激，使之生动活泼起来。学校之所以失去活力是因为学校是一种袖珍的政府形式。正如政府的目的是形成共同的意志一样，学校的目的是培养同一种思想。两者都需要定期改革，把被日常事务淹没的初始意图重新提到首要的位置上来。

任何从事教育或者略知教育史的人都能猜到夸美纽斯的理论。他认为应该教事物而不是词语，因此课本应有刺激感官的内容。应把学校从监狱变为启发和满足好奇心的游戏场。应戒除体罚，减少死记硬背，用音乐和游戏的办法，通过接触物体和提问题来激发孩子的兴趣，通过介绍外部世界的情况来开发他们的想象力。夸美纽斯的教学法图文并用，让学生通过研究和讨论图片来认识物体和地方，这是视听教育的萌芽。夸美纽斯还提倡教授一种与现代科学相符合的有普遍性的宗教——"泛智论"。所有儿童的学费均应由国家承担，从幼年起就应该在充满关爱的环境里开始学习：4到6岁的孩子应该上幼儿园。他还提出了20世纪一句套话的精神：活到老，学到老。

这个方案引起了英国塞缪尔·哈特立伯的兴趣，他开始着手出版这部著作，但由于内战耽搁了下来。到了17世纪60年代，它终于出版，压倒了由当时的科学家或后来成为科学家的人们所提出的关于学校改革的所有理论。这时，弥尔顿写了《致塞缪尔·哈特立伯》。这篇文章被视为关于教育的著名论文是因为作者有名，而不是因为文章

的观点如何高明。弥尔顿希望各城镇建立营房，接纳 120 名年龄在 12
到 20 岁之间的男孩。这些男孩将通过书本学到知识，使他们了解上帝
并效仿上帝。弥尔顿认为这就是教育的目的。这样，一个人不论在公
共生活还是私人生活中，甚至在战争中，都会行为正直，处事圆通。
这当然是对哈特立伯极力提倡的夸美纽斯理论的反对。

> 我尽量使我的方法能包含全人类。如果
> 人能看到自己所能达到的至善境界，就
> 会为它所吸引。而如果教会人们到达那
> 个境界的正确途径，就找到了无所不包、
> 无所不及的哲学、宗教和治国方法。
>
> ——夸美纽斯（1660 年前后）

夸美纽斯并没有局限于学校改
革。他还支持女权，鼓吹和平，研
究政治，并从事慈善事业。他提
倡开办产前护理诊所，提供婚姻
咨询，进行老年病学研究。他认为
人是可以改进的，而且，他像培
尔以及 18 世纪的百科全书派一样

（360 ＞），认为“光明”能带来和平与和谐。（他自己说）他成年后目
睹的连绵不断的战争使他感触至深，促使他提出这些思想。这位教育
改革家和其他许多教育家不同的是，他把理论付诸行动。他每到一处，
便建立学校，亲自教学。各地争相延请他去办学，所到之处都大获成
功。他的方法得到广泛采用，他编的教材直到 19 世纪中期还在使用。
在 1957 年发表的一篇文章中，让·皮亚杰声称这位伟大的先师在所有
重要问题上都是正确的。但是，夸美纽斯却与荣耀无缘，就像利希滕
贝格和其他同样伟大的人物一样（439 ＞）。时间、地点和国籍在决定
一个人能否流芳百世上面具有举足轻重的作用。

※

现在让我们从公共领域转向个人生活。16 世纪晚期，礼仪和家居
生活发生了变化，不仅在威尼斯，整个欧洲都是如此。意大利在举止
优雅方面再次成为全欧洲的榜样。按照现代的标准，除了威尼斯以外，
伦敦、巴黎、阿姆斯特丹、斯特拉斯堡和日内瓦这些繁荣的大城市不

过是一排排房子挤在一起的烂泥坑。街道狭窄，坑坑洼洼，有些路根本没有铺过。街道两边的房子上层向前突出，对街的房屋几乎碰到一起，污水随意往下倾倒。威尼斯有卫生委员会，但其他的首都没有人检查卫生，除了少数的几条大街外，所有街道上都流淌着臭气冲天的污水。

大户人家的房子周围有空地保护着，但是现在观光客所惊叹的轩屋敞舍实际上在当时十分拥挤。房子里不仅住着一大家人，还有几十个用人和食客，如门客、家庭教师、画家，其中可能有伟大的艺术家为赚钱提供专门的效劳。一座宫邸要容纳一族的人，家（house）这个词指的是家庭的成员以及隶属于这个家庭和靠它养活的人。

17 世纪中期，不论是贵族宫邸还是资产阶级的住所，内部和以前相比都多了许多房间。大厅被隔成几个房间，至少用帘子挡着；烟囱也有好几个。但是窗子仍然不多，又窄又小，有些没有装玻璃；在有些地方，拥有玻璃窗要缴纳很高的奢侈品税。每家仍然保留一间大房间，作为工作、休息、娱乐以及生孩子和停尸的地方。家具已经有了改进，椅子装上了扶手，椅背加高，还装了固定的坐垫。柜子本来只是盒子，现在发展成为有抽屉的柜橱。

在这个大房间里，女士们一边梳妆，一边接待客人，甚至还没起床就会客，不过床可能是安在房间一侧的一块凹进去的地方。男女朋友如果成了熟客，床与墙之间的空间便成了聊天的地方，这就是沙龙的萌芽。一家之主在大厅里（chamber）操办事务，因此至今许多用语中都用这个词（而不用 office），如：在庭法官（judge in chambers）、商会（chamber of commerce）、议院（chamber of deputies）。

这种家居生活模式所代表的自我与他人之间的关系和我们的不同。以床铺为例，床又高又大，四周围着挡风的帷幕，上方还有顶罩。床上睡一家好几个人，睡觉时光着身子，裹着一条被单睡在被子里。年长的人穿睡衣，戴睡帽。有时会让来访的朋友与他们同床睡觉。同样，医院里没钱的病人和小客栈的旅客也得睡通铺。从林肯的一封信中，

183

可以知道这种做法在美国也持续了相当长的时间。

吃饭在厨房或大厅里，大家围坐在一张活动的搁板桌旁。除了意大利以外，其他地方可能不用盘子，至于叉子是肯定没有的。到了世纪末，这些纤巧的用具才变得平常起来，即使到那时，叉子也只是用来取菜，而不是用来把饭送到嘴里：要手指做什么呢？勺子是用来上菜的大勺。吃肉的时候，各人自己备刀，肉一般放在一块厚面包上一起吃，法文中叫作 tranchoir，意思是砧板；由此产生了砧板人（trencherman）一词，现在这个词指大肚汉。喝饮料用的是金属杯子，大家轮流用。除了肉类以外，其他的食物盛在木碗里。一般来说，两个人合用一只碗。饭桌上唯一的讲究是饭前和饭后洗手。

至于菜肴，文学中描述了菜肴丰富的盛筵。这类公共庆典上的盛筵在家庭中一般没有，常常是为了庆祝丰收而举办的，作为一种对前不久的饥馑的补偿。来宾不能任意享用所有的菜肴。身着制服的仆人站在一旁的边桌前，根据饭桌旁主人的命令上菜。剩余的菜由仆人享用或发给穷人。日常的用餐情况我们所知不多。在境况不错的资产阶级家庭中，一般有八道菜，先上汤，接着是几道肉菜、糊状的菜、鱼、水果和甜食。17 世纪 50 年代时，人们很少吃蔬菜，根本没有素食主义者。这个问题的权威 J. F. 雷维尔说过，在这个时期，做饭即将过渡到烹调——烹饪学。也许精美的菜肴与在威尼斯发展起来的美声唱法之间有着一种文化上的联系。

当时，饭时洗手是一个人一生当中不断重复的唯一卫生习惯。一生中洗澡只有三次，第一次是刚出生后，第二次是结婚前，第三次是死亡之后。这个世纪奠定了科学原理的基础，但也取消了公共浴室和经常洗澡的观念。在中世纪和文艺复兴时期，即使小镇上也有澡堂，里昂有 28 家。后来它们在欧洲各地全部被取缔是出于道德上的忧虑，而这一担心由于梅毒的出现而进一步加剧。关闭公共浴室是为了控制卖淫和其他不轨行为。我们把对“澡堂”的讨伐怪到英国的清教徒头上，但是欧洲大陆上并没有清教徒，这样的行动是时代精神促成的。

即使洗澡也难逃瘟疫，因为瘟疫也可能是通过老鼠和跳蚤传播的。每隔 15 年或 20 年，瘟疫都会席卷某个地区，造成城镇人口十人九死，许多人逃到乡下去避难。所谓瘟疫指的是三种致命的热病，其中最常见的是淋巴腺鼠疫，症状是腹股沟淋巴结红肿。笛福在《大疫年日记》一书中所描绘的伦敦的瘟疫并非异乎寻常，1630 年米兰爆发的瘟疫也同样严重，这两次都是毁灭性的瘟疫。

　　另外一个多发灾害是火灾。在拥挤不堪的城市里，控制火灾或逃脱火灾都非常不易。1666 年的伦敦大火使 20 万人弃家出逃，在大火燃烧的 5 天中，他们只能在附近的田野里避难。但是也有记载说有人根本没想逃离火灾或抢救家具，尤其是因为某个巫婆预测说这场灾害是上帝的一种惩罚。出于巧合，我们所谈论的这 20 年时间中，有 15 年是安然无事的。

　　当时的衣服既厚又无法清洗，也同样不卫生。当然，除了塔希提岛上的居民之外，人的衣着从来是不合理的。即便是罗马的托加，看上去宽松舒服，其实穿衣需要两个人帮忙，所以只有在正式场合才穿。1650 年左右，男子和女子的服装仍然可以反映个人的爱好，但是以前的华丽已经不复存在；鲜亮的色彩被黑色、暗褐色和深绿色所取代。妇女们还穿束胸，不再是金属的，而是用鲸鱼骨制成的，但裙围张得不那么开了。晚礼服镶上了金银线的绲边，或是花边和宝石。男人的紧身裤换成了马裤，剪裁的式样是我们今天称为灯笼裤的那一种。西班牙发明的用来装零碎物件的男裤下体盖片这一有伤大雅的服饰完全消失了，但它在 1997 年却又重新出现。挂东西的女用宽腰带变窄了，只作装饰之用。男子的腰带用来挂与他们形影不离的剑。

　　男子和女子的褶皱高领都换为带锯齿边的宽衣领。鞋子和靴子也变得平实起来，去掉了尖头，尽管有些女子开始踩上了高跟鞋。为了防泥污，户外穿的靴子往往是高筒的。高筒靴是必需品，因为马是唯一的快速交通工具。在这个世纪的中叶，有两项发明得到了普及，其原因不是速度，而是出于舒适的考虑。一个发明是一种椅轿，在椅子

184

的两侧装上两根长把手，人坐在椅子里，让用人抬着走。另一个发明是用乡下的轻车改装的马车，但尚未装上减少颠簸的铁带和弹簧。即使这样，它还是被谴责为有损意志，在德意志地区马上被禁止。结果当然是禁而不止。

　　无论在什么时代，发型总是带有一定的含义。它体现了阶层、素养或反抗精神。流行的式样多变无常，有时是由于偶然的事件而发生变化。路易十三因黎塞留主政，自己无所事事，于是突发奇想，决定皇家的卫兵必须剃须。很快，所有人都剃掉连鬓胡子，改蓄唇髭和下巴上的一小簇胡子。头发是允许留长的，至于直发还是卷发，根据个人的虚荣程度和年龄因人而异。这种风格一直持续到1660年，突然由于莫名其妙的原因，各种尺寸和形状的假发套成为时髦，渐渐变成了既是头套，又把脸框起来的东西。法国国王一时心血来潮想出来的这个花样儿波及了很远的地方。那个世纪晚期，俄国的彼得大帝在他的国家搞现代化时，下令征收胡须税。与此同时，女子的发型（当时头发尚未高高地堆在头顶，盘成一个复杂的结构）比较简单，额前梳着刘海，瀑布式的卷发从两边挂下来，常常用钢丝固定为扇子形状。小卷状的头发被称为羊羔式，意思是像羊毛。

※

　　考虑到各种不同的品味和实际条件的限制，社交礼仪既粗糙又繁复便不足为奇了。比如，写信为了追求风雅而把传统的以及临时编造的客套话混在一起，调子既谦卑又诚挚："你的顺从的仆人。"封建社会主仆关系的感觉尚未转化为纯客套性的东西，与我们现在在信的开头称"亲爱的"以及在信尾签名时写上"你的"不一样。从当时的礼仪书中我们得知，社会交往中对身体方面的基本体面并不注意。如要了解这方面难堪的细节，可参阅当时的小道记载。以下的事实也很说明问题：在1660年，法国国王只拥有五块手绢，王后只有三块手绢，国王的情妇只有两块手绢。从博物馆收藏的小小的、漂亮的香水瓶也可以略微想见当时的情形，那时人们在拥挤的场合为备不时之需都随身携带香水。

在对与身体相关有伤大雅的事情满不在乎的同时，对其他一些事情却十分敏感，因而产生了决斗。当然，决斗比家族间世代相传的宿仇稍好些。但是，正如一些有头脑的人所指出的那样，怎么能靠击剑的技术来实现公正呢？对于自负的人和蛮横的人来说，他们的"荣誉"半点儿也碰不得，别人的一瞥也会挑起一场决斗。亨利四世的首相苏利公爵在 1638 年出版的《回忆录》中提到，他估计在之前的 12 年中，大约有 8 000 名绅士在决斗中身亡，每星期死 12 个人以上。他的后任黎塞留严格执行王室的禁令，但是这种做法依然屡禁不绝。

《三个火枪手》一书对此有生动的描述，高乃依的悲剧《熙德》更加生动，他用当时的历史材料说明为什么其中的两场决斗值得我们敬佩。荣誉高于爱情。当然，决斗常常是为争夺女人而引起的，她出于虚荣可能还从旁推波助澜，但结果总是两败俱伤：一个男人被打死，另一个被迫出逃，而女人两头落空，成为其他仰慕者争夺的对象。

186

※

那几年里，就两性平等这个由来已久的问题也提出了出色的理论，但同决斗一样，发出的呼吁也是无人理会。16 世纪出现了一大批伟大的女性，统治者中有伊丽莎白女王、萨伏伊的路易丝、帕尔玛的玛格丽特；诗人和小说家有路易丝·拉贝和纳瓦尔的玛格丽特，更不用说参与梵蒂冈决策进程的意大利女政治家了（< 85）。这些例子促使那时的人思考起男女平等的问题。17 世纪 40 年代，好几名妇女和两位神父写书指出：轻视妇女，不准她们受教育是不公平的。我们已看到，玛丽·德古尔内的理论最为激烈，也最有说服力。她是蒙田的"女儿"，在蒙田去世后编辑了他的著作《随笔集》（< 134）。她和与她

意见一致的人面临着一大难题：女子在精神和道德上意志薄弱，这一教条有古老的伊甸园故事为依据。一个虔诚的基督教徒怎么能够怀疑或反对《圣经》呢？玛丽和一位思想开通的神父成功地绕过了这个神学上的障碍。在所有呼吁妇女权利的著作中，这位神父的著作篇幅最长，旁征博引，显示出他渊博的学识。

帕多瓦和波伦亚大学显然也越过了《圣经》的障碍。帕多瓦大学授予著名的安娜·冯·斯许尔曼荣誉学位。她是当时最博学的女子，精通7种语言，包括古叙利亚语、迦勒底语和埃塞俄比亚语，波伦亚大学给了她讲师的职位。她写了15篇论文为妇女的权利申辩，篇篇都说理深刻，无可辩驳。还有一位女性也因其聪慧睿智引人注目——瑞典的克里斯蒂娜女王。其实在她于1650年退位，专心投入研究之前，她就是一位严肃的思想家（208 >）。在她之前有一位帕拉廷郡主伊丽莎白启发了科学家兼哲学家笛卡儿对于一些哲学问题最深刻的思考，在他给她的大量信件中可以找到他的著作中没有的对一些问题的答案（207 >）。

远离瑞典和帕拉廷领地，在蛮荒的新英格兰，另一位女子宣称她有权在男子的活动领域内与他们竞争。她叫安妮·哈钦森，是一位传教士。她开明的宗教观点使马萨诸塞湾殖民地这个神学势力很大的社区面临被分裂的威胁。最后，宣布她传播80条错误论点，予以驱逐。她去了不久前由罗杰·威廉斯建立的普罗维登斯，他也是在被放逐后建立了这个地方的。然后她又到了纽约的海盖特，在那里被印第安人杀害。

妇女的观点和影响使世纪中期的法国在礼仪方面发生了重大变化。朗布依埃侯爵夫人召集起一伙志同道合的朋友（包括几位男性），他们的谈话广为流传，确立了一种时尚，那就是讲话措辞准确，谈吐文雅，在社交和婚姻关系中彬彬有礼，照顾彼此的感情。这些精英为文法和词汇、追求异性的方式和维持友善的办法确定了各种规矩，一个人遵守这些规矩才会有自尊。卡斯蒂廖内在《廷臣论》（< 85）中提倡的思

想被他们付诸行动。随着时间的推移，再加上参与者的想象力，这些思想又有了进一步的发展。

这个圈子的人被称为女才子，后来莫里哀在《可笑的女才子》一剧中对她们大加嘲讽，给风雅之士一词加上了贬义。但是，莫里哀出现的时候，提高修养的运动已经完成了它的有益使命，后人的夸张使得举止文雅变成了矫揉造作。过分的做法导致了荒唐，如为了回避粗俗的用词，对门、桌子和椅子这些普通的物品不直呼其名，而是找出一些莫名其妙的委婉语。但是，后来的情况不应掩盖这样一个事实：朗布依埃城堡培育了路易十四宫廷中的礼仪。在以后的三个世纪中，无论在宫廷，还是在沙龙或家庭的客厅里，妇女的品味成为决定恰当言辞和举止的标准。

这时出现了一个奇怪但颇有意义的巧合。在女才子们孜孜于提高行为素养的同时，由菲利普·冯·岑森为首的一群汉堡人的行动倒真是到了可笑的地步。他们一心用一种可悲的民族主义的方式去净化德文：所有的外来词或从它们派生出来的词，尽管早已为民众接受，都必须用新造的词来取代。于是自然改为"哺育的母亲"。所有的希腊和罗马的神祇都要重新起名字。维纳斯改成 Lustinne，意思是快乐女神。17 世纪中叶的人以各种方式不屈不挠地自我改善。

除了这些高雅的消遣之外，也有平实的体育活动。其中一项至少在法国慢慢没落了，即皇家网球赛。这是一种室内游戏，网球馆中墙和天花板的复杂布局对击球和得分都有影响。起初是用掌心击球，16 世纪中期发明了球拍。当时巴黎有 250 个球场，半个世纪以后，只剩下了 114 个。但是，网球虽然在法国失宠，却在整个欧洲传播开来。

在荷兰，滑冰以及相关的类似冰球的游戏也很受欢迎。冰化掉以后，游戏便挪到草坪上进行，使用 kolf（荷兰文的棍棒），打的是球，不是扁平状的圆形物体。这种体育活动为王公们所喜爱，被认为是一种高级游戏。农村的平民玩其他的游戏，把动物的皮吹成球，手扔，脚踢，或带至球门。每年都举办五朔节，五月之王和五月之后率领着网球,这个球赛之王,王者的球赛,早在莎士比亚把它纳入文学版图之前200年,乔叟就已经提到了它。伊拉斯谟有一篇谈话专门讲它,拉伯雷的庞大固埃在奥尔良打网球,网球赛是斯维腾堡所遐想的天堂中的一景。在一张图片上,年仅两岁的法国国王查理九世手上已经拿着网球拍。

——杰里米·波特《追求危险》
(1964 年)

半表演性的游行,有对话、唱歌,还围绕着五朔节花柱跳舞。里面的角色应有尽有,挤奶姑娘总是漂亮快乐,扫烟囱的人一脸漆黑,滑稽逗笑。

相应的室内活动是上层阶级的假面剧。它有一个主题,规定得并不严格,通常是有道德意义的古典神话或田园爱情主题,大家围绕着这个主题朗诵和吟唱诗歌,伴以舞蹈。(弥尔顿的《科马斯》是这种假面剧的一个例子。)布景和服装精致昂贵,歌词和音乐由贵族家庭所赞助的艺术家创作。参与表演的绅士、太太有时也亲自写词谱曲。另外一种消遣是跳舞,舞步的选择很多,可能某种舞步会一下子时髦起来,因为其他的舞步已经跳厌了。

在新的舞步中,小步舞于 1650 年传到了法国,并经久不衰。它脱胎于普瓦图的一种布劳尔舞,名字来自舞蹈的小步子;当时认为小步子优雅、庄严、稳重——简言之,有君主的气派。路易十四的宫廷乐师吕里创作了不少小步舞曲,莫里哀把它们作为他剧中的幕间节目,这种音乐形式后来成为古典交响乐的一部分。其他的一些舞步,如库朗特舞、双人舞、吉格舞、孔雀舞、布劳尔舞、贝加莫舞(以威尼斯的一个城镇贝加莫命名),都曾在不同的阶段风靡一时。在欧洲的有些地方,每个行业都有自己的舞步。比如,也是在 17 世纪,德国的酿酒工根据《哎呀,亲爱的奥古斯丁》的曲调改编了华尔兹的舞步,以后的 200 年内一直只在当地流传(500 >)。西班牙贵族只跳缓慢而庄严的舞步,而有响板伴奏的加利西亚舞这类的舞步是下等人跳的,随着节奏越来越快,舞步越来越疯狂,但他们并未因此而丧失尊严。

各阶层的人都上剧院(344 >)。在那里,大家挤在一起看戏,阶级的界线消失于无形。不过,女士为了掩盖身份通常戴有面具,绅士也可以这么做，除非他们愿意坐在台上炫耀自己的相貌和华美的服饰；他们身为贵族赞助人有这样做的权利。1642 年英国的清教徒下令关闭所有剧院。这方面已经有了很多批评文章。这个禁令持续了整整 20 年，到斯图亚特王朝复辟时才取消。关闭剧院并非针对戏剧本身，教授和学生在大学里，律师在法院宿舍里，都仍在继续创作和上演戏剧；要打击的是成了幽会场所的剧院和被认为是不良分子的演员。但是，剧院被封前不久，在严守道德的查理一世和他的法国王后还在位的时候，邀请了一个法国剧团来到伦敦演出。表演中，妇女的角色由女性扮演，而不是按照英国的习惯由男童来扮演。以前一个当地的剧团表演时曾派女演员上台，被观众轰下了台，法国的剧团却没有这样的遭遇。

189

应该补充的是，这个世纪中叶，莎士比亚和他作品的名声一落千丈，遭到冷落。相比之下，本·琼森受欢迎得多（< 142）。沃勒被推崇为第一诗人。

导致剧院和澡堂被关闭的道德风气并不是一种做作，它是当时普遍的风气，表现在服饰的低调、言辞的拘谨、礼仪的严格等方面；甚至连霍布斯对人的沉闷描述和伦勃朗后期的素描作品可能也都是这种风气的表现。总而言之，斯多葛派的禁欲主义是当时时髦的哲学，瑞典的克里斯蒂娜在皈依天主教之前是斯多葛主义者；帕斯卡原来也是斯多葛主义者，后来因为一场事件而成为狂热的基督徒；还有许多人虽然没有读过爱比克泰德的禁欲主义理论，但在精神上都与他那种对生活的沉郁态度不谋而合。

这些变化的原因可能是正常的社会态度的变化——"品味的陀螺"。换言之，是由疲乏和厌倦的情绪造成的。中欧的战争打了整整

他们教你把流放、诬陷、监狱和死亡看作什么？——看作外部的，不相干的东西。——什么算不相干的东西呢？——它们是那些不以我们的意志为转移的东西。——这句话的含义是什么？——不以我们意志为转移的东西对我们没有意义。——人的善是以什么为基础的呢？——是以他的意志所作的正确判断为基础的，是以对于我们外部事物的理解为基础的。——你生活的目标是什么？——追随上帝。

——斯多葛派学者爱比克泰德

（公元 1 世纪）

一代人的时间，世纪后期又发生了英国、法国、西班牙和威尼斯的战争，这对人的兴致产生了一定的压制作用。旷日持久的宗教斗争并没有扑灭宗教的狂热，不同的派别和信仰层出不穷，信仰的分散减弱了大众拨乱反正，使上帝的计划得以实现的希望。

　　此外，公众思想还受了自然哲学家的影响。一个充满着没有思想、没有色彩的动态物质的宇宙让人兴味索然。数学也不能给人带来多少快乐——几何枯燥无味，代数更是深奥难解。斯多葛主义和代数一样抽象，不能令人振奋。它认为宇宙有固定的秩序，抵抗和抱怨都无济于事——存在即合理。上帝或天意明智地主宰着世界，他既然制定了规则就不会更改，也不实行赏罚。斯多葛主义不涉足另一个世界的问题，所以，除了永生的希望之外，一个基督徒可以同时是斯多葛主义者，而不会觉得自己是异教徒。斯多葛主义者倒是认为，要想尽量过好生活，就必须严守道德，因为这样可以避免麻烦，减少遗憾。在生活面前，要冷静沉着。

190　　　但是，斯多葛主义极力遏制自然冲动，包括否定探索世界的欲望。所以斯多葛派学者当不了科学家。的确，牛顿认为研究自然与解释上帝的启示比起来微不足道，但其他的一些自然哲学家既不是真正的基督徒，又不是老派的斯多葛主义者。他们信奉伊壁鸠鲁的学说，这并不是说他们追求享乐，而是说他们相信感官世界的重要性。他们中间有些人被称为自由思想者——他们并不是生活放荡，而是思想自由。智力的解放不仅推动了科学的发展，还振兴了人有可能自我改进并创造进步这一充满希望的理想。

无形的学院

谈论 17 世纪的科学和科学家，这本身就犯了一个时间性的错误。当时科学指的还不是某一类的知识，而是已有的所有知识，当时有学问的人仍然能掌握其中的一大部分。主要研究自然的人被称为自然哲学家，他们在工作中使用的是"哲学工具"；数学家统称几何学家，因为几何学是当时最先进的数学分支，在纸上做计算是一项较新的发明（199；200＞）。科学家这个词是 1840 年才开始出现的。

这些区别很重要，因为它们证明现代人所说的科学不完全来源于哥白尼和伽利略的发现，而是也包括从中世纪开始出现的大量思想。天文学、炼金术和魔法都是严肃的行业，而亚里士多德的物理学和生物学、盖伦的医学和人体学、托勒密的天文学都是以扎实的理论为基础的高度发达的系统，正如怀特海不久前指出的那样，有些是过于扎实了。直到这些系统根据新发现的事实进行了修改和简化之后，整个欧洲才开始了全力以赴的"科学进步"。

因此，认为 17 世纪发生了科学革命是错误的。这并不是因为革命这个词最好用来形容权力和财产的大规模转手，而是因为对宇宙的新认识是一个演变的过程，充满了曲折。早在 1300 年，巴黎大学就对亚里士多德的一些物理学论点提出了驳斥，不久之后，牛津大学也对他其他的一些理论进行了批判。这些主导系统的解体过程断断续续，在 16 世纪开始加速，50 多年以后才告一段落。

17 世纪的伽利略、开普勒、培根、荣吉乌斯、帕斯卡、笛卡儿都

192

比他们科学界的前辈出名，这是所有文化领域中一再出现的不公平现象。是先驱们首先打破了确定的制度，提出了新的和有用的概念，但他们的理论不完全正确，不完整，因此他们的名字不为人知。其实，他们可能比那些进行打扫清理后提出了更加整齐和全面的理论的后来人更应受到珍视。

科学从未摆脱这样一种印象，似乎它诞生于后来的文艺复兴运动所发生的巨变。

——怀特海《科学与现代世界》
（1925 年）

无论如何都不应该把 16 世纪排除在所谓的革命之外。这个世纪产生了哥白尼、开普勒、第谷·布拉赫、帕拉切尔苏斯、帕雷、维萨里以及不那么有名的泰莱西奥。泰莱西奥于 1565 年撰写的《论自然》令培根把他称为"第一个现代人"。迄今为止最好的一本现代科学发展简史，H. T. 普莱奇所著的《1500 年以来的科学》从 1500 年开始讲起而不是 1600 年，这是有道理的。

到达今天的道路崎岖漫长，因为旧的知识系统相当牢固。它们连贯而又完整，只在几处由于事实的相互矛盾或提出的解释无法自圆其说而影响到它们的可信性。一个例子是各大行星的奇怪行为，尤其是火星，它有时不是向前走，而是往后退。另外一个解释不通的现象是水平运动，如是什么力量使一支箭只能飞到一定的距离？弓弦的力量是否对箭头发生作用？或者，像一些人所想的，箭头周围的空气是否因为被排斥而反过来不断推动箭头前进？最后，这些力量为什么会消失？

旧有的宇宙观是这样的：宇宙以地球为中心，是好几个巨大的球体，一个套一个，一个比一个更精致，都在不断旋转并发出美妙的"天籁"。离地球最近的两层缀满着行星，那时叫星星，其余的空间居住着天使和其他的精灵，他们为造物主上帝服务，而上帝这位不可动摇的主宰居住在宇宙的最远方。完美的球体和圆形轨道是这种完美运动的根本，所以火星居然往后退行简直大逆不道。其他的不规则现象都可以用古老的托勒密的本轮来解释，本轮指围绕着脱轨的物体所应在的那一点的圆圈轨道。

这种理论的结构复杂异常，最后，人们再也受不了种种繁杂的解释，开始反抗。上述无法解释的事实已经将了托勒密一军，奥卡姆的威廉又提出了简化原则，即最好的解释是援用最少假设的解释，这也是对托勒密理论的反对。这迫使哥白尼去修改而不是摧毁旧的系统，把太阳，而不是地球，作为宇宙的中心。这样，他把本轮从84个减少到30个。但是，即使他的设想也并不是完全以太阳为中心的。16世纪中期他去世后出版的著作确实提出了一个重要的改变，但是它并不像大家通常认为的彻底打破了先前的学说；哥白尼的理论引起了新的困难，而那些拒斥他理论的人并不是罔顾事实的顽固分子。

哥白尼（正确的拼法应该是 Kopernik）极其崇拜古人，对完美的圆形轨道和球体笃信到痴迷的地步。只有当抛弃了这些观念（和其他的一些观念）之后，才可能提出并且验证现代行星系统的理论；这方面的破旧立新并不是哥白尼一人之功。他也没有做到现代教科书中所说的："科学使人认识到自己的渺小和卑微：哥白尼把人从宇宙的中心拉开；达尔文把人降到和动物同等的地位；弗洛伊德把理性拉下宝座，代之以本能。"

关于后两句话，以后会作评论（571、662＞）。第一句话是未经思考的轻率之语：过去的人自认为可怜的罪人，害怕震怒的上帝会用瘟疫、饥馑和地震来惩罚他们；他们相信撒旦"狂暴地在世界上任意游荡"，把受害者打入地狱永世不得翻身；他们为了求得圣人和圣物的保佑而经历千辛万苦，又是去朝圣，又是自贬自卑；处于这种状况的人有什么骄傲可言呢？人文主义者的确感受到了人的尊严，那是因为人的力量创造出了奇迹，而不是因为人在宇宙中的位置。不管托勒密或哥白尼的理论如何，人还是在上帝之下。蒙田认为人并没有感到骄傲的理由。说中世纪和近代早期的人自谓："我是宇宙的中心，这是多么的辉煌啊！"这完全是几世纪之后唯科学主义的杜撰。

193

※

中世纪的人并没有"忽略观察"。他们非常仔细地研究天空（主要目的是作占星预测），也热切地研究地球，寻找地球上的食物、药物、原材料和用于机器的自然力（230＞）。但是，观察很难做到中立，它往往以预定的概念和观念为基础；需要改变的就是这种方式的观察。其实，如果过于注重观察外部现象，反而会阻碍科学思维。更好的观察方式是略过明显的细节，（说得重一些）忽略观察到的现象，用几何的方式看物体，也就是说看到拉伯雷所谓的精髓（＜130）。这也是毕加索画牛用的方法，他画牛的一组素描中，先从写实开始，画中的牛身躯巨大，毛色油光水滑，每个部位都画得栩栩如生。在接下来的十几幅画中，他慢慢把形象简化，不断去掉牛的各种特征，最后画出来的牛只是他原先画的牛的轮廓。这样的牛是抽象的牛，也可以说是科学的牛。

几世纪来，人们都是通过思考在空中飞的箭或马拉车的形象来研究运动的——物体被某种未知的力量拉动或推动。那么落体怎么解释呢？在伽利略和牛顿之后，抽象的运动已经蜕去了在运动中的形象；把它用几何原理来解释为从一个地方到另一个地方的变化，规则是，如果没有障碍物或空气摩擦的阻截，这种变化将永远进行下去。同样，一个物体除非受到外力作用，否则将永远处于静止状态。这两条加在一起构成惯性定律。称它为定律并非因为物体会"遵守"它——这又是一种曲解，所谓定律是对行为的规则性的陈述。

科学与数学关系密切，原因不言自明，但它们之间的联系不只是因为计数和衡量要用数字。数学包括几何，这是一门关于数字及它们之间关系的科学。正如计数只能包括完全一样的东西，比如不能把苹果和橙子混起来数，要数的话只能称它们为"水果"或"东西"，计算物体之间的关系也只能用它们的几何形式。在上述这两个例子中，抽象化使得物体蜕去了可以被分为不同类别的特征，如是否有用，粗糙还是平滑，友好还是敌对。这种简化就是几何学的思维方式（216＞）。比如：把台球桌上的球固定在一起的三角形木框子并不被看成一个三角形；它的尺寸不能提供几何三角形所能提供的答案。甚至连教科书上印的三角形图形也不是几何三角形；它只是提示了三角形的定义和从中可以推理出来的特征。

换言之，科学如果要从以前的研究中升华出来，必须弄懂并且完全接受一个奇怪的想法，那就是物体是纯物质的东西，没有任何特征，这样才可以量化。早期的一些概念不够几何化，过于诗情画意。它们清楚地但是象征性地反映了宇宙，也就是说充满了含义，而纯物质的东西是没有含义的，它就是它。介于两者之间，有一种过渡性的观点，它的代表是下面这位对 16 世纪科学做出首要贡献的人的思想——

乔丹诺·布鲁诺

他认为宇宙是无止境的，充满了没有被占据的空间。他同意哥白尼的日心说理论。他采纳了古代思想家德谟克利特和卢克莱修所提出的关于原子的理论，但他的原子是有生命力的单位，即"单子"（336＞），所有存在的东西都是有生命的。他是出色的心理学家，就记忆、想象力以及产生了宇宙哲学的宗教冲动这些题目都有著述。他由于精通魔法，得到了一些王公和城市的长期庇护，但最后他被宗教法庭判为异教罪。他同意放弃自己的主张，被关押了 8 年之后又被重新审判。这一次，他拒绝认错，在 1600 年被处以火刑。

后来的历代思想家都把布鲁诺看作伟大的先驱，包括 18 世纪的自然神论者、19 世纪德国的永恒自然法则论者（柯勒律治十分着迷于他的"极性逻辑和动力心理学"）以及 20 世纪早期的生机论者。原子与单子各自代表物质和"生命力"的单位，两者是对抗的；因此，布鲁诺与他同行的辩论是物理学家与生物学家之间的第一次冲突，他们基本分为两大阵营——唯物论者和生机论者（365＞）。

原子和单子这两个概念都是把有形的世界简化为"简单的自然"，

195

即全部一样，永远不变的根本性东西。用常识来观察事物是不可信的，因为这种方式可变性太大。要研究自然就不能理会世界的人的方面以及人对于物体的利用。在这种清除多样性的过程中，措辞显得非常重要，因为它可以帮人牢记几何学的思想。因此，用 mass（块，团）比用 weight（重量）好，因为重量暗示手上提的负担。Force（力量）似乎也含有人的努力的意思，而 energy（能量）却没有这样的含义。Gravitation（引力作用）这个抽象词很巧妙地遮盖了"重"的意思。又如，用精神或原则这两个词来形容事情太含糊了，而且暗示一种看不见的"力量"。至于各门生物科学，它们必须具备自己的一套措辞，即有关部位名称和功能的术语。总而言之，用拟人的方式看事物在原则上是错误的，会使人误入歧途。认为自然中的任何东西都有其存在的目的则更为错误。亚里士多德的物理学依赖于目的的原理，认为任何事物都有其最终的目的和意义。与其相反的假设产生的才是科学的真理，没有向着目标的推进，只是无目的的运动。

　　毫无疑问，这种世界观的改变对文化和人的生活产生了重大的影响。首先，随着"自然哲学"在各个领域的明显成功，我们现在所谓的科学家逐渐被认为是"真正有知识的人"。这意味着现实被分为两半，科学知识和人的经验不再是一个整体，反而常常互相矛盾。如果其中一个是真实的，另一个就肯定是幻觉。

自然本身没有审慎，没有做作，也没有智慧。我们以为它有这些特点是因为我们根据自己特有的能力和思维方式去对自然中天赐的东西进行判断。

　　　　——威廉·哈维（1649 年）

　　解决这个矛盾的唯一办法是把人和自然看作两个不同的实体。人把自然看作敌人，对知识的追求开始被称为"征服自然"。敌对性的宇宙被认为是"盲目的"，因为把人排除在外的宇宙是没有意识的。

其次，当人以为自己在追求某个目的时，那其实是他的幻想。人由物质构成，本身也是物体；他没有自由意志，只有自由意志的幻觉。他的每个行动都是由一系列的原因造成的。正如路德和加尔文所说，他是命中注定，尽管他们这样说是出于不同的原因（＜6）。

用几何学方式来看待自然的另一个结果是过分的抽象思维习惯。 196
它的范围不断扩大，流传至广，本身就形成了一个主题。让我们暂且
把抽象看作一种驱策，努力要撇开事物的表面特征，以期找到它内里
不变的核心，因其不变，所以被认为是真正的现实。这种驱策一向存
在，人靠它从纷乱的经验中理出秩序。但是，正如后文会讲到的那样，
科学对抽象的运用在前所未有的规模上改变了对生活的感觉。

※

无边无际的宇宙对科学来说有一个很大的好处，它解放了想象力。
既然事物没有预定的"目的"，一切事情就都是可能的。所以，伽利
略可以声称地球在运动，虽然它看上去并没有动。他的理论依据可能
比直接的感觉更有分量，只要他能够解释得通为什么人和房屋没有飞
出去。圆形是完美的，这一点大家有目共睹，但是开普勒却可以声称
行星的运动轨道是椭圆形的，因为他是根据它们的实际位置算出来的。
最有权威的还是数字。

想象力的自由驰骋并不是在 17 世纪一下子实现的。许多障碍是经
过许多犹豫和长时间的辩论之后才克服的。16 世纪的哲学家，不论是
传统派还是激进派，脑子里都装满了从古人那里继承下来的思想。人
文主义者都熟读普林尼的那部观察与幻想混淆在一起的大作《自然
史》。医生熟悉希腊人盖伦的著作，是他把古人对疾病的了解系统地
归纳起来。此外，中世纪的阿拉伯学者在传达希腊的知识时加进了他
们自己的想法。另外，还有研究超自然的传统，其组成部分有犹太教
的神秘哲学，（至今仍然活跃的）玫瑰十字会员所尊崇的关于巫术的著
作，还有包括费奇诺在内的一些人认为是源自古埃及智慧的思想。其
中的有些思想影响了新兴的"共济会"，后来，它成为一个政治影响
很大的组织，一美元纸币背面的绿色金字塔和警句就是这方面的反映。

在这个大背景中还有根深蒂固的占星术和炼金术的理论。因此，新生的科学必须穿透一层厚厚的铠甲。新思想与其说是在与愚昧做斗争，还不如说是在与牢固的知识做斗争。斗争并不只在对手之间，也在每个思想家自己的脑子里进行。没有任何思想家是彻底的"现代派"。开普勒是占星师，牛顿深信炼金术。［参阅 F. 舍伍德·泰勒（F. Sherwood Taylor）的《炼金术士》（*The Alchemists*）。］尽管布鲁诺的思想跃升到了从未听说过的宇宙观，但他并没有放弃魔法。维萨里后来认为自己解剖人体的行为是罪过，他的赞助人腓力二世说服他去耶路撒冷朝圣，以此赎罪。结果他死于朝圣的归途上。凡·海耳蒙特、布尔哈弗以及其他真正的创新者仍然认为，在他们所观察到的现象中，"指引精灵"在发挥作用，化学反应是雄性原理和雌性原理的作用。卡达诺掌握了扎实的地质学知识，数学更是卓越出色，但此外他还擅长预知未来，他预测了自己的死期，不幸非常准确。最后还有一个例子，牛顿在他生命最后三分之一的时间里几乎放弃了科学，整日研究《但以理书》，企图找出关于善恶大决战和世界末日的真相。

在这些早期的探索者中，有一些现在默默无闻的人当时在欧洲颇有名气，穿梭于不同的宫廷和大学之间。宫廷需要魔法和预测，大学需要辩论式的教学。这样的生涯谋生艰难，树敌却很容易。他们相当于思想的推销员，虽然不同于那些整天伏案思考问题的脸色苍白的哲学家，但是也写了大量的著作。这些书籍往往是在他们死后才得到出版，但是，在他们生前这些书的手稿就已广泛流传，16 世纪上半叶最杰出的一个人物便属于这一类哲学家，他就是——

帕拉切尔苏斯

他的奇特之处首先是他的真名：菲利普斯·奥雷拉斯·特奥夫拉斯图斯·邦巴斯图斯·冯·霍恩海姆。他的拉丁文绰号的意思可以解释为"高于塞尔苏斯"，指古罗马那位百科全书编纂家，也可以解释为瑞士的一个地名——霍恩海姆（高地农庄）的拉丁文翻译。他从当医生的父亲那儿学到了自然哲学的原则，又进一步去学习植物学、矿物学和冶金学。他甚至在富格尔财团的矿井里干过活。

后来，他做了军医，利用旅行的机会搜寻医学书籍——主要目的是为了反驳它们。由于讲话直率，他不止一次被从薪酬优厚的职位上解雇（巴塞尔的长老称他是"滔滔不绝的独白狂"）。他对权威满腔怒火，傲然声称全世界都应该听从他，追随他。这种自大却使他从者如云。最后，他们形成了一种国际性的半秘密社团，使医学界的权威和炼金术士深感不安，他们的观点动摇了整个传统观念。这种现象在西方是绝无仅有的，直到 20 世纪 20 年代，弗洛伊德心理分析的传播才可与之相比。

帕拉切尔苏斯认为自己是在与一切邪恶抗争。他注重征象，使用占星术，但同时又注意研究大自然，运用自然的方法治病。他用愈创木树脂治疗梅毒，并把这种疾病的遗传原因和其他原因区分开来。他提倡用缓和的办法治疗伤口和溃疡。他第一个诊断出矿工易得的硅肺病，确定了肺结核与职业的联系。他解释了舞蹈病的医学原因，描述了歇斯底里病的症状，包括它会导致失明。他发现了甲状腺肿和呆小病这两种地方病是由饮水中的某种矿物质所致。所有这些都与当时权威的"体液失调"理论背道而驰（223 ＞）。他把疾病看作是由外部原因造成的，只局限于身体某个部位。因此，应该用特定的药物，最好是化学药物，而不是园子里"简单的"草药来治疗。

在纯化学领域，帕拉切尔苏斯描述了一些把不同金属结合在一起所产生的新产品。他用冷冻的办法提纯酒精，找到了一种制造硝酸的新方法，并且根据各种元素在特定过程中的反应相当明确地提出了元素系统。他的《化学手册》多次再版。由于他丰富活跃的想象力，他的思想十分接近纯物质的现代观念。

但是他和他同代的其他自然哲学家却信仰上帝和永生。他们通过所谓的"信仰主义"把基督教与半唯物论的科学调和起来。一位早期倡导者彭波那齐曾说："作为基督徒的我相信作为哲学家的我所不能相

198

信的东西。"他从自然哲学的角度力图对奇迹作自然的解释，宣称灵魂是永存的，"但并不是普通意义上的那种永存"。皮科、拉伯雷、蒙田、培根、帕斯卡、托马斯·布朗爵士，还有许多20世纪的天主教徒科学家都是信仰主义者。

信奉这种原理（也可能它只是一种态度）的人被称为虚伪分子或异教徒。彭波那齐在作为新思想中心的帕多瓦大学执教，被指控传授异教，但逃脱了惩罚，部分原因是他和其他人所持的信仰主义是含糊不清的：这条原理可以是"双重真理"的意思，它的两个组成部分相互矛盾，因此信仰者只有一半不是基督徒。或许也可以这样来为信仰主义者辩护：人无法参透为什么上帝的启示与理性不同，只能把它们同样奉为真理，不必企图调和它们。

※

这些16世纪和17世纪先驱者的哪些发现经住了时间的考验呢？

——在物理学和天文学领域：行星，包括地球，是沿着椭圆形的轨道围绕太阳运行的（哥白尼、开普勒、伽利略）；所有的物体以同样的方式运动和加速，它们都受万有引力的影响。万有引力维系着行星系统，它的强度与有关物体的质量成正比，与物体之间的距离成反比（胡克、牛顿）；空气形成压力，平地上的压力大于山顶上的压力，因为越往上，空气的质量越小（托里拆利、帕斯卡；气压计）；光呈波状，按照一定的程式反射或折射，不同的颜色由不同频率的光波构成（笛卡儿、牛顿）；总而言之，世间万物组成在一起如同一座钟，因为所有的东西都是物质，这是一种不同物体表面下统一的、看不见的实质。我们所看到、触及到的一切都属于同一领域，受同样的规则主宰。一句话，宇宙是一部机器。

——在医学领域，人体也像一部机器（维萨里），里面有一个水泵维持着血液循环（哈维）。人体内部还有化学反应，因此不仅植物，而且矿物质也能医治疾病（帕拉切尔苏斯）；伤口敷药治疗比用烧红的烙铁来处理效果好得多；截肢过程中应把血管扎起来，以防流血；可以通过在头颅上钻眼的方法来减轻对大脑的压力；难产应该用医疗器材来助产（帕雷）；成长环境和文化对精神病有影响（伯顿）。

——在植物学领域（尽管有关植物各部位功能的理论错误百出），通过准确的观察，对于许多物种作了很好的描述，对于不同的形状作了敏锐的比较，并做了有系统的分门别类（切萨尔皮诺）；约阿希姆·荣吉乌斯、韦格提乌斯、格鲁和约翰·雷对分类学做了改进，18世纪的林奈就是在他们成就的基础上提出他著名的植物分类学的。

——在化学领域，几百年来，炼金术士一直使用盐、硫黄、水银、石灰和各种酸这类活性的物质，但它们没有内在的精灵操纵，也不是因固有的原理而活动，而是机械性地互相作用（玻意耳）。气体的概念以及它的反应规则是另一个重要的发现（凡·海耳蒙特和玻意耳）。气体（gas）这个词是凡·海耳蒙特发明的，可能是根据德文的Gascht，这个德文词指发酵过程中产生的泡沫。他还通过定量的方法表现出物质在合成物中仍然存在。

——在地质学领域，化石证明了现在的高山在远古时代曾是海底（卡丹）。对许多矿物质做了具体的描述，如它们的颜色、光泽、重量、解理和结晶状（阿格里科拉＝格奥尔格·鲍尔）；还提出设想，估计岩层由水中的沉淀物堆积而成（尼古拉斯·斯泰诺）。

——在数学领域，从用工具计算（如算盘和计算表）转向纸上运算（特雷维索等人），这很快导致了小数点和后来对数（纳皮尔）的运用、微积分的发明（莱布尼兹和牛顿）、计算器的发明（帕斯卡），以及把代数和几何结合起来成为解析几何，最后这一项是下面这个人的发明——

笛卡儿

许多事情都说是因他而起——是他造成了法国教育糟糕的现状，　200

他对牛顿的学术发展影响最大，他是德国哲学之父，他在亚当·斯密之前就看到了自由市场的"无形的手"的作用。在我们的时代，他启发了语言学的转换主义学派，以及给芭蕾舞音乐填词的做法。只有伟大的天才才会有如此之多的功与过。

> 让我看：每 11 头阉羊出 28 磅羊毛；每 28 磅羊毛可卖一镑几先令；剪过的羊有 1 500 只，一共有多少羊毛呢？没有算筹，我可算不出来。
>
> ——莎士比亚《冬天的故事》
> （1610 年？）

> 把一个数字与它自己或另一个数字相乘，就会得出第三个数字，它含有其中一个数字的几倍，倍数与另一个数字的值相等。方法是……
>
> ——特雷维索《数学》（1478 年）

笛卡儿当过兵，接受的是耶稣会的教育。在 17 世纪"三十年战争"一次杂乱散漫的战役期间，他的部队驻扎在德意志南部的乌尔姆冬季军营里。在那里他得以有暇研究哲学。他希望能厘清当时辩论中各个对立的哲学系统所造成的疑惑，那些哲学系统包括老的亚里士多德学说、新斯多葛主义、伊壁鸠鲁主义、无神论和皮浪的极端怀疑主义，这种彻头彻尾的怀疑主义甚至怀疑个人本身的存在。笛卡儿认为，为了解决他自己脑子里的疑问，他首先必须把他所学到的一切从脑子里清除出去。在这之后，他得出的第一个结论就是著名的"我思故我在"。对这个思想或任何真理的检验标准是看它的概念是否"清楚、明确"。他所谓的"明确"指的是不与其他思想混合。天生的数学家所作的假设即属这一类，如圆形不是正方形。

他认为，思想与它所思考的、本质上是物质的东西有着清楚明确的区别。物质是大块的，是占据空间的东西，用哲学的语言来说，它具有延伸性。思想则是难以捉摸的，是没有延伸的。在这方面它近似于上帝。上帝创造了人，并赋予他思想和灵魂。上帝之所以存在，是因为人的思想认为他是至善至美的，而完美这一概念只能由完美的上帝灌输到人的思想中去。因此，思想和物质是现实的两个组成部分，但是它们互不相同。

不管正确与否，这个简单的系统恰好满足了 17 世纪科学的需要。它为上帝安排了位置，从而不致被指控为抛弃一切精神，把一切看作物质的无神论理论。但同时，它又把思想与物质区分开来，因此各门科学不用去顾虑对思想影响极深的东西，如品质、意义和目的。这些东西存在于思想，而不是物质之中，物质是完全中立的。现在的实验室研究人员就是持这种观点。

笛卡儿扫清了在他看来是铺满了废物垃圾的道路。这里还有一桩心理方面的怪事：他建立新体系的念头起自他做的一个梦，或者应当说是噩梦。在梦中他被命运之神附了体，被一束强光照得睁不开眼，这似乎暗示他会找到一直困扰着他的问题的答案。此后，他又做了三个梦，在梦中，他看到奇异的水果，室内忽然电闪雷鸣，然后一切归于寂静，寂静中他发现自己手中拿着一本诗集，与一个男子讨论里面的诗，每首诗的结尾都是他自己写的一句话"我在生活中应该走哪条路？"梦中的他觉得这是见了鬼，于是立刻向圣母马利亚祈祷，并立誓要步行去朝圣。

笛卡儿对梦中讨论的问题是这样回答的：用几何学的精确推理方法把所有的知识统一起来，把世界数学化。在以后的近 20 年里，他在几个科学领域，包括生物学和心理学，孜孜研究，成果甚丰，准备写作《世界，或光的论述》。但是，他听说宗教法庭对哪怕稍有出轨的言论都不放过，于是打消了撰著的念头。在一个朋友的鼓励之下，他出版了一本小书，题为《科学中正确运用理性和追求真理的方法论》。

这本书在许多方面都是划时代的。书是用法文而不是拉丁文写的，用明白易懂的语言叙述了作者发现他的方法的过程。它是一本面向大众的普及性知识自传。它谈到作者产生这个念头的时候，正躺在一个巨大的瓷砖火炉上，这种火炉当时在北欧和中欧非常流行，上面有一块凹进去的地方，或有一个架子，人可以躺在上面取暖。最后，为了取悦读者，书中称人人都具备运用这种方法的充分条件，即常识。

这种方法到底是什么？是认真仔细地研究任何一个问题，把它分成不同的组成部分，然后分别处理各个部分，这比一下子处理整个问题容易得多。最后，再把各部分重新组合起来，并且要保证不遗漏其中的任何一个部分。简而言之，这种方法是分析（analysis），这是个希腊词，意思是"拆散"。它是科学的理想方法，不仅因为它是标准化的，而且也是因为它认定任何一个研究对象都是由不同的部分组成的，是一种机制。比如，如果把厨房里的钟拆开，就可以明白每一个齿轮和齿杆的运作，再把各部件重新组装起来，分析者就对整体有了了解。分析是一个主题，以后会看到，它是抽象的孪生姐妹。

202　　笛卡儿哲学和方法另一个不那么突出的文化影响是促进了对理性的信仰。人类从居住在洞穴里、帐篷里或草原上的茅屋里的时代开始，就一直运用推理的方法。但是，笛卡儿的推理，或称科学推理，是一种特定的推理方法。和几何学一样，它的出发点是清楚明确的，被假定为正确的抽象概念。对于这类推理的信仰称为理性主义。这种教义常常相当激烈，它与人们平常所用的智慧不同，声称分析性的推理是通向真理的唯一道路。

我们已经把它们（所有的激情）都研究过了，就不会像过去那样害怕它们了。因为我们看到它们的本质都是好的，只需避免过分或用错地方。方法是把自己身上的血液和灵魂的活动与它们通常涉及的思想区分开来。

——笛卡儿《论激情》

　　今天，这种信念遭到了质疑，以前也有人表示过怀疑。遗憾的是，争论双方纠缠于现代人的思想是否受到了"过多推理"的负面影响——有人说是深受其害。攻击理性主义的人认为科学和数字并不是唯一的真理；拥护者反驳说，如果放弃理性，思维的混乱和荒诞的迷信就会猖獗一时。其实，从把理性作为推理活动的角度来说，拥护者是正确的，而反对者对于理性主义的看法也同样正确，因为它成为处于主导地位的推理方法，侵入了一些不相干的领域。

　　我们将看到，早在17世纪的时候，一位和笛卡儿同样有威望的科学家兼哲学家已经对"理性"的误用做了揭露（219＞）。在更早的时候，拉伯雷和蒙田也对此发出了警告：不要用理性把一切经验简化为程式，要给冲动和本能留一定的空间。这一类的行动通常发自所谓"自然"或者"心"，两者都与"思想"形成对立。所谓智慧并不是在思想和心之间做选择，而是了解它们各自的位置和限度。

这正是困难之所在。科学越有用，"自然"和"心"就越不容易感到自由。理性应该起引导作用，在这一点上，所有的道德学家都是有共识的。但是，正如其他人指出的那样，思想与心是不可分的。睿智的中国人有专门的一个字来形容心与思想。他们认识到想推理的欲望是从心底发出的一种动力，这说明了为什么理性主义者往往十分狂热。对于生活在高度文明社会的人来说，把思想和心武断地区别开来也许是无法避免的，其结果便是自我意识。

※

笛卡儿是否是用他的方法找到解析几何学的基础原理的尚有存疑之处。毕竟，他的启悟来自一系列梦境，而梦境不是通过纯推理的方式达成的。科学家和诗人一样，需要长期的积累酝酿才会顿悟伟大的思想。但是笛卡儿提出的新的数学工具被称为分析性的方法是当之无愧的，因为它用代数的术语表达了

> 1594 年那年，我 17 岁。我刚修完了哲学课程，忽然意识到拿文科学位是十分可笑的事。因此我想应该仔细反省一下，结果发现自己没有学到任何有用的东西，只学会了谈论和争辩。于是我拒绝了艺术硕士的学位，因为我并没有掌握任何扎实的、具有真理的东西。我转修医学，发现书中内容空洞。然后，我出了国，发现到处存在着同样的根深蒂固的愚昧。
>
> ——凡·海耳蒙特（1648 年）

空间的关系，反过来又通过视觉表达了数字的关系。方法是沿坐标对相关实体进行测量，制作出现已为人所熟悉的曲线图。其中的弧线、折线或其他形状的图形代表着，也分析了各种事物之间的关系，如时间与犯罪，教育程度与离婚，地点与肺癌发病率。我们今天的生活完全离不开曲线图（535 ＞）。

分析是抽象的一种形式，因为它把每个研究对象都看作一座钟，

由不同的部件组成，它们与其他同类的部件毫无二致。拿上述的例子说，所有的犯罪、所有的离婚、所有的居民和所有的肺癌都是相同的单位。抽象性的分析现已成为普通的思维习惯。分析不仅反映在报纸上的图表以及对世上一切事物的"研究"之中，还主宰着股票市场、谈话、政治辩论、广告、奥林匹克运动会、教育、文学批评——所有事情无一能免。

这种用数字处理生活的方法，还有工程学的各种"奇迹"，是到处可见的辉煌成就，证明着人的卓越才能，使人以为任何科学史都必定是一部胜利进军史。16世纪时，科学大旗下的部队还人数寥寥，但是这支队伍稳步扩大，直至今日成为浩浩荡荡的大军。然而，这其实是一种愉快的幻觉。人们常以为，思想与科学的发展齐头并进，实际上思想的进步历程极尽曲折，尽管多年来确实积累了大量的科学成果，其中许多经受住了时间的考验。从16世纪的晨曦到20世纪的正午，研究人员除了自己的内心斗争之外，还必须就科学的地位、作用、价值和害处进行许多对外的战斗。战斗这个词当然是比喻，它们其实是针对确立的观点的宣传运动，领导了第一场这样的重要运动的是——

培根

只看他各部著作的标题:《学术的进展》《伟大的复兴》《新工具》，即可见他的目的和影响。培根是法官，与托马斯·莫尔一样，是英国的内阁大臣。本来只是接受礼物，不知怎么一来变成了收受贿赂，犯了错误。他全心全意地声讨古代的知识模式，捍卫现代派。在这一过程中，他提出了关于研究自然的好处以及自然科学的裨益的众多名言。

他指出，古人不应该再被看作权威，因为我们所拥有的知识已经超越了他们。我们才是老练、睿智，而他们是年幼无知的。此外，权威一文不值。判断某件事正确与否，以先哲的是非为标准，这种想法毫无道理，应该看它是否属实，是否经过观察的检验。新工具就是指这种检验。要仔细观察，准确记录观察结果，在摒除神话和诗意的色彩以及预定观念影响的前提下把事实归纳为一般性的规则。"研究地球，它将教会你许多东西。"有了这些知识，你就能准确地预测事物未来的行为，因而沉着明智地引导事物的发展。知识就是力量。

培根的论点言简意赅，说理有力，使他成为科学激进分子的英雄。到 18 世纪中叶的理性时代，培根取代了亚里士多德成为"知识分子的大师"。

> 至于我的名声和人格，则任人自由评说，让外国和后世去做判断。
>
> ——摘自培根的遗嘱（1621 年）

然而，在最近的时代，培根却遭到了不公平的攻击。科学历史学家轻蔑地指出，培根对科学没有做出任何贡献，因为他没有设计过任何东西或做过任何实验；他们对孜孜不倦地研究地磁的吉尔伯特大为称颂。据说培根曾经把一只鸡冷冻起来，看看是否能保持新鲜，当然这种实验是够不上得诺贝尔奖的资格的。也有人指责培根不懂科学家工作的方法，因为他主张在没有预定观念的基础上进行观察。他说"不要预想自然"，而批评者指出，所有的重大进步都是通过事先做出可能的设想，然后对它进行试验而取得的；因此培根的理论是谬论。但是，培根一定有充分的理由才提出不能依靠预想——像关于圆形的完美无缺那样的想法——来解释自然的运作。把科学发展全部归功于新设想和新概念是以偏概全，不顾事实。正是由于第谷坐在望远镜前所作的观察，才使得开普勒得出了关于行星的结论。只有通过观察才能发现露水是在什么样的温度下怎样形成的，对植物、地球和人的生命进行研究主要也靠观察。

在各个方面，批评培根的人都犯了这样一个错误：他们是在真空中对他和他的著作进行批评。他们没有看到科学的进步需要整个文化的帮助。他们挥笔痛斥教会对伽利略的惩罚，却忽略了伽利略的贵族赞助人和庇护他的神职人员一直尽全力保护他，而大众却是反对他们这些人的。换句话说，伽利略遭到了民众的反对。如果不是教育和文化改变了思想的话，科学工作还会继续充满危险，科学的进步一定会受到更多的阻挠。因此，任何改变人们态度的努力都是对科学的一种贡献，用培根自己的话来说，他是召集军队的号手。如果冷静地看待历史的话，培根仍然是英雄。

※

现代人所享受的物质上的方便不应该全部归功于科学。技术，更确切地说是工艺，即实用的艺术，出现得更早，而且在很长一段时间内是科学的养母。技工为了改进工具而做的发明大大帮助了科学。我们现在习惯于反其道而行之，由所谓纯科学发现新的原理，由实用科学——工程学——把它应用于工业和家庭用途的装置。所以工业界把一部分利润投入研究和发展中去，这种做法起源于 1890 年（601＞）。

从另一个角度，工艺也是走在科学前面的。发明家发明出机器，却无人能解释它的原理，像水泵就是例子。人虽已知道了真空，但不懂水为什么会冲上去，所以只能做这样的解释："自然不喜欢真空，所以要填补真空，但是却不能超过 32 英尺。"在托里拆利和帕斯卡测量出气压并发明了气压计之前，无人知道还有气压这回事。18 世纪晚期，博尔顿和瓦特造出了一部非常不错的蒸汽机，但是直到下个世纪 40 年代，焦耳才解释了热能向机械能的转换原理。在工程学领域，还发明了加农炮和其他的战争机器。在文学和艺术领域，也存在着同样的实践先于理论的现象，这在重要的意义上说明了人的思维的运作和文化的实质。

而且，除了理论物理学之外，纯科学并不像人们想象得那样纯粹。实验需要仪器。许多像电磁天才法拉第这样的伟大的科学家，如果没有别人发明仪器的聪明才智的话，是不可能获得他们的成果的。回旋加速器既是有数字相佐的纯观念，也是一部机器。到了 17 世纪，发明了能更加准确观察天空的仪器——望远镜，并对它不断改进。这就需要有更好的吹玻璃工艺和金属工艺。玻璃工艺是威尼斯人的专长，金属工艺是德意志人的专长。这两个工艺结合起来后，造出了理想的仪器，不仅是望远镜，而且很快造出了（对生物学来说至关重要的）显微镜，还有天平和航海仪器，如罗盘、象限仪、六分仪，后来又加上了高度精确的天文钟，又称经线仪。没有经线仪，水手无论对自己所处的纬度，即赤道以上或以下的距离，多么肯定，都无法确定自己所处的经度或者从欧洲向西的距离。[参阅达瓦·索贝尔（Dava Sobel）所著《经线》（*Longitude*）。]

水手在全球的航行刺激了制图事业，制图很快运用了几何方法（墨卡托投影地图），从而推广了数学的思维方式。17世纪的工匠、商人甚至屠夫，提起数字的作用都兴奋不已。霍布斯拿起一本几何书翻阅了几页之后惊叹道："上帝，不会是这样吧！"然后，他便开始学习几何。牛顿知道这已成为时髦，决定用数学形式来写《原理》一书。斯宾诺莎可以被看作这个时代的双重象征：他的著作《伦理学》是"以几何学来展示的"，同时他在阿姆斯特丹靠磨制镜片为生。（我们已经看到）几何学的价值已经得到运用透视法的艺术家的认识。后来，它也逐渐应用在建筑和碉堡的设计之上。在意大利和英国建造了优雅的古典宅邸的帕拉第奥发明了桁架，17世纪时，法国在建造大桥和运河中运用了新的计算方法，这种方法后来又推动了机械学和流体静力学的发展。

很久以后，公众观念才把科学同桥梁和机械带来的实际益处联系在一起，并与炼金术术士和占星家无用的实验区分开来。但是如前所述，炼金士和占星家的研究所产生的一些发现和计算也是有价值的；回顾过去，可以看到商人或银行家的某些习惯对科学工作者也是有用的。对细节一丝不苟，注意小数字，

实验室几个月一直保持着热度，他们期待着金色的成果，但是容器里却一粒金子也没有（炼金术士把原来里面的金种也都浪费了），于是发现了另一个问题：他们用的玻璃不行，因为不是所有的玻璃都能炼成金子的。

——伊拉斯谟"炼金术士"，
《对话集》（1525年）

要求资料精确，这些并不是贵族的特征，而是卑贱的生意人的特征。从富格尔的信中，我们看到国际贸易早已是资本式的了，它以信贷为基础，有保险的保护，并受到严格的会计制度的控制。早在16世纪初，彼得罗·帕乔利所著关于算术、代数和几何的重要论文里就有一章专讲复式簿记的会计方法。这是这种方法第一次出版发表。正因如此，这个"威尼斯方法"不久便传到了其他国家。帕乔利曾一度陪伴列奥纳多·达·芬奇到处旅行，他一些著作中的插图就是达·芬奇画的。那些书有关于黄金分割的论述（供艺术家和建筑师所用），也有供消遣用的数学习题。

　　复式簿记从两方面来说是准科学性的：它提供了对准确性的检验，以等式为基础，底线（这个词已成为常用的比喻）上的数目必须完全吻合，分毫不差。此外，账簿中的各个条目是实物的抽象。因此，会计不是一下子就能学会的，有些方法颇为费解，比如，在某些情况下，交易中出口的黄金要记在债务一栏中。贸易对数学的又一大贡献是提出了负数的概念，它在代数中至关重要。运输的大包货物的重量有时与标准重量有出入，为了对买卖双方公平起见，人们在包裹上用粉笔标上正号或者负号，表示它们的重量多于或少于标准重量。顺便插一句，现用的a、b、c和x、y、z这些符号是笛卡儿定的，但等号不是；笛卡儿的等号是∞，这个符号现在表示无穷的意思。考虑到科学和贸易这些相似之处，我们可以毫不夸张地说，一个沉浸在研究中的科学家是资产阶级美德的楷模。

※

　　科学的迅速发展繁荣还需要另外一种文化方面的帮助：交流。炼金术士都是在密室里操作，因为万一他真发现了"点金石"（一种有魔法的粉末），把铅炼成了黄金，或者提炼出"长生不老丹"，获得永生之道，他是不愿意同别人分享荣耀和利益的。医生对自己的医术也秘而不宣。一个常用的办法是把自己的发现用字谜的形式记录下来，使用一连串的数字和字母，比如把牛顿（Newton）写为 IT2NNOWE。牛顿早期也使用过这种方法。从 17 世纪起，科学家和几何学家开始采用相反的思维和行为方式。他们从经验中认识到，伟大的真理是一点一点地发现的（培根指出了这一点），互相审查和纠正对大家都有好处。任何帮助"建设科学大厦"的人都会得到他应有的荣誉。

思想和成果的自由交流纠正了谬误，加速了科学发现的过程。在交流的最初阶段，出版当然是一种手段，哥白尼、伽利略、培根、笛卡儿、玻意耳等人的著作就是例子。但是，在想法相同的人士之间，许多新思想是以通信的方式交流的，一个喜好科学的人可以与一群思想家进行这样的交流。梅森神父曾经是笛卡儿的同窗，他充当了欧洲科学家的邮政局或信息交换所。有地位的人与新一类的名人也有联系。所以笛卡儿才给帕拉廷郡主伊丽莎白写了相当于一本书那样厚的一叠信，我们从这些信中了解到在他的著作中没有得到清楚表示的一个观点：连接精神与肉体，并指导着人的行为的意志存在于大脑的松果体中。

另一位君主也希望请教笛卡儿，但不是用通信的方式，而是要见到他本人，还要他帮助她建立一所科学院。这个重大的邀请来自——

瑞典的克里斯蒂娜

她和英国的伊丽莎白一样终身未嫁，和苏格兰的玛丽女王一样是个政治阴谋家，但是在兴趣的广泛和文化的影响方面，她比那两位女王更胜一筹。她自己说过，她感谢上帝赐予她女人的身体和男人的灵魂。她的身体异常强壮，热爱打猎和骑烈马；她穿低跟鞋，变声时从小女孩的声音一下子变为男性化的声音。她刚出生时浑身是毛，被误认为是男孩。她鄙视女性，尤其是女统治者，包括她本人。

身为"三十年战争"的英雄古斯塔夫斯·阿道弗斯的女儿，她年方18岁就承担起了统治一个主宰整个波罗的海地区的欧洲强国的重任。

她从小受的是路德宗和人文主义的教育，即是说，她属于基督教斯多葛派。她兼容并蓄，求知若渴，能讲拉丁文和四种现代语言，一口流利的法文中夹着许多粗话。她20岁的时候就由于赞助科学家和思想家而在欧洲享有"北方密涅瓦"的盛名[1]。在她邀请笛卡儿前去教她哲学之前，格劳秀斯、萨尔马修斯和福斯都在宫中担任过她的教师。笛卡儿一再谢绝，但最终只得依从了她。每天早上五点钟上课，他给她讲述他的方法的原理和结果。虽然克里斯蒂娜的首相，睿智的奥克森谢尔纳夸她"绝顶聪明"，但是笛卡儿认为她学不了哲学。尽管笛卡儿对克里斯蒂娜的智力评价不高，帕斯卡还是给她写了一封长长的颂扬信，把他刚刚发明的计算器献给她。笛卡儿必须勉力教一个不合适的学生，每天黎明即起，加之斯德哥尔摩的严寒，他不幸得了肺炎，几天之后即溘然长逝，时值这个世纪中期。

克里斯蒂娜不顾皇家的传统，拒绝结婚。她在自传中说她并不缺乏正常的欲望，她认为如果她是个男子的话，一定是个浪荡子，但是她无法忍受怀孕和失去独立。由于这一点，她开始失去民心。虽然她治国清明，与中产阶级结盟来平衡贵族的要求，并且在危机中运用了使英国的伊丽莎白获益匪浅的欺瞒和拖延的老花招，但最后由于她没有继承人，加上国内的批评以及国外关于她的情人的谣言，使她被迫让位给她的表兄，当时她28岁。

从那时起，克里斯蒂娜一直备受诋毁，不久前才停止。三位法国的剧作家，包括大仲马，都对她的放荡行为作过描述。对她的爱戴转化成了无礼，部分原因是她退位了，还有部分原因是她聪明过人，退位后还有相当大的影响力。她退位后35年的生活充满了政治冒险和文化壮举。

她在德意志地区和法国旅行之后到达罗马，大部分活动都是在那里进行的。她的宫廷给这个教皇的城市增加了快乐，因而大受欢迎。

---

[1]　密涅瓦是罗马神话中的智慧女神。——译者注

她的宫廷里聚满了诗人、音乐家、思想家和演说家，在那里享受她为自娱所安排的晚宴、舞蹈、戏剧、假面剧、芭蕾舞和交谈。好几任教皇不但准许这些活动，而且是她的常客。罗马浓厚的天主教氛围使克里斯蒂娜燃起了对这一信仰的兴趣。过去在瑞典的时候，她曾经历过怀疑的阶段，部分原因是她对科学发生了兴趣。由于她不信奇迹和肉体的复活，就只剩下对一种至高无上的存在的信仰。新教的神学家互相之间争吵不休——没有一家是对的。斯多葛主义过时以后，她失去了赖以解释宇宙的体系。但是在罗马，她发现天主教很有说服力，比所有其他教派都更加宽容，而且道理清楚连贯。她"以自己的方式"成为天主教徒，在研究数学和文学的同时，又重新专心地去读神学。

她开始认为自己的退位是明智之举，会使她声名远扬：她的名字将与戴克里先和查理五世这些伟大的皇帝相提并论。但在其他方面众所周知她（自己认为）是独一无二的。她是上帝派到地球上来的完美无瑕的人物。她后来写道，骄傲是她难以摆脱的罪过。其他人却认为她下令处决一个出卖她的秘密的高级侍从是更大的罪过。然而，她的行为并没有超越法律范围；当时意大利的政治习俗仍然严酷无情，启蒙运动的作家对于她在整整一个世纪以前的行为的判断是没有道理的。

除了做思想和艺术的赞助人之外，克里斯蒂娜还希望在世界上起到其他的作用，她在瑞典退位的时候就有了这个想法。如果克伦威尔能为她征服低地的泽兰的话，她想成为那里的女王。在罗马时，她想做那不勒斯的女王，那儿也正好缺一个统治者。她经常参与教会的政治，当时的教会政治往往是由教皇的女戚操纵的。信仰的方式乱无章法，有忏悔者排队游行，边走边让用人鞭打裸背那样的狂热，也有社交场合供应做成十字架状的点心那样的随便。当然，也有虔诚的教徒，多数是贵族女子，她们静心持修，或完全放弃红尘。在罗马，克里斯蒂娜最终找到了她所爱的男人，阿佐里诺主教。他人情练达，品位高雅，极得女人的欢心。他为她效劳，但没有回应她的激情。克里斯蒂娜也发乎情止乎礼，只是在给他的许多信中表示了对他的感情，自称是他永远的奴隶。

克里斯蒂娜的许多活动使她结识了伟大的巴洛克雕塑家贝尔尼尼，他为她设计了一辆马车。此外，她还结识了为法国国王制定政策的马萨林，她希望法国的政策能对教皇更友好些。

210   她学习声乐，并让她的专用作曲家科莱利和亚力山德罗·斯卡拉蒂为她谱曲；她组织考古发掘，在宫中摆满了艺术品，图书馆中储存着众多古典和东方的手稿。她了解法国文学的最新发展，当她听说莫里哀的《达尔杜弗》掀起了轩然大波时，马上决定上演这出剧，但是路易十四禁止这个剧本出口。她创建了三所艺术和科学学院，在学院中举办讲座和讨论会；她还拥有一座天文台、一个"蒸馏室"——其实是实验室（她敬爱的父亲喜欢做实验），她还为一部关于化学问题的著作画了插图。

> 世界有陷入风平浪静的危险。我热爱风暴，生怕风会平静下来。
>
> **——瑞典的克里斯蒂娜（年月不详）**

上述还只是克里斯蒂娜全部活动的一部分，如果说它们多姿多彩的话，那么其中每一项活动的细节可说是匪夷所思，它们反映了她所生活的时代中各种不同的趋势：巴洛克的奔放和新古典的严谨，耶稣会派的决疑法和清教徒的道德观，礼仪上典雅与粗陋同在，文学中含蓄和铺张共存，还有对女巫的全力镇压和新科学的出现。

※

贵族埋头攻读笛卡儿关于方法的小书，或在宫廷实验室里进行"提纯"，严肃的研究人员把他们的最新结果寄给梅森神父。与此同时，从1645年起，一群志同道合之士每星期在伦敦聚会，讨论"新哲学"中的问题。3年以后，牛津大学类似的一组人成立了一个有同样目的的协会。十几年之后，这两个小组合并为一，"怀疑派化学家"罗伯特·玻意耳撰写了一份详细的备忘录，提出了建立一个正式组织的计划。在这份文件中，他把这个研究员的集体称为"无形的学院"。它不久即成为伦敦皇家自然知识促进学会。

学会刚成立时有 80 名成员，很快人们感到有筛选的必要。1660 年申请皇家许可时，查理二世批准了学会的规约，并把人数定在 35 人，会员分为不同类别，有医生、物理学教授、数学教授和男爵。学会欢迎有爵位的人加入，尽管男爵是最低的爵位。有学问的伯爵实在太少，他们也不热衷于参加实验。

即便人数精简之后，皇家学会的成员仍然是五花八门。罗伯特·默里爵士是男爵会长，其他成员包括：克里斯托弗·雷恩，他当时是崭露头角的化学家，尚未改行做建筑师；约翰·伊弗林，树木专家，后又成为著名日记作家；威廉·配第爵士，社会统计学的发起人；公务员塞缪尔·佩皮斯，他也在秘密地记日记；还有 30 位不那么出名的成员。学会任命了两个秘书，其中一个是精通几国语言的德国人亨利·奥尔登堡，他像梅森一样成了欧洲科学通信的活中心。学院的《期刊》登载成员们的演讲和讨论，两份《学报》——A 是有关物理和数学的，B 是关于生物学的——刊登精心选出的论文。学会还积极聘请外国的通讯成员，他们被称为"世界各地的才智之士"。

211

皇家学会成为现在名目繁多的专业协会的榜样。在人文主义者首创的学院的基础上，皇家学会在专业化方面迈出了第一步。法国很快也建立了法兰西科学院，西班牙也成立了科学院。后来，本杰明·富兰克林在费城创建了美国哲学学会；在法兰克尼亚的施韦因富特，利奥波迪纳自然研究学院的第一本医学期刊于 1670 年面世。学会可以通过开会讨论和出版报告的形式来检验新的想法，这个好处渐渐深入人心。结果，几乎每一个行业都恢复了中世纪同业公会的精神。银行家、地产商，甚至蛋糕装饰师都有自己的年会，最起码也出版业务通讯。

当然，质量是参差不齐的。斯普拉特主教编写皇家学会史的时候，抱怨其他成员的文字太差。这个缺点一直没有改进，形成了传统，其部分原因是用数字和固定的技术术语向同行解释最新的发现实在是太方便了，正确的句法似乎显得不那么重要；就让那些直观看世界的人去关心正确的句法吧，他们倒是真的有这个需要。但事实是，科学也需要正确的句法，所有现在的专业期刊出版社都雇用编辑改写论文文稿。如果教科书的句法糟糕的话，对科学的害处更大，因为它们是用来向下一代传授知识的。有些错误常常被作者本人和出版商忽略了，也很少有人对此加以评论，它们似乎和玻意耳的学院一样成了无形的东西。

※

当我们想到"科学"，并把它与唯一的真实等同起来的时候，必然会想起我们世俗文化中的种种。想象街上没有汽车或桌上没有电脑并非难事，因为它们是新出现不久的具体物品，但比较难以想象 17 世纪时新科学是与复兴的魔法混合在一起的。正因为如此，我们误认为那个世纪中的科学进步取得了许多成果，其实它们大部分只是萌芽，开花结果是后来的事。

笛卡儿和牛顿对于物质的看法是慢慢地为博学的人们所接受的。设想一种无形的，却可以测量的物质很不容易，因为我们的感官可以感觉到颜色、质地和气味，而科学把它们都弃之不顾。科学不仅无视这些"次特征"，而且通过抽象的方法把世界上一切东西都简化为天平上的指针、尺子上的刻度或是方程式。当地球上或地球外的一切都被认为是物质时，就引起了对于宇宙起源的猜测。（几乎）所有人都成了宇宙起源论者。在布鲁诺被处死的前一年，一个名叫梅诺奇奥的意大利穷磨坊工遭到处决，因为他坚持说在原始的混沌中，先是产生了一块固体，如同牛奶凝成奶酪一样，然后在这块固体中出现了一个小虫，这就是第一个天使。他的比喻其实还不错，和我们现在的宇宙大爆炸，然后发生进化的理论有相通之处。随着时间的推移，人们头脑中的一个概念日益明确，即运动无所不在，静止是一种不寻常的状态。结果是新的所谓动态世界的观念取代了古老的静态世界的观念。

不言而喻，真理的来源也发生了变化，从确定的启示转移到了不停的实验；真理本身也不再是静止的了。过去的理论不断被推翻，科学为之自豪，因为它有勇气否定自己。那么，为什么应当信赖科学呢？它不过是脚下不断移动的平台。回答是因为科学的方法是可靠的，所产生的结果覆盖了越来越多以前不了解或被误解了的方面。终有一天，所有的真理都会被发现，它们将形成一套连贯性的体系，因为自然是恒常性的、统一的。

这时出现了曾经暗示过的矛盾，在这个新方法和新发现的时代，出现了迷信抬头的现象，其最暴烈的表现是迫害女巫（213 >）。然而，当新奇的观点引得众人思想起伏，议论纷纷的时候，必然会有思想坚定、信念深刻的人挺身而出抵制新思想，维护知识的现状。并不是每个人的头脑都像信仰主义者那样灵活，能同时信仰《创世记》和伽利略。保守派总是会有的，根据牛顿式的思想法则，行动总是会引起反行动；保守派中的一派人转变成反动派，死抓住旧的观念不放。

17 世纪的时候也有人同时接受科学和巫术，在著作中对两者一视同仁。这样的人包括格兰维尔和布朗爵士，前者是天文学家，后者是实验医生和生物学家。他们的立场不同于把思维分成两个层次的信仰主义者，而是把表面上互不相容，但其实可能有许多共同之处的体系融合在一起。在新理论向确定的真理进行挑战的阶段，对新理论持怀疑态度，并用确定的真理来对它进行检验是正常的。布朗认真思考了女巫的问题后，得出这样的结论：如果不相信有女巫存在，便违反了宇宙中的等级秩序，即最上面是上帝，然后是各个等级的天使，天使之下是人，最下面是邪恶的精灵，撒旦的仆从，但他们的行动也是上帝的旨意。他们对人施加诱惑，造成日常生活中种种难以解释的不幸事故。如果把他们排斥在秩序之外的话，罪恶就成了上帝所造成的，而人也因此被降到最低的层次。世界就不再是灵魂与魔鬼不断较量的战场了。简言之，女巫对于所谓伟大的存在之链，即生物的等级秩序来说是必要的。

　　这种推理的结论与布朗在关于"庸俗的错误"的详尽著作中的推理并不冲突，在那本书中他对许多迷信进行了驳斥，至今读来还颇有趣味。不应该期待"新方法"马上就能消灭所有的迷信。作为皇家学会成员的格兰维尔这位多产的科学家对巫术口诛笔伐，但对他来说，一些女子（还有少数的男子，被称为男巫）具备的神秘力量并不比自然哲学家所发现的神秘力量更加不可思议；只不过女巫的力量，即"迷惑"，虽然有时能治愈人和牛的疾病，却是来自邪恶的本源的。

　　此外，女巫的存在并不那么一清二楚。当然，往往有一些老年妇女，有时也有些年轻的女子，行动古怪，应和了女巫的定义。她们自己也相信自己会巫术，有魔力，对此坦承不讳，甚至自我吹嘘。其中有些人一定是精神不正常，另外一些人是得了歇斯底里症，还有些人具有一种罪犯常有的心态——因自己成为众人瞩目的对象，做了邪恶的坏事而得到自我的满足。总而言之，在科学发展的同时，对女巫的搜捕也盛极一时，最典型的是马萨诸塞的萨勒姆审判；造成这种情况的原因和所有思想方面重大错误的原因一样，是根据支离破碎的片面经验所做出的笼统推理。

※

　　这里把自然哲学家的任务和方法概括为抽象与分析这两个主题。要借助它们理解近现代，就必须注意它们的某些方面。从儿童时代起，抽象就被用来辨认世界，如从面前这只红苹果中，我们学会联想到所有的红苹果，后来又联想到所有颜色的苹果；下一步是水果，然后是物体，最后是最大的但又是最窄的一个类别，即存在。攀爬抽象这架梯子使人学会在物体共性的基础上处理大量不同类别的事情和想法。法律就是一个很好的例子，如果法律规定对初犯的判决应该宽容，那么这个犯人的个人特征就毫无关系了；他可以是瘦子或胖子，黑人或白人，基督徒或佛教徒，但他只被看作一个初犯，这是给他定的一个类别，并不是对他的描述。

抽象意味着有意地脱离经验，脱离看得见摸得着的称为具体的东西。现代给世界带来的抽象比历史上所记录的任何时代都多；数字的普遍使用就是一种体现，如：THP-35R 并不是一辆可以开的车，而是它在机动车辆管理局和保险公司登记用的号码，但这个号码在这两个地方都是"真的"车。可以说我们 20 世纪的人基本上过的是抽象的生活，如果没有身份证这张印有分类号码的硬纸片，我们会受到具体的伤害，我们的愿望会得不到实现，权利会遭到剥夺，身份会受到怀疑。在被抽象主宰的世界里，哪怕是百般解释，甚至本人到场都不能算是可靠的证明。

分析则以另一种但相关的方式歪曲事实。采用笛卡儿的方法等于把注意的对象切分成小块。一个概念、一件东西或一个人都像厨房的钟一样被拆得七零八落。现在有一个很巧的说法："看看是什么让他像钟一样动起来。"以抽象为基础的分析把一切东西都看作是由部分组成的。我们不断地切分，希望最终能找到一个再也切分不了的单位，现在找到了原子（＝不可切分），但是还没有找到原子内部不可切分的单位。与此同时，我们越分越细，而且理所当然地认为如果把分开的部分再装起来，就可以使原来的东西得以复原。

这是一个有用的假设，但是否在任何时候都正确呢？当我们小心地把拼板游戏的各块拼在一起的时候，我们是在执行笛卡儿的最后一条规则，但同时我们也看到，当拼板拆开以后，漂亮的图案也因此被破坏了。抽象和分析都不可或缺，否则就不会有自然科学、医学、法律、教育、批评和道德觉悟。但是也有一种可能性，即这两者的用途有一定的限度，一味滥用是非常危险的。17 世纪中，至少有一个人意识到了对它们滥用的错误，如果不是危险的话，这个人就是——

帕斯卡

人们通常认为他是位研究数学的神秘主义者。少数人还记得他的实验导致了气压计的发明，而且他发明了第一个计算器（为了帮助他父亲手下的税务会计，他制造了 50 个计算器，习惯笔算的顽固职员却拒绝使用）。帕斯卡身后留下了大量捍卫基督教反对自由思想者的写作笔记。他的家人出版了这些笔记，起了个不显眼的标题"思想录"，英文译本中常常保留法文的原文"Pensées"。抛开书中的宗教意图不管，像 T. S. 艾略特这样的读者对其新意和智慧欣赏备至。

不过有一点从上述事实中看不出来：帕斯卡在《思想录》和其他著作中提出了一种关于人和社会的哲学，对于自他以后西方文化的发展投以批评的眼光。传统的看法是，帕斯卡的数学和科学的成就抵偿了他为基督教的辩护和狂热的"神秘主义"，后两者是由于他病魔缠身造成的——他年仅 39 岁即撒手人寰——他的意见是一个处身于正常行动与感情的世界之外的人的意见。

215

这种看法大谬不然，帕斯卡关于爱情的论文就是明证。这篇论文是他两年生活经验的结果，那两年，他生活在时髦的世界中，那是一个在谈话、赌博、闲聊和对异性的追求中消磨时间的世界。根据传说，他心有所属，却以失望告终。但由于他的仪表和机智，他在上层社会无疑是出类拔萃的人物。赌博不管对他来说是不是一种享受，都能使他集中精力，并使他对概率论做出了贡献。

《论爱的激情》是一篇可以与司汤达的《论爱情》（475 ＞）相媲美的心理学文章。尽管它篇幅短得多，但是更为透彻，因为帕斯卡首先把激情看作思想，与感情相结合，通过身体得到表达。这就是灵与智的重要概念（＜203；453 ＞）。帕斯卡说，思想越丰富，激情越强烈，尤其是两大"成人激情"——爱情和野心。它们之间彼此矛盾，互相抵消；如果生活从爱情开始，以野心告终，一定是幸福的。鉴于人生的短促，帕斯卡认为生命应该从有理性的年龄算起，比如说 12 岁。

接下来是典型的帕斯卡式对个性和社会的看法：大起大落的生活让伟大的思想家感到其乐无穷，因为它不断激发着感情和行动。静止安定的人是不幸福的，（如我们所说）穷极无聊，腻烦死了。帕斯卡明白理性主义者所不理解的道理，即最基本的是身体和身体的感觉，不是思想和理性。关于思想本身，帕斯卡提出了他在《思想录》中所讲到的区别，有两种不同类型的思想：一种是严格的、固定的，而另一种是有弹性的，生来就有爱的欲望，尤其是爱美的欲望。当这两种思想合为一体时，从中而来的爱情将带来莫大的快乐！一个人心中总有自己所向往的与自己互补的另一个人的形象。在这里，帕斯卡这位心理学家注意到了投射的现象，即把一个形象投射到一个并不合适的人的身上。他认为女性一般比较容易犯这种自我欺骗的毛病。他与一个比自己地位高的女士的一段情可能是这篇论文的事实依据，学者认为文章中所指的人可能是出生于公爵家庭的德罗阿内小姐。接下来作者对社会上爱情的起伏多变，由爱情而引发的时尚和各种做作行为发表了敏锐的评论；文章中还穿插着关于感情和审美观的精妙评述。

帕斯卡不是神秘主义者，用这个词来形容他的宗教热情是不恰当的。神秘主义者寻求与上帝合为一体。天主教的教义拒斥神秘主义，因为它把上帝变成了一个人的灵魂

> 人需要不需要爱情？不要问——要去感受。
>
> **——帕斯卡《论爱的激情》**

可以与其结合的存在，这就越过了耶稣，模糊了创造者与被创造者之间的关系。帕斯卡正好相反，他认为上帝的伟大遥不可及，上帝的意图凡人无法理解，凡人与上帝唯一的联系是通过人神合一的耶稣。帕斯卡从耶稣那里寻求的是爱。如果用心理学来分析帕斯卡的信仰，可以说他的信仰与他小时没有得到足够的关爱有关，或者由于他与德罗阿内小姐鸳梦未成，或者像伏尔泰后来攻击他时所说的那样："帕斯卡，你有病。"

他的确有病，但是他的宗教是与科学理性地联系在一起的，因此应当把它当作一个身心健康的人所信奉的宗教观点来评判。事实是，帕斯卡与现代存在主义者克尔凯郭尔和加布里埃尔·马塞尔非常相似，这两位都是热诚的宗教信徒。帕斯卡在他的《思想录》中写道："这

216

个无限空间的永恒沉默使我恐惧。"他是像存在主义者那样看待宇宙的，它空寂、黑暗、没有意义。这些运转的星球是怎么形成的？为什么有如此巨大的虚空？人又是个多么荒诞的谜！一句话，上帝的意图无法理解。耶稣是与意义的唯一联系，他代表的是宽恕和爱。神并不是供人们为了忘记自我而沉湎其中的抽象的东西，而是活生生的上帝。上帝的所有奇迹都是为人创造的，他的奇迹和神秘向人传递了无限的空间和静默的宇宙所蕴含的神秘。

※

几何精神的原理明确，却是常人所不能理解的，所以很难形成这样的思维，因为人们没有这样的习惯。本能精神的原理普遍运用，人所共见，无须改变人们的想法和习惯。但是原理众多复杂，面面俱到几乎是不可能的。如果具有几何精神的人眼光敏锐，就会获得本能精神，有本能精神的人如果努力学习他们所不熟悉的原理，也会学到几何的思维。

——帕斯卡《思想录》

对于我们这个时代来说，帕斯卡论述爱情时提出的两类思想的区分和对照是他最丰富的思想。在《思想录》中，帕斯卡把它们详尽地阐述为几何思维和本能思维之间的区别（几何精神，机智精神）。帕斯卡所谓的几何，指的是研究科学或数学中精确的定义和抽象概念时的思维方式，而所谓本能，指的是考虑没有确切定义的思想和概念时的思维方式。直角三角形或万有引力是十分确切的概念，而诗歌或爱情或好政府是无法下定义的，这不是因为没有足够的正确信息，而是由这些问题本身的性质所决定的。

思路明晰的人在思考"几何类"问题的时候，从不争论它们之间的相互联系，推理的任何错误都很快就能发现，犯错误的人也坦率承认。但是，在本能的问题上，要照顾到的细节多如牛毛，变幻莫测，对它们进行推理有很大的偶然性，头脑同样清楚的人会得出不同的结论。其实帕斯卡还应该补充说，如此众多的因素使得笛卡儿的方法无法应用，因为人永远无法确知是否找到了问题的所有组成部分，或者是否把所发现的各部分都组装了回去——对于爱情或野心不可能做出完整的分析。

这种不可能促使人们把科学和数学看作唯一的真理。大多数科学家和数学家一贯如此认为，他们还力图说服人们相信，除了他们的实验成果和推算之外，其他一切都只不过是看法而已，是错误，是幻觉。尽管如此，在每一代人中，都有思想家，包括一些著名的科学家，坚持认为几何的精神和笛卡儿的方法并不能适用于一切。还是可以依靠本能的灵敏找到另一类的真理，尽管就那类真理难以达成意见的一致。语言本身就说明了这种区别的来源，比如，知道和得知这两个词表达了深入了解与听说而已之间的区别。有些语言表达这两个意思用不同的词汇，如：wissen（知道）与 kennen（得知）；savoir（知道）与 connaître（得知）。作为科学家，人学到了许多东西，但是作为人，他对于爱情和野心、诗歌和音乐有一种本能的了解和感受。灵与智并用比单靠推理能触及更深刻的东西。

渴望达成信仰的统一是可以理解的（＜23）。世界上的血腥冲突其根源来自本能，对这种现象的谴责导致了蒙田的怀疑主义的产生。这也是提倡宽容的最好根据。然而，尽管本能的方法不会产生牢靠的结论，但是并非只有它具有多变性。科学也总是在不断地自我修改，在任何时候科学家都从未达成过完全的一致。对科学的坚定信心来自所定对象的固定性，它确保所有的研究人员讨论的是同一个东西，而且由于数字的运用，采取的也是同样的处理方法。可是就连这种可敬佩的严谨方法也难以保证所得出的结论永远正确。即使如此，一些改善了日常生活的有用发明本是科学和本能结合的共同产物，然而公众却更加确信科学是唯一的真理。

帕斯卡所说的"两种思维"并非属于两类不同的人，而是同一个人的思维可以选择的两个方向。帕斯卡本人证明了一个人既可以是一个伟大的几何学家，又可以是一个有深刻本能的人。其实，任何受过良好教育、有头脑的人都可以既像欧几里得又像惠特曼那样思想。我们知道，文艺复兴时期出现了许多有这样头脑的人，他们作为诗人和工程师同样出色。认为"两种文化"在同一人的脑子里互不兼容的现代观念是由于科学被分成名目繁多的专业而产生的。科学家也因此被分为各个类别，相互对彼此的专业一窍不通，这是因为细节和专业术语实在太多。但是在本质上，人的脑子仍然是一个整体的器官，而不是两个或 60 个不同的器官。

那么，帕斯卡所提出的区别重要性何在呢？它是批评家奉行的原则，是对唯科学主义的一种警告。《思想录》中有 10 段简洁的段落对此有明确的结论。唯科学主义的谬误在于它认为科学方法必须用于所有的场合，假以时日，它必能解决所有的问题。经常有人聪明地设想："倘若我们能确定精确的用语，倘若我们能找到基本的单位，倘若我们能发现正确的'指数'，我们就能够毫无差错地进行推理和测量，我们将能发明一种新的科学。"我们常常听到这样的叫喊："我发现了！我们是科学家。"而所谓新科学就是关于人的科学的某个部分，包括历史学、社会学、心理学、考古学、语言学以及其他一些昙花一现的学科。在 18 世纪初牛顿去世前就隐隐约约地出现了这种希望和抱负，例如，维柯的《新科学》提出了重要的史学理论（314 ＞），但它与后来那些有着同样自信标题的类似著作一样，并不是科学。

唯科学主义的动机有着重要的文化意义。动机当然是多种多样的，有对研究发自内心的好奇，有追求确定和统一的狂热，还有想挣得一个科学家头衔的虚荣，因为科学家已经被认为是一个高级的社会和知识阶层。这些努力虽然徒劳无功，却给发明家和整个世界带来了一定的损害。它们的"发现"促成了一些影响日常生活的政策的制定，这些政策在执行过程中没有任何灵活的余地，与早期以宗教为依据的政策没什么两样。与此同时，运用本能思维，思想敏锐的人——艺术家、伦理学家、哲学家、历史学家、政治理论家和神学家——常常心有旁骛，其他人则轻蔑地把他们看作在真理的边缘耍嘴皮子的人。

※

可以这样来揭穿唯科学主义的谬误：（地地道道的）几何学是来自经验的抽象，若没有人对所接触的世界的思考，就不会有几何学。因此抽象虽然有用，也并非不真实，但是与作为它的来源的世界相比较，却是狭窄、光秃、贫乏的。因此，想象有一天会用不着直接与抽象以外的东西打交道完全是白日做梦。作这样的对照是为了说明科学是有限度的。

帕斯卡不只展示了人的思维与世界的两种不同的关系。在一段常被引用的话中，他补充说："心有自己的道理，是理性所不知道的。"这里的心不只是情感的所在地；它代表的是笼统的欲望，采取行动的冲动，而理性是执行其中某些冲动的有鉴别能力的仆人。请注意他的话里 reason 两次出现的不同意思：心的道理（reasons），也就是心的需要和动机，不是推理（reasoning）的产物，否则行动就不会有自发性，世界上就不会有同情、友谊和爱情。在《思想录》中，经常有蒙田思想的反映，在帕斯卡对习俗、法律和社会生活的评论中，我们不时地看到他这位导师的影子；作为弟子的帕斯卡对《随笔集》中的内容进行了重申、改进或反驳。有时帕斯卡似乎是在与蒙田进行面对面的辩论。但其他时候，他把导师的话变成了格言，如："企图成为天使的人最后变成了野兽。"（法文里的野兽 bête 也有"愚蠢"的意思。）又如："比利牛斯山这一面的真理到另一面却成了谬误。"这些都是一些经过典型的帕斯卡方式压缩过的"蒙田那山岳般伟大深邃的思想"。帕斯卡是蒙田最好的读者。

一个宗教积极分子在一本提倡彻底信仰的书中居然与一个怀疑论者如此意气相投，这似乎有点儿奇怪。但是，对于帕斯卡来说，正是因为人的真理变化不定，所以必须在上帝的怀抱中寻求庇护。据说，帕斯卡皈依了波尔罗亚尔修道院的詹森教派。当时，波尔罗亚尔修道院是奥古斯丁派神学家詹森的追随者静修的地方。他们是一些既虔诚

219

又有学问的人，在法国天主教的中心代表着当时在英国即将引发内战的清教徒激情（263＞）。

帕斯卡皈依后变得极其虔诚，发挥他的天才为朋友们的苦行世界观公开辩护，抨击强有力的敌人耶稣会派。帕斯卡是位有心的文学艺术家，在维护詹森主义的辩论文章中，他创造了法国古典散文的模式（353＞）。他的著作《致外省人书》文笔通俗、流畅，既语带讽刺又幽默风趣，立刻轰动全国，"诡辩术"和"耶稣会派"从此永远成为贬义词。这些是大家所熟悉的法国历史，但是《思想录》中有一点没有得到充分的重视，那就是它关于人的地位的观点。帕斯卡的观点与詹森派和清教徒把人看作可怜的罪人的观念不同。在帕斯卡看来，人是可怜的，但也是伟大的。在宇宙这座天平上，他非常渺小——"一滴水就能把他置于死地；他像一棵柔弱的芦苇。"但是，他是一棵"有思想的芦苇"。盲目的宇宙可以摧毁他与他的所有成就，但他是有意识的，他知道什么比他更强大，所以他才因空间的死寂而恐惧。所以，思想（这里也包括科学）仍然主宰着对自己的大小和力量无知无觉的一切事物。

帕斯卡关于人的伟大的观念不仅与清教徒以及存在主义的观念不一样，而且与19世纪以来科学家的观念也不一样。这些科学家同宇宙站在一边，他们津津乐道地告诉

信仰不就是一种赌博或投机吗？应该这样说："我赌我的拯救者真的存在。"
　　　　　——塞缪尔·勃特勒《笔记》
　　　　　（19世纪末）

220　他们的听众，人完全是微不足道的，在他们所规划的未来中，地球和人不过是无目的旋转的冷物质，似乎它们从未存在过（570＞）。身为一个真正的信仰者，帕斯卡并不因毁灭而喜悦；他热爱人类，希望他们能够得救，以什么样的条件都可以；"帕斯卡的赌注"即由此而来。当时，越来越多的自由思想家和无神论者被"科学"解放了出来，成为第一批所谓的自由思想者，梅森估计巴黎大约有2 000名这样的人。帕斯卡恳请他们相信上帝，说："如果你们不相信上帝，你们就得不到永生，当然你们自己也说没有永生。但是如果你们相信上帝，在有和

没有永生中间，你们起码有一次机会：如果上帝不存在，你们什么也不损失；但如果上帝存在的话，你们便获得了拯救。"

有些人认为这样的赌注太冷血，给帕斯卡的宗教蒙上了耻辱。但他的数学概率理论与奥古斯丁信徒的心理恰好相符：幻想时间久了就会产生真的信仰（＜39）。此外，作为天主教徒，帕斯卡没有宣扬宿命论，或者宣称若想得到真正的信仰就需要上帝特别的恩赐。于是就出现了这样一个问题，帕斯卡是不是信仰主义者呢？他开始时也许是，后来有证据确定他不是。他没有来得及发展他的思想体系，但他所提到的要素并不需要把思想分为两层。上帝神秘莫测，无所不包，所以他的意志与人类在他的宇宙中的探寻不可能互相冲突，正如几何学和本能如果得到正确的理解也不冲突一样。在帕斯卡这样的人身上，这两种能力互相渗透。他很年轻的时候由于一个偶然的机会接触到了欧几里得的几何学，便马上成为一个几何学家。他 15 岁时写出了一篇关于圆锥曲线的论文，连伟大的莱布尼兹都认为有价值。在他成年以后，除了爱情、社会和科学外，他还经历了启悟——梦中的景象和被神灵附体提高了他的思维能力，使他更能发挥他的天才。

关于一个词的题外话

与思想或艺术风格一样，有些词属于某个特定的阶段。我们现在所用的天才这个词属于 19 世纪（474 ＞）。帕斯卡著作中的精神一词属于新古典时代，因此，应该来研究一下它的意思。当然，这一类词并不是相关时代的产物，只是在那个时代有特殊的用法。

按照帕斯卡的用法，精神（esprit）的意思有些含糊。当他谈论两种智力形式的时候，它的意思是思维，但它也有方向、倾向和领域的意思。英文里的 spirit 与它的第二个意思就不太相干了。我们的确说："Please take this in the spirit in which it is offered"（请接受礼物所表达的情意）；但是把孟德斯鸠 *L'Esprit des lois* 一书的标题翻译成"论法的精神"（*The Spirit of the Laws*）却词不达意，这个词的意思在这里还

221

包括精髓、影响、目的，以及意图与结果。

问题是 esprit 有好几种用法，相互之间的关系并不紧密。可以用它来形容一个人，如：ésprit é clairé, juste, faux, profond，分别指人的头脑聪明、公正、扭曲或深刻。扭曲这一义项很有意思，英文里没有。它在这里的意思是扭曲的，但并没有欺骗的含义；扭曲的头脑是不可靠的，因为它"出了问题"，像一个损坏了的装置。

Esprit 的另一个义项是智力，这也有双重的意思。当德莱顿写道："Great wits are oft to madness near allied."（智力高的人往往近乎疯子），他的 wits 指的并不是风趣的人，而是思想伟大的人——天才。同样，在法文中 un homme d'esprit 指一个人头脑聪明，而 un trait d'esprit 指的是风趣的评论。这两种语言中的含糊现象至今仍然存在：一个 nitwit 是一个没有脑子的人，而一个 wit 是言辞机智，逗人发笑的人。wit 在德文中的词源是 wissen，意思是看、了解，从这两个意思中衍生出 wise（智慧）和 wit（机智）。

Esprit 源自另一个词，意思是呼吸。Inspiration（激励）、aspire（向往）和 expire（到期）都是从它衍生而来。17 世纪法国国王所颁布的最高荣誉是 Saint-Esprit——圣灵奖章，圣灵既是精神的，也是理智的，因此这一嘉奖成为最高的荣誉。对于我们来说，ghost（鬼魂）和 spirit（精灵）指的是重游人世的死人的灵魂；spirits of wine 指酒的酒精含量。应该补充的是，另一个 17 世纪的用法 esprit de corps 在法文中的意思并不是英文中让人钦佩的"team spirit"——团队精神。其实它是指同行的人为了自私的原因抱团结社，或者指政府官僚机构对于公众正当要求的抵抗。德文中的 Geist（鬼）这个词包含了 esprit 和 wit 的含糊意思，Geist 是思维，geistvoll、geistreich 是智力和幽默的意思；后来出现了一个新的词 Zeitgeist，意思是时代精神。

最后，spirit 在英文里还有活跃甚至勇气的意思；这个词的复数形式的意思是情绪，可高可低。这个意思是从原义呼吸中派生出来的，来自古代和中世纪发达的生理学——四种体液、四种要素和几种个性的理论。要大略了解这种体系及其文化影响，需要浏览的最合适的书是著名的《忧郁的剖析》，作者是——

罗伯特·伯顿

　　他自称小德谟克利特，是牛津大学的一个学监。当他在 17 世纪 30 年代出版此书的时候，已经涉猎了他研究的这个题目的所有书籍，不只是医学书籍，还包括古代和现代的文学（包括诗歌）、传记、炼金术、占星术、植物学和一般的生物科学的书籍。他研究的主题范围极其广泛，几乎涵盖人的整个命运。对爱情和其他的感情、社会等级和习俗、社会不平等的变化无常等众多题目都或多或少地有所触及。伯顿的思维是跳跃性的，随意对他所处的时代和境况发表评论。书中内容有时重复，但全部紧随一套严谨的逻辑系统，他在书的开头用插图展示了这套逻辑系统。美国的一位诗人把此书的结构比喻为一座大教堂。

　　翻开《剖析》的任何一页，都会读到许多有趣的逸事和惊人的事实，领会到作者丰富的想象和连珠妙语。对话式的风格有时让我们想起拉伯雷，有时让我们想起在时间上与他相隔不远的托马斯·布朗爵士。是查尔斯·兰姆重新发现了伯顿和布朗，兰姆自己那部刻意雕琢、精巧别致的《伊利亚随笔集》吸取了不少他们的东西。伯顿在《科学传记辞典》中榜上无名，在一般的科学史中对他也提得不多，但他值得在此一提，因为他是第一个有系统的心理医生，把四散的大量病例收集在一起。他的书在当时广受欢迎，很长时期一直是畅销书，使当代的精神科学研究者也深感钦佩。［可读伯根·伊万斯（Bergen Evans）所著《伯顿的心理学》（*The Psychiatry of Robert Burton*）。］

　　伯顿有哪些贡献呢？首先，他为什么会精心研究称为"黑色胆汁"的忧郁病，现称躁狂抑郁症的这种疾病呢？因为他本身就深受这种疾病的折磨，还看到周围有许多同样的患者，于是，他决定了解与这种病相关的一切资料。他收集了自中世纪以来所有对病状的描述和诊断，因为在中世纪期间对这种病比较重视。《剖析》中收集的资料的规模是任何科学调查都望尘莫及的。他在处理这些资料时力求去伪存真，尽管我们偶尔会因他居然对某些无稽之谈信以为真而忍俊不禁。与他的同代人相比，他在好几个问题上都是超前的，但是在另外一些问题上，他免不了与他们同样无知。伯顿的创新性在于他认为应该本着同情心去治疗精神病。一个半世纪以后，法国医生皮内尔才正式采纳了这个观点，下令去除巴黎拉萨尔佩特里埃精神病院中病人的手铐。皮内尔因扭转了这种由来已久的态度而得到了应有的赞誉，但如果要算时间先后的话，伯顿才是（未被注意的）创始者。

伯顿观察到忧郁是与内心最深处的感情，包括性感情，联系在一起的。他自己童年时缺乏关爱，类似这样的缺憾是无法补偿的，它甚至会扭曲一个人的个性，使他不懂得爱自己，也不会爱别人。周而复始的压抑和兴奋即由此产生。伯顿还注意到，得忧郁症的人往往天赋较高，虽然早在亚里士多德的时代就观察到了这一现象，但是最近约翰·霍普金斯医院的一位医生又把它作为新观察提了出来。患忧郁症的人受两种相反力量的牵制，他鄙视自己，却又行为傲慢；他嫉妒他人，深知自己的不足；他想结交朋友和情人，但不懂处事的方法，常常疏远那些开始对他产生好感的人。但是这种永远的不协调并不完全是由于内在的原因。社会的结构也加剧了这种不和谐。伯顿多次抨击上层阶级对下层人的态度，指责他们缺乏良知，缺乏自我批评。

根据这种分析，忧郁症的医治——其实应该说缓解，因为尚未找到医治的办法——必须有一套很好的疗法，再辅以药物。更重要的是让病人承认自己的需要，认识到造成他感情扭曲的环境因素。要使病人获得这种自我意识，并且面对它所揭露出来的一切，必须有一个富有同情心并了解忧郁症起因和行为表现的人能听他倾诉心声。

对伯顿和他同时代的人来说，"黑色胆汁"是类似血一样的东西，是身体正常的一部分。读了伯顿的《剖析》，即可熟悉宣称四种体液决定人的性格和疾病这种长期为人所接受的理论。四种体液是：黑色胆汁、黄色胆汁、痰和血。直到 18 世纪中期，这个理论一直主宰着西方人的思想，是解释性格和行动的依据。我们至今还使用一些熟悉的术语，如：melancholic（忧郁的）、phlegmatic（冷漠的）、choleric（易怒的）、sanguine（乐观的）。

这种生理学首先由古希腊医生希波克拉底提出，他的继承人，此后 1000 年间的权威盖伦把他的观点加以扩充和系统化。我们看到，16 世纪的帕拉切尔苏斯和其他一些人反驳了盖伦的一些重要论点（＜198），但没有触及四种体液。这种系统的依据是古代物理学里的四个元素，即土、气、火、水。它们各自的特征为重量、轻量、热量和湿度，这些特征的体现在自然界里比比皆是。由此推理：不是热便是冷，火焰往上走，重量往下压；于是产生了应用于人体的系统。体液栖身于身体的一个或几个中心器官，有时产生过多的热，或寒，或湿。某些部位产生出一些微妙的称为精神的要素，它们游动于身体各处，调节着各体液之间的平衡。体液平衡，身体就健康。这种系统若经适当调整，仍然可以成立，只是内分泌腺取代了体液的功能。［顺便说一句，我们形容像小狗一样活蹦乱跳时所用的"健旺"（animal spirits）的说法其实原来指的是灵魂 anima 的精神，因此意思应该是指思想的活跃，而不是四肢的活跃。］

完美的健康难以达到，平衡很容易被打破。在最佳状况下，一个人的个性在某种体液压力之下倾向于某个方向，所以出现了上述不同类型的人：乐观是因为血太多等。伯顿认为忧郁症最为普遍，历史的记录和现在众多的抑郁症病例似乎证明了他的正确。

体液和精神的具体运作被认为十分复杂，众说纷纭，产生了大量的医学论辩文章。伯顿本着中立的态度介绍了各方的意见，但是他确信合适的观念、消遣、生活方式和阅读都会帮助忧郁病人减缓病情，他因本人深受其苦，所以对他们加倍地关怀。他通过像蒙田那样无情的自我反省，进一步认为，当时的文化可能是"他的"疾病的起因。他严厉批评权贵，痛斥公众不重视人的能力，揭露神职人员和道德家的虚伪。但是，最严重的忧郁症是爱情诱发的，那是因为它最难避免，也最难克服。他关于这个题目的章节像莎士比亚的十四行诗一样意味深长，发自内心，里面列举的种种滑稽事和感觉有时使人想起拉伯雷的幽默。

有时，现代心理学家不把伯顿放在眼里，因为他接受了传统的生理学理论，没有发展出对思维的"独立观点"。此外，他缺乏弗洛伊德那样的"动态心理学"。对这些缺乏历史观念的批评完全可以置之不理。伯顿至少没有把思维与身体分离开来，他意识到了文化对于精神病的影响；在寻找原因的过程中，他有几次差一点儿发现了潜意识。今天，心身医学这种说法还是意味着一种分离，似乎有哪个医生曾经在诊所里看见过一个没有心理的身体，或者哪个心理医生碰到过没有身体的心理似的。最新的心理治疗除了同病人谈话之外，还给病人用药，这种方法背离了弗洛伊德，转向了伯顿的方向。

一个插曲

有关 17 世纪的科学史未把伯顿的《剖析》包括在内毫无道理。因为他把体液的理论看作扎实的生理学，所以就连他深邃的心理学也完全不予考虑。文化史中这种以瑕掩瑜的现象比比皆是。成见即由此而来，对一个人或一个阶段，究其一点，不及其余。头脑极易形成固定的印象，并不记取所有的事实。

本书的目的之一是要表明近代在许多方面与之前的时代迥然不同，因此所列举的大量资料可能产生或加固了一种很大的成见。书中不时提出警告，并提请读者注意 1500 年之前就已出现的萌芽，但是这些用心也许是徒劳的，反而加强了把中世纪视为"黑暗"时代的印象，为了去除读者脑子里的这种印象，必须加进一段插曲。

225　　中世纪这一名称是近代的用法，直到 17 世纪晚期才得到普及。力图把这个时代与古代以及近代区分开来的愿望也许表现了一种骄傲，一般来说，科学家和自由思想家都希望同"蒙昧的世纪"划清界限。18 世纪把这种优越感明朗化，并教育后人相信"哥特式"的艺术、学术思想和虔诚的行为是野蛮的表现。这种信念的余毒是，我们至今在报刊文章和交谈中用"中世纪"一词来谴责我们所认为的一切过时和粗野的东西。尽人皆知中世纪残酷粗野，迷信盛行。

事实是，在 1500 年之前的 1 000 年里，经过极其困难的初始阶段，发展起来了一种新的文明。罗马帝国在 5 世纪解体之后，许多城镇和孤立的居民点只能自己起来自卫，抵抗外来的混乱。中世纪包括好几个阶段，它的成就包括创立了新的体制，（多次）改革了旧的体制，而且据说在我们现在所知的文艺复兴之前发生过两次文艺复兴。最新的看法是只有过一次，即 1050 年到 1250 年之间的复兴。确实，在更早的 8 世纪和 9 世纪初的查理曼时代，知识和政治活动卓越非凡，但是范围仅限于查理曼的宫廷，很快被新一波日耳曼侵略者，包括法兰克人、汪达尔人和形形色色的哥特人给淹没了；统称为撒拉森人的阿拉伯人和柏柏尔人从南面发起进攻，虽然最后被击退，却没有完全消灭。

当西方的人口由于这些形形色色的入侵者而重新组合的时候，爱尔兰的僧侣在抄写手稿，汇编书籍，以保存高级文化财产。圣帕特里克和他的追随者的功劳远不止在爱尔兰岛上消灭了蛇。在欧洲大陆，从 9 世纪后半叶到 11 世纪中叶，生存是头等大事。如果有人愿意的话，也许可以把这个阶段称为黑暗阶段，但把以后的阶段也说成黑暗就太荒唐了。中世纪大多数流行文学作品中所描述的气氛远非恐惧或阴郁，而往往是欢乐；无时不在的危险能使人振作精神，积极地采取行动。即便是在最困难的时候，牢固的传统还是留存了下来。罗马法和（教会的）法规依然发生效力，日耳曼侵略者又带来了一种新的习惯法，后来的思想家认为是它促成了个人自由的思想。

用什么样的词来形容中世纪常令人大费踌躇。任何阶段、任何地区或任何城镇，在语言、法律、政府和其他体制方面都有许多不同之处。正如 9 世纪的阿戈巴德主教在致虔诚者路易 [1] 的一封信中所说的：

---

[1]　法兰克国王，查理曼大帝的儿子和继承人。——译者注

"常常发现在一起交谈的五个人中，没有两个人是受同一法律制约的。"
226 这种情形与古希腊很相似，现在常说"希腊戏剧"，其实正确的说法
是"雅典戏剧"，在形容建筑物、历史和抒情诗歌时，也应该用有关
的城邦的名字。

因此，虽然一提中世纪，人们会立即联想到封建主义，但除非想
对这个时期作仔细的研究，否则这种联想并不恰当。中世纪应当使人
联想到的是人与人之间的忠诚这种有誓约为依据的强烈感情，根据这
个誓约，附庸有义务随主人从军或以其他形式为主人效劳。这种紧密
的联系是一种实际的办法，用来抵抗来自任何方向的对于生命和粮食
的威胁。做附庸并不一定意味着能得到封地，但它代表着一种维系社
会的道德力量。它是所有熟悉的故事和传统的基础，从亚瑟王的圆桌
到瓦格纳的歌剧。

在南征北战的主公和他的骑士之下的是农奴以及城镇中的手艺人。
农奴在土地上辛劳，生产粮食，手艺人提供手工制品。但是像所有的
时代一样，制度其实并不制度化，并非一成不变。经常有人脱离原来
的阶层更上一级。农奴可以逃走或赎身；穷孩子可以做神父，甚至当
教皇。当贵族需要找人帮忙管理不断扩大的领地时，便聘用奴仆，这
种职位享有的特权令人垂涎，有些自由人甚至设法弄到奴仆的身份，
以便有资格争取这种职位。简言之，中世纪的社会并不专制，它是分
阶层的，不那么合理，和所有的社会一样。

它时断时续地遵循着一条来自亚里士多德的原则，目前这条原则
又有东山再起之势。那就是：任何规则，若不为它所制约的人接受即
为无效。当然，一个规模庞大的体制是无法按照这一原则运作的，但
是在中世纪的大学里，学生们却能够执行这个原则。一旦达成同意的
机制出了问题，便会发生罢课和暴动。总的来说，中世纪人的性格由
于受到极其严酷和多变的环境的影响，常常倾向于冲动、暴烈。关于
婚姻、继承权、承诺、礼物和赎金这些经常互相重叠的问题，存在着
各不相同的各种法律、诉求和权利，这就更加剧了这种性格。人常常

为了一点儿小事就勃然大怒，闹上公堂，绝不听劝。各个地方无休无止的战事并不像我们以为的是由"强盗贵族"所寻衅挑起的，他们总有合法权利做依据。当征服者威廉渡过英吉利海峡去占领英格兰时，他提出了三条充足的理由说明王位应当归他所有。因为土地是当时主要的财富形式，是人们贫寒、不稳定的生计的唯一来源，所以拥有土地的多少不只是骄傲或贪婪的问题。

此外，战争也有一些文明的特征，它是一种游戏，有严格的规则。荣誉的承诺、对手之间的礼貌、被俘虏的骑士在保释之前被视为"朋友和兄弟"（＜94—95）——所有这些规则都必须遵守，才能避开犯规的嫌疑。"1415 年，英国和法国的传令官在一处高地一起观战。当法国人开始溃逃时，亨利（五世）国王焦虑地等待着，直至法国的主传令官证实了英国人的胜利。这场战斗由他命名，他把它命名为阿金库尔。" 227

中世纪的愚人宴不只是一种游戏，也是一种精神的保健措施，它反映出当时的人对教会和对信仰在态度上的区别。宴席设在教堂里，先选出一个"狂欢王"，然后便滑稽地模仿嘲笑宗教仪式。修道院的僧侣选出一名"昏君"来嘲弄，以调剂一下平常严谨的生活。我们的时代明显地缺乏这样的东西。这两种取乐的模式是多神教的狂欢习俗和基督教神话的结合。在教堂里压低嗓音，轻手轻脚，这是后来一心渴望灵魂获救的新教革命引进的做法。

在造成 11 世纪十字军东征的喧闹的狂热中没有一点儿肃静的影子。十字军东征的确反映了增进精神德行、赎罪和得到一件圣物做保佑的愿望，但此外它也是为了去冒险，逃避家庭的沉闷，去见识东方传说中的奢侈生活，去和穆斯林好好打一仗。还有一个动机是贸易。最后的成果是马可·波罗写了一本书，介绍他在中国 17 年的生活。马可·波罗和他经商的叔叔为了贸易前往中国，然后留了下来，成为蒙古皇帝忽必烈的顾问。他的经历让柯勒律治诗兴大发。马可·波罗的游踪遍及印度支那、日本、马来西亚和印度，使西方人认识到了东方的广袤。但现在看来，他并不是第一个去那里的人，在他之前的 13 世纪中叶和 14 世纪，曾有三个人去了东方，并著书叙述了他们的经历。
［曼纽尔·科姆罗夫（Manuel Komroff）编辑的《马可·波罗的同代人》
（ *The Contemporaries of Marco Polo* ）重印了那些书的译文。］

中世纪和之前的时代以及我们现在的时代一样，有许多迷信。他
们的迷信更加生动，而且有些对自然现象的认识并不是毫无根据的。
为显示中世纪人集体的愚蠢，经常提出一个典型例子做说明，说当时
的人十分害怕世界将在 1000 年时结束。然而，在我们接近 2000 年的
时候，又有人提出了同样的担心。大毁灭至今没有发生。很久以前，
一位美国学者就证明这个例子是捏造出来的，它在许多方面其实与中
世纪的思想方式背道而驰。所涉及的日期本身就是可怀疑的，十、百、
千并不比三、七或者十二更有意义。此外，在不同的地方，一年开始
的日期不同，所以人们恐慌的时间也一定不同。过去常常有人预测世
界的末日，至今依然如此。在开明、世俗、信仰新教的 17 世纪，一有
灾难发生，人们本能的反应就是世界末日到了。

中世纪的司法中确实有超自然的成分。既然上帝明察秋毫，于是，
神明裁判和后来发展的让双方决斗，以胜负决定判决就被认为是万无
一失的办法。现在那些相信上帝圣明这个前提的人应该呼吁恢复这种
习俗。盎格鲁-撒克逊的法律中有一个更加简单和务实的办法。它对犯
罪的定义是"破坏了和平"，因此可以用金钱来弥补。Murther[1] 原来
是一种罚款的名称，后来才用来代表某一类杀人罪；若是犯了此罪，
付款就能"买回"和平；由此可以注意到，人的道德观念并不是自古
不变的。英国的陪审团开始的时候由相关人的 12 个邻居组成，这些人
可以提供第一手证据。他们并不做判决，只是提供他们所了解的有关
各方和有关地点的情况。

征服者威廉在刑法和民法之中设立了决斗的做法。它的准则相当
合理：可以雇一个专业决斗者做替身，可用的武器都有具体规定，不

---

[1]　murther, 即 murder（谋杀）。——译者注

会致人死命。如果打到傍晚的时候有一方喊"打败了",那么,输了的诉讼方就一定是做了伪证,因此要被罚款。如果所涉及的是重罪,那么他就要被绞死。替人决斗是一种得到承认的职业,地方的贵族宫廷都常年养着一个这样的人,以防打官司的不时之需。

※

现在仍然为人们所尊敬的两个中世纪的体制是大学及其艺术课程。索邦大学、牛津大学和剑桥大学与各大教堂一样名垂青史,基本上代表了那个时代的所有长处。教堂犹存,因此对它们的了解比较准确。大学则不然,它当时指的是法人团体,是教会学校的一些教师带领一些学生创建的高等教育场所。这些早期教育法人团体于 11 世纪开始出现,与行会一样是自治的。

至于艺术课程,它的意思与现在也有所不同。艺术的意思是技术、工艺,如同我们所说的"机械艺术"。"文科"(liberal arts)是提供给自由人的,对于从事教育,在政府服务,甚至只是善于思想的人来说都是必不可少的。当时出现了越来越多的非神职人员和非专业的"知识分子",他们学习的艺术有七种,四种加三种:算术、几何、天文和音乐,然后是文法、逻辑和修辞。学士、硕士和博士代表的是所获得的资格的程度。在这些课题的分类中,科学至高无上的地位已经显而易见。文科的各种必修科目造成了现已式微的一个概念,即文科是为了将来生活中或政府中的领袖人物做准备的。英国对某些课题的内容根据发展进行调整,靠着这个概念,作为一个国家和大帝国,整整繁荣了一个半世纪。

中世纪的大学生难以驾驭。开始时,学生是大学的正式管理人员,所以比起后来的学生来更有资格对教师指手画脚。牛津大学由全

我希望 16 岁和 23 岁之间并没有别的年龄……因在这中间所发生的事,不过是叫姑娘们养起孩子来,对长辈任意侮辱,偷东西,打架。

——莎士比亚《冬天的故事》

体教师共同管理，但是在巴黎，学生把钱直接付给教师，如果教课方法或任何其他事情不合他们的意，他们都可以抱怨。根据法律，学生代表由四个不同"同乡会"的人轮流担任，轮换的频率很高，由于不同派别之间的争斗，抱怨、冲突、暴动和伤人事件时有发生。城里的人经常遭受抢劫和杀害，肇事者逍遥法外。至于城镇生活，现在的旅游者还经常可以看到这种中世纪的小城，而它的拥挤和肮脏在文学作品中都有描述。[如要了解详情，请读约翰·蒙蒂（John Mundy）和彼得·雷森堡（Peter Riesenberg）合著的《中世纪城镇》（*The Medieval Town*）。]

英国的国王亨利三世向巴黎大学的教师和学生致意。巴黎罪恶的法律使你们历尽挫折和困难，出于对上帝和神圣教会的敬仰，朕愿意帮助你们恢复应有的自由境况。如果你们愿意到英格兰王国来，并在此建立永久学府，朕将允准你们选择任意城市、区或镇。

——（1229 年 7 月 16 日）

前面被称为知识分子的新兴阶层的世界观对大学生有很强的吸引力，他们尚未毕业——学生一般 13 或 14 岁的时候入学——就加入这个破坏性的群体。这个群体没有主导原则，只是由于成员的个性和习惯而组合在一起；他们不是改革分子或革命家，而是无政府主义者。

弗朗索瓦·维永在诗中毫不隐讳地从知情人的角度描述了这种生活以及它的危险。研究生、大学生、流浪汉和罪犯都混在一起，他们成群结队在乡下游荡，为村民们所厌恶，但是到了今天却因他们描写爱情、悲伤和饮酒的诗歌而受到钦佩。他们的诗歌流传下来很多，从德国的一个修道院里找到的有些材料成了卡尔·奥尔夫深受欢迎的大合唱《博伊伦之歌》的素材。直到近代早期，这些无法无天的欧洲学生才被新兴的民族国家的国王降服。

※

在科学和技术方面，中世纪的发展超过了罗马和希腊。亚里士多德为托马斯·阿奎那的神学理论提供了框架，但是这个斯塔吉拉人[1]的物理学在巴黎大学遭到了批判。第一个培根式的人物罗杰通过实验制造出了光学仪器，据说是他发明了眼镜。他所提倡的观点是：真理的试金石不是权威或逻辑，而是经验。这个时期即将结束时，库萨的尼古拉这位多才多艺的主教进行的研究广泛多样，包括数学（他提出了无穷小的概念）、天文学和地理学（他制作了第一张中欧的地图）。他在哲学和法学方面的撰著为这两个学科的发展做出了贡献。他摈弃了通过正式辩论利弊解决问题的经院式方法，在开普勒和哥白尼之前就对行星的圆形运转和地心说理论暗示了他的疑问。今天，宇宙学家认为是库萨的尼古拉首先提出了宇宙连续不断，而不是分成各个由不同物质构成的领域这一思想。然而，他的许多思想并没有得到充分的深入研究；他的遭遇极好地证明了一条真理，即科学要得到蓬勃发展，首先必须成为一种体制。但同时，为了对经院派公平起见，也不应该忽略怀特海的提醒，由于他们把逻辑切割成小块，结果帮助科学形成了这样的好习惯：对一条陈述的含义深入追究，并且不满足于表面上可信的答案。

中世纪使用的国际语言是拉丁文，不是现在说的拉丁文，而是中世纪的拉丁文。这一语言表达准确，句法简单，词汇丰富。它精确的逻辑消除了不严谨的推理。现代语言中的主语＋动词＋宾语的句型，以及科学、哲学、政府、商业和日常谈话中的大多数抽象词汇都来自中世纪的拉丁文。在这个时代结束的时候，追求真理的人手中掌握了充分的"哲理工具"和机器：各种类型的测量和绘图工具、罗盘和星盘，以及给水手指路的海图。抢风航行（顶风航行）大约从 15 世纪甚至更早的时候就开始了。关于磁性吸力也提出了一份完整的论文，在科学和生活中发挥了多方面的作用。技术人员掌握了大量的建筑、开矿、制造的经验，并形成了求新的传统。

---

[1] 这个斯塔吉拉人，指亚里士多德。——译者注

　　机器的发明和使用需要比人的双手更强大的力量。在蒸汽之前，提供这个力量的是水。水磨是典型的中世纪机器，人们用它来进行磨制、装填和其他的一些工业操作。水磨用锻造成精确形状的金属齿轮和轴杆制成，结实牢固，至今仍在使用。从德意志地区的金属矿中开采出的矿石经过新方法的处理，加强了持久力和强度。在法国，一些加尔都西会修士早在他们阿尔卑斯山的兄弟们发明察吐士酒很久之前就炼成了钢铁。[参阅让·然佩尔（Jean Gimpel）的《中世纪的机器》（The Medieval Machine）。]至今仍巍然挺立的桥梁、建筑物和教堂的坚固结构和精湛设计便是他们工艺的最好见证。我们已经承认，今已失传的一些石料加工、雕刻和彩色玻璃的工艺精巧高超，同时我们也承认，教堂是最早的摩天大楼，它是第一座靠框架而不是堆积来达到高度的建筑，墙壁只做填补框架之用，不起支撑结构的作用。

　　小型工艺品却几乎已被淡忘，器皿、首饰、装饰品、铠甲和锁甲等物品都体现了精湛的工艺和工匠的高超技巧。[参阅 G. G. 库尔顿（G. G. Coulton）的《中世纪艺术的命运》（The Fate of Medieval Art）。]机械钟诞生于 13 世纪后半叶。它们的制造体现了更加精湛的工艺。可靠的手表出现于两个世纪以后。重视时间是西方人一个明显的特征：斯威夫特笔下的格列佛看表看得如此频繁，大人国的人们以为他是在请教他的神。[参阅戴维·兰德斯（David S. Landes）所著《时间的革命》（A Revolution in Time）。]

　　也不应忘记火器和活字印刷也是用中世纪的技术进行的发明。火枪和火炮改变了战争的战术和大炮一词的含义，步兵压倒了骑兵的风头，导致了骑士社会地位的下跌。至于活字印刷，现在由于数码的普遍使用，似乎已经用不着了，但现代人不能以为是自己发明了这种技术，造出了印刷机。就连用小写字母而不是从头到尾都用大写字母也是查理曼时代一个抄写员的发明。

※

当书还是卷轴或手抄本（订在一起的一摞纸张）的时候，它是非常昂贵和稀罕的物品。但是书的种类很多，包括关于别的书中知识的汇编。第一本百科全书由 8 世纪塞维利亚的圣伊西多尔编纂，到 15 世纪出版了巴塞罗缪·昂格利克斯编的百科全书。（我们已经看到）在这 800 年间，一种发达的阿拉伯文明在西班牙蓬勃发展，大量的科学和哲学知识传到了北方，与东征的十字军带回的东方货物和高档用品交相辉映。

根据最后记录下来的口头传说，中世纪的文学作品浩如烟海，至今还未能对其进行完整的研究和分类。前面已经提过亚瑟王和他的骑士的故事，其他的人物和神话也启发了中世纪和现代人的想象力，如：罗兰和奥利弗、特里斯丹和伊索达尔、帕西发尔、尼伯龙根、贝奥武夫、布恩特·尼亚尔以及冰岛史诗中的一些人物。对以亚历山大大帝为主题的宏大史诗，无论是《玫瑰的浪漫史》，还是《大脚伯莎》，得经过我们现在所没有的一种训练才能欣赏。格式严格的短诗是供咏唱的，其中抒情诗流行的时间最长。此外，还有许多主要是宗教题材的拉丁文诗歌，它们是西方的第一种押韵诗歌。现代人如果在听《感恩赞》或《安魂曲》时阅读一下歌词，便能体验这种风格。[参阅海伦·瓦德尔（Helen Waddell）翻译的《中世纪的拉丁文歌词》（*Medieval Latin Lyrics*）的选段。]

关于当时大量的诗歌以及它们和其他不太出名的作品所包含的智慧，可以借用 14 世纪的乔叟对于欧洲文学的总结："大量的浪漫故事、圣人的生平、叙述体故事、故事诗、戏剧、历史、传记，都非常重要，非常有趣。"乔叟本人在 14 世纪时的作品就是一种高级的中世纪文学选编，其中反映了女性在当时的文化和生活中的地位；当然比照历史书以及官方记录可能发现作品中的描绘稍有失真。在十字军东征时期，妇女必然参与家庭和财产的管理。她们以遗孀或摄政王的身份对县、公国，甚至王国进行管理，她们之中有英国的马蒂尔达、阿基坦的埃莱诺、卡斯蒂利亚的布兰奇以及西班牙的伊莎贝尔。[请读诺曼·坎特（Norman Cantor）的《中世纪名人传》（*Medieval Lives*），里面介绍了当时杰出人士的生平，包括两名女性。]基于明显的原因，爱洛依丝和圣女贞德的故事流传最广。

故事诗是通俗作品，用粗俗、戏弄的口吻批评当时所有的习惯、阶级、风俗和体制，其中可能有讥笑女性的内容。但是考虑到受到同样攻击的其他对象，诗中嘲笑女性这个说法还得解释一下。讲到婚姻生活中的恩怨情仇，常常把女人作为笑料，男人则被说成是惯于拈花惹草；这些是关于婚姻这个问题的永远的笑话，但没有人认为这类笑话适用于所有的男子、女子和夫妇。[参阅理查德·奥尔丁顿（Richard Aldington）翻译的《婚姻的 15 大乐趣》（*The Fifteen Joys of Marriage*）。]到了 14 世纪，文学和其他方面的证据都表明妇女在社会和知识方面是男人的伙伴。没有她们，当时观念中和实际存在的高雅社交就不可能得以实现，当时有一个证人，也是一位专业作家，她的名字是——

克里斯蒂娜·德·皮桑

克里斯蒂娜的父亲是威尼斯人，在法国任公职。他供她受教育，并给她找到了一个在宫廷中大有前途的丈夫。但不久后，国王去世了，父亲丢了官职，也去世了，她的丈夫没多久也撒手人寰，给克里斯蒂娜留下了三个孩子。除了法国文学和上层社会的礼仪之外，她还懂拉丁文和意大利文；她利用这些资本写出了大量的诗歌和文章，包括礼仪手册、抒情诗、回旋诗、双韵短诗以及一些应景的作品，都附有肉麻的献词。

克里斯蒂娜利用一切机会保护妇女和捍卫妇女的权利，最著名的是她的《爱神书简》。另一个名叫马丁·勒弗朗的诗人在他的诗作《女士的捍卫者》中也为妇女的权利大声疾呼，结果，围绕着这个问题掀起了一场大辩论，成为著名的"女士的争吵"（＜131）。这个插曲说明了由来已久的"妇女问题"中的一个现象，即妇女的地位在各个时代各不相同，在文艺复兴时代，她们是自由的；在维多利亚时代，她们是受压制的。法律、习俗和舆论对她们的态度也不尽相同。其实男子和儿童的地位与权利的状况基本上也是如此。社会很少遵循自己的预定计划，因此很难在不同类型的社会之间进行比较，做出的评判往往难免有误。

现代妇女问题的根源是中世纪一种叫作典雅爱情的新现象。克里斯蒂娜的书写给爱神，也许就是这个原因。浪漫是游吟诗人和给他弹鲁特琴伴奏的人发明的。它的情况非常独特，因为一方面它似乎与社会格格不入，但同时，它在许多其他方面又是传统的。它与婚姻无关，因为婚姻是巩固联盟和在家族间重新分配财产的一种手段。一对男孩和女孩在十几岁之前家里可能就给他们订了婚，也常常有互不相识的老年鳏夫和年轻女子结婚的情况。目前，包办婚姻在世界上许多地方依然存在。它尽管在西方已经过时了，但家庭成员认为有必要时还是会干涉。浪漫则恢复了自然状态，重新强调了人的意志。

这种中世纪的做法被称为典雅，因为它与骑士的理想和仪式——马背上的战士的道德规范——紧密地结合在一起。一个12岁的传令兵要成为骑士，就必须经过一个通宵的祈祷，他必须宣誓只

> 美好甜蜜的爱人，我为什么没有如你的愿去做呢？那些可怕的乡巴佬妨碍着我，使我无法报答你的服务。
>
> ——洛林公爵夫人《挽歌》（13世纪）

为像帮助弱者和受压迫者这样的纯洁事业而战。为了引导青少年的感情，这种祈祷中包括女人，不是简单的漂亮女子，而是作为异性的女人。所爱的人必须已婚，不是待字闺中的少女，而因为宗教的要求，并为了后代的合法地位，必须尊重婚姻的誓言。尽管悲叹、诗歌和情书的内容十分大胆，然而激情必须抵制诱惑，只停留在理想之中。好色的但丁对9岁的比阿特丽斯的崇拜，彼特拉克对远方的劳拉的忠诚，

都属于典雅爱情。[可读维拉德·R. 特拉斯科（Willard R. Trask）翻译的《欧洲中世纪抒情诗歌》（*Medieval Lyrics of Europe*）。]

同样，像阿维拉的圣特雷萨这样的神秘主义者把纯洁的爱情献给上帝。他们使用形容人间爱人的语言和形象，却并没有亵渎他们对上帝的爱；这只反映了这两种欲望共同的理想性。反之，现代的浪漫爱情任意借用宗教用语。爱人被称为"天使"，她的天性被说成是"神圣的"，并声称在她身边就像进了天堂。不应该对此进行嘲笑，因为许多最优秀的诗歌都出自这样的爱慕，就像有些诗歌出自宗教激情一样。理想很容易堕落为幼稚可笑，女子讨厌被崇拜——"被供在雕塑的基座上"——也是不难理解的，因为留在上面或跳下来都既危险又滑稽。但是，典雅爱情把女子看作人，而不是有政治、经济和婚姻用途的东西，从而在理论上确定了女子在实际生活中可能已经享受的权利和特权，首先是尊重她们的人格和品质。

如果认为所有妇女自古以来一直受压迫，给丈夫当苦差，被当作她们主人的财产，就等于接受一种成见，无视妇女本身希望能表现的品质，如聪明、自尊以及随机应变发挥自己能力的本事。男女两性中历来都有粗野无礼的人，原因上面已经解释过了。中世纪末之前的男子无疑比罗马帝国的时候或者 18 世纪欧洲沙龙里的男子更加粗野，因此可以想象，典雅爱情发挥了柔化的作用。如要作比较的话，必须指出如今报纸上每天都有关于粗野的人的报道，但我们却没有典雅爱情来影响他们。浪漫还是存在的，它是躲避性爱的庇护所，"典雅"与性毫不相干。

※

在结束这段插话前还需提及另一个问题。中世纪绝非不重视历史，但是他们的历史观与我们的"历史感"大不一样；或者更确切地说，与 19 世纪发展起来而现在正在迅速消失的历史感大不一样（775＞）。

中世纪欢迎任何关于罗马帝国的书籍和传说，也欢迎阿拉伯人和犹太人学者所传播的知识（＜231）。但是中世纪的史学著作却属于完全不同的类别。

他们撰写的是编年史，详细记载每日发生的事件，里面穿插了关于过去以及远古事件的道听途说。作为第一手资料，这些著作是有价值的，但是这些著作以及其他的中世纪文学作品暴露了作者缺乏历史观，他们不能辨别事件和地点上的差别，似乎天下的生活一直如我们眼中所见，亘古不变。中世纪作家所感兴趣的是先知和奇迹，罪恶和忏悔的细节，以此来解释所发生的事件和个人生活。中世纪的传记以道德和神学来解释人在尘世上的行为，圣人的生平总是充满了经验和奇迹。然而其中也有精品，它们内容翔实，读来有趣，是叙事艺术的典范。中世纪末期，维拉杜安、傅华萨和科明尼斯等人的自传中记载了许多关于当时的情况和他们旅行的内容，却没有显示出对于时间和变化的意识，而自他们以后，这种意识逐渐加深，几乎成为一种本能。

由于中世纪抄写员孜孜不倦的努力，古代的全部文学流传到了我们手中，这是个令人瞠目结舌的成就。他们把文稿抄了又抄，显然毫不注意各种文学作品的内容显示出来的差别。这是历史上的一大矛盾。如果他们对所抄文稿的内容不予注意是出于对多神教社会的轻蔑，那么他们为什么还要花时间保留这种社会的记录呢？既然僧侣们在餐桌上朗读西塞罗和塔西佗的作品，那么对它们着迷的人一定不会太少。但是由于缺乏文化背景，这种兴趣仅仅是兴趣而已，没有下文。不管怎样，现代世界应该感谢中世纪的抄写人，他们不仅抄写了当地惊心动魄的编年史，还抄写了以前文明所留下来的零零碎碎的材料。

235

慎用你的手指！不要碰写作！你不知道写作的厉害。它会把你压垮，使你背驼眼花，肚皮起皱，肋骨折断。

——中世纪晚期的手稿

235

第二部分

从凡尔赛的沼泽、沙地到网球场

君主制革命

一场革命引发另一场革命。16 世纪的宗教革命摧毁了统一的基督教，其后果有好有坏。最糟糕的后果——教派间旷日持久的战争——加速了 17 世纪君主革命的到来。这场革命的双重思想是"君主-和-国家"，双重目标是稳定与和平。各教派已经公然反抗或完全摧毁了各处的权威，亟须找到某种方法通过建立新忠诚和一个新象征来恢复秩序。

这个象征是君主，不是国王。国王在西欧已经存在了 1 000 年，但无论他们如何雄心勃勃，他们仍然只能是"平等人中的第一个"，而非"绝无仅有"的角色。与国王平起平坐的大贵族不停地反抗或侵犯国王的权威，甚至挑起战火以图篡位，或在自己的大片领地上像国王一样耀武扬威。每个贵族在他自己的郡或公国中都是合法的力量。结果疆界总是变来变去。那时法国是什么？勃艮第、意大利、奥地利、萨瓦这些地方是什么？无论作为部分还是整体，它们都只是任凭争权夺利的统治者摆布的地盘；那些统治者不仅在附近攻城略地，还发兵远征。法国和西班牙就曾在意大利作战以图吞并它的部分土地，正如几世纪以来英国人在法国所做的一样。即使在英国人离开法国后，有 400 年的时间，他们在国王加冕仪式中还宣称法国是英国国王疆域的一部分，盾徽上还有法国的百合花。每个国家都有强大的贵族不断谋求外国国王的帮助以求推翻自己的国王并取而代之。有着连绵不断的稳定国土和日益趋同的人民的民族国家这个概念在理论上尚不清晰，更遑论实践了。

民族寓意着民族国家，权威的唯一来源，正像君主和国王相比意味着唯一的无可争辩的统治者。这双重的发展——国王变成君主，疆土变成国家——就是革命的标志，正吻合前文所作的定义（＜3）：以一种思想的名义通过暴力造成权力和财产的易手。

国王和国家的意义的变化并不是在全欧洲同时发生的。地方的习俗、发生战争的可能和国王的个性使得这一变化的速度和阶段因地而异，造成这场革命长达200年之久。如果"一场革命"持续如此之久看来有些奇怪的话，请记住革命是个过程，不是一个事件。想想法国大革命，我们通常把它缩略到1789—1794年这段时间内，但那时发生的事无论是言辞还是行动都早有前奏，而激励暴乱的思想——人的权利、平等、选举权，还有"废除国王"——却花了100年的时间才终于被接受，不管是在法国还是在别的西方国家（548、587＞）。至于民族国家，直到现在它对世界上有些地方的人来说仍然遥不可及。他们为建立国家所进行的斗争是君主和国家这革命思想的遥远的回声，也是我们这个时代的矛盾，因为现在国王已寥寥无几，民族国家这种形式在它首先得到实现的国家也正在解体（774—776＞）。

民族国家形成的过程漫长而复杂，无须花时间研究，几个事实就可以勾勒出它的轮廓。在15世纪的西班牙，阿拉贡和卡斯蒂利亚王国通过斐迪南和伊莎贝拉的联姻合为一体，后来又征服了格拉纳达，驱逐或同化了摩尔人和犹太人，因而更为强大。地方大会逐渐屈服于中央权力，这正是君主制的特征。16世纪葡萄牙被纳入西班牙统治之下，但半个世纪后又分离出去，结果伊比利亚半岛上形成了两个国家。

同在15世纪晚期，英国的玫瑰战争（大贵族的联盟）也是通过联姻和一方的胜利而告终。都铎王朝的前两任国王实行的几乎是君主式的统治。到亨利八世时发生了一场叛乱。到伊丽莎白时期，内乱重起，削弱了专制统治。查理一世试图恢复专制，但他的这一企图在英国内战中土崩瓦解（263＞）。直到1688年的光荣革命（其实并不是革命，只是一场光荣的妥协），英国的君主制才站稳脚跟。18世纪间两次企图推翻它的努力均未成功，这表明了它的力量。需要顺便提一下，1066 年以后，英格兰从未有过自己的世袭国王：征服者威廉一世是诺曼底人，金雀花王朝是从法国来的，都铎王室是威尔士人，斯图亚特王室是苏格兰人，汉诺威王室是德意志人。王位的不断易手无疑帮助议会保留了它的权力，在一个连贯的君主制下，这些权力很可能会被取消。

在瑞典，瓦萨家族很早就建立了在整个斯堪的纳维亚地区的统治。尽管古斯塔夫斯·阿道弗斯在"三十年战争"中去世，奇女子克里斯蒂娜逊位（＜207），但这一统治并未动摇。16 世纪晚期的波兰有民族国家的精神，似乎也有一个单一的统治者，但可惜他是选举出来的君王，而且受到的制约特别大，因为选举他的贵族对立法机构颁布的法令有否决权。结果造成制度上的无政府和互相矛盾。结束了"三十年战争"的全面条约所创立的两个"半国家"——荷兰和瑞士——没有君主制，它们的治理制度采用的是它们属下各郡制度的合成。被称为德意志和意大利的两个地区幅员辽阔，没有固定的边界。它们被各自的历史所牵累，不能获取革命的裨益。以后的 200 年内，它们仍然四分五裂，既自受分裂之苦，又因虚弱致敌而贻害他人。

241

※

听到绝对君主这个词，就容易想到法国，特别是路易十四。这种联想有理也有误（284 ＞）。确实，要了解君主-国家这种制度的具体细节，就得到 17 世纪的法国去找；远在路易十四之前，它就具备了完整的细节。自 15 世纪起，法国的国王和大臣就努力控制贵族，确定疆界，并精心理财以保持独立。末一条尤其重要。国王一旦掌握了打仗的独断权就成为君主，而打仗需要有钱维持正规军。金钱还带来对司法、赋税和造币的垄断——这一切都由一支负责执行规定的公务员队伍保证落实。这些不可缺少的事务进行的先决条件是来自中央的指导。

君主制就意味着中央集权。没有它,一个称为国家的界线分明的地区就不是一个民族国家。君主的代理人取代地方当局,治理的方法尽可能一致。官僚机构因此诞生或至少大为扩张。

在法国筹划建立起这套制度的是黎塞留大主教,他曾任路易十三的大臣达25年之久。他和那些阴谋策划,一心要阻挠他的贵族和教士针锋相对。大仲马的小说《三个火枪手》生动地描绘了黎塞留的心腹和间谍以及他们招致的仇恨。在黎塞留的掌管下,国家得到了巩固,外国势力无法靠近,持异见的胡格诺教徒被圈在特定的城镇中,无须判例即可把人扣上破坏法律罪而处决,以杀一儆百,因此贵族也畏惧噤声。

还有一条需要采取的奇特措施涉及一个古老的文化习俗,即决斗。早在前朝时它就遭到禁止,因为每年造成的伤亡之多引起了苏利公爵的忧心(< 185)。一个想建立君主制的国王似乎应为有决斗高兴才是,让那些把决斗当运动的冒失鬼和自大狂互相结果了也罢。但是这类人可能只占决斗的人的一半,另一半是安分守己的正经人为了荣誉而被迫决斗。这些人或死或伤都是国家的损失。以黎塞留的严酷也未能杜绝这个习俗以及它的成因。

242   这里关系到相互冲突的利益:如果君主许诺实现法治和秩序,那么一切打斗都必须禁止,一切争端都必须在法庭解决。但是决斗之所以存在是因为它解决的是法庭无法处理的事情——侮辱、对自尊的冒犯或对家中女眷或长者的冒犯。地位高的人自尊心也特别强,其荣誉遭受伤害的方式难以计数,忍辱是懦弱和自尊心不强的表现。另外,决斗是两个人之间的事,因此比两个家族之间世代为敌,互相杀戮的血仇(像罗密欧和朱丽叶两家)更为合理。决斗不仅立即解决问题,而且雪耻不是通过鬼鬼祟祟的伏击,而是在副手们的监督下按规则进行的。

尽管有这些好处,决斗在今天看起来还是不够合理,虽然有的情况——比如无法惩罚的残忍或不公正——会使人们渴望一搏以争回公道。事实上,在我们这个开明的世纪,某种形式的血仇又回来了。这次所涉及的不是家族，而是地方团伙或帮派。学校学生热衷于此，还有罪犯、黑手党，再加上北爱尔兰、黎巴嫩、科西嘉和众所周知的其他地方的居民。

这种冤冤相报的争斗说明了君主试图压制的这股力量的顽强。镇压取得了一定的成功，但诉诸佩剑和手枪一直在政治和文化史中起着作用。死于它的有年轻的数学天才伽罗瓦、俄国最好的诗人普希金、当时卓越的美国政治家亚历山大·汉密尔顿。在现代法国，从19世纪20年代的政治理论家阿尔芒·卡雷尔到一个世纪后的政府首脑克列孟梭，众多的政治家和作家都由于它而使生命遭遇危险。在美国西部，它由于经常发生而得以延续，后来倒使电影业受益无穷。

为自己正名的愿望在西方人的思想中根深蒂固。17世纪时它被称为"荣誉问题"。它的道德力量来自中世纪的骑士精神。根据这一精神，骑士是一切高贵美好的事物的捍卫者，并可以对自己的行为进行自我评判。没有一个君主想要他的子民丧失所有这些品质，因此这条

> 荣誉感敏锐微妙，只有天生高贵或经由良好的榜样和高雅的教育培养的心灵才会拥有。
>
> ——理查德·斯梯尔爵士（1713年）
>
> 荣誉寓于诚实的苦干。
>
> ——格罗弗·克利夫兰接受总统提名时的讲话（1892年）

民粹保存了下来。孟德斯鸠在18世纪划分政府类别时把荣誉称为君主制的主动力。它意味着忠贞、诚实、勇敢，有了这些良好品质就不再需要或可以减少视察员和书面的道德守则。

从路易十四统治下君主主义的胜利还可看出布克哈特指出的转变：对荣誉的渴望变成了对"荣耀"的追求——头衔、勋章、本身微不足道但价值无限的恩宠，比如在一群廷臣中首先得到国王的垂询。最高的荣耀是在战争中表现英勇壮烈，为国争光。虽然在20世纪晚期不再大肆张扬，但民众对战争中得胜的将军（或女首相）的反应仍然热烈。至于对头衔和勋章的喜好，它在民主国家中正风靡一时——任何事任何人都可得奖。孟德斯鸠说美德是共和制的主动力，此言差矣。

243

※

　　国王想做君主，不能只靠士兵和官僚。单纯的胁迫只会产生暴政，而通信手段的迟缓又使它难以持久。做君主需要广泛的认可，具体表现为输入国库的金钱。到 17 世纪，作战的代价大为增加：大炮和火器比弓箭贵得多，国防靠的是按科学方法建造的巨大碉堡（313 ＞）。因为需要巨额资金，所以领土广大、有繁荣城市的统治者占据了优势。国中的技工和商人是未来君主追求中央集权的自然联盟。

　　技工和商人支持国王是理所当然的事。贵族是他们的天敌，一直侮辱压迫着他们。贵族是反国家的军阀，无法无天，破坏贸易，蹂躏市镇。此外，资产阶级是国王最好的臣仆，以按部就班、公事公办的方式来管理国家。贵族则习惯于征服敌人和发号施令，不屑于低三下四地做记录，写报告。中世纪时国王都大字不识，由僧侣做他们的助手；君主时期对干练的官员需求大增，资产阶级因此应运而起，成了君主统治的左膀右臂。

　　自从马克思主义和社会学风行以来，资产阶级这个词的用途五花八门，需要花一点儿时间以正视听。各种书中看到的最乏味的套语就是"新兴资产阶级"。在最常见的情形中，这个词用来指 19 世纪出现的由制造商组成的阶级。它还用来解释英国的各个改良运动和外国的革命，警察组织的改善和小说的流行也归因于它。新兴资产阶级就像饭后甜点一样，什么问题都要把它带上一笔。卡尔·马克思说资产阶级是历史上一个阶段的主人，好像贵族和农民已不再发挥任何影响力。在他之后，小说家和批评家把资产阶级当作贬义词，用来表示沉闷乏味的道学和庸俗的品位。

　　首先，时间就弄错了。资产阶级的兴起不是在 19 世纪，而是在 12 世纪。当时，欧洲的城镇历经艰辛终于开始复苏，道路改善了，城镇间贸易又繁荣起来。到近代开始之时，贸易已发展到欧洲各国之间，很快又扩展到了全球。从事贸易的人们居住在 Burg（城镇）里，故此得名 Bourgeois（资产阶级）；他们是城镇居民，或是北美早期议会中的下议院议员。他们富裕有钱，早在 14 世纪就借贷给国王并且开始取代僧侣而成为政府官员，因为他们能读会写，特别是会算。到路易十四的时代，他们已经是高官显要，许多人被授予爵位以资嘉奖。所以资产阶级在 200 年后的维多利亚时期不是什么新兴阶级。它早已完全崛起了。

另一个谬误是把资产阶级，或任何阶级，看作一个整体，在历史中同浮同沉。如果资产阶级（或中产阶级）是由中世纪以来的城镇居民所构成的话，很清楚，他们的境况历来是千差万别的：有人是城里主事的富豪权贵，而有人只是普通商人，还有律师、建筑商、艺术家和作家，另外还有店主、制鞋商和制帽商，还有靠人施舍度日的破落户。这各类人的境遇也经常改变。早在路易十四之前，许多法国资产阶级人士就已通过购买土地或官职为自己谋得了爵位。这样的人多是律师和法官，他们被称为法律界的贵族。在英国，一个商人的女儿嫁入贵族之家，生育的子女就都是贵族，至此，他们的资产阶级祖辈算是向上爬到头了。

如果为国效劳功绩显赫，也可封爵。马尔李罗公爵以前只是一介平民约翰·丘吉尔，他的后代温斯顿·丘吉尔被授予爵士品位已很满意。总的来说，欧洲贵族家族的头衔上溯不超过 15 世纪，而且有很多在某个时候是假的。他们的出身原来也是农民或资产阶级，因为此外再没有别类的人。另外，在资产阶级内部，正如在贵族内部一样，存在着由财富或职业、才能、举止或纯习惯所决定的等级。因此，煞有介事地提到资产阶级或中产阶级，甚至小资产阶级，好像它们各为整体，那完全是空谈。在每一个特定情况中都必须讲明指的是哪种资产阶级，具体说明其在财富、教育或职业方面的特征。君主从这个庞杂的群体中甄选人才时，挑中的显然是合乎标准的、教育教养均属良好的人。

在这场革命中我们看到的主题是解放。国王终于摆脱了那些阴谋篡位的不安分的竞争对手，能干的资产阶级现在可以对从前压迫他们

245 的人发号施令，从前的压迫者视此为奇耻大辱，即使本身实际并未受过资产阶级管制。路易十四宫廷中的圣西门公爵对这尊卑颠倒的状况深恶痛绝，在他的回忆录中写道："这是卑下的资产阶级的世纪。"

※

如一切革命一样，君主制革命看上去主要是政治和经济的变革，但它的起源和效果有同样重要的文化因素。文学艺术、哲学以及普通的心态都受到了影响（333 >）。比如，高贵（noble）这个词原来只是用来形容人（是可以知道，值得知道的意思），后来转而意指一种甚至可用来界定某些词语的抽象品质（355 >）。另外，革命提出的国家的概念扩大了个人对自己出生地的忠诚的范围。对 16 世纪那不勒斯的一个乞丐来说，意大利人这个词没有任何意义：他是那不勒斯人，甚至只是他感到更亲切的邻近一个小村庄的村民。公民意义的扩大使服从感减少了具体性，增加了抽象性，不再属于地方的诸侯，而是属于远方的国王，最终属于抽象的国家。抽象是寓于君主制的另一个主题。

国王和资产阶级之间的和睦产生了一个始料未及的结果，它造成了骑士理想和商人对物质的东西一丝不苟的作风的结合，使之成为 300 年来文明行为的守则。遵照这一守则，贵族和平民的人格都有所改善，前者关怀体贴而不是傲慢无礼，后者自尊自爱而不是卑躬屈膝。这一守则持续到大约 20 世纪中期。

君主理论起始于蒙田的时期和 16 世纪晚期想要结束法国内战的策士们。那个世纪早些时候的马基雅维利也可以算一位先驱者，后文会详述原因（256 >）。不过革命最直接的理论家是法国的法学家让·博丹。他的著作《共和六书》不是人文主义者的空想，而是一位历史学家对古今政府的研究，其目的在于确定一个适应现状的政府形式。博丹认为新制度应包含前朝和外国法律中所有好的条文，并应密切符合国情——不是随便哪个国家，而是眼前这个国家的国情。这个要求是为了反击把罗马法作为政治理论中一切智慧来源的迷信；（他说）比较历史学才是真正的智慧来源，它表明政治学家面临的根本问题是：国家的权力应该寓于何处。

博丹确信，权力分享的所谓混合政府在法国行不通。主权是不可分的，虽然他承认在一些情形中，政府形式可以有别于国家类型，比如民主国家不一定由人民，而是可以由他们的代表来治理。法国需要君主。互相冲突的利益和团体（他考虑的是胡格诺教派的势力和野心勃勃的贵族）需要一个凌驾于它们之上的权力来平衡它们的要求，使之服从全体的大利益，无论这个全体是共和国还是联邦。

博丹只保留了一个对君主的制约，那就是三级会议。它不定期开会，负责投票决定是否征收新税；博丹发表他著作的那年，正好任大会的秘书。三级会议代表三个阶层——僧侣、贵族和平民，开会表决时，每个阶层内部磋商后作为一

> 明智的政府必须充分了解国家的民意民情，然后国家或法律的改变才能产生结果。因为一个联邦的主要基础在于使国家适应国民性，所发布的法令和法规要符合地方、百姓和时代的特性。
> ——博丹《共和六书》（1576 年）

个整体参加投票。自亨利四世统治下君主制兴旺之后，他们只开过一次会，直到 1789 年他们不自觉地担负起了摧毁君主制的任务（423 >）。

博丹的《共和六书》在法国广为流传，在英国也影响广泛，并多次再版；这说明公众已经受了其他思想的影响作为铺垫，才会对它如此欣赏。一个全新的思想是得不到回应的。这本书成功的一个因素是里面的倡议都是从历史实践中推断而来。博丹以前就提倡从历史出发进行思考，曾著有《简易了解历史之方法》一书。书中他首先提出了孟德斯鸠的主张，即气候和土壤以及它们联合产生的结果决定着政府的形式，在制定法律时应考虑到这些条件——先经验后理论。正确理解历史可以古为今用这个信念是现代的特征（482 >）；其实历史上有许多时期，许多民族没有这样做照样过得很好（< 234）。现在医生看病首先要了解病人的病史，董事长必须在年度报告中回顾过去一年的

工作，我们认为这些都是理所当然的。不仅有知识而且有历史感被认为是在实际生活中的一个优势。历史感可以使人发现事物表面下和名称后的异同。举个粗略的例子，一个人在关于古希腊的书中读到外衣、帽子和鞋这些字眼，又在关于美洲殖民地的书中读到同样的字眼时，如果脑海里浮现的是同样的东西的话，他就没有历史感。

历史感不会自动获得，所以才需要博丹的《方法》，这本书总结了文艺复兴时期的学者首倡的思想。当时，瓦拉、比代和其他人对比了各种书籍以后，悟出一位作者表达的意思部分地取决于他写作的时代。反之亦然：只看一位作者的遣词造句即可推断出他生活的时代。文字分析产生了"一个年代"和"时代风格"的概念，也表明它们后来可以转化为全然不同的东西。永恒律法下的固定和永久性是宗教生命观的特点，它逐渐让位于把生命看作不断演变过程的世俗生命观。比较历史学促进了现世主义。

比博丹稍早一点儿的另一位律师弗朗索瓦·博杜安提出法学应结合历史来教授，这样法律规则就不是抽象的概念，而是实际的手段。他认为准备担任公职的人应当学习历史和法律推理相结合的课程。历史的有力事实终于使那些有影响力的罗马法博士看到，罗马初期的国王和它衰落时的皇帝完全不同。（他们主张）现代的统治者应当是罗马时代早期的国王和后期的皇帝的结合，像前者那样接近人民，像后者那样被当作神祇一样崇敬。这些理论家宣扬的主张其实早已得到了人们的认同。大多数人——律师、策士、资产阶级还有国王——都希望中央权力既强有力又得人心。

但是也有一种少数意见。人如其名的弗朗索瓦·奥特芒[1]写了一本题为"法兰克-高卢"的书来阐述地方的保守传统，这本书也成了畅销书。论辩大师奥特芒猛烈抨击所有援引罗马法来支持君主制思想的论点。他力主国王权力应予限制。法国的"各项自由"决不能一笔勾

---

[1]　奥特芒（Hotman），意为"激烈的人"。——译者注

销，市镇自治权、地方和国民大会、从王公和国王那里赢得或买到的特权——这些是不能放弃的遗产：是它们，而不是君主，在保障着人民的安全，而且君主必将变得无法控制。

奥特芒此书的标题提到法兰克人，一个自由的日耳曼部落，还提到在可恨的罗马人到来之前本来是自由人的高卢人。这种追溯一个国家及其各个阶级的种族来源的方法一直沿用下来。在路易十四时代，在 1789 年的法国革命中，在 19 世纪的自由政治中（295 ＞），它都起了作用。最后，在其他因素的补充下，它成为 20 世纪凶残致命的种族理论的核心（748 ＞）。

※

随着国王变为君主，王国变为国家这些质的变化，宗教在文化中的地位也随之改变。我们已经看到，没有神职的俗家人在政府中取代了僧侣，同时人们对教派间争斗深感厌倦，渴望一个强有力的中央权力。宗教信仰本身并未减弱，但许多人认为宗教的意识形态干扰了国事治理。如果宗教要在治国中发挥作用的话，作用应有多大？一个突出的事例对此做出了回答。1593 年，身为新教徒的纳瓦尔国王亨利在为争夺法国王位而战；他需要争取虔信天主教的巴黎人的支持。于是他放弃了对胡格诺教的信仰，说："为了巴黎值得去望弥撒。"同样，大约同一时期，英格兰未来的国王詹姆士一世当时还是苏格兰的国王，他信奉新教，但他向天主教的领导人保证如果他们能帮他登上英格兰国王的宝座，他就转信天主教。在"三十年战争"期间，（我们已经知道）黎塞留大主教相信新教与国家利益一致，于是同信奉路德宗的瑞典结盟。

然而君主也不能完全脱离教会。那时政教分离还在很遥远的将来，而且时至今日也尚未完全实现。在 17 世纪，君主不能没有新教或天主教教会的支持。教会有钱有人，神职人员永远是公众舆论的领袖。虔

248

诚的和一般的信徒都是坚定的基督徒；基督教最明白地显示了道德和实际的现实。所以治下人民的顺从也就是对上帝和国王的双重忠诚。詹姆士一世得登宝座时深信不疑地说："没有主教就没有国王。"

难道一位代表上帝的威严，为天命所简选而治理万世，受圣恩的膏沐而顶戴王冠，已经秉持多年国政的赫赫君王，却可以由他的臣下们任意判断他的是非，而不让他自己有当场辩白的机会吗？

——莎士比亚《理查二世》
（1594 年）

放了他，乔特鲁德，不要担心他会伤害我的身体，一个君王是有神灵呵护的，叛逆只能在一边蓄意窥伺，做不出什么事情来。

——莎士比亚《哈姆雷特》
（1602 年）

另一方面，国家教会感到支持合法政府既是它的责任也符合它的自身利益。我们现已忘记教会是如何为人民和国家服务的。卑微的堂区教士、神父或牧师是最好的通信工具。在没有报刊，也没有多少人识字的时候，每天的布道就等于带有社论的新闻报道。作为主要的宣传手法，布道的反复宣讲约束着人们，使他们不仅谨守道德，而且在政治上也不致越轨。此外，教会还提供我们所谓的社会服务，如教导，照顾穷人、病人和其他遭到不幸的人。通过定期召集聚会，它还维持着人们的社区感。

君主还在另一方面利用了宗教：他们重新提出了国王的神权。后来几世纪中由于受到误解而备受嘲笑的这个信条是当时制度理论上和实践中的一大支柱。在 1614 年的三级会议上，资产阶级阶层把它作为请愿的第一条；他们想把国王反对教皇干涉，压制诸侯的权力明确规定下来。在此 10 年前，又是詹姆士一世这位学者国王发表了关于这个题目的两部重要的著述：《自由君主之真正法律》和《神权》。这两部著作触怒了一些人，但其阐述的教理顶住了他们的批评。请注意自由君主这个词。

至于人民，他们从前保护自己不受暴政统治的种种手段——地方大会、约定俗成的权利等——在君主制下遭到抵消或铲除，只有用神权来取代，他们才会感到放心。君主的绝对权力是上帝所赐，君主行

使职权的一举一动均在上帝眼中，此等有《圣经》经文为证之说现在
被重新提起，使人们由此而感到心安。圣保罗就是这样说的：上帝对
被选择的统治者给予认可。自古以来，国王就自称有神赐的权威以使
治下更加驯服。罗马的皇帝也如法炮制，中世纪的人都知道这个或那
个统治者做的事是上帝允许或促成的。君主革命把一项传统的假设制
度化、公开化。有了上帝的准许，君主就有理可依，不是以势压人，
他的权力就完全合法了。

　　同时这理论也设置了条件：国
王面对他的职责必须诚惶诚恐，治
理不善就要遭殃。另一方面，如果
他真的治国无方而使百姓受苦，那
是因为百姓自己犯了罪因而受到惩
罚。如果他们感到悔恨，祈求上帝
给予救赎，那么若他们应该得到救

虽然您不知道，陛下，但他对您充满了
热爱，视您为上帝的化身。
　　——费奈隆在《致路易十四的信》
　　　　　　　　　中自称（1714 年）

国王们啊，你们是神。
　　——波舒哀在卢浮宫的布道

赎的话上帝就会准许。国王不是凡人，是"子民之父"；他不是人民
的代表，而是他们的体现，所以国王在敕令中自称朕（我们），而非
我。这套体制之所以可信是因为基督教也是绝对君主制。《圣经》中的
每个故事和规诫都表明作为王中之王的上帝是以他的意志来统治宇宙
的。祈祷向主发出，请愿则是向国王陛下发出。君主制和一神教相契
相合，天堂里没有像多神教神祇间那样的争斗。

　　无神论者认为这都是幻想，但他自己也不应幻想"有理智的人"
不会真心相信这种神权的保证。当思想家和大众都同意一种对世界的
理解时，认为他们都失去了理智是愚蠢的想法。只要看看伊斯兰教的
信徒对他们教义的态度即可明白。和他们一样，17 世纪的神权论者
也找出了实际例子来证明自己理论的正确性。想想马克·吐温，他宣
称："君主制是彻头彻尾的海盗行径。"在他出国旅行的日记中，他不
断地这样痛骂。他这种教条式的主张有助我们了解 17 世纪时多数人对
他们的国王及其神权的看法：他们像马克·吐温一样执着于自己的信

念，他们坚信现行的制度及其理由是唯一合理的，其他的都是荒谬和邪恶的。

※

250　　　人们会想，为什么需要政府理论呢？政府的形式和手段在不同的时间和地点大不相同，随着需要的演变、利益的竞争和战事的起伏而不断变化。为每一种变化都找到逻辑或理论基础似乎是白费力气，更何况没有哪个实际的政府是和它的理论完全吻合的。

对这个问题的回答就是，西方人总是想与自己的经历拉开距离，客观地看待它们，把它们分门别类，归纳为可以传播的格式。我们的所历所为除了机缘和权宜之外一定有其道理。申明原则后，争论才能进行，这种争论在有历史传统，又有一定程度自我意识的人之间是不可避免的。从对过去和现在的经历做合理的解释，到以同样的方法促进改变，向世界提出新的原理或哲学，两者之间只有一步之差。假设是对可能发生的情况的预测，在所有领域中莫不如此，无论是艺术、礼仪，还是科学；正如神权理论一样，新制度包含着旧制度的因素。

在评价神权理论时，不应忘记后来出现的人民主权这一教条不过是把君主专制从一人转到了多人身上。像国王因神的庇佑永远正确一样，人民的声音成了上帝的声音。这条共和主义者的座右铭表明了这样一个事实，即世界上没有关于最高统治权威应由谁掌握的定论。英国议会和最糟的暴君一样专制，国王固然可能沦为暴君，同样也可能出现多数人的暴政。

这个比较也应使我们看到，专制并不意味着独断。像人民所希望的，17世纪以后的君主治国比过去少了许多掣肘，但远非随心所欲。至少有一位历史学家得出结论说，从1500年到1789年法国的政体是有限君主制。除了通常的压力，如经济利益和有影响力的人物——大臣、宠信、情妇、告解神父——之外，君主要遵守的不只是民法和刑法，还有好几套习惯法和众多的特殊权利。有些权利是他们的前任赋予的，其他的是他们自己为增加收入而售出的特权、许可或豁免。光是这个事实就足以阻止书本意义上的绝对专制。

在这样的情况下，理论中关于国王永远正确的原则如何解释呢？那条原则是君权的逻辑引申：最高的律法来源不可能制定错误的法律或发布错误的命令。现代民主国家给予立法者在履行职责时所有言论或行动的豁免，遵循的是同样的逻辑，因为他们是最高统治权力的一部分。宪法固然对立法做了限制，但作为统治者的人民可以修改宪法。最高权力的行为不容置疑，除非得到它的允许，比如规定公民可以对国家提起诉讼。

当然，从另一种或几种意义上说，君主是会犯错误的。他可能会把一道加法题算错，也可能做一些道德上的错事，像打牌作弊或弑杀兄弟。为清楚地区分君主和人，理论家很早就提出了"君有二体"的信条：作为人，他难免犯错；作为国王，他永远正确。同样，在选举出来的政府中，对行使职责时的公务员和他作为普通公民时的待遇也是有区分的。君主或总统似乎不应当因小罪而受到起诉，那可能会危及国家或那个职位的权威。在某些国家，总统犯了重罪或严重过失必须受到弹劾，那可是个艰苦吃力的过程，只有当国家元首有固定的任期，人民已习惯于元首经常更换的时候才可行。这对君主制是不合适的，因为君主制根本的理念是永久性。

这个理念如此坚定，在国王加冕时，主教甚至祝他万寿无疆——从某种意义上来说他的确是永存的，请看葬礼上的宣告："国王驾崩，国王万岁！"愿其永生的是国王这个体制（二体之一）。延续造成稳定，所以王位只传给长子。原来在中世纪时并不总是如此。后来，由于长子继承权这个制度，西方避免了东方自古以来的情况：为争夺王位手足相残，偶尔还有国王杀死亲生儿子以防其觊觎王位杀害自己这样的事情。因为争夺王位会引起内战，所以长子继承权在政治上是明智的，也是仁慈的。它包含着政治学的一条经验：如果一种政府形式靠使用

251

惯例来达到某个具体目的，而不是靠武力及其可能造成的罪恶后果，那这种形式就是可取的。

※

其实惯例这个词用于君主制太弱了，礼制才是更为恰当的用词。想想皇家宫廷中的情形以及它的各种繁文缛节便知。礼制的巅峰是永存君权的新主人的加冕仪式——法文中是 Le Sacre，使其神圣化。这盛典给百姓的印象极为深刻，连拿破仑在想建立一脉国王时也动用了这个仪式。下面是 1774 年路易十六这位波旁王朝最后的国王加冕仪式的描述。从象征性和戏剧性来说，它同威尼斯总督的即位或梵蒂冈耶稣代理人教皇的登基一样铺张和有效。

252　加冕仪式在兰斯大教堂举行，据称 496 年日耳曼酋长克洛维率领他的 3 000 将士就是在此受洗成为基督徒，并成为叫作法兰西的地方的第一位国王。克洛维的故事纯属传说，但影响深远，1996 年法国甚至正式确定了它的周年纪念日，并由教皇亲临以示庄严（776 ＞）。选择兰斯大教堂是因为那里存放着自天而降用来为克洛维涂油的圣油（或圣膏）。它是使国王神圣化必不可少的东西。涂了它，国王就成了另一个人。（与此相似，马达加斯加的国王登基时要改名字。）1774 年，为了路易十六，教士们黎明时分就到了大教堂，随后是高级的神职人员来布置场地。大主教在圣坛上摆好王冠、马刺、"正义之手"节杖和剪裁成神袍式样的金线刺绣的紫色丝袍。

至此，所有的高层人士——文官、军人和教会人员——都已集合完毕，列队前来参加弥撒并观礼国王的涂油盛典。国王却还不见踪影，得让一个由要人组成的代表团去请他前来。国王的宫门紧闭，代表们上前敲门，国王的内侍在门后问："有何贵干？""我们需要国王。""国王在安寝。"如此问答又来回两次，都没有结果。然后代表团中教职最高的主教说出了国王的称号："我们要上帝赐给我们为王的路易十六。"

　　宫门打开了，路易十六被一乘华丽的轿舆抬出来。然后，主教开始激昂陈词："全能永恒的上帝啊，您选中了您的仆人路易为国王，请赐他以能力使他造福子民，永不偏离正义和真理之路。"在唱诗班吟咏祈祷文的歌声中，两位主教抬起国王，把他抬到教堂的主要通道上。国王被引向由他任命掌管圣油瓶的一组不任神职的贵族王公那里。这些王公已经宣过誓，要在典礼期间以身体和生命来保护圣器的平安。

　　在路易接受涂油礼前，他必须首先宣誓保护教会，消灭异教徒。随即他被介绍给教堂中的众人并请求他们同意奉他为国王。随后就此静默一分钟。首席主教把《圣经》递给国王让他宣誓就职。誓词中甚至提到像执行对决斗的禁令这类具体内容。宣誓之后，查理曼之剑被呈交给国王。接下来是祈祷，愿在国王治下各阶层人民都兴旺发达。然后，国王头朝圣坛匍匐在地，接受七次涂油，所谓涂油即取一滴圣油同普通油混合在一起，在国王的胸口、肩膀、头顶、后背和两肘内侧各涂一下。

　　在典礼进行和间歇期间，合唱队的歌声响彻云霄。然后大主教再次演说，嘱请国王对穷人慈悲，给富人树立典范，并维护国家和平。但他也请国王不要放弃对"北方各国"的领土要求。最后是给国王着装，从衬衣到镶白鼬皮的紫色天鹅绒外衣。然后，国王被引向御座。大主教脱去主教冠，鞠躬，亲吻国王，用拉丁语宣布："祝国王万寿无疆！"然后教堂的大门打开，人们一拥而入。

　　至此，神职人员赋予了国王权力的要素。现在要由贵族来执行赞同的礼仪。法国掌玺大臣走到圣坛前，一个个地宣召贵族们来共襄这庄严的行为。他们趋前后，大主教从圣坛上取过查理曼的王冠戴在国王头上，贵族们每人举起一只手触摸王冠以象征他们对国王的支持。然后，各人吟诵一篇对上帝的祈祷，祷文各不相同。其中一篇祷文祝愿"国王如犀牛一样强壮，把敌人赶到天涯海角"。

　　在这些象征和誓言中，不难看出里面有些是历史的沉淀，也有些表示了务实的意图。后者近似民主国家总统的就职演说——许诺带来

253

繁荣，尊重法律，爱护穷人，使人人享有公正，还有推行坚定的外交
政策。

　　君主制下仪式和音乐的排场是一时之风。当时，宗教节日、列队
祈祷、公共祈祷和歌颂上帝的赞美诗使得人民的日常生活浸透了宗教
情感。敬神活动中寓有娱乐，其组织之严密无可匹敌。今天的世俗社
会有别的同样是成套格式化的娱乐方式，只是没有搞成官方仪式。另
外，今天的社会对政府的期望也大不相同，不再那么恭敬，而是需索
无尽。无论如何，马克·吐温诋毁王室礼仪为"虚伪的瞎闹"实在是
没有道理的。一位明君去世时，人民痛哭流涕——无论是在家里、在
教堂，还是在街上。悲伤之余，他们就祈祷。他们痛切地感到这种损
失，并因此对未来充满了焦虑。今天，只有某些元首遭到暗杀时才会
引发人民这种集体的情感。

※

　　除了蒙昧未开的人以外，一般人都知道对前人轻率地做出道德上
的判断是不公平的，但人们可能会忘记，轻率地做出理智上的判断同
样不足取。上述的证据清楚地表明君主理论的信条满足了它们诞生的
那个世纪的需要。读读伊丽莎白时代的戏剧或莎士比亚的一些剧本即
可对此确信无疑。在莎士比亚 37 部剧作中，有 10 部以英国历史为基
础的剧本写的就是王位及其责任，以及王位的合法性和贵族王公对它
的挑战。其他的剧本中最伟大的杰作写的是正确或错误的要求及君主
和王子随后采取的行为：《哈姆雷特》《李尔王》《麦克白》《尤里乌
斯·恺撒》《科利奥兰纳斯》。同样的主题还贯穿《安东尼和克娄巴特
拉》《泰特斯·安德洛尼克斯》《特洛伊罗斯与克瑞西达》《雅典的泰
门》；还有一些喜剧，直到最后一部《暴风雨》，都是以篡位和流放
这些熟悉的情况再加上统治者的苦恼为背景的。若非从专家学者那里
得知莎士比亚的头脑十分正常，人们会以为他和他的观众对"王位的

难题"感兴趣到了偏执的程度。

　　由于未能明白这些事实和感情，结果造成了文学史上的一大谬误，值得在此一提。对哈姆雷特，人们通常认为他犹豫不决。在劳

对过去做道德批判很容易犯错。它是把现在的希望套用在过去。它按照既定的原则臧否人物，对当时的紧迫状态考虑得太少。

　　——布克哈特《历史讲稿》

（1865—1885 年）

伦·奥利弗主演的电影中，这部戏叫作"一个优柔寡断的人的悲剧"。但它首先是关于政治的，这一点却无人注意。自柯勒律治以来，人们只注意研究哈姆雷特的性格，却忘记了他的处境。确实，他的性格比随从们更纤柔一些；他有良知，不是不管三七二十一先杀了人再说。弑杀一位为民众所接受的国王可不是小事。雷欧提斯是个莽撞的小伙子，设置这个角色是为了使对比更为鲜明。哈姆雷特不得不小心思考，仔细观察，因为身为对篡位者及其帮凶构成威胁的人物，他从一开始就身处险境；所有人都阴谋反对他，包括他的未婚妻，虽然她是无心的。他还要考虑他的母亲。他的独白表明他超越了他所处的那个野蛮的时代，但他心里想的不等于他实际也是那样做的。他把一路跟他到英国来的雇佣杀手一个个全部干掉，回丹麦时怀着坚定的决心，同时也高度警觉，只是由于别人的背叛才遭到失败。

　　还有两个事实作为论据。一是武士福丁布拉斯在哈姆雷特的葬礼上说的话：他本来会是个伟大的国王。如果在全剧五场中他都始终表现得犹豫不决，那么这话简直是荒唐可笑。另一个事实是一位现代剧作家认为《哈姆雷特》剧中各场如果次序变一下，就会干脆利落地解决问题。要了解这个论点及其结论，请读威廉·吉布森（William Gibson）所著《莎士比亚的游戏》（Shakespeare's Game）。

　　在写到王位王权时，莎士比亚对于荣誉着墨很多。这个词他用了692 次。荣誉涉及许多东西。作为贵族的天赋品质，荣誉不仅显示他优越于平民，而且也标志着他不必受大多数世俗的束缚。贵族的荣誉感使他们怨恨君主制，因为它建立了一个凌驾于平等的人之上的高等地位——所有人都是国王平等的子民，但贵族对君主并非全无招架之力，

255 因为国王虽然可以压制贵族诸侯，却无法废除他们，所以中央政权和地方权力的冲突依然继续。这也是君主制理论仍然有趣之处，它涉及一个永久性的问题：地方自由对中央集中，无限的权力对有限的权力。不同时代用语各异，但利益的斗争一直存在：各州的权力抵抗联邦主义，中央计划导致要求放权的呼声。同样长存的还有对官僚机构这杰出的君主制机构的抱怨，因为它处理的是抽象的事务，结果中央发布的统一法律经常与地方的情形格格不入。抵制这种同一性就等于反对和君主制孪生的民族国家的理念。

这场斗争的起伏反映在一些重大事件中——英国内战（263＞）、美国革命（397＞）、法国革命的雅各宾派阶段（434＞），今天的口号和信条即由它们产生。斗争仍在继续，因为一方要个人主义，另一方要社会聚合，双方的要求正好截然相反。斗争的文化方面包括推广教育、普选权、宗教容忍、提高社会地位和参政机会，再加上现在归结在天赋权利或人权之下的所有形式的社会保障和保护（430＞）。

君主与国家的结合产生的一个结果给政府理论家提出了难题。作为上帝选出的仆人，国王宣誓实现正义与和平。然而作为一国之主，他却通过外交的欺骗手段和战争的不义之举去剥夺别人的祖传权利，谋求私利。如何把神的准许和公认为不正义的行为调和起来？（这个问题今天称为外交事务中的道德。）这个矛盾据说用国家利益的理由（raison d'état）这个短语可以解决。国家利益的理由的推理大致如此：组成群体的人按自己的意愿行事，除非受到比他们强大的群体的阻止。请看一个国家内部的情况，如果没有强力或强力的威胁，和平与正义就无法存在。自我克制在任何国家都不足以遏制犯罪，若是以为它能对那些利益和我们相冲突而且彼此之间也有利益冲突的外国进行遏制，那是危险的想法。

这是政治学的第一课。最好通过这门学科的创始人的著作去学。这个人就是——

马基雅维利

这是个让自诩正直的人深为憎恶的名字，知识分子常常希望有恶棍存在以显示自己的正义感，而马基雅维利则是这种可恨的人中的头一号。然而，除了少数几个例外，16 世纪期间以及后来的伟大的思想家都承认他的天才和他理论的价值。做出这样的评价和对他感到憎恶的原因都来自一本题为"君主论"的小书。

这本书是马基雅维利结束了在佛罗伦萨的政治生涯后年老退休期间写的。退休前，他主要担任大使的职务，但派别间发生的暴力变动使他的大使生涯戛然而止。后来，他因叛国罪嫌疑遭到监禁、酷刑，最后是流放。马基雅维利冷静地观察他的城邦的命运，深入思考这一当时意大利半岛文化中心的经历和古代史，然后以犀利简明的笔法精练地写出了他亲历的和别人经历的政治经验。他认为"新国君"的时代已经到来，这国君将建立和平与秩序，甚至统一意大利。马基雅维利其实是描绘了一幅君主的肖像。

这个论点并无争议。引起轩然

256

一个公国或是由人民或是由贵族建立。在贵族帮助下得到王位的国王比在人民的帮助下成为国王更难以为君，因为前者周围的人认为自己是与他平等的，他不能统治或管理他们。但由于公众的拥戴而登基的国王几乎没有不愿服从的治下。要满足贵族就必须伤害他人，因为贵族的目的是压迫别人。人民可以满足，因为他们唯一的愿望是：不受压迫。

——马基雅维利《君主论》(1513 年)

大波的是马基雅维利所提出的获取和保住王位的手段。这些方法手段产生了马基雅维利式一词，用来指残暴行为的极致（在浩如烟海的从未发表过的博士学位论文堆中，有一篇题为"酒店雇员中的马基雅维利主义"。我没有去查看它的内容，宁愿去海阔天空地猜测《君主论》怎么会影响到酒店的清洁工人和门卫的）。青年时的腓特烈二世在成为普鲁士国王之前撰写了《反马基雅维利》（欧洲常见的一种标题形式）。该书论点明确，说理有力。这并不奇怪，因为它是由伏尔泰润色的。书中痛斥治国中欺骗和背信弃义的行为，谴责不义之战和用暴力消灭敌人，这一切据说都是马基雅维利所建议的理想君王的成功之道。

事实并非如此，需经细致考虑后再下结论。首先要知道马基雅维利写作之时意大利的情况。16 世纪初期，意大利分为众多的市镇和城邦，只除了一个例外（＜171），其余都深受派别间互相杀戮、政变、暗杀、侵略和战败之苦。详情可见马基雅维利所著《佛罗伦萨史》一书。这种无休无止的混乱促使马基雅维利思考这样一个问题：有没有办法或手段来结束这一局面？那时完全没有道德原则，更糟糕的是，它带来的只有坏处，人民没有和平安宁，城邦和领导人没有稳定。他们都宣称信守基督教的道德，不过他们把"己所不欲勿施于人"解释为"血债血还"。

马基雅维利的办法基于这样一种信念：既然必须从现状出发，就

257　只能利用手头的材料。只说行善就会过好生活是没有用的。（他看到并指出）周围的人素质太差："意大利人怯懦、贫穷，又好虚荣。"民众这样的低劣品质不可能给治国者提供好的条件，充其量只能是过得去而已；道德和不道德的方法都得动用。君王必须尽量诚实正直，也必须捍卫基督教的道德观念。他必须公正，最好能得人心。但是他与其受到爱戴还不如被人畏惧。为了维护他的地位和国家，无论什么坏事都要做，不能受道德的约束。

这种好坏一起来的办法并不一定奏效。作为历史学家的马基雅维利深知机缘的作用——他把它称为运气。没有哪个君王能掌握它，但如果一个君王有素质，即有勇气和远见，再加上红运当头，他就可以成为时代所要求的新君王，甚至还可能统一意大利。可以说《君主论》是一部乌托邦式的作品，只不过它放弃了理想主义的措施，采取了也许可行的措施。

批判马基雅维利的批评家紧抓住两点。第一点，简言之，是马基雅维利把秘密说穿了。尽人皆知基督教的道德到处都在被公然违反——商业、政府和私人生活中充满了不道德的行为。基督教把这些统称为罪孽。可是这些批评家还是认为面具不能撕掉，认为如果宣称欺诈可

以为国家的目的服务，就会引起更多的欺诈。对此可以反驳说：除非政治理论真实地表明恶行偶尔的确有用，否则现存的邪恶会继续肆虐，而且还不能被用来服务于国家。

第二点批评的基础根本就是一个疏忽。人们很容易忘记，马基雅维利所讲的君王先得打天下，然后才能做明主。意大利没有一脉合法的国王，无法产生传位的君主。缺乏合法性的新君王不得不胡作非为，横行霸道。到他的后代时才可以挑剔讲究。事实上，欧洲所有的皇族都是靠武力起家的。读《君主论》若不考虑时代形势的不同，就会以为马基雅维利怂恿地位已确定的君主继续在所有的场合中都——用他的著名比喻——做狐狸或狮子。

由于统治者的道德特征含糊不清，所以他不能像普通人一样行事——君有二体。作为统治者，他要为全体人民的利益负责，其中也杂有他自身的利益。无论他生性大度还是睚眦必报，他都不能率性而为。尽管对别人的要求做出慷慨的回应是美德，他也不能把一个省拱手让出，那里的居民被剥夺了国籍会怎么说？话说回来，他可以拒不承认他让使者传达的旨意，但他不会这样背叛朋友。"他"自始至终不只是国王自己，也是首相、议会，或幕后的力量——国家，他在按国家理性行事。

当霍亨索伦王室青年腓特烈撰文反对《君主论》时，他无疑也吸收了其中的思想。与他文中驳斥《君主论》的论点相反，后来这些思想帮他把普鲁士变为一个强国，再后来又击败了本来想打垮它的联盟。在同其他国王瓜分波兰时，他注意到玛丽亚·特蕾莎在哭泣。但他说："她哭了，但她还是拿了。"此言一语道出政府的矛盾——为了加强国家利益而行不义之事，虽然可能最终事与愿违。这就是永远的政治家，他背信弃义，掩盖真相，文过饰非，歪曲事实，以维持正义的表象，正义尽管没有实现，但却永远是他矢言争取的目标。

※

　　自《君主论》发表以来的 5 个世纪中，众多学者对它进行了仔细的研究，（至少渊博的学者）认识到作者并不是一个道德沦丧的人。如果他是的话，那么一长串的思想家，从柏拉图（"大谎"的倡导者）和亚里士多德一直到圣奥古斯丁和圣托马斯，再到约翰·亚当斯、利普修斯、孟德斯鸠、休谟、诗人塔索、罗利爵士、蒙田、培根、帕斯卡、斯宾诺莎、格拉西安、博丹、赫尔德、柯勒律治、雪莱、莱奥帕尔迪、陀思妥耶夫斯基，还有大多数历史学家（包括安详虔诚的兰克）会组成一个军团的不道德者。他们都建议、同意或借用过马基雅维利的理论。他们和马基雅维利的一致之处在于认为国家不是不道德，而是非道德；它有一半是在道德范围以外的。

　　有一部分反对意见认为，政治理论只以"现状"为基础会阻碍人类的改善，是"悲观的""怀疑人性的"，是对进步的障碍。实际并没有发生这样的情形。有很多政治和法律方面的罪恶做法在我们这 500 年间都已被丢弃了——马基雅维利写作的时间是在这个时期的黎明。作为文艺复兴人，他看到了艺术和文学的繁荣与政治的黑暗之间的悬殊差异，这需要采取措施予以纠正。他没有建议不彻底的折中办法，也无意要他的措施永远执行下去。在关于那位罗马历史学家的书《论李维》中，他显示了一个有各种自由的共和国是多么美好。在一次去德意志地区的旅途中，他写了一封信，把那里的自由城市描写得像世外桃源一样，（除了别的好处外）丝毫没有佛罗伦萨的阴谋和争斗。他死后，一些佛罗伦萨店主在《论李维》的启发激励下，要求政府设置人民的座位台来取代贵族和其他官员的座位。

　　然而，马基雅维利在喜剧《曼陀罗花》中描绘他的同代人时却毫不文饰。剧中对白诙谐、粗野，有很多双关语和俏皮话，表现了人们的狡猾奸诈、易受蒙骗和腐败贪婪。情节使人联想到王政复辟时期的喜剧和后来拉克洛的小说《危险的交往》，那里面狡诈的人也是哄骗或胁迫他人为己所用。

马基雅维利的其他作品表现出，在爱好和风格方面他都是一个真 259
正的人文主义者。他翻译罗马时代的戏剧，在撰写《战争的艺术》一
书时采纳韦格提乌斯的观点，还写了一些诗歌和散文表达对女性的热
爱。他认为她们做统治者和男人一样合适，还提到反映她们美德和能
力的"英雄的范例"。尽管遭到流放，但是他还是有众多的朋友和崇
拜者，他给他们写了许多平易亲切、无拘无束的信。在最著名的那封
写给弗朗切斯科·韦托里的信中，我们得知他酷爱和贩夫走卒玩纸牌，
泡酒馆。傍晚时分，喝酒玩牌之后，他回到家，换上华丽的衣服，开
始和古人对话，"询问"他们的生平和行动。每天4小时专注于此，
从不感到烦闷。在这期间，他忘记了他的贫穷和耻辱，连生死都置之
度外。

※

君主和民族国家在17世纪兴旺蓬勃，实现了500年中第二次革命
的目标，播下了至今威力犹存的思想的种子。但与此同时，还存在着
明显的另一套思想和另一种政府形式。威尼斯共和国就是这另一种政
府形式的显著例子（＜170）；英国内战则传播了上述的另一套思想。
共和制的威尼斯这个稳定有序的城邦在君主制和民族国家成为主导的
治理形式时，仍然强烈地吸引着欧洲。至于在英国专制政体论与反对
派之间上演的三幕剧，结果并不明朗，教训也被淡忘了。当这些被埋
葬的思想再次抬头并最终引发了第三次革命的时候，革命的原因却被
归于历史上的另一套行为，而给予那套行为的清教徒这个名称只保留
了它最狭义的意思。

有民主精神的清教徒

思想史是由一连串绰号组成的。有的开始时可能只是粗鄙的侮辱，有的也有明确的含义，不过很快含义也就流失了。在整个西方文化中，清教徒这个名字使人们联想到的就是败兴鬼。在美国，他是不苟言笑的新英格兰人，通过"蓝色法规"禁止一切无害的乐趣，他唯一的消遣就是绞杀女巫。在英国，他头戴尖帽，说话鼻音浓重，取"赞美上帝·皮包骨"（Praisegod Barebones）这样莫名其妙的名字，杀害了国王自己上台，把国家弄得沉闷无趣。我们照例可以从莎士比亚著作中找到有关他的素描：清教徒是《第十二夜》里的马伏里奥，他自以为因他的正直，不会再有蛋糕和啤酒。

如此描绘的错误在于究其一点，不及其余；抓住一个特征来代表全部，结果得到的是漫画式的夸张。原因可能是由于英国克伦威尔的清教徒政权和他的军队力量逐渐减弱，十几年后才最终被全部推翻。没有戏剧性、不够惨烈的失败会使人淡忘在那之前所取得的成就。对于历史上的清教徒作为一个整体的印象在英国已经暗淡，在美国则是个矛盾体。移民美国的清教徒所奉行的准则受到谴责，然而他们却被尊为移民之父——在许多他们没有做的事上却无功受誉。

细究清教徒这个词及其所意味的运动不仅仅是为了关心历史的准确性。今天的社会预言家警告要防止新的清教徒主义出现。他们在某些宗教团体的所谓原教旨主义和社会对吸烟的敌对情绪中看出了这样的苗头。酒精也遇到同样的敌意反对，反对性自由、"淫秽艺术"和

"邪恶"的呼声日见强烈。堕胎引起的暴力冲突也和这些问题有关。20世纪晚期道德主义的爆发是否会重新产生17世纪的清教徒？同样重要的是，历史上的清教徒所重视和担心的是否只是个人行为？他们并未禁酒禁烟，他们关闭剧院（我们看到）不是为了压制演戏，只是要肃清诱奸和卖淫，欧洲其他非清教徒的国家关闭公共浴室，执行的也是同样的政策（＜183）。

262

清教徒一词中的"清"指的是宗教制度以及对其进行整肃所需要的政治改革，与路德和他的福音传道者们所做的事一样：罢黜主教及其下面的一群官员；略去礼拜仪式中的装饰——蜡烛、十字架、法衣等；简化礼拜仪式，回到福音的教诲中去。它是原始主义和反对"罗马式迷信"和"天主教"的一种准科学的思想的结合。

确实，福音教导人们要行为检点，在生活中自觉遵守道德，但是仅仅因为简化礼拜仪式和唤起人们的良知就推断清教徒禁止娱乐和艺术是不符合事实的。英格兰和新英格兰并未变成普遍沉闷和虚伪的地方。50年前，一位英国学者潜心研究大西洋两岸的历史记录后做出的结论打破了清教徒在信仰和思想上都食古不化的神话。

他这本巨著虽然题为"清教徒与音乐"，实际上却涵盖了文化活动的所有范围。其中提出的一个发现是康涅狄格州的"蓝色法规"根本不存在，那是一个热情过头儿的牧师的杜撰。至于音乐、诗歌和其他艺术，清教徒不仅未予谴责，反而培育欣赏它们。当然，这说的是清教徒中那群自发地喜爱艺术和智力活动的人，任何文化中都有这样一群人。在17世纪中期的英国，音乐受到普遍的喜好，同时还有与它并行的诗歌。英国培养牧歌诗人和键盘乐器作曲家的学校为数众多，听众也人数巨大，牧歌因此成

> 如果我们想以管理出版来纠正行为，就必须管理所有的娱乐和消遣，所有使人感到愉悦的东西。不能听音乐，不能谱曲唱歌，只有严肃的和土里土气的东西。但谁能让在各家室内轻柔荡漾的曲调和牧歌噤声呢？要检查每一所房子里的所有长笛、小提琴和吉他得需要20多个许可证才行。
>
> ——弥尔顿《论出版自由》（1644年）

为艺术史上的巅峰之一（< 161）。两位同享盛名的诗人，赞美音乐、舞蹈和"快乐"的弥尔顿与恳求他"羞涩的情人"顺从于他的马韦尔，都备受尊敬。克伦威尔雇用他们为国家服务，正是因为他们思想周密，笔锋敏捷。

弥尔顿的行为尤其说明问题。他为克伦威尔政权做宣传，但又保持独立，敢对政府进行批评。他撰写的赞同离婚的短文列举了妻子应具有何种心智才能成为好伴侣。他的政治十四行诗对党的路线发表评论。他还激烈地反对对印刷品实行审查。他的《论出版自由》中最有力的段落被后人引用过无数次，但人们却忽视了，这篇文章是把思想自由与艺术和欢乐联系在一起的。

他的话反映的不仅是他的鉴赏品味，也是全国的意见。与此同时，弥尔顿在国务委员会中任审查官，还任共和国的主要报纸《政治信使报》的总编辑。这与《论出版自由》的论点看似矛盾，其实实质上并无矛盾之处。弥尔顿和他的清教徒同志坚信作者应为其发表的思想可能带来的危险负责。《论出版自由》结尾时赞扬了要求所有出版物必须有作者署名的法律。作者若传播"有害"思想，就可能招致"火与剑子手的处理"。

斯图亚特王室的查理二世复辟后对清教徒政权进行暴力反扑，弥尔顿有性命之虞。他被迫隐居，其间完成了《失乐园》和《复乐园》上下两部史诗，还有诗剧《力士参孙》。诗剧不是为了上演，而是像史诗一样，是关于道德和政治的专论。君权、法制、顺从和反叛、真理和通过辩论对它的获取、科学、自然和快乐、理智和启示、正义和慈悲——所有这些在诗中都予以评说。此外再加上散文式的政治社论，使弥尔顿成为他那一时代思想斗争的活生生的体现。成千上万的小册子和布道稿记录着那场斗争的激烈性和彻底性。这些思想至今仍激励着西方人的心灵。17 世纪中期那场辩论中彼此对立的论点各有道理，说明它们的冲突是无法解决的，这并非因为人类的无知或悖理，而是由人的各种需要的性质和唤起新思想、新制度的希望而决定的。

　　　　　　　　　　　　　　※

　　英国内战各方的政治目的是为了解决谁掌握主权这个问题。其实它是对君主制革命的力量的考验。查理一世企图吓倒议会中选举出来的代表，继续像前 11 年那样大权独揽，结果反而使得抵抗更加顽强。按照定义，君主对赋税和战争有独断权（241 ＞）。而议会首先要求军队和所有要塞都应由议会任命的军官来指挥。第二个要求同样否定了国王的独有权威：新授爵的贵族可以被下议院罢免；就连皇家子女的监护人也必须由议会任命。国王不再是君主，甚至连过去的国王还不如，只是一个傀儡罢了。很明显，17 世纪中期英国人民的代表向往的是 250 年后才出现的国家；或往回说，是 300 年前国王的大理事会刚改名为议会时，西蒙·德蒙特福特的方案如果得以实行本来会形成的国家。那次，人们的希望没有实现，而到了 1640 年，王室统治的传统已经根深蒂固。在内乱的 6 年间，给了查理 9 次保住王位的机会；条件只是要他接受经过一定改动的 19 条要求。最后一次他同意了，还提出了他自己的修改要求，不过为时已晚。

　　英国内战不像 19 世纪美国南北战争那样界线分明。英格兰的邻邦都乱哄哄地参与其中：爱尔兰派兵支持国王；苏格兰人分为两派，两边都有他们的人参加作战，他们参战是出于部族和宗教的原因，不是宪政的原因。议会中长老会教派占大多数，克伦威尔的军队是独立派——清教徒。不时上街抗议的伦敦暴民所属教派不定。开始，国王的军队占了上风，他们最终的落败说明克伦威尔训练出了一支模范军队。但一般印象中留着长发，戴软沿帽的骑士（保王党人）和头发剪短的圆颅党人两军对垒的图景纯属虚构。议会派这边有仍然穿着惯常的"骑士"服装的王公贵族，也有按教规必须蓄长发的清教徒。

　　这些杂七杂八的各部分人建立了英伦三岛共和国，共和两个字彼

264

此就可以解释说明[1]。后来共和国变得无法管理，就成立了护国政体，由克伦威尔任护国公。在此期间，查理一世受到审判后被处决，爱尔兰的一场叛乱被残酷镇压下去，苏格兰人得到一定的安抚，显示出强大韧性的议会被清洗，后又恢复，之后再清洗；英国有了她的第一部也是唯一的一部宪法。直到20世纪即将结束的时候，才有人提出了修宪的要求。

有些历史学家认为，英国革命的原因是英国农业落后，随着国际贸易的扩大，土地拥有者的利益受到损失，因而和商人对立起来。若接受这种观点，就必须相信整整一代人争论、布道、出版、痛斥、谴责、坐牢，甚至上断头台，却对自己的真实动机懵然不知，他们自认为的真正动机不过是他们的错觉。（按照阶级斗争的观点）推动他们行动的甚至不是自身的经济利益，而是他们与生产资料的不同关系。这是把地震的大陆板块理论套用在人的事务上。

英国人把一切想法和态度都包装在宗教的语言中，并援引《圣经》所载的先例作为权威，这使得那个时期的斗争看起来好像是为了过时的原因。但原因是双重的，虔诚的语言掩盖下的思想按照当今流行的荒谬说法是"走在时代前面的"，意思是孕育着未来。分成清教徒、长老教会、独立派的各教派及其领导人是社会和政治的改革派。他们的区别只在于激烈的程度不同。

社会改革必须迎合一些得到接受的标准。我们这个时代的标准是普遍的福利，或是一个被忽视的群体的需要，或是希望增加贸易以创造就业和改善生活——总而言之，是一种物质的实效。清教徒，其中许多人又叫平等派，鼓吹的是权利

> 大人，我以为若不取消一切财产，则无法实现自由。若要确定规则由您颁布，则必须如此规定。否则我想请问士兵们到底在为何而战。他们作战的结果是给自己加上了桎梏，使拥有财富和地产的人更强大，使自己成为永远的奴隶。
>
> ——托马斯·雷恩博罗上校，议员
>
> （1647 年）

---

[1] 英文的共和 commonwealth 由 common 和 wealth 两个词组成。前者意为共同的，后者意为财富。——译者注

和条件的平等。军队的官兵要求所有人都过上像样的生活。如果把不

265

可避免的个人行为偏差估计在内，再用现代的措辞来形容而不是界定
那时的派别倾向的话，可以说再洗礼派教徒是共产主义者，喧嚣派教
徒是无政府主义者，掘土派成员是集体主义者，而第五王国派则是期
待耶稣二次降临和圣徒绝对统治的空想主义者。

　　还有别的派别，像拒绝对任何人脱帽的公谊会（后称贵格派）的乔
治·福克斯和他的信徒也是平均主义者。千年王国的信徒努力要建立
新耶路撒冷，即地球上圣徒的王国。家庭主义者效仿圣家庭，宣扬由
信仰启发的爱足以维持社会安定——不需要法律或阶层。这种类型的
无政府主义在西方长存——请看 1968 年鼓吹爱情和平的嬉皮士。

　　是这些基督教派发起了向着近似民主的目标的努力，后来它们接
受了现状，人们也就逐渐忘记了它们的革命性。再洗礼教派仍然热衷
于政治，虽然不再像在莱顿的约翰领导下那样赞同共产主义和一夫多
妻制（< 15）。马格莱顿教派和布朗派这些有着像狄更斯笔下人物名
字的团体表明，一个执着的牧师或小册子作家很容易就可以召集起一
群向往更美好世界的追随者。所有这些派别都确信，要实现一个更好
的世界，就需要对教会和国家的现状进行这样或那样的彻底改革。

　　教会和国家必须放在一起，因为没有人在一个没有教会的国家中
生活过，对一个方面的改革必然影响到另一个方面。毕竟，整个这场
运动的发起人是福音传道士，他们的信条是要从罗马教廷所规定的等
级制度中解放出来。后来自然而然地出现了争取更大自由的要求：为
什么要有贵族和上等阶级？既然每个教区都各自独立，选举自己的牧
师，那全国人民也应当享受投票这一政治权利。宗教的信条完全可以
套用在国家上：如果通过取消教会中的高级教职可以实现接近福音所
说的更纯洁的宗教，那么取消社会和政治的上层阶级也可以带来接近
福音所描绘的更好的社会和经济生活。

　　君主自己也知道这两者间的类似。查理一世的父亲詹姆士一世
说过，没有主教，国王的位子就坐不久。僧侣阶层通过直接行使它的

权威来维持皇家的权威：他们每天都从布道坛上直接向大众宣讲。在欧洲大陆上，只有在贵族和国民大会的权力被取消后，君主主义才兴旺发达起来。英国的情况有所不同：议会已经习惯于制定法律，而下议院不止一次抵抗过国王。但现在建议实行的改革使这个原来一致反对国王的机构陷于分裂，再加上军队持有激烈的政治观点，结果由多数决定的有秩序的立法方式毁于一旦。本想重建整个国家，却导致了独裁。

英国内战时期的议会史基本上就是上述情况。倒是浩如烟海的小册子显示了那个时期林林总总的富有创意的建设性观点。在一片宣讲经济建设和《圣经》语录的嘈杂声浪中，平民百姓一定难以确定谁是谁非。每个业余思想家都有自己的一套。专业的则采用西方文化中特有的论辩方式，诉诸各方都承认是真正和有效的东西，那就是尽人皆知的一对矛盾：理性和自然。如先前指出的那样，虽然它们听起来是得到普遍承认并有说服力的价值观（＜69），其实它们不过是看上去比别的理由更坚实一些罢了。

借助理性来鼓吹公民权利的清教徒指出，人的制度是人们自己选择的，它有具体的目的，由习惯来维持。当它已不再能达到目的的时候就应该更换。习惯只代表某种制度实行时间的久远，是人为强制的，本身并不是理由。无论有意与否，一些清教徒像科学家一样相信经验、结果和用途。用这些测验标准可以谴责任何不合格的现状。当时的大律师爱德华·柯克爵士把"普通法是理性的体现"这句话作为座右铭，因此法官不仅要说明他判决的理由，还必须运用理性来解决那些糟糕的案子所造成的麻烦。柯克自己就出于理性做过一次手脚，在内战前议会中的一次扭打混乱中他把大宪章抢到了手，那时没人记得里面的内容，于是，他在里面悄悄地加入了13世纪的贵族们从未想过的文献权。（顺便提一句，大宪章的"大"是指宪章很长，并不意味着伟大。）

自然是理性的孪生兄弟，因为两者都是天赋的：人的本性是理智的动物，而人发现自然正好用来做推理的对象。自然有一套自己的行为模式，不以人的意志和愿望而转移。许多清教徒认为可以通过自然了解上帝。在争论根本问题时，自然法则和自然权利似乎是明明白白的，比如，人人有不受骚扰地生活的权利，需要政府来确保这项权利，人为的法律必须为自然权利服务而不是否定它。如果任何民法违背了自然权利，根据自然法，就可以不服从那项民法，甚至可以推翻政府。

如果谁记得美国《独立宣言》的"序言"并且了解目前关于社会正义内涵的辩论情况，一定会觉得这种推理似曾相识。17 世纪产生了关于政体应为何物的两部伟大著作。最著名的由霍布斯所著的《利维坦》就这个永无定论的问题确定了一条推理的思路。该书文采斐然，但当时的人却不清楚霍布斯属于哪个阵营。清教徒、长老会和保王党中都有人对他高度赞扬或大加鞭挞。另外有意思的一点是，书的头几章等于是关于心理学的专论。很明显，政府必须基于自然，即人的自然天性。但自然的定义一俟确定，政治理论家的意见就出现了分歧。霍布斯认为，在自然状态中的人是侵略者，人对其他人来说是狼。除非加以控制，否则人和他的同伴们只能过"孤独、贫困、险恶、残酷和短命"的生活。由此推论，政府要强大，法律要严格，执行要有力，这样才可避免人的狼性的爆发。

霍布斯看到一次次违法犯法的行为如何使英国走上了内战的不归路。内战是残酷的，而且旷日持久。拿起武器"替天行道"的人和决意拯救国王和教会、法律和秩序、传统和财产的人之间不可能妥协。战争中最残酷的不是作战，而是围城；大多数死伤是在那时发生的。围城造成饥饿和瘟疫，城破后经常进行大屠杀，妇孺亦莫能免。在莱斯特，保王党掠杀无度。清教徒在内斯比进行报复，把敌方的随军杂役——仆人、马夫和女佣——任意屠戮。内战开始不久，工匠、牲畜贩子和其他因内战而丧失生计的人就陷入了贫困，乞丐、残疾人和强盗遍地皆是。据计有 20 万人丧生，占全国人口 2.5%~3%。

长年累月目击这情景使人深思起国家和教会应如何组成这个问题。霍布斯认为，只有由一个绝对统治者和立法者领导的国家才真正可行。

他的著作《利维坦》的标题和卷首插图显示了书的主题：它是个怪物，身子由国家所有公民的身体组成，上面是个巨大的头颅。大家各自的力量融为一体，和国家的统治权结合在一起，而且这种结合是由不能修改的契约决定的。

乍看起来，霍布斯像是支持君主革命的，人们不禁纳闷为什么保王党不接受他。但实际上他主张的绝对权力是一个统治集团。他并没有说是国王，更别说是等待即位的国王——斯图亚特王子了。下议院的议员因而可以在《利维坦》中找到让议会掌握绝对权力的理由。前文说过，英国现在的政府形式正是如此。它是一个选举产生的利维坦，国王只是摆设，如同冰激凌上的一坨奶油。

另一部著作的创意和远见超越了同时期别的作品，和霍布斯的著作并驾齐驱。它就是詹姆斯·哈林顿的《大洋国》。虽然书中描述了一个理想国，但它并不是乌托邦式的空想。出身贵族的哈林顿从年轻时就赞同共和制度。尽管如此，他却赢得了查理一世的尊敬，但没有得到克伦威尔的器重。《大洋国》在共和国期间印刷了一半就被没收，后来在克伦威尔女儿的推动下才得以继续出版。

大洋共和国的发起人在共和国站稳脚跟后就功成身退。共和国有书面的宪法，立法机构有两院，实行轮换制，总统像后来美国宪法规定的那样，通过全体公民秘密投票间接选举产生。为确保稳定，哈林顿煞费苦心着力说明政治和经济力量必须一致。两者若有对立必出问题，很快就会爆发革命。亚里士多德在《政治学》中也提出了财富的力量，在此基础上发展出了今天的老生常谈，即民主若要诞生和存在，必须有庞大的中产阶级，两头的穷人和富人则越少越好。故此才有法律上和民众中对卡特尔、托拉斯和过于庞大的大企业的抵制。它也说明了20世纪间在中欧、东欧、南美和许多第三世界及其他地方的新国家中，民主为何沦为独裁：没有中产阶级就意味着没有通过贸易培养而成的自制力和妥协的习惯。

显然，哈林顿有政治家的头脑，不是只空谈理论。可惜他的观点和名声大多只在专家间流传，但美国是例外；杰斐逊和其他民主党人认真研读他的著作，受益良多。1660 年后，哈林顿因身为共和主义者，又有一个犯弑君罪的表亲而声名扫地。他没有沾上大赦的光，被捕入狱，最后获释时已是身心俱损。

※

要掌握清教徒政治的要旨，得遍读所有的小册子——终其一生才可能完成。退而求其次的话，可读威廉·哈勒写的《清教主义的兴起：通往新耶路撒冷之路》这本书。当时群众中出现了许多奇妙的人物，包括热诚的女传道士。我们已经见过了众多参辩者的文学代表弥尔顿。至于冒着生命危险进行宣传鼓动的积极分子，明显的人选是——

约翰·李尔本

他是达勒姆一个绅士的儿子，但不知为何在 12 岁时去了伦敦一家制衣商那里做学徒。在那里，才十几岁的他表现出了他一生反叛现状的性格。他主意很多，并积极宣传。他（24 岁时）认定英国教会是反基督的教会，同星室法庭发生了冲突，因为他传播散发颠覆性的文章，其中著名的有反主教教派的威廉·普林的文章——李尔本是威廉·普林的法律助理。李尔本因此被判沿着伦敦的街道边走边被当众鞭打，然后上枷两小时。之后，他被投入监狱，直到他交付罚款 500 英镑。

这件事使他声名大振，成了民众拥戴的人物。在狱中的两年，他撰文抨击时局，还给下议院写了多份内容详细的请愿书。有一次，下议院接到他的请愿书时正值克伦威尔做第一次有记录的讲话，讲话中对李尔本的要求表示支持。结果李尔本获释，并得到 3 000 英镑的赔偿。受到星室法庭的迫害成了他意见

> 上帝慈悲地赐给我的启示铭记在我的灵魂中，使我刻骨难忘。我一定要把这启示告诉你们，心灵才会安宁。
> ——李尔本对民众的演讲（1638 年）

正确的证明。后来李尔本参军入伍，被保王党军队俘虏，作为叛乱分子受到审判，若非议会威胁报复，差一点儿被保王党处决。通过交换战俘，他又回到战场上，升至中校官阶。他仍不满意，因为军队里温和的长老会教徒太多，不合他这个激进清教徒的口味。于是，他辞职退伍，又向议会提交请愿，要求归还他的欠饷。这件事很难做到。其间，他对议长和议员大加谩骂，结果再次入狱，3个月后出狱。

现在他成了平等派，对个人对机构都一律提出要求，进行指控。1647年，李尔本攻击克伦威尔，被关入伦敦塔，但又再次释放。他属于那种罕见的幸运儿，一次又一次地把头伸入狮子的血盆大口，居然每次都能全身而退，最终得以寿终正寝。他坐牢越坐越勇。他写的《一部分人民对共和国的忧虑》这类小册子人身攻击的色彩越来越浓。他的《揭露英格兰的新锁链》(分两部分)把自己和四个追随者比作"五条小猎犬围猎狐狸，把它们从纽马克特和特里普洛赶到威斯敏斯特"，那是议会所在地。他说克伦威尔和他的助手是狐狸，说他们的胡作非为危及军队和共和国，英国在国务委员会的统治下呻吟。

这通谩骂使李尔本再次被关入伦敦塔，对他以煽动罪和诽谤罪进行审判后却又宣告他无罪。然后，他的注意力转向另一种自由：垄断财团和特许公司享受的特权太多；贸易必须自由。这里的推理又是以《圣经》为据的——按才行赏的寓言必须实行。《圣经》的话不可辩驳，所以他没有因此而坐牢。但是李尔本接下来攻击了一个强大的行会，因为他认为它对他的叔父乔治不公平。此举招来了大祸，比他对克伦威尔和议会的所有攻击产生的后果都更严重。他被罚款7 000英镑，并被逐出共和国，若敢回来即以死罪论处。这是1652年的事。1653年他就回来了。他去了荷兰，当时那里是政治难民和其他难民的庇护所，就像19世纪的英国一样。

耶稣并没有选择很多富人或聪明人，他选择的是傻子、笨伯和为世界所鄙视的穷人。

——**李尔本**（1645年）

回来后的李尔本再次坐上被告席，经过特别漫长的审判之后被无罪开释。他成了伦敦百姓心目中的圣徒和英雄。同时政府决定"为了国家的安宁"继续监禁他，这也算是一种变相的抬举吧。他在英吉利海峡南部的群岛间被押来送去，辗转一段后定监在多佛尔，慢慢平静下来，最后获得了自由。他转而成为贵格教这一最温和的教派的牧师，直到43岁那年去世。

后人本应给予李尔本更大的光荣。他早在17世纪中期就撰文宣扬人的权利，并为这种权利的实现而大声疾呼。他的理念使18世纪的理论家因之流芳百世，他的行为已成为直至今日革命者的一贯政策。他为之所累的是虽然他有时提到自然法则，但是他的论述通篇都是《圣经》的教义。

其他清教徒撰写的小册子也宣传李尔本思想的不同的部分。许多人呼吁建立人民共和，实现全民投票，废除等级和特权，法律面前人人平等，允许自由贸易，更好地分配财产，但没什么人提倡宽容。也正因为所提出的目标都以《圣经》为据，结果清教徒政治思想的实质反而被掩盖了。后来不笃信宗教的历史学家更倾向于认为是亚当·斯密的著作提出了自由贸易的思想，而不是李尔本的理论和《圣经》论才行赏的譬喻。通常把人人生而自由平等这个思想归功于约翰·洛克，其实它是一个名不见经传的再洗礼派牧师提出的。这个牧师引用圣徒保罗的话说，"神不偏待人"，"犹太人和基督徒没有分别"。还有人坚持说上帝的降福是慷慨的，一切人都可得到恩典，正如一切人都有一份亚当的原罪。因此上等的地位是没有道理的，唯一上等的是精神。对理性主义者来说，这种说法不能服人。对自由的呼求似乎也不真诚，因为许多提出这种要求的人，包括克伦威尔在内，都相信世界的末日快要到了。

这种谅解和同情的缺乏标志着近代的一个分水岭。时间恰恰是在这500年的中间，1750年前后。当然，宗教并未随着清教徒一起消失，但是科学的进步使得自然日益取代神的启示成为令人信服的真理之源。上帝光荣退休了，他的著作（如果谁还记得它们的作者的话）成了人们关于社会和国家进行理性辩论的参考资料。

271

女人传道，粗工祈祷，魔鬼在地狱里欢呼舞蹈。

　　——约翰·泰勒（1640 年前后）

具有民主精神的清教徒不仅内部争吵不休，他们还有共同的敌人——那些捍卫整套旧制度的人，其中著名的是圣公会的发言人。这些极端保守派讥笑清教徒极尽虔诚，忧国忧民，总是一本正经的样子。他们特别嘲笑这群乌合之众关于《圣经》大谈大写，假充博学之士。其中最生动的讽刺家是约翰·泰勒，人称"水上诗人"，因为他曾在泰晤士河上做过船上的桨手，他最出名的一次壮举是划着一条用粗包装纸做成的小船沿河逆流而上。与他作品相似的塞缪尔·勃特勒所著喜剧史诗《休迪布拉斯》逗得复辟的查理二世的宫廷上下乐不可支（355 ＞），而泰勒的诗比巴特勒的作品早了整整一代。

※

哪怕世界上只剩下约翰·李尔本一个人，约翰也会同李尔本争吵，李尔本也会同约翰争吵。

　　——哈里·马滕，平等派教徒，弑君者
　　　　　　　　　　　　　（年月不明）

良知是道德的自我意识，谈到它即引起容忍这个问题。良知寓意着个人主义，而行使个人主义就总有可能产生异见。具有矛盾意味的是，清教徒留下的自由思想的遗产帮我们加深了对迫害的理解，甚至几乎对它产生了同情，正如陀思妥耶夫斯基在小说里对中世纪的宗教大法官表示同情一样（769 ＞）。清教徒作为个人，作为不同的教派，彼此恨不得一口吞掉而后快。李尔本代表的正是这种普遍的敌意。

　　排斥和迫害的内在理由是什么呢？个人的良知愈强烈，对人的，包括自己的，信仰和行为的评判就愈尖刻。对他人的信仰和道德的怀疑与"热爱真理，痛恨罪孽"的强烈程度是成正比的。稍稍偏离绝对正统便是大逆不道，距必须讨伐的异教徒只有一步之遥。对那些信仰出于理智又发自肺腑的人来说，异教徒威胁着他人的灵魂。如果犯错的羊不肯悔改，他或她就成为造成别人犯错的根源（20 世纪的科学家就是以此为理由迫使出版商停止出版维利科夫斯基的著作并解雇其编辑的，因为作者把天体演化学中的重大谬误作为科学发表出来。后来有些谬误证明是事实）。过去的异教徒还算是受了魔鬼的引诱，因而必须予以拯救。今天，为保全公司的利益，对揭发工作场所中弄虚作假的所谓吹哨子的人同样进行迫害，干脆连归咎于魔鬼这道手续也免了。换言之，宗教迫害是一种卫生措施，可以阻止传染病的蔓延。因为灵魂比肉体更重要，实行这种卫生措施就愈加必要。既然上帝要他的信徒捍卫他启示的每一个细节，迫害就成了一种责任，也是抵抗精神入侵的自我防御，它是宗教战争的国内表现形式。

272

　　这种观点一旦得到积极推行，就成为圣战式的运动，正如我们这个世纪宗教和政治的极端主义。若因原宗教极端主义分子压制思想自由就说他们反理性，则大错特错。其实正相反，像所有拘泥于字面解释的人一样，他们理性得太过分了，他们解释文字就像法官解释法规一样严格。在苏维埃时代的苏联，修正主义分子（西方也学会了这个词）只因与马克思或列宁某句话的意思稍有偏差便受到谴责。

　　这些当今的圣书是政治性的，不是宗教性的。这就提出了这样一个问题：为什么原来自由和科学思想流传甚广的国家的政府会采取超自然的宗教才解释得通的方法。极端的意见多样性使一些人不安，因为这和他们的思想相抵触。持这种不满的人以道德或国家统一这种绝对观念为名来反对多元化。按照思想自由的原则，对思想自由的反对也必须容忍，因而造成方向不明，只有独裁者才可提供明确的方向。

　　20 世纪独裁者的奇怪之处在于他们有如此强大的镇压手段，却连一点点不同的意见也害怕。无心的一句话、不合时宜的一个笑话都足以用来证明大逆不道。当今的"政治正确性"也是同一个道理，不过迄今为止惩罚还算轻，包括羞辱、解雇和再不能重操旧业。任何形式的迫害都意味着迫害者对思想的力量深信不疑，哪怕只是随口说出的话。这一点与马克思主义关于一切事情的真正原因都是物质的这一信条如何协调并不清楚。中世纪天主教的宗教法庭反而更知道什么是有害的，为什么有害。无论如何，今天世界各地的政府仍然为了维持一致性而保留着死刑和流放的刑罚。社会集团的热情曾帮助君主组成最终是多元化的民族国家，在经过反殖民主义战争后获得解放的 200 来个新生国家中，这种热情却丝毫没有得到发扬。

为了治国成功，君主制的民族国家必须把地方的爱国热情转变为民族自豪感，变为一种归属于一个人数众多、特征鲜明的群体的满足感。作为世俗的制度，民族国家追求的是团结，不是先前宗教要求的绝对一致——战争期间除外。但是君主作为被上帝选定的人需要宗教的认可并有责任弘扬宗教，因此他帮助官方教会迫害或至少歧视异见者。这样的政策加剧了他本想防止的分裂。有头脑的观察家注意到迫害反而加强了不同意见，也和国家的理念背道而驰；他们提倡实现一种更平顺的团结，这种团结（他们说）是无法通过镇压实现的；所以他们呼吁宽容。

经验教给我们，剑与火、流放和迫害不仅解决不了我们的弊病，反而会使其加剧。

——钱塞勒·德·图《世界历史》
（1604 年）

被宽容的权利在我看来是自相矛盾的一个用语。国家必须确定某种标准，否则就会被迫接受任何人可能提出的任何骇人听闻的理论。

酌情的宽容唯一真正的理由是用迫害的办法禁止不了异端邪说，除非直接宣战或进行屠杀。

——柯勒律治《桌边谈》（1834 年）

273

思想自由若产生不了行动自由，那还有什么用处呢？

——斯威夫特《论废除基督教》
（1708 年）

当涉及我们衷心铭感的东西的时候，没有一个人是宽容的。

——柯勒律治（1836 年）

不幸的是，迫害和宽容都不能确保达到预期的结果。宽容不能保证社会和平，迫害也许更为有效。镇压扫除了 14 世纪英国的罗拉德派、法国的阿尔比派，还有捷克的胡斯运动，结果它们所倡导的改革直到两个世纪后才在路德的时代得到实现。至于宽容，它是宗教信徒永久的痛。他们把它看作政府缺乏道德权威的表现。与此同时，主张政教分开的人不断地同这些"宗教偏执者"做斗争，借法律的力量把他们排除在学校之外，通过舆论的压力不准他们担任公职。

宽容——允许言论自由——没有逻辑上的限制。它适用于宗教仪式，既包括言辞也包括行为。但焚烧国旗是否也在宽容之列呢？美国的法律对此的回答是肯定的。在台上演出大多数人认为是淫秽的动作呢？或者为了祭祀而牺牲动物？在这样的问题面前，理智退避三舍，哑口无言。这还不算，事实迫使我们把宽容这种对世俗国家有用的公共政策和容忍这种罕见的"自己活也让别人活"的个人心态区分开来。这种心态被讥为"温吞水"（lukewarm）、"宗教自由主义"（latitudinarian）、"老底嘉人"（Laodicean）、"没有原则"（lacking in principle），似乎以L开头的词就是用来做这样的指责。人的心智是专横的，尽管偶尔敷衍一句"我可能搞错了"，其实所有人都像狼獾保护幼仔一样捍卫自己的立场。他们可以辩解说，一切社会进步都取决于积极地推动正确的思想，也就是他们的思想。

此外，创新者有个共同的特点，他们都无礼、吵闹、桀骜不驯，如李尔本、塞尔维特、罗杰·培根、乔治·福克斯、威廉·劳埃德·加里森——这样的人数不胜数。他们中间有圣徒、艺术家，也有科学家。技巧和情理，忠诚和公平不是他们的擅长，难怪迫害他们的人感到双重的气愤，一是对他们鼓吹的异端邪说，二是对他们这些异教徒本人。在这样的情况下，一位倡导宽容，自己也身体力行的人士的性格和生涯特别值得注意，尤其是因为他也是个忠诚的清教徒，他就是——

274

奥列弗·克伦威尔

他的生平和思想使人想到尤里乌斯·恺撒——不是莎士比亚笔下那个使共和主义者恐惧憎恨的恺撒，而是中年从军，战功卓著，大展军事权威还国人以安定的恺撒。他们两人都被劝进为君王，两人都予以拒绝，而他们治下的人民也拒绝团结一致，因而使他们发明的政体无法成功运作；只是靠着领导人的军事力量和统治技巧才维持了社会安定。领导人一死——恺撒死于暗杀，克伦威尔死于自然原因——改善了的新制度随即陷入混乱。

　　这两位军人政治家本质上的相似之处在于他们的仁慈——人们常常对此感到意外。这种化敌为友，为我所用的襟怀正是政治家最突出的标志：他明白他要管理的是整个国家，不是他自己的同志和好友。仅是政客的话就会在口头上空谈公共利益，但实际上只维护其中的一部分。

　　由于清教徒五花八门的宗教和政治目的以及这些反叛分子的激进所引起的保王党人和圣公会教会的仇恨，任何愿意并能够统治英国的人必须有非凡的才能。这些才能在克伦威尔身上孕育开花了。他本是个家境小康的乡绅，不希冀出人头地。他早年的老师碰巧是清教徒，他在剑桥就读的学院以其清教徒倾向而著称。年轻的克伦威尔在学业上并不特别出色，不过据说数学较好，酷爱历史，最喜欢罗利的《世界史》。他要儿子理查德学好这两门学问，因为"它们适用于公共服务这一我们注定要献身于斯的事业"（即使理查德听从了他的劝告，这个劝告在他接手父亲的权位后也没有多大帮助。他被推翻了。后来小酒馆用他做招牌，称他为"滚跌下来的迪克"，于是他因此而出名）。

　　克伦威尔同伊丽莎白·布希耶的婚姻非常幸福。她写给他的信中说："没有你，我的生命只有一半。"他在信中写道："你比什么都可爱。"他有十几年的时间一直在他继承的土地上务农。尽管经营有方，收入却很微薄，然而邻居们还是推举他做他们的议会代表。那时议会刚开始因未经法律授权的"船税"和其他滥用王权的行为与国王争执不下。虽然查理一世批准了议会的

275
您并未起始即缜密筹划
要实现目标之崇高远大；
而只在自己的田地里勤恳辛劳
用您强壮的筋骨，健全的头脑。
　　　　——安德鲁·马韦尔《奥列弗·克伦威尔颂》（1650 年）

权利请愿书，放弃了一部分权力，但他接下来撇开议会独断统治达 11
年之久，议会争取来的权利也因此而作废。那 10 年间克伦威尔的生活
不得而知，大概在务农，直到他卖出了田地，租借了附近的一片放牧
草场。

当时"三十年战争"正处于瑞典时期（＜177）。克伦威尔同别
人一样，为欧洲的新教因此而遭受的打击而焦虑不安。他一定研读了
古斯塔夫斯·阿道弗斯的兵法，因为他后来带兵采用的是同样的方法。
但在打仗的念头出现之前，他就以一些小姿态表示了对王权的抵抗。
他拒绝参加被授爵的仪式，因此被罚款 10 英镑；在他的地方同僚想干
涉穷人使用公用地的权利时，他挺身而出予以抵制。克伦威尔因此被
捕，经审判后获释，后来与打击他的市长和解了。

一个可信的传言说，克伦威尔一度打算移民新英格兰。祖国在国
王上一任主政大臣的治理下似乎在向着永远镇压良知的方向发展。除
了外困，还有内忧；他完全皈依了加尔文教派，接着像后来的班扬一
样陷入了深深的消沉。他被这样一个念头折磨着：我有没有得到上帝
的恩典，使我信仰得当，走上救赎之路（＜6）。克伦威尔和班扬同自
路德以来的许多人一样，都自认是"罪孽深重的人"。

当人这种道德自我意识的困扰因感到获得了上帝的恩典而得到纾解的时候，很自然就会把事态的发展看成是上帝意志的表现。清教徒可以认为国王和贵族被推翻是上帝的意志。神意和宿命一样，解除了个人的责任。今天也有类似的情况：科学和心理决定论解除了个人为自己的行为，包括犯罪，所负的责任。不过，20 世

哦，我曾生活在蒙昧之中，喜欢黑暗，憎恨光明。我曾仇恨敬神，然而神却降我以慈悲。

——克伦威尔给表亲圣约翰夫人
（1638 年）

阁下，国家选用人才时不在乎他们的意见；他们只要愿意为国服务就已足够。我曾劝告您要容忍想法与您不同的人。对与您只是宗教意见不合，但别无不是的人切勿过于严厉。

——克伦威尔给克劳福德少将（1643 年）

纪的人没有经历克伦威尔和班扬那个时代的痛苦，除了仍然折磨着许多人的无来由的负罪感。

克伦威尔的士兵心怀虔诚，坚信上帝在他们一边。但克伦威尔并非一般的信徒，他虽然相信"信仰会克服一切困难"，但也深知"我们所有人都很容易把仅仅是肉体的想象和肉体的推理认作信仰"。肉体一词在当时指人性的、容易犯错的。人们都记得他当时如何恳请对手考虑他们可能犯了错误（< 134）。克伦威尔意识到人有可能做出错误的判断，这更加强了他的政治包容感。他发现手下有些军官以宗教标准来指导军事，结果犯了错误。

> 我衷心希望——我祈祷——我期盼着——敬神的人们之间团结互谅——苏格兰人、英格兰人、犹太人、基督教徒、长老会教徒、再洗礼教徒和所有别的人。
>
> **——克伦威尔，苏格兰宗教战争后**
> **（1648 年）**

不同意见，无论在军队之内还是之外，都无法消除。克伦威尔的容忍当然并不完全。从来没有也不应有完全的容忍，最宽容的胸怀也不能容忍残酷；最自由的国家也要惩治煽动暴乱和叛国的行为。在英国，除少数天主教徒外，大多数人都认为罗马教会不可容忍。罗马天主教不仅是迷信，还是一个对英格兰和它的信仰怀有敌意的世界的权力所在。天主教国家——西班牙、法国、奥地利——常常在教皇的怂恿下不断在爱尔兰和苏格兰阴谋策划，企图入侵英格兰或引诱斯图亚特王室的国王皈依天主教。英国反天主教的情绪一直持续到 19 世纪的头三分之一的时间，在本质上和 20 世纪的东西方冷战无多大区别。两者的戒惧都是半有道理，半为夸大。克伦威尔残酷镇压爱尔兰的叛乱也是部分出于对外政策，部分出于英格兰人一贯对爱尔兰人的蔑视，不过这并未影响到他提倡宽容的国内政策。

在他的统治下，天主教徒和圣公会教徒的处境比之前稍有好转。1654 年，他本想赦免一位因热情传教而被处死的天主教神父。克伦威尔不是个残忍的暴君，也不是传说中气量狭小的清教徒。

他的政策给英国带来了繁荣：他颁布"航海法令"，增加了英国的航运贸易；他赞同建立殖民地，推动殖民活动，因此可以称为大英帝国的创始人。这些行动引起了与荷兰人的一场贸易战。荷兰人的舰队虽然指挥得力，还是败在当时英国的海军英雄罗伯特·布莱克手下。按照伊丽莎白时代留下的传统，英国海军在加的斯附近抢夺西班牙的运宝船，把地中海的海盗扫荡干净（劳合社报告说今天这些海盗的徒子徒孙在远东的海域很猖獗）。

在陆上，克伦威尔促成新教国家联盟的努力像其他的大联盟一样以失败告终（299 ＞）。各民族国家很少认为它们的利益始终一致，然而克伦威尔的观点是放眼全球的："上帝对这个世界的眷顾广于这三国所有人。"三国指英格兰、苏格兰和爱尔兰，当时它们由共同立法连为一体。1658 年克伦威尔去世后，这个联合也随之瓦解。那年，克伦威尔 59 岁，在爱尔兰感染了疟疾后病逝。

他在担任国家元首的后期实行独裁是由于军队和议会不能达成一致。克伦威尔后来也因他自己清洗议会，成立护国政体，因而导致设立审查制度，军管地方政府而自责。他说那是"邪恶和愚蠢的"，虽然他实际上别无选择。他掌权的前半期正如一位模范君主，治国有方，遵纪守法。继他之后的查理二世关心的是另外一套：坐稳王位，定期接受路易十四的贿赂，对议会置之不理，再就是纵情享乐。他先前长期流亡在外吃尽苦头，现在如此享乐可以理解。但据佩皮斯记载，没出五六年，许多人就已开始怀念"奥列弗"。

※

清教徒主义的空前之处在于它是第一个在美洲有代表的激进运动。同样值得一提的是，清教徒开始在新大陆冒险时首先写下了一纸社会契约。弗吉尼亚的早期英国殖民者带来了正统的圣公会教，对散布各地的贵格教徒和别的怪僻的人处之泰然；北边和西边的法国人同墨西哥和南美的西班牙人一样，是天主教徒，把主教、施受圣餐和宗教法

277

庭视为当然之事。遍布四处的耶稣会传教士从未想过把改革政治和他们宣扬基督教的活动结合起来。

被誉为移民之父的那一群吃苦耐劳的人是17世纪最早兴起的净化教会运动的一个分支。詹姆士一世面对异见者日益壮大的队伍，发誓"把他们逼出国土"。他们并没有等着被逼，1620年就来到美洲，处身于荒野之中，还要面对印第安人和忍受饥饿，所有这一切只是为了能够不受主教的统治。那时英格兰和新英格兰之间没有文化的差别，人员、思想和激情在两地之间交流，造成同样的疑惑和分裂，以及各自不同的灾难。

清教徒一词给整个运动染上了色彩，这是不公平的。在思考这个词的狭义的时候，会觉得如果没有它在美洲的分支，那么它所代表的对生活的态度可能在公众的记忆中留不下什么痕迹。在美国，新英格兰的经历是无法忘记的。"五月花"号、感恩节、塞勒姆的女巫审判和赫斯特·普林戴着标志着通奸者的红字的故事一起构成了公众对这个国家刚开始时情况的了解。人们普遍认为乘坐"五月花"号而来的朝圣者是北美第一批讲英语的殖民者，他们带来了人人自由的信条。这个错误并未埋没杰斐逊、塞缪尔·亚当斯或帕特里克·亨利对这个理想的贡献，但新英格兰栩栩如生的形象仍然是国家神话的核心。

我感谢上帝使我从内心憎恨以良知为借口要求宽容一切。过去敬神的人从未用要求给所有人以自由的办法来争取良知的自由。
——（坎布里奇）新城的托马斯·谢波德给萨勒姆的休·彼得（1645年）

至于说清教徒是败兴鬼，前文提到的那位证明了此言不实的英国学者把这种印象的形成归咎于霍桑的《红字》和他阴郁灰暗的短篇小说。这个指责还算公平，但新英格兰的清教徒确实比留在英国的人更为严肃拘谨。这也可以理解；他们人生地不熟，危机四伏，因此规则必须严格，娱乐必须限制。他们人数很少，开始只有100人左右，因而很难违规，一举一动尽人皆知。要求一致的社会压力极大，提出新创意的余地很小，宽容更是微乎其微。另外，那时没有必要要求地位平等或物质分享，美洲的环境已确定了这样的安排。到土地被分割，小村庄发展为城镇的时候，情况就不同了。当时争论的问题是政策应当由总督和高官制定还是由州议会制定，但民事治安官应确保宗教一致性这一点却是无人置疑的。

关于这一点，前文已说明英国的情况不同。克伦威尔和独立的各个教派像早年的法国策士（< 137）一样，经历过旷日持久的宗教战争后渴望和平，而和平就需要一定程度的宽容。对比之下，在马萨诸塞湾殖民地，对敢另立教派的人严惩不贷。前文提到过的女传道士安妮·哈钦森被判 80 条异端罪，处以放逐之罚。同样被放逐的罗杰·威廉斯在罗得岛创立了传道的基地，其他意志不如他们坚强的人遭受严厉警告后即畏惧噤声。马萨诸塞的宗教"战争"至少延续到 1780 年，然后还要再等 50 年才实现了完全的宽容。

总督虽然经投票选出，执政手法却趋于专制。不过有一位叫约翰·温斯罗普的总督是因为他和蔼容人的性格而当选的。然而，在他一年的任期中，他在阁僚们的强大压力下拒绝了民众所有参与决策的要求。当时对"无政府"的担心一定大极了，因为他虽然有一两次落选，但后来又多次当选。他临终前对自己放弃了原则，戒惧太过而后悔莫及。

对于一方面以宽容为代表，另一方面以民主管理为特征的自由，美洲的清教徒陷入了一种爱恨交加的心态——直至今日仍然如此。最能精确地表明解放和自由之间差别的非此莫属：被压迫者要求给他们以自由，这当然不会搅乱社会秩序；但是要把自由给别人可就太危险了！公众之所以认为清教徒移民热爱自由，正是因为这些观念的混淆。在殖民地创立者中，只有两人是真正支持自由的——罗杰·威廉斯和威廉·佩恩，而罗杰·威廉斯还有白璧微瑕，因为他要求异见者先谴责并脱离圣公会，然后才能赢得自由。

与其仇恨某个教会，还不如干脆没有教会。

——威廉·佩恩（年月不详）

279

　　新英格兰清教徒的日常生活也并不是黑白分明的。由于危机和外部事态的影响，不同时期的道德氛围各有不同。圣诞节居然被禁达22年之久，后来才得到重新接受。结婚除了宗教仪式外还需要办理民事手续。如何对待印第安人在当时也是个引起道德争论的问题。然而男女同住（bundling）这个有伤风败俗之嫌的做法却被确定成了习俗（280＞）。罗伯特·凯伊恩的故事揭露了道德主义一个鲜为人知的方面，塞勒姆的女巫审判也并非后人以为的那样。

　　要了解罗伯特·凯伊恩，只需读他的遗嘱即可。他花了5个月的时间完成了这篇50 000字的文章，为自己被人指控为不正当的行为——申辩。他是波士顿的商人，原来在英国只是个穷苦的屠宰场小工。来到美洲后，他因经商而发达起来，引起了同业们掺杂着嫉妒的怀疑。同样孜孜于经济道德的州议会和教会指责他出售的马勒、钉子和纽扣定价太高，牟取暴利，比如，卖出100枚6便士的钉子获利1便士，7便士的钉子获利2便士，一打金纽扣获利8便士。这等于是高利贷。州议会当然没有读过马克斯·韦伯的《新教伦理与资本主义精神》（＜36—37）。

　　议会对凯伊恩进行的"不合基督教教义的、苛刻的和不公正的诋毁"使他遭受到剧烈而长期的痛苦。他的教会也对他的行为做了"精细的调查"，指责他"玷污了上帝的名声"，要求他必须认错悔改。他的清白和虔诚受到如此侮辱，是可忍孰不可忍。于是他奋起对州议会进行了殊死反抗。

　　他的上诉使得州议会陷入分裂，真的是分为两半：持不同意见的立法议员分坐两处，所以凯伊恩即使不算马萨诸塞州两院立法制度之父，也是它形成的起因。他事无巨细的遗嘱除了历数他的冤屈不平以外，还详细写明了将要用他的遗产建立的五六个公共机构。如若波士顿拒收，这笔钱就捐给哈佛学院。遗嘱的其余部分描述立遗嘱人和亲戚朋友的来往并解释他们是否得到遗产的原因。这样的交代不是自负自大的表现，而是清教徒理财原则的体现。安德鲁·卡内基和约翰·D.

洛克菲勒都自觉地保持了这个传统。

※

17世纪20年代晚期，波士顿郊外现称昆西的地方那时叫梅里芒特，那里的气氛与别处有天壤之别。创立人托马斯·莫顿，一个从英国来的皮货商，坚信生活应该自由轻松。他的个性和这个小镇的风气成为霍桑一篇短篇小说的素材，约翰·洛思罗普·莫特利就此写了

我弃绝所有形式的谬误、所有教皇制和主教制的迷信、所有再洗礼教派的狂热和家庭主义的谬见，再加上所有其他虚假的手段和所有新旧狂妄的意见、毫无道理和亵渎神灵的错误，以及其他有违荣誉和上帝真理的空想。

——罗伯特·凯伊恩的遗嘱第二段
（1653年6月1日，通称8月）

两篇小说：《梅里芒特》和《莫顿的希望》。莫顿纵情享乐（据说是放荡不羁），庆祝多神教的五朔节和神圣的五朔节女王，还向印第安人出售枪支，这些行为使马萨诸塞的人们深为不满。他三次被捕，两次被送回英国。在英国，他发表文章进行报复，痛斥他美洲邻居的思想和行为，包括他认为是宗教纯粹化的过分表现，其中一个例子是他们居然把结婚戒指看作天主教的遗毒。他生活放荡到何等程度并不清楚，反正他娱乐的手段和程度超过了清教徒认为合法的限制，而这些清教徒并不完全反对娱乐，对人的本能和情感更绝不是一无所知：挤堆便是证明。

这个别出心裁的风俗是"男女，特别是情人们和衣同睡一床"。这是一种古老的追求舒适的方法，流传于威尔士和英伦三岛其他的乡村地区，还有瑞士和印度的一些地方。它的好处显而易见：冬天没有取暖设施、没有多余的房间和家具的问题都轻易地得到了解决。[请读亨利·里德·斯泰尔斯（Henry Reed Stiles）所著《挤堆（男女同住）》（Bundling）。]

当这种做法不是为了留客，而是用于男女之间追求的时候，理论

281 上认为年轻人会通过这个办法彼此熟悉，但又不会过分熟悉而难抵诱惑。实际上年轻人很难自我克制，性事经常发生。于是官员做出严格规定，男女同住后如若怀孕则必须结婚。发生这种丑事后，男女双方必须在教堂会众面前坦白。这样的坦白成了家常便饭，教堂记录中常常出现 FBM（婚前性关系）这样的字眼。至于虽未怀孕但还是发生了性关系的情况如何处理则不得而知，但男女同住的实情却肯定是大家心知肚明并随其自然的。

※

"少尉先生，"她说，"我和我们乔纳森睡这儿，您和我们的杰迈玛睡那儿。"我大吃一惊，表示可以坐一夜，而乔纳森马上答道："哎！少尉先生，您又不是第一个和我们杰迈玛挤堆的男人，对不对，杰迈玛？"那个约十六七岁的漂亮的黑眼睛姑娘答道："是的，父亲，有几个男人，可他是第一个英国人。"

——安伯利上尉写自马萨诸塞坎布里奇的信
（1777 年）

接下来要讲到的题目经常被认为是移民之父公正的名声上一个不幸的污点——萨勒姆的女巫审判。这方面的情况同样也并不完全属实。女巫是被绞死的，而不是被烧死的；有的是自己坦白的；更重要的是，相信巫术不仅

流行于清教徒中间，更不仅仅是在新英格兰的清教徒中间流行。它席卷整个西方，天主教和新教概莫能免。它也不纯粹是中世纪式的愚昧，而是和科学家新关心的问题紧密相连的。巫术在《圣经》中就有提及，不过直到 13 世纪末那个心智启迪的时代，它才因同一些魔法或"占卜术"的联系而引起了最杰出的头脑的注意。当时的占卜方法多种多样，有泥土占卜、水占卜、空气占卜、火焰占卜、招亡魂占卜和手相占卜。这样的法力可以行善也可以作恶，全要看为了什么原因而召唤"魔力"。选用巫术就好比现代的医生开麻醉药品的处方。用魔法来满足"肉欲"叫巫术，危害他人叫"蛊惑"，即使是用来治病也是纵容魔鬼，是"邪恶的魔力"。

这么一套思想怎么会和科学的兴起相适应,看了下述这个人的生涯便可以一目了然。

约瑟夫·格兰维尔

我们已经看到他的同时代人,医生和博物学家托马斯·布朗爵士把巫师的存在看作当然的事实:他们是生灵等级制里面的一级(＜212)。这个意见是有知识和推理做根据的。格兰维尔是皇家学会早期的成员,发表过关于自然史和开采铅矿的论文。但是他的最大贡献是捍卫科学和皇家学会,对攻击者进行反驳。他论说科学的有用、无害和现代性。他说,要想获取知识首先得承认无知;事物的原因可能仍不明了,但数学提供了确定性。格兰维尔其实是一位科学哲学家,也是第一位科学历史学家。

282

在信仰上,他是广教会派的圣公会教徒,赞同在宗教中使用理智。他23岁被授为牧师,24岁即

> 几百万无形的精灵在大地上游荡。
> ——弥尔顿《失乐园》(1667年)

写了长文《论教条化之无用》,文中把自然描写为沉思的对象,说这样的沉思会增进对无上的造物主的崇拜。格兰维尔崇拜的尘世间的人物有"伽利略、伽桑狄、哈维和笛卡儿"。当斯普拉特主教发表了皇家学院的成就史后,对学院的攻击不减反增,于是格兰维尔奋起进一步捍卫。他撰写了《更多更好》一书,解释了"深入研究"的意义,并夸口说近年来获得的知识比"自从亚里士多德在希腊开办学校以来"所有这些年都多。

就是这个人运用理智认定必须同对巫师的怀疑态度作战。他早先关于这个题材的书籍扉页上都载有他皇家学院会员的头衔。既然一切现象都应研究,他建议学院也要研究幽灵世界。

事实是由目击者确定的,关于"撒旦的行为"的指证多如牛毛。连牛顿都研究过炼金术和世界末日的可能性,其他人,像约翰·威尔金斯这位关于力学的多产作家,认为皇家学院的使命是弘扬玫瑰十字

会的教义。由此可以想见，当时对科学取完全自然主义的看法是多么困难。

对科学的自然主义的看法不仅不受欢迎，还必须予以抵制；因为它的胜利意味着只有物质真正存在，无神论是真理，霍布斯哲学（对霍布斯机械心理学的称谓）是正确的。简言之，相信精灵的人预见到了当今时代的主导心态，这种心态使今天虔诚的教徒，甚至是自由思想的人文主义者和一些科学家都感到不安。在 17 世纪关于精神（或思想）对物质的观念中，女巫真实存在这一思想是合乎逻辑的。

在新英格兰，一共对 35 名女巫进行了审判并施以绞刑。参与此事的人对理智和证据在他们一方坚信不疑。有些十几岁的女孩子居然自称为女巫——她们为此感到自豪或因成为众人注目的焦点而高兴。扫巫运动一发而不可收拾，发展成了群众性的歇斯底里，只能像生病一样，让它自己慢慢完结。施加迫害的人晚年时认识到了自己的错误，后悔不已，不过已经为时太晚。正如约翰·温斯罗普一样，他也为自己施行的性质不同但动机同样高尚的政治迫害而追悔不已。

作为一个整体，清教徒的遗产利弊参半：一方面容忍个人良知，还有与其相连的参与政府的民主权利，以及对社会正义的要求；与这些并存的却也有对异见者的迫害和对女巫的屠杀。一方面欢迎充分享受生活、艺术和肉体的愉悦，另一方面又存在着从高度的责任感中产生出来的禁欲主义。在这些不同的组成部分中，狭隘的道德主义和对异见的社会压制对未来的美国产生了长期而深远的影响，比与之相反的因素的影响更为有力。

规范的统治

路易十四是个聪明人，不会说"国家？朕即国家"这样的话。即使他说过，用意也和后来引用的意思不同。但无论如何，他从未如此说过。他为他的儿子和继承人字斟句酌写成的遗诏表示的意思正好相反。他对王位的掌控，特别是他对宫廷的控制，取决于确定的规矩。他最不愿意被人认为独断专行，他不会吹嘘自己像贵族那样在领地上称王称霸。

几个世纪后，戴高乐谈及他在第二次世界大战中的作用时说："我是法国的国家和政府。我是法国的独立和主权——这个位子可不好坐。"他说这话时可能也联想到了强加于路易十四头上的那句套话。

> 国家的利益为先。把国家利益放在首位的人也是在为自己谋利益。国家得益，个人增光。
>
> ——路易十四"国王事务之我见"，
> 《回忆录》（时间不详）

关于路易十四的另一个常用语——"太阳王"这个称号也受到了误解。它指的并不是他发动毁灭性的战争去追求金色的荣耀，而且他也不是第一位得到这一称号的国王。第一位是他的父亲：路易十三曾被称为太阳王，因为在黎塞留的辅佐下，他成为唯一的权力中心，就像太阳一样。太阳的光芒，即权威，毫无阻挡地，或者说几乎毫无阻挡地遍及法国每一寸土地。在路易十四时期，这个比喻同军事力量的比喻混为一谈，其最重要的意义反而被遗忘了。与此同时，君权的原则被误认为个人统治，即绝对权力；这就是朕即国家这句话表达的谬见。

作为君主，路易十四特别注意办好两件大事：他每天勤恳办公，恰如一位高级公务员，同他的四位国务大臣开会议事；同时他按照以政治稳定为目的的计划管理宫廷。这两项责任都由于他童年的经历而深深烙印在他的性格上。用现代的术语来说，他来自一个问题家庭，五岁丧父，是由母亲带大的。他的母亲——摄政女王——不久同任首相的红衣主教马萨林秘密结婚。马萨林是来自意大利的外国人，周围都是依附于他的意大利人。他极为精通迂回外交，苦心教诲小国王如何担当君主的责任，小国王都一一铭记在心。

但马萨林并不得人心，加上国王幼小，使贵族和其他人有机可乘，发动了一场近乎内战的叛乱。从17世纪中期，"三十年战争"甫一结束，叛乱即开始，延续了四年半，时间上正和英伦三岛共和国的兴起相吻合，特征上也有相似之处。叛乱迫使马萨林和他的王后携带年轻的王子们逃出巴黎。有一次，暴徒在小国王正在睡觉的时候闯入了他的房间。马萨林两次流亡，一次，他不在期间，王后被迫把孩子们交给作战的一方。她恳求他们保住君主制。实实在在的战斗并不多，但每次都相当惨烈。各方领导人不断变换立场，令人捉摸不定。当时的情形与其说是内战，不如叫作无政府更为恰当。路易十四从未忘记他10到15岁期间所经历的颠沛流离。他因此明白必须制服贵族，也因而养成了非凡的自我克制能力，用规范作为对抗革命的力量。

欲知他如何做到这些，先要谈谈那四年中出现的叛乱分子。他们分三类：第一类是有野心的贵族，企图毁掉黎塞留一手促成的君主主义的胜利；第二类是巴黎最高法院，一个由200名律师而不是立法者组成的机构，他们希望可以像真正掌权的英国议会那样，与法国国王分享权力；最后一类是巴黎的暴民，和他们伦敦的同类一样，有一些不太明确的念头，以为可以乘乱得到一定的民主。三类中只有最高法院有确定的计划。那是一部27条的宪法，规定议会有征税的权力，废除黎塞留在省一级的代理人——省长（＜241），停止仅凭国王的封印密信就任意拘禁人的做法，还规定了一定形式的人身保护权。

结果谁也未能如愿。贵族分裂为变化不定的各派，企图寻求外国的帮助，因而注定不得人心；最高法院的领导软弱无能；巴黎的暴民群龙无首，缺乏明确的目标。叛乱时起时伏，反复无常，当时人们给他们起了个绰号叫投石党——la Fronde，意即"弹弓"——指叛乱分子像顽童玩弹弓打石子一样瞎闹。这场叛乱既没有像英国内战那样推翻了国王，也不是1789年法国大革命的前奏。它是一些贵族的最后一搏，企图把国王拉回到他原来作为平等人中的第一名的位置（＜239）。只有一点和1789年革命前夕一样：国家陷于破产。路易也没有忘记这一点，可惜不如他对贵族想把他拉下马一事那么耿耿于怀。

> 在绝对君主面前，伟大的成了渺小的。廷臣们对国王抱着景仰之心，他们尊崇的唯有他一人，他主宰着他们的命运。过去在省里称王称霸的现在不过是代理人而已。不用再吵闹咆哮或阿谀奉承来求助于他们。
>
> ——安东尼·汉密尔顿《格拉蒙口忆录》
> （1704年）

路易十四的宫廷生活每天都像是在演戏。他自己担任主角，兼导演和制作人。他一到成年，完全掌握了国王的权力后就建造了自己的剧场：凡尔赛宫。宫廷迁出巴黎，离开躁动的民众和知识分子是明智之举。当这所距巴黎11英里的宫殿竣工后，贵族在虚荣心的指使下演出的戏剧使他们完全受制于伟大的君主。他们每时每刻都想得到他的恩宠，哪怕只是被瞟上一眼；国王一颔首便是莫大的恩赐，使人受宠若惊。闹事的"投石党"人就这样忙于彼此观察，搞小阴谋，互相拆台，被制得服服帖帖。

置身戏外是不可能的。具有政治家超强记忆力的路易认得所有的人，谁不在场他都了然于心。"某某在哪儿？"他这一发问等于对那人在场的亲戚的斥责，因此不管是心怀不满还是向往乡村生活都得乖乖来朝。用这种办法，可能造反的人被置于永久的监视之下。这是自动的"分而治之"。廷臣彼此争宠因而成为死敌，这是因为除了虚荣带来的短暂欢乐之外，还有实惠，如显要的职位、带有特权的头衔、勋章和得以接近国王陛下的机会，而这机会又会带来其他的好处，像封地或赐金，任命或提升军职和教职。顺便提一下，有一个勋章虽然不是路易建立的，却是发生在他任内，这勋章有一段曲折的故事。那个时期烹饪业大为发达，有些女性脱颖而出成为个中翘楚。为褒奖她们的才能，选择了最高级国家奖章的蓝缎带颁发给她们，至于蓝缎带和圣灵牌的联系则完全扔在脑后。现在勋章发得更滥，男厨师、餐馆，还有大陪审团的成员都在荣获之列。

　　一个愿望的实现得从得到国王陛下的一句话或一个微笑开始，君主的绝对性和任意性就体现在这儿。早先另一位路易，路易十一，发明了"朕意下……"这样的说法，其实说"朕突然想……"更为合适。这个说法表明，国王对某人加以青眼不是对他的褒奖，纯粹是他的运气。后来的路易十四除了乘兴分施恩惠之外，还得发挥高度的想象力不断发明新玩意儿使他庞大的侍从队伍兴致勃勃。陪侍他狩猎、野游或战时随营的人事先都要特别指定。他选人的依据是该人最近的言论、态度、服装或面部表情。每个人都终日惴惴。如果在所去地方的房间门上标有 Pour（某某专用！）这神奇的字眼，那人就会感到加倍的快乐。另一种荣幸是在各种场合被允许戴帽，当国王命令道"先生们，请脱帽"的时候，这种荣幸便特别突出，尽人皆知了。国王自己每次经过女士或重臣身边倒都是举帽致敬的。

　　为制造这类诱饵，皇家典礼官不停地想出各种娱乐活动：骑马、舞会、化装舞会、芭蕾舞、戏剧、宴会、游戏等等。还大肆举办生日庆典、洗礼仪式、接待外宾，再加上宗教节日、国王的服药（通便）日以及发生在他（无论是合法的还是"私生的"）家人身上任何可以为之举行庆典的事情。国王花样百出，使得他周围的人忙个不停：置办新衣，猜想或争论如果某人是注意的中心那自己该怎么做，说什么话，担心自己的级别——在通向太阳的梯子上所占的位置。那种紧张和狂乱很容易想象，只看华盛顿特区规模较小的宫廷或好莱坞鼎盛时期的情形便知。任何类型的宫廷都是由一群妙计百出，生活中只有一个目的的人们组成的。

凡尔赛宫那种狂欢和竞争的融合是一种统治工具，耗资巨大但效率很高——不用像黎塞留那样在全国各地安插间谍，或部署部队同贵族联盟作战。他们就在国王的眼皮底下进行不流血的厮杀，为的是脚凳和帽子这类的东西。因它们而起的一些出名的争吵太过复杂，无法详述。路易则冷眼旁观，不动声色，恰似课间休息时游戏场上的一位老师。

御膳应如此呈进：两名卫士先走进来，然后依次是门卫、手持权杖的王宫总管、供奉面包的侍者、王室总审计官、审计官的办事员、御厨总管和餐具监管。

——路易十四，王宫条例，第21条
（1681年修订本）

他为了国家的利益也做了牺牲，每日每时都无一刻清静，无论是起床睡觉，吃饭如厕，他都永远处在舞台的中心。他选择由哪位贵族递给他衬衫，谁和他对面而坐或提供别的效劳。入选的幸运儿不时轮换，仆人也是轮流被选在门边侍立，得以观看演出，大开眼界。不过，观众没有一人看到过他不戴假发：路易头上有疙瘩——皮脂囊肿。

刚刚用的那些字眼：观众、演戏、演出、庆典，使人不断想到捧场这个词。这种统治方法是通过人眼中所见使人着迷。捧场意味着壮观、辉煌、权力。它和另一种统治手段——独裁政权刻意的神秘——截然相反。今天的西方世界对捧场和神秘都不想要，只要出现两者之一的任何苗头立即予以消灭。人们知道"形象"的重要性，但希望建立的形象是反捧场的。它必须打消而不是造成壮观和权力的光环，甚至连尊严都不可取。国家元首坚持被称为托尼或吉米，他们若不善辞令反而更受欢迎。民主社会喜欢的是其貌不扬，神情像孩子一样不知所措的人（785 ＞）。

有人可能认为太阳王在寝室中的自我展览和我们的领导人跑步的照片或他们手术后的器官示意图有类似之处。但是路易的自我表现并不鼓励亲密，它是庄严的、格式化的；它表示出哪怕是最微小的动作

289

也充满着威严，和你我的行为截然不同。事实是，他这些做法不仅没有使他（用我们最爱用的话说）"更加有人性"，反而把他和其他人区分开来。君有二体（< 253），演出的总是庄严的那一体。

对此我不胜惶恐——我指的是我们的君王，在他的宫廷内我度过了我生命中最好的也是最多的日子，我心中充满了最虔诚的尊敬，他使我心中油然升起敬仰之情。他比记忆中，甚至书中所载的任何君王都更有王者风范，他威及海内外，威名既立，长使人不胜战栗屏营。

——圣西门《回忆录》（时间不详）

有事实为证，从路易登基到驾崩，所有接近他的人都对他极为畏惧。不管一个人有多大的领地或财富，不管他是多么著名的军人或天才的艺术家，什么样的自尊和实力都顶不住国王的一瞥，所有人都只剩了谦卑。路易的体格也很适合他的角色。他中等个子，身材魁梧，五官端正，嘴巴有力，眉毛浓密，目光锐利。我们在里戈所画的路易全身标准肖像中可以看到，他的腿像运动员一样强壮，画像中明显地强调了这一点。而且路易不怒而威——据说他只发过两次脾气。他靠姿势和眼神来统治，表现出高度的自我控制，严格防范对他认为他应有的权益哪怕是最轻微的违背。他说过的一句话说明了这种特殊的力量："差一点儿让我等待。"把它说得像逃脱灾难一样心有余悸，也是他大策略的一部分。

※

尽管国王有众多昂贵的娱乐活动，但仍占不满一天中的每一刻。余下的时间用来做两件事：赌博和做爱。

赌博是理想的消磨时间的玩意儿，也是不必劳动肌肉即可令人兴奋的办法，自然大受欢迎。凡尔赛宫的用的赌具是纸牌和骰子（尤其是玩双陆即巴加门的时候），全然不知赌博产生的文化副产品：帕斯卡在做学问之余喜好此道，它引导他研究了概率论，后又提出信神的"赌注"（< 220）。

290

不愁温饱、不必劳作的人自然会感到一种躁动，而这躁动又不可避免地发泄为男女之间的情事。正因为此，修道士和修女为保持童贞，把"劳作"的时间排得满满的。但宫廷里的男女偷情如果只是像普通人所做的——寻找性机会和性满足，那就会变得索然无味。男女廷臣把从身体到言谈的一切都装扮修饰起来，性也不例外；对他们来说，做爱是一种礼仪，包括策略的手法、渐进的阶段、大功告成和事后撤退。这解释了为什么拉罗什富科有一句箴言说，如果没听说过爱就不会爱（350＞）。显然，性冲动不必事先知道即可自然产生；这种纯粹的渴望把它同爱区分开来，爱是一个时期为了粉饰性欲而想象出来的东西。

这并不是说凡尔赛的男女都是聪敏而体贴的情人，把偷情升华成了艺术。不过，他们许多人确实与今天据守在酒吧等待寻找对象的"单身"人士大不相同。无论是已婚还是未婚，那些廷臣的机会都近在眼前，唾手可得，这使得他们永远谈吐优雅，修饰得体，大家都在情欲的伊甸园里摆出优美的姿势。已婚不成其为障碍，因为婚姻几乎全是纯物质利益的结合。但在违背正式的婚姻誓约时要低调而得体。同样，在结束外遇关系时也须如此。有的婚外关系甚至成为一生的联系，受到人们的交口称誉，哪些男女走到了一起尽人皆知，其中细节还通过信件和回忆录流传给后世。

唯一对这种仪式不屑一顾的是国王本人。在这方面，他倒是事必躬亲，他的历任情妇都是无须用任何手段就得到的。有的是自己送上门来，而且任何人只要被召就只能服从。不像现在，公共人物的绯闻泄露出来别人才能得知，而且一旦泄露，他们在民众心目中的威信就会大大下降。在 17 世纪，君王的情事反而是他的崇高地位和活力的象征——他的二体在此一并得到体现。保持秘密很难做到，可能可以保持一小段时间，然后就可能得到正式情妇（maîtresse en titre）的头衔并公之于众。若想知道谁是国王的情妇，一个可靠的迹象是看哪些人常常得到封赏——他们肯定是情妇的亲戚和朋友。

有一个受国王宠幸的女人采用了现代时期罕见的办法来赢得她的
地位。从巴黎到奥尔良的途中有一座城堡，一位名叫吉堡的神父间或
在那里的小教堂主持仪式。他主持的是一种奇特的宗教仪式。17世纪
中期的某一天，在那个小教堂覆盖着黑布的圣坛上躺着一位20来岁的
半裸体女人。神父把圣餐杯放在那女人的腹部，开始吟诵崇拜撒旦的
魔鬼弥撒，诵完后他按仪式吻了那最新皈依撒旦的信徒。接下来要向
邪恶之王献上活的祭品，以确保等会儿要提出的请愿得以实现。这次
的活祭品非同寻常，是一个花了几法郎买来的婴儿。请愿也与众不同：
"我想得到国王的宠爱，让我予取予求。我想让他抛弃拉瓦利埃，照顾
我的亲戚、仆人和雇从。"婴儿的心脏被取出来放在一边，烧成灰"供
国王使用"。

圣坛上的那个女人是阿泰纳伊斯·德·莫特马尔，蒙特斯庞侯爵
夫人。她成了王后的侍臣，27岁时被承认为国王的情妇，得宠14年。

在那段时间内，许多人作诗赞美她，其中著名的有拉辛和拉封丹。
当然，他们和国王一样，不知道她为接近国王所采用的这种异乎寻常
的办法。她生了8个孩子，想方设法使其中两个成为合法的王子，因
而不可避免地造成了正统王嗣的支持者和私生子的支持者之间永远的
争吵。在被难以对付的（也是虔诚信教的）曼特农夫人取代之前，蒙特
斯庞被波舒哀主教劝归了天主教，或者说主教以为自己成功了。但她
仍然不肯安分，还想重新赢回早已被她抛在脑后的丈夫，却没有成功。
她丈夫是少数几个远离凡尔赛的喧闹的人之一。

国王和其他人的桃色事件完全公开，连续不断，促使观察敏锐的
人思考起人的情感。它们在心中和脑中的相互作用，它们在社会中造
成的影响，以及它们在历史上的作用成了法国悲喜剧作家研究的题目，
尤其成为所谓政治和道德论说文作家写作的题材。很快我们就会遇到
他们中的一些人和他们发展起来的文体（342之后＞）。

※

君王，他的超人的那一体，开始主持国事之日也是他敕令修建凡尔赛宫之时。那是在 17 世纪的第六个十年期间。主持国事和修建宫殿都大为不易。宫殿的选址是一片多沙的低洼沼泽地，没有活水（337 ＞）。路易每天同大臣和侍从的会见恐怕也是同样乏味和缠人，但他还是耐心严肃地倾听他们的报告和建议。他坚持亲自阅读所有的文件，决不在他不明白的文件上签字。他喜欢阅读，虽然他的拼写和所有人一样不太靠得住。

他主事不久就做出了一个震惊朝野的决定：财务大臣尼古拉·富凯失势被捕，并将以贪污罪受到审判。他是法国最富有的人，在一些人中很得人心，因为他慷国家之慨，向他们大发钱财，而且他刚刚在他华美的花园别墅"子爵之谷"为国王举办了几天盛大的款待。他被判处在各城镇间放逐，在国王看来这就等于监禁。富凯偷盗国库之事是一个名叫柯尔贝尔的资产阶级阶层的人揭发的。柯尔贝尔想做财政大臣，一心要整治国家的经济。国王打击富凯还有第二个原因：富凯在海岸外买了一个小岛，在上面修筑工事以防不测。路易从中嗅到了"投石党"的味道。

柯尔贝尔的计划实际上是对全国行政管理的改革。行政当局必须提高效率，增加收入。财政一团糟，高官沉溺于行贿受贿，他们负责的部门玩忽职守，没有记录——这种情形在一个资产阶级看来是不能容忍的。为了力挽狂澜，避免国家破产，柯尔贝尔的第一个举措就是削减开支，节约资金。只有国家繁荣，税金才会滚滚而来；因此必须促进出口，减少进口。这就是重商主义，自前一个世纪就开始风行的经济理论。

为执行他的计划，柯尔贝尔发明了"秩序的准则"来取代他所称的"混乱的准则"。他和手下日益增多的办事人员都是资产阶级成员，他们把国家如商业的观念付诸实施。他们整个阶级长期以来一直支持

292

Bureau，书桌。聪明人把一切都放在桌面上仔细衡量。

——拉伯雷（1573 年）

Bureau，带写字板的有抽屉的柜橱。

——理查逊所著《米拉》（1740 年），
《牛津英语大辞典》中所引

Bureaucratique，官僚制。局、司的职权。这个新词并不正确，但因政府对所有事情的广泛影响而成为必要。

——《利特雷辞典》（1889 年）

Bureaucarcy，官僚机构。"集所有有组织的行动的力量于一个总管的官僚机构是不明智的……。"

——约翰·斯图亚特·穆勒（1848 年）

君主同贵族的斗争。如今在路易十四的治下，资产阶级实际上是大权在握；国王亲自阅读和草签备忘录，这也是资产阶级做事的方式。在他之前，税金的征收和使用即使没有作弊也杂乱无章。柯尔贝尔毫不松懈地监督着每一个人，要求查看记录、收据、议事录、审计报告和各种数字以决定发布何种指示。他首先命令对国家的所有物产进行调查。他有意识地采用科学的方法，推动"调查治国法"。

国库由财务总监，也就是柯尔贝尔自己，和簿记员掌管。每一个部门都有一本登记簿，那是一本格式和页数都有特别规定的大型册子，前 25 页空白留作题目索引，剩下的按交易类别分开。订货、付款必须有柯尔贝尔的签字，而且必须立刻登记，同登记簿中其他的款项加在一起。登记簿上的数字每月一次算出总额，经核准后呈交国王。国王自己再重新核查每一页，若数字吻合他说声好，签上自己名字的首字母。官僚公事程序就是一种规范。

293　　通过司、局来实现中央集权的好处很快就显现出来。法国成了欧洲的工厂。它赢得这个角色不是通过倾销，而是通过生产高质量的产品，包括亚麻织品、花边、丝绸、酒、陶瓷器皿、织锦、钟表以及木制品和金属制品。柯尔贝尔手下数不胜数的新老公务员一丝不苟：一匹布哪怕只差一寸也会在国境边上扣下销毁。这些人虽未取代当地管事的贵族，但已经夺了他们的权。对那些贵族、一些地主和商人来说，柯尔贝尔是个祸害；他颁布的新规定严苛过分，而且常常荒谬可笑，这是因为在中央集权的巨大好处显现的同时，它的弊病也随之出现。

时至今日，在法国的政治辩论中柯尔贝尔主义既可用来表示赞扬，也可作贬义词用。但像国王自己写给王储的话中所说的，地方总督常常是小型暴君。

同时，柯尔贝尔决心造福大众，这一点是无可置疑的。他关心贫穷的工匠和农民，指示手下的官员收集统计数字以采取扶助的行动。在他的指示下，修整了道路，排干了沼泽地的积水，修建了运河并采取了措施减轻百姓的负担，如

省级总督莫不行事不公，军队莫不放荡不羁，乡绅莫不专横地对待农民，收税人、代理人，甚至军曹都莫不傲慢无礼。这些罪行以国王的名义犯下，因而更其严重。官员中即使有正直之士也因难以抗拒潮流而受到腐蚀。人民本应只有一位君王，其实却有 1 000 个主子。

——路易十四《回忆录》（年月不详）

削减路税和其他赋税。若非因为国王不仅要做家长式的君主，还想通过征战来扬威天下，那一段的历史很可能会成为全世界传诵的政治经济学的经验。凡尔赛宫的奢靡和赞助艺术的花销都不至于使国家破产，但是另一个人的野心打乱了柯尔贝尔的和平的计划：陆军大臣卢瓦在和他争取最高权力。卢瓦极力助长国王对光荣的梦想，运用他的影响把柯尔贝尔的努力成果抵消了一半，怂恿国王发动了四次耗费巨大的战争，使法国成为一个半世纪期间的头号战争贩子。

中低级贵族和其他人继续占据着原来的职位，却没有明确的任务。这种情形造成了摩擦，更加重了由僵硬烦琐的条例所引起的混乱。另外，公文表格造成办事迟缓，而且总有些官员独断专行，傲慢无礼。柯尔贝尔的制度已经实行了五六年，政府官员都还弄不明白出口关税条例，老实的商人只能按吩咐乖乖交钱。

中央当局并非不顾民间疾苦，实际上它一旦察觉有问题便采取补救办法。但从一开始，抗议就不只针对柯尔贝尔的计划，而是针对君主制的思想。抗议的声浪和激烈程度逐年加大，表达方式则各种各样，从历数冤苦不平到阐述关于政府和经济的理论。围绕着对失势的富凯的长时间审判掀起了一场公众争议，各种小册子、书籍、诗作和讽刺短诗使这场争议愈演愈烈。文人们支持不同的争议方，据权威人士说

294

就像 20 世纪初在德雷福斯一案上知识分子之间那样立场严重分歧。

在反对君主制的斗争中，一些资产阶级和贵族走到了同一条战线上。应当指出，他们痛苦或愤怒的呐喊没有受到压制，当时的言论界和出版界反映了真正的公众舆论。其中有些意见早在 16 世纪就出现了。商人反对高关税，贵族反对失去"自由"。当柯尔贝尔迫使富商对国家的贸易公司投资的时候，引起了更多的抗议，但有钱的贵族却迫不及待地抓住了这个机会，因为这种投资不算违反贵族经商即"堕落"——丧失贵族身份——的规定。按贵族的传统，只有土地是干净的。

柯尔贝尔还对贵族的头衔进行了调查，以确定谁真正可以免税，这一行动也引起了很多人的恼怒。有些调查员收受贿赂，这是调查活动不可避免的并生现象。调查后发现许多贵族的头衔是不可靠的。资产阶级可以花钱买一个带头衔的职位。构成"法律界的贵族"的所有地方法官都是用这个办法得到爵位的，而且他们买到的爵位后代可以继承；孟德斯鸠男爵的头衔就由此而来。另一方面，市场上出售的一些土地名称里虽有"德"这个字，但并不说明拥有者是贵族，比如比利牛斯地区的德巴曾庄园到了本世纪还再次转手出售。此外，历代国王和大臣都曾为奖赏特殊效劳，或为换取现金，或为给皇家私生子以贵族地位而分发过头衔。柯尔贝尔的儿子就因功劳卓著被封为德塞涅莱侯爵。圣西门的父亲是他家族里第一个公爵，所以他的贵族身份也出炉不久。最后，著名人士，特别是作家，也通过"德"这个字装出有头衔的样子，如让·德·拉辛，弗朗索瓦·德·伏尔泰，卡龙·德·博马舍。他们在名字中加上这个点缀是为了方便，因为他们有些贵族朋友，拜访贵族时客人必须自报姓名，若没有德这个字，势利的门房就可能把客人拒之门外或对客人傲慢无礼。总而言之，在 17世纪，一个人名字中有德字，哪怕有明白的贵族头衔，都不能确实证明他的祖先曾和查理曼并肩作过战。

在感到双头的君主制度——指凡尔赛宫的路易和无处不在的柯尔贝尔——的压迫的人中，有些人认为整个制度无一是处。圣西门

关于"卑下的资产阶级"的愤怒（＜245）只存于他的秘密回忆录中
（355＞），但是亨利·德·布兰维利耶伯爵却公开发表种族优越论，
它后来在民族主义政治，最终在国家社会主义中都发挥了一定的作用
（671＞）。

种族一词当时指家族。通常说卡佩家的国王是法国王室的"第三
种族"。大贵族家族各为一个种族，他们合为贵族种族，"血统"上
有别于资产阶级和农民。贵族显然更为优越：他们来自日耳曼的森林，
征服了居住在法兰西的"高卢-罗马人"；他们世世代代是战士、主人、
圣战的领袖，并一直掌握着权力，直到国王背叛他自己的种族，把王
国变成了君主国。

按照这种理论，在这个过程中，人民的自由消失于无形。地
方大会没有了，三级会议不再开会，上一次开会早在半个世纪以前
（＜246）。同样，按等级给予个人的特权和依特许给予省和城镇的特
权都被取消。简言之，法国的体制完全被打乱。每一项所谓的改革，
每一条规则都明明白白地显示出法国在专制统治的路上越走越远。上
一个世纪一位远见卓识的思想家弗朗索瓦·奥特芒在《法兰克-高卢》
一书中已经发出了警告（＜247）。虽然书中的详细内容讲的是别的东
西，也没有强调种族的思想，但该书内容中得以流传下来的却只有法
国的日耳曼人是自由的捍卫者这一教条（482＞）。

这个历史的神话居然没有和它那名不见经传的发明者一起湮没，
这可能会使人感到惊讶。它之所以留存下来并传播到愤激的贵族那不
断缩小的圈子以外的地方，有两个原因：第一，在影响巨大的《论法
的精神》这本阐述宪法原理的书中，孟德斯鸠在结尾的地方花了相当
的篇幅专门谈论它。孟德斯鸠这部著作出版于18世纪中期，欧美的博
学之士人手一册。在此之前，皮埃尔·培尔在他所著《辞典》中给了
奥特芒以好评（360＞）。另外，支持"日耳曼种族等于自由"这一信
条的还有不可磨灭的塔西佗和他的著作《日耳曼尼亚志》（＜9）。最
后，应注意圣西门所谓"卑下"（vile）的资产阶级只是说他们地位低

下，没有邪恶的意思。住在 villa（居住点）的高卢–罗马人以他们的行径给"villain"一词赋予了"恶棍"的含义。

※

296　　　17 世纪 70 年代中期，在愤怒、野心和时世艰难这众多因素的促使下，诺曼底的一位罗昂爵士组织了一次起义，想要脱离法国，另建一个独立的贵族共和国。起义的组织者分两个阶级：贵族和平民。他们共同宣誓：若得不到颁布新法律，特别是颁布税法的权力，决不放下武器。他们的纲领并不排外，新教徒可以当选为大会议员，也可以主持大会。

> 权臣们（指柯尔贝尔及其助手）对内以其残酷和贪婪造成民不聊生，对外以其邪恶或鲁莽的建议四处树敌。鉴于此，诺曼底的贵族和人民彼此立下誓约，利益决不分开，为共同的福利不惜牺牲财物和生命。
>
> ——共和国策划人的布告
> （1672 年前后）

　　叛乱被镇压了下去，领头人也受到审判，被处决。当时粮食歉收，价格低迷，赋税沉重，百姓难以承受，而国王正在进行第二场兼并战争。在这样的情况下，赋税不只是引起了诺曼底的骚乱，还引起了一场对现行所有经济思想表示怀疑的辩论，比如，在一个合理的经济中为什么要保留贵族祖辈留下来的免税特权？有些作家提出统计数字，其他人试图找出财富的来源和贸易条例之间的关系。这样的探索开了先是称为政治经济学后来改叫经济学这一学科的先河。现在这一学科的原用名满可以重新起用，因为国家又成了商业的伙伴和管理人。

　　君主制一方没有料到持有强烈宗教意见的人也参加了辩论，而且还站在对立面一边。但是，虔诚的道德主义者反对日益增强的现世主义，反对用讲究宽容的耶稣会会士做告解神父的宫廷的种种作为，这原本是很自然的。此外，反对派中的一些思想家在论辩中又举起了理性和自然的旗帜。

　　那些不满于腐朽现状的教徒是一群叫作詹森主义者的遁世者。他们所追随的荷兰神学家詹森是伊普尔的主教，著有关于圣奥古斯丁的皇皇巨著。这些教徒隐退于巴黎附近的波尔罗亚尔，那里有一个供贵族妇女所用的修道院，院长是一位卓越的妇女昂热里修女。她劝她的儿子安托万·阿尔诺在附近住下来静修。其他的詹森派教徒也和他一道来到这个地方。这些人的朋友，包括帕斯卡、费奈隆和拉辛，常常来访，于是自然而然地形成了一个反对政治和宗教正统的小团体。在大家谈话的启发下，帕斯卡写出了尖锐犀利的论著《致外省人书》，总结了詹森教派对为耶稣会所容忍的卑鄙行为的抨击（<219），阿尔诺则对索邦大学进行痛斥。这还只是开头而已。阿尔诺的宏伟著作洋洋135卷，在神学、道德、语法和文体、逻辑、几何学等各个方面力纠现行的谬误。他全身心投入斗争，乐此不疲，直到寿终于当时罕见的82岁高龄。

297

　　波尔罗亚尔因此在法国历史上意义重大。19世纪的批评家圣伯夫花费数年对其进行研究，撰著8册论述其特点和成就。福楼拜嘲笑他们那班人，说一群在一起住了30年的人至死还互称先生真是奇哉怪也。但是那个时期的风气是与他们信条的特征相符合的。像他们的宗师詹森一样，他们不相信自由意志，而是像路德一样坚信预定论，也确信上帝的恩惠会拯救他们。然而，他们尽管持有这些新教的观念并像新教徒一样严格律己，却宣称忠于天主教的教义。不过教皇还是把他们定为异教徒。一些现代学者在他们的倾向中看到了政治异见的开端，它把法国永远地分成"两个法国"，这是远在1789年大革命造成根本性分裂之前的事（432>）。

　　詹森主义思想与18世纪哲学的相通之处在于对理性的崇拜。詹森派教徒认为理性来源于神，高于祈祷。而且他们以用途作为验证价

我走进一家书店，问有没有蒙田的《随笔集》，店主说没有。过了一会儿旁边的一位年轻人说："我家里有。"他告诉我他非常喜欢蒙田的《随笔集》，因为它很像圣奥古斯丁的《忏悔录》。我吻了他的手，结束了这段谈话。

——威廉·坦普尔爵士（1652年）

值的标准。他们认为通过自然科学可以发现重要的真理，因为自然法则是上帝意志的体现。因此，研究几何学可以训练头脑去达到终极的真理。这种把信仰和科学合为一体的观点是阿尔诺、拉米和（据有些詹森派教徒称）圣奥古斯丁所提倡的。

但事情没有那么简单。詹森派持非主流意见的一支走了另一条路。我们已经知道，帕斯卡深受蒙田思想的影响，认为人的理智左右摇摆，不可靠；他呼吁绝对信赖上帝，而上帝的法则是高深莫测的。几何学固然有用，但它的方法只限于尘俗。

这种对人的理性之可靠性的怀疑所依据的就是人的意见多种多样、千差万别这一事实。这明显是另一种诉诸理性和自然的方式。詹森主义这两派完美地表明了西方在辩论中对理性和自然这一对终极价值的运用是多么具有弹性。在所有的宗教信徒对君主主义进行的攻击中，最直接的（也是最不起作用的）是下面这个人发起的。

费奈隆

298　　他是出身贵族的知识分子，担任圣职，登台讲道口若悬河，撰著行文下笔千言。他是路易十四的皇孙兼继承人勃艮第伯爵的私人教师。

费奈隆为教诲皇孙写了一些寓言和一套《死人对话》，还为一家女子学校写过关于女子教育的专著。中年时，他遇到一位神秘主义者盖恩夫人，她劝人皈依寂静主义，那是宗教改革时期伯麦在德意志发起的一个教派，它没有仪式和教职人员，全凭一片诚心，当时称为虔诚派（< 33）。热诚的费奈隆为其教义所吸引，因而为它的创始人进行辩护。

陛下：30 年来，您的大臣们为增加您的权力打破了国家所有行之已久的法则。他们保证您开支无度，夺全国之富以供给您宫廷的奢华。使您为民所恶。

20 年来，他们发动血腥的战争，引起邻国的仇恨。我们没有盟友，因为我们一心想奴役他国。与此同时，人民啼饥号寒，暴乱频起，而您只能或任其蔓延或对被您逼得无路可走的人民进行屠杀。

——费奈隆致路易十四（1694 年前后）

他这一仗义之举给他带来了厄运。他的朋友，同样著名的传教士和作家博舒埃与他反目成仇，在宫廷内和罗马四处活动以图把他搞垮搞臭。博舒埃没能立即成功，因为费奈隆也有朋友，而且国王觉得他是"国中最敏锐、最有灵感的思想家"。费奈隆自己对路易崇敬有加，却对他公开和私下的行为都予以谴责。就在博舒埃力图使他这位异教徒朋友改悔的时候，费奈隆正在撰写《致路易十四的信》，痛斥他的人格和政策。

信没有署名，但不难猜出里面好似告解神父所说的毫不留情的话语出自谁的手笔。当时费奈隆已经成为著名散文家之一。国王的报复一定使他惊诧不已——他被封为康布雷的大主教。但反对他的阴谋并没有停止，而且阴差阳错居然成功了：一个正在抄录费奈隆新作的书记员把文稿交给了他雇主的敌人。新作的题目是"忒勒马科斯"，是以荷马史诗里的故事为基础的一部小说。里面描写了奥德修斯的儿子忒勒马科斯这位正直的王公的行为，以及他和他周围的各种邪恶办事人员的对比。这部小说成了畅销书，并被看作是对宫廷和国王的讽刺。费奈隆的命运就此注定。

他身有圣职，因此难以像对平常人一样对他进行审判，于是他被软禁在他的主教辖区。在那里他把时间和金钱用于救济贫苦。那个地方位于两军作战地区的边缘，他为双方的部队都做了许多好事，敌方的将领甚至下令禁止部队在那里征集粮秣或为害地方。

299

《忒勒马科斯》已成经典之作，直到最近仍是法国学生的必读书。《死人对话》是那种文体的早期范例，借著名的男女之口来讨论道德、政治和文学方面始终未能解决的问题。但这两部著作还不足以充分显示费奈隆那卓越的头脑。在他浩瀚的著作中（包括布道文、论文、实为散文的"信"），他描绘了一幅他心目中法国政府的图像。那是一个有成文宪法的有限君主制，有具有代表性的议事大会和履行重要职责的强大的贵族阶层。法律面前应人人平等，应当有公共教育，教会和国家应互为独立；应解除农业和商业的沉重负担，对所有劳动者——

无论是在店里还是在田间，或在教职和政府机关的下层——都应给予应有的尊重。

费奈隆在国王于凡尔赛宫驾崩前几个月死于他的流放地。第二年，费奈隆的最后一封同样是争取彻底改变的"信"面世。信是写给法兰西学院的，表面上是为了回答学院向会员们提出的问题：现在辞典编纂完毕，下一步该做什么。有人说应该编一部法文语法，其他人建议编修辞学、诗学、批评理论。费奈隆的信是在他去世前的一次会上宣读的，其中涉及的题目比其他的建议都广泛得多，它引起了人们浓厚的兴趣，要求将它出版。费奈隆生前刚刚来得及把它修改成一本100来页的小书。里面谈到语法和用法、文学体裁的性质、诗歌的规则、悲剧和喜剧的特点、史学的方法以及古代作家是否优于现代作家的问题。

就所有这些题目，费奈隆都批评了当时的普遍意见。他反对过分"净化"法语，把所谓"粗俗的"、不适合文学和礼貌谈话的字眼和成语剔除出去。他反而想通过借用外语词汇来丰富法语，他还鼓励作家大胆创造新词和复合词。呼吁解放的论点贯穿全"信"。费奈隆认为布道应简单自然，而不是繁复浮华。诗人不必拘泥于法语的韵律规则，应该像画家一样抒发激情和真理而不应注重辞藻的精致或夸张。悲剧和喜剧也同此理，应倡导自然，避免矫揉造作和陈腐的思路。

至于史学，需要就这个题目写一部专论，因为它自成一体，却迄今尚未得到承认。它的重要性是双重的：既是记录文化变迁的文学作品，又由于它所记载的好与坏的事例而产生道德上的影响。讨论历史很容易导致古人和今人的争论，我们将要看到这样的论战在之前15年间爆发过2次（348＞）。对这些论战费奈隆自有定见，但他敦促史学家力求不偏不倚，自己也没有对争论的任何一方发表明确的评判。他如此克制还有一个理由，当时他正重新得到国王的青睐，被任命为研究詹森主义的一个国家理事会的主席。他长时期远离宫廷正是他的资本，因为他能做出最公平的判断。

届时，他多年来作为备受钦佩的作家已经为他赢得了法国文学界元老的声誉。天性温和宽厚的他小心地不再引发人们的争执，而是设法让他们平静下来。对于古今各自的长处他并不支吾搪塞，而是衡量斟酌。古人是伟大的发明者。今人应当可以青出于蓝而胜于蓝。古人中出色的为数不多，更没有（像当时的人所称的）完人，但那是因为他们被不完善的宗教和道德局限住了。即使这样，他们简单而高尚的习性也应当得到最高的赞扬。费奈隆暗示说，现代人若采纳他关于用法、风格和文体的规则的开明观点，就会超越古人。

※

这位非凡的人的生平讲完了，也到了这个时代快结束的时候。詹森主义也是在这时完结。教皇和国家理事会对它进行了谴责而且不准上诉；教徒们有的去世，有的迫于压力放弃了信仰。与此同时，宫廷中又一次异变突起。路易 45 岁时——离去世还有 32 年——变了心。他听从劝说，抛弃了有魔鬼支持（< 291）的蒙特斯庞夫人，转而宠幸曼特农夫人；她显然有上帝的赞助，因为她十分虔诚，也没有使用魔法，而且她一生经历离奇艰难，居然可以力克众难取得成功，不由人不相信她在冥冥之中有神力相助。

弗朗索瓦丝·德奥比涅出身于一个有地位的新教徒家庭。她的祖父是亨利四世的朋友，她是在父母被作为异教徒关押期间在监狱里出生的。她孩提时被带到马提尼克岛，还没长大又回到法国，在一家修道院读书时成为天主教徒。她容貌美丽，性情温和，但身无分文。她 17 岁时嫁给保罗·斯卡龙，一个长她 25 岁的又驼又瘸的滑稽诗人。作为他的夫人，她主持的沙龙成了巴黎最风趣的人士的荟萃之地。

她守寡后帮忙秘密抚养蒙特斯庞夫人的孩子们。国王承认了这些孩子并把他们封为贵族后，斯卡龙夫人也跟随进宫，不久就被赐予曼特农的一块土地，这块土地因她还被封为侯爵领地。从此以后她的影响力不断加强。她的第一个目标是改造国王的道德品质，使他和王后重归于好。在博舒埃主教的帮助下，蒙特斯庞夫人被斥退，由曼特农夫人取而代之。这位新晋女侯爵说："什么也比不上无可指摘的行为更机敏。"那时她38岁（已是中年），圣眷正隆。几年后，她同丧偶的国王秘密结婚。

301

一夜之间，宫廷改弦易辙，太阳的光芒仿佛挡上了一层暗色玻璃。规范依旧，但社交策略多了一重新的考虑——如何表现出足够的虔诚。在一些人看来，这一切标志着正直虔诚终于取得了胜利。而在另一些人看来，这只是虚伪，是另一种较为严肃的演戏而已。国王的转变在曼特农夫人眼中并不总是那么真诚。他的个性可以说是刻意打造的，目的就是通过饰演一个角色来维持权威，所以他有可能不是转向宗教而是转向狂热。可以肯定的是，他的新王后唠叨不休，总是对他不满意。后来她的侍从也参加了这基督徒的善举，一齐努力来拯救他的灵魂。

这样的努力产生了实际的结果。最具灾难性的是逼走了法国最好的工匠。他们是胡格诺教徒（新教徒），路易的祖父亨利四世近一个世纪前曾颁布南特敕令保护他们不受公然的迫害，现在为了取悦上帝和曼特农夫人，这道敕令被废除。胡格诺教徒面临三个选择：皈依天主教、流放或被处死。执行命令由官僚和爱管闲事的人负责，过程中照例充满了恐怖和不公正。地方上常有为报宿怨而诬告别人的事，枉法严重。还动用了龙骑兵，大开杀戒进行清洗。

难民逃到英国、荷兰和普鲁士定居下来，以他们的勤劳和正派赢得了当地人的欢迎，从而得以谋生。他们从事许多行业，贡献了自己的专业技能。他们和他们的后代——有法国名字的英国人——很快在每一行中都崭露头角。逃到普鲁士的难民也有同样的经历，他们对于向他们张开欢迎之手的当局表示出强烈的忠诚。所受之恩，永志不忘。第一次世界大战之后，德皇逊位，霍亨索伦王室神祠前唯一的花圈就是柏林的胡格诺教徒所献。

凡尔赛之变以后，恩惠和政策都由国王的秘密妻子或她的小集团的成员来决定。她们的决定并不都是坏的。她劝说拉辛给她为出身高贵但家境贫寒的女孩子办的学校写了两部剧本。但策划反对费奈隆的也是她。起初，国王和她商量各种问题是当着他所信任的其他谋士的面，她表现得十分谦逊，国王不问决不开口；到了后来，她采取主动，发号施令，俨然成了主事的人。

这种关系令人联想到行政长官面临的各种问题。如何保证能制定恰当的公共政策？无论是君主制还是共和制，统治者都需要从随员那里听取建议，但很少能听到绝对诚恳的意见。提建议的人几乎都别有用心，思想受到其自身利益的左右。这方面只有一个例外：中世纪和近代早期的弄臣。国王的弄臣这个职位——应该说是制度——作为政治手段，其基础既有古老的宗教信仰，也有扎实的心理学。从莎士比亚的剧中和其他地方可以看到，弄臣不是正常人；他的头脑充其量像个孩子，天真，因而真实，时有灵光一闪。他说出来的妙语匪夷所思，令人发笑。这种气质，无论是天生的还是假装的，对于弄臣几世纪以来在国王身边所起的作用至关重要。他大部分时间为国王提供娱乐，是头戴软帽身佩铃铛的小丑，但有的时候他能道人所不愿闻，言人所不敢言。明智的统治者听取这样的批评可从中受益。但是，到了君主制时代，理性主义的前进驱除了人们对依靠直觉的傻瓜的信心；他与别的表面装傻，内里聪明的弄臣一起消逝在历史之中。当时还有女弄臣。16 世纪英国的玛丽女王就有珍妮·库柏，她俸金优厚，备受礼遇，最后还给她一笔津贴供她体面地退休。但路易十四最不想要的就是身边有一个小丑时常针砭时弊，语中要害。他统治的力量在于严

302

你知道弄臣的建议、忠告和预测拯救了多少王公、国王和共和国，打了多少次胜仗，解决了多少麻烦。不必举什么例子来提醒。这是明摆着的事实。

——拉伯雷《巨人传》（1532 年）

大老板："我需要一个人能在我胡言乱语的时候说'不'。你能吗？"求职者："不"。

——20 世纪 40 年代好莱坞常见的情形

肃，在于以他为唯一的智慧来源。因此，他居然保护莫里哀，这是需要特别解释的（344＞）。柯尔贝尔去世后，路易十四少了一位真正一心为公的大臣，只依靠他的妻子和告解神父出谋划策。他忘记了他对王储的谆谆教诲。身体的不适也使他更加以自我为中心，不顾民间疾苦。最后，在他发动的第四次也是最后一次战争中，法国的骁将多次败在马尔字罗手下，这使路易苦思起他同上天的主的关系。在法方的一次惨败后，他叹道："上帝为何如此待我？"

※

　　我们只能猜测路易在多大程度上对他战争政策背后的真正动机有所意识。他的动机一定包括许多因素，不完全是自我表现，好大喜功。马萨林嘱咐他一定要警惕西班牙和奥地利王室。他解决西班牙问题的办法是把他的孙子立为西班牙国王。这个联盟由路易的最后一场战争巩固下来，到现在西班牙国王还是波旁王室的一脉。同其他国家的斗争则由于附近有德意志地区和意大利地区这两个非国家而永远没有终结。它们的虚弱招致别国垂涎，使它们成为兵家必争之地。只要控制一个地区就会改变力量的平衡，而各国都力求保持这种平衡。若某国为增加自己的安全攻下了一块地方，因而打破了力量平衡，战事就会重起以图恢复平衡。

　　发动战争还有重要的国内原因。要使贵族心存敬畏，就需要使他们相信国王在各个方面都高于他们。贵族过去是战士，喜欢冒险，轻掷生命。那时他们必须是冲在侍从前面的身披铠甲的骑士。君主能指挥慢步舞和音乐会固然很好，但在流连欢宴的贵族过去所操的行当中也必须出类拔萃。可路易不是军人，更不是军事天才；他做征服者只能由人代劳。因此他组织作战就像建凡尔赛宫一样。他亲临战场，在一群事先挑选好，被侍候得舒舒服服的贵族男女面前，在距炮火有一定距离的地方坐镇，由那些贵族的儿子和兄弟带领雇佣军与敌军作战。

打仗的第三个目的是为了巩固国家。战争可以自然而然地产生这样的效果，因为它使全国有了共同的目标，若战争胜利则可加大这样的效果。因为民族国家的思想同连绵的领土密不可分，若能吞并法国东面、北面和东南面的省份会使法国的版图更加完美，使她富庶、强大、无与伦比，谁也无法威胁她。这就是称为普遍君主制的梦想。其理论可追溯到但丁，在他的《帝制论》中就曾得到阐述。这一梦想的重复出现表明了西方对于统一的狂热。基督教由于宗教革命而分裂，结果民族国家成了这种狂热的发泄口。查理五世也曾努力争取统一，但即使他成功了，他四散的土地也仅能成立一个帝国。亨利四世在去世前不久制订了一个"大计划"，到底是为扩张国家还是建立帝国则语焉不详。到 17 世纪中期，路易十四的想法更为明确，成功的可能性也更大一些，奥地利的哈布斯堡王朝也是一样。200 年后德国追求的也是同样的意图。

即使路易能兼并现在的比利时，把国界推至莱茵河畔，并把现在已属法国的尼斯和萨瓦也纳入版图，他的成功能否持久也值得怀疑。当时，支持国家扩张的公众感情还没有完全发展起来。人们不知道一国之内的人必须有共同的语言和统一的法律，必须对共同的过去有足够的了解，并为之感到自豪，而且对社会必须有主人翁意识而不是叛逆。不可能指望光是把领土连成一片就会激发人们热忱的爱国心。

在路易的治下连法国本身都没有统一。他统管着五种叫作国的地区，它们的地位和特权各不相同。有一种甚至叫作"被认为是外国的国"，普罗旺斯就是其中之一。叫这种名称是因为它们有特殊的关税和其他规定。地区内部又各有不同，有的有成文法，有的只有惯例法；有的得付盐税，有的付过一笔钱后从此免盐税。柯尔贝尔的指示只能从这混合在一起的各种制度的夹缝中穿过。若国王真如普遍认为的那样众望所归，他早就一道命令把这些障碍扫清了。

至于上述构成一体感的各种因素，它们在 17 世纪的法国（和其他国家）都尚付阙如。御用诗人，宫廷史官拉辛去南方的于兹时听不懂当

304

地人的话，当地人也听不懂他的话。据一位观察家说，1789 年时马赛人不会讲法语。位于阿尔卑斯山区，首府为格勒诺布尔的达菲内地方是 14 世纪被兼并入法国的。但几世纪以来它一直自认为是独立的，像美国的得克萨斯州一样。那里的人越过地方边界时说是"去法国"（我直到 1920 年还听见有人这样说）。同样，在英国，留存下来的地方方言造成了一种准民族。今天，几乎在所有地方，过去的差异都在重新抬头。在法国，地方方言享受政府补贴，公立学校还开设这方面的课程。

民族国家已经存在，却还没有"民族主义国家"。这个矛盾的一个成因是通信方面的障碍。但应当指出，君主是具体的人，是一个简单的概念，比起国家这个抽象概念来凝聚力更强，因为国家首脑经选举产生，没有永久性。所以，国旗作为国家的一个具体象征意义十分重大。当公民为表达意见而焚毁国旗而法律却听之任之的时候，那个民族国家一定出了什么毛病。

※

尽管活人比实体占优势，但是路易随着在战争中连连失利，最终也失去了民心。他明白了耀武扬威光靠蛮力是不行的，还得大大破费。他说："胜利属于握有最后一枚金币的一方。"临终之际，他也认识到了自己其他的奢靡恶行。当他凶悍的妻子指责他"没有做出补偿"的时候，他回答说，他不欠治下臣民任何个人的赔偿，至于所欠全体人民的，他"相信上帝的慈悲"。

305　　太阳王日落时没有留下任何灿烂的光芒。在较小的程度上，他统治的结束正如它的开始：有权有势的人争吵不休，平民百姓愤愤不平。路易的逝世没有引起悲痛或崇敬的感情。五六个廷臣参加了在圣但尼举行的葬礼，虽然在送葬行列所经途中，路旁的人们没有表示出敌意，但反应十分漠然。只有讽刺文人用短诗和四行诗来对他进行嘲讽："他活着的时候，我们哭得太多，到他死时，我们已经没有了眼泪。"

　　路易的曾孙，未来的路易十五，当时尚且年幼，只能由别人摄政。摄政政府采取了通常的办法——在过度紧张之后进行放松。圣西门和朋友们对摄政王奥尔良伯爵寄予高度期望，可是，他虽然才干非凡，但无可救药的懒惰。道德和礼仪沦丧，代之以纵情声色，贪污腐化，治国不善，以及普遍的懒散邋遢（308＞）。

　　然而，艺术在君主的赞助下迅猛发展的势头并未放松；形式或许有变但精湛依旧，而且不仅表现在凡尔赛宫。路易没能实现普遍君主制，却在不经意间为法国文化和语言征服了国外的大片领土。如前所述，政治对智力的压力似乎无法抵挡；法国的情况表明即使在敌国之间也是如此。要看这种特殊形式的帝国的成果，需回到后来被称为旧制度的开始的时候。

横断面：1715 年前后伦敦所见

1715 年岁末发生的一件大事让伦敦人额手称庆：路易十四死了。头年签订的一份冗长的和约结束了无休止的战争，现在主要的发起人已故，冲突一定不会重起。战争共持续了 46 年，中间有 3 次中断，可谓旷日持久。

战事的起因无疑是企图建立王朝的野心，但在双方各自宣示的表面下，它们，包括所有参与者，都怀有同样的目的，即防止查理五世帝国的重现。法国在西班牙、意大利、荷兰和德意志作战固然是为了夺取尽可能多的土地，但也是为了抢在企图染指这四个地方的哈布斯堡王室前面。刚刚摆脱西班牙帝国取得了独立的荷兰人不愿意再次失去独立，被法国兼并，但单枪匹马又与法国的力量悬殊太大，于是组建了一个包括英国、荷兰、勃兰登堡、葡萄牙和萨瓦的大联盟，最终成为反法联盟。

是路易十四的行为促成了这个联盟，也因此埋下了后来遍及三个大陆的第一次和第二次世界大战的种子。签署的和约使他的孙子登上了西班牙国王的宝座，但两国后来却没有联合起来。英国从法国手中抢走了加拿大，并拿走了西班牙的直布罗陀作为战争赔偿，还有一纸向南美输送非洲奴隶的 30 年合同。其他在战争中赢得或丧失的土地大部分都物归原主。对整个欧洲来说，永久性的成果是主权的民族国家和与其相随的"欧洲体制"，或称力量均衡。自此以后的帝国意味着在别的大陆上霸占的土地。

在英法两国，这渴望已久的和平还带来了政府和社会态度的改变。在法国，路易十四的曾孙因年幼无法治国，有 8 年的时间受他的叔祖奥尔良伯爵的监护。摄政王权像英国的王政复辟时代一样（355＞），扭转了为宫廷和城镇所厌倦的政策和宗教虔诚的作风。摄政王的第一个举措就是释放巴士底狱的所有囚犯，这既是慈悲的表现，也具有象征意义。新风气不仅取代了旧风气，还对它进行完全的否定。

同时，纵情声色成为一时风气。摄政王在这方面可以说是身体力行。他才华出众，并不疏忽国事，但他生性懒惰放荡，恬不知耻。那个时期公然的伤风败俗使人联想到投石党的时代（＜286）。路易十四晚期宫廷中的男女是一群伪君子，摄政时期的人则通奸、赌博、酗酒、受贿、巧取豪夺，无所不为。两伙人其实是半斤八两。

在这个放纵的时代，发明了在歌剧院举行的假面舞会。这要归功于一个修士，他建议在剧院安装活动地板供狂欢者享受。面具为幽会提供了方便，群体效果瓦解了自制。其他的庆祝活动，比如当摄政王有了新的情妇时所举行的公共表演和宴会，把性放纵变成了时髦，而不仅仅是享乐。人人尽知新宠得到了多少物品和现金的赏赐，连情妇的丈夫也参加或企图参加向摄政王讨赏。即使摄政王的情妇时常轮换，他仍受到各个阶层妇女的喜欢。不过反对者始终存在，只有他们用小品文、短诗和短文来表示愤怒或讽刺。

可能比这更糟糕的是礼仪的退化。摄政王从一个风度优雅的廷臣变成了满口脏话的流氓，开了风气之先。随着礼貌的粗疏，情感也没有了节制；也就是说，情感和起因之间失去了比例。对己对人的尊重、友谊、公平，全都消失了，更暴烈的情感——嫉妒、怨恨和报复——得到淡化。所有的人际关系都是暂时的、微不足道的，这种观点得到普遍接受。只有社会榜样的力量仍然有效。有记录表明一些原本正派的男女一旦被任命到某个职位，也学会了行为不端，以保持与特权集团的一致。

这时候出现了一桩后来前途无量的新事物。有一个行伍出身，名叫卡图什的年轻人是出名大胆的妙手神偷。他被捕后又逃脱，然后发明了犯罪策划者这个行当。他把男女同行组织起来成为犯罪团伙，甚至拉拢有这方面才能和倾向的年轻贵族。在一次晚宴上，一个在赴宴路上遭到抢劫的人认出来宾中就有几个劫犯。卡图什很快成了老百姓的英雄。他善于乔装打扮，在上层社会的人群中也应付自如。他曾率领一个代表团迎接土耳其大使，偷走了他本来要献给宫廷的礼物。当一个犯罪集团在巴黎谋划抢劫那些准备对密西西比计划（321＞）投资的外国人的时候，另一个集团抢劫了从里昂来的载有珍宝的邮车。

他栽在一个叛变了的同伙手中，再次被捕。官方动用了40个人抓他，而他却几乎再次逃遁。在对他的审判中，人们感到惊讶的是他的身材居然如此矮小。他先是经受了好几个小时的酷刑都没有认罪，也没有招出同伙们来。但是后来，不知什么原因，他全部招认了，但还是没能逃脱在轮式刑车上被活活撕裂的命运。他的追随者们——几百个男男女女和青少年——也以同样的方式被处决或者死于刑讯。

伦敦也有一个和卡图什一样的人物，叫乔纳森·怀尔德（菲尔丁和笛福的小说都对他进行过赞颂），这并不奇怪，因为伦敦的警察体制很不发达。然而因为柯尔贝尔的缘故，巴黎的治安应该好得多（338＞）。那里40年后犯罪滋生是因为城市的规模和人口都大大增加，而松懈的礼仪和道德又造成当局执法不严。在巴黎流亡的英国政治家博林布鲁克写信给他的朋友斯威夫特、蒲柏和阿巴思诺特，赞扬"小玩意儿这非凡的科学"。这个词的意思是琐事，但引申意很广，可以指一餐便饭或一次所费不多的娱乐，或丢失的一小笔钱；也可以指一部昙花一现的作品，或男女的一次交欢。博林布鲁克的意思是应轻松对待生活，充分享受每一件小事。

※

在家门口，1715 年的伦敦人担心由法国人和苏格兰人组成的大军可能会入侵英格兰。20 年前，查理二世的兄弟詹姆士二世被推翻，现在他的支持者们正在策划卷土重来。英国人把推翻詹姆士二世的行动叫作光荣（也叫不流血的）革命。这是历史上又一个不恰当的名称。那次王位的易手是政变造成的。一小群政客把荷兰的第一执政，奥伦治的威廉，迎为国王，他的妻子玛丽是詹姆士二世的女儿。这样做不是为了对政府进行改变，而是为了防止改变。詹姆士二世采取了一些行动以图恢复天主教，还有一些迹象表示他企图摆脱议会。奇怪的是，他为此目的采取的第一个行动是颁布了一项宽容所有宗教的法律。

因此，这场"革命"其实是反动的，它没有提出新的思想，只在旧的框架内更换了人员；它也并非完全没有流血。自然不应过于迂腐，把詹姆士流鼻血的事当作重要根据，但是威廉在爱尔兰同斯图亚特王室的部队——爱尔兰人和法国人——作过战。他的士兵在那里进行的严酷镇压不亚于克伦威尔的残暴。后来，在那个悲惨的岛上，奥伦治派成了所有支持英格兰利益的人的代名词。

1715 年，英国复辟王政的企图经过两次冲突都失败了。8 年前，英格兰和苏格兰结成了联盟，尽管苏格兰的部族同法国的关系源远流长，但它们没有起来支持詹姆士。然而，英格兰人还是觉得这个新联盟不太牢靠。事实上，"1715 年"后面接着的是爆发了战事的"1745 年"。其间，人们一直在为天主教在国内外造成的威胁而担心。虽然英格兰的天主教徒寥寥无几，但新教徒又分为圣公会教徒和不顺从国教的新教徒两个团体，它们至今仍代表不同的社会阵营。新教徒虽可

跟随尤里乌斯·恺撒来的罗马人，
包括形形色色的人，
他们来自高卢、希腊和伦巴第，
还加上他们的附属和奴隶。
（此处还列举了九个其他的国家）
从这杂七杂八、出身不纯的一群人中，
出现了叫作英国人的虚荣乖戾的东西。

——笛福《真正的英国人》（1701 年）

310

以存在，但受到诸多限制。所以每一个问题都有宗教政治的色彩，甚至被这种政治毒化。1715 年前不久，才华横溢的新闻人笛福写了《消灭不同教派的捷径》一文，建议把新教徒全部赶走。这下他犯了双方的众怒，新教徒没能看出他的嘲讽之意。他以煽动诽谤罪受到审判，收监，三次戴上颈手枷示众。但他在狱中写的《立枷颂》澄清了他的立场。在他公开受辱的时候，伦敦的百姓为他的健康干杯，向他投掷鲜花。

威廉国王是外国人，而且来自英国的宿敌荷兰，因此为他的族裔所累而受到攻击。那时，人们的意识中已经有了民族感情，开始把国民的概念同族裔结合在一起，在国家和种族、血脉和土地之间建立起联系。在这一点上，笛福是为国王说话的。他题为"真正的英国人"的诗作对这个实际并不存在的概念进行了讽刺。由于他这首诗还有别的诗及小册子，特别是他一人操办，先是每周一期，后来每周三期的政治刊物《评论》，笛福被誉为现代新闻之父，更准确地说是政治新闻之父。到 1715 年，西方大部分国家都有了"日报"、"时事报"或"杂志"，它们就道德和社会的题目提供新闻、杂评或短文，或集新闻报道及评论于一身。新闻作为一个形式多样的制度是在 1630—1650 年出现的。新闻刊物是篇幅缩短了的小册子，定期出版，间隔时间不长，再加上广告。

新闻人逐渐成为社会中的一个类型。在我们在此谈到的这段时期中，伦敦著名的新闻人有笛福、艾迪生、斯梯尔、斯威夫特和许多名气比他们几位稍小的人。他们的共同特点是效忠于某一个政党。攻击政府的新闻作品自称争取自由和正义，反对腐败，争取普遍福利。支持政府的新闻作品则说它帮助忙碌或无知的公民了解一心为公的掌权者的复杂工作。

这样互相竞争的宣传在一个有民选的议会、政党制度和允许公共讨论的混合型政府制度中特别有用；在绝对君主制下，新闻人必须有大无畏的精神才行。但是，二者都有审查制度，都使用法庭作为压制的手段，因此，新闻工作只能是意志坚强的人的冒险活动。这可能是它之所以未能变成一个职业的原因。它表达的政治意见越强烈，就越兴旺，道德的自我约束也越严格。比如，笛福和斯威夫特曾为某些国务大臣撰写过才华横溢的论辩文章，但当他们不同意那些人的政策的时候，他们就追随自己的良知，转向别的政党。因为政治意见的原因，笛福第二次入狱，斯威夫特失去了做主教的机会。

笛福积极从事政治活动，甚至做过收集情报的工作。至于艾迪生和斯梯尔，他们把《闲谈者》和《旁观者》办成了英语散文的经典和社会历史的史料。对他们来说，政治只是倾向，并不是确定的目的，更不是职业。记者专职报道新闻这个理想在新闻史上实现得很晚，而且只是昙花一现（786＞）。

各类新闻人认为他们的任务是利用谣言和当时的偏见来塑造所谓的公共舆论。虽然公共舆论是单数词，但是它并不只是一套思想。在识字不普及的时候，新闻的影响力取决于少数几个自身有影响力的人。大众的意见是在布道台上形成的。公共舆论因此本来是一堆彼此冲突的观点，只是在具体事件的影响下才能变成单一的意见。对大众，就像对新闻人一样，所报道的消息必须引人注意——或是丑闻或是意外事故。比如，在我们讲的这段时间开始的时候，伦敦人得知人称"煤块音乐家"的托马斯·布里顿去世了。一个卖煤块还管送货上门的人居然是个技艺精湛的音乐家（也是个化学家）是很不寻常的事，他就在他店铺的楼上举行音乐晚会，最好的演奏家，包括亨德尔，都乐于参加。

大约与此同时，埃普沃思发生了奇怪的闹鬼事件。在那个地处沼泽的村庄，教区长塞缪尔·卫斯理和他的一大家人住在一个偏僻的地方。突然，教堂开始发生乒乒乱响和其他莫名其妙的事情。这种现象时常出现，无休无止，使他的家人十分不安，想要搬走。但牧师是个顽固的人，特别是看到魔鬼显然是想把他赶走，就更要坚决斗争。当邻居对他的主张或是他在教区的工作表示不满时，他也同样寸步不让。

312　　现在看起来，魔法有可能是邻居为把他赶走而想出来的妙招。他们（包括他自己）都不知道，他两个在牛津读书的儿子约翰和查尔斯正在那里酝酿融合宗教和社会思想的教派，很快就要发扬光大。

　　同样奇怪而不那么容易解释的是奥菲罗斯轮子的运作。有好多年它是英国皇家学会和欧洲其他学术机构最杰出的成员研究的对象。在一个形状如鼓的壳子里，一个直径 3 英尺厚 4 英寸的轮子用手推动后开始旋转，越转越快，可以举起重物，而且永不停止——完全没有外力的作用。发明者叫约翰尼·贝斯勒，自称奥菲罗斯。他拒绝说明他怎么能在没有动力的情况下造成运动，以及他是如何发现这个原理的。这个谜是一个非常严肃的问题。许多受过教育的人熟知新兴的物理学，相信永动是不可能的。奥菲罗斯的敌人以宗教法庭审判官对付异教徒的狂热来攻击他。他予以反击，又建造了三个比第一个更大的轮子，最后一个轮子举起了 70 磅的重量。他有一个贵族赞助人，从未企图通过展览这项发明来赚钱。关于这个题目的信件来往数量众多，内容详尽。它们显示：专家们检查了这个斯芬克斯之谜一样的机器，大惑不解。这个谜始终没有解开。

　　前文说过，科学的进步经常依靠工具为基础，无论是现成的还是研究者专门设计的。反之，工程师对可适用的理论加以利用，有时同另外的技术人员，即建造者，并肩工作。在 17 世纪之初土木工程重生的时期，这种联系甚为明显。牛顿提出的万有引力说激起了人们更精确地测量地球的愿望。在这种愿望的促使下，一位法国军事工程师马莱以显微镜式的精确和高度的热情，有史以来第一次就现有的测绘、衡量和建造的工具——各式各样的尺子、罗盘、分度规、比例尺、角尺和平尺、测绘所用的销钉、标尺和测链、千分尺、测径规、缩放仪——和其他的"物理仪器"提出了有图解的论述。这些工具的发展说明了当时著名的，有些至今犹存的道路、运河、桥梁、水库、水渠和港口防御工事是如何建造起来的。

　　除此以外，战争和备战工作也通过研究和修建碉堡增加了人的知识。争霸的关键战斗经常是围城之役。在处于地区要隘的城镇周围建造的碉堡都是工程科学和巴洛克式的复杂艺术结合产生的巨型作品（333 ＞）。它们包括壕沟、护墙、堡垒、瞭望塔、走廊、胸墙和水渠。设计以几何为主，直角和横坡交替使用是为了加大接近和攻入的难度，并减少迎面炮火的威力。那时的大炮所发射的还不是装有火药的炮弹，平射打不透土筑的工事。围城主要用迫击炮和曲射炮，把石块或铁球射过护墙，只能在落地的那一块造成破坏。攻破堡垒的最好办法是破坏"工事"，每当条件允许，总是采用这样的办法。

313

这个建筑类别的大师有荷兰人库霍恩和法国人——

沃邦

库霍恩是靠自己摸索的实干家，沃邦则是多方面的天才，既发展理论又亲临现场指导工程。对设计中包括的地形特征，他一看即了然于心。他一共建造了 160 座要塞，

> 我看到部队的士兵都是些孩子或其他的可怜虫，他们被从家中掳来，受尽虐待；大部分军官也和他们同样不幸——住处像猪圈，衣不蔽体，食不果腹，看到这一切我不禁为王国的状况而担心。
>
> **——沃邦给陆军大臣卢瓦（1675 年）**

座座不同。这些碉堡不仅坚固，而且耐久。有些直到 1914—1918 年的第一次世界大战时还派上了用场。

他十几岁入伍，八次受伤，升至元帅和首席军事工程师。但是他并不把战争看作值得颂扬的好事。他在负责指挥作战时总是尽量减少伤亡，尽快结束战斗。他所设计的碉堡即以此为目的。当战事达到某个阶段的时候，他像棋手一样权衡形势，之后建议投降或撤退。他为路易十四效劳达半个世纪之久，其间呕心沥血，鞠躬尽瘁。在视察修建碉堡的工地后，他写信给陆军大臣说："受检阅的部队会列队从你面前走过，而没有一座瞭望塔会因我的命令而移动半步。"

沃邦也主持和平的工程。他兴趣广泛，研究并提倡海军战略、政治经济和国家福利的计划。对国家福利一贯密切注意的圣西门称他为爱国者，给这个原本一直是中性的词注入了新的荣誉的含义。在 18 世

纪的第一个 10 年，沃邦在去世之前还在同负责皇家什一税的腐败官僚作斗争。

此人的不懈努力昭显了标志着作为他所属时代特点的四重矛盾：沃邦心肠慈悲，对个人和社会群体都充满着同情，然而他做的是杀戮和毁坏的工作；他反对奢侈和重税，然而他的碉堡是最大的一项军费开支；他的天才用于建筑巨大的防御工事，然而国王的战争都是进攻性的，于是他为此设定了在尽量减少人员伤亡的情况下攻克堡垒的出色计划；最后，他自己指挥作战总是在碉堡外，而不是在碉堡内。［外行人可读劳伦斯·斯特恩（Laurence Sterne）所著《项狄传》（*Tristram Shandy*）。热衷于技术细节的读者会喜欢克里斯托弗·达菲（Christopher Duffy）的《沃邦和腓特烈大帝时代的要塞》（*The Fortress in the Age of Vauban and Frederick the Great*）。］

※

1720 年，在离欧洲文化中心很远的那不勒斯大学，一位近代的巨擘正在一个薪酬微薄的次等职位上修改一部巨著。那是一本开创性的著作，但它播下的种子并没有结出明显的果实。今天，除了一些研究历史和社会学的人以外，无人知晓这个人和他的著作。他是贾巴蒂斯塔·维柯。像布莱克一样，维柯应当被称为预见性作家，因为他的论点是别的天才后来才提出的。但有一点，对布莱克的诗，现代的读者可以阅读和欣赏，而维柯的杰作无人能解。能与他比肩的人才看得懂他的书，那是因为他们所从事或思考的正是他所预言过的。

维柯的父亲是个穷书店店主，家境贫寒。他没有受过多少教育，只是通过勤奋自学才进入学识渊博、思想活跃人士的圈子。那些人当时正在就伽桑狄、培尔、霍布斯、斯宾诺莎和约翰·洛克等人提出的先进观点进行辩论。当时占统治地位的是笛卡儿的哲学，把人的一切事务都置于方法和逻辑示范的管理之下，理性时代呼之欲出。维柯反对笛卡儿的哲学，认为它过于片面，由此开始了他的独立战。

维柯并不知道帕斯卡提出的两种思维（＜220），因为《思想录》还未成为经典著作，但他对理性以不同的措辞作了同样的批评。他说，人并不完全是理智的动物，他性格中的其他因素和理性有同样的价值，也十分重要。维柯反对理性至上，但不像帕斯卡那样是出于宗教的原因，虽然他们二人都把基督教作为不容置疑的真理，把它当作辩论的起点。维柯所要争取的是重新界定人的历史并提出与之相伴的新哲学，以形成对人和世界的统一看法。

为达到这个目的，他写成了一部内容复杂又文笔晦涩的著作，把它命名为"新科学"。没人愿意为他出版这本书，不是因为它的缺点，而是因为它的优点（文笔不顺从未影响过学术著作的发表，这方面的例子比比皆是）。维柯认为人类，这里也包括民族、文明、文化，按阶段发展，从野蛮到高度文明，然后再回到野蛮。把人的初始阶段说成是野蛮有点儿进化论的意思，当然也就是异端邪说。 315

维柯开启了把历史不仅按年代，而且按文化水平分开的传统。文化水平可能提高，或维持不变，或下降，也可能提高了再提高。他经过研究后推断出一般规律，据此提出预言。其中最令人震惊的预言是文明达到顶峰后所陷入的第二次野蛮时代要比第一次更糟。初期的野蛮人还有原始的美德，后来的野蛮人却连这也荡然无存。他列举了第二次野蛮时代的特征和它的成

> 自由的人们想摆脱法律的桎梏，变成了君主的子民。君主想要加强自己的地位，用各种放纵的恶习使子民堕落，而民众推翻君主却沦为强国的奴隶。国家分崩离析，人民逃到荒野中去寻找安全，在那里他们像凤凰一样得到新生。造成这一切的是思想，因为人是用智力达到这一切的；不是命运，因为人是自主选择这么做的；也不是偶然，因为他们不管多少次这样做，结果都永远一样。
>
> ——维柯《新科学》，结论（1744年）

因。拥挤的城市生活造成人们不信上帝，把钱看作衡量一切的标准，缺乏道德品质，特别是缺乏谦逊的品格、对家庭的责任心和男子汉气概。他们没有普遍的道德，有的只是互相猜疑和欺骗。

　　维柯希望这样的描述会警告世人防范这类情况的发生。他阅读历史学家塔西佗和政治学家马基雅维利的著作，从中吸收了关于人的行为和社会腐朽的事实。但《新科学》还涉及了其他可以说是由他发明，现在人们仍在研究的大题目：国家的特点、人类学和道德学的方法、社会不平等的起源和作用（像帕斯卡一样，他也爱上了一位有贵族头衔的女士），还有最富有挑衅性的一个题目，即天意在人类历史形成中作用的有限性。尽管信教和在俗的命定论者无处不在，但维柯义无反顾地提出了他第二个异端观点：人是自己历史的创造者。

　　维柯死于18世纪中期，去世时虽然并非孤苦伶仃或一贫如洗，但也没有得到他所应得的地位和重视。可以说，他之所以在执着于历史的19世纪初才开始得到承认，是因为他所有的著作都表现出强烈的历史感，先是一些研究公法的意大利学者，然后是歌德、米什莱、奥古斯特-孔德等人，都感谢维柯证实了他们的观点。这些人对维柯崇拜有加。黑格尔和卡尔·马克思肯定也从他的著作中得到过启发，这从他们的著作中可以看得出来，虽然他们没有采用维柯的具体措辞。很久以后，人类学家宣称维柯也是他们中的一分子。今天，在几十个饱学之士中才能找到一个听说过维柯的人。在多少人中能找到一个读过《新科学》或维柯《自传》的人恐怕是个概率问题了。

※

　　和其他的欧洲首都不同，伦敦对西方与对南方、东方同样注意，可能还注意得更紧密些；18世纪早期，它出于好奇和关心密切注视着遥远的西方，那里一个世纪之前建立的殖民地正在蓬勃发展。为了通常的贸易和政治的原因，这些殖民地遇到了也造成了一些麻烦。殖民地居民需要英国的制成品，因为他们没有机器，无法自己制造。他们通过向南欧和西印度群岛出售粮食、干鱼和其他原材料来换取酒和其他英国想要的产品，再用这些产品从英国那里获取他们所需要的制成品。这就是"三角"贸易。另一条路线绕的圈子较小：新英格兰购买加勒比地区出产的（甘蔗）糖浆，经过蒸馏加工成朗姆酒，用它换取西非的奴隶，再把这些奴隶卖给西印度群岛的甘蔗种植园主。当英国人为了增加收入对糖浆征收进口税的时候，朗姆酒商人的成本大为增加，殖民地本来就一直酝酿着的政治动乱于是再次爆发。

当时北美殖民地的人口据估计有 16.2 万人，但它并不是一个统一的实体；各个殖民地同宗主国的联系也各不相同。最初的殖民地是由特许建立的，那是一种类似公司的规约，殖民者认为他们因此而应享受一些永久性的特权，比如议事大会。后来的一些殖民地是以其他方式建立的，由英国派总督管理，或原来有议事大会后来派了总督来凌驾于特许统治之上。在这种情形中，自治的愿望就变成了叛乱的情绪。再加上穷人对地主阶级的反感这种清教徒传统（< 265），即可清楚地看到殖民地对英国规则和统治的反抗是固有的、无法化解的。

培根对弗吉尼亚"贵族"的斗争就是反叛情绪的表现，之后这种情绪在新英格兰一直躁动不息，直到 1688 年英国"革命"（< 309）的第二年升级为暴力。查理二世想用皇家法令来统治殖民地，詹姆士二世为了同样的目的想把殖民地组

> 现在有些人在公开的会议上和私下的谈话中都明确宣称，新英格兰的人民都是奴隶，他们和奴隶的唯一区别仅在于他们不是被买卖的。
>
> ——无名氏《论对安德罗斯总督的反叛》（1689 年）

成一个整体，派爱德蒙·安德罗斯爵士去做总管。然而波士顿人造反了，把安德罗斯投入监狱，并恢复了遭查理废除的特许规定。美国争取独立的斗争显然早在那时就已开始。由议会议员"实际代表"殖民地人民的说法已无人相信，若不是在 18 世纪的第二和第三个 10 年间的辉格党首相罗伯特·沃波尔选择了对殖民地敬而远之的政策，这种说法信誉丧失得还会更早些。

317

美洲殖民者的政治情绪和关于贫富阶级的情感不是完全激进的。和他们敌对的印第安人、法国人和西班牙人的存在不啻是一剂冷静剂。

殖民地的军队也心甘情愿地在美洲的土地上参加欧洲的战争，他们把那些战争称为威廉国王和安妮女王的战争——这些称谓表现了对英国的忠诚，而不是拒绝责任的表示。教会也帮助维持现状，虽然宗教态度并未墨守成规。在17世纪的最后一个10年，马萨诸塞颁布了对除天主教以外所有宗教的宽容法令；宾夕法尼亚和罗得岛在宗教方面没有任何限制。如前文所述，那个十年间在萨勒姆进行的女巫审判表现的与其说是宗教信仰，不如说是一种奇特的精神科学（＜213）。

殖民地的16.2万人口除了阶级、财富和宗教方面的分别外，还有地位和出身的分别。非洲来的奴隶是财产，有特别的法律管辖着他们。在他们之上是卖身奴仆——以为一个主人服务若干年为条件而得以移民的男女。还有可以称之为"契约妻子"的人，殖民地男多女少，有的妇女自愿嫁来，希望生活能有所改善。

其余的殖民者仍属于他们在原籍国所属的阶层，不管他们来自哪个国家。以为美国完全是由热爱自由的英格兰自耕农建立的，他们彼此之间充满了爱和宽容，这完全是落后的幻想。移民有英格兰人，但也有威尔士人、荷兰人、法国人和德意志人。在书中所述的这段时间内，正兴起一轮苏格兰-爱尔兰人的移民潮；已经有人抱怨说新来的移民（在刚刚建立的佐治亚）比老移民品质低下。

波士顿和费城是主要城市，各有约1.2万人，纽约才有5 000人。法国人建立了3个新城市：底特律、莫比尔和新奥尔良；西班牙人建了圣安东尼奥，传教地设在阿拉莫。但是，通常人们并不把建立城市当

去美洲的主要是在英格兰没有家小之累的单身男子。在英格兰有妻子的人把妻子接了过去，单身男子则希望殖民地的富庶能吸引家境贫寒的卑微女子。先去的种植园主根本不指望女人能带来嫁妆，他们花100英镑买个好妻子是再寻常不过的事。

——罗伯特·贝弗利（1705年）

我得挥舞着斧子、锄头和铁锹苦干。不自己砍柴，就没有柴火烧。我只能挖出一片园地，种植豆角、豌豆等蔬菜，有个我妻子从英国带来的可怜女孩帮着我。男人通常都是多面手，女人也在家务上样样精通，除了有奴隶的人。

——约翰·厄姆斯通牧师（1711年）

做目标。人口中主要的还是垦荒者，他们为了生存必须面对荒野的一切——坑坑洼洼的土地、凶猛的野兽，还有印第安人。因此，后来被爱默生称颂的自给自足的美德其实是被吸收入民粹的生存需要。后来，在机器工业和人口增长的压力下，这个理想逐渐销蚀，为它的反面所取代。

在如此严酷的条件下，美洲的高级文化少而又少。诗作寥若晨星，只有17世纪晚期本杰明·汤姆森写的一部史诗《新英格兰危机》，还有安妮·布拉兹特里特模仿法裔英国畅销诗人杜巴塔斯所写的诗作。她是对英国模式进行模仿的第一人，这个传统一直延续到19世纪末。关于世事的题目进行写作的作家，像弗吉尼亚的历史学家威廉·伯德，有着新鲜生动的题材。塞缪尔·休厄尔法官的《日记》记载了他一生在新英格兰的所见所闻，具有独一无二的价值。

在绘画方面，没有地方专门训练画家或使画家得以模仿前人的作品，反而因祸得福，产生了原始画派，主要是肖像画家。他们的作品现在为现代派所艳羡，为收藏家所珍爱。音乐主要用于宗教目的，吸收了英国赞美诗曲调和其他曲调，此外还有移民带来的民歌——没有理由切断同家乡这方面的联系。但一些音乐方面有天赋，主要是自学成才的人在这些材料的基础上又进行了发明创造，他们的作品使人耳目一新，就连缺点都是新鲜的。有时美洲作曲家为达到戏剧化的意图所使用的创新方法，就连20世纪的代表人物查尔斯·艾夫斯都自叹弗如。

实际生活的需要促使文化能量向着别的方向发展。早早地建立了学校，哈佛学院——其实是高中——在首批移民登陆的15年之内就成立了。世纪之交时出现了更加货真价实的学院，有威廉和玛丽学院（以新国君命名）和耶鲁学院，后者原来是康涅狄格塞布鲁克的联合教会学校。17年后，在一位名叫伊莱休·耶鲁的赞助人的帮助下，它迁到纽黑文。那时伊莱休·耶鲁在马德拉斯的东印度公司就职。他从那里送货给耶鲁学院供它出售，送书供它保存。在所有这三所学院中，学生

318

13 岁或 14 岁入学是很平常的事，许多学生计划像他们的老师一样成为神职人员。那时的社会还不需要用学位作为得到高薪工作的敲门砖。

319

我们以武力傲然于天下。即使是不了解我们的人也尊敬我们。

——**彼得大帝**（1714 年）

美洲的英国殖民地还远未成为一个国家，威廉·佩恩的统一计划和詹姆士二世的法令同样不成功。同时，在欧洲另一端的一个地方，人民正在被强制形成一个类似国家的实体。在奥伦治的威廉成为英格兰国王的那年，17 岁的彼得登上了俄罗斯沙皇的宝座。他们二人都必须克服抵抗，确立权威，但彼得还另有一项任务：他得建立一个现代的国家。有两个西欧人帮助他，一个是瑞士人勒福尔，一个是苏格兰人戈登。但彼得感到自己对西方模式一无所知，于是亲自前去观察。世纪之初时，他匿名到了荷兰，在那里的一个船坞做过工。然后，他去了法国，这次用了自己的真名和排场，最后又匿名去了英国。

他勤学善记，并聪明地招了一班助手帮忙，以期实现他使俄国一蹴而就达到西方文化水平的宏图。但实际情况比他想象的困难得多。他可以强令人民剃须，对违命者予以斩首，并发布各种敕令，这些他都确实做到了。他建造了新首都圣彼得堡，从外国进口书籍，并把法语定为宫廷中的语言；他建立了科学院，但几十年来所有的成员都是外国人，因为没有本国的人选。国中最富有的 500 个家族像过去一样居住在广袤的领地上，拥有 100~5 000 名农奴。这些精英精通外语，修养高雅，在国外很快赢得了尊敬。至于其他的人，即使在 19 世纪解放了农奴以后，祖传的生活方式仍然保留下来。彼得去西方旅行所带的随从使东道主见识到了这种生活方式，他们总是酩酊大醉，粗野不雅，他们的行为使莫斯科人这个词至今仍有其特殊的含义。

即使现在，想同俄国大规模做生意的西方资本家仍然由于那里早在苏维埃政权成立之前就存在的习惯而一筹莫展。著名作家、前流亡者索尔仁尼琴谴责彼得改革的残酷，他估计在 1719 至 1727 年之间有

100万俄国人死亡或被逐。他进而表示怀疑俄国作为一个国家能否生存下去。可能它从未成为过一个国家。目前，对其他国家也可以提同样的疑问。在彼得的时代，国家作为一种政治形式无疑在欧洲的大西洋沿岸是牢固的，但向东则逐渐减弱。瑞士和荷兰（正式名称为联合省）虽然被承认独立的单位，但组织还不十分紧密，斯堪的纳维亚各国还没有分成现在的瑞典、挪威和丹麦三国。在真正的民族国家里，有一个组织不受民族主义意识左右——军队。在17世纪的战争中，法国军队为荷兰人作战反对法国，德意志军队为法国作战反对欧洲其他国家，还有一些其他的国民是雇佣军，经常变换所属方和作战场地。

320

※

对伦敦人来说，彼得来访并不是引人好奇的唯一怪事。另一件跨越海峡的出奇事件正紧紧地吸引着人们的注意，就像看戏一样。它持续了一年半的时间，和美洲也有一点儿关系。这就是密西西比泡沫。它的形成和破碎在很大程度上是当时的环境造成的。人们会记得，路易十四死后，摄政王权濒临破产。国家负债为收入的两倍半，而收入几乎不够政府开支。这种情形引起了对税款"包收人"的愤慨。他们被迫退还非法扣留的税款，有一个人甚至被处死。但收回的款项还未输入国库就因摄政王的宠信和他朋友的情妇们的层层盘剥而化为乌有。在这样的情况下，出现了——

约翰·劳

这位苏格兰中年人既是个冒险家，又是财政天才。他是爱丁堡一位受人尊敬的金匠和银行家的儿子，14岁就进入他父亲的公司见习。他勤奋工作，努力学习，但他成人后居住于伦敦期间却流连于声色场所，还热衷赌博。他高大英俊，举止迷人。一次，在为了一个女人的决斗中，他杀死了对手，被定为过失杀人罪，但允许他去国逃亡。他去国外旅行，到了匈牙利和威尼斯。后来他成了欧洲贸易的专家。多年前，他曾向苏格兰议会建议过一个计划，由银行以土地价值为凭发行期票，以此来刺激贸易。该计划被拒绝后，他又将它呈交给路易十四，再次被拒绝。在摄政王权的危急时刻他再次来到法国，很快赢得了摄政王的友谊和信任。当他又一次提出他的银行计划时，获得了同意。

劳和他的公司很快得到了许可证，建立了中央银行，在好几个省中都有分行。公司发行的股票条件诱人，很快被抢购一空。贸易和工业随之复苏，期票升值15%。纸币首次用作流通货币，而且比金属铸币更好，因为政府常常重铸金银货币并将其贬值。纸币的成功导致了密西西比公司的成立。公司发行股票，想先与路易斯安那，进而与西印度群岛进行贸易，以此赚取红利。在劳的名气的号召下，几千人争购股票，使股票价值飙升120%。只有两位知名人士，圣西门和维拉尔元帅，表示反对。普通老百姓为发大财不惜投入毕生的积蓄。

这里长眠着世界著名的苏格兰人，
他最擅长数目字。
他玩的数字游戏
让法国沉疴不起。
————法国无名氏所作讽刺短诗

在这个关头，劳犯了一个大错误。他听从当局的意见，发行了更多的股票。纸币充斥市场，金属币短缺，贸易受到阻碍。6 000多人被招募或强行派往路易斯安那去促进贸易，增加利润。还发布了一道法令，禁止任何人拥有大量的金属币。最后，这条措施引发了民众的惊慌。大家蜂拥赶去银行挤兑，踩死了15个人。一位名叫德希拉克的医生一边给病人诊脉，一边喃喃自语："不行了，不行了，不行了。"把病人吓得要死。劳和他的家人受到暴民攻击，许多人要求把他送上绞刑架。一时间以此为题材的讽刺诗和四行诗大为流行。

劳承认了他犯的错误，但摄政王对他宽宏大度——给他生活资助，并允许他去意大利。他在杀人罪得到赦免之后回到英国，最后又去威尼斯，在那里死于贫困交加之中。自此以后，直到1996年，一些经济学家都把他看作信贷方法和银行业的开山鼻祖，他的失误应归咎于无知的行政长官所施加的无法逃脱的压力。

目击劳的荣辱兴衰的英国人没有理由自认为高明。五六年前，他们开始了一项由议长哈利制定的旨在恢复公共信贷的计划。那就是南海公司，其资金来源是向大众开放的股票。开始形势很好，因为公司的计划制订得很周密。但当劳初期成功的消息传到英国后，公司的董事们也如法炮制，多发股票，结果造成了投机。议会为该采取措施给予帮助还是阻止而争论不休，除五六个贵族外，唯一反对该公司进一步发展的政治家是罗伯特·沃波尔。

立法还未制定出来，已有无数公司成立起来并"上了市"。大部分这样的公司所宣称的目的都荒谬可笑，从"重建全英国的房屋"到进行毛发贸易和教授弹奏短双颈鲁特琴（一种有两套琴弦的鲁特琴），样样生意都能牟取暴利。这些公司很快像劳的公司一样成为泡沫，破碎后不知去向。不过在英国对投机商是有惩罚和一定的限制的。史学

一些秘密公司的人勾结起来，
发行新股票做歪门邪道的买卖，
他们吹牛说谎，欺骗世人，
先把钱骗到手，然后股票便一蹶不振。
　　　　　　　——笛福

成千上万的股民蜂拥而来
你争我夺，互相推搡，
每人都划着破旧的小船
来到这里淘金——却沉没大洋。
　　　　　　　——斯威夫特

家吉本在自传中叙述了他祖父作为南海公司的董事所起的作用。他被逮捕并罚款近 10 万英镑。但是议会给他留下了 10 000 英镑，他用这笔钱又重起炉灶，发了财，使他的孙子得以有余暇写成了世界上的一部杰作。

这些计划和骗局在西方先进国家产生了双重的结果。银行、信贷、保险（劳合社生意兴隆）、国债、股票市场和投机人从此长久不衰。纸币得到流通，但在后来的 100 年中仍受到怀疑。19 世纪早期的诗人皮科克说："经验似已确定／纸无法与金属相争。"但早在 1710 年，斯威夫特就敏锐地看到了社会和文化不可逆转的变革：新要人"同（1688

322

年）革命以前的要人大不相同，他们全部的财产在于基金和股票。因此……原来基于土地的权力现在转为基于金钱"。

※

作为新闻人的斯威夫特和笛福不仅各自为对立的政党服务，而且他们的地位也相去甚远。主编《评论》的笛福是个"可鄙的蹩脚文人"，在新教徒和伦敦暴民中大行其道；斯威夫特则是英国国教的神职人员，后来做到都柏林圣帕特里克大教堂的教长。他同国务大臣过从甚密，他的建议和宣传影响力巨大，他甚至夸口说是他题为"盟国的行为"的小册子结束了欧洲的前一次战争。

我感到最有意思的是那些显示人性的行动。

——丹尼尔·笛福

但是，作为传世的文学作家，这二人是平起平坐的。笛福独创了一种经典的小说体裁。他把真实的事件写得像历史小说，如《大疫年日记》《大风之年》，当然还有《鲁滨逊漂流记》。第一本书叙述了1666年伦敦大火之前发生的瘟疫灾难，后来那场大火把市中心400英亩的地方烧成白地，反而改善了城市卫生；第二本书描述了1709年发生的事；最后一本书讲的是一个孤独的水手如何生存的故事，像被困在智利海岸线外胡安·费尔南德斯岛上的亚历山大·赛尔柯克。这些作品与司各特后来发明的历史小说不同，是经常被认为是20世纪才出现的非虚构小说。笛福还写冒险的传奇故事，像《摩尔·弗兰德斯》《杰克上校》等，书中描述人物的艰难生活和他们为了谋生所使用的不太光明磊落的办法，故事是虚构的，但无疑有作者观察到的事实做基础。这些故事也有些像新闻报道。笛福的天才在于他能做到呈现而不是讲述。事实就直截了当地摆在读者面前，其间的道德评论则像是邻居的指指点点。作者巧妙地隐藏起来，这种效果是通过一种平铺直叙和高超的朴实无华的文体达到的。

另一位的文风则完全不同，这位就是——

斯威夫特

首先，需要清除那些常人加在他头上的种种不公之说，说他憎恨世人，醉心于色情文学，心理上嫌弃女人，更有甚者，说他是个心地狭隘的偏执政客，对未能当上主教一直耿耿于怀，死的时候已经是个疯子。其实，斯威夫特不仅不仇恨人类，还应被称为最务实的慈善家。他一生都尽力帮助向他求助的人，无论男女老少，有才无才。在都柏林，他全身心地投入捍卫爱尔兰人民反对英格兰经济压迫的努力之中。他对从年轻时就喜欢的女人"斯特拉"温情款款，极尽保护；他在她还是个孩子的时候教过她，而且两人都住在威廉·坦普尔爵士的家中。斯威夫特对他这位保护人持一种冷淡的尊敬和感激，但他喜欢坦普尔夫人的性格，和她关系亲密。坦普尔夫人即以书写活泼的信件而著名的多萝西·奥斯本。斯威夫特与世人的印象正好相反，根本不是吝于善心和善行的冷酷之人。

但斯威夫特自己撰写的墓志铭中写到他从此不必再感到"狂暴的愤怒"又如何解释呢？他确实用了狂暴这个词，但关键的词是愤怒——看到不平之事的愤慨之情。愤怒可以是一种廉价的感情，随意使用以显示自己的正义。其实，只有当情况明了，同情的对象确实值得同情的时候，这种感情才有道理。斯威夫特同情的对象是个人。"我所有的爱都是给个人的——约翰、彼得、托马斯等等。"但作为群体的人——"所有的国家、行业和社团"，他都"仇恨并且憎恶"。他还说，他"不会以泰门的方式"表示他的痛恨和憎恶，意思是不会遁入深山老林做隐士。格列佛多次把人的动物性和人的群体行为咒骂为"令人作呕"。斯威夫特创造的名叫耶胡的部落最传神地表现了人的野蛮和残忍。

这种爱恨交加的复杂情感不是斯威夫特所特有的。世世代代的宗教先知、诗人、哲学家和有思想的男男女女表示的不就是对可爱的东西的热爱，以及对历史所记录的人类这个整体的所作所为的失望和憎恶吗？斯威夫特比平常人更有理由对人类反感：他的整个童年都是在战争中度过的。（我本人可以证明）这种经历在一个富有想象力的心灵上留下的印象是不可磨灭的。斯威夫特成年后，先是政府处于连续不断的混乱之中，后来又出现了公然的政治腐败。他接近权贵，熟知日常政治中的嫉妒、背叛和不公正。他对此感到的只有厌恶。要做到热爱全人类，就需要在离得远远的地方静修，并把全部注意力放在抽象的思想上。畅所欲言的笛福在鲁滨逊·克鲁索的冒险生涯结束时清楚地描写了另几个水手登上小岛后所发生的事。那意味着乐园的丧失。

他听了我讲述过去一个世纪以来我们的历史后大为震惊，说那不过是一堆阴谋、叛乱、谋杀、屠戮、革命、放逐，是贪婪、内讧、虚伪、背信弃义、残酷、暴怒、疯狂、仇恨、妒忌、欲望、恶意、野心所能产生的最坏的结果。

——格列佛所报告的关于
大人国国王的情况

斯威夫特的这种经历使他成为讽刺家，因为他天生擅长的文学形式就是讥讽。他写出了《一只澡盆的故事》《格列佛游记》《书本大战》《一个小小的建议》（建议说爱尔兰人应当生孩子卖给英格兰人做食物），以及关于时下题材的一系列短文。在这些短文中，包括关于爱尔兰事务的系列文章中，斯威夫特没有采用讥讽的笔法，文章中经常表现出他作为政治理论家和经济学家的远见卓识。在别的文章中，他宣讲一种真诚而又温和的宗教。他其余的作品讨论礼仪、语言和文学，在这些领域中他认为今不如昔。他写给男女作家的信件、题为"给斯特拉的日记"的日记体作品、他的讽刺短诗、民谣以及偶一为之的韵体诗使我们看到，在他的手中，时事是他永久的兴趣所在。

在《格列佛游记》中，格列佛第三次去飞行浮岛勒普泰岛的旅行特别值得注意，因为它是对唯科学主义最早的描述，写到企图在无关的领域运用科学方法的情况。勒普泰岛有个学院，那里的"规划员"认定一个死理，花好几年做无用功。他们努力从黄瓜里提取阳光并把阳光封在瓶子里，想用蜘蛛取代蚕，还试图用数学的三角学做衣服。

斯威夫特并不反对进步、科学或发明创造。他有句名言，说人类最大的造福者是能在原来只长一茎草的地方长出两茎草的人。但他对不切实际的幻想是从不留情的。

剩下的就是他的诗作和由关于西莉亚的诗所引起的色情文学的问题了。首先，用色情文学来争论社会问题并不是斯威夫特的发明，它可以上溯到阿里斯多芬。拉伯雷也是在斯威夫特之前的。并且斯威夫特也不是他那个时代唯一采用这种形式的作家。西莉亚、克洛伊等代表着当时受到情郎和十四行诗诗人赞颂的美人。斯威夫特在滑稽地模仿了一般对美人身体的赞美之后，笔锋一转写到身体的自然机能，使读者猝不及防，大吃一惊。他在一首诗中详细描述美人在脸上身上做的功夫，以此来揭露她原来的本相。斯威夫特既戳穿了关于人间天使的田园式幻想，也揭露了关于性吸引力取决于服饰这一文明的神话。他希望世人能把男人和女人作为人来接受，女性无须拔高或粉饰。至于文明的形式，从斯威夫特多次谈到清洁卫生这一点可以猜到，他比大多数人都更敏感地注意到，由于当时的人不讲卫生，再加上衣着繁复，结果社交场合总是弥漫着恶臭。

斯威夫特的诗作证明他是个真正的诗人，他有着无尽的惊人想象力。他的文辞朴实无华，经常使用口语，立意和措辞绝无现成的陈词滥调（可读他的自辩诗《写在斯威夫特博士死亡之际》）。这位早年宣布热爱"两件最高尚的东西——美好和光明"的人不是死于精神错乱，而可能是死于老年痴呆症。

※

斯威夫特在诗词上没有自己的发明。他承认有一位高手，他有些作品发表之前是送交他斧正的。这位高手是亚历山大·蒲柏。他们二位着意培养的文体过去一些名气较小的诗人试过，在死于17世纪最后一年的德莱顿手中臻于完善。这种新文体的特点是它直白性的措辞。

它摒弃伊丽莎白时代使人浮想联翩的豪言壮语，也拒绝在那之后玄学派作家采用的错综复杂的比喻和象征。蒲柏和 18 世纪的其他诗人对自己实用而不花哨的文体不仅感到满意，而且为之自豪。这种文体娓娓道来，不虚张声势，以得到读者的理解为重，不使用牵强附会的比喻。另外，在格式方面主要使用 10 个音节的抑扬格，两行一组，即英雄偶句诗。用这种体裁写出的哲理性偶句精妙绝伦。

50 年后，在写出了排列起来可长达几英里的音节准确的诗句后，一些诗人和批评家造反了，说那些作品不是诗词，只是切成同等长度的散文句子。品味的风水之轮就是这样进行报复的。今天，大部分称为诗词的东西不仅是不规则切分的散文句子，而且还是蹩脚的散文。如果拒绝把诗人的称号给予蒲柏和在他的体裁的全盛时期采用这一体裁的人，那简直是可耻。但是，是什么使得 18 世纪的文体成为诗词呢？那就是把思想和感情压缩成流利的语句，语句的流利反之又会加强意思的清晰。蒲柏建议按意用字——在描述自然的粗犷或暴烈的时候要使用响亮和严厉的词语。说某些字的发音反映它们的意思当然是谬论，但蒲柏采用这种意见说明他和他的同时期人对诗词的感官作用并不是漠不关心的。另外，他们所用的发音与我们读他们作品时的发音也不完全一样。发音有了变化，结果蒲柏的押韵今天听起来莫名其妙。据专家学者说，按照 18 世纪的发音，那时的贵族"用奇拜（瓷杯）喝恰（茶），到禄马（罗马）城去花琼（钱）"。

326

在所有的英国诗人中，莎士比亚是受到最公平最充分的批评的一位，也是提供了最众多最醒目的各种妙语和败笔的一位。

——亚历山大·蒲柏（1725 年）

对这些诗人绝对有利的一点是，他们文体的基调与他们所选择的严肃题目十分吻合，如《批评论》《人论》、仿史诗《夺发记》以及对蹩脚诗人的攻击《群愚史诗》，这些都是蒲柏的作品；还有约翰逊的《人类欲望的虚幻》、哥尔德斯密斯的《荒村》、汤姆逊的《四季》、约翰·戴尔的《格朗加尔山》。最后这部作品为人称道是因为它精确的描述，并非因为有什么新奇思想。格兰杰的《甘蔗》也是传达了大量的有关知识。需要记住，所有的长诗，无论哪个时期，何种文体，都必然有一些散文式的句子。"生存还是毁灭，这是一个值得考虑的问题"，这种诗句无法激起奔放的热情，只能清楚地达意而已。那时的诗人，包括德莱顿，绝非对莎士比亚其他类型的诗句无动于衷。蒲柏在 1725 年编辑出版了一本莎士比亚戏剧集，并特意加上了一部佳句妙语选集以教育读者了解老式的体裁。但当莎士比亚的某个剧本偶尔搬上舞台时，得由专业剧作家对其大加改写，即使如此也还是需要在剧本外提供更多的娱乐，比如在《李尔王》一剧的各幕之间表演要狗熊。

科利·西伯凭一支多产的笔源源不断地为剧院提供剧本，还有其他的剧作家，如艾迪生、内厄姆·泰特、苏珊娜·森特利弗和当时已故的阿芙拉·贝恩。西伯既写剧本，又任导演。他写了一本可读性很强的自传，生动地描述了他那个时代的舞台世界。它不仅已经摆脱了清教徒疑惧的束缚（＜189），而且也度过了王政复辟时期的激烈攻击。然而，导演和公众缺乏足够的机智，无法理解年轻的亨利·菲尔丁的戏剧才能。他写的《伟大的大拇指汤姆》和《悲剧的悲剧》表明他深谙戏剧之三昧。幸运的是，1737 年颁布了许可证法令，压制讽刺作品，使他把天才转向别处，创立了现代小说（352、380 ＞）。

※

18 世纪头四分之一的时间，伦敦人观看了不少话剧。比话剧更为持久的是本土和进口的歌剧。这个艺术体裁是在英国的牧歌流派式微的时候开始培养起来的（＜161）。牧歌的戏剧表现力自然导致了曲段之间插入对话的音乐作品，这就是歌剧的前身。歌剧在威尼斯的蒙特威尔第时代达到全盛时期，在英国则有（在音乐方面）同他平起平坐的亨利·普塞尔。普塞尔创作的《亚瑟王》和《狄多和埃涅阿斯》至今还令人着迷。后来，从意大利、法国和德意志传来了我们现在所知道

327

的歌剧，自始至终一直唱，歌曲之间以宣叙调连接。来到英国的第一位音乐家是德意志的乔治·弗里德里希·亨德尔，很快又来了意大利的博农奇尼。亨德尔留了下来，把名字也改为英式读法（去掉了日耳曼语系的曲音），在后来的40年中为国家为教会进行了大量的创作，他的作品还在泰晤士河上为国王演奏过。

当时演奏的是著名的《水上音乐》，这是他为了庆祝1714年汉诺威王室的国王登上英国国王的宝座，专为乔治一世所谱写的。但在那以前他已经脱颖而出，成名作是喜歌剧《里纳尔多》和纪念结束了一场漫长战争的条约（<307）的《感恩赞》。他后来的作品属于正歌剧，即严肃歌剧，题材来自神话、传说或历史，有《奥兰多》《帖木儿》《尤里乌斯·恺撒》《拉达米斯多》《阿格丽派那》，还有五六部其他歌剧（不过请注意《薛西斯》不是关于那位波斯皇帝的）。

这些作品中的主体是音乐，特别是声乐，由薪酬丰厚的著名女歌唱家或男唱女声的歌手担纲。作曲家的任务是给由抒情诗和对话组成的平淡无奇的歌词赋予戏剧性的力量。结果是曲段和宣叙调的不断交替。观众欣赏的是演员的精湛技艺和作曲家对爱、嫉妒、仇恨、欺骗等各种感情的处理。情节和动作无关紧要，有时甚至荒谬可笑，角色也是次要的，或根本就不存在。没有大合唱或合奏来干扰对感情的分析，它是新古典悲剧在音乐方面的对应（342>）。对比之下，现代的法国歌剧是纯巴洛克式的娱乐（341>）。

对这种新时髦，英国诗人群起予以嘲讽，虽然他们中间几乎没有人懂音乐。他们嘲笑对字句无意义的重复，也嘲笑歌唱家唱出的"不相干的"花腔。这些歌唱家的意大利名字奇怪可笑，他们的薪酬高得过分。而且，就连歌剧鉴赏家之间也不能就这一帮同样愚蠢，一会儿

有人说，比起博农奇尼，
那个亨德尔先生简直是个白痴。
别人讲他跟亨德尔比
简直提都别提。
这两个一丘之貉居然如此不同
真是一件奇怪的事情。

　　　　　——约翰·拜罗姆

用真声一会儿用假声的歌唱家到底好在哪里达成共识。归根结底，歌剧是对常识的冒犯。严肃音乐的欣赏者总是极少数，亨德尔对此深有体会。尽管有赞助人的帮助，但他一生都在经济窘迫中度过。为谋生计，他开始写清唱剧，这种形式是在短篇宗教歌曲的基础上逐渐发展起来的：清唱剧是不上舞台的歌剧，题材几乎总是与宗教有关而又具有戏剧性。它和歌剧一样有富有表现力的声乐和器乐，并且比严肃歌剧多了合唱。亨德尔这方面的杰作《弥赛亚》成了英语世界圣诞节祭礼的首选。

对歌剧大加嘲笑的人中有斯威夫特、蒲柏、约翰·盖伊和阿巴思诺特医生。他们奉行"一切遵循常理"的原则去批评任何不符合这一原则的事物。他们以马蒂纳斯·斯克里勒拉斯的笔名发表文章嘲弄预言未来事的历书作者、文理不通的雇佣文人、蹩脚的诗人和传道士。

328

……一条至今为人信守的规则是，只有毫无意义的胡言乱语才适合配上音乐。人们接受了这条箴言，却又要去翻译意大利歌剧；既然对那些奇怪的作品没有影响其意义之虞，我们的作家就经常自作主张，使用一些与他们号称在翻译的段落的意思风马牛不相及的词语。

——艾迪生，载于《旁观者》的文章（1711年）

18世纪20年代中期，斯威夫特对盖伊说，纽盖特监狱中囚犯的道德观念其实与社会高层那些男女的道德观念并无二致，一群罪犯也可以演好话剧或歌剧。于是盖伊写下了歌词和对白，请另一位住在伦敦的德意志音乐家约翰·佩普施配上流行的曲调，就这样创作出了《乞丐的歌剧》。它立刻造成轰动，连续上演达两年之久。后来，在它的启发下，库尔特·魏尔和贝托尔特·布莱希特创作了《三分钱歌剧》，时间正好是盖伊的歌剧面世的200年后。

喜欢盖伊甚于亨德尔和博农奇尼的大众还有另一种新鲜的娱乐：芭蕾哑剧。它同歌剧一样，也是从假面剧中衍生出来的（< 188），特别是剧中通过歌舞表达剧情的那一部分。在路易十四的宫廷中，集音乐家、编舞、舞台设计和乐队指挥于一身的意大利人吕里与莫里哀以及其他诗人合作推出了（有歌唱的）歌剧芭蕾。它通常在结束时都给

观众一个惊喜，如邀请他们参加一场盛宴，或给每人一份贵重的礼物。不过歌唱常常略去，由国王领舞，比方说饰阿波罗。这种形式叫作芭蕾哑剧，或纯芭蕾。1717 年，英国隆重推出芭蕾哑剧《玛斯和维纳斯之恋》，把它作为一种古老的希腊和罗马艺术形式的复兴，"这种形式滥觞于罗马帝国图拉真（皇帝）时期。"

吕里也写作纯歌剧。他的歌剧有着好莱坞式的盛大场面，布景和服装金碧辉煌，机械装置精巧复杂，可以使神祇或魔鬼自天而降，音乐也比意大利和英国的正歌剧更富于变化。不久，这些歌剧幕间开始穿插一两段芭蕾舞，通常是为了强调某个情节。但是歌剧和芭蕾舞各有各的爱好者、创新者、批评家和理论家。如今人们熟悉的芭蕾舞的一些特点——脚尖舞、紧身长袜、（薄纱制成的）短裙——是逐渐出现的，正如芭蕾舞的各种舞步和代表爱恋、拒绝、恐惧的各种姿势；演员通过它们用身体表现新古典主义歌剧的内容，在新古典主义歌剧中，保留了动作以充分发挥歌词的力量。

※

在人们着意发展这些艺术形式的同时，政治照常以其直接或间接的方式影响着日常生活。世纪之初，英国人通过和葡萄牙签署的一项条约尝到了波尔图出产的红葡萄酒，它以其低廉的价格取代了法国的佳酿。这种（红宝石色或黄褐色的）浓稠的酒度数相当高，先是做佐餐酒，后来又增加了另一种用途，在家中或在牛津大学的公共休息室中做晚餐的餐后酒，于是出现了被痛风所扰行动不便，双脚搁在凳子上的英国乡绅的景观。与此同时，17 世纪晚期的新式法国烹调使有钱人和经常旅行、见多识广的人们趋之若鹜。他们必须有钱才能雇得起法国厨师来用法式方法烹调英国的食材。具有重要意义的是，至今仍供应美味佳肴的伦敦福特南和梅森公司就是在那时（1707 年）成立的。在法国，从简单的烧菜到烹饪学这一过程中发生的巨变在于使用调味品和酱汁来烘托出每一样食材的原味而不是掩盖它的味道。尝菜的人如果可以品出这种境界就可以自称为美食家了，虽然这个词的原意是品酒师。

美食和痛风造成了疾病的抬头，也促进了医学的发展。18世纪初期，玛丽·沃特利·蒙塔古夫人发起了一场运动，吁请伦敦人不要忘记自己的健康。她提出了一个看似自相矛盾的想法，把从天花病人身上取出的一点儿东西植入健康人的皮下就会使他免得此病。接种（后来由于为此目的使用牛身上的制品，又称种牛痘）赢得了几个大胆的市民和医生的信任，他们证明了她的理论的正确，于是乔治一世让他的孙子们接受了疫苗接种。波士顿的科顿·马瑟大力倡导这种做法，但只有扎布迪尔·博伊尔斯顿医生采纳，并没有说服多少其他人。1721年，伦敦的天花流行十分严重。它似乎是替代了一年前袭击了马赛的鼠疫，虽然这个替代品很不受欢迎。马赛的那场瘟疫是20世纪晚期之前最后一次。

对大痘疮——梅毒，因为人们只知道它的某些后果，所以不像对天花那样畏惧。不过后果也相当严重，亟须找到治疗办法，托马斯·多佛尔对他的疗法信心十足，被称为水银大夫。他用汞来治疗梅毒和其他性病病人，成功率相当高，再加上他讨人喜欢的怪癖，结果声望大增。他的特立独行是有家传的，他的祖父不顾别人的谴责，复兴了科茨沃尔德运动会，一位同代人称它为具有"真正奥林匹克精神"的竞技性体育活动。运动会的一个项目赛马在其他市镇被人争相效仿，后来在他孙子的时代被安妮女王宣布为合法。

多佛尔医生这个怪人在行医正兴隆的时候却开始了一项同样奇怪的冒险。他出让了诊所，和别人一道开始进行私掠商船的赚钱计划。他们装备了两条船用于掠捕外国船只，这个行当近乎海盗行为，但在海上经常的贸易战的掩盖下是合法的。多佛尔医生虽然是个旱鸭子，但还是登上甲板成了船长。他平抚了一次船员暴动，在过了3年海上游荡的生活后，带着他那一份抢来的赃物回到英国享福，并重操医生的旧业。他的出名之举是他救回了被困在智利海域一个岛上的亚历山大·塞尔柯克。

330

笛福马上抓住这件事塑造了他小说中那位不屈不挠的英雄（< 322）。

当时的医学思想正经历着一个重大的转折。多佛尔曾师从的西德纳姆以重新确认了帕拉切尔苏斯的成对的观点（< 196）而闻名。这种观点认为疾病来自体外，医药的作用是在击退了入侵的病毒后帮助身体自然恢复。依照这种观点，关于体液间混乱造成疾病的旧观念（< 222）应予摒弃。玛丽夫人的预防性接种法（可能是在她丈夫任驻土耳其大使时她随任期间学来的）清楚地暗示天花有外在的传媒，各种性病的流传也证明了这一点。

当时日益流行的一种避孕器具无意中降低了性病的发病率。在多佛尔的时代，彼得伯勒主教的儿子作了一首题为"甲胄"的诗对其进行讽刺。无论它的起源在哪里（就此还没有定论），这种用丝或亚麻布制成的套子的英文名字来自近卫团一个叫坎多姆（Cundom）的上校。以罗切斯特伯爵为首的三个荒淫放荡的诗人立即对这个发明大加赞扬。后来，英法两国人互相推诿，英国人叫它"法国信封"，法国人则叫它"英国外套"。塞维尼夫人在给女儿的信中对它大加贬斥，说它是"阻碍享受的甲胄，抵御危险的蛛网"。

※

我们会看到，在这段多事的时期，西方没有放松美术、音乐和建筑方面的创造。与此同时，英国宗教感情的重兴表现在年轻的卫斯理兄弟创办的"循道宗"运动（< 312）和《千古保障歌》的作者瓦茨博士创作的大量赞美诗中。然而，在社会地位卑微的人们重新燃起对信仰的热情的同时，受过教育的人却走上了通往科学和现世主义的道路。本节略述的活动、艺术和个人的生涯都表示了对经验的分析和对个人主义的自我意识。这些主题综合起来标志着整个 18 世纪的主要努力。那个世纪的成就，也就是我们下一个题目，影响巨大，直到今天，许多思想家还把它们指责为现在的知识错误和社会弊病的来源。

奢华的景象

　　若想同时感受 17 世纪王权的威严和巴洛克风格的壮观，应当去卢浮宫的一间展室看看，那里陈列着鲁本斯为纪念玛丽·德·美第奇的生平和她与法国国王亨利四世的婚姻所作的系列油画。对习惯于一次只看几件东西或凝视虚空的现代人来说，这些油画初看上去可能会令人反感，因为鲁本斯的画中人物众多：王室成员、扈从、水手、士兵、船只、天使、小天使、动物、武器、云彩、海浪，还有星空，所有都是浓油重彩，摩肩接踵。每幅画都像宣传假日旅行的现代广告招贴画一样不真实，但仔细一看会发现一切都存在合理，位置得当，不可缺少。君主制的浮华和巴洛克风格正是如此。它们的共同特点是为一个中心目的而大肆铺张。

　　要了解这类艺术及其政治的对应，得回到 17 世纪开始的时候。君主制革命并非自路易十四开始，鲁本斯也不是巴洛克风格的创始者。16 世纪结尾的时候，在路易的祖父亨利四世的统治下，文艺复兴精神通过卡拉瓦乔的作品渗入了巴洛克风格，民族国家作为一种政治形式开始巩固下来。

　　巴洛克一词源于葡萄牙语 Barroco，指形状不规则的珍珠。直到最近，它一直被用来贬低 150 年来的西方艺术。在法语中，这个形容词仍然表示过火的意思。在我们这个开明的世纪，巴洛克风格得到了平反，人们发现它的音乐悦耳，不再考虑其中蕴含的君主主义。然而，两者的联系是非常紧密的：艺术作品高于生活，豪华铺张，极尽烦琐之能事，正如皇家的礼仪，效果也同样戏剧化，虽然这种戏剧化像宫廷的每日程序一样是静态的。要明白这种艺术中规模这个要素，最好的办法是先从下面这位艺术家着眼——

彼得·保罗·鲁本斯

334　　　他的祖裔是佛拉芒人，父亲因信奉加尔文教派逃到德意志，他就出生在那里。父亲死后，年轻的彼得·保罗回到安特卫普就学，当时正值后来被称为安特卫普派的画派开始兴旺之时。他自孩童时期就显示出绘画的才能，但他母亲坚持让他给一位伯爵夫人做听差，他因此学会了宫廷中的礼仪做派。在离开听差的职位去学习艺术以后他不仅挥笔作画，而且还用上了做听差时学到的本事。1600年，稍有成绩的他去了意大利，一待就是8年。在那里，给他印象最深的是威尼斯画家对色彩的应用。他的作品得到了曼图亚公爵的喜爱。他跟着这位赞助人去了佛罗伦萨，目睹了公爵的姻亲玛丽·德·美第奇和亨利四世由别人代表举行的婚礼。

　　年轻的鲁本斯成了派往邻国宫廷的使节，并受托作圣坛装饰画和其他的小幅作品。他研究了各类风格的大师的作品——米开朗琪罗、拉斐尔、曼特尼亚、朱利奥·罗马诺，他可能还见过卡拉瓦乔，他在罗马看过这位大师引人注意的新风格画作。这位创新者对鲁本斯的影响可以和威尼斯画家相提并论。后来他接受的一项任务困难重重，充满危险，使他在26岁时就成为一名经验丰富的外交家。他的任务是带大量的礼物前往西班牙宫廷，礼物包括金银器皿、马、挂毯，还有拉斐尔和提香作品的复制品。送礼是为了争取西班牙国王同曼图亚联盟。旅行车队行进缓慢，极易遭劫，说服国王和他的官员们做出决定又十分困难，这些因素使得这次出使漫长无期。但那正是西班牙文学和绘画的黄金时代，出现了卡尔德隆、蒂尔索·德·莫利纳、艾尔·格列柯、里贝拉、牟利罗、委拉斯贵兹，还有一些名气稍小的人，所以这趟出使是值得的。鲁本斯3月出发，直到次年2月才回到曼图亚复命。他此行所得的酬劳是接到了几幅画的订单，还有一笔 400 达克特的赠款。公爵是肖像画收藏家，但他许诺付款后经常不兑现。做艺术家的赞助人如果每次都真给钱花费就太大，也就不会有那么多人要做赞助人了。

在罗马又过了一段收入甚丰的日子后，鲁本斯回到安特卫普，结了婚，成立了一个画室。那时的画室包括学生和助手，他们有一定功底，可以画出大型作品"初稿"的一些部分。大师先画出轮廓，然后指示助手下一步该怎么画，待例常的部分画完后再施以点睛之笔，使作品成为杰作。这样的合作衍生于中世纪的行会制度，在 18 世纪晚期由于个人主义的增强被抛弃。它的双重优点在于一方面使年轻人得到严格的训练，另一方面给年纪已大，有些才能但不够天才的人提供就业机会（大仲马写历史小说也采用了这种办法）。自 19 世纪以来，具有一定能力但比较平庸的艺术家不是为产生更持久的作品做出坚实的贡献，而是把他们迅即成为明日黄花的作品销向大众。

335

鲁本斯的画室从安特卫普以及法国、西班牙和英国的王室那里接到很多订单，不愁没有生意。王室常来订画使得鲁本斯后来的生涯分为两部分。他作为艺术家经常和国家元首打交道，结果变成了为避免战争的流动谈判家。西班牙驻荷兰总督，丧偶的女大公伊莎贝拉发现鲁本斯在西班牙和法国的关系是对她维持和平努力的有力帮助。鲁本斯身负机密使命造访他位高权重的各位朋友，英国卷入冲突后，白金汉公爵也参与了这样的折冲樽俎，但倾向于佛拉芒的鲁本斯认为他站错了队。

> 一幅阿基里斯化装为妇人的画，是我最好的学生画的，我未加丝毫改动——画很可爱，有许多美丽的年轻女子。（600 弗罗林）
>
> ——鲁本斯提交给英国大使的供出售的画单（1618 年）

在西班牙，他见到了只有 29 岁却已成为宫廷画家的委拉斯贵兹。他们一见如故，非常投机，这可能是促使鲁本斯去意大利的一个因素。菲利普四世这位执拗的国王开始对他十分冷淡，但终于被他说服，请他为自己画五张像，其中一张是在马背上的。后来整个王室的人一个接一个都要求画像。鲁本斯已经筋疲力尽，思家心切，但还是无法脱身。国王交给他一项十分复杂的使命，要求他去巴黎、布鲁塞尔和伦敦，他在伦敦受到了查理一世的欢迎，度过了半年的时光，时间虽长但不虚此行。鲁本斯惊讶于英国男女的美貌以及大量的美术作品。在这期间，他被封为贵族，授以爵位。最后终于回家后，他就着手为查理画白厅宴会厅的屋顶画，20 年后国王就是在那座建筑前面被处决的。

　　鲁本斯再次结婚时，娶了位资产阶级的女儿，虽然朋友们劝他娶一位宫廷的女侍臣——只要是贵族就行。不过他担心"自命不凡的虚荣这贵族特有的毛病"会使他的贵族妻子"看到他手拿画笔而脸红"。订画单滚滚而来，在每张画的场景中他妻子海伦娜都是女主角，她的美丽是他灵感的源泉。后来在法国发生了一次历时 8 个月的政治争斗，鲁本斯的皇家赞助人又要求他去效劳；还有一次是在荷兰，那次这位艺术家受到了侮辱。鲁本斯给一位佛拉芒公爵写了一封庄重的信解释他的一项举动，有人告诉这位公爵只有与他同级的人才可使用信中的措辞。于是，这位公爵为了表现他出身的高贵，给鲁本斯写了一封公开信作答。他在生命的最后 8 年中致力于两类作品，一类作品的代表是《上十字架》，另一类的代表是《维纳斯的盛宴》。[要了解这位画家的作品，请翻阅查尔斯·斯克里布纳三世（Charles Scribner III）所著《鲁本斯》（*Rubens*）一书的彩色插图，甚至可以读一下书的内容。]

※

　　精心安排而非天然的繁茂，这就是鲁本斯的精神，也是巴洛克风格的主要特点。在他艺术生涯的后半期，鲁本斯的风格转向严肃的古典主义。这两种风格经常混合使用，凡尔赛宫就是一例：外表平板静穆，内部金碧辉煌。在这个漫长的世纪中，艺术家似乎分为两派，有的像弗美尔和克劳德·洛兰，喜欢安静的室内场景或风景的题材，其他人如贝尔尼尼和提埃坡罗，选择历史和神话题材的剧烈活动和人群，对这些题材的表现越来越准确。还有如普桑则经常变化，他也喜欢画宁静的风景，背景是纯粹古典风格的建筑，但在他的《抢劫萨宾妇女》中需要描绘出激烈的暴力，于是就把当时的两股推动力融合在了一起。为此，一些批评家把那时的风格称为巴洛克古典主义，其实这个称谓是不必要的。人们可以看到，像在任何文化运动中一样，两种风格形成对比，偶尔也有所结合。

长寿的雕塑家贝尔尼尼永恒的题材是表现无尽的精力，他可能是最生动地体现巴洛克精神的艺术家，也是导致这种风格后来遭到诟病的一个主要原因。他精湛的技艺明白地显示出作品的概念，后来喜欢暗示而不是直白的新一代把它称之为夸张、过分、不符合自然。这个判词很好地说明了批评家常犯的一个错误：不同的时期观念不同，在对任何时期的艺术或其他形式的表达方式作判断时必须考虑到作为其前提的当时的观念。这样公平的评判并不排除对某个时代的作品特有偏好，但可以避免盲目片面。

要欣赏和崇仰贝尔尼尼的作品，必须接受宏大的规模与精致的细节相结合，每条线都是浑圆的，似乎棱角会刺眼。可能最困难的是必须习惯于哀求或痛苦的姿势：眼望天空，肢体因情感而剧烈扭曲。这种强烈的夸张告诉我们任何时候天上地下的一切事物都利害攸关。当时的悲剧表现的也是这个意思，自始至终死亡和耻辱都随时会发生，没有日常的事来缓解这种紧张。生命由天意决定，或掌握在高踞于王位之上严厉无情的次神手中。［可翻阅《贝尔尼尼》(*Bernini*)，作者也是查尔斯·斯克里布纳三世。］

巴洛克时期的建筑也是同样的严厉无情。建筑物的表面，无论是博罗米尼设计的罗马圣卡罗教堂的包镶式，还是佩罗设计的卢浮宫东面的古典平板式，都使人遥望为之生畏，而不是引人欲近睹为快。前者丰沛的细节，像后者有规律的重复一样，表现的同是充满自信的宏伟。

凡尔赛这座宫殿，鉴于前文所述（< 288）应当说是剧院，值得专

337 书一笔。它的地点很差劲，坐落在一块低洼的平地中间，宫殿的建造时动时停，其间有许多人死亡。一度曾有 36 000 名工人和 6 000 匹马同时参与这项工程。很多人死于事故和"热病"，热病无疑是由于不卫生引起的，这种情况在完工之后的宫殿内外依然存在。宫殿背面的厕所不敷使用，由于廷臣有时必须在宫内侍候，他们内急时就悄悄在柱子后或角落里方便。

宫殿的规模必须巨大，不仅是为了与君王的理想相匹配，而且也是为了容纳宫中的众多人口，包括仆人和艺人。宫殿长 650 码，中间突出的部分是国王起居活动的地方，一侧为教堂和剧院，另一侧是国王宠信的居室。宫前的花园绵延数英里。花园分两部分，较小较近的部分是一系列长方形的花园，里面遍布无数的塑像，包括男神女神、仙女、人身鱼尾的海神以及其他古典题材的塑像。此外还有水池和喷泉，它们也都有古典的名字。众多的喷泉打开时造成水柱喷射倾洒而下的奇观，称为"凡尔赛大喷泉"。尽头是一条运河构成视觉上的边界。为了供水，挖掘了一条巨大的水渠，安装了水泵，把水从远处的一条河中引来。陆军大臣卢瓦曾建议让他的军事工程师把厄尔河这条大河分流，以供凡尔赛宫和 4 英里外的马尔利的庭院使用。征服自然是巴洛克的一个要素。

花园上方是一座约 50 英尺高的宽阔平台。各处阶梯本身就像纪念碑一样雄伟，所有的雕塑都出自皮热、普拉迪耶、柯塞沃克等大师之手。园林由另一位大师勒诺特尔设计。芒萨尔和阿杜安-芒萨尔共同负责宫廷的设计和装饰，包括邻近的大特里安努宫（小特里安努宫为下任国王所建）。

宏大的宫殿中有大厅、长廊和起居厅（沙龙）。有著名的镜厅，路易十四喜欢用镜子作装饰；他创始了在壁炉架上装镜子的做法，那样使得房间看起来比实际的要大。有一个起居厅叫战争厅，里面的壁画描绘的都是战争的场景，表示着国王对这一活动的喜好。与其相配的有和平厅，他在加冕时曾向人民许诺维持和平（< 251）。宫殿整个内

部装潢设计——木活、家具、天花板、吊灯——都由宫廷画家勒布朗负责。他的品味偏重于厚实重大，用黄金装饰。凡尔赛宫的建造和它20年间的装修费用据统计是当时的2.14亿法郎，这个数目以今天的价值来算难以得出确切的数字，不过肯定有几十亿。

凡尔赛宫的极尽华丽使它成为巴洛克风格的一部分。但如上所述，它的线条是直的，水池和花园是长方形的，宫殿内外目之所及的富丽堂皇是博大雄浑的，并不精雕细琢。这一风格的极致是勒纳安的作品，他以色调柔和的完美的静物画来演绎日常生活。他一度名声显赫，后来却默默无闻，直到19世纪晚期才被重新发现。不过他的同代人中一定有人喜欢他那些怡情悦性的作品，因为他的画业很兴隆。赞助哪种类型的艺术家没有一成不变的法则。

赞助一词浅显易懂，就是出钱给艺术家。在中世纪和文艺复兴时期，教会是主要赞助者，后来逐渐为王公和富有的市民所取代（＜72、81）。这两个阶层的人虽然仍为教堂和市政大楼订购美术作品，但越来越多的订画是为了装饰宫廷或富商的家——艺术家居化了。人们认为房子里不应只有主人一家的肖像画，还应该有几幅美丽的风景画以供欣赏和炫耀。人文主义的教皇之所以成为教皇是经由选举，但之所以被称为人文主义者却是靠艺术收藏。国王们也群起效仿。到了路易十四的时候，统治阶层和平民都认为有义务关心艺术，支持艺术家。皇家出资帮助美化世界是君主主义不可分割的一部分，民主国家则对是否应担起这个负担一直犹豫不定。

路易对文学和音乐自己可以鉴赏，至于其他的艺术，他则依靠能干的顾问，包括柯尔贝尔。柯尔贝尔帮助他的主人赞助更多的文化事业，并把科学也纳入了国家赞助的范围。他重组了绘画和雕塑学院及其在罗马的分院，还重新翻修了皇家天文台，并请著名天文学家卡西尼出任台长。他派遣特使为国王的陈列室收集古代和现代的徽章。他给卢浮宫增建了一个柱廊，在巴黎的两个入口处建造了宏伟的城门。他想把巴黎变成一个清洁、安全、美丽的城市，下令装设路灯，并任

338

命了一位警察总督，由他带领警员维持街道的治安，这是第一个这类制度化的安排。马萨林留下的规模可观的图书馆又得到进一步的扩大，从欧洲各地购买了大量的书籍和手稿。同时，柯尔贝尔通过拨款和优惠的政策使得陶器制作和哥白林的挂毯织造达到了完美的顶点。他的目的是使法国在艺术和奢侈品工艺方面达到至高无上的地位。

　　挑选艺术家为国王的统治增添光彩可不是个一帆风顺的过程，因为做出的选择会造成小集团之间的争斗倾轧。一个著名的例子说明了赞助人与艺术家之间微妙的关系及其成因。17世纪30年代晚期，法国画家普桑在罗马安静地工作和生活着。他的名声传到了巴黎，路易十三可能是听了黎塞留的建议，邀请他回到祖国发挥他的天才。黎塞留大主教命令萨布利·德努瓦耶居间谈判。普桑不愿放弃舒适的生活，明智地谢绝了邀请，但他不想让人觉得他不识抬举，于是等了一年半的时间才表示了谢绝之意。被触怒的德努瓦耶大人告诉普桑，国王"手臂很长"，意思是说他可以使用他在罗马的影响力给这位艺术家找麻烦（何种麻烦没有具体说明）。普桑无奈之下屈服了。

　　到了巴黎后，迎接他的是非常具体的麻烦。首先要求他绘制寓言故事的壁画，然而他的专长是小幅作品。确实，他画过历史或神话的题材，但它们其实只不过是个由头，借它们画出古典的理想境界，里面点缀以人物和片断的建筑物。壁画则要求大幅的画面，描绘多样的活动。接着要他装饰卢浮宫的一个画廊，虽然他从未做过建筑装饰。他努力地绘制草图，但得不到片刻安宁。宫廷似乎想要他压倒在当地大受欢迎的画家武埃。武埃周围的一帮人则给普桑设置各种障碍，千方百计使他难堪，务求把这个从外国来的家伙赶走。

　　几个月后，普桑不愿意再趟这道浑水，借口家中妻子生病，回罗马去了。下任国王时，柯尔贝尔召来了贝尔尼尼这位设计多面手。他根据要求绘制并提交了改建卢浮宫的规划图，来到巴黎。结果上边说那些规划图都不合适，于是他亲临现场提出了第三稿、第四稿，最终他发现他的规划是不会得到实施的，于是愤而离去，回罗马去找更随和的赞助人。社会地位高的赞助人习惯于别人绝对服从，对艺术家也形同暴君。更有甚者，指挥权经常下放给男总管，在他看来，给艺术家拨款和给厨房买菜是一回事。

事实是，赞助艺术是一个无法解决的问题。在这方面没有合理的规定。如何甄选有才能的艺术家？艺术家服从要求应到何种地步？应采取何种措施防止通过耍手段来得到名利双收的赞助？对于这些问题没有答案，一片沉默中可能会听到"由'合格人士委员会'来决定"这样的回答。对此可以反驳：别忘了和艺术家同类的克里斯多弗·哥伦布的痛苦经历（< 98）。如果像目前这样依靠市场，艺术家就必须讨好购买者，作品要投其所好，这种限制可能与王公的专横同样令艺术家恼火。

※

人们普遍认为，17 世纪宫廷里的人和市民看的戏、读的书都是古典的悲剧和喜剧类型。拉辛和莫里哀，德莱顿和康格里夫，这些家喻户晓的名字更证实了这样的印象。这种看法忽视了当时大量出版的"英雄浪漫故事"。这类故事远比跻身于古典作品的书籍受欢迎。古典作品备受崇敬，但曲高和寡。

浪漫故事滥觞于 16 世纪之初，正值巴洛克风格开始兴旺的时候，而浪漫故事也是这种风格的一部分。它们模仿几个古希腊和古罗马的浪漫故事，是田园故事和骑士故事的混合，有点儿像散文体的意大利史诗（< 146）。许多故事的标题是这样的，先以某个形容词开头：幸运的、不幸的、非凡的等等，然后是男主角或女主角的名字，最后是"……的恋爱"。有一些是贵族写的，还有僧侣写的，但资产阶级的专业男女作家写出的作品在数量上很快遥遥领先。这些作家为热切期待的公众写出大量的爱情加冒险的故事。这种文体的一个好处是它的长度，保证使读者得到长期的乐趣。17 世纪中期最受珍爱的故事是马德

340

琳·德·斯居代里的作品，有两部各长达20卷；她的短篇作品也有4~8卷。

当然，这样的巨作不可能只是一个故事，而是一系列的故事，都和永恒的男主角或女主角的命运或松散或巧妙地有所联系。当100年后真正的小说面世时，插叙故事的手法仍然保存了下来，一直持续到狄更斯时代。17世纪这种文体有许多佳作，故事情节引人入胜，人物不管是否可信，反正能抓住读者的兴趣，还有关于道德和哲学的理性论述。最好的作家写得出符合真实生活的场景和真正的激情。有的作家甚至用当时的丑闻做素材，所涉及的人物虽然在书中用的是假名字，但一看即知实际上是谁。几百年后回头去看，最可读的有奥诺雷·于尔菲的《阿斯特雷》和斯居代里小姐的《克雷莉亚》，虽然当时她最畅销的作品是《居鲁士大帝》。不过，现在要欣赏这些作品得跳着看，因为一段段动人的故事之间插有乏味的长篇大论，这也是这类作品后来销声匿迹的主要原因。

可能对于当时的读者来说，那些段落并不沉闷无聊。这里涉及文化的一个一般性规律。对大多数人来说，他们喜欢的艺术作品涉及一些共同的知识和感情，可能也包括过去艺术的一些内容。新老时代这方面内容的巧妙混合使读者或观众的鉴赏力得到满足，感官得到愉悦；只要构成当时思想心态的各种因素不变，这样的艺术就会一直受欢迎。艺术的成功在于微小的细节，所以当时的人知道各个作家（或画家、音乐家）之间各不相同，虽然在后人的眼中，他们没有什么分别。

当然，大师的杰作也有许多这样的细节，但那些细节附属于一个全面的世界观。杰作中的细节只是手段，本身并不是目的，这样的作品在风俗习惯不可避免地发生了变化后仍有动人的力量。欧洲大陆的英雄浪漫故事像英国德莱顿的英雄戏剧或西班牙卡尔德隆的作品一样，表现了巴洛克风格对规模和繁复的向往。这些作品也有着深深的君主主义的烙印，如森严的等级、骑士风度这种当时追求异性的方式，以及不厌其烦的称颂之词和在故事情节展开之前通常作为引言的信件的

341

优雅措辞。这些都是凡尔赛宫墙反射出来的众多回声。但欣赏这个体裁的读者并不只限于宫墙以内。为了跟上时髦，全城的人都必须阅读并谈论 20 卷的传奇中最新出的一卷。德意志、英国和其他地方的市民和宫廷内的人也是一样，他们或者得学会法语以跟上最新的潮流，或者得阅读用他们自己的语言写成的类似小说。

与这样庞大厚重的传奇文学相对照的是精练的 17 世纪法国悲剧。不过应立即指出，这种新古典主义戏剧的编剧和导演都是巴洛克式的。演员的服装前所未见：带羽毛的帽子帽檐比人的身体还要宽大，衣服的褶裥层层叠叠，上面缀满亮晶晶的装饰，以便和帽子相配；要不就是仿古的服饰，本来是力求简单，却半途落入繁复的窠臼。装扮成古代幽灵的演员动作少，对白多。背景和台口极尽贝尔尼尼式的豪奢：飞金溢彩、精雕细刻的镶板，上方有大片的云彩，有时云中还站立着各样神祇，对剧情的结局表现出明显的焦虑。这一切对观众来说都不显得虚假，伟大的题材需要大排场这个理念是合情合理的。长可及肩的假发是巴洛克式的，戏服是日常服装的升华——正如所有的戏剧一样。

剧中上演的是国王和王后的故事，演员必须装扮逼真。悲剧的题材取自罗马、希腊历史或神话，虽然并不企图做到语言或物质细节方面的准确无误。那时的戏剧还不特别讲究准确的地方色彩。剧作家着重于美妙的诗句和对人类感情的分析。剧中角色很少，他们之间的冲突从一开始就明白地显现出来，随着角色间冲突的发展表现对感情的分析。剧终时是某些人的失败和死亡，其中蕴含着道德或政治的训诫。这里没有莎士比亚剧中那样的角色，也几乎没有实际的事件，只是经过深入研究的人的类型。

诗人必须遵守十分严格的规定。三一律（< 166）是金科玉律，关于声韵和音步的规定则被奉为圭臬。这些如同官僚制度的禁约，具有规范的力量。大众熟悉这些规则并不折不扣地予以执行。词汇也越来越受限制，学究们不断地扩大上流社会风雅女子不得使用的词语的范

围，不准把椅子叫作椅子，或不准说"半夜了"。[前边提到过的《论法国诗歌》（< 164）中汇集了这类限制。]

在这些条件下，能写出一部五幕剧真是一项壮举。然而在新古典主义盛行的 150 年间，从高乃依到伏尔泰，作家们一次又一次地实现了这样的壮举。各种条条框框设置了重重障碍，使杰作难以产生，但是这些规则仍然雷打不动。这样的文学紧身衣是如何形成的呢？大约在路易十四出生的时候，皮埃尔·高乃依部分地受到西班牙英雄戏剧的影响，导演了一部西班牙题材的戏《熙德》（< 105）。但他在剧中使用龙萨留下的十二音节的诗句，把形式和语言规范化了（< 164）。这部作品引起了高度称赞，也招致了激烈的攻击。公众喜爱它骑士风度的情调、快速的节奏和扎实的结构，称它为第一部真正的法语悲剧——说它是真正的是因为它符合古老的规则。

批评者谴责这部戏，说它违背了古老的规则。戏中的英雄活了下来并很有可能赢得本来与他为敌的女主角的芳心，因此"不合常规"。自诩为剧作家的黎塞留动员了一群学者向法兰西学院控诉高乃依的这些罪行。学院判定指控属实，但情有可原。高乃依奋起为自己申辩，公众也起来支持他。他又继续写了许多剧本，其中 4 部至今仍在演出，而且所有剧本都符合规则。这些剧本后来成为神圣不可侵犯的范文，虽然就一些小问题仍不时爆发愤怒的辩论。

高乃依年轻的同代人拉辛被认为达到了完美的顶点，因为他的作品语言纯正，情节紧凑，对心理动机的分析鞭辟入里。他的题材取自古代故事（除了两部以《圣经》内容为题材的作品），这类体裁因此而得名新古典主义悲剧，不过实质还是巴洛克式的。五幕的结构、统一的音步、没有音乐舞蹈，这些都全然不同于希腊悲剧的模式。被痛苦折磨的心灵、长篇的论述和自我分析，这些同优雅的措辞和在用语与音韵的严格限制内诗句的微妙魅力一样，与巴赫和贝尔尼尼的丰富的细节与精湛的技艺有异曲同工之妙。

也正是这些因素使得拉辛这类作家的作品难以为今天的观众所理

解。事先未作准备的观众大致可以看得懂情节，但是像莎士比亚的戏剧一样，其中表达的错综复杂的思想细致非常，只听演员在台上念白根本无法充分了解。而且我们现在的句法比起那时来就像童言一样简单。拉辛最有力的悲剧《菲德拉》上演时，观众报以一片嘘声，把演员赶下舞台，从那以后这位诗人发誓再不写剧本。但《菲德拉》受嘘不是因为它艰深难解，原因是一对贵族爵爷夫妇的门客普拉东也写了一部《菲德拉》，他们为了捧普拉东，组织了一伙人去给拉辛捣乱。[拉辛剧作的现代文本见罗伯特·洛威尔（Robert Lowell）的译文《菲德拉》（*Phaedra*）。]

路易十四并未受公众偏见的影响。他知道这位诗人是个人才，任命他为宫廷史官，还赐予他另一项荣誉，要求他这位"法国最好的朗诵者"在国王陛下失眠时担任朗读者的职能。在拉辛写作《菲德拉》之前五六年的时候，土耳其大使首次把咖啡推介到法国。如果国王陛下喝了太多这种新式的黑色饮料，恐怕就经常需要拉辛的朗读服务。作为一个炉火纯青的廷臣，拉辛一定能不分昼夜在任何时候都精神饱满地大声朗读。

《菲德拉》演出失败 12 年后，曼特农夫人要拉辛为她创办的女子学校写一部关于一个神圣题材的戏剧，这样，参加演出的女孩子就不会因参演描写爱情的戏剧而遇到什么危险。拉辛写出一部后又被要求再写一部，这就是他的最后两部杰作：《爱丝苔尔》和《阿达莉》。可是和王后的这段关系给他带来了厄运；她又要他写一部描写人民悲惨生活的回忆录。这本书落到了国王手中，对他的一切恩宠于是就此告终。很久以前，拉辛曾写过一部才华横溢的喜剧《诉讼者》，里面批评了司法制度，但没有引起争议。因为尽人皆知法庭枉法徇私，不可救药。这次他写的题目——穷人的悲惨处境——含有对国王的责备，因而不能容忍。

显然，诗人作为社会批评家的作用源远流长，拉辛也不是当时唯一针砭时世的诗人（345 >）。然而，他一生中的起伏多变表明他是个

343

现代型的艺术家加知识分子，不是古典主义使人联想到的那种理智自律的人。拉辛是个孤儿，把他詹森教派的老师视为父母，但是他成年之后立即丢弃了詹森派的信仰，并写了尖刻而机智的信对他们进行攻击。在戏剧界的圈子里，他生活放荡，时常和人发生狂暴的恋情。他的剧本前言（隐秘地）显示出对自己天才的一种傲慢的自觉。在《菲德拉》受到公开侮辱后，他愤怒和高傲地从此封笔这种反应正符合他的个性。这件事，再加上他人到中年，使他在精神上来了个大转弯。他恢复了同波尔罗亚尔的联系，收回了他过去那些轻蔑之词，并接受了导师们对他的评判，说他那些剧作使他成了"灵魂的囚犯"。他同曼特农夫人的友谊也同样建立在虔诚和对国事关心的基础之上。

　　在路易十四的制度下，宫廷的管理严格得有如军营，但即使如此也不能阻绝命运和感情的剧变。在平静的表面下发展着隐秘的故事，从塞维尼夫人的信和圣西门的回忆录中可稍窥内幕。细想起来，那个时期偏好的悲剧所呈现的不就是荣耀、厄运和衰落吗？描述蓄意的暴力行为时所采用的精心选择的措辞和行文无懈可击的诗句掩饰不了那些行为的丑陋：菲德拉欲火烧身，布里坦尼居就像一个坠入情网的傻瓜。剧中的冲突既是同法律和理智的冲突也是同其他人的冲突。但是，这些人类的通病和错误要达到悲剧的高度，就必须影响到地位高贵的人。如今这条格言被推翻了，信奉民主的人认为一个推销员之死同李尔王之死一样可悲。此即个人主义的理论——所有人都同样重要。这是把政治的前提适用到审美方面。如果人的感情基本一样，那么对其在任何压力下的状况的描绘必然在观众心中激起同样的情感和自省。

344

　　这样的推理忽略了一点：一位王公或一位伟大军人的行为影响到全体人民，决定着历史发展的道路。在悲剧演出中，对于后果的担忧使得每一刻都如同体育锦标赛的决赛一样扣人心弦。相比之下，普通人的命运微不足道。非英雄掀不起波澜，缺了一个马上可以找到另一个。推销员多得是。另外，豪言壮语和真知灼见从举足轻重的人口中说出来要比一般人说得更为可信。无论这些论点是否成立，对17世纪的廷臣和他们的国王来说，一个商人的不幸遭遇是引不起他们的兴趣的。用来描绘下等人的是喜剧，而且绝不是总拿他们当笑料。对国王、宫廷和贵族最大胆的批评家是——

莫里哀

他的名字如同伏尔泰的名字一样，是一个谜。他原名让·巴蒂斯特·波克兰，24岁时决定去做演员，才改成了现在的名字。他父亲是国王的家具装饰人和仆从，这个职务收入不菲。莫里哀也曾一度子承父业。他（在他家里是第一个）接受了极好的大学教育之后获得了律师资格。读了哲学家伽桑狄（346＞）的著作后，他开始信奉伊壁鸠鲁学说，但是业余和朋友们一起演戏把他造就成了剧作家。为了谋生，他组织了一个剧团，离开巴黎，在各省巡回演出12年。他既登台表演，又编写滑稽小品和独角戏的剧本，供剧团在巡回途中只停留一夜的地方演出。这些作品中有的稍加改动后纳入他后来的足本剧本中。

莫里哀在路易十四完全掌权前不久回到巴黎，在高乃依的一部戏中参加演出并立即得到了国王的赏识。应当赞扬路易的是，他对莫里哀的支持从未动摇过。大概因为国王自己总得一本正经，做出庄严的样子，所以愿意有个机会好好乐一乐。在国王的支持下，莫里哀和他的剧团能得空使用被意大利演员垄断的舞台。（意大利人在法国的戏剧、歌剧和其他形式的艺术方面的竞争又持续了一个多世纪。）

莫里哀和他的剧团首次成功的剧目是《可笑的女才子》，里面的两个侯爵和两位贵夫人都荒唐可笑。在后来的15年中，莫里哀在从闹剧到高雅喜剧的各种形式的戏剧中充分发挥了他的讽刺天才。他讥讽的目标是人们所熟悉的：愚蠢

他想尝试各种生活——
这才是位聪明的神！
他若是总是煞有介事，高高在上，
不管人们怎么看他，
我都觉得他，难过透顶。
我说最愚蠢的莫过于
成为自己高贵的奴隶。

——莫里哀《安菲特律翁》开场白中，
墨丘利说朱庇特

的年轻人、嫉妒的和怕老婆的丈夫、吝啬鬼、医生（多次受到讽刺）、贵族男女、卖弄学问的女子、卖弄风情的女人、店主人、极端主义者和伪君子。他也并不只写讽刺喜剧，还写过像莎士比亚的《皆大欢喜》一类的轻喜剧。他的讽刺作品寓有对现状的批判。在《唐璜》一剧中，他发表了对宗教的怀疑，因而被指控为无神论者。在他担任主角的两部戏中他阐述了他的喜剧理论，驳斥了对他的批评。

莫里哀不是唯一表现仆从和女佣比他们的主人更有见识的剧作家。这是自古以来喜剧的一贯主题。但是他给了各个角色以生命和个性，他们的台词内容几乎是大逆不道。他关于等级的夸张的讥讽在《暴发户》中得到了最好的发挥。这部戏表面上是嘲笑一个想和贵族结交的富商。汝尔丹先生确实在放纵的仿土耳其式的仪式中受尽戏弄，但在所有其他方面，他才是直截了当和明白事理的人。比起写成诗歌的矫揉造作的胡言乱语来，他更喜欢简单动人的民歌；他一眼就能看透哲学家的连篇废话；他看得出教学中实际知识和理论的套话之间的分别。每次遇到清规戒律和装腔作势的时候他都能抓住真相，实话实说。至于他想往上爬，虽然滑稽可笑，却是世人都有的愿望。笑话他的贵族观众中有一大半人私下里一定想到了不久以前他们的资产阶级祖辈。

莫里哀疯狂地爱上了剧团里的一位女演员，但与她结婚后生活很不幸福。她举止轻浮，而且对他不忠实。莫里哀为婚姻中陷于尴尬困境的双方各写了一部"婚姻学校"，里面发表了他对丈夫和妻子的看法，表明他认为婚姻这个制度虽不合理但不可避免。爱情和社交是互不相容的。这个观点在《愤世嫉俗》中更为明显，里面聪明贤淑的女子魅力十足，明白事理的朋友无懈可击，而"愤世嫉俗者"对拘泥于习俗的社会的批判也言之有理。谁都有理，这是部悲喜剧。

对于国王，莫里哀只有感激；他遭到强敌攻击时，路易总是站在他的一边。他写出《达尔杜弗》（《伪君子》）一剧后，他的敌人以为这下终于抓住他的把柄了，他们说这部戏侮辱宗教，但他们有意无视戏的真正主题：虚伪。（顺便提一句，20 世纪晚期法国重演此剧时把达尔杜弗描绘成真心地爱上了奥尔贡的妻子，她却责骂他竟然怀有这种罪恶的感情，因此应当怜悯他。）

　　莫里哀不是民主主义者，但他的作品表现出来的思想独立性使他的朋友、批评家布瓦洛震惊不已。一位现代的传记作家把莫里哀说成是无政府主义者和无神论者。像布瓦洛一样，费奈隆也强烈谴责莫里哀喜剧中的"低级趣味"，特别是剧中社会地位相当高的角色也口出粗言。指控还可以更进一步：莫里哀的词汇丰富多彩，全然不管那些神经敏感的人定下的清规戒律，而是运用老百姓日常用语中的生动词汇和成语。莫里哀在各省巡回演出的 12 年间掌握了大量这类用语，他在写作时自然而然地认为它们才能准确达意；没有理由不使用这样的词汇。

346

　　以另外一种方式，另外一种文体写作的拉封丹体现了同样对正统的抵抗。他写动物寓言，使用俗语中最简单最具体的词汇来描写每一种社会类型的人的思想和行动，包括大臣和国王。拉封丹笔下的动物世界重现了人类等级分明的社会中盛行的所有的野心和卑鄙，所有的虚荣、谄媚和屈从。寓言隐晦地显示了当时的堕落和恶习，头脑迟钝的人是看不出其中真谛的。偶尔也有对美德的描写，但美德总是遇到重重困难。由于这些寓言语言节奏快，口语化，寓讽刺于动物故事之中，结果后来成了要求法国儿童背诵的必读物。这样一来，它们的意义就被淡化了，正如《格列佛游记》和《鲁滨逊漂流记》一样，把一部杰作变为儿童读物等于卸除了炸弹的引信。[这些寓言的译文要读由诺尔曼·夏皮罗（Norman Shapiro）翻译的，不要读玛丽安·穆尔（Marianne Moore）的译文，后者虽然达意，但不似原文简练。] 在第二组系列诗中，拉封丹重讲或自创了古典和现代的爱情故事。这组诗也写得简单明了，但用了较多的比喻以掩盖其中的色情因素。如果它们寓有什么教训的话，那就是伊壁鸠鲁式的论点：享受是唯一的善，痛苦是唯一的恶。

　　和拉辛不同的是，拉封丹不是大臣，从来没进过国王的宫廷。他做林务官，这是个俸金优厚的闲职，但他得福不知，经常不去上班。

他在服装、举止和语言上仍然保留了乡村本色，甚至可以说是土里土气。他对一切都满不在乎，到了让人难以置信的程度。朋友们苦劝他去把他的书献给国王，他勉强地去了，却忘了带书。他至死都是这个脾气，一点儿不悔悟。

除了拉封丹和莫里哀以外，追随伊壁鸠鲁学说的信徒还包括伽桑狄和他那一派的自由思想者。这种脱离上个时期的基督教禁欲主义（＜190）的转变正和君主制的胜利相吻合。君主制需要奢侈，而奢侈和禁欲则是水火不相容的。古代伊壁鸠鲁学说的信奉者并非无神论者或酒色之徒，不过他们的神是不干涉信徒事务的，所以有节制地追求享乐不仅不是罪恶，反而是明智的。自由思想者[1]这个给予17世纪的伊壁鸠鲁信徒的称号只有思想自由的意思，指自己有自己的意见，没有纵情声色的含义。伽桑狄以享乐的方式来行使思想自由是为了反对由笛卡儿创立的正统观念。笛卡儿说人的思想与生俱来，因此是上帝赋予的。伽桑狄说头脑中的任何思想莫不是通过感觉得来，没有任何主意、感情、记忆是自来生成的。这就是经验主义的基本原则，普遍认为是洛克提出的（365＞），其实伽桑狄的主要著作比洛克的早了半个世纪。

在他们两位之间有一位作家推广了伊壁鸠鲁的享乐式道德观念——

圣埃弗勒蒙

他是位奇人，事迹却简单明了。他因支持失势的财政大臣富凯（＜292）被年轻的路易十四逐出法国，在英国度过了余生。圣埃弗勒蒙在英国结交了许多朋友，但从未学会英语。查理二世和詹姆士二世都喜欢与他交往，他同马萨林公爵夫人以及法国和荷兰的贵族与博学之士都有书信来往，包括奥兰治的威廉国王和斯宾诺莎。他享寿90岁，

---

[1] 自由思想者，这个词在现代用法中也有生活放荡的人的意思。——译者注

一生中高谈阔论，发表了许多有见地的思想，还写了不少短文，但都不是为了出版。这些短文写给不同的朋友，在人们中间广为传抄，后来被盗用、翻译，甚至冒名伪造。一个巴黎出版商要求他雇用的文人，"再写几篇圣埃弗勒蒙的文章"。

圣埃弗勒蒙论述的问题是流行的题目：古人是否高于今人，维吉尔的诗作与意大利史诗孰优孰劣，法国和英国的喜剧，话剧的优点和歌剧的荒谬。他关于这些常见题目的文章得到了大家的赞赏后，就进一步开始论述其他问题："论正确的生活方式""论享乐""论爱情"。他最长的一篇文章是讽刺文《多坎库尔元帅与卡纳耶神父的谈话》。神父告诫说不要自由思想，那必然会导致用理智来思考宗教。

> 元帅：一个该死的哲学家大谈人类的始祖、苹果、蛇，让我越听越糊涂，干脆什么也不愿相信。现在我也看不出有什么道理，反而觉得更加没有道理。
>
> 神父：大人，这样最好不过了。没有道理！这才是真正的宗教。没有道理！上天给了您多大的恩惠呀！
>
> ——圣埃弗勒蒙（1728 年）

> 他的著作受到崇拜已有 50 年之久，甚至更长；公众对他怀着一种习惯的尊敬，他写的任何东西，哪怕是只言片语，都被奉若神明。
>
> ——查尔斯·科托伦迪谈圣埃弗勒蒙

元帅代表圣埃弗勒蒙，争论说基于理性的宗教不是无神论。

这些文章虽然由于作者的粗心在有些地方不够清楚，但仍然简洁易懂，因而大受欢迎。提倡享受是受人欢迎的，而且同时说应通过培养愉快的心情和温和的脾气来保持健康，感官的享受要少量、有节制；这使良心的顾虑也得到了安抚。对圣埃弗勒蒙来说，友谊这项乐趣与给人启迪的思想和愉快的谈话紧密相连。他所提倡的平衡的原则和巴洛克主义相得益彰，无论如何比禁欲主义好得多；鲁本斯或贝尔尼尼的作品或巴赫的音乐中都没有一点儿自我压抑，听天由命的影子（388 ＞）。

众所周知，提出这些伊壁鸠鲁式劝告的这位论说文作家不是在书斋里苦读的学究。这位被流放的作家曾出色地指挥过重要的战斗。他是位贵族，当人们劝他发表他的"著作"的时候，他对他们居然认为

348

他那些"小玩意儿"值得一提表示惊讶。圣埃弗勒蒙显然是最典型的"有代表性的人"。在任何时期，这样的人都影响重大，因为他的思想和其他有影响力的人的思想不谋而合。在历史上，他是重要人物，但慢慢地降为了三四等的人，只成为人们好奇的对象。如果真的身临其境地去看待过去的话，就会看到有一大批像圣埃弗勒蒙一样的人，当时的崇拜者确信他们的作品是时代的经典之作，无法相信后人甚至连他们的名字都全然不知。

※

自从彼特拉克开始（＜49），人们在就艺术和文学的表现方式进行辩论时就一直使用"古代"和"现代"的称号。但是，直到17世纪末，这些字眼才造成了文学界的分裂，出现了两大派别，它们之间的辩论被公开称为争吵。我们刚才看到圣埃弗勒蒙在这场辩论中直陈自己的观点。他是中间派，倾向于现代派。

最激烈的一次争论由佩罗在法兰西学院的一篇讲话引起。在那以前，在意大利发生过一次关于塔索的史诗的交锋（＜148）。无论站在哪一边，把塔索的史诗和荷马的《伊利亚特》或《奥德赛》相提并论都是不合逻辑的，于是这第一次争吵不了了之。后来的这次较量时间更长，题目似乎也更合理一些：现在的诗人和散文作家作为一个整体是否比古希腊和古罗马的作家强？每人都必须做出选择。现代派说："我们比他们强，因为我们的知识更多。"这样说有自吹自擂之嫌。如今被认为那个时代天才的另一派人因谦逊而赢得好感："我们只是在模仿无法超越的大师们。"可怜的佩罗这位写出了《鹅妈妈的故事》和其他现在已成经典的童话的作者遭到了激烈的攻击。辩论中又再次提出了荷马的名字，虽然只有很少人读过他的作品，更没人想模仿他。荷马史诗的翻译者达西耶夫人有力地对荷马进行了捍卫。参与论战的人都理所当然地认为支持古人的一派确实模仿了古人，却没人问一问现代的悲剧中哪些是古人的规矩和思想，合唱、音乐和舞蹈就更不用说了。大家都同意维吉尔比荷马更为杰出，同样，现代派所模仿的东西也是通常来自罗马历史，或罗马剧作家塞内加，而不是希腊文化——现代主义像一层厚厚的黄油，抹在薄薄的古代文化之上。

349

　　现代派最终取得了胜利，但不是因为他们的文学论述，而是借文化潮流之力；这场争议如同焰火一样，不断生出各种色彩的分枝。绘画的分量不大，因为没有古代的模式，但雕塑家和建筑家也参与论战，争辩不休。一旦现代派宣布了他们的优胜，反应敏捷的人马上指出：所有领域之中都出现了比过去更优越的作品、更大的智慧——一言以蔽之，进步。

　　这个结论意义深远。一旦承认了进步，它就意味着人和社会是可以完善的；如果有可能达到完善，就应当制定改变世界的计划。到了18世纪，改革的方案源源出台。西方思想从借鉴历史转为着眼于缔造未来。这个方向的转变普及之后，全社会就陷入了一种自相矛盾的不安之中：一方面兴高采烈，因为正在努力改善生活；另一方面受到内疚的自我意识的困扰，因为目前的状况如此糟糕。勇敢前进的一派和小心谨慎的一派之间的争斗也永无停息，他们后来形成了不同名称的政党，最终简化为左派和右派。这两个派别内部又进一步分成各种小派别，各自鼓吹不同的计划。不过，长存于我们当中的古代派和现代派现在似乎都同意，基督教关于世界的罪恶无可救药的观点不是绝对的，进步是可能达到的。对这一点的承认标志着现世主义日益普及。

※

　　除了论说文以外，圣埃弗勒蒙还写了几部箴言录。纯箴言这种文体在17世纪中期还是新生事物。在它之前有"漫谈集"和所谓的名言逸闻录。后者是放在人名后面的后缀，比如梅纳热言行录——作家梅纳热的言论或他的逸事。名言逸闻录是匿名发表的，其真实性和准确性没有保证。前文讲到路德时（＜ 16）举例提到的漫谈与它类似，同属一种文体。箴言与这二者不同，是作者自己的话。由于箴言的出现，名言逸闻录逐渐消没，但漫谈一直延续到 19 世纪（511 ＞）。

最著名的箴言作者是拉罗什富科。他是位公爵，一度是激烈的投石党人（＜ 286），中年后成为对路易宫廷冷峻的观察者。和新古典主义悲剧一样，箴言是对人心理动机的分析。表现艺术也同悲剧诗一样，把观察的结果压缩为易于记忆的形式，是去除了轻浮的讽刺短诗。一部箴言集相当于一部道德哲学著作，拉罗什富科的著作的标题恰好就是"箴言或道德的反思"。

后人读他的箴言集会觉得拉罗什富科对善与真完全没有信心，是对人性的怀疑主义者，在人的行为中只看到自私、虚荣和妒忌。比如他说："人如果不互相欺骗就无法在社会中生存。"其实这种认为他对人性一律怀疑的印象是错误的。无可否认，他的许多箴言对美德的健全诚实表示怀疑，指出自我利益在人的行为中的作用。但拉罗什富科并未对此津津乐道，他还写了许多别的箴言；他只是对于人的动机经常不纯感到悲哀。这方面的证明是在他 500 多条箴言中只有不到一半是消极的。更多的是中性的，是对生活和社会的描述。一些为数不多但十分突出的箴言讲的是正直男女的动机和行动，以及形成崇高人性的因素——勇气、友谊、知恩图报，以及真正的爱情。

在所有这三类箴言中，爱情是经常出现的题目，原因不言自明。但是这位道德家的经历不只限于凡尔赛宫，他经历了在此前各派间的战争，当时腐败的政治（他就此写了一部回忆录）造成了他对表面现象的怀疑。在批评他因自己遭遇坎坷就怨天尤人之前，应当记住这种道德怀疑主义也是基督教的精神——每个人都是罪人，哪怕是在做好事的时候。帕斯卡说"自我是可恨的"，也是部分地出于这条普遍法则。拉罗什富科把自我叫作 amour proper——自重。它是所有其他动机的基础。他几次把人的表里不一归因于不自觉的原因，这就使人更加悲观，因为本能的冲动是无法控制的。

拉罗什富科按照当时流行的做法花了几页的篇幅对自己做了简介。描述了自己的相貌之后，他说自己是个不会笑的忧郁的人，不仅是由于脾性所致而且也有"使他忧心忡忡的外部原因"，那就是宫廷中的生活。他也曾努力对朋友"放开"，但难以做到，仍然是"矜持内向"。不过，他喜欢与人讨论，特别是同女士交谈；她们讲话比男人精到准确。他头脑清楚，机智幽默，喜欢就道德问题进行严肃的讨论，但在讨论中常常过分激动。至于追求异性，他已经不再从事此道。但他钦佩壮丽的激情，能产生这种激情的人灵魂也同样崇高。

箴言中有一部分与其他部分互相矛盾，同作者的自我介绍也南辕北辙。这个双重的矛盾是由于箴言这种文体固有的弱点所致，而不是作者的缺失。箴言听上去仿佛放之四海而皆准，然而实际上只适用于某些场合。如果随便翻阅一本熟悉的隽语集，会发现有很多睿智的语句意思彼此抵牾，但两者都同样有理。它们如同谚语一样："三思而后行"，但"小心干不成大事"。角色和情况变化无穷，没有哪种智慧的思想能涵盖一切，特别是当思想是通过只言片语来表达的时候。

拉罗什富科的一句中性的箴言开辟了一个具有文化意义的题目——他给正人君子（honnête homme）下了定义。这个词确定了 17 世纪做人的楷模。它指的仍然是宫廷的侍臣（无论男女），但与卡斯蒂廖内笔下文艺复兴时期的廷臣（< 85）有所不同。卡斯蒂廖内写的人物有着无限的兴趣和能力。Honnête 并不是如今通用的诚实的意思，它指的是品行高尚，还带有受上天降恩的意思，像拉丁语中 honestas 一词。它含有一系列的品质，包括出身高贵，言谈举止优雅有礼，能轻易控制自我，因为在社交生活中以自我为中心会令人不快或冒犯别人的自尊。高尚的人还应该值得信任，不过首要的一点是他的行为必须圆通安详，没有粗糙的棱角。造成举止粗鲁别扭的原因既有生涩怯场、假作谦逊，也有自高自大、目中无人。拉罗什富科所作的定义简洁精确，很难传神地翻译：完美的正人君子是"对自己不事张扬的人"。

这是一项社会理想，也反映在其他相关的词语中：良伴（la bonne

351

compagnie）、优雅社会（le beau monde）、理想的人（les gens comme il faut）。这个理想的形成来自女性的影响。她们是品味的仲裁者、举止的判决人，在这方面行使着拉罗什富科注意到的她们在言谈中表现出来的精确。她们沙龙中的活动是上演的戏剧，而她们则是批评家。[参阅爱米莉·詹姆斯·普特南（Emily James Putnam）所著《淑女》（*The Lady*）。] 礼貌被称为"小型道德"，二者表现的都是一个人对另一个人的尊重。其实，我们发现社交场合中礼节的烦琐程度随着其他的文化特点而变化；从凡尔赛宫（或古中国）的繁文缛节到 20 世纪的无拘无束；它与它所属时代的政治、心理和审美相匹配。[可读哈罗德·尼克尔森（Harold Nicolson）所著《得体行为》（*Good Behavior*）。]

　　拉罗什富科公爵的《箴言录》是泛泛而谈，但如果根据它们对号入座的话，就会看到其中对路易十四、对他的制度和他的侍臣的批评。这位道德家对于为获得皇家的光荣、社会上的名声以及各种权力所采取的手段表示质疑。他鄙视阴谋诡计，指出一时的胜利是空虚徒劳的。他同莫里哀和拉封丹是同一条战线上的人。

　　另一位当时政权的批评者拉布吕耶尔使用了另一种文学形式斥责他同时代人的这些劣根性。他的经典著作《品格论》勾勒出在他周围谈话活动的各类型各阶层的众生相。为了保险，他先翻译了古希腊作家泰奥弗拉斯托斯的一部描述各种这类肖像的文集。在实质内容和效果上，这两部著作不可同日而语，其他用这种文体写作的作家与拉布吕耶尔相比也无法望其项背。

> 无论高贵者装扮得多么巧妙，都掩盖不了他们的恶毒。
>
> ……
>
> 在乡间散布着一些雌雄两性的野生动物，它们紧紧守着土地，不辞辛劳地挖土，翻土。它们的言语还算清晰，站直身体时可以看到它们长着人的面孔。其实他们是人。夜间他们挤在窝里，靠吃面包，喝白水和吃植物的根活命。他们辛劳苦干，因此别人不必为谋生而劳动，他们不应该挨饿，因为面包是他们自己拼死拼活干出来的。
>
> ——拉布吕耶尔《品格论》
> （1688 年）

泰奥弗拉斯托斯关于奉承者、莽撞者、高谈阔论者、小气鬼、无耻之徒等类型人的一般性论述占了一页的篇幅。所有各类人总共只有85页。拉布吕耶尔改造了这一文体。他的著作有16章，里面有对话和行动，还有生动的背景，洋洋洒洒750页。书的小标题恰如其分，是"本世纪的民德"。

352

拉布吕耶尔的畅所欲言令人吃惊。关于贵族的一章比莫里哀对侯爵的嘲讽还要大胆，因为作者是以自己的身份评论整个贵族阶级的行为。他评论的目标列举在各章的标题中，包括社会的各个方面：贵人、富人、市镇、法庭、君王、我们时代的人和道德、时尚、布道者、自由思想者、新闻人，还有其中夹杂的其他一些类型。读完了这一系列的章节后，人们会觉得是读了一本小说，更确切地说，是小说家为写作而记的笔记，像亨利·詹姆斯为他准备写的作品所作的那样充分详细的笔记。

拉布吕耶尔的语调有时讥讽，有时嘲弄，有时又一本正经或沉静严肃。他的赞助者是孔代亲王，这位亲王虽然不好相处，但一直坚决支持拉吕布耶尔。幸亏如此，因为《品格论》的读者一下就把书中描述的人和现实生活中的人对上了号。像任何写真人真事的匿名小说一样，这本书造成了一个强大的敌对联盟。出身资产阶级但通过捐官获得了贵族头衔的拉布吕耶尔依靠超乎寻常的支持才终于获选法兰西学院的成员，而莫里哀则由于从事演员的下贱职业而永远无法进入学院。

说《品格论》像小说只是因为它旨在描绘一个社会。里面的人物仍然是类型，不是个人。真正融合了心理学和社会学因素的小说出现的时间还在很晚以后（380＞）。不过在那之前，17世纪的一种作品可以称为中篇小说。那就是拉罗什富科后半生的伴侣拉法耶特夫人所著的《克莱芙王妃》。她曾写过一部标准的浪漫故事（＜340），但她后来的这本书讲述的是一位公爵和一位嫁给了她所尊敬但不爱的人的公主之间从未实现的爱情。公爵热切地追求她，她试图逃走但被丈夫拦住，最后她向丈夫说明了一切。丈夫不久死于嫉妒的绝望，公爵锲而不舍地继续追求，公主却仍然孀居。书中展示了爱情的发展，它与其他的感情和社会现实的联系，以及爱情的表达和压抑所带来的锥心的痛苦与甜美的快乐。

353　　虽然书中没有暴力，但是它对感情毫不留情的分析类似新古典主义悲剧。对爱情的处理常常使人想到拉罗什富科的箴言，这并不令人惊奇，因为箴言录本来就是他们两位合写的。把女主角无懈可击的道德说成是对路易宫廷的谴责则太牵强附会。故事发生的时间是16世纪，情节完全虚构。此书（匿名）出版是在宫廷的行为被强制约束的五年前，立即引起轰动。这三件事实放在一起来看似乎有某种特殊的意义——到底是什么意义却难以说清。这本书翻译成了英语，一位法国批评家则用拉丁语、意大利语和他的母语对它赞誉有加。

※

17世纪的另一项发明既不是巴洛克式的也不是自称对古人的模仿，那就是散文。在莫里哀的《暴发户》里面，汝尔丹先生听人说他一辈子说的都是散文，大为吃惊。这个笑话的舞台效果极佳，但他的惊讶是有道理的，而且像通常一样，他是对的。他一辈子说的是话，不是散文。散文是经过深思熟虑的书面表达方式，是一种可以成为艺术的形式。它和诗歌一样是要着意雕琢的。说话可以踌躇迟疑，零零碎碎，重复已说过的话，在意见后面再加限定语，而且经常意思表达不完全，而散文是以一个完整的单位来表达有组织的思想。对每个意见的限定语通常是根据对所要表达的意思、语句的声音或行文节奏的要求放在对意见的表述之前或之间。

现代语言在发展名副其实的散文方面花的时间比找到适合于诗歌措辞的音步的时间多得多。不错，很早以前就出现了描写行动的可读的作品，它们的描述随着事件发生的次序进行。但它们几乎无一例外地无法表述感情之间和想法之间的相互作用。近代早期的人由于对拉丁文掌握娴熟反而为其所害：它破坏了本国语言的条理次序。因为拉丁语的示格词尾，作者可以把句子中的各个因素随意放置而不会改变句子的意思。当意思取决于单词的正确次序和正确联系的时候，这样做就不行了。直到弥尔顿撰写政治小册子的时候，英文散文还十分艰涩；句子冗长，充斥着一个又一个的分句，读的时候得把它们拆开重组。这样读起来缓慢费劲，散文噎住了气，无法呼吸。

法文在帕斯卡之前也是一样。大家普遍同意是他的《致外省人书》（＜219）为法文树立了快速而有节奏的现代散文的榜样。不久以后，德莱顿也为英文散文树立了同样的典范。意大利文和西班牙文的句法比较简单，因此更快地达到了同样的目的。德文保留了示格词尾和绕来绕去的句法，因此完全置身于这个潮流之外。19世纪时，年轻的威廉·詹姆斯旅行期间写信给父母说，德文这种语言"事实上没有任何现代的改进"。从技术角度来说，德文没有像其他现代语言一样变为分析性的语言。使用德文写作的伟大诗人和思想家中没有几个人能像掌握他们的题材那样精到地掌握文字。［参阅路德维希·莱维松（Ludwig Lewisohn）写的一本小书《德语风格》（German Style），有加注的例子。］

354

有这样一个未加思考众口相传的说法，说英文散文的优美是从1611年出版的英王詹姆士一世钦定《圣经》英译本那里学来的。这个说法最经不起推敲。的确，英文作家采用《圣经》上的语言时，都自觉不自觉地引用其中的只言片语，但并不是采用《圣经》中连贯的文体。17世纪的《圣经》钦定本中的文字综合了过去300年来历次《圣经》译本的文字。詹姆士国王指定的委员会并不是从零开始，它参考了威克利夫、科弗达尔和廷德尔的译本，特别是这三个译本中最好的廷德尔译本。前言说钦定版的目的是要把已经很好的译文译得更好。［可读由沃德·艾伦（Ward Allen）编辑的《为詹姆士国王翻译》（Translating For King James），一位参与翻译者的笔记。］结果，这个版本中的文字与英国任何时期的语言都不一样。译文中的措辞经常是逐字地生搬硬套希腊文或希伯来文的用语，而不是译成相应的英语。为了忠于原文全然不顾意思的通顺："他们早上起身时，看啊，他们都是死尸。"（When they arose early in the morning, behild, they were all dead corpses.）

真正帮助了英文散文形成的是克兰麦的公祷书（即公共祈祷的祷词）。在礼拜中宣讲祷词的时间比讲《圣经》经文的时间要多，而且更为经常，信徒们对祷词的语气和遣词造句也更为熟悉。祷词中的语言在教堂内外都可使用。克兰麦费尽心血，尽量把罗马祈祷书中的特定短祷文和连祷文弄得浅显易记。与他的其他作品对比一下，即可看出他的公祷书是一部艺术作品。写出好的散文需要艰苦的努力，正如一位现代散文家所言，它好比"坐着举重"。

还应指出，显示出《圣经》经文影响的英文散文是辞藻华丽的那种半散文半诗歌，不是平常用的文体。这方面 17 世纪的一个杰出例子是托马斯·布朗爵士的《墓葬》。

不久前一位杰出人物看了一篇文章，他微笑着说："这些词彼此见面一定大为惊讶，因为它们以前肯定没有被放在一起用过。"

——布乌尔神父（1671 年）

离我们的时间更近一些的罗斯金偶尔也用这样的文体。这种体裁不在乎意思是否清楚，只为能动人心魄。它利用一切可能的机会抒发崇高的感想——胜利的喜悦、因令人痛惜的死亡而产生的肃穆——这些都足以要求使用发音洪亮的文辞，华丽壮观的文字，以及句尾一连串精心推敲的多音节词的抑扬顿挫的声调。光是这样的语音组合就应当专起一个名字，还应再找一个名字来称呼现代各行各业用的那些生硬的抽象名词。应当记住，散文（prose）一词来自拉丁文的 prosa oratio，意思是直线式的论说。

法国人是按照直线走的，他们比英国人更容易做到这一点，原因很清楚：他们是天主教徒，因而不必每周去听布道；他们没有公祷书，讲道全靠神父用拉丁文。只有在像国丧这样的大场合中才用得着华丽的文体。费奈隆的敌人博舒埃和其他的高级神职人员用这样的文体，但只是为了宗教仪式的目的。所有其他作者（只除了一个显著的例外）

都走简单明了的路子。他们不像诗人那样有各种束缚，只能用高尚的词语和委婉语——火焰或锁链代表爱情，披羽毛的物种代表鸟，等等。

为了做到明了易懂，自然迸发的思想必须理顺，一句话应该可以一口气读完，句子之间的联系要通过清楚的句法表示明白。字句如若使用正确应尽量减少形象的使用（那可能会转移读者的注意力），这样才会看起来像是思想自然而然的表达。但其实它并不自然。像笛卡儿的《方法论》中所说的，它是极端自我意识的产物。好的句子如同拆开经过仔细分析又重新组装起来的精密钟表。17世纪这方面唯一的例外是圣西门公爵。他可能是各类文学中仅有的一位真正的意识流散文作家。他的文章违背了一切达到意思清晰的指南，而且必须读法文原文，因为译者在翻译中重新整理了他的句子，把意思理清楚了。

不过，他像20世纪的小说家，在某种程度上像普鲁斯特；他说服了读者，使他们相信他的表达方式是自然的，比分析性的写法更真实。然而，这位公爵有时写作也遵循自我意识，这是他自己说的；他的巨制《回忆录》共有41卷，直到19世纪才发表。那是一部艺术作品，它巨细无遗，内容翔实，于庞杂中见条理，是巴洛克风格的杰作之一。

> 我还要谈一谈文体——它漫不经心，同样的字眼相隔很近又再次重复，同义词太多，特别是句子冗长，晦涩难解，可能还有对事实的重复。我清楚这些缺点。但我没法避免，我写作的时候身不由己，顾不上表达的方式，更顾不得解释。我总是积习难改，写得太快。
>
> **——圣西门《回忆录》（时间不详）**

※

到了17世纪末期，法语成为受过教育的欧洲人的第二语言，文学也开始学习法国的榜样。在王政复辟的英国，这种影响尤为强烈。查理二世和他的朋友们在法国流亡近20年，他后来的侍从也学习法语以便能够应对得体。亲法的王政复辟时期的气氛是众所周知的：从清教　356

徒的严肃认真中解脱了出来，道德标准松懈；国王艳事不断，不像英吉利海峡那一边他的保护人那样认真治国。当时的主要文体风俗喜剧再现了宫廷中的日常关注、规矩惯例和机敏的对话。范布勒、威彻利、法夸尔和康格里夫笔下的人物都诡计多端，铺张奢侈，没有良知，无所顾忌，并且谈吐诙谐。故事情节是从法国作家，特别是莫里哀，那里借用或改写来的，但格调却不是新古典主义，而是巴洛克式的。剧中语言趣味性很强，角色们说的是拉罗什富科式的洞明世事的箴言，但用的比喻却趋于下流［这方面的情况介绍可读约瑟夫·伍德·克鲁奇（Joseph Wood Krutch）所著《王政复辟后的喜剧和良知》（*Comedy and Conscience After the Restoration*）一书中的一至四章］。

同期英国的悲剧在德莱顿手中放弃了伊丽莎白时代的格式，转而效仿法国，使用长篇押韵对句，但更注重效果的强烈。他的题材，如《奥伦-蔡比》和《征服格拉纳达》，不是来自古代，而是来自现代（虽然是较早以前）的历史事件。这些壮烈的英雄故事情节可信，语言铿锵，给观众以极大的享受。难怪那时莎士比亚的名声处于低潮。在家中阅读莎氏剧本的诗人佩服他在某些地方的表现力。但剧本搬上舞台却被贬为糟糕、粗鄙、老式的玩意儿。干练的海军大臣塞缪尔·佩皮斯酷爱戏剧，在他著名的日记中记载了他作为个中老手的评判。

其他批评家的态度更为轻蔑，说莎士比亚和伊丽莎白时代的其他剧作家"根本不懂叙事诗或诗剧的规矩，而且，说实在的，也写不出正经的英文"。德莱顿的态度也是时而热情推崇，时而几近轻蔑，他说莎士比亚"许多时候呆板、乏味，他的喜剧诙谐沦于口角吵闹，而严肃的部分则膨胀为浮夸"。接着，他引用了一段《哈姆雷特》剧中的话，然后说："一些微不足道的琐碎念头在这里被渲染成为如此轩然大波。"

> 我看了《罗密欧与朱丽叶》，这是我一生中所见所闻的最差劲的戏。——《仲夏夜之梦》，我过去未曾看过，今后也绝不会再看，因为我从未看过如此乏味、荒唐的戏。——《第十二夜》演得不错，虽然它只是一出胡闹的戏。
>
> ——塞缪尔·佩皮斯（1661—1662年）

王政复辟时期出现了大批的抒情诗歌，其中沃恩和特拉赫恩的作品最为突出，此外还有五六位时常写作的女作家。其中一位阿芙拉·贝恩也是位成功的剧作家。但德莱顿作为诗人和散文作家轻而易举地成为执牛耳者。他的政治讽刺诗、他对维吉尔和其他古罗马作家作品的翻译，还有他措辞猥亵的抒情诗，这些作品为这一文学风格全盛时期的后来作家在格调、措辞和节奏方面确立了榜样（＜325）。在前后100年内，一首十音节对句押韵的诗歌如同今天的小说一样，是进入文学界的必备条件。德莱顿在他的随笔、前言和一篇杰出的对话中所作的文学批评可以使他跻身于西方文学最伟大的批评家的行列。

357

※

在这巴洛克风格和新古典主义混合的精彩之中，出现了一本和这两者都无关的小书。书的作者是个补铁匠，叫约翰·班扬，书名叫"天路历程"。书中以最简单的语言讲述了主人公基督徒[1]做了一个梦，使他对自己的灵魂感到深切的

有的说，约翰，把它发表；
别人说，不好。
有的说，可能会有用；
别人说，没用。
最后我想，既然你们如此意见不一，
我就发表了它，不作别议。
——班扬致《天路历程》的读者
（1678 年）

焦虑。在梦中，他离开家人和朋友登上了去往天国城的旅程。途中惊险恐怖：绝望泥津、死亡之谷、浮华市集、错误山、绝望巨人，还有其他的危险和欺诈考验着他的决心。他同普通的诱惑者如爱钱先生和无神论者的对话使他对天国的寻求更加困难。

这是个寓言故事，但与其他同类作品的不同之处在于它情节丰富，造成真正的悬念，描述的各色人等也真实可信。它立刻得到了英国大批不信奉国教的新教徒的喜爱。他们对王政复辟时期的作风和道德不

---

[1] 基督徒，这里做人名用。——译者注

以为然，也不喜欢深奥微妙以伦敦为中心的文学；他们听不懂康格里夫剧中人物的对白。《天路历程》无论是因为它的宗教寓意，还是作为一部生动的小说，直到19世纪末都受到男女老少的喜爱。萧伯纳推崇它为对人生最精湛的诠释。今天，并非虔信宗教的读者会惊讶地发现，班扬的许多意见和自己的想法不谋而合。这个补铁匠对社会权力机构的方法和如今称为价值观的东西发起系统性的攻击。他认为政府、法律、礼仪、道德和社会习俗都是有权有势的富人压迫穷人的工具。只有穷人朴实、坦诚、宽宏大度。当然，他并不是宣扬革命，只是想自我改造以拯救自己的灵魂。

无知：我知道主的意志，我一直规规矩矩；我不欠谁的钱；我祈祷，斋戒，缴纳什一税，还救济穷人。

基督徒：但是你不是从便门进来的，你也是沿着那条同样的弯曲小路走来的，因此我恐怕你进不了天朝，而是会被指控是小偷强盗。

——班扬《天路历程》（1678 年）

班扬因为宣讲他的激进观点多次入狱，但这本书并非传说中的那样是在监狱中写作的。他还写了其他的书（和诗歌），都枯燥乏味，只除了一本《丰盛的恩典》。它叙述了他多年来沉湎于罪恶的痛苦经历和他的解脱。信奉加尔文主义的班扬感到的痛苦比路德还要剧烈，因为自路德以后，《圣经》变成了绝对的百科全书，而它的威吓和应许是相互矛盾的。

358

基督徒这个人物代表着寓于新教徒同上帝的直接关系中的个人主义，不可能通过"做好事"积德来避免下地狱。他一心只顾自己，才不管什么"家庭观念"，径自把妻儿抛在后面，只为了他自己不堕地狱。不过这本书一举成功之后，班扬又写了一部同样篇幅但远不如前的续集，在里面基督徒的太太和儿子们在好心先生的帮助下得了救。

在查理二世宫廷的优雅的作乐者当中，或在伦敦的文学圈子里，班扬和他的书恐怕没有引起任何注意。清教徒精神已不再受到仇视，只是嘲笑的对象。促成这种从仇恨到嘲笑的转变的作品是塞缪尔·勃特勒的《休迪布拉斯》。农民的儿子勃特勒在不同贵族的府第里做"家

佣"，以他粗鲁的幽默受到人们的喜欢。使他成名的这首诗是照
《堂·吉诃德》的体裁写的一首仿
叙事史诗。休迪布拉斯和他的侍从
拉尔弗是清教徒，他俩经历的一些
荒唐可笑的冒险显示出克伦威尔时
代的虔诚和社会理想只不过是虚伪
和追逐私利。诗中还散布着一看即
知是对勃特勒时代一些显要人物的
肖像描写。

什么能使所有的信条清楚明白？
大约一年 200 英镑。
要把原来正确的道理证明
是错误的呢？再花 200 镑就行。
——塞缪尔·勃特勒《休迪布拉斯》
（1668 年）

　　诗中令人捧腹的地方应当是这对骑士主仆和一群斗熊的人打架的
情节与八音节句子之间的巧妙步韵，这是拜伦的《唐璜》和 W. S. 吉
尔伯特的喜歌剧里面常用的手法。勃特勒的韵体诗相当粗糙，也很少
诙谐。但查理国王喜欢他的作品，赐给他一笔津贴。到 17 世纪结束时，
这位作家和给他以启发的题材都被遗忘了。王政复辟时期的氛围开始
让位于严肃的思想。

百科全书的世纪

百科全书——"教导的圈子"——可以作为18世纪的象征。这个时期像文艺复兴时期一样，坚信它掌握了新的知识，掌握得充分完全，坚信这是实现解放的手段。这种信心来自科学思想的明显进步。科学意味着不管传统观念如何定论，对所有问题都应运用理智来进行分析。最终一切都会被了解和"被圈住"。对自然和思想进行探索并把结果广为传播，这样做的目的是使各地的人都达到理智而且仁爱的境界。语言、民族、习惯和宗教将不再造成分歧，众所周知这样的分歧是致命的。有一个单一的宗教和它的普遍性道德，有法语作为受教育者的国际交流工具，这样的世界将由启蒙思想家组成，或至少由他们来管理。

因此我们可以说，在不求助奇迹的情况下，因为奇迹应当尽量留到最需要的时候，撒拉的强健体质和她免于生产与哺乳可能会使她的美丽维持到90岁。普罗科皮尼斯说，她一旦能够受孕就恢复了原来失去的美丽。这种说法不足为凭。

——培尔论亚伯拉罕的
妹妹和妻子撒拉

在实现这样一个世界之前，需要扫除许多东西，首当其冲的是基督教——不是它所宣扬的博爱和四海之内皆兄弟的道德，而是它超自然的历史、神学，还有教会。必须对世人讲明，《圣经》只不过是一群无知或诡诈的人编造出来的一些寓言。这种观点的形成可并不是理查德·西门神父的初衷，他是17世纪一位奥拉托利会的僧侣，写了《〈旧约〉的历史之述评》一书，对摩西是否确是"五经"的作者提出异议。是他开了对《圣经》经文高等考证的先河，即对经文的意思和真实性进行分析，而不只是考证经文的准确性。大约与此同时，荷兰一位安静的思想家，被逐出教会的犹太人斯宾诺莎，提出了对《圣经》更进一步的解释。他的哲学带有自然科学的深深印记，与拘泥于《圣经》经文的信仰完全不同。斯宾诺莎认为，上帝无处不在，世间万物莫不充满着他的力量。上帝高不可仰，深不可测，人对他应有"出自理智的爱"。斯宾诺莎用几个定义和原理按严格的次序推断出 100 多个论点，他这个信念就是用这些论点以几何方法演示而成的道德和形而上学的一部分。如果认真研究一下《圣经》，会发现它像是由一些无名的抄写员堆积在一起的汇编，内容充满了矛盾。其中道德的训诫值得钦佩，历史部分的准确性难以确定，故事则只是寓言。

360

　　斯宾诺莎与 17 世纪的几位哲学家和科学家有通信来往，受到他们的高度评价。他出版的著作很少。他靠做工匠谋生，生活简朴，却谢绝了请他去海德堡大学任教的邀请。乍看之下，他似乎不过是又一个自由思想者和无神论者，虽然并不惹是生非。像西门神父一样，他当时没有多少追随者。在那之前，高等考证还只处于地下准备阶段。但不久之后出现的一部著作引爆了地雷，攻破了堡垒。著作的作者是皮埃尔·培尔，当时也在荷兰流亡。他编纂了一部称为"历史性和批评性的"大型辞典，里面对基督教的启示中人所熟悉的部分进行了比较、并置、探究和冷嘲热讽的描述。读者会受到他对基督教怀疑的感染，要不就因为他的亵渎而义愤填膺。

　　为避免审查机构的刁难，培尔在辞典中写的词条很短，只是写明定义而已。他的学说载于附加的注解之中，这些注解长而字号小，这样一来审查官容易略过不看。光明的世纪就这样开始了，但同时也陷入了分裂。如果以为那时的哲学家和他们的《百科全书》轻而易举地赢得了胜利，那是因为看到他们的观点如今得到了普遍的赞同，是他们的观点帮助形成了我们今天的世俗世界。但是，反对他们的力量并没有被消灭，19 世纪时又东山再起，到今天愈加壮大。反对的目标——

"启蒙"——不是理智或知识，而是 18 世纪的那套思想及其应用。

培尔的《辞典》主要对知识分子有吸引力。杰斐逊有一套五卷对开本不足为奇。不过，是伏尔泰真正把辞典的思想传播给了普通的受过教育的读者、富有的资产阶级、上流社会的男女和沙龙中形形色色的人。他的意思简单明了：《圣经·创世记》中有一点是对的，上帝确实创造了宇宙，但没人知道是如何创造的；上帝使宇宙按照规则——科学的法则——运转，而对这些规则他没有理由干涉。这就是自然神论，理智的人的宗教。它要求丢弃各种仪式、祈祷和蜡烛，也要丢弃恐惧，同时要认清教会对人的欺骗。这种欺骗只是为了达到牧师和僧侣、主教和教皇这些人的私利。

伏尔泰用尽各种手段和工具来宣传这个信条，在政治小册子中，在对别人对他人身攻击的反驳中，在五幕悲剧中，在偶尔的短诗中，在古典著作的再版说明中，甚至在私人信件中都广为宣传。最后，他把自然神论的论点提纲挈领，写了按字母顺序排列的一系列文章，每篇 4~5 页，题目为天使、无神论者、狂热、摩西、奇迹、救世主、平等、国家、容忍等，共 73 篇，编为《哲学辞典》。其实，他还可以在标题中加上简明和趣味这两个词。这本书等于是把培尔的著作改编为读者文摘的形式。文体明晰易懂，语带诙谐但低调含蓄；全书的主调合情合理，讲求实际，让人心悦诚服。

宗教本身并没有遭到攻击，而是对它做了重新解释，把它简化了。面对伟大的造物主和他的创造，人当然会诚惶诚恐，这就够了。所有民族对造物主都怀有同样的敬畏之情，因为人如同自然一样，无论在世界的什么地方，本质上都是相同的。好的道德原封不动地保留了下来，因为这也是全球通用的。既然这些根本性的东西是基本一致的，就不应有造成冲突的原因，不应有宗教战争，不应有十字军东征、异教徒、皈依、宗教裁判法庭、火刑柱和屠杀。

不过，无耻的教会并不是造成人对人残暴的唯一原因。另外一个原因是政府，也必须使它合理化才行。在这里伏尔泰又是集牛虻和蜜蜂于一身，部分地是因为机缘巧合。他年少气盛的时候言语间冒犯了一位贵族，结果遭到那位贵族仆人们的痛打。伏尔泰居然胆敢向那位贵族挑战，要和他决斗。为此，他第二次被关进巴士底狱（他已经入过一次狱了），还被勒令离开法国。伏尔泰决定去英国流亡。在那里，他很快交上了朋友，学会了英语，对英国的体制进行研究。两年后，他回到法国，写了《英国书简》。该书立刻引起轰动，造成巨大影响。法国开始推崇英国。一些作家决心学习英语，更多的英语作品被翻译过来，时尚和礼仪染上了英国味道。

在《书简》发表之前，法国关于科学的哲学是笛卡儿的哲学（＜201）。据报道，巴黎只有两位牛顿学说的信奉者。伏尔泰发表了他对英国社会和政治的调查结果后，接着又写了《牛顿哲学原理》。不久，他和其他人开始着手介绍约翰·洛克关于政府的思想。最有吸引力的是宽容这个观念。英国人只有一种调味酱但有 100 种宗教这句俏皮话并非出自伏尔泰之口。他也没有写信给爱尔维修说："我完全不赞成你的意见——但我将誓死捍卫你发表意见的权利。"这句话是 20世纪的一位女传记作家替他说的。不过，这两句话倒是很好地代表了他的言论和宗教自由的原则。那句俏皮话把事实过分简单化了：英国的新教各派确实都是合法的，但在权利和机会方面却不平等，天主教徒则多少是受迫害的。然而，英国的教会和政权还是允许沙夫茨伯里伯爵出版他大逆不道的观点，说宗教可以选择，无神论应当被认为是一种形式的信仰。允许他这样做的理由是争论可以出真理，在争论中应当做到真正的各抒己见，无论提出的意见是多么谬误。法国的知识分子一下子就看到了言论自由的好处，他们记得伽利略的遭遇，他们也知道笛卡儿、伽桑狄、西门、培尔和其他有创见的人因害怕索邦大学的迫害而被迫修改或隐藏自己的观点。

362

※

　　约翰·洛克是何许人也？他是个医生，是牛顿的朋友，在斯图亚特王朝期间不见容于他的祖国，不得不在荷兰和法国游荡达 8 年之久。在这两个国家中，他结交了一些先进的思想家。詹姆士二世 1688 年被赶走之后，洛克回到祖国，成为推翻国王的政党的代言人。当时发表的权利宣言需要有一位理论家当作者才说得响。洛克正是合适的人选，因为他在外国吸收了先进的思想，又在他自己关于形而上学和政治学的著作中把这些思想雄辩地阐述了出来。

　　在政治学方面，他从自博丹到霍布斯这些研究人类社会起源的理论家那里获益匪浅（＜ 245、267）。比如，宽容会加强而不会削弱国家这个论点就来自与世隔绝的思想家斯宾诺莎的一部著作，也是他发表过的唯一著作。代议制国家的各种好处在哈林顿的《大洋国》里已经一条条列举得清清楚楚，更不用说有民主思想的清教徒在这方面的意见（＜ 264）。简而言之，洛克之所以出名是因为他以明白易懂的文字总结了早已发展成熟的思想。洛克被尊为发现并首先阐述了“人民的公民和政治权利与生俱来”这条原则的人，这不能怪他欺世盗名，而是常见的文化倾向造成的误会。

　　既然人民的这些权利要取代君主的神权，洛克就先从否认后者着手。罗伯特·菲尔默爵士写的一本小册子给他提供了机会。菲尔默代表着相当一部分英国人，他们对于 1688 年暴力推翻合法的王权大为惊骇。与这些人有同样宗教信仰的菲尔默认为，绝对君主制可以溯源到亚当的父权和普遍权威，它是由神的旨意下交给每个统治者的。有人说这是个荒谬的思想，但是，对于和莎士比亚一样相信国王确有神力保护的大多数人来说，权力由上帝交给第一个人，以后再交给他所选定的后代，这是合乎逻辑的；它是推理的一部分，它的出发前提是《圣经》这部真理之书。

　　与它相比，洛克的前提是对于社会起源的一种假设。如同霍布斯的理论一样，这种假设出自自然的状态——理性和自然这永恒的一对又一次出现（＜69）。洛克的推理如下：自然中的人有靠个人力量所能争到的一切权利——没有限制，没有禁区。但这种暴力的混战给人造成了不便，于是他与同类们达成协议，建立起一个权威来控制暴

政府的目的是实现人类的利益，哪个符合人类最大的利益呢？是让人民永远处于专制政权无限的意志支配之下，还是使统治者有时也会受到反对？当统治者被推翻后，（权力）回归社会，人民有权做主酌情决定给它以新的形式或把它交给新的人选。

——约翰·洛克，《政府论》
（1690 年）

力，解决争端。这就是社会契约或协定。这个安排一旦建立，产生了法律之后，就对所有人永远有约束力，除非这个权威，无论是个人还是群体，滥用交给它的权力。如果它这样违背契约，社会的成员就可以予以抵抗，甚至可以推翻统治者（们）。洛克用这条规定证明，赶走詹姆士二世，让一个愿意遵守契约规定的人，即奥兰治的威廉，来取代他，这样做是有道理的。洛克和菲尔默推理之间的根本分歧在于洛克的推理完全没有宗教的因素。这一点清楚地说明，对他来说理性比神的启示更为可靠。洛克在两篇论文中提到过上帝，但那只是做做样子而已。当先进的思想为研究自然的结果所深深吸引的时候，似乎把自然作为推理的基础比信仰更为坚实。但两者的起点都同样不可靠：一群习惯于互相抢夺食物、住处和女人的野人自发地聚在一起制订契约，这样的情景同权威按神的旨意从亚当一直传到詹姆士二世的说法一样匪夷所思。

　　对洛克和同新国王威廉三世谈判的英国人来说，社会契约的条件就是权利宣言的 13 项条款。但洛克希望他的文章能够上升为理论，高于当时当地的需要，适用于一切时代与地方。普遍权利归结为三项：生命、自由和财产。最后一项基于这样的概念：当一个人把他的劳动同某些物质的东西"结合起来"的时候，所得的产品就无条件地属于他。保证这些权利的权威不能是霍布斯式的绝对统治者。无限的权力太容易导致专制暴政，那是有神意所依的君主想做而没有做到的事。

洛克认为主权在于人民。既然全体人民一道行使主权有诸多不便，所以他们推选代表来替他们代理。这些代表中有的制定法律，有的负责执行法律。

沿着这条线进一步推理，可以看到，最好地体现了上述结论的政府形式是英国的所谓混合制度：国王参与议会（议会包括下议院和上议院），由选举而成的下议院完全控制赋税和军队。任何权力只有得到军队的支持才能稳固，于是下议院用一个巧妙的办法来保持它的权力：它每年通过一项叛乱法令，有效期只有一年。没有这项法令，就没有军法，也没有军事法庭来执法。美国宪法抄袭了这条聪明的规定，并规定总统为三军总司令，因而进一步加强了这条原则。

※

在伏尔泰居留英国期间，另外一位法国观察家孟德斯鸠男爵也到

364　了英国。他来自法国南部，是那里地方法院的副院长，也是法律界贵族的一员。孟德斯鸠不需介绍信便受到切斯特菲尔德伯爵和其他显要人物的热情接待，因为他声名卓著，是畅销书《波斯人信札》的作者。那是一本虚构的小说，讲的是一个波斯人对法国宫廷的访问。书中对双方都作了辛辣的讽刺，对法国人和波斯人对于宗教、规则、道德、妇女和礼仪的态度同样予以嘲弄。该书在欧洲大获成功。当时读过这位机智诙谐的年轻法官的书或与他交谈过的人们怎么也想不到，20年后，在世纪中期，孟德斯鸠在发表了一系列对罗马的伟大和衰落的研究之后写出了一部结合历史、政治学和社会学的巨著《论法的精神》。

书的标题译为"论法的精神"并不能完全达意（＜220）。"精神"一词在这里的含义为意图和恰当性，"法"其实指的是宪政，即政府的形式。这部著作内容浩瀚，作者在书的开头就告诉读者，他在组织此书的材料时不止一次地感到气馁。各地读者盛赞他这一壮举，特别是法国人更加深了崇英狂热：书中论述自由的前六章描写的就是英国宪

法对自由的体现。权力分为立法、执行和司法三部分，确保了自由和民权；这三部分权力平等，因而保持了政府的平衡。

孟德斯鸠暗示他对这样的机制有美化之处。这个提醒甚为明智，因为在切斯特菲尔德的英国，政府的实际运作与书中介绍的合理秩序大不相同。首相（新设的头衔）是国王的代理人，行使国王赋予的执行权力，他若想执行任何东西都必须首先控制议会，他也经常使用这个权力来反对企图干涉立法的国王。孟德斯鸠写到，司法的独立没有专门的法律规定，而是寓于陪审团制度。事实上，法官和陪审员经常听从执行部门的命令，而议会只要通过一项法律就可以把人定罪；权力的分配界限不清。尽管有这些重叠之处，但孟德斯鸠的权力分立和平衡的理论大受欢迎，被称为世界奇迹之一。它在美洲的殖民者之间深得人心。他们所读的文章中引用最多的就是孟德斯鸠的话。他们获得了自由以后，把这一理论写入了宪法。

这里回顾的一切——17世纪晚期的批评思想、1688年的事件，还有洛克、伏尔泰和孟德斯鸠的著作——可以总结为几点：神赋权力这个教条站不住脚；政府是从自然中因合理的动机产生的，是为人民

> 我无意查问英国人目前是否享有这样的自由。我只要宣布他们的法律确立了这些自由就已足够，不再进行更进一步的探究。
>
> ——孟德斯鸠《论法的精神》（1748年）

365

的利益服务的；某些根本权利不能废除，包括财产权和发动革命的权利。或可进一步简化为：英国清教徒提出的争取平等和民主的政治思想现在成为思想的主流，只是去除了宗教的部分。

基督教的传统和《圣经》的内容从社会理论中消除，因此也就从公共辩论中消失了，所留下的空白由大众哲学填补起来。这就是18世纪的作家为什么叫作启蒙思想家（philosophe）的原因。他们一致深信不疑伽桑狄提出的基本原理，即一切知识都来自通过对外部世界的经历所得来的感受。但对这种经验主义的解释仍然存在分歧或困难。在这里，人们又认为是洛克证实了这条真理，是他提出联系的原则，去

除了主要的反对意见：所有的感官感受一起形成事物在头脑中的图景，即观念；观念又通过类似的过程在彼此之间建立有意义的联系。人的头脑中没有固有的思想，人按照所见所闻创立自己的法则。这种探索形式的最高成就是自然科学，实验是受人引导并密切观察的经验，目的是为了确定越来越永久性的联系或自然"法则"。

大多数第一代的经验论者都承认上帝是造物主，是伟大的钟表匠，是他开动了宇宙，然后任其自行运转。但他也赋予了人类理智，人用理智发现了上帝创造的井然有序的机制。于是人们想到，感受意味着物质的存在，因此思想、感情、知识甚至生命本身都只不过是一些物质的相互作用。运动着的物质是因，而进行着别的运动的另一部分物质则是果。这种关系中没有上帝插手的份儿，他很可能并不存在。事实上根本不需要他。古罗马的卢克莱修不是写了一首杰出的诗来阐述这一点吗？他表明所有的事与物都只不过是原子的结合、分裂和重新结合的产物。原子论简单决绝，对科学最为合适。沿着这个思路，预定论的信仰又卷土重来了。

在 18 世纪，科学与唯物主义哲学的结合因惧怕宗教当局而只能秘密进行，但到了世纪中期，这种结合已经完成，主要表现在霍尔巴赫男爵、爱尔维修和其他人的作品中。自此以后，它时时引发广泛的拉锯式的文化大辩论。当唯物论者占上风的时候，物理是"楷模"，生机论者和唯心论者被压了下去；当后两者声势壮大的时候，生物学称雄，唯物论者的声音则湮没无闻（632—633 ＞）。在启蒙思想家的时代，牛顿的追随者和莱布尼兹的追随者之间就这个问题展开了一场大论战。对莱布尼兹的名字本书至此只是顺便提及，但他作为一派的代表是当之无愧的。

争议是围绕着一个不相关的问题开始的：两位宗师中是谁先发明了微积分这种用来决定曲线、加速度和同时但不同样变化的量之间其他关系的方法的？这个问题至今仍没有结论。牛顿所用的符号后来证明更加方便，于是成为现在通用的符号，不过他们二人都应为发明了一项对物理学来说至关重要的工具而收获赞誉。

牛顿不是唯物论者，这从他对《圣经》的研究和他明确的谈话可以看得出来（＜197）。但是他的追随者为了自己的目的把他说成是唯物论者。莱布尼兹努力想建立一个全面的理论体系来说明物质和精神如何契合。他认为，上帝的智慧、仁慈和力量积极持续地推动着科学所发现的宇宙秩序。作为科学家，莱布尼兹对当时关于空间、时间和运动的各种问题进行研究。他认为物体由内部不断运动的微粒聚合在一起。他造了一架改良的计算器。他还呼吁发明一种国际思想语言，能够像数字一样使人用它推演出新的真理。他的探求心和创造性是无止境的。

但是，莱布尼兹说，是传统的上帝在我们的思想与其所关联的事物之间确立了"先定和谐"，还认为单子（monad）是思想（包括精神和灵魂）的单位。他这样的观点似乎与让上帝光荣退休的新思想格格不入。其实单子不是任意武断的概念。支持它的理由是：按照定义，思想不能像物质那样分析为越来越小的微量；它是一个整体，否则就不存在；单子是原子的对等。18世纪的反唯物论者应当欢迎单子理论才是。不幸的是，莱布尼兹派的领头人是一个正统的基督徒克里斯蒂安·沃尔弗，他用老式的神学（和令人生畏的日耳曼式的迂腐）来解说他的论点。现世主义者决心把宗教和哲学分离开来，所以尽管莱布尼兹的单子理论有诸多优点，但他还是同沃尔弗一道被打下马来。后来，伏尔泰在《老实人》中尖刻讽刺莱布尼兹提出的我们的世界是可能实现的最好的世界的说法。按沃尔弗的解释，这句话的意思变成了我们的世界是可以想象的最好的世界。伏尔泰使他书中天真的主角遭受各种不幸与灾难，尽情地对这一概念进行嘲笑。其中含义若进一步引申就是：既然上帝无法创造一个比我们目前更好的世界，他一定是不够仁慈，或能力不足。

唯物论者来不及躺在自己的成就上睡大觉，从另一个方向又出现了一个令人困扰的论点。后来成为主教的年轻人乔治·贝克莱对科学绝无敌意，他是灵机一动，提出了这样一个问题：物质到底是什么。我们看不见物质，看见的只是颜色和形状，感觉到的是坚硬和柔软，味觉和嗅觉也是一样。这些感觉和印象的某种组合代表了一个物体，我们再给这个物体起一个名字。然后我们想象——不是看见或感到——有一种支持着所有这些印象的基础，把它称为物质。如柯勒律治所说，物质好比一个看不见的针插，我们认为需要它把我们各种感觉的"针"聚拢在一起。［可读贝克莱所著《备忘录》（*Commonplace Book*）。这本简短有趣的书详述了他思想的起源和发展。］

贝克莱问道：当真需要这个针插吗？并非专业哲学家的约翰逊博士听到贝克莱对物质的评论后，一脚踢向一块大石头，"踢得如此之用力，竟然被石头反弹回来"，并且说："我就这样驳斥它。"但贝克莱从未否认过事物是真实存在的，像石头一样坚硬，如约翰逊博士一样沉重。他指出，物质是一个加在感官实际感觉到的东西上的概念；从未有人反驳过他这个意见。今天，物理学家用回旋加速器来研究感官的感觉，共有40来种"粒子"，得把它们运动的轨迹拍照下来，因为它们生命短促，转瞬即逝。它们自己就是一股能量，或者可以转化为能量，似乎不需要那看不见的针插。

然而常识证明，假想存在的物质在日常生活中是有用的，无论持有何种信仰或哲学观点的科学家在进行实验的时候都假设物质存在，如同约翰逊博士坚持的那样。经过了所有这些猜测和设想，大众心目中印下了牛顿学说把世界看作机器的形象。世间万物都是机器上的螺丝钉，受到宇宙因果作用的制约。这样的解释得到普遍的认同。18世纪中期，一位名叫拉美特利的法国军人甚至写了一本题为"人是机器"的书，引起轰动，使唯物论者欣喜称快。普鲁士的腓特烈读了此书后非常喜欢，奖赏了作者。对唯物论的这类应用也时起时伏。在19世纪生机论兴旺过一阵后，托马斯·赫胥黎宣布人为自动体（572 >）。后来，他放弃了这个概念，但别人又把它捡了起来；在我们这个世纪，人又被说成是一种化学的、腺体的和电的机器；更近代也更深奥的说法是细胞和基因预先决定了人，并管理着人的官能。

※

18 世纪这些思想在西方广为传播，引得有人欢呼有人憎恶；这有一个前提条件，那就是大众对各种书刊的热切阅读和应这种要求蓬勃发展的出版业。各种报刊如雨后春笋般出现，源源不断地提供新闻和关于各种题目的各个层次上的新设想，从纯科学到闲谈。在这大量的思想传播中，君主制和宗教的利益也不甘寂寞。在宫廷的帮助下，在国王的情妇蓬巴杜夫人的领导下，神父和主教、议会的法官、索邦大学的教员以及自由作家对先锋派发动反击。启蒙思想家这一原本是光荣的称号被许多人加以轻蔑和仇恨的口吻，轻蔑是因为认为他们浅薄，仇恨是因为认为他们不信宗教。更粗鲁的人把他们的著作比作蛙鸣，给他们起绰号叫"呱呱呱"。这种愤怒是深切的，因为其中涉及的不仅是意见，而且是整个制度。自然神论意味着教会是多余的，理智意味着恭敬和顺从这些一贯用来维持政府的支柱遭到舍弃。对攻击现状的一方，当前的主题是解放，另一方则提出反击口号"把他们革出教门！"

反对启蒙思想家的不仅是教会人员和政府官员。这样的反对深深地植根于欧洲相当一部分人的思想和习惯中。书刊和布道词不断地向他们发出警告和安慰。不过，这样的文章宗教气息浓厚，读起来索然无味。它们通常只讲具体问题，不像理智、自然、科学、自由和其他

368

为了迎合所有阶级和所有类型的人，我们时代不信神的那些人采取了轻松、和蔼、随和的作风，企图转移人们的想象力，诱惑他们的头脑，腐蚀他们的心灵。这些人装出深沉和高尚的样子，自称达到了知识的至高原则，要丢掉他们认为是给人类带来耻辱的枷锁，却把枷锁套到神的身上。现在他们一边要求对一切容忍，一边却激烈抨击宗教热情；现在他们把严肃的思想和轻薄的戏谑、纯洁的道德规劝和淫秽的语言、伟大的真理和严重的谬误、诚信和亵渎都混合在一起变成大杂烩。简而言之，它企图把耶稣基督和魔鬼彼勒调和在一起。

——博蒙特，巴黎主教（1762 年）

由先锋派垄断的崇高的抽象概念那样具有普遍的意义。此外，还必须指出，正统观念的卫道士中鲜有一流的思想家。任何争议中，持反对意见的一方都需要双倍的才华才能激起热情的拥护，而他们正缺少这样有才华的人。很能说明问题的一点是，在今天的几种18世纪思想家的选集中，教会派的意见都没有得到充分的表达，研究思想史的史学家著作也是一样。结果，似乎18世纪时所有人的思想全都一致。

……这种无理的说法到处传播，引诱着人们的灵魂……为了使用朕的教皇权威来遏制这些说法的流传，朕宣布耶稣会的最终目的是出自最高的虔诚和神圣，它的目的是捍卫和宣传天主教。

——克雷芒十三世，教皇诏书，
1765 年 1 月 9 日

耶稣会会士的经历也许可以解释这种一边倒的印象是如何形成的。200 年来他们一直是最知书达理的辩士。到 18 世纪，已经有许多默认自己属于世俗阵营的人在他们的循循善诱下成了信徒。教皇克雷芒十三世是个教养深厚的人，却在耶稣会遭到好几个国家驱逐的时候没有大力地捍卫耶稣会，他还确立了对耶稣圣心的礼拜仪式，以此来号召虔诚的信徒。8 年后，他的后任在欧洲天主教国家元首们的压力下废除了这个仪式，"看到它已经不能达到我的众多前任建立和赞同它的目的，无法再产生丰硕的成果和益处"。其他教派的成员、神父、教会官员等人对日益背离正统宗教的做法或者赞成，或者宽容。在各种伟大制度的瓦解中，本应保护它们的人所起的作用不亚于它们的敌人，这真是千真万确（＞427 及下页；779 ＞）。

※

在论战的硝烟弥漫中，各方的意见倾向看不真切，结果，有的参与者虽然受到启发，但同时也感到迷惑。于是，谋略家觉得最好把新信条的要素汇总在一起，使人易于查询。于是《百科全书》应运而生。一个人设计了它，撰写了它的部分内容，对它进行了编辑，并全力捍卫它，他就是——

狄德罗

他是整个世纪中的关键人物，不只是因为《百科全书》，而且还因为他的其他成就。当时，伏尔泰比他出名，直到 20 世纪中期依然如此，但从那以来，人们开始认识到狄德罗的巨大天才，也开始越来越多地研读他的著作，但同时仍旧仰慕伏尔泰在与狄德罗并肩作战时表现出来的天才、勇气和谋略。

狄德罗年纪较轻，出身也差一些。他是个乡村的孩子，是刀剪匠的儿子，在巴黎靠做雇佣文人、教数学和翻译英文书籍来谋生。一本别人建议他翻译的书，三卷的《钱伯斯百科全书》，启发了他，促使他走上了编纂百科全书的道路。这项工作历时 26 年，几乎耗尽了他全部的脑力和体力。出版商勒布雷东和他的几位顾问决定，与其把《钱伯斯百科全书》译为法文并在它的基础上增加内容，不如出版一部全新的著作——共 8 卷，"由一群作家编写"。它将在各个方面超越迄今所有的十几种汇编。书的副标题表明了书的范围："百科全书，或艺术、科学和工艺详解辞典"。内容如此广泛，也就提供了众多机会把先进的思想注入其中。狄德罗需要经销商，在法国就找到了几十家合格的商家，18 世纪中期公众舆论的发达可见一斑。为保证可靠性，聘请了著名数学家达朗贝尔做副主编，负责与他专业有关的条目。参与编辑的还有谦逊的舍瓦利耶·德若古；他并不出名，但他不知疲倦地孜孜研究，撰写了众多的条目。

这套百科全书卷帙浩繁，印刷成本高，定价昂贵，须找到富裕的

政府必须以人民的利益为宗旨。根据自然的法则，根据理智，行政长官被赋予实现这个宗旨的权力。人民最大的利益是自由。它之于国家如同健康之于个人一样重要。

——《百科全书》：政府条目

有些人会发现我的估计太低。即使如此，圣餐用 40 000 块面包就要 80 000 里弗赫，乘以 52 个礼拜日，等于 400 多万里弗赫。我们为什么不能省下这笔钱呢？我们太幼稚，是习惯的奴隶，不知道还有更虔诚的敬神办法。现在我来谈谈蜡烛的问题…

——《百科全书》：关于圣餐面包的条目

370 买主才行。书的简介中毫不隐瞒地说明了编辑此书的目的，资金随即滚滚而来。读者显然已经有准备，乐意接受反传统反正统的学说；真正全新的思想是得不到如此广泛的欢迎的。很快订购人数到了3 000，到出到第5卷的时候，人数达到4 000。百科全书是培尔所著《历史和批评辞典》兴旺发达的后代（<360）。

这部肩负启蒙重任的百科全书在编撰的时候，敌对的一方也在厉兵秣马，积极备战。审查制度加紧了。一本对立的参考书——《特雷武辞典》——也在着手准备之中，书的名字指的是当时发行论辩有力的《特雷武日志》的耶稣会中心。宫廷在蓬巴杜夫人的指导下，号召信徒起来攻击狄德罗主编的那部险恶的书。索邦大学和最高法院，主教和剧作家，加上法兰西学院联合起来发动了一场嘲笑和怒斥兼而有之的口诛笔伐，这里面的参加者有自发的，也有争取来的。耶稣会会士和詹森派教徒这两派宿敌这一次居然站到一起，共同对这部亵渎神明的书进行谴责。

论战持续了四分之一世纪，双方各有胜负。《百科全书》的出版商被投入监狱，后来获释，但许可证却被吊销。已经出版的各卷受到官方谴责，但未按规定被付之一炬，因为审查官德·马勒泽布先生恰好相信出版自由。他不止一次在他手下的人员要去没收准备付印的手稿时向狄德罗发出警告，使去的人扑了空。一卷接一卷的《百科全书》继续出现，它们是在法国印刷的，但有时标有一位瑞士出版商的名字。不仅如此，各卷所收集的内容越来越多，到第7卷的时候才编到字母G。这时，狄德罗估计全书会有17卷文字和11卷插图，而不是原来设想的两卷插图。最后，狄德罗完成了28卷，另一位编辑又加了7卷，1777年出版的最终定稿是35卷。

在这期间，编辑工作遭到了最沉重的打击：勒布雷东出于对自己出版生意前景的担忧，在狄德罗已经看过清样，交付印刷之后擅自删节或修改了某些句子和段落。在《百科全书》资料的收集、协调、核实、编辑的过程中，狄德罗像擎天巨神阿特拉斯一样承担了所有工作，还亲自撰写了大量的条目；对勒布雷东这种背叛他当然怒不可遏。他只能不断要求勒布雷东把惨遭删节的部分，无论是手写的还是已印成的，交还给他，但未得到任何回应。这部分稿子直到1933年才发现，当时从俄国传出了一部装订好的书，明显是勒布雷东手中的那套扣压下来经过改动的稿页，一共318页，大部分出自狄德罗之手。

371

此书遭到了严厉的迫害，但不应以为从字母A到字母Z的几百万字都是宣传异端的。比如，随便打开第一卷，看到"芦笋"这个条目，下面是由三人撰写的说明文章：一位植物学家对它进行描述，介绍它的分类；狄德罗详细介绍它的味道和烹调方法；还有一位医生从它的药用角度做出说明。《百科全书》是一本巨型政治小册子，但同时也是而且至今仍然是一部实用性参考书。

在这部书中，狄德罗安排制作的11卷插图与书的其他部分一样有用，而且在一个方面有高度的创意：插图中一大部分是现行使用的制造工具和工艺流程的图解。狄德罗看到做刀剪匠的父亲在肖像中穿的是礼拜日的礼服而不是工作时穿的围裙而感到失望，他对于贸易和工艺及其在社会中的作用有着无尽的好奇心。把它们的方法昭示于世标志着技工工艺历史上的一个重要日子。在那之前，工艺一直是每个行会秘而不宣的私产，但到了18世纪中期，行会以外的人做出了众多的发明创造，加之传播速度的迅疾，使行会的控制受到削弱，狄德罗可以不受限制地参观车间。他一边指挥临摹人员，一边做笔记准备为插图写说明。他的态度同科学家的态度一致：自由交流；也同开明的经济学家一致：自由贸易（382＞）。狄德罗对印刷业的成规也有自己的意见。他这方面的经典之作《关于印刷行业的信》说明了当时的情况，并指出应当实现解放，这样对大众和作者都有裨益。

※

《百科全书》的坎坷遭遇所表明的不仅仅是狄德罗的英勇和呱呱呱

们的团结一致。尽管国家组织起各种力量来打击《百科全书》的作者和出版人，但是一卷卷厚厚的书仍然连续不断地出版，参与者没有一人因此被囚或丧生。20世纪极权主义政府的效率会高得多。那4 000个订书的人会与该书众多的编撰者一道被关入劳改营，而主要参与者——狄德罗、达朗贝尔、伏尔泰、卢梭、若古、孟德斯鸠、杜尔哥、魁奈、马孟戴尔、霍尔巴赫、沃康松、哈勒、多邦东、孔多塞——则必死无疑。

372　　　　这说明旧制度已经开始感到衰落时期必然产生的怯意。贵族成员争相购买阅读《百科全书》中攻击国王和教士的卷目，从中得到对制服了他们的君主制度的复仇快感，他们却没有预见到他们的阶级将再次被制服，这次是用断头台；那些宣扬开明神学的教士和耶稣会会士也是一样。他们中间有一个人被问到到底有没有地狱的时候，他回答说："有，但没有人会下地狱。"这些脱离正统神学理论的人中有些是启蒙思想家的密友，在紧急时刻帮助过他们。

　　伏尔泰的一生充分表明了当局对于他们明知是公开的颠覆行为的复杂心情。前文说过，伏尔泰很早就闯过祸，自从他发表了《英国书简》赞扬英国以后（＜361），他就一直是当局的眼中钉。然而，他在激烈抨击时事的同时又是出入王宫的平民绅士，是国王的史官，还当过战时出访外国的密使。不过，这些官职并不能保他平安无事。他一度在柏林是贵宾，是腓特烈大帝的心腹，帮他润色用法文写成的韵文和散文。后来，别人的阴谋破坏使得他们二人反目，伏尔泰只好四处游荡，在布鲁塞尔、萨克森-哥达、科尔马、日内瓦都避过难，最后落脚在法国边境上距日内瓦四英里的费尔奈，为的是一有风吹草动即可尽快逃脱。

　　那时对于他和他的著作都有长期的禁令。最高法院发布了对他的逮捕令，索邦大学下令公开焚毁他的著作，国务委员会则对他进行全面谴责。然而他的著作还是可以自由流通，也没有对他进行搜捕。他的朋友仍能收到他的信件，最具矛盾性的是这些朋友中居然包括蓬巴杜夫人。只有当伏尔泰发表意见过于大声疾呼的时候，比如在他奋起为新教徒卡拉一家遭受迫害鸣不平的时候，他才再次遇到危险。这样忽冷忽热的政策是理性时代的特征。国王和贵族王公都对伏尔泰做出应有的赞美。从鲍斯韦尔到卡萨诺瓦，任何有点儿名气的人都把去费尔奈拜访他作为必行之事，他住的地方经常被称为费尔奈-伏尔泰。他像王室一样接见来访人员，他与来访者的谈话被记录下来予以出版，成为绝佳读物。

伏尔泰做了20年显要的避难者后畅通无阻地回到巴黎。在自己的祖国，他所到之处——无论是法兰西学院还是戏剧界——人们待之以献给诗人和英雄的荣誉。这位被尊为半神的人不久后即逝世。为了避免教会的人在他的葬礼上对他进行侮辱，不得不对他的遗体进行防腐处理，然后斜靠在马车里在夜间悄悄运出巴黎。

在那个世纪后来的年代里，对"人文党"的压力有所减轻。理性并未带来灾难，令人讨厌的耶稣会被由詹森教派掌管的最高法院驱逐出法国，《百科全书》最后10卷在当局默许下顺利出版。狄德罗在一个遥远的度假地终于得到了他的奖赏，或至少得到了他当之无愧的假期。

俄国的叶卡捷琳娜女皇一登上王位，听说了狄德罗与他的出版商之间的麻烦后，马上邀请他来俄国在她的保护下进行工作。狄德罗宁肯在巴黎战斗到底，但女皇的邀请一直没有收回。狄德罗完成了编写《百科全书》的工作，恢复了自由身之后，就途经荷兰和德意志悠闲地一路参观艺术收藏展览，最后来到圣彼得堡。他在那里同女皇愉快地畅谈，舒舒服服地过了5个月。两人极为相投。他给她讲解各种问题，当她精神不集中的时候，他就抓住她的膝盖使劲摇晃。其间只发生了一件不愉快的事情：一些粗鲁的大臣策划要他难堪，他们当着全宫廷的人对他发难，其中一个人说："先生，a+b/z=x。所以上帝存在。对不对？回答！"据一份被后人以不同的方式多次援用的记载，狄德罗对此愕然无语。这太荒谬了。他教过数学，写过尽管不是特别杰出，

373

但还是对这门科学有真正贡献的论文。不需要了解几何学就可以看穿这种荒谬。狄德罗的沉默表示了对那些大臣的轻蔑，也表示了不屑于同他们吵闹。

除《百科全书》以外，狄德罗其他的著作也为数众多，而且从某个意义上来说也是百科全书式的。他涉及的题目有科学哲学、生理学和心理学、妇女问题、表演艺术和教育。他写过故事、剧本、新闻稿，还有其他两组有独特价值的著作：关于人的自然生命和道德生命的对话和《画论》——对画展最早的评论。

狄德罗之所以是这个世纪的关键人物是因为他的思想不断发展，从以理性为基础的批评发展到对人和社会的新观念，认为冲动和本能的力量大于理智。这位启蒙思想家先是偏爱产生一致性的抽象，后来却强烈意识到具体的多样性。促使狄德罗逐渐转变的关键就是《百科全书》。在书的出版即将完成时，狄德罗开始写出表现他的怀疑和新的推论的一篇篇杰作。他天生的敏捷头脑从不囿于单一的学科。在进行语法比较时，他不仅应用对拉丁诗人和希腊诗人的了解以及对意大利文和英文句法的知识，而且还运用绘画和音乐方面的知识；他在文章中插入了一部歌剧的四句唱词，对它们进行技术分析来说明它们与维吉尔的五句诗的相似之处。

狄德罗关于艺术、人生和经验的观点预示了未来浪漫主义的内容，在有些方面甚至有象征主义的影子。由于他思想的前卫性，同代人对他的赞赏只限于一个狭隘的方面，说他编写《百科全书》功劳卓著，但在其他方面思想不够完整，令人捉摸不定。为了公平起见，需要说明他最有揭示性的著作当时还未出版，只有手稿。但是即使当时出版了，人们也不会像我们现在这样对它们如此重视。狄德罗是历史上一位天生的健谈者，他的著作常常采用对话的形式。一个故事、一篇文章、一个反驳先是以论说文的形式平静地开始，但很快破折号和问号就打断了行文，文章中出现了真实的或假想的对话者来表示怀疑或反驳——这叫作"交流性散文"。在他一些从未发表过的长篇对话中，

374

狄德罗请他认识的人谈出对于他们所关心的问题的想法，自己再就这些问题发表意见。

最出色的一篇是《布干维尔之旅补遗》，说的是布干维尔著名的环球旅行。这篇对话涉及的一个问题是没有性禁忌和性罪恶感的塔希提岛民的道德观念。这个比文明社会更加祥和明智的岛屿激发了人们对原始主义的渴望。但狄德罗不是空想家。他讲求实际，常常被称为无神论者和唯物论者。确实，他成熟的思想中没有上帝的影子，但他不是激进的无神论者。至于说他是唯物论者，我要冒权威意见之大不韪，提出这个词用在他身上是不恰当的。狄德罗的哲学基础是他对生理学的研究，因他与医生的意见交流而进一步加强。生命、本能、性繁殖、动物行为、激情和感情，这些是他所关心的问题。他不怀疑人是动物，但动物不是机器，在这一点上他不同意拉美特利的观点。狄德罗认为作为进化论先驱的"物种变化论"可能是有道理的。在这个问题上，他又偏离了牛顿学说和天体物理学，倾向于布丰的学说和生物学（376 >）。不过，无论如何都找不到他关于物质和生命的结论。

他没有做出任何结论，只是提出建议，说他希望找到一种不需要物质和生命两条不同的原则的解释。他提出的单一实体是"可以思考的物质"，有"感觉"（感觉的能力）的物质。这个物质不是唯物论者的机器世界中的死物质。爱尔维修在关于人的著作中把人的各种经验归于纯物质，狄德罗对此表示反对："我是人，我想要适合于人的原因。"他不死守教条，坦言他不明白从物质到思想的转变过程，虽然一定有这样一个过程，否则就只能认为冥冥中存在着一个不可见的东西。他还说他的理论"如同贝克莱否认物质存在的理论一样，面临

> 他：所有的生物，包括人，都是牺牲他人的利益去夺取自己的利益。如果我对我的小野蛮人不加管教任其发展的话，他自己就会想要发财，想有女人爱他，还会去争夺生活中所有的好东西。
>
> 我自己：如果让你的小野蛮人自由发展的话，他会掐死他的父亲，同他自己的母亲睡觉。
>
> ——狄德罗《拉摩的侄儿》
> （首次出版于 1832 年）

着无法逾越的困难。"事实上，肉体——精神的问题至今仍未解决。如果狄德罗不是通常意义上的唯物论者的话，应称他为什么呢？最合适的词是威廉·詹姆斯为自己定的称号：激进的经验主义者（688＞）。这两位思想家都是从适合当时情况的角度来重新解释物质——物质不是没有生命的东西，而是有着多种形式的活力。

※

375　　理性时代最惊人的发明是在电学方面。在富兰克林充当人体避雷针进行近乎自杀的实验的前后，许多业余和专业科学家都在用储存静电的"莱顿瓶"进行研究。他们记录下正电和负电的存在，测量了电量（库仑），设计了储电堆（即电池——伏打），还观察到了电和神经运动之间的联系（伽伐尼）。库仑和伏打两位科学家的名字被用来给电学单位命名，人们熟悉的通电刺激一词则来自伽伐尼的名字，使我们永远记得他们和他们的发现。当时的专家很少只研究特定题目，他们对所有现象都进行研究思考。比如，富兰克林对普通物理学、海洋学和气象学有贡献。他对电学的研究确定了单流体理论和充电、正极、负极和电池这样的专用语。他测量并预言了电的效力，还解释了接地这一现象。他增加了人对风暴和湾流的了解，还发明了一些有用的装置，其中著名的是以他命名的炉灶。可惜一个与电同样虚无缥缈的现象在他与拉瓦锡和其他人参加的一个调查委员会手中遭到封杀。一位梅斯梅尔医生从德意志来到巴黎，用他称为动物磁性的方法——催眠术——给病人治病。委员会宣布这种理论和实践为无稽之谈，以此推断梅斯梅尔医生是骗子。今天，他的方法却已被用于医学用途。

　　富兰克林在美洲殖民地宣布独立之后出使巴黎，在巴黎一住就是9年，担任文化特使和谈判条约的工作。他很快被推崇为启蒙精神的化身：运用理性来研究科学，从国王和教士的控制下解放出来。此外，他那来自海外的粗疏举止和简单服饰——其实两者都是"故作姿态"——与世纪后四分之一的时代气氛正好契合（386＞），头戴皮毛帽子的他甚至被誉为高尚的野蛮人。

　　对另外一种人皆可见的流体——水——的大规模效力也进行了研究，研究成果开创了流体力学并导致了桥梁建造业和造船业的改善。这种对水重新燃起的兴趣意义重大，影响深远。它包括把变为蒸汽的水和金属部件结合在一起，造成机器。纽科门造出的第一台这样的机器带动了一台水泵，接下来，瓦特造的机器功率更大，人类自此掌握了稳定的动力。蒸汽使一些以前发明的装置得以大显身手：凯伊的"飞梭"带着线在织造中的布匹上方飞来飞去，哈格里夫斯的"詹妮纺纱机"是多锭纺纱机；这两个发明都是为了增加家庭式生产。下一个发明，阿克赖特的水力纺纱机，太大太贵，无法在家中使用，而且它还需要动力；同样，克朗普顿发明的把詹妮纺纱机和水力纺纱机结合在一起的"骡机"完全不可能在家中使用。工厂的出现势在必行。

　　实际的机器和理论知识相辅相成。这个时期还发明了温度计，化学家和医生可从华氏和摄氏两种温标中任选其一。经过长期的努力，加上悬赏的鼓励，造成了一座仪器，精确得足以根据一艘船从格林尼治子午线出发后航行的时间来确定该船所处的经度。同任何测量仪器一样，约翰·哈里森的（用木头做的）经线仪是纯用于研究的；他没能得到奖赏是科学史上的一大丑闻。［参阅达瓦·索贝尔（Dava Sobel）的《经线》（Longitude）（企鹅出版社出版）。］

376

　　对地球的兴趣引发了多次考察旅行。布干维尔的考察（＜374）令世人瞩目。另一群人冒着严寒去拉普兰测量地球，这块开阔地位于地极附近，正好用来测量地球球体的一部分，并决定经度中一度的长短。在瑞典，当时坚定的唯物论者斯维腾堡在地质学和古生物学方面做出了发现；植物学家林奈也去了拉普兰，他是去搜寻稀奇的植物。他回来之后制定了至今仍用来给植物命名和分类的系统。在地球的另一边，拉孔塔米纳沿亚马孙河顺流而下，一路收集动植物标本，并发现了橡胶树。其他人，像库克船长，则驶往南半球诸海洋，发现了众多西方人未知的群岛，又发现了新西兰，于是补充完全了世界地图。大部分这类探险都是由国王或开明的大臣赞助的，他们都有自己的植物园和动物园。这是"政府参与科学"的开端。

探险回来之后，所有搜集到的材料都要经过仔细的筛选分析，在此基础上形成理论。称为布丰伯爵的乔治·勒克莱尔是位博物学家，他着手把关于动物世界的所有知识都汇编为一本书。在多邦东的协助下，汇编进一步扩大，把植物也包括了进去。布丰的理论是，包括人在内的高等脊椎动物有着同样的身体构造，肢体和其他器官的形状都彼此相似。他描述了一些特征，说一定是它们经转变之后成为人体构造。布丰没有说明这一转变过程实现的方法。他的论点违反了上帝创造一切生物，首先以"他自己的形象"创造了人这种说法，这已经够大逆不道了。为了保护自己不致招来索邦大学的愤怒，这位博物学家不得不在他的假设之前加上诸如此类的言辞：如果我们不是因为神的启示而悟到这种联系是不可能的话，我们就会以为……

审查官看了这段话自然不会予以非难，但是，读者只看字面意思也许看不出这位科学家的嘲讽。事实上，19世纪研究进化论的历史学家也确实没有领会到其中的嘲讽之意，虽然布丰同代的人都心领神会。"物种变化说"当时尚未有定论，可我们已经看到，狄德罗通过与生理学家的交流对此已经深信不疑。到世纪结束时，已经有英国人和法国人提出的两套完整的进化理论向大众出版了（455 >）。

研究还使人对医学和人体的运作有了新的了解。列文虎克和施塔尔发现了人的精子；生理学家注意到男女生殖器官之间的相似之处。更早的时候，哈维发现血液在体内循环，并对血管产生压力；布尔哈弗在这个发现的启发下发明了基于水力学的一套医学系统：如果血管太薄太弱，人就会生病。在其他情况中，比如消化方面出了毛病，原因是化学性的。当时的医学界仍然为各种医学"系统"所统治。布尔哈弗在莱顿大学的大课堂上深入浅出地向学生教授他的系统，他的系统载于7种课本里在全欧洲流传，在此领域执牛耳达50年之久。疾病预防方面的一个进步是詹纳使用牛的菌苗，而不是人身上的材料，来实现对天花的免疫。这样接种减轻了不适感，也减少了死于天花的情况。

18 世纪的化学家拉瓦锡确立了化学这一系统性很强的学科。他使用了正确的材料，正确的方法——分解出各种元素，在合成物中再找出这些元素，衡量出它们合成的比例，然后为它们确定意义明显的名字。这为科学奠定了坚实的基础。之所以能够做到这一点是因为分别发现了氧、氢和氮各元素（由普里斯特利和卡文迪什发现），以及最后终于找到了对火的现象的解释。过去以为燃烧的物体释放出一种叫作燃素（火焰）的微妙元素，但实验证明火是氧气与其他物质相结合的产物。[若想了解 18 世纪在各个领域中的实验工作，可翻阅由 I. 伯纳德·科恩（I. Bernard Cohen）编辑的《科学画册：从达·芬奇到拉瓦锡》（*The Album of Science: Leonardo to Lavoisier*）。]

所有上述进步赖以实现的基础是数学的进步。哈雷对彗星的研究，拉普拉斯对宇宙的研究，或（刚刚讲到的）拉瓦锡对化学的研究都要依靠数字。牛顿和莱布尼兹的微积分是对一切运动进行研究的前提条件。在这个尊崇培根的年代，数学家同时也是物理学家，他们在机械学、天文学这些领域中出入自如，对流体理论和数学理论都了如指掌。达朗贝尔、欧拉、拉普拉斯在称为"自然哲学"领域的许多部分都是行家里手。在伯努利家族中，数学似乎成了传家的技艺。一家有 9 人因在天体物理学、机械学、植物学和化学领域中的发现而声名卓著，并且没有人批评他们涉猎太广而不能专精。最后，这家还出了一位有相当绘画才能的艺术家。

探索者五花八门而又零散不连贯的活动引起受教育阶层的极大兴趣，使他们从中了解科学的最新动向。不只是首都，而且在许多城镇都建立了学院，里面知识渊博的人和热心向学的人，贵族和资产阶级，各色人等济济一堂，聆听关于最新发现和猜想的论文。他们就有争议的问题举行有奖征答，优胜者立刻名声大振。与这些学术中心相呼应的是无数由贵夫人主持的沙龙，这些自身博学多识的女主人引导着沙龙中的讨论，邀请外国人来发表意见，并扶植青年才俊。不须邀请随时可去的咖啡馆则是志同道合的"常客"聚集的地方。

其中之一，巴黎的普罗科佩咖啡馆因狄德罗和他的朋友们经常光顾而著名，而沙龙使一些贵夫人名垂青史，如德芳侯爵夫人、德皮奈夫人、德唐森夫人、翁代多夫人、若芬夫人、德莱斯皮纳斯小姐。还有的人因通信内容渊博精到，与沙龙中的谈话不相上下而声名鹊起，像伏尔泰的亲密伙伴夏德莱夫人，她是物理学和数学的专家；还有狄德罗的至爱沃兰小姐，狄德罗从她的信中受到的启发帮助了他思想的形成。

就各种各样的题目，人都充满热情地通过测量大自然的经常性现象来寻求对它们的解释。这不断地加强自然神论和无神论，削弱上帝关怀着芸芸众生这一说法的可信性。西方文化在一点点地向着目前的现世主义靠近。18 世纪中期的一个惊人事件更残酷地证实了不信上帝的人的信念。1755 年万圣节前夕，教徒们正在教堂做礼拜，一场大地震摧毁了里斯本，再加上地震引起的火灾和塔霍河的洪水，造成全城覆没，成千上万的人因此丧生。伏尔泰马上写了一首长诗，提出了从这个事件中得到的启示：一个全能公正、关怀众生的上帝怎么会下令发生如此的浩劫？他到底为什么要以如此奇怪而可怕的方式来杀死正在拜神的男女老少？若说这些人比巴黎人或伦敦人更为罪孽深重，这种说法简直不值一驳。对此只有一个回答，那就是自然的力量是独立于它们的创造者而行动的。[安东尼·赫尔特（Anthony Hecht）所著《里斯本大地震》（*The Lisbon Earthquake*）主要部分的翻译值得一读。]

※

60 岁时的伏尔泰已成为西方世界伟大的文学泰斗。他是启蒙运动的化身，是所有文学体裁的大师。但是最能标志他的卓越才华的还是

他的韵体悲剧。它们在格式上因循上一代由高乃依和拉辛确定的传统
（＜342），虽然这些作品模仿前人，在我们的眼中缺乏创新，但是它
们确是精品，而且在一个方面是有新意的：伏尔泰放弃了已经流于陈
腐的古希腊和古罗马的题材。他从塔索的史诗《被解放的耶路撒冷》
之中，从中世纪法国和近东寻找题材。他把穆罕默德描绘为一位英雄，
他用恺撒作为剧作题材是为了使人们看到，对比之下莎士比亚只是个
有些天分的蛮子，根本不懂悲剧艺术。伏尔泰读过莎士比亚的英文原
作，市面上又有法文译本，他最清楚需要对这个外国人盖棺定论，以
防他把年轻的诗人引入歧途。

　　伏尔泰的喜剧作品并不出色，如同他早年写的一部关于亨利四
世的史诗一样，不过，他的大量应景诗却充分反映了他的诙谐和对世
故人情的了解。与他同时期用法文写作真正喜剧的是马里沃，他创立
了他独特的手法——马里沃体。这种手法以无数的表现方式——一个
字、一个停顿、一个手势——来显示热恋之中或即将坠入爱河的人如
何受到出于心理或社会原因的先入为主的概念、幻想、疑虑和盲目的
错误的影响。亨利·詹姆斯的剧本和后来的小说会使人联想到马里沃
剧中的对话。[关于马里沃的书可读奥斯卡·A. 哈克（Oscar A. Haac）
的书。]

　　马里沃不擅长讽刺，伏尔泰企图嘲讽圣女贞德其人其事的诗也并
不成功，反而被指责为粗俗无礼，19世纪的人因此认为他心地恶毒，
以污蔑人性中所有美好高尚的东西为乐。这个结论忽视了伏尔泰的散
文，特别是他写的故事，不只是《老实人》，还有《查第格》《巴比
伦的公主》《米克罗梅加斯》《有四十先令的人》等等。在这些作品中，
伏尔泰崇尚正义、勇气、忠贞和简朴的生活。而且在《老实人》中，
伏尔泰已不再相信通过启发理性可以进步，奇怪的是这一事实竟然无
人注意。智者的唯一出路就是退隐山林，种自己的园地。

　　当然，根据《老实人》改编的音乐剧并没有反映出此书的精神，
不过伏尔泰在《老实人》中提出的规劝也不是一个万念俱灰的老人的

意见。他对于人类事务的看法一直未变，早在写作此书之前，在他撰写历史题材的著作时就形成了。世界已经忘记了他向那个时代的人传播知识，形成主导着整个下一个世纪历史观的丰功伟绩。他耗时多年，呕心沥血撰写《路易十四时代》、关于彼得大帝和卡尔十二世生平的著作，以及他命名为"风俗论"的巨著；他在调查研究中了解到了许多与启蒙思想家所提倡的东西相违背的事实。

关于风俗的《风俗论》没有先例可循，是第一次从文化的角度对世界历史进行研究。书中从史前的地质背景写到近东和远东的文明，然后又写到西方的中世纪和现代时代。这里的伏尔泰是思想具体而缜密的伏尔泰。普遍的理性、单一的宗教和一致的人这些观念不再提起，对历史的仔细研究证明了它们的虚妄不确。研究发现文明的阶段屈指可数，历史学家伏尔泰只发现了四个：古雅典、罗马、文艺复兴，还有包括他自己的时代一部分在内的路易十四时代。

文化兴衰的思想并非始于伏尔泰。我们前面已经看到，世纪之初380的贾巴蒂斯塔·维柯在他被世人忽视的著作《新科学》中对此作过详细的阐述（< 314）。在维柯之前，史学著作一直主要记录国王的行为，原因无他，国王是史学家的赞助人。国家史和文化史到了维柯和伏尔泰才开始。不过，在撰写皇家历史之余，一些宗教社团，如博朗德带领的耶稣会会士和圣莫尔的本笃教派，兴起了历史研究。他们研究并辑定了早年留下的成吨的记录。伏尔泰的研究就大大得益于在德意志和瑞士收集的资料，他从这些资料和蔼可亲的管理人那里得到了很多帮助。伏尔泰的历史观影响了同代的吉本、休谟和罗伯逊；赫尔德不同意他的观点，因而提出启发了 19 世纪各国历史学家的原则（482 >）。

※

我把《老实人》和类似的作品称为故事而非小说是为了说明其历史背景。前文介绍过流浪汉小说（< 111）。这样的小说通过描述主角

在往上爬的时候遇到的种种不幸来点评社会众生。17世纪初期，勒萨日使用的是同样的描写手法，但扩大了题材范围，拉法耶特夫人则转向了对激情的描写（< 352）。小说作为一种文学体裁要等到18世纪才真正羽翼丰满。菲雷蒂埃在《中产阶级小说》中向前迈进了一步，描述了阶级的背景，但手法稚拙。剧作家马里沃在《暴发户农民》和《玛丽安娜的生活》中加入了细腻的心理因素的影响。

角色和社会背景这两个构成真正小说的要素一点点逐渐成为作家注意的重点，二者各有占上风成为主导因素的阶段。英国小说家树立了权威性的模范：理查逊的《帕米拉》和菲尔丁的《汤姆·琼斯》。《帕米拉》描写了内心活动和日常生活的丰富细节，在作者的其他两部小说中，这类的描写到了饱和的程度，使作者获得了心理小说之父的美誉。这类小说分析深刻，但范围狭窄。《汤姆·琼斯》则比较平衡，如若把理查逊比作传记作家的话，菲尔丁就是历史学家。他在《汤姆·琼斯》各部分的序中作的精彩解释就是最好的证明。他称该书为史诗，意即用诗写成的历史。他在书中为汤姆不是英雄而道歉，这也是对该书性质的一个侧面说明。他滑稽地模仿了《帕米拉》的手法，但他忠于生活，没有把汤姆写得像帕米拉那样十全十美。

理查逊的小说在法国大受欢迎，特别是在狄德罗写了一篇长文赞扬他之后。帕米拉的高洁，她通过一个迟钝的女仆来抵抗权贵所表现出来的机智，她惊人的自省自尊使许多读者为她的苦难和胜利而流泪。时代在向着感伤主义发展（410 >）。坚韧顽强的伏尔泰说过，最好的戏剧是最催人泪下的。狄德罗在他的两部剧作中，偶尔也在其他地方，都表现出对传奇故事的大团圆结局的偏好。邪恶必被制服，对头必然言归于好，误会必然澄清，家人必定团圆。菲尔丁也未能免俗：《汤姆·琼斯》中的奥尔沃西先生品格端正，人如其名[1]。但《汤姆·琼斯》的其他部分描述的是事实和感情，而非感伤的情绪。

381

---

[1]　奥尔沃西原文 Allworthy，意为值得敬重。——译者注

对白严肃，结局皆大欢喜的情节剧既非悲剧又非喜剧，称为资产阶级戏剧，这个名称表明了这类戏剧同启蒙运动情绪的联系。资产阶级坦率老实，行为举止和道德观念简单淳朴，是完完全全正直可敬的，而贵族虽然号称正人君子（< 351），其实是身穿华丽盛装的阴谋家，道貌岸然的表面下内心奸诈腐败。在这个信奉人人生而平等，认为国王只是战争中的侥幸取胜者，教士全是骗子的时代，资产阶级自然成为值得尊敬的人。

在伏尔泰和狄德罗的作品与生平中表现出来的一些矛盾态度当然在别人身上和别人的奋斗中也同样存在。难以想象启蒙运动怎么可以把对国王和征服者的猛烈抨击与对腓特烈和叶卡捷琳娜的热情拥戴调和起来——他们二人虽然各自在奥地利和俄罗斯施行独裁者的铁腕统治，但是都被冠以"伟大"的称号。一些宫廷大臣，如葡萄牙的庞巴尔和西班牙的阿兰达，还有后来奥地利的约瑟夫二世也被公众推选为这个"开明的暴君"俱乐部的成员。

腓特烈和叶卡捷琳娜对伏尔泰和狄德罗，还有在柏林和圣彼得堡的其他一些学者恩宠有加。在一些德意志公国的宫廷中，君主实行专制统治，但通晓法文，崇尚理性，也和学者有着这样互敬互重的关系（390 >）。学者期望君王能按先锋派希望的那样进行改革。这并非异想天开：除了君王，谁还能改变政府结构呢？正因为这方面不存在任何机制，所以君王越是专制，实现改革的可能性就越大，如果他把《百科全书》作为案头必读书的话。启蒙运动的倡导者并不是要推动民主或煽动革命。伏尔泰在号召大家帮他一道砸烂无耻者即教会的同时，甚至提出需要用宗教来管束大众，不让他们去杀害或抢劫有产阶级。这不是说民众愚蠢或邪恶，他们只是未经教化、野蛮无礼而已。最终，教育和改革的计划在俄罗斯和奥地利的失败使得开明的专制统治的光芒趋于黯淡。

与此同时，一群经济学家在争取另外一种改革，一种专制君王恐怕不会喜欢的改革：自由贸易。17 世纪时，一位名叫布阿吉尔贝尔的

人对重商主义的原则提出了反驳，说通过刺激出口，限制进口来储存
黄金是短视的做法。国王高兴了，但国家却吃了亏。只有尽量扩大生
产和物资交流才能实现繁荣，对生产商只应收一次税。在英国，一位
叫曼德维尔的荷兰裔医生也写了一个颇受欢迎的故事《蜜蜂寓言》。
在故事中，他提出消费，甚至奢侈的浪费都对国家有益。他的格言是：
私人的恶德＝公众的利益。在百科全书派的一代人中，魁奈、杜尔哥
和杜邦·德内穆尔（后来他建立了美国的杜邦公司，成为杜邦王朝的
创始人）受到哈维对血液循环的发现的启发，在它的基础上发展了一种
理论，在言辞和实质方面都与哈维的理论类似。自由流动的货物和资
金会给政体的每一部分带来生机。农业是财富的唯一来源，工业只是
对一种产品做了改变，并未增添什么东西，故此只应收一次税。当时
各镇、县、省和公路都征收各种过路税和关税，这些都必须废除。所
有可耕地都要用最新方法进行耕种。在机器工业开花结果之前，这种
农业至上的观念看来是合理的。这些崭露头角的经济学家被称为自然
法则论者（以自然为准），的确名副其实。

在英国，农业取得了长足的进步。杰思罗·塔尔发明了一种条播
机，可以准确播种，避免浪费。汤曾德勋爵发现有些根茎作物可以补
给土壤的肥力，于是大力宣传种植这类作物，被称为"萝卜汤曾德"
而名扬四方。犁铧得到了改善，对牲畜的繁殖也更加用心。所有这些
都证实了一句老话：最富有最快乐的国家是农民最多的国家；多子多
福，可以耕种土地，赡养老人。这幅美好生活的图景恰是狄德罗信仰
原始主义时所思慕的。狄德罗的一位密友也倾心于这样的生活，他为
《百科全书》做出了重要贡献，却被先锋派视为理性和真理最大的敌
人，他是——

让·雅克·卢梭

他论述政府、道德教育和社会生活的著作的确使思想发展的轨道
拐了一个弯。若要明白个中原委，需要从脑海中抹去关于他和他的思

想的所有评论或典故。无论是在学术论述还是在新闻作品中，用他的名字和卢梭式的这个形容词所修饰的意见都是他从未有过的意见。每当提到某些题目时，这些违背事实的评论就像背书一样被重复一遍，正如作家一想到变化就套用莎士比亚的短语"沧海桑田"一样。为了以正视听，需要说明卢梭没有发明或崇拜"高尚的野蛮人"，也没有呼吁过"回归自然"。他没有说过既然人生而自由，现在却戴上了锁链，所以我们必须打碎锁链这样的话。他政治观点的基础不是社会契约说；他确实说过戏剧有害，艺术和科学并未改善人类，但他不是第一个，也不是最后一个持有这种观点的伟大思想家。最后，他暮年时感到自己遭受迫害并不是他的偏执猜疑。

那么，他到底是怎么想的？说了些什么？上面一连串的否定句式似乎使人觉得他没有什么创造性和重要性可言。请让我从头道来。他生于日内瓦一个工匠的家庭，父亲是钟表匠，教他温和向"善"，与周围的加尔文主义大相径庭。然而清教主义对他的影响还是十分深刻。年轻的卢梭去法国谋求发展，成为一位自命高雅的乡下贵夫人瓦朗夫人府中的仆人。他成了这位夫人的干儿子和实际的情人，学会了上流社会的礼仪，并皈依了天主教。后来他在修道院生活了一段时间，然后去了巴黎，在那里和狄德罗交上了朋友，他们是精神上的兄弟。当时，第戎学院就这样一个问题举行有奖征答：艺术和科学的复兴有没有改善人的举止和道德。这激起了这两个朋友的雄心，他们讨论后，卢梭写了一篇文章表示否定意见，一举夺魁。他一夜之间声名大振，因为否定时代精英引以为豪并努力扩大的东西的价值是十分引人注目的。需要记住，在 18 世纪，"艺术"一词指所有的艺术，既有美艺术也有机械艺术，包括文明生活的所有技艺，如同美国宪法第 1 条第 8 款[1]。

狄德罗可能建议过对第戎学院的问题响亮地回答"不"，因为这样的回答更容易得奖，但请注意提出这方面疑问的是第戎学院的一大

---

[1]   该款规定了国会的权力，包括财政、外贸、货币、邮政、司法、军队、宣战等各方面。——译者注

群知识分子。无论如何，卢梭后来一直坚持了他这一立场；它是与他受清教徒教育培养出来的脾性相符合的，也是他所真心相信的；这种立场自然而然地导致了他最有影响力的思想的形成。但那些此后把他拥为文学名士和百科全书派潜在成员的人对这一点却始料未及。后来的一段时间内，他撰写了一些关于音乐的伟大文章；因为他精通这一门美艺术，在赞助人收回了对他的赞助，他不得不自己谋生的期间，他就靠誊抄乐谱赚钱养家。他的太太娘家寒微，还要养活孩子。

在此期间，卢梭无论处境如何，都一直如饥似渴地博览群书，进行敏锐的观察，以此充实完善自己。他一生中的起伏坎坷使他成为一位独特的社会人物。他在饭馆端过盘子，也做过法国驻威尼斯使馆的随员；他曾在巴黎的小巷内同家人简朴度日，也做过贵族府邸中尊贵的座上宾；他最后隐姓埋名居住在一个小村子的茅屋里。因此，卢梭除了是一个受宠的天才外，还是唯一的一位身历每一个社会层次，从每一个层次的角度观察过社会的社会批评家。现在成群的博士借助问题单收集材料，而卢梭当时都是亲眼所见。

卢梭后来又转回新教。在他的文章获奖后，43 岁那年他又写了一篇论文《论人类不平等的起源》。关于他观点的神话即因此而起。伏尔泰对卢梭的第一篇文章已经感到不满，这第二篇文章更使他勃然大怒，他指称卢梭想要我们像动物一样"四脚爬地"，行为学习野蛮人，因为他认为野蛮人是完美无缺的。这样的解释尽管可信但不确切，"高尚的野蛮人"和"回归自然"这样的套语即由此而来。我们看到，塔西佗之后经过 16 个世纪，"高尚的野蛮人"这一概念一次又一次被用来帮助新教徒阐述教义。美洲新大陆的发现证实了"高尚的野蛮人"确实存在，他们的部落社会不久之后成为乌托邦的灵感来源。这一类型在格列佛的第四次旅行中重现于慧骃这种有理智的马身上。简而言之，这个神话体现着一种永恒的理想，这理想在现代时代得到重生，满足了人们对原始主义的渴望。当社会风气过于繁复时，这个理想就会出现，把社会风气斥为矫揉造作。

　　卢梭确实猛烈抨击过高级文明的特征，但他并未呼吁回到野蛮的状态中去。他认为野蛮的状态有许多欠缺的地方，如缺少道德，不假思考只凭本能行动，在一个阶段甚至没有语言，而且缺吃少穿。当社会和财产的地位已经确定，才能的高下已经表明的时候，最好能按才行赏，以有益于社区。按卢梭的意见，这个阶段是人类历史中最为快乐也最为持久的阶段。但他并没有提出要回到这个阶段。他确实说过当财富和地位不再和德才相符的时候，就造成了不公平，会导致不稳定。他指出，稍作思考就会得出这样的结论，而推理正是启蒙运动的风尚。他这个论点不会起煽动暴民的作用。自然和野蛮人如同几何图形一样都是抽象概念。

　　卢梭这两篇早期文章是对现状的否定性批评。他后来提出的肯定性建议表明，理想的社会要以刚才介绍的中间阶段为基础，典范是独立的农夫，没有权贵的压制，自己管理自己。光这一点就足以引起启蒙思想家对他们这位以前的朋友的仇恨。卢梭犯下的不可饶恕的罪行是他摒弃了文明生活的优雅和舒适。伏尔泰曾歌颂过"奢侈，这最有必要的东西"。卢梭要用中产的农民生活来取代资产阶级的高级生活。这是城乡的对立——这是个令人恼怒的主意。同样令人恼怒的是卢梭的每一本新著，无论是关于政治、戏剧教育、宗教题材的著作，还是关于爱情的小说都轰动一时。

　　他政治著作中最为著名的是《社会契约论》。该书开篇就出现了经常为后人引用的那句话，说人生而自由，但处处受锁链的束缚。新闻人看了这话后自然以为它的意思只能是号召"砸断锁链"。但卢梭下面的话却没有得到引用："现在我要努力来说明它们（指锁链）为什么合理。"再往下看，书中又提到了野蛮人，说虽然他没有今人的一些缺点，但他并不是道德的生物——不是不道德，是非道德，所以他不是建设社会和管理政府的材料。由此可见，说他想要我们"四脚爬地"的指控是没有根据的。

　　至于被当时和现在的批评家讥为荒谬可笑的社会契约，洛克早在卢梭出生前四分之一世纪就提出来过，然而洛克却被赞扬为明智。契约是由来已久的想法，卢梭用它作为书的标题以点出主题。在书中，他说到底有没有这样一个契约并不重要。不需要用它来达到目的，即为自由和有道德的人确定最好的政府形式。每一个问题都要经公民投票的纯民主形式（新英格兰的镇选民大会）太不现实，因为人难免糊涂犯错；这种方法只有在很小的城邦国家才能实行。下一个首选是代议制政府，他非常精确地把它称为"选举产生的贵族"。

卢梭和洛克一样，认为主权在于人民，因此代表们必须为人民的最高利益而努力。但是人性固有的弱点——愚蠢和自私——经常使得"全体意志"，即多数人，无法执行"普遍意愿"，即共同的福利。大家都真心想实现这种福利，但由于见识短浅结果常常做不到。有些人说，这个理论再加上"公民宗教"开辟了通往独裁统治的道路。对这个指控不值得在这里引证卢梭的原话进行反驳。更重要的是一个为人忽视了的事实：波兰请卢梭为它推荐一部宪法，科西嘉也提出了这样的要求，他作答时不是像在《契约论》中那样泛泛而谈普遍的理论，而是本着具体的精神，坚持宪法要适应当地人民的传统、风俗和目前的需要。卢梭写的纯推理文章经常被用来同求实的政治家伯克比较，以显示卢梭不如伯克。很久以前，一位美国学者在她的《卢梭和伯克》一书中就指出了这种对比的错误，其实这两位理论家在关于政府的原则上是一致的。

学校是锤炼思想和感情的地方，所以卢梭清楚地说明了共和制国家的公民应该得到何种教育。《爱弥儿》（他学生的名字）一书讲述了孩子天生的好奇心和其他冲动应如何用来发展他的智力，使他获取知识。这又是"事物，不是词语"（<181）的要义。学习书本应晚些开始，规则若想使人心悦诚服则必须从观察和思考中产生。简而言之，要旨是：学生是孩子，不是小大人；他或她在不断发展，训练应适应于发展的每个阶段。千万不能按某个既定的模子去塑造孩子。后来的每一个"进步教育法"学校，一直到约翰·杜威在20世纪（608＞）初办

的学校，实行的都是卢梭提出的观念。

386　　　《爱弥儿》一书关于宗教的部分激怒了所有各方，无论是自然神论者、无神论者，还是天主教徒，但是它关于家庭各个题目的论述却得到许多人的赞许。卢梭认为，母亲应亲自哺育孩子，不应把他们交给生人照料；父亲也不应对孩子冷漠。爱弥儿之所以有家庭教师是因为这种教育计划需要给孩子以不断的注意。卢梭写的不是教育手册，他自己也是这样说的；他提出的是关于个人及其思想发展的新概念。

> "先生，我正是按照您在《爱弥儿》中提出的令人信服的原则培养我的儿子的。"卢梭严厉地看着他："先生，那就太糟糕了，对您和您的儿子都太糟糕了。我不是要建议一种教育方法，我只想防止目前教育的弊病。"
>
> ——与 M. 安加尔的一席对话（年月不详）

这个概念的实行背景在乡村，以便孩子了解各种生物，四季的变化节奏，以及大自然的美丽多样。他的日常活动比在城里更简单，更健康，没有那些使人变得油头滑脑、耽于享乐、胸无大志的习俗和时尚。对爱弥儿的描写使人联想到菲尔丁笔下同样是心地善良、本质诚实的汤姆·琼斯。不幸的是，汤姆的家庭教师思韦坎姆和斯夸尔糟糕透顶，而这两个角色只是对 18 世纪有产阶级雇用的家庭教师稍有夸张而已。因此可以想象卢梭倡导的这种重兴蒙田很久以前提出的思想的教育学是多么受欢迎（< 138）。汤姆因对苏菲的爱而得救。最后将成为爱弥儿配偶的女子也叫苏菲——这个名字的意思是智慧，苏菲这位公民-农夫的伴侣是智慧的化身；杰斐逊依靠公民-农夫把美国建成一个伟大的国家，托克维尔访问美国时发现的就是这样的人。

　　一位学者说，18 世纪惹人争议的卢梭信奉的座右铭不是倒退到自然，而是向前走进自然。明白了卢梭的目的，了解了他所处社会的情况之后，就可知这位学者所说不谬。卢梭有生之年看到了他的观点除鼓掌以外引起的其他反应：母亲亲自哺育孩子；贵夫人在自己的庄园装扮成挤奶女工——玛丽·安托瓦内特在宫廷中也作如此打扮；还有对乡村生活兴趣的提高，特别是在卢梭发表了关于自己在林中河边漫步的描述之后。人们日益相信这样消磨时间可以休整由于城市生活而疲惫不堪的身心。现在法律保证的带薪休假最早的起源是《一个孤独的漫步者的沉思》。

在《爱弥儿》中，自然还有另一个作用。在乡间长大的少年开始提出一些哲理性的问题：我们是如何来到世界上的？谁造成了生命？生命的意义是什么？关于生殖这个题目，卢梭认为，孩子一旦提出这方面的问题就应坦率回答；很快孩子就会产生性欲，这也是需要讨论的题目。至于更大的生命创造这个问题，不能用令人反感的神学道理予以解释，也不能用自然神论深奥的抽象概念。看得见的大自然，它无尽的美和巨大的力量就是上帝存在的活生生的证明。宗教是一种感情。它集谦卑和惊诧为一体，维持着印记在人的良知上的道德法规。

卢梭把宗教算作一种激情，而激情是推理和行动的力量来源。只要和正确的思想连在一起，所有的激情都是好的。这种联系源于良好的教养，不需要永恒的奖惩机制，也不需要尘世间的仪式和启悟。卢梭提醒读者，人类有三分之二不是基督徒，也不是犹太教徒，也不是信奉穆罕默德教义的人。以此推断，神不可能为任何一个教派所专有；人关于神的要求和判决的所有想法都是臆想。神只要求我们爱他，向善。别的我们一概不知。人关于永远不可知的东西居然彼此争吵，流血作战，这是对神最恶劣的不敬。

《爱弥儿》遭到巴黎主教的谴责，不仅因为它教人们越过教会，而且还因为它表示了普遍得救的意思，否认原罪的存在。卢梭回答说，根据福音书，耶稣基督以自己的死赎了人类的罪，洗礼更巩固了这种救赎，在此之后，唯一阻碍人得救的就是他自己犯下的罪孽。在他最后的著作《忏悔录》中，卢梭坦白了自己的缺点和错误，现身说法来表明他对人的行为不存任何幻想。道德期望和实际行为之间的差距是对意志永久的挑战。

387

※

《百科全书》中关于音乐的内容很多，足足有 3 卷，全部是卢梭所写。所以现在还不能把他抛开。卢梭在狄德罗的紧逼下，一边抱怨一边赶工写作，3 个月就交了稿。这样的急就章造成了文中的一些错误，杰出的理论家和作曲家拉莫得意地把这些错误一一公布。他这样做是为了报复卢梭重意大利音乐轻法国音乐的态度。卢梭这种态度的形成主要是因为意大利语容易歌唱，易于谱成音乐。拉莫把吕里为凡尔赛宫创造的大场面搞得更为宏大。最近演出的拉莫的《华丽的印第斯》可以使人对 18 世纪芭蕾和装潢的奢华铺张略见一斑，但仍无法得窥全貌。如今留下来的只有丰富的和声。可以把法国的风格称为巴洛克式，把意大利的风格称为新古典式。意大利人还创造了谐歌剧这种喜剧体裁，法国人却没有模仿。

巴黎经常看歌剧的人就这方面的问题展开了激烈的争论。并不是只有卢梭不喜欢法国歌剧的浮华和复杂的音乐结构，偏好外国歌剧。卢梭嘲笑法国歌剧的结构，他为了表明歌剧可以做到简单明了，自己写作了《村里的预言家》。这部歌剧真的非常简单。情节是一个乡村的爱情故事，其中加以慈父式的智慧，曲调是民歌式的，没有男女众神在战车上尖声大叫这种为讨厌法国歌剧的人所诟病的东西。《村里的预言家》受欢迎达半个世纪，但它那种因幼稚的情感而产生的魅力现已消失了。

在法国音乐的巴洛克阶段之前以及与它同时，意大利音乐和日耳曼音乐平分秋色。我们已经知道这两个乐派是由在伦敦的亨德尔和博

> 试想有这么一个 15 英尺宽，长度比例与其相合的箱子。两边各有一幅屏幕，粗略地涂着些色彩以代表天上的裂缝或破洞。后面的一块帷幕总是破的。人在它后面走动时会造成一些悦目的飘动。四根木料和一块平板做成神的战车。它用一根绳索吊在一块充当云彩的破布前面。可是你无法想象的是女主角的那种吼叫，她全身抽搐，脸涨得通红，紧握双拳压在胸口上，从肺里挤压出呻吟的声音。而这却是唯一能得到观众掌声的东西。
>
> **——卢梭论巴黎的歌剧（1760 年）**

388

农奇尼谱写的歌剧和清唱剧开始的（＜327）。在德意志本土，巴洛克风格在下述这个人多方面的，可以说是百科全书式的作品中达到了顶峰，他就是——

约翰·塞巴斯蒂安·巴赫

有必要写出他的全名，因为他的家族300年来产生了53位音乐家，也因为他至少有一个儿子，卡尔·菲利普·埃马努埃尔，比他的名气更大，虽然并不比他更有天才。约翰·塞巴斯蒂安的生涯平凡无奇，他做过风琴家、唱诗领诵人和教师，死于18世纪中叶，然后就默默无闻，直到19世纪30年代。

自那以后，他充分得到了他应得的承认，虽然他的一些最热诚的崇拜者只把他认作特定的一类音乐家。因为他作了一些曲子来表现赋格曲的艺术和对同等调律（用这种调音制度易于从一种音调换到另一种音调）的运用，而且自己也写作了许多赋格曲，所以他被认为是所谓绝对音乐的最高大师。其实他并不是这方面的专家，也从未专作这类的音乐。此外，他作品的浩瀚广博，精品的众多，以及许多能充分发挥歌唱家精湛技艺的杰作，加之人们对长期以来冷落这位天才的自责，所有这些造成了一种其实对他并不公平的崇仰：推他为绝对音乐的不朽大师中的头一位，说他这种体裁的作品无懈可击。殊不知他的作品要广博深刻得多。

可幸的是，后来的一位崇拜者以渊博的知识、细腻的感觉来研究巴赫的作品，他的详细研究使人对被奉若神明的巴赫有了新的了解。这个人是我们这个世纪的文艺复兴人阿尔伯特·史怀哲。他是音乐家、医生、哲学家、作家，还是慈善家。他详细的研究表明，巴赫不只是掌握复杂音乐形式的大师，还是

它令人信服地表明了巴赫思想的画式倾向，这必定导致不仅要重新考虑过去把巴赫看作主要是"绝对"音乐家的看法，而且要重新探讨音乐的审美这一一般性的问题。

——欧内斯特·纽曼关于史怀哲的《巴赫》（1911年）

389

声音戏剧的创造者。他谱写的大合唱、弥撒曲、三部耶稣受难曲，还有他的大部分小型作品是表现性的音乐，而不是"绝对"音乐，如果绝对一词意指单纯注意格式的话。

史怀哲把作曲家分为诗式和画式两类，把巴赫列入画式的一类。他选择的这两个词很不恰当，原因稍后会说明（495＞）。但史怀哲展示了巴赫的表现性意图，这个结论是无可指摘的。早就应该看到，像《马太受难曲》或大合唱《弥撒曲》这样的杰出作品不是在格式上精雕细琢，而是把格式与戏剧性目的融合为一：有节目单，里面描述了一个场景，音乐则和歌词及动作相配合。巴赫具有用音乐达意的高度天才，哪怕是在没有说明或标题的作品中，意思都显而易见。我们在他的组曲、协奏曲、变奏曲，甚至在似乎无法表达意思的作品，如小提琴独奏的恰空舞曲中，都可以看到和听到音乐的意思。巴赫的戏剧性非诗非"画"，而是直叩心扉（639＞）。

除了使用同等调律以外，巴赫和亨德尔的时代还出现了别的发明。经过了19世纪震耳欲聋的管弦乐之后，今人喜欢的是被非常粗略地归在巴洛克名下的音乐，它使人听来心旷神怡，被认为是文明人听的有节制的音乐。其实，巴赫所追求的强调表现性的目的也促使其他作曲家努力改善乐器，特别是增加音域和力量。当时有管风琴，它可以和风细雨也可以狂飙大作，巴赫自己就总是找音量最大的风琴。毕竟，他得在《马太受难曲》中表现出伴随着撕裂面纱和地动山摇的强烈感情。古钢琴声音微弱，传不远；羽管键琴只稍微强一点儿，但意大利的克里斯福托里在努力改进这些弱点，他造了一架他称为 clavicembalo piano en forte 的乐器，这是一种"弱声和强声"都可以弹的键盘乐器。经验证明它的确可以做到，但今天我们只简单地称它为"弱音琴"。

其他的能工巧匠也在向着同一目标前进。斯特拉迪瓦里制造的小提琴和其他弦乐器力量之强大，音色之丰富，至今无人能出其右。同时，双簧管也得到了改善，音调更加准确，横吹的长笛取代了直筒，所有这些都是为了加大音量。为了另一种乐趣，卡斯特尔神父制造了一架"有色风琴"，可以在屏幕上弹出扇状的图案。世纪末的时候，图尔特把小提琴的琴弓改为向内弯曲，并在琴颈尾端安了一颗螺丝钉以拧紧琴弦；这样一来，不仅加大了摩擦琴弦时产生的音量，而且增多了弓法，便于产生新的效果。

这些进步可与纺织方面的进步相媲美。现代管弦乐器和工业机器是嫡表亲，同时起源于18世纪。路易十四在凡尔赛宫听的音乐是他父亲听过的由小提琴家族中24部弦乐器组成的"大乐队"演奏的。吕里恳求加上一个16人的"小乐队"，由弦乐器、双簧管和巴松管组成。巴黎歌剧院把乐队人数增加到21人。在其他地方，乐队的组成各不相同，差别很大；有时用10部或12部巴松管与弦乐分四部分相配，有时会使用长号、短号和键盘乐器为歌剧的效果增色，没有确定的组合。但随着各个作曲家对新的乐器搭配进行尝试，或在作品中放入独奏曲段以表现其音色，标准的组合在逐渐形成。于是乡村风味的肖姆管被引入乐队成为单簧管。当时器乐作品的主要形式是前奏曲，称为sinfonie，它需要能最有效表达剧情的手段。交响乐（symphony）的形式是从管弦乐队形成之前的组合中发展起来的，而不是先有管弦乐队后有交响乐。

管弦乐队（orchestra）这个词的起源相当奇特。早年曾帮助过年轻的亨德尔的德国歌剧作曲家约翰·马特松在汉堡出版了一本书，长长的标题中 orchestra 这一新词引人注意。他解释说该词指歌剧舞台面前的地方，用来表示一种新的教

使用新发现的管弦乐队法，或者说普遍的和根本上的教学法，一位时髦的人可以完全了解高尚音乐的崇高价值，形成他的音乐品味，理解技术用语，并就这门杰出的科学进行娴熟的推理。

——约翰·马特松《论管弦乐队》
（1713 年）

学方法。通常的音乐训练培养的是教堂音乐家，马特松想要摆脱只限于唱诗的音乐和复调音乐——需要解放来帮助实现现世主义。他通过 orchestra 的含义指出应向歌剧和主调音乐靠拢。当然这就要求新的乐器演奏法，要丢弃鲁特琴和短双颈鲁特琴，还有海洋喇叭（虽然叫这

个名字，但其实它是一种弦乐器），因为它们不适合于追求音色洪亮、平衡、圆润和多样的乐队。作为关于管弦乐队这个新生事物的文化性趣闻，可以从语法上分析一下马特松的标题。它显示了当时的一些事实和态度，包括法国文化在德国高级文化中的主导地位，教养良好的世界公民和品味高雅的人的形象［时髦的人（galant homme），品味（goût）］，还有启蒙运动的常用术语推理（raisonniren）这一用来发现一切事物的（universelle）规律的艺术。

※

马特松的话使我们的思绪回到《百科全书》，由此又涉及狄德罗。让我们来看一看他的又一个重大贡献——《画论》。他从 1760 年开始，每年都去参观卢浮宫一年一度的画展，目的很新鲜，是为了对展出的画做出评论供人参考。他的眼光敏锐，以他一贯刨根问底的方式与画家们交谈，了解他们的术语和绘画技巧，然后写出外行读来兴味盎然，内行读来获益匪浅的评论文章。可以想象得到，狄德罗对艺术的主要要求是富有表现力和忠实于自然。但是忠实远非单纯的准确模仿。他所欣赏的画必须在概念、风景、人物、形状和颜色的谐调，以及整幅画所激起的情感方面都使他满意才行。在 20 年的时间中，他论述了布歇、范·洛、弗拉格纳尔、朗克雷、约瑟夫·韦尔内、格勒兹、夏尔丹和其他人的画作。他在所有这些人中挑出夏尔丹来说他

多么美的配色，多么多的变化，多么丰富的对象和想法！他什么都有了，只缺真实感。谁见过穿得如此讲究的牧羊人？是什么事情使得乡间的一座桥下聚集了这些男男女女、老老少少、牛、羊、狗、成捆的稻草、火和水、锅碗瓢盆，周围却一所房子也没有？那个穿着考究，身材丰腴的女人在做什么？那些孩子是她的吗？这个拿着火要往她头上放的男人是她的丈夫吗？这么多不相干的东西全挤在一起！这幅画显然是荒谬的。但是看着它眼光却舍不得离开。对它会产生一种贪恋，它的铺张奢侈无与伦比。它有一种魔力。

——狄德罗论布歇的一幅田园画
（1765 年）

是"最伟大的魔术师"，由此可见他作为评论家的敏锐眼光。

在狄德罗评画的期间，流行的品味和艺术风格称为洛可可式。只凭这个词的发音就知道它的含意是"不太严肃"。它的原意为贝壳的装饰（rocaille），先是用于屏风、桌面和别的家具，后来词意转为精致和灵巧，最后意指带有一点儿荒谬的巧妙。经过了路易十四时代的严肃之后，精神和色彩的轻盈、奇妙的想法、大量的卷须形细巧装饰大受欢迎，此外还有对中国风格和其他异国情调的尽情模仿。洛可可风格是戏耍中的启蒙运动，是从理性中的一种解脱，与狄德罗、理查逊和卢梭表现感伤情绪的作品相一致；它令人愉快地表现了不负责任的情绪（410＞）。

尽管如此，席卷了欧洲知识阶层的洛可可风格在建筑、绘画、雕塑和室内装潢方面都产生了杰作。德累斯顿的茨温格尔宫正门的石雕就表现了这一风格。它在绘画中横跨广阔的感情范围，华托把怀旧的情绪融入神话题材的画作，布歇的每幅作品都反映出逍遥自在的风情。就连宗教题材的画也可以采用这个风格，如京特的《圣母怜子图》。

洛可可的对立面同样兴旺。拉图尔的粉笔肖像是对布歇轻浮的油画无语的斥责，乌东为伏尔泰、卢梭、狄德罗、富兰克林、华盛顿这些世纪名人所雕塑的胸像均作严肃的沉思状。在英国，洛可可风格对装饰的影响比对绘画艺术的影响来得大，像庚斯博罗、雷诺兹和雷伯恩这样的画家没有采用幻想的手法，除了为女士画像时添加一些装饰品。在照相术发明之前，只有肖像画家能得到丰厚的酬金，但他们必须满足贵族顾客提出的通常是十分明确的要求。不应忘记与这一派英国画家同时的还有一群一流的水彩画家，他们在描绘风景、房屋和马匹时也力求忠实于生活。

除了这两组人以外，还有一位画家首次用画来批评社会。他就是威廉·贺加斯。（用他自己的话说）他采用"与舞台上演出的题材相类似的现代道德题材"。为表现贵族与社会其他阶层的关系，他在讽刺性素描中画出浪荡子、娼妓、懒散的学徒，以及他们非人生活的各

392

个阶段。他的组画中人物众多，形成一种画的小说，同样的人物在不同的画中重复出现以建立各幅画之间的联系，并显示他所谴责的道德弊病的发展（如同电影一样）。（《浪子生涯》由加文·戈登改编为芭蕾舞剧，并由 W. H. 奥登同斯特拉文斯基合作改编成歌剧。）贺加斯的油画题材不拘，和他的少数几幅肖像画一样不受欢迎。自己的阶级或行业在菲尔丁或斯摩莱特的小说里受到羞辱比画中较为容易接受，画中的人物、姿势、衣着和装饰看起来和朋友，可能也包括自己，太相像了。

如果有人问到百科全书世纪是批评的年代还是创造的年代，公平的回答是：两者都是。排除了它的创造，我们的博物馆、图书馆和音乐会就会显得空空如也，面目全非。18 世纪看起来批评性比创造性更强，是因为它破坏了一些信仰和制度。这些信仰和制度仍然有众多的追随者，他们当然对这场运动愤恨无比，因为它引进了不信神的思想和世俗国家，推崇技术，要求一切人的权利，而关于我们一会儿要看到的约翰逊博士、勒杜和莫扎特却是一点儿也没有令人愤恨或遗憾的地方。

横断面：1790年前后魏玛所见

  "德意志各邦国"在"三十年战争"结束之后是大约2 000个互不相关的群体，到了18世纪中叶只剩下了300来个。其中萨克森-魏玛公国不如汉诺威、巴伐利亚或萨克森那样强大。它是个小城镇，周围环绕着丘陵和森林，景色宜人。乔治·艾略特19世纪中叶来访的时候，觉得这个地方仍然相当闭塞。然而，在18世纪的最后25年间，它不仅因成为德语文学的中心而著名，还促成了它邻近公国宫廷中习惯和文化观点的惊人变化。

  如前文在不同的地方提到的，路易十四的巨大影响达100年之久。德意志的大小王公花重金建造宫殿，给它们起法文名字，在宫廷中规定各种几近荒谬的繁文缛节，观看法国或仿法国的戏剧，在治国中使用专制手段——他们是路易十四从未当过也从未想当的实实在在的绝对君主（< 284）。当然，各公国对法国文化归顺的程度有所不同，下面将要提及的其他特点也是一样，但总的来说这些法国化了的德意志人感到穷极无聊。他们的解闷方式是经常酗酒，而且酗酒如同宫廷礼仪一样是必为之事，此外还有狩猎和赌博，以及缺乏骑士风度的男女情事。他们治下的百姓备受压迫，生活赤贫，但国家又禁止他们移民别国。这种半东方式统治的受害者中处境最为凄惨的是王公的妻妾。家中为了彩礼把她们嫁入宫廷，王公用她们生产子嗣，否则便打入冷宫，不能像男人一样有消遣的办法，实际上过着被囚禁的生活。当严酷的赋税榨干了一个小国百姓的血汗的时候，这个小国就会通过买卖

或联姻的方式而被富国吞并。2 000 就是这样变成 300 的。

魏玛大公的遗孀安娜-阿玛莉亚是另一种脾性。她从自由中寻求快乐，这自由指的是摆脱日常惯例、规矩和礼仪的自由。她喜欢阅读、戏剧、音乐和交谈。她邀请赫尔德这位诗人、哲学家兼历史学家来到宫廷，他帮她把这种态度灌输给她的儿子卡尔·奥古斯特。当她的儿子需要一位教师但又是同龄伙伴的时候，她做出了一个重大的选择，选定一位 26 岁的年轻作家进宫，这位作家因写了一本畅销书而闻名遐迩，他的名字是——

歌德

年轻的卡尔·奥古斯特公爵发现他这位教师同他一样热切好学。他们学习的方法是漫游乡间，在小酒馆里共用午餐，畅谈年轻人感兴趣的话题。这不是从《爱弥儿》中学到的进步教育法，倒像是志同道合的年轻人结成的伙伴关系，彼此都想从对方那里受益以使自己事业成功。这个比方似乎有些奇怪，因为歌德作为作家不需要也不能指望从卡尔·奥古斯特那里得到任何帮助。可是人们忘了歌德的非凡性格中还有政治方面的雄心壮志，还想在治国中一显身手。虽然这可以是出于纯粹的权力欲，但在性格复杂的人身上，它也代表着对秩序的一种唯美的喜好。歌德就是这样，而且他也有必要的才能，首先是处事的圆通。当他被任命为枢密院官员的时候，院长弗里奇因对"歌德博士"如此破格提拔不满而辞职。歌德顺利履职后，特意同弗里奇交上了朋友。

自那以后，歌德（可以说）就是魏玛的市政长官。从国家剧院到自然资源的保持，一切活动都由他监督或指导。这并不是说卡尔·奥古斯特公爵无所事事，或安娜-阿玛莉亚对政策没有自己的强烈意见。路易丝公爵夫人虽然受到丈夫冷落，但也并非完全不问国事。但是歌德是执行者，也是创新者，是他在各方之间促成妥协并确保其得到执行。有时，责任和麻烦纠缠在一起使他苦恼不堪，甚至兴起挂冠归里之念。

但是他坚持了下来，把魏玛变成了普鲁士以外德意志人的知识中心，也间接地成为其他宫廷文明举止方面的表率。

此外应当指出，随着路易十四的影响逐渐减弱，王公们开始转向新的典范，即玛丽亚·特蕾莎在维也纳的宫廷。那里的礼仪规矩更为拘谨愚蠢，其主要部分在奥地利一直延续到 1918 年奥匈帝国灭亡。可能奥地利模式的过分烦琐反而帮助了魏玛的新做派在德意志其他地方扎下根来。卢梭关于家庭生活和热爱自然的思想的传来也相应促进了更为轻松的礼仪的形成。它们的新鲜祛除了长期以来的沉闷无聊。只有符腾堡直到法国大革命前一直顶住了任何变化。普鲁士早就是个独立的王国，不需要追随什么榜样，它已经进入了西方文化的主流。腓特烈大帝自己就是诗人兼启蒙思想家，会吹长笛，有 J. S. 巴赫这样的座上宾，并资助艺术和科学，他自从在魏玛现政府一代人以前即位以来，把柏林建成了一座光明的城市。歌德自从青年时在法兰克福住过之后就一直是"弗里茨党人"[1]。

在这场文化变革之中潜伏着另一个因素——民族感情。过去，王公和百姓认为自己是巴伐利亚、汉诺威人、萨克森人、黑森人等。只有在去外国旅行时，他们才说自己是德意志人。在几位作家攻击了法国的文学霸权，特别是攻击了伏尔泰以后，对同一语言的意识才终于开始发展。在这场斗争中，以弱胜强，击倒了歌利亚的大卫是一位汉堡的批评家和剧作家莱辛。他写的戏剧评论把伏尔泰才华横溢的悲剧批得体无完肤，并高度评价莎士比亚的真才实学。站在他一边的赫尔德则指出通俗文学的深刻和对生活的忠实。卢梭反对人为做作的思想正在开花结果，在此过程中，赫尔德发现了民族（Volk）。在这种兴趣的转移中，必然把人看作德意志人，不是黑森人或图林根人或达姆施塔特人。德意志人民的自我意识始于"魏玛"。

德意志对法国文化统治的抵抗基于路德教的道德观。这可能是

395

---

[1]　弗里茨党人，指钦佩腓特烈大帝的人。——译者注

因为德意志启蒙运动中几位最强大的思想家都出身于牧师家庭，更为肯定的原因是法国的启蒙运动似乎没有强烈的道德意识。与莱辛和歌德一道成为德意志民族经典作家的几位——席勒、赫尔德、诺瓦利斯、黑格尔、费希特、蒂克、施莱尔马赫和施莱格尔兄弟——特别注意表现诚挚和勇气。康德提出给科学和道德法规以同等地位和权威，这说明他感到了这种被启蒙思想家所无视的需要。在狂飙运动期间（396 ＞），年轻的反叛者选择普罗米修斯作为他们大无畏的象征，席勒早期的剧作中对权威的攻击与博马舍的攻击有所不同，不是自信十足的放肆无礼（400 ＞），而是出于看到正义被践踏而产生的义愤：英雄和被压迫者是站在同一高度上的。

　　这种类型的叛逆预示着德意志人在世纪中叶或稍晚的时候开始的转变。他们曾被普遍嘲笑为梦想家和关起门来的哲学家，后来却变成了一个出产专制领袖的民族，在战争、政府、教育、科学，包括哲学本身等各个方面莫不如此。他们先是为普鲁士所控制，在1815年帮助打败了拿破仑，在这个过程中学到的行为准则后来成为他们的民族特征——切合实际的秩序和制度，以及对促进民族团结、增进国力的规则的尊重。他们在王朝争战的战场上曾经任人宰割，有200年的屈辱需要雪洗。到19世纪末，欧洲的其他国家开始认为德国人天生好战，特性大多令人讨厌，有种族自大之嫌。

　　在可以称之为德意志的觉醒中，魏玛在道德和文学方面都做出了贡献，不过有个悬疑必须先予解答：歌德的哪一本畅销书使他因之得以在政府中任职呢？书的名字是"少年维特之烦恼"。故事讲的是一位年轻人爱上了朋友的未婚妻（后来成为那位朋友的太太），对方也爱着他。故事并无特别的新意。对他们之间感情的描写使人联想到《克莱芙王妃》的内容和理查逊的手法。维特忠于朋友，尊重婚姻的誓言，以自杀求得了解脱。情节的分析显然十分到位，书出版后引起了自杀潮。这些自杀和这本书引起一片痛惜责备，说它们是多愁善感发展的极致，这种情绪在其他国家也盛行一时（410 ＞）。

这个判断不能算错，但它忽视了一点：维特的一部分不满是来自他对社会歧视的愤怒。宫廷中对礼仪的讲究也向下蔓延到了资产阶级，把人分为不同的等级和称号，对自尊心造成伤害，令人极为反感。这种严格而烦琐的礼仪在德意志人的高层、中层和下层根深蒂固，连魏玛人也不能完全免除：诗人席勒的妻子被人看不起，因为她的法文不合格。她必须去瑞士补习好法文后才有资格成为公爵夫人的女侍臣。但维特式的自我放弃和其他类似的对习俗的屈服很快就被年轻人的奋力反抗所取代。有两位作家的狂暴的戏剧激发了年轻人的反抗，本身也是这种反抗的表现：克林格尔的剧作《狂飙突进》使整个运动因此得名，席勒的《强盗》则把绿林好汉写成社会批评家。

※

歌德于 1775 年到达魏玛的一年后，他和圈子里的密友们听说英国的美洲殖民地宣布了独立。宣布独立的文件开宗明义使用的是启蒙运动的格言。不只是杰斐逊及其同志，其他几个州的宣言也用了同样的词语，接下来列举了旧有的一系列具体指控。一年多来，英国军队和当地民兵经常发生流血冲突，现在要全面开战，因此需要阐明为何

> 在宜人的气候中，有这样一片净土，
> 那里以大自然为法，以美德为矩，
> 真理和常识
> 不用法庭和学校来灌输；
> 那里将兴起帝国和艺术的
> 又一个黄金时代，
> 善与美激励着壮丽的激情，
> 那里有最睿智的头脑和最高尚的心灵
> 腐朽的欧洲则完全无法产生……
> ——贝克莱主教《论在美洲播种艺术
> 和学术的诗歌》（1726—1752 年）

而战。但是尽管独立宣言的序言如此铿锵有力，难道美国独立战争真的是启蒙运动思想的产物吗？独立宣言似乎显示，一个辽阔的现代国家在宣称：它有权按照在旧世界无法实现的原则管理自己。这样的解释是进步的欧洲人所乐于接受的。事实却并非如此。美国的 220 万人口仍然举止粗野，生活简陋。它还不是一个民族，殖民地的居民从根

397

本上说与启蒙思想家的思想格格不入。他们同边界上的印第安人部落作战，对他们进行欺骗，南方的殖民者寄生于20万非洲奴隶的苦工之上。尽管原始主义者对新大陆的居民钦佩崇敬，尽管贝克莱主教半个世纪前就做出了新大陆崛起的预言，但是欧洲似乎没有什么可以从海外那些人那里学习的，也不必害怕来自他们的经济竞争。

从殖民地的角度来看，经济的关注是争取独立的动机之一。同情独立的英国政论家托马斯·潘恩正是这样说的。英国在把法国人赶出北美的战争中耗费了大量财力，一直在通过垄断殖民地贸易和对其征税来填补亏空。在愤怒的独立宣言发表前的10多年间，殖民地的抗议和暴力行动就一直不断。独立宣言的序言读起来像是洛克和孟德斯鸠的学说，这只能说明殖民地有一些精英访问过巴黎或读过进口的书籍。但后面列举的控诉表明，对英国人的武装抵抗并不是一场革命。这场战争之所以被称为革命是因为把它与后来在欧洲发生的事件混淆了起来。

啊，朋友们，鲜血的力量遏制着，
充满爱国热情的暗杀者的疯狂，
（狂怒不能实现公众的幸福；）
因为乌合之众胆大有余但成事不足。
　　　——约翰·特朗布尔《时代赞歌》
　　　　　　　　　　（1774年）

甚至可以说，美国独立战争的目的是反动的，要"回到过去的美好日子中去"。纳税人、大陆会议的代表、商人和各家各户都想回到英国最新的政策实行以前的状况中去。他们要求的是英国人自古就有的权利：通过代表实行自治，赋税由地方议会决定，而不是由国王专断。宣言中并未提出要求改变权力形式的新思想，而这种新思想才是革命的标志。宣言中列举的乔治国王的28条罪状英国人早已耳熟能详。宣言的内容是对滥用权力的抗议，不是要根据新的原则重建政府的主张。

宣言发表之前的材料也是一样。大量的小册子、讲演、信件、决议、大会报告，还有报纸文章，它们讨论的问题总是：该怎么办？我们应该走到独立那一步吗？宣言发表前一年的康科德和列克星敦之战很难算是革命热情的迸发。把华盛顿的军队与克伦威尔的铁军对比一下，即可看出两者的不同。两场战争中作战者都很英勇，华盛顿率领着一支不稳定的队伍表现出来的坚毅可歌可泣。但在美国战争中英国人有时并未全力以赴。对反对独立的人经常是群情激愤，结果迫使许多人流亡去了加拿大；不过也有许多人号称有病——"亲英热"——而逃脱了迫害，后来也没有追究。所有这些都不像革命的样子。

　　在列克星敦之战即将爆发之前，伯克极力描述最后使美国人打赢了独立战争的坚强意志。他想劝说下议院与殖民地那些顽固的人讲和。他说他们不是叛乱分子，只是在抗争。他们抗争的只有一点，要争取自己征税的权力，他们认为这是所有其他"自由"的基础。宣布独立的殖民地只建立了一个脆弱的邦联，并还想维持过去的半贵族社

> 如果政府的必要运作有什么缺失的话，宗教就会抓住它大肆宣扬。人民是新教徒，是那种最反感屈从性思想和意见的类型，哪怕只有一点儿那方面的暗示。所有的新教各派都是一种异见。但我们北美殖民地的宗教把反抗原则精炼到了更高的境地。它是异见中的异见，新教中的新教。
>
> ——伯克关于同美洲和解的讲演
> （1775 年 3 月）

会。即使在战争期间，民族精神都少得可怜。看一下独立宣言原件的摹本，可以看到标题中"十三个合众国"的合众一词用了小写字母。那个小写的 u 没有预示将来大写的 U[1]。只是到了当时的 15 年前，"七年战争"结束的时候，才刚刚出现一些要求统一和"民主"的呼声。即使是这些要求也仅止于让没有财产的人享受投票权。总而言之，18世纪末受到欧洲人称赞或贬低的美国现象不是托克维尔半个世纪之后所描述的美国的民主。它也不是 1789—1793 年法国大革命的样板。

　　回过头去看，有一个知识上的因素确实成了这两个事件之间的联系，即《百科全书》的精神和它的一些抽象概念。被称为美国国父的那些人深受其影响，并以它们为理论基础去争取那些具体的"英国人享受的自由"。也正是同样的精神激励一位法国人成为对美洲殖民地

---

[1]　指成为美利坚合众国这个单一的国家。——译者注

人民战争的最有效的支持者——

博马舍

经常阅读节目单的歌剧观众认得这个名字。他写了《塞维利亚的理发师》和《费加罗的婚礼》，但在罗西尼和莫扎特的同名歌剧中，歌词作者改动了这两部歌剧的原意。不过，这两部杰出喜剧的创作者远非单纯的剧作家，由于他跌宕起伏的一生中的种种成就，即使在那个充满了非凡人士的时代中他也是出类拔萃的。他众多的天才之举，加之他死于法国大革命中（424＞），使他身后的名声比生前更为卓著。不仅是法国，而且西班牙、英国和德意志各邦国都为他的经历所惊叹。

没有他，美国独立战争的结局也许就完全不同（402＞）。没有他，在 1789 年法国大革命之前大声疾呼要求改革的公众舆论可能就不会如此坚决地反对除国王以外的所有现存制度（402＞）。博马舍比伏尔泰和狄德罗更多地体现了时代的精神，他与卢梭也有所不同。他代表的是掌权的资产阶级、显贵的文人、政府不可缺少的知识分子、帮助大众了解自己权利和力量的以笔为枪的叛逆者。博马舍这样做，全然不顾别人和社会的反对。他选择的座右铭是："我的生命是一场漫长的战斗。"他不仅是老练的外交家和政论家，而且还是大胆的行动家，因此他的影响就更为强大。

他卑微的出身是使他成为代表性人物的第一个特点。他姓卡龙，父亲和祖父都是钟表匠。他第一个工作就是在父亲的店里做工。但他的父亲读书很多，脑子里全是百科全书派的新思想。小时候的皮埃尔-奥古斯丁所受的正规教育很少，但他胸怀大志，自学成才。他声音清朗，会演奏长笛和竖琴。他下笔文采斐然，开口雄辩诙谐。他还是能工巧匠，发明了一种优秀的钟表擒纵轮，并改善了竖琴的脚踏板。25岁那年，他娶了一位年龄比他大的妻子，因此得到一块小小的采邑，使他得以成为卡龙·德·博马舍。他觉得他在贵族阶级中这一席之地过于狭小，于是买了一个宫廷书记的职位以提高自己的地位。很快，他就同王公贵族往来结交，与路易十五闲坐聊天，并成为国王四个女儿的音乐和文学侍从。那时已经不再有路易十四或圣西门在宫廷里抵制和排除出身卑下的资产阶级暴发户了（＜395）。

博马舍却遇到了别的敌人。他发明的钟表装置被别人据为己有，最后由一个专家委员会判定卡龙为最先发明者。在早年的一段情事中，他受到了不容忽视的侮辱，在接下来的决斗中他重伤对手，使之不治而亡，这使博马舍悔之莫及。他一贯富有深刻的同情心，特别是在这件事中，因为决斗是死罪，所以他的贵族对手拒绝说出是谁把他伤得如此之重。

下面这件事也是博马舍为名誉所做的。他有两个聪明绝顶的妹妹，她们也是谈吐风趣的诗人，其中一位与一个名叫克拉维霍的身无分文的西班牙大公订了婚。克拉维霍要去西班牙谋一个闲职好结婚养家，于是博马舍的妹妹在监护人的陪同下和他一道前去。但到了西班牙之后，克拉维霍就毁了婚约。博马舍赶到西班牙劝那个年轻人重新考虑，但很快发现他在偷偷地谋划，企图逃跑。博马舍威胁要对他使用暴力，这才迫使克拉维霍承认婚约，这对于挽救他妹妹的声誉至关重要。必须由女方中止婚约，否则她在任何国家都再也不可能找到丈夫。这场纠葛很快传遍四方，同时代人歌德根据它写了情节剧《克拉维霍》。

博马舍像他后来的代言人费加罗一样，从未怀疑过自己的能力。他并非虚荣浮夸，而是他天生充沛的精力造成了他性格中不可抵抗的放肆的欢快，这为他赢得了崇拜仰慕他的追随者，也招来了矢志反对他的敌人。他一次又一次地陷入困境或危险，但他很少垂头丧气；事实上，在紧急情况中，他的天才反而更加充分发挥，创造性和力量都加倍强大。

在担任森林和狩猎督察这个半司法的职务时，他由于做出了公平的决定而受到攻击，在此期间，35 岁的他以一部五幕剧《欧仁妮》开始了文学生涯。（萧伯纳 40 岁时才开始写作，但警告说对新手来说这是最高的年龄限制。）《欧仁妮》属于由狄德罗和塞代纳等人开创的资产阶级情调的感伤体裁（415＞）。博马舍似乎是第一个用戏剧一词来称呼从传统意义上说既非悲剧也非喜剧的剧作的。《欧仁妮》的前三幕大受欢迎，后两幕则遭到一片嘘声，显然是因为它们像是另一部剧的开始。作者毫不气馁，对剧本进行删改后再次上演；在法国算得上成功，经加里克改编之后在英国则受到热情欢迎。博马舍在该剧开场白中的一句话值得一提：在谴责戏剧写作的陈规旧俗时，他说它们是"野蛮的、古典主义的"。这是古典主义第一次用作贬义词。

下面要谈的博马舍的行动是政治性的，而且如同前面暗示过的，对两个大陆都产生了巨大的影响。第一件事影响的是法国，但也使英国人和德意志人大为震惊。它起自称为格茨曼事件的一场复杂诉讼，无意中成为对法国，无疑也是其他地方司法状况的揭露。博马舍为获得他根据第三方的遗嘱应得到的钱财向一位伯爵提起诉讼，与此同时，他又卷入了一场爱情纠葛，致使他受到一位公爵的动手殴打。博马舍还了手。他们二人因破坏治安由国王的封印密信送入监狱。（顺便说明，这样的"封印密信"是国王发出的唯一不盖有他的印玺的文件。）

狱中的博马舍无法去拜访负责他官司的法官，但是照规矩，他的官司若想有打赢的可能，他就必须去拜访法官。事实上，一个法官提出了一份报告说博马舍依照的文件是伪造的；法庭别无选择，只能宣布其无效并驳回此案，上诉人还得担负有关的费用，赔偿损失，并支付利息。那个法官名叫格茨曼。法庭判决引起了好几个陌生人向博马舍索赔据说是欠他们的钱，后来证明他们无中生有，纯粹是捣乱。但是他们引起的谣言却彻底毁坏了博马舍的名声。公共舆论转而反对他，说他是个终于被揭穿了真面目的流氓。

博马舍入狱前完全不把那位公爵的攻击当作一回事。打斗那天当晚，也就是他被捕的前一天，他还缠着绷带去一位朋友家朗读《塞维利亚的理发师》的第一稿。但是现在，如果大局已定的话，41岁的他就会倾家荡产，声名狼藉。他是他的父母、妹妹和外甥女们唯一赖以生活的人，现在却身陷囹圄。这一次他可灰了心，他（自己说）感到羞

401

辱自怜。经过恳求后，警察总督允许他白天受押出监去请求法官给他一个陈情的机会，反驳格茨曼的报告，尽管对他进行押送本身就代表着法律的偏见。在他第二次提出上诉后，他得到释放，结束了两个半月毫无道理的铁窗生涯。

博马舍坚信他的对手拉布朗什之所以胜诉是因为他给格茨曼的贿赂比自己给的多。这似乎有五十步笑百步之嫌，但时风如此，且不说判决，哪怕只是为了得到某些法官的听讯也得送礼，可能还得送好几件礼物。格茨曼法官的太太最喜欢收礼，她对所有来访的人说如果没有这笔稳定的收入，她全家就无法维持体面的生活。在朋友们的建议下，博马舍送给她 100 个金路易（大约 2 400 法郎）和一块同等价值镶有钻石的表。她保证他若败诉就把钱还给他。后来，她又要求再给法官的职员 15 个金路易，博马舍照数给了钱，但怀疑她想把这笔钱据为己有，因为他已经给过那个职员 10 个金路易。最后，他要求把钱还给他，指控她在整个案子的作弊中另行欺诈。法官太太矢口否认收到过这笔钱，并散布谣言说博马舍企图通过她贿赂她正直的法官丈夫。既然博马舍败诉了，她在归还了别的钱后显然想留下那 15 个金路易，猜想博马舍不会纠缠这笔较小的数目。

至于格茨曼，他感到自己的行为被发现了，首先试图使用普遍的补救办法——用国王的封印密信把博马舍投入监禁。他没能得到这封信，同时关于真相的新传言开始流传。既然通常最有效的办法是以攻为守，格茨曼就授意一个属下签署了一份证词，说博马舍拿着钱来找他，并要求判案时让他获胜。做好了这份假证词之后，格茨曼传讯了博马舍。在这场混战中，没有律师愿意接受博马舍的案子。他必须自己为自己辩护，不仅是在法庭上，还必须在公众舆论面前。

他着手写下他的陈述并发表出来。关于格茨曼夫妇的《回忆录》成了文学和辩论艺术的经典之作。回忆录获得成功是因为博马舍在事实和法律的叙述中插入了大量的社会和政治批评，并把全文写得妙趣横生。他的对话时而欢快，时而愤怒，时而风趣，时而睿智，表现出

402

来的人与事像是一部喜剧的人物与情节。公众迫不及待地等待这部分期出版的回忆录的下一期。当时在法兰克福的歌德说各期都在大型聚会上当众朗读。

在法国，不久前发生的一件事情进一步加强了这一系列小册子和这场审判的政治影响。法国最高法院的新院长采用专横的手段对法院进行了改组，削减了它的授权，辞退了一些法官，安插了包括格茨曼在内的其他法官。博马舍在陈述词中聪明地提到了这些不得人心的举动，赢得了公众的支持。除了少数反对者以外，对大多数人来说，他成了当时的英雄。他的案子重审后证明他的辩词无一不确，也证明了格茨曼夫妇的违法行为属实，他的名声终于得以恢复。

《回忆录》对最高法院这个政治兼司法机构的揭露到了十几年后，在 1789 年前夕辩论改革时，国人仍未忘记。不过，在同一段时间内，博马舍操心的另外一件事情同样重大。早在 1775 年 9 月，在修改演出失败的《塞维利亚的理发师》的时候，博马舍给国王（路易十六）写了一封长信，说皇家国务委员会对北美殖民者的情况不了解。博马舍说那些殖民者下定了决心要达到目的，一旦有了足够的武装他们就一定会赢得自由。他还说："这样一个国家将会是战无不胜的。"

博马舍这样做有双重的目的。他热切地希望人民能摆脱专制暴政。当格鲁克在巴黎展示了他给予歌剧的新形式的时候（415＞），博马舍写了一部歌剧剧本，表现的就是这个主题。格鲁克婉拒了为博马舍的剧本谱曲的要求，却推荐了他的学生萨列里。但是萨列里所写的曲调平淡无奇，配不上剧本中壮丽的戏剧场景。在剧中，一位思想高尚的军人推翻了一个暴君式的国王，把自己的妻子从国王的罪恶企图中解救了出来。博马舍向往自由和正义，知道英国政治家之间关于北美的意见有分歧，他想要法国给殖民者提供实现解放的手段。如若成功还能同时削弱英国在世界上的力量。国务委员会因担心同英国打仗，拒绝了他的建议。但一次拒绝挡不住博马舍。他坚持自己对英国的意见的了解是准确的。路易十五曾派他秘密出使英国去收买一个写书诽谤国王的情妇杜巴里伯爵夫人并进行敲诈勒索的人。博马舍不仅劝使那人当场把 3 000 本书付之一炬，而且发展他成为向法国提供情报的线民。现在他的报告可价值无限了。

博马舍又一次提出请求，并建议了一个新办法。由政府给他 100 万法郎，剩下的交给他去办理，简而言之，把亲美的行动私有化。这次得到了同意。博马舍摇身一变成为名叫罗德里格-奥尔塔雷公司的空头公司。它的活动表面上为官方所禁止，但它要为大陆会议提供 200 门大炮和迫击炮，25 000 支步枪和相应的弹药，包括 20 万磅炸药，此外还要提供 25 000 人的军服和宿营设备。所有这些物资的收集都得做得极为秘密，不能让英国驻巴黎的大使及工作人员听到一点儿风声。

这件事本身就够艰难的了，而官僚机构对任何行动的习惯性抵制，再加上一位美方代表的敌意和另一位美方代表的怀疑，使它几乎成为泡影。博马舍说服了心存怀疑的那位代表，向他保证说："我将像为我的国家服务一样为您的国家效劳！"剩下来要说服的是皇家工厂和军火库的主管，以及负责海军工场的将军和护送船的船长。每个人都怀疑、争吵、拖延，各执己见。最后，博马舍终于驯服了这支队伍。他以国王的名义发布国王毫不知情的命令，到后来，将军们和其他人都非常自然地不带任何讽刺之意地对他说："您的舰队，您的海军。"

在独立战争的关键时刻发挥了作用的 20 艘船还真是属于博马舍的。大陆会议的代表保证用农产品——主要是烟草——来交换军火，但什么也没有从美洲运来。博马舍不得不借钱支付运往美洲的物资，运到之后石沉大海，连一声感谢也没有。很久以后，在博马舍的第一艘船开出三年半以后，他接到了大

……我们目前的状况比战争刚开始的时候更加糟糕，令人忧心忡忡。从我看到、听到和部分地了解到的情况中，可以说懒散、放荡和铺张已经成为痼疾。人们孜孜于投机，永无餍足地追求发财；党派之间、个人之间争吵不休，而财政危机、货币贬值和信用的丧失却降为次要的问题。

——乔治·华盛顿（1778 年 12 月）

陆会议主席约翰·杰伊的一封感谢信，信中保证将很快采取措施偿还

所欠的债务。与此同时，收信人应该知道他"赢得了这个新生的共和
国的尊敬，并将当之无愧地受到一个新世界的赞誉"。

　　如此壮举只有现实生活中的费加罗才做得到。它对美国解放战争
的贡献同华盛顿的副官马里−约瑟夫·德拉斐德的贡献同样巨大。那位
莽撞的年轻人的勇气和对自由的热爱使他与格拉斯和罗尚博这两位出
色的海军军人一道，在每一本有关的书籍中都当之无愧地占有一席之
地。但是，对博马舍的贡献却继续绝口不提，这是不可原谅的。

　　更恶劣的是，40 年后，当博马舍陷入贫困的女儿请求美国国会偿
还仍欠着她父亲的 225 万法郎（这是 1793 年亚力山大·汉密尔顿的估
计）的时候，国会回答说："只能还三分之一，否则就一分钱也没有。"

※

　　虽然北美文化在欧洲人眼中仍然落后鄙俗，其实到了 18 世纪末
期，北美的殖民者已经做出了实实在在的进步，尽管步伐不均。远方
的人们没有注意到这样一个简单的事实：美国人分为了两部分，一部
分在向西推进，去那里的广大地方安家落户；另一部分则留在东海岸
形成了有 150 年历史的文化教养的权威。

　　宗教从来就是一支思想力量，18 世纪中它对广大人民的影响再次
上升。像在英国一样，宗教激情在北美也重新兴起。它重提过去的思
想：意识到自己有罪，认识上帝的慈悲；要争取得到上帝的恩惠和救
赎必须自我改造。这场运动在英国称为循道公会，在北美叫作大觉醒。
英国的约翰·卫斯理和查尔斯·卫斯理两兄弟与北美的乔治·怀特菲
尔德这些雄辩的布道者发出的呼吁造成了称为"重生"的大规模群众
运动。据说怀特菲尔德的洪亮声音能响彻 25 000 人的集会。会众们又
唱又喊，还哼叫呻吟，在地上打滚。有钱人、做官的和有学问的人是
不可能欣赏这个重振信仰的肢体语言的，这种信仰的政治方面则倾向
于民主。

　　对"无限的关注"的高涨热情也有利于另一个完全不同的运动，即"女牧师"安·李及其追随者所属的震颤派。它从马萨诸塞的哈佛开始，先传到康涅狄格和纽约，然后传到了中西部。安·李原是英国曼彻斯特的工厂工人，她对工业生活的厌恶促使她成为传教士，移民美洲，并成为女权主义者。她创立的教派相信男女平等和基督复临，基督与神一样是男女同体的。与此同时，震颤派教徒（如此称呼以标明他们同贵格派教徒的近似）过着极为严肃的生活，并无师自通地发展出一种简单的家居建筑风格，在形式服从功能的原则出现之前就已经把它付诸实施，现在仍得到应有的赞赏。

405

　　乔纳森·爱德华兹这位新英格兰的牧师和一流的哲学家——他的全集现在正在重版——看到虔诚敬神的重兴感到欣喜莫名。宗教复兴运动的这两个浪潮确立了美国宗教热情的传统，一直流传至今。有了麦克风和电视，集会可以比怀特菲尔德的规模更大，现在的选择是营地大会中教徒济济一堂的人气或起居室中听道者惬意的密谈。

　　对于18世纪的北美上层阶级来说，真正的新鲜事物不是宗教而是在科学和艺术领域，因为宗教是复旧，不是创新。国中忽然涌现出一群造诣不凡的画家——吉尔伯特·斯图尔特、科普利、皮尔、拉尔夫·厄尔、本杰明·韦斯特。最后的这一位去了英国定居，但他仍然指导从美国来访的艺术家，作为他们的导师继续发挥着影响。是这些人留下了我们今天所看到的当时著名男女的画像，他们描绘的历史场面和风景使我们得以想见那时的"时代特征"。这是以原始主义风格为主导的前一个世纪基本上没有的。

　　世纪中叶之前在科学领域向前迈出的另一文化之步是由本杰明·富兰克林在费城创立的美利坚哲学协会。"哲学"包括纯科学、医学和机械艺术。富兰克林自己的发明和发现前文已经讲过（＜375）。费城还出了大卫·里顿豪斯这位天文学家兼物理学家，他对数学做出了贡献，并制造了计时仪和其他的科学设备。在独立宣言起草期间，他向宾夕法尼亚州议事大会申请资金建造一座天文台，由他做公共天文观察员。他的建议得到了赞同，但战争使这个项目胎死腹中。

　　战争使独立宣言的一位签署人本杰明·拉什医生的业务兴旺起来。他也在费城教书并行医。正式的医学教学于 18 世纪 60 年代在那里的学院开始，此外，纽约的国王学院（不久后改名为哥伦比亚）也设有医学专科。10 年后，出版了第一本外科学教科书。殖民地有大约 3 500 名医生，但只有十分之一像拉什一样，在由伟大的威廉·卡伦领导的爱丁堡大学这个当时先进医学的中心得到过医学学位。拉什回国后，努力促进医学教育，坚持化学在研究疾病方面的重要性，并写出了关于化学的第一本教科书。在费城黄热病瘟疫流行期间，他奋不顾身地抢救病人，可是他的放血疗法效果极差。他及时改弦更张，在对于病情的诊断和各种病症的相互联系方面提出了一些有用的观察。作为精神病院院长，他坚信对病人要身体和精神一起治疗，并身体力行。

　　在创造性文学方面，18 世纪时的殖民地很明显地存在不足。先前的两位出色的诗人，安妮·布雷兹特里特和爱德华·泰勒，一位完全被忽视，另一位的诗至今仍未出版。18 世纪 70 年代耶鲁那个小圈子里的人——乔尔·巴洛、大卫·汉弗莱、蒂莫西·德怀特和约翰·特朗布尔——才气不足，无法充分描绘出他们所选择的雄伟壮丽的题材。此外，他们对诗歌的理解有所偏差。特朗布尔的诗节（＜ 397）表现了他关于庄严辞藻的概念。巴洛的《哥伦布的幻想》其实是韵体文。他关于社会自然成长的理论和关于战后美国的预言如果写成散文，反而更能表现其智慧和创意。

　　戏剧创作在质量和数量上仍然欠缺，但两部本土作品之一，罗伊尔·泰勒的《对比》这部情节复杂的感伤型喜剧演出的效果不错，今天有时还会作为稀奇的古董上演。在 18 世纪 60 年代之前，没有专业戏剧，没有演员、歌唱者或舞蹈者，也没有剧院。但确实存在着对戏剧的要求，这造成了社会中的意见分歧。对戏剧的一贯反对意见——它有伤风化——得到地方法律的支持，邦联大会通过了一项决议，在"奢靡和放荡"一类中列入赌博、赛马、斗鸡和"一切表演和戏剧"。

不过，放荡的人们还是可以从由一个名叫大卫·道格拉斯的人做经理兼演员的英国剧团那里得到满足。他率领剧团两次在殖民地巡回演出，剧目包括由法夸尔、森特利弗夫人、科利·西伯和乔治·科洛写的英国剧，中间杂以像阿恩的《村子里的恋爱》和盖伊的《乞丐的歌剧》这样的芭蕾歌剧。节目中还有一些莎士比亚的作品，但经过了大改大动，有时作为短折子戏演出。查尔斯顿的居民爱看戏，可能波士顿的人也是一样，否则为什么需要在1750年通过一项法律来予以禁止呢？在此必须说明，观众晚上看戏需要耐力：主剧是五幕悲剧或全本的喜剧或芭蕾歌剧，然后是加演剧（闹剧或假面剧）；此外，自始至终都杂以幕间的歌唱和器乐表演，还常常应观众的要求加演。观众靠一边看戏一边不停地吃喝来熬过漫长的表演。演出从傍晚6点开始，用人先来为主人占座。在南方，整排的座位在开演前一个小时就坐满了黑奴。

除了艰难度日的专业剧团以外，业余爱好者在家里，年轻人在学校也可以满足他们对"戏剧"的喜爱和对音乐的更大的喜爱。我们前面已经看到，清教徒并不反对此道（＜188），在他们来到美洲的一个世纪以后，音乐艺术的各个方面都欣欣向荣，包括教学和作曲、教堂中的应用、管弦乐队和家中的表演。波士顿有不止一家音乐学校。宾夕法尼亚的莫拉维亚教友浸淫于音乐之中，他们在巴赫生前就演奏他的音乐，并为纪念他在伯利恒开办一年一度的音乐节，直到现在还吸引着众多的观众。

独立战争又给音乐演出增加了新的内容。经常有各个军乐队的表演，有当地的、法国的、爱尔兰的、英国的和德意志的，其中黑森雇佣军在演奏的娴熟方面表现得最为出色。华盛顿要求所有军官都给士兵提供音乐。喜欢亨德尔、海顿、C. P. E. 巴赫、普赛尔和阿恩的英国官兵使非军事曲目无论是在战前还是战后都时常补充新的内容，紧跟

407

我几乎对这个世界厌倦透顶，若不是因为今晚有可以去歌唱会的希望，能享受一点儿像接吻、拥抱等的肉体快乐的话，我现在就想自杀。

——威廉·本特利，耶鲁大学本科生
（1771 年）

潮流。英国赞美诗作曲家的作品在这里也有充分的代表。音乐手册和方法书的出版、乐器的制造和原作的演出使独立前和独立后的殖民者可以当之无愧地称为爱好音乐的人民。

美国的政治和社会思想也同样广泛而活跃。提到这个领域，人们马上会想到《联邦党人文集》这本由汉密尔顿和麦迪逊为确保宪法得到通过而撰写的论文集。在《联邦党人文集》发表之前，殖民地的报刊就登载大量的政治思想论文，尤其是同宗主国的冲突山雨欲来的时候，也正好是期刊数量激增的时候。此外，还有议事大会上的讲演和通过的决议，其中有托马斯·杰斐逊撰写的著名文件，包括独立宣言中他所起草的那部分、他关于弗吉尼亚的教育计划、他为他创办的大学撰写的纲领，当然还有关于其他题目的文章，此外还有他的建筑设计和家用发明。

可惜富兰克林同样果断精练的思想和文章未能在人们的记忆中占据应有的地位。当一一列举美国国父的时候，经常会漏掉他的名字。他的科学发明也经常被简化为只有那次用闪电做的实验。关于他，人们记得的是他在《穷理查年鉴》中表现出来的谚语体的智慧，以及他在小品文和他的《自传》中提出的关于朋友和情妇的劝告。这些给人留下的印象只不过是精明而已，事实上只是低级的狡猾，不能培养高尚的情操，只是为了"向上爬"。

法国人对他的记忆更加符合事实（＜375）。人们记得他是哲学家兼科学家，是为自由事业而战的英雄。重读一下他关于殖民地在独立战争之前和期间所面临的严重问题的许多简洁明晰的文章，即可看出他的政治家才能。他并不只支持他自己的州或地区，而是胸怀所有殖民地。在他的政治和社会论述中看不到一丝他关于世故人情的诀窍中表现的狭隘和琐碎。他认识到了人口学的重要性；他呼吁把政府赠地规范化；他明白为了维持同印第安人的良好关系，不能用英国的方法教育他们的年轻人，因为那会使他们受到自己人民的怀疑。在战争爆发之前很久，富兰克林想争取建立殖民地间的联盟。他花了近20年的

408

时间在伦敦应用他的外交技巧向英国人解释美洲的情况，希望他们能改变对殖民地的剥削政策。努力失败后，他写了两篇斯威夫特式的讽刺文章预言大英帝国的毁灭。最后，他靠着在公共场合的谦虚举止、在科学方面的名声，以及他那顶作为新人——美国人的象征的皮毛帽子维持了法国对他的新国家的友好。

对于汉密尔顿也值得进行重新研究。这不是贬低杰斐逊，而是因为汉密尔顿作为思想家和行动家在缔造美国这个新国家中的作用并不只限于撰写了《联邦党人文集》中的大部分文章。现在人们已经忘记汉密尔顿先是"大陆主义者"，然后才成为"联邦主义者"。在起草宪法成为必行之前，他用过去的笔名发表了最早呼吁殖民地联合起来

我们的北美殖民地应被认为是大英帝国在这一边的疆界。任何自治领的边界若遭到攻击，它就不仅只是那里的人民的"事情"，而成为整个帝国的"事情"。因此若说在这场战争中，"鲜血和财富"只是花费在了"殖民地的事业"上；或说殖民地的人"荒唐而不知感激"，我们除非"为他们去征战"，打败加拿大以满足他们的"虚荣心"，否则他们就认为我们什么也没有做，这都是有害无益的。要说有国家战争的话，这就是一场真正的国家战争。

——本杰明·富兰克林，"大不列颠在她的殖民地中的利益"，引用并反驳一位持反对意见的英国人的话（1760 年）

这（个办法）让奴隶主按他们所拥有的奴隶人数照比例出人，成立两个、三个，或四个黑人营。我深信不疑黑人会是出色的士兵。这个计划中至关重要的一点是给他们使用火枪的自由。

——亚力山大·汉密尔顿（1779 年 3 月）

的意见。当最终建立了联邦后，他认为促进制造业是一个出口原材料、进口制成品的国家实现贸易平衡、确保繁荣稳定的唯一办法。制造业创造了一个新的工商阶级，这确实摧毁了杰斐逊自给自足的小农经济的理想，因此平民主义者认为汉密尔顿反对简朴的快乐，而把杰斐逊推为民主的英雄。其实这个冲突不只是两种意见的不同造成的，它也是一个充满了发明的世纪结束时技术发展的结果。今天，工业化国家和非工业化国家之间生活水平的差距人所共知，而提高生活水平的方法仍然未变。

※

德意志的解放不仅仅来自从法国趸来的二手文化。它也是由每隔几年爆发一次的一系列战争和破坏造成的，这样的战争 96 年间一共发生了 43 次。本土的专制统治在 18 世纪 70 年代开始放松，法国思想的影响随之减弱，这为本土的人才让出了空间。向外寻求榜样的人把目光投向英国和它的传统。我们已经看到莱辛把莎士比亚奉为效仿的模范。德意志人开始阅读欣赏英国小说家的作品。斯特恩奇特的散文文体成了让-保罗·里希特尔刻意模仿的榜样。去英国的人带回了那里的艺术和政治思想。见多识广的格奥尔格·利希滕贝格去伦敦拜访贺加斯（< 392）。海顿在伦敦发现了热情的观众，为他们写了他最后，也是最杰出的 12 部交响乐。

这是一条单行道：直到下个世纪，英国人发现了德意志文化后才开始回访。在当时的魏玛可能还看不出英国文学即将放弃盛极一时的文学形式，并将在渴望焦虑和犹豫迟疑中达到称为浪漫主义的另一个高峰。18 世纪晚期的诗人——约瑟夫·沃顿、托马斯·沃顿、科林珀斯、格雷——采用的题材都表现出他们希望超越众人沿袭的那种意思清晰、语调激昂的体裁。德莱顿和蒲柏、斯威夫特和约翰逊以及他们的追随者已经把他们的风格发展得尽善尽美，没有改进的余地了。在后一代文人中，哥尔德斯密斯和柯珀使用旧有的方法，不过时时流露出一些新的东西，如忧郁、神秘，甚至是新的性质。有对热情的赞扬（它过去被视为恶习），有对迷信的尊重，还有弃笼统而重具体的努力。

同样说明问题的有查理·卫斯理的宗教抒情诗、年轻的查特顿伪造的"中世纪"诗歌（他的自杀被认为是罪有应得，因为那个时代的理性仍然很强，不能容忍他的欺骗），还有琼·亚当斯、安妮·林赛夫人和奈恩夫人用苏格兰方言写的诗。这种诗歌中的中世纪风格和原始主义意味着人们认识到非启蒙运动的东西也有其价值。当时，还有一件惊人的新鲜事对这一艺术倾向进行了考验。这就是由詹姆斯·麦克弗森发表的《奥西恩》。这部作品很快传遍欧洲，译成各种文本。麦克弗森声称这是一部仅残存片段的古盖尔史诗，他把它译成了英文。它引起了狂热的赞美，也造成了激烈的争议。约翰逊博士谴责它为骗局，他说得对。但是，用古老的情调重现野性的大自然中古代的风俗满足了不仅是情感上而且是智力上的需要。人们需要新的名字、新的风景、新的生活方式。沉闷促使人们要求革新。《奥西恩》现在读来枯燥乏味，但当时一直到拿破仑的时代它都起了解除沉闷的作用，拿破仑也对它备加欣赏，并鼓励他的宫廷作曲家勒絮尔把它改编为歌剧（461 ＞）。

410

　　在小说方面，存在着三种各不相同的体裁。许多女作家模仿理查逊和菲尔丁。她们有的写天涯海角的冒险故事，有的写社会风俗。在后一类作家中，音乐历史学家的女儿范妮·伯尼以一部《埃维莉娜》风靡了伦敦，印出的 500 册书中有 300 册是在伦敦售出的，

> 夜幕降临了。我孤独一人徘徊在暴风雨中的山间。狂风在山中呼啸，暴雨倾泻在岩石上。没有茅棚可供我躲雨，我在狂风中独自踯躅。哦，月亮，你从乌云后升起来吧！夜里的群星升起来吧！
>
> ——麦克弗森，《奥西恩》中
> 柯尔玛的悲叹（1762 年）

这确立了她在众多多产的竞争对手中的领先地位，这些对手包括夏洛特·史密斯、玛丽·罗宾逊、苏珊娜·冈宁、阿梅莉亚·奥佩和伊丽莎白·英奇博尔德。她们在许多作品中都暗示了女性对男性统治的不满。唯一一位有水平的男小说家斯摩莱特描绘了 18 世纪粗陋的生活方式，可媲美菲尔丁和笛福。

　　第二种体裁由霍勒斯·沃波尔开创。这位艺术爱好者和油画及建筑的鉴赏家为了自我消遣，给自己造了一所装满了"哥特风格"古董的"哥特式"房子，时间恰好在光明的世纪的中间。建造这所房子使他日想夜梦，正是他做的一个梦给他提供了第一部哥特式小说《奥特朗托堡》的初步素材。他写这本书的目的是通过描绘奇怪的事件使人害怕，而且这些事件没有合理的解释。不久，这类荒诞的小说便蜂拥而来。[参阅人人图书馆版的《霍勒斯·沃波尔书信选》（*Selected*

Letters of Horace Walpole）。] 18 世纪末期，拉德克利夫女士和克拉拉·里夫也创作这种体裁的小说。主要由于女作家的努力，这一体裁一直果实累累。一位年轻同代人马修·格雷戈里·刘易斯在小说中加入了性的内容。他写的《僧人》（作者因此得名僧人刘易斯）中有一个神秘地流血的修女，书中对她的描写几近色情文字。然而由于相对性的作用，今天它已经没有一点儿挑逗的效果了，因为后来大胆的描写太多了。

　　第三类小说叫作感伤小说。前面讲过，这种特性（或者说缺点）在理性时代十分普遍。伏尔泰、狄德罗、卢梭和他们的同行都折服于善良、慷慨和天真无邪的品质，用文字和眼泪表现了这样的特性。理查逊和菲尔丁也深受影响，斯特恩把它写成荣誉的象征。模仿他们的作家又增加了感伤的剂量，拿着手绢随时准备擦泪的读者也对感伤描写的胃口越来越大。18 世纪末期亨利·麦肯齐的小说《多情的人》描写了一个不是偶尔有些感伤，而是长期如此的人物。这一小说体裁一直存在了下来，道理很简单：实际生活中常常出现这种类型的人和事。［参阅哈里森·罗斯·斯蒂夫斯（Harrison Ross Steeves）所著《简·奥斯汀之前》（*Before Jane Austen*）。]

　　但感伤到底是什么？有些应该知道答案的人说它是一种滥情；又有人说它是用错了地方的感情。这两种回答都不得要领。谁能判断什么时候感情太多了呢？人不仅在感受力和感情表达方面有所不同，而且想象力也各不相同。所以，对于爱情或悲痛的生动和强烈的表达，古板的人就会觉得太过分。莎士比亚的作品中全是"夸张的"感情，但绝不是多愁善感的。另一个回答也是一样。什么时候算是感情用错了地方？是看到悲剧的英雄受苦的时候？是在宠物死去的时候？是看到杰作遭到毁灭的时候？可以争论说，任何非常的感情在公共场合都应予控制，但那是另外一个问题，是社会礼仪的问题，与感情表示的场合没有关系。得从别处寻找答案。

　　感伤是把行动拒之门外的感情，无论是真正的还是潜在的行动。

它是自我中心的一种想象。威廉·詹姆斯举例说一位女士为台上女主角的苦难流泪，却不管她的马车夫在剧院外冻得半死。感伤主义者远非情感超过合法限制，甚至可以说他感情力量不足，不足以促使他采取行动。所以他才以悲伤为乐，所以他爱恋一个人时从不向她求婚。斯特恩准确地为他的故事起名为"感伤的旅行"。他为驴子的死流的眼泪和对旅店女孩的思念并不使他神经激动，脉搏和呼吸加快。他沉溺于不负责任的悲伤和恋爱。这种状况说明了为什么感伤主义和漠视一切其实是同一性质的两面。这方面的艺术是清晰透明的，鉴赏家一眼就看得出哪些是真货，哪些是赝品。

※

在 18 世纪 80 年代的英国，约翰逊博士的逝世是文学界的一件大事，引起了远近注意。在此之前不久，鲍斯韦尔刚刚发表了对他们二人友谊的叙述。30 年来，约翰逊一直是英国文学的大汗，是独裁者，也是意见和行为的仲裁者。他是诗人，也为诗人作传，编辑了莎士比亚的作品，撰写道德论文，还写了《拉塞拉斯》这部风格与《老实人》类似，几乎也和它同样有趣的小说。最重要的是，他编纂了第一部也是最大的一部英语辞典。鲍斯韦尔的书问世后，世人又了解到约翰逊也完全当得起健谈者的美名。

我在这里有意不用鲍斯韦尔的"约翰逊传"这样的字眼，尽管它是该书的标题。这本书并不是传记，也不是叙述，而是自我画像。书的开头简单地总结了约翰逊一生中前 53 年的情形，包括他的许多信件，全书 1 200 页剩下的四分之三的篇幅描述最后 21 年的情况，包括两

> 我亲爱的朋友，你要把言不由衷的东西清除出你的头脑。你也许会对一个人说："先生，我是您最谦卑的仆人。"其实，你不是他最谦卑的仆人。你对人说："真遗憾您遇上了这么坏的天气，全身都湿透了。"其实，他是湿是干你毫不关心。你只是这样说说而已；这是社交谈话的方式：但不要愚蠢到信以为真。
>
> ——约翰逊对鲍斯韦尔的谈话
> （1783 年 5 月 15 日）

人的谈话，中间又插入了更多的信件。［参阅约瑟夫·伍德·克鲁奇
（Joseph Wood Krutch）所著《塞缪尔·约翰逊》（*Samuel Johnson*）。］
鲍斯韦尔对他受到的所有赞扬都是当之无愧的。他的著作体裁罕见，
为大部分传记作家力所不逮，是真正的杰作。书的大部分内容——谈
话——读来津津有味，因为它反映出约翰逊强烈的个性和异乎常人的
见解。约翰逊学识渊博，但讲求实际，带有时代的明显特征，但又有
一种天真的虔诚，保守但不墨守成规。他的天才在于他的通达，不是
富兰克林的穷理查那样的陈词滥调，而是通过冷静观察后做出的以简
练的语言表达的不落窠臼的判断。

　　据说是约翰逊为英国散文树立了浮华的文风。他的文体易于模仿，
长期以来一直被当作典范。句子中满是抽象的大词，分句之间保持平
衡。这种华丽的文字开始相当镇人，但到了后来则使读者昏昏欲睡；
节奏和句法不应如此规律。当下个世纪初麦考利写出了他的第一篇文
章时，据说他如同解放者一样使人震惊和欣喜。这样的说法言过其实
了。确实，约翰逊在他的《漫步者》和《袖手旁观者》两部散文集中
使用了"约翰逊式的英文"。那些是关于道德题材的短文，因此，为
了对比而使用平衡的句法，为了表明各种思想之间细微的差别而使用
抽象词语都是有道理的。但约翰逊并没有发明这种风格，他只是以自
己的方法完善了它，吉本是另一位。当约翰逊撰写三卷本的《诗人列
传》的时候，他没有采用这种文体，而是使用快捷的叙述，所用的词
语也比较简短。鲍斯韦尔书中的一次对话确定了关于他的文体的神话：
约翰逊念了一首简短的讽刺短诗，然后立即把它用《漫步者》的风格
再说一遍。那是一种智力游戏，很可能是自嘲。

　　若要对约翰逊使用的这种盛极一时的风格做出公平的评价，得看
一看他写的那封责备切斯特菲尔德勋爵允诺给《英语辞典》提供赞助
却又迟迟不予兑现的信。信的行文恰如其分地符合写信人和收信人各
自的社会地位，庄重得体而不浮华夸大，清楚地说明了事实并表明了
微妙的感情。信的文体是清楚了。关于信的内容却有一点两个世纪以

412

来一直没有做出的说明：约翰逊当时误会了。切斯特菲尔德并未像他指责的那样背信弃义，不过他没有回信反驳约翰逊，反而把这封信作为文笔高超的范文给朋友们传阅，此举值得高度赞扬。

约翰逊有一个偏见，对其大肆宣扬但从不为之采取行动，这个偏见其实表明了一个具有文化意义的成就：他谴责从苏格兰前来征服伦敦的暴发户——有作家也有别的人。苏格兰的大臣们坚持为了宗教信仰的目的让所有儿童都接受一定的教育，这项政策到 18 世纪终于产生了知识阶级。爱丁堡、格拉斯哥、圣安德鲁斯和阿伯丁都有生气蓬勃的大学，是孕育新思想的中心。这些人才流入了伦敦，使得约翰逊这位巨擘深为恼火。然而，他北上访问苏格兰时却对那里的人彬彬有礼，赞赏备至。［可读他的《苏格兰西部诸岛之行》（*Journey to the Western Isles of Scotland*）。］

必须指出，在高等教育方面，南方不是苏格兰的对手。英格兰的两所大学一片衰败景象。教授们，像诗人格雷，一生中只去讲过一次课，所做的任何研究都秘不示人。在海峡对岸，索邦大学的专业是谴责各种书籍，孕育产生新思想的是那些城镇的科学院。欧洲大陆上只有德意志的大学在进行传授知识的工作，尽管其中也有几处学校死气沉沉；它们培养出了许多新教的牧师，这些牧师又培养了后代所熟悉的一批诗人和思想家。

在这段时期中，教育领域出现了两件新事。当时，它们并未产生多大的影响，但鉴于目前关于学校的混乱，值得在此一提。第一件是件小事，但说明了人们把不同事物混为一谈的倾向。来自爱丁堡的苏格兰人约翰·威瑟斯庞，新泽西学院（后来的普林斯顿大学）的院长，率先使用了校园这个词（拉丁文的田地）来称呼学校的所在地。随着这个词的流传，它的意思也有了扩大。现在连美国的中小学也用这个词，法国亦然，甚至连商业公司都用，特别是当没有田地，只有一个市区广场的时候。此外，校园现在指所有的学院和大学——校园暴乱，校园犯罪。18 世纪在教育领域的另一个贡献是我们今天称为看后重复

（look-and-say）的教读方法。这种方法的发明者是两位法国思想家。启发他们发明这种方法的其实是一个谬误：成人一眼即可看完一个词，于是就以为幼儿也做得到。糟糕的是这一谬误在我们当今的时代又一次抬头。20世纪期间，这种方法无论在哪里使用都遭到了失败，长期以来一直如此，但只是到最近才得到了承认。

再回来看爱丁堡。它获得了"北方雅典"的美誉，因为到了18世纪结束的时候，它有着欧洲最好的医学院；出了三位哲学家——休谟、里德和哈特利；一对著名的历史学家——还是休谟，再加罗伯逊；还有独一无二的亚当·斯密这位经济学家和道德哲学家（456 >）。想想原来是为了宗教的目的进行教育，结果产生了一套唯物主义的医学体系和以休谟为首的一群不信宗教的怀疑论者，这真令人高兴（或者是令人伤心，这要看一个人的思想倾向如何）。休谟在一篇绝妙的对话中表明，相信奇迹以及建立在这种基础上的宗教是非理性的。但他并无偏向，又指出科学也不是建立在理性的坚实基础之上，因为事实上，因和果不过是事件在时间上的习惯性先后次序，它们之间没有可见的联系。这些结论的双重局限刺激了德意志的伊曼努尔·康德的头脑，（据他自己说）"把他从独断论的迷梦中惊醒"。到18世纪80年代，康德已经在重建哲学和宗教方面取得了相当的成果（508 >）。

※

虽然在这个世纪过去了三分之二的时候，德意志开始了反法运动，
414 但它并未遏止对于巴黎文化活动的广泛好奇。狄德罗对画家新作的评论，即前面讲过的《画论》（< 391），只是《文学通信》登载的来自法国的众多文章中的一类。《文学通信》是一位居住在巴黎的德意志人，狄德罗的朋友格林男爵，为他的祖国讲究教养的宫廷创办的新闻信札。狄德罗和格林男爵轮流撰写生动的报道，大部分是与思想有关的题目，但不排除人物新闻——讣告或丑闻。国外的读者争相传阅这些文章，

如同那时传阅诗歌、散文或整本书的手稿一样。这种习惯说明了为什么《文学通信》的订阅名单从未超过30人，然而它却帮助确定了中欧的文化主调。

它所登载的一件事情歌德和他在魏玛的朋友们一定读过，那就是博马舍新写的一部名为"费加罗的婚礼"的喜剧获得了成功。此剧的作者闻名国外不仅仅因为他闹的丑闻（＜403—404），而且也因为他第一部关于费加罗的剧作，即充满了讽刺批评的《塞维利亚的理发师》。在这第二部剧中，他似乎向贵族阶级发起了正面攻击。身为男仆的费加罗至少在一篇长篇念白中说出并谴责了"人才不得而入的职业"的规矩。伯爵仅仅是"生出来"就可以享受能干的费加罗怎么也得不到的好生活。据说该剧第一次上演时，有人向坐在包厢里的一位公爵夫人扔苹果核。有些人在剧中看到了法国大革命的先兆。

但博马舍写的这部剧是否属于革命剧作是值得怀疑的。揭露游手好闲的贵族是戏剧惯用的手法，莫里哀也常用这一手法。自从路易十四驯服了军阀——贵族以来，批评贵族成为自然，并且不会招致任何危险。在《费加罗》中，博马舍采用的主题一如既往，是爱情和阴谋，和席勒同时的剧作《阴谋与爱情》一样。这两部剧作都展现了一个等级和能力已经不再相符合的社会秩序。席勒的作品更为激烈，不是喜剧，而是表达了共和情绪的资产阶级戏剧。里面的王子把他属下的百姓卖作雇佣军去美洲作战（如黑森人所为），他得了钱去为情妇买珠宝。但与《费加罗》一样，批判的靶子是为了邪恶的目的对人民进行的欺骗和操纵。这也反映在当时的另一部作品中，即拉克洛的《危险的交往》（＜165）。正在努力争取帮助美国人的博马舍在他的剧中嘲讽了那些阻碍他目标实现的人的粗俗愚蠢。但他打败了他们，他不是受害者。可以想象，当他像费加罗一样一次次愚弄了那些企图阻止他的爵爷的时候，他一定十分得意。

415

大约与此同时，在英吉利海峡的另一边，一位剧院经理同时也是议会中有史以来最机智风趣的人给予了感伤喜剧这一单调的体裁沉重的一击。这种体裁是从法国传来的，主要作家是坎伯兰，还有几位女作家。击败了他们的是理查德·布林克利·谢里丹。他的母亲就是那群女剧作家之一。除了写剧本，她还写小说，是那一群里最有天分的。谢里丹像博马舍和席勒一样，在过去的斗争中养成了对世界好斗的态度，在《情敌》《造谣学校》和《批评家》中，他重现了王政复辟时期剧作家的活力，但少了他们的粗俗。道德变得精致起来，王政复辟时期一大批剧作家的作品处于没落之中。范妮·伯尼的女主角埃维莉娜在观看康格里夫的《以爱还爱》一剧时羞红了脸。英国的道德观在维多利亚女王出生前半个世纪就开始向维多利亚时期的讲究体面靠拢了。

　　在这里叙述的几十年间，在喜剧作家在逗人发笑的情节中掺入尖刻批评的同时，一种新型歌剧正在取代老式歌剧，这个过程不是静悄悄的，而是面对面的冲突。新型歌剧的创造者和倡导者是——

格鲁克爵士

　　第一次提及他的名字需要加上他的爵位的法文名称，因为这场歌剧之战主要是在巴黎，在他的热心支持者和拥护意大利的尼科洛·皮契尼的一派人之间进行的。其实，把皮契尼当作老式歌剧的旗手是不公平的，他绝不是个无足轻重的作曲家。格鲁克常在维也纳和巴黎两地间穿梭。他最初成名是在维也纳，后来在巴黎担任随和的国王路易十六的妻子，新王后玛丽·安托瓦内特的音乐教师。王后喜欢她这位教师，派他去她的祖国办事，这种宠爱使格鲁克获得了许多朋友，也树敌不少。

　　在音乐方面，他的功劳或罪恶是打破了正歌剧（＜327）的规则。这些规则严守对称，那不勒斯乐派的每一部歌剧都有三对歌手，次序

1778 年 2 月 13 日，凡尔赛——我亲爱的母亲：……不知格鲁克能否在普通邮政之前到达。我让他带信给亲爱的母亲您，告诉您我的月经 8 号来了——提前了 6 天。

——玛丽·安托瓦内特
给玛丽亚·特蕾莎女王

固定。每个人唱的咏叹调都有固定的类型和长度。对有些人来说，预知全剧的安排无疑会使他们更好地欣赏音乐；音乐不受情节的影响，是情节反过来适应音乐的格式。

格鲁克要的是戏剧效果。舞台上必须演出明显的、使观众感兴趣的剧情。音乐应处处为剧情服务——抒情的、爱慕的、狂暴的、阴郁的、狂喜的。要产生戏剧效果，剧中就不能只有早就知道互不相配的爱侣，得有人群才行。如此产生的音乐在含义上和音量方面都变化多端，而且也不再那么长，因为删除了咏叹调制度所要求的无意义的重复：puzza di music，格鲁克如是说，意思是音乐多得发臭。

这个新信条不是暗示，而是明明白白地写在乐谱的序言里。音乐作品则依照这个信条写作。格鲁克的杰作——《奥菲欧与欧里狄克》《阿尔西斯特》和两部《伊菲革涅亚》（一部是在奥利德，一部是在陶里德）——都是对这一理论的实践，后来瓦格纳在音乐戏剧的名称下又把它重新提出（637＞）。在此期间，各种风格的歌剧都在努力重现这一音乐体裁的初始概念，即通过音乐表现行动和感情。正歌剧中对感情的表达过于波澜不惊了。

在不贬低格鲁克功绩的前提下——他自己把新歌剧原则的产生归功于他的歌词作家卡尔扎比奇——必须指出，改革的想法当时已经流传开来。格鲁克的另一位歌词作家杜鲁莱和莫扎特的歌词作家达蓬特对此都看得很清楚。从僵硬的格式中解放出来，对主题做出合适恰当的表达，这条新原则不仅将主导音乐，还将适用于所有的艺术。格鲁克关于真正的戏剧效果的要求正是文学界人士对亨德尔那类歌剧的冷嘲热讽之中包含的意思（＜327）。更具有决定性的是当时许多人坚信高雅艺术涉及的是生活，必须忠于生活，符合真正的或在实际基础上想象出来的经验。

正如 18 世纪之初维柯指出的那样，艺术的目的不是使人愉快或教人道德，而是就人的行动给人以

> 音乐如同绘画一样只有一个目的：
> 勾勒出自然的全部真理。
>
> ——迪博神父（1719 年）

启迪（＜315）。大约同时期，影响深远持久的迪博神父宣布，艺术的职能是"煽动激情但不会产生严重后果"，其目的也是使我们了解此种激情的真正性质。几年后，鲍姆加登创造了审美一词。他不可能知道这个词今后会造成何种破坏。他只是企图建立一种观察的科学，并证明艺术需要对感官进行特殊的使用和特意的训练。他指出，这就如同使用显微镜一样，初用者从显微镜中只能看到一片模糊。这与迪博的说法是一致的，他说品味是一种第六感，许多人缺乏这一功能；这不是简单地使用理性就可以达到的。不懂艺术的庸人——缺乏第六感的人——开始现出隐隐的轮廓。

417

在引起爱和满足的事物面前，我观察到人们的身体会受到如下的影响：头侧向一边；眼皮轻合，眼球微微向着那件物品转动；嘴巴微张，呼吸放慢，时而伴以轻轻的叹息；全身显出安详的状态，两手随意地垂在身边。

——伯克《关于崇高美和秀丽美》

（1756 年）

在英国，尚未成为政治家的年轻的爱尔兰人埃德蒙·伯克发表了《关于崇高美和秀丽美概念起源的哲学探讨》，该文用心理学和生理学详细地分析了两者的性质和它们之间的不同。秀丽美是柔滑的、和谐的、令人心旷神怡的，崇高美则是严峻的、巨大的、令人惊心动魄的。古人和文艺复兴时代的人对于几种不同艺术的性质及其对人的灵魂产生的影响也作过一定的研究，但是直到 18 世纪才进行了如此详细的分析。理论在上，促使批评家争相挖掘更深的内含和细微的区别。在 18 世纪，狄德罗就绘画，莱辛就拉奥孔，最后是温克尔曼就古希腊所作的研究评论把详尽无遗的艺术批评变成了一个制度。它的作用部分是学术研究，部分是宣传。温克尔曼毕生的事业就是赞美古希腊艺术，贬低古罗马艺术，从而重振柏拉图的信念，即美是神圣的，是应予爱戴和崇敬的。温克尔曼后来被一个同性恋者杀害，这可能是个有象征意义的巧合。

各个时代对古希腊的理解各不相同。温克尔曼所赞美的希腊是启发了 19 世纪灵感的希腊。通过歌德、拜伦、济慈和埃尔金公爵这些人的努力，它掀起了在每个教室中都悬挂帕提农神庙图片的热潮。它也激起了西方对希腊反对土耳其的独立战争的支持（514＞）。最重要的是，新的希腊理想帮助摆脱了艺术应原样复制自然的旧原理。大自然捉摸不定的特性困扰着政府理论家，也迷惑着艺术批评家。他们只能说应当模仿的是美好的自然，其实也就是说画家或诗人经常必须改动自然使其美丽。但建筑应模仿自然中的什么样板呢？即使用秩序与和谐来取代自然，困难也并未消失，只是有所减退。如果再加上接近生活和有戏剧性的要求，秩序与和谐还能否继续维持？这些没有定论的问题造成了围绕着音乐的无休止的战斗（638＞）。

※

1781 年 5 月 9 日，萨尔茨堡大主教的管家把一位 25 岁的瘦小青年痛骂一顿后踢出了大门。这个年轻人的名字是——

莫扎特

他本来一直给大主教做音乐苦工，待遇连仆人都不如，直到他奋起反抗。今天每一个喜欢古典音乐的人都知道，这个年轻人是个神童，由他的父亲教育成才。到他被赶出主教府邸的那一天，他已经写

418

当我想象歌剧应当写成什么样的时候，火焰蹿过我的血管，我急切得全身发抖，迫不及待地要让法国人明白他们必须了解、欣赏并且惧怕日耳曼人。

——**莫扎特 22 岁时**（**1778 年**）

出了几十部各种音乐作品，包括 11 部歌剧或其他供舞台演出的作品。但到那时为止，他那些颇有造诣的作品虽然充满创意和他自己的特点，在形式上却都是模仿前人的。它们之所以著名只是因为作曲家年轻。到 18 世纪 80 年代，格鲁克的改革已成不可逆转之势，莫扎特就是在这个 10 年间确立了他自己独特的声音和风格的。莫扎特无须为形式或体裁而战，也几乎没有受到格鲁克作品的影响。不过，在所有形式的

音乐中，他最喜欢的就是歌剧。

　　为了用声音描写人物，莫扎特甚至写了一部情节剧，即用字句连接在一起的一系列场景，有些字句的意思是用音乐表达出来的。对他来说，用人来表演剧情不只是一种激励，它不啻是一剂兴奋剂。他的作品常常因其可爱、优雅和精致——简言之，洛可可风格——而受到赞赏；当时人们认为一些"更强"的大师"更为严肃"。他们这样说是因为没有全心全意地去听莫扎特。他的音乐中感情的深度和对人尴尬处境的准确把握为多数人所不能及，使他跻身于屈指可数的几位用音乐传载真理的大师的行列。不过，莫扎特保持了贵族式的良好风度。一位批评家指出，听莫扎特的音乐常常难以确知音乐是快乐还是悲伤。这正是对那个年代特点最准确的体现：人们无法确定那个世纪之末到底是无忧无虑的愉快年月，还是最后日落之前的辉煌时刻。其实，它是二者兼而有之。

　　在歌剧方面，莫扎特的天才在于他把每一个音乐成分都用来刻画角色。这不只限于歌剧的开场：剧中的每个角色都依剧情的需要不断改变自己的声音，乐队的伴奏则把细腻之极的微妙变化与歌声天衣无缝地结合在一起。角色之间意志的相互作用连续不断，无一停顿，每一部歌剧都有自己独特的气氛。奇迹在于他的音乐虽然有如此巨大的表现力，但各种变化都遵守着古典形式的规整，用声音表现了温克尔曼希腊式的和谐。这种自然流畅的对称和谐部分地来自旋律，它听起来丰富新颖，其实并不繁杂，一般很少超过四到八个小节，使用的也是 18 世纪通用的音乐语汇。旋律与剧情之间天衣无缝的契合和莫扎特为此目的对曲调作的调整处理使人们惊叹："太完美了！"

　　有了和谐就没有崇高，像伯克说的，崇高需要粗犷和宏大。不过有的时候，在《唐璜》和他最后的歌剧《魔笛》中，莫扎特以他自己的方式达到了崇高。我们不禁要猜测若是他活到浪漫主义时期的话，那个时期的艺术狂热将会对他的风格产生何种影响。他的性格中绝无世纪之末的颓废。只要读一读他的信件就会发现他是个积极乐观的人，有时表现出放肆的粗俗，反叛精神很强。他在《魔笛》中赞扬过的共济会员的信条会使他衷心欢迎理性的革命。

莫扎特所作的曲子遍及现有的所有音乐体裁。他靠收取佣金和自己作为钢琴大师开音乐会为生。尽管国王贵族经常请他作曲演奏，但不善理财的莫扎特却总是囊中羞涩，这表明了音乐家这一职业地位的低下。上层阶级还未能跟上艺术理论家的认识，对这些赞助人来说，教堂外的音乐只是娱乐而已。因此，莫扎特的大部分作品只不过是上乘的糊口之作。然而，他谱写的大量交响曲、协奏曲、奏鸣曲和其他室内乐曲中，许多有着与歌剧同样的抒情加戏剧性的含义和音乐上的精湛完美；自 G 小调交响曲之后，莫扎特除了在音乐形式方面不断探索发明之外，还开始在音乐中尽情表达他对生活或快乐或悲伤的感知。

交响乐是他那个时代的发明。由斯塔米茨父子领导的多产的曼海姆乐派确立了交响乐的格式。比莫扎特年长的同时代人，他所尊敬的朋友约瑟夫·海顿，用这种形式写了 104 部作品供他在埃斯泰尔哈佐的东家欣赏。在海顿的交响曲和弦乐四重奏中可以看到从新古典主义中解放出来的迹象：悠长的旋律，并不总是对称，但仍然保持着平衡；乐章以一个主调开始，以另一个主调结束，却不刺耳。另外，海顿喜爱民歌，在他的清唱剧《创世记》和《四季》中特意表现出自然风景的效果。在艺术上，他与一些英国诗人十分相似，他们超越当时流行体裁的限制，以接近民歌的方式讴歌大自然。

但是，海顿的作品虽然内容自由、丰富、新颖，声音格式却仅限于悦耳，有时可以说是动人。他的 104 部交响乐没有一部能像贝多芬的 9 部交响乐一样压缩入如此密集的情感。在那几十年中音乐艺术的观念发生了变化之后，歌剧作品也显示出了同样的出色和平庸的比例。有些 18 世纪的作曲家歌剧一写就是十几部，最高纪录是 160 部。海顿为技能所限，没能充分发挥他的天才。只有室内乐演奏者发现了他的深度，此外，他得到的只是尊重，没有热情。

和这段过渡有关的还有 18 世纪晚期管弦乐队的特征。它充分利用

420　一切可能的音色，但仍受制于一些木管乐器机械性的不足，也还没有在管乐器和弦乐器之间达成标准的平衡。铜管乐器经常是可有可无的，即使用的话也只有一两件。一支配备完整的管弦乐队大约有45件乐器。除歌剧以外，音乐仍然只在家中演奏。只有富有的赞助人或宫廷才养得起有一定规模的长期乐队。在巴黎，只有一个名叫拉普佩利尼埃的包税人家中有可与埃斯泰尔哈佐相媲美的乐队。真正公开的音乐会少而又少，直到出现了一个新生事物：莱比锡的资产阶级决定成立一个音乐厅。他们选择布商公会（Gewandhaus）做他们的常年管弦乐队演奏的场所。门票向成员出售，只给偶尔来听音乐的非成员或外地人保留五个座位。［这方面可浏览琼·佩泽（Joan Peyser）编辑的《管弦乐队》（The Orchestra）一书。］

※

　　古典音乐的听众向来不占人口的多数，连受教育阶层的多数都不是。绘画比较易为大众接触，文学更是如此。除了这些高雅的乐趣之外，至少还有两点造成当时是处于文明巅峰的感觉。一是一种难以言传的生活的自在感。在旧制度结束之际，这种自在当然只限于有钱人，特别是那些在西方各大都会之间来往的有钱人，因为这些大都会具备了各种礼仪和物质条件，使得生活舒适惬意。这方面一个突出的成功例子是威尼斯。虽然它已经衰落，但作为一个提供快乐的城市依然保持着它的美丽（商业上也依然兴隆）。它使用多种语言的社交圈子是最优雅的，它的赌博是最文明的，它的交际花是最迷人的。

　　甚至可以说卡纳莱托和瓜尔迪的作品给了它一次小小的艺术重生。这两位画家以这座城市为题材作了大量的画作。每一个做"大旅行"的青年归途中都把威尼斯作为必经之地，好为旅途中无法磨灭的记忆加上一笔光彩，并买上一两张卡纳莱托的画。瓜尔迪的作品有未来印象画派的影子，作为纪念品不甚流行。卢梭在《忏悔录》中记下了他对那时威尼斯的敏锐观察，而马德琳·D. 埃利斯的《卢梭的威尼斯故事》则是一位现代学者关于斯人斯城所提供的杂闻。

第二点是发生了一连串的重要事件，其中有灾难也有成就。这些事件使文明成为实实在在的东西，而不只是脑子里的一个想法或一种感觉。那几十年中，重要事件连续不断。卢梭、狄德罗和伏尔泰相继逝世是众人瞩目的大事。布莱特船长由于他的船"邦梯号"上发生了哗变而闻名四方。有关航行的新闻还有：在美国，一个叫约翰·菲奇的人在船上安装了一部蒸汽机在特拉华河上航行。在法国，贝耶博士制造了一部可以发出元音的机器；屈尼奥造出了蒸汽汽车；蒙戈尔费埃兄弟建造了热气球，把他们勇敢的朋友皮拉特尔·德罗西耶送上了蓝天。气球的球壁是（加厚的）墙纸做的，因为他们两兄弟的生意就是制造墙纸。第二年，伊丽莎白·蒂博尔在里昂又重复了这桩壮举，她唱着歌直飞到城市上方一英里的高处。不久之后，两位旅行家乘坐这种新的旅行工具飞越了英吉利海峡。第一个降落伞也是在巴黎发明的，但试验时造成了致命的结果。

与此同时，一位名叫沃康松的法国工程师利用业余时间制造自动玩具——机器人。他做的长笛手能吹奏悦耳的曲子，做的鸭子会走路、游泳、捡吃谷粒，（谁知道？也许）还会消化。更有用的发明是阿尔冈的灯。人们对这种灯早已熟悉——泡在装满灯油的灯碗里的灯芯由一个小轮控制着，灯头的火焰扣在一个玻璃管中。曾经试过用煤气照明，但没有成功。发明了钢笔，作家从此摆脱了鹅毛笔折断或写秃了的时候削笔这桩烦人的杂事。

从巴黎还传来了很多丑闻，又一次证明理性的时代并不意味着人的愚蠢就此结束。一个自称卡廖斯特罗伯爵的人说他可以创造奇迹，包治百病。他还可以预言未来，与死者通话。上层社会的人们对他趋之若鹜，百般讨好，竞相转告别的朋友说他是超人。其实，他是个意大利旅店店主的儿子，是个江湖骗子。他设的一次骗局因被称为王后的项链事件而远近闻名。他伙同一个有贵族头衔的女冒险家拉莫特伯爵夫人，告诉爱恋着玛丽·安托瓦内特的性情古怪的德罗昂红衣主教说，如果他送给王后一条价值160万法郎的钻石项链的话，就会得到王后的青睐。项链交到了这两个貌似诚实的人的手中，他们却把钻石取下来在伦敦卖了。他们的阴谋和红衣主教的痴情传到了国王的耳中，于是向他们提起了诉讼。拉莫特被定罪，声名扫地，但她逃走了，卡廖斯特罗也逃脱了，最后逃到罗马。在那里，他垂老之时被作为共济会员判处死刑，但后来减刑为无期徒刑。

伦敦也是新闻不断。世纪中期，这座城市发生了 50 000 名暴民的暴乱。乔治·戈登勋爵再次提出"打倒天主教！"的老口号，带领一群暴民游行请愿，要求废除最近颁布的一项减少对天主教徒某些限制的法令。抗议发展成整整一个星期的打砸抢。精神不太正常的戈登经审判被免除叛国罪，最后皈依了犹太教。与此同时，纽盖特监狱被暴民摧毁。不久后又把它重新建起，把戈登关在了那里。

当时间的巨手抹去了现在的编辑和评论家的时候，当伏尔泰的名字，甚至他用来写作的语言都不复存在的时候，阿巴拉契亚山脉、俄亥俄河的两岸和塞欧塔的平原将会响彻这个蛮子（莎士比亚）的声音。他是不朽的。

——莫利斯·摩根（1777 年）

422

像是对这种坏消息的一种补偿，当时出现了一个新的悲剧女演员，西登斯夫人，她的表演使观众终生难忘。诗人和散文家把她誉为英国最好的女演员，自那以来，无人挑战过她的地位。她出道前后，另一件现已被人遗忘的事标志了英国戏剧批评的急剧转折。一位名叫莫利斯·摩根的作家撰写了一篇长文，阐述他广为众人嘲笑的意见。他力排众议，坚持说莎士比亚是无与伦比的诗人和戏剧家，也是无人能出其右的预言家和思想家。摩根属于第一批偶像崇拜者，并且不像后来的崇拜者那样人云亦云。

1776 年是多事的一年，在它前后还出现了知识史上值得注意的一些出版物。就在那一年，出版了吉本的《罗马帝国衰亡史》第一卷和亚当·斯密的《国富论》。其他的出版物包括：苏格兰历史学家罗伯逊的《美洲史》，此书立意新颖，内容全面，但由于独立战争爆发而不幸草草收场；杰里米·边沁的《立法原理》，该书按说应该属于下个世纪，因为他在书中表达的思想到那时才得以实现；还有休谟的《关于自然宗教的对话》，这位苏格兰理性主义者不动声色地提出了一系列论述来驳斥对基督教和理性的信仰，这是其中的最后一部（507＞）。

日常生活中多了两个新的信息来源：伦敦的《泰晤士报》和3卷本的《不列颠百科全书》。伦敦人无论是否爱好音乐，都可以在威斯敏斯特大教堂欣赏第一次亨德尔纪念音乐会。它既表达了对这位大师的怀念，也表示了人们对声乐和器乐的大型聚合的喜爱。音乐会动用了525件乐器，共举行了5次，因为首演大受欢迎，不得不加演了4次。

笑。一种人类特有的倾向，由于某事使人觉得好玩而引发。笑的时候，眉毛中部向上，到鼻子部分则向下聚拢；眼睛几乎闭合；嘴巴张开露出牙齿，嘴角向后拉开上扬；两颊鼓起，几乎挡住双眼；面部通常发红，鼻孔张开，眼睛湿润。

——《不列颠百科全书》，
第一版（1768—1771 年）

1788 年，法国的国库已经罄尽。破产迫在眉睫。在这紧急状况中，国王听从谋士们的劝告，召集三级会议。三级会议包括贵族、僧侣和平民，已有175 年没有开过会了。它的职能只是提供建议，不能立法，除了投票设立新税以外。这一次需要它既提供资金又就政府改革提出建议。为此目的它必须代表整个国家，所以要举行几乎是全民参加的投票来选举会议成员。与此同时，要征求关于改革的意见并收集在每个地区或行政管区的备忘录中——它相当于英国的蓝皮书。收集上来的意见和要求惊人的相似。启蒙的思想已经传遍全国，几乎所有意见都要求建立君主立宪制，这是对伏尔泰和孟德斯鸠这两位亲英人士没有明言的礼赞。谁也不想废除国王，但谁都想结束所谓的专制政治，制止庞大的官僚机构和腐败壅塞的司法部门随意专横地为所欲为（＜420）。选举三级会议成员的过程本身就显示出政府机构的混乱状况。有的城镇同时属于两个行政区；有的行政区分成两半，彼此相隔好几英里。相关记录散失，管辖范围重叠，特别法庭和特别规则及豁免使得一般规则失去任何意义，赋税不公由来已久。

423

为帮助改革彻底进行并得到人民的广泛接受，国王下令给予报刊自由。一股书籍和小册子的洪流随即如变魔术般地出现。显然，法国的男男女女、老老少少，个个都是政治学家。他们都了解卢梭和百科全书派的思想。在没有公开传播的情况下，思想在社会上流传得如此之广，实在令人惊讶。在这成千上万个声音中，有一个声音使全国为之振奋。沉默寡言的教士西哀士在一份简短的宣言中说："第三等级（平民）即全国——是一个完整的国家。"各地纷纷召开临时国民会议通过类似的决议。制宪成为一时之热。

这些是1788年的事。第二年，经过了关于程序的激烈争吵之后，三级会议得以召开，又接着吵下去，迫使上两个等级与第三等级合并成为国民大会。不久，吉约坦医生向大会推荐了经他改进并以他命名的断头机（guillotine）。巴士底狱被攻破，卫兵们遭到无谓的屠杀；几个城市爆发了暴乱，贵族帮助废除了他们自己的特权，作为其中一员的西哀士又写了一篇文章，详述了后来的人权宣言的内容。君主制改革似乎走上了正确的道路，特别是在国王一家被从凡尔赛宫带到巴黎之后。这是一个象征。

1789年，在法国之外还有其他事情发生。乔治·华盛顿当选为美国总统，他也是世界历史上第一位总统。第一届国民代表大会在纽约召开。肯塔基的一位浸信会师蒸馏出了第一瓶波旁威士忌酒。作为慈善基金会的坦慕尼协会建立了起来，它后来成为一个不可替代的政治性慈善机构。

从道听途说、电影或学校课本中，谁都大概知道1789年法国发生的事情所带来的结果，以及自由改革如何变成了新的专制统治。本书以后会写到一些需要记住的细节（428—429＞）。改革性质的脆弱在初期就显而易见，表现在感情用事与暴力倾向掺杂在一起，所有公民皆兄弟的信念中混合着对于形形色色"可疑分子"的仇恨。

一个人的命运起伏说明了当时的狂热情绪。美国勇敢的朋友博马舍受命担任巴黎市长，监督拆毁位于被重新命名为协和广场，现已人去楼空的巴士底狱。他以他一贯的热情投入工作，但是到了 1790 年却莫名其妙地成了可疑分子之一。他受到审判，幸运的是没有被投入监狱；他若进了监狱就会和成千上万的其他囚犯一样在两年之后被杀死。在审判期间，他高兴地看到他的歌剧《塔拉勒》重新上演，但为顺应时代作了修改。原来剧中的英雄推翻了国王的统治自己取而代之做了明主。现在加了一场，在里面人民成了英雄站在一个纪念自由的圣坛上。男高音和合唱队唱出以宪法为歌词的歌曲。改革歌剧比改革民族国家容易多了。

被遗忘的大军

看到法国大革命这几个字，大家立即会明白它们之所指，脑海中也会浮现出有关的形象。这是由许多原因造成的。1789 年这个具体的日期可能在别的地方不像在法国那样被记得清清楚楚，但那场动乱发生的时间在"不太久以前"；它是血腥的，具有高度的戏剧性，直接关系到个人，后来又融入了拿破仑这位至今仍名扬四海的人物史诗般的故事中。

那 25 年间提出的许多问题至今仍为各派所辩论不休，因为它们是我们的政治和社会制度的来源。人一旦出生就享有某些固有的权利，这个论点就是法国大革命的思想。我们已经看到，它的种子在于新教革命，那场革命提出了每个人都可自由平等地接近上帝的"基督徒自由"（＜6）。君主制革命间接地培育了这个种子，它削弱了贵族的威信和力量，努力把民族国家内的每个人都变成国王治下同样的子民，尽管这方面有一些例外。后来"光明的世纪"提出了政治、社会和经济的原理，这些原理本该使法国把它所谓的绝对君主制改为像英国那样的君主立宪制，并且改得更为彻底。这个目的为人民所广泛支持（＜423）；它启发了三级会议在1789年中期开会时采取的第一批行动，使贵族自己放弃了特权。然而，这个目的最终却功败垂成。

接下来发生的不是平稳变革的艰难时期，而是政权交替的混乱和长达四分之一世纪的暴力。第一段时间有五年，可以分为两个部分。在前三年半的时间内，做出过努力企图实现君主制的自由化和国家的现代化。在后一年半中，独裁统治对内实行恐怖，对外进行战争。之后是相对自由的五年，其间波拿巴在战争中屡战屡胜，因而崭露头角。仗没有打完，波拿巴就当上了执政官，后来做了皇帝，他统治的 15 年间法国又回到了独裁。

造成这些结果的人和思想为数众多，在此无法一一列举。但可以提出一个有文化意义的因素，那就是成为派别领导或一度获取政权的那些人缺乏成熟的政治才能。治理好国家需要两种能力：政治技巧和行政头脑。同时具备这两项能力，或哪怕是只具备其中之一的人都甚为罕见。政治技巧表现在知道在什么时候能做什么，以及如何获取别人的支持。做过委员会委员的人，只要头脑清醒，都知道用心良好的委员提出的许多"好主意"实际上根本行不通，因为提出的主意只顾结果，却没有考虑实现的办法。萧伯纳参加过一个地方政府机构的工作，他估计人类只有百分之五有政治能力。

但即使是真正的职业政治家也可能完全没有行政管理能力。行政管理是在随时可能出现混乱的状况中维持秩序。无论管理什么组织，都要一直把人与事置于牢牢的掌握之中。否则，可行的想法就无法实现。建立国家行政管理体系需要的不只是才能，而是天才。拿破仑在国内外的成功既要归功于他在战斗中的指挥艺术，也是凭借他这方面的天赋。

有时，人们说法国革命者受到了美国人这个自由民族的榜样的影响。法国人说到自由的好处时的确有时提到美国独立，可惜美国宪法创立人的智慧却没有传给在法国立宪的那些人。只有在法国人突然遭遇的战争中，美国的经验才在欧洲发挥了作用。拉法夷特、德格拉斯、罗尚博、格奈泽瑙等人都在美国打过仗，看到了老式的战术在美国人和印第安人的神枪手面前不堪一击。他们在欧洲采用了小纵队的灵活战线，两旁有散兵保护。这样的战术不需要太多的训练，由于携带的是轻型炮械，部队的机动性和速度也大为提高。[参阅彼得·帕雷（Peter Paret）的《了解战争》（*Understanding War*）。]

426

在这个关头不要再要求更多的考虑时间了。严重的问题从来刻不容缓。

——米拉波，关于内克建议的"爱国所得税"对国民大会的讲话（1789 年 9 月 26 日）

法国三届国民大会的代表经验能力不足，无法胜任他们面临的艰巨任务。这没有什么奇怪。他们许多人是像罗伯斯庇尔一样的小城律师，或是其他行业的知识专业人员；有的人是工匠，或是小地主或地方官员。他们中的一部分人可能习惯于从事政治活动，但从未起草过宪法或在紧急情况的压力下处理过事关国家的大问题。他们倒确实擅长于表达思想，撰写并宣读冗长的演讲稿，无休止地进行辩论。他们中间唯一的政治家米拉波不断地敦促他们采取行动，但丝毫不起作用。法国大革命时期这些人的雄辩留下了堆积如山的讲演稿，为将来的竞选演说建立了榜样——用抽象而漫无边际的笼统之词表示自己的正直以赢得听众的掌声，但具体之处含糊其辞，只除了攻击对手或谴责"叛徒"的时候。不过有一个人不是这样的啰哩啰唆，那就是头脑清楚、精力充沛的丹东。

在新政权的前两年，米拉波本来有可能领导实现持久的改革，避免后来发生的相当于政变的一系列合法和非法的变化。他想把政府变为君主立宪制，自己担任政府首脑。不幸的是，他与国王之间有私人的金钱来往，这使得他的主张看起来像是腐败谋私，他的努力因而招致别人的反感。他预见到了革命中即将发生的情况：任何努力实现稳定的措施都可能被视为阻挠自由和平等大军的前进。当反革命的威胁来自外国的国王和大公的时候，真诚的革命者就不得不同蛊惑人心的政客比着发表日益激烈的言辞。古往今来莫不如此。

所以才有革命吞噬自己的孩子一说。但那不过是概率较高而已。可以猜想米拉波如果活着，国王和王后哪怕是有一点点政治头脑，君主制就有可能存活下来。但是他们一而再、再而三地做出了错误的选择。是国王对奥地利宣战的，是国王在王后不时的怂恿下犯下的一连串错误使他失去了王位。在那之后法国政治中出现了一支新的力量：社团、俱乐部和"区"。

雅各宾俱乐部这个名字人们记忆深刻，特别是在英国，它被用来形容煽动暴民的激进主义。在法国大革命中，雅各宾派是组织最为严密的政党，在全国各地都有"支部"。"区"是指巴黎新分成的48个管区，每个区都起了有象征意义的名字（比如用威廉·退尔这类英雄的名字命名），由地方大会管理，大会有委员会和其他成员，每个人都可自由参加辩论。社团是独立的团体，各自为自己的使命而奋斗。早期成立的一个社团名叫两性互助会社团，另一个叫平等人社团，第三个由女演员克莱尔·拉康姆创建的社团是最早呼吁建立共和国的。这些团体出版报纸，其中最激烈、最受欢迎的是马拉医生的《人民之友报》。这个"人民之友"呼吁建立独裁，也像独裁者一样对待所有崇拜他的人（包括克莱尔·拉康姆）。

课本上所说的巴黎暴民其实是一群组织严密、能言善辩的人，他们并不是在每一个问题上都意见一致，但在重要关头能团结起来一致行动。他们策动了一系列暴乱、起义和屠杀，把立法者搞得狼狈不堪。他们一再派代表团去国民大会进行游说或威胁。他们自认为是爱国者、真理和美德的捍卫者、革命的卫士——不，是革命的"救星"。

这支政治力量有个绰号叫无套裤汉（434＞）。它由工人、店主、教师、艺术家、作家、低级公务员所组成，其中只有零星几个富人。"下层中产阶级"这个称呼无法说明这群人的许多特点。他们热爱知识，渴望接受教育（他们并不都识字），为自己的技能而自豪，自尊自爱，待人诚恳。他们聚在一起读卢梭、沃尔内和其他大师的著作，还演讲，唱歌，欣赏年轻姑娘朗诵关于道德的文章——简言之，过精神生活。

此外，这还是一个有同样信仰的积极分子的群体。当警钟在教堂的尖顶响起，鼓声打出紧急集合令的时候，他们马上冲出家门，去执行领导人——普通的管区官员——做出的决定。有的管区更加激烈一些，因此才有了那些私刑和小型屠杀，它们成了事件的标志，也造成了历史上的各种"日"。以这种方式所捍卫的原则只有几条，而且一贯不变：主权归人民、平等，以及所谓可敬的平凡。最后这条没有贬

428

义，它指的是生活中一种普通的状态，是卢梭和杰斐逊的理想（前者的《社会契约论》在 1789 年之后的 10 年内重版 32 次，还不算袖珍版）。这个理想很容易流于反精英主义。无套裤汉们认为狗是贵族化的（因为它们和狩猎有关），真正的民主主义者只能养猫。

从这些骚乱中产生了一个后来得到了发展的设想，其实这个想法由来已久，即通过共产主义建立美好社会（< 15）。它要由一个使用恐怖手段的独裁政权来实现。执此理论的人中有几个在后来确实发生了（但不是由他们实行）的大恐怖中丧了命。另一个叫格拉胡斯·巴贝夫的共产主义者因为根据他发表的"平民宣言"策划政变，也被送上绞架。但他的朋友，米开朗琪罗的后裔波纳洛蒂活了下来，并写了一本题为"巴贝夫实现平等的阴谋"的小册子。里面的理论为 19 世纪各个革命小团体的领导人多次引用，其中著名的有布朗基所领导的团体，据说列宁是从布朗基那里借取了革命的方法，虽然没有采纳他的目的。

※

革命的直接遗产当然与共产主义完全不同。这个遗产是民族主义，还有倡导个人权利和代议制政府的自由主义。为在全欧洲普及这两个主义所进行的斗争以及它们两者之间的竞争构成了 19 世纪政治的主要内容。由于战争的缘故，自由革命不得不放弃自由主义；大恐怖是因为"祖国在危急中"不得已而为之。外敌已经兵临凡尔登，还有内患——旺代的保王派农民。粮食危机长期严重。公共安全委员会不得不采取强力措施来固定价格，并镇压持不同政见者和黑市商人。

公共安全委员会的头号人物罗伯斯庇尔在短短的时间内变得与从前判若两人。他在故乡阿腊斯做地方法官时，因被迫判处一个人死刑而十分不安，甚至辞去了职务。在制宪大会第一次会议上他提出了一项废除死刑的法案。后来，他的思想发生了变化，但他对穷人和被压迫者的关心却始终未变。固定价格保护了老百姓，也保证了部队的供给。他领导下的法国成了世界上第一个高效率的警察国家。他在全国各地的代理人领导进行对"可疑分子""叛徒"以及他们妻儿的残酷清洗。在前线，他的代理人可以仅凭怀疑或因某个指挥官命令了一次撤退就撤换战场指挥官。在巴黎，革命法庭永不休庭，由于检察官富基埃–坦维尔的辛勤工作，17个月中（他自己夸耀说）就有2 000来人人头落地。

但需要再次指出，任何文化的趋势，任何情感，都不可能得到所有人的一致认同，哪怕是在极端力量的压力下。极权主义（totalitarian）这个词是为人所接受的概括词，用来表达20世纪人们普遍理解的意思，但现实从来不是完全（total）的。18世纪90年代晚期，少数顽固派对革命处处反对，有人是公开的，有人则是暗地里的。有的人表面上顺从，有的人藏身于不容怀疑的人的保护之下，那些人是真诚的革命者，但愿意为亲友提供庇护。反对派中的突出人物被迫大批逃亡，因为与他们不同的意见在权力中心或民众心中占了优势。这些流亡者聚集在莱茵河以东，计划带领他们恳求奥地利和普鲁士召集起来的军队杀回去。留在国内的有些人奇迹般地活了下来。当后来有人问西哀士神父（＜423）他在恐怖时期做了些什么的时候，他答道："我在活着。"有几个人逃到美国避难。其他人不堪追捕主动自首，或者被人告发遭到抓获。捉拿者把抓住的每一个人都当作战利品，感到自己为了自由打击了敌人。

受害者尽是些著名人士。化学家拉瓦锡因为一个亲戚原来作过收税官而被送上断头台；学识渊博、富有献身精神的夏洛特·科黛专程从诺曼底赶来刺杀狂热的马拉，因而被处决；其他的还有诗人安德烈·谢尼埃，因为他写了一篇蔑视权势的社论；另一位知识分子，被称为"吉伦特派的缪斯"的罗兰夫人因为整个吉伦特派都遭到指控，受到连累而厄运临头。在断头台上，她叫道："自由啊，多少罪恶假汝之名以行！"遇害的当然还有路易和安托瓦内特。他们的两个孩子也丧了命，不知是由于没人照管还是别的原因。与王后同死的还有拒绝离开王后的美丽的德朗巴勒公主。在此前后的时间内，许多贵族男女只是因为他们的头衔就被处决。一位本来可以逃脱一死的侯爵夫人说："不。不值得为活命而撒谎。"最后，从丹东到罗伯斯庇尔，主要政党领导人也相继被送上断头台。

处决中时有引人注目的事情发生。行刑比演戏还要好看，画家大卫就在行刑当场画铅笔素描。当路易十五的最后一个情妇杜巴里夫人发现自己被带到断头台上的时候，她尖叫，嘶喊，不得不把她连拖带拉地推到刀下。冷血的观众惊呆了。他们第一次意识到一个人就要被杀死了。所有其他的都是贵族、叛徒、人民公敌——一个类别里的抽象条目。

可是，在制宪大会成员中间，恐惧感和仇恨在不断加强扩大。他们听到罗伯斯庇尔宣扬说，一个纯净的社会将要从一场净化的革命中产生，也就是说还要进一步进行清洗。罗伯斯庇尔的公共安全政策使得人人自危。长达两天的激烈辩论引发了街头有组织的暴乱。罗伯斯庇尔和他的一班人被逮捕并宣布为非法，在一次混乱打斗中，罗伯斯庇尔可能企图自杀，打裂了自己的下颚。然后又有22位爱国者步了他们的前人的后尘——坐着死刑押送车去了革命广场。

这场政变相对轻而易举和迅速的成功表明，反叛后新建立的政治领导，哪怕是最强有力的领导，也是脆弱的：推翻路易十六比解决罗伯斯庇尔花的时间长得多。［若要了解那时的事件和参与者的命运，请读查尔斯·唐纳·黑曾（Charles Downer Hazen）的《法国大革命》（*The French Revolution*）。这本书写得十分生动，两卷读起来比许多一卷的书似乎还要短。要了解现代的观点，有阿尔伯特·古德温（Albert Goodwin）的《法国大革命》（*The French Revolution*）。卡莱尔（Carlyle）以他特有的风格把有关事件叙述得栩栩如生，他的书也是第一本用英文写的对法国大革命同情但没有偏向的叙述，故此有其重要性。最后，西蒙·沙马（Simon Schama）的不朽巨著《公民》（*Citizens*）是一部充满了新鲜而发人深省的详细材料的编年史。］

※

读者读了上述的总结后不应以为革命没有留下任何持久的东西。它做了许多事情——有些方面做得过分，大大超过了它改造整个政府的初衷。它之所以过火是因为它的思想、百科全书派对普遍理性的信念，还有人权和公民权利宣言所体现的精神在国内外得到了一致的热情拥护。各行各业的人，不分老少，特别是知识分子，莫不为法国人民从他们认为是几世纪的奴役下解放出来的消息而欢欣鼓舞。华兹华斯回忆说，那是一种无比美好的感觉（＜8、43）。德意志哲学家康德把它看作"理性在公共事务中登上王位"。人们载歌载舞为它庆祝。

时年40岁的歌德虽未喜极而泣，但也分享到了他称之为遍及德意志的普遍欣喜。英国议会的议长查尔斯·詹姆

> 当愤怒的法国举起她巨大的手臂
> 当她发出响彻天涯海角的誓词
> 当她踩脚宣布要实现自由之时，
> 请为我作证，我心中充满了何等的希望和忧惧。
>
> ——柯勒律治在《法国：一曲颂歌》
> 中对 1789 年的回忆（1798 年）

斯·福克斯宣布攻破巴士底狱是历史上最伟大的壮举，英国驻巴黎的大使说这场革命是"以最少的流血所实现的有史以来最伟大的革命"。英国那些十几年来一直想改革议会的人热切希望，法国的事件能帮助他们的事业。

此外，在英国，在潘恩著作的激励下，在为伯克所激烈抨击的"通讯学会"的会员的推动下，兴起了一个类似无套裤汉的团体，不过这个团体的成员更讲求理智，见闻更广。这造成了那时诗人和批评家内部的分裂：一边是像华兹华斯、柯勒律治和骚塞这样加入了"反动势力"的"变节者"，另一边是遭受迫害的黑兹利特、李·亨利和他的朋友（506＞）。他们被谩骂为想造成法国式的"血洗"，虽然他们根本没有那个意思。英国民众的愿望是通过议会改革来实现对政治权利的承认，不是要建立一个新型的政府。彭斯关于"人作为人的价

值"这一主题的诗重复了 17 世纪清教徒温和派对公平和社会尊重的要求，它的目的不是要实现平等或共产主义。

在法国，狂热的一致没能持续几个月，每一个应有的或偶然的变化都造成了一些个人或群体的疏离。但制宪大会在一片赞颂声中真的以为它是在为全天下立法，在拯救世界免于蒙昧和专制。出奇的是，从长远来看，革命真的使世界接受了它的思想——人的权利，现在扩大为"人权"。这个原理不是自行传播的，也不是只靠法国的努力，而且它在许多地方还没有实现，但今天世界各地的男男女女都在为它大声疾呼，甚至献出生命。

为这些权利斗争的众人似乎对它们的内容了然于心，其实它们的内容是随着为实现它们所做出的安排而变化的。1789 年写出了第一部法国宪法的人认为不能给所有人以投票权，不能信任愚昧无知、大字不识的无产者；只有几个怪人认为妇女应当有投票权。即使这样，所有拥有等于三天工资的财产的人都得到了投票权——这比英国享受投票权资格的范围宽多了；当需要建立新的制宪大会时，法国规定所有成年男子都可投票。为实行新制度，废除了 32 个省，把法国人分成布列塔尼人、普罗旺斯人和达菲尼人。为了人人皆兄弟的新生活，他们的出生地必须改名，重新划界。开始是把版图划为大方块，里面再分为小方块。但"自然"占了上风，最后划定了 83 个省，并根据其地理特征命名。

这种一切重新来过的愿望，加上财政上的困难，启发了用现在的字眼可以称为教会国有化的行为。教会拥有的大片土地被宣布为国家所有，用来作为发行纸币的后盾。这些土地卖给渴望土地的农民（和投机商），可以换回现金来兑现期票。主教和牧师由堂区和主教管区投票选出，进行效忠宣誓后像公务员一样领取薪金。很快，滥发期票超过了出售土地的收入，通货膨胀随之而来，同时，对教会的攻击使民众中一大部分人起了反感。现世主义进步了，其代价却是造成了"两个法国"（＜ 297；630 ＞）。

这些缺点并没有阻止其他的改革。建立了国家教育体系，但因缺乏资金，只能停留在纸面上。变化不定的旧式度量衡用"科学的办法"统一了起来。现已通行全球的新制度把"米"这个来自希腊文，意思是衡量的词作为中心单位。一米等于地球的子午线或大圆周的四千万分之一。重量和容量按水或长度的相应计量确定。它们按十进位增减，而不是像以前那样依照三分之一、四分之一或十二分之一的单位。货币法郎的单位也是一样。所有单位的名称都是新古典式的。

"革命日历"中也使用 10 这个方便的数字：每 30 天一个月，每月分为 3 旬（"decades"，这个词的意思是 10 天，不是 10 年），每旬的最后一天为休息日。到了年底还需要五天来凑够 365 天，这五天也算作假日，很快被称为"无套裤汉日"。30 天的月份的新名字借用大自然的形象（花月、牧月）或使用希腊文的词根表示季节现象：热月＝从 7 月中旬到 8 月中旬的"热的礼物"。

艺术也同科学一样受到重视。已有的文学院、绘画和雕塑学院、音乐学院（歌剧另为一个学院）重新改组为 5 个至今犹存的专门机构。皇家图书馆重组为国家图书馆，还新建了一所音乐学院，用公共开支训练各种音乐人才。事实证明这是个模范学校，培养出了众多人才。革命者这样做是因为他们要借庆祝活动来激发群众的热情——可能应该说是表达热情，因为一些行动的成功造成的各种"日"所引发的骄傲、希望和欢欣在法国各城镇激起了从未有过的集体情感，需要有个发泄的途径。

这些庆祝活动包括演讲、游行、礼拜和音乐。大卫或他画室中的一员设计舞台装饰，包括（用临时材料做成的）寓言故事中人物的巨大雕像，他亲自担任活动组织人。同时，具有天赋的"巴黎乐派"（461＞）的一些成员，如格雷特里、戈塞克、梅于尔、蒙西尼，谱写歌曲、进行曲和世俗的赞美诗。这些都同样重要。从第一次暴乱开始，人民就用流行的曲调唱出反叛或喜悦的歌词或自创新曲。后来，必须提供机会使人们能够表达掩藏在世俗表象下的宗教感情，以填补情感上的空

433　白。一曲《以心对天国》使心灵随着崇高的音乐和仪式得到升华。信仰自然神论（<360）的革命者倾向于不信神，他们曾经想过建立一个理智教派，由一位穿着暴露的动人女演员做女神。但是理智并没有维持多久。在严厉无华的罗伯斯庇尔的统治下，无神论被认为是"贵族的奢侈"，于是建立了一种"对至高无上的存在的崇拜"。当然这个存在不可能有人的形象的体现，但比起启蒙思想家抽象的神来，它能激起更为充沛的感情。

很难说这种敬神的哪个部分是由共济会精神启发。但可以确定地说，这个兄弟会在启蒙运动期间蓬勃发展，在思想家和政治家之间建立了一条强有力的纽带。共济会成员是一种特殊的自然神论者，注重仪式和被他们当作历史的神话。他们崇敬宇宙的伟大造物主，遵循他们认为是从早在埃及时期的建筑者——石匠——那里继承下来的规矩。海顿和莫扎特都是共济会会员，为他们的教派谱写了美妙的音乐。美国国父当中有许多人也是共济会成员，如前所说，现行一美元钞票上仍然有金字塔的形象，那是石匠最早也是最大的成就。

事实上，石匠行会在中世纪才开始出现，它作为一个具有政治性质，对所有自然神论者开放的兄弟会始于18世纪早期在英国建立的一个分会。它从那里迅速扩展到整个欧洲，并吸引了思想和行动各个领域的领导人。为此，有些历史学家把法国大革命和后来的动乱归咎于共济会的阴谋活动。反过来倒是更有可能：脱离了教会的人和争取建立共和的人愿意加入共济会。它是一种替代性的世俗的宗教，信奉自由的政治观点。

1792年7月4日庆祝攻占巴士底日的活动是政治、国家崇拜和音乐的奇怪混合。各省的城市派遣大规模的国民卫队代表团前来参加节日庆祝，全然不顾中央政府的禁令。在前线作战频频失利的时候，首都却挤满了喧闹作乐的人群。其中，从马赛来的600人走了27天，他们一路上唱歌打发时间。其中一首最新的歌是从斯特拉斯堡传来，由一位年轻中尉鲁日·德·李尔谱写的"莱茵军战歌"。这600人在巴黎再次唱出这支振奋人心的歌曲，使它被定为国歌，并被命名为"马赛曲"——幸好没有叫它"斯特拉斯堡曲"[1]。

我们已经看到，革命期间，行为举止自动发生变化。1789年，产生自由、平等、博爱这个口号的倾向引导着这样的变化，随着时间的推移愈演愈烈。贵族头衔被废除，"德"从签字和称呼中消失了；每个人都叫作某某公民，人们彼此也如此称呼（这是另一个世纪的另一场革命中"同志"一词的前身）；不能说"您"，"你"才合乎时宜。路易十六受审判的时候用的名字是卡佩公民，这是800年前他的家族创始人的名字。

男子的服饰开始了民主化的简化。衣服虽然不是完全没有颜色，但颜色转为暗淡，并逐渐丢弃了各种无用的装饰，像假发、头发中扑粉、缎带、齐膝短裤（无套裤汉一词即由此而来）、吊袜带和长筒丝袜、鞋上的银搭扣和毡帽。取代它们的是使革命歌舞因之得名的蓝色罩衣卡曼纽拉服，和从古代被解放的奴隶戴的"弗里吉亚软帽"发展而来的新古典式的红帽子。喜欢一切东西整洁的罗伯斯庇尔仍然穿着过去的服饰，但式样低调。不过最为安全的办法是尽量穿得像个工人。因此长裤成了男子的服装，现在已几乎成为全球的制服，西方的妇女穿长裤的也很多。路易十四和廷臣们引以为美的露腿时尚现在成了大胆的性表现。

※

与此同时，从1792年开始，战争在两条战线上同时进行。除了要击退逐渐逼近的德意志军队以外，法国西北地区的叛乱也十分顽强，构成了很大的威胁。布列塔尼和旺代的农民是虔诚的天主教徒和保王派，在贵族和农民战术家的指挥下能攻善战。叛乱最终被平息了，东

---

[1] 斯特拉斯堡曲"（Strasbourgeoise）后半部拼写和发音都与"资产阶级"（bourgeoise）一样。
——译者注

线作战的军队也很快取得了胜利。正如 17 世纪的英国一样，有信念激励的一方打败了经验老到的职业军人。当然，法国军队中也不乏来自皇家军队的训练有素的军官——波拿巴就是其中之一。此外，像 20 出头儿的奥什和马尔索或 30 出头儿的儒尔当和克莱贝尔（445 ＞）这样的年轻人在作战中得到迅速擢升，表现出卓越的指挥才能。

从现在起直到把敌人赶出国土之前，所有年轻男子都要参战。已婚男子锻造武器，运输军需，妇女缝制帐篷，在医院里帮忙。不准雇用替身。公务员留在岗位上。18 至 25 岁，未婚无子女的男公民先上前线。
> ——1793 年 8 月 23 日颁布的法令，
> 由卡诺起草

在后方，罗伯斯庇尔有卡诺辅佐。卡诺是卓越的战略家，人称"胜利的组织者"。他招募了 75 万兵丁，为他们提供给养，保证所有军需品的生产，用可视信号传递命令，用气球侦察敌情。他不卷入制宪大会及其委员会中你死我活的政治倾轧，因此得以自保。他的儿子是物理学家，孙子曾任第三共和国的总统，他们使卡诺这个名字在法国家喻户晓，特别是因为他的孙子遭到了暗杀（695 ＞）。其实，卡诺家族的创始人应得到与他的政治同事们一样的显赫名声。他的任务异常艰巨，因为法国共有 14 支革命军，实际上等于全民皆兵，这还是历史上第一次。这样大规模的征兵成为 20 世纪世界大战的样板。

435　　　通常的用法把民族和人民作为同义词，但它们并不总是指同一个实体。旧制度可以叫作民族-国家，从这里可以进一步看出民族和人民两者的分别。民族-国家是一个把人民当作统一的民族来管理的国家，依法治国，在广袤的领土上努力实现规范和一致。托克维尔对旧制度的研究表明，革命后法国的政治结构与旧有的君主制十分相似。但是我们已经看到，固有的分歧和通信落后给旧秩序造成了极大的掣肘。只是各省的名字就使得人民无法成为一个民族。需要打一场民族战争，使每个个人和群体都成为一场共同斗争的一部分，才能把七零八落的各个群体焊接成一个整体。更毋庸说明，只有当这种充分意义上的民族形成之后才会出现民族主义。革命军和拿破仑的军队把民族及其主义的种子带到了欧洲各地，不仅通过他们自身的榜样，而且也通过迫使当地人民起来抵抗他们的侵略，以及使当地人民听闻平等这个新观念而促进了种子的传播。

算术中的等式是个简单的概念，一旦成立便绝对肯定。社会中的平等却是复杂而难以确定的。以自然状态为立论出发点的思想家不假思索地提出人人生而自由平等（＜362），但那只是因为在那个想象的状态中没有标准可以用来对人进行衡量，而且人在刚出生的时候没有才能可以相比较。在上帝面前灵魂平等一说也依靠于我们无从得知的判断。在这些抽象论点的基础上发展出了权利平等的概念，意指"法律面前人人平等"，即同类的案子要经过同样的程序。这一条在一定范围内可以确立。超出这个范围以外就涉及人的决定，即陪审团和做出判决的法官的决定，这里，平等又成为无法测量的东西。

在第三个层次上——社会生活、商业和政治中的平等——这条原则似有还无。人的意志和文明世界方方面面，多种多样。关于平等的真实性、价值和含义争执不下的双方都有出色的思想家。法国大革命为了实现机会平等下令普及公共教育。

> 人人生而自由平等这个观点既正确又容易把人引入歧途：人生而不同；他们为企图变得彼此一样而失去了他们的社会自由和个人自主。
>
> ——大卫·里斯曼，《孤独的人群》
> （1950 年）

但学校教育真能提供这样的平等吗？回答立即涉及个人能力的问题："人与人并不平等，看了考试成绩便知。"对这个说法的反驳是，学校成绩只是一个标准，而且是个含糊的标准。在此可以列出一连串在学校是笨学生的伟人。另外，以加拿大森林中大字不识的向导来说，他在他的领域中难道不比丘吉尔或爱因斯坦高明吗？最后，如果人的价值以能力来衡量，结果是不平等的，这是不是不公平？无套裤汉们发现了这一点，他们中间的激进派要求"享受方面的平等"。今天，人们抱怨说，英才教育形成的精英阶层是换了名字的贵族；实现社会正义需要条件平等。此话按逻辑推论，应当指所有人工资平等，但几

436

乎没有人提出过。

界定平等并确立它的条件十分困难。有的独裁政权宣布要实现平等并采取多种办法予以执行，但为了执政和日常生活的需要，又重新分出了等级；正如菲利普·圭达拉在苏维埃政权早期观察到的那样，"有些人比别人更平等"。这个矛盾使我们联想到国际法别无选择，只能不顾确凿的事实而假定所有主权国家一律平等。

从这些理论当中只能得出一个结论：人是无法衡量的。因此平等是一个与事实无关的社会假想。它的成立是为了维护民众和平，尽可能地接近实现正义，并提高人的自尊。它防止奴颜婢膝，压制盛气凌人，减少嫉妒情绪，但只能算稍有成效。平等从家中开始：不需要考试或出示证书，家庭的每个成员都有同样的特权，客人都受到同样的款待。商业、政府和各种专业假定同类的人彼此平等：所有的低级职员，所有的中级管理人员工资都相同。在其他情况中，比如体育或育儿，根据年龄、体重、给较强选手设置的不利条件或其他标准确定同一群人彼此相等，以此实现机会均等。平等的原则也只能实行到这个程度了。

※

法国上演的那场伟大戏剧第一幕各个主角的名字家喻户晓。之后的那个10年中的风云人物也是如此：皮特、纳尔逊、波拿巴、威灵顿、塔列朗、梅特涅这些人的名字在书中时有出现，也常被人们挂在嘴边。但是，看一看所有这些人的名单就会注意到，里面几乎全是政治或军事人物。后人只记得行动者，却不知道当时同样杰出的思想家。这支被遗忘的大军中有作家、艺术家、哲学家、学者、医生和科学家。要使公众了解并记住他们的名字和成就，需要长期不懈的努力。紧密的文化之网中很难插入新的内容，看起来是硬挤进来的东西也很难得到注意。

这些值得赞扬的人才在当时并非默默无闻之辈，著名的传记作家也并未忽视他们。他们缺少的不是赞扬，而是经常重复的赞扬，即声誉。在人民心目中，军人或作战大臣的光彩盖过了所有其他的才能。因此，不可能只是花上几页的篇幅介绍其他的人才就能扭转既定的印象。我只能为有好奇心的读者简略地介绍一些重要人物。要了解相关的史实，确认这些杰出人物曾如群星一样熠熠生辉，坊间有很多相关的书籍可供查阅。这也使我们得以追溯某些文化进步的真正源头。

最惊人的发现来自从1790—1815年这四分之一世纪期间创建了实验医学的那群人。他们的主要成就在生理学领域。比沙、马让迪、肖西耶、勒克莱尔、迪皮特朗、勒加卢瓦和其他五六个科学家在研究人体的正常和病态运作方面取得了长足的进步。新兴的化学、反复实验、记录生病的全过程，再加上共同努力的团队精神，这一切产生了持久的结果。迪皮特朗的名字今已成为手掌"挛缩"病的名称，还曾有很长时间被用来命名一种大受欢迎的治梅毒的软膏。但他最值得注意的成就是他就大脑的作用以及神经在其他器官运作中的职能所做的实验工作。他也是少年成才，16岁时开始学医，两年后当上了解剖教员。后来，他成为一位杰出的外科军医，这一点表明军队的需要是推动医学研究的动力之一。[参阅约翰·E. 莱什（John E. Lesch）的《法国的科学和医学，1790—1855》（*Science and Medicine in France 1790—1855*）。]早在大革命之前，法国和其他地方的医院就已经开始从给所有的穷人和病人提供照顾的机构转变为由国家管理的研究和治疗疾病的机构。护理成了半专业，新确定的病理学内容庞大复杂，医生只能术业有专攻。本着同样的理性精神，精神病院也从囚禁不可救药的病人的监狱变成对这样的疾病进行研究和治疗的地方。皮内尔是这项改革的领导者，可说是第一位精神病医生。也不应忘记拉埃内克，是他发明了听诊器，奠定了胸腔医学的基础。

另一位值得注意，应当记住的英国医生名叫——

托马斯·贝多斯

　　他是诗人兼医生托马斯·洛维尔·贝多斯的父亲。父子二人都思想新颖，个性鲜明。他富有远见的各项创造发明使他的同事和病人为之震动。在布里斯托尔附近的克利夫顿接受过他治疗的有华兹华斯、柯勒律治和骚塞。贝多斯医生注意研究淋巴结结核，这种淋巴腺肿大预示着病人会罹患"痨病"（肺结核）这种 19 世纪的重病。他给病人的医嘱是改善饮食营养，呼吸恒温的新鲜空气。他还用"新气体"——氧气、氢气和氮气——进行实验。他发现第一种气体对呼吸道系统的不适有帮助，于是设计了第一个简陋的氧气罩。他与汉弗莱·戴维一起研究了氧化亚氮，发现它有麻醉作用，于是建议外科医生用它做麻醉剂。他一生关心穷苦的农民，千方百计地寻找他们能够负担得起的治疗方法。他会叫一个农场工人把生病的孩子放在牲口棚里睡觉，牲畜的体温会均匀地温暖那个大空间里的空气，比茅舍里的污浊空气健康。

那些批评医学实验的人也许没有意识到，他们是在扑灭目前不治之症患者的一切希望；（但）提出看起来聪明但不必经过实验证明的建议来博取夸赞是不可取的。

——托马斯·贝多斯医生
（1807 年左右）

　　贝多斯是个人文主义者。他从牛津大学毕业，在德意志和爱丁堡学习掌握了所有新兴的科学，尤其是化学。他认为化学将主宰医学的未来，于是翻译了一篇这方面的德文论文供同行们参考，并在 26 岁时就在牛津大学开大课讲授化学。他后来被迫辞职，因为他与别人发生了原则上的争执，这原则既是科学性的也是政治性的，因为贝多斯赞同法国发生的事情，他在那里见过拉瓦锡，并和他交谈过。

　　贝多斯毕生致力于实践，并出版著作，传播他自己的"革命"思想。他提倡疾病预防和公共卫生。他教病人搞好卫生，因为他相信，清洁卫生、新鲜空气和营养膳食比药品更管用。他强烈赞成女孩受教育，为女子学校中的伙食所震惊："40人两天只吃一条羊腿。"他认为，妇女的头脑和男人的一样，她们"遭到故意的忽视"。在家中，在学校，男孩和女孩应在一起受教育。他还建议用专门设计的玩具进行早期教育，但这个主意被认为太过荒谬，没有得到执行。他建议给年轻人以性教育，既包括生理部分也包括感情部分，要明确直言，不应含糊其辞。

他观察事物细致入微，注意到"痨病"有传染性并告诉得病的母亲不要再给孩子哺乳。他写道，父母应当是"第一道卫生检查员"。他激烈抨击流行的年轻女子的晚礼服，从胸部以上全裸，在冷风嗖嗖的舞厅里还出着汗。他认为男子的忧郁症和女子的歇斯底里是一样的，在这里他使用的是歇斯底里这个词的现代技术含义。他清楚地看到疾病同"情绪低沉"之间的紧密联系——心身病态。他也看到躁狂和忧郁是同一种疾病的不同症状，现在这种疾病叫作躁狂抑郁综合征。另外，他把这种病和其他精神病的原因归结为"没有得到满足的激情"。

439

贝多斯根据这些临床症状提出了一个关于想象力的理论，说它是一种官能，可以产生人的头脑中特有的产品，如宗教的恐惧、谵妄、多疑、臆想和诗意的想象力。在对精神病症的诊断中他还考虑到酒色过度、工匠极度沉闷的日常工作和脑震荡的影响。他对于没能对睡眠的性质进行过认真的研究感到遗憾。托马斯·贝多斯48岁时死于肺气肿。柯勒律治听到他的死讯后"泣不能抑"。

在大革命中和后来的帝国期间，在纯科学领域中站在前列的科学家与贝多斯一样无人知晓。刚才提到了汉弗莱·戴维的名字，在煤矿工业还是主导工业的时候，通过网纱通气孔防止甲烷爆炸的戴维灯尽人皆知。不过他对科学做出的贡献比这大得多。他在化学方面做的研究纠正了拉瓦锡的几个论点，包括燃烧的性质；他还解释了伏打电池的化学原理。他年纪轻轻就担任贝多斯医生的气体研究所的领导，通过实验确定了氧化亚氮的麻醉性质。他还表明了新气体与很早就知道的各种酸之间的关系。

《科学人物辞典》关于拉普拉斯（侯爵）的词条开始时说他是"有史以来最有影响力的科学家之一"。这个评价的基础是拉普拉斯的《天体机械学》和《概率理论》，它们是他在大革命的 10 年中的研究成果。早些时候，他研究过博弈论；1789 年，他参加了为建立公制度量衡所进行的预备工作（＜432）；19 世纪，他使用他的数学理论来解决电和磁的问题；他缜密的治学方法"在确定现代科学准则中发挥了作用"。另外，他不厌其烦地为受过教育的读者写文章介绍他研究的题目，使他们了解他的世界体系。

对今天受过教育的男女来说，在这些被遗忘的人中下述这个人的杰出天才被湮没大概是最令人痛心的，他就是——

格奥尔格·克里斯托弗·利希滕贝格

18 世纪 90 年代，德国的哥廷根大学城住着一位思想家。他名闻遐迩，上至王公，下至学生，人们从四面八方赶来听他讲授物理学。他 26 岁就坐上了大学教授的位子，但他传授知识，表现风趣和诙谐的地方是自家的起居室。他总是面带微笑，充满魅力，在谈论最新科学发现的时候妙语连珠，还不时插入扯得老远的题外话。他的发现中包括 20 世纪的复印机应用的热摄影术的原理。

440

对他来说，物理学包括地质学、气象学、天文学、统计学、化学和数学。他在这些领域中的研究卓有成效，但这还远不是他唯一的智力兴趣所在。他还是哲学家、道德家、心理学家、散文家和艺术及文学批评家，他死后被誉为最匠心独具的箴言作家之一。他的 16 本笔记写满了几千条格言，他的信件和他编写的广受欢迎的历书中的文

切勿使用假设一词，更不要用理论这个词，只说想象的模式即可。/他吞下了许多知识，可似乎大部分知识都去错了地方。/我从不容否认的经验中确知梦会导致自我了解。/脱帽是对身体的缩减，矮化。/每个人的道德都有屁股的一面，尽量用礼节的裤子遮住。/每个人都应该学习一定的哲学和文学，至少足以使他的性经验更加愉快。/他打人显示出一种性欲：他只打他的太太。

　　　——利希滕贝格《笔记》（年月不详）

章表现出他非凡的想象力，既洞察到人所未见的事实，又对显而易见的东西提出怀疑。比如，在物理学方面，他持的是超现代的观点，认为光波理论和微粒子学说可能都正确；在几何学方面，他认为欧几里得依靠常识提出的公理并不是唯一正确的。可以毫不夸张地说，利希滕贝格是一位，几乎也是最后一位，文艺复兴人（＜409）。

利希滕贝格加入了去英国寻求文化的新鲜空气的自发运动。他两次去英国，虽然伦敦的环境糟如"地狱"，但他喜欢那里政治自由的气氛。他发现贺加斯版画的道德含义和构图想象与他十分相投。歌德告诉我们，他为这些作品写的讲解造成了轰动。利希滕贝格把英国人的务实赞为美德，相比之下，德意志人却习惯于只根据少量观察的薄弱基础就建立庞大的抽象体系，结果不能集中思想推行务实的政治（451＞）。但是法国大革命给人民灌输的一套思想是难以消除的。那么，如果专制者掌权，利希滕贝格问道，他难道会有计划地把社会拉回野蛮状态吗？他的哲学思想超出了日常的思索和建议。他的学说源于对事物和人的行为的思索，包含了20世纪各种思辨的基本思想，从实用主义和现象学到语言学分析和逻辑实证主义，而他偏偏没有把这些学说建立成一个体系。歌德、康德、赫歇尔、伏打在利希滕贝格有生之年就对他赞誉有加，自那以后，叔本华、尼采、维特根斯坦和以赛亚·伯林也对他表示了敬佩。

除了他天生的和后天培养的怀疑主义以外，利希滕贝格一生基本上是个快乐的人。他是驼背，但喜好女色，记录表明他的魅力使他不必诉诸财色交易即可满足欲望。他对两个人的爱是深刻而长久的，其中一个成了他的妻子。尽管他有妻有子，享尽天伦之乐，但他生命的最后10年由于一种器官性疾病而蒙上了一层阴影。他卧床一年半，引发了连续不断的抑郁症。他无疑对造成这种状况的双重原因心知肚明，因为他很久以前就发现了神经官能症对身体产生的作用，指出了身心失调表现在很多病症之中，并认为疯狂作为成就天才的一个因素有一定的价值。他不是第一个这样说的人，但他绝对有资格这样说。

441

启蒙是人类摆脱自我加之于己的蒙昧的行动。这种蒙昧是自我强加的，因为它的原因不是缺乏智力，而是没有勇气无须别人的指导而自己思考。敢于求知！这就是启蒙运动的口号。

——康德（1783 年）

前文提到过康德在 18 世纪 80 年代对自然科学理论基础的思索（＜ 413）。这个关注在 19 世纪得到了充分探索，成果累累，人们反而忘了康德是启蒙运动的热诚信徒，同情早期的革命者。康德学习了卢梭的著作后，从中汲取的思想同他的启蒙理性主义思想相辅相成，这双重的影响启发他写下了《永久和平论》。有一个名叫约翰·奥斯瓦尔德的苏格兰军人，参加过美国独立战争，又参加法军，后来在旺代平乱时牺牲；他怀着同样的希望提出了一个计划，要建立一个有着政治民主和永久的经济平等的全球共和国。

波拿巴中等身材，相当瘦削，面色黄褐，面貌无甚特别，但他有一双无比锐利的黑眼睛，常习惯性地看着地面。

——伦敦《泰晤士报》，
1797 年 8 月 4 日刊

另外一个在 18 世纪末撰写文章论述道德问题的是个年轻得多的理想主义者，他在法国军队中任少尉，名叫波拿巴。他虽然出身低级贵族，但他是科西嘉人，仍然感觉与法国社会格格不入，事实也的确如此。他讲法语有口音，因而在军事学校中受到嘲笑和冷遇。他可以引以自慰的是自己学习成绩优异，特别是在数学方面。不过，他 16 岁时写的第一篇题为"论军事学校中的奢侈"的文章吐露了他的心声。自那以后，他在 12 年间写出了大约 40 篇东西，有几篇是因时事或自身处境有感而发的政治和军事论述，其余的包括从小说到道德到社会理论的各种题材。比如《兔子、猎狗和猎人，一个寓言》、《论自杀》《预言家的面具，一个阿拉伯故事》、《新科西嘉，一个科西嘉的故事》、《关于爱情的对话》（涉及爱情和友谊）、《共和制还是君主制？》，以及应里昂科学院的有奖征文写的一篇论幸福的起因的文章；还有一部小说《克利松和欧仁妮》。

最后的这部作品只剩下了一些笔记，但它们显示了他的叙述技巧和对人物的把握。据说它的起因是他对与他订了婚的德西蕾-欧仁妮·克拉里的全心全意的爱。这个说法是可信的，虽然有的学者认为此书写作的时间更早，在他订婚之前。如果晚些的时间属实的话——书中女主角的名字是这方面的强力证明，那么以卢梭《新爱洛伊丝》的风格写成的这部爱情小说正与这位年轻军人生活中的重大事件相吻合，也对其中的一些情况作了反映。身为雅各宾派的他在罗伯斯庇尔倒台后遭到软禁，不久后获释，奉命指挥一个旅，同旺代的农民作战；他认为这是可耻的事，拒绝去领兵。于是，他因为抗拒陆军大臣的命令被开除军籍。他无所事事，天天在国家图书馆或剧院消磨时间，陷入深深的忧郁之中，甚至想到自杀。1795年10月巴黎暴乱这一紧急情况把他召回了军中。事业使得他无法维持与克拉里小姐的婚约。6个月后，他成为出征意大利的法军统帅。

在那里的成功使波拿巴成为法国将领的个中翘楚，屡建战功之后，他进行了另一次冒险，可以把它称为——

率领人才库进军埃及

西方人一次在规模和文化影响方面都堪称空前的壮举在西方世界受过教育的人中间却鲜为人知，这并不令人惊奇，但这是可耻的。大部分历史和传记文学如果对它有所提及的话，也只是寥寥数行，把它算作波拿巴军事失败的一部分，而不是他的文化成功。这件被历史忽视的事件是1798年法国的学者、科学家和艺术家去埃及的远征。那真的是一支被遗忘的大军。遵照法国政府的命令，从学校、画室和实验室抽出了167位出色的人才由波拿巴将军率领前往埃及。这是塔列朗最先出的主意。

政府、波拿巴和学者们（这是随行的东方军对他们的称呼）各有自己的目的。政府（短命的督政府）想把这位因在意大利获胜而颇得人心的年轻将军支走，派到遥远的地方去。波拿巴认为光荣在向他招手，他会成为东方一个帝国的创建人。如果他打下印度，英国就会被削弱，

442

他将成为第二个亚历山大大帝；埃及则是必经之路。至于学者，他们想要的是新的知识，可能还有探险的经历。

这些人平均年龄 25 岁。最年长的是同波拿巴成了朋友的数学家蒙日，他的年龄是平均年龄的两倍。他和他的朋友、化学家贝托莱，在大部分行动中共同担任领导。最年轻的还不满 15 岁，是从理工专科学校来的 6 名学生之一，同行的还有 6 名该校的教师和它的 33 名校友。剩下的人中有物理学家、化学家、工程师、植物学家和动物学家、地质学家、医生和药学家、建筑师、画家、诗人、音乐家（其中一位是音乐学家），辅助人员中还有一位印刷大师。在受到邀请的人当中，只有 2 位科学家和 4 位艺术家因为年龄和家庭的原因拒绝了。许多人想跟着去，虽然那 167 人（和随行的军队）中没人知道他们要去"东方"的什么地方。必须在登陆前保守机密，因为纳尔逊正带领英国的舰队在地中海游弋。

如果才华横溢的数学家苏菲·热尔曼岁数够大的话，她会加入这一群人吗？原则上，远行不准妇女参加，但有人装扮成男人偷偷上了船。军队带有女厨师和女护士，但在船上帮助水手做零活的通常都是男孩子。

所带的东西五花八门，应有尽有。除了足以建造一座城镇的给养和设备之外，船队还带有每一门机械艺术和科学所用的科学设备，配有希腊文、阿拉伯文和其他文字字型的印刷机，写字、绘图和画画的材料，还有 500 部参考书。1798 年 5 月，土伦港桅杆林立。15 艘军舰、6 艘快速帆船，加上双桅横帆船、侦察船、单桅帆船等等，一共 300 艘船只，到科西嘉又加上了 3 支船队。这些船上共载有 38 000 名军人和10 000 名平民。军队中的军官比平常配备得多，特别是将级军官。

学者中被定为"将军"级的是权威人士，包括多洛米厄［后来白云石山（Dolomite）因之命名的地质学家］、傅立叶（物理学家和数学家）、龚戴（化学家）、杰弗里·圣伊莱尔（动物学家）、凯诺（天文学家）、拉雷和德热内特（医生）、朗克雷（外科医生）、勒佩尔（工程师）、勒杜特（花卉画家）、维约托（音乐家）。学者中有两对兄弟和一对父子。去时没人了解埃及，回来后许多人都成了埃及专家。

旅途中的众多艰难困苦无法细表。对学者们来说，这次旅行期间过的是苦日子。士兵对他们心怀嫉恨，公开表示轻蔑，将军们倒是很友好。船队躲过了纳尔逊舰队的注意，不费力气地拿下了马耳他。波拿巴在那里显示出了统治和改革的才能。他废除了奴隶制，彻底改革了行政、财政和教育制度。在埃及登陆——现在大家都知道了目的地——可就没那么顺利了。纳尔逊潜入法国船队下碇的安全港，击沉了几艘船，造成了一些士兵和水手的死亡，所幸学者都安然无恙。

自上岸以后，这支学者军多次遇到激烈的战斗和当地人暴乱。可能比这更糟的是要多次穿越沙漠，向着不同方向进行艰难的长途跋涉。其间，学者们饱受疲惫、干渴、中暑、沙盲的折磨，还要忍受士兵的讥笑。这是他们为进行科学研究，做出惊人的发现所付的代价。如果研究一下当时的历史就会发现，同样惊人的是这些刚从实验室、画室和教室中走出来的人一夜之间变成了火线上的战士、建造碉堡的工人、管理被占领村庄的官员、废墟的发掘者和利用不熟悉的材料制造机器的技工。这些学者勇气无伦，一身多能。身为化学家和画家的龚德发明了一种新水泵，造出了不用石墨的铅笔，改进了水车的齿轮，并找到了一种复制彩色绘图的办法，这可是在平版印刷术问世的 10 年前。所有这些都是为了解决在埃及遇到的困难。植物学家内克图研究当地的农业和叫作"fellahin"（农夫）的当地农民的习惯。数学家蒙日解开了摩西喷泉独特的流体力学原理。军事工程师勒佩尔为波拿巴征用做司令部的宫殿建造了一座阶梯和阳台。傅立叶研究微分方程之余还在一座临时建立起来的法庭主持审判。阿拉伯学家马塞负责出版一本旬刊，主要内容是为军队提供新闻，间或也有关于学者们的消息报道。拉雷医生对当地各族人口，包括埃及人、土耳其人、亚美尼亚人、希腊人、犹太人和贝都因人，进行人类学研究，并记下笔记。发现了木乃伊之后，他又对尸体防腐处理法作了研究。在鼠疫和伤寒爆发的

444

时候，天文学家变成了气象学家，为医生预测风向和天气。科学攻无不克。

工作就这样进行着。这次远征的官方计划是：（1）研究了解整个埃及；（2）传播启蒙的思想和习惯；（3）向政府提供它所需要的任何信息。这个计划的第一点和第三点充分实现了，第二点成绩平平。当地人并不觉得机器和技术有什么了不起。使他们感到惊奇的是这么多外国人学习阿拉伯语，为了不可理喻的原因在沙漠里跑来跑去。首都开罗的 20 万人口听从这些外国人的要求每天把主要街道清扫两次，把垃圾运走。他们为女人不戴面纱而震惊，看到自己的面貌被用铅笔勾画出来还勉强可以接受，但看到肖像上了色却惊骇万分，因为这使得肖像成了做巫法的工具。

在西方人这一边，他们喜欢当地的风情、生活方式和人民，几个月后，他们就把当地的人民当作了法国人。这是世界各地的法国殖民者（与英国人非常不同）的特点。除了不卫生的习惯以外，他们对埃及的一切都容忍接受。他们在当地找情妇（一位将军娶了个穆斯林妻子，皈依了伊斯兰教），对当地的道德行为进行研究，不抱任何优越感。音乐家维约托开始时对几个民族的音乐感到讨厌，但后来他学会了欣赏和甄别它们的长处，也体会到了它们所激起的情感。在调查研究当地疾病中，德热内特医生要求他的助手重视民间医药，"迷信可能会教给我们一些有用的东西"。除了最后这句话以外，学者军的行为和态度可以称为启蒙运动的实际体现。

波拿巴是启蒙的主要实施人。他提出建议，进行组织，发表批评，给予激励。他一出发，立即按国内各种学院的模式建立了一个研究所（＜432）；需要记住的是，他自己也是研究所科学部的成员。在埃及，蒙日被任命为研究所所长，波拿巴任副所长，3 个月后继任所长。各位学者根据收集到的数据和做出的发现马上写出论文供大家讨论。得到认可的论文同大家的家信一起绕过纳尔逊的监视运送回国。哪怕是宫中闲暇的时候，波拿巴也把思想寓于娱乐之中。他把一小组人分为两边，就事先准备好的哲学、政府、宗教或道德问题进行辩论。

要充分记述这第一个也是最大的一个人才库在 20 个月间所取得的成就，几页纸的篇幅，甚至一整本书都远远不够。《埃及之旅见闻》这本皇皇巨著有整整 20 卷特大号本——大约 54 英寸 × 28 英寸。如此制版是为了在显示埃及历史遗迹，特别是其中一处遗迹（446 ＞）的插图中表现出最微小的细节。埃及的地图占了 47 幅插图。回到法国后，这部书的出版步履维艰，用了四分之一世纪。版税收入是要给作者的，出书时他们大部分人按照当时的标准已经是老人了，有好多人已经去世。当时远征期间只有几人伤亡，造成打击最大的是克莱贝尔将军接任波拿巴成为统帅后被暗杀。

如果为这 167 人写一篇联合的墓志铭的话，可以写上以下的内容：他们收集了人迹所至的地方的所有动植物，发现了新的物种，填补了已知物种的空白。若弗鲁瓦·圣伊莱尔是位不知疲倦的搜集家，他收集的各种鱼和哺乳动物的标本在他自己和他之后拉马克的生物进化论思想的形成中发挥了决定性的作用（455 ＞）。在化学、地质学、地理学和数学领域中，由于埃及的环境提供的新信息，做出了一些重要的进步。仅举一例，贝托莱通过研究埃及天然生成的碳酸钠和碳酸镁证明了化学中亲和性概念的错误，并提出了一个更好的假设。埃及的古老文明被打开了，等待着进一步的研究。开始，习惯于希腊-罗马式艺术的探索者觉得人面狮身像和金字塔野蛮落后，但国王之谷、雕刻精美的石棺、木乃伊——其中一个手中还拿着一卷莎草纸、浮雕、庙宇天花板上的罗盘，这些赢得了他们衷心的钦佩。他们量取尺寸，勘察建筑物的规划，从遗址推想历史和宗教。维旺·德农孜孜不倦地用笔画下活着和死去的每一件东西和每一个人，此外还临摹了雕有象形文字的图版。

兵士在罗塞塔清除土地准备建造防御工事时，发现了那里本不该有的一大块黑色花岗石，使学者们欣喜若狂。它上面刻有三篇文字，一篇是象形文字，一篇是通俗文字（埃及人平常用的字母），一篇是希

446

腊文；人们因此得以破译古埃及文字。20 年后，商博良和托马斯·扬这两位留在国内的学者把各自独立研究的成果结合起来完成了译解的工作。在《见闻》一书中，石碑的图像与实物一样大。现在这块石碑存于大英博物馆，展览说明写道"被英军缴获（1801）"，写得一点儿不错。如果在前面加上"从在埃及撤退的法军那里"这些字样的话就更符合事实了。

在条件允许的情况下，学者们尽量对埃及的社会、政府、法律、宗教、经济和技术进行统计勘察。这项工作的一个副产品是在开罗和其他地方扩大了社会服务和设施，特别是建立了 19 所医院和使用当地的通用交通工具——骆驼提供救护服务。学者们为自己建造了浴池、一所剧院和舞厅，还有阅读室，埃及的上层人士（只限男子）无疑也可以使用这类设施。波拿巴坚持说当地的名门望族是他的朋友，百姓是他的人民，他自称是对安拉最虔诚的崇拜者。

另外，还进行并完成了一项真正意义上的勘测，目的是为了实现旧有的一个想法；或者应该说，重现过去的情景：在苏伊士造一条运河把红海与地中海连接起来。所有的地形测量都已完成，壕沟、水闸这类设施安放的地方也指示清楚并且建好以备使用。但因缺少资金，这项工程被搁置了起来，直到一代人以后，一位法国驻开罗的领事把它重新提出，（按另一个规划建造的）运河在 1869 年开启使用。

运河开通 70 年前那个时候，在各个方面的全力以赴是史无前例的。学者们发疯一样地工作，不是为赶时限，而是因为这是他们生活中的唯一目标，也是因为要尽量利用这个绝无仅有的机会。同样绝无仅有的是这么一大群知识分子被放到一个在艺术和科学方面落后得多，但有着高度的古代文明，"丑陋而又壮丽"的国家中去。另外一点不同寻常之处是这些平民竟然没有任何准备就被投入战争。只是当兵还不算；法军在埃及，也在叙利亚——波拿巴在那里开辟了分战场——都犯下了大规模的暴行，使被迫目击那种残忍杀戮的文弱书生触目惊心。直到电影和电视把类似的情景带入起居室之后，一般人才看到屠杀的恐怖。远在《埃及之旅见闻》出版之前，欧洲就从由学者军的一些成员写作绘图的几本书中对埃及这个国家有了一定了解。德农的书首先出版，立即被翻译为各种文字，连印 40 版。巴黎有些街道也以有关埃及的名词命名，有的还算准确，有的却似是而非。

波拿巴也得了好处，虽然他成为亚历山大大帝的憧憬成了泡影。他把他的东方军扔在埃及，回到国内赶走了督政府，自立为第一执政官，后来又成为终身执政官，最后当上了皇帝。执政官这个头衔借用了古罗马共和国的官衔，波拿巴用它是为了安抚人们的戒惧。这样的氛围造成了衣着和礼仪方面拟古典风格的复兴。后来建立了帝国政权，这种风格就不适合了。既然没有什么东西可以复兴，埃及式的风格似乎成了填补空白的理想之选。它宏大、威严、易于适用。椅子脚雕成的狮爪形，以及埃及和近东的其他图案启发了设计师，由此而产生的帝国风格风行一时，持续的时间比执政官时代的风格长得多。各个城市都建起了方尖碑。执政官时期更持久的影响是波拿巴进行的行政改革：干脆利落、令行禁止的中央集权，外加一套杰出的法典。这套法典在国外被广泛模仿，美国的路易斯安那州则把它全盘继承下来。

447

魔鬼：和平太没意思。所以我支持波拿巴，因为他会使后人感到趣味。

——哈代《列王》（1903 年）

※

年轻的波拿巴成名之前的作品不算出色，但在当时质量普遍低劣的作品中也不算最差。在大革命期间和后来 20 年的时间内，文学成了政治和爱国主义的牺牲品。诗歌、剧本、小说充斥着流行的态度和套话。创作基本全部围绕公民博爱的美德与为自由和民族而奋斗的英雄主义这类主题，产生的作品只是些陈词滥调和夸张的传奇。贝多芬的《菲岱里奥》就是个很好的例子：弗洛雷斯坦为捍卫真理遭囚禁两年，监狱长担心一位高官马上要来视察，怕他会向高官告发，于是决定把他杀害埋掉。弗洛雷斯坦的妻子化装成男人打乱了监狱长的计划并用手枪顶住他，这时国务大臣来到，他惩恶扬善，维护了正义。歌词作家重改了布伊的剧作《莱奥诺雷，或爱情的结合》。其他剧作如《马拉松日，或自由的胜利》《国家舰队的返航》《解放者》等等，都表现出为宣传一个思想的牵强扭曲的重复。

在这片真正的文学和新颖思想的普遍匮乏之中，只有少数的几个例外：一位诗人、三位小说家、两位箴言作家、一位心理学家和一位美食家。32 岁时被送上断头台的安德烈·谢尼埃是一位真正的诗人。他的作品在 1819 年第一次出版时预示了抒情体和挽歌体诗歌的再生，也预示了不久之后即将出现的浪漫主义的一些手法方面的创新。

小说家中的第一位，萨德（Sade）伯爵（常被称为侯爵）在活着的时候时而被看作疯子，时而又被认为是罪犯，他生命的一大部分是在监狱和疯人院度过的。这是他对我们这个时代具有吸引力的原因之一。自那时以来，他的名字成为增加性快感而施虐这种精神病的名称。性虐待狂（sadist）不是以使人痛苦为乐那么简单，他是靠施虐使自己达到性高潮。萨德多次雇用妓女（或诱拐男孩和女孩）参加他设计的纵欲狂欢，事后遭到一些受虐人的揭发。结婚也没有使他停止这种作乐，反而是他的妻子也加入了狂欢。他被囚禁的时候有了闲暇进行写作。他的小说《120 天的罪恶》《朱斯蒂娜》《朱丽叶》，还有一些其他作品大肆渲染他的所作所为。这些不仅是为了推广多种多样的性经验，也是为了把人从世俗的禁忌中解放出来——他宣称他的目的是追求科学真理：被他的后代烧毁了的一部未发表的手稿题为"揭露出来的自然"。

至于萨德的文学造诣，他无疑在淋漓尽致的叙述和栩栩如生的细节描写方面是有天赋的。他富有创意，机智风趣，平铺直叙中有一种现代的嘲弄："恢复平静后，他们掩埋了那两具尸体。"我们这个世纪喜欢偏离常规，认为非正常才是规范，不过是原来被偏见掩盖住了，于是萨德的作为和作品当然就成了"思想和文学史中的一个重要时刻"。20世纪的德国剧作家彼得·魏斯写了一部剧，英文名字叫"马拉-萨德"（也拍成了电影），从法国大革命时代开始，忠实地表现了这两位人物。从他们身上，我们可以看到我们自己时代一些名人的影子。

与萨德同期但默默无闻的雷蒂夫·德·拉布雷东也力图把他的小说、散文和日记写成"对自然的揭露"。他是来自下诺曼底的农民，名叫雷蒂夫（没有德字和后面附加的称号）。他在一所詹森教派的小学里得到了良好的教育，在他一生72年中写出了240卷著作，其中16卷是他的自传，10卷写他父亲的生平，42卷描述他生活中的女人，其余各卷全是逸闻和评论，共有1 500多个虚构或是部分真实的故事。

他如此事无巨细地言无不尽，是想对卢梭的著作作补充。（按他所说）卢梭的著作表现了有思想的人，即天才的思想和行为；现在需要的是表现普通人的思想和行为。照保罗·瓦莱里的意见，雷蒂夫比卢梭更出色。但是，如果没有被连续不断的社会学"研究"眩花了眼睛，就会看到他只是偶尔有天才火花的一闪。他关心的事确实是"现代"的，他卖弄学问，刨根问底，多疑焦虑，严厉批评城市，满脑子都是与性有关的事。他为自己在这方面的记录沾沾自喜：他记下了与700个女人的关系（其中12个是他15岁之前的）以及他成年之前和别人生下的20个私生子。

他被比作卡萨诺瓦，后者叙述自己爱情奇遇的分期连载的第一期恰恰于雷蒂夫的写作高峰时期面世。但他们两人在勾引女人方面的相似只限于数字。卡萨诺瓦相貌英俊；雷蒂夫则身材短粗，面色黧黑，长着一个鹰钩鼻子和一双锐利的黑眼睛，并且邋里邋遢，性格暴躁，言语下流，绝不是他想把自己描绘成的普通人。他爱在夜间散步，在墙上涂鸦记下日期，以便周年的时候故地重游，把自己的感觉与当时的感觉相对比。他常去舞厅和异装癖者喜欢光顾的地方；想办法搭上了一位贵族，记下了那位贵族所能想起来的各类情妇的名单；他在一次由塔列朗主持的贵族男女参加的面具晚宴上做过演讲，告诉大家女人应如何装束：腰间勒紧以突出胸部，穿高跟鞋好"使双腿轻盈"。

449

我正沿着达菲尼街前行。（接下去是三行感伤的废话。）一个人被撞倒在地，人们喊道："快停车！"马车夫，一个没有心肝的畜生——那个撞了人的马车夫挥舞着他那可憎的鞭子驾车逃跑了。车轮碾过那可怜人的胸口。（又是三行痛骂。）血如泉涌。马车消失了。我原来的敏捷都没有了，追不上那马车。（下面是一旁女孩的伤心故事：被撞的是她父亲。）那人在半夜时死去。

——雷蒂夫·德·拉布雷东《巴黎之夜》
（1794 年）

雷蒂夫通过写作全力以赴促进道德改革。比如，在《色情作者》（据说是他发明的这个词）中，他提出了卖淫的社会学，并讲到如何减少它的危害。该书是他就大问题写的一系列"某某者"之一。他建议的许多改革得到了采纳，但不是因为他的说理如何有力。他的文学风格被誉为一种改革，但也同样不高明。雷蒂夫文笔粗疏，经常词不达意，使用短句子来表达感伤的情绪，有点儿像海明威的文体，但并不巧妙，很快就令人感到单调乏味。雷蒂夫的独到之处在于他文章的形式：他把头脑中翻滚起伏的思想不加修饰地写在纸上。这种笔法更突出了一位不知疲倦的怪僻的旁观者对一个时代的衰落进行观察的形象。[可读雷蒂夫·德·拉布雷东（Restif de la Bretonne）所著《巴黎之夜》（*Paris Nights*）。]

读了雷蒂夫的书就会相信，维德科克这个令人难以置信然而又是现实生活中的人物确有其人。他出书叙述了自己的生平，巴尔扎克利用维德科克自叙的生平做素材，创造了伏脱冷这位小说中第一个犯罪大师。维德科克也是双面间谍的原型。他开始是罪犯，曾被罚做过苦工，把一些头脑稍差的同伙组织起来成为一个高效率的抢劫团伙，后来他却成了警察。他做警察不是简单地为了利益或自我保全的目的，而是把它看作新的使命。这种使命感促使他成立了一支由最好的专家——先前也是罪犯——组成的保安部队。维德科克要求他们精通法式拳击，那是一种允许用腿和脚的拳击法，如今在法国又重新时兴起来。他招募的这些人在新岗位上表现得同干老本行时一样能干。[可读《回忆录》（可能是由别人代笔）的一卷本英文译文。]维德科克退休时已经是名利双收。后来他却因为他的善举败了家：他的工厂里雇用了获释的罪犯。

有一位小说家和社会批评家的著作与刚才介绍的两位小说家截然不同。她是路易十六最后一位财政大臣，瑞士人雅克·内克的女儿。她很早就与一位瑞典男爵结婚，但她作家生涯中大部分时间都是与丈夫分居的，不过，她写作和出版用的名字还是她的婚后名字，叫——

热尔曼娜·德·斯塔尔

她很早就开始写作，写关于卢梭、小说和幸福的散文。后来，她写了小说《黛尔菲娜》，里面的女主人公可以称为新女性的原型——她冰雪聪明，意志坚强，因而卓尔不群。几年后，这一主题在另一本小说《高丽娜》中再次出现，小说中的另一个因素成为斯塔尔夫人对她当代人产生的巨大影响的一部分。那些对她的其他作品敬而远之的读者读了她的第二本小说后，发现生活可以通过引起快感和美感的东西来塑造，而这正是讲求理性的 18 世纪所缺乏的。故事本身并不出奇，文笔也不是作者最好的，但书中清楚地显示出艺术和艺术的质量有着又一种意义：它们改造人的内心世界，从而改造社会。19 世纪和 20 世纪的艺术宗教即在这段时期出现，斯塔尔夫人与她的同代人夏多布里昂则是首要倡导者（467 >）。

在两部小说之间，斯塔尔夫人写出了她的第一部开创性著作《文学与社会建制的关系》。这本书从古希腊开始，一直写到中世纪和以后的时期；工程浩大，600 页的篇幅几乎不够，所有的诗歌都只得忽略不计。"文学"等于思想和文化，"建制"指礼仪和道德。斯塔尔夫人在著作中提出了"艺术家必须和时代站在一起"的信条。高级文化的试金石是美德、自由、光荣、幸福和宗教——看它们如何兴旺发达，产生什么效果。该书最受赞扬的结论部分预言，自由的范围和力度不断加大，将把文学推向新的高度，从而促进所谓人类的可完善性，也就是知识和观念的不断增加与应用。

波拿巴执政官钦佩但不喜欢斯塔尔夫人，因为她是政治家。她孩在一个民主国家中，必须不断警惕受人拥戴的愿望。它会导致模仿最坏的行为。很快人们就会觉得，在自己想争取的大众面前明显地表现出自己比他们高明是没有必要的——甚至是危险的。

——斯塔尔夫人《论文学与社会》
（1800 年）

451

提时期就跟着她敬爱的父亲去参加百科全书派的聚会。她曾同布丰、魁奈和杜尔哥共座交谈，后来，她自己的思想谈吐也直追这些世界导师的水平。她的情夫本杰明·贡斯当是立法委员会的成员，这个委员会在执政府时期负责就提出的法律草案进行辩论。波拿巴怀疑贡斯当作为反对派领导所做的演讲是由他的情妇撰稿。斯塔尔夫人的沙龙也是棘手人物的聚集之处。她那本在结尾时呼唤自由的巨著出版 3 年后，斯塔尔夫人被勒令离开巴黎，到 150 英里以外的地方去。

　　她决定去魏玛，但不久因父亲去世回到她家在瑞士的农庄科佩。在那里，她写了父亲的传记，然后去意大利，饱受艺术熏陶之后回来写了《高丽娜》。在法国待了不久，她又被她的对头、已当上了皇帝的波拿巴再次放逐。第二次德意志之旅为她的第二部杰作提供了素材，经过两年的准备后，她写成了《论德意志》。

　　她因与瑞士的关系对德意志的生活和文学已经略有了解；周游法兰克福、慕尼黑、柏林以及重访魏玛后，她便熟悉了德意志各地的情况。她采访了歌德和席勒、维兰德、施莱格尔兄弟和任何能为她提供情况或帮她判断的人，采访中刨根问底，必要使被采访的人知无不言，言无不尽。她的书向欧洲揭示了一个鲜为人知的文化。确实，她对德意志人的描述与别人并无不同，说他们行动迟缓，爱好音乐，喜欢冥想；对思想比对行动更感兴趣，宁肯看书，不愿去沙龙。但她书中提到了诗人和剧作家的名字与著作，哲学家的体系，德意志人对大自然的热爱，他们不同程度的虔诚，以及他们道德良知的深度。这些新内容被她写得生动活泼，细致入微。

　　这本书向欧洲人灌输了两个新概念，永远地改变了他们的想法。一是德意志文化源自骑士精神的理想和这方面的文学。从这个角度看来，中世纪不仅不是野蛮的时代，而且是一种真正的文明。另一个新概念是"古典"和"浪漫"的鲜明对比，这不仅反映在诗歌中，也反映在感情和兴趣上。古典派来自历史上在南欧占主导地位的多神教的古罗马，浪漫派则源于盛行骑士和基督教的北方。这种说法经不起推敲，因为骑士文学的创始人是行吟诗人，这些人来自普罗旺斯，连他们的称呼也是普罗旺斯的方言（＜233）。但这并不重要。斯塔尔夫人提出了浪漫这个思想史上伟大的常用语，并通过盛赞人类先前遭到批评的两个特点——热情和想象力——为这个常用语注入了成果丰饶的活力。

《论德意志》这本书差一点儿被禁毁。法国的审查官没有看出多少问题，本来可以允许它无须大删大改即可通过。但警务总监显然摸透了主人的心思，下令没收并销毁全部印好的 10 000 册书，如找到手稿和清样也一并销毁。幸好有一份清样逃脱了厄运，在英国出版后大受欢迎。她赞扬莎士比亚（尽管语带保留），这使英国和德意志地区零散的几个拥护莎士比亚的人大为振奋，她说法国文学"了无生气"，也同样使他们高兴。

斯塔尔夫人本来情人一个接一个，但在生命的最后五六年中，她和一个年轻的意大利人结了婚，出游奥地利、俄国和瑞典，之后到了英国，那里许多接受她采访的作家被她吓得战战兢兢。后来，她又访问了意大利，滑铁卢战役后回到法国。她在去世一年前又结了一次婚，这次嫁入了名门德布罗意家族。她完成了《法国大革命》一书的部分写作，尽管已经半身瘫痪，但她仍然继续主持沙龙。

※

尚福和儒贝尔这两位以箴言表达思想的道德家名气不大，因而没有得到广泛的了解和赞誉，甚为可惜。尚福为免上断头台在监狱中自杀，他在被捕之前是坚定的共和主义者和爱国者，以言辞辛辣著称。尚福比斯威夫特和拉罗什富科（＜349）更坚定地认为群众行动是可

452

任何年届 40 还不憎恨人类的人从未爱过人类。/正直的人只是人类的一种。/公众，公众——需要多少蠢人来形成公众？/我们在社会中看到的爱只是两种幻想的交流和两层皮的接触。

——尚福

娶妻要娶若作为男人你会与她交友的人。/要想让耳聋的公众听到你的意见，小点儿声说。/写作自如的人总是以为自己比实际更聪明。/如果我的一个朋友是独眼，我就只看他的侧面。

——儒贝尔

恨 或可鄙的。像斯威夫特一样，他憎恶群众是因为他热爱个人（＜ 323）。

至于儒贝尔，他安全地度过了恐怖时期，成为后 20 年中最受欢迎的健谈者。他不像尚福那样言辞锋利，但与他一样观察敏锐。他的讽刺短诗不为针砭时世，而是意在劝喻。当然，这两位格言作家都是浓缩思想的艺术大师，因而相应地更加难以翻译。

那个时期进行系统研究的心理学家是德斯蒂·德特拉西，他和一位名叫卡巴尼斯的内科医生共同组织了一个称为观念学派（Idéologues）的小组。这个词并无现代的含义，指的是研究思想、头脑的专家，即心理学家。他们的创新与前文提到过的医学进步有关（＜ 437），他们研究病态的头脑以了解健康的人如何思想。他们研究大脑和神经的职能以及人的感官感觉和思想之间的联系，得出的成果使拿破仑大为不满。他需要教皇和教会的支持，所以必须谴责他们的"唯物主义"。他们虽未遭流放，但工作受到很大的压力。不过，他们并非孤立无援，无人注意。司汤达自认是他们的信徒，在他的小说和其他作品中（476 ＞）应用了德斯蒂关于推动人达到其目的的动力的观点。

观念学派的成员、雷蒂夫、萨德、热尔曼娜·德·斯塔尔和那两位道德箴言作家都通过他们的行为和努力证明了自我意识范围的不断扩张。与他们同时的歌德为这种扩张感到忧虑，不知它会发展到什么程度，会如何影响艺术和人际关系的自然性。有意识的思想并不总是有自我意识的，苏格拉底就不得不经常发出"认识自己"的呼吁。中世纪的教会要求忏悔罪孽，因此人们不可避免地经常要自我检讨。从宗教改革以来，重新燃起的强烈的宗教感情迫使人们自问："我的灵魂会得救吗？"路德和班扬告诉世人说，对答案的求索极为痛苦，可能历时数年之久。但这种努力还有确定的范围和目的，而世俗的自我意识是没有界限的，也很少有明确的目标；这种探索永无止境，甚至可能使人不能自拔，丧失行动的能力（785＞）。

它其实是与科学家对自然的探究相对等的，是把科学的分析方法应用于内心世界。但与科学研究不同的是，这种研究无法鉴别真伪。实验室中的科学家可以想象出 100 个概念，通过实验后确定其中一个。普通人却把自己想到的 100 个概念全部保留并发表出来，任别人决定接受哪个。貌似有理、表达生动的被接受为真理，影响着人们的行为，造成人们的恐惧。

> 深入分析我们的记忆表明了为什么人们认为有必要把感觉和思想，又称脑和心，分为两种不同的东西。其实，这是一种肤浅的结论。这两种感知之间并无分别，只除了强度和生动性的程度略有不同：两者都是感觉。
>
> ——德斯蒂·德特拉西，《思想的要素》
> （1817 年）

是否应该说美食哲学家布里亚-萨伐仑也推动了一种有害的自我意识呢？他关于菜肴的成分和饭菜的品尝的（他所谓的）沉思是在大革命和帝国时期进行的，但 10 年后才由他自己出资出版。他的书 100 年内居然没有英文译本，这说明了英国人和法国人各自不同的人生观。这位《味觉生理学》的作者不是狂热分子。此书除了主题外还涉及了各种其他题目，使人读来轻松愉快。它们包括"关于肥胖""拿破仑""关于睡眠"，显示出这位以法学家为正业的作者的高度教养。除了烹饪以外，他的天性与他所生活的时代是格格不入的。在恐怖期间，他被迫去瑞士避难，还在美国

454

> 动物吃食，人吃饭，但只有智者知道怎么吃。
>
> 发现一种新的菜肴对人类的意义比发现一颗新星还大。
>
> 甜食没有乳酪就像一个漂亮姑娘只有一只眼睛。
>
> ——布里亚-萨伐仑《沉思》
> （1825 年）

呆过短短的一段时间。

考虑到生理学这种新医学的主要关注，它在书的标题中出现似乎意义重大，其实该书讨论的只是烹饪艺术，不是营养的科学。"科学"的标题常被用作他途。巴尔扎克的《婚姻生理学》即是成百部关于其他题目的书籍之一。在此之前的一段时期内，解剖学一词也同样风行一时。

布里亚-萨伐仑的著作之所以及时是因为它正与烹饪史上的一个重要时期相吻合。当时烹调被看作一种小型艺术，值得认真的重视，甚至是深入的研究，还为此出版了大量技术书籍。作者都是厨师，在宫廷和欧洲富有的资产阶级家庭中供职，酬劳丰厚。拿破仑加冕时，这方面理论和实践的权威是马里-安托万·卡雷姆，他能做196种法国汤和103种外国汤。他详细记录在烹调每一种菜式时所作的改动，发表了大量的笔记，以《皇家糕点师》一书达到顶点。如果名字关乎命运的话，他的名字则令人困惑不解，因为它的意思是大斋节。

法式烹调的原则不像许多人以为的，好像所有食物都只不过是高级调味酱的载体。如前所说，原则是要烹出食物的原味，有时直接通过加佐料做到，有时则通过与调味酱的味道对比来烘托。还有其他出色的烹调方法，特别是称为资产阶级烹调的简易法式烹调法和英式家常烹调法，后者因其普遍的标准低下而受到嘲笑是不公平的，那是社会的过错，不是烹调的问题。

布里亚-萨伐仑题为"美国旅居"的沉思录是其代表作。他显然同意塔列朗的话，据说这位被免职的主教和贵族、革命者、拿破仑的支持者和保王党，简言之是永远走红的人说过，没有在君主制最后的年代中生活过的人无法想象生活能够多么甜美。考虑到后来充满暴力的几年造成的结果，可以同意那段时间的确是一段美好时期（belle époque）。思想开放大胆，令人激动；恋爱和对话成了臻于完善的艺术，礼仪优雅精致；意识到政府制度陷于困境这一点本身就产生了一种依惯性滑行的感觉，只要滑行在继续，这种感觉就是使人愉快的。

衰落还未导致焦虑的时候是最好的时候，狄更斯看到了这一点，并在《双城记》中开宗明义第一句写下了它。在三级大会召开的两年前，上层阶级有机会拯救局势却拒绝行动。贵人位高则任重这句精辟的格言直到贵族阶层成为过去才提出，岂非大有深意。

455

※

当生理学在实验的基础上不断进步，为心理学指出新的方向的同时，一个类似领域中的研究者在对动物形式对比研究的基础上提出了一个大胆的假设：进化论。18 世纪中期，布丰指出了哺乳动物结构方面的相似，并通过谨慎的暗示对《圣经》中关于人和动物由上帝分别创造的说法提出了怀疑（＜376）。19 世纪前夕，他的直接继承人拉马克提出了一种对物种自然出现的解释——为适应环境使用或放弃使用器官。无独有偶，在海峡的另一边，植物学家兼诗人伊拉斯谟·达尔文，那位著名的查尔斯·达尔文的祖父，发表了上下两卷本的著作，书中也阐述了进化论思想并强调生物之间永不停息的争斗。

这两位理论家通过各自的独立研究就进化论的基本事实达成了一致意见。他们的分歧在于方法，更确切地说，在于方法的使用。拉马克认为环境条件造成动物的机能，进而是形状。他认为这些变化代代遗传，过了一定时间后就产生了一个不同的物种。老达尔文则猜想动物自己想要改变调整以适应外部环境。达尔文说生活的法则就是吃掉别人或者被别人吃掉。造成新的物种特征的改变，即进化，用拉马克或达尔文的方法都可以达到。当查尔斯·达尔文在自己的著作出版很久以后读到他祖父的书的时候，他惊叫道："这里面好几章的内容都和我的书一样可笑。"

在两位达尔文之间的时期内，科学领域出现了许多类似的发展（502＞）。首先是地质学得到了修正，查尔斯即是从赖尔对地质学新观点的总结中看到了对拉马克理论，即进化论思想的简述的（当时他仍然忽视了他祖父的著作）。这激起了他想确知进化方法的愿望（570 ＞）。赖尔之所以在地质学中提到动物学家拉马克，是为了用拉马克的理论支持他自己关于地球进化的论述。

　　赖尔和他的年轻读者达尔文是 19 世纪 30 年代的人。要对情况有充分的了解，需要回到从前的时候。地质学家赫顿抛开《圣经》的教导，向不肯相信的世人讲解地球在漫长的年代中如何发生变化，它的岩石如何在仍在活动的自然力量的作用下从海底升起。他十分确切地描述了这种周期性的过程，因而今天被誉为科学地质学的创始人。但是他的两卷本著作《地球理论》从出版到被人接受，过了整整一代人的时间。赖尔由于查尔斯·达尔文的光荣而出名，而赫顿同拉马克和伊拉斯谟·达尔文一道，仍然是大军中的普通一兵。

　　按照时间顺序，需要在此提一笔一种伪科学，因为它的后果持久而严重。法国大革命爆发前不久，一位名叫拉瓦特尔的瑞士牧师发表了一篇论相面术的文章，讲述如何根据面相来推断性格。两位颇有声望的解剖学家在医院和疯人院应用这种理论，把假设的基础从面部特征转到了颅骨的凹凸形状。他们称之颅相学（意思是脑科学）。它成了全世界流行的迷信，大受欢迎的部分原因是可以用它来做室内游戏。与此同时，它也给一些所谓的"教授"提供了机会，借真心相信的人前来请教的机会大把捞钱，因而丰衣足食。人们参照自我诊断的手册，互相在头上摸来摸去，为彼此的性格和前途做出不容置疑的判断（503 ＞）。

　　在另一种从未广为流行的科学——经济学——的领域，这时出现了一位被人遗忘了的先驱——西蒙·德·西斯蒙第。他是瑞士人，家境富有，是斯塔尔夫人圈子中的一员。学术界知道他是位历史学家，专门研究中世纪意大利各共和国和南欧早期文学，著述众多。但除了历史研究之外，他还写了四部政治经济学的著作。在独立宣言通过那年，亚当·斯密发表了《国富论》，详细阐述了 18 世纪的放任主义，即由自由市场管理供求的原则。这就是"自由经济学"。在政治上，它要求政府放弃重商主义，不再干涉市场机制。同样相信经济自由的西斯蒙第一度大力提倡斯密的主张，并把它们与自己关于人口和宪政政府的一些意见联系起来。

但他也敦促人们对他率先称之为"社会科学"的现象进行观察。当《不列颠百科全书》请他写一篇关于政治经济学的文章的时候，他经过进一步思考和对文献的研究后，对自由经济学的正确性提出了怀疑。他因此成为信奉斯密的理论，

> 人类社会的目的是什么？是要大量生产有用和漂亮的东西来引起赞叹吗？是要在海上驶满船只，在地上铺满铁路吗？最终是要让每 10 万人中的两三个人拥有本可以使那 10 万人过得舒舒服服的财富吗？
>
> ——西斯蒙第，《政治经济学研究》
> （1818—1836 年）

创建了这个学说体系的人中第一个，也是当时唯一的异端。他和那些人仍然是朋友，仍然得到他们的高度尊重，这证明了他在辩论中表现出来的温文谦和。

西斯蒙第到过英国，目睹了工业进步所造成的惊人苦难。为什么看起来是有益的机器生产带来了"丰足中的贫穷"？答案是：自由竞争压低了工资，自由经营造成生产过剩，导致周期性的"危机"——工厂关门或倒闭造成失业和饥饿。

他对新兴社会的详尽批判包括指出它把劳方和资方分开，使它们互相为敌，而力量尽在一方。说双方可以就工资"讨价还价"是荒谬的。它们的关系是暴君和受害者的关系，然而一方并非有意残酷，另一方不知道压迫他们的是谁。由于生产过剩，资本家寻求海外市场，因而触发国家间的战争；同时国内的阶级斗争永不停息，"穷人可以说他们的雇主的生意味着他们的死，因此他的死就会换来他们的生"。但西斯蒙第并不号召进行革命大屠杀。他认为需要建立保护性立法。

西斯蒙第不反对使用机器。他反对的是当时的正统理论所持的观点，说经济状况是自然法则不可避免的结果。他认为这些罪恶是由社会和法律制度造成的，而它们是可以改变的。他把行会制度提出来作为例子，它的一个好处是生产方面的节制审慎。是西斯蒙第发明了无

产阶级（proletariat）一词，用来称呼现代的工人。它取自古罗马的最低阶级 proletarii［源自拉丁语的"后代"（proles）一词］。另一个表现出西斯蒙第的洞察力的例子是，他指出，资本和劳动在现有条件下的结合会增加彼此的价值，产生更大价值。这与马克思用来表明劳动受到剥削的剩余价值十分相近（588 ＞）。西斯蒙第的政治经济学观点是 1818 年发表的，那一年马克思刚刚出生。

※

虽然百科全书派绝非民主主义者，但不平等及其造成的罪恶一直是他们所关心的问题。大革命通过发表人权宣言表面上解决了这个问题。但这里的"人"是否像在其他情况中那样也包括妇女呢？（＜ 82）一位言辞激烈、头脑清晰的妇女并不如此认为，她用最简单的方法说明了这个观点：她写了一部女权宣言，里面详细地逐条对应人权宣言中的内容。

奥林普·德·古热是私生子，16 岁结婚，几周后丈夫即去世，给她留下一大笔财产。手中有钱使她更加特立独行，结果因为举止有辱斯文和男女情事而受到非议。她尝试写过剧本，没有成功，最后致力于鼓吹她为之奋斗的两个事业：妇女权利和君主制。她建议婚姻应是一种简单的合同关系，双方权利对等，如果女性受到引诱失身或因此怀孕可以诉诸法律，当然妇女也应有参与政府的权利。这将确保所有的立法都对两性平等。她最终为之付出生命的不是倡导妇女事业，而是鼓吹君主制。

当时的另一位煽动家是泰鲁瓦涅·德·梅里古，她组织了一支亚马孙女战士的队伍。她们参加抗议游行时裸露着一边乳房以纪念她们

男人！你有实现公正的能力吗？这是一个女人在提问。至少你不能剥夺她发问的权力。告诉我，谁给了你压迫我这一性别的特权？是你的力量？还是你的才能？

——奥林普·德·古热《妇女的权利》
（1790 年）

古时的前辈，据说古时的亚马孙族女人为了在战斗中拉弓射箭方便把一边的乳房切掉。据说是泰鲁瓦涅带领巴黎妇女前往凡尔赛宫把路易十六带回首都的。她为妇女政治俱乐部招募成员，对制宪大会发表讲演，大会的领导人把她看作他们当中的一员。在一次示威活动中，她受到了暴徒的袭击，对方可能是认错了人。她后来进了拉萨尔佩特里埃精神病院。

这两位活动家在巴黎积极活动的同时，有一部理论著作在英国写出并发表了。直到不久之前，玛丽·沃尔斯通克拉夫特这个名字即使在博览群书的人中都无人知晓，就算加上她的婚后名字葛德温也知者寥寥。葛德温与太太的名声相比之下黯然失色。他是那种名字总是被提及但永远出不了名的人。他太太的成名作是《女权辩护》。她以前还写过《男权辩护》来驳斥伯克关于法国大革命的书，更早时还写了《教育女儿之我见》。她的女权主义观点早在革命之前就形成了，她与葛德温的婚姻就是一桩女权主义的举动：他们同意不住在一起，为了他们各自的工作保持独立。

宣扬女权主义的《女权辩护》立即遭到了攻击，认为它是要在英国煽动革命———一切激进分子都必须镇压。这本书确实从法国的人权宣言和托马斯·潘恩的《人的权利》那里得到了启发，但启发更多地来自作者作为一个自食其力的女人的经验。玛丽·沃尔斯通克拉夫特为出版商约瑟夫·约翰逊朗读和翻译法文作品，以此谋生；约翰逊的公司是激进分子的聚集地，她在那里被当作智力上与男人平等的人对待。她还行使与男人一样的性自由和性主动的权利。她去世时没有完成的一部半自传体小说《玛丽》描写了法律上、道德上和感情上对妇女的虐待。

《辩护》一书不如她的小说易读。它有些段落写得非常出色，但全书则杂乱无章，语多重复，这也许是它直到女权主义重兴的 19 世纪晚期才得到重视的原因（696＞）。不过，即使到那时，它也并没有起多大的激励作用，因为它的言辞不够有力，内容芜杂，也没有提出新的论点。启蒙思想家并未忽视"妇女问题"。几乎所有人都赞成妇女接受教育，许多妇女那时也确实接受了教育，她们的著作和政治活动就是充分的证明。狄德罗希望改革性方面的道德准则和婚姻习惯，以使男女双方都获益。卢梭宣传要对女性温柔尊重，并指出历史上做过统治者的女人经常比许多王公都强。孔多塞论述了给妇女以与男人平等的所有权利的逻辑推理。雷蒂夫建议通过法律保护受到引诱的妇女，使她们有权要求得到引诱者的财产。他主张如果妻子因为丈夫打她、酗酒、赌博或有性病提出离婚，这样的要求应立即予以批准。

论述这些林林总总的思想的著作几乎没有遭到过反驳，除了传统主义者的敌意。19世纪始终没有放弃对社会问题的关注和解放被压迫者的理想。它只是从经常建议的改革中选择了一些予以执行，其他的则推迟到以后，特别是有关妇女的改革。一个原因是，对一切有"法国思想"嫌疑的东西的戒惧（尽管大部分思想也有英国的鼓吹者）。另一个原因是，欧洲国家对法国思想共有的戒惧导致了遏制性政治和压制性道德观的融合。这种奇怪的新现象不仅压缩了改革的范围，也使得艺术、人际关系和人的感情都更为狭隘（551 >）。

※

过渡时期的绘画艺术和音乐基本上没有受到荼毒了戏剧和小说的宣传风格的影响，但在此只能就这方面的成就略加介绍，详细情况得另写一本书才行。好在这个时期的音乐在最近有关的著作中已经得到了很好的介绍。

克洛德·勒杜是位有社会理想的建筑师。他为工人设计的住宅使人联想到20世纪柯布西耶的作品，把新古典主义的形式简化为质地粗糙、规模巨大的方块体和圆柱体。他的创造性表现在许多方面。在巴桑松的剧院里，他为普通人提供了座位——他们再也不用买站票了。他为巴黎的众多城门建造了50座巨大的几何形收费亭——巴黎之门。

现在它们几乎全部被拆毁，只剩下拉维莱特的一座作为他天才的标志。他写了一篇论文阐述自己的艺术信念，论文的标题"建筑学与艺术、礼仪和法律的关系"再次表现了对文化的意识——艺术和社会是一对时有冲突的伙伴。

与勒杜对应的是皮埃尔·朗方，他作为志愿兵参加了美国独立战争，被华盛顿总统聘请设计美国的新首都。他做出了一项前所未有的规划，利用当地起伏的地形，留出了无限延伸的余地。在其他地方，他建造的房屋无论在外观和内里都规模宏大，著名的有费城的莫里斯宅邸。当时宽敞的房屋并不多见，杰斐逊的蒙蒂塞洛或亚历山大·汉密尔顿的哈得孙河上的尼维斯庄园就是例子。美国政府欠朗方一大笔酬金，一贯吝啬的国会只批准了少得可怜的数目（＜404）。朗方去世的时候一贫如洗。

那一代人中有些画家显示出了同样的创新性。瑞士人富塞利由于其自由政见不见容于苏黎世，因而定居英国。他的画受到雷诺兹的鼓励。他同别人一样，去意大利待过一段时间，回来后以臻于完善的画技描绘姿势紧张、表达暴烈情感的裸体，或者是色情或恐怖的幻想。他的朋友布莱克受到了他的影响。

与此同时，法国的普日东抛弃了大卫描绘英雄场景使用古典式生硬线条这种风行的手法，转而追求柔软性感的效果，特别在他所画的女性肖像中，他赋予她们一种神秘的吸引力，而不是革命的好战姿态。劣质的颜料使他的油画发了黑，但他的许多纸上作品证明他描绘勾勒的功力不同凡响。另一位艺术家弗拉戈纳尔是18世纪一位诗意风景画家，具有典型18世纪的风格。但他在大革命期间所作的几幅晚期作品属于另外一类，质朴无华，令人联想到很久以后才出现的表现主义（650＞）。

两位女肖像画家获得了显著的成功，她们是安杰莉卡·考夫曼和伊丽莎白·维热-勒布伦。考夫曼还为罗伯特·亚当设计的优雅的英国住宅画壁画。她是雷诺兹的密友，帮助他创建了皇家艺术学院，并成

460

为第一批成员之一。她为上层阶级人士画肖像，风格与雷诺兹的晚期风格十分相似。伊丽莎白·维热-勒布伦也为上层阶级画像，专门画女性肖像。她为玛丽·安托瓦内特画过25幅像。其他的（按照她自己的计算）600幅是她在欧洲游历期间在各个宫廷和奢华的住宅画的。我们从她的两幅画像中看到了斯塔尔夫人和拜伦的形象。她们二位实际上是那个时代的摄影师，因而应当像布雷迪和纳达尔一样得到图像社会学领域的称誉（586＞）。同样应得到此种称誉的还有雕塑家诺伦肯斯，他为加里克和斯特恩、皮特和乔治三世、本杰明·韦斯特和查尔斯·詹姆斯·福克斯都塑过胸像。他与乌东是同一类雕塑家，后者的作品中包括伏尔泰和乔治·华盛顿的塑像（＜391）。

另外两位雕塑家，卡诺瓦和托瓦尔森，是新古典主义派，但努力争取近似生活。卡诺瓦甚至被指控用真人的面部套模来使他的塑像更为逼真。他为拿破仑的妹妹塑了一座半裸的全身像，她和别人都认为塑像和她惟妙惟肖，尽管塑像有个取自神话的名字："胜利的维纳斯"。托瓦尔森后来湮没无名了，但在他那个时代他是最好的人体雕塑家。现在他被评价为"冷漠"，但如果不比他温暖多少的画家大卫因其目标和成就而受到钦佩的话，与他同时期的这两个人也应得到同样的宽容。在整个这段时期内，美国画派（＜405）的画家们绘制了一些杰作，但直到最近才得到欣赏。

大革命时期和拿破仑帝国时期的音乐家也都只是书中的名字而已。当时的革命庆祝活动实际就是室外古典音乐会，而那些音乐家则是开创人，但他们为庆祝活动写的作品无人知晓，他们的歌剧和器乐作品现在无人演出。至少革命作品中的三部、歌剧中的五六部、好几部前奏曲、一些宗教和室内音乐作品在质量上和技巧上都不比人们所熟悉的歌剧作品逊色。只需听一听戈塞克、梅于尔、勒絮尔、博耶尔迪厄和其他一两位音乐家作品的演奏，就知道他们是此中精英。

通俗音乐作曲家在革命的头半年写出了116首歌曲，4年后数量达到590首，5年后到了701首。发生政变的那半年，出产降到137首。

总数是 5 年内 2 438 首。我们时代的一位女中音歌唱家从它们中间挑选了一些制成了一套节目，在欧洲各国受到欢迎。在当时的古典音乐大师中，斯波蒂尼和凯鲁比尼可能比其他人更有名气一些，但还是没有达到应有的程度。今天要想聆听他们的作品，只能找到单一作品的录音带，想听现场演奏只能碰运气。

这个巴黎乐派（尽管里面有很多外国人）取得了什么成就呢？他们努力加强音乐的表现力，以朴素的方式增多了实现这个目标的手段。他们在有丰富表现力的旋律中加上了半音体系、不谐和音、不规律的旋律和创新的配器法。他们发明了使用停顿这短暂的静默来造成戏剧性效果的做法，还把演员分组彼此拉开距离以造成对照和呼应。这种空间因素常常被认为是电子时代某些作曲家的发明。其实它在中世纪的教堂中就使用过，后来威尼斯的作曲家也采用过这一手法。

巴黎的音乐生活内容丰富，其中心是音乐学院，上述的好几位作曲家都在那里执教。拿破仑喜欢歌剧，场场必到。芭蕾舞大师加德尔不断创造新的形式，宫廷作曲家勒絮尔的新颖思想影响了他的得意门生柏辽兹。贝多芬对上述所有人都推崇备至。

即使这样匆匆一瞥，也看得出浪漫主义的憧憬和表达方法的迹象。实际上，在那个过渡时期之中，这个名称下汇总的感情、思想与表达方式在英国和德国已经充分显示了出来，而南方的国家却受到了战

是贝多芬吸收了法国革命者（作曲家们）的全部影响。他的各位传记作家并未完全认识到这一点的重要意义。在贝多芬之后，我们看到韦伯接受了一定的法国影响，舒伯特和门德尔松在较小的程度上也是如此。

——鲍里斯·施瓦茨，《法国器乐：1789~1830 年》（1987 年）

462

争和审查制度的阻碍。那里的整整一代人在文化上落了伍，只是在又一场争取自由的战争之后才赶上了欧洲其他国家（493 ＞）。

在英国，脱离新古典主义的趋势在世纪的最后一个 10 年之前就开始了（＜ 409）。一个引人注目的例子是雷诺兹的《艺术演讲录》。他是绘画界的元老，皇家艺术学院院长。到 1790 年，他已经是连续 10

年每年给学生做一次年度讲座。在开始的几次讲座中，他所有的论述都支持确立的规则，宣扬平衡、安详、普遍性这些新古典主义的理想。到了1788年和以后的时间，他却说实际上没有什么规则："自然"、灵感、天才，只有它们才能使作品持久，感动观众。

作为这种时期交错期间的又一个转折，应当指出早期英国浪漫主义诗人——华兹华斯、柯勒律治、布莱克和骚塞——也一度是被遗忘的大军中的成员。1783年，布莱克在《致缪斯》的结尾处提到当时的诗歌时说它们"寓意勉强，平庸无奇"。十几年后，华兹华斯和柯勒律治的《抒情歌谣集》面世了，序言还对这种新的艺术形式作了说明；它存在了下来，但公众却不予接受。它又过了十几年才得到承认和欣赏。其他地方的第一代浪漫主义艺术家的遭遇也莫不如此。直到1815年各国放下武器之后，浪漫主义才得到了充分的理解和欣赏。